U0895942

2009

CHINA TV RATING YEARBOOK

中国电视收视年鉴 2009

王兰柱　主编

中国传媒大学出版社

《中国电视收视年鉴（2009）》
编辑委员会

出版说明

为更好地服务于业界，作为中国最专业、最权威的视听率调查公司，CSM媒介研究从2003年起每年编辑出版一部《中国电视收视年鉴》。《中国电视收视年鉴（2009）》是CSM媒介研究编辑出版的第七部电视收视年鉴。

《中国电视收视年鉴（2009）》主要包括以下四部分内容：第一部分：综述。主要从收视环境、观众特征、观众收视行为、频道竞争、节目竞争、电视广告投放与竞争等方面对2008年中国电视收视市场进行了全景式描述与分析；第二部分：专题研究。本部分内容除对2008年全国电视剧、综艺娱乐、新闻、体育和电影几个主要节目类型的收视状况进行分析之外，还对2008年发生的几个重大事件（5.12地震、北京奥运会）的收视状况进行了分析，同时还对近年来业界关注的热点问题，如新旧媒体之间的竞争与合作、电视广告收视衰变规律、电视推荐会策略、城市电视台发展的困境与出路、我国电视产业未来发展路径等进行了深入研究。第三部分：收视数据。这部分是关于全国电视收视市场以及重点市场的收视统计数据，主要指标涉及收视设备的拥有情况、人均收视时间、全年和全天各时段收视率、各频道的市场份额、各类节目的播出份额与收视份额以及主要节目类型的收视排行等；第四部分：附录。这部分主要包括CSM媒介研究各种收视调查网的基本情况和所监测的频道名称。

《中国电视收视年鉴（2009）》既可为广大媒介从业人员提供有关2008年中国电视收视市场的全面分析，又可提供2008年全国以及各重点市场翔实的收视数据，是媒介从业人员必备的工具书。

编者

2009年5月

目录
CONTENTS

第一部分 综 述

第二部分 专 题

第三部分　收视数据

第四部分 附 录

第一部分
Part One

综 述 Overview

综　述

一、收视环境

1. 全国共有电视台277座，开办节目1356套

2008年是中国不平凡的一年，是世界全面了解中国的一年，也是我国改革开放三十周年，是深入贯彻落实党的十七大精神、推进“十一五”规划顺利实施的关键一年。

2008年同时也是广播影视业极不寻常、极不平凡的一年。在党中央、国务院和中宣部的正确领导下，广播影视业按照高举旗帜、围绕大局、服务人民、改革创新的总要求，打了几场大仗、硬仗，广播影视各项工作在改革创新中进步，在整体推进中重点突破，继续保持积极向上的良好势头。新闻宣传实现重大突破，农村公共服务体系建设成效明显，农村广播影视重点工程扎实推进，以加强农村中央广播电视节目无线覆盖工程建设为重点，“村村通工程”和“西新工程”扎实推进。有线电视网络改造加快，地面数字电视稳步推进，电视台数字化程度进一步提高。进一步深化影视剧等产业的体制改革，管理力度加大，扎实开展抵制低俗之风行动，继续加强境外节目引进播出管理，强化播出机构和频道、频率管理，认真开展境外卫星电视传播秩序专项整治，“走出去”战略迈出新步伐，电视海外影响力扩大、用户增加，产品和服务出口快速增长，对外交流合作程度不断加深。

根据《中国广播电视年鉴（2009）》的最新统计，截至2008年底，全国共批准设立电视台277座，开办电视节目1356套，数字付费频道179套。其中国家级电视台有中央电视台和中国教育电视台，每个省、自治区或直辖市，每个地级或以上城市基本都有至少一座电视台。除此而外，在全国还有电视发射台18490座，微波传输线路10万公里，有线广播电视传输网和用户接入网线路总长320万公里。全国电视人口覆盖率为96.95%。

电视台数字化程度普遍提高，中央台、大部分省级台和部分地市级台实现数字化，中央电视台、北京电视台开播了高清频道。有线电视数字化进程进一步加快，2008年全国100多个城市整体转换，其中50个城市已经完成。2009年3月第十七届中国国际广播电视信息展（CCBN）主题报告会上披露的我国数字电视用户规模已经达到4766万户，将近全国有线电视用户总数的三分之一。

2. 家庭电视机拥有率达97.9%，拥有二台及以上电视机家庭的比例已达29.8%

随着经济的发展和人民生活水平的提高，我国电视机的普及率已经基本上处于一个稳定的水平。2008年CSM媒介研究全国154个样本市县家庭的电视机拥有率达97.9%，其中城市家庭的电视机拥有率达97.9%，农村家庭的电视机拥有率为97.0%。拥有二台和二台以上电视机家庭的比例，154样本市县已经达到了29.8%，其中在城域为29.6%，在乡域达到36.0%。

表1.1.1　2008年全国各地区电视机拥有情况

	154市县	城域	乡域	东北	华北	华东	华南	华中	西北	西南
一台户比例（%）	68.1	68.3	61.0	78.5	74.3	55.3	77.1	71.9	79.3	71.2
二台及以上户比例（%）	29.8	29.6	36.0	19.9	24.4	43.1	19.2	26.7	19.3	25.2
没有电视机户比例（%）	2.1	2.1	3.0	1.6	1.3	1.6	3.7	1.4	1.4	3.6
百户电视机拥有量（台）	131.8	131.5	139.2	118.5	125.1	149.5	118.1	127.9	119.1	124.0

数据来源：CSM媒介研究2008年基础调查

2008年电视机更新换代速度进一步加快，黑白电视机已经基本上退出了舞台，CSM媒介研究全国154个样本市县彩色电视机的平均拥有率达到了98.9%。分城乡来看，城市彩色电视机的普及已经基本完成了，彩色电视机拥有率已经达到了99.1%，今后城市电视机的变化应该是向高清电视机、平板电视机过渡。随着城市数字电视信号的普及，电视机更新换代的速度将会大大提高，液晶电视在154县市的渗透率已经达到3.7%。在农村，只拥有黑白电视机家庭的比例已经不到4%（图1.1.1），较上一年的5.4%进一步下降，农村家庭大规模更换彩电的过程已经基本完成。从不同区域来看，在2008年只拥有黑白电视机家庭比例较大的华东、华中和西南地区（表1.1.2），同上年相比，也都有明显下降。

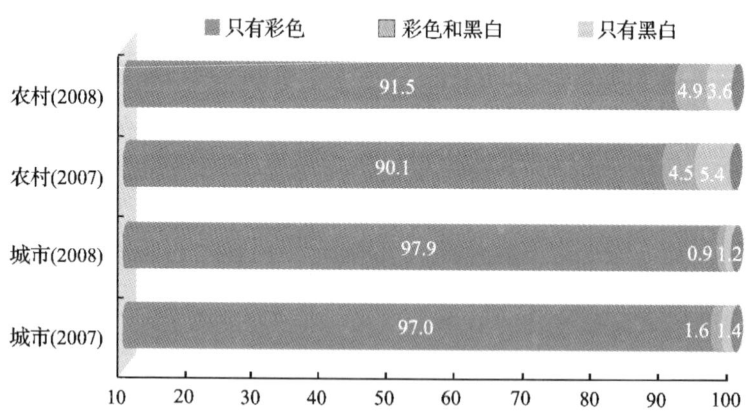

图1.1.1　2007和2008年城乡拥有不同电视机类型的家庭比例（%）

数据来源：CSM媒介研究2007年和2008年基础调查

表 1.1.2　2008 年城乡及各大行政区拥有不同电视机类型的家庭比例（%）

	154 市县	城域	乡域	东北	华北	华东	华南	华中	西北	西南
彩色电视机	98.9	99.1	95.1	99.9	99.8	98.9	99.8	98.6	99.2	97.0
黑白电视机	2.3	2.1	8.5	0.6	0.6	2.9	0.6	3.6	1.5	4.2
普通电视机	97.7	97.6	98.7	97.3	96.4	98.1	96.9	98.4	96.4	98.8
背投电视机	0.8	0.8	0.9	0.3	1.2	0.9	0.7	0.7	0.8	0.6
液晶电视机	3.7	3.8	2.1	3.7	4.6	4.6	3.9	2.3	3.7	1.8
等离子电视机	0.2	0.3	0.0	0.0	0.5	0.2	0.2	0.1	0.3	0.3

数据来源：CSM 媒介研究 2008 年基础调查

随着城乡居民收入水平的提高和高品质电视机价格的下降，城乡居民家庭电视机拥有情况从数量上的增加逐步过渡到质量上的改善。城市家庭乃至部分农村家庭开始追求电视机的更新换代，由原来的 CRT 电视机、传统的背投电视机，向等离子电视、液晶电视升级，即使是普通的 CRT 电视机也逐渐进入到高清时代。2008 年 CSM 媒介研究基础调查结果显示，在新一代电视机中，拥有液晶电视家庭所占比例有逐渐增加的趋势。随着价格的不断下降，平板电视尤其是高清液晶电视在今后一段时期内将带动新一轮的电视收视设备的更新换代。而随着数字电视的发展，高清信号源的增多，这一趋势必将加快发展；当然，受制于成本和技术等因素，在较长的一段时间内，普通 CRT 电视机将仍然占主导地位。

3. 城乡居民家庭平均每户可以收看到 46.2 个频道

2008 年，随着“村村通工程”和“西新工程”的进一步推进，以及有线电视数字化建设全面展开，越来越多的有线电视网实现整体平移，城乡居民家庭能够收看到的频道数量增加也导致了频道竞争的进一步加剧，根据 CSM 媒介研究 2008 年在全国 154 个样本市县的基础调查结果，在所调查样本市县中，平均每户可以接收到 46.2 个频道，较上年有明显增加。其中城市居民家庭平均可以接收 46.5 个频道，比上年平均增加 5.2 个；农村居民家庭平均可以接收 35.7 个频道，比上年平均增加 5.6 个。从表 1.1.3 可以发现，可接收到的电视频道数量增长最快的为华北地区，比上年平均增加 12.6 个频道。

表 1.1.3　2002－2008 年全国各地区居民家庭可以接收到的电视频道数量（个）

	东北	华北	华东	华南	华中	西北	西南
2002 年（68 市县）	21.2	27.9	22.8	21.9	22.6	28.8	23.5
2003 年（78 市县）	26.4	35.2	25.8	29.2	25.1	34.4	28.4
2004 年（84 市县）	27.3	38.5	31.3	34.1	25.8	38.4	33.0
2005 年（102 市县）	31.6	42.0	35.4	33.6	27.6	41.9	33.7
2006 年（127 市县）	33.8	44.8	36.0	39.6	34.5	45.7	35.0
2007 年（154 市县）	38.0	47.7	40.0	44.3	34.2	43.7	36.8
2008 年（154 市县）	44.8	60.3	45.5	44.7	38.9	48.7	41.7

数据来源：CSM 媒介研究历年基础调查

4. 有线接收是城乡居民家庭接收电视信号的重要方式

随着电视信号数字化、网络化进程的不断推进，越来越多的家庭感受到有线电视网络带来的便利，频道增多，信号清晰度增加。根据2008年CSM媒介研究基础调查结果，在所调查的154个样本市县中，通过省市有线网接收电视信号的家庭户比例比上一年(83.4%)有小幅度提高，达到了84.8%。其中在城市，有85.0%的家庭接入了省市有线网，有线接收方式成为城市家庭收看电视节目的主要方式。在农村，通过有线网收看电视节目家庭的比例为78.2%，比上一年明显增加，增长了3.3个百分点；通过室内外天线来接收电视节目的农村家庭比例由去年的20.8%大幅下降为13.9%。值得提出的是，沿海发达地区的农村，经济条件好，居住相对集中，有条件进行有线电视的普及，因此有线电视用户比例甚至要高于经济欠发达地区的城市。

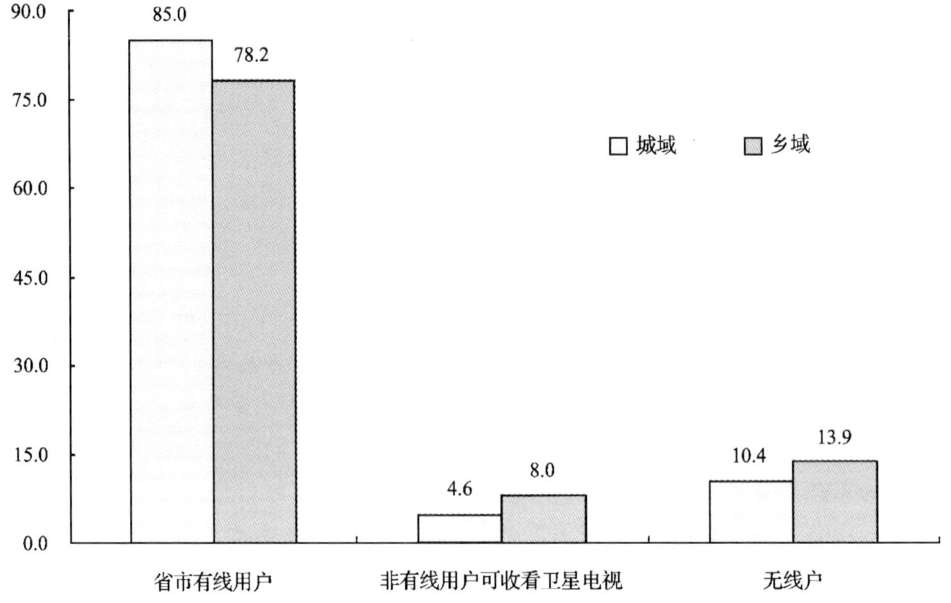

图1.1.2 2008年城乡家庭电视信号接收方式

数据来源：CSM媒介研究2008年基础调查

从各大行政区的情况来看，华中地区的有线比例为73.7%，其他地区都在80%以上。中西部地区特别是西南部地区通过非有线网络收看卫视频道的比例较大（华中7.3%，西北7.0%，西南11.6%），说明中西部地区在有线网络难以到达的地方更多地采用了碟形天线、厂矿小区闭路等其他方式解决接收问题。相对来说，东部、南部和东北有线网络的建设非常快，以其他方式接收卫视频道的比例很小。

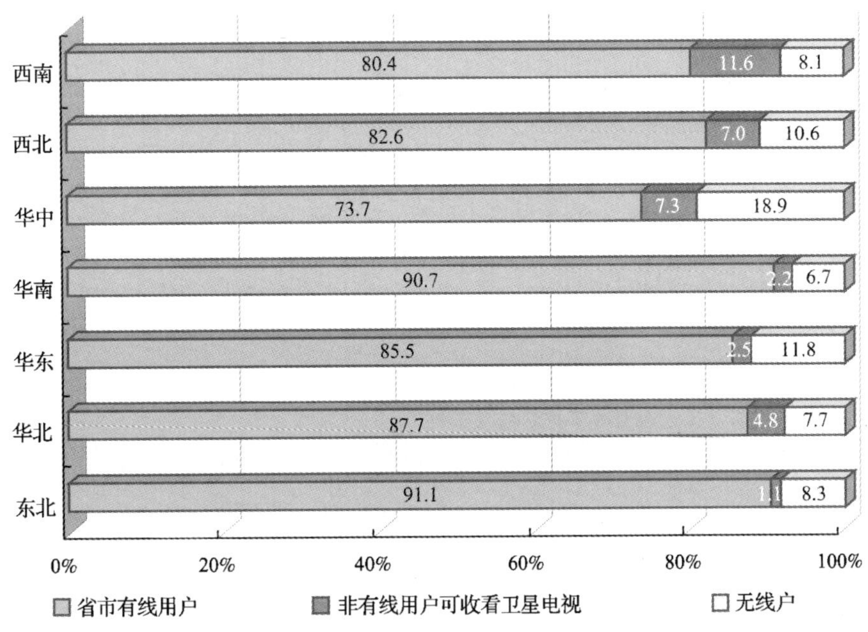

图 1.1.3　2008 年全国各地区电视信号接收方式

数据来源：CSM 媒介研究 2008 年基础调查

5. 89.6% 的城市家庭和 86.1% 的农村家庭可收看到卫视节目

2008 年调查样本市县中可接收卫视频道的家庭比例比上年有大幅增长。农村能收看到卫星电视的家庭比例上升迅猛，比上年增加了将近 7 个百分点。在城市中有 89.6% 的电视家庭可以收看到卫星电视节目，在农村电视家庭中能够收看到卫视节目的比例达到了 86.1%。

所有七大行政区能收看到卫星电视节目的电视家庭比例都在 80% 以上，其中东北、华北、华南和西南能收看卫星电视的比例超过了 90%，在华南地区更是高达 93.3%。

表 1.1.4　2003 - 2008 年可收到卫视频道的家庭比例（%）

年份	合计	城乡		大行政区						
		城市	农村	东北	华北	华东	华南	华中	西北	西南
2003（78 市县）	87.0	89.2	42.1	83.9	92.3	86.1	90.8	79.5	91.6	84.4
2004（84 市县）	88.2	89.5	58.1	86.1	93.9	87.0	92.2	70.9	92.4	88.8
2005（102 市县）	88.9	89.6	71.8	88.0	94.5	87.9	90.5	82.9	91.7	87.2
2006（127 市县）	88.3	89.4	72.6	87.3	94.5	87.0	92.0	82.2	89.5	85.2
2007（154 市县）	87.5	88.0	79.2	88.6	88.3	87.2	91.6	78.7	86.2	91.2
2008（154 市县）	89.5	89.6	86.1	91.7	92.3	88.2	93.3	81.1	89.4	91.9

数据来源：CSM 媒介研究历年基础调查

6. 中央台继续保持其覆盖优势，省级卫视在本地区的覆盖较好

中央台频道依靠其强大的资源优势和作为国家级频道的特殊地位，在覆盖率方面仍然保持了绝对的优势（表1.1.5）。2008年CSM媒介研究在154个样本市县的基础调查数据显示，中央台频道的排名跟上一年类似，覆盖率排名前十位的频道全部是中央级频道。中央台十套覆盖率的排名由上一年的第15位上升到2008年的第12位，中央台十一套排名稍微下挫1位，由14位下降到第15位。在省级卫视频道中，山东、安徽和江苏这三个省级卫视频道排在最前面。覆盖率排名前二十的频道虽然顺序发生了变化，但可以看到，整体覆盖跟上一年相比继续上升，2007年排名第二十名频道的覆盖率是66%，而2008年达到将近70%。

表1.1.5　2008年全国卫视频道覆盖率排名前二十位

序号	频道	覆盖率（%）	序号	频道	覆盖率（%）
1	中央电视台综合频道	97.1	11	山东卫视	78.5
2	中央台二套	86.9	12	中央台十套	78.2
3	中央台七套	85.3	12	安徽一套	78.2
4	中央台四套	83.6	14	江苏卫视	77.8
5	中央台三套	83.3	15	中央台十一套	76.9
6	中央台五套	83.1	16	浙江卫视	75.6
7	中央台六套	82.9	17	四川卫视	75.3
8	中央台八套	81.9	17	湖南电视台卫星频道	75.3
9	中央电视台少儿频道	80.8	19	上海东方卫视	71.7
10	中央电视台新闻频道	79.7	20	中国教育台一套	69.5

数据来源：CSM媒介研究2008年基础调查

中央台的覆盖优势在城市地区尤为显著。在城市地区，覆盖率排名前11位的频道全部是中央级频道，中央台十一套也在覆盖排名表中名列第15。同样，在省级卫视频道中，安徽、山东和江苏这三个省级卫视频道在城市地区排在最前面。

表1.1.6　2008年城市地区卫视频道覆盖率排名前二十位

序号	频道	覆盖率（%）	序号	频道	覆盖率（%）
1	中央电视台综合频道	97.2	11	中央台十套	78.8
2	中央台二套	87.2	12	安徽一套	78.4
3	中央台七套	85.5	13	山东卫视	78.3
4	中央台四套	83.8	14	江苏卫视	77.7
5	中央台三套	83.5	15	中央台十一套	77.4
6	中央台五套	83.3	16	浙江卫视	75.7
7	中央台六套	83.1	16	湖南电视台卫星频道	75.7
8	中央台八套	82.1	18	四川卫视	75.6
9	中央电视台少儿频道	81.0	19	上海东方卫视	72.4
10	中央电视台新闻频道	79.8	20	广西电视台卫星频道	70.0

数据来源：CSM媒介研究2008年基础调查

与2007年相比，2008年农村地区卫视频道的覆盖率整体上获得大幅提升，从排名前二十位的频道来看，在农村地区，2007年列第20位的卫视频道的覆盖率是52%，而2008年已经达到61%，这个结果同前面的农村家庭可收看卫视频道比例以及农村可收看频道个数大幅提高是一致的，从此可以看出电视“村村通工程”和“西新工程”推进的成效明显。从频道排名来看，山东卫视和江苏卫视在农村地区的覆盖率进入前三位，排名超过中央台综合频道以外的其他所有中央台频道。中央台七套的覆盖排名由上一年的第11位大幅攀升到2008年的第4位，而中央台九套和十套则跌出覆盖前20位。其他省级卫视频道覆盖也有很大的增加，其中云南卫视和河南卫视进入前20，分别排在第16位和第17位。

表1.1.7　2008年农村地区卫视频道覆盖率排名前二十位

序号	频道	覆盖率（%）	序号	频道	覆盖率（%）
1	中央电视台综合频道	91.9	11	中央电视台少儿频道	74.3
2	山东卫视	84.6	12	中央电视台新闻频道	74.0
3	江苏卫视	81.7	13	浙江卫视	73.4
4	中央台七套	79.9	14	安徽一套	71.8
5	中央台二套	79.6	15	中国教育台一套	68.4
6	中央台四套	79.2	16	云南电视台卫视频道（一套）	66.8
7	中央台六套	76.7	16	河南电视台卫星频道（一套）	66.8
8	中央台三套	76.5	18	四川卫视	66.0
9	中央台八套	76.4	19	湖南电视台卫星频道	63.5
9	中央台五套	76.3	20	中央台十一套	61.0

数据来源：CSM媒介研究2008年基础调查

表1.1.8　2008年东北区卫视频道覆盖率排名前二十位

序号	频道	覆盖率（%）	序号	频道	覆盖率（%）
1	中央电视台综合频道	99.5	11	中央电视台新闻频道	86.2
2	中央台二套	93.5	12	中央电视台少儿频道	85.2
3	辽宁电视台卫星频道	91.5	13	安徽一套	84.7
4	中央台六套	88.9	14	上海东方卫视	84.5
5	中央台五套	88.6	15	吉林卫视	83.1
5	中央台八套	88.6	16	广东卫视	81.2
7	中央台三套	88.5	17	广西电视台卫星频道	80.9
8	中央台四套	87.7	18	浙江卫视	79.8
9	中央台七套	86.6	19	中央台十套	79.0
10	山东卫视	86.5	19	重庆卫视	79.0

数据来源：CSM媒介研究2008年基础调查

表 1.1.9　2008 年华北区卫视频道覆盖率排名前二十位

序号	频道	覆盖率（%）	序号	频道	覆盖率（%）
1	中央电视台综合频道	98.3	11	中央台五套	86.8
2	中央台二套	93.8	12	中央台十套	86.7
3	天津卫视	90.2	13	四川卫视	86.5
4	中央电视台少儿频道	89.4	14	中央台八套	86.2
5	中央台七套	88.8	15	中央台十一套	85.5
6	北京卫视	88.6	15	湖南电视台卫星频道	85.5
7	中央台四套	88.4	15	河北卫视	85.5
8	山东卫视	87.0	18	安徽一套	85.2
9	中央台六套	86.9	19	上海东方卫视	84.7
9	中央台三套	86.9	20	江苏卫视	84.4

数据来源：CSM 媒介研究 2008 年基础调查

表 1.1.10　2008 年华东区卫视频道覆盖率排名前二十位

序号	频道	覆盖率（%）	序号	频道	覆盖率（%）
1	中央电视台综合频道	97.6	11	安徽一套	82.2
2	中央台二套	87.2	12	中央电视台少儿频道	81.9
3	中央台七套	86.4	13	浙江卫视	81.8
4	中央台四套	85.2	14	江苏卫视	80.6
5	山东卫视	84.7	15	中央台十一套	80.2
6	中央台六套	84.4	16	中央台十套	76.8
7	中央台三套	84.2	17	上海东方卫视	75.9
7	中央台五套	84.2	18	中央台九套	74.0
9	中央台八套	83.9	19	中国教育台一套	72.8
10	中央电视台新闻频道	82.4	20	湖南电视台卫星频道	72.6

数据来源：CSM 媒介研究 2008 年基础调查

表 1.1.11　2008 年华南区卫视频道覆盖率排名前二十位

序号	频道	覆盖率（%）	序号	频道	覆盖率（%）
1	中央电视台综合频道	97.2	11	中央电视台新闻频道	78.0
2	广东卫视	91.3	12	中国教育台一套	72.4
3	中央台五套	86.0	13	广西电视台卫星频道	71.5
4	中央台三套	85.1	14	中央台十套	68.7
5	中央台二套	84.1	15	江苏卫视	67.5
6	中央台四套	83.3	16	四川卫视	66.4
7	中央台六套	82.3	17	深圳卫视(新闻综合频道)	66.0
8	中央台七套	82.2	18	中央台十一套	62.7
9	中央台八套	79.3	19	安徽一套	61.9
10	中央电视台少儿频道	78.6	20	湖南电视台卫星频道	61.3

数据来源：CSM 媒介研究 2008 年基础调查

表 1.1.12　2008 年华中区卫视频道覆盖率排名前二十位

序号	频道	覆盖率（%）	序号	频道	覆盖率（%）
1	中央电视台综合频道	94.8	11	中央台八套	73.1
2	湖南电视台卫星频道	78.5	12	中央台十套	72.9
3	河南电视台卫星频道(一套)	77.8	12	安徽一套	72.9
4	中央台二套	77.4	14	浙江卫视	72.0
5	中央台七套	76.8	15	山东卫视	69.9
6	中央台四套	76.4	16	中央电视台新闻频道	68.9
7	中央台五套	74.0	17	江苏卫视	68.5
8	中央台六套	73.7	18	中央电视台少儿频道	68.2
8	中央台三套	73.7	19	四川卫视	66.8
10	中央台十一套	73.5	20	上海东方卫视	66.3

数据来源：CSM 媒介研究 2008 年基础调查

表 1.1.13　2008 年西北区卫视频道覆盖率排名前二十位

序号	频道	覆盖率（%）	序号	频道	覆盖率（%）
1	中央电视台综合频道	98.3	11	中央台三套	82.7
2	中央台七套	87.7	11	中央台十一套	82.7
3	中央台二套	87.1	13	上海东方卫视	82.4
4	中央电视台少儿频道	85.3	14	中央台六套	81.9
5	中央台十套	85.0	15	中央台八套	81.8
6	陕西卫视	84.3	16	中央台五套	81.6
7	湖南电视台卫星频道	83.9	17	浙江卫视	81.4
8	山东卫视	83.8	18	安徽一套	80.4
9	重庆卫视	83.3	19	四川卫视	80.2
10	河南电视台卫星频道(一套)	83.1	20	中央电视台新闻频道	80.1

数据来源：CSM 媒介研究 2008 年基础调查

表 1.1.14　2008 年西南区卫视频道覆盖率排名前二十位

序号	频道	覆盖率（%）	序号	频道	覆盖率（%）
1	中央电视台综合频道	94.5	11	中央台三套	80.7
2	四川卫视	90.3	12	中央台六套	80.3
3	中央台七套	87.7	13	中央台八套	79.3
4	中央台二套	86.8	14	重庆卫视	79.2
5	中央台四套	86.7	15	中央台五套	79.1
6	中央台十套	84.4	16	上海东方卫视	79.0
7	湖南电视台卫星频道	84.0	17	中央电视台少儿频道	78.6
8	浙江卫视	83.3	18	中央台十二套	78.4
9	山东卫视	83.0	19	北京卫视	78.0
10	江苏卫视	81.5	20	安徽一套	77.8

数据来源：CSM 媒介研究 2008 年基础调查

由于中国地域广阔，各地区的文化风俗各不相同，因此各地区接收和转播卫星电视的频道种类也有一定的差异。从频道覆盖的排名来看，中央台在各地区的覆盖排名基本上是差不多的，前二十位当中有十二个左右属于中央台的频道。各省级卫视的覆盖在不同的地区差异很大，基本规律是本地区的卫视频道覆盖较大。在全国范围内排名靠前的频道，在各地区的排名也都处于前列。

随着有线网络的普及，以及数字电视的不断推广，频道竞争日益加剧，为了能在收视率和收视份额中不落下风，保住原有的市场地位，各卫视频道都想方设法继续加大在各地区的频道入户覆盖，让更多的家庭户能够接收到。与2007年相比，2008年各大行政区的频道覆率都有较大的提高，说明上星频道在各地的整体入户状况都有了进一步的拓展。

二、电视观众特征

新兴媒体技术的发展和普及深刻影响着中国内地电视观众的总体特征。2008年，“村村通工程”进一步加速，数字电视技术带来电视信号覆盖范围和传输质量的提升，有效推动了中国电视观众规模的扩大。与此同时，以互联网为代表的新媒体初步显现出对青少年观众群体的分流效应，逐步改变着电视观众的人群构成。国民经济的发展则使得电视观众的收入结构有了改善，高收入观众群体比例的增大某种程度上代表着观众消费力的提升，为电视广告经营增添了新的筹码。

1. 全国电视观众规模达12.36亿，比2007年略有增长

2008年是中国数字电视整体转换迅速推进的一年。在数字电视转换过程中受益的除了有线电视用户之外，还包括长期依赖于无线电视信号传播，收视内容和收视质量一直不理想的农村观众。在国家政策和资金投入的双重支持下，2008年中国农村地区的电视覆盖得到了明显改善，覆盖率达到96.58%，同比增长0.35%，由此也促进了全国电视观众规模的扩大。CSM媒介研究2008年基础研究结果显示，目前中国内地年龄在4岁及以上的电视观众规模达到12.36亿人，占全国4岁及以上人口的97%。与2007年相比，2008年中国电视观众规模增加了1225万。

2. 全国电视观众性别结构维持稳定，与人口性别构成保持一致

在CSM媒介研究2008年进行收视调查的154个样本市县中，男性观众的比例为50.1%，女性观众为49.9%，与中国内地人口的性别比例基本保持一致（根据《2008中国统计年鉴》，2007年全国男性人口占总人口的51.5%，女性人口则占48.5%），也与2007年CSM媒介研究在127个样本市县的调查结果大致相同，说明目前我国观众的性别结构基本维持稳定。数据显示，城市观众的性别比例与整体的观众性别比例保持一致；农村观众中，男性群体所占比例为49.7%，女性群体为50.3%（图1.2.1）。

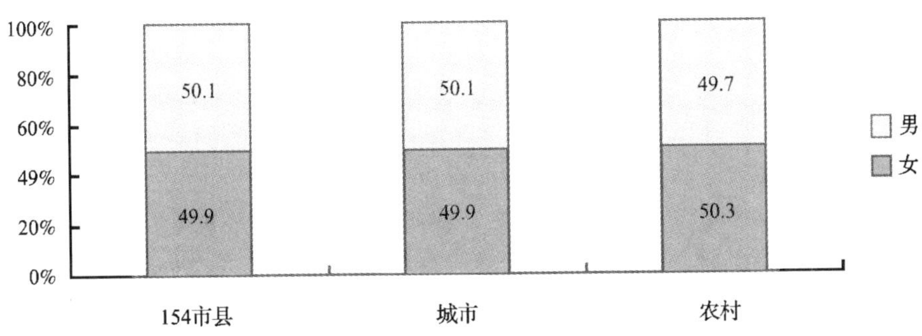

图 1.2.1　2008 年全国 154 个样本市县观众性别构成（%）
数据来源：CSM 媒介研究

3. 中年群体为观众主体，青少年群体略有流失

35－44 岁和 45－54 岁的中年群体一直是我国电视观众的主力群体，2008 年，这两个群体在电视观众中的比例分别为 18.8% 和 20.8%。34 岁及以下的青少年群体在电视观众中占据了 35% 的比例，与中年群体平分秋色。不过相较于 2007 年的调查结果，25－34岁和 15－24 岁的青少年群体比例都出现了 1 个百分点左右的下滑，一定程度上显示出在新媒体影响下，青少年观众流失的倾向。55 岁及以上的老年群体在观众中占据了 25% 左右的比例，较上一年略有增加。将城市和农村观众的年龄构成进行对比，不难发现农村观众中青少年观众的比例明显高于城市观众，而中年观众比例则明显低于城市观众，这与农村青少年群体接触新媒体的机会较少，仍以电视为主要娱乐途径有一定关系（图 1.2.2）。

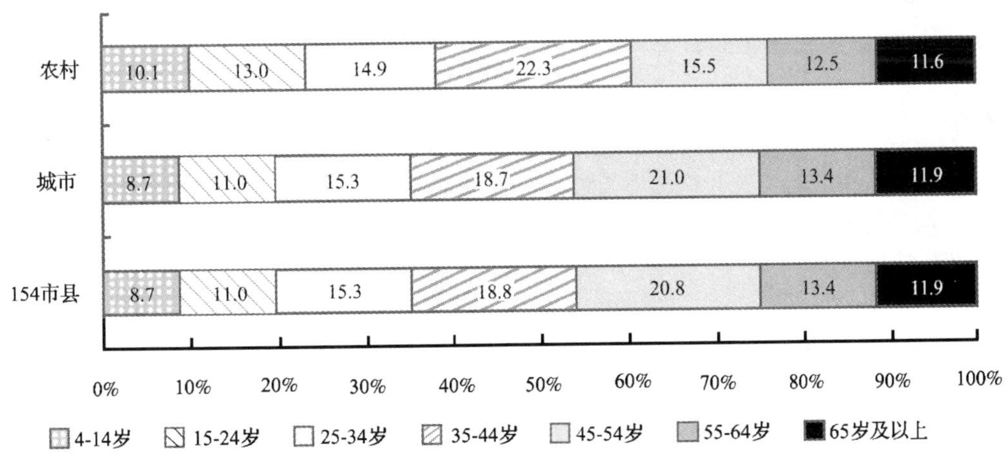

图 1.2.2　2008 年全国 154 个样本市县观众的年龄构成（%）
数据来源：CSM 媒介研究

4. 中等学历观众占据绝对优势，城市观众文化程度明显高于农村

从观众的文化程度分布来看，中等学历观众在规模上占据了绝对优势，其中初中文化程度观众比例高达35.3%；高中文化程度观众比例则为28.5%；小学和大学及以上文化程度的观众分别占据17.5%和13.7%的比例；未受过正规教育的观众所占比例仅为5.1%。和2007年的调查结果相比，可以观察到小学和初中文化程度观众群体的比例有所下降，高中和大学及以上文化程度观众比例略有上升。比较城乡观众的文化程度构成，可以看出城市观众的文化水平要明显高于农村观众，城市观众中高中以上文化程度观众比例高达42.9%，而农村观众中该比例仅为22%左右；城市观众中小学及以下文化程度观众仅占22.2%，而农村观众中低教育程度群体的比例则在3.6%左右。与2007年相比，我们可以发现农村观众的文化程度有一定幅度的提升（图1.2.3）。

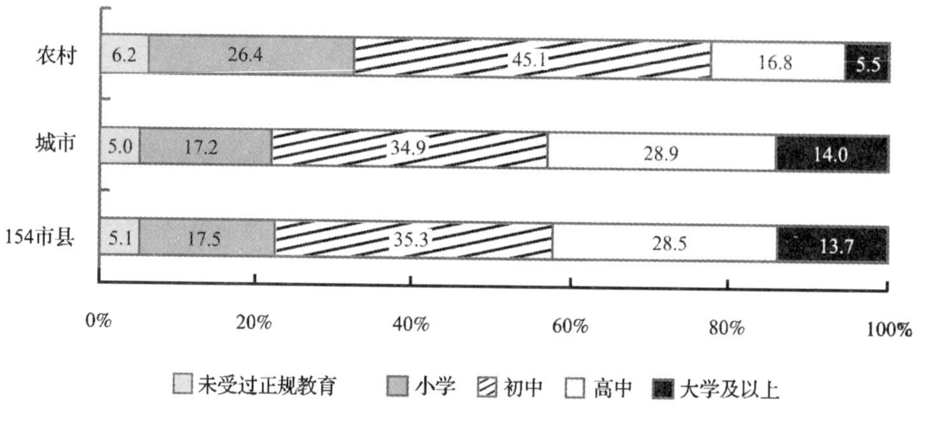

图1.2.3　2008年全国154个样本市县观众的文化程度构成（%）

数据来源：CSM媒介研究

5. 城乡观众职业构成呈现差异，无业群体占据较大比例

无论是在城市还是在农村，无业群体均在电视观众中占据了最大的比例，其中城市观众中有36.4%的无业群体，农村观众中该群体比例也高达20.3%。城乡观众职业结构最大的差异体现在农村拥有较高比例的农民群体，由此使得其职业类别为“其他”的观众高达26.1%。除此之外，城市观众中干部/管理人员和初级公务员/雇员的比例相对较大，农村观众中个体/私营企业从业人员以及工人的比例略高于城市（图1.2.4）。

6. 城市观众家庭月收入高于农村，东南沿海地区观众收入水平相对较高

2008年，城市观众中家庭月收入在3500元以上的高收入群体比例为31.7%，比农村群体高7.1个百分点，而农村群体中家庭月收入在2001－3500元的中等收入群体比例则达到35.8%，比城市高出2.8个百分点。总体来说，城乡观众中家庭月收入在1200元及以下的低收入群体的比例均较前两年有所降低，其中以农村地区更为明显（图1.2.5）。

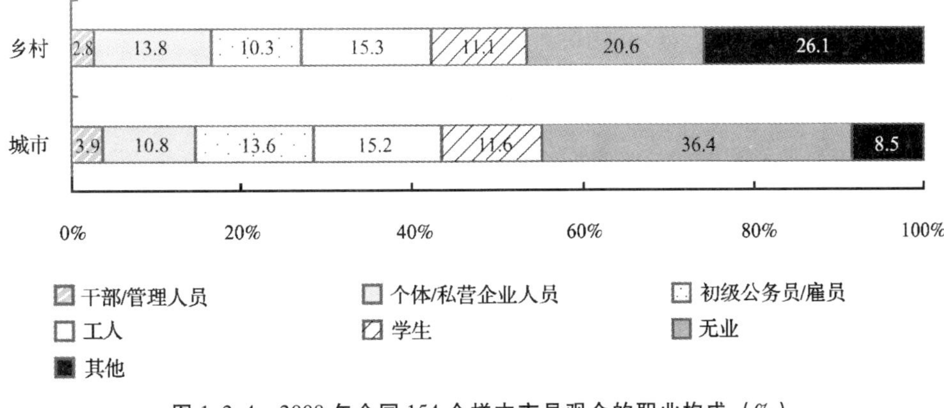

图 1.2.4 2008 年全国 154 个样本市县观众的职业构成（%）
数据来源：CSM 媒介研究

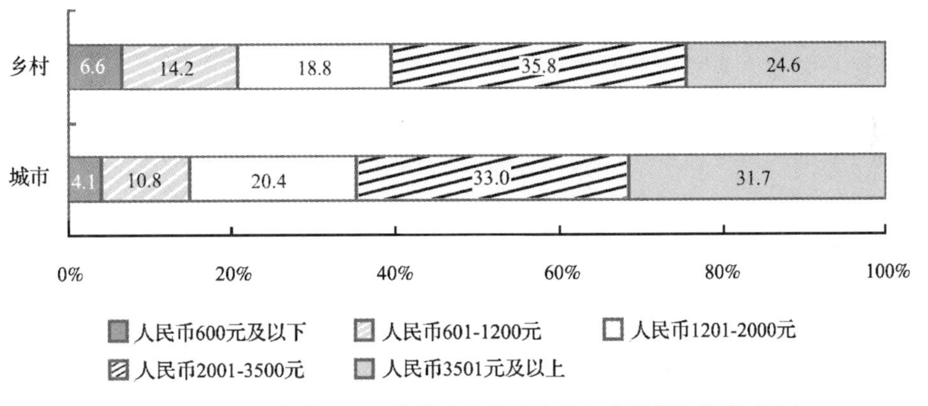

图 1.2.5 2008 年全国 154 个样本市县观众的家庭月收入构成（%）
数据来源：CSM 媒介研究

观众收入的区域差异依旧比较明显。在经济相对发达的华南、华东和华北地区，观众家庭月收入水平在 2001 元及以上的占到了绝大部分比例，其中华北地区高达 73.3%，华南地区达到 72.4%，华东地区也达到 72.1%；而在西南和西北等经济欠发达地区，这一比例仅在 40% -60% 之间（表 1.2.1）。区域观众收入水平的差异，对区域电视媒体的市场潜力有重要影响，也一定程度上决定了区域市场的竞争格局。

表 1.2.1 2008 年全国七大行政区电视观众的家庭月收入构成（%）

收入分组	东北	华北	华东	华南	华中	西北	西南
人民币 600 元及以下	1.6	2.3	2.4	2.8	4.4	3.9	11.6
人民币 601 -1200 元	12.4	8.3	7.6	7.5	14.9	13.7	19.9
人民币 1201 -2000 元	25.2	16.1	17.3	16.9	24.6	26.2	26.7
人民币 2001 -3500 元	40.6	34.2	33.5	30.3	34.3	35.1	25.8
人民币 3501 元及以上	20.1	39.1	38.6	42.1	21.7	20.8	15.3
拒绝回答	0.1	0.0	0.6	0.5	0.1	0.2	0.6

数据来源：CSM 媒介研究

三、观众收视行为

经过近半个世纪的发展，中国的电视收视市场已经趋于成熟，观众收视时间和收视规律也趋于稳定。2008年，由于奥运会、5.12大地震等特殊事件的收视支撑，观众人均收视时间出现了小幅上升，而年度收视率走势趋于平缓，以晚间黄金时段为代表的传统黄金收视资源也出现了小幅的萎缩。

(一) 人均收视时间

1. 2008年全国电视观众人均每日收视时间为175分钟

自2001年以来，我国观众人均收视时间一直呈现出下行的发展趋势。在2005年和2006年，由于各级电视台在新闻和综艺等节目形态上的大力创新和突破，以及世界杯等特殊事件的推动，观众人均收视时间曾一度出现回暖趋势。然而，到2007年，由于观众对选秀和民生新闻等新节目形态产生“审美疲劳”，以及缺乏特殊事件的收视支撑，观众注意力开始明显游离，到2008年，由于奥运会的举办和一系列特殊事件的发生，观众的注意力又重新回到电视上来，人均每日收视时间由2007年的172分钟上升至175分钟(图1.3.1)。

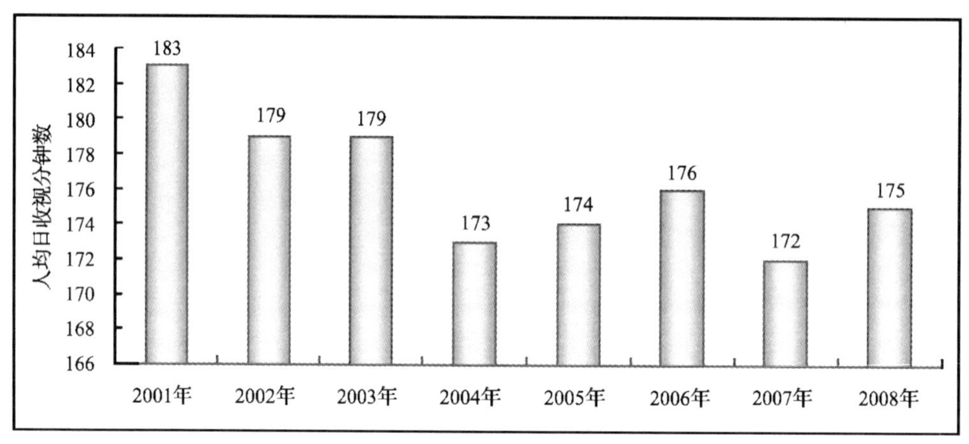

图1.3.1 2001－2008年全国样本市县观众人均每日收视时间(分钟)

数据来源：CSM媒介研究

2. 2008年全国七大行政区观众人均每日收视时间普遍较2007年有所上升

与2007年全国各大行政区观众收视普遍下滑不同，在2008年，受奥运会和一系列特殊事件的影响，除西南地区观众的收视时间有5.78%的减少外，其他六大行政区的观众收视规模都有不同程度的扩大，其中东北地区的人均每日收视分钟数从2007年的199分钟上升至202分钟，华南地区则从163分钟上升至169分钟(表1.3.1)。将区域市场收视变化情况与数字电视转换结合分析，进一步说明了以技术转换为主导的数字电视整体平移并未能有效促进收视存量的增长。目前收视出现增长的东北地区恰恰是有线数字电视转换进行得最缓慢的一个地区，而目前收视时间下降较多的西南地区则是有线数字电视转换推进比较迅速的一个区域，缺乏内容和服务的保障，数字电视在与互联网等新媒体的注意力争夺战中并不占优势。

表 1.3.1 2001－2008 年全国七大行政区观众人均每日收视时间（分钟）

地区	2001 年	2002 年	2003 年	2004 年	2005 年	2006 年	2007 年	2008 年
东北	189	189	190	185	193	198	199	202
华北	200	202	204	195	195	198	193	196
西北	193	196	194	180	185	187	182	186
西南	181	179	177	175	179	183	173	163
华东	177	166	168	165	164	166	164	172
华南	184	172	173	168	169	171	163	169
华中	169	168	164	154	157	160	158	162

数据来源：CSM 媒介研究

从各区域的收视规模来看，目前东北、华北和西北地区仍然是电视收视水平较高的区域，这很大程度上与上述地区冬季时间较长、气温较低、人们的室内生活时间相对较长有关。相比较而言，在气温相对较高、经济相对发达、人们业余生活相对丰富的华南、华东和华中地区，观众的人均每日收视规模明显较短（图 1.3.2）。

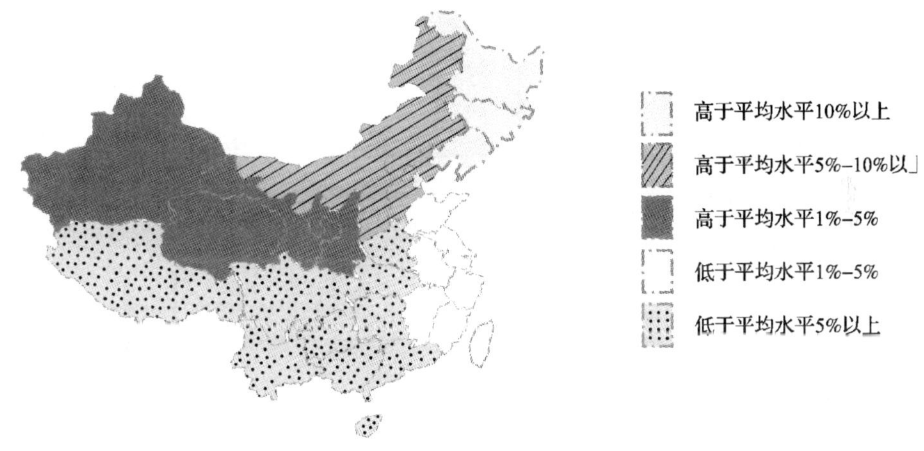

图 1.3.2 2008 年全国电视观众人均每日收视时间区域差异

数据来源：CSM 媒介研究

3. 女性观众人均收视时间多于男性

数据显示，2008 年中国女性观众人均每日收视时长为 179 分钟，男性观众为 172 分钟，女性观众平均每日收视时间比男性观众长 7 分钟（表 1.3.2）。从近几年的数据来看，女性观众收视时间长于男性观众是一个规律性现象，而伴随着互联网等新媒体的出现，男性观众的注意力出现了更明显的游离，男女观众收视时间的差距有进一步扩大的趋势。

表 1.3.2　2001－2008 年男女观众平均每日收视时间（分钟）

性别	2001 年	2002 年	2003 年	2004 年	2005 年	2006 年	2007 年	2008 年
男	182	177	176	171	172	173	168	172
女	183	180	181	175	177	179	176	179

数据来源：CSM 媒介研究

4. 中老年观众收视维持稳定，青少年收视发生衰减

中老年观众除了在人数上是中国电视观众的主力人群之外，还因其较长的人均收视时长而成为电视收视的主要支撑。2008 年 55－64 岁及 65 岁以上老年人群体的人均每日收视分钟数分别为 241 分钟和 246 分钟，45－54 岁群体为 216 分钟，和前几年相比均略有提升。相比较而言，34 岁及以下的青少年群体的人均每日收视分钟数仅为 130－140 分钟，较中老年群体少了近 100 分钟，其中 15－24 岁群体和 25－34 岁群体在 2008 年的人均每日收视分钟数与 2007 年相比，分别下降了 1 分钟和保持不变（图 1.3.3）。年轻群体的媒体消费模式很大程度上影响着各类媒体在未来竞争中的效果和潜力，年轻群体电视收视时间的衰减值得重视。

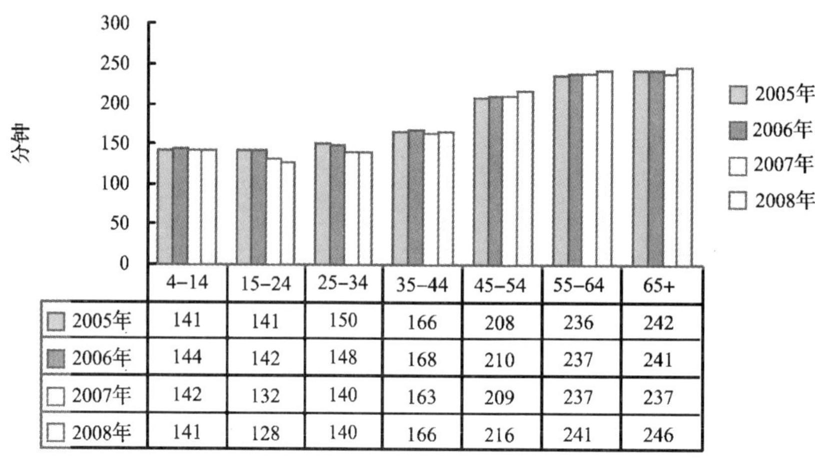

	4–14	15–24	25–34	35–44	45–54	55–64	65+
2005年	141	141	150	166	208	236	242
2006年	144	142	148	168	210	237	241
2007年	142	132	140	163	209	237	237
2008年	141	128	140	166	216	241	246

图 1.3.3　2005－2008 年不同年龄段观众人均每日收视时间

数据来源：CSM 媒介研究

5. 中等学历观众收视时间较长，高学历观众收视小幅上升

中等学历观众一直拥有较长的人均每日收视时间，2008 年，初中文化程度的观众人均每日收视时间达到 187 分钟，明显高于其他学历群体；小学和高中文化程度群体的人均每日收视时长在 170 分钟左右；未受过正规教育和大学及以上教育程度群体每天大约用 2.5 个小时看电视。与 2007 年相比，2008 年大学及以上教育程度群体的收视时间出现了小幅上升，增加了 3 分钟（图 1.3.4）。

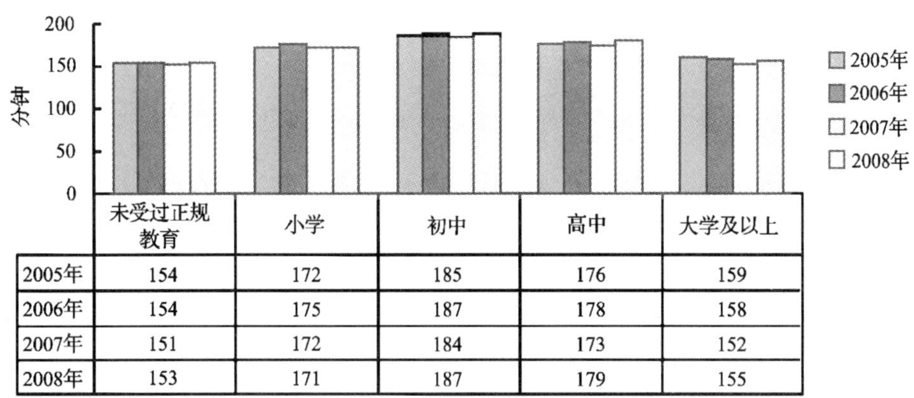

	未受过正规教育	小学	初中	高中	大学及以上
2005年	154	172	185	176	159
2006年	154	175	187	178	158
2007年	151	172	184	173	152
2008年	153	171	187	179	155

图 1.3.4　2005－2008 年不同教育程度观众人均每日收视时间
数据来源：CSM 媒介研究

6. 周天收视时间均有增加，周末收视上升明显

2008 年中国观众在各周天的收视时间均有所增加，其中周末收视上升明显，周六和周日的人均每日收视分钟数较 2007 年分别上升了 2.21% 和 2.12%（图 1.3.5）。由于观众在周六和周日拥有较多的闲暇时间，因此，周末向来是电视收视市场的黄金资源，是份额竞争的重点所在。近几年来，各级电视台通过在周末推出强势综艺娱乐或大跨度的电视剧联播剧场来吸引观众的持续收视。

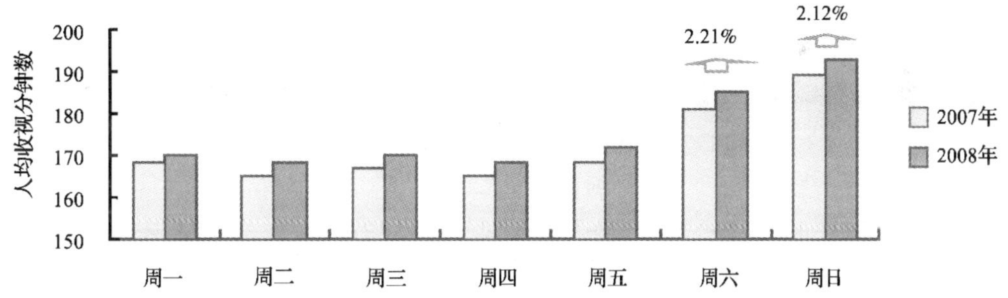

图 1.3.5　2007 年和 2008 年 154 样本市县各周天人均收视分钟数变化
数据来源：CSM 媒介研究

（二）全年收视走势

1. 2008 年全年大多数时期收视整体上升，热点事件支撑收视高峰叠起

和 2007 年相比，2008 年大多数时期，观众收视都出现了上升，其中以春节、5.12 大地震和奥运会期间表现得最为明显。进入春节黄金周之后，观众收视有明显起色，收视率峰值从 2007 年的 13.84% 上升至 14.08%；到 2008 年 5 月 12 日，由于 5.12 大地震的发生，使这一时期的收视出现了一个小高峰；2008 年 8 月 8 日－8 月 20 日举办的奥运

会使这一时期出现了一个收视高峰，峰值达到了15.71%（图1.3.6）。整体而言，2008年是一个电视收视大年，吸引观众短期注意力的重大特殊事件不断，促成了时期收视高峰的形成。

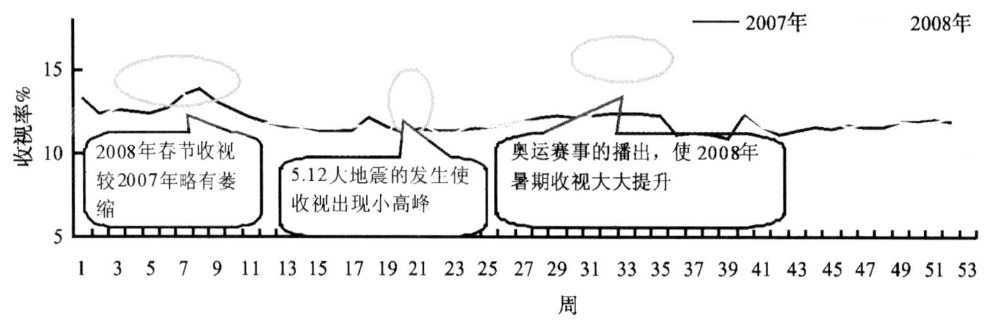

图1.3.6 2007年和2008年全国样本市县观众全年收视走势

数据来源：CSM媒介研究

2. 北方地区时期收视普遍偏高，秋冬季优势最为明显

东北、华北和西北地区在全年各个时期的收视普遍高于华东、华南、华中和西南等地。由于北方冬季较长，户外气温较低，人们比较偏向于在家收看电视，故而北方地区在“五·一”之前和“十·一”之后的收视要明显高于南方地区；2008年由于重大事件不断，因此在春节、5.12大地震发生期间和奥运期间形成了几个明显的收视高峰，北方地区的收视均高于南方地区（图1.3.7）。

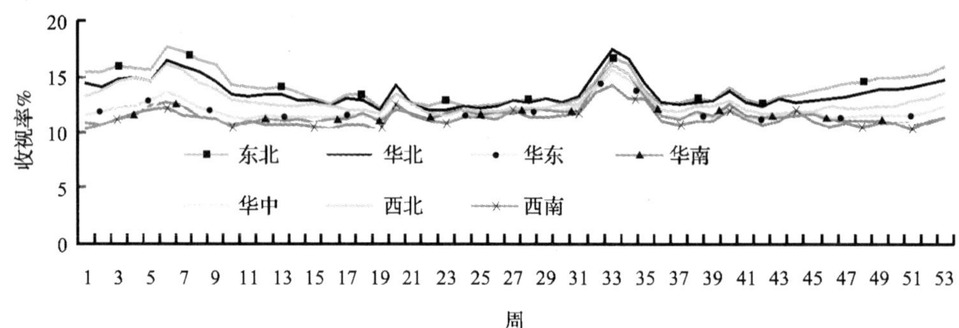

图1.3.7 2008年全国七大区域观众收视时期走势

数据来源：CSM媒介研究

3. 女性观众全年收视表现优于男性

2008年全年男性和女性观众的时期收视走势基本相同，女性观众收视表现略优于男性。虽然在2008年期间，有5.12大地震和奥运会等重大事件的发生，但并没有拉开男性和女性收视的差距，这说明在重大事件发生时，男性和女性对事件关注程度几乎是相同的（图1.3.8）。

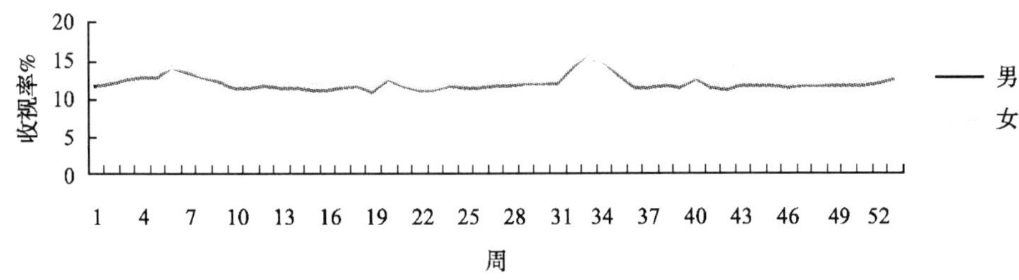

图 1.3.8 2008 年全国 154 样本市县男、女观众全年收视走势
数据来源：CSM 媒介研究

4. 中老年观众收视规律相对稳定，青少年群体收视时期特征明显

45 岁及以上中老年群体在全年各个时期的收视均高于年轻群体，且收视的时期波动性较小；24 岁及以下的青少年群体在大多数时期的收视都相对偏低，不过在寒暑假，以及黄金周等特殊时期，此类群体拥有比较明显的收视高潮。比较明显的是在春节期间和奥运会、寒暑假期间 4－14 岁观众的收视水平明显提升。而 25－34 岁观众的收视水平在 5.12 大地震发生时也有明显的提升，其余年龄段的观众收视水平在这几个期间也均有提升，这说明观众对重大事件的关注度会明显地提升收视水平（图 1.3.9）。

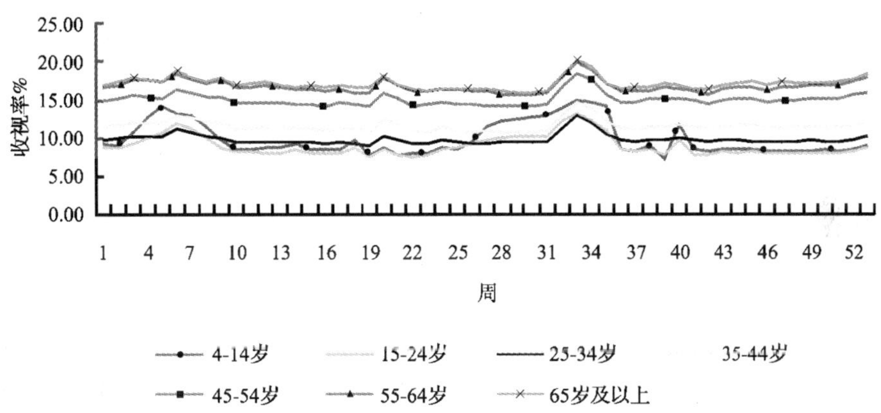

图 1.3.9 2008 年全国 154 样本市县不同年龄观众全年收视走势
数据来源：CSM 媒介研究

5. 中等文化程度观众拥有全年收视优势，低文化程度观众拥有时期收视高潮

中等文化观众在全年大多数时期的收视率都略高于其他群体，在小学和未受过正规教育群体的观众中，有大批的学龄儿童，他们的电视收视明显受到寒暑假等时期因素的影响，故而拥有相对明显的时期收视高峰。值得注意的是在 5.12 大地震和奥运会期间，大学以上学历观众的收视水平急剧上升，反映出高学历人群对重大突发事件的关注程度更高（图 1.3.10）。

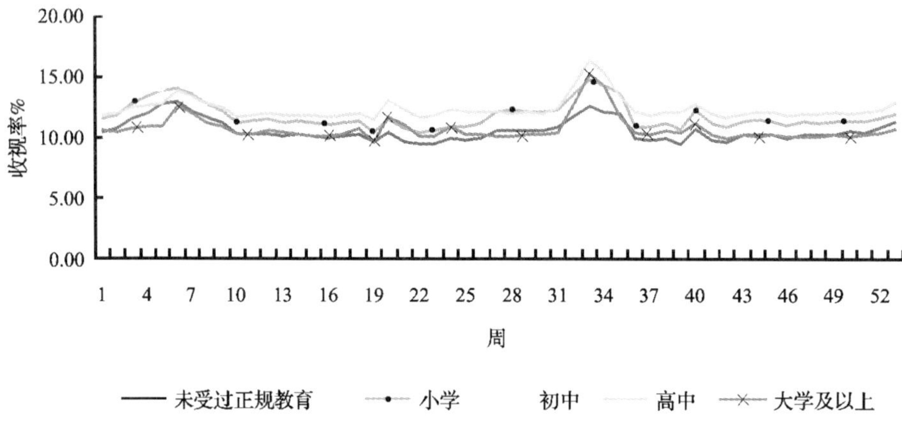

图 1.3.10　2008 年全国 154 样本市县不同教育程度观众全年收视走势
数据来源：CSM 媒介研究

(三) 全天收视走势

1. 全天收视规律基本稳定，黄金资源略有萎缩

2008 年，观众的全天收视规律与前几年相比，基本维持稳定。全天收视率曲线呈现双峰形，最突出的一个高峰出现在晚间 20:00－22:00，最高收视率水平接近 46%；第二个收视高峰出现在午间 12:30 前后，最高收视率为 15% 左右（图 1.3.11）。总体来说，观众全天收视率走势由于与观众日常工作和生活习惯相符，将长期保持稳定。

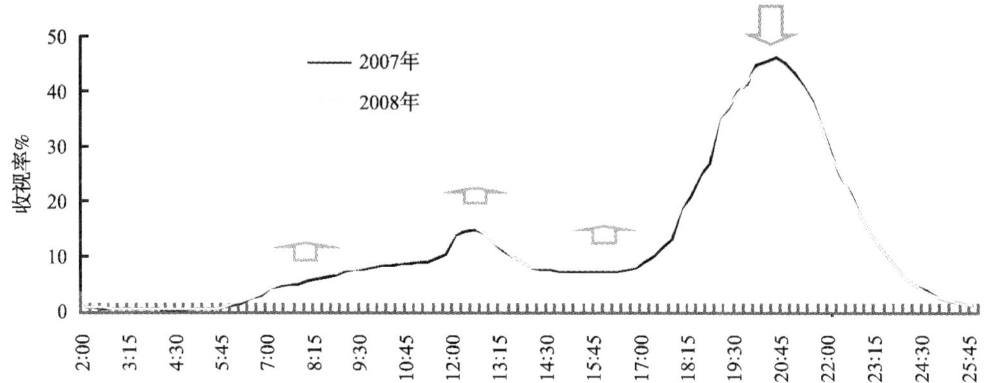

图 1.3.11　2008 年全国 154 样本市县观众全天收视走势
数据来源：CSM 媒介研究

在全天收视规律基本稳定的情况下，2008 年每日收视的黄金资源出现了萎缩，主要体现在 18:00－22:00 收视黄金时段的收视率下降上。从 2008 年我国观众的每日收视率走势来看，晚间 18:00－22:00 时段收视率的下降幅度达到 1% 左右，其中以 20:00－21:00时段下降最为明显。

2. 观众全天收视呈现区域性特征

中国幅员辽阔，不同区域的观众由于不同的工作和生活习惯而形成了不同的电视收视规律。数据显示，东北、华北和华东等地区由于地理位置偏东，日出时间较早，故而收视行为开始得比较早，其中东北地区在早间7:00就拥有了10%以上的收视率；同时上述地区由于天黑时间比较早，故晚间时段的收视高峰也开始得比较早，在18:00前后就出现了收视曲线的上升。相比较而言，地理位置相对偏西的西北和西南等地则在深夜时段拥有相对较高的收视（图1.3.12）。

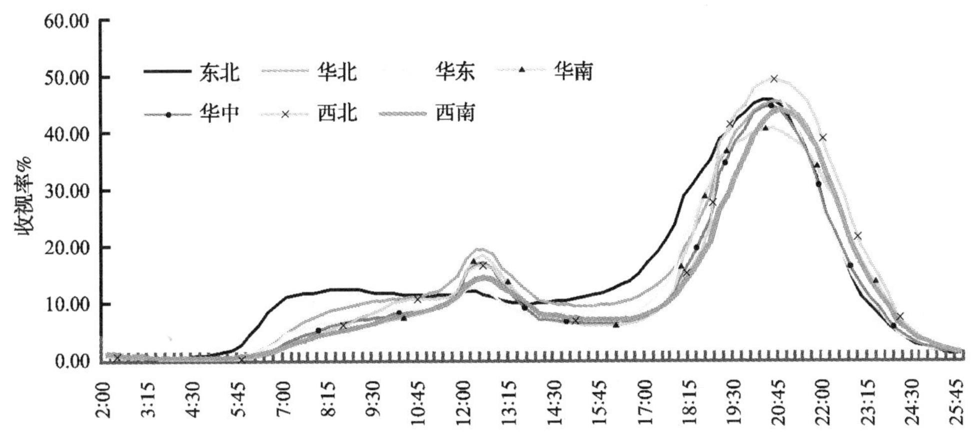

图1.3.12　2008年全国七大区域观众全天收视走势

数据来源：CSM媒介研究

3. 女性观众多数时段收视高于男性，男性观众清晨和深夜收视略高于女性

男女观众全天收视的整体规律基本相似。女性观众在全天大多数时段的收视率都高于男性，其中以下午13:00－17:00和晚间19:30－22:00等电视剧和综艺娱乐节目播出的集中时段最为明显。男性群体则在早间7:00－8:00和深夜24:00之后的时段，拥有高于女性群体的收视率（图1.3.13）。

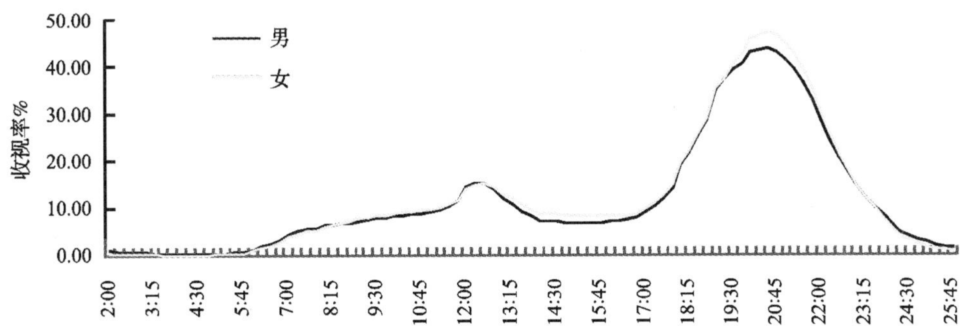

图1.3.13　2008年全国154样本市县男女观众全天收视走势

数据来源：CSM媒介研究

4. 生活习惯影响不同年龄群体每日收视曲线

受生活和工作安排的影响，不同年龄群体的每日收视曲线呈现较大差异。55岁及以上老年群体拥有相对较长的闲暇时间和相对自主的时间安排，故而在全天大多数时段的收视都明显领先于其他群体，其中在晚间黄金时段老年群体的收视率高达60%以上。25－54岁的中年群体受工作安排的影响，在日间时段的收视率偏低，晚间黄金时段同样拥有比较突出的收视高峰，不过数据同样显示，相对年轻的观众群体更有兴趣接受看电视以外的娱乐休闲活动，其在晚间黄金时段的收视率较低。25岁及以上的青少年群体和儿童群体受上学时间的限制，整体收视水平比较低，晚间收视高峰开始得相对较晚，结束得也比较早，全天收视峰值偏低（图1.3.14）。

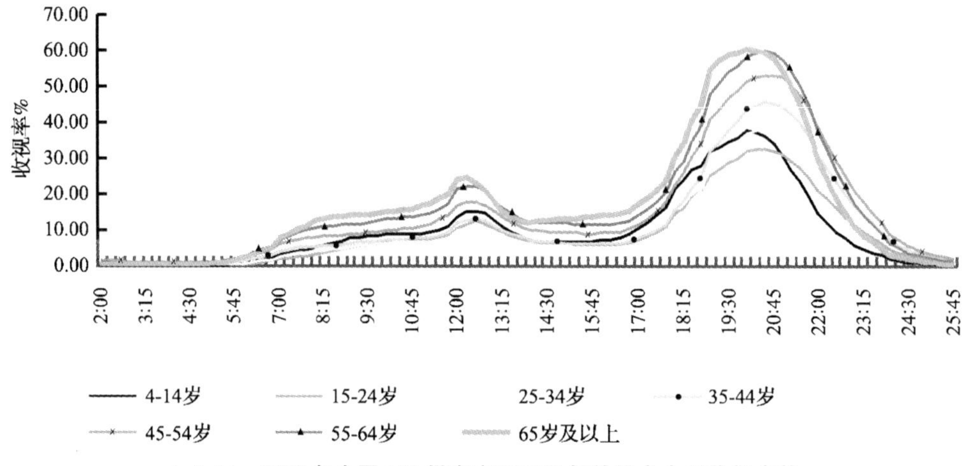

1.3.14 2008年全国154样本市县不同年龄观众全天收视走势

数据来源：CSM媒介研究

5. 不同文化程度观众每日收视呈现差异

不同文化程度的观众往往从事不同的职业，拥有不同的工作和生活习惯，故而每日收视曲线也会有一定差别。数据显示初中及以下中低教育程度的观众群体在全天大多数时段的收视率都比较高，其晚间收视高峰开始得比较早，在20:00前后就达到了收视高峰，到21:30左右就出现了收视曲线的下滑。相比较而言，高中和大学及以上的中高教育程度群体则在晚间21:00前后出现收视高峰，且收视高峰跨度比较大，在22:00深夜时段拥有明显优于中低教育程度群体的收视（图1.3.15）。

6. 工作日白天收视率明显高于周末

2008年由于特殊事件和重大事件的影响，中国观众的收视习惯略有变化，工作日的收视水平要好于周末的收视水平，收视优势主要体现在日间时段。从2008年观众在周末和工作日的收视走势来看，工作日在早间7:45至下午17:45期间的收视率要明显高于周末，其中早间9:30－11:30优势最为明显（图1.3.16）。相比较而言，观众在工作日和周末晚间黄金时段的收视基本相近。

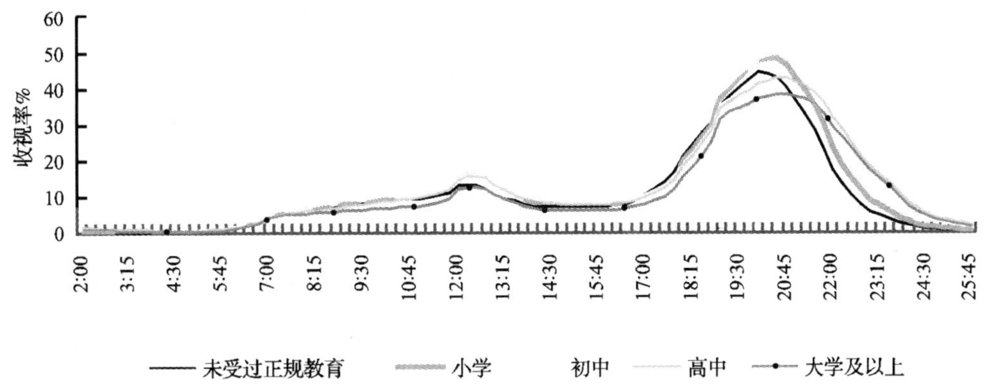

图 1.3.15　2008 年全国 154 样本市县不同教育程度观众全天收视走势
数据来源：CSM 媒介研究

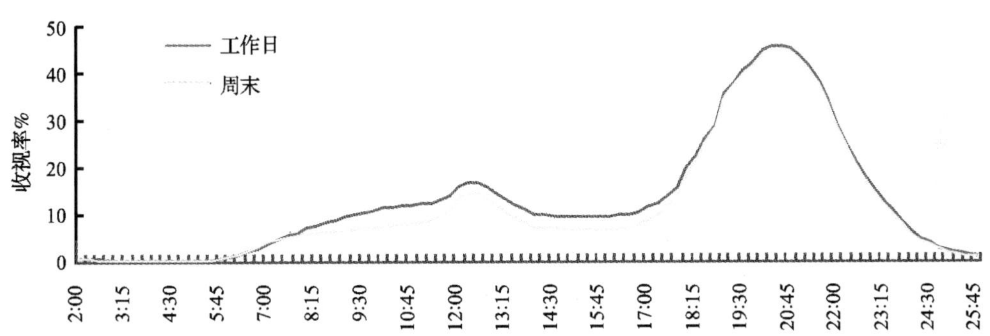

1.3.16　2008 年全国 154 样本市县周末和工作日全天收视走势
数据来源：CSM 媒介研究

四、频道竞争格局

（一）全国电视收视市场的频道竞争格局

1. 中央台竞争实力强劲，省级卫视蓄势待发

在本年鉴中，我们对全国电视收视市场的定义是所有能够覆盖全国的电视频道及其观众所组成的收视市场。2008 年，能够覆盖全国的电视频道包括中央电视台 15 个频道、中国教育台 2 个频道以及省级卫视 46 个频道，共 63 个频道。与 2007 年相比，省级卫视中增加了兵团卫视和陕西农林卫视两个频道。

2008 年，在全国 154 样本市县，中央电视台 15 个频道仍凭借着强劲的竞争实力稳居全国收视市场的第一位，共获得了 60.7% 的市场份额，较 2007 年的 61.3% 略有下滑，但从近几年的变化趋势来看，其在全国市场的收视霸主地位依然是难以撼动的。省级卫视在 2008 年共获得了 38.9% 的市场份额，较 2007 年又增长了 0.8 个百分点，虽然增长幅度难以与 2007 年相比，但其在奥运年以及重大事件频发等不利因素的影响下依然保持了增长的势头，也不失为其在2008年的重要收获。相对而言，中国教育台2个频道仅占据0.4%的市场份额，较2007年进一步萎缩。

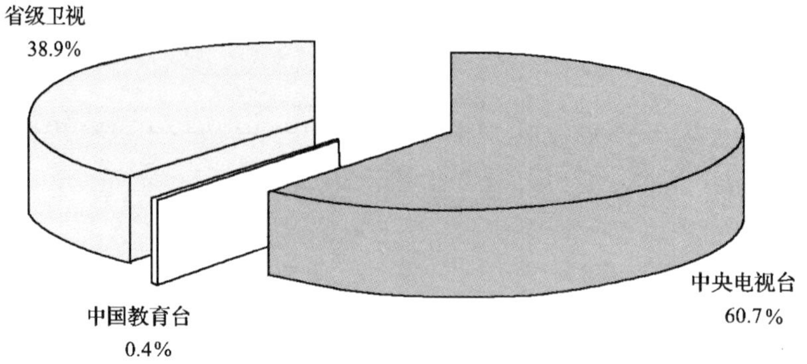

图 1.4.1　2008 年全国电视收视市场上各类频道的市场份额
数据来源：CSM 媒介研究

2. 中央台在早、午、晚时段处于领先地位，省级卫视下午时段赶超中央台

从全天各时段频道竞争格局来看，中央电视台15个频道在绝大多数时段都处于领先地位，这种领先优势在早6:00－9:00时段、中午11:30－13:00时段以及晚18:00－20:45时段更为明显，市场份额均超过60%。省级卫视虽然在中央台竞争力较强的时段形成低谷，但在中央台实力相对薄弱的时段则开始寻求突破。2008年，省级卫视在14:30－16:30时段收视份额一举超越了中央台，获得了下午时段2个小时的突破。中国教育台频道在全天各时段所占份额均较小，在三类频道的竞争中明显处于弱势。

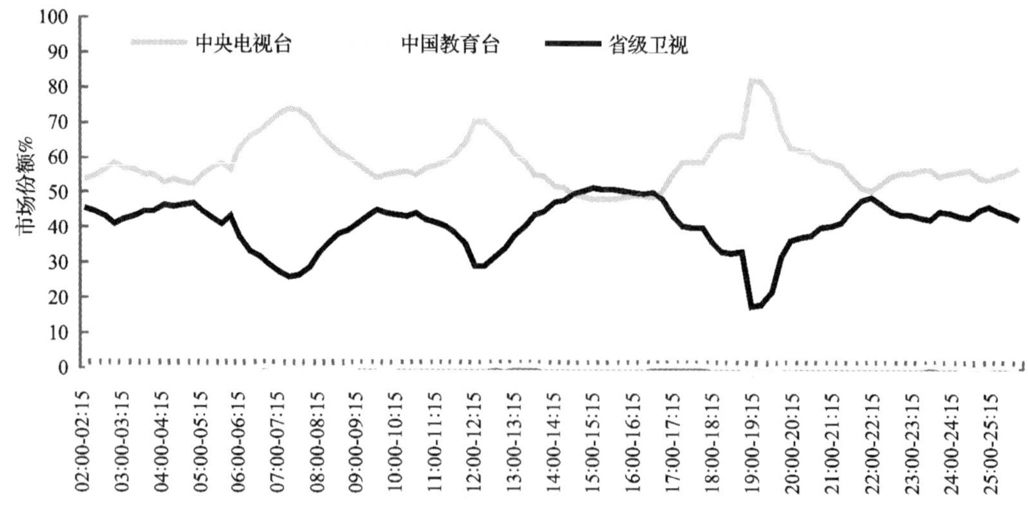

图 1.4.2　2008 年全国电视收视市场各类频道全天市场份额走势
数据来源：CSM 媒介研究

3. 中央台继续吸引高端收视群体，省级卫视对年轻活力观众吸引力更强

基于不同的频道定位和多样化的观众收视需求，三类频道对细分目标观众所表现出的吸引力存在分化：中央台对男性、中老年、职业稳定以及中高收入的收视群体凝聚力更强；省级卫视则对那些年轻、职业灵活以及中低学历和收入的收视群体更具吸引力；中国教育台2个频道对中青年、中高学历及中高收入水平的收视群体吸引力更强。

表 1.4.1　2008 年各类频道在不同目标观众群体中的市场份额（%）

目标观众	中央电视台	省级卫视	中国教育台
4 岁及以上所有人	60.7	38.9	0.4
男	64.0	35.5	0.4
女	57.3	42.3	0.5
4－14 岁	53.5	46.1	0.4
15－24 岁	49.3	50.2	0.5
25－34 岁	59.8	39.8	0.5
35－44 岁	59.1	40.4	0.5
45－54 岁	62.5	37.0	0.5
55－64 岁	66.9	32.7	0.4
65 岁及以上	68.9	30.7	0.4
未受过正规教育	59.3	40.4	0.3
小学	56.4	43.1	0.4
初中	58.8	40.7	0.4
高中	62.4	37.1	0.5
大学及以上	67.2	32.3	0.5
干部/管理人员	67.8	31.7	0.5
个体/私营企业人员	60.3	39.2	0.5
初级公务员/雇员	63.4	36.1	0.5
工人	59.8	39.8	0.5
学生/无业	61.6	38.0	0.4
其他	50.5	49.1	0.4
0－600 元	55.6	44.0	0.4
601－1200 元	63.1	36.4	0.4
1201－1700 元	65.1	34.4	0.5
1701－2600 元	66.0	33.4	0.5
2601 元及以上	66.6	32.9	0.5

数据来源：CSM 媒介研究

在以性别为细分标准的收视市场上，男性观众对中央台的收视份额高于所有观众的平均水平，而女性对省级卫视和中国教育台的收视份额则较平均水平有较大幅度提升。在以年龄为细分标准的收视市场上，中央台频道对45岁以上的中老年观众的吸引力较强，该类观众对中央台频道的收视份额远高于4岁及以上观众平均水平；25岁以下的年

轻观众对省级卫视的收视份额较所有观众平均水平更高，中国教育台更吸引15－54岁的中青年收视群体。在以学历为细分标准的收视市场上，高中及以上的中高学历收视群体对中央台和中国教育台的收视份额明显高于所有观众，初中及以下学历的观众则对省级卫视的收视份额有所提升。在以职业为细分标准的收视市场上，干部/管理人员和初级公务员/雇员两类职业较为稳定的观众依然对中央台频道的收视份额更高，而职业相对自由的个体/私营企业观众对省级卫视则表现出更高的收视份额，除了学生/无业群体以外的各类观众对中国教育台的收视份额高于平均水平。在以收入为细分标准的收视市场上，个人月收入在600元以上的中高收入观众对中央台收视份额明显高于所有观众平均水平，而个人月收入为0－600元的低收入观众则对省级卫视的收视份额大幅提升，中国教育台对个人月收入1200元以上的观众也具有更强的吸引力。

4. 中央台频道收视排行表现依然强势，山东卫视突围进入前15位

在2008年全国154样本市县上星频道市场份额排名中，中央电视台频道表现依然强势，在排名前十五位的频道中共占据了十个席位，其余五家为省级卫视，这种格局与2007年相同。中央电视台综合频道以16.8%的市场份额高居榜首，较2007年的市场份额略有提升；中央台八套和中央台三套仍分列第二、三位，但市场份额有不同程度的下滑；凭借对奥运会的转播优势，中央台五套超过中央台六套位居第四位。五家省级卫视中，湖南卫视以5.4%的市场份额排在第六位，安徽卫视则从第七位滑落至第十一位，市场份额为2.8%。除了继续保持在前十五位的江苏卫视和四川卫视以外，省级卫视中的山东卫视在2008年一举入围前十五位，竞争实力有所提升。

表1.4.2　2008年全国电视收视市场市场份额排名前十五位的频道

排名	频道	2008年市场份额%	2007年市场份额%
1	中央电视台综合频道	16.8	16.2
2	中央台八套	6.3	7.3
3	中央台三套	5.9	7.0
4	中央台五套	5.8	5.3
5	中央台六套	5.6	6.4
6	湖南电视台卫星频道	5.4	5.2
7	中央台四套	3.8	3.2
8	中央台二套	3.5	3.3
9	中央电视台少儿频道	3.1	3.3
10	中央电视台新闻频道	3.0	2.4
11	安徽一套	2.8	3.5
12	江苏卫视	2.4	2.4
13	山东卫视	2.3	2.0

续表

排名	频道	2008 年市场份额%	2007 年市场份额%
13	四川卫视	2.3	2.0
15	中央台十套	2.0	2.5

数据来源：CSM 媒介研究

（二）浙江省电视收视市场的频道竞争格局

1. 中央台占据三分之一以上市场份额，本省频道实力居中

2008 年，在浙江电视收视市场，中央电视台 15 个频道是实力最为强劲的频道组合，所占市场份额为 38.4%，超过整体市场份额总量的三分之一以上。浙江省级频道竞争力仅次于中央级频道，占据了 22.7% 的市场份额，其中浙江电视台教育科技频道和浙江卫视两个频道实力最强，共占超过 10% 的份额。外省卫视在浙江市场中共获取了 17.7% 的份额，而包括本省众多城市台在内的其他频道也占据了 20.6% 的份额。中国教育台在浙江市场获得的份额为 0.6%，对整体市场影响不大。总的来看，浙江市场各类频道竞争力差距并不悬殊，除了中央台频道略为领先外，浙江本省频道和城市台频道的实力还有待进一步增强。

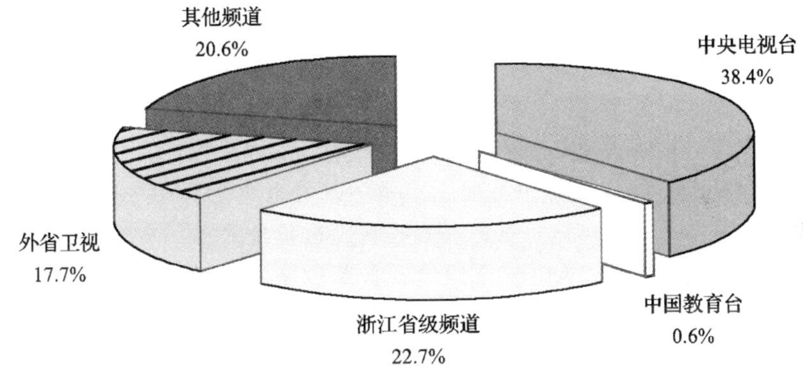

图 1.4.3　2008 年浙江省电视收视市场上各类频道的市场份额
数据来源：CSM 媒介研究

2. 中央台日间时段竞争力强于晚间，浙江省级频道傍晚实力最强

在浙江市场各类频道全天不同时段的市场份额竞争中，中央电视台频道在绝大多数时段都保持了领先的优势，但其在日间尤其是晨间的竞争优势要优于晚间时段。浙江省级频道的优势时段集中在晨间以及傍晚至整个晚间时段，其中频道在傍晚 18:45－19:30 时段的竞争力超过了中央台频道，跃居至第一位。外省卫视在全天时段角逐中表现较好的是日间时段，但在傍晚时段形成低谷，包括城市台在内的其他频道在晚间时段的激烈竞争中也表现出一定的实力，与浙江省级频道各有所得。

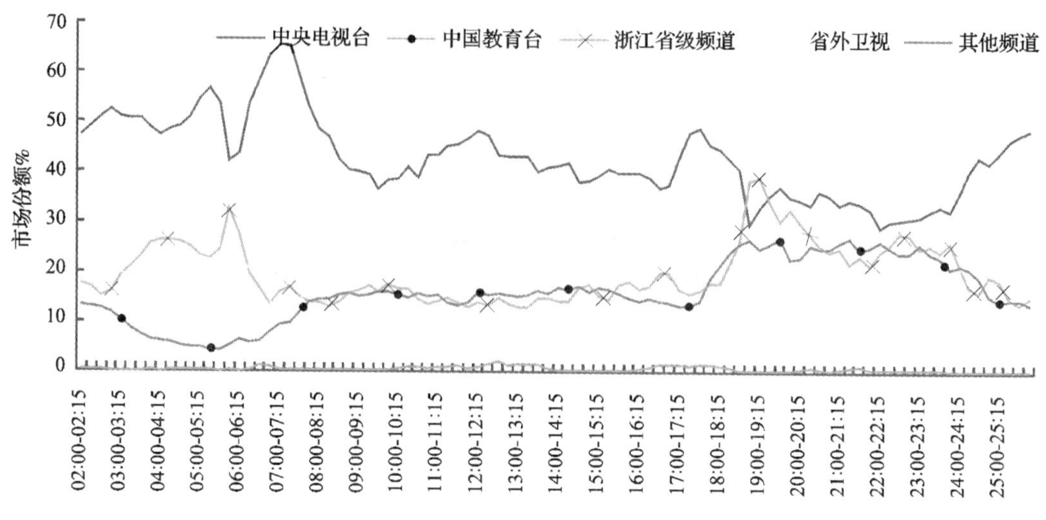

图 1.4.4 2008 年浙江电视收视市场各类频道全天市场份额走势

数据来源：CSM 媒介研究

3. 中央台对男性及中老年观众吸引力更强，浙江省级频道更受中年及干部观众青睐

在以性别为细分标准的收视市场上，中央台在男性观众中的收视份额明显更高，浙江省级频道和外省卫视则在女性观众收视中取得突破。在以年龄为细分标准的收视市场上，中央台在4－14岁及55岁以上观众收视中取得领先地位，而浙江省级频道则在35－54岁观众中的收视份额更高，外省卫视在年轻观众中的收视份额高于所有观众平均水平，中国教育台在45－54岁的观众中更具影响力。在以学历为细分标准的收视市场上，高中及以上的中高学历收视群体对中央台的收视份额明显更高，小学学历的收视群体对浙江省级频道收视份额较高，对外省卫视收视份额较高的群体是初中学历观众，其他频道在低学历和中等学历观众中的影响力高于对所有观众的影响力。在以职业为细分标准的收视市场上，中央电视台在各职业类别中影响力差异不大，浙江省级频道在干部/管理人员中的收视占据明显优势，外省卫视则对工人及学生的收视影响力稍强。在以收入为细分标准的收视市场上，中央台对个人月收入601－1200元以及1700元以上的观众吸引力较强，浙江省级频道在低收入和高收入群体中均具有一定优势，外省卫视明显在低收入群体中的市场份额更高。

表 1.4.3 2008 年浙江市场各类频道在不同目标观众群体中的市场份额（%）

目标观众	中央电视台	中国教育台	浙江省级频道	省外卫视	其他频道
4岁及以上所有人	38.4	0.6	22.7	17.7	20.6
男	42.3	0.7	22.1	16.2	18.7
女	34.1	0.6	23.5	19.2	22.6
4－14岁	40.0	0.5	19.8	23.7	16.0

续表

目标观众	中央电视台	中国教育台	浙江省级频道	省外卫视	其他频道
15－24 岁	33.5	0.6	20.6	25.3	20.0
25－34 岁	38.3	0.7	21.6	19.5	19.9
35－44 岁	34.8	0.6	26.5	15.9	22.2
45－54 岁	36.6	0.8	24.0	15.4	23.2
55－64 岁	43.4	0.6	21.8	13.8	20.4
65 岁及以上	44.2	0.5	23.6	11.0	20.7
未受过正规教育	41.6	0.5	21.4	15.1	21.4
小学	38.4	0.6	23.7	17.2	20.1
初中	36.9	0.7	22.7	19.0	20.7
高中	39.5	0.5	21.3	17.2	21.5
大学及以上	40.2	0.5	22.9	16.1	20.3
干部/管理人员	36.7	0.5	27.3	15.5	20.0
个体/私营企业人员	38.5	0.9	22.9	17.1	20.6
初级公务员/雇员	38.3	0.6	22.7	16.1	22.3
工人	38.2	0.8	22.1	18.4	20.5
学生/无业	38.4	0.5	22.4	18.9	19.8
其他	38.7	0.6	23.7	15.9	21.1
0－600 元	37.2	0.6	23.4	19.1	19.7
601－1200 元	39.7	0.7	21.2	17.4	21.0
1201－1700 元	38.0	0.7	22.2	16.7	22.4
1701－2600 元	39.6	0.6	24.2	15.2	20.4
2601 元及以上	39.0	0.7	24.0	14.6	21.7

数据来源：CSM 媒介研究

4. 中央台频道占据收视排行多数席位，浙江电视台教育科技频道实力不俗

2008 年浙江市场单个频道竞争的前 15 位格局在一定程度上也是对该市场各类频道竞争力分化的一个反映。中央台频道占据 9 个席位，浙江省级频道占据 4 个席位，外省卫视中有湖南卫视和安徽一套 2 个频道入围。在中央台频道占据多数席位的情况下，浙江电视台教育科技频道与中央台八套一起成为该市场实力最为强劲的频道，各获得 5.9% 的市场份额。浙江本省频道中，浙江卫视、浙江电视台钱江都市频道和浙江电视台影视娱乐频道分别排名第四、十一和十三位。

表 1.4.4　2008 年浙江收视市场收视份额排名前十五位的频道

排名	频道	2008 年市场份额%	2007 年市场份额%
1	浙江电视台教育科技频道	5.9	9.2
1	中央台八套	5.9	5.7
3	中央台六套	5.8	4.4
4	浙江卫视	5.1	4.5

续表

排名	频道	2008年市场份额%	2007年市场份额%
5	湖南电视台卫星频道	4.9	4.7
6	中央电视台少儿频道	4.2	4.2
7	中央电视台综合频道	3.6	5.1
8	中央台三套	3.3	2.7
9	中央台五套	3.2	2.0
10	安徽一套	2.9	2.6
11	浙江电视台钱江都市频道	2.7	3.8
12	中央台四套	2.5	1.9
12	浙江电视台影视娱乐频道	2.5	2.4
14	中央电视台新闻频道	2.3	1.0
15	中央台十一套	2.2	2.2

数据来源：CSM媒介研究

（三）北京市电视收视市场的频道竞争格局

1. 中央台和北京台领跑收视，外省卫视份额有所增长

与2007年北京台大幅度领先的格局有所不同，2008年，在北京收视市场上中央台和北京台频道基本打成平手，其中北京台频道份额略高，为35.8%，但较2007年40.3%的份额明显萎缩。中央台15个频道的市场份额为35.1%，较2007年的36.7%也有一定程度的下降。在北京市场收视份额获得明显提升的是外省卫视频道，2008年共获得了20.1%的市场份额，连续三年保持增长。由于有中国教育台三套覆盖，中国教育台频道在该市场所获得的份额达到1.7%。

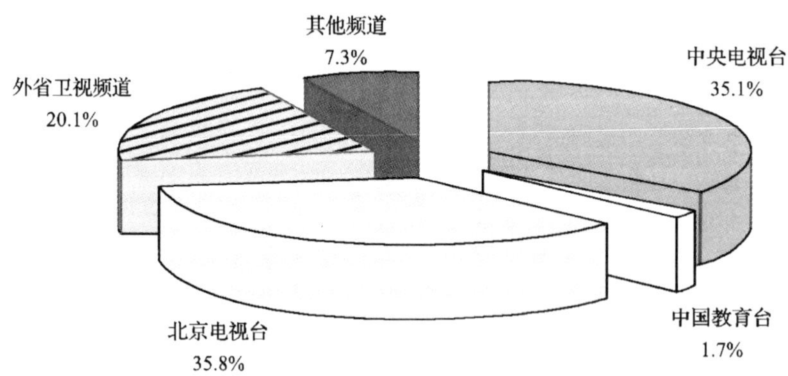

图1.4.5　2008年北京电视收视市场上各类频道的市场份额
数据来源：CSM媒介研究

2. 全天时段竞争激烈，北京台领跑早午晚三段收视

由于北京台与中央台的整体竞争力较为接近，因此全天不同时段的收视竞争中，两

类频道之间的竞争也较为激烈。中央台在深夜至清晨和上下午时段市场份额较高，而北京台收视表现突出的时段则是早间 6:30－7:30 时段、午间 11:30－13:00 时段和晚间 17:00－22:30 三个大时段，外省卫视的竞争力与北京台形成明显的互为消长，因此在早、午、晚三个时段竞争力较为薄弱。与 2007 年相比较，由于奥运会这一重大体育赛事的发生，2008 年北京台和中央台在全天不同时段力量对比有所变化。

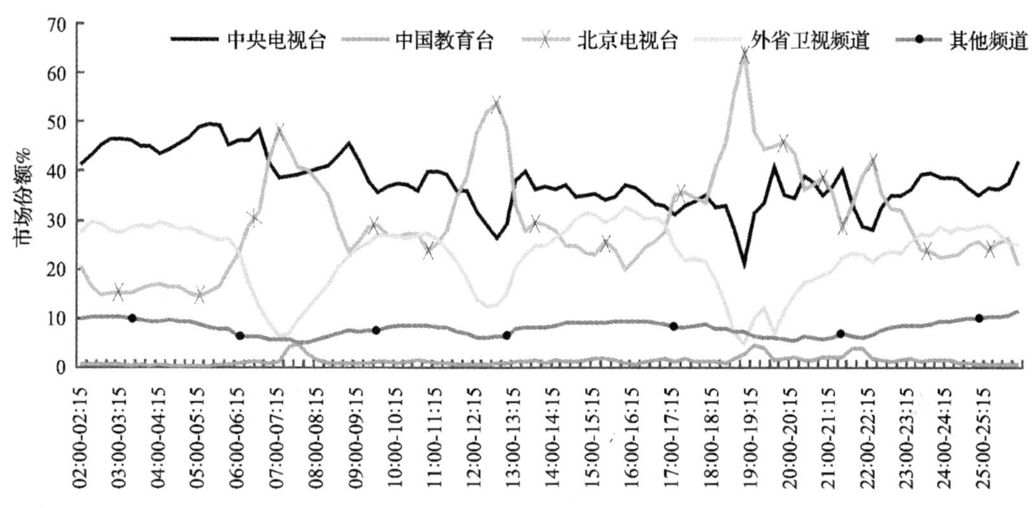

图 1.4.6　2008 年北京电视收视市场各类频道全天市场份额走势

数据来源：CSM 媒介研究

3. 中央台继续吸引高端群体收视，北京台对中年女性群体吸引力更强

北京台与中央台之间的收视竞争，在不同的细分收视市场上也呈现此消彼长的态势。在以性别为细分标准的收视市场上，男性观众对中央台的收视份额超过了北京台，而女性观众则对北京台更加青睐，其对外省卫视的收视份额也较男性更高。在以年龄为细分标准的收视市场上，中央台对 55 岁以上的中老年观众吸引力最强，其中 65 岁以上的高龄观众对中央台的收视份额高达 42%；北京台频道则对 45 岁以上观众保持了较强的吸引力，该类观众对频道的收视份额远高于 4 岁以上观众平均水平；省外卫视对年轻观众的吸引力明显更强，24 岁以下观众对该类频道的收视份额超过 26%，远高于 4 岁以上所有观众的平均水平。在以学历为细分标准的收视市场上，中央电视台对大学以上高学历观众吸引力更强；北京台更吸引低学历和中等学历观众收视，未受过正规教育及初中学历的观众对北京台的收视份额更高；外省卫视更吸引的群体依然是小学及高中学历的观众。在以职业为细分标准的收视市场上，中央台对干部/管理人员的吸引力更强，北京台则对学生/无业观众更具吸引力，外省卫视对个体/私营企业人员、初级公务员/雇员和工人观众有较强吸引力。在以收入为细分标准的收视市场上，中央台对个人月收入达到 1700 元以上的高收入群体更具号召力；北京台对个人月收入在 601－1700 元范围内的中等收入群体吸引力较强；外省卫视频道对于低收入收视群体凝聚力较强，个人月收入在 0－600 元之间的观众对其收视份额达到 24.3%。中国教育台频道相对而言更吸

引女性、15－34岁、大学以上学历、初级公务员/雇员、工人和中等及低收入水平的收视群体。

表 1.4.5　2008 年北京各类频道在不同目标观众群体中的市场份额（%）

目标观众	中央电视台	中国教育台	北京电视台	外省卫视频道	其他频道
4 岁及以上所有人	35.1	1.7	35.8	20.1	7.3
男	37.3	1.7	34.2	19.2	7.6
女	32.8	1.8	37.6	21.0	6.8
4－14 岁	28.9	1.1	34.6	27.0	8.4
15－24 岁	28.0	2.4	32.1	26.8	10.7
25－34 岁	33.5	2.5	32.2	21.7	10.1
35－44 岁	34.6	1.8	33.9	23.3	6.4
45－54 岁	34.2	1.6	37.8	19.7	6.7
55－64 岁	36.9	1.7	38.3	16.5	6.6
65 岁及以上	42.0	1.0	37.0	14.1	5.9
未受过正规教育	35.6	0.6	37.8	20.1	5.9
小学	36.6	1.5	35.0	21.6	5.3
初中	35.0	1.6	37.8	20.8	4.8
高中	32.9	1.7	36.1	21.0	8.3
大学及以上	37.9	2.0	32.8	17.1	10.2
干部/管理人员	39.3	1.3	33.6	16.6	9.2
个体/私营企业人员	35.9	1.3	34.0	22.8	6.0
初级公务员/雇员	32.7	2.2	35.4	21.4	8.3
工人	33.7	1.9	34.9	22.5	7.0
学生/无业	35.6	1.6	37.0	18.7	7.1
其他	40.1	1.2	28.7	25.9	4.1
0－600 元	32.7	1.8	34.1	24.3	7.1
601－1200 元	34.8	1.8	37.9	21.0	4.5
1201－1700 元	35.1	1.8	38.9	16.9	7.3
1701－2600 元	37.0	1.5	34.4	19.4	7.7
2601 元及以上	37.2	1.7	33.1	17.4	10.6

数据来源：CSM 媒介研究

4. 中央台与北京台在收视排行中各占七个席位，外省卫视中湖南卫视唯一入榜

2008 年北京市场收视份额排名前十五位的频道中，中央台与北京台频道各占七个，在数量上暂时平手，外省卫视中仅有湖南卫视一家频道入围，以 2.2% 的市场份额排名第十三位。从单个频道的竞争力来看，以影视剧为主打的北京台四套以 8.4% 的份额依然排名首位，较排名第二位的北京卫视领先了近 1 个百分点。中央电视台综合频道仍然保持在市场份额排名的第三位，5.7% 的份额较 2007 年略有增长。中央台六套和三套也是中央台频道中较受北京观众喜爱的频道，北京台的体育频道北京六套并未借助奥运获得竞争力提升，相反由2007 年的第十五位滑落至第十六位，中央台五套则借奥运将排名由第十位提升至第八位。

表 1.4.6　2008 年北京市场收视份额排名前十五位的频道

排名	频道	2008 年市场份额%	2007 年市场份额%
1	北京台四套	8.4	9.1
2	北京卫视	7.5	8.0
3	中央电视台综合频道	5.7	5.6
4	中央台六套	4.9	5.6
5	北京台二套	4.4	5.0
6	中央台三套	4.1	4.6
7	北京台七套	4.0	4.9
8	中央台五套	3.5	3.5
8	中央台八套	3.5	3.9
10	北京台三套	3.4	3.6
11	中央台二套	2.8	2.9
12	中央台四套	2.5	2.1
13	湖南电视台卫星频道	2.2	1.9
14	北京台五套	2.0	2.8
14	北京台八套	2.0	1.8

数据来源：CSM 媒介研究

（三）上海市电视收视市场的频道竞争格局

1. 上海本地频道仍然占据半壁江山，中央台份额略有提升

与 2007 年相比，2008 年上海电视收视市场的竞争格局在基本稳定的情况下略有变化。中央台频道和外省卫视频道的市场份额略有增长，上海本地频道的市场份额则略有减少，中国教育台频道在上海市场的份额仅为 0.2%。具体来看，中央电视台的市场份额由 2007 年的 18.5% 增至 20.3%，外省卫视的市场份额则从 2007 年的 13.5% 增至 15.7%，上海本地频道的市场份额减少了 1.6 个百分点，竞争力略有滑落。两个主打频道中，上海电视台新闻综合频道竞争力进一步提升，而上海电视台电视剧频道的市场份额则大幅滑落。

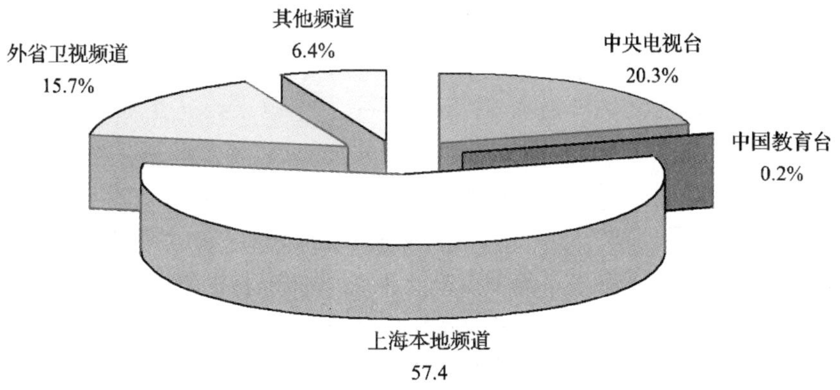

图 1.4.7　2008 年上海电视收视市场上各类频道的市场份额

数据来源：CSM 媒介研究

2. 上海市级频道领跑全天收视，中央台和外省卫视在清晨略有突破

上海市级频道在上海市场的领先地位，在全天不同时段的收视竞争中更加显而易见。除了清晨4:30－6:00时段以外，上海市级频道以绝对的优势领跑全天收视。早间7:00左右第一个收视高峰的市场份额已经突破63.1%，而在晚间19:00左右第二个收视高峰的市场份额已经达到86%，垄断优势明显。由于上海本地频道的强势，中央电视台和外省卫视仅在清晨4:30－6:00时段略有突破，市场份额超过了上海本地频道，而在上海本地频道收视开始增长后又急遽滑落。在全天其他时段两类频道的收视也没有明显的亮点，但中央台频道在多数时段的市场份额较外省卫视仍略领先。

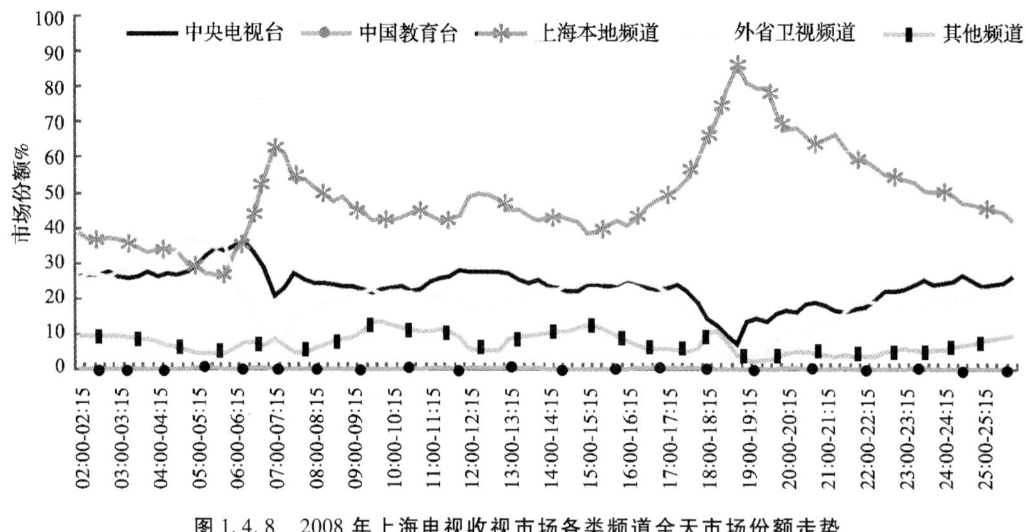

图1.4.8 2008年上海电视收视市场各类频道全天市场份额走势

数据来源：CSM媒介研究

3. 上海市级频道在细分市场上依然领先，中央台对高端群体仍较具吸引力

上海市级频道的领先优势依然体现在不同细分收视群体的收视中，在所有细分群体中的市场份额均超过50%，中央台和外省卫视则在个别收视群体中份额有所提升，在一定程度上反映出在细分收视市场上频道影响力的变化。

在以性别为细分标准的收视市场上，中央台更吸引男性观众的收视，男性观众对中央台的收视份额超过所有观众平均水平3个百分点；上海本地频道和外省卫视则对女性观众更具吸引力。在以年龄为细分标准的收视市场上，中央台对35岁以上尤其是55岁以上的观众吸引力更强；上海市级频道则对25岁以下、45－54岁及65岁以上观众的吸引力较强，在吸引的观众的年龄层上较为丰富；外省卫视频道对44岁以下观众的吸引力明显更高，该类观众对频道的收视份额在17%以上。在以学历为细分标准的收视市场上，中央电视台对初中和大学及以上学历观众吸引力更强；上海市级频道则更吸引中低学历观众收视，小学以下学历的观众对上海台的收视份额超过60%；外省卫视明显更吸引中低学历观众，其中小学学历观众对其收视份额达到19.3%，较平均水平高出3.6个百分点。在以职业为细分标准的收视市场上，中央台对干部/管理人员的吸引力明显超

过平均水平，上海市级频道对学生/无业人员和其他观众吸引力较强，外省卫视对初级公务员/雇员和工人观众有较强吸引力。在以收入为细分标准的收视市场上，中央台对中等及高收入水平的群体号召力更强，上海市级频道对个人月收入1200元以下的观众吸引力较强，外省卫视在个人月收入0－600元的观众中收视份额更高。中国教育台频道对25－34岁、55－64岁、未受过正规教育及职业类别为工人的观众吸引力更强。

表1.4.7 2008年上海各类频道在不同目标观众群体中的市场份额（%）

目标观众	中央电视台	中国教育台	上海本地频道	外省卫视频道	其他频道
4岁及以上所有人	20.3	0.2	57.4	15.7	6.4
男	23.3	0.2	55.0	14.3	7.2
女	17.0	0.2	59.9	17.1	5.8
4－14岁	13.7	0.2	58.3	21.7	6.1
15－24岁	13.8	0.2	61.4	19.1	5.5
25－34岁	18.5	0.3	54.9	17.9	8.4
35－44岁	21.6	0.2	54.8	17.1	6.3
45－54岁	20.4	0.2	58.5	14.6	6.3
55－64岁	22.6	0.3	56.0	13.3	7.8
65岁及以上	23.7	0.2	58.4	13.5	4.2
未受过正规教育	16.1	0.3	62.1	18.0	3.5
小学	16.8	0.2	60.6	19.3	3.1
初中	21.7	0.2	56.5	15.1	6.5
高中	19.3	0.2	58.2	15.9	6.4
大学及以上	21.9	0.2	55.0	14.2	8.7
干部/管理人员	22.3	0.2	55.9	14.8	6.8
个体/私营企业人员	20.7	0.2	54.9	15.5	8.7
初级公务员/雇员	19.7	0.2	56.6	16.1	7.4
工人	20.3	0.3	57.3	16.7	5.4
学生/无业	20.2	0.2	58.2	15.4	6.0
其他	20.5	0.2	58.0	17.0	4.3
0－600元	16.7	0.2	59.1	18.5	5.5
601－1200元	19.4	0.2	58.8	15.2	6.4
1201－1700元	22.4	0.2	56.6	14.5	6.3
1701－2600元	21.0	0.2	56.8	14.9	7.1
2601元及以上	22.7	0.2	54.3	15.5	7.3

数据来源：CSM媒介研究

4. 上海本地频道竞争力普遍较强，中央台六套入围前十

2008年上海市场收视份额排名前十五位的频道中，上海本地频道占据了十个席位，较2007年减少一个，中央台依然有四个频道入围，外省卫视中仅有湖南卫视入围。总的来看，上海本地频道在单枪匹马的竞争中可谓实力强劲，上海电视台新闻综合频道的份额进一步提升，以11.8%的份额高居榜首，上海电视台电视剧频道的市场份额则有所萎缩，但仍排在榜单的第二位。中央台频道中表现最好的仍然是中央台六套，以2.9%的份额排名第九位。中央电视台综合频道、中央台四套和五套分别排名第十一、十二和十

四位，其中奥运频道中央台五套替代了2007年的中央台八套入围前十五位。外省卫视中，湖南卫视重新入围，以2.5%的市场份额排名第十三位。

表1.4.8　2008年上海市场收视份额排名前十五位的频道

排名	频道	2008年市场份额%	2007年市场份额%
1	上海电视台新闻综合频道	11.8	11.0
2	上海电视台电视剧频道	9.1	10.2
3	上海东方电视台娱乐频道	6.9	6.8
4	上海东方电影频道	5.3	5.3
5	上海电视台体育频道	4.2	3.2
5	上海电视台生活时尚频道	4.2	4.9
7	上海东方卫视	3.6	2.5
7	第1财经	3.6	5.2
9	中央台六套	2.9	3.1
10	上海东方电视台艺术人文频道	2.8	4.2
11	中央电视台综合频道	2.7	2.3
12	中央台四套	2.6	2.0
13	湖南电视台卫星频道	2.5	1.7
14	中央台五套	2.0	1.9
15	上海东方电视台外语频道	1.9	—

数据来源：CSM媒介研究

（四）广州市电视收视市场的频道竞争格局

1. 南方传媒集团依然保持领先地位，中央台份额获得提升

2008年，在广州电视收视市场上，南方传媒集团依然保持着领先的优势，以29%的市场份额排名首位，但较2007年30.8%的市场份额略有下降。广州本地台的市场份额也略有萎缩，由2007年的17.5%滑落至16.4%。香港台和其他境外频道的市场份额较2007年略有增长，但增幅较小，不影响整体市场的竞争格局。中央台在广州市场2008年的收视竞争中有所斩获，10.5%的市场份额较上年增加了1.3个百分点。外省卫视的市场份额保持不变，依然为6.5%。

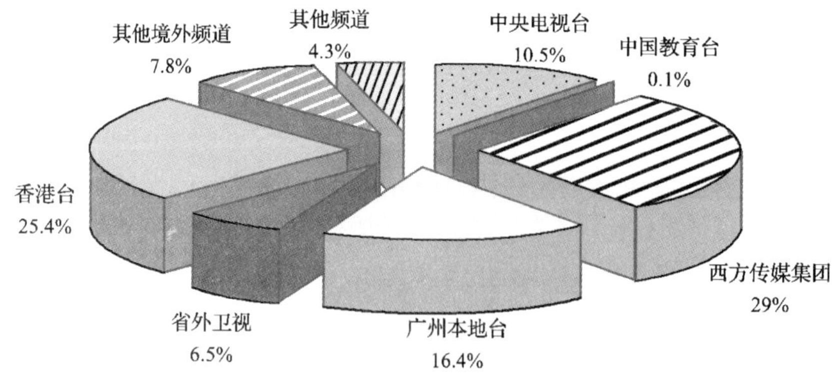

图1.4.9　2008年广州电视收视市场上各类频道的市场份额

数据来源：CSM媒介研究

2. 南方传媒集团在多数时段保持领先优势，香港台在晨间及晚间时段有所突破

在市场整体竞争中保持领先的南方传媒集团，依然在全天多个时段获得了较高的市场份额。而能与其在一定程度上相抗衡的频道主要是香港台和广州本地台，中央台未能在某些时段获得较大的突破。具体来看，香港台在早间 5:00－6:30 时段的市场份额最高，领先于其他各类频道而居于首位，在晚间 20:00－23:00 时段，香港台也以明显的优势领跑收视。广州台收视份额领先的时段是早间 6:30－7:30 时段及傍晚 18:00－20:00 时段，但其在晚间 18:00－20:00 时段的领先是与南方传媒集团同步的，二者竞争力不相上下。

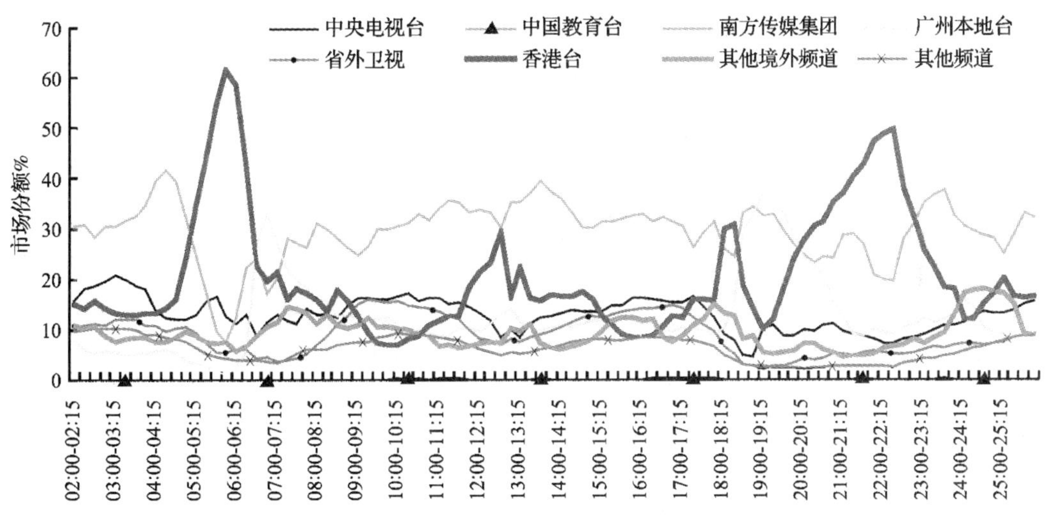

图 1.4.10　2008 年广州电视收视市场各类频道全天市场份额走势

数据来源：CSM 媒介研究

3. 细分市场受众竞争更为激烈，不同频道吸引不同收视群体

在广州这样频道竞争复杂的收视市场中，不同频道组由于定位的差异及受众需求的多样化，在细分目标观众收视市场上的实力变化也更为丰富，地域特色非常明显。

在以性别为细分标准的收视市场上，南方传媒集团对男性和女性观众的吸引力不相上下，中央台仍然对男性保持了较强的吸引力，广州本地台和香港台都更受女性观众的青睐，省外卫视和其他境外频道均在女性观众中市场份额更高。在以年龄为细分标准的收视市场上，中央台对 45 岁以上的中老年观众吸引力更强，该类观众对中央台的收视份额远高于所有观众平均水平；南方传媒集团则对 24 岁以下和 65 岁以上的收视群体较具影响力，在年龄层上存在分化；广州本地台更吸引的是 55－64 岁的观众，省外卫视在 4－14 岁观众中影响力更强，香港台更吸引的是 15－34 岁的青年观众，其他境外频道对 15－24 岁观众凝聚力更强。在以学历为细分标准的收视市场上，中央电视台明显更受大学及以上高学历观众的喜爱，南方传媒集团、广州本地台和省外卫视则对低学历观众更具吸引力，香港台更吸引的是高中以上学历的收视群体，其他境外频道也对初中以上学

历的观众更具吸引力。在以职业为细分标准的收视市场上，中央台对干部/管理人员和初级公务员/雇员最具吸引力，南方传媒集团对工人和学生/无业观众影响力更强，广州本地台较受工人青睐，省外卫视对干部/管理人员具有较强吸引力，香港台更吸引的是个体/私营企业人员和初级公务员/雇员，其他境外频道更受干部/管理人员和个体/私营企业人员的青睐。在以收入为细分标准的收视市场上，中央台仍然在高收入群体中影响力更强，南方传媒集团和省外卫视在低收入群体中份额更高，广州本地台较受中等收入水平观众的喜爱，香港台在各类收入水平观众中市场份额差异不大，其他境外频道在低收入和高收入观众中同时具有较强影响力。

表 1.4.9　2008 年广州各类频道在不同目标观众群体中的市场份额（%）

目标观众	中央电视台	中国教育台	南方传媒集团	广州本地台	省外卫视	香港台	其他境外频道	其他频道
4 岁及以上所有人	10.5	0.1	29.0	16.4	6.5	25.4	7.8	4.3
男	11.8	0.1	29.0	15.7	6.3	24.8	7.8	4.5
女	9.3	0.1	29.0	16.9	6.8	26.1	7.9	3.9
4－14 岁	6.7	0.1	32.4	13.2	11.5	21.5	9.5	5.1
15－24 岁	5.6	0.0	30.4	11.5	5.9	29.8	12.3	4.5
25－34 岁	10.5	0.1	25.6	15.2	6.8	30.4	6.7	4.7
35－44 岁	11.3	0.1	28.2	14.4	6.0	26.3	9.6	4.1
45－54 岁	10.9	0.1	29.9	17.7	5.8	24.2	6.5	4.9
55－64 岁	14.0	0.1	24.6	22.9	6.3	23.2	4.8	4.1
65 岁及以上	12.3	0.1	32.5	17.7	4.2	23.5	6.9	2.8
未受过正规教育	6.3	0.1	31.6	19.9	8.2	25.5	3.9	4.5
小学	7.4	0.1	34.0	18.3	7.7	22.6	5.8	4.1
初中	8.4	0.1	32.6	15.7	6.4	24.8	7.9	4.1
高中	10.8	0.1	27.4	15.8	6.3	26.5	8.6	4.5
大学及以上	17.5	0.1	20.9	15.7	5.6	27.0	9.1	4.1
干部/管理人员	17.9	0.2	22.6	16.0	7.6	21.8	9.1	4.8
个体/私营企业人员	9.3	0.1	29.6	14.5	4.7	27.6	9.4	4.8
初级公务员/雇员	12.0	0.1	24.5	16.1	5.5	29.3	8.0	4.5
工人	8.7	0.1	31.1	16.9	6.1	26.1	6.1	4.9
学生/无业	10.0	0.1	30.0	16.6	6.9	24.5	7.9	4.0
其他	5.9	0.1	37.6	18.4	12.0	20.5	3.3	2.2
0－600 元	7.7	0.1	31.0	13.3	9.2	25.2	9.6	3.9
601－1200 元	9.4	0.1	31.7	18.3	5.0	25.5	6.2	3.8
1201－1700 元	10.2	0.1	30.0	18.3	4.8	25.6	6.5	4.5
1701－2600 元	12.2	0.1	26.7	17.7	6.5	25.9	6.2	4.7
2601 元及以上	17.8	0.2	20.9	16.2	5.2	24.7	10.3	4.7

数据来源：CSM 媒介研究

4. 收视排行本地及境外频道表现较好，中央台仅有2个频道入围

2008年，在广州电视收视市场，市场份额排名前十五位的频道多数被具有地缘和文化优势的香港台及本地频道所占据，其中市网翡翠台以11.4%的份额高居首位，较2007年的10.5%有所增长。此外，省网翡翠台、市网本港台和省网本港台也以不错的成绩入围前十五位。广州台市场份额较上年略有下降，仍排在第二位，但与第三位的省网翡翠台差距缩小。广东电视台珠江频道和南方电视台影视频道均入围前五位，但份额较上年也有所下降。中央台频道中，中央电视台综合频道和中央台五套两个频道入围，分别以2.3%和2.0%的市场份额排名第十一和十三位。

表1.4.10 2008年广州市场收视份额排名前十五位的频道

排名	频道	2008年市场份额%	2007年市场份额%
1	市网翡翠台（中文）	11.4	10.5
2	广州台	8.7	9.9
3	省网翡翠台（中文）	8.6	9.2
4	广东电视台珠江频道	8.2	9.1
5	南方电视台影视频道	6.6	6.8
6	广州电视台新闻频道	3.6	3.3
6	广东电视体育频道	3.6	2.0
8	星空卫视	3.2	3.0
9	南方卫视 TVS-2	2.8	3.0
10	市网本港台（中文）	2.4	2.1
11	中央电视台综合频道	2.3	1.7
12	南方电视台综艺频道	2.2	2.8
13	中央台五套	2.0	1.7
14	省网本港台（中文）	1.9	2.3
15	南方电视台经济频道	1.7	2.0

数据来源：CSM媒介研究

综上所述，2008年全国收视市场中，中央台15个频道依然保持着收视霸主地位，以60.7%的市场份额领先于其他频道，但这一份额较2007年有所萎缩。在全天收视竞争中，中央台继续强化了在早、午、晚时段的领先优势，但在下午时段被省级卫视所赶超。对高端收视群体的吸引仍然是中央台在全国市场乃至地方市场的一大优势。在重点省、市收视市场上，中央台在与当地频道的竞争中有得有失，在全天时段收视竞争中也常被本土频道所超越，这正是多级媒介市场不断分化的必然结果。在浙江市场，中央台保持了在整体市场竞争中的优势地位，在全天时段及细分收视中的优势也较为明显；在北京、上海和广州三城市收视市场，央视的整体竞争实力逊于本土频道，但在高端收视群体仍拥有很强的影响力，中央台五套也在奥运年凭借对奥运赛事的转播优势在个别市场获得了收视增长。

五、节目竞争格局

大事频发的2008年，除了给人们的生活带来震动以外，也给中国电视节目市场格局带来了新的变化。无疑，新闻节目和体育节目是2008年中国电视节目市场最受瞩目的亮点——频频发生的重大事件给新闻节目带来诸多话题和内容，北京奥运会的成功举办更是让体育节目赚足注意力资源。在突发事件和重大事件发生的同时，中央电视台的权威性和号召力再次得到凸显，中央台频道的收视份额在汶川地震发生后2周以及奥运会期间均出现显著增长。电视剧节目和综艺节目依旧是省级卫视攻城略地的重要利器，同时也是各省级卫视征战的焦点。面对电视剧资源日趋紧张的局势，省级卫视一方面变换手法在电视剧“独播”卖点上下工夫，另一方面开始着手“定制剧”的制作与开发。在2008年综艺节目市场份额进一步萎缩的不利态势下，各省级卫视在内容和形式上寻找突破，借“奥运”和“麦霸”题材大胆创新，使综艺节目收视份额在2008后半年获得大幅增长，重回年初的收视水平。经历过危机与机遇并存的2008年，我们了解到，快速反应、周密准备是电视节目借势“重大事件”、获得大发展的重要手段，而电视台在危机情况下灵活机动的转换形式、寻求机遇的机智表现，以及积蓄力量、突破重围的忧患意识，更让我们为电视台经营手段的日趋成熟有了新的认识。

（一）全国电视收视市场的节目竞争格局

凭借强大的覆盖优势，中央台频道和省级卫视是全国范围节目市场的主要参与者，并互为竞争对手。2008年，中央台频道与省级卫视在各类节目市场上的竞争格局略有变化，中央电视台虽然仍占据着节目市场的大半壁江山，而省级卫视则通过电视剧及综艺节目保持扩张态势，侵占了中央台频道和中国教育台频道不少市场份额。面对省级卫视的攻势，中央台频道开始做出反应，凭借对奥运会等内容资源的垄断，2008年中央台频道市场份额的下降趋势有所放缓。在类型节目市场上，电视剧、综艺节目依旧占据领导地位，但收视份额在不断缩减；在大事频发的2008年，新闻/时事节目得以在更大的市场范围内施展拳脚；与此同时，借奥运东风，体育节目成为了2008年最耀眼的节目新星。

1. 节目竞争格局大体稳定，体育节目崛起，电视剧和综艺衰退

2008年中国电视节目市场，呈现“个体突破”与“大体稳定”并存的局面。受北京奥运的推动和影响，体育节目在2008年异军突起，以8.5%的收视份额杀入第一阵营，同比增长3.46个百分点，这是“个体突破”的表现。而除体育节目在电视节目市场排名发生较大提升外，其他各类节目的先后次序变化不大，竞争格局大体稳定。2008年，收视铁三角依旧不变——由电视剧、新闻/时事和综艺节目组成，加上新成员体育节目，第一阵营四类节目的收视份额达到61.27%；第二梯队由专题和生活服务节目构成，二者共收获13.26%的收视份额；电影和青少节目依旧在细分市场表现突出，分别获的4.26%和3.77%的收视份额；法制、财经和音乐节目的收视份额均在1% -2%之间；戏剧、教学和外语节目仍然由于细分观众群体相对狭窄，没有太突出的收视表现，

收视份额低于 1%。(图 1.5.1)。

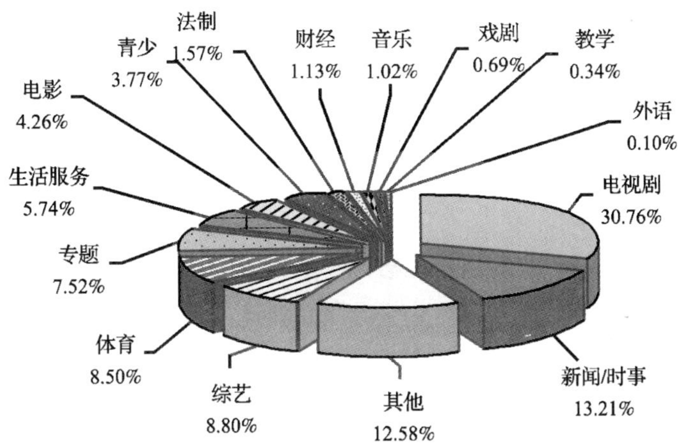

图 1.5.1 2008 年全国市场各类节目收视份额

数据来源：CSM 媒介研究

与 2007 年相比，在全国电视节目市场上新闻/时事、体育和生活服务类节目的收视份额有不同程度的增长；其他各类节目的收视份额均有不同程度的下降，其中下降较为明显的是电视剧、综艺、教学、音乐、电影等节目。从类型节目收视的整体变化趋势来看，信息资讯和服务类节目的收视份额在不断扩大，而侧重娱乐的电视节目的收视效果在日益下滑。

由于 2008 年国内国际大事频发，年初的南方冰雪灾害，5 月的汶川地震，8 月北京奥运以及年末的全球性金融危机，这些热点话题都成为人们关注和谈论的焦点，与此同时，也为新闻/时事和体育节目提供了新的议题和丰富的内容素材。所以，新闻/时事和体育节目收视份额在 2008 年的攀升也是在情理之中。根据 CSM 全国测量仪数据显示，在地震后一个月，中央台和省级卫视的新闻类节目播出比重从 4 月份的 8.12% 上升到 24.75%，收视比重也从 4 月份的 8.05% 增长至 30.21%，观众对新闻类节目的关注程度远远超过了地震之前。8 月份，近一个月连续播放的体育赛事，给中国观众和电视媒体带来了体育盛宴，仅奥运开幕式就吸引了 8.42 亿观众，更创下国内有收视调查以来的最高收视纪录。在这场盛宴中，拥有奥运转播权的中央电视台获益匪浅，有数据显示，央视在奥运会比赛期间，累计播出比赛及与比赛相关内容超过 2796 小时，全台平均收视份额达到 52.19%。

2008 年电视剧节目的市场份额仍在继续下滑，但是领先优势仍然明显。全国电视剧市场上的电视剧之争突出表现在省级卫视战场上，独播剧和首播剧等节目资源成为各卫视争夺的重点，而定位独播剧和热播剧则是各卫视频道吸引观众注意力的法宝。与电视剧情况相似，第一梯队中的另一领头羊——综艺节目，在 2008 年也面临收视份额下滑的局面。除观众长期观看综艺节目产生疲劳，引起收视份额下降以外，2008 年的综艺节目的收视还受到了自然灾害以及行政管理的影响。一方面，在汶川大地震后，各大电视台紧急停播综艺娱乐节目，7 月 7 日后才逐渐恢复播出；另一方面，为扭转综艺节目低俗风，国家广电总局加强了对部分低俗粗糙综艺节目的整顿力度，使得一批综艺节目不断转换方向甚至停播；这些都影响了综艺节目的整体人气。令人欣喜的是，在“好男”、“快男”等选秀节目逐渐淡出人们视野的同时，湖南卫视的《奥运向前冲》、中央电视台的《对话》、浙江卫视的《我爱记歌词》等，改打“奥运牌”、选走“高端路线”等娱乐节目新路线，创造了综艺节目收视的新亮点。在为节目赢得较高关注度的同时，也为综艺节目的未来发展找到了新出路。

2. 中央台主控全国电视节目收视市场，省级卫视地盘持续扩大

2008年全国电视节目收视市场上，中央电视台依然占据主导地位，所有节目的收视份额达到60.7%。对比2007年情况，中央电视台仍未阻止收视份额下滑的态势，收视份额比2007年减少0.82个百分点，但下降速度有所遏制。与中央电视台市场份额的萎缩相反，省级卫视的市场份额在不断扩大，2008年省级卫视收视份额为38.76%，同比增长0.92个百分点。2008年中国教育电视台的收视份额为0.54%，与2007年0.65%的水平相比，有所下降（图1.5.2）。

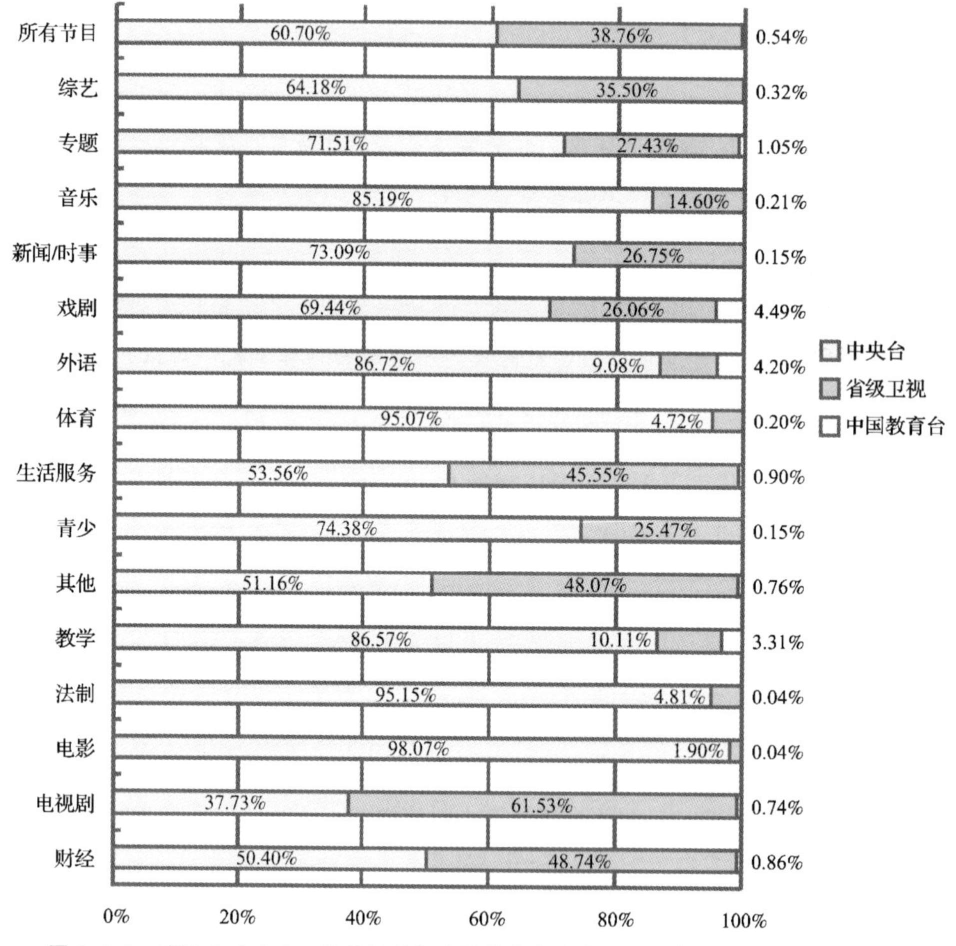

图1.5.2 2008年中央台、省级卫视和中国教育台在全国不同节目市场中的收视份额

数据来源：CSM媒介研究

在2008年各类节目收视市场上，中央台在体育、法制和电影节目市场拥有绝对优势，收视份额都在95%以上，凸现出中央电视台体育频道、法制频道和电影频道这三大专业性频道在全国市场上的领导地位。此外，中央台在音乐、外语和教学节目市场上的收视份额都在80%以上，其中音乐节目的市场地位有所提升，而在外语和教学节目的地位则有所下降。2008年，中央电视台在专题、新闻/时事和青少节目市场上的份额超过了70%，在综艺和戏剧节目市场上的份额均超过60%，在生活服务和财经节目市场上市场份额都高于50%，在电视剧市场上的份额仅为37.73%。和2007年相比，中央台在法制和青少节目市场中的竞争地位有所改善，收视份额分别增长4.06和1.8个百分点；而在体育、电影、生活服务、新闻/时事、综艺节目、电视剧、专题、财经和戏剧节目市场上的竞争力则有不同幅度的下滑，其中在电视剧和专题节目市场中的份额下降比较明显，而在财经和戏剧节目市场上的份额下降则超过了5个百分点。

从各类节目市场来看，省级卫视仍是中央电视台的有力竞争对手，二者的竞争呈现你进我退、此起彼落的态势。经过2008年的角逐，省级卫视在财经、教学、专题、电视剧、综艺、生活服务、体育、戏剧、电影、外语和新闻/时事等12个节目市场获得增长，而中央电视台则在此类节目市场中的份额有所削减。2007年国家广电总局规范选秀类综艺节目余温未过，2008上半年的汶川大地震和下半年的北京奥运会又给综艺节目市场带来冰火两重天的不同境遇。2008年汶川地震后，广电总局紧急叫停综艺娱乐节目，直到7月7日才得以逐步解禁，使得上半年综艺节目收视份额大幅下滑；8月开始，各省级卫视借机奥运，相继推出与奥运相关的体育竞技娱乐节目或综艺节目，一时间《奥运向前冲》、《喝彩！北京奥运》、《龙的传人》、《步步为赢》等奥运综艺节目层出不穷；9月，改版后的浙江卫视凭借高端综艺节目《我爱记歌词》迅速蹿红收视排行榜，刮起高端综艺节目的风潮。经过上半年的低潮和下半年的浴火重生，省级卫视在2008年综艺节目市场创下2005年来最好成绩，市场份额达到35.5%，较2007年增长1.7个百分点。2008年省级卫视继续以独播剧为卖点，让电视剧市场的竞争越发激烈；在各省级卫视相互推动下，省级卫视在全国电视剧市场的地盘进一步扩大，收视份额同比增长3.54个百分点。

中国教育电视台在2008年大多数节目市场上表现平常，但在戏剧、外语和教学节目市场上有所突破。中国教育电视台在戏剧和教育节目市场的市场份额均超过4%，教育节目的市场份额达到3.31%，在专题节目市场上的份额超过1%，除此之外，其他节目类型在各自节目市场上的份额均在1%以下。和2007年相比，中国教育电视台在大多数节目市场的市场份额有所缩减，只在法制、教学、生活服务、体育、外语和戏剧节目市场的收视份额有所增长。

3. 中央台节目收视格局发展均衡，中国教育台与省级卫视倚重电视剧程度有所减弱

中央电视台是我国重要的新闻舆论机构，是当今中国最具竞争力的主流媒体之一。1999年以来，中央电视台坚持推进“频道专业化、栏目个性化、节目精品化”改革，已构建稳定发展、相对均衡的节目收视格局。2008年中央电视台电视剧占整体节目收视比

重19.12%，较2007年下降近1.93个百分点；新闻/时事节目贡献了15.91%的收视时间，较2007年增长了3.13个百分点；体育节目的收视贡献从2007年的7.91%上升至2008年的13.32%，攀升幅度较大；综艺、专题、电影、生活服务和青少类节目对电视台的贡献仍保持在4%至10%之间，除生活服务和青少节目收视份额略有上升外，其他节目均有所下降。总的来说，受2008年大事影响，新闻/时事、体育类节目对中央电视台的收视贡献有所增加，与生活息息相关的生活服务类节目也略有增长，而其他各类节目的贡献则相应减少（图1.5.3）。

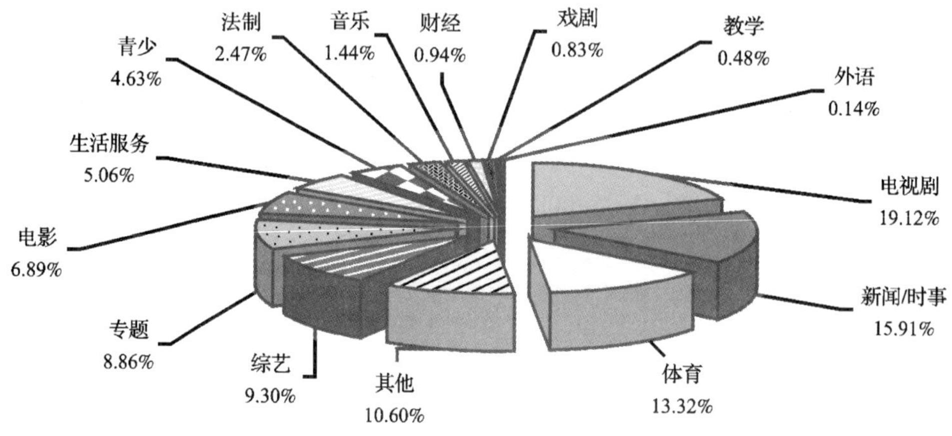

图1.5.3　2008年全国市场中央台各类节目的收视比重

数据来源：CSM媒介研究

2008年中国教育电视台节目类型大有丰富，节目收视格局呈现均衡发展的态势。其中，电视剧节目对中国教育电视台的收视贡献仍然较大，但贡献份额未超过50%，较2007年也有大幅下降；比较之下，其他几类节目的收视贡献则有不同程度的增长，其中专题类节目收视比重接近15%，同比增长3.94个百分点，生活服务类节目增长了2.27个百分点，综艺和新闻/时事节目增长幅度在1个百分点以上，教学类节目增长了0.33个百分点；除此之外新增的外语、法制和戏剧类节目，还为中国教育电视台带来新的收视份额（图1.5.4）。

多年来，省级卫视通过着重开发综艺节目、电视剧和新闻/时事等节目资源与中央电视台进行较量，但在收视份额依靠电视剧的倾向明显。2008年，各类电视节目收视格局变化不大。其中，电视剧对省级卫视的收视贡献达到48.83%，较2007年略有下降；新闻/时事和综艺节目则分别对省级卫视做出了9.12%和8.06%的收视贡献，前者的收视比重有所增长，后者有所减少；生活服务和专题类节目分别对省级卫视的收视贡献达到6.74%和5.32%，同比都有减少；此外，青少节目对省级卫视的收视贡献达到2.79%；财经节目达到1.43%，收视比重略有增加（图1.5.5）。从各类节目收视比重的消长来看，省级卫视主推“电视剧”和“综艺”节目的势头有所减弱，正在向提升信息资讯和服务类节目质量和比重的方向发展。

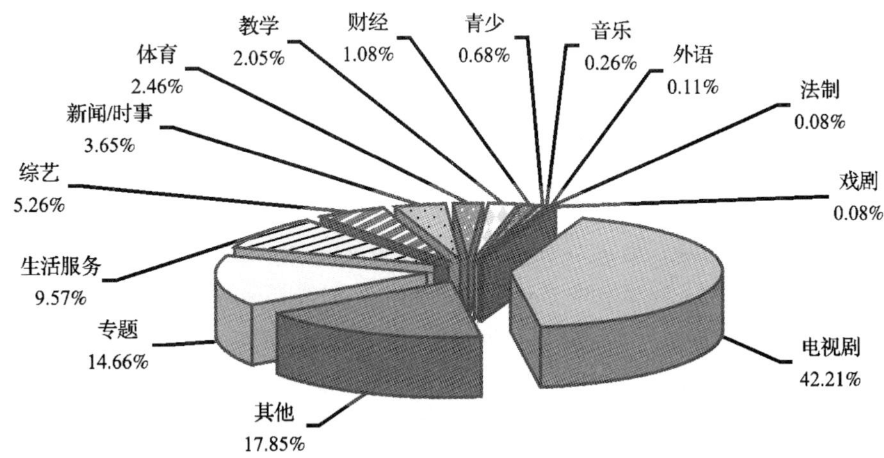

图 1.5.4 2008 年全国市场中国教育电视台各类节目的收视比重

数据来源：CSM 媒介研究

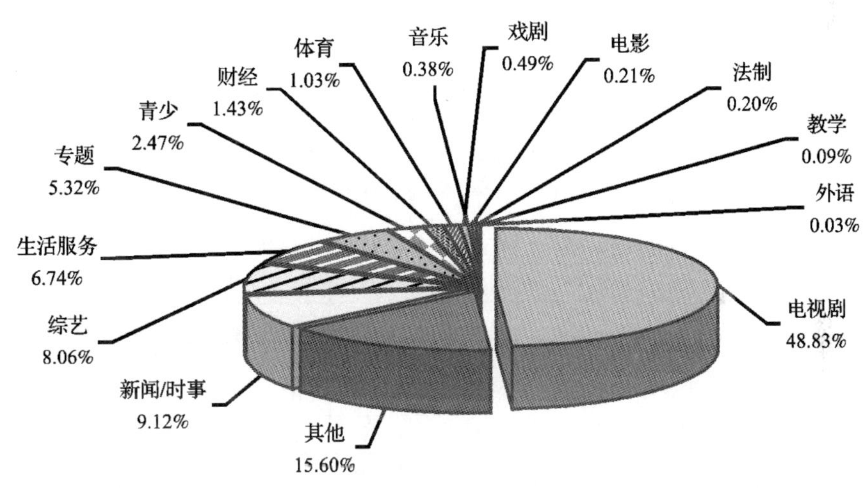

图 1.5.5 2008 年全国市场省级卫视各类节目的收视比重

数据来源：CSM 媒介研究

4. 观众收看类型节目分化明显，类型节目各有专长

经过多年的专业化耕耘和把脉观众市场，大多数电视台都形成了专业化频道经营的体系，并能根据目标观众的人口特征和需求进行节目内容生产。这一方面满足了分众化观众对不同节目内容的独特需要，也有助于自身确立在收视市场的位置，为继续跑马圈地、扩大市场空间打下基础。从 2008 年不同人口特征的观众收看各类电视节目的情况看，不同性别、年龄、教育程度、收入水平和职业的观众，在收看类型节目的行为存在差异。

从性别来看，男性观众和女性观众对多类型节目的收视行为比较接近，在电视剧、电影、体育、新闻/时事、专题和综艺类节目上的收视结构存在差异。男性观众将更多的收视时间用于收看电影、体育、新闻/时事和专题节目，女性观众则用更多的时间收看电视剧和综艺节目（表1.5.1）。由此可见，男性观众更热衷于收看具有资讯、信息价值的电视节目，而女性则更愿意收看情感类、具有娱乐价值的节目。

从不同年龄观众各类节目的收视结构来看，观众在青少、体育、戏剧、新闻/时事、专题和综艺节目的时间分配上存在较为明显的差异。4－14岁的青少年观众在电视剧和青少节目上花费了近半数的收视时间，收视比重分别为30.79%和18.92%；15－24岁的观众收看电视剧、综艺和体育节目的比重都较高，而且收看这三类节目的比重分别处于各年龄层观众前列；对于25－44岁的观众而言，除主要收看电视剧外，还将接近10%的收视时间花费在综艺节目上；45－64岁的观众较乐于收看电视剧、新闻/时事和专题类节目，收视比重之和超过50%，与此同时，收看戏剧的比重要明显高于45岁以下的观众；65岁以上的观众将更多的时间分配在电视剧和新闻/时事类节目上，同时更倾向收看体育、戏剧和专题类节目，体育、戏剧和专题类节目的收视比重要高于其他类观众。结合年龄和收视比重的不同来看，年长的观众比年轻的观众更多的收看生活服务、教学、戏剧、音乐和专题类节目，而年轻的观众在电视剧和综艺节目上投入了较长时间（表1.5.1）。

表1.5.1　2008年全国市场不同性别和年龄观众对各类节目的收视比重（%）

节目类型	性别		年龄						
	男	女	4－14岁	15－24岁	25－34岁	35－44岁	45－54岁	55－64岁	65岁及以上
财经	1.19	1.07	0.35	0.64	0.91	1.34	1.64	1.37	0.96
电视剧	28.10	33.50	30.79	35.24	31.02	31.71	30.70	28.65	27.67
电影	4.92	3.59	2.98	3.83	4.99	5.05	4.76	4.21	2.77
法制	1.53	1.62	0.80	1.15	1.40	1.56	1.87	2.06	1.68
教学	0.39	0.29	0.18	0.26	0.31	0.33	0.35	0.45	0.42
青少	3.85	3.69	18.92	2.36	4.39	2.44	1.21	2.23	1.73
生活服务	5.46	6.01	5.82	5.83	5.66	5.61	5.63	5.82	5.93
体育	10.07	6.89	5.26	9.40	8.82	8.43	8.84	8.22	9.42
外语	0.09	0.10	0.14	0.10	0.09	0.10	0.09	0.09	0.08
戏剧	0.69	0.70	0.28	0.31	0.38	0.36	0.48	0.96	2.19
新闻/时事	14.20	12.20	7.40	9.94	11.62	12.71	13.86	15.77	18.65
音乐	0.96	1.08	0.85	1.08	1.04	1.07	1.10	1.02	0.88
专题	7.96	7.07	4.64	6.24	7.14	7.51	8.53	8.71	8.11
综艺	8.40	9.21	8.02	10.34	9.17	9.08	9.05	8.40	7.25
其他	12.18	12.99	13.56	13.29	13.05	12.70	11.90	12.05	12.25

数据来源：CSM媒介研究

从教育程度来看观众收视内容选择的差异可以发现，教育程度对观众收看不同类型节目的影响较为突出。随着学历的增高，观众收看财经、教学、体育、新闻/时事和专题类节目的比重在递增；而随着学历的降低，观众收看青少、生活服务和戏剧类节目的比重在降低。此外，未受过正规教育的观众收看青少类节目的比重明显高于其他教育程度的观众，达到13.97%；小学教育程度的观众在电视剧上花费的时间最多，收看电视剧的比重在个教育程度的观众中位居第二；初中教育程度的观众，收看电视剧、电影和法制类节目的比重高于其他观众；高中教育程度的观众在财经、电影、法制、音乐、专题和综艺节目上比其他群体花费更大比例的收看时间；而大学及以上的观众对财经、外语、音乐、专题和综艺类节目更感兴趣，他们收看这几类节目的时间要高于其他群体。从不同教育程度观众收看类型节目的差异来看，随着学历的增高，观众更多地关注知识性、信息类节目，而低学历观众收看教育、服务类节目的时间偏多（表1.5.2）。

从个人月收入水平的角度来看，中高收入水平的观众把更多的收视时间用于收看财经、电影、教学、体育、新闻/时事、音乐、专题和综艺节目上；低收入水平的观众则在电视剧、生活服务、青少和戏剧节目上投入了相对较大比例的收视时间；而不同收入水平的观众在收看外语和综艺节目的时间比重没有明显差异（表1.5.2）。

表1.5.2　2008年全国市场不同受教育程度和个人月收入观众对各类节目的收视比重（%）

节目类型	受教育程度					个人月收入（元）				
	未受过正规教育	小学	初中	高中	大学及以上	600以下	601－1200	1201－1700	1701－2600	2601及以上
财经	0.48	0.50	0.95	1.45	1.90	0.73	1.24	1.55	1.57	1.95
电视剧	29.93	33.13	32.41	29.68	26.48	33.19	30.39	28.31	27.01	26.20
电影	3.44	3.98	4.68	4.30	3.80	3.93	4.41	4.51	4.60	4.76
法制	1.00	1.36	1.69	1.67	1.54	1.41	1.72	1.71	1.66	1.56
教学	0.17	0.21	0.28	0.40	0.56	0.25	0.35	0.41	0.47	0.59
青少	13.97	7.22	2.50	2.29	2.27	5.96	2.16	2.30	2.14	2.08
生活服务	6.15	5.94	5.80	5.61	5.44	5.91	5.74	5.57	5.46	5.14
体育	5.21	6.26	7.88	9.69	11.37	7.13	8.70	9.82	10.48	11.70
外语	0.08	0.10	0.09	0.10	0.11	0.10	0.09	0.10	0.10	0.10
戏剧	1.31	1.03	0.67	0.51	0.49	0.64	0.82	0.72	0.58	0.52
新闻/时事	11.04	11.89	12.75	13.63	15.77	11.45	13.96	14.68	15.31	15.56
音乐	0.88	0.85	1.04	1.10	1.06	0.97	1.03	1.06	1.10	1.10
专题	5.19	6.24	7.57	8.14	8.46	6.44	7.96	8.39	8.84	9.27
综艺	7.04	7.79	8.91	9.36	9.20	8.62	8.95	8.82	9.13	8.74
其他	14.12	13.49	12.77	12.06	11.55	13.26	12.47	12.05	11.55	10.73

数据来源：CSM媒介研究

从不同职业的观众选择电视节目的收视比重看，干部/管理人员群体花费了较高比例的时间收看财经、教学、体育、外语、新闻/时事和专题类节目；个体/私营企业人员则在电影、法制和戏剧节目上花费了较大比例的收视时间；初级公务员职业的观众在财经、教学、体育、外语、专题、音乐和综艺节目上投入的时间比重高于其他人群；工人群体则在电视剧、电影和音乐节目上花费了相对较高的时间比例；学生群体用超过10%

的时间收看青少节目，明显高于其他群体，除此之外，收看电视剧、生活服务、外语和综艺类节目的时间比重也较大；无业群体则对法制、生活服务和新闻节目更为关注（表1.5.3）。

表 1.5.3　2007 年全国市场不同职业观众对各类节目的收视比重（%）

节目类型	职业						
	干部/管理人员	个体/私营企业人员	初级公务员	工人	学生	无业	其他
财经	1.87	1.19	1.49	1.13	0.51	1.28	0.37
电视剧	26.30	30.70	28.81	31.39	33.35	29.40	37.10
电影	4.32	5.08	4.76	5.26	3.36	3.79	4.00
法制	1.58	1.59	1.55	1.50	0.97	1.83	1.42
教学	0.51	0.30	0.42	0.30	0.25	0.39	0.17
青少	2.10	2.47	2.43	2.45	10.01	3.78	2.33
生活服务	5.29	5.67	5.42	5.54	5.68	5.92	6.13
体育	11.20	8.69	10.25	8.95	8.01	8.21	5.55
外语	0.10	0.08	0.10	0.09	0.14	0.09	0.08
戏剧	0.39	0.44	0.37	0.38	0.26	1.14	0.85
新闻/时事	15.63	13.13	13.66	12.30	8.54	14.69	12.84
音乐	1.07	1.01	1.15	1.09	0.96	1.03	0.75
专题	8.60	7.68	8.05	7.79	5.41	8.01	6.24
综艺	9.43	8.91	9.68	9.45	9.61	8.20	7.50
其他	11.63	13.06	11.86	12.37	12.95	12.26	14.68

数据来源：CSM 媒介研究

（二）浙江省电视收视市场的节目竞争格局

对浙江卫视而言，2008 年是改革之年和崛起之年。这一年浙江卫视进行了机制改革和改版创新，同时向全国性一流卫视发起冲刺，这一年在收视率和影响力上获得了双丰收，取得了让人刮目相看的成绩。2008 年浙江卫视推出的综艺娱乐节目《我爱记歌词》在全国市场上掀起了麦霸风潮，在 2008 年 12 月 1 日第二赛季总决赛以 1.23% 的优势领先黄金时间档直播收视率。虽然浙江卫视的影响力在 2008 年迅速扩大，但中央电视台在浙江省的影响仍然很大，本省卫视在本地市场的竞争力与外省卫视接近，均弱于中央电视台。

1. 电视剧占据市场领导地位，新闻/时事和综艺收视略有减少

2008 年浙江观众将 38.41% 的时间花在电视剧节目上，电视剧收视份额遥遥领先于其他各类电视节目。在浙江收视市场上，新闻/时事节目排在市场份额第二位，占据 9.38% 的收视份额。专题、综艺和电影节目分别占有 7.32%、7.21% 和 7.01% 的收视份额，体育、生活服务和青少节目分别占据 5.61%、5.21% 和 5.19% 的收视份额；戏剧节

目获得 1.42% 的收视份额（图 1.5.6）。

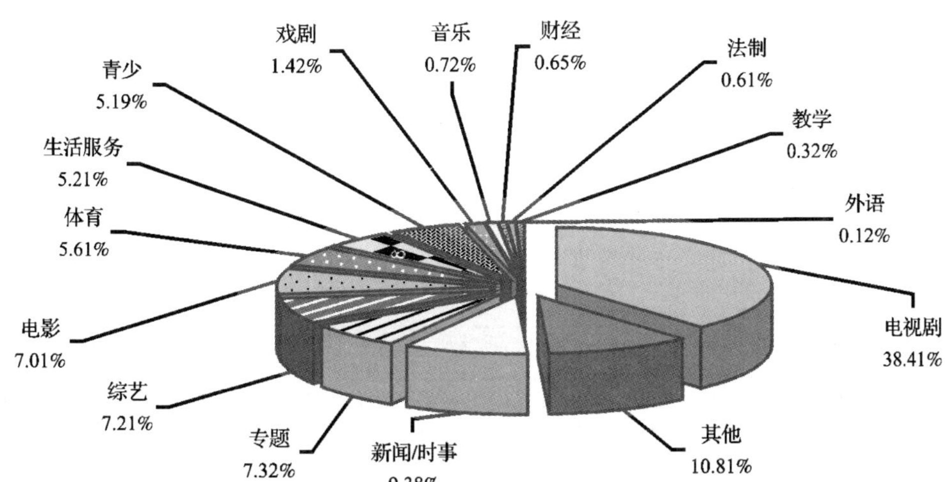

图 1.5.6 2008 年浙江省市场各类节目的收视份额
数据来源：CSM 媒介研究

与 2007 年相比，2008 年浙江节目收视市场上，电视剧、体育、电影、专题、青少、财经和教学类节目的收视份额有所增长，其余节目的收视份额均有所降低。其中电视剧和体育节目增幅大，电视剧由 2007 年的 32.72% 增长到 38.41%，增幅达 5.69 个百分点，体育节目增长了 3.03 个百分点，电影节目增长了 1.87 个百分点，专题节目的收视份额增长了 1.06 个百分点，青少节目增长了 0.27 个百分点，财经和教学节目分别增长了 0.1 和 0.02 个百分点。与全国电视节目收视市场情况不同，2008 年浙江地区的观众用于电视剧的时间有所增加，而收看新闻/时事和生活服务类节目的时间不升反降，新闻节目下降幅度为 1.21 个百分点，是各类节目中降幅最大的一类节目，其次是生活服务类节目，下降幅度为 1.07 个百分比点。

经过多年的思路梳理、资源重组、战略明确和品牌构造，浙江卫视在 2008 年省级卫视的竞争平台大有突破，浙江卫视地位的迅速升级令人称叹。根据 CSM35 城市组最新收视数据表明，浙江卫视自 2008 年 9 月 1 日改版以来，4 个月平均收视稳居全国省级卫视排名前二。在“追求新闻、人文、娱乐三大节目资源形态的内在呼应”的节目布局思路指导下，浙江卫视以综艺娱乐节目为突破点，凭借《我爱记歌词》、《娱乐星空》、《我是大评委》等娱乐节目，掀起新一轮收视高潮，在全国省级卫视综艺类节目中稳居前列，发展气势直逼以综艺为立台之本的湖南卫视。除综艺节目以外，改版后的浙江卫视在电视剧市场也有不俗表现，《重庆谍战》、《谁是我爸爸》和《谁懂我的心》均闯入黄金时段全国收视排名前三。从浙江卫视 2008 年发展势头和动向来看，以综艺娱乐节目为起爆点，在综艺和电视剧市场上的收效显著，而浙江卫视进军全国一流卫视的意图也愈发明显。

2. 中央台引领浙江节目收视市场，本省台实力略高于外省卫视

在2008年浙江省节目收视市场上，中央台占据领导地位，收视份额接近50%；浙江省台位居第二，收视份额略高于外省卫视，分别为28.53%和22.58%；而其他频道的收视份额表现微弱，仅为0.01%（图1.5.7）。从各电视台在浙江省各类型节目市场上的表现看，中央台、浙江省台和外省卫视相互之间呈现此消彼长的状态，但从整体上看，中央台在大多数节目市场上表现突出并居领先地位，而浙江省台和外省卫视在部分节目市场上各显优势，其他频道节目则作为甚少。

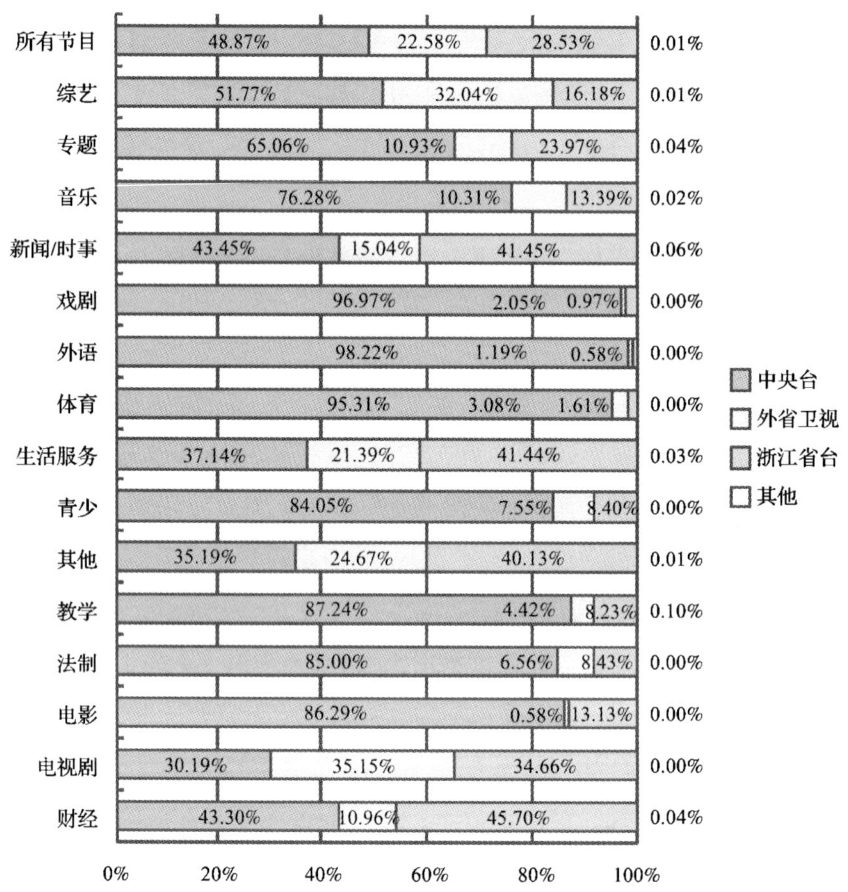

图1.5.7 2008年浙江省市场中央台、外省卫视和浙江省台在各类节目中的收视份额

数据来源：CSM媒介研究

数据显示，中央台在浙江省外语、戏剧和体育节目市场上的收视份额都超过了95%以上，在青少、教学、法制和电影节目市场上也占据了超过80%的市场空间，此外，中央台在音乐、专题和综艺节目市场分别获得了76.28%、65.06%和51.77%的市场份额，而在新闻/时事市场的收视份额虽然没有超过45%，但仍领先于省级电视台，充分张显全国性频道的雄厚实力。相比之下，中央台在生活服务、电视剧和财经节目市场的竞争

力较弱，收视份额均不超过45%，且都低于省级台。

浙江省台在生活服务和财经类节目市场较有作为，分别斩获41.44%和45.70%的收视份额，且占类型市场首位。另外，浙江省台在新闻/时事和电视剧节目市场的表现也不错，分别获得41.45%和34.66%的收视份额，并名列各类型节目市场第二。

在中央台和浙江省台围困下，外省卫视在浙江市场表现相对平淡。比较突出的是外省卫视播出的电视剧节目在此类节目市场上获得了35.15%的收视份额，在综艺市场上获得了32.04%的市场空间。除此之外，外省卫视在新闻/时事、生活服务和财经类节目市场上也有10%以上的收视表现，显示出一定的竞争力。

总体而言，中央台在浙江省节目市场竞争力较强，在绝大多数的类型节目市场上表现突出，领先优势明显；浙江省台和外省卫视分别在财经、生活和电视剧类节目上表现较强，但领先中央台优势并不大。

3. 中央台节目收视均衡发展，浙江省台相对平衡，外省卫视依赖电视剧

与全国市场相似，中央台各类型节目收视在浙江省均衡发展。2008年，浙江观众将中央台收视时间中的23.64%用于收看电视剧，12.48%的时间用于电影，9.74%贡献给了专题节目，超过8%的收视份额属于青少和新闻/时事节目，此外，中央台播出的综艺节目也受到了浙江观众的欢迎，收视份额达到7.68%（图1.5.8）。相较于全国市场，中央电视台的专题和青少节目在浙江市场取得了更好的收视表现。

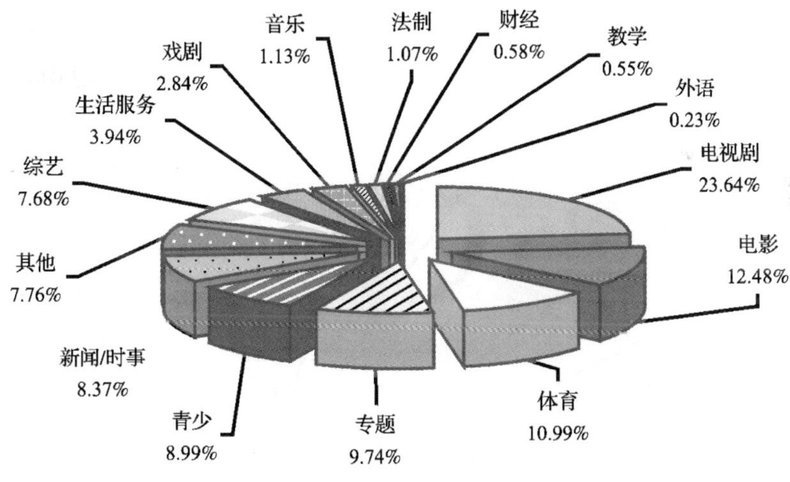

图1.5.8　2008年浙江省市场中央台各类节目的收视比重

数据来源：CSM媒介研究

2008年外省卫视在浙江省节目市场的收视表现主要依赖电视剧。在观众收看外省卫视的各类节目中，电视剧占据了59.56%的收视比重；外省卫视的综艺节目在浙江市场表现其次，获得了10.29%的收视时间；除此以外，新闻/时事对外省卫视的贡献达6.27%，生活服务类节目的收视贡献为4.91%；专题和青少节目的贡献比例共计5.29%；其余节目的收视比重均不超过1%（图1.5.9）。

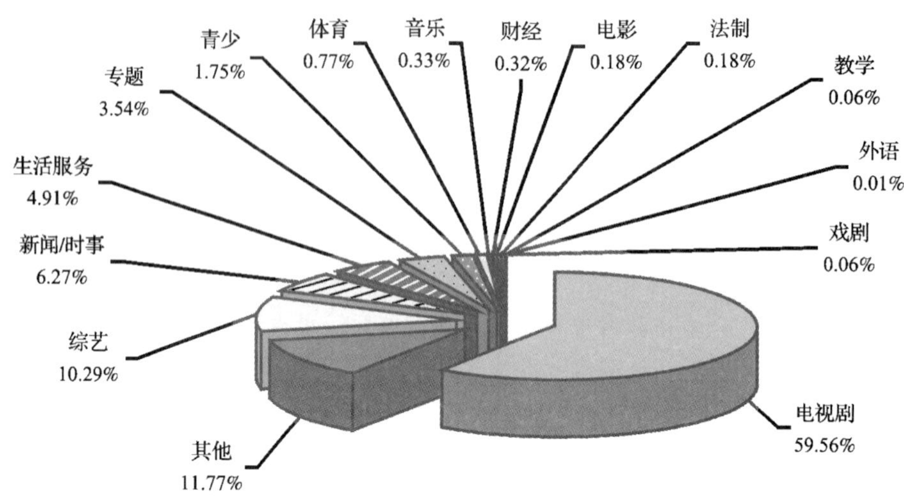

图 1.5.9　2008 年浙江省市场外省卫视各类节目的收视比重

数据来源：CSM 媒介研究

在 2008 年浙江省各类型节中，电视剧节目对浙江省台贡献突出，收视比重接近 50%，而新闻/时事节目为浙江省台贡献了 13.68% 的收视时间，两类节目是省台收视的主要支柱；此外，生活服务和专题类节目分别贡献 7.53% 和 6.14% 的收视时间，综艺、电影、青少和财经类节目分别为省台贡献 4% -1% 的收视时间，其余节目的收视比重均在 1% 以下（图 1.5.10）。

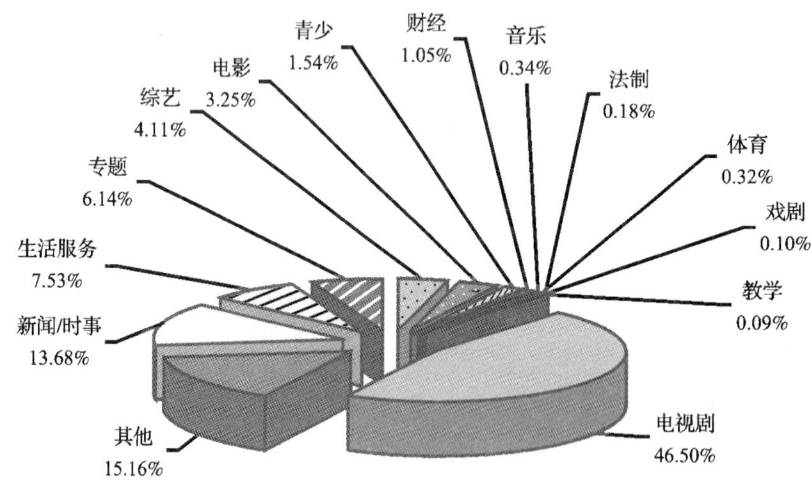

图 1.5.10　2008 年浙江省市场浙江省台各类节目的收视比重

数据来源：CSM 媒介研究

4. **细分观众群体各有所好，类型节目收视差异明显**

在浙江省节目收视市场上，各类细分观众群体对不同类型节目表现出了不同的收视偏好。在性别上，女性群体比男性群体花费更多的时间收看电视剧和综艺节目，收视比重分别达到41.9%和7.52%；男性群体则用占其总体收视时间34.21%的时间收看电影、法制、体育、新闻/时事和专题节目，收视比重均明显高于女性群体；而两大群体在收看其他类型节目的时间比例上基本相似（表1.5.4）。

浙江省各年龄观众对不同类型的节目喜好各异。4－14岁观众群体用18.9%的时间看青少节目，明显高于其他群体，同时收看电视剧和外语节目的时间比例也较高；15－24岁的群体在电视剧、电影、体育、外语、音乐、专题和综艺节目上花费了较高的时间比例；25－34岁的群体用相对较高比例的时间收看电影、教学、音乐、专题和综艺节目；45－54岁的群体最喜爱收看电视剧，收视比重达到39.38%；55－64岁的群体在法制、生活服务和戏剧类节目上花费较多收视时间；65岁及以上的群体将33.8%的收视时间分配在财经、教学、生活服务、体育、戏剧和新闻/时事类节目上（表1.5.4）。

表1.5.4　2008年浙江省市场不同性别和年龄观众对各类节目的收视比重（%）

节目类型	性别		年龄						
	男	女	4－14岁	15－24岁	25－34岁	35－44岁	45－54岁	55－64岁	65岁及以上
财经	0.67	0.64	0.32	0.35	0.60	0.92	0.73	0.74	0.81
电视剧	35.28	41.90	40.66	40.97	36.42	37.60	39.38	36.66	38.10
电影	8.57	5.27	4.51	8.76	8.63	7.82	8.02	5.74	3.74
法制	0.66	0.56	0.37	0.56	0.68	0.75	0.65	0.74	0.35
教学	0.35	0.29	0.13	0.36	0.45	0.28	0.24	0.35	0.55
青少	5.18	5.20	18.91	3.38	5.30	2.20	1.63	3.26	2.57
生活服务	5.03	5.41	4.83	4.82	5.21	5.02	5.08	5.45	6.51
体育	6.60	4.51	4.06	6.30	6.07	6.04	5.04	5.41	7.02
外语	0.12	0.11	0.16	0.18	0.12	0.10	0.09	0.10	0.07
戏剧	1.24	1.62	0.29	0.43	0.36	0.52	0.94	3.23	6.22
新闻/时事	10.37	8.27	4.11	6.46	8.16	11.59	10.87	11.46	12.69
音乐	0.70	0.75	0.60	0.94	0.79	0.68	0.71	0.75	0.56
专题	8.01	6.55	4.50	7.26	8.33	8.36	8.17	7.85	5.10
综艺	6.93	7.52	6.46	10.38	7.97	7.45	7.07	6.58	4.18
其他	10.29	11.38	10.09	8.84	10.91	10.67	11.39	11.69	11.52

数据来源：CSM媒介研究

从教育程度来看，浙江省未受过正规教育群体收看电视剧、青少和戏剧节目的时间比例较高，尤其是收看青少和戏剧节目的时间比例在所有人群中最高，分别达到15.42%和2.85%；小学和初中的群体把更高比例的收视时间消费在电视剧和电影节目上；高中学历的群体将较多的收视时间分配在法制、新闻/时事、专题和综艺节目上；

大学及以上教育程度群体在财经、教学、生活服务和体育节目上花费的收视时间是所有人群中最高的。总的来看，随着教育程度的升高，电视剧、青少和戏剧类节目的收视比重呈递减状态；而收看体育、新闻/时事、音乐、专题和综艺节目的时间比重有增加的趋势（表1.5.5）。

浙江省个人月收入水平在600元以下的观众群体将较大比例的收视时间用于收看电视剧、教学、青少和戏剧节目；601－1200元和1201－1700元个人月收入的群体在电视剧、戏剧和综艺节目上花费了较大比例收视时间；1701－2600元个人月收入的群体大多喜爱收看财经、电影和生活服务类节目，在收看这几类节目上花费的收视时间比例高于其他群体；个人月收入水平高于2601元的群体在在法制、体育、新闻时事和专题节目上表现出较大兴趣，分配的收视时间比例相对多于其他群体。从各类节目收视趋势上看，收入越高分配在体育和新闻/时事节目上的收视时间比例约大，而收看电视剧的时间比例就越小（表1.5.5）。

表1.5.5　2008年浙江省市场不同受教育程度和个人月收入观众对各类节目的收视比重（%）

节目类型	受教育程度					个人月收入（元）				
	未受过正规教育	小学	初中	高中	大学及以上	600以下	601－1200	1201－1700	1701－2600	2601及以上
财经	0.35	0.30	0.52	1.00	2.67	0.38	0.56	0.90	1.54	1.25
电视剧	37.49	42.48	38.53	33.76	29.60	41.15	37.11	36.90	34.18	33.01
电影	4.87	6.52	8.45	6.12	5.71	5.55	7.67	8.36	9.00	8.46
法制	0.28	0.44	0.71	0.90	0.66	0.26	0.36	0.30	0.45	0.49
教学	0.28	0.27	0.26	0.45	0.74	11.22	10.76	9.91	10.14	11.03
青少	15.42	6.00	3.31	3.47	2.73	8.30	3.06	2.47	2.57	2.46
生活服务	5.85	5.04	4.95	5.27	6.48	5.34	5.08	4.74	5.64	5.20
体育	2.86	4.74	5.24	8.10	10.16	4.57	6.17	6.57	6.75	7.09
外语	0.09	0.13	0.12	0.13	0.08	0.13	0.10	0.11	0.09	0.09
戏剧	2.85	2.11	0.96	0.68	0.52	1.84	1.47	0.76	0.75	0.50
新闻/时事	7.16	7.81	9.54	12.51	11.95	7.50	10.36	10.74	11.88	11.95
音乐	0.60	0.66	0.78	0.80	0.71	0.69	0.79	0.68	0.69	0.79
专题	4.49	6.25	8.09	8.38	9.24	5.78	8.49	8.60	8.20	9.65
综艺	4.92	6.43	7.96	8.18	7.66	6.86	7.29	8.13	7.36	7.31
其他	12.50	10.82	10.56	10.24	11.08	0.43	0.74	0.83	0.74	0.72

数据来源：CSM媒介研究

数据显示，浙江省不同职业群体的观众拥有不同的收视偏好。浙江省观众中干部/管理人员群体在财经、法制、教学、新闻/时事、专题和综艺节目上花费了相对较大比例的收视时间；相对于其他人群，个体/私营企业人员较爱收看电视剧、电影和新闻/时事节目节目；初级公务员收看体育和音乐节目的时间比重要高于其他群体；工人群体收看电影节目的时间比重明显高于其他群体；而学生群体用更大比例的时间收看电视剧、青少和外语节目；无业群体对生活服务和戏剧节目的兴趣较为浓厚（表1.5.6）。

表 1.5.6　2008 年浙江省市场不同职业观众对各类节目的收视比重（%）

节目类型	职　业						
	干部/管理人员	个体/私营企业人员	初级公务员	工人	学生	无业	其他
财经	1.88	0.48	1.25	0.49	0.29	0.85	0.34
电视剧	30.63	38.39	33.22	38.89	43.93	37.23	40.22
电影	8.24	8.87	8.08	9.95	5.31	4.85	6.22
法制	1.16	0.60	0.56	0.79	0.42	0.45	0.81
教学	0.45	0.30	0.43	0.33	0.22	0.36	0.27
青少	1.53	3.47	2.82	3.29	12.02	7.23	1.87
生活服务	4.75	5.05	5.08	4.76	4.47	6.11	5.17
体育	6.54	4.93	8.08	5.54	5.49	4.66	5.80
外语	0.08	0.10	0.10	0.12	0.21	0.09	0.09
戏剧	0.21	0.73	0.49	0.78	0.22	2.68	2.51
新闻/时事	13.45	10.21	11.25	8.50	4.51	9.99	10.88
音乐	0.69	0.75	0.83	0.72	0.69	0.75	0.62
专题	10.95	8.51	8.93	7.96	5.30	6.51	7.01
综艺	8.63	6.47	8.47	7.97	8.10	6.26	6.50
其他	10.81	11.14	10.39	9.89	8.84	11.97	11.70

数据来源：CSM 媒介研究

（三）北京市电视收视市场的节目竞争格局

2008 年北京电视节目市场受重大事件影响，体育节目和新闻/时事节目的收视份额大幅上升。从所有节目整套的收视份额来看，北京电视台略胜中央电视台，外省卫视第三。借势奥运，中央电视台以较大优势领跑北京体育节目市场；虽然中央电视台的新闻/时事节目略胜北京电视台，但北京卫视的《北京新闻》依旧是北京地区新闻/时事节目市场的收视霸主；外省卫视频道凭借电视剧和财经打拼北京节目市场，其综艺节目越发受到北京观众的欢迎。在 2008 年北京节目市场上，受外省卫视快速扩张的影响，中央电视台和北京本地频道的收视份额均有所减少，北京本地频道收视阵营损失较多，缩减幅度接近 2 个百分点。

1. 体育和新闻/时事节目收视份额提升明显，电视剧节目有所下滑

2008 年北京电视节目收视市场上的霸主依旧是电视剧，占据 31.15% 的收视份额；新闻/时事、专题和综艺节目组成节目收视市场的第二方阵，共占据 28.69% 的收视份额；生活服务、体育和电影节目处于北京观众收视的第三梯队，收视份额在 5% 至 8% 之间；法制、青少、财经和音乐节目的收视份额在 1% 和 3% 之间；其余节目的市场空间均在 1% 以下（图 1.5.11）。

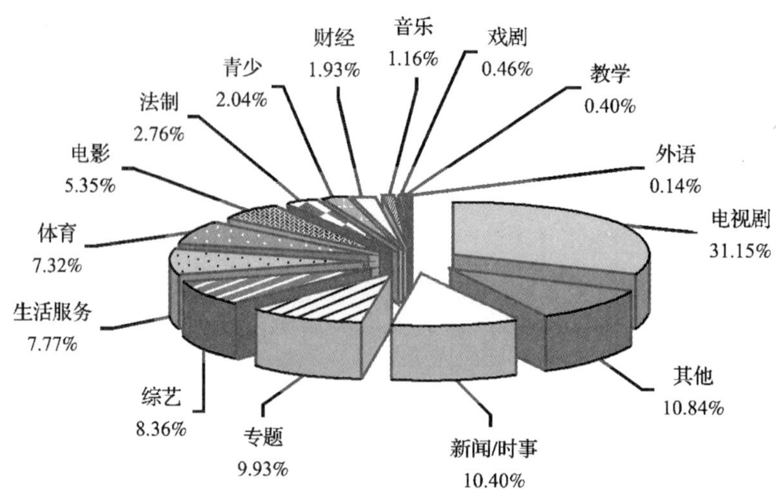

图 1.5.11　2008 年北京市场各类节目的收视份额
数据来源：CSM 媒介研究

2008 年，北京市场电视剧收视份额较 2007 年略有下降，竞争格局变化不大。根据 CSM 电视剧排名月数据，2008 年北京电视剧收视排名前 10 位的剧目基本由北京四套播出，内容多围绕现实题材。其中，《女人一辈子》、《宽恕》和《笑着活下去》在北京地区取得了 12% 以上的收视率成绩。比较之下，中央台在北京地区电视剧市场的竞争力相对较弱，除中央电视台综合频道播出的《闯关东》在 1 月份以 16.05% 的收视率排名第一外，其余各月的收视率头筹均由北京四套获得，情况与 2007 年相似。

与 2007 年相比，北京市场体育和新闻/时事节目的收视份额大幅攀升，分别上浮 2.09 个百分点和 1.46 个百分点。受电视市场大环境影响，2008 年北京市场新闻/时事节目一举扭转收视份额下滑的态势，北京电视台王牌栏目《北京新闻》创下单日收视率 23.96% 的最高记录，稳居北京市场新闻/时事节目收视龙头位置。从体育节目的收视效果来看，中央电视台无疑是北京奥运会最大的赢家，北京地区直播奥运赛事最高收视率达到 16.96%，而且由中央电视台转播的奥运赛事和开幕式晚会的收视率列北京地区 2008 年体育节目收视前十名。然而面对地处一市、实力强大的中央电视台，北京电视台也抓住机遇、迎难而上。从 2007 年起，北京电视台就有 6 个频道开始播出与奥运相关的节目内容，积极地为迎战 2008 年北京奥运而做准备，黄金时段播出的《奥运圣火传递百日大直播》为北京电视台带来诸多的关注。同时，作为 2008 年北京奥运会主办地的电视台，北京电视台承担部分奥运足球比赛和排球项目公共信号的转播制作任务，同时也承担残奥会轮椅篮球、轮椅击剑和地滚球等项目的转播工作。

2008 年北京市场专题节目收视份额依然保持上升趋势，只是增幅较 2007 年有所减小，仅为 0.23 个百分点；而综艺节目收视份额仍在下滑，由 2007 年的 9.22% 跌至 2008 年的 8.36%，降幅接近 1 个百分点。

2. 在各类节目收视竞争中，北京台、中央台各有优势领域

在2008年的北京收视市场上，北京台继续保持领先地位，以39.39%的收视份额领跑各类电视台频道，中央台以38.2%的收视份额紧随其后，外省卫视名列第三。与2007年相比，2008年外省卫视在北京节目市场的份额增长了0.82个百分点；受外省卫视收视份额扩张影响，中央台和北京本地频道在北京市场的收视份额都有所减少，中央台缩减了0.61个百分点，北京本地频道减少了1.92个百分点（图1.5.12）。

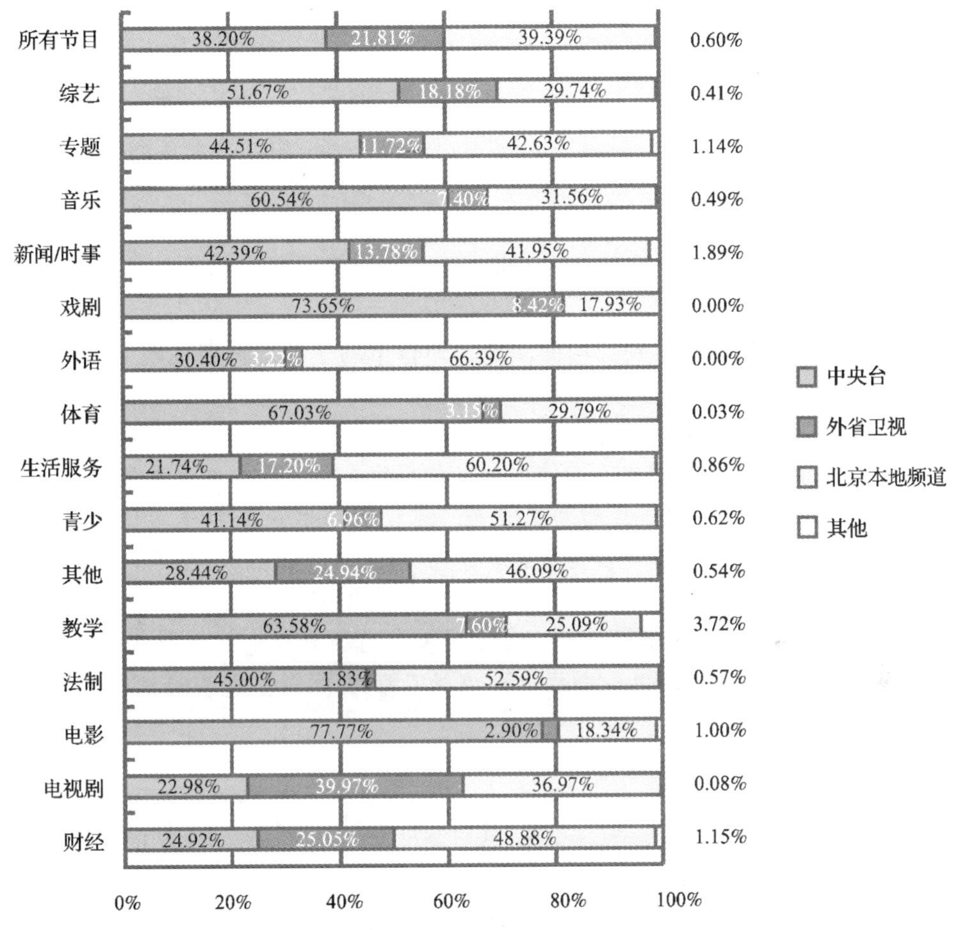

图1.5.12　2008年北京市场中央台、外省卫视和北京本地频道在各类节目中的收视份额

数据来源：CSM媒介研究

在北京市场各类节目的收视竞争中，中央台在电影、戏剧、体育、教学、音乐和综艺节目市场上的份额超过了50%，处于比较强势的地位。其中中央台在电影节目市场上的收视份额达到77.77%，在戏剧市场上的份额也高达73.65%，显示出了中央台电影频道和戏剧频道在北京市场的影响力。借助北京奥运特有资源，2008年中央电视台在北京地区体育节目收视的优势格外突出，进而拉大了与北京电视台的差距，收视比重落差达到37.24个百分点，这一差距比上一年增加了近10个百分点。此外，中央电视台的专题和新闻/时事节目市场的收视份额超过了40%，并且处于各电视台领先地位。相比较而

言，中央电视台在外语、生活服务、青少、法制、电视剧和财经类节目市场上的竞争力较弱，尤其在电视剧和财经市场的收视份额不超过25%，且呈逐年下滑的趋势。

与2007年相比，北京台在专题、音乐、戏剧、外语、青少、法制、电影和财经类节目的收视份额有所增长，其中戏剧、外语和财经节目增长明显，但在综艺、新闻/时事、体育和教育类节目上的收视因受到中央台和外省卫视的挤压有所下降。目前，北京台在外语、生活服务和法制节目市场上享有明显优势，收视份额高达50%以上，显示出北京台在贴近都市生活上的用心。

2008年，外省卫视在北京市场“攻城掠地”的法宝依然是电视剧和财经节目。2008年外省卫视在北京地区电视剧市场上的收视份额达到了39.97%，较上年增加了2.53个百分点；而其在财经节目市场上的份额则达到了25.05%，较上年增加了10.99个百分分点，但仍未取得财经节目市场的领导权；2008年较前几年，外省卫视的综艺节目在北京市场的表现有所提升，收视份额达到18.18%；此外，外省卫视在北京的专题、新闻时事和生活服务节目市场上还占有10%－20%的份额；但在音乐、戏剧、外语、体育、青少、教学、法制和电影类节目市场竞争力较弱，市场份额不超过10%。

3. 中央台与北京台节目收视均衡发展，外省市场主要依托电视剧

中央台在北京地区的节目种类丰富，收视份额分布较为均匀，显现出中央电视台多类节目均衡发展状态。2008年，在北京地区观众收看中央台的时间中，电视剧比重占到18.75%，比2007年下降1.69个百分点；体育排在第二位，为中央台贡献了13.05%的收视比重；新闻/时事、专题、电影和综艺类节目比例分别占据11%以上；生活服务、法制和音乐节目对中央台北京地区收视的贡献在2%以上；青少、财经和戏剧节目则分别贡献了1.88%、1.28%和1.06%的收视时间。对比2007年情况，2008年中央台除在体育和新闻/时事类节目有大幅增长外，其余类型节目的收视比重都出现不同程度的下降，这从一个侧面对2008年中央电视台北京地区收视份额出现萎缩作出了解释（图1.5.13）。

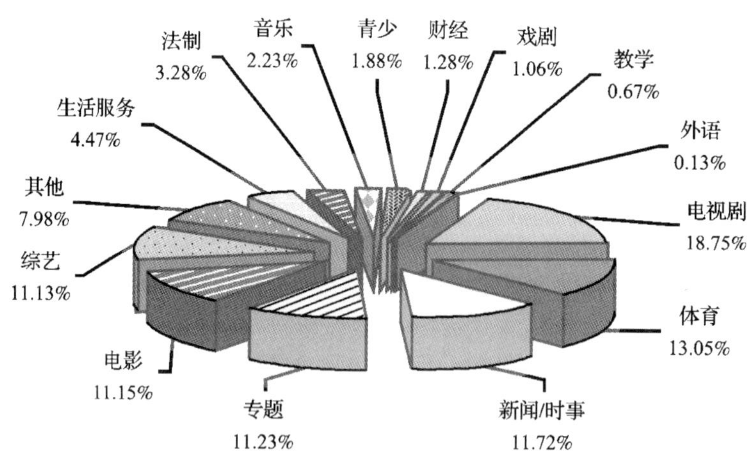

图1.5.13 2008年北京市场中央台各类节目收视比重

数据来源：CSM媒介研究

2008年外省卫视在北京地区的收视仍然主要依赖电视剧。2008年，北京观众收看外省卫视的时间中，有57.1%的时间由电视剧节目贡献，但比2007年收视比重缩减4.82个百分点。除电视剧之外，综艺、新闻/时事和生活服务类节目还帮助省卫视在北京收视市场攻下近20%的收视时间，是外省卫视在北京市场的三大攻城利器；专题节目为北京地区的外省卫视收视贡献了5.18%的收视时间；财经和体育节目的贡献仅为2.27%和1.07%；剩下的类型节目贡献则相对较小（图1.5.14）。

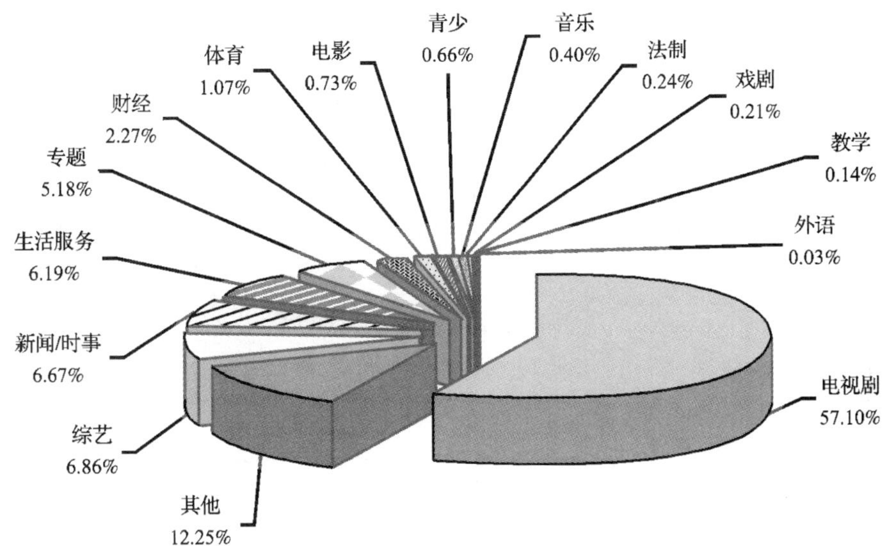

图1.5.14　2008年北京市场外省卫视各类节目的收视比重
数据来源：CSM媒介研究

2008年北京台各类节目在北京收视市场上保持均衡发展。在北京观众收看北京台的时间中，29.17%的时间分给了电视剧，12%的时间用于收看生活服务类节目，11.25%的时间用于收看新闻，10.38%的时间用于收看专题节目，综艺和体育节目所占的收视比重分别为6.21%和5.61%，上述几类节目齐头并进，支撑起了北京台接近75%的收视。除此之外，法制、青少、电影和财经节目也为北京台在当地的收视贡献了11.41%的收视时间；而其他类型节目在北京台的整体收视中所占比重相对较小（图1.5.15）。

4. 类型节目群体收视特征突出，不同类型节目吸引不同观众群体

2008年北京地区，男性群体用明显高于女性群体的收视时间比例收看电影、体育和新闻/时事节目；女性群体则把明显高于男性群体的收视时间分配在收看电视剧和生活服务类节目；而不同性别的群体在收看其他类型节目的比重差异不很明显（表1.5.7）。

从年龄来看，北京地区不同年龄群体在收看类型节目的时间上存在差异。4－14岁的群体在电视剧和青少节目上花费的时间居其他各群体之首，收视比重分别为32.96%和15.83%；15－24岁的青年群体对电视剧、电影、体育、音乐和综艺节目更为热衷；和其他群体相比，25－34岁的群体偏爱收看音乐和综艺节目；35－44岁的群体在财经和

电影节目上的时间较其他群体要高；55－64岁的中老年群体在法制、教学、生活服务、外语、新闻/时事和专题类节目上的收视时间比例较高；65岁及以上的老年群体将更大比例的收视时间分配在法制、教学、外语、戏剧和新闻/时事类节目上。另外在北京地区，随着年龄的增长，收看新闻/时事类节目的时间随之增长，说明北京地区年长的观众对社会时事格外关注（表1.5.7)。

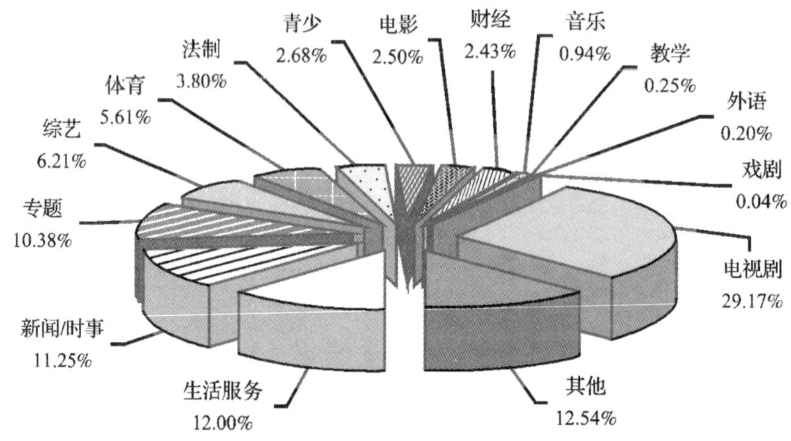

图1.5.15 2008年北京市场北京台各类节目的收视比重

数据来源：CSM媒介研究

表1.5.7 2008年北京市场不同性别和年龄观众对各类节目的收视比重（%）

节目类型	性别		年龄						
	男	女	4－14岁	15－24岁	25－34岁	35－44岁	45－54岁	55－64岁	65岁及以上
财经	1.92	1.95	0.50	1.24	1.78	2.27	2.34	2.24	1.44
电视剧	28.95	33.46	32.96	32.30	30.79	31.56	31.25	30.03	30.88
电影	6.44	4.21	4.95	6.81	6.08	7.10	5.60	4.28	3.07
法制	2.72	2.79	1.30	1.76	1.86	2.77	2.92	3.63	3.12
教学	0.41	0.38	0.14	0.23	0.37	0.41	0.40	0.47	0.46
青少	2.17	1.90	15.83	1.74	3.41	1.92	0.53	1.27	0.69
生活服务	7.17	8.39	6.06	6.72	7.86	7.49	8.26	8.08	7.81
体育	8.88	5.69	5.11	10.29	6.73	6.74	7.23	6.90	8.15
外语	0.13	0.14	0.14	0.10	0.12	0.12	0.13	0.17	0.17
戏剧	0.45	0.47	0.21	0.20	0.24	0.21	0.27	0.52	1.33
新闻/时事	10.89	9.89	5.26	6.62	8.89	9.20	10.56	11.60	14.63
音乐	1.10	1.22	0.96	1.69	1.37	1.19	1.16	1.12	0.83
专题	10.03	9.82	6.06	8.68	9.09	10.12	10.71	10.87	9.76
综艺	8.28	8.44	9.15	10.95	9.55	8.38	8.00	8.16	6.77
其他	10.45	11.26	11.36	10.67	11.85	10.53	10.66	10.67	10.90

数据来源：CSM媒介研究

2008 年，教育程度对北京地区观众节目收视结构的影响主要表现在电视剧、青少、教学、专题、体育和音乐节目上。随着教育程度的增高，北京地区的观众收看教学、专题、体育和音乐的时间会随之增多；而随着教育程度的降低，北京观众分配给电视剧和青少节目的时间就会增多。北京地区，未受过正规教育的群体收看电视剧、青少、外语和戏剧节目的时间比重高于其他人群；小学和初中学历的群体分别在综艺和法制节目上的时间较多；高中学历的群体在电影和生活服务节目上投入的收视时间相对较多；大学及以上学历的群体收看财经、教学、体育、外语、新闻/时事、音乐和专题节目的时间比重较高（表 1.5.8）。

从个人月收入水平来看，个人月收入水平相对较高的群体在财经、教学、体育、新闻/时事和专题节目上分配的收视间比例相对较高；中等收入水平观众则比较关注法制、生活服务、外语和戏剧节目；低收入水平的观众在电视剧、青少、音乐和综艺节目收视上投入了相对较高比例的收视时间（表 1.5.8）。

表 1.5.8　2008 年北京市场不同教育程度和收入观众对各类节目的收视比重（%）

节目类型	受教育程度					个人月收入（元）				
	未受过正规教育	小学	初中	高中	大学及以上	600 以下	601 - 1200	1201 - 1700	1701 - 2600	2601 及以上
财经	0.83	0.69	1.23	2.30	3.10	1.44	1.59	2.00	1.97	3.20
电视剧	38.04	34.19	32.05	31.47	26.97	31.85	34.13	30.70	30.27	27.73
电影	4.03	4.54	5.53	5.72	5.06	5.95	5.31	4.24	5.56	5.84
法制	2.50	3.07	3.35	2.57	2.09	2.52	3.27	2.89	2.90	2.06
教学	0.26	0.28	0.34	0.41	0.52	0.29	0.29	0.48	0.39	0.61
青少	6.69	5.94	1.63	1.30	1.38	4.51	1.21	1.07	1.26	1.26
生活服务	6.86	6.70	7.77	8.15	7.77	7.48	7.46	8.69	7.58	7.43
体育	3.73	6.20	6.94	7.45	8.65	6.89	6.73	7.20	7.49	8.82
外语	0.15	0.14	0.14	0.12	0.15	0.12	0.13	0.16	0.12	0.15
戏剧	1.35	0.64	0.53	0.29	0.41	0.33	0.61	0.61	0.34	0.40
新闻/时事	10.33	8.86	10.15	10.03	12.00	8.43	9.47	11.64	11.36	11.90
音乐	0.78	1.07	1.14	1.15	1.34	1.33	1.18	1.02	1.19	1.09
专题	6.46	7.48	9.68	10.16	11.56	8.26	9.07	10.90	10.60	11.77
综艺	5.87	9.01	8.60	8.11	8.45	9.37	8.71	7.50	8.28	7.49
其他	12.12	11.20	10.90	10.76	10.56	11.23	10.85	10.90	10.71	10.25

数据来源：CSM 媒介研究

北京地区观众在财经、电视剧、电影、法制、教学、青少、生活服务、体育、戏剧、新闻/时事、音乐、专题和综艺节目上的收视时间分配还受到职业的影响。干部/管理人员用于收看财经、教学和专题节目的时间比重较高；个体/私营企业人员比其他各类人群更爱收看体育节目；初级公务员收看财经、教学和生活服务等类型节目的倾向较为明显；工人群体偏爱财经和电影节目；学生用于收看电视剧、青少、音乐和综艺节目的时间比重较高，其中学生群体收看青少和综艺节目的收视比重明显高于其他职业群体;无业群体花费较大比例时间看法制、生活服务和戏剧类节目。而各职业人群收看外语节目的比重差异不大(表1.5.9)。

表1.5.9 2008年北京市场不同职业群体对各类节目的收视比重(%)

节目类型	职业						
	干部/管理人员	个体/私营企业人员	初级公务员	工人	学生	无业	其他
财经	2.31	1.88	2.25	2.25	1.04	1.92	0.58
电视剧	28.34	31.38	31.42	31.92	32.06	30.64	36.47
电影	6.21	6.44	5.96	6.85	5.75	4.36	6.24
法制	2.11	2.79	2.28	2.79	1.19	3.28	2.26
教学	0.55	0.40	0.44	0.28	0.21	0.42	0.32
青少	1.53	1.39	1.44	1.50	7.90	1.64	1.97
生活服务	7.64	7.36	7.78	7.38	6.29	8.21	7.15
体育	7.95	8.97	7.37	7.44	8.58	6.78	6.68
外语	0.13	0.12	0.13	0.13	0.13	0.14	0.11
戏剧	0.46	0.19	0.20	0.29	0.21	0.68	0.54
新闻/时事	12.02	9.61	9.47	8.87	6.45	11.78	9.64
音乐	1.13	1.09	1.20	1.33	1.41	1.10	1.09
专题	10.82	10.61	10.60	9.64	7.50	10.04	7.94
综艺	8.60	7.48	8.56	8.76	10.61	7.92	8.30
其他	10.21	10.29	10.90	10.57	10.68	11.08	10.70

数据来源:CSM媒介研究

(四)上海市电视收视市场的节目竞争格局

2008年年初,上海文广传媒集团(SMG)冒着广告收入减少超过1亿元的风险,对集团电视频道等设置和内容播出进行大幅调整,将原有的音乐频道和文艺频道放弃,推出艺术人文频道和外语频道,同时将综艺娱乐节目的播出量缩减三分之二。上海文广将在电视荧屏上红极一时的综艺节目“割舍”,选取更有人文价值和审美诉求的文化类节目,投射出其对自身“大众传媒引导大众文化”的姿态设定,以及其未来的内容发展方向。作为上海市场上最具影响力的电视媒体,上海文广在内容改版上的大动作必然会对本地观众的收视带来影响;而2008年特殊的社会环境恰又对这一影响形成了合力,改变了上海市场的节目竞争结构。

1. 新闻/时事与专题收视获得成长,电视剧和综艺收视略有收缩

2008年,受上海文广改版以及社会环境整体变化的影响,上海市场各类型节目收视发生了结构性变化。与全国大多数地区电视剧、新闻/时事和综艺节目引领市场收视不同,在上海市场专题节目均超越了综艺节目,而2008年奥运会的特殊契机则带动了体育节目在上海本地的收视。数据显示,2008年上海地区电视剧的收视份额为31.44%,较2007年下降了2个百分点以上;新闻/时事、专题和生活服务分别获得了10.94%、

9.64%和7.2%的收视份额，较上年的增长幅度基本都在1个百分点以上；体育节目借助时利优势获得了7.11%的收视份额，较上年增加2个百分点；综艺、法制和戏剧节目的份额略有下降；音乐节目收视略有改观；电影、青少和教育类节目的市场份额基本保持不变（图1.5.16）。

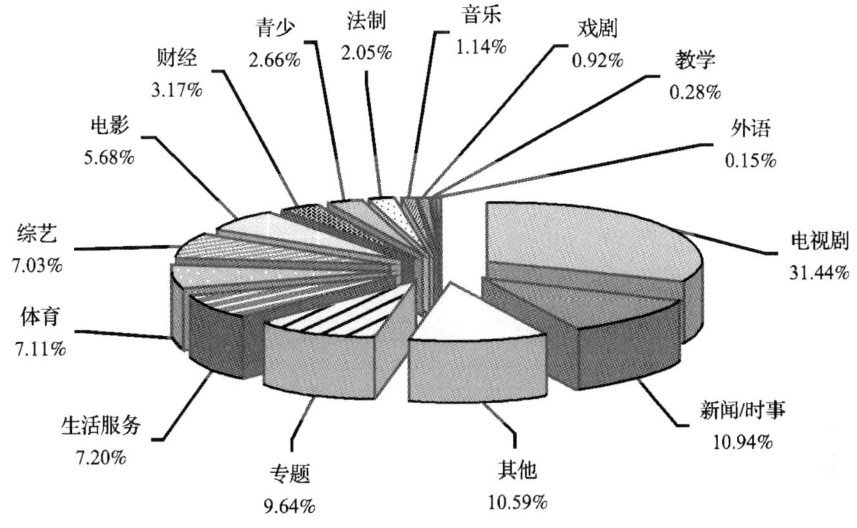

图1.5.16 2008年上海市场各类节目的收视份额

数据来源：CSM媒介研究

曾在2007年上海电视市场上创造收视高峰的《爱无悔》在2008年再度成为本地市场的收视魁首，以11.4%的平均收视率远远领先于其他电视剧。和2007年前排名前9位的电视剧均取得8%以上的收视率相比，2008年上海市场上仅有《重庆谍战》和《错爱第二部》取得了8%以上的平均收视率；此外《芸娘》、《落地请开手机》、《血色迷雾》、《胭脂雪》、《上海王》、《黑三角》和《情之债》等电视剧也以高于7%的平均收视率而成为2008年上海市场上的电视剧收视热点。

2008年由于重大事件频发，因此，在上海地区的新闻/时事节目收视中，有关神舟七号和汶川地震等重大事件的特别报道占据了重要地位，均跻身于本地新闻/时事节目收视的前10位；此外，由上海新闻综合频道转播的中央台新闻联播也得以跻身于上海本地新闻/时事节目收视的前10位。在上海本地频道自办的新闻节目中，《新闻透视》、《观众中来》、《新闻报道》、《新闻坊》和《1/7》依然保持了较高的人气，在新闻/时事节目收视中名列前茅，其中《新闻透视》和《观众中来》的收视水平较2007年有明显提升。在上海文广整体削弱综艺娱乐节目的情况下，本地综艺娱乐节目依然在收视排行中处于前列，2008年上海收视排名前10位的综艺节目中，有8个来自于上海东方电视台娱乐频道，内容涉及曲艺、歌舞和综艺游戏等多个方面。此外，上海本地的专题节目的收视表现依然突出，诸如《家庭演播室》和《情满浦江》等立足于本地市场的专题节目受到观众追捧。

2. **本地频道主宰上海节目收视市场，外省卫视获得突破**

虽然上海文广的内容改版有明显的社会价值取向，但因其放弃了综艺类热门收视节目，同时面临中央台在体育节目上的资源垄断，因此，上海文广虽然依然保持着对本地市场近63%的收视份额，但其份额已经较2007年有3个百分点以上的下滑。与上海文广本地收视份额下降相伴的是中央台和外省卫视在上海市场上的实力上升；2008年中央台在上海的收视份额达到20.89%，较2007年增长了1个百分点；外省卫视在上海的收视份额则提升了近2.5个百分点，达到16.18%。虽然“海派”文化的独特性是保证上海文广本地收视的天然屏障，但在卫视频道内容战和资源战强化的现今，上海文广所面临的守土压力也不可忽视。

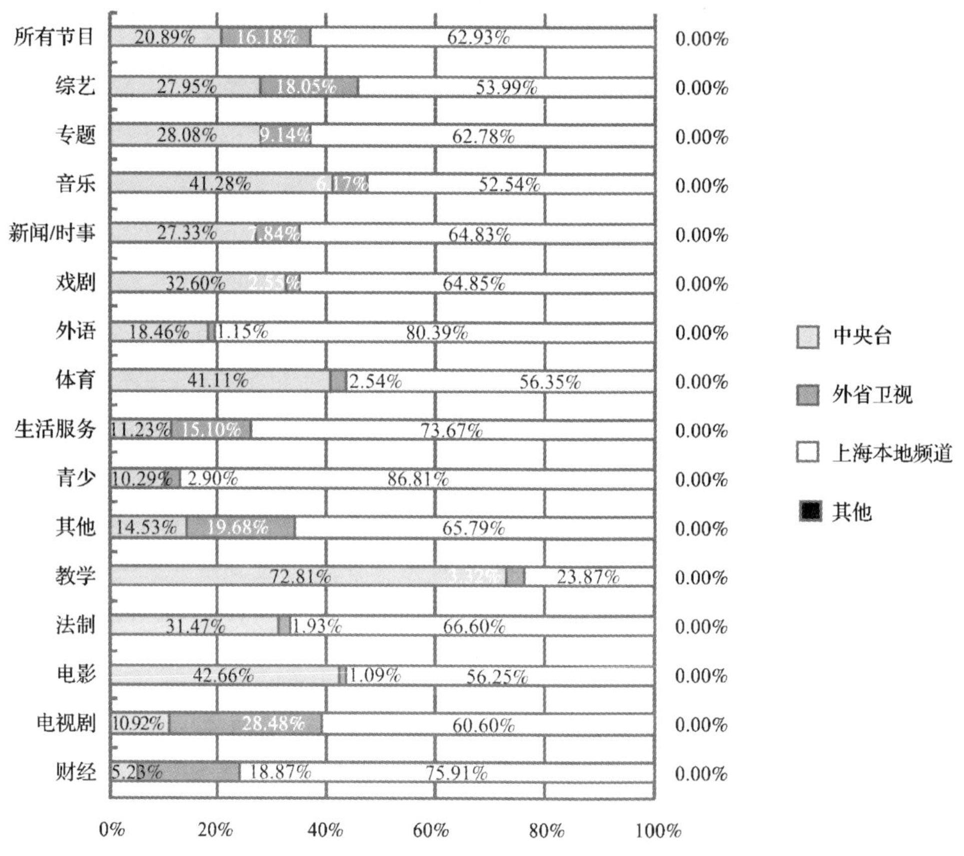

图1.5.17 2008年上海市场中央台、外省卫视、上海本地频道在不同节目中的收视份额

数据来源：CSM媒介研究

上海本地频道在上海市场上独步天下的局面在2008年的上海收视市场得到了延续。在外语、生活服务和财经节目市场上，上海本地频道的收视份额达到了70%以上；在专题、新闻/时事、戏剧、法制和电视剧市场上，本地频道掌控了60%以上的市场空间；在综艺、音乐、体育和电影节目市场上，本地频道力斩半壁江山；相对而言，上海本地

频道在教育类节目市场上表现较弱，份额仅为23.87%，这是上海文广在本地市场上唯一一个收视份额未过50%的短板。值得注意的是，尽管上海文广在本地的强势依旧，但其改版方略已经导致了其在综艺、音乐和戏剧市场上的明显收缩，与此同时，其在新闻/时事、电影和电视剧等收视市场上也发生了收视萎缩，对其整体收视竞争力产生了一些影响。

2008年在上海市场上，中央台的整体收视表现有所改善，这主要依赖于其在上海综艺、音乐、新闻/时事、戏剧和体育市场上的突破；虽然中央台在上海专题、教学和电影等节目市场上遭遇了份额下滑，但前述五类节目的收视成长还是有效地弥补了后面三类节目的收视损失，提升了中央台在上海的收视影响。目前中央台在上海的教育节目收视方面最为强势，收视份额达到72.81%；在音乐、体育和电影节目市场上其收视份额也超过了40%；此外在戏剧、法制、专题、综艺和新闻/时事市场上，中央台的收视份额也在30%左右；相比较而言，中央台在上海生活服务、青少和电视剧市场上的竞争力较弱，收视份额仅在10%左右，在财经节目市场上的收视份额则刚超过5%。总体而言，中央台在上海地区较为专业和小众类的节目市场上已经有明显的突破，而在电视剧这一大众节目市场上收视欠佳，这明显限制了其在上海市场的整体表现。

2008年是外省卫视在上海市场取得明显突破的一年。数据显示，外省卫视在上海地区综艺、专题、新闻/时事和戏剧节目市场上都有上行突破的收视表现；尤其是在电视剧和财经节目市场上分别取得了超过4个百分点和19个百分点的收视增长，在这两类节目市场上进一步站稳了脚跟。虽然和上海本地频道相比，大多数外省卫视在经济创收和节目制作能力上都处于相对弱势，但外省卫视在电视剧资源竞争方面的加强，以及对自主品牌栏目的打造，已经开始在上海观众市场上形成影响，并带来收视突破。

3. 中央台与上海文广集团节目收视发展全面，外省卫视电视剧牵头、综艺跟进

2008年，中央台在上海的收视依然保持了全方位突破的局面，电视剧、新闻/时事、体育、专题和电影节目为中央台的整体收视贡献了70%左右的份额，综艺类也是中央台上海收视的重要构成。和2007年相比，中央台在上海地区的整体收视中有16.43%来自于电视剧，电视剧对上海地区中央台收视的贡献有所减弱；新闻/时事和体育节目对中央台上海地区的收视贡献有明显提升，均增长了4个百分点左右，达到14%以上的水平；专题和电影节目对中央台上海收视的贡献略有下滑，分别为12.93%和11.64%；综艺节目则在中央台上海地区收视中占据了9.42%比重（图1.5.18）。

外省卫视在上海的收视依然以电视剧为支撑，2008年电视剧对外省卫视上海地区的收视总量贡献达到55.27%；值得注意的是，外省卫视对电视剧的倚重较2007年有所削弱，电视剧的收视贡献下降了3个百分点。与之相反，综艺、新闻/时事和体育节目对外省卫视的上海收视有了更大的贡献；其中综艺节目以7.85%的份额成为对外省卫视收视贡献第二大的节目类型；生活服务以6.71%的比重，成为省级卫视上海收视的主要构成之一；此外，专题节目也对省级卫视在上海的收视有重要贡献（图1.5.19）。

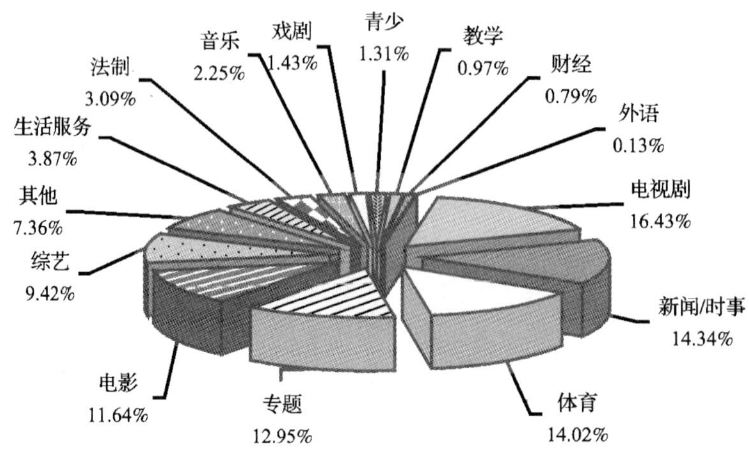

图 1.5.18　2008 年上海市场中央台各类节目的收视比重

数据来源：CSM 媒介研究

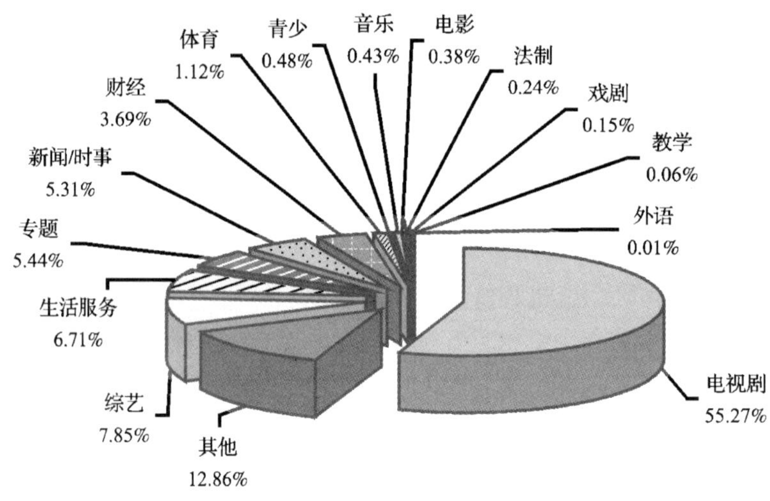

图 1.5.19　2008 年上海市场外省卫视各类节目的收视比重

数据来源：CSM 媒介研究

上海文广集团在频道专业化建设方面在全国省级台中处于领导地位，也正因为如此，其收视比较均衡地来源于各种节目类型。从 2008 年的数据来看，电视剧对上海本地频道的收视贡献较 2007 年略有下滑，但依然保持在 30% 的水平；新闻/时事节目为上海本地频道贡献了 11.29% 的收视时间；专题和生活服务类节目的收视贡献也不小，分别达到 9.61% 和 8.42%；体育和综艺也为本地频道赢得了 6% 的收视时长。除此之外，电影、财经和青少节目也对本地频道的收视有一定贡献（图 1.5.20）。

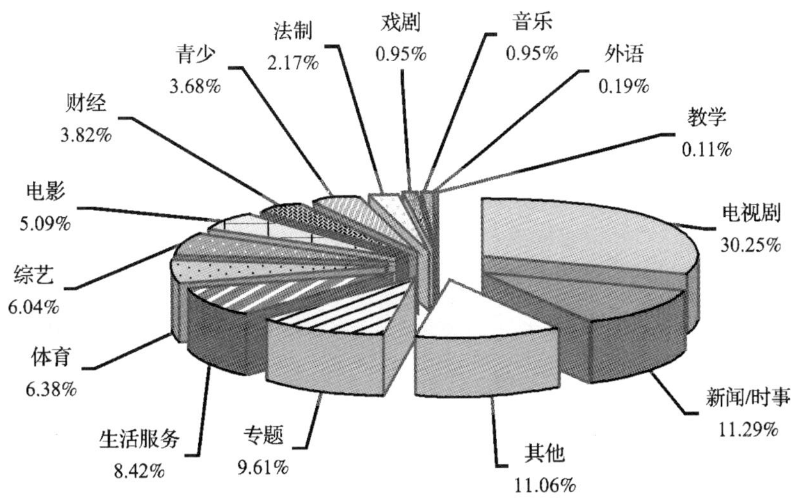

图 1.5.20　2008 年上海市场上海文广集团各类节目的收视比重

数据来源：CSM 媒介研究

4. 细分观众群体各显特征，收视行为各有差异

观众收视行为和偏好细分化的情况在上海市场继续延续。从2008年的情况来看，上海地区男女观众都将最多的收视时间贡献给了电视剧节目，其中在女性观众的收视时间中，电视剧收视占据了34.96%的比重，比男性观众高出将近7个百分点。从收视时间分配的情况来看，男性观众对财经、电影、体育、新闻/时事和专题节目的关注度较高，女性观众则更偏好于生活服务和综艺节目，两个性别群体的观众对法制、青少、外语、戏剧和音乐类节目的关注度相当（表1.5.10）。

从年龄角度来看，上海地区45-64岁的中老年观众群体将更高比例的收视时间用于收看财经节目；电视剧在各个观众群体的收视时间中都占据了较高的比重，其中65岁及以上的老年群体和35-44岁的中年群体在电视剧收视上投入的收视时间比重较高；电影类节目更受中青年观众青睐，25-44岁观众群体投入8%以上的收视时间观看电影；45岁及以上的中青年群体则表现出对法制和新闻/时事节目的浓厚兴趣，将2%以上的时间用于观看法制节目；青少节目定位明确，4-14岁观众群体约四分之一的收视由青少节目收视构成；生活服务节目则在各个观众群体中拥有比较相似的偏好度；15-24岁的观众明显用较多的时间观看体育和综艺节目，体育节目在该群体的整体收视中占据了10%以上的比例，综艺节目则占到了9.39%；戏剧节目则明显受到65岁及以上老年观众的喜爱；专题节目在成年观众中较受推崇，25岁以上观众群体收看专题节目的时间在整体收视时间中占据了10%左右的比重（表1.5.10）。

教育程度对上海观众类型节目收视的影响广泛体现在财经、电视剧、电影、法制、青少、体育、戏剧、新闻/时事、音乐、专题和综艺等多类节目的收视上。相比较而言，小学及以下教育程度群体比较偏好电视剧、青少和戏剧节目，在这些节目上分配的收视时间比重较高；初高中教育程度群体则对电影、法制、音乐、新闻/时事和综艺节目投入了更高比例的收视时间；大学及以上教育程度群体对财经、体育、专题和综艺节目的收视偏好也比较明显。总体来说，各类群体观众都对某些大众类节目有偏好，同时在某些细分节目市场上显示出了独有特征（表 1.5.11）。

表 1.5.10　2008 年上海市场不同性别和年龄观众各类节目的收视比重（%）

节目类型	性别		年龄						
	男	女	4－14 岁	15－24 岁	25－34 岁	35－44 岁	45－54 岁	55－64 岁	65 岁及以上
财经	3.37	2.95	0.89	1.62	2.19	2.81	3.79	5.21	2.32
电视剧	28.07	34.96	31.29	31.45	29.57	33.32	29.22	31.01	35.82
电影	6.73	4.59	4.00	5.88	8.06	9.71	5.70	4.43	2.50
法制	2.05	2.05	1.16	1.19	1.60	1.75	2.52	2.43	2.11
教学	0.36	0.20	0.12	0.24	0.34	0.31	0.19	0.44	0.29
青少	2.53	2.80	23.05	2.05	3.42	2.24	1.18	1.10	1.00
生活服务	6.48	7.95	6.34	7.39	7.23	6.84	7.68	7.12	6.86
体育	9.42	4.70	3.85	10.32	7.97	7.11	7.55	6.24	5.77
外语	0.15	0.15	0.12	0.32	0.25	0.10	0.16	0.11	0.06
戏剧	0.86	0.97	0.37	0.23	0.44	0.38	0.36	1.03	3.18
新闻/时事	12.00	9.84	5.99	7.43	8.92	8.58	11.40	13.10	14.73
音乐	1.12	1.16	0.61	1.66	1.42	0.99	1.19	1.11	0.82
专题	10.11	9.15	5.21	9.87	10.03	9.43	10.76	10.09	8.20
综艺	6.47	7.62	6.29	9.39	7.75	6.71	7.67	6.17	5.41
其他	10.28	10.90	10.71	10.97	10.82	9.72	10.64	10.41	10.96

数据来源：CSM 媒介研究

表 1.5.11　2008 年上海市场不同受教育程度和个人月收入观众各类节目的收视比重（%）

节目类型	受教育程度					个人月收入（元）				
	未受过正规教育	小学	初中	高中	大学及以上	600 以下	601－1200	1201－1700	1701－2600	2601 及以上
财经	0.81	1.01	3.60	3.05	4.08	1.89	3.31	3.95	2.80	3.91
电视剧	39.51	38.93	31.89	30.49	27.48	32.35	34.11	31.89	29.70	26.42
电影	4.15	4.40	5.60	6.13	5.75	5.38	5.27	4.79	6.45	7.25
法制	1.17	1.59	2.32	2.17	1.60	1.50	2.11	2.48	2.09	1.97
教学	0.10	0.13	0.31	0.25	0.43	0.25	0.23	0.29	0.32	0.36
青少	14.29	7.83	1.74	1.93	1.51	7.45	1.43	1.37	1.56	1.83
生活服务	7.29	6.86	7.18	7.37	7.01	7.10	7.47	7.15	7.29	6.82
体育	2.36	3.87	6.04	7.92	9.85	6.63	5.90	6.17	7.93	10.46
外语	0.08	0.07	0.12	0.14	0.29	0.20	0.10	0.09	0.13	0.30
戏剧	1.04	2.64	1.00	0.60	0.61	0.64	1.27	1.33	0.61	0.39
新闻/时事	6.46	9.40	12.03	10.27	11.92	8.10	11.38	12.69	11.71	10.50
音乐	0.69	0.63	1.20	1.24	1.10	1.26	0.96	1.15	1.15	1.27
专题	4.26	5.98	9.95	10.13	10.70	8.97	8.95	9.63	10.29	11.12
综艺	5.33	5.11	6.76	7.67	7.37	7.38	6.79	6.64	7.70	6.77
其他	12.47	11.54	10.25	10.65	10.31	10.89	10.71	10.36	10.27	10.63

数据来源：CSM 媒介研究

在上海地区的财经和法制节目收视上，个人月收入在601－1700元的中低收入者和在2601元以上的高收入者偏好明显，分配在财经和法制节目收视上的时间相对较多；中低收入观众在电视剧、戏剧和新闻/时事上投入的收视时间比例较大；高收入群体对电影、体育和专题有明显兴趣；低收入群体用7%以上的时间看青少节目，远高于其他收入群体；低收入和高收入群体在音乐和综艺节目收视上分配的时间比例较为相似（表1.5.11）。

上海地区不同职业群体对各类型节目的收视选择呈现出差异化状态。干部/管理人员、工人和无业群体在财经节目上投入的收视时间比例较其他群体高；无业和学生群体收视中，电视剧所占比例相对较大；电影节目比较受干部/管理人员、初级公务员和工人群体欢迎；法制类节目则在干部/管理人员、个体/私营企业人员和无业群体中获得了较高收视比重；青少和综艺节目明显受到学生群体青睐；生活服务节目则在无业和个体/私营企业人员群体中较受欢迎；干部/管理人员在体育节目上所花的收视时间比例相对较高；无业群体花在戏剧类节目上的收视时间比例相对较大；新闻/时事节目在个体/私营企业人员和无业群体中赢得了关注；音乐类节目则在初级公务员群体中有更高收视比重（表1.5.12）。

表1.5.12 2008年上海市场不同职业观众对各类节目的收视比重（%）

节目类型	职业						
	干部/管理人员	个体/私营企业人员	初级公务员	工人	学生	无业	其他
财经	3.38	2.57	2.76	3.56	1.32	3.72	0.89
电视剧	26.98	30.67	29.98	31.06	31.88	32.82	38.17
电影	7.48	6.24	7.56	7.32	5.27	3.94	12.99
法制	2.24	2.46	1.74	2.19	1.02	2.29	1.54
教学	0.28	0.26	0.28	0.20	0.22	0.32	0.15
青少	1.23	1.17	2.20	1.26	9.72	2.34	0.75
生活服务	6.77	7.28	7.13	7.01	6.72	7.44	6.25
体育	10.96	7.03	8.38	7.94	8.37	5.49	5.09
外语	0.29	0.21	0.19	0.12	0.21	0.10	0.08
戏剧	0.35	0.68	0.46	0.32	0.22	1.55	0.22
新闻/时事	10.97	12.48	9.72	10.50	6.31	12.46	6.19
音乐	1.03	1.15	1.45	1.01	1.22	1.00	1.03
专题	10.25	10.51	9.84	9.99	8.43	9.49	9.19
综艺	7.59	6.96	7.77	7.39	8.67	6.18	7.15
其他	10.19	10.33	10.53	10.14	10.42	10.85	10.32

数据来源：CSM媒介研究

（五）广州市电视收视市场的节目竞争格局

作为全国参与者最为众多、竞争格局最为复杂的城市市场，广州电视收视市场的节目竞争继续维持激烈和胶着的态势。香港台和广东省台之间交错激烈的竞争依然炙热上演，是广州电视节目收视市场的主要力量；广州市台面临多重竞争压力，保持收视份额稳定，仍然是竞争对手不可小觑的力量；中央台和外省卫视尚未在广州市场取得明显收视突破，对节目竞争格局的影响力相对有限。需要注意的是，受重大事件和社会环境变化的影响，广州市场上各类节目的收视地位正在发生结构性的变化；类型节目收视份额的变化，所体现的不仅仅是排位上的升降起伏，更是观众收视偏好和结构的悄然变迁。

1. 主流节目竞争力继续走低，小众节目顺势发展

延续2007年主流节目收视份额走低的趋势，2008年广州节目收视市场上传统的拉动收视的三驾马车中，除新闻节目有微弱的收视份额上升之外，电视剧和综艺节目都出现了收视份额下滑；其中，电视剧的收视份额为28.37%，较上年下降4个百分点以上；而综艺节目也因为近1个百分点的份额下滑，而在类型节目份额排行榜上连降两位。传统主流节目发生收视份额下降和排位改变，一方面是因为重大特殊事件的影响，对观众注意力形成分流，例如体育节目借2008北京奥运会的特殊契机而在广州市场获得了8.14%的收视份额，而汶川地震则对电视剧和综艺等娱乐节目形成了下行收视压力；另一方面则是因为观众对服务类节目的收视需求上升，例如生活服务类节目就以近2个百分点的收视份额增长，而超越综艺节目的市场地位（图1.5.21）。与2007年相比，2008年广州市场上专题节目的收视基本维持稳定，电影、青少、音乐和法制节目出现不同程度的收视份额上涨，而财经和戏剧节目的收视份额则略有下降。

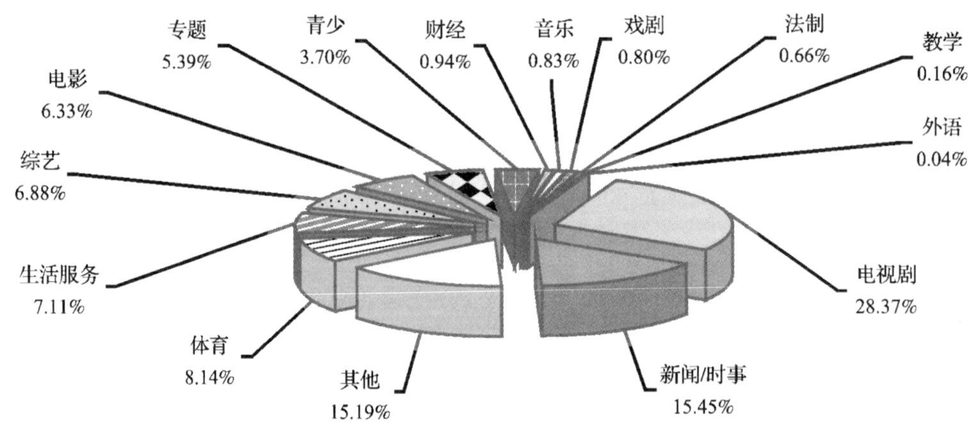

图1.5.21 2008年广州市场各类节目的收视份额

数据来源：CSM媒介研究

虽然2008年广州市场电视剧整体的收视有所下降，但香港频道在广州的收视却出现了明显的回暖。在前几年中，广东珠江频道栏目剧《外来媳妇本地郎》曾一度冲破香港翡翠台对广州电视剧收视前10位的垄断；而到了2008年，翡翠台的电视剧又夺回了收视排名前10位的整个榜单。2008年，广州市场上收视最好的电视剧为香港翡翠台播出的《溏心风暴之花好月圆》，其平均收视率达到15.6%，较2007年姊妹篇《溏心风暴之

家好月圆》在广州获得的11.9%的平均收视率有较大上升；而《法政先锋第二部》、《移情别恋》、《珠光宝气》、《与敌同行》和《原来爱上贼》等电视剧均获得了超过12%的平均收视率，与2007年排名第1位的电视剧平均收视率不及12%相比，显示出了香港翡翠台电视剧在广州市场的收视回暖。

与2008年广东或广州本地新闻节目支撑新闻收视的情况略有不同，2008年有香港翡翠台播出的有关神舟七号和“5.12地震”抗震救灾的特别新闻在广州地区新闻收视中占据了重要地位；此外，广州台的《广州电视新闻》、《焦点访谈》和特别新闻报道也在榜单中占据重要地位；相比较2007年，广东电视台珠江频道的《今日关注》和《630新闻》在本地收视水平和市场地位都略有下降。从综艺节目的收视来看，广州电视台的《广州春节焰火晚会》依然维持了传统优势，取得了14.8%的平均收视率，在全年综艺节目收视中名列魁首；除此之外，在广州地区收视较高的综艺节目基本都来自香港翡翠台。

2. 境外频道与广东省台旗鼓相当，广州市台寻求突破

2008年，境外频道和广东省台在广州市场持久的收视拉锯战中，广东省台稍显乏力，收视份额为29.97%，较上年下降了2个百分点左右；相比较而言，香港台则取得了2个百分点左右的增长，在广州节目市场的收视份额回升到35.16%。在省台和境外频道的巨大竞争压力之下，广州市台也出现了一定的市场萎缩，收视份额为17%，较2007年下降了1个百分点。借助奥运会和特殊事件的影响，中央台在广州节目市场的收视地位有所回升，收视份额接近11%。在激烈的竞争之中，外省卫视在广州市场的地位基本维持稳定（图1.5.22）。

中央台在广州市场的整体竞争力并不强。2008年，教学类节目依然是中央台在广州竞争力最强的节目类型，在该节目市场上中央台占据了近50%的收视份额。此外，在体育节目市场上，凭借对奥运会资源的垄断，中央台获得了31.88%的收视份额；在音乐、外语、专题和法制等小众节目市场上，中央台享有超过或接近20%的收视份额。和2007年相比，中央台在广州音乐、戏剧、生活服务、体育、教学和电影等类型节目市场上的竞争力有所削弱；在专题、新闻/时事、外语和青少节目市场上的竞争力略有增强。

受广州本地显著的地域文化特色和语言体系的影响，外省卫视在广州的市场表现一直较为普通。2008年，在广州的青少节目市场上，外省卫视的收视份额达到了17.64%，这是外省卫视在广州最具竞争力的市场领域；在广州电视剧市场上，外省卫视取得了11.8%的收视份额，较上年增长了1个百分点，这与外省卫视强化电视剧资源竞争不无关系；除此之外，在综艺和财经节目市场上外省卫视也获得了8%左右的收视份额。

广东南方广播影视传媒集团旗下的广东省台在广州市场依然维持了不错的竞争实力，尽管其收视份额较2007年略有下降，但其在戏剧和电影节目市场上占据超过50%的收视份额，在法制节目市场上享有43.84%的观众注意力，在综艺、专题、新闻/时事、体育和电视剧节目市场上都占据四分之一强的市场地位，这都佐证了广东省台在广州市场的竞争潜能。与2007年相比，广东省台在广州综艺、专题、新闻/时事、戏剧、生活服务、青少和法制等多个节目市场出现了收视下滑，这一定程度上受到了2008年特殊电视市场环境的影响。

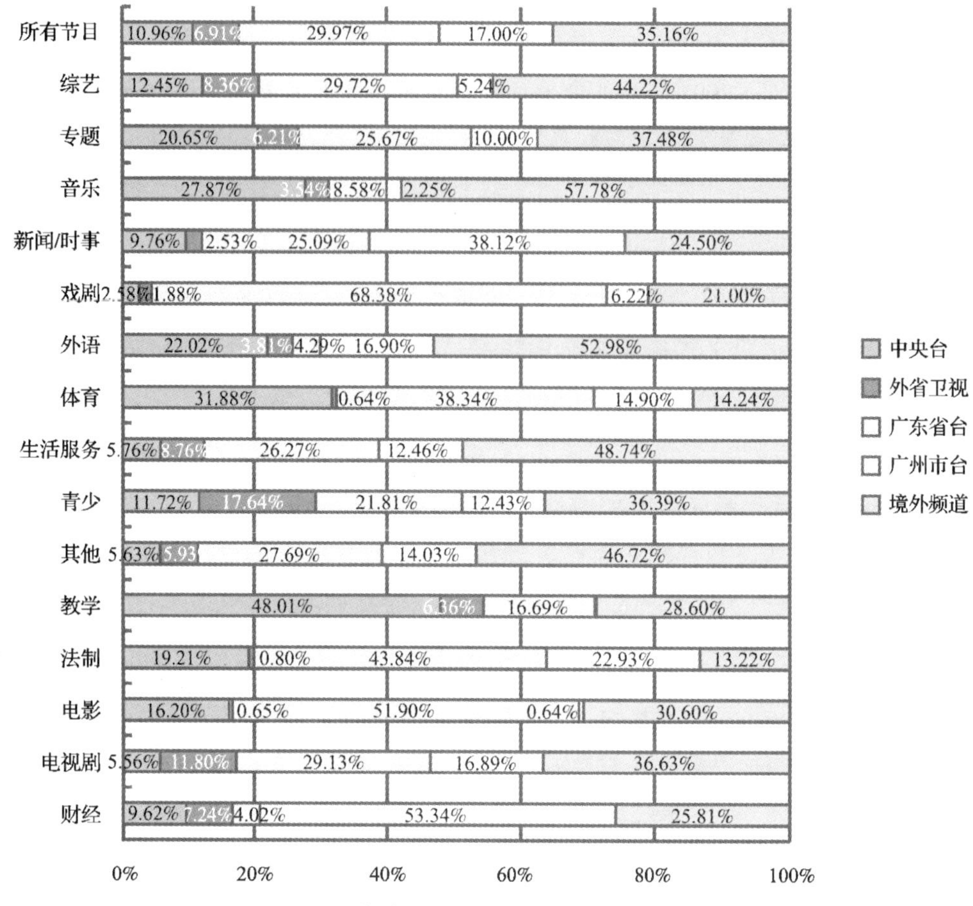

图 1.5.22 2008 年广州市场中央台、外省卫视、广东省台、广州市台和境外频道在各类节目中的收视份额

数据来源：CSM 媒介研究

在本地省台和属地外频道的多重竞争压力下，广州市台在本地的收视主要依赖于财经、新闻/时事和法制节目市场上的收视突破。2008 年，广州市台在本地财经节目上占据 53.34% 的收视份额，在新闻/时事节目市场上的收视份额达到 38.12%，在法制节目上享有 22.93% 的观众注意力资源。除此之外，广州电视台在本地专题、外语、体育、生活服务、青少和电视剧市场上都享有超过 10% 的市场份额；其中在电视剧市场上 16.89% 的市场份额是奠定广州台在本地市场收视地位的重要保障。

从 2008 年的数据来看，以香港电视台为代表的境外频道在广州市场上的收视竞争力依然强劲。香港台在广州的音乐和外语节目市场上占据 50% 以上的市场份额，在综艺和生活服务节目市场上独享 40% 以上的空间，在专题、青少、电影和电视剧节目市场上香港台的收视份额均超过 30%，此外，在新闻/时事、戏剧、教学和财经节目市场上香港台也拥有 20% 以上的观众注意力。总体而言，虽然随着内地电视媒体的发展，香港台在广州本地的竞争力已经较十年前大为衰退，但凭借着语言的共通性和文化的亲近性，香港台在广州的竞争力依然不容小觑。

3. 各级频道大显身手，多类节目蓬勃发展

凭借丰富的内容资源、多元的专业人才和多年的频道专业化发展，中央台已经初步形成了综合性频道和专业频道共同支撑收视的格局，也正因为如此，各类节目对中央台的收视贡献比较均匀。从2008年的情况来看，体育节目对中央台广州市场的收视贡献最大，贡献了23.67%的收视时间；电视剧和新闻/时事节目则分别贡献了14%左右的收视时长；中央台的专题和电影节目也对其广州收视有重要支撑作用，收视贡献在10%左右；除此之外，广州观众对中央台综艺节目的收视占据了其对中央台整体收视7.8%的份额（图1.5.23）。

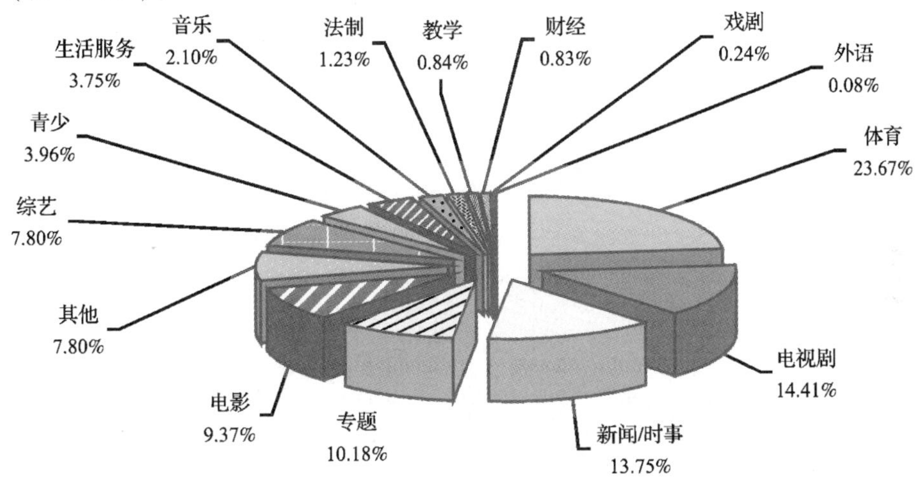

图1.5.23　2008年广州市场中央台各类节目的收视比重

数据来源：CSM媒介研究

和往年的情况比较相似，外省卫视在广州市场的收视主要依赖于电视剧的贡献，2008年电视剧为外省卫视广州收视贡献了48.48%的时间。值得注意的是，和2007年相比，外省卫视对电视剧的依赖度有所下降，电视剧在整体收视中所占份额下降了近4个百分点；在青少、综艺、生活服务和专题节目的收视贡献相对维持稳定的情况下，外省卫视新闻/时事节目的收视贡献了明显的提升，在其整体收视中占据了5.64%的收视份额，这很大程度上与2008年大事件频发，外省卫视加大新闻/时事节目播出力度有关（图1.5.24）。

广东省台在本地的收视也比较均匀地来自于多类节目的贡献，这与广东南方广播影视传媒集团频道专业化的发展策略有关。2007年，广东省台在广州市场的收视中，有27.51%来自于电视剧的贡献；新闻/时事、电影和体育节目亦是广东省台获得广州收视的利器，它们分别贡献了12.93%、10.94%和10.41%的收视份额；此外，综艺和生活服务节目也分别为广东省台的广州收视贡献了6%以上的收视时间；诸如青少、戏剧和法制等小众类型的节目也对广东省台的广州收视有一定的贡献。虽然从整体而言，广东省台在广州的收视有一定的下降，但多元的节目收视格局对长期维持其在广州市场的竞争地位还将会有不小的助益（图1.5.25）。

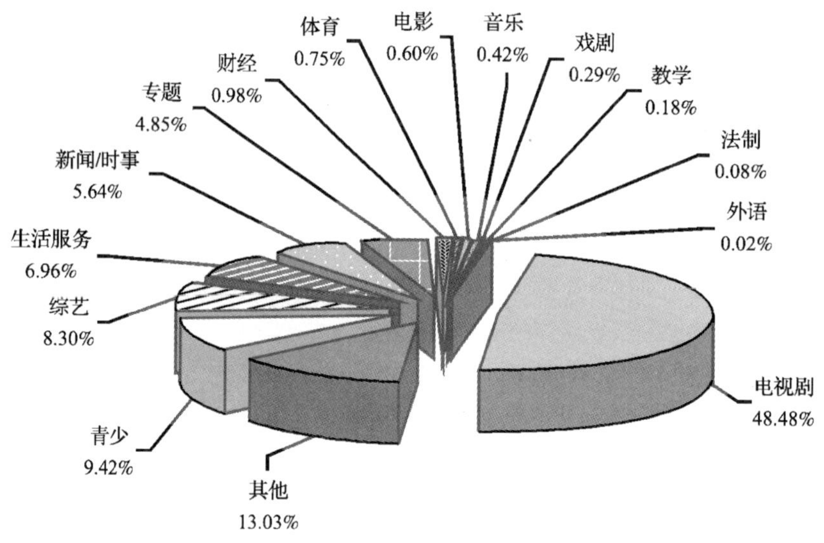

图 1.5.24　2008 年广州市场外省卫视各类节目的收视比重

数据来源：CSM 媒介研究

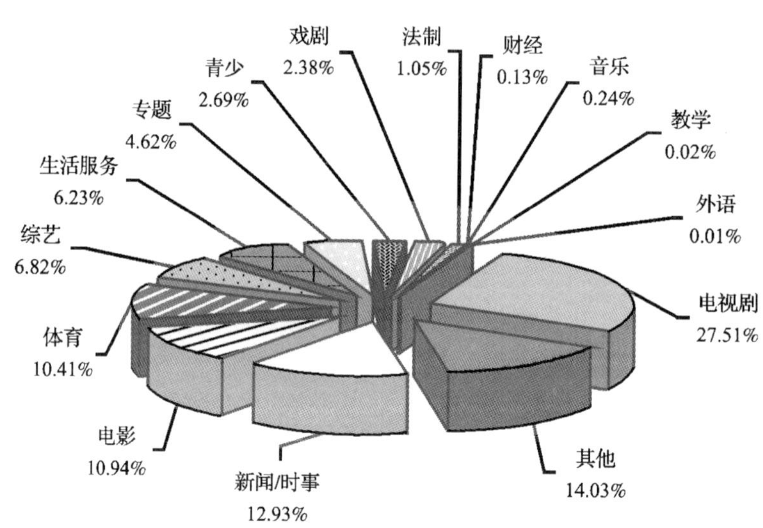

图 1.5.25　2008 年广州市场广东省台各类节目的收视比重

数据来源：CSM 媒介研究

广州市台在广州的收视更多地得益于新闻/时事节目和电视剧的合力，2008 年新闻/时事和电视剧分别在广州台本地收视中占据了 34.62% 和 28.13% 的时间；以新闻/时事而非电视剧为主要收视倚重，是广州台不同于大多数城市台的一个特色。除此之外，广州台的体育频道对其收视贡献也不小，收视份额达到 7% 以上；生活服务的收视份额为 5.21%；专题、财经、青少和综艺等节目类型也为广州台贡献了 2% 以上的收视时间（图 1.5.26）。

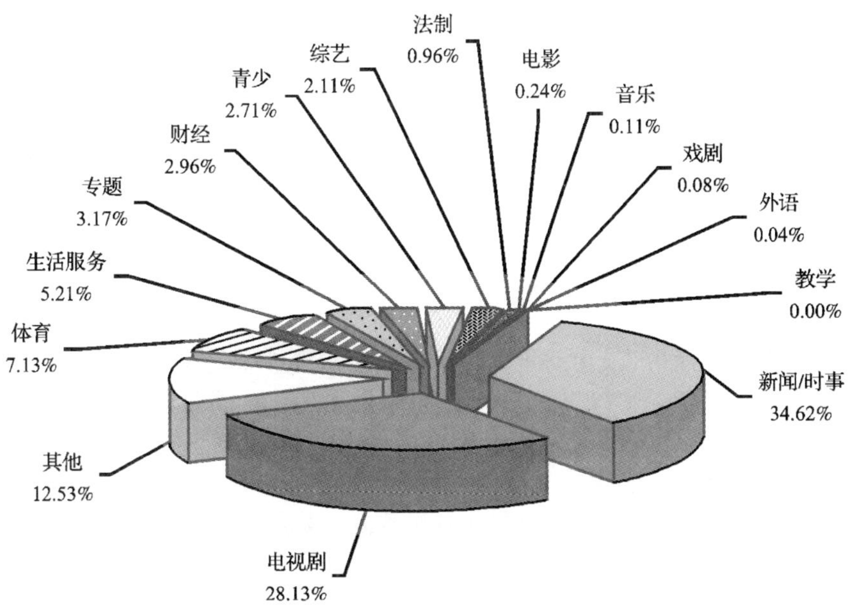

图 1.5.26　2008 年广州市场广州市台各类节目的收视比重

数据来源：CSM 媒介研究

境外频道在广州地区的收视同样依赖于电视剧和新闻/时事节目的贡献，2008 年这两类节目分别为境外频道贡献了 29.65% 和 10.76% 的收视时长；生活服务和综艺节目也是境外频道广州收视的主要来源，其收视贡献分别为 9.86% 和 8.67%；专题和电影节目对境外频道广州收视的贡献也达到 5.5% 以上；此外青少和体育类节目也在一定程度上促进了境外频道在广州的收视表现（图 1.5.27）。

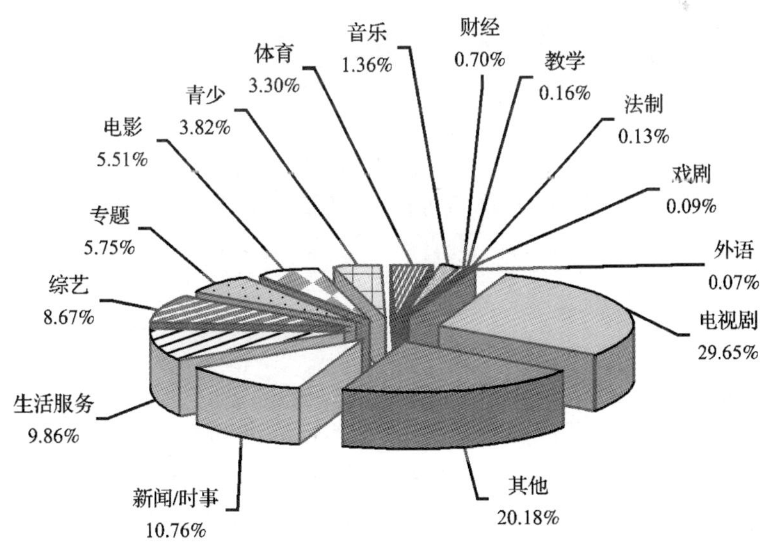

图 1.5.27　2008 年广州市场境外频道各类节目的收视比重

数据来源：CSM 媒介研究

4. 观众对各类型节目收视差异依然突出，显示细分和专业化价值

广州市场是国内电视竞争最为激烈的市场，也是电视节目最为多元的市场，为不同细分观众群体提供了丰富的收视选择。从2008年的情况来看，广州男性观众在电影、教学、体育、新闻/时事和专题节目上分配的收视时间比例高于女性观众；而女性观众则把更高比例的收视时间分配给了电视剧、生活服务和综艺节目；两类观众群体在其他节目上花费的收视时间比例相当（表1.5.13）。

从年龄的角度来看，广州地区4－14岁观众群体对电视剧、青少、新闻/时事和综艺节目的关注度较高，其中在青少节目上花费的收视时间比例明显高于其他群体；15－24岁群体的收视时间中，电视剧、电影和新闻/时事节目占据了较长时间，其对电影的关注度较其他群体为高；25－24岁群体对在电视剧、新闻/时事和生活服务节目上分配的收视时间比例较高；35－44岁群体将大量时间用于收看电视剧、新闻/时事和体育节目，其中在体育节目上花费的收视时间比例明显高于其他群体；45岁以上的群体在电视剧和新闻/时事节目上花费了超过45%的收视时间，对生活服务、体育、专题和综艺节目也有较高的关注。总体来看，在2008年大事件频发的情况下，中老年群体增加了对新闻/时事节目的关注，这一定程度上影响了其观看电视剧的时间比例；相比较而言，青少年群体对新闻/时事节目的关注度变化不大，保持了对电视剧的关注，由此其在电视剧上分配的收视时间比例较高（表1.5.13）。

表1.5.13　2008年广州市场不同性别和年龄观众对各类节目的收视比重（%）

节目类型	性别		年龄						
	男	女	4－14岁	15－24岁	25－34岁	35－44岁	45－54岁	55－64岁	65岁及以上
财经	1.02	0.88	0.28	0.40	1.02	1.44	1.05	1.08	0.85
电视剧	25.36	31.27	30.42	30.23	28.51	27.11	28.59	27.85	27.01
电影	7.36	5.34	6.16	9.15	6.64	7.67	7.85	3.23	3.10
法制	0.65	0.68	0.41	0.65	0.71	0.62	0.89	0.68	0.53
教学	0.22	0.11	0.07	0.05	0.08	0.27	0.16	0.28	0.13
青少	3.82	3.57	13.79	5.26	2.63	2.40	1.21	1.69	2.60
生活服务	6.96	7.25	6.46	7.11	7.18	6.68	7.16	7.41	7.81
体育	9.85	6.48	5.49	8.79	8.66	9.53	7.27	8.52	8.38
外语	0.05	0.04	0.05	0.03	0.05	0.04	0.05	0.04	0.04
戏剧	0.69	0.92	0.43	0.49	0.23	0.29	0.44	0.78	3.30
新闻/时事	16.06	14.87	9.23	9.53	14.62	15.76	17.13	19.55	18.77
音乐	0.79	0.87	0.70	1.11	0.98	0.70	0.80	0.92	0.69
专题	5.77	5.02	3.78	3.76	5.35	6.27	5.78	6.39	5.15
综艺	6.48	7.28	8.22	8.25	7.06	6.62	6.54	6.28	6.08
其他	14.93	15.44	14.51	15.20	16.29	14.59	15.07	15.30	15.55

数据来源：CSM媒介研究

广州市场上高中及以上群体对财经、教学、体育、新闻/时事、音乐和专题节目比较感兴趣，分配的收视时间比例较高，其中大学及以上群体在财经、体育、新闻/时事和专题节目上分配的收视时间比例明显高于其他群体。小学和初中群体在电视剧和戏剧收视上分配的时间比例较高；初高中群体对电影和法制节目的兴趣相对浓厚；未受过正规教育程度群体则将11.24%的时间用于收看青少节目（表1.5.14）。

个人月收入在600元以下的低收入群体在电视剧、青少、电影和综艺节目上花费了较高的收视时间比例；个人月收入在601－1700的中低收入群体对电视剧的关注度也比较高，此外，他们还用较高比例的时间收看法制和生活服务节目；个人月收入在1701－2600元的中等收入群体在各类节目收视上没有突出特点，在电视剧、新闻/时事和体育节目上花费了较高比例的收视时间；个人月收入在2601元及以上的高收入群体对新闻/时事、专题和体育节目表现出相对明显的热情（表1.5.14）。

表1.5.14 2008年广州市场不同受教育程度和个人月收入观众对各类节目的收视比重（%）

节目类型	受教育程度					个人月收入（元）				
	未受过正规教育	小学	初中	高中	大学及以上	600以下	601－1200	1201－1700	1701－2600	2601及以上
财经	0.25	0.30	0.55	1.18	1.92	0.52	0.57	1.03	1.10	2.30
电视剧	29.57	30.84	30.30	27.23	24.86	30.83	29.26	28.49	27.01	22.34
电影	4.51	4.81	6.82	7.29	5.61	6.86	6.85	5.07	6.55	6.01
法制	0.38	0.55	0.62	0.85	0.55	0.53	0.83	0.74	0.60	0.69
教学	0.03	0.08	0.11	0.20	0.29	0.11	0.09	0.19	0.12	0.41
青少	11.24	7.06	3.38	2.25	1.80	7.53	2.20	2.27	1.63	1.31
生活服务	7.03	7.34	7.12	7.14	6.81	7.05	7.20	7.34	6.78	7.06
体育	5.27	6.27	7.70	8.43	10.82	6.98	6.98	8.22	9.99	10.40
外语	0.03	0.04	0.04	0.04	0.06	0.04	0.03	0.04	0.05	0.05
戏剧	1.63	1.90	0.80	0.36	0.42	0.61	1.08	1.41	0.42	0.31
新闻/时事	13.12	13.34	14.77	16.34	17.41	11.05	17.38	17.01	17.07	18.79
音乐	0.63	0.66	0.77	0.87	1.05	0.81	0.73	0.73	0.89	1.13
专题	3.29	4.28	4.97	5.91	6.66	4.33	5.12	5.41	5.61	8.15
综艺	6.71	7.23	6.58	6.86	7.13	7.59	6.45	6.25	6.93	6.82
其他	16.31	15.28	15.48	15.05	14.62	15.15	15.22	15.78	15.25	14.22

数据来源：CSM媒介研究

从职业分类的情况来看，广州地区干部/管理人员群体在财经、教育和专题节目上分配的收视时间比例相对其他群体较高；个体/私营企业人员在电影、法制、体育、新闻/时事和专题节目上的收视偏向比较突出；初级公务员和工人群体在各类节目收视方面并没有表现出突出特征，其在电视剧、新闻/时事和体育节目上分配的收视时间相对较长；学生群体在电视剧、青少和综艺节目上分配的收视时间比例在各类群体中最高；无业群体则表现出了对生活服务和戏剧节目的浓厚兴趣（表1.5.15）。

表 1.5.15 2008 年广州市场不同职业观众对各类节目的收视比重（%）

节目类型	职业						
	干部/管理人员	个体/私营企业人员	初级公务员	工人	学生	无业	其他
财经	1.96	1.17	1.17	0.69	0.29	1.00	0.34
电视剧	25.14	24.79	27.47	28.67	30.94	28.76	34.53
电影	7.73	8.35	7.21	7.42	7.63	4.40	6.19
法制	0.64	1.16	0.57	0.62	0.44	0.70	0.40
教学	0.34	0.20	0.19	0.10	0.08	0.17	0.01
青少	1.64	1.63	2.03	2.29	10.41	3.07	2.81
生活服务	6.45	7.11	6.94	6.79	6.76	7.53	7.55
体育	10.19	9.05	9.01	8.43	6.77	7.70	7.23
外语	0.06	0.04	0.04	0.04	0.04	0.04	0.02
戏剧	0.15	0.23	0.28	0.34	0.56	1.53	0.39
新闻/时事	16.81	17.89	15.57	16.43	8.32	17.16	11.30
音乐	1.00	0.76	1.06	0.70	0.93	0.74	0.95
专题	7.28	6.41	5.47	5.38	3.84	5.39	5.16
综艺	6.79	6.08	7.45	6.77	8.60	6.29	6.39
其他	13.81	15.14	15.53	15.34	14.40	15.54	16.72

数据来源：CSM 媒介研究

六、电视广告投放与竞争格局

（一）中国电视广告投放基本情况

1. 2008 年中国电视广告投放额比 2007 年增长 38.6%

据央视市场研究（CTR）最新的年度广告监测报告显示①，2008 年中国广告市场受北京奥运会的拉动，呈现活跃态势，投放总额同比增长 15%，达到 4413 亿人民币。

在各媒体投放方面，电视媒体继续保持绝对优势，广告投放总额达到 3402 亿元，比 2007 年增长了 38.6%。平面媒体的广告投放全面“回暖”，特别是报纸广告一改去年颓势，由 2007 年的负增长跃升为 2008 年同比增长 19%，杂志广告更是以 23% 的增幅实现自我突破。与 2007 年大幅增长相比，电台广告则呈减缓态势，仅增长 7%。受到宏观面整治的影响，户外媒体（含地铁）整体投放额加速下滑，同比负增长 4%。

2008 年平均每个月的电视广告投放额是 283 亿人民币，比 2007 年高出 79 个亿。纵览 2008 年，重大事件层出不穷，对国内的广告市场不断进行全局性“震荡”。受 5.12 汶川大地震影响，2008 年 5 月成为中国电视广告增长最弱的月份，广告投放增幅不到平均增长幅度的一半。随后日渐热烈的奥运气氛拉动广告市场迅速反弹，电视广告投放额

① 电视广告费用统计是根据各地电视台公开的刊例价来计算，不考虑折扣因素；监测时期为 2007 - 2008 年；监测时间段为每天晚间 17:00 - 24:00。

在7月份创出新高，而真正到奥运会召开的八月份，电视广告投放量反而有较大幅度的下降，年底前四个月电视广告投放则保持了较高的投放量。

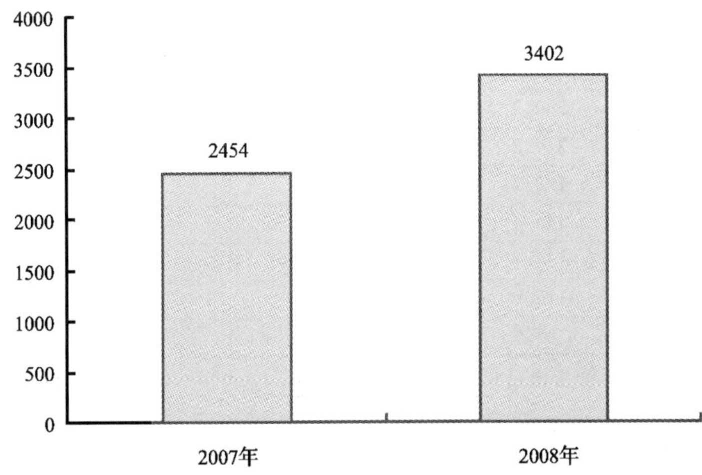

图 1.6.1 2007 年、2008 年中国电视广告总投放额（人民币：亿元）

数据来源：央视市场研究媒介智讯（CTR MI）

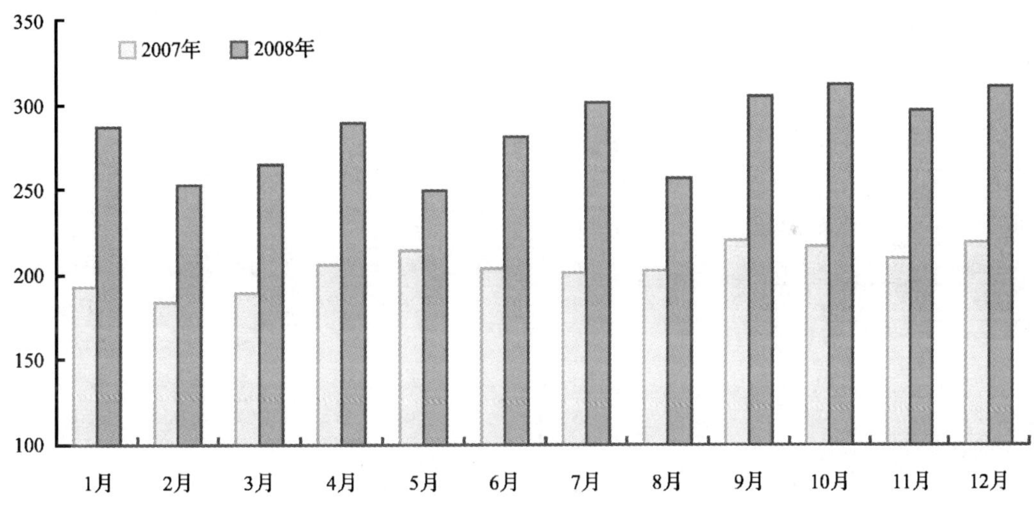

图 1.6.2 2007 年、2008 年各月电视广告总投放额（人民币：亿元）

数据来源：央视市场研究媒介智讯（CTR MI）

2. 2008 年娱乐及休闲、商业及服务等行业电视广告投放额明显增长

2008 年，电视广告投放额保持在前三位的行业仍然是化妆品/浴室用品、食品和药品三个行业，其投放额远高于其他品类。化妆品/浴室用品保持在首位，增幅 28%；食品排第二位，增幅 39%；药品排第三位，增幅只有 5%，远低于其他行业。广告投放额排名前十位的几个行业中，娱乐及休闲行业增长超过了 65%，商业及服务性行业超过 57%，邮电通讯和酒精类饮品的投放额增幅都超过了 40%。

表 1.6.1 2008 年中国电视广告投放额排名前 10 位的品类（人民币：亿元）

大类	2008 年	2007 年	投放额变化	增长率%
化妆品/浴室用品	647.0	506.9	140.1	28%
食品	475.2	343.0	132.2	39%
药品	419.7	398.5	21.2	5%
商业及服务性行业	380.2	241.6	138.6	57%
饮料	319.2	231.9	87.3	38%
娱乐及休闲	182.2	110.7	71.5	65%
邮电通讯	145.4	100.7	44.7	44%
酒精类饮品	134.7	93.6	41.1	44%
交通	112.6	92.1	20.5	22%
清洁用品	85.9	73.0	12.9	18%

数据来源：央视市场研究媒介智讯（CTR MI）

3. “玉兰油”保持投放量第一位，“欧莱雅”排在增长率第一位

2008 年，进入排名前十位的品牌中，五个来自食品和药品行业，化妆品/浴室用品占四个，还有一个是娱乐及休闲行业的“肯德基”。“玉兰油”排名第一位，远高于其他品牌，“欧莱雅”投放增长率翻番，“高露洁”和“佳洁士”的广告投放额基本与2007年持平。药品、食品的品牌投放增长放缓，五个品牌按投放额高低依次是“三精”、“黄金搭档”、“盖中盖”、“江中”和“脑白金”。

表 1.6.2 2008 年中国电视广告投放额排名前 10 位的品牌（人民币：亿元）

品牌	所属品类	2008 年	2007 年	投放额变化	增长率%
玉兰油	化妆品/浴室用品	67.7	48.7	19.0	39%
肯德基	娱乐及休闲	49.4	30.0	19.4	65%
三精	食品/药品	40.5	36.9	3.6	10%
欧莱雅	化妆品/浴室用品	37.3	18.0	19.3	107%
黄金搭档	食品/药品	34.2	27.0	7.2	27%
盖中盖	食品	33.9	30.8	3.1	10%
高露洁	化妆品/浴室用品	32.6	31.4	1.2	4%
江中	食品/药品	31.6	21.9	9.7	44%
佳洁士	化妆品/浴室用品	30.2	29.1	1.1	4%
脑白金	食品	26.4	20.6	5.7	28%

数据来源：央视市场研究媒介智讯（CTR MI）

4. 各级频道广告投放保持高速增长

2008 年中央级频道的广告投放额增加了 34%，低于平均增长水平；省级卫视的广告投放增长率是各级频道中最低的，只有 22%；省级地面频道的广告投放额在数量上是各级频道中最多的，与去年相比增长超过了 42%；而其他所有频道的广告投放增长率也都达到了 47%。

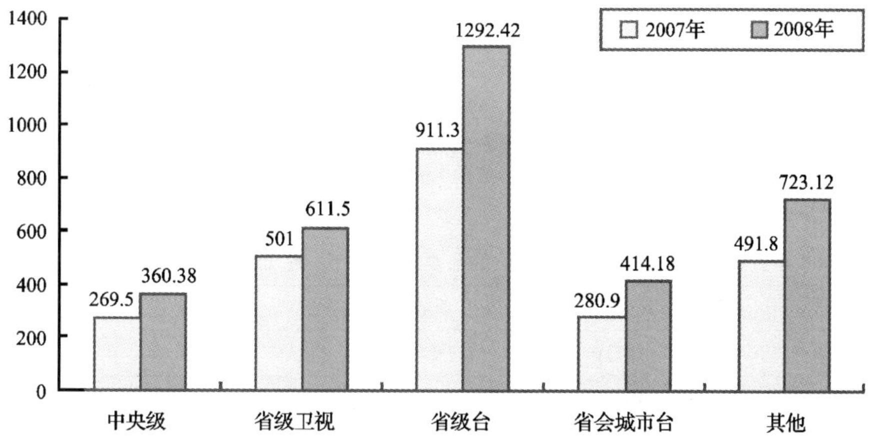

图 1.6.3 2007 年、2008 年全国各级电视频道的广告投放额（亿元）

数据来源：央视市场研究媒介智讯（CTR MI）

中央电视台的广告投放额中，饮料和化妆品/浴室用品这两个行业表现突出，成为中央电视台最重要的投放行业。中央电视台主要的几个投放行业中，有些行业投放呈现放缓趋势，交通行业广告投放增长率只有13%，低于平均水平。

表 1.6.3 2008 年中央电视台广告投放额前 5 位的品类（人民币：亿元）

行业类别	2008 年	2007 年	投放额变化	增长率%
饮料	46.5	34.3	12.2	36%
化妆品/浴室用品	42.2	29.8	12.4	42%
食品	36.7	26.5	10.2	38%
交通	30.5	27.1	3.4	13%
娱乐及休闲	28.8	18.1	10.7	59%

数据来源：央视市场研究媒介智讯（CTR MI）

中央电视台广告投放额排名前三位的品牌全部来自于饮料/食品行业，它们是“蒙牛”、“伊利”和“康师傅”，“蒙牛”和“伊利”连续三年排名于中央台广告投放前两位。在2008年竞争更加激烈，其中从刊例价上看，“蒙牛”的投放额更是高达8.5亿元，“伊利”达到8亿元。在排名前五位的品牌中，只有“海尔”的投放额没有大幅增长。

表 1.6.4 2008 年中央电视台广告投放额前 5 位的品牌（人民币：亿元）

品牌	所属品类	2008 年	2007 年	投放额变化	增长率%
蒙牛	饮料/食品	8.5	5.6	2.9	52%
伊利	饮料/食品	8.0	4.8	3.2	67%
康师傅	饮料/食品	6.4	3.6	2.8	78%
美的	家居用品/家用电器	4.4	2.6	1.8	69%
海尔	电脑及办公自动化产品/家用电器	3.3	3.3	0.0	0%

数据来源：央视市场研究媒介智讯（CTR MI）

2008 年省级卫视的广告投放中，药品和食品两个行业均超过化妆品/浴室用品，成为省级卫视两个最重要的投放行业。在省级卫视投放额排名前五位的行业中，药品广告以 157.6 亿元（按刊例价）高居榜首；排第二位食品行业则比去年增长了 45%；排名第三位的化妆品/浴室用品投放额增长 10%；饮料行业和邮电通讯行业增势很猛，增幅达到 31% 和 49%。

表 1.6.5　2008 年省级卫视广告投放额前 5 位的品类（人民币：亿元）

行业类别	2008 年	2007 年	投放额变化	增长率%
药品	157.6	145.6	12.0	8%
食品	104.0	71.7	32.3	45%
化妆品/浴室用品	96.5	88.0	8.5	10%
饮料	72.4	55.2	17.2	31%
邮电通讯	33.4	22.4	11.0	49%

数据来源：央视市场研究媒介智讯（CTR MI）

2008 年省级卫视广告投放额最高前五位品牌主要来自药品、食品和化妆品/浴室用品行业。“三精”投放额排名第一位，但增长率只有 2%；排名第二位的“江中”投放额增长迅猛，增长率达到 145%；排名第三位到第五位的是“达利园”、“高露洁”和“葵花”，其中“葵花”的增长率超过 50%。

表 1.6.6　2008 年省级卫视广告投放额前 5 位的品牌（人民币：亿元）

品牌	所属品类	2008 年	2007 年	投放额变化	增长率%
三精	药品/食品	25.4	24.8	0.6	2%
江中	药品/食品	24.0	9.8	14.2	145%
达利园	饮料/食品	15.8	12.9	2.9	22%
高露洁	化妆品/浴室用品	11.5	10.7	0.8	7%
葵花	药品	11.0	7.2	3.8	53%

数据来源：央视市场研究媒介智讯（CTR MI）

（二）中国电视广告市场竞争格局

1. 频道间竞争：中央级频道和省级卫视所占份额下降

中央级频道和省级卫视的广告投放额所占份额低于 2007 年，特别是省级卫视，所占份额下降了 2.4 个百分点。地面频道所占份额有所增加，省级台份额增加了 0.9 个百分点，省会城市台增加了 0.8 个百分点的，其他频道所占份额增加了 1.3 个百分点。

表 1.6.7 2007 年、2008 年各级电视频道广告投放所占份额

频道级别	2007 年	2008 年	份额变化
中央级	11.0%	10.6%	-0.4%
省级卫视	20.4%	18.0%	-2.4%
省级台	37.1%	38.0%	0.9%
省会城市台	11.4%	12.2%	0.8%
其他	20.0%	21.3%	1.3%

数据来源：央视市场研究媒介智讯（CTR MI）

2008 年省级卫视广告投放额排名中，按刊例价计算，湖南卫视、江苏卫视和安徽卫视的广告投放额排名前三位，湖南卫视达到 45.8 亿元。2007 年排名第一位的四川卫视则下滑到第四位。

表 1.6.8 2007 年、2008 年广告投放额排名前 10 位的省级卫视（人民币：亿元）

排名	2007 年		2008 年	
	频道	投放额	频道	投放额
1	四川卫视	31.1	湖南卫视	45.8
2	江苏卫视	30.4	江苏卫视	40.3
3	湖南卫视	29.4	安徽卫视	35.0
4	上海东方卫视	28.0	四川卫视	33.7
5	广西卫视	25.2	广东卫视	29.2
6	重庆卫视	23.6	上海东方卫视	27.7
7	浙江卫视	23.0	重庆卫视	26.8
8	安徽卫视	22.7	广西卫视	26.2
9	广东卫视	21.7	山东卫视	25.6
10	辽宁卫视	20.3	黑龙江卫视	24.9

数据来源：央视市场研究媒介智讯（CTR MI）

2008 年广告投放额排名前 10 位的省会城市台中，广州电视台以 53.5 亿元高居榜首。武汉电视台、南京电视台和哈尔滨电视台则分别列第二到第四位，而 2007 年排名第二位的西安电视台排名则下降到第六位。

表 1.6.9 2007 年、2008 年广告投放额排名前 10 位的省会城市电视台（人民币：亿元）

排名	2007 年		2008 年	
	频道	投放额	频道	投放额
1	广州电视台	34.8	广州电视台	53.5
2	西安电视台	22.2	武汉电视台	41.1
3	哈尔滨电视台	22.1	南京电视台	33.2
4	南京电视台	19.0	哈尔滨电视台	31.9
5	昆明电视台	17.9	昆明电视台	27.6
6	武汉电视台	16.3	西安电视台	26.8

续表

排名	2007 年		2008 年	
	频道	投放额	频道	投放额
7	沈阳电视台	14.7	长沙电视台	24.8
8	杭州电视台	14.2	杭州电视台	19.3
9	长沙电视台	11.7	长春电视台	17.7
10	长春电视台	11.7	沈阳电视台	17.4

数据来源：央视市场研究媒介智讯（CTR MI）

2. 行业投放竞争：金融行业的广告投放增幅最大

2008 年电视广告投放量最大的三个行业仍然是化妆品/浴室用品行业、食品行业和药品行业，这种状况已经持续了多年。在 2008 年，广告投放额增幅最大的三个行业是金融业、娱乐及休闲和商业及服务性行业，其中金融业的增幅达到 77%。同时有个别行业出现了负增长，比如活动类和农业，其中活动类广告降幅最大，达到 10%。

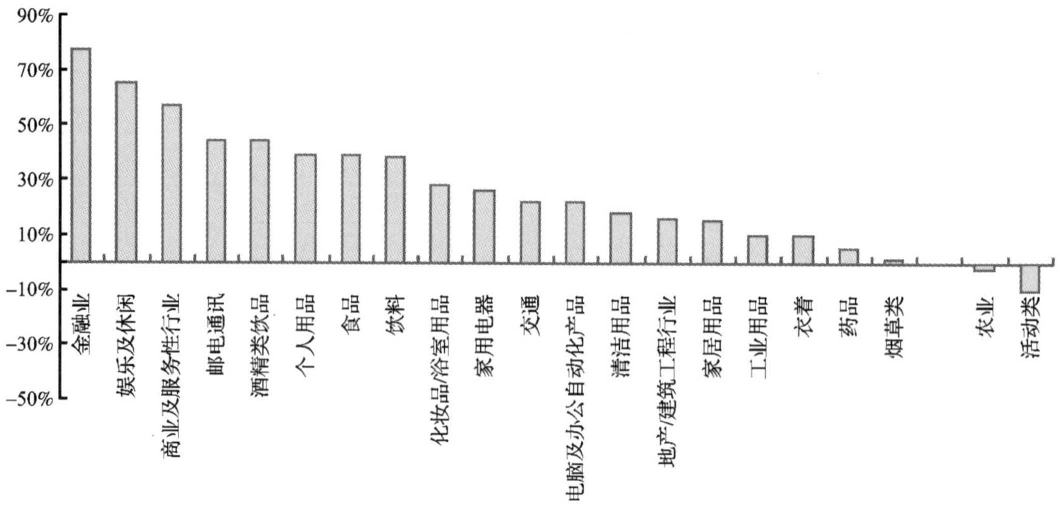

图 1.6.4　2008 年各行业电视广告投放额变化幅度

数据来源：央视市场研究媒介智讯（CTR MI）

第二部分
Part Two

专题 Analysis Report

2008 年中国电视收视市场纵览

2008 年，对于整个中华民族而言可谓精彩与波澜共存。就全国电视收视市场来说，整体格局的变化并无令人惊诧之处，但其竞争的内在本质却受政策、大事件和新媒体等外在因素的影响而悄然变化。中国电视产业经过了十余年的积累和快速发展后，电视收视市场已经进入了相对成熟的平稳发展期。作为收视硬环境基础的“频道覆盖率”在经历了大规模快速扩张后已趋于平稳发展，与此同时，观众日均收视量在“几经沉浮”后也基本稳定在三个小时左右。播出平台势力延展与受众注意力总量在动态中稳定，一方面说明整个收视市场已从“成长”向“成熟”过渡，另一方面预示着各个媒体间的竞争将转入“软实力”比拼的格局。

本文基于 CSM 媒介研究 2008 年在全国 154 个样本市县的收视率调查数据，全面解析中国电视收视市场变化的数字特征，由表及里探求其变化的内在本质，希望对业内人士更好把握全国收视市场脉搏而有所裨益。

一、2008 年观众人均收视量变化情况

我国电视产业赖以生存的主要盈利模式为观众注意力二次售卖所得的广告收入，而观众注意力的总量就蕴含在观众每天的收视量之中。假设观众注意力价值与人均收视量呈正相关关系，即观众收看时间越长，可售卖的注意力总量也就越多，相反，若观众收看电视时间较短，那么广告能够吸引的观众注意力总量也就相应匮乏。因此，观众人均收视量的变化在一定程度上决定着电视媒体广告收入的多寡。

从最初的频道资源匮乏到如今的频道冗余，从电视节目形式单一到现在的五花八门，从消费者单纯的信息产品消费意识到此时的全方位、立体化的多样选择，电视产业的发展变化使观众注意力的分配和消费不断丰富并日趋复杂。时至今日，我们也并不能阻挡以网络为代表的新媒体争夺电视观众的注意力，而当电视工作者不断嗟叹电视观众流失以及人均收视量逐年下滑之时，一些新的变化已经悄然发生并给我们带来些许更耐人寻味的反思。

1. 人均收视量略高于去年，十二年调查数据呈现“收视三小时”规律

2008 年，我国电视收视市场整体人均收视量为 175 分钟，以 3 分钟的增长略高于 2007 年，在最近五年中仅次于 2006 年而排名第二（图 1）。事实上从 2002 年开始，人均

收视时长已经逐渐远离了180分钟，特别是2004年开始已经低于175分钟了。单从数字来看，人均收视量的变化的确呈现出一种下降态势。然而，目前的收视环境和12年前比较可谓大相径庭，消费者对内容产品的消费需求、审美能力以及经济消费水平都已不可同日而语，另外，新媒体的蚕食以及人们生活节奏的加快也在一定程度上压缩了观众的收视时间。不过，若以观众注意力价值进行比较，即使现今的人均收视总量减少了，但是单位收视时间能够带来的广告价值却在升高，两个影响因素互有增减，所以并不能得出电视观众注意力总价值已经衰减的结论。试想，若以过去3小时所能投放广告的时长乘以当时广告的单价，所得数值和现在3小时投放广告的总值相比，哪个更多呢？就更为宽泛的角度着眼，收视时长的减少本不必带来恐慌，单一变量数字上的减少并不能诠释综合价值量的变迁，从长久来看，观众注意力总值还是保持在一个较为稳定的水平。

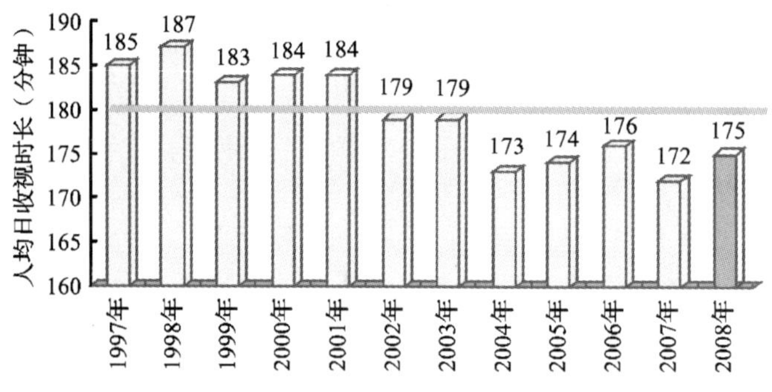

图1　2001－2008年全国观众人均每日收视时间
数据来源：CSM媒介研究

固然，人均收视量确实存在下滑趋势，但是并没有呈现出持续下滑的现象，而是在某几年围绕某个数值上下波动。例如从1997年到2001年，185分钟成为人均收视量起伏变化的标杆，而2004年至2008年却又围绕174分钟有所升降。从1997年至2008年，这12年的人均收视时长的平均值为179.25分钟，这表明我国的电视观众每天收看电视的时间始终稳定在3小时左右。尽管影响观众人均收视量的因素随时间推移产生了各种变化，且影响程度日益复杂化、多样化，但3小时这个动态的稳定量却在较长时期内客观表征了我国电视观众每日的收视规模。所以就目前情况分析，无论影响观众收视的因素随时间推移如何变化，并不会出现收视量数值持续下滑的现象，若有所下降其幅度也不会太大。总之，外界影响因素与观众自身消费因素综合作用的结果，将是一种动态的平衡。

2. 众多因素导致区域收视量差异，除西南外各大区均有“回暖”之势

我国具有丰富多样的人文、地理以及经济特点，多样性的因素促生多样化的生活模式，进而决定了电视观众在电视节目消费习惯上的诸多差异，而人均收视时长的区域特征则是该差异的表现之一。

比较近六年各大行政区人均日收视时长，华北、东北和西北地区相对接近，整体水

平处于179－202分钟之间且高于其他各区；西南、华南地区为第二梯队，在163－183分钟间起伏；华中和华东地区“相形见绌”，变化范围在158－173分钟。从整体变化趋势来看，华北地区数值虽高却逐渐下降，呈下降趋势的地区还有西南、西北和华中地区。东北地区本身数值已高，但从2004年至今观众日收视量却在稳健上升，这是一个似乎“背道而驰”的现象。华东地区则基本持平，变化幅度不大的情况下略有增长。从2008年数据来看，西南地区人均日收视量下降明显，10分钟的下跌已是不小幅度，而其他六区则都有小幅上升，不知是否预示着电视观众收视注意力已在悄然“回暖”（图2）。

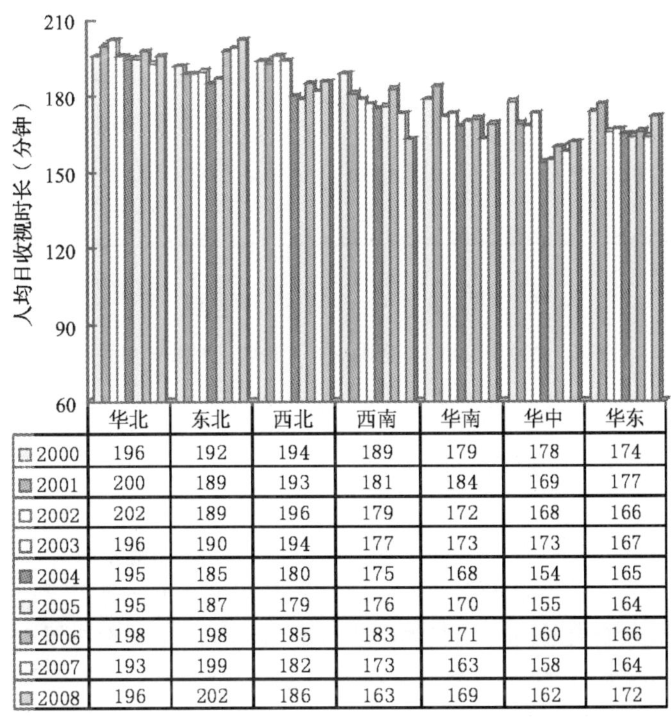

	华北	东北	西北	西南	华南	华中	华东
2000	196	192	194	189	179	178	174
2001	200	189	193	181	184	169	177
2002	202	189	196	179	172	168	166
2003	196	190	194	177	173	173	167
2004	195	185	180	175	168	154	165
2005	195	187	179	176	170	155	164
2006	198	198	185	183	171	160	166
2007	193	199	182	173	163	158	164
2008	196	202	186	163	169	162	172

图2　2000－2008年全国七大行政区观众人均每日收视时间变化

数据来源：CSM媒介研究

3. 重大事件促使2008年人均收视时长上升

上文已经提到，2008年人均收视量较之去年有所增加，从图3我们可以更为清晰地看出一些重大事件的发生提升了观众收视时长。五月，位于我国西南的四川省汶川地区突发里氏8.0级特大地震，汶川地震发生后，我国电视媒体的焦点便集中于抗震救灾这个重大事件上，无论报道时长和持续时间都远超一般新闻事件。因此，观众收视时长在5月11日那周达到了180.8分钟的高峰，明显超过上年同期。另外，8月初举世瞩目的第29届奥林匹克夏季运动会在北京开幕，中国再次成为世界关注的焦点。北京奥运会，是我国历史上第一次承办的奥林匹克运动会，全国观众期待已久的收视热情创造出全年最高的收视高峰便不足为奇了。图3显示，奥运会期间的观众日均收视时长远超历年最高峰——春节，并且高收视时长贯穿奥运会全程，成为2008年名副其实的收视“擎天柱”。

由此来看，虽然在我国电视媒体步入成熟发展期后观众收视时长呈减少趋势，但是一旦出现具有较大影响力的事件，观众的收视热情依然能够很快被调动起来。因而，电视媒体寻求发展应着眼于如何调动观众与如何激发他们的收视欲望，而不是只去“暗自神伤”观众的远离了。

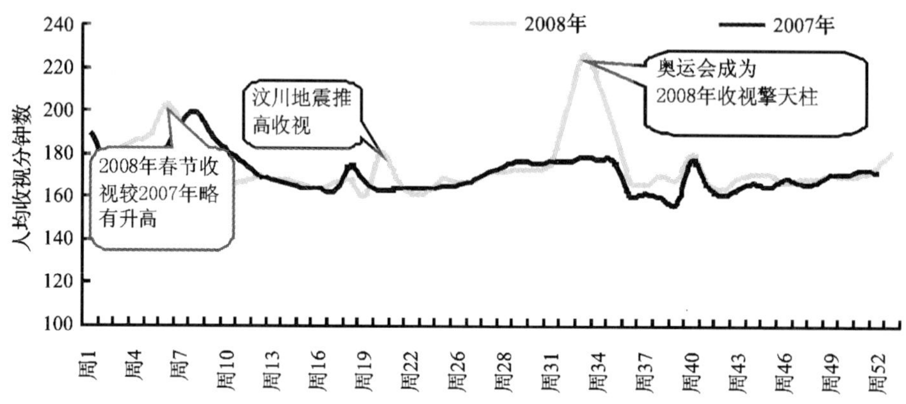

图3　2007－2008年全国观众人均收视时长各周走势
数据来源：CSM媒介研究

二、2008年观众收视率变化情况

一般来看，若只就单一市场进行大时间跨度收视分析，则很可能出现较为明显的收视变化。原因在于影响单一市场观众收视行为的因素相对单纯而固定，假如个别扰动因素发生变化，那么收视数据则呈现相对明显的变化趋势。若对于全国154个样本市县而言，各个市场的多个影响因素之间则会产生相互制约的效果，以至于收视改变相对弱化。因此，在这样大组合市场中表现出的收视变化，就很可能代表一种广泛的现象和趋势。

比较2007年和2008年观众收视率全天走势，我们发现两条收视曲线形状基本吻合、数值差异不大，这表明整体收视规律并没有发生质的改变。但从细节上分析，2008年收视曲线全天几乎都要高过2007年，7:00－17:45相对更加明显，只有晚间20:00－21:30时段低于上年（图4）。白天时段收视率的全面提升，体现出各个媒体将注意力逐渐从单一晚间竞争转向全天竞争的策略变化。当然，晚间黄金时段的仍旧是兵家必争之地，但即使在2008年几乎全天都在上升的情况下，仍旧出现了观众流失的现象，这不得不引发众多媒体人更深刻的思考。

过去几年的经验告诉我们，几乎所有的媒体都将最优质节目置于晚间短短几小时内播出，而白天的节目编排则重视不足。随着各个电视媒体间竞争日益激烈，特别是晚间黄金时段的竞争可以用白热化来形容，业内专家提出“向黄金段要收视率，向非黄金段要市场份额”的策略。晚间黄金时段收视人群比例的逐年下降，恰为这种策略的合理性提供了佐证。众多媒体在晚间的投入不可谓不尽心竭力，然而却出现了“规模越萎缩竞争越激烈”的现象，究其原因，主要是因为传播渠道的增加丰富了受众的内容选择，观众内容消费的习惯趋于多样化而减少电视收视量，电视节目的同质竞争又导致频道区分度不清晰，这些都对节目内容与编排提出了挑战。

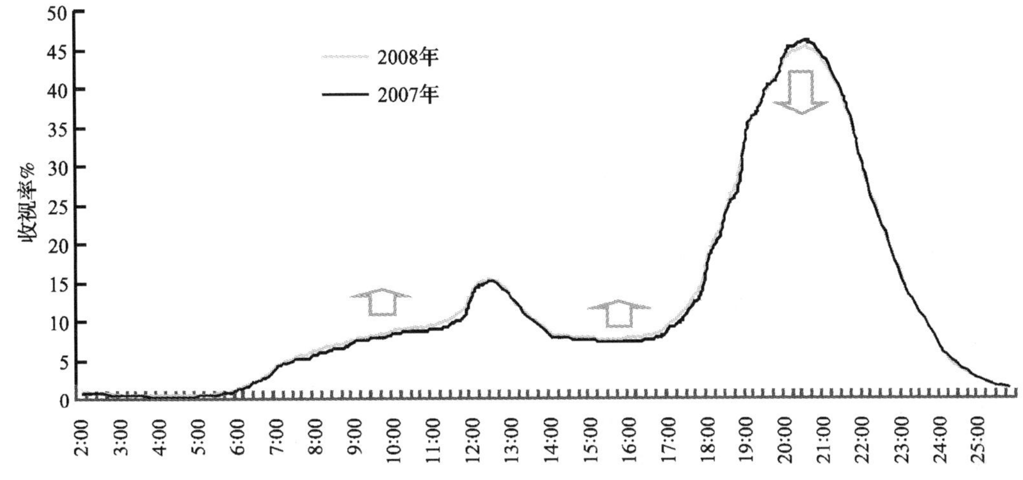

图4　2007－2008 年全国观众全天收视走势

数据来源：CSM 媒介研究

从全天收视率数据变化引申，若电视媒体想要获取最大化收益，首先，要明确媒体使命，清醒地认识到自身的战略目标；其次，要加强自身品牌建设，提高节目制作水平和编排科学性；最后，竞争策略要灵活，应努力寻求竞争淡化、上升空间较大的“蓝海地带”。

三、2008 年电视观众结构

评估一个市场的观众注意力价值，不仅要掌握各种收视表征数据，还要对该市场的观众结构进行全面了解。电视产业广义来看是一个文化产业，该产业的消费者结构直接由一个国家的经济、文化发展水平和人口的结构所决定。虽然我国经济正以较快的速度增长，但仍属于发展中国家，经济总量虽然巨大但人均可支配额度依然远远落后于西方发达国家水平。另有专家指出，我国在改革开放以来经济建设取得了辉煌成就，但人文发展速度却滞后于物质财富积累。综合以上因素，我国的电视观众仍旧以低收入、中低学历观众为主。此外，随着我国医疗卫生条件的不断改善，人均寿命大有提高，我国正在追随西方国家而逐渐步入老龄化社会，而中老年人则拥有更多的时间收看电视，所以，我国电视观众中中老年群体占有较大比重。

从2008 年观众结构来看，实际的观众结构恰好符合上文推断。在我国，男、女观众比例差距不大，男性观众略多于女性，但女性观众更喜欢通过收看电视来进行信息产品消费；就观众年龄而言，45 岁以上观众占 46.1%，成为观众年龄主体，4－14 岁儿童观众比例最小；初、高中学历观众占到了观众总量的63.8%，而大学以上观众仅为13.7%；收入分类中，个人月收入1200元以下的观众占到88.9%，3500元以上的观众只占2.5%，该分类比例差别最为悬殊（图5）。

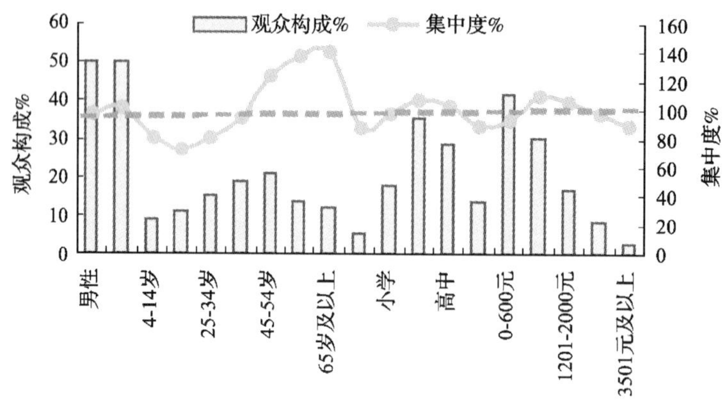

图5　2008年全国观众构成与集中度

数据来源：CSM媒介研究

我国电视观众结构现状使笔者联想到由来已久的“收视率庸俗化”之争，一些媒体人士不时指摘部分电视节目的庸俗化是由于电视媒体聚敛收视率所致，“收视率”因此负担上了“不能承受之重”。诚然，我国电视荧幕上确实存在着一些低俗的节目，而这些节目也确实取得了一定的收视水平，但这并不意味着庸俗与高收视就直接画上了等号，难道那些寓教于乐的优质节目取得的良好收视效果也是庸俗的体现吗？事实上，我国电视观众中比例较大的仍是那些低学历、低收入者，一些通俗的节目也确实更能够吸引他们的关注，但这并不表明他们不去观看所谓的阳春白雪，也不能表明高收入、高学历的观众就不看通俗节目。所以，绝大部分的电视节目所获取的收视率数值中，占观众主体的所谓“低端人群”贡献率最高，这与实际情况是相吻合的。此外，观众的收视倾向是受多重因素影响的综合态度，并会随着时间的推移而产生变化，同时观众的收视行为也会呈现一定的随机性。

总之，一个国家的整体经济、文化水平决定其主体观众的主要特征，要把握一个市场的收视规律必然要了解这个市场的观众结构，而通俗易懂与“平庸低俗”则是完全不同的两种概念。

四、2008年电视频道收视竞争特征

在我国，每个电视媒体都肩负着自己的使命，一方面是政府的喉舌要传达政治信息，另一方面要创收以支持媒体的生存和发展。“和平”与“发展”已经成为全世界的主题，而对于我国电视媒体来说，媒体间的竞争关系应当是和谐竞争，这样才能共同谋求更好的发展。当然，“博弈”与“共荣”将会始终存在于媒体间的竞争关系中，压力

通常也可以积极地转化为发展动力。

就我国电视媒体现状而言，电视台过多已成为不争的事实，再加上政策倾斜程度不同、区域经济文化差异以及历史发展水平参差不齐等原因，有相当一部分电视媒体还在为生存而奔波，而一些“行业领先者”则已经突出重围以谋求更广阔的发展了。当然，存在就有其合理性，绝对的平均化并不能带来百花齐放的景象，而我国电视媒体的竞争格局究竟将何去何从，就让我们拭目以待。

1. 份额竞争演化“强者愈强，优者愈优”

中央电视台是我国的国家媒体，在政策倾斜、文化底蕴和媒介影响力等方面都具有无可比拟的优势，最具权威的公信力也是其问鼎各级频道份额排名榜首的核心竞争力。从图 6 分析，2003 年至 2008 年中央台份额基本在缓慢上升，此六年份额的平均值为 34.6%，以三分之一强的绝对优势领跑收视市场。虽然中央台在 2006 年、2007 年份额略有下降，但 2008 年凭借对“汶川抗震救灾”和北京奥运会的及时、详尽报道，吸引了更多电视观众的注意力并且收视份额达到了近六年最高的 35.7%，依然无人出其右。中央台的强势延续，印证了“双虞效应”所描述的“强者愈强”的规律，而收视份额最小的其他频道组竞争力逐渐萎缩的现象，便是“弱者愈弱”的写照。

相对于中央台，省级卫视在政策方面更加灵活，总体覆盖高于省级地面频道，这两点比较优势成就了该频道组份额逐年上涨的态势。政策的灵活，可以制作和播出一些更为活泼自由的节目，以较为亲和的形象吸纳观众；多区域的覆盖，使得省卫视能够拓展本省之外的市场，比之省级地面频道有着更为广阔的发展空间。近年来，省卫视在电视剧编播和综艺节目创意上煞费苦心，吸引了大量青年观众和电视剧迷，另外，一些特色栏目合时宜地推出也得到了广泛认可。省级卫视成为近年最具活力和生机的频道组合，能够将自身优势合理发挥出来并转化为实力，因此可以称之为“优质频道”。连续六年的份额增长，恰能说明省级卫视的主体节目处于上升阶段，而份额总量更高的省级地面频道却因为主播的栏目剧和民生新闻大都已经进入成熟期或衰退期，所以才会逐年下降。在未来几年内，省级卫视若能保持“优质频道”的特质，具有良好发展势头的他们仍将会取得份额增长。

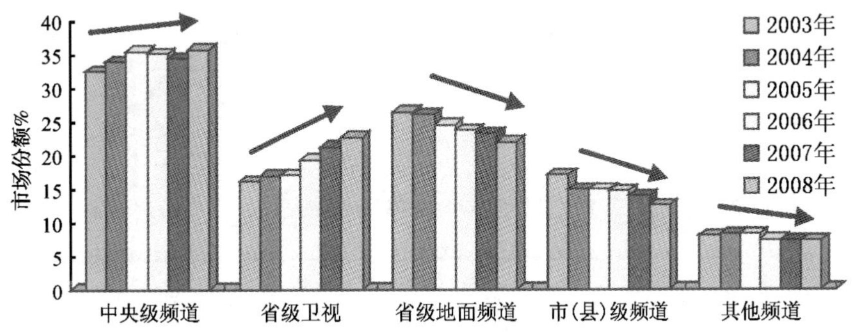

图 6　2003 - 2008 年全国收视市场各级频道市场份额变化情况

数据来源：CSM 媒介研究

2. 争夺“势力范围”各显其能，竞争维度“由表及里”

为了更加清晰地了解各级频道全天的竞争状况，我们着眼观察不同时段各频道组的优劣态势。一目了然的是，各级频道市场份额从下午17:00至晚间22:00变化幅度相对较大。这表明各级频道间的势力划分可谓“泾渭分明”，除去晚间竞争最为激烈的时段外，相互之间很难再去大幅争夺他人地盘。

仔细分析，我们看到中央级频道保持一贯的强势，以较为明显的领先优势位于最高端，然后依次是省级卫视、省级地面频道、城市台和其他频道。中央级频道份额走势全天大概有五处凸起，其中早间6:00-9:00、午间12:00-13:30与晚间19:00-20:00都是新闻类节目集中播出的时段，这表明中央级频道的公信力是最吸引观众的原因。省级卫视在7:00-12:00、12:30-18:00以及22:00之后这三个时段都有份额提升，针对不同观众的各类优质电视剧成为吸引注意力的“杀手锏”。全天平缓的省级地面频道和城市台凭借民生新闻类节目在17:00-19:00进行了反击，该时段份额增长非常迅速，即使在两个频道组2008年份额整体下滑的情况下也能有效地拉升竞争力，民生新闻类节目依然是他们的看家法宝。

市场份额竞争的实质就是博弈，总量一定的情况下份额变化无非就是彼多我少。在17:00-22:00之间，中央级频道、省级卫视、省级地面频道和城市台之间的份额曲线多次出现了交错的现象，一方面说明该时段不同频道都拥有各自忠实拥趸，另一方面也表明竞争的激烈性和观众收视的随机性。竞争激烈体现在该时段没有任何一个频道组可以始终保持高峰，总是在优势节目一结束就开始出现了快速下滑的现象。还以省级地面频道和城市台为例，虽然民生新闻类节目能够快速吸引观众注意力，但在节目结束后就很难再有上升。另外，17:00-19:30是省级卫视的“软肋”，中央级频道、省级地面频道和城市台的各种新闻类节目抢夺了大部分观众，而19:30之后省级卫视的电视剧就开始显现威力，收视份额立即开始大幅攀升（图7）。

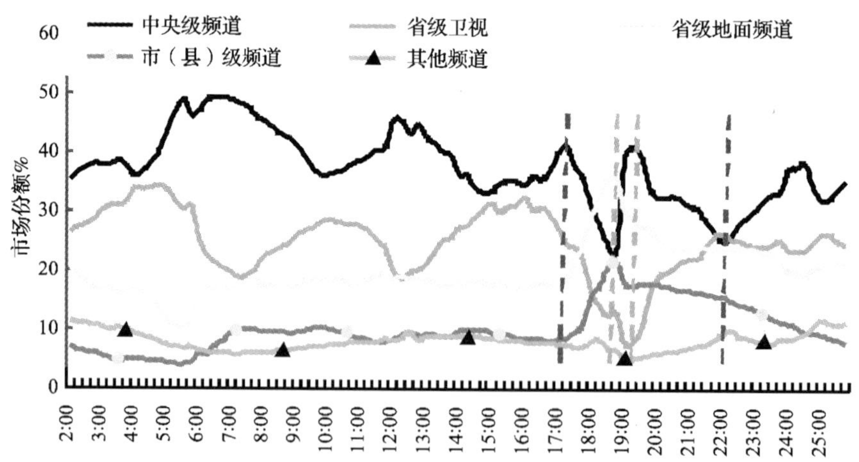

图7 2008年全国154样本市县各级频道全天市场份额走势

数据来源：CSM媒介研究

以上各频道组间竞争的现象品味起来颇为生动，然而在这生动的现象之后则是竞争的细化与深入。以某个省级地面频道为例，该频道有一档民生新闻收视效果非常好，为了保持竞争优势、扩大势力范围，编播人员又在该民生新闻之前加了10分钟风格类似的新闻类节目，并且取得了不错的收视效果。以上举措不仅扩大了该频道优势节目的影响力，更体现出现今媒体间竞争的细致、深入与高灵活。若说前些年媒体竞争是在覆盖率上下工夫的话，那么如今的竞争则涵盖了更多深层次的细节博弈。所以说，媒体竞争也正随着时代的脚步由“粗放”转向“细化”，由“表面”深入到“肺腑”了。

3. 频道份额排名格局稳定，湖南卫视“更进一步”

对比2007年和2008年上星频道市场份额排名，我们发现“行业领先者”的整体格局没有太大变化。中央台频道依然保持群体优势，2007年前15名里中央台占据9个席位，其份额之和为29.7%；2008年有10个频道入围，整体份额之和有所上升，达到了32.6%。其中，中央电视台综合频道依然独领风骚，凭借份额上升0.8个百分点而一举夺魁。中央台五套是另一个表现上佳的频道，奥运会赛事的转播为其增加了0.4个百分点的份额，并提升一个名次。中央台整体表现的强势，并没有掩盖湖南卫视的光芒，凭借其鲜明的频道定位以及巧妙的资源利用，仍以0.3个百分点的增长位列第六，也可谓“百尺竿头，更进一步”。另外，值得一提的是山东卫视也以1.4%的份额入围2008年前15强，该频道在过去一年的表现也可圈可点。

五、2008年电视节目收视竞争特征

1. 非常“大事”引领关注导向，新闻/时事戮力报道，体育节目迎来“奥运东风”

汶川地震、奥运火炬传递以及北京奥运会的盛大开幕，都成为当时全国甚至全世界关注的焦点。正是以上非常规大事件的发生，引领了2008年中国电视媒体舆论传播的主流导向。与震灾和奥运紧密相关的新闻/时事类节目对其进行了不遗余力的报道，而体育类节目的播出格局甚至收视效果也受“奥运东风”的推波助澜而大为改观。所谓此消彼长，作为传统强势节目类型的电视剧、电影和综艺类节目在大环境的影响下受到了一定冲击，整体播出规模有所下降。

播出比重、收视比重和节目资源使用效率是综合刻画各类节目整体收播规模与资源配置效果的指标。播出比重是某类型节目的播出时长占所有节目播出时长之比，该指标立足于电视媒体的主观角度，其数字特征即为该类节目受电视媒体的青睐程度；与播出比重相对应的是收视比重，本指标是某一类型节目的收视时长占观众对所有节目收视时长的比重，这是一个以观众收视行为为客观视角的指标；节目资源使用效率则是节目播出、收视比重的综合评估指标，是信息资源供需平衡与否的判断，收播均衡则供需平稳，播大于收则激化竞争，收高于播就有待于调整资源供给策略。当然，单一指标无法全面阐述问题，只有综合运用才能得出最佳评判。

细言之，从图8中直观看到电视剧类节目的播出比重约为25%左右，是各单项节目

之首，也就是说我国电视媒体2008年全年有四分之一的时间在播出电视剧类节目。电视剧历来就是我国电视媒体抢占收视率的“王牌”，也是晚间各个频道间竞争的主要节目类型，该类节目故事情节的发展节奏和表现形式相对比较符合中国广大老百姓的审美口味。此外，我们注意到2008年电视剧类节目的播出比重较之去年略有下降，这与重大事件发生导致的新闻类、体育类节目播出量激增是不无关系的，而受到这一影响的还有电影类节目。2008年，新闻/时事、体育类节目的播出比重分别增长了0.8和0.6个百分点（图8），而同为“三驾马车”的综艺类节目却缩减了1.8个百分点。值得关注的是，生活服务类节目不仅播出比重仅次于电视剧类节目，而且在2008年也增加了1.4个百分点的播出比重，看来各个电视媒体已在逐渐扩大生活服务信息的提供量了。

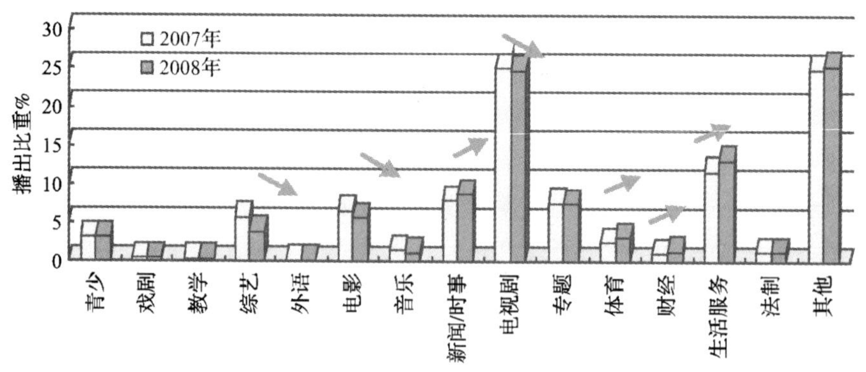

图8　2007、2008年各类节目播出比重对比

数据来源：CSM媒介研究

从信息消费者也就是观众的角度来看，电视剧类、电影类和综艺类节目的消费比重下降较为明显，特别是电视剧类节目的收视比重下降了1.6个百分点。与之对应的是新闻/时事类和体育类节目观众关注度的提高，它们的收视比重分别上涨了1.8和2.6个百分点（图9），这样大幅度的变化表明，时事政治大事的发生确实可以引导媒体传播的导向，并对观众的收视行为产生非常明显的改变效果。不过，体育类节目的播出和收视比重并不大，在没有奥运会这般特大体育赛事的支撑下，其收播情况将可能很快回归常态；而新闻/时事类节目的收播情况则可能存在变数，随着各个电视媒体对新闻报道打造媒体公信力作用的重视，以及观众对时事知情权满足提出更高要求，该类节目的收播变化趋势则值得关注。

若说节目的收、播比重分别是以观众和媒体为出发点进行分析的，节目资源使用效率则是将二者供需关系综合比较的指标，从而能够得出该类节目在编排和资源使用上是否合理的论断。节目资源使用效率数值有正负之分，正值说明该类节目资源使用效果上佳，观众的整体需求平均来看高于节目供应量，也就是说该类节目在本市场前景看好；负值则表明观众需求未及节目播出量，也可能是该类节目的编排没有与观众的收视习惯相对位，造成供需双方在某种程度上的意识错位，该类节目供过于求，前景不容乐观。

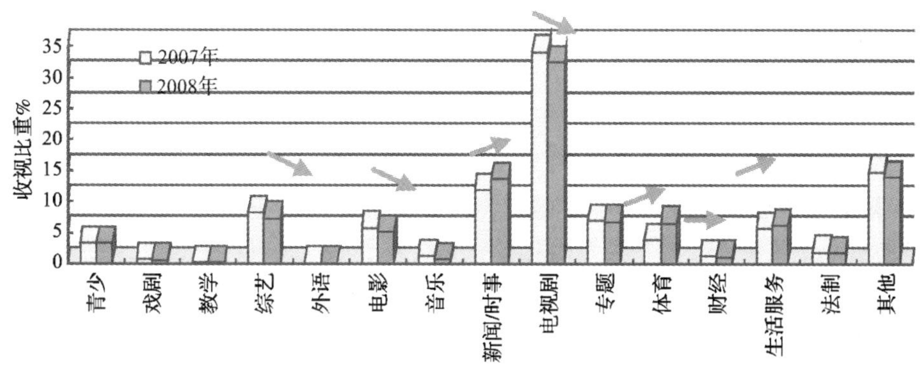

图 9 2007、2008 年各类节目收视比重对比

数据来源：CSM 媒介研究

一目了然，电视剧、新闻/时事、综艺和体育类节目的资源使用效率都为正值，说明在全国 154 样本市县市场中以上四类节目都有不错的发展空间。对比两年的数据，综艺类、新闻/时事类和体育类节目的资源使用效率都有增长，特别是体育类节目的增长最为显著，欧锦赛、奥运会的拉升作用不容小觑。虽然综艺类节目的播出、收视比重都有所下降，但该类节目资源的使用合理性却大幅提高，这种现象也许预示着在经历了几年综艺娱乐节目空前膨胀的“爆热”后，媒体和观众也在逐步理性化地对待这种曾经最为火爆的节目类型了。无独有偶，电视剧类节目无论是在播出或是收视比重中都远高于其他类型节目，但其资源使用效率却在下滑。虽然我国观众对电视剧仍然青睐有加，但精品匮乏、同质化竞争深化以及频道区分度不大等因素已经导致了观众的注意力衰减。另外，虽然生活服务类节目的播出、收视比重都有所增加，但该类节目所要表达的信息与观众的消费需求则可能存在错位，因此，对于生活与服务概念的挖掘应该是我国电视媒体发展该类节目的首要课题（图 10）。

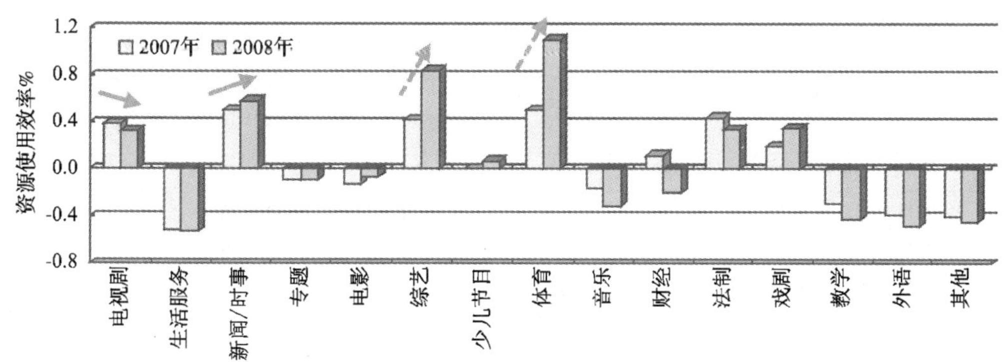

图 10 2007、2008 年各类节目资源使用效率对比

数据来源：CSM 媒介研究

综上分析各类节目的收播比重以及资源使用效率，我们发现在过去一年内发生的国家大事对电视媒体的影响程度较大，新闻/时事和体育类节目生机盎然的时刻，电视剧类节目却感受到夏日里的一丝凉意，综艺类节目看似缩水却步入合理发展，而生活服务类节目的定位和编排更值得思考。

2. 奥运赛事收视效果“一飞冲天”，体育类节目风光无限

2008年北京奥运会是百年奥运之花第一次绽放于中华大地，中国电视观众对能收看到奥运比赛的实况渴望已久。另外，一些体育媒体为预热奥运赛事转播，早在2008年初就播出一些奥运相关节目。因此，中国电视观众的收视热情在奥运比赛伊始就喷薄而出，一发而不可收拾。从收视效果来看，2008年全国154样本市县排名前15位的电视节目除春晚等少数综艺节目外，入围者几乎都是奥运会各项赛事的直播。此外，第29届奥林匹克运动会开、闭幕式的直播也吸引了大量的观众，是继传统强势节目春晚后2008年最受关注的电视节目，而奥运会之后举办的北京2008年残奥会的开幕式也同样夺目，以14.2%的收视率名列第四。仅就奥运比赛来看，有中国队参加的比赛得到国人的大力支持，上榜的赛事转播无一例外（表1）。

表1　2008年全国154样本市县所有节目收视率排名前15位

名次	节目名称	节目类别	播出频道	平均收视率（%）
1	中国中央电视台2008春节联欢晚会	综艺	中央电视台综合频道	29.3
2	第29届奥林匹克运动会开幕式	体育	中央电视台综合频道	26.7
3	第29届奥林匹克运动会闭幕式	体育	中央电视台综合频道	23.2
4	北京2008年残奥会开幕式	体育	中央电视台综合频道	14.2
5	爱的奉献2008宣传文化系统抗震救灾大型募捐活动	综艺	中央电视台综合频道	13.8
6	2008年第29届奥运会男子举重56公斤级决赛	体育	中央电视台综合频道	13.5
7	2008年第29届奥运会女排小组赛（中国VS古巴）	体育	中央电视台综合频道	13.2
8	2008年第29届奥运会女排小组赛（中国VS波兰）	体育	中央电视台综合频道	12.9
9	第29届奥林匹克运动会开幕式	体育	中央台五套	12.4
10	2008年第29届奥运会乒乓球男子团体决赛	体育	中央台五套	12.3
11	2008年第29届奥运会乒乓球女团决赛	体育	中央电视台综合频道	12.1
12	2008年第29届奥运会乒乓球女子单打决赛	体育	中央台五套	11.9
13	北京2008年残奥会闭幕式	体育	中央电视台综合频道	11.7
14	2008年第29届奥运会女子排球小组赛A组（中国VS委内瑞拉）	体育	中央电视台综合频道	11.6
15	2008年第29届奥运会女子排球预赛（中国VS美国）	体育	中央台五套	11.3

数据来源：CSM媒介研究

可以说，2008 年是中国的奥运年，是奥运赛事的收视年，更是体育节目风光无限的辉煌年。暂且不提奥运赛事具有较高的收视效果，仅欧洲足球锦标赛、欧洲各大足球赛事以及中超联赛的转播就聚拢了大量观众的人气，再加上作为国球的乒超联赛和男篮 CBA 赛事的直播，这一切都将体育节目推向了一个新的高度。随着我国国力的增强和竞技体育水平的提高，电视媒体对于体育类节目的认知也更加深刻，而体育赛事的转播也创造出更多商机，像 CSPN 这样的新概念体育媒体实体也开始崭露头角。总之，2008 年奥运会的举办对体育类节目的发展可谓强力助推，相信在今后的日子里体育节目将受到越来越多观众的喜爱。

3. 新闻/时事节目收播双增，公信力成就央视一套新闻“霸主”

从图 8、图 9 与图 10 的数据我们看到，新闻/时事类节目在 2008 年实现了播出、收视比重的双增加，而且节目资源使用效率要好于 2007 年。具体从时长来看，2008 年新闻类节目共播出 2094.8 万小时，高出 2007 年 344.2 万小时；同样，2008 年新闻类节目观众人均收视总分钟数为 8328.5 分钟，高于 2007 年的 6950.6 分钟。

表 2　2008 年全国 154 样本市县新闻类节目收视率排名前 15 位

名次	节目名称	播出频道	平均收视率（%）
1	新闻联播	中央电视台综合频道	8.7
2	温家宝在汶川映秀镇会见中外记者	中央电视台综合频道	8.0
3	新闻联播（5 月 13 日 -5 月 21 日，21:00 -21:30 播出）	中央电视台综合频道	7.6
4	焦点访谈	中央电视台综合频道	5.3
5	真挚的关怀　深入的指导	中央电视台综合频道	5.0
6	国家主席胡锦涛和夫人刘永清为出席第 29 届奥运会贵宾举行欢迎宴会	中央电视台综合频道	3.3
7	抗震救灾众志成城	中央电视台综合频道	2.6
7	一起看奥运	中央电视台综合频道	2.6
9	神七问天直播特别节目	中央电视台综合频道	2.4
10	新闻 30 分	中央电视台综合频道	2.3
11	第十一届全国人民代表大会第一次会议特别报道	中央电视台综合频道	2.2
11	新闻 1 +1	中央电视台综合频道	2.2
13	神七轨迹	中央电视台综合频道	2.1
14	今日关注	中央电视台综合频道	1.8
15	关注四川汶川地震	中央电视台综合频道	1.6

数据来源：CSM 媒介研究

众所周知，新闻/时事类节目有助于打造一个媒体的公信力，而公信力较强的媒体所播出的新闻/时事类节目也有可能获取更好的收视效果。我们从表 2 中发现，2008 年全国 154 样本市县新闻类节目收视率排名前 15 位都是中央电视台综合频道播出的，这再一次证明了该频道在全国范围内具有无可比拟的公信力。不难发现，诸如汶川震灾、北京奥运会以及神七发射相关的新闻报道成为 2008 年的焦点新闻事件，上榜 15 席中的 8

位都是与之内容相关的报道，足见新闻/时事类节目对国家大事具有灵敏的反映度，而以上事件的发生也影响着新闻/时事类节目收视的整体格局。另外，中央电视台综合频道、中央电视台新闻频道以及中央台四套都播出大量新闻/时事类节目，群体优势带动了中央电视台在该类节目中的影响力，而2008年中央电视台新闻/时事类节目的总体播出比重比去年也高出1.4个百分点。

4. 电视剧“王座”岿然不动，“自制剧”成败得失有待观察

2008年的中国电视收视市场收视水平上升最快的莫过于新闻/时事和体育类节目，作为常态节目“王者”的电视剧似乎略显平淡，但仍无法掩盖其对大多数电视媒体节目播出支撑的普遍意义。电视剧全年5946.6万小时的播出量依然无人可敌，接近25%的播出比重是新闻/时事与体育类节目播出比重之和的两倍还多。目前来看，电视剧始终是观众收看电视最大的消遣，人均收视总分钟数达到了19736分钟，其他各类节目更是难以望其项背。

从电视剧播出平台来看，省级卫视对电视剧尤为倚重，而地面频道资源利用率则相对较高，但全年电视剧播出量最大的频道多为各地的影视剧频道。多数电视台播出电视剧全年达到20－50部，晚间时段播出量较多的电视剧类型如武侠、近代传奇、反特/谍战及警匪类，以上特点较之以往变化不大。2008年中国电视剧市场也不乏亮点，越来越多的电视媒体认识到自制剧的重要性，电视台自制季播剧也由此出现，例如东方卫视自制偶像剧《网球王子》和湖南卫视自制偶像剧《丑女无敌》(热播美剧《丑女贝蒂》的中国版)，而这些自制剧在一定地域范围内也取得了非常不错的收视成绩。

从最初的换剧、买剧到如今的自制剧流行，电视媒体的一举一动透露出电视剧市场运作理念的进化。近年，独播剧、首播剧的概念还未“廉颇老矣”，自制剧却已初露端倪。除去电视剧制作的资金成本运作以外，电视媒体已经注意到寻求更适合自身品牌发展的电视剧经营模式。自制剧从内容风格到品质更加符合制作媒体的特质，对于增加品牌附加值具有较好的助力，而且制作成本的控制较为自主，相对于其他机构出品的电视剧更加易于使用和交易。

不过，电视剧类节目对于频道品牌建设究竟具有多大作用仍未有定数。如今的电视剧市场同质化竞争加剧，不同的电视媒体多档期播以同一电视剧“轮番轰炸”电视屏幕的现象比比皆是。观众在平台冗余而新剧、好剧罕有的情形下，是否会由于某部电视剧的播出对该电视媒体产生根本性认同呢？看来，独播剧、首播剧甚至自制剧并不应该是电视媒体短期尝试的“花招”，却应成为歧化竞争的根本策略，若只是浅尝辄止的停停歇歇，那么从效果来看其成败得失则有待观察。

5. 综艺节目娱乐中寻求理性，创新、挖掘双管齐下

如上所知，2008年综艺类节目的整体播出、收视比重都有所下降，但该类节目资源的使用合理性却大幅提高。究其原因，一方面由于汶川特大地震的发生致使娱乐氛围衰减，另一方面是因为综艺娱乐节目的发展在急速膨胀了若干年后，也在逐步寻求理性发展的新轨迹。例如前几年曾经风风火火的平民选秀及明星真人秀节目就暂时趋于平淡，

收视的下滑以及政策的调控将引导节目制作者对其采取更为合理的发展模式。总体来看，中央级频道的综艺节目仍是观众主要选择，在2008年全国154样本市县综艺类节目收视率排名前15位中，所有的综艺类节目都出自于中央电视台综合频道和中央三套，并且几乎都以综艺晚会的形式出现。此外，省级卫视播出的综艺节目实力继续上升，一些传统的综艺节目例如湖南卫视的《快乐大本营》依然青春常在。

提及传统综艺节目的延续，必然会联想到"新进入者"的成长。2008年的综艺节目大盘并不匮乏，一些主要的省级卫视总能将奇思妙想转化为新的节目形式，例如湖南卫视的《快乐2008》、《以一敌百》、《奥运向前冲/智勇大冲关》和《天天向上》等，东方卫视的《加油2008》以及北京卫视的《龙的传人》，浙江卫视的《我爱记歌词》，等等。说到《我爱记歌词》，2008年综艺节目市场还出现了许多类似的"平民K歌"节目，比如江苏卫视的《谁敢来唱歌》、湖南卫视的《挑战麦克风》以及山东卫视的《先声夺人》，等等。看来，从平民选秀的《超级女声》到明星起舞的《舞林大会》，再到如今的"平民K歌"，综艺娱乐节目的主题始终在老百姓和明星间徘徊。

新的节目形式体现了节目制作团队的创新理念，而许多节目形式并不需要根本性的革命，只需在一定程度上加入其他合理因素即可，此所谓综艺节目的转型。例如东方卫视的《我型我SHOW》，该节目的定位在2004－2006年间属于个人歌唱比赛，2007年转换为音乐剧演员选拔，2008年却变成了团队歌唱比赛。若说新节目的粉墨登场属于创新，那么老节目的转型则应称作"内部挖掘"，当然，节目形式优势特点的再挖掘也是创新行为，只不过"旧瓶装新酒"，别有一番滋味罢了。

纵观2008年综艺节目，我们发现北京奥运会这样的大事件不仅影响着新闻/时事和体育类节目的格局，还促生出一些与奥运有关的综艺类节目。例如湖南卫视《奥运向前冲》系列节目的异军突起，本身就是奥运年综艺与体育元素结合的产物。此外，仔细分解现有的综艺娱乐节目，发现不仅仅是"奥运、竞技体育"类元素的渗透，"全民参与"、"公益活动"、"音乐"、"舞蹈比赛"、"记歌词"、"专题访问"以及"文化礼仪"等等元素都已经深入到各个综艺娱乐节目中了。因此，未来综艺娱乐节目的发展势必将更趋于多元素的综合运用，相信不久将出现更为繁花似锦的局面。

通过上面对2008年我国电视收视市场的整体纵览，我们发现，2008年我国电视观众人均收视时间由于受到重大事件的影响，比2007年有所增长，但仍符合"3小时"收视规律。另外，晚间"黄金时段"收视率在全天各时段收视率几乎都在增长的情况下仍有衰退，新媒体的介入与电视媒体间的同质化竞争可能是这种现象的根源。仅就电视媒体间的生存关系而言，竞争的复杂和细化都在不断深入，"双虞效应"日渐凸显，这种趋势也将在未来几年有所延续。从2008年各类节目的收视变化特征来看，"喉舌"与"理性"成为抽象后的菁华。所谓"喉舌"，就是我国的电视媒体的主要功能仍是传达政治信息和报道国家大事，电视节目格局的变化首先就要尊崇这一原则；而所谓"理性"，便是我国电视媒体在发展中逐渐褪去光环、粉碎泡沫而反思，也许只有回归理性，才能够真正体现出大众传播的力量。

（作者：李文欢）

2008年全国电视剧播出与收视分析

我国电视剧市场从50年前一部只有20分钟的“直播电视小戏”——《一口菜饼子》拉开了序幕，到1981年播出的中国第一部电视连续剧——《敌营十八年》拍摄时的窘迫，再到2008年年产14500集、500部的繁荣火爆，我国电视剧一路伴随电视业走入产业化进程的深处。2008年又恰逢改革开放30年，而电视剧也正是在此期间获得了蓬勃发展。2008年作为过去30年累计发展的一个标志性驿站，其市场总量如何？哪些题材最受观众青睐？有哪些电视剧会成为其中耀眼的明星？有哪些收视规律？笔者利用CSM媒介研究的收视数据，回顾2008年我国电视剧在播出与收视总量、时期、产地等方面的收视规律和特点，总结热播题材、热播剧目、编排特点和热门主创人员状况，以及观众构成差异等，以此勾勒、回顾过去一年的电视剧市场。

一、电视剧播出与收视总量盘点

2008年广电总局审批国内发行的电视剧为14498集、502部，较2007（14670集、529部）略有下降，平均每部电视剧为29－30集。CSM数据显示，2008年全国80城市、465个频道，全天共不重复[①]播出电视剧4326部、129.89万集；18:00－24:00时段共不重复播出3376部，较去年增加20%，总集数达51.66万[②]，略低于去年水平。

2008年18:00－24:00时段大面积重播的电视剧数量有所减少。在80个以上频道播出的电视剧仅1部，而2007年则为6部；在51－60个频道播出的为13部，而2007年为21部；在11－20个频道播出的为269部，而2007年为328部。在31－40个频道播出的电视剧增幅较大，2008年为67部，而2007年为49部；在10个及以下频道播出的电视剧达到2886部，较2007年增加了28%（表1）。

分频道组看，2008年18:00－24:00时段，在全国80城市，包括中央台和省级上星频道在内的播出电视剧的48个卫视频道不重复播出1034部（比2007年增加125部），占同时段所有频道播出总部数（3376部）的31%，其中，中央台共不重复播出291部（比2007年减少12部），占卫视频道播出总部数的28%，占总播出部数的9%；省级卫视不重复播出792部（比2007年增加77部），占卫视频道播出总部数的77%，占所有

① 所谓不重复播出是指N个频道播出1部剧，只计算成1部。

② 国内卫视频道跨地区播出的，只计算在一个地区的播出量。

频道播出总部数的23%。国内地面频道不重复播出2956部（比2007年增加479部），占总播出部数的88%（表2）。

表1 2007－2008年全国80城市多频道播出电视剧部数（18:00－24:00）

播出频道数	2007年播出量		2008年播出量		年度增长率
	部数	百分比	部数	百分比	
在10个及以下频道播出	2258	80.6%	2886	85.5%	28%
在11－20个频道播出	328	11.7%	269	8.0%	－18%
在21－30个频道播出	95	3.4%	98	2.9%	3%
在31－40个频道播出	49	1.7%	67	2.0%	37%
在41－50个频道播出	31	1.1%	28	0.8%	－10%
在51－60个频道播出	21	0.7%	13	0.4%	－38%
在61－70个频道播出	9	0.3%	9	0.3%	0%
在71－80个频道播出	5	0.2%	5	0.1%	0%
在80个以上频道播出	6	0.2%	1	0.0%	－83%
总计	2802	100%	3376	100.0%	20%

数据来源：CSM媒介研究

表2 2007－2008年在全国80城市电视剧播出量（18:00－24:00）

播出频道数	2007年播出量		2008年播出量		年度增长率
	部数	百分比	部数	百分比	
卫视播出部数	909	32%	1034	31%	13.8%
中央台播出部数	303	11%	291	9%	－4.0%
省级卫视播出部数	715	26%	792	23%	10.8%
地面频道播出部数	2477	88%	2956	88%	19.3%
播出总部数	2802	100%	3376	100%	20.5%
播出总集数	517409	—	516617	—	－0.2%

数据来源：CSM媒介研究

电视剧在激烈的收视争夺战中往往发挥了立竿见影的收视效果，无论是播出量还是收视量都冠居各节目类型之首。纵观电视剧自2000－2008年来在全国的市场总量走势，发现其呈现出较为稳定的状态，几年来播出份额稳定在24%－30%之间，收视份额稳定在32%－38%之间，并在一定范围内随国家政策、市场变动轻微浮动。资源使用效率从更加动态的角度反映了电视剧播出结构和收视结构的博弈关系，观众的收视需求构成了其中的变量因子。2000－2008年电视剧的使用效率始终处于临界点的“正值”水平，表明观众对电视剧的收视需求较为旺盛，显示了该节目类型稳定吸引观众收视的能力（图1）。

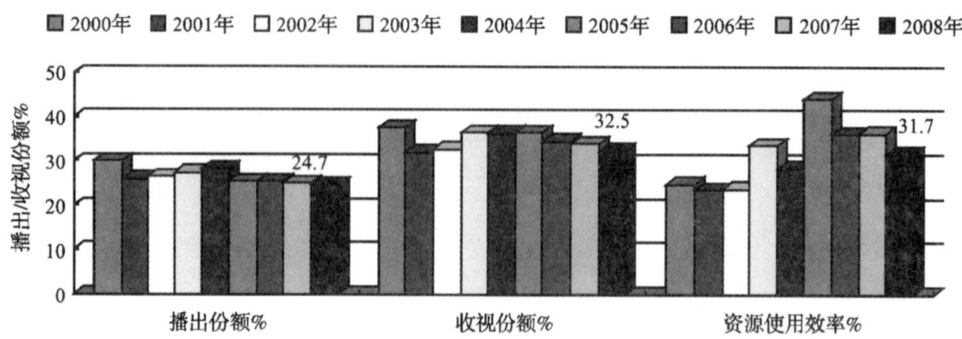

图1 2000－2008年电视剧的播出份额、收视份额及资源使用效率（全天，全国样本市县）

数据来源：CSM媒介研究

2008年，电视剧的播出份额为24.7%，是历年最低水平，收视份额为32.5%，是2002年以来的最低值。究其原因，很大程度是由于2008年重大突发事件频繁发生、奥运会举办，一些频道自觉削减了电视剧的播出量，增加了新闻的播出量，而观众的注意力也被分流。有19个卫视频道减少播出部数，包括新疆电视台一套、四川卫视、山东卫视、安徽卫视、吉林卫视、山西卫视、广东卫视、福建海峡电视台、青海卫视、中央电视台综合频道等均各自减少了10部以上。但由于电视剧在市场竞争的无可替代的作用，尤其是对那些亟须冲入强势频道前列的省级卫视而言，采取了多播出电视剧的策略。2008年，有26个省级卫视增加了播出部数，宁夏卫视、内蒙古电视台卫视频道、广西电视台卫星频道、甘肃卫视、河南电视台卫星频道（一套）、河北卫视、重庆卫视、上海东方卫视、辽宁卫视等频道的电视剧多播了10部以上。省级卫视整体播出份额持续攀升，达到自2000年以来的最高值37.8%，收视份额也保持在49%左右的较高水平。由此可见省级卫视频道对电视剧的依赖性很强，从实际市场反馈来看，呈现出一种“大播出量——大收视量”正向循环的态势。

中央台频道的电视剧播出量占其节目总量的十分之一强，播出份额逐年上升，2008年达到13.3%，比如，中央台八套晚间18:00－24:00时段共播出116部电视剧，较2007年增加了40部。但是和省级卫视动辄40%的播出比重相比，中央台的电视剧播出量还是偏低，一定程度是由于中央台对电视剧质量要求严格，大力开办不含电视剧的专业化频道，使得电视剧与其他节目类型协调发展，保持一种较为均衡的状态。从收视效果看，中央台收视比重在20%左右，高于播出比重。但2004年之后，随着省级卫视开始注重竞争力的培养和提升，中央台的电视剧资源使用效率也随之有所下降，2008年更是受到奥运及重大事件的影响，资源使用率进一步降低，但和需求相比仍然存在较大的市场缺口（表3）。

由此可见，笃信电视剧的威力并借此达到较好的收视效果，已经成为各频道生存的不争事实和竞争法宝。再看地面频道，2008年播出电视剧的地面频道数为417个，较2007年略有减少。60%以上的频道播出电视剧的部数集中在20－50部，13%的频道播出51－60部，播出量在60部以上和10部以下的频道数量都很少。播出量集中在31－

50 部的频道比 2007 年增加了 19 个，超过 80 部的频道增加了 7 个。而播出量在 51－80 部之间的频道数量则有较大幅度下降（表 4）。

表 3　2000－2008 年卫视频道电视剧播出量和收视量（全国样本市县）

频道类别	播出份额%								
	2000 年	2001 年	2002 年	2003 年	2004 年	2005 年	2006 年	2007 年	2008 年
中央台频道	11.7	11.2	8.1	10.2	9.2	11.9	12.9	12.8	13.3
省级上星频道	33.8	29.6	30.8	32.3	33	31.6	34.3	36.3	37.8
频道类别	收视份额%								
	2000 年	2001 年	2002 年	2003 年	2004 年	2005 年	2006 年	2007 年	2008 年
中央台频道	14.8	14.8	11.3	19.8	19.5	23.6	22.1	21.2	19.1
省级上星频道	33.8	36.1	40.1	45.6	49.4	49.1	49.2	48.9	48.8
频道类别	资源使用效率%								
	2000 年	2001 年	2002 年	2003 年	2004 年	2005 年	2006 年	2007 年	2008 年
中央级频道	26.5	32.1	39.5	94.1	112.0	98.3	71.3	65.6	44.1
省级上星频道	0.0	22.0	30.2	41.2	49.7	55.4	43.4	34.7	29.2

数据来源：CSM 媒介研究

表 4　2007－2008 年全国 80 城市播出不同电视剧部数的地面频道数量（18:00－24:00）

播出部数	2007 地面频道		2008 地面频道		年度增长率
	数量	百分比	数量	百分比	
播出 10 部及以下	42	9.9%	30	7.2%	－28.6%
播出 11－20 部	25	5.9%	14	3.4%	－44.0%
播出 21－30 部	91	21.4%	98	23.5%	7.7%
播出 31－40 部	76	17.9%	85	20.4%	11.8%
播出 41－50 部	69	16.2%	79	18.9%	14.5%
播出 51－60 部	61	14.4%	54	12.9%	－11.5%
播出 61－70 部	35	8.2%	28	6.7%	－20.0%
播出 71－80 部	16	3.8%	12	2.9%	－25.0%
播出 80 部以上	10	2.4%	17	4.1%	70.0%
总体	425	100%	417	100%	－2.0%

数据来源：CSM 媒介研究

二、不同月份电视剧的播出与收视状况

电视剧作为一种娱乐观众的节目类型，一要遵循观众的收视习惯；二要根据国家相关政策及特殊事件做相应调整；三是配合电视台的发展策略。从数据看，2008 年的电视剧的播出量和收视率体现了这一特点。

1 月份既有元旦假期又逢寒假，还是配合各大电视台广告招商、开年大戏竞争的关

键时期，因此各家电视台都铆足了劲大播特播电视剧，收视率也非常高。进入2月份，时逢春节，各类春节晚会、综艺活动、特殊自办节目纷至沓来，争夺了电视剧的播出比重，但电视剧收视率并未降低。3月份开始电视台恢复正常编排，电视剧恢复正常的播出量，但收视率已经无法和前两个月相提并论。随后进入黑色的5月份，“汶川大地震”打乱了电视台的常规节目，电视新闻直播成为百姓介入生活的常态，在全世界普遍关注的地震面前，几乎所有的电视台都自觉调整了节目编排，把重点都放到了播报地震新闻、制作抗震救灾节目上，极大减少了轻松、娱乐类电视节目的播出，因此，电视剧播出量急跌至全年最低点，收视率也随之大跌。6月、7月来临，学生进入暑假，电视剧播出量恢复，收视率也有所恢复。随着8月奥运会的举办，各级卫视多多少少调整了自身的节目布局，电视剧播放受到影响，收视率也有所下滑。进入9月之后，随着“十一”黄金周的渐行渐近，电视剧播出量大幅上升，11月-12月各级电视台进入新年招商时期，需要确保收视稳定以配合、体现媒体价值，电视剧播出维持在稳定水平（图2）。

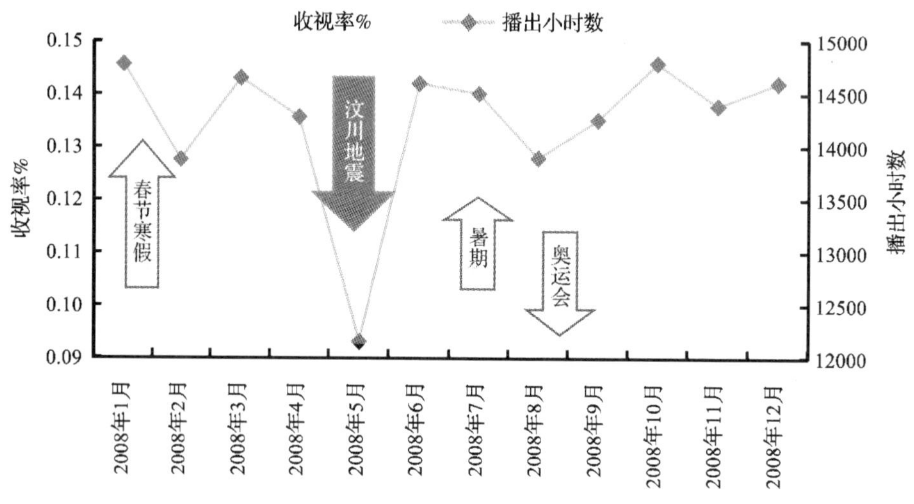

图2　2008年电视剧播出小时数和收视率月走势（全国154样本市县）

数据来源：CSM媒介研究

三、不同周天电视剧的播出与收视状况

电视剧固然非常重要，但为了在观众中树立品牌形象、避免恶性同质化竞争，许多电视台纷纷采用了“自制节目+电视剧”的两手抓策略，平时多播电视剧确保收视规模，而周末则大力推行自办栏目、自办活动，确保观众忠实度。从数据来看，电视剧在每周天的播出量供给分布并不均匀，周一至周五播出量比较稳定，周末则有所缩减，从而使周末的节目类型更加丰富。从收视效果看，电视剧在周一至周三的收视率比较平稳，周四至周五收视略有下降，周六及周日观众在家时间增多、电视开机率提升，节目供给丰富多彩，促进了电视剧收视率的大幅上扬，在周日达到最高点（图3）。

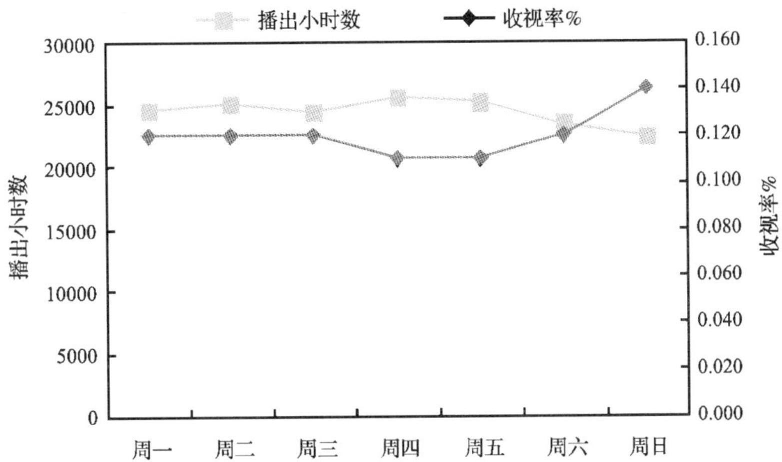

图3 2008年电视剧播出小时数和收视率每周天走势（全国154样本市县）
数据来源：CSM媒介研究

四、不同时段电视剧的播出与收视状况

电视剧在不同时段的播出量分布曲线呈现出“波浪式”特点，低谷出现在早间6:00-7:00时段、午间12:00-13:00时段、晚间18:00-19:00时段和22:00-23:00时段。这些时段通常主要播出新闻节目、自办栏目等，电视剧与之避让。除了这些低谷，电视剧在全天的播出量相对比较均衡，上午、下午、晚间和凌晨都大量播出，可见电视剧对于电视台而言确实发挥着中流砥柱的作用。电视剧的收视率从早晨以来随着时间的推移而一路缓慢上升，中午有个小的高峰，午后平稳回落，17:00之后快速拉升，在晚间20:00-21:00时段达到最高峰，随后急速下降，显示了观众收视行为的轨迹（图4）。

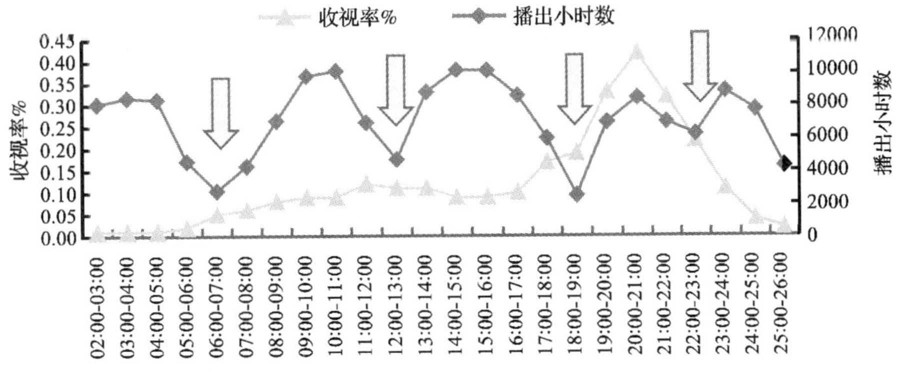

图4 2008年电视剧播出小时数和收视率全天走势（全国154样本市县）
数据来源：CSM媒介研究

五、不同产地电视剧的播出与收视状况

20世纪80年代至90年代，国内电视剧制作力量不足为境外剧的短期繁荣提供了巨大的市场缺口，引进境外电视剧主要是为了丰富电视荧屏，满足人民群众不同层次的精神文化需求，促进中外文化的交流与合作，境外剧大规模抢占内地市场，20世纪90年代后期达到高潮。进入21世纪，在国家政策的限制下，内地剧在晚间黄金时段占据主流。2008年晚间18:00－24:00时段，在80个城市，内地电视剧播出比重达84.6%，独霸中国电视剧市场，较2007年增长了2%。2008年共播出了18个产地的引进剧，瓜分剩余的15.4%的播出比重。其中来自香港（占5.6%）、韩国（占4.5%）和台湾（占3.6%）的电视剧占据了海外剧89%的比重。可见在亚洲的华人世界里，电视剧是反映其共同文化渊源和一脉相承伦理道德的一种直接有效的途径之一（表5）。

表5　2007年、2008年电视剧播出比重前四位的产地（80城市，18:00－24:00）

产地	2007年		2008年		年度增长率
	收视率%	播出比重	收视率%	播出比重	
内地	0.49	82.89%	0.47	84.55%	2.0%
香港	0.71	6.81%	0.65	5.64%	-17.2%
韩国	0.42	5.20%	0.48	4.53%	-12.9%
台湾	0.44	3.35%	0.34	3.60%	7.4%

数据来源：CSM媒介研究

从2008年我国内地电视台晚间播出的电视剧题材来看，各产地剧题材还是比较丰富的。内地剧最为多姿多彩，达到34类，其次是港剧有22类，台湾剧有16类，美剧15类，韩剧13类，新加坡电视剧也有10类，日剧9类，印度电视剧5类，意大利和英国的电视剧有4类，泰国3类，法国2类，巴西、德国、俄罗斯、蒙古、墨西哥、前南斯拉夫、西班牙等地的电视剧种类较少。

从2008年各产地引进剧热播题材的播出和收视表现来看，可以发现一些变动的迹象。数据显示，每个产地的电视剧都有其自身的优势和缺点，也有其自身的生命周期。2008年来自香港、韩国、美国、新加坡等往常的“老牌”产地的电视剧在我国正在陷入丧失阵地的危机。而台湾、日本等地的电视剧则悄然升温。

韩剧如同韩式泡菜般清爽，又如慢慢熬制的家庭煲汤般香浓而亲切，加之东亚文化具有同源性，深受我国观众欢迎。韩剧于2005年《大长今》前后达到巅峰之后逐渐下滑，但其影响力还存在，尤其是言情剧独当一面。全国来看《可爱的你》系列剧、《旋转木马》、《人鱼小姐第四部》、《青青草》在我国卫视播出后收视率还是不错的。

香港剧近一年来所有抬头，2007以来不仅播出量一直居引进剧之冠，而且收视表现不俗。2008年上半年，来自香港的动作、人物传记、当代传奇、悬疑题材一举囊括了我国大陆地区引进剧收视率的前四席，戏说演绎、青春和警匪题材也较受欢迎。2008年下

半年势头有所减弱。2008年全年港剧播出量最大的是都市生活题材，整体收视表现最好的是当代传奇题材。在卫视播出的港剧表现较好的有神怪玄幻剧《齐天大圣第二部》、近代传奇剧《汇通天下》、武侠剧《惊艳一枪》和《寻秦记》等。

随着政策的宽松和鼓励，台湾剧正逐渐爆发出强大的影响力，2008年有16个类型进入内地，其中商战题材播出量最大，动作题材收视率较高。长达526集的商战题材《意难忘》系列剧在全国80地区的卫视频道中播出时，占据了20名中的11席，抢尽风头。其次是言情剧《公主小妹》和商战剧《天地有情第七部》（表6）。此外言情剧《微笑百事达》、《放羊的星星第二部》、《我的淘气王子》和奋斗励志剧《宝岛少女成功记》、近代传奇剧《八两金第二部》表现也较好。

表6　2008年卫视引进剧收视排名前20名（80城市组，全天）

收视率排名	电视剧名称	产地	题材
1	可爱的你第四部	韩国	言情
2	可爱的你第三部	韩国	言情
3	旋转木马	韩国	言情
4	人鱼小姐第四部	韩国	言情
5	可爱的你第二部	韩国	言情
6	意难忘第二季第八部	台湾	商战
7	意难忘第二季第七部	台湾	商战
8	意难忘第二季第六部	台湾	商战
9	可爱的你第一部	韩国	言情
10	意难忘第二季第五部	台湾	商战
11	意难忘第三季第七部	台湾	商战
12	意难忘第三季第六部	台湾	商战
13	意难忘第三季第五部	台湾	商战
14	意难忘第二季第四部	台湾	商战
15	意难忘第三季第四部	台湾	商战
16	意难忘第三季第三部	台湾	商战
17	意难忘第二季第三部	台湾	商战
18	公主小妹	台湾	言情
19	青青草	韩国	言情
20	天地有情第七部	台湾	商战

数据来源：CSM媒介研究

“一衣带水”的日剧历来在我国占据了一席之地。2008年，《大奥》系列由湖南卫视播出，在业界引起较大反响，为日剧的复燃添了一把火。中央台八套播出的都市生活题材《冷暖人间》系列在全国80城市组收视良好。此外，社会伦理剧《医龙》、都市生活剧《媳妇的烦恼》、《傻大姐》和言情剧《恋爱补给品》也丰富了我国的荧屏。

自2007年起，印度电视剧凭借其特有的华丽古典韵味开始吸引观众。印度剧善于描绘亲情、爱情与私情之间的矛盾纠葛。印度剧巅峰之作《发际红》、悬疑剧《阴谋与婚礼》、长篇奋斗励志剧《奇迹》系列在我国播出之后，掀起一轮探究印度文化的热潮。2008年都市生活剧《四女奇缘》收视崭露头角。此外，来自泰国的电视剧也颇受中国观众欢迎。泰国电视剧类似于印度剧，充满浓烈的异域风情，2008年播出了言情剧《出逃的公主》和《甜心巧克力》以及警匪剧《卧底警花》。

美剧在我国拥有大量的粉丝，其情节紧张刺激、制作精良成熟、演员实力雄厚，但由于某种原因，在中国虽已流行多年，但一直具有“隐秘”特色。2008年，通过我国卫视播放最多的是科幻和少儿题材，有《遗失的世界》、《超人前传》、《超人》、《佳丽侦探》、《小顽童》等剧。

其他国家的电视剧还有：前南斯拉夫的都市生活剧《公鸡山警察》，巴西的悬疑剧《爱的阴影》，意大利的警匪剧《家庭侦探》、悬疑剧《疑云第二部》、社会伦理剧《魅力》系列剧，西班牙的近代传奇剧《佐罗》系列，俄罗斯的言情剧《爱情温泉》系列等，一定程度上满足了我国观众的多样化需求。

六、年度热播题材分析

2007-2008年18:00-24:00时段，言情剧、都市生活和社会伦理剧连续两年蝉联前三甲，2008年，这三类电视剧的播出比重分别达到14.2%、12.2%和10.1%，分别较2007年增长了3.12、2.93和1.42个百分点。2008年播出量增幅较大的电视剧题材也多为播出主力，播出比重超过3%的题材中，近代传奇、警匪、反特/谍战、武侠、悬疑、军旅生活和奋斗励志均实现了高度增长。其他播出比重小的题材里，农村、地下斗争、人物传记、当代主旋律、动作、当代传奇、科幻、重大革命、战争等也有不同程度的提升。播出比重有所降低的题材包括：军事斗争、戏说演绎、少儿、神怪玄幻、罪案、青春、历史正剧、时代变迁、民间传奇、公案和反腐倡廉（表7）。

表7　2008年全国80城市播出比重前十位的题材（18:00-24:00，TTV）

题材	2008年播出比重%	2007年播出比重%	年度增长率
言情	14.21	11.08	28.3%
都市生活	12.35	9.42	31.2%
社会伦理	10.08	8.66	16.4%
近代传奇	8.26	5.21	58.6%
警匪	6.70	4.98	34.6%
反特/谍战	5.11	3.66	39.4%
武侠	4.22	2.64	60.1%
悬疑	3.80	3.00	26.9%
军事斗争	3.43	4.22	-18.7%
军旅生活	3.42	2.55	34.0%

数据来源：CSM媒介研究

对2008年晚间18:00－24:00黄金时段80城市获得收视率前10名的共800部电视剧所属题材进行统计之后发现，涌现出热播剧目的题材分布范围很广，共有30个题材的电视剧进入当地的年度前10名。其中，社会伦理剧、近代传奇剧、言情剧表现最为抢眼，其次是都市生活剧、反特/谍战剧和农村题材剧等。此外，奋斗励志、人物传记、军旅生活、武侠、悬疑、商战等题材也出现了热播剧目（表8）。

表8　2008年各题材电视剧收视率进入当地前10名的总频次统计（80城市，18:00－24:00）

题材	进入总频次	题材	进入总频次
社会伦理	121	神怪玄幻	17
近代传奇	101	戏说演绎	15
言情	84	地下斗争	13
都市生活	57	动作	13
反特/谍战	46	公案	13
农村	41	当代主旋律	8
奋斗励志	31	历史故事	8
人物传记	30	当代传奇	7
军旅生活	29	重大历史	5
武侠	28	科幻	3
悬疑	28	历史正剧	3
商战	25	民间传奇	2
警匪	24	少儿	2
重大革命	23	时代变迁	2
军事斗争	17	罪案	2

数据来源：CSM媒介研究

在各题材中，社会伦理剧领衔荧屏。我国的社会伦理剧主要是倡导和宣扬某种社会伦理观念、公共道德，反映某种社群关系、群体冲突，让人看到人性与社会的诸多侧面。2008年，在各地晚间黄金时段入选前10名的社会伦理剧大多走的是“苦情路线”，其中包括：《我的丑娘》（12次）、《笑着活下去》（10次）、《情之债》（8次），《雪在烧》、《继母后妈》、《一颗颗眼泪都是爱》、《妈妈为我嫁》等也都至少4次进入前10名。这些苦情剧展现了一场场令人撕心裂肺的情感纠葛，主人公动辄泪流满面、情节曲折催人泪下。揭示各种伦理道德、婚姻冲突的社会伦理剧还有《真爱诺言》、《黑金地的女人》、《突然心动》、《无法抗拒》、《别和陌生人跳舞》、《非亲父子》、《富贵在天》、《婚姻背后》、《家庭陷阱》、《溏心风暴》等，至少3次闯入前10名的榜单。

以讲述主人公个人或家族在大的历史环境下的恩怨情仇故事为主体的近代传奇题材，在2008年的电视剧市场异军突起、大放光彩。《闯关东》汇聚了李幼斌、宋佳、高强、牛莉等著名演员，一经播出即引发全国收视热潮，在40个频道播出，进入各地前10名的总频次达到16次。其次是《风穿牡丹》（15次）、《上海王》（7次）、《爱无悔》、《风月恶之花》和《还君明珠》等各6次进入。还有《老柿子树》、《女人何苦为难女人》、《东陵大盗》、《美丽无声》、《女人花》、《春蚕织梦》、《江湖兄弟》及《银楼金粉》等剧收视也较好。

面对偌大充满无限潜力的市场，我国国产言情剧一直以来表现欠佳，似乎没有能够叫得响的真正意义上的言情剧。2008年这一局势大为改观，国产言情剧开始发力，逐步颠覆韩剧一统天下的地位。2008年各地进入前10名的言情剧中，涌现了一批国产剧，无论是《胭脂雪》、《金耳环》《芸娘》、《顺娘》，还是《甜蜜蜜》、《新昨夜星辰》、《大声呼喊你回来》、《辛家媳妇》、《中国媳妇第五部——媳妇的眼泪》、《钻石王老五的艰难爱情》，都取得了不错的成绩。当然，国产言情剧无论是制作水平还是编剧方面都和韩剧还存在一定的差距。韩剧《可爱的你第四部》(11次)、《可爱的你第三部》(5次)、《旋转木马》(4次)余威尚在。此外，台湾剧《陪你到世界的尽头》、TVB制作的《Click入黄金屋》也有一定市场。

除了以上三大类，都市生活剧和反特/谍战剧也一路走俏，扎堆播映。都市生活剧的观众覆盖面很广，普通老百姓比较爱看。《悠悠寸草心第二部》、《相思树》、《幸福还有多远》、《谁懂我的心》《死去活来》等都市生活剧进入各地前10名的总频次不低于3次。而反特/谍战剧则较受学历较高、年轻观众的偏爱，《天字一号》、《海狼行动》、《落地请开手机》、《生死谍恋》、《重庆谍战》在进入各地前10名的总频次不低于5次，《羊城暗哨》、《幽灵计划》、《谍战古山塘》和《误入军统的女人》也较受热捧。

其他题材也出现了自己的热播剧目，丰富了电视屏幕。受到市场欢迎的题材和剧目还有：面向广大农村观众的农村题材《乡村爱情第二部》、《清凌凌的水蓝莹莹的天》、《暖春》、《上门女婿》、《山城棒棒军第二部》和《悠悠寸草心》；激励多事之秋国民不屈抗争的奋斗励志题材《大珍珠》、《宁为女人》、《春草》、《唐山孤儿》、《壮士出征》、《女工》、《女人一辈子》、《幸福里9号》、《震撼世界的七日》；以《李小龙传奇》、《霍元甲》火爆一时的人物传记题材；军旅题材《绝密押运》、《天下兄弟》、《战争目光》、《大校的女儿》、《士兵突击》；武侠剧《少林寺传奇第一部》、《八阵图》、《鹿鼎记》、《护花奇缘》、《少年四大名捕》等；悬疑剧《宽恕》、《血色迷雾》、《侦探成旭》、《脸谱》等。

七、年度热播热视剧目分析

按播出频道数统计，可发现2008年晚间被多个频道热播的剧目有新有旧，既包括《仁者无敌》、《落地请开手机》、《甜蜜蜜》这样的新剧，也包括2007年大热的《士兵突击》、《金婚》等经典剧目。李幼斌主演的地下斗争剧《仁者无敌》名列榜首，共被82个频道播出，其次是反特/谍战剧《落地请开手机》和《士兵突击》，都在80个频道播出。被70-80个频道播出的剧有近代传奇《还君明珠》和《女人何苦为难女人》，社会伦理《笑着活下去》和都市生活剧《金婚》(表9)。在60多个频道播出的剧有悬疑剧《宽恕》、武侠剧《鹿鼎记》、社会伦理剧《雪在烧》、军事斗争剧《红日》、都市生活剧《悠悠寸草心第二部》、警匪剧《追》和言情剧《芸娘》、《甜蜜蜜》。此外，社会伦理剧《无法抗拒》、《非亲父子》和《双面胶》，以及奋斗励志剧《大珍珠》也都在50多个频道播出。

表 9　2008 年 80 城市播出频道数位于前 10 名电视剧及题材（18:00－24:00）

排名	电视剧名称	题材	播出频道数	单集最高收视率%
1	仁者无敌	地下斗争	82	16.42
2	落地请开手机	反特/谍战	80	26.48
2	士兵突击	军旅生活	80	11.21
4	还君明珠	近代传奇	79	17.49
5	女人何苦为难女人	近代传奇	76	18.61
6	笑着活下去	社会伦理	75	22.88
7	金婚	都市生活	70	14.15
8	宽恕	悬疑	67	17.24
9	鹿鼎记	武侠	65	22.54
9	雪在烧	社会伦理	65	20.76

数据来源：CSM 媒介研究

再看收视方面。2008 年 18:00－24:00 时段，在全国 80 城市中，每个城市各有收视冠军，可以发现：一是中央台播出的电视剧在各地拥有强大的竞争力，在 20 个地区获得第一名，其中《李小龙传奇》在荆州、武汉、襄樊、沈阳、昆明、潍坊、厦门等七地折桂，《绝密押运》在洛阳、乌鲁木齐、宜昌三地夺冠；《乡村爱情第二部》在青岛、郑州、石家庄三地夺魁；《闯关东》在镇江、桂林，《兵心依旧》在太原、《英雄无名》在呼和浩特、《相思树》在西宁、《任弼时》在十堰、《清凌凌的水蓝莹莹的天》在淄博均获得收视冠军。中央台 8 套共有 6 部剧在 8 个地区独占鳌头。二是许多在当地频道播出电视剧因或多或少地契合当地地域文化而更加受到观众好感，比如西安的《春草》、广州的《和味浓情》、成都《山城棒棒军第二部》、济南《我的丑娘》、宁波的《芸娘》、哈尔滨的《江湖兄弟》、长春《红日》、长沙《悠悠寸草心第二部》等。

2008 年，18:00－24:00 时段，对在全国 80 城市各地进入前 10 名的电视剧进行统计发现，《李小龙传奇》共在 80 个地区、25 个频道播出过，其中在 21 个地区内和 12 个频道内均进入前 10 名。其次是《绝密押运》，在 20 个城市内、4 个频道内进入前 5 名。中央台一套的开年大戏《闯关东》表现也不俗，在 16 个城市、15 个频道进入前 10 名。《凤穿牡丹》在 15 个地区、36 个频道，《我的丑娘》在 12 个地区、25 个频道，均进入前 10 名，表现不俗。此外赵本山导演的《乡村爱情第二部》和潘长江导演的《清凌凌的水蓝莹莹的天》作为两部优秀的农村题材剧，也分别在 12 个和 11 个地区进入前 10 名。《神探狄仁杰第三部》和《可爱的你第四部》均在 11 个地区进入前 10 名。在 5 个以上城市进入前 10 名的剧还有《笑着活下去》、《悠悠寸草心第二部》、《宽恕》、《大珍珠》、《精武陈真》、《中国兄弟连》、《龙游天下》、《情之债》、《仁者无敌》、《上海王》和《暖春》等等（表 10）。

表 10　2008 年在各地收视率进入前十名的电视剧
（18:00－24:00，分城市统计，按进入前十名的城市数排序）

电视剧名	进入前十名的城市数	进入前十名的频道数	总播出城市数	总播出频道数
李小龙传奇	21	12	80	25
绝密押运	20	4	80	6
闯关东	16	15	80	40
风穿牡丹	15	36	80	52
我的丑娘	12	25	49	31
乡村爱情第二部	12	6	80	12
清凌凌的水蓝莹莹的天	11	8	80	9
神探狄仁杰第三部	11	5	80	8
可爱的你第四部	11	1	80	1

数据来源：CSM 媒介研究

八、年度热播主创人员汇总

主创人员的努力是一部电视剧能否成功的关键。随着编剧等地位的提高，播出机构日益重视一部电视剧中主创人员的阵容和水平。而我国电视剧市场经过多年发展，也逐渐形成了一批业内外闻名的创作者，这些人创作的电视剧往往能引发热购、热播、热视、热评。从全国层面来看，以卫视播出的电视剧为例，根据晚间 18:00－24:00 时段电视剧播出量来统计排序（表 11），可粗略看出以下几个方面的情况。

表 11　2008 年我国卫视播出电视剧总集数排名前十五位的部分原著、导演、编剧和制作机构
（80 城市组，18:00－24:00 时段）

原著	编剧	导演	制作机构
金庸	臧里	林丛	中央电视台文艺中心影视部
都梁	臧希	尚敬	中国电视剧制作中心
吴承恩	王宛平	郑晓龙	中国电视艺术家协会影视中心
兰小龙	高满堂	赵本山	北京电视艺术中心
石康	张继	赵宝刚	海润影视制作有限公司
蒲松龄	钱雁秋	康洪雷	中国国际电视总公司
石钟山	都梁	高希希	八一电影制片厂电视剧部
琼瑶	庞一川	张新建	山东电影电视剧制作中心
古龙	孙建业	钱雁秋	上海东上海国际文化影视有限公司
六六	戴英禄	孔笙	TVB
陈玙	杨洁	澄丰	上海电影集团公司
陆天明	邹忆青	杨洁	大连电视台
海岩	徐君东	英达	天津电视台电视剧制作中心
叶兆言	兰小龙	王晶	韩国 KBS
韩天抗	石康	张晓春	世纪星润影视传媒

数据来源：CSM 媒介研究

谁编写的著作播出量最大？和2007年一样，金庸剧以7.5%的播出比重拔得头筹。“飞雪连天射白鹿，笑书神侠倚碧鸳”，这些长篇武侠小说几乎都被改编且热播，2008年，根据金庸著作改编的电视剧《射雕英雄传》、《鹿鼎记》、《笑傲江湖》、《神雕侠侣》、《碧血剑》等新老剧目纷纷播出，在不同频道展开PK。其次是《亮剑》、《血色浪漫》的原作者都梁。吴承恩的《西游记》被翻成电视剧后成为经典，历经多年播出量依然跻身卫视频道第三甲。另外，《士兵突击》的作者兼编剧兰小龙、《奋斗》的石康，以及蒲松龄、石钟山、琼瑶、古龙、六六等一大批新老作家，其影视作品也爱被卫视频道播出。

谁编写的电视剧最易热播？和2007年类似，2008年晚间卫视频道中电视剧播出量最多的编剧依旧是臧里、臧希这一对姐妹花，其编写的情景喜剧《家有儿女》不断推陈出新。其次是《金婚》、《幸福像花儿一样》、《新上海滩》、《甜蜜蜜》等剧的编剧王宛平，电视剧播出量排名第三。高满堂（《闯关东》等）、张继（《乡村爱情》系列）、钱雁秋（《神探狄仁杰》系列）等编写的电视剧也是市场的宠儿。

谁导演的电视剧最受卫视欢迎？林丛凭借《家有儿女》系列，连续两年荣膺播出量最大的导演。其次是尚敬，导演了《武林外传》、《炊事班的故事》等系列。新作频出的郑晓龙以《金婚》、《生死十日》、《幸福来了你就喊》、《刑警使命》、《将门风云》等各类题材的电视剧不断带给观众惊喜。广受卫视欢迎的导演还有赵本山、赵宝刚、康洪雷等人。

哪家制作公司的电视剧播出市场最热？中央电视台文艺中心影视部、中国电视剧制作中心、中国电视艺术家协会影视中心、北京电视艺术中心、海润影视制作有限公司、中国国际电视总公司、八一电影制片厂电视剧部、山东电影电视剧制作中心等都创作了一大批观众喜闻乐见的电视剧。

我国的电视剧市场要获得整体的大发展，需要制作方多创作精品，播出平台“以剧为本”，政府多扶持弱小民营公司。否则，就如SMG总裁黎瑞刚所担忧的：“中国电视剧产量奇高，一年15000多集电视剧，应该是稳居世界电视剧产量第一，精品却不多。这个行业几千家大大小小的制作公司，一年能生产3到4部电视剧，已经是全国知名的大公司了，大多数一年一部或者两三年一部，全是小作坊，没有工业流水线。整个市场几乎都是个体行为，演员个体，导演个体，编剧个体，销售个体，质量难保证，很多公司有了上顿没下顿，这部赚了，下部就有可能砸进去了。”

九、省级卫视频道的特色编排

近几年来，越来越多的卫视频道通过“首轮”、“独播”和“自制”等电视剧来避免同质竞争，在编排上则各出新招，招数繁多、变化多端。2008年，许多省级卫视频道的剧目编排打破常规，趋于异常化、极致化、复杂化和灵活化，甚至许多卫视通常将多种编排方式结合起来，使得电视剧编排更加错综复杂、轮集交织。通常是第一轮全天快速播毕，紧跟着第二轮正常速度播出，先在第一时间内先声夺人、最大范围内抢夺观众，随后多轮播出争夺剩余观众的注意力、稳定广告投放效果。我们剖析之后发现呈现以下几个特点：

一是反复多轮次播出，尽量提高电视剧的资源使用效率。随着电视剧制作成本的提高和竞争的加剧，卫视频道获得某部热剧之后，会在本频道“不舍昼夜”高密度轮播，俘获剩余未看该剧的观众，以最大限度地榨取其收视价值。比如，江苏卫视的《李小环与苗翠花》、《上门女婿》，重庆卫视《大进攻序曲》、《万山剿匪记》、《五号特工组》，安徽一套的《笑着活下去》、《祈望》、《芸娘》，湖南卫视《血色湘西》，江西卫视《上海王》、《五号特工组》，辽宁卫视《暗宅之谜》、《闯关东》等，山东卫视《闯关东》、《地下交通站》等，上海东方卫视《狐步谍影》，天津卫视的《马文的战争》，浙江卫视《当家的女人》等。

二是大板块多集“轮动、层叠”播出，全天聚拢人气、确保观众频道内顺流。通常是某部市场热点剧目在频道内全天不间断滚动播放，不仅日播集数惊人，而且一轮轮相互层叠、互相推动，甚至同一天内一集集循环往复地重播，犹如渲染画，呈现出多层次、多渗透的效果，力求把剧播透、播熟，把正看该频道的观众最大可能地“顺流”，减少转台率。通常播出时间不再遵循往日的晚间黄金时间的概念，而是从白天就开始了。如果说2006年《亮剑》、2007年的《金婚》的全天轮播还属于个案，那么，2008年这种极致的播出方式已经越来越多地应用在电视剧上，大有普及化的趋势。比如，黑龙江卫视的《暖春》在2008年12月15日播出的第一天就以全天9集的速度播映（8:07－18:12时段），当天晚间19:33－23:00时段即开始重播（1－12集4集连播，13集－26集是两集连播）。而河南卫视则在同一天的12:35分开始播出《暖春》，当天连播5集，当晚22:00又从第1集重新开播，连播3集，到了12月23日晚上20:05，又开始第二轮的播出。江西卫视的编排在此基础上更加增加了“难度”。比如《五号特工组》在2008年4月15日的07:59－18:15时段播出1－11集，于当晚19:34－24:42时段重播1－5集（河南卫视播出该剧时的套数与之相同）；《上海王》于12月13日播出1－3集，分别在19:33－22:03首播，随后在22:55－25:13时段逐级重播。此外还有黑龙江、辽宁卫视、山东卫视联合播出的《闯关东》，山东卫视的《军刀》、《靠山》、《死去活来》，四川卫视的《明天我不是羔羊》（二轮），天津卫视的《马文的战争》，等等。

三是系列剧前后勾连播出，此起彼伏、相互呼应，形成稳定的观众流。第一部剧播出时获得了较大的成功，第二部剧乃至后续系列剧播出前后再将前面系列剧趁机重播，使得该系列剧在该频道内形成一个小小的播出季，拉长了剧目的光晕效应，确保新老观众“一勺烩”。最经典的莫过于天津卫视运作的《杨光的快乐生活》系列了。《杨光的快乐生活第四部》作为天津卫视的开年大戏结束之后，次日同一时段即播出《杨光的快乐生活第三部》，紧接着是《杨光的快乐生活第二部》和《杨光的快乐生活》。6月26日《杨光的快乐生活》系列开始多轮播出，依旧按照第四部、第三部、第二部、第一部的顺序重播，8月16日第3轮重播，则是一、四、三、二的顺序（表12）。还有辽宁卫视播出《乡村爱情第二部》前则重播了《乡村爱情》为其做铺垫。

四是紧密观察市场反馈，随时灵活调整剧目。有些省级卫视播出新剧时密切关注其收视率，一旦发现收视不佳，即立刻改换其他剧目。这种半途撤剧的编排方式各具利弊，一方面可以说是依照观众的需求灵活地给予满足，但另一方面则可能打乱了频道的忠实观众的收视习惯，何况不同剧目的收视走势不尽相同，有些电视剧属于逐集攀升的慢热型，而有些开始收视高的剧目则可能会后继乏力。

表 12　2008 年天津卫视《杨光的快乐生活》系列晚间时段播出情况

名称	开始日期	结束日期
杨光的快乐生活第四部	1 月 1 日	1 月 18 日
杨光的快乐生活第三部	1 月 19 日	2 月 2 日
杨光的快乐生活第二部	2 月 3 日	2 月 12 日
杨光的快乐生活	2 月 13 日	2 月 21 日
杨光的快乐生活第四部	6 月 26 日	7 月 8 日
杨光的快乐生活第三部	7 月 8 日	7 月 21 日
杨光的快乐生活第二部	7 月 21 日	7 月 28 日
杨光的快乐生活	7 月 29 日	7 月 31 日
杨光的快乐生活	8 月 16 日	8 月 24 日
杨光的快乐生活第四部	8 月 25 日	9 月 9 日
杨光的快乐生活第三部	9 月 9 日	9 月 22 日
杨光的快乐生活第二部	9 月 23 日	9 月 27 日

数据来源：CSM 媒介研究

小结

2008 年可谓我国电视剧市场 30 年大发展的一个总结，无论从产量、播出量还是题材种类都达到了世界一流水平，播出和收视结构没有根本性变化，电视剧仍是观众最重要的娱乐方式。但和 2007 年相比，2008 年的电视剧市场还是有一些明显的变化：

一是频受各类突发事件影响，一定程度上影响了电视剧的播出和收视。但一旦事件过去之后，观众的收视习惯会迅速回到原来的状态，印证了电视剧在观众电视消费中的地位。

二是电视剧制作量、播出量和收视量达到饱和，说明我国电视剧市场在“量”的发展方面已经出现了一些“饱和”的迹象，下一步需要在“质”上突破。

三是同质化播出严重，社会伦理、言情、都市生活三大题材播出量不跌反升，更加集中、扎堆；热播的主创人员和 2007 年没什么大的变化，缺乏更多新的面孔。这说明电视台跟风播出现象严重，还需差异化竞争。

四是电视剧整体品质有待提升，固然有《闯关东》、《中国往事》之类的优质剧目，但“叫好又叫座”的精品剧目数量和影响力均较 2007 年有所减少。有些热播剧炒的是 2007 年的“冷饭”，大量新剧情节雷同、套路相近、脱离现实生活、缺乏真情实感，难以让观众产生共鸣。

五是竞争促使更多的省级卫视编排极端化、异常化。为了避免频道沦为免费的录像厅，还需对观众收视行为和习惯加深研究。

伴随着开年大戏的热播，2009年电视剧市场春意渐浓，挑战和机遇并存。一方面是需面对金融危机的持续深入影响，另一方面2009年是新中国成立60周年，也是五四运动90周年，政府和荧屏呼唤具有纪念和代表性意义的大制作剧，将直接关系到电视剧制作和播出市场。三是制播联合进一步发展，占据播出平台的垄断优势、实力不断膨胀的电视台逐步向电视剧制作领域渗透。可以预见，2009年对于优质电视剧资源的争夺势必更加激烈。但电视剧产业要走入百花深处，加大投入和提升品质都不可或缺。

（作者：李红玲）

2008 年全国综艺娱乐节目收视分析

2008 年是我国发展历程中极不平凡的一年，我们经历了冰雪灾害、5.12 汶川地震、8 月北京奥运会等一系列重大事件。电视媒体在这个过程中，也在不断地调整自己来适应环境的变化。对于综艺节目来说，环境变化带来的挑战更为严峻，很多节目都经历了不小的调整，在这轮调整中，有些综艺节目类型趋于平淡，也有些节目不断创新脱颖而出。本文就从 CSM 媒介研究在全国 154 样本市县的收视数据入手，对 2008 年我国主要综艺娱乐节目收视进行一番回顾与浅析。

一、综艺娱乐节目整体播出与收视状况

1. 综艺娱乐节目播出与收视比重下降，资源利用效率继续提高

从 2008 年不同类型节目播出比重来看，综艺娱乐节目整体的播出比重比 2007 年有较大幅度下滑，播出时长在所有节目类型中只占 3.9%。收视份额相比 2007 年也有所下滑，2008 年该值为 7.3%（图 1）。综艺节目播出比重的下滑与 2008 年特殊的播出环境有关，特别是在 5 月份我国发生了 5.12 汶川大地震，举国同悲，在接下来的两个月里，各家电视台也紧紧围绕抗震救灾的主题制作相关节目，常规综艺节目播出量剧减。从分月的综艺节目播出时长上看，6 月份综艺节目播出量 8777 小时，只有全年月度平均值 13177 小时的 67%，5 月份与 7 月份也低于全年均值；从观众的收视量上看，6 月份 175 分钟的收视量也只有平时的一半左右。在 8 月份，我国成功举办了第 29 届夏季奥运会，全世界的目光都聚集在这项体育盛宴上，综艺节目的收视量也略有下滑，316 分钟的收视量相比 2008 年均值 367 分钟降幅在 15% 左右（图 2）。

从节目的资源使用效率上看，虽然综艺节目播出与收视量都出现下滑，但是综艺节目使用效率却创下历年新高。综艺节目播出环境的变化带来了优胜劣汰的局面，更受观众喜爱、整体表现更好、更适合新环境的综艺节目生存了下来，这也带来了资源使用效率的提高。

2. 综艺娱乐节目周末收视明显高于工作日

从周天上考察综艺节目晚间时段的播出与收视状况，周日成为观众收看时间最长的周天，周六与周日相差不大。前两年，周五是大型活动等播出较多的周天，今年随着大量选秀节目的暂停播出或者表现一般，周五时段综艺节目播出与收视并没有较好表现（图 3）。

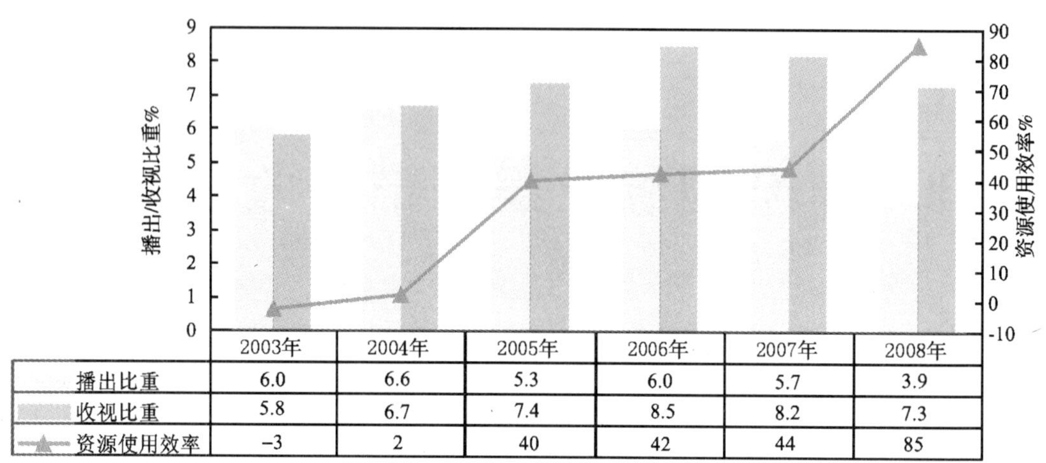

	2003年	2004年	2005年	2006年	2007年	2008年
播出比重	6.0	6.6	5.3	6.0	5.7	3.9
收视比重	5.8	6.7	7.4	8.5	8.2	7.3
资源使用效率	-3	2	40	42	44	85

图 1　2003－2008 年综艺娱乐节目的播出、收视比重及资源使用效率

数据来源：CSM 媒介研究

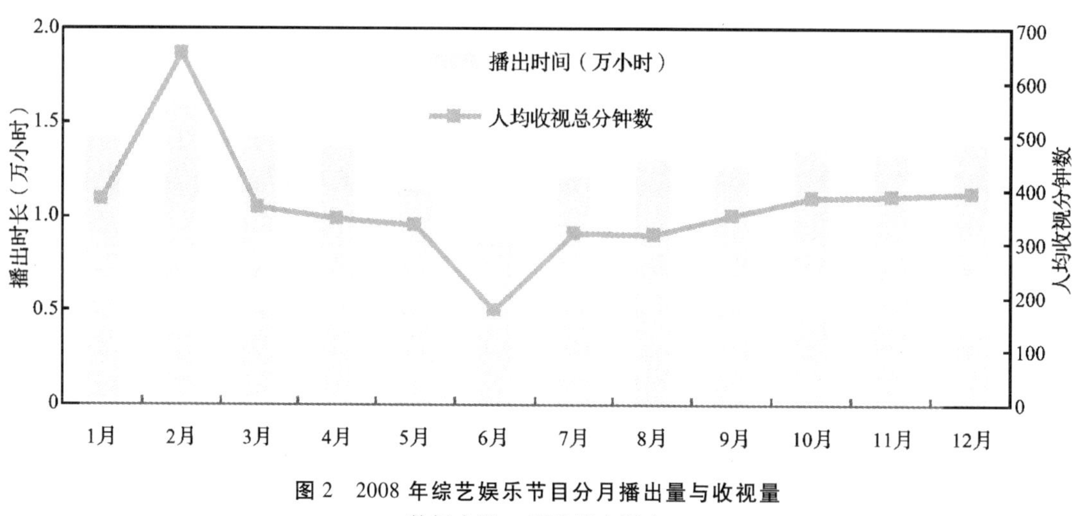

图 2　2008 年综艺娱乐节目分月播出量与收视量

数据来源：CSM 媒介研究

3. 综艺娱乐节目晚间 20:00－21:00 时段收视量最多

从时间段上考察综艺节目晚间时段的播出与收视状况，晚间综艺类节目播出比例最高的时段在 17:00－18:00 时段，18:00－22:00 时段，每小时的播出比例相差不大；但从收视效果上看，20:00－21:00 时段仍是最好的时段，19:00－20:00 时段及 21:00－22:00时段也是收视较好的时段（图 4）。

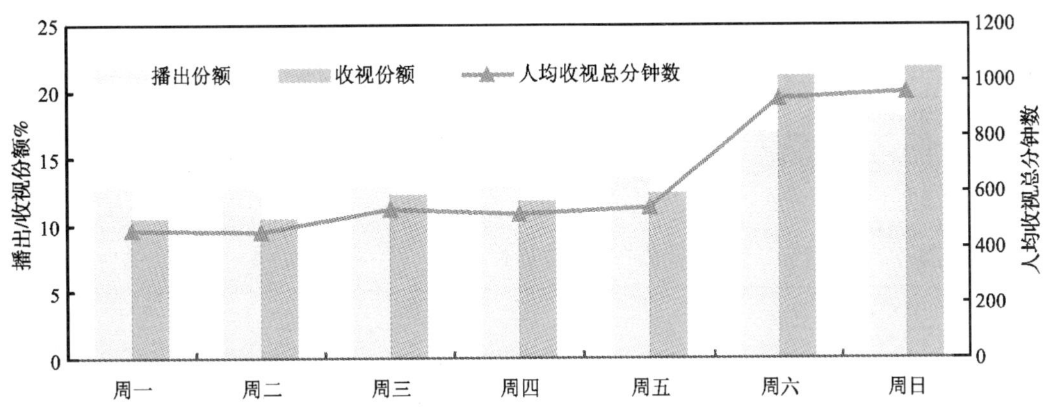

图3　2008年综艺娱乐节目各周天播出量与收视量

数据来源：CSM媒介研究

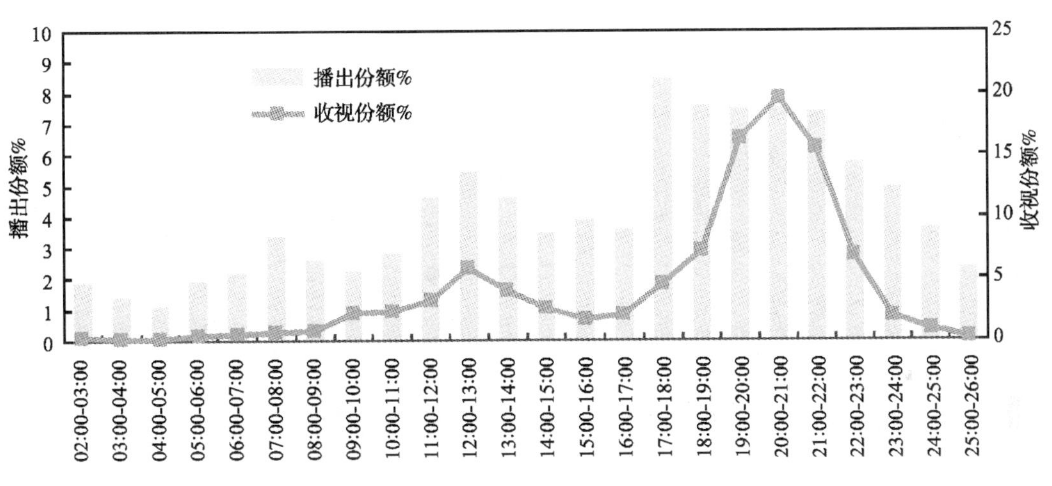

图4　2008年综艺娱乐节目全天各时段播出份额与收视份额

数据来源：CSM媒介研究

二、综艺娱乐类节目竞争格局

1. 中央级频道仍是观众主要选择，省级卫视实力继续上升

2008年综艺娱乐节目全天时段市场整体竞争格局与2007年相似，中央级频道仍占据接近一半的份额，省级卫视27.4%的市场份额相比去年上升2.1个百分点，是各频道组中增长最为明显的频道组合，这两年省级卫视加大在综艺节目上的投入还是取得了不错的回报。其他地面频道组中，省级非上星频道和市县级频道分别下滑1.3和0.5个百分点。省级卫视在综艺类节目上的竞争力度，将使地面频道面临越来越大的竞争压力。晚间时段与全天时段基本接近，依旧是省级卫视不断蚕食其他频道组份额，呈现快速增长局面（表1）。

表1　2008年与2007年全国综艺娱乐节目市场各级频道组的收视份额对比

频道组	全天时段市场份额%			晚间时段市场份额%		
	2008年	2007年	增加值	2008年	2007年	增加值
中央级频道	49.7	49.5	0.2	47.8	48.2	-0.4
省级上星频道	27.4	25.3	2.1	28.4	26.7	1.7
省级非上星频道	16.1	17.4	-1.3	16.2	16.5	-0.3
市（县）级频道	3.9	4.4	-0.5	4.4	4.7	-0.3
其他频道	2.9	3.4	-0.5	3.2	3.9	-0.7

数据来源：CSM媒介研究

2. 中央级频道全天各时段领先，省级上星频道晚间黄金时段竞争力提升

从综艺节目不同时段不同频道组的收视份额看，中央级频道依旧保持较大的领先优势，在白天时段优势更为明显；省级卫视在多数时段相比2007年有一定提升，与2007年省级卫视与省级非上星频道在多数时段差异并不明显的局面相比，2008年省级卫视除在傍晚17:00－19:00时段还有一定差距外，在大多时段都拉开了与省级非上星频道的差距，特别是在晚间黄金时段，两频道组之间的差距日益拉大（图5）。

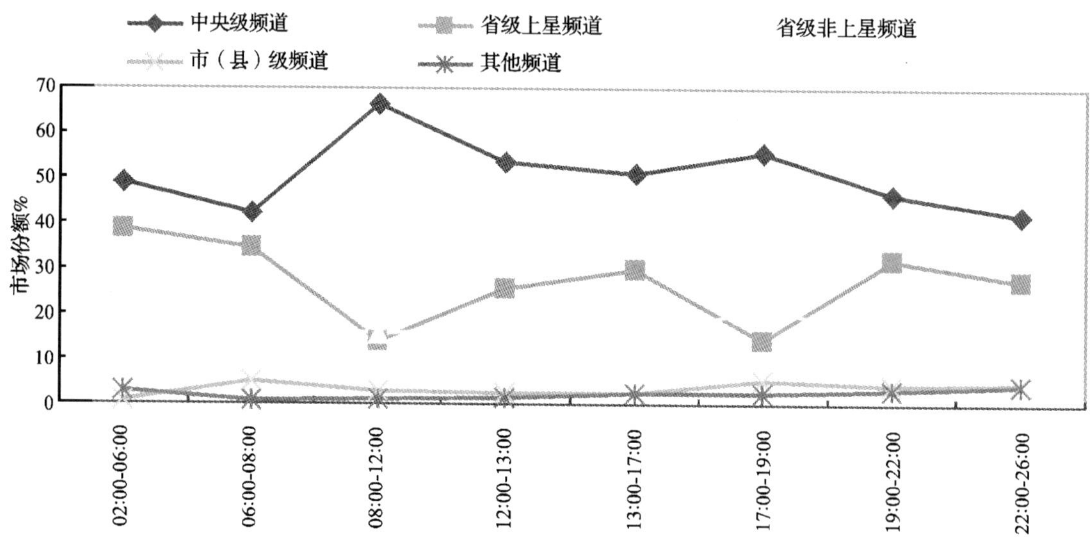

图5　2008年各频道组综艺节目全天收视份额走势

数据来源：CSM媒介研究

3. 中央台三套综艺节目收视份额居首，省级卫视跻身领先行列

综艺节目收视份额前10位的频道，中央台频道5个，省级卫视5个，其中中央台三套作为国家级的综艺频道，市场份额遥遥领先其他频道，全天份额超过27%，但相比2007年出现一定幅度下滑；湖南卫视排名第二，虽然与中央三套还有一定差距，但份额相比频道去年已经上涨30%以上。中央台综合频道也凭借重要节日的综艺晚会收视份额略有上升。其他频道中，中央台二套、上海东方卫视、江苏卫视份额出现较大下滑，而

浙江卫视相比去年增幅明显，并超过其他省级卫视位列第二（表2）。

表2 2008年综艺娱乐节目收视份额排名前10位的频道（18:00－24:00）

排名	频道	18:00－24:00		全天	
		2008年	2007年	2008年	2007年
1	中央台三套	25.94	28.13	27.37	29.15
2	湖南电视台卫星频道	12.90	9.89	13.10	9.02
3	中央电视台综合频道	7.32	6.19	6.14	5.38
4	中央台六套	5.03	4.39	4.81	4.17
5	中央台二套	3.89	5.41	5.63	6.23
6	中央台四套	2.25	1.74	2.11	1.80
7	浙江卫视	1.78	0.70	1.44	0.68
8	安徽一套	1.76	1.96	1.25	1.44
9	江苏卫视	1.42	2.41	1.00	2.09
10	上海东方卫视	1.18	2.45	1.10	2.40

数据来源：CSM媒介研究

综艺节目中既有大量一次性播出的晚会和活动，也有众多连续播出的常规栏目和系列节目，而且综艺节目之间的时长差异较大，平均收视率和市场份额主要用来评估节目的平均收视量和同时段竞争力，难于有效反映播出频次和播出时长差异较大的综艺节目的整体收视效果。作为补充，节目收视比重计算不同节目在一段时间内的人均累计收看时间占该类型节目人均总收看时间的比例，较好地反映特定节目在同类型节目中的累积收视效果。节目收视比重反映的是每期节目平均收视时长与该节目全年播出次数的乘积效果。在同类型节目中，节目收视比重越高，显示该节目获得的观众累积收看时间越多。

我们首先看看排名前三的节目，《中央电视台春节联欢晚会》收视时长达到全年综艺节目总收视时长的3%，排名所有综艺节目第一位；湖南卫视的王牌常规节目《快乐大本营》凭借良好稳定的收视表现占据第二位；中央台三套的《青年歌手大奖赛》作为专业的歌唱比赛，压倒了中央台三套的常规节目。

从排行榜上各节目所属频道上看，中央台三套占据大部分名次，这与其国家级专业综艺频道的定位是吻合的，《星光大道》、《欢乐中国行》和《快乐驿站》等几档观众耳熟能详的综艺节目都有较好收视表现。中央台六套《流金岁月》、《爱电影》、《中国电影报道》几档节目从不同的角度将电影元素与综艺做了巧妙的结合，获得了观众朋友的喜爱。《非常6+1》依旧是中央台二套最受观众关注的综艺节目。

湖南卫视成为上榜节目最多的省级卫视。《奥运向前冲》、《智勇大冲关》节目在近半年的播出中累积了大量的观众收视；《勇往直前》作为一档开办两年的明星竞技挑战类节目已经占据了湖南卫视周日的晚间黄金时段，成为湖南卫视周末的收视支撑之一；《天天向上》作为今年新开播的综艺脱口秀节目，在半年时间内就获得了观众的认可，凭借良好的成长表现，最终也进入前20位。浙江卫视《我爱记歌词》是省级卫视中除湖南卫视外唯一上榜的省级卫视综艺节目。

在五月汶川大地震后，《爱的奉献2008宣传文化系统抗震救灾大型募捐活动》的高收视体现了人们关注灾区人民，奉献爱心的精神，节目在榜单上也进入前10位，列第八位（表3）。

表3 2008年综艺娱乐节目收视比重排名前20位

排名	名称	频道	属性	人均累计收看时间（分钟）	收视比重%
1	中国中央电视台2008春节联欢晚会	多频道播出	综艺晚会	133	3.02
2	快乐大本营	湖南电视台卫星频道	现场互动娱乐	128	2.91
3	隆力奇杯第十三届CCTV青年歌手电视大奖赛	中央台三套	综艺其他	124	2.81
4	星光大道	中央台三套	综艺其他	112	2.54
5	欢乐中国行	中央台三套	综艺晚会	90	2.05
6	流金岁月	中央台六套	综艺其他	87	1.98
7	奥运向前冲	湖南电视台卫星频道	综艺其他	84	1.90
8	爱的奉献2008宣传文化系统抗震救灾大型募捐活动	多频道播出	综艺晚会	81	1.84
9	快乐驿站	中央台三套&中央台四套	综艺其他	78	1.76
10	智勇大冲关	湖南电视台卫星频道	现场互动娱乐	73	1.65
11	欢乐今宵	中央台三套	综艺其他	67	1.51
12	周末喜相逢笑星大联盟	中央台三套&中央电视台综合频道	综艺其他	63	1.44
13	爱电影	中央台六套	综艺其他	55	1.24
14	非常6+1	中央台二套	现场互动娱乐	53	1.20
15	勇往直前	湖南电视台卫星频道	现场互动娱乐	51	1.16
16	中国电影报道	中央台六套	综艺娱乐报道	48	1.08
17	天天向上	湖南电视台卫星频道	综艺其他	43	0.97
18	我爱记歌词	浙江卫视	综艺其他	40	0.90
19	想挑战吗	中央台三套	现场互动娱乐	39	0.88
20	演艺竞技场	中央台三套	综艺其他	37	0.85

注：$\text{收视比重\%}=\frac{\text{某节目全年累计的人均收视总分钟数}}{\text{所有综艺节目全年累计的人均收视总分钟}}\times 100\%$

数据来源：CSM媒介研究

4. 中央台综合频道的大型晚会在重大节日里受观众青睐

中央台频道特别是中央台综合频道依旧是观众在春节、中秋、元宵等举家团圆的重大节日里收看综艺晚会最主要的频道，在榜单中也占据绝大多数的席位，中央台三套也有部分节目上榜（表4）。

表4 2008年综艺晚会节目收视率排名前10位

排名	节目名称	播出频道	收视率%	市场份额%
1	中国中央电视台2008春节联欢晚会	中央电视台综合频道	29.24	61.42
2	中央电视台2008年元宵晚会	中央电视台综合频道	11.04	23.89
3	荣成月中华情2008中央电视台中秋晚会	中央电视台综合频道	7.66	17.71
4	曲苑杂坛春节特别节目2008年正月正晚会	中央电视台综合频道	4.52	10.27
5	万家灯火平安夜公安部2008年春节晚会	中央电视台综合频道	4.23	10.80
6	百年圆梦迎2008北京奥运会文艺晚会	中央电视台综合频道	4.10	9.65
7	旗帜高扬春光好2008年军民迎新春文艺晚会	中央电视台综合频道	3.92	9.89
8	向祖国报告2008年迎七一暨抗震救灾文艺晚会	中央电视台综合频道	3.85	9.87
9	综艺盛典 Variety Awards 2008	中央台三套	3.64	8.10
10	2008文化部春节电视晚会	中央电视台综合频道	3.57	11.09

数据来源：CSM媒介研究

5. 中央台节目领先各类综艺节目收视，湖南卫视凭借品牌节目和大型活动在相应类别中入围前三

从各类综艺节目收视比重排名前三位看，主要仍然是中央台的天下，湖南卫视有两档节目进入分类别的前三位。在单项艺术中，相声、小品作为国人最喜爱的艺术类型，相声比赛、小品集锦也给观众带去了更多的欢乐。在现场互动娱乐节目中，湖南卫视《快乐大本营》蝉联榜首，《智勇大冲关》位居第二，中央台二套《非常6+1》也进入前三位，中央台三套在现场互动娱乐类节目这一类别中表现并不出色，而许多省级卫视都在这一类别上有所表现。在综艺娱乐报道类节目中，中央台六套的《中国电影报道》凭借中央台频道和电影元素的双重优势占据第一，而光线传媒制作的《娱乐现场》通过各地面频道的累积收视也获得了第二名的良好表现。在综艺其他类别中，中央台三套《第十三届CCTV青年歌手电视大奖赛》和《星光大道》上榜，中央台六套的《流金岁月》也有不错表现（表5）。

表5　2008年综艺娱乐节目分类别收视比重排名前三位

类别	节目名称	播出频道	收视比重%
综艺晚会	中国中央电视台2008春节联欢晚会	多频道	3.02
	欢乐中国行	中央台三套	2.05
	爱的奉献2008宣传文化系统抗震救灾大型募捐活动	多频道播出	1.84
单项艺术	2008CCTV小品总动员	中央台三套	0.83
	第四届CCTV相声大赛	中央台三套	0.50
	欢乐今宵2005年春节晚会小品集锦	中央台三套	0.26
现场互动娱乐	快乐大本营	湖南电视台卫星频道	2.91
	智勇大冲关	湖南电视台卫星频道	1.65
	非常6+1	中央台二套	1.20
综艺娱乐报道	中国电影报道	中央台六套	1.08
	娱乐现场	多频道	0.66
	新娱乐在线	多频道	0.46
综艺其他	第十三届CCTV青年歌手电视大奖赛	中央台三套	2.81
	星光大道	中央台三套	2.54
	流金岁月	中央台六套	1.98

数据来源：CSM媒介研究

三、综艺娱乐节目观众特征

各类别综艺节目的观众集中度显示，综艺晚会和单项艺术最吸引的观众为45岁以上的中老年观众，年轻观众关注的类型主要为综艺娱乐报道和现场互动娱乐。从这个角度看，可以将目前的综艺娱乐节目观众大致可分成两种，以综艺晚会、单项艺术为代表的传统综艺节目受众主要是中老年观众，而以现场互动娱乐、综艺娱乐报道为代表的新娱乐节目受众更集中在年轻观众（图6）。

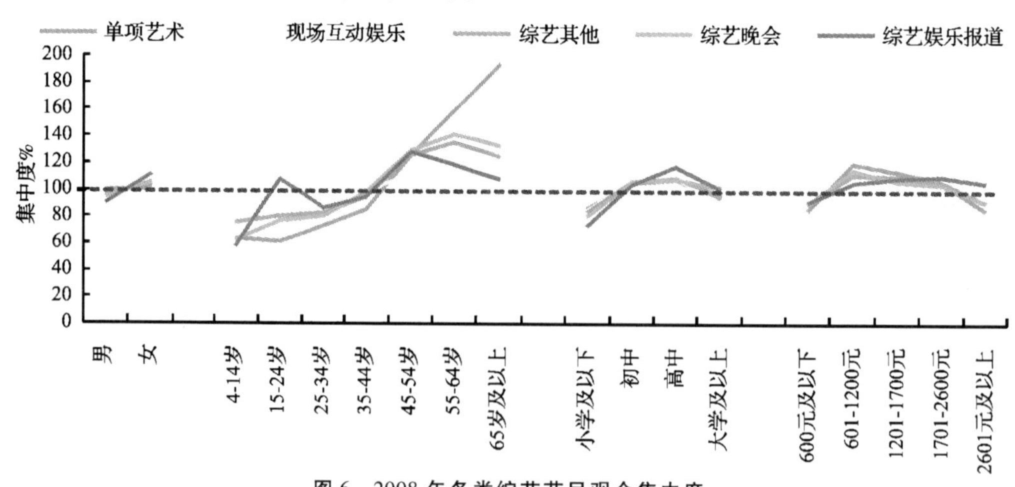

图6　2008年各类综艺节目观众集中度

数据来源：CSM媒介研究

由于不同频道在综艺娱乐节目类型上有所侧重，观众对频道的选择也表现出明显差异，比如更喜欢看以中央台三套为代表的中央台频道观众中，中老年观众集中度较高，而以湖南卫视为代表的省级卫视则明显地表现出对年轻观众的吸引。收看上海东方卫视、中央台四套的观众中，收入水平、受教育程度水平较高的观众集中度较高(图7)。

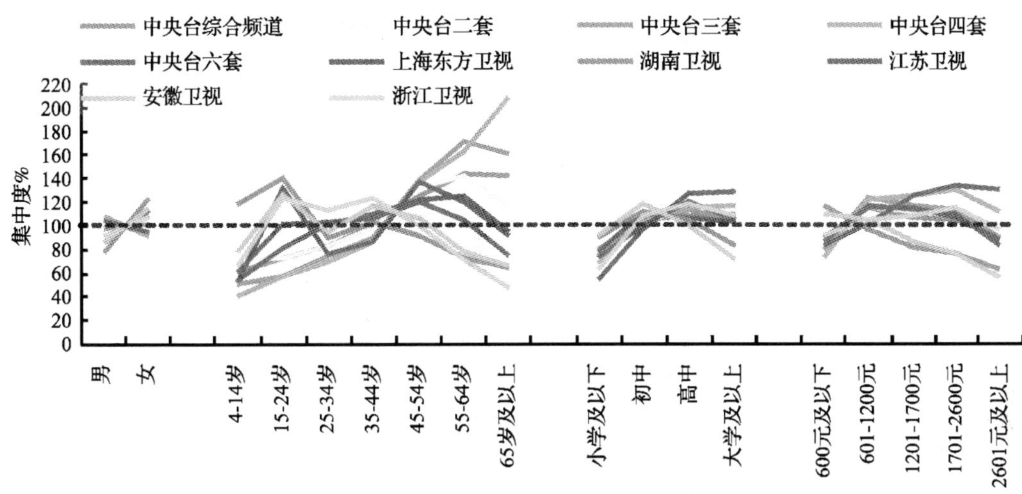

图7　2008年不同频道综艺节目观众集中度

数据来源：CSM 媒介研究

四、综艺娱乐节目2008年发展特点

1. 平民选秀及明星真人秀节目暂时趋于平淡

2005年到2007年选秀类节目是最火热荧屏的节目类型，但是随着同质化竞争的加剧，以及2007年广电总局出台的对选秀节目相关规定，2008年选秀类节目的发展空间受到较大限制，各家电视台都收缩了选秀节目的阵线，如期播出的选秀节目也都没能延续往年的火热表现。省级卫视中，湖南卫视没有举办超女、快男，只是举办了《舞动奇迹》第二季，江苏卫视播出了《名师高徒》、《飞扬新声》，东方卫视举办了《我型我秀》、《舞林大会》。这些节目中，湖南卫视的《舞动奇迹》第二季在播出前6场之后，被地震打断，3个月后重新播出时，收视也出现大滑坡，相比第一季收视更是差异明显(图8)。北京卫视《龙的传人》是继“红楼梦中人”之后再次推出的选秀节目，该选秀是首次以某个明星的传人为目标的节目。该节目在4月份推出后，也在5月份被地震打断，7月份重新推出后迅速收场，节目也就没有机会获得更多的观众。江苏卫视、东方卫视、江西卫视播出的各档选秀节目也没有特别突出的收视表现。在2008年特殊的播出环境中，这类节目暂时以平淡收场。

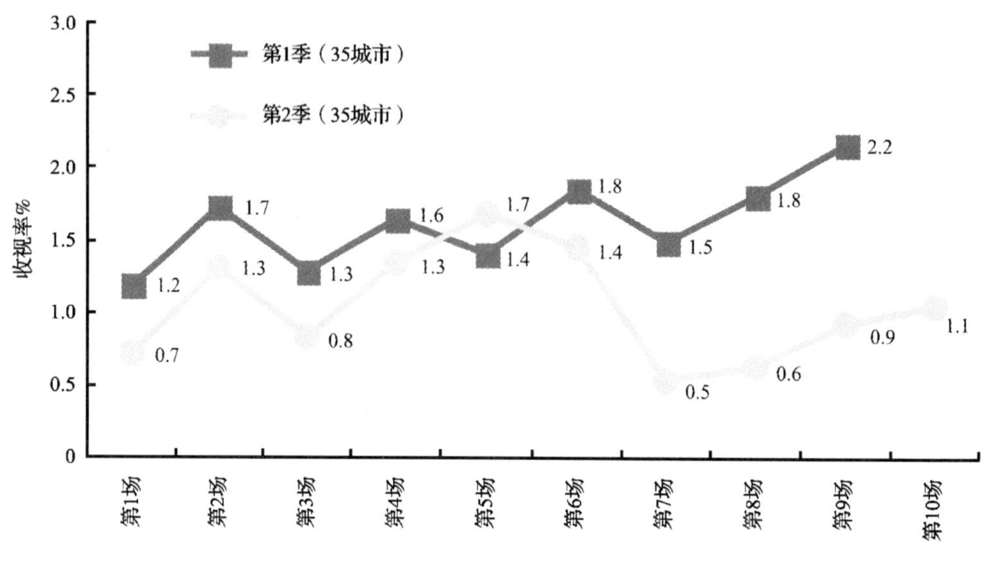

图8　2008 年湖南卫视《舞动奇迹》第 1－2 季收视率走势

数据来源：CSM 媒介研究

2. 奥运年综艺与体育元素结合，《奥运向前冲》系列节目异军突起

由于各家省级卫视获得的北京奥运会转播核心资源有限，各卫视都在思考如何将奥运的元素结合到节目中，从奥运大蛋糕中分得一份，许多卫视从2007 年就开始各种体育与综艺元素结合的尝试，应该说其中最大的黑马应该算是2008 年湖南卫视的《快乐向前冲》、《奥运向前冲》、《智勇大冲关》系列节目，这一系列节目在6 月初推出，节目紧抓最热门的奥运主题，是趣味与挑战并存的竞技比赛，充分调动普通群众参与的热情。

从节目的收视走势上看，节目在奥运之前稳健攀升，单期 2.5% 以上的收视率也带动湖南卫视在6、7 月份不断创下收视新高。奥运会后收视出现下滑，但节目相对较高且平稳的收视一直持续到11 月，收视率也基本能稳定在1.5% 左右，在半年的时间里，观众能够不断地从节目中寻找到快乐。这对很多节目都有启示，如果我们把这档节目与之前的选秀节目做个对比，就能发现两者的内核有许多相似之处，都是提供舞台给普通人充分展现，在此过程中发现活动参与者制造的快乐与惊喜，然后将这样的快乐传递给所有观众分享。

3. 汶川地震带来综艺节目与慈善、公益更多的结合

公益元素在2007 年就已经更多地出现在综艺节目中，比如许多栏目将节目中的奖金等设置为公益金。在2008 年汶川大地震后，许多综艺节目也迅速地将目光转移到慈善、公益上来。比如中央台就举办了多台抗震救灾专题晚会，其中《爱的奉献 2008 宣传文化系统抗震救灾大型募捐活动》获得了全国观众的关注与支持。许多地方卫视也迅速调整编排，制作、播出了大量慈善晚会，比如湖南卫视就在5.12 之后播出了10 余场晚会，其快速反应机制在省级卫视中表现出色。东方卫视《加油 2008》是一档 SMG 和中国青

少年发展基金会合办的节目，希望通过节目募集3亿元基金为希望小学添置体育设施，在5月3日开播仅仅一周后就碰上了汶川大地震，节目组就迅速将主题转到支援灾区、劝募筹款上，紧急举办的救灾劝募行动和六一儿童节特别活动，对于节目和频道品牌建设以及观众收视都有很大的帮助（图9）。

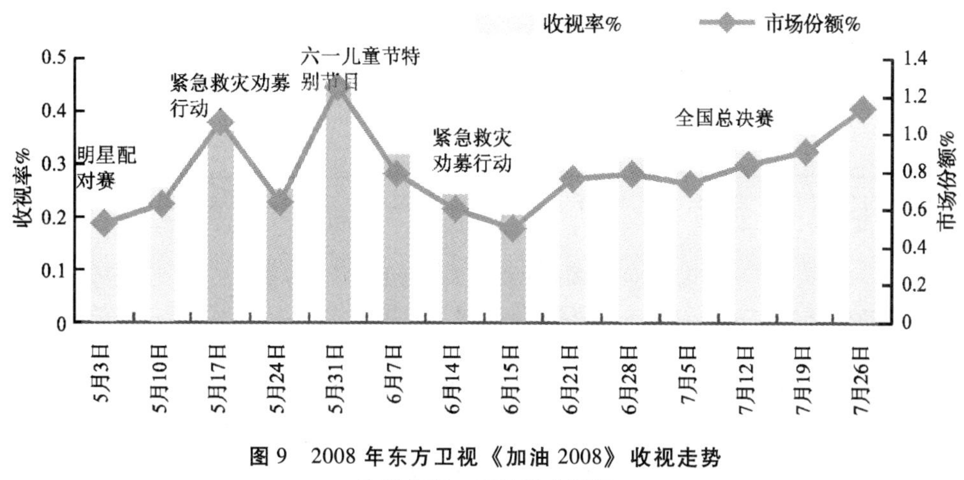

图9 2008年东方卫视《加油2008》收视走势

数据来源：CSM媒介研究

4. 湖南卫视加强周末常规节目实力，《天天向上》携手《快乐大本营》

湖南卫视在奥运会前推出了《天天向上》，凭借良好的收视表现，在奥运结束之后的9月，该节目更是占据了周五晚间黄金时段，节目也继续刷新收视纪录，成为湖南卫视综艺节目新的王牌（图10）。《天天向上》是一档以礼仪、公德为主题的娱乐性脱口秀节目，由《越策越开心》这档湖南最火爆的娱乐脱口秀节目的团队策划、制作，节目采用轻松、时尚、诙谐幽默的方式娱乐观众，节目火热荧屏也就可以预期了。

与《快乐大本营》一样，两节目都对素材进行了精心的处理，挖掘出最为观众关注的焦点，然后用流行、时尚的方式展现给观众。我们说节目的创新可以分为两个层面：形态创新和内容创新。形态创新主要是指对节目构成要素、结构和播出方式进行不同的排列组合；而内容创新主要强调对主题的选择和内容要素的变化。这两个节目都在内容创新上着大力气，比如《天天向上》邀请的嘉宾都极具特色，包括重量级的配音演员、高龄舞蹈家陈爱莲、动车组男乘务员、音乐学院师生、京港两地高校学生、空姐等，这些特殊人群都让观众感觉熟悉又耳目一新，这样敏锐的洞察力和强大的素材挖掘能力让节目与众不同（表6）。

可以说，《天天向上》和《快乐大本营》这两档强调内容上创新的节目保证了湖南卫视在周末晚间的良好收视表现。我们都知道，在节目形态上的复制是相对容易的，但是内容上的创新能力绝不是一朝一夕就能掌握的，需要制作团队对观众需求的了解和长时间的积累，所以《天天向上》的良好表现更能避免其他频道进行节目克隆重新陷入同质化竞争的风险，保证湖南卫视能有较长时间较好的收视表现。从广告投放的角度上看，这样收视良好、稳定的节目更受广告主的青睐，能够成长为湖南卫视新的吸金点。

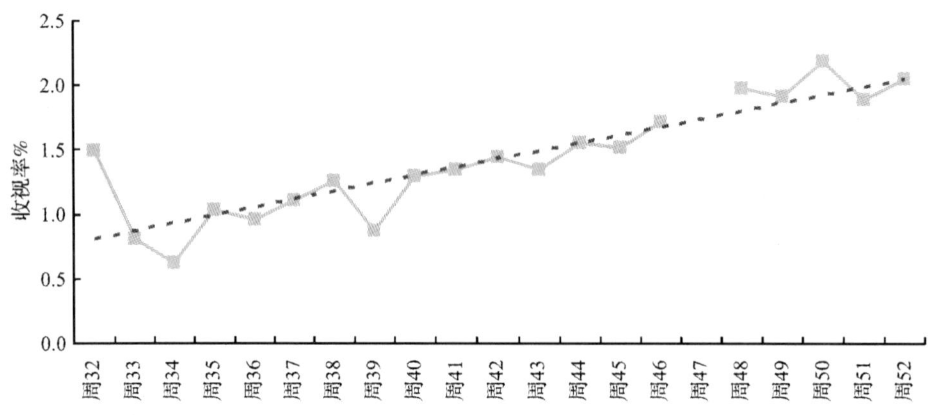

图 10　2008 年湖南卫视《天天向上》收视率走势

数据来源：CSM 媒介研究

表 6　2008 年湖南卫视《天天向上》与《快乐大本营》收视对比

节目	播出频道	播出周期	收视率%	市场份额%
快乐大本营	湖南卫视	周六 19:30－22:00	2.25	5.41
天天向上	湖南卫视	周五 19:30－22:00	1.46	3.42

数据来源：CSM 媒介研究

5. 全民 K 歌类节目成为新热点

在“快男”、“超女”等歌唱选秀节目暂趋平淡之时，一类大众参与的歌唱节目火热荧屏，比如浙江卫视《我爱记歌词》、江苏卫视《谁敢来唱歌》、湖南卫视《挑战麦克风》、山东卫视的《先声夺人》、广东卫视的《今夜唱不停》、湖南娱乐频道的《脱口而出》、成都电视台二套的《说唱就唱》、江西电视台四套的《歌词向前冲》等节目。我们可以将这类节目分成两大类，一类是《我爱记歌词》这样的以歌词记忆准确度为标准的节目，另一类则是像《挑战麦克风》这样的以音准为评判标准的节目。这两类节目不仅在国内取得了不错的收视表现，稍早时候就已经在国外风靡了。《我爱记歌词》与美国 NBC 电视台的《合唱小蜜蜂》（The singing bee）和 FOX 电视台的《勿忘歌词》(Don't Forget the Lyrics）相似，音准类的原型则是英国 ITV 名牌娱乐节目《who dares, sings!》这些节目在国外迅速走红后，国内触觉敏锐的电视媒体就在此基础上进行了本土化改造，湖南娱乐频道在 2007 年 8 月份就推出了相似度极高的《脱口而出》，该节目在湖南也取得不错的收视表现。

去唱卡拉 OK 是城市人生活的一部分，特别是在年轻人中，许多 KTV 到了周末都人头攒动，将 KTV 的快乐元素和电视综艺节目结合创造出了这样一些全民 K 歌节目，这些节目以其超低的参与门槛、简单的游戏规则、意想不到的笑料爆点迅速获得了观众的欢迎。相比最初的专业歌唱比赛，需要参赛选手为经过多年培训的专业歌手，观众只是欣赏歌手的优秀表现，随着超女快男等平民选秀节目的兴起，在电视上唱歌的门槛被降低，只要你热爱唱歌并有一定的歌唱功底，就有可能成为舞台上的主角，观众的参与感被极大地调动，节目引起轰动也就不足为奇了，现在这个门槛被进一步降低，如果你歌词记忆力超于常人，或者你音准控制得好，你也可以成为这个舞台上的焦点。

广电总局对此类节目进行了肯定，认为在全球金融危机的大背景下，市场需要这样参与性强而又轻松的节目。浙江卫视的《我爱记歌词》也在广电总局2008年度20个创新创优典型节目形态中榜上有名。《我爱记歌词》在2008年也不断取得了更好的收视表现。从图11中我们可以看到，该节目年底收视率已经相比年初翻番了。除了《我爱记歌词》，浙江卫视也跟进了音准类全民K歌节目，2009年就会推出《我是大评委》节目，全民K歌类节目的竞争还将持续。

表7　2008年部分全民K歌类节目收视表现对比

节目	频道	标准	播出周期	开播时间	收视率%	市场份额%
谁敢来唱歌	江苏卫视	音准	周末两天	2008年11月22日	0.84	1.87
挑战麦克风	湖南卫视	音准	周一至周四	2008年12月1日	1.12	3.03
我爱记歌词	浙江卫视	歌词	主要为周五	2007年10月	0.81	2.42

数据来源：CSM媒介研究

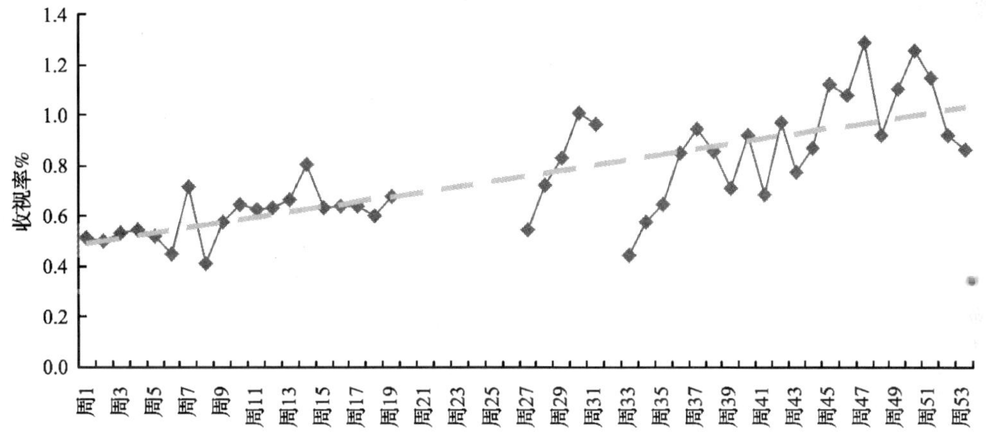

图11　2008年浙江卫视《我爱记歌词》收视率走势

数据来源：CSM媒介研究

6. 魔术类节目有所表现

2009年春节联欢晚会上，刘谦表演的近景魔术《魔手神彩》重新掀起了观众对魔术的热情，很多观众都在研究其中的奥秘，网络上有关于“揭秘”的讨论也没有停止过。其实魔术类节目和刘谦本人在2008年就已经开始被较多的观众所关注，湖南经视的《魔幻达人》节目，福建东南卫视的《开心100大魔竞》、安徽卫视的《周日我最大》里也有刘谦表演的节目单元《看我七十二变》，虽然都为魔术节目，这几档节目切入的角度却不大相同，《魔幻达人》是邀请湖南广电旗下的主持人参与学习和表演，《魔幻达人》2007年11月9日首播，每周五晚黄金时间播出，一共9期，播出期间长沙与湖南收视率分别为5.3%和5.6%。《开心100大魔竞》由福建东南卫视与台湾综艺龙头《综艺大哥大》联手打造，普通魔术爱好者可以通过这个舞台相互交流、切磋，让观众分享他们的魔术表演，同时选手也需要互相PK，产生民间魔术高手。安徽卫视《周日我最大》里的《看我七十二变》单元则更多的是魔术揭秘，通过刘谦的魔术表演及之后的魔术揭秘让观众能了解魔术的秘密。湖南卫视在2008年推广中也表达了推出相关魔术类节目的计划。在经历了2008年的探索后，或许2009年魔术类节目能有较好的收视表现。

7. 益智类节目努力寻找新出路

创立于1998年的《幸运52》曾经是中国益智节目的代表，一度引领娱乐益智节目风潮。在中央台经济频道2008年10月27日全新改版中，这一开播十年的王牌节目终于落下帷幕。对此，经济频道总监郭振玺表示，“伴随观众审美品位和电视市场的不断发展，经济频道需要升级，益智娱乐节目需要升级。正是出于这样的考虑，《幸运52》替换为最新推出的《咏乐汇》”。不仅是《幸运52》，经济频道另一档益智类节目《开心词典》也面临改版的境地。

湖南卫视在2008年也推出过一档益智类节目《以一敌百》，该节目是湖南卫视从荷兰《1VS100》购买的大陆版权。节目主要在答题模式上进行了创新，选手通过与其他100名选手PK来累计奖金，通过个体与群体较量来展现参赛者的智慧。

应该说在节目模式上，不管是之前引进FOX大热益智有奖竞答节目《你比五年级生聪明吗?》还是湖南卫视引进的《1VS100》都进行了努力的创新，也给观众带来了新鲜的体验，但是都没能将这种新鲜感持续下去，节目整体收视也没有呈现新的增长态势。如果在节目模式创新上已经做了足够的尝试，没有了新鲜招数可用，是否应该从内容创新的角度多着力，比如搜集整理更多有趣的题目，重新吸引观众对该类节目的关注。我们期待益智类节目在2009年探索出新的方向。

8. 跨年晚会也PK

2005年，湖南卫视超级女声开始火爆，趁着超女的热潮，湖南卫视策划了一场以超女唱主角的跨年演唱会，没想到在票房和口碑上都大获成功，由此开始打造跨年演唱会，这几年跨年晚会基本呈现湖南卫视一家独大的局面，其良好的收视表现也吸引了更多卫视加入竞争这块蛋糕，东方卫视这几年也都在跨年之时广邀明星并派出频道重量级主持人主持跨年倒计时晚会。2008年新加入竞争行列的有江苏卫视，通过合理的运作获得了良好的收视表现，成为跨年晚会有力的挑战者。从收视数据上看，湖南与江苏卫视跨年晚会之间的PK暂时还没有形成恶性竞争情况，反而通过宣传共同做大了市场，带动了更多观众关注跨年晚会，通过两频道近两年的份额对比还可以看到，湖南卫视跨年演唱会同时段市场份额从2007年8.74%上升到11.71%，升幅在30%左右，江苏卫视同时段（19:30－24:30）份额由1.66%上升至5.37%，相比2007年播出其他节目升幅达到2倍以上。另外我们可以看到，不仅在收视上两频道有PK，在广告招商上也竞争激烈，2008年江苏卫视拉来了NOKIA作为晚会赞助商，而其2007年则是湖南卫视的跨年演唱会赞助商。

表 8 2008 年卫视跨年演唱会收视表现对比

节目	频道	日期	开始时间	结束时间	收视率%	市场份额%
2008－2009 湖南卫视快乐中国跨年演唱会	湖南卫视	2008 年 12 月 31 日	19:44:59	24:18:29	3.70	11.71
音乐让我说 Love2008－2009 诺基亚跨年演唱会	江苏卫视	2008 年 12 月 31 日	19:36:00	24:06:23	1.90	5.57
梦圆东方新年倒计时	上海东方卫视	2008 年 12 月 31 日	19:39:00	24:16:49	0.35	1.10
2007－2008 快乐中国跨年演唱会	湖南卫视	2007 年 12 月 31 日	19:59:38	24:05:25	2.75	8.74

数据来源：CSM 媒介研究

2008 年综艺节目在整体困难的局面下，经历了大浪淘沙的过程，有像《奥运向前冲》这样的体育元素与综艺结合的创新节目出现，也有像全民 K 歌类节目这样适合经济低潮环境下大众轻松娱乐的节目。相信在这个创新的过程中，更多的综艺节目学会了如何更好地了解和满足观众需求，在 2009 年这样的综艺节目应该会有更好的表现，同时我们也期待在 2009 年里综艺节目的百家争鸣中有更多满足观众需求的新节目的出现。

（作者：吴凡）

2008 年全国新闻节目收视分析

2008 年，大事危情频发，从冰冻雨雪灾害、5.12 汶川大地震，到北京奥运会、残奥会、神舟七号飞天，直至年末全球金融危机，中国作为发展中大国显示了直面机遇与挑战的勇气。为应对金融危机，中国迅速宣布了总额达 4 万亿元的经济促进计划。英国前首相布莱尔 2008 年 8 月撰文强调："如果没有中国的充分参与，21 世纪的任何事情都无法良好运行……我们需要中国发挥建设性的作用。"[①] 与中国经济崛起相协调，软实力（Soft Power），一个源自上世纪 90 年代的西方语词，首次被写入了中国共产党全国党代会报告中，并以"提高国家文化软实力"的表述形式出现。

新闻媒体在塑造中国"负责任的世界大国"（瑞典学者约翰·拉格奎斯特评论）的形象中承担着重要作用，中国经济的崛起、软实力的提高，这些正面形象的传播都有赖新闻媒体及时、准确、公开、透明的客观报道，2008 年面对大事危情，中国电视新闻积极的态度与实践极好地印证了这一点。本文主要根据 2008 年 CSM 媒介研究全国 154 个样本市（县）的收视调查数据对 2008 年全国新闻节目的收视状况进行简要回顾与分析。

一、新闻节目收视市场整体状况

以下从节目资源使用、时期走势对电视新闻节目收视的整体特征、竞争态势加以分析，从收看新闻类节目不同时长观众比例、观众构成、集中度对新闻节目的观众特征加以了解，在此基础上对不同地区新闻节目的收视情况以及上星频道新闻类节目的频道、节目排名进行浅析。

（一）新闻类节目资源使用情况

节目资源使用效率很直观地反映了节目收播的资源配置与利用情况，但是理解节目资源使用不应囿于节目播出量与收视量多少这一单一的因素，节目资源使用情况与节目受众媒介接触习惯、节目类别的特征、播出时段、播出范围、播出频次、首重播编播情况等诸多因素密切相关，以下从不同的维度对新闻类节目的资源使用情况加以浅析。

1. 2006 - 2008 年主要节目资源使用情况

2008 年，播出份额最高的三类节目依次为电视剧、生活服务、新闻/时事。从 2006

① 新华社：《人民日报：2008，世界留下中国特殊印记》，www.people.com.cn。

年以来的情况看，新闻/时事的节目资源使用效率最高，电视剧次之，生活服务的节目资源使用效率有待提高。总体而言，新闻/时事节目的播出份额较为稳定，2006 年、2007 年分别为 7.8% 和 7.9%，2008 年有小幅提高，为 8.7%，2008 年节目资源使用效率较之 2007 年有所提高，达到 57.8%。

表 1　2006－2008 年全国样本市（县）主要节目①播出、收视比重及资源使用情况（%）

节目类别	2006 年			2007 年			2008 年		
	播出比重	收视比重	节目资源使用效率	播出比重	收视比重	节目资源使用效率	播出比重	收视比重	节目资源使用效率
新闻/时事	7.8	12.7	62.8	7.9	11.9	49.8%	8.7	13.7	57.8
电视剧	25.4	34.6	36.2	25.0	34.1	36.5%	24.7	32.5	31.7
生活服务	9.6	3.2	－66.7	11.7	5.7	－51.3%	13.1	6.2	－52.8

数据来源：CSM 媒介研究，全国 154 个样本市（县）

2. 2008 年各类新闻节目资源使用情况

根据 CSM 媒介研究 InfosysTV 现有节目分类情况，新闻类节目所属更为细化的分类还包括新闻/时事其他、新闻评述、综合新闻、财经新闻、法治新闻、综艺娱乐报道、体育新闻、外语新闻，从 2008 年的情况来看，新闻评述、财经新闻节目资源使用效率较高，综合新闻、法治新闻节目收播情况较为平衡。

表 2　2008 年各类新闻节目资源使用情况（%）

新闻节目细类	节目资源使用效率	新闻节目细类	节目资源使用效率
新闻评述	66.36	体育新闻	－15.04
财经新闻	24.16	新闻/时事其他	－30.53
法治新闻	2.27	综艺娱乐报道	－72.32
综合新闻	1.29	外语新闻	－81.64

数据来源：CSM 媒介研究，全国 154 个样本市（县）

3. 不同时段新闻类节目资源使用情况

从受众对新闻节目的收视来看，在全天的不同时段，受众收视新闻具有一定的规律性。将全天 06:00－26:00 划分为 9 个时段，从 2007 年、2008 年两年的情况看，16:30－20:00 是新闻节目资源使用效率较高的时段，对比 2007 年、2008 年的情况，2008 年 10:00－16:30、20:00－23:00 时段，节目资源使用效率有较为明显的提高。尽管 2008 年是大事危情频发的一年，但是从收视调查数据来看，多数观众早间收视新闻的习惯尚未形成。

---

① 本文此处选取了 2008 年播出比重前 3 位的节目，即电视剧、生活服务、新闻/时事。

表3 2007年、2008年不同时段新闻类节目资源使用情况(%)

时段	2008年			2007年		
	播出比重	收视比重	资源使用效率	播出比重	收视比重	资源使用效率
06:00-07:00	4.57	2.50	-45.30	4.20	2.19	-47.86
07:00-10:00	14.57	9.59	-34.18	14.03	8.60	-38.70
10:00-16:30	15.80	16.82	6.46	14.60	13.57	-7.05
16:30-19:30	26.30	41.16	56.50	28.43	46.86	64.83
19:30-20:00	5.37	7.70	43.39	5.42	7.84	44.65
20:00-23:00	17.81	19.26	8.14	18.14	18.48	1.87
23:00-23:30	3.26	0.89	-72.70	3.63	0.79	-78.24
23:30-25:00	5.26	1.14	-78.33	5.47	1.12	-79.52
25:00-26:00	1.62	0.20	-87.65	1.92	0.24	-87.50

数据来源:CSM媒介研究,全国154个样本市(县)

4. 各级别频道播出的新闻节目资源使用情况

根据2007年、2008年各级别频道播出新闻节目的资源使用情况来看,中央级频道、省级上星频道播出新闻节目资源使用效率较高,特别是中央级频道优势明显,尽管从地域性而言,省级非上星频道、市(县)频道在地方新闻的报道方面扮演着重要的角色,但是从观众对于新闻权威性、准确性的诉求,以及频道覆盖优势等方面考虑,中央级频道、省级上星频道具有较为明显的比较优势。

对于新闻与民生,白岩松有这样的一种表述,我一直就不同意“民生”新闻这个词,在我看来,两会应该是最大的民生新闻,叫大爷大妈的不一定是民生新闻,我觉得关键是要做出所有新闻的民生性。① 也就是说,民生、贴近性并非是某一级别频道新闻节目的专利,中央级媒体新闻报道的视角更广博一些,而地方新闻选取内容更为地域化,当发生大事危情,通常而言,观众还是更为倾向第一时间看到更为权威的报道。

表4 2007年、2008年各级别频道播出新闻节目的资源使用情况(%)

各级频道	2008年			2007年		
	播出比重	收视比重	资源使用效率	播出比重	收视比重	资源使用效率
中央级频道	4.79	46.12	862.84%	5.15	42.56	726.41%
省级上星频道	8.03	15.46	92.53%	8.74	14.16	62.01%
省级非上星频道	30.31	21.36	-29.53%	28.30	23.67	-16.36%
市(县)级频道	43.68	14.33	-67.19%	43.45	16.77	-61.40%
其他频道	13.19	2.73	-79.30%	14.35	2.84	-80.21%

数据来源:CSM媒介研究,全国154个样本市(县)

① 《央视新闻频道改版:白岩松360度的新起点》,http://media.people.com.cn/。

（二）新闻类节目时期走势

1. 新闻类节目全天收视走势

以下引入人均收视分钟数、人均收视分钟数（观众）① 两个指标进行分析。为了更好地分析新闻类节目的全天收视特征，引入节目形态差异较大的电视剧进行对比，新闻类节目在全天6:30－8:30、11:45－12:45、18:00－19:30时段形成全天渐次升高的收视波峰，在晚间18:00－19:30时段，收视较为集中，特别是在19:00人均收视分钟数高于电视剧全天最高水平，从切实发生收视行为的观众来看，6:15－7:45、12:00－12:30、18:00－18:45、19:00－19:15形成全天四次收视波峰，全天收视最高峰出现在19:00，一定程度上由于电视剧这种节目形态播出时长的平均水平要高于新闻节目播出时长的平均水平，在全天的收视中电视剧人均收视分钟数（观众）显示了更为明显的优势。

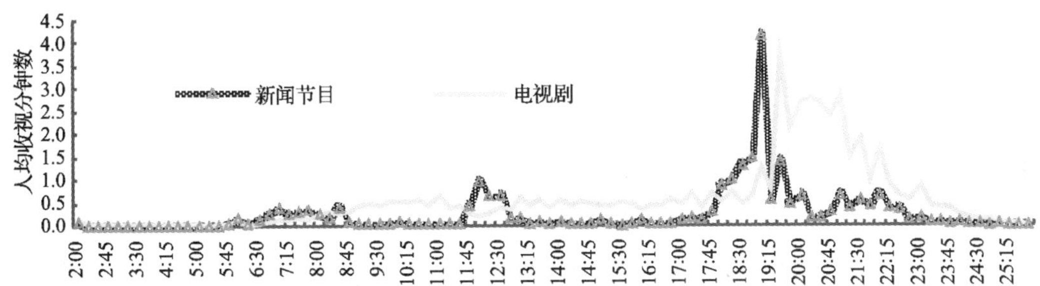

图1　2008年新闻、电视剧全天人均收视分钟数走势

数据来源：CSM媒介研究，全国154个样本市（县）

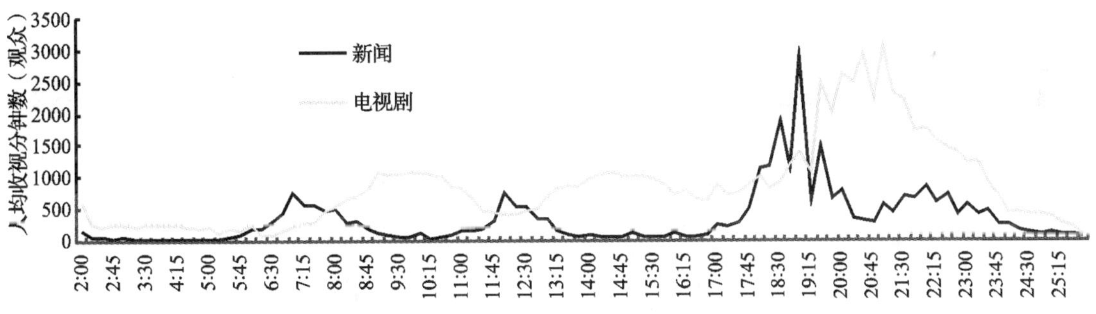

图2　2008年新闻、电视剧全天人均收视分钟数（观众）走势

数据来源：CSM媒介研究，全国154个样本市（县）

2. 新闻类节目全年收视走势

在所有节目形态中，新闻类节目（包括各个领域的行业新闻、分类新闻）是与社会

---

① 人均收视分钟数（AvMins）是观众日平均收视时间（分钟）与总体推及人口的比值；人均收视分钟数（观众）（AvMins（View））是实际收视观众的日平均收视时间（分钟）与总体收视人口（满足到达条件的人口）的比值，可针对特定频道或时段进行计算。将这两个指标引入节目分析，需要注意，不同类别的节目，特别是单个节目，人均收视分钟数、人均收视分钟数（观众）会受此类节目播出时长的平均水平、单个节目的时长所限定。

政治、经济发展最为直接相关的。2008年，大事危情频发，抗击冰冻雨雪灾害、3.14西藏拉萨暴力事件、4.28胶济铁路火车相撞、5.12汶川大地震、贵州瓮安县6.28事件、云南孟连县7.19胶农事件、北京奥运会和残奥会、神舟七号飞天、改革开放30年报道等一系列事件，中国新闻媒体都以积极的姿态较快投入报道，并拉动了新闻类节目的收视。从2007年、2008年新闻类节目人均收视分钟数周走势比较来看，2008年在重大时事报道期间，诸如年初抗击冰冻雨雪灾害、四川汶川地震、奥运会、残奥会期间都掀起不同程度的收视波峰，并且在全年的绝大部分时间2008年新闻节目收视好于2007年。

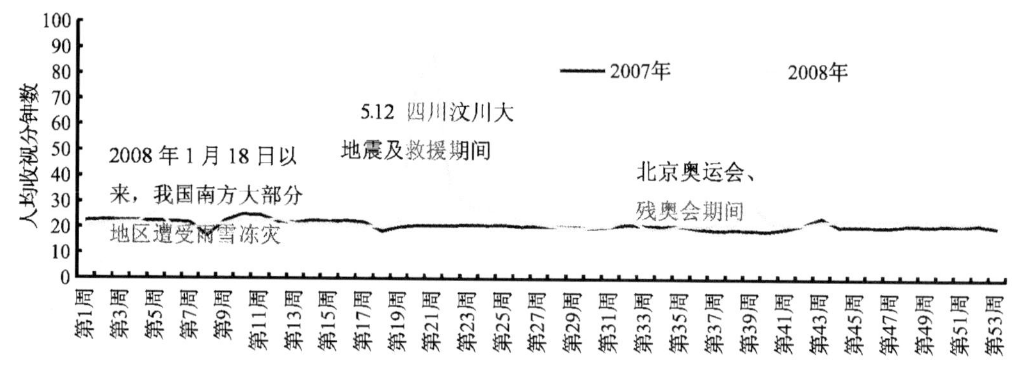

图3　2007年、2008年新闻类节目人均收视分钟数周走势

数据来源：CSM媒介研究，全国154个样本市（县）

（三）收看新闻类节目不同时长的观众比例

根据2008年收看新闻类节目不同时长的观众比例数据，有近一半的新闻节目观众收视时长在0.5小时至1小时之间，有四分之一的观众收视新闻节目的时间在0.5小时以下，换言之，74.6%的观众收视新闻节目的时长在1小时以内，这与收视其他节目，特别是电视剧节目的情况是有差异性的。尊重观众的收视习惯，对于节目编播与节目时长的设计有重要的意义。

根据英国独立电视委员会（ITC，负责发放电视执照并制定节目准则）的规定，电视机构主要频道必须履行的新闻传播职责是：周一至周五每天播出至少三档全国及国际新闻，分别是午间（lunch time）20分钟，晚间（early evening）15分钟，黄金时间（peak time）30分钟；平均每周一次时事评论节目，时长要求在1.5小时左右。多年来，英国BBC和ITV都严格遵守着这一规定，每天播出三到四档新闻节目。具体操作情况也会根据节目播出收视有所调整，例如，2000年10月中旬，21:00（被视为黄金时段）的新闻被推迟到22:00。[①] 美国，新闻节目的早间一般是120分钟，最短的也是90分钟，周末的时候新闻节目基本上小于60分钟或者是30分钟，原因是生活形态发生了变化。[②]

各国的国情、受众收视习惯不同，新闻节目编播也有所差异，例如《新闻联播》、

① 钟新：《英国电视新闻现状与分析》，《中国记者》2001年11期，转引自http://lsg.cnki.net/。

② 《从CCTV-2“编播季”看电视频道的编播创新》，http://media.people.com.cn/。

《新闻30分》都是品牌新闻栏目，也有《新闻调查》（45分钟）等大时段的深度报道、新闻评论性栏目，地方电视媒体，例如上海电视台新闻综合频道《1/7》（60分钟）为代表的新闻杂志型栏目，播出时间较短的品牌栏目，例如上海电视台新闻综合频道《新闻透视》（不足10分钟）等，新闻节目依据不同的内容、表现形式，节目播出时长、编播有所不同，但需要以观众收视习惯为借鉴。

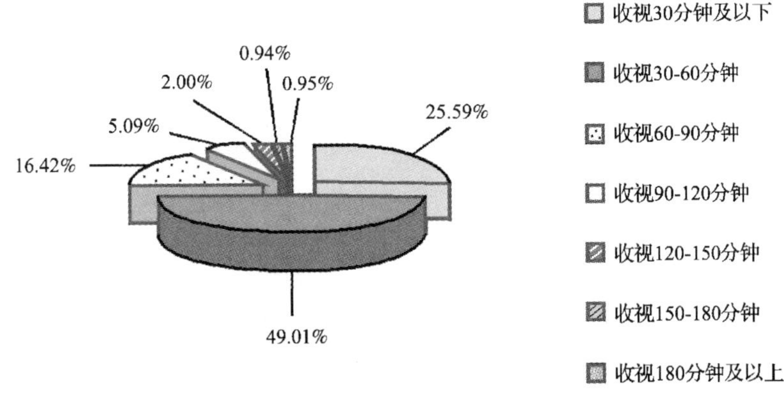

图4　2008年收视新闻类节目不同时长的受众比例①

数据来源：CSM媒介研究，全国35个中心城市

（四）新闻类节目观众构成、集中度

根据2008年新闻类节目观众构成、集中度数据，从观众构成来看，男性高于女性，在4－54岁群体中，随年龄的增加，观众构成比例有所增加，55岁及以上群体在观众构成中占31.53%，具有初中、高中受教育程度群体、个人收入为601－1200元的群体在观众构成中比重较高，与此同时，也应该看到个人收入在1200元及以上群体（2007年城镇居民人均可支配收入13786元②，基于国情，个人收入1200元及以上为中高收入群体）在观众构成中占30.74%，具有大学及以上受教育程度群体、无业（包括退休人员）在观众构成中也有相当的比例。

尽管从观众构成来看，家庭规模2口人、3口人、4口人及以上的比重均衡，但是可以看到，家庭中有2－4台电视的比重占38.02%，一定程度上使电视收视个人化成为可能。家庭户规模1口人、2口人、3口人、4口人及以上，在观众构成中所占比例分别为2.53%、25.94%、37.37%、34.17%，根据2007年的统计情况，家庭户规模1口人、2口人、3口人、4口人及以上所占比例分别为8.94%、24.43%、30.36%、36.27%③，家庭户规模在2口人、3口人的观众更多收视新闻类节目。从集中度来看，规律性表现为男性较之女性更青睐新闻，随年龄增长对新闻收视更为喜爱。

---

①　收视新闻类节目不同时长受众比例的分析需要用到Infosys中的覆盖率指标，由于选取CSM全国所有样本市（县）的全年数据，软件运算数据量较大，此处的分析选取了全国35个中心城市，分散于全年不同月份的12周调查数据。

②　中华人民共和国国家统计局：《中国统计年鉴2008》，中国统计出版社，2008年9月版。

③　同上。

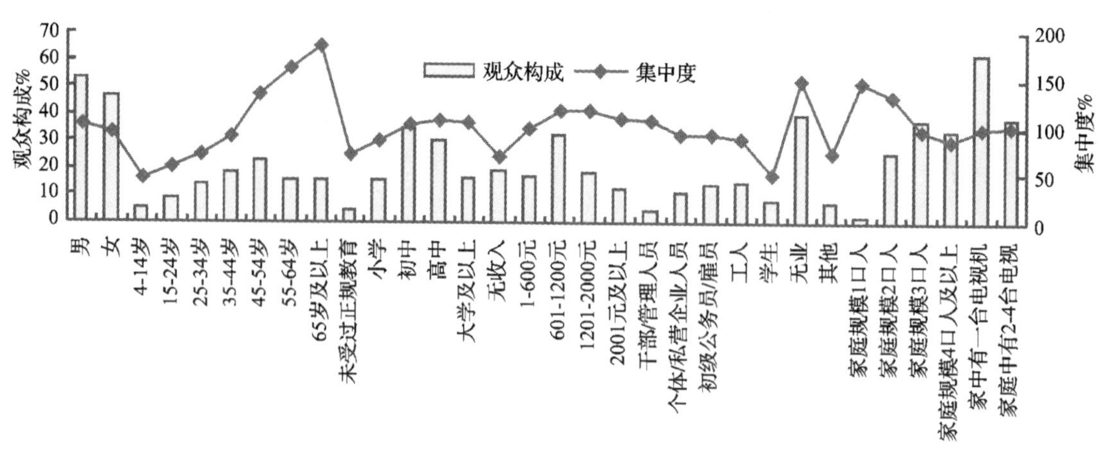

图 5　2008 年新闻类节目观众构成、集中度

数据来源：CSM 媒介研究，全国 154 个样本市（县）

根据 2008 年中央级频道、省级上星频道新闻节目观众构成、集中度数据，中央级、省级上星频道新闻节目观众特征表现出了和所有新闻类节目观众特征趋同的表象，对比中央级频道、省级上星频道新闻类节目观众特征，男性、55 岁及以上老年群体、具有大学及以上受教育程度群体、个人收入在 601 元以上中高收入群体、无业（包括退休人员）更倾向于收视中央级频道的新闻节目。

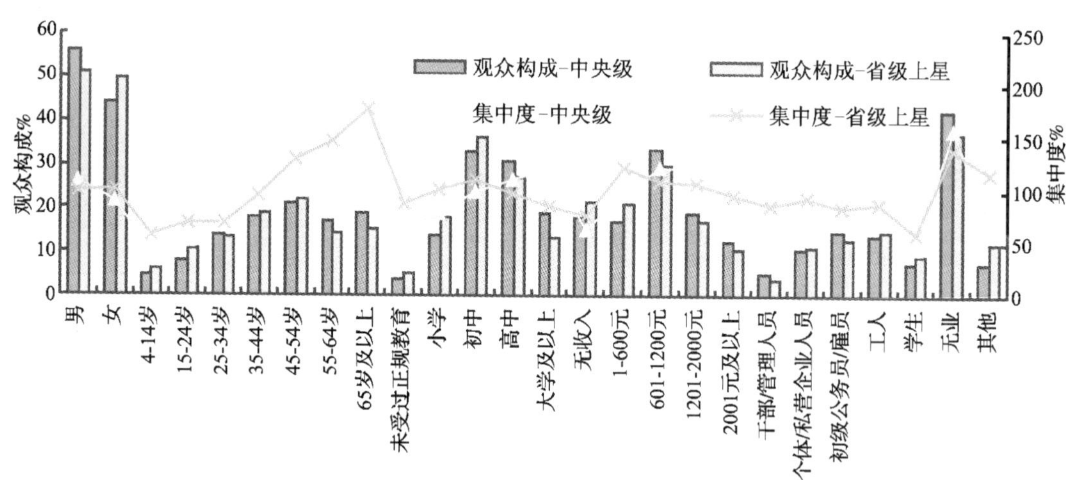

图 6　2008 年中央级频道、省级上星频道新闻节目观众构成、集中度

数据来源：CSM 媒介研究，全国 154 个样本市（县）

根据 2008 年省级非上星、市（县）级频道新闻节目观众构成、集中度数据，省级非上星、市（县）级频道新闻类节目观众特征与总体新闻节目观众特征趋同，对比两类地面频道新闻节目的观众特征，两类频道新闻节目收视的观众特征极为接近，15－24 岁、45－64 岁群体、无收入、个人收入在 1－2000 元群体收视省级非上星频道比重略高，从2008年的收视数据来看，个人收入2001元及以上高收入群体较为青睐市（县）级频道的新闻节目。

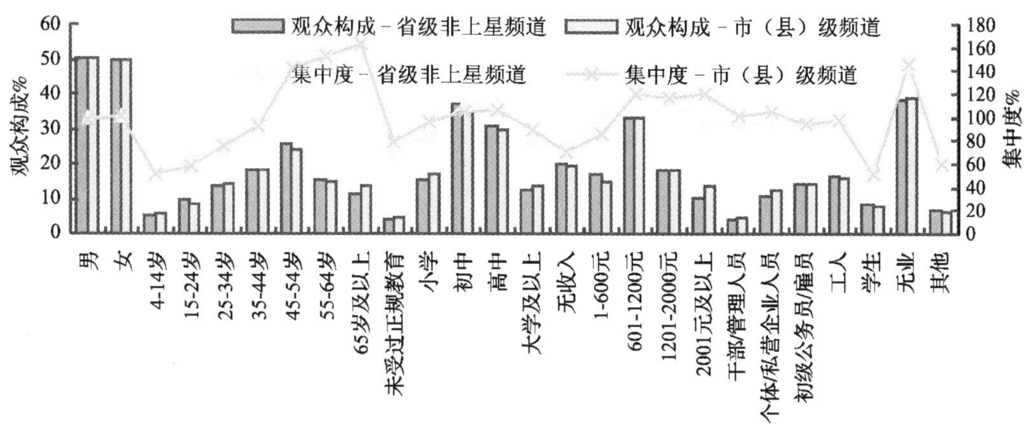

图7　2008年省级非上星、市（县）级频道新闻节目观众构成、集中度

数据来源：CSM媒介研究，全国154个样本市（县）

（五）新闻节目不同地区的收视情况

1. 七大行政区新闻节目收视情况

对比2007年、2008年全国七大区域新闻节目收视情况，可以看出，2008年七大区域新闻类节目人均收视分钟数出现不同程度增长，其中华中地区升幅最高，达到33.62%，西北、华中、华南、东北人均收视分钟数增幅都高于全国平均水平17.18%。从2008年的情况看，西北、东北是新闻节目人均收视分钟数较高的地区。

表5　2007年、2008年全国七大区域新闻节目收视情况

地区	2008年人均日收视分钟数	2007年人均日收视分钟数	升幅%
全国	24.78	21.15	17.18
西南	23.19	20.30	14.20
西北	28.50	22.00	29.59
华中	22.98	17.20	33.62
华南	24.21	20.55	17.83
华东	24.81	21.53	15.22
华北	24.58	22.94	7.18
东北	29.11	24.10	20.80

数据来源：CSM媒介研究，全国154个样本市（县）

2. 新闻节目在35中心城市竞争情况

从2008年35城市新闻类节目在实际观众/潜在观众中的竞争情况来看，新闻类节目在成都、南京、广州、长春表现了较强的竞争力，人均收视分钟数、平均到达率均超出了35中心城市的平均水平，成都地区收视较好与2008年四川汶川地震有较为密切的关系。在青岛、兰州、贵阳、西宁等城市新闻节目有较高的人均收视分钟数，而平均到达率有待提高，在上海、重庆、北京、天津、深圳等城市，新闻节目的平均到达率较高，人均收视分钟数较低，而福州、长沙、海口等城市，新闻节目整体竞争力较为缺乏。

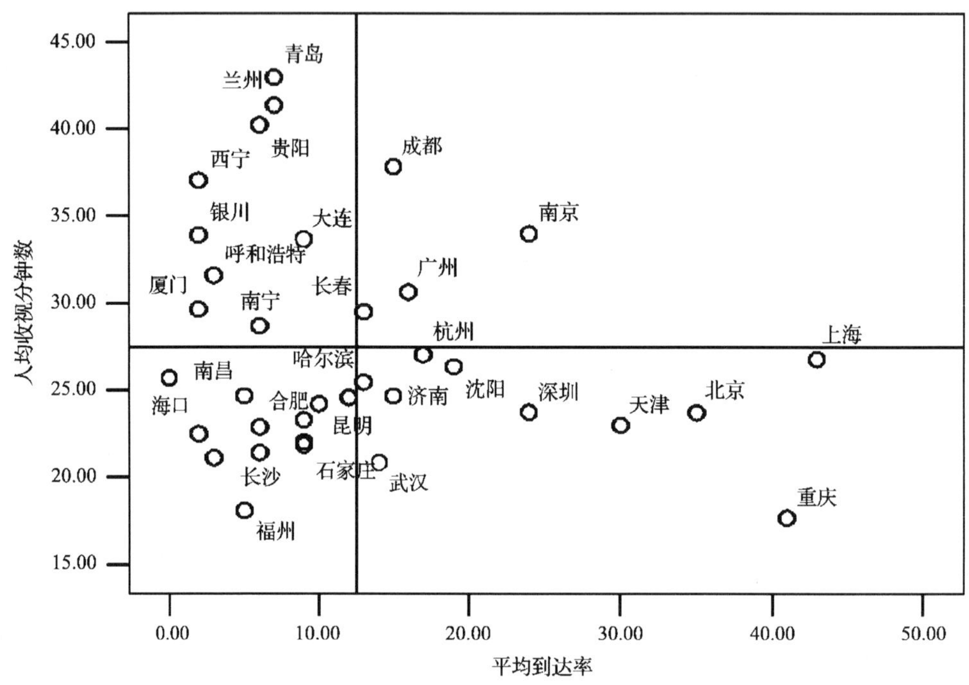

图8　2008年35城市新闻类节目在实际观众/潜在观众中的竞争情况

数据来源：CSM媒介研究，35中心城市

新闻类节目在实际观众/潜在观众中的竞争情况，提供了35城市新闻节目在所有收视和可能收视新闻类节目的观众中的竞争情况，具体到收视了新闻节目的群体而言，从2008年35城市新闻类节目在观众中的竞争情况来看，新闻类节目在广州、成都、深圳、重庆、南京、北京、上海七城市较具竞争力，新闻类节目竞争强势区间；而在厦门、贵阳、南昌等地，新闻类节目人均收视分钟数（观众）较高，平均到达率较低，在天津、沈阳、杭州、济南等地，平均到达率较高，人均收视分钟数（观众）较低。对比在潜在观众中的竞争情况，在北京、上海、深圳、重庆，选择收看新闻节目的观众，收视时间高于平均水平。

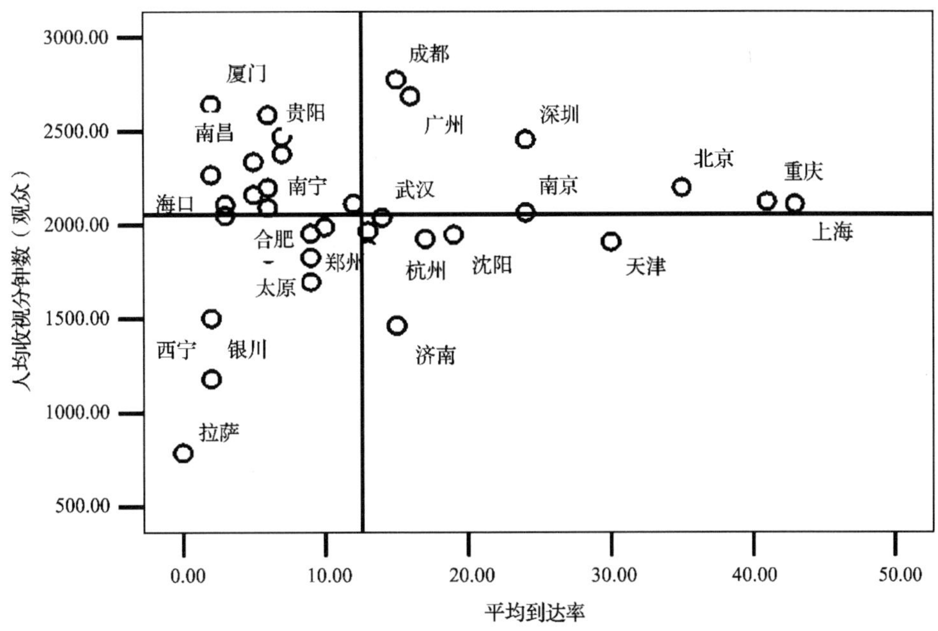

图 9　2008 年 35 城市新闻类节目在观众中的竞争情况

数据来源：CSM 媒介研究，35 中心城市

（六）新闻类节目频道收视排名

以下本文对具有全国收视意义的中央级频道、省级上星频道新闻节目频道的收视加以浅析。中央电视台新闻中心于2008 年年初进行了内部机构调整，将所有前期采访部门与后期播出部门合并，遵照国际成熟运作模式，成立了一个新部门：新闻采编部，使采访、编辑、播出统一纳入一个管理部门。这个部门成立时拥有 425 名员工、号称中国最大的电视采编播一体的部门，在 2008 年经历了抗击冰冻雨雪灾害、3.14 西藏拉萨暴力事件、4.28 胶济铁路火车相撞、5.12 汶川大地震、北京奥运会和残奥会、神舟七号飞天、改革开放 30 年报道、学习实践科学发展观等重大新闻直播报道和宣传战役，真正实现了大编辑部运作体制。① 从上文的分析中，也可以看出，2008 年中央级频道新闻节目播出占所有新闻节目播出的 4.79%，而收视比重则达到 46.12%，也就是说观众对于新闻节目的收视有近一半是观看中央台的新闻节目。

在中央级频道内部，新闻节目资源的配置与收视也有所不同，根据2008 年中央级频道市场份额排名（所有节目/新闻节目），在所有节目排名中，位居前三位的是中央电视台综合频道、中央台八套、中央台三套，而新闻节目排名中位居前三位的是中央电视台综合频道、中央台五套、中央台二套，中央台四套、中央电视台新闻频道也由所有节目排名中的第六位、第九位，跃居前五位。

① 韩彪：《2008：中央电视台新闻频道走向未来的分水岭——兼论电视新闻直播理念的演进》，http://www.cnki.net/。

表6　2008年中央级频道市场份额排名（所有节目/新闻节目）

所有节目			新闻节目		
频道	收视率%	市场份额%	频道	收视率%	市场份额%
中央电视台综合频道	1.20	9.78	中央电视台综合频道	2.16	14.13
中央台八套	0.45	3.61	中央台五套	0.30	3.02
中央台三套	0.42	3.41	中央台二套	0.28	2.55
中央台五套	0.42	3.40	中央台四套	0.30	2.50
中央台六套	0.40	3.27	中央电视台新闻频道	0.23	1.93

数据来源：CSM媒介研究，全国154个样本市（县）

根据2008年省级上星卫视市场份额排名（所有节目/新闻节目），在所有节目排名中，排在前三位的频道是湖南电视台卫星频道、安徽卫视、江苏卫视，在新闻类节目排名中，排在前三位的频道是四川卫视、山东卫视、湖南电视台卫星频道。

2008年，在省级上星卫视新闻节目市场份额排名中，四川卫视、山东卫视、湖南电视台卫星频道位居前三位，特别是四川卫视市场份额达到1.65%，收视率为0.28%，山东卫视、湖南电视台卫星频道市场份额、收视率较为接近。

表7　2008年省级上星卫视市场份额排名（所有节目/新闻节目）

所有节目			新闻节目		
频道	收视率%	市场份额%	频道	收视率%	市场份额%
湖南电视台卫星频道	0.38	3.10	四川卫视	0.28	1.65
安徽卫视	0.20	1.64	山东卫视	0.19	0.94
江苏卫视	0.17	1.40	湖南电视台卫星频道	0.17	0.93
山东卫视	0.16	1.34	北京卫视	0.12	0.90
四川卫视	0.16	1.32	江苏卫视	0.16	0.79

数据来源：CSM媒介研究，全国154个样本市（县）

（七）新闻类节目收视排名

根据2008年中央电视台新闻节目收视率排名前五位的节目，《新闻联播》、《焦点访谈》这样的品牌新闻栏目依旧保持很高的收视，此外“温家宝在汶川映秀镇会见中外记者”（紧急突发事件报道）、“神七问天直播特别节目”（重大直播报道）、“真挚的关怀深入的指导”（记胡锦涛总书记在陕西省安塞县调研和指导深入学习实践科学发展观活动，涉及推进农村改革发展问题的重大主题）也有较好的收视。

根据2008年省级上星频道新闻节目收视率排名前五位的节目，四川卫视的节目占据三位，湖南电视台卫星频道的节目占据两位，位居前五位的“真情人生抗震救灾特别报道”、“汶川地震特别报道”、“抗震救灾特别报道”与5.12汶川地震直接相关。2008年5月1日，《中华人民共和国政府信息公开条例》正式实施，明确指出政府应该通过大众媒介主动地公开危机信息，为新闻媒体进行政府信息报道提供了有效的法律保障。《条例》颁布十天后，5.12汶川地震发生，灾区信息透明公开的程度与全国积极响应救灾的行动前所未有。

表 8　2008 年中央电视台新闻节目收视率排名前五位的节目

排名	节目	频道	节目类别	收视率%
1	新闻联播	中央电视台综合频道	综合新闻	8.73
2	温家宝在汶川映秀镇会见中外记者	中央电视台综合频道	新闻/时事其他	7.99
3	神七问天直播特别节目	中央电视台综合频道	新闻评述	6.82
4	焦点访谈	中央电视台综合频道	新闻评述	5.35
5	真挚的关怀深入的指导	中央电视台综合频道	新闻/时事其他	5.05

数据来源：CSM 媒介研究，全国 154 个样本市（县）

2008 年 1 月中旬开始，我国南方十几个省市出现了罕见的雨雪冰冻灾害天气，各个省级卫视，尤其是受灾情况比较严重地区的省级卫视，更是纷纷打破原有的节目编排，及时报道各自地区的最新情况。在年初的《突围冰雪线》报道中，为了更加直观地将冰雪造成的灾情和救援场景真实记录，湖南卫视率先采用直升机航拍的方式进行报道，从 1 月 29 日到 1 月 31 日，电视新闻工作者共航拍 3 次，飞行时间长达 4 个小时，飞行距离长达 500 多公里。报道内容将新闻的广度与深度结合起来，既有灾情的全景扫描，也有聚焦京珠路、电力抢修这样的专题报道①。

表 9　2008 年省级上星频道新闻节目收视率排名前五位的节目

排名	节目	频道	节目类别	收视率%
1	真情人生抗震救灾特别报道	四川卫视	新闻评述	2.53
2	汶川地震特别报道	四川卫视	新闻评述	2.23
3	突围冰雪线	湖南电视台卫星频道	新闻/时事其他	1.04
4	抗震救灾特别报道	四川卫视	新闻/时事其他	0.80
5	抗击冰灾特别报道	湖南电视台卫星频道	新闻评述	0.75

数据来源：CSM 媒介研究，全国 154 个样本市（县）

二、中央电视台新闻频道收视状况

国外一些著名的电视新闻频道，如 BBC、CNN、半岛电视台等的成功运作，表明新闻频道是全球传播时代传播效果较好的频道类别之一。中国经济持续 20 多年的高速增长，国际影响力日益增强，新闻频道在强化中国作为发展中的大国在重大时事中的话语权有重要意义。

中央台新闻频道 2003 年 5 月 1 日试播，7 月 1 日正式播出。频道口号：第一时间，第一现场，第一需要。2004 年新闻频道进行两次改版，裁撤了《亚洲报道》《文化报道》《声音》等收视表现不好和社会反响度不高的栏目，同时调整了《社会记录》《新闻会客厅》《国际观察》的播出时间，以放大优势栏目的收视效果。2006 年 6 月初，新闻频道再次改版。2008 年 3 月 24 日，中央电视台新闻频道再次调整，增设一档日播的

① 王彩平、李翔：《2008 年中国新闻报道综述》，http：//www.chinaxwcb.com/。

评论性栏目《新闻1+1》，将《东方时空》改造为以深度报道为主的频道标志性栏目，还撤并了7个同质化的栏目。经过开播以来的几次改版，中央电视台新闻频道的定位和功能更加清晰。面对突发事件，该频道凭借诸多的直播化的消息、专题、评论、谈话等节目和栏目形态，构建覆盖全天、各有侧重、互为补充的立体式报道架构，全面占据了国内新闻传播的制高点，已成为观众了解突发事件，特别是重大突发事件的首选频道。[①] 以下根据CSM媒介研究2008年的收视数据对中央电视台新闻频道的收视情况加以浅析。

（一）中央台新闻频道分地区收视情况

1. 频道在七大行政区的收视情况

根据2008年中央电视台新闻频道在全国七大行政区收视数据，新闻频道在华北、东北平均到达率较高，在西北地区人均收视分钟数较高，在华南地区人均收视分钟数明显低于全国平均水平。中央电视台新闻频道在西北地区人均收视分钟数较高与新闻类节目整体在西北收视较好趋同。

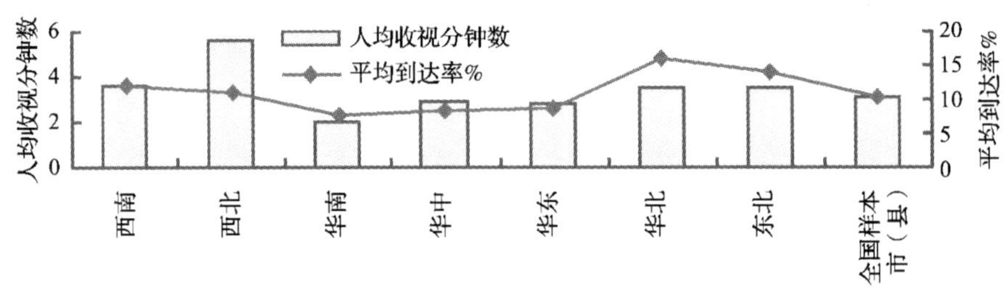

图10　2008年中央电视台新闻频道在全国七大行政区收视情况

数据来源：CSM媒介研究，全国154个样本市（县）

2. 频道在35个城市的收视情况

将频道的收视横向比较时，应该注意到，不同频道在不同地区到达率有所不同，而到达率与收视率是一种正相关关系，频道在某一地区到达率较高，则可能推动收视率有较好的表现。根据2008年CCTV-1、CCTV-新闻在35个中心城市到达率，中央电视台新闻频道在35地区到达率均不及中央电视台综合频道，即便同为中央级媒体的频道，在不同地区达到情况也是存在差异的（见图11）。

3. 频道在35个中心城市的竞争情况

根据2008年中央电视台新闻频道在35中心城市竞争力数据，从2008年收看过中央电视台新闻频道的观众情况来看，北京、天津、武汉、西安、重庆是收视中央电视台新闻频道平均到达率、人均收视分钟数（观众）均高出平均水平的城市，位于强势区间；在深圳、沈阳、南京、济南、上海平均到达率较高，人均收视分钟数（观众）低于平均水平；在兰州、南宁、乌鲁木齐、贵阳、呼和浩特、青岛、厦门、海口、合肥、南昌人

① 孙宝国：《创新节目形态，搞好突发事件电视报道》，http：//media. people. com. cn/。

均收视分钟数（观众）较高，平均到达率低于平均水平，其他城市则两项指标均低于平均水平。

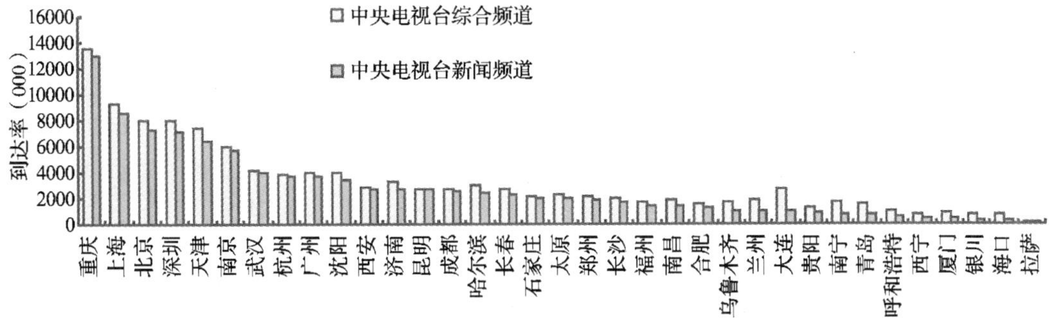

图 11　2008 年 CCTV－1、CCTV－新闻在 35 个中心城市到达率

数据来源：CSM 媒介研究，35 中心城市

通常，中央电视台新闻频道在各地要面临其他类节目对受众的分流，即便观众收视新闻，新闻频道也需要与地方新闻以及中央级其他频道新闻，特别是中央电视台综合频道新闻节目竞争。

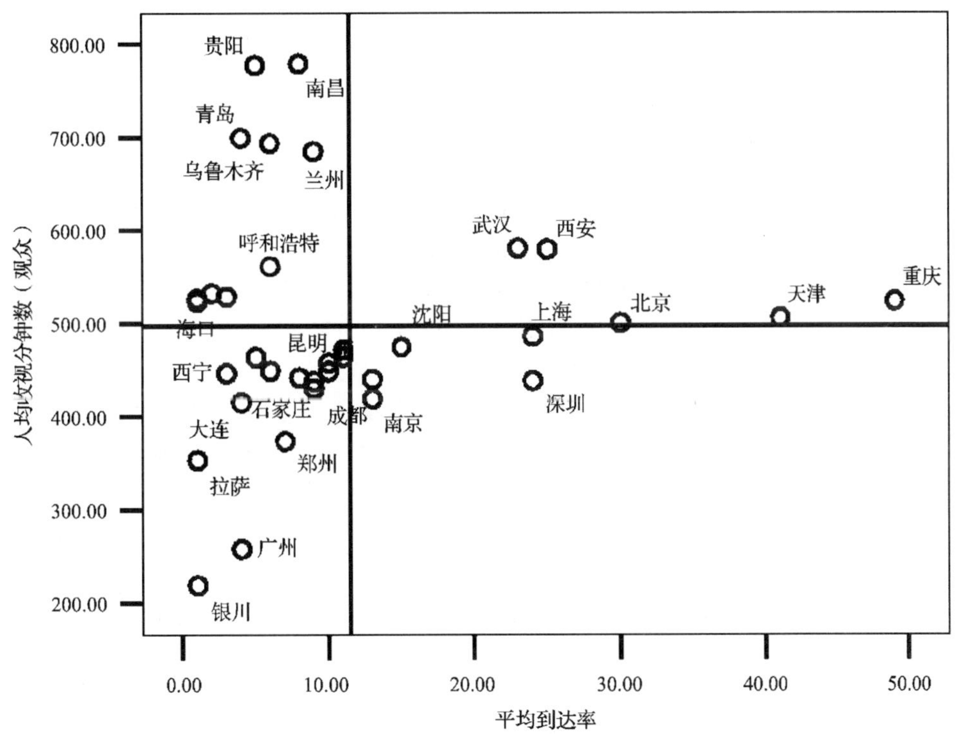

图 12　2008 年中央电视台新闻频道在 35 中心城市竞争力

数据来源：CSM 媒介研究，35 中心城市

(二)中央台新闻频道时期走势

1. 频道收视的黄金时段

以时间段频道贡献[①]为参考，界定各类型时段。以刻钟收听率为准，全天共96个一刻钟，因总时间段频道贡献为100，则平均每刻钟的时间段贡献约为1%。在此把时间段频道贡献低于1%的称为非黄金时段，把时间段频道贡献介乎1%至2%的段位称为次黄金时段，则时间段频道贡献高于2%的称为黄金时段。电视节目整体的黄金时段为18:30－22:15、次黄金时段为11:45－13:15、17:30－18:15、22:30－23:15。

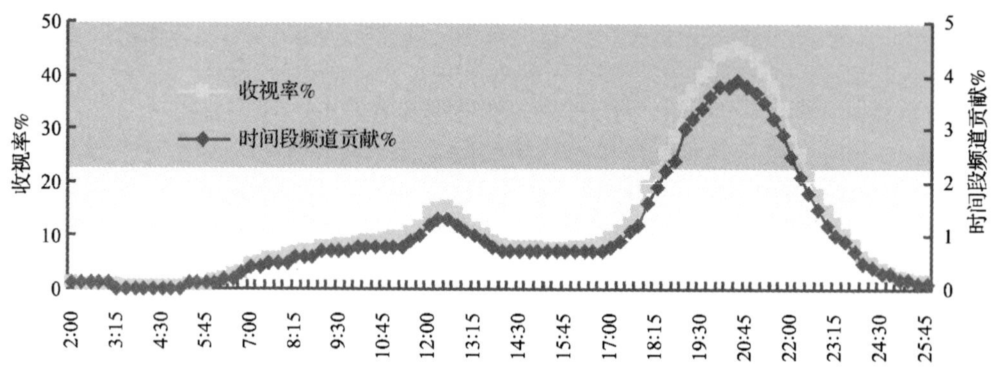

图13　2008年电视节目全天收视及时间段频道贡献

数据来源：CSM媒介研究，全国154个样本市（县）

而具体到不同类的节目、不同的频道，各自收视的“黄金时段”、“次黄金时段”又有所不同，引入时段贡献[②]的指标，中央电视台综合频道的黄金时段为12:15－12:30、19:00－22:00，次黄金时段为12:00－12:15、12:30－13:15、18:45－19:00、22:00－22:30；新闻频道的黄金时段为12:00－12:45、18:45－20:45、21:45－22:00，次黄金时段为7:00－7:30、11:00－12:00、12:45－13:45、17:00－18:45、20:45－21:45、22:00－23:15。新闻频道全天黄金时段、次黄金时段频次较多，与其作为新闻类专业频道的编播有密切关系。新闻专业频道首先是以24档整点新闻和分类新闻作为频道的骨干架构，实现了新闻的快速、滚动、递进播出，然后在整点新闻之间播出专题类新闻节目，选取一定的新闻主题进行更全面和更具深度的分析、解读。最后，在新闻节目之间用较短的时间辅之以实用资讯节目和栏目、频道宣传节目。这样的架构使频道成为一个有机的整体，便于观众根据自身需求随时收看新闻。

① 时段频道贡献（CTTV%）是指特定频道特定时段观众收视时间与该市场所有频道在参考时段观众总收视时间的百分比值。

② 时段贡献（Cchn%）是指特定频道特定时段的观众收视时间与该频道观众总收视时间的百分比值。

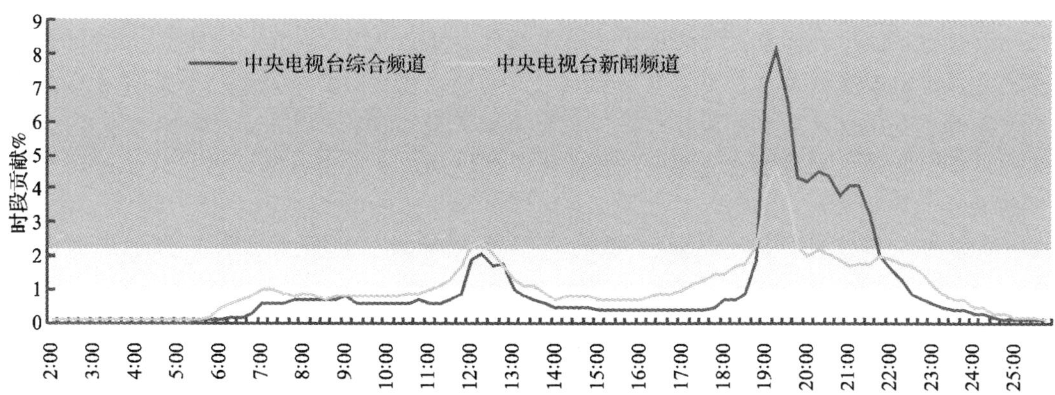

图 14　中央电视台综合频、新闻频道时段贡献

数据来源：CSM 媒介研究，全国 154 个样本市（县）

2. 频道全天收视走势

根据 2007 年、2008 年中央电视台新闻频道全天收视走势，频道收视率与市场份额反映了相同的趋势，从收视来看，2008 年新闻频道在晚间黄金时段，特别是全天收视高峰 19:15、上午（7:00－11:30）、下午（13:00－18:15）、晚间（19:45－24:00）收视较之 2007 年有不同程度提高，从市场份额来看，新闻频道在早间最具有竞争力，上午、下午非黄金时段竞争力有所提高。2008 年，重大新闻时事频发，特别直播报道拉动新闻频道的全天收视。

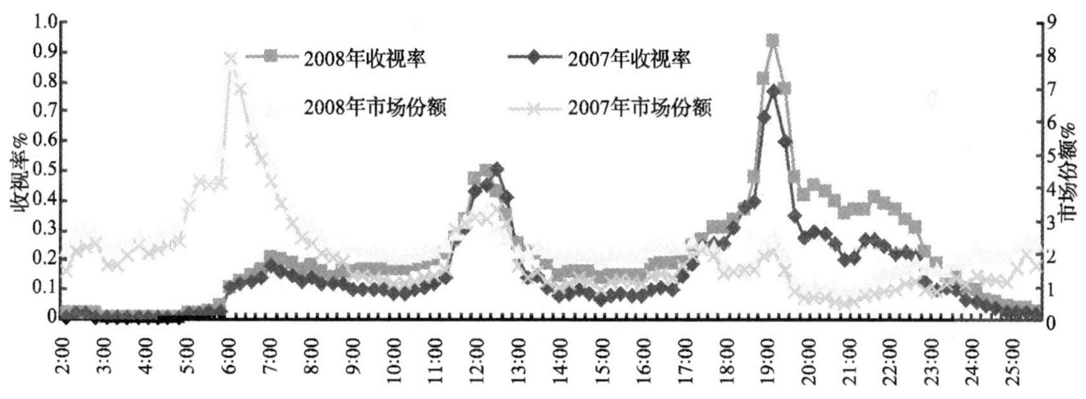

图 15　2007 年、2008 年中央电视台新闻频道全天收视走势

数据来源：CSM 媒介研究，全国 154 个样本市（县）

3. 频道全年收视走势

2008 年 1 月中旬开始，我国南方十几个省市出现了罕见的雨雪冰冻灾害天气，在 1 月 16 日京广线因恶劣天气被迫中断后，央视新闻频道就迅速推出大型直播节目《迎战暴风雪》。在 1 月 25 日第二轮降雪开始的第二轮报道中，央视的《迎战暴风雪》节目与江苏、湖南、安徽、广东等十多个省级电视台以及近 50 个地市级电视台建立了紧密的合作关系，随时进行现场连线，实现信息的共享与传播的联动。

面对四川汶川大地震，央视新闻频道在地震发生后32分钟首发新闻，52分钟后即推出直播特别节目《关注汶川地震》和《抗震救灾众志成城》直播报道和特别节目，地震发生后两个半小时，中央电视台第一批记者即开赴灾区；5月12日晚10点起，综合频道与新闻频道实现同步并机播出，节目影响进一步扩大，成为国内外新闻媒体获取震区新闻的主要信息源。

北京奥运会期间，中央电视台共投入了14个频道。新闻频道在此期间则定位于“奥运资讯频道”，提出的口号是做奥运赛事的“遥控器”和奥运时代的“广角镜”，除了重点奥运赛事的实时直播外，还充当奥运新闻资讯的集纳平台。大量的动态新闻与奥运直播报道一起出现在中央电视台新闻频道的屏幕上。屏幕则参照目前国际流行的电视指南频道的模式，以“反L屏”的设计集纳了视频和文字共七路信息。①

在神舟七号载人飞船发射、运行期间，央视新闻频道进行了持续一周的直播活动，是神州系列报道中直播信号最多，规模最大的一次。在酒泉卫星发射中心、航天城、着陆场、宇航员家乡等处全部设有直播信号，尤其是对宇航员走出舱门、太空漫游、返回轨道舱、天地对话、失重场景内容的全程跟踪更具视觉冲击力，精彩的直播画面使观众真正享受到了科普盛宴。② 2008年，新闻频道面对突发性事件积极应对，其及时、公开、准确的报道形成了全年多次收视波峰。

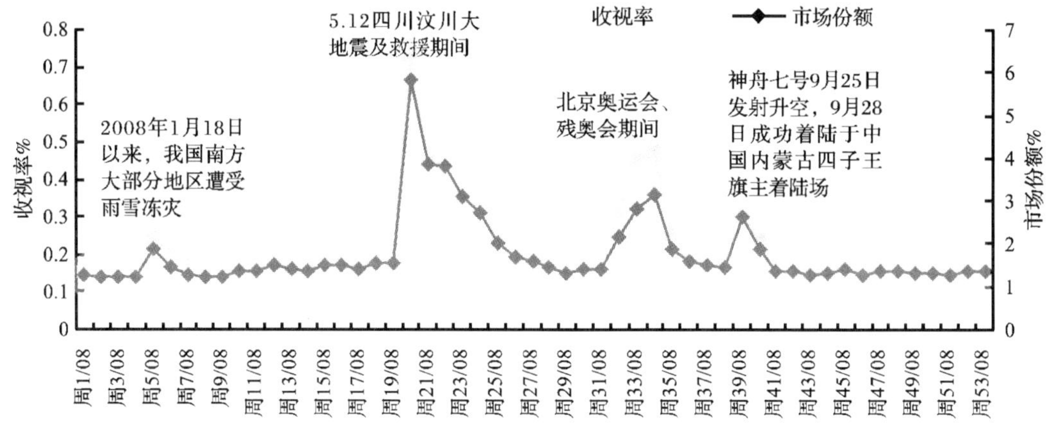

图16　2008年中央电视台新闻频道全年收视周走势

数据来源：CSM媒介研究，全国154个样本市（县）

（三）频道观众构成、集中度

根据2008年中央电视台新闻频道观众构成、集中度数据，男性观众构成的比例高于女性，4－54岁观众中，随年龄增加在观众构成中比例有所增加，具有初中、高中受教育程度群体在观众构成中占有较大比重，具有大学及以上受教育程度群体占21.24%，无业

① 韩彪：《2008：中央电视台新闻频道走向未来的分水岭——兼论电视新闻直播理念的演进》，http：//www.cnki.net/。

② 王彩平、李翔：《2008年中国新闻报道综述》，http：//www.chinaxwcb.com/。

（包括退休人员）在观众构成中占43.45%，从收入构成来看，个人收入在601－1200元群体在观众构成中占较大比重，个人收入在1201元以上群体在观众构成中占据35.19%。

从中央电视台新闻频道集中度来看，男性、随年龄增加、受教育程度增加、个人收入增加观众对新闻频道更加青睐。

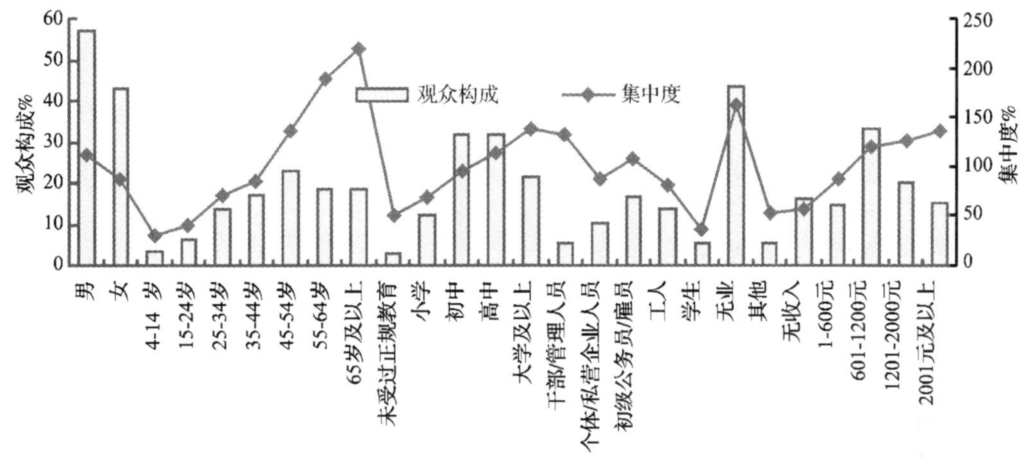

图17　2008年中央电视台新闻频道观众构成、集中度

数据来源：CSM媒介研究，全国154个样本市（县）

（四）频道主要栏目收视与资源使用情况

1. 主要栏目收视情况

根据2008年新闻频道主要栏目收视率，《新闻联播》、《焦点访谈》、《新闻30分》收视率位居频道前三位，这与节目品牌效应与编播时间、观众收视新闻习惯密切相关，之后各栏目收视率较为接近，从位居第4位的《约会新7天》至《法治在线》（第15位），收视率的变化幅度仅在0.3%至0.42%之间。

表10　2008年中央电视台新闻频道主要栏目收视率

栏目	收视率%	栏目	收视率%
新闻联播	0.65	国际时讯	0.26
焦点访谈	0.54	面对面	0.26
新闻30分	0.48	社会记录	0.25
约会新7天	0.42	百姓故事	0.23
新闻1+1	0.37	铭记	0.23
新闻社区	0.36	高端访问	0.22
新闻周刊	0.36	新闻会客厅	0.21
共同关注	0.35	每周质量报告	0.20
世界周刊	0.34	传奇奥运	0.19
实话实说	0.33	东方时空	0.19
新闻调查	0.33	晚间新闻	0.19
我的今日之最	0.32	奥运来了	0.17

续表

栏目	收视率%	栏目	收视率%
小崔说事	0.32	朝闻天下	0.17
360 度	0.31	纪事	0.16
法治在线	0.30	人物新周刊	0.12
本周	0.28	午夜新闻	0.08
新闻	0.28		

数据来源：CSM 媒介研究　全国 154 个样本市（县）

2. 主要栏目资源使用情况

进一步从栏目资源使用效率来更好地了解2008年中央电视台新闻频道栏目资源配置情况，资源使用效率较高的前五档栏目是《新闻联播》、《新闻30分》、《我的今日之最》、《360度》、《约会新7天》，《新闻联播》、《新闻30分》节目资源使用效率超过了100%。

中央电视台新闻频道成立之前，中央电视台综合频道已经实现了多档整点新闻滚动播出，1996年《新闻联播》直播化，新闻性明显增强。从节目、频道发展沿革来看，中央电视台综合频道、中央电视台新闻频道较具渊源，新闻频道可以看作是对中央电视台综合频道新闻部分的剥离和放大。《新闻联播》、《焦点访谈》、《新闻30分》《晚间新闻》这类重头新闻栏目都是并机播出，《面对面》、《新闻调查》、《实话实说》等品牌节目也是从一套平移过来。新闻频道成立后，每天24档整点新闻滚动播出，随时插播，再加上各种新闻专题栏目和资讯节目，力求充分满足观众的知情权和新闻信息需求，这本身就是一种向新闻本位的回归，是中国电视新闻改革过程中一个历史性的突破。

表 11　2008 年中央电视台新闻频道主要栏目资源使用效率

栏目	资源使用效率%	栏目	资源使用效率%
新闻联播	182.82	奥运来了	-30.91
新闻 30 分	115.51	实话实说	-36.03
我的今日之最	49.40	社会记录	-36.67
360 度	40.82	铭记	-40.91
约会新 7 天	20.00	东方时空	-41.21
焦点访谈	19.64	小崔说事	-43.59
新闻社区	6.02	新闻会客厅	-43.93
本周	0.00	新闻	-47.05
晚间新闻	-15.04	新闻调查	-47.42
国际时讯	-17.68	纪事	-48.72
法治在线	-18.34	面对面	-52.00
新闻周刊	-19.27	传奇奥运	-53.49
朝闻天下	-23.44	人物	-55.26
新闻 1+1	-26.45	高端访问	-55.56
共同关注	-27.61	百姓故事	-55.63
世界周刊	-27.68	午夜新闻	-63.28
每周质量报告	-28.85		

数据来源：CSM 媒介研究，全国 154 个样本市（县）

中央电视台综合频道、中央电视台新闻频道新闻节目有非常大的重叠部分，以下本文对2008年中央电视台综合频道主要新闻栏目资源使用情况进行分析，可以了解到部分在中央电视台综合频道播出的新闻栏目一定程度上分流了在新闻频道的收视，例如，《新闻联播》、《焦点访谈》、《晚间新闻》在中央电视台综合频道的资源使用效率要高于新闻频道，《新闻30分》在中央电视台综合频道资源使用效率也有84.97%。

表12　2008年中央电视台综合频道主要新闻栏目资源使用效率

栏目	资源使用效率%	栏目	资源使用效率%
新闻联播	605.05	朝闻天下	-43.91
焦点访谈	148.85	东方时空	-72.62
新闻30分	84.97	高端访问	-83.33
晚间新闻	2.86		

数据来源：CSM媒介研究，全国154个样本市（县）

（五）频道突发事件报道的收视——以5.12汶川地震为例

2008年5月12日14时28分，四川省汶川县发生里氏8.0级特大地震。15时20分，中央电视台新闻频道就推出了特别直播报道《关注汶川地震》，并于16时与综合频道并机直播。从5月12日地震发生到6月3日，中央电视台各频道推出直播特别节目总时长在1400多小时，播出的抗震救灾消息达24200余条次，总时长近813小时。[①] 此外，中央电视台还在此次报道中首次采用直升机、滑翔伞等进行危险的航拍，对地面无法达到的灾区中心进行了最早的直播报道。有学者因此指出："从新闻史角度来看，央视对这次四川大地震的直播报道可以算做新中国成立以来，乃至整个中国新闻史上对特大灾害报道最及时、最公开、最充分的一次。"[②] 从电视新闻节目形态创新的角度来看，这也是我国首次以整个电视新闻频道这一宏观层面的电视新闻节目形态为单位，对单一突发事件所进行的长时段、大容量、不间断的直播报道，具有里程碑式的标本意义。

四川汶川地震期间，中央电视台新闻频道运用了大量连线报道。电视连线报道把进行直播的演播室与重大突发事件现场相连接，采访过程与报道过程合二为一，真正实现了与突发事件实时同步的零距离新闻报道。根据手段的不同，电视连线可进一步分为电话连线、卫星连线、网络连线、微波连线、光纤连线等。2003年5月1日中央电视台新闻频道开播以来，卫星连线报道逐渐成为一种常规化的连线报道形态，其传播效果在伊拉克战争、非典疫情、禽流感疫情、南方雨雪冰冻灾害、拉萨3.14打砸抢烧暴力事件、四川汶川大地震等重大突发事件报道中发挥得淋漓尽致。

为表达全国各族人民对四川汶川大地震遇难同胞的深切哀悼，国务院决定，2008年5月19日至21日为全国哀悼日。在此期间，全国和各驻外机构下半旗志哀，停止公共娱乐活动，外交部和我国驻外使领馆设立吊唁簿。5月19日14时28分起，全国人民默

① 赵化勇：《发挥电视媒体优势，凝聚抗震救灾力量——中央电视台抗震救灾报道的实践与思考》，《中国广播电视学刊》2008年第6期。

② 方汉奇：《中国新闻史上里程碑式的灾难直播报道》，引自中央电视台新闻中心编著：《震撼：媒体回想——5.12汶川大地震备忘》，中国民主法制出版社，2008年版。

哀3分钟，届时汽车、火车、舰船鸣笛，防空警报鸣响。自5月12日20时起，综合频道与新闻频道实现了同步并机播出。直播节目首播新闻200余条次，截至5月20日，中央电视台各频道推出的直播特别节目总时长达676小时，创造了电视直播史的新纪录。[①]

从2008年全国上星频道市场份额排名来看，排在前三位的频道是中央电视台综合频道、中央电视台八套、中央电视台三套，而从汶川"5.12"地震期间，特别是直播报道较为集中的5月12日－5月20日来看，全国上星频道市场份额排名位居前三位的是中央电视台综合频道、四川卫视、中央电视台新闻频道。在年度上星频道排名中，四川卫视市场份额只有1.32%，中央电视台新闻频道市场份额只有1.77%。

表13　2008年5月12日－5月20日全国上星频道市场份额排名

频道	市场份额%	收视率%
中央电视台综合频道	22.98	2.89
四川卫视	7.61	0.96
中央电视台新闻频道	5.81	0.73
中央台四套	4.10	0.52
中央台八套	2.15	0.27

数据来源：CSM媒介研究，全国154个样本市（县）

根据2008年5月12日至5月20日中央电视台新闻频道全天市场份额、收视率走势，全天收视呈现早、中、晚三次高峰，其中晚高峰收视率最高达到2.1%，远远高出中央电视台新闻频道全天走势（全年平均水平）最高值0.94%（19:15），直播较为集中的早、中、晚时段与观众生活习惯、媒介接触规律较为相关；从市场份额来看，中央电视台新闻频道在早间最具竞争力，市场份额最高达到12.84%（6:00），远远高出其全年平均水平7.78%。

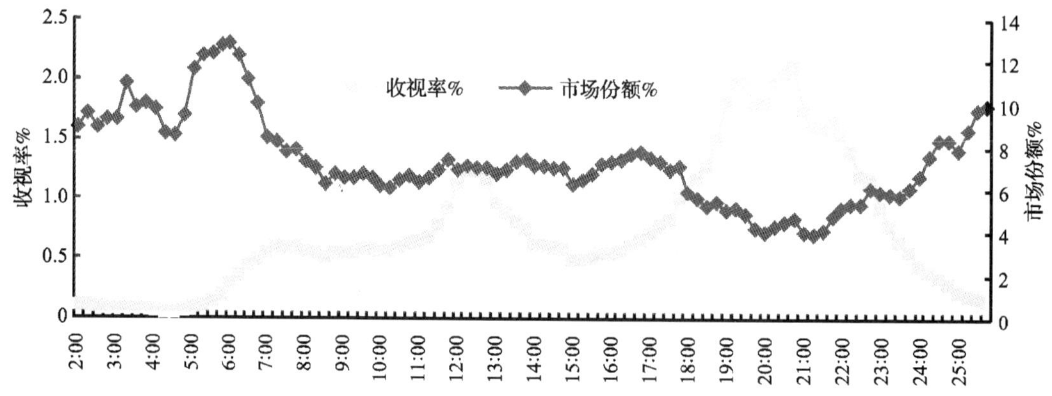

图18　2008年5月12日至5月20日中央电视台新闻频道全天市场份额、收视率走势

数据来源：CSM媒介研究，全国154个样本市（县）

① 郑蕴彤:《试论中央电视台在"5.12"汶川地震报道中对话权制高点的掌控》,http://academic.mediachina.net/。

根据2008年5月5日至7月12日中央电视台新闻频道市场份额、收视率走势，5月5日至5月11日地震之前，收视率、市场份额始终保持在0.14%－0.19%之间与1.34%－1.52%之间，没有太大波动，5月12日地震当天，中央电视台新闻频道收视率徒升至0.72%，市场份额升至6.35%，在地震直播报道期间，收视率、市场份额最高值出现在5月13日，收视率为1.07%，市场份额为8.47%，直至6月末，频道收视率、市场份额才恢复地震之前的水平。

5月12日地震当天下午，温家宝总理奔赴灾区，专机19:11抵达成都太平寺军用机场，中央电视台的时政记者将总理在专机上的重要讲话，通过等候在停机坪上的四川电视台的转播车及时回传中央电视台，19:35得以在延长的《新闻联播》中及时播出。这条在震后几个小时及时播出的《温家宝总理赶赴四川灾区，在专机上发表重要讲话》的政府表态性新闻，虽然时长只有1分18秒，采编略显粗糙，但对于后来的透明开放和举国动员的拉动，产生了蝴蝶效应。加之持续两个多月的抗震救灾直播报道，后来美国《时代》周刊也在2008年6月2日出版的《中国站立起来》的封面文章中说："面对一场惨痛的悲剧，中国让世界看到，这里的人不仅懂得如何哀悼，更懂得如何给予。此次地震中中国政府和人民的表现让西方看到了和以前不同的中国。[①]"

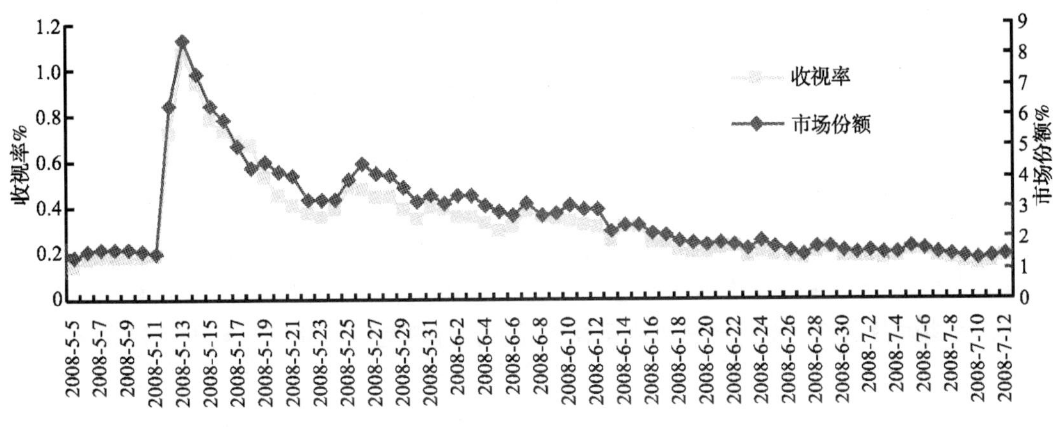

图19　2008年5月5日至7月12日中央电视台新闻频道市场份额、收视率走势

数据来源：CSM媒介研究，全国154个样本市（县）

在此变化一下Infosys分析指标，使用人均收视分钟数（观众）、平均到达率（000）进行分析，可以看出，5月5日至5月11日平均到达率（000，千人）在18501－21084之间，没有太大波动，5月12日至5月18日平均到达率（000）在30000以上，5月25日、6月8日平均到达率（000）均攀升至30000以上；从人均收视分钟数（观众）来看，5月5日至5月11日，人均收视分钟数（观众）维持在23.5－27.4之间，5月12

① 韩彪：《2008：中央电视台新闻频道走向未来的分水岭——兼论电视新闻直播理念的演进》，http：//www.cnki.net/。

日至5月21日升至64.0－71.5之间，6月末逐渐恢复到震前水平；从平均到达率（000）① 走势来看，相对于收视率、市场份额、人均收视分钟数（观众），观众是否开机收看电视，开机后是否选择新闻频道具有较大的波动性，而对于已经收视了新闻频道的观众，其收视还是具有相对稳定性的。从图20可以看到，在5月19日至5月21日全国哀悼日期间，平均到达率（000）降至22030、19213、17490，但是收视新闻频道的观众收视时间还是较为稳定的，保持了73.1、70.3、71.5较高的人均收视分钟数（观众）。

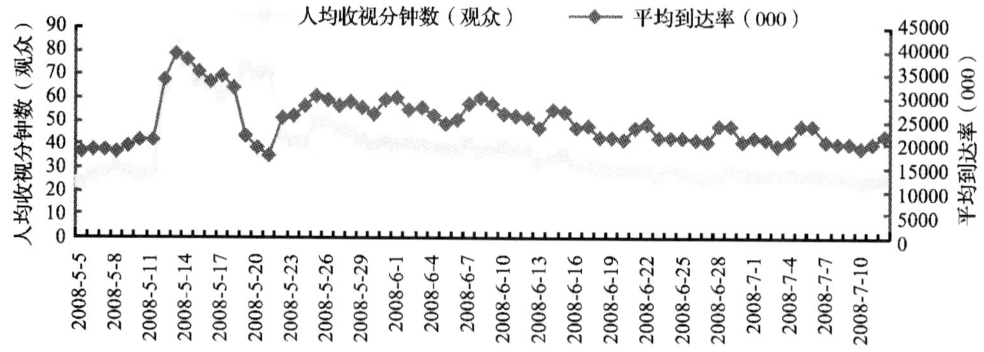

图20　2008年5月5日至7月12日中央电视台新闻频道平均到达率、人均收视分钟数（观众）走势

数据来源：CSM媒介研究，全国154个样本市（县）

有学者指出，CCTV新闻频道的推出，事实上是中国政府已经深思熟虑的一项策略，即要让中国的媒体变成更具商业和市场头脑的组织。政府内部已有一种日益普遍的认识，官方媒体对新闻事件迟钝或照本宣科的反应即将影响到国家的海外形象，甚至令国内观众失望②。中央电视台新闻制播团队有过伊战报道、“非典”报道的历练，2008年国内外大事危情频发，中央电视台新闻报道团队，特别是新闻频道表现出了国家级新闻频道应有的实力。

克尔恺郭尔说：“我能游泳，但对神秘的翱翔来说，我却太重了”。中央电视台的新闻节目总在时代的湍流中游泳，但对于梦想中的翱翔，却总感受着自身的沉重。2008年，中央电视台的新闻频道终于有了翱翔的机会。③

三、《新闻联播》栏目收视状况

1978年5月，经中共中央批准，北京电视台改称中央电视台，英文缩写CCTV，但正式定名的《新闻联播》，却在这一年的1月1日就通过电波发向了全国。1978年1月1日，第一期《新闻联播》的主要内容：共5条新闻，加上配乐和切换时间，全长20分

① 平均到达率（AvRch（000））是指在特定时段内平均每天的符合到达条件的接触总人数，以千人表示。到达条件一般是“至少收看了1分钟”。

② 董关鹏：《从伊战报道到反击“非典”——中国新闻进入直播时代》，http://www.southcn.com/news/。

③ 韩彪：《2008：中央电视台新闻频道走向未来的分水岭——兼论电视新闻直播理念的演进》，http://www.cnki.net/。

钟，头条是《邓副主席出席国务院办公室招待会，同外国专家欢庆新年》。1980年10月，第十次全国广播工作会议做出决定，“各级广播电台、电视台、县广播站”，必须转播央视《新闻联播》。1982年9月1日起，中央明确规定，将重大新闻的发布时间从20点提前至中央电视台《新闻联播》的播出时间19点，重要新闻将首先在《新闻联播》中发布。这标志着中央电视台首次成为独立的新闻发布机构。之前，中央政令和重要信息的发布渠道，以《人民日报》和中央人民广播电台为主。①

开播至今，《新闻联播》已经是有30多年历史的品牌新闻栏目，节目形态、节目收视都在发生着潜变，就以最直观的节目条数为例，2007年12月10日至12月16日《新闻联播》共有新闻215条，平均每天播出30.71条②，与《新闻联播》最初的形态有了很多不同。以下根据CSM媒介研究的数据对2000年以来《新闻联播》的收视情况进行简要的分析。③

1. 收视变化情况

首先需要了解，从2000年至2008年CSM媒介研究最大市（县）样本组合是不断扩大的，历年《新闻联播》收视率变化一定程度会受每年样本组合的调整，所以本部分的分析还引入了“全国所有样本市（县）19:00－19:30收视”以及北京地区《新闻联播》的收视进行参照，此外本处所分析的《新闻联播》收视为中央电视台综合频道19:00－19:30播出的节目，不涉及重播及其他频道转播情况。

表14　2000年至2008年《新闻联播》收视情况

时间	全国所有样本市(县) 19:00－19:30收视		全国所有样本市（县）《新闻联播》			北京《新闻联播》		
	收视率%	收视率较之前一年降幅%	收视率%	收视率较之上一年降幅%	人均收视分钟数（观众）	收视率%	收视率较之上一年降幅%	人均收视分钟数（观众）
2000年	49.96		26.45		28.9	6.62		17.8
2001年	48.35	－3.22	25.44	－3.82	29.5	7.28	9.97	17.9
2002年	44.30	－8.38	20.06	－21.15	28.9	7.08	－2.75	17.6
2003年	43.01	－2.91	18.05	－10.02	27.7	6.32	－10.73	16.6
2004年	40.70	－5.37	14.62	－19.00	26.5	5.92	－6.33	15.4
2005年	38.33	－5.82	11.48	－21.48	25.2	5.39	－8.95	13.7
2006年	37.75	－1.51	9.61	－16.29	24.2	4.7	－12.80	12.7
2007年	36.00	－4.64	8.72	－9.26	23.8	4.71	0.21	13.9
2008年	36.10	0.28	8.73	0.11	24.0	3.49	－25.90	13.1

数据来源：CSM媒介研究，全国154个样本市（县）

① 《解密〈新闻联播〉：审片室电话可直通中南海》，http://politics.people.com.cn/。

② 周小普、王冲：《〈新闻联播〉现状调查分析》，《电视研究》2008年第2期。

③ 此处使用了CSM媒介研究当年最大的市（县）样本组合，2000年62个，2001年62个，2002年69个，2003年79个，2004年84个，2005年102个，2006年127个，2007年154个，2008年154个。

总体而言，从2000年至2008年，电视19:00－19:30的收视呈现下降趋势，从49.96%下降到36.1%，2001年至2007年降幅在－1.51至－8.38之间；在全国所有样本市（县）中央电视台综合频道播出的《新闻联播》总体收视率从2000年的26.45%下降到2008年的8.73%，2001年至2007年，降幅在－3.82至－21.48之间，总体降幅大于19:00－19:30所有收视的降幅。在北京地区，2000年至2008年《新闻联播》的收视率从6.62%降至3.49%，几年间《新闻联播》收视有升有降，可见不同地区对于《新闻联播》的收视是不同的，这与当地频道在同时期播出的节目有关。从人均收视分钟数（观众）来看，已经收视了《新闻联播》的观众，收视时间变化不大，全国所有样本市（县）人均收视分钟数（观众）由2000年的28.9下降到2008年的24，北京地区人均收视分钟数（观众）由2000年的17.8下降到2008年的13.1。

2. 观众特征情况

根据2008年《新闻联播》栏目观众构成、集中度，男性、35岁及以上群体、具有初中高中受教育程度群体、个人收入在601－1200元群体、无业（包括退休人员）在《新闻联播》中所占比重较高，随年龄的增长、学历的提高，观众收视《新闻联播》的倾向更为明显，《新闻联播》的观众构成一定程度反映了中国观众主体的特征，其观众以家庭规模2口人以上为主体，家中有一台电视机的占67.14%，家中有2－4台电视机的占32.86%，而家中有一台电视机的观众更倾向收视《新闻联播》。

从家庭规模来看，参展2007年全国家庭规模统计情况，家庭户规模2－3口人的观众更多收视《新闻联播》，特别是三口之家，与新闻类节目观众整体特征相同。

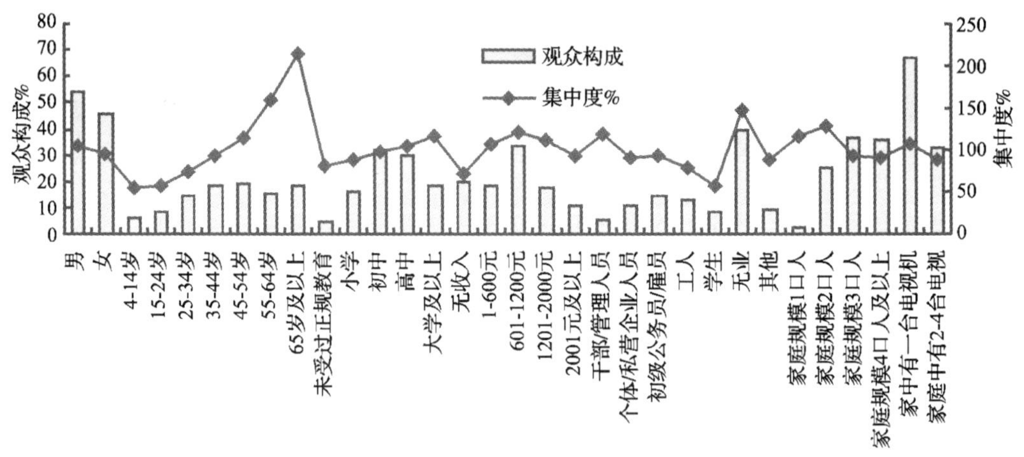

图21　2008年《新闻联播》栏目观众构成、集中度

数据来源：CSM媒介研究，全国154个样本市（县）

根据2000年至2008年《新闻联播》观众构成，45岁及以上群体在《新闻联播》观众构成中逐年上升，特别是65岁及以上群体上升幅度较大。个人收入在1201元及以上群体在观众构成中比例连续上升。

根据2007年按年龄人口统计情况，5－14岁、15－24岁、25－34岁、35－44岁、45－54岁、55－64岁、65岁及以上人口的比例分别为12.83%、14.93%、13.76%、19.46%、14.18%、10.45%、9.35%，从而与《新闻联播》2007年观众比对，24岁及以下、35－44岁群体在观众构成中的比重明显小于这部分群体的统计人口比例，而25－34岁、45岁及以上人口在《新闻联播》中比重大于这部分人群的统计人口比例。某种程度说明，《新闻联播》的观众群体有中、老年化的趋势，年轻人更愿意接触更多的休闲活动，同时也更愿意接受新媒体等新事物。

从观众构成来看，1201元及以上观众逐年增加，这与人民生活水平普遍提高有较大关系，2000年城镇居民可支配收入为6280元，2007年城镇居民可支配收入为13786元，2000年五六百元就是中等收入，2007年一千一二百元是中等收入水平。

表15　2000年至2008年《新闻联播》观众构成

目标观众	2008年	2007年	2006年	2005年	2004年	2003年	2002年	2001年	2000年
4－14岁	5.88	5.55	5.43	5.48	6.21	6.92	7.45	7.82	7.94
15－24岁	8.66	9.08	9.74	10.85	12.53	12.23	9.36	9.49	10.7
25－34岁	14.29	14.12	15.4	15.97	17.64	17.02	17.56	18.69	19.8
35－44岁	18.32	17.83	17.1	16.91	17.04	18.5	18.63	19.58	19.23
45－54岁	19.05	18.96	19.03	19.7	18.1	16.99	16.92	16.23	15.37
55－64岁	15.58	15.73	14.86	14.33	13.66	13.43	14.23	13.68	13.54
65岁及以上	18.22	18.73	18.44	16.76	14.82	14.91	15.84	14.5	13.42
未受过正规教育	4.67	4.77	4.63	4.31	3.69	3.97	4.51	4.13	4.08
小学	15.65	15.97	15.25	13.68	13.38	13.54	17.06	14.57	15.57
初中	32.26	32.68	31.17	30.73	30.87	31.9	33.84	32.01	32.92
高中	29.49	28.47	29.81	31.33	32.27	32.16	28.83	31.54	30.83
大学及以上	17.93	18.09	19.14	19.95	19.79	18.43	15.76	17.76	16.59
无收入	19.57	19.42	19.59	20.02	21.34	22.09	22.62	20.58	20.74
1－600元	18.39	23.55	25.93	28.33	31.77	36.51	40.62	41.32	45.39
601～1200元	33.33	34.25	33.84	33.58	32.05	29.66	27.63	31.35	29.14
1201－2000元	17.67	15.06	14.55	13.29	10.92	8.77	6.89	4.99	3.46
2001及以上	10.42	7.24	5.76	4.44	3.48	2.24	1.55	1.14	0.72

数据来源：CSM媒介研究，全国154个样本市（县）

新闻报道与广告创收能够双赢固然皆大欢喜，但是新闻之所以谓之新闻，关键的一点在于新闻不会对广告做出原则性的妥协。广电总局电影局5月18日发出通知，全国哀悼日期间，全国各电影频道要播出以抗震救灾为主要内容的新闻报道、专题、直播、公益广告等，也可以转播中央电视台综合频道、新闻频道的节目；不得播出、拍摄、宣传含有娱乐内容的新闻、专题等节目。在节目编排上，各电视媒体也及时做出调整，仅在5月12日至5月18日全国各级电视台共计播出1397小时的抗震救灾直播节目。据统计，商业广告播出量明显下降，其中省级卫视缩减了47%的广告播出；但公益广告增幅却高达182%。据CTR市场研究新闻监测显示，与去年同期相比，2008年5月，公益广告投放的增长高达134%，整体达到20.6亿元人民币，而整体广告花费增幅仅1.86%，总投放约325亿元人民币。CTR市场研究对地震前后全国电视媒体的两周广告全天候监测对比显示，震后电视媒体商业广告总花费减少37%，减少近99亿人民币；而公益广告投放费用大幅增长92%，增长了6.7亿人民币；即整体广告总投放减少33%，共计减少92.2亿人民币①。

这也并非说明新闻与广告背道而驰，随着文化体制改革的开展，电视业将被分为经营性的电视产业和公益性的电视事业部分，央视的盈利能力将获得进一步的解放。但是，做好新闻仍然是央视提升盈利能力的前提条件。1994年11月，谭希松操办了第一届“中央电视台黄金时段竞标会”。“黄金时段”的标志就是《新闻联播》前后的若干分钟。结果，山东“孔府宴酒”以3079万元的高价中标，由此诞生了人们熟知的“标王”。2007年央视黄金时段招标总额突破80亿元，如今《新闻联播》前后数分钟的广告收入，占据了CCTV共计16个频道全部广告收入的大部分。② 需要铭记——广告界耳熟能详的广告“标王”是与中国最为亘古绵长的品牌新闻栏目《新闻联播》相伴相生的，这是因为，只有新闻，才是央视树立权威和公信力的最好途径，高品质的新闻，将为央视创造声誉和品牌，提高央视的广告价值。

结语

德国哲学家莱布尼茨认为“万物莫不相异”，世界上没有两片完全相同的叶子。无需教条地将2008年电视新闻报道的表现、收视与2003年“非典”或更早的“伊战”报道品评、褒贬，对于中国电视新闻媒体，无论从应对突发事件、重大事件的频次还是从投入报道的深度、广度，2008年无疑具有不同寻常的意义。

以下对2008年新闻类节目收视特征的简要总结：

- 2006年以来，播出份额最高的三类节目依次为电视剧、生活服务、新闻/时事，新闻/时事类节目资源使用效率连续三年位居首位，2008年从2007年的49.8%跃升至57.8%。
- 16:30-20:00是新闻节目资源使用效率较高的时段，2008年10:00-16:30、20:00-23:00时段，节目资源使用效率有较为明显的提高。
- 中央级频道、省级上星频道播出新闻节目资源使用效率较高，中央级频道优势明显，观众对于新闻节目的收视有近一半是观看中央台的新闻节目。
- 2008年在重大时事报道期间，诸如年初抗击冰冻雨雪灾害、四川汶川地震、奥运会、残奥会期间都掀起不同程度的收视波峰。
- 近一半的新闻节目观众收视时长在0.5小时至1小时之间，有四分之一的观众收视新闻节目的时间在0.5小时以下。
- 男性高于女性，随年龄的增加，观众构成比例有所增加，个人收入在1200元及以上群体在观众构成中占约占三分之一。

---

① 崔保国、周逵：《2008中国传媒产业关键词》，《中国记者》，转引自http://news.xinhuanet.com/newmedia/。

② 《解密〈新闻联播〉：每晚七点收看电视总动员》，http://politics.people.com.cn/。

- 2008年七大区域新闻类节目人均收视分钟数出现不同程度增长，其中华中地区升幅最高。
- 新闻类节目在成都、南京、广州、长春、深圳、重庆、北京、上海等地表现了相对较强的竞争力。
- 在新闻类节目排名中，位居前三位的中央级频道是中央电视台综合频道、中央台五套、中央台二套，排在前三位的省级卫视是四川卫视、山东卫视、湖南电视台卫星频道。
- 中央电视台新闻频道在华北、东北平均到达率较高，在西北地区人均收视分钟数较高，在华南地区人均收视分钟数明显低于全国平均水平。
- 中央电视台新闻频道在北京、天津、武汉、西安、重庆具有相对较强的竞争力。
- 中央台新闻频道收视的黄金时段为12:00－12:45、18:45－20:45、21:45－22:00，次黄金时段为7:00－7:30、11:00－12:00、12:45－13:45、17:00－18:45、20:45－21:45、22:00－23:15。
- 从收视来看，2008年新闻频道在晚间、上午、下午收视较之2007年有不同程度提高，从市场份额来看，新闻频道在早间最具有竞争力，上午、下午竞争力有所提高。
- 男性、年龄较大、教育程度较高、个人收入较高观众对新闻频道更加青睐。
- 《新闻联播》、《焦点访谈》、《新闻30分》收视率位居新闻频道前三位，资源使用效率较高的栏目是《新闻联播》、《新闻30分》、《我的今日之最》、《360度》、《约会新7天》。
- 汶川“5.12”地震期间（5月12日－5月20日），全国上星频道市场份额排名位居前三位的是中央电视台综合频道、四川卫视、中央电视台新闻频道。
- 35岁及以上群体、具有初中、高中受教育程度群体、个人收入在601－1200元群体、无业（包括退休人员）在《新闻联播》中所占比重较高，随年龄的增长、学历的提高，观众收视《新闻联播》的倾向更为明显。
- 2000年至2008年，45岁及以上群体在《新闻联播》观众构成中逐年上升，特别是65岁及以上群体上升幅度较大，个人收入在1201元及以上群体在观众构成中比例连续上升。

更严谨地做新闻，更积极地尝试创新，随着新闻直播技术不断成熟，新闻报道与社会、与生活融合得更为紧密。2008年的几个重大事件告诉我们的最简单道理就是：“让人讲话，天不会塌下来，说话越早，话语空间越大”，第一时间讲话，大家能够认真听，记忆也最深最久，之后的辨别和辩污，别人则会戴有色眼镜，效果就差①。

（作者：于鹏）

① 周小普：《2008辩证法》，《震撼·媒体回想》，北京：中国民主法制出版社，第9页。

2008 年全国体育节目收视分析

在全球几十亿双眼睛的注视下，2008 年北京奥运会璀璨开幕，又完美谢幕。对中国人来说，奥运会的意义早已超越了单纯的国际体育盛事，当然更不会仅仅关乎北京这个承办城市，“百年奥运梦想”终于得以实现，所有中国人都因此而骄傲和自豪。大家早已料到，从 2001 年申奥成功直至 2008 年奥运会正式拉开序幕，积蓄了七年的热情会在这一刻迸发，但是没有人能准确预测这样的热情能释放出多少能量。于是，有了北京奥运会的 2008 年，分析许多数据的时候都无法套用我们早已熟悉的规律，其中当然也包括体育电视节目的收视。

回顾 2008 年的全国体育电视节目，尽管奥运会的光芒遮盖了其他所有重大赛事，热爱体育运动的人们仍然记得还有很多“精彩”不容错过，例如：为运动员也是为奥运场馆热身的“好运北京”系列赛事，巨星云集、比赛激烈程度堪比世界杯的欧洲杯足球赛，有中国年轻选手参加的世界斯诺克比赛，中国选手战绩颇佳的第 49 届世界乒乓球锦标赛，贯穿全年的国际羽联系列赛事、ATP/WTA 网球巡回赛等诸多国际赛事，与这些赛事相关的电视节目都有各自的观众群体。同时，中国足球超级联赛、CBA、NBA 等常规赛事也有相当规模的稳定观众。在 2008 年，这些观众的收视行为在非奥运时期应该与过去的几年具有一定的相似性。

为了真正深入了解全国体育节目的收视状况，本文将依据 CSM 媒介研究 2008 年在全国 154 个样本市（县）进行收视调查的数据，对全国体育节目的收视情况进行盘点，对人们的体育收视习惯进行进一步研究总结。

一、体育节目整体播出、收视情况

重大体育赛事一直是体育节目的核心资源，中国电视观众最关注的体育赛事莫过于四年一度的世界杯足球赛和同样是四年一度的奥运会。每隔一年就会有世界杯或奥运会举办，全国体育节目的收视总量在这样的大赛年会高于其他年份，这一趋势在 2008 年表现得更为突出。

1. 体育节目人均收视时间创新高

根据 CSM 媒介研究的调查数据，2008 年中国电视观众的人均收视时间约为每天 175 分钟，人均收看体育电视节目的时间平均每天只有 11 分钟。尽管 11 分钟的时间并不算很长，但是对每个电视观众而言，每年3939分钟的体育节目收视时长已经创造了一项新的纪录（图1）。

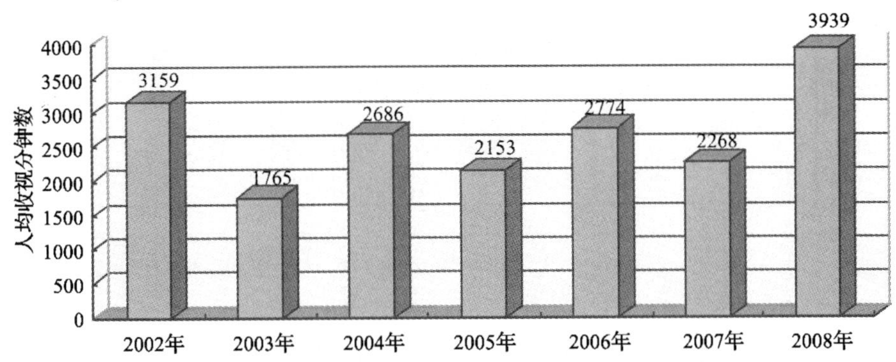

图1　2002－2008年全国观众人均体育节目全年收视时长

数据来源：CSM媒介研究

在2008年之前，只有2002年的人均收视时长达到过3000分钟以上。在对2002年的体育节目收视情况进行分析时，我们认为日、韩世界杯为当年体育节目收视时间做出了重要贡献。中国队在2002年第一次进入了世界杯决赛圈，世界杯决赛阶段比赛和中国队在世界杯之前的几场热身比赛都获得了较高收视率。同时，10月在韩国举办的亚运会也增加了当年的人均收视时间。而这两大体育盛事的举办地都距离中国不远，在播出时间安排上更容易与我国观众的收视习惯相吻合。

比起同样是奥运年的2004年，2008年的人均体育节目收视时间增加了近50%。占据“地利”优势，比赛时间可以尽量安排在适合观众收视的时间段固然是很重要的有利客观条件，但是回顾奥运会的赛程表，并不是所有的赛事安排都符合我国观众的收视习惯，为了照顾运动员的发挥和全球观众的整体收视情况，很多重点赛事还是被安排在了晚间较晚时段。由此可见，中国运动员在本届奥运会上的出色表现和全国观众被圣火点燃的体育热情、爱国热情才是支撑起创纪录高收视的主要因素。

2. 奥运期间体育节目播出、收视时间均为全年最高

正如前文所述，大型体育赛事会改变电视观众的收视习惯。在大型赛事举办期间，更多电视观众会关注相关体育节目，电视播出机构也会根据观众的收视偏好加大对体育赛事的报道。因此，备受关注的2008年8月也成为中国体育节目集中爆发的时间。

在北京奥运会召开的近一个月时间里，全国体育节目的播出量约为其他月份的两倍，电视观众在这个月收看体育节目的时间也比较长，累计达到30余小时，即每个电视观众平均每天都要花费一个小时的时间收看体育节目，占全年体育节目收视时间的一半，是其他月平均值的9倍（图2）。

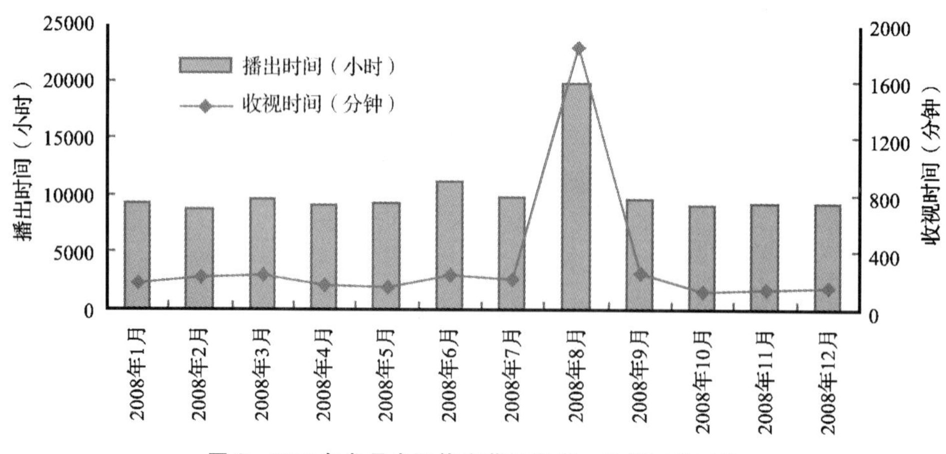

图 2　2008 年各月全国体育节目播出、收视时长对比

数据来源：CSM 媒介研究

3. 体育节目播出、收视份额较前几年均有大幅提升

尽管奥运会转播及相关体育节目的播出总量较大，在全年整体播出时长中所占比例也较高，但是由于节目总量限制，体育节目的整体播出时长在2008 年全年播出的所有电视节目中只占 3.1%，与上一个奥运年基本持平，与 2006、2007 两年相比也仅仅多了 0.5 个百分点左右，增长幅度相当有限，可见各电视频道主要是依靠削减其他体育节目的播出时间来大量播出奥运节目。另一方面，体育节目在电视观众全年的收视时间里占到了 6.5%，比 2007 年增加了三分之二，也是近几年来体育节目在各类节目中收视份额最高的一年（图 3)。由此可见，2008 年体育节目达到了良好的收视效果，资源使用效率相对较高。

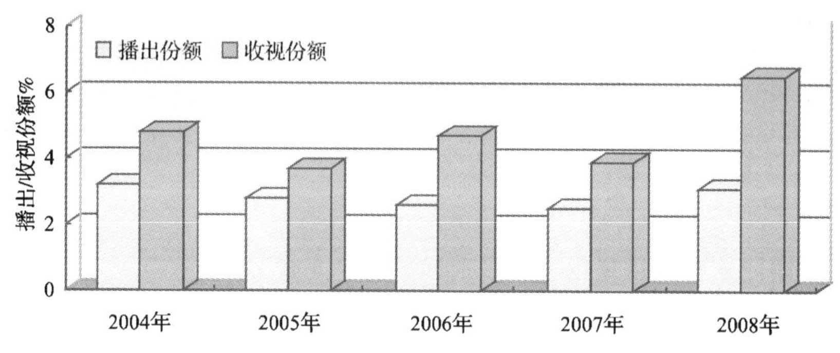

图 3　2004 – 2008 年全国体育节目的播出、收视份额比较

数据来源：CSM 媒介研究

4. 不同目标观众收看体育节目的时间存在差异

由于观众收视偏好的差异性，不同目标观众群体对电视节目有着不同的需求。受客观条件限制或生活习惯影响，不同目标观众群体每天收看电视的时间也存在着很大的差异。

就体育节目而言，男性观众收看体育节目的时间明显多于女性，同时，观众收看体育节目的时间与年龄、受教育程度、个人平均月收入等因素也存在着正向变化（表 1)，这些趋势与我们历年的研究结果都保持一致，本文会在后面的分析中对体育节目观众构成和观众集中度作进一步详细分析。

表1　2008年各类目标观众对体育节目人均收视时间（分钟）

目标观众		人均收视时间	目标观众		人均收视时间
4岁及以上所有人		3939	性别	男	4674
年龄	4-14岁	1980		女	3171
	15-24岁	3172	职业类型	干部/管理人员	5059
	25-34岁	3240		个体/私营企业人员	3636
	35-44岁	3650		初级公务员/雇员	4301
	45-54岁	5073		工人	3698
	55-64岁	5333		学生	2817
	65岁及以上	6217		无业	5204
个人月收入	0-600元	3036		其他	2060
	601-1200元	4355	受教育程度	小学及以下	2534
	1201-1700元	4852		初中	3830
	1701-2600元	5023		高中	4698
	2601元及以上	5254		大学及以上	4954

数据来源：CSM媒介研究

二、体育节目收视市场竞争概况

毋庸置疑，中央电视台占据了政策和资源优势，在体育电视节目的市场竞争中长期占有绝对主导地位。2008年，中央电视台是北京奥运会在中国内地唯一拥有电视转播权的单位，除了在赛事转播上独占先机，中央电视台更是充分发挥了总部在北京的“地利”优势，投入大量人力、物力对奥运赛场及其相关活动进行全方位报道。尽管中央电视台的霸主地位不容动摇，其他电视台也没有因此放弃努力。各级电视台为了迎合奥运会的主题，纷纷推出了各种大型体育活动和专栏节目，试图争夺有限的观众资源。

1. 中央级频道体育节目收视份额明显高于其他类频道

尽管掌握大量赛事资源，中央级频道数量毕竟有限，因此在总播出时长上并不占优势。同样的情况也出现在省级卫星频道中，通常每个省只能有一个综合频道的节目信号通过卫星转播，即使是在奥运年也不能把体育节目作为播出的重点。因此，播出体育节目时间最长的是数量众多的省级地面频道组和各市县级频道组。

但是观众注意力资源才是电视节目最终争夺的目标，就收视时间而言，中央级频道占据了绝对优势。2008年，观众收看体育节目时，79%的时间在收看中央级频道，比2007年增加了约2个百分点，这应该与奥运会不无关系。省级卫星频道的播出份额和收视份额与2007年相比均有小幅上升，收视份额由2.8%上升至3.9%。省级地面频道2008年收视份额损失较大，由2007年的17.4%降至13.7%。市县级频道和其他频道由于本身信号覆盖范围所限，在以154样本市（县）作为整体的收视市场中所占比例很小（图4）。

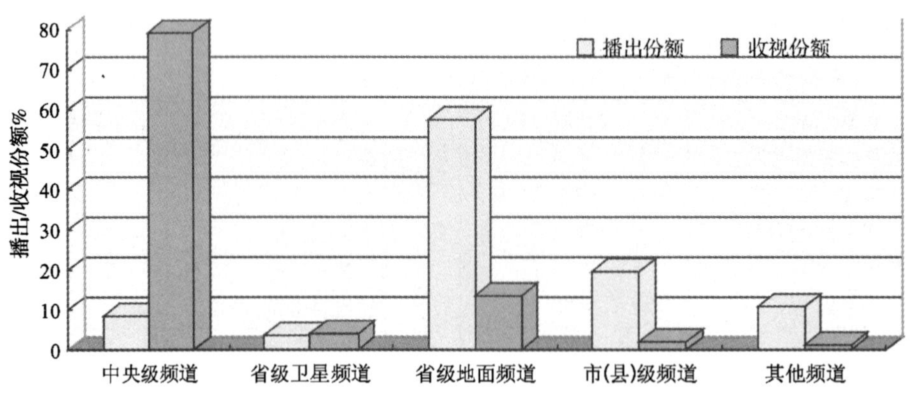

图4　2008年不同级别频道体育节目的播出、收视份额

数据来源：CSM媒介研究

2. 新兴势力——地方联盟初显规模

一方面，信号覆盖直接影响到观众资源，没有足够的观众资源，就无法获得大量资金去购买赛事转播权，自然也就没有办法去吸引更多的观众，照此推理，这只能是一个恶性循环，让覆盖范围小的体育频道生存越来越困难。而另一方面，电视观众日趋成熟，他们需要欣赏顶级赛事，观看制作精良的体育节目，这些都需要电视频道更多地投入资金。在这样的形势下，各省级和市级体育频道为了对抗CCTV-5的覆盖率优势，争取获得更多潜在观众，纷纷走上了联盟之路。

早在1996年，北京电视台、上海东方电视台、广东电视台体育部就曾经合作推出过《中国体育报道》，这是地方台联合的首次尝试。在赛事转播方面，北京电视台2004年就曾经与上海文广新闻集团进行合作，加入SMG中超全国播出联盟，之后地方电视台也曾多次合作，对国际体育赛事进行联合报道，达到了整合有限资源的目的。2008年正式开始运作的CSPN把之前松散的地方台合作模式进行了升级。CSPN 2008年整合了七个省级体育频道，同步播出体育节目。资源整合使CSPN拥有一定经济实力购买高级别赛事的转播权并且提高节目质量，力图成为名副其实的省级体育频道联播平台。在我们对CSPN播出七个省的省会城市进行的收视率调查中，七个体育频道黄金时段的平均收视率在奥运期间并没有任何突出表现，但是在奥运之后却逐月升高，显示出很好的发展趋势（图5）。尽管目前他们在当地的收视率还远不如CCTV-5，但是至少为喜欢体育的电视观众提供了更多选择。

三、体育节目观众特征

经过相当长一段时间的培育，中国体育电视观众逐渐趋于成熟。通过对近几年体育电视观众的构成结构和观众集中度进行分析，我们发现一个以男性观众为主、受教育程度相对较高、消费能力较强（个人平均月收入较高）的稳定观众群体已经形成，为体育电视的持续发展创造了良好的条件。

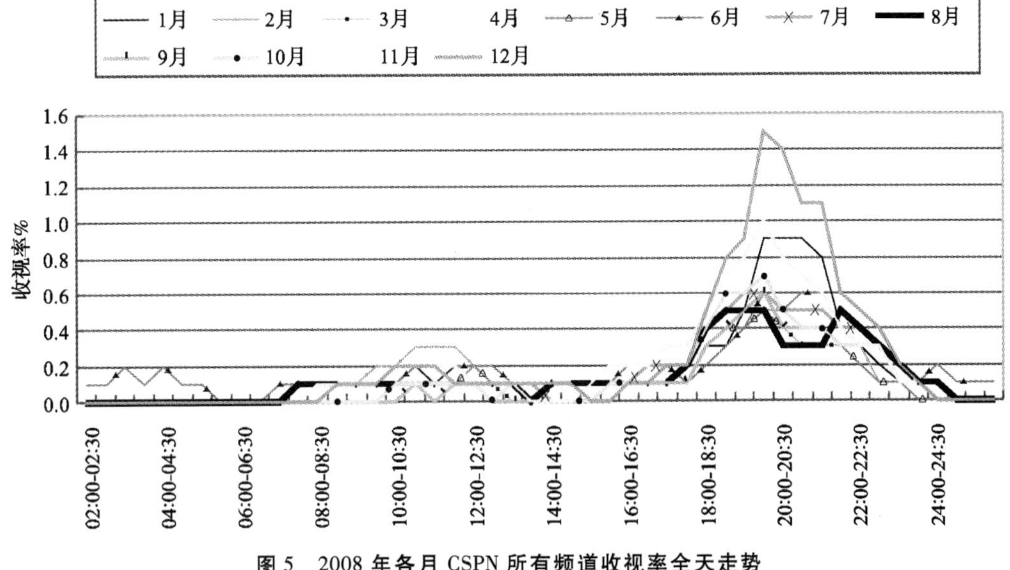

图 5　2008 年各月 CSPN 所有频道收视率全天走势

数据来源：CSM 媒介研究

具体到 2008 年，由于奥运会的召开，体育电视观众的范围有一定程度扩大。与 2007 年相比，在观众中所占比例较低的目标群体构成比例均有所上升，各目标观众群体之间的观众构成和集中度差异都有缩小的趋势。例如：男女观众构成比例由 2007 年的 7∶3变为 6∶4，4 – 14 岁观众在所有观众中所占比例有所升高，未受过正规教育、受教育程度为初中的观众也有所增加。但是在不同收入目标观众中，低收入观众所占比例有所下降，中高收入的观众比例增加（图 6）。

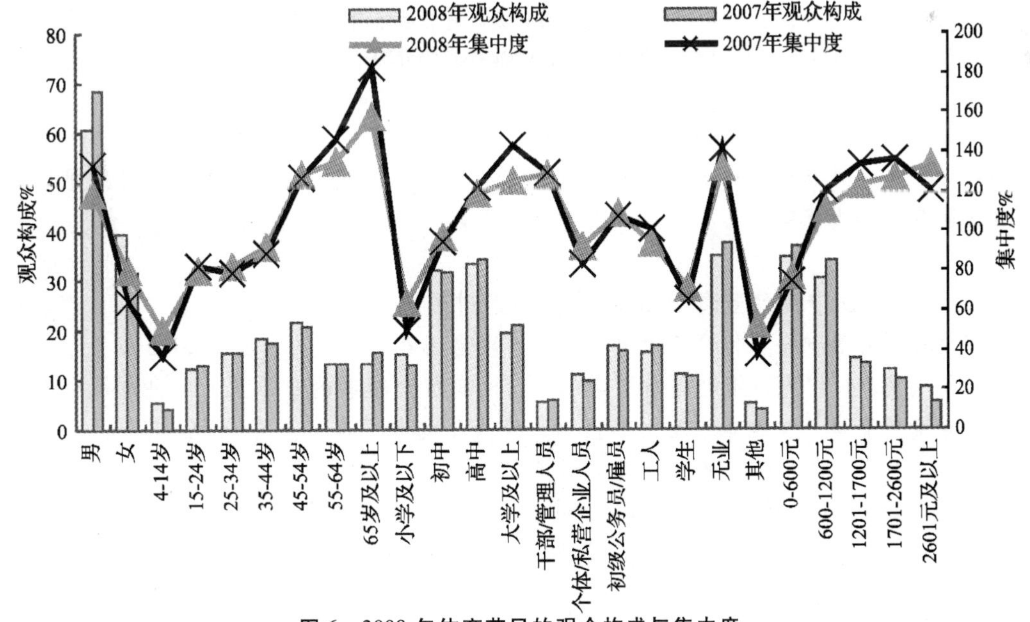

图 6　2008 年体育节目的观众构成与集中度

数据来源：CSM 媒介研究

四、中央级频道体育节目收视概况

在CSM媒介研究的频道分类中，中央级频道包括中央电视台和中国教育电视台，由于教育电视台主要以播出教育类节目为主，较少有涉及体育的内容，因此中央级频道体育节目的相关数据主要反映中央电视台的体育节目播出和收视情况。为了配合奥运报道的全面展开，中央电视台在2008年1月1日至9月30日期间将主要播出体育节目的第五套节目的频道名称变更为“奥运频道”，并在奥运期间调集全台主要频道全力转播奥运赛事。在赛事最集中的8月，中央电视台共有9个频道（包括数字电视频道）播出与奥运相关的节目。这样密集转播的效果也很明显，体育节目在中央级频道2008年的播出和收视份额都有较大幅度增加。播出比例由2004年和2006年（同为大赛年）的7.2%增加至7.9%，增幅达到10%，收视比例也由10%左右上升至13.3%，增幅达到33.3%（图7）。

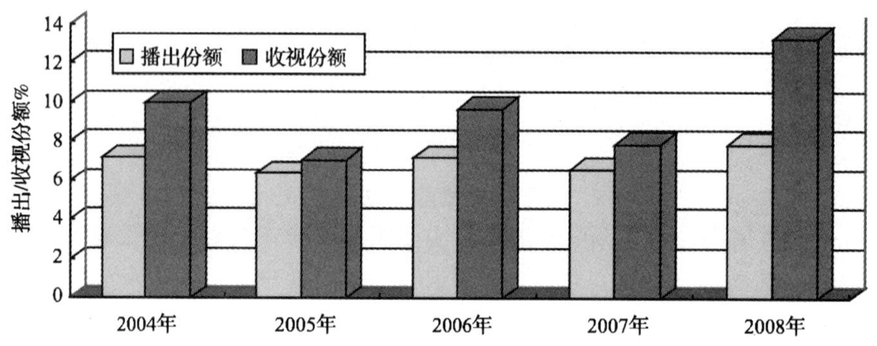

图7　2004－2008年中央级频道体育节目播出、收视份额

数据来源：CSM媒介研究

尽管中央电视台在奥运期间有9个频道播出奥运节目，但是其第五套节目作为唯一的国家级专业体育频道，全天播出体育节目的时间超过20小时，在体育节目的播出和收视方面具有强大优势。

1. 奥运会是中央台五套2008年收视的绝对重点

重大赛事是影响全年体育节目收视情况的主要因素，在中央台五套2008年全年的收视走势图（图8）中可以清晰地看出这一点。没有重大赛事的日子里，中央电视台五套通常安排常规赛事转播和体育栏目的播出，全天平均收视率一般在0.5%以下，一旦有重大赛事举行，当周的平均收视率就会明显上升。

奥运会是2008年最大的体育事件，中央台五套的全天收视率在第33周（8月10日至8月16日）达到了全年最高值——2.5%，在第32至35周（8月3日至8月30日）均超过0.5%。此外，在第9周（2月24日至3月1日）和第24周（6月8日至6月14日）分别超过和达到了0.5%。

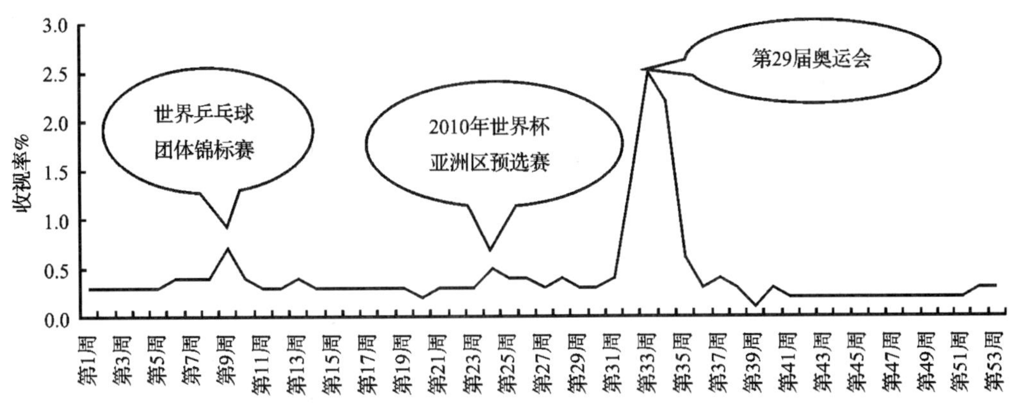

图 8 2008 年中央台五套周平均收视率走势

数据来源：CSM 媒介研究

中央台五套的全年市场份额变化趋势基本与收视率保持一致，即重大赛事期间市场份额出现明显高峰，平日表现基本稳定。2008 年奥运会之前，由于各类赛事不断，市场份额虽然有小的波动，但是基本保持在 2% 以上，并且在奥运会开始后的第一周（8 月 10 日至 8 月 16 日）达到了全年的最高值——16.2%。但是，在重头大戏奥运会及残奥会结束以后，中央台五套的市场份额在第 39 周（9 月 21 日至 9 月 27 日）出现明显波谷，之后有缓慢回升，在接近年底的时候回到了年初的平均水平（图 9）。

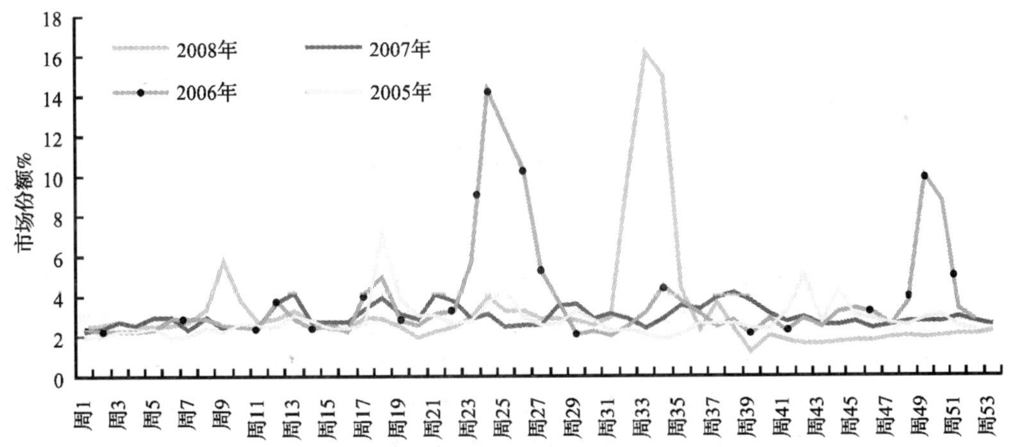

图 9 2005 - 2008 年中央台五套市场份额周走势

数据来源：CSM 媒介研究

回顾过去几年，2006 年中央台五套的收视份额因为世界杯和亚运会有两个比较大的涨幅，在缺乏赛事亮点的 2007 年没有特别明显的高峰。与 2006 年世界杯期间的表现相比，中央台五套在 2008 年奥运会期间的收视份额优势有了一定提升，但是并没有太大的突破。尽管仍占有赛事资源优势，除了中央台几个频道同时播出相关节目削弱了竞争优势外，由于北京是赛事举办地，国内各级电视媒体蜂拥而至，安排各自的相关报道，也在一定程度上削弱了独家赛事资源带来的优势。

具体到2008年全天时段收视率走势，中央台五套沿袭了往年的收视规律，全天有三个收视高峰，正午12:00、傍晚18:00和晚间20:00－22:00左右。通常正午和傍晚播出的是体育新闻节目，晚间则是各类赛事节目。比起过去的几年，2008年午间收视高峰跨度增加，并且最高收视率也有所提高，傍晚的收视率则没有出现同样的趋势。此外，尽管享有北京奥运会这一重大赛事资源，中央台五套的晚间收视率与往年相比并没有出现大幅提升（图10），这一现象一方面与黄金时段体育节目市场竞争加剧有关，另一方面，也与2008年中央台五套非奥运时期竞争力的下滑有关。当然，奥运期间许多重要赛事被安排在中央电视台综合频道和第二套节目播出，也直接影响了中央台五套在黄金时段的收视情况。

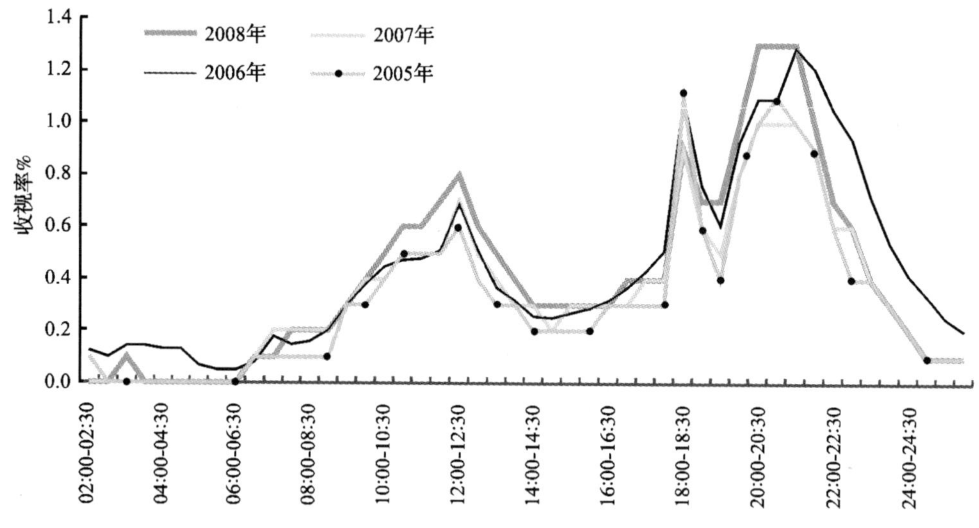

图10　2005－2008年中央台五套全天收视走势

数据来源：CSM媒介研究

2. 中央台五套重点赛事期间收视率表现突出

在重点赛事举行期间，中央台五套凭借自己的资源优势，通常会安排众多赛事直播节目，这些节目会改变观众的收视习惯。在所有大型赛事中，又以在本地举办的比赛更为引人注目。为了迎合本地观众的收视习惯，这些赛事通常会把最精彩的比赛安排在观众最多的晚间黄金时段进行，电视台对这样的赛事进行直播非常有利于收视率的提升。

2008年2月24日至3月2日，世界乒乓球团体锦标赛在广州举行，中央台五套在赛事举行期间安排了50余小时的比赛播出，由于关键比赛多安排在晚间20:00左右开始，因此晚间收视率明显高于全年平均值，19:30－21:30之间的收视率都保持在2.6%以上（图11）。其中收视情况最好的是3月2日播出的男子团体决赛，收视率达到5.4%，市场份额在10%以上，即每10个当时收看电视的观众中就有一名观众在收看中央台五套播出的乒乓球比赛（表2）。

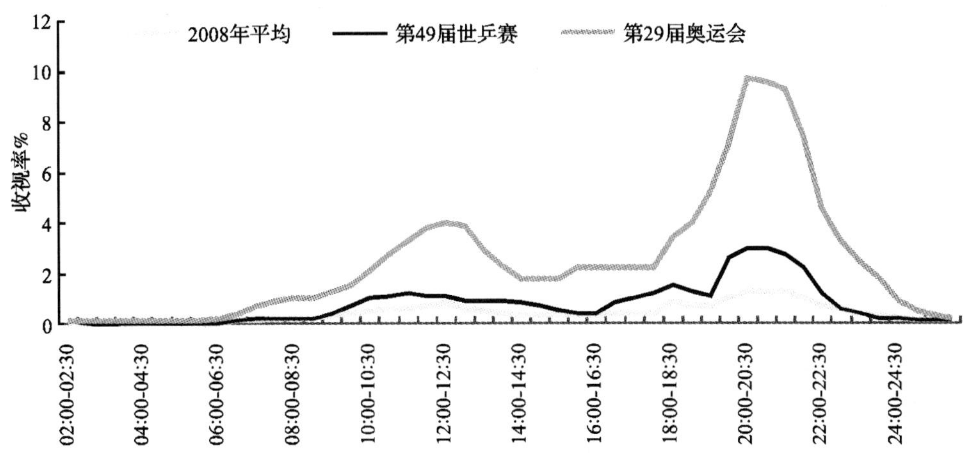

图 11 2008 年重点赛事期间中央台五套全天收视走势

数据来源：CSM 媒介研究

表 2 2008 年中央台五套世界乒乓球团体锦标赛节目收视排行

排名	比赛名称	播出日期	开始时间	收视率%	市场份额%
1	第 49 届世界乒乓球团体锦标赛男团决赛	2008－3－2	19:20:52	5.4	11.9
2	第 49 届世界乒乓球团体锦标赛女团决赛	2008－3－1	19:08:39	4.6	11.0
3	第 49 届世界乒乓球团体锦标赛男团 1/4 决赛	2008－2－29	19:14:59	2.8	6.2
4	第 49 届世界乒乓球锦标赛女团 1/4 决赛	2008－2－28	19:15:05	2.2	5.0
5	第 49 届世界乒乓球锦标赛团体赛女团第四轮	2008－2－26	19:15:01	2.0	4.5
6	第 49 届世界乒乓球团体锦标赛男团半决赛	2008－3－1	16:14:57	1.9	11.2
7	第 49 届世界乒乓球团体锦标赛男团第二轮	2008－2－25	19:19:59	1.8	3.9
8	第 49 届世界乒乓球团体锦标赛男团半决赛	2008－3－1	12:49:56	1.6	14.4
9	第 49 届世界乒乓球团体锦标赛女子团体 1/8 决赛	2008－2－27	19:20:30	1.5	3.8
10	第 49 届世界乒乓球团体锦标赛男团第三轮	2008－2－26	20:39:44	1.3	3.0

数据来源：CSM 媒介研究

2008 年 8 月 8 日至 8 月 24 日，第 29 届夏季奥运会在北京举行，中央台五套在此期间播出的所有节目都与奥运会有关，赛事直播从早晨 8:30 开始，直至深夜所有比赛结束。收视率最高的时间段为 20:00－21:30，平均收视率达到 9.3% 以上。即使是通常收视率较低的下午时段，平均收视率仍然能保持在 2% 左右，已经远远超过了全年平均值（图 11）。在所有奥运节目中，最吸引观众注目的当然是开幕式，8 月 8 日的开幕式平均收视率高达 12.4%，市场份额更是超过 20%。当天很多频道都在转播奥运会开幕式节目，同样的节目内容，仍然有五分之一当时收看电视的观众选择在中央台五套收看，可见中央台五套作为国家级体育频道在观众心目中的地位较高。除此之外，两场乒乓球决赛的收视率高于其他赛事节目，排在了排行榜的第二和第三名，这两场比赛的市场份额更是高达 25% 左右（表 3）。

表3 2008年中央台五套第29届奥运会节目收视排行

排名	比赛名称	播出日期	开始时间	收视率%	市场份额%
1	第29届奥林匹克运动会开幕式	2008-8-8	19:48:01	12.4	20.7
2	2008年第29届奥运会乒乓球男子团体决赛	2008-8-18	19:30:02	12.3	26.1
3	2008年第29届奥运会乒乓球女子单打决赛	2008-8-22	20:31:36	11.9	24.6
4	2008年第29届奥运会女子排球预赛/中国vs美国	2008-8-15	19:58:50	11.3	24.4
5	2008年第29届奥运会女子排球1/4决赛/中国vs俄罗斯	2008-8-19	20:04:12	11.0	22.5
6	第29届奥林匹克运动会闭幕式	2008-8-24	19:52:02	11.0	18.9
7	2008年第29届奥运会男子篮球小组赛/中国vs德国	2008-8-16	19:58:00	10.6	22.6
8	2008年第29届奥运会女子排球半决赛/中国vs巴西	2008-8-21	19:57:29	10.2	20.7
9	2008年第29届奥运会体操男子单杠决赛	2008-8-19	19:34:20	10.0	23.3
10	2008年第29届奥运会男子举重69公斤级决赛	2008-8-12	18:59:24	10.0	23.2

数据来源：CSM媒介研究

3. 篮球是中央台五套全年收视最多的体育项目

在中央台五套播出的所有体育赛事节目中，篮球赛事的收视比重最高，收视时间占所有比赛节目的八分之一，这些收视时间主要来自于奥运会的几场篮球比赛和常年转播的NBA比赛。足球赛事是播出时间最长的体育项目，但收视比重低于播出比重，尽管奥运比赛和其他国家队足球比赛收视率都很高，但是中超常规赛事以及欧洲五大联赛等赛事收视群体不大，节目播出量却很大，因此降低了足球节目的资源使用率。乒乓球、排球和羽毛球比赛收视比重均高于播出比重。乒乓球是中国的传统优势项目，无论是奥运比赛、世界乒乓球锦标赛或者是国际乒联、亚洲乒联的各项赛事，最终胜出的经常是中国选手，即使是国内比赛，参赛选手也具有国际最高水平，历来受到广大观众的喜爱，播出时间也相对较长。排球比赛的高收视主要来自奥运会比赛和中国女排参加国际排联的各项精英赛、大奖赛赛事。羽毛球与乒乓球类似，中国运动员在各项国际大赛中也占有一定优势，尽管节目播出时间所占比例不高，仍然有较好的收视表现。搏击类节目近几年收视情况一直比较好，因为中国运动员在各大综合性比赛中在摔跤、柔道、拳击等项目上进步很快，吸引了很多观众的注意力。其他竞赛项目包括很多观众喜欢观看的比赛，如体操、举重、射击等，因此播出总量和收视总量均较大（表4）。

如果具体到奥运赛事，各项目的收视排名就有了很大变化（表5）。排在第一位的是排球、其次是乒乓球、篮球和羽毛球。从播出情况来看，中央台五套在奥运期间重点播出的是乒乓球、足球和自行车，这三个项目占所有奥运节目播出时间的70%左右。由于中央电视台在奥运期间多频道转播的整体安排，很多精彩赛事并没有在第五套节目中播出，造成部分项目在本排行中表现欠佳。

表 4　2008 年中央台五套各主要运动项目播出、收视比重对比（按收视比重排序）

排名	运动项目	播出比重%	收视比重%
1	篮球	7.9	12.5
2	其他竞赛项目	7.5	11.2
3	乒乓球	6.6	9.5
4	足球	9.9	8.0
5	排球	5.6	7.9
6	台球	5.1	3.4
7	冰上/水上运动	5.7	3.2
8	羽毛球	2.0	2.5
9	搏击	1.6	2.0
10	网球	6.0	1.4
11	赛车	1.7	1.1
12	棋牌	1.1	0.2
13	高尔夫	2.0	0.1

数据来源：CSM 媒介研究

表 5　中央台五套转播奥运各主要运动项目播出、收视情况比较（按收视比重排序）
（2008 年 8 月 8 日 -8 月 24 日）

排名	运动项目	播出时长（小时）	收视时长（分钟）	播出比重%	收视比重%
1	排球	19.4	65.0	9.1	17.8
2	乒乓球	66.2	52.9	31.1	14.4
3	篮球	4.1	30.5	1.9	8.3
4	羽毛球	17.0	29.1	8.0	7.9
5	足球	46.4	24.6	21.8	6.7
6	水上运动	6.4	8.9	3.0	2.4
7	搏击类	8.8	8.3	4.1	2.3
8	网球	1.1	7.5	0.5	2.0
9	自行车	34.8	1.1	16.3	0.3
10	其他竞赛项目	8.9	138.3	4.2	37.8

数据来源：CSM 媒介研究

五、重点城市体育节目收视

体育市场的发展需要一定的经济条件作为基础，北京、上海和广州是中国目前经济发展情况最好的城市，因此这三个城市的体育节目市场也相对比较发达。但是由于地域、文化背景不同，以及由此导致的居民生活习惯的差异，北京、上海、广州三地的体育节目市场呈现了各自不同的特点。

1. 北京

北京浓厚的文化氛围为各文化产业的发展提供了一片沃土，体育也不会例外。北京地区电视观众 2008 年体育节目的总收视时长为 5332 分钟，远远超过 2007 年的 3924 分钟，与 2006 年相比也增加了 990 分钟（2006 年为 4342 分钟）。这与体育节目在全国体育节目市场整体的收视趋势是一致的，但北京收视时间比全国平均水平高 35% 以上。总收视时长中有67.2%的贡献来自于中央级频道，其中大部分是中央台五套的收视，由于奥运期间中央台其他频道也播出了大量体育节目，中央台五套所占比例与往年相比有一定下降。省级卫星频道（包括北京卫视）约占总收视时长的十分之一，其余20%左右收视时间均来自北京地面频道。其他频道（主要是境外频道和区域性有线频道等）数量不多，收视率也相对较低（图12）。

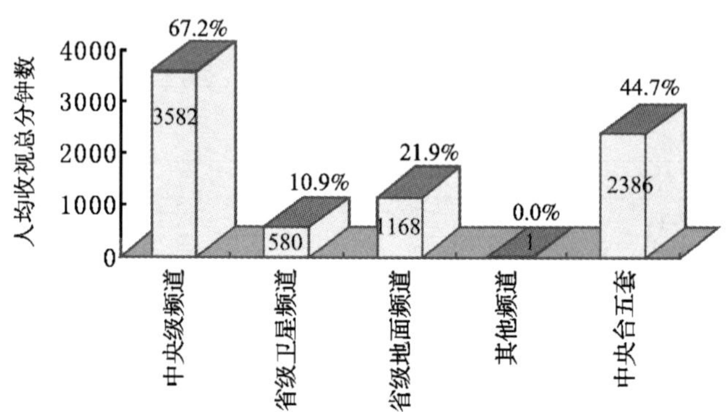

图12　2008年北京市场各类频道体育节目的人均收视时间及占体育节目总收视时间的比例

数据来源：CSM媒介研究

奥运会比赛自然是北京观众全年收看体育节目的重中之重。除奥运会赛事节目外，其他体育节目中收视率排在第一位的是天安门广场欢庆焰火，收视率达到15.2%，市场份额为30.2%。奥运会开闭幕式由于转播频道多，收视率被分散到多个频道，因此没能排在榜首。事实上，在北京观众收视集中的中央电视台综合频道、中央台五套和北京卫视三个频道里，奥运会开幕式收视率总和超过30%，市场份额合计更是高达50%以上。奥运会闭幕式、残奥会开闭幕式也获得了较高收视率。北京地区收视率最高的非奥运赛事是中国国家足球队出战2010年世界杯预选赛，虽然中国足球近年表现不佳，北京观众仍用实际行动支持着国家队，关注着他们的每一场比赛（表6）。

表6　2008年北京市场体育节目排名前十位（不包括奥运赛事）

排名	节目名称	播出频道	收视率%	市场份额%
1	第29届奥运会闭幕式天安门广场欢庆焰火	北京卫视	15.2	30.2
2	第29届奥林匹克运动会开幕式	中央电视台综合频道	14.4	23.8
3	第29届奥林匹克运动会闭幕式	中央电视台综合频道	13.3	23.4
4	第29届奥林匹克运动会闭幕式	中央台五套	9.8	17.1
5	第29届奥林匹克运动会开幕式	中央台五套	9.7	16.0
6	北京2008年残奥会开幕式	中央电视台综合频道	8.3	18.1
7	第29届奥林匹克运动会开幕式	北京卫视	7.5	12.3
8	2010年世界杯亚洲区预选赛（卡塔尔VS中国）	中央台五套	7.4	21.0
9	第49届世界乒乓球团体锦标赛女团决赛	中央台五套	7.1	17.0
10	北京2008年残奥会闭幕式	中央电视台综合频道	6.5	15.6

数据来源：CSM媒介研究

北京地区大部分奥运赛事节目都是由中央台的几个频道进行转播，其中，北京观众最关注的是中国对美国的篮球比赛，市场份额更是高达50%左右，可见姚明这位中国公众最喜欢的体育明星①和美国NBA球星组成的“梦之队”在北京观众心目中的重要地位。乒乓球、排球、举重和体操等都是中国运动员有能力夺取冠军的项目，收视率排名比较靠前也属情理之中，而田径项目女子100米决赛的收视率能够排名第三是个新的突破，看来在纯粹欣赏体育赛事方面，北京观众和以前相比有了很大进步（表7）。

表7　2008年北京市场奥运赛事收视排名前十位

排名	节目名称	播出频道	节目日期	开始时间	收视率%	市场份额%
1	第29届奥运会男子篮球B组比赛/中国VS美国	中央台二套	2008-8-10	22:14:15	15.8	49.5
2	第29届奥运会乒乓球女子单打决赛	中央台五套	2008-8-22	20:31:36	13.6	32.3
3	第29届奥运会女子100米决赛	中央电视台综合频道	2008-8-17	22:21:17	13.0	33.1
4	第29届奥运会女排小组赛/中国VS古巴	中央电视台综合频道	2008-8-13	19:58:36	12.8	29.0
5	第29届奥运会乒乓球男子团体决赛	中央台五套	2008-8-18	19:30:02	12.1	28.2
6	第29届奥运会女排小组赛/中国VS波兰	中央电视台综合频道	2008-8-11	19:59:05	11.7	25.9
7	第29届奥运会女子排球预赛/中国VS美国	中央台五套	2008-8-15	19:58:50	11.6	27.5
8	第29届奥运会男子举重56公斤级决赛	中央电视台综合频道	2008-8-10	19:54:31	11.5	23.9
9	第29届奥运会男子举重62公斤级决赛	中央台五套	2008-8-11	18:58:15	11.4	28.8
10	第29届奥运会女子平衡木决赛	中央台五套	2008-8-19	18:45:26	11.2	36.6

数据来源：CSM媒介研究

2. 上海

上海是中国第一大城市，也是中国最大的经济中心和贸易港口，经济的高度发达带来了文化事业的繁荣。独具特色的“海派文化”融合了江南传统文化和欧美文化，兼容并蓄，使得上海观众更容易接受源自西方的“奥林匹克”概念。而另一方面，上海是北京奥运会的协办城市之一，体育设施完善，运动员竞技水平也较高，有很多在国内广受欢迎的体育明星都来自上海。因此，上海地区电视观众在2008年收看体育节目时间也有较大增长，达到5448分钟，不仅远远高于往年，甚至超过了北京，比全国平均水平高出38%以上。与北京观众相比，上海观众更认同本地频道，总收视时长中有一半以上来自

① 根据CSM中国体育及体育赞助研究2008年秋季调查结果。

上海地面频道。受奥运影响，中央级频道在上海的收视份额比2007年有所增加，由38.3%上升至41.1%（图13）。

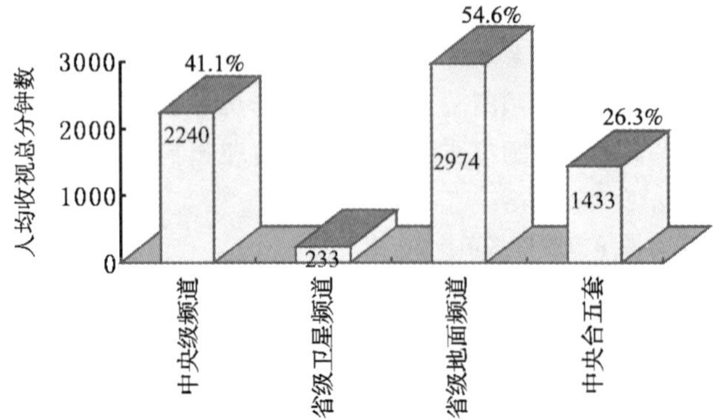

图13 2008年上海市场各类频道体育节目的人均收视时间及占体育节目总收视时间的比例

数据来源：CSM媒介研究

在具体节目排行中，除奥运会开闭幕式外，上海观众也对中国足球队冲击世界杯投入了较大的热情，收视率达到7.8%，市场份额为19.7%。此外，上海申花足球队的中超联赛也有较高收视率。而上海观众收看这些节目主要集中在本地的上海电视台体育频道（表8）。上海观众收看最多的奥运会赛事是郭晶晶出场的女子三米板跳水决赛，收视率达到9.5%。其次是刘翔本应该参加的110米栏决赛，尽管刘翔没有出现在赛场上，仍然有9.4%的上海观众关注了这场比赛，市场份额高达20%以上。其他受关注的奥运比赛与北京观众基本相同，多数都是中国运动员的优势项目，但是由于上海观众更倾向于收看本地电视频道，因此本应排名更靠前的乒乓球、篮球、体操等赛事节目的收视至少被分散到了本地和中央两个频道，排名相对靠后（表9）。

表8 2008年上海市场体育节目排名前十位（不包括奥运赛事）

排名	节目名称	播出频道	收视率%	市场份额%
1	第29届奥林匹克运动会开幕式	中央电视台综合频道	9.8	16.0
2	第29届奥林匹克运动会闭幕式	中央电视台综合频道	9.1	16.2
3	第29届奥林匹克运动会开幕式	上海电视台新闻综合频道	8.9	14.4
4	第29届奥林匹克运动会闭幕式	上海电视台新闻综合频道	8.0	14.3
5	G赛场：2010年世界杯亚洲区预选赛/中国VS卡塔尔	上海电视台体育频道	7.8	19.7
6	2008年第29届奥运会体操女子平衡木颁奖仪式	上海电视台体育频道	7.6	18.0
7	第29届奥林匹克运动会闭幕式	上海电视台体育频道	7.4	13.2
8	第29届奥林匹克运动会开幕式	上海电视台体育频道	6.8	11.0
9	2008年中国足球协会超级联赛/上海申花VS长沙金德	上海电视台体育频道	6.6	16.1
10	第29届奥林匹克运动会闭幕式	中央台五套	6.5	11.5

数据来源：CSM媒介研究

表 9 2008 年上海市场奥运赛事收视排名前十位

排名	节目名称	播出频道	节目日期	开始时间	收视率%	市场份额%
1	第 29 届奥运会女子 3 米跳板决赛	中央台二套	2008－8－17	20:28:47	9.5	19.1
2	第 29 届奥运会田径比赛男子 110 米栏决赛	中央电视台综合频道	2008－8－21	21:41:28	9.4	20.9
3	第 29 届奥运会乒乓球女子单打决赛	中央台五套	2008－8－22	20:31:36	9.1	19.8
4	第 29 届奥运会男篮小组赛/中国 VS 美国	上海电视台体育频道	2008－8－10	21:54:51	9.0	27.1
5	第 29 届奥运会体操男子单杠决赛	上海电视台体育频道	2008－8－19	19:35:43	9.0	19.7
6	第 29 届奥运会乒乓球女团决赛	中央电视台综合频道	2008－8－17	19:36:31	8.7	18.1
7	第 29 届奥运会男子举重 62 公斤级决赛	中央台五套	2008－8－11	18:58:15	8.4	18.5
8	第 29 届奥运会男子举重 69 公斤级决赛	中央台五套	2008－8－12	18:59:24	8.2	17.8
9	第 29 届奥运会射箭女团决赛	中央台五套	2008－8－10	18:09:47	8.1	22.2
10	2008 年第 29 届奥运会乒乓球男子团体决赛	中央台五套	2008－8－18	19:30:02	7.9	17.0

数据来源：CSM 媒介研究

3. 广州

有别于国内其他城市，特殊的文化背景和地理位置使得广州地区观众更容易接受外来的各种新鲜娱乐形式。由于位处“媒体特区”，广州省、市两级有线电视网都转播香港电视频道的节目，娱乐性强的香港电视节目更受广州观众的青睐。但是香港电视并没有专门的体育频道在广州落地，因此在体育节目竞争中香港电视并没有明显优势。2008 年广州观众收看体育节目的时间长达 5573 分钟，与 2007 年相比增长达到 70% 以上，比全国平均值高 40% 以上，超过了北京和上海。收看时间最长的是省级地面频道的体育节目，占所有收视时间的 38.1%。中央级频道也仍然占有较高比例，达到 31.9%，略低于 2007 年。市级频道在所有收视中占 14.9%，比 2007 年就较大幅度下降。香港电视频道在广州地区全部划归其他频道，因此广州观众收看“其他频道”的时间明显高于北京、上海两市，达到 14.2%，是 2007 年的三倍左右，这与很多广州观众选择通过香港电视频道收看奥运会开闭幕式和相关体育新闻有一定关系（图 14）。

在播出同样节目内容的时候，更多广州观众选择了收看香港电视节目。在非赛事节目排行中，香港电视台播出的奥运会开、闭幕式排在了最前面，收视率和市场份额均高于本地频道，中央台各频道播出的相关节目显然不受广东观众青睐。除了香港电视，广州观众主要在广东电视台体育频道收看其他体育节目（表 10）。

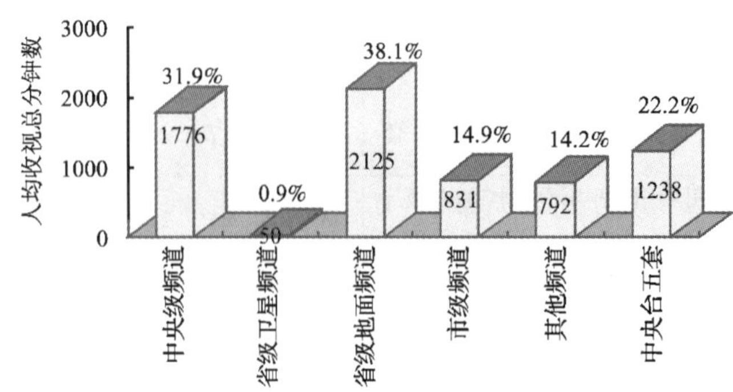

图 14　2008 年广州市场各类频道体育节目的人均收视时间及占体育节目总收视时间的比例

数据来源：CSM 媒介研究

表 10　2008 年广州市场体育节目排名前十位（不包括奥运赛事）

排名	节目名称	播出频道	收视率%	市场份额%
1	北京奥运 2008 闭幕礼	市网翡翠台（中文）	12.9	20.4
2	北京奥运 2008 闭幕礼	省网翡翠台（中文）	10.9	17.3
3	北京奥运 2008 开幕礼	市网翡翠台（中文）	10.7	16.8
4	第 29 届奥运会体操男子鞍马颁奖	广东电视体育频道	9.3	17.6
5	北京奥运 2008 开幕礼	省网翡翠台（中文）	9.3	14.7
6	第 29 届奥运会乒乓球女子团体颁奖	广东电视体育频道	9.1	16.3
7	第 29 届奥运会蹦床女子颁奖	广东电视体育频道	8.5	16.3
8	第 29 届奥运会羽毛球男子单打颁奖	广东电视体育频道	7.7	14.3
9	第 29 届奥运会举重男子 62 公斤级决赛颁奖	广东电视体育频道	7.3	13.7
10	第 29 届奥林匹克运动会闭幕式	广东电视体育频道	7.1	10.8

数据来源：CSM 媒介研究

由于香港各频道在奥运会期间没有多数具体赛事的直播，因此奥运赛事节目前十名全部为中央台和广东电视台体育频道的赛事直播及转播。举重是广州观众最关注的体育项目，这也许与很多举重运动员来自广东地区有关。此外，与其他城市一样，乒乓球、跳水、体操、羽毛球等项目也都出现在前十名中（表 11）。

表 11　2008 年广州市场奥运赛事收视排名前十位

排名	节目名称	播出频道	节目日期	开始时间	收视率%	市场份额%
1	第 29 届奥运会男子举重 56 公斤级决赛	中央电视台综合频道	2008－8－10	19:54:31	10.5	20.3
2	第 29 届奥运会乒乓球女子单打决赛	中央台五套	2008－8－22	20:31:36	9.9	18.4
3	第 29 届奥运会跳水男子单人 10 米跳台决赛	中央电视台综合频道	2008－8－23	20:00:01	9.6	18.4
4	第 29 届奥运会体操单项女子跳马决赛	中央台五套	2008－8－17	18:49:13	9.2	20.7

续表

排名	节目名称	播出频道	节目日期	开始时间	收视率%	市场份额%
5	第29届奥运会乒乓球女子团体决赛	广东电视体育频道	2008-8-17	19:31:07	9.0	17.5
6	第29届奥运会羽毛球男子单打决赛	广东电视体育频道	2008-8-17	20:59:09	8.9	15.9
7	现场直播：2008年第29届奥运会男子举重62公斤级决赛	中央台五套	2009-8-11	18:58:15	8.8	18.2
8	第29届奥运会跳水女子三米板决赛	广东电视体育频道	2008-8-17	21:44:20	8.8	16.0
9	第29届奥运会男子举重69公斤级决赛	中央台五套	2008-8-12	18:59:24	8.6	17.9
10	第29届奥运会体操女子自由操决赛	中央台五套	2008-8-17	20:24:43	8.5	15.8

数据来源：CSM媒介研究

结语

因为北京奥运会，2008年体育节目的全年收视情况明显优于往年，各个年龄段、各个职业的观众都被吸引到电视机前观看体育竞赛，也许有很多人会因此喜欢上体育，会养成收看体育节目的习惯，这对各体育频道来说无疑是件好事。中央台五套在全国范围内的优势依然无法撼动，但是已经可以感受到来自地方频道的挑战。2009年各常规赛事仍然会继续，在缺乏大赛支撑的年度如何开发常规赛事资源、巩固并扩大稳定观众群体将会是各体育频道面临的共同挑战。

（作者：曹珩）

2008年全国电影节目收视分析

不用花费昂贵的代价进影院，也不用盯着电脑屏幕上的下载条发呆，只需要坐在沙发上轻轻按下电视机的遥控器就能欣赏到国内外的经典影片或新近大片，“打开电视看电影”无疑是现代社会最方便快捷，同时也是最省钱的电影消费方式。2008年12月30日，随着珠江电影频道的隆重开播，国内六大电影集团都拥有了自己的电影频道，在拥有了雄厚的资金以后，版权也不再是一道难以逾越的障碍。既有经典老电影，也有最新、最火爆大片，国内外影片竞相出现在电视荧屏上，满足了各年龄段、各阶层观众的收视需求。电视媒体使电影艺术得到更广泛普及的同时，其本身也因此而更加丰富多彩。本文利用CSM媒介研究全国154样本市县收视调查数据，对2008年度电影类节目的播出和收视情况进行总结与分析。

一、电影类节目的播出和收视情况

1. 电影类节目的播出时长和收视时长首度下滑

2008年度，在全国154样本市县收视市场，电影类节目的播出时长从2007年的23.9万小时减少为22.2万小时，降幅为6.9%；电影类节目的播出比重也从6.5%下降为5.6%。而从收视上来说，观众对电影类节目的收视需求也有所减少，人均全年累计收看电影类节目共计3156分钟，较2007年度下降了6.6%，电影类节目收视时间占观众看电视总时间的5.2%。这是电影类节目的播出时长和收视时长自2003年度以来的首次下降。

2008年度电影类节目播出量的下滑，与部分重大事件有一定的关系。五月份和八月份两个月内，全国154样本市县共播出了电影类节目1.61万小时和1.88万小时，而2007年同期的播出量为2.15万小时和2.11万小时，下降幅度分别达25%和11%。

从资源利用效率上来看，从2003年到2008年，电影类节目的资源利用效率呈现先降后升的趋势。2003-2005年，电影类节目的播出时长增长较快，观众的收视也逐年递增，但增长幅度远不及播出时长的增长，资源利用效率持续下滑。2005年以后，电影类节目播出量的增长放缓了脚步，播出比重出现小幅下滑，而观众的收视比重基本维持住了2005年度的水平，资源利用效率缓慢地回升。2008年度，电影类节目的播出比重和收视比重虽然同时出现下滑，但播出比重下滑的幅度较大，资源利用效率回升至-8%(表1)。

表 1 2003 - 2008 年电影节目的播出与收视状况

年度	播出时长（小时）	播出比重（%）	收视时长（分钟）	收视比重%	资源利用率%
2003 年	91334	4.90%	3025	5.30	8.2
2004 年	122083	5.64%	3190	5.61	-0.5
2005 年	178412	6.65%	3274	5.66	-14.9
2006 年	201472	6.48%	3332	5.64	-13.0
2007 年	238675	6.48%	3379	5.77	-11.0
2008 年	222289	5.62%	3156	5.17	-8.0

数据来源：CSM 媒介研究

2. 地面频道是电影类节目的主要播出平台，观众收视集中在中央级频道和省级非上星频道

从播出情况来看，2008 年度，全国 22.2 万小时的电影类节目有 88% 是由省级非上星频道和市（县）级频道播出，中央级频道播出了其中的 2.9%，省级上星频道播出量最少，仅占总量的 1%。

再从收视情况来看，观众收看最多的是中央级频道所播出的电影类节目，占收看总时长的 51.1%；其次是省级非上星频道，占 32%；收看市（县）级频道的时间占 13.8%；省级上星频道的电影节目仅吸引了 0.9% 的收视。

以下分别对中央级频道、省级非上星频道和市（县）级频道 2008 年度电视荧屏电影类节目的播出与收视情况做一分析。

二、中央级频道电影类节目的播出和收视情况

1. 内地电影当家，播出量和收视量均居首

2008 年度，中央级频道共播出电影 6386 小时，其中有 67% 为内地电影，15% 为其他国家电影，12% 为港澳台电影，其余占 6%。与上年度相较，电影类节目的播出总量下降了 5%，内地电影、其他国家电影和亚洲国家电影的播出量都有所下降，而港澳台电影的播出量则略有上升。

内地电影仍是观众收看最多的电影类型。观众在中央级频道共收看了 1613 分钟的电影类节目，其中 64% 为内地电影，17% 为其他国家电影，14% 为港澳台电影，其余 5% 为其他类型电影。与上年度相比，电影的收视量同样出现萎缩，收视总量下降了 6%，内地电影、其他国家电影、港澳台电影的收视量都有所减少（图 1）。

2. 中央台六套为主要播出平台，喜剧、动作、抗战题材影片三分天下

中央台六套（电影频道）是中央级频道中电影类节目的主要播出平台。2008 年度，中央台六套共播出电影 4122 部（计算重复播出的影片），日均 11.3 部，合 16.5 小时，占中央级频道电影播出总量的 94%。随着“打开电视看电影”的口号深入人心，中央台六套成为观众收看电影类节目的主要选择，中央级频道电影类节目收视排名前二十位全

部由中央台六套包揽。

喜剧题材、动作题材和抗战题材的影片仍是收视大热。2008年度，在中央级频道收视排名前二十位的电影类节目主要由这三种题材包揽。居于首位的是由喜剧明星潘长江所主演的反映抗日战争时期善良智慧的人民群众勇斗日本军阀的喜剧片《举起手来》，影片在全国154样本市县市场获得了3.34%的收视率和7.37%的市场份额。

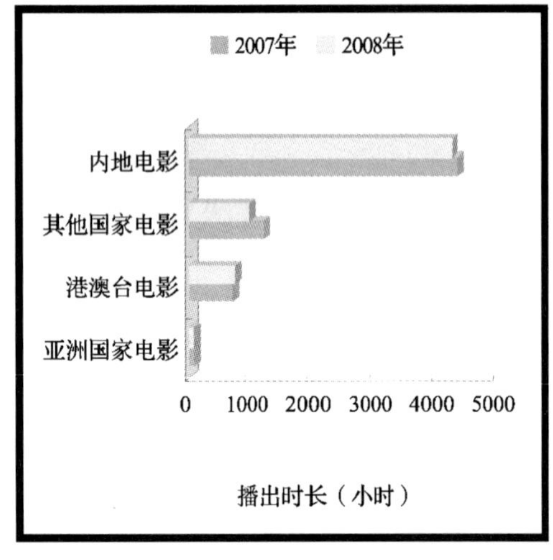

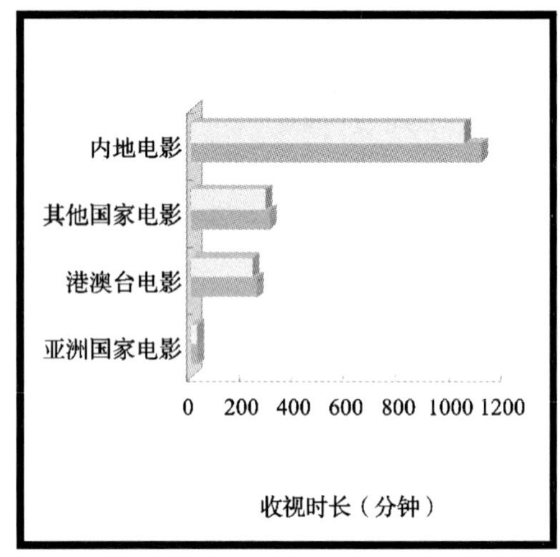

图1　2007－2008年中央级频道各类电影的播出和收视情况比较

数据来源：CSM媒介研究

“成龙电影”、“周星驰电影”、“冯小刚电影”相继绽放荧屏。成龙、周星驰、冯小刚一直是中国优秀电影的代名词，由他们编、导、演的影片不但在大银幕上获得成功，在电视荧屏上依然魅力无限。成龙参与的影片《功夫之王》、《新警察故事》、《宝贝计划》，周星驰的《功夫》、《长江七号》以及冯小刚导演的《集结号》皆在前十之列。

在排名前十的影片中，内地电影和港澳台电影各自占据半壁江山（表2）。

表2　2008年中央级频道电影类节目收视排名前二十位

排名	电影名称	题材	类型	播出频道	收视率%	市场份额%
1	举起手来	战争喜剧	内地电影	中央台六套	3.34	7.37
2	功夫	喜剧	港澳台电影	中央台六套	2.98	6.80
3	功夫之王	动作	港澳台电影	中央台六套	2.70	5.70
4	新警察故事	动作	港澳台电影	中央台六套	2.53	6.03
5	长江7号	喜剧	港澳台电影	中央台六套	2.51	5.90
6	集结号	抗战	内地电影	中央台六套	2.50	6.31
7	远东特遣队第九部	抗战	内地电影	中央台六套	2.39	5.94
8	宝贝计划	动作喜剧	港澳台电影	中央台六套	2.37	5.54
9	神丐	动作	内地电影	中央台六套	2.36	5.35
10	狩猎者	动作	内地电影	中央台六套	2.33	5.45

续表

排名	电影名称	题材	类型	播出频道	收视率%	市场份额%
11	神秘谷	抗战	内地电影	中央台六套	2.31	5.43
12	围剿	抗战	内地电影	中央台六套	2.29	5.39
13	远东特遣队第十部	抗战	内地电影	中央台六套	2.23	5.56
14	赛虎	剧情	内地电影	中央台六套	2.22	5.31
15	精武英雄	动作	港澳台电影	中央台六套	2.21	5.05
16	血战台儿庄	抗战	内地电影	中央台六套	2.19	5.31
17	远东特遣队第八部	抗战	内地电影	中央台六套	2.17	5.37
18	远东特遣队第六部	抗战	内地电影	中央台六套	2.15	5.42
19	心急吃不了热豆腐	喜剧	内地电影	中央台六套	2.15	4.87
20	拂晓枪声	抗战	内地电影	中央台六套	2.14	4.87

数据来源：CSM媒介研究

3. 节日期间新片坐镇，抗战题材影片唱主角

2008年节日期间，中央级频道共播出影片318部（计算重复播出的影片），日均11.8部，播出量较平时有所增加。

2006年以后上映的影片坐镇节日期间中央级频道荧屏，2007年末上映的《投名状》、《集结号》和2008年度上映的《长江7号》、《大灌篮》、《功夫之王》等最新影片也相继登陆中央台六套，均获得了不错的收视反响（表3）。

表3　2008年节日期间中央级频道所播出的最新影片

播出日期	电影名称	播出频道	收视率%	市场份额%	影片上映日期
元旦（1/1）	宝葫芦的秘密	中央电视台少儿频道	0.21	2.09	2007年6月29日
春节（2/6－2/12）	宝贝计划	中央台六套	1.04	8.12	2006年9月28日
	纳尼亚传奇	中央台六套	0.97	5.56	2006年3月8日
	金刚归来	中央台六套	0.65	5.78	2006年10月10日
	疯狂的石头	中央台六套	0.64	4.77	2006年6月30日
	人鱼朵朵	中央台六套	0.49	4.10	2006年12月8日
	伤城	中央台六套	0.45	3.48	2006年12月22日
清明(4/4－4/6)	宝贝计划	中央台六套	2.37	5.54	2006年9月28日
五一（5/1－5/3）	集结号	中央台六套	2.50	6.31	2007年12月20日
	门徒	中央台六套	0.73	5.53	2007年2月13日
	天生一对	中央台六套	0.36	5.14	2006年3月2日
	天行者	中央台六套	0.30	10.83	2006年11月14日
中秋（9/13－9/15）	长江7号	中央台六套	2.38	5.49	2008年1月30日
	投名状	中央台六套	0.70	5.52	2007年12月12日
	满城尽带黄金甲	中央台六套	0.69	8.04	2006年12月14日
	集结号	中央台六套	0.32	6.56	2007年12月20日
	宝贝计划	中央台六套	0.08	12.48	2006年9月28日
	疯狂的石头	中央台六套	0.04	5.92	2006年6月30日

续表

播出日期	电影名称	播出频道	收视率%	市场份额%	影片上映日期
国庆(9/29-10/5)	功夫之王	中央台六套	2.62	6.16	2008年4月24日
	霍元甲	中央台六套	2.03	4.61	2006年1月25日
	东京审判	中央台六套	2.02	4.55	2006年9月1日
	大灌篮	中央台六套	1.86	4.35	2008年2月7日
	男儿本色	中央台六套	0.82	6.62	2007年7月19日
	满城尽带黄金甲	中央台六套	0.72	5.98	2006年12月14日

数据来源：CSM媒介研究

抗战题材影片在节日期间广受电视观众的青睐，收视排名前十位影片中，抗战题材影片占据六位。《功夫之王》和《集结号》两部2008年度的新片成为节日期间电视荧屏最受欢迎影片（表4）。

表4 2008年度节日期间中央级频道电影类节目收视排名前10位

排名	电影名称	题材	播出频道	播出日期	收视率%	市场份额
1	功夫之王	动作	中央六套	国庆	2.62	6.16
2	集结号	抗战	中央六套	五一	2.50	6.31
3	远东特遣队第九部	抗战	中央六套	端午	2.39	5.94
4	长江7号	喜剧	中央六套	中秋	2.38	5.49
5	宝贝计划	动作喜剧	中央六套	清明	2.37	5.54
6	神秘谷	抗战	中央六套	清明	2.31	5.43
7	远东特遣队第十部	抗战	中央六套	端午	2.23	5.56
8	铁道游击队	抗战	中央六套	端午	2.07	5.12
9	东京审判	历史	中央六套	国庆	2.02	4.55
10	战上海	抗战	中央六套	国庆	2.00	4.62

数据来源：CSM媒介研究

4. 电影频道自制的系列影片受欢迎

电影频道作为国内最大的电影播出机构之一，还投入了电影的制作。剧情曲折离奇的系列数字电影制作成本相对低廉，却极具可看性。继2007年度的《陆小凤传奇》、《镖行天下》和《杨门女将》获得成功后，中央台在2008年度又推出了《女神捕》、《父子神探》、《抗日冲锋队》，都获得不错的收视效果。

《女神捕》改编自武侠小说，讲述一名女捕头与权臣间的斗智斗勇、尽力为弱者伸张正义的故事；《父子神探》紧扣“悬疑”二字，讲述一对探长父子就罪案抽丝剥茧，探寻事实真相的故事。两剧都是探案题材，在154样本市县首播的收视率都达到了1%以上。《抗日冲锋队》在12月中央台六套下午时段播出，以抗战为题材的影片同样吸引了不少观众，取得了该时段5%以上的市场份额。其中，《密码使命》取得了1.13%的收视率，市场份额达到8.68%（表5）。

表 5　2008 年电影频道自制的数字电影收视情况

系列名称	电影名称	首播收视率%	首播市场份额%
女神捕	迷局	1.56	3.60
	计中计	1.23	2.85
	现形	1.23	2.74
	局中局	1.03	2.26
	借刀	1.74	4.00
	铁证	1.44	3.61
	杀手无名	1.40	3.16
	孽缘	1.25	2.73
	绝境	1.26	2.81
	心鬼难防	1.13	2.47
父子神探	千年咒	1.67	3.93
	目击者	1.42	3.38
	神秘数字	1.28	2.91
	玫瑰园疑云	1.85	4.27
	双子座	1.43	3.39
抗日冲锋队	殊死营救	0.67	6.58
	夺宝锄奸	0.73	7.63
	绝密图纸	1.03	6.26
	冬日烈火	0.79	7.85
	雪域追踪	1.27	5.81
	偷梁换柱	0.56	4.97
	密码使命	1.13	8.68

数据来源：CSM 媒介研究

5. 男性、35－54 岁观众是中央级频道电影类节目的主要收视群体

在收看中央级频道电影类节目的观众中，男性观众占58%，女性观众占42%，男性观众占大多数。观众的年龄多集中在25－54岁，其中35－54岁的观众占45%。55－64岁的观众在所有观众中所占的比例不高，仅为14%，但集中度是各年龄段观众中最高的，显示出老年观众对中央级频道电影类节目的热衷（图2）。

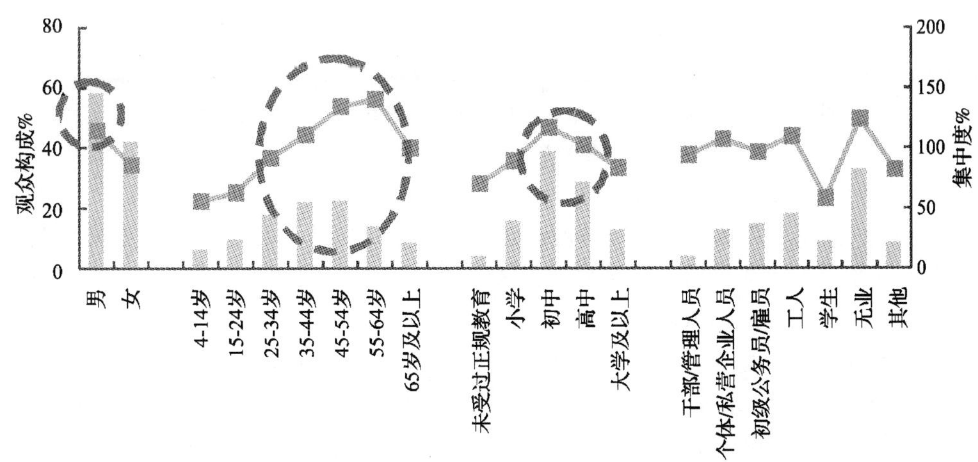

图 2　2008 年中央级频道电影类节目的观众构成和集中度

数据来源：CSM 媒介研究

三、省级非上星频道和市（县）级频道电影类节目的播出和收视情况

1. 港澳台电影和其他国家电影是主要的播出和收视类型

港澳台电影与其他国家电影是省级非上星频道和市（县）级频道播出最多的电影类型。2008年度，省级非上星频道共播出电影101962小时，其中港澳台电影56613小时，占56%；其他国家电影35363小时，占35%；内地电影仅6729小时，占7%；其余占2%。与上年度相较，其他国家电影、内地电影、亚洲国家电影的播出量都有一定幅度下滑，省级非上星频道整体播出电影的时长也减少了6%。

在全国154样本市县，观众收看省级非上星频道的电影时也主要选择了港澳台电影和其他国家电影，这两类电影共占去94%的收视时间，而内地电影的收看量仅为43分钟，占4%。观众在省级非上星频道收看电影的总时长也较上年度有所减少，降幅为7%（图3）。

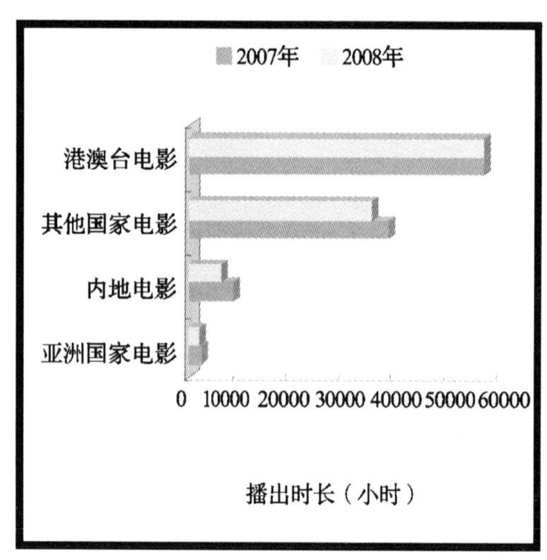

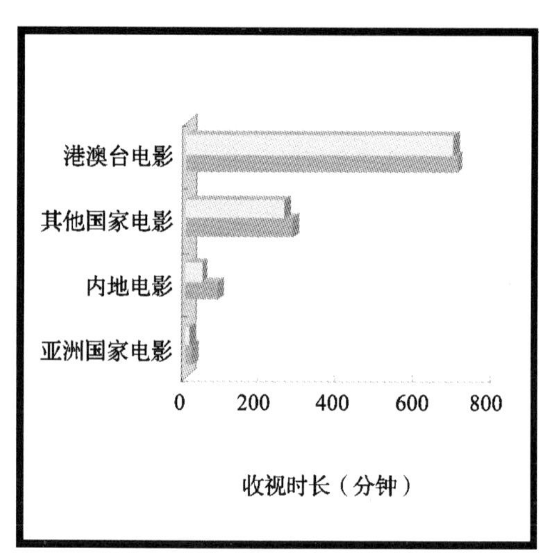

图3　2007－2008年省级非上星频道各类电影的播出和收视情况比较

数据来源：CSM媒介研究

市（县）级频道各类型电影节目的播出和收视也是以港澳台电影和其他国家电影为主。2008年度，市（县）级频道共播出电影93693小时，其中港澳台电影54540小时，占58%；其他国家电影31268小时，占33%；内地电影仅5306小时，占6%；其余占3%。与上年度相较，电影类节目的播出总量下降了14%，各类型电影的播出都有所减少。从播出比重来看，港澳台电影的比重上升，其他国家和内地电影的播出比重下降。

市（县）级频道所播出的电影类节目共获得了观众434分钟的收视，较上年度下降了10%。各类型电影的收视皆呈现萎缩。观众收看最多的港澳台电影的收视时长从325分钟降为315分钟，其他国家电影的收视时长从111分钟降为98分钟，这两个类型的电

影占观众收看总时长的 76%。(图 4)

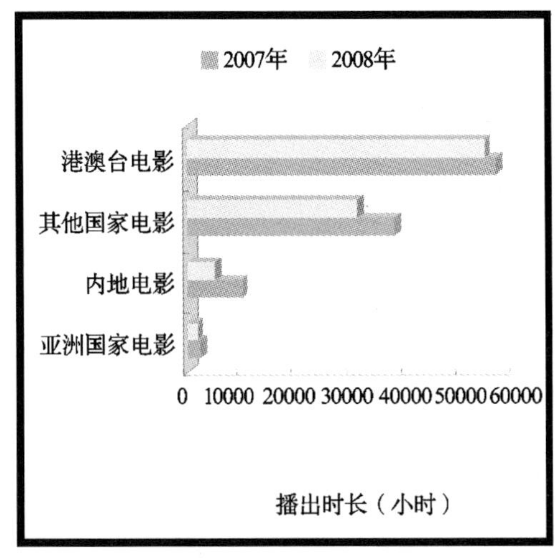

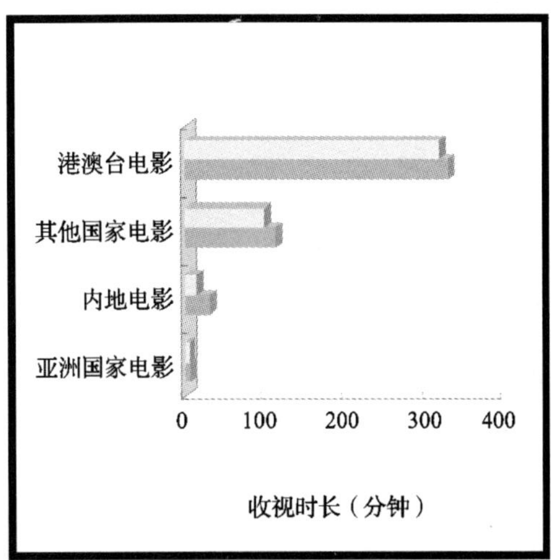

图 4　2007 – 2008 年市（县）级频道各类型电影的播出和收视情况比较

数据来源：CSM 媒介研究

2. 夜间次黄金时段是电影类节目播出和收视的黄金时段

省级非上星频道和市（县）级频道播出电影类节目主要集中在夜间电视收视的次黄金时段。其中，在省级非上星频道共播出了 10 万小时影片，有 28% 集中在夜间 22:00 – 25:00 播放，而凌晨 2:00 – 3:00、上午 9:00 – 10:00、中午 12:00 – 14:00 以及傍晚 18:00 – 19:00 也是电影类节目播出较多的时段。观众收看则主要集中在晚间的22:00 – 24:00，全年累计共 347 分钟，占总量的 35%；其次，12:00 – 14:00 及 18:00 – 19:00 也是观众收看电影类节目较多的时段。凌晨 0:00 – 3:00，电影类节目的播出共达 17762 小时，占总播出量的 18%，但观众的收视热情较低，全年共累计收看了 65 分钟这一时段的电影，仅占总量的 6%（图 5）。

在市（县）级频道，22:00 – 24:00 是电影播出的主要时段，较省级非上星频道的播出时间更加集中，有 31% 的电影都在这一时段播出。从收视情况来看，观众收看市（县）级频道所播出的电影是在 21:00 – 24:00，其中以 22:00 – 23:00 的收视最为旺盛，这一个小时的收看时长全年累计共达 100 分钟，占总量的 22%。凌晨时段，市（县）级频道电影类节目的播出与收视都趋于减少（图 6）。

3. 男性观众、25 – 54 岁观众是主要收视群体

收看电影类节目的观众，男性观众在省级非上星频道中占 58%，在市（县）级频道中占 60%，都是男性占绝大多数。25 – 54 岁的观众比例在省级非上星频道中占 63%，在市（县）级频道中占 67%。男性观众和 25 – 54 岁的观众是地面频道电影类节目的主要收视群体。

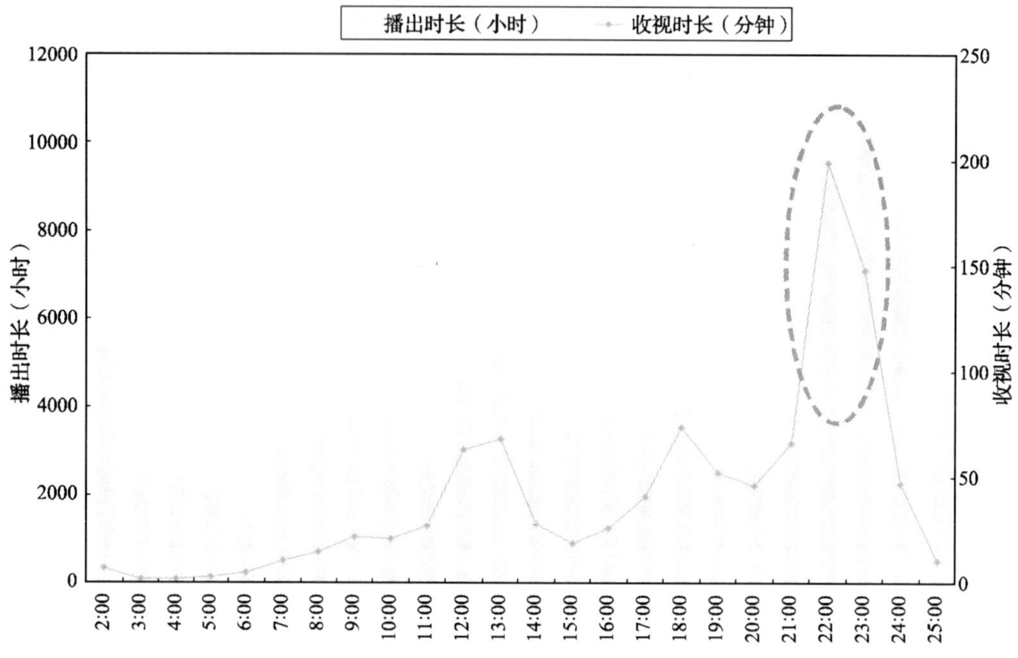

图 5　2008 年省级非上星频道电影类节目在各时段的播出和收视情况

数据来源：CSM 媒介研究

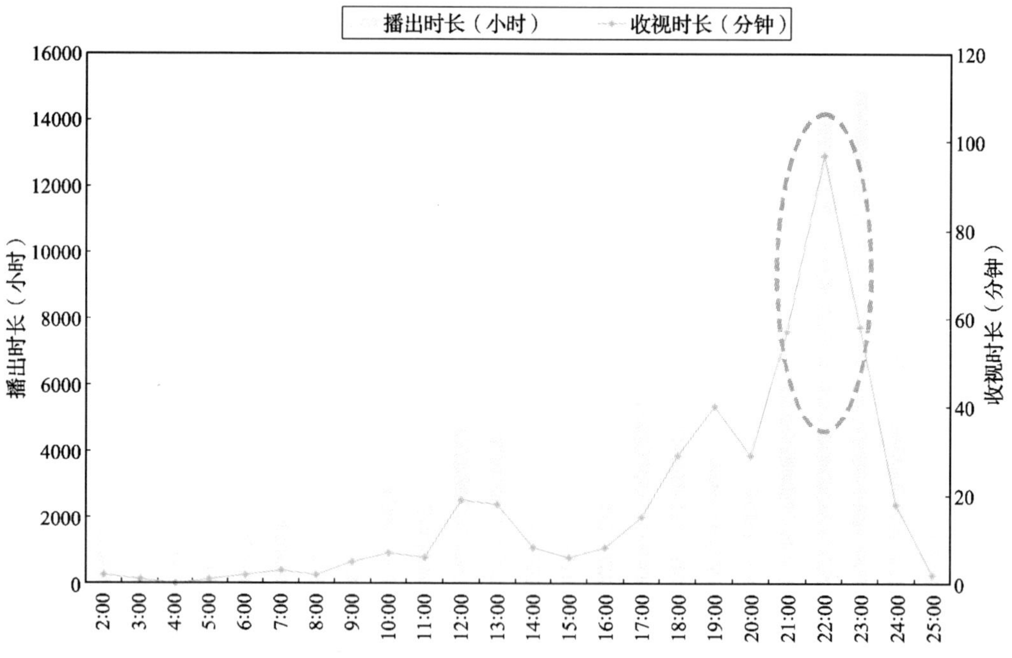

图 6　2008 年市（县）级频道电影类节目在各时段的播出和收视情况

数据来源：CSM 媒介研究

与中央级频道的观众相比，省级非上星频道和市（县）级频道的电影类节目观众显得更为年轻化。15－34 岁的观众比例在中央级频道中为 27%，在省级非上星频道占 37%，在市（县）级频道则占 39%（图 7、图 8）。

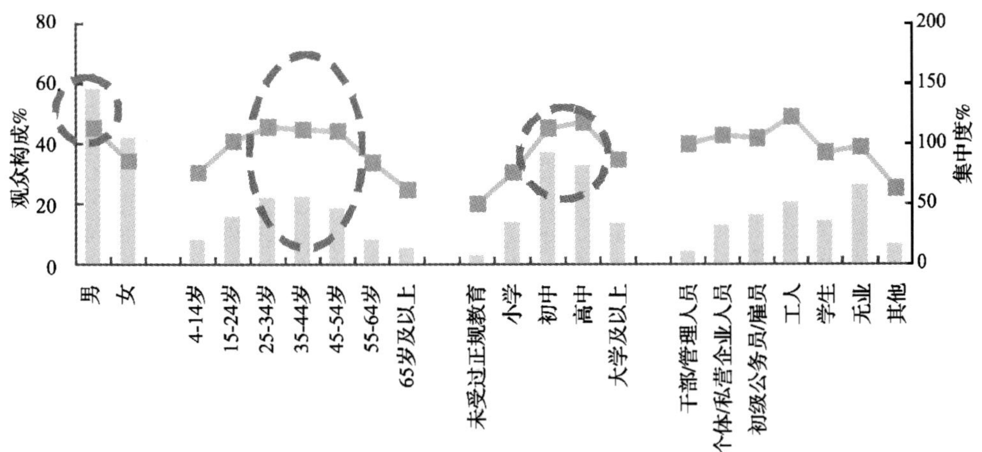

图 7　2008 年省级非上星频道电影类节目的观众构成和集中度

数据来源：CSM 媒介研究

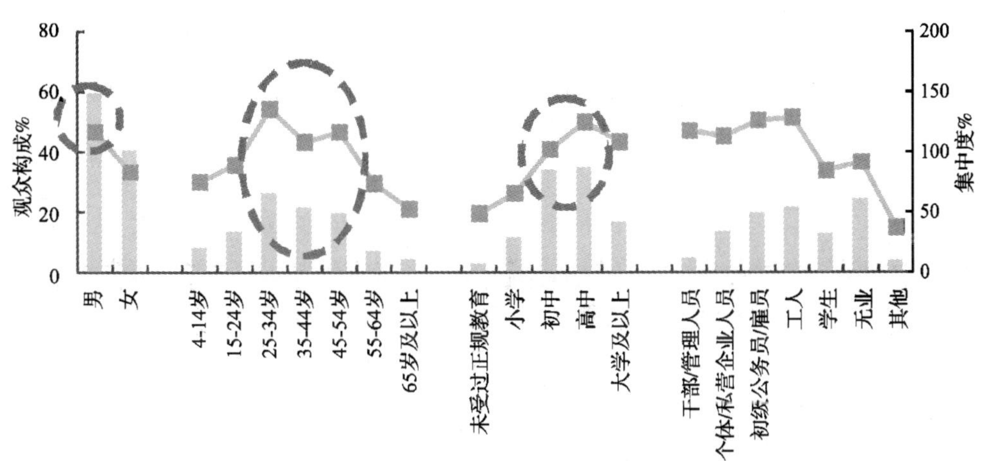

图 8　2008 年市（县）级频道电影类节目的观众构成和集中度

数据来源：CSM 媒介研究

结语

通过以上的分析可以看出，在 2008 年度，中央级频道、地面频道仍然是电影类节目播出和收视的主要平台。中央级频道由内地电影当家，每逢节日即推出最新大片吸引观众眼球，更投入了电影的拍摄、制作，充分体现出央视丰富的资源和雄厚的实力。地面频道则以港澳台电影和其他国家电影为主，集中在夜间 22:00 至凌晨 1:00 播出，与中央级频道形成一定的差异化竞争。从收视情况来看，中青年观众和男性观众是电影类节目的主要收视群体，中央级频道的内地电影和地面频道的港澳台电影最受青睐，名导演和名演员的作品始终是观众收视的热点。

与2007年度相比，电影类节目的整体播出和收视量都有一定的减少，播出比重仍然高于收视比重。电影类节目的竞争格局，由于版权、资金和频道覆盖等众多因素的限制，处于相对稳定的阶段，中央级频道在全国154样本市县仍然居于领先的位置，而地面频道通过差异化的电影类型选择，也有一定的发展空间。

（作者：顾颖华）

2008 年春节电视收视市场回顾

春节是中国人的传统节日。每年的春节总是在人们的殷殷期盼中如期而至，7 天假期后，春节的生活、见闻、感触便成为大家茶余饭后的话题。早在春节前的好几个月，电视界就开始精心策划节目编排，集思广益力求节目独具匠心。而至于电视人精心准备的“年货”是否能获得观众的青睐，也只待节后我们来用收视数据揭晓了。本文利用 CSM 媒介研究全国 35 中心城市①的数据，对 2008 年春节期间的整体收视状况进行描述分析。

一、2008 年春节期间整体收视描述

1. 人均收视时间增加，观众规模略有减少

2008 年春节假期从 2 月 6 日至 2 月 12 日，与 2008 年 1 月相比，春节假期期间不管是全天人均收视时间，还是晚间人均收视时间都比 1 月份的平均水平有所增加，全天人均收看电视时间比 1 月份增加了 30 分钟。

从观众规模的角度来看，2008 年春节黄金周期间平均每天的观众规模比 1 月份平均水平有所下降。春节期间全天观众平均到达率为 70.91%，比 1 月份的平均水平 72.52% 下降了 1.6 个百分点；晚间时段的平均到达率也从 64.01% 减少到 61.08%，减少了近 3 个百分点。春节期间的观众规模减少主要体现在晚间，春节期间走亲访友，朋友聚会，娱乐休闲等已经成为一种节日特有的生活习惯。

与 2007 年春节比较，2008 年春节的人均收视时间增加，观众规模（平均到达率）减少，但变化幅度都相对较小。

2. 春节期间白天和深夜收视显著提升，晚间黄金时段收视低于平时

总体来看，2008 年春节期间的平均收视率比 2008 年 1 月的平均收视率有所增加。2008 年 1 月平均总收视率 13.38%，而 2008 年春节期间的平均总收视率为 15.52%。整体收视的提升源于 2008 年春节白天和深夜收视的大幅度提升。从图 1 可以看到，春节期

① 本文使用 CSM35 城市为：北京（新）、长春（M）、长沙（M）、成都（M）、重庆（M）、大连、福州（M）、广州、贵阳、海口、杭州（M）、哈尔滨（M）、合肥（M）、呼和浩特、济南（M）、昆明（M）、兰州、拉萨、南昌、南京（M）、南宁、青岛、上海（新）、沈阳（M）、深圳（M）、石家庄（M）、太原（M）、天津（城）M、乌鲁木齐、武汉（M）、厦门、西安（M）、西宁、银川、郑州（M）。括号中 M 代表该城市为测量仪调查城市。

间从早上8点至下午6点的总收视率都明显高于1月份，而晚间18:00-21:30的总收视率都要低于1月份，直至22点以后，春节的总收视率又明显高于1月份（图1)。

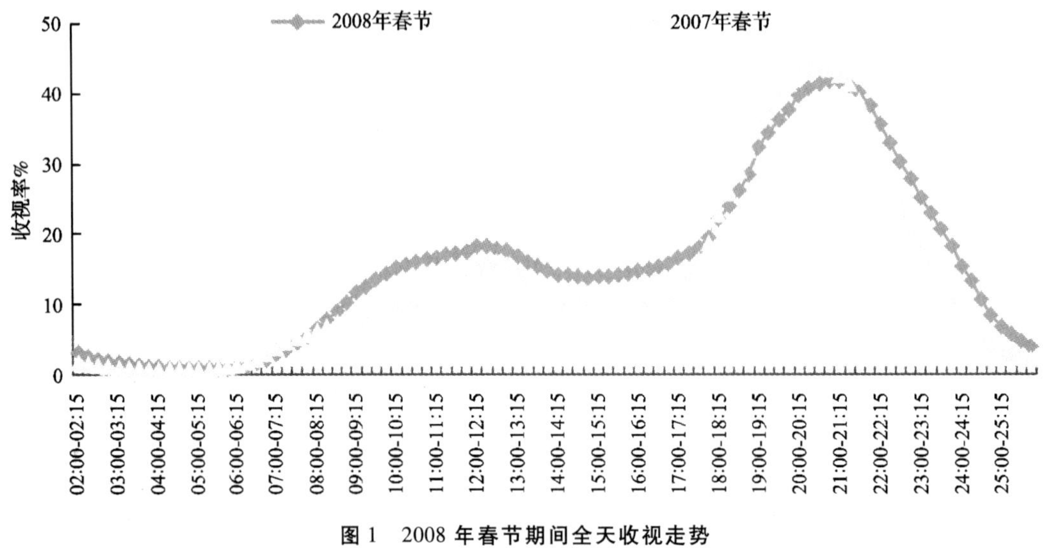

图1 2008年春节期间全天收视走势

数据来源：CSM媒介研究

我们从2007年春节和2008年春节的全天收视走势来看，两年春节期间的收视曲线非常吻合，只在下午13:00-18:00时段2008年春节比2007年收视略高（图2)。时段收视趋势清楚显示了春节期间人们的收视习惯和平时的区别，春节期间观众白天看电视的时间更长，在晚间集中收看电视的时段比平时推迟了，结束收看电视的时间也比平时更晚了。

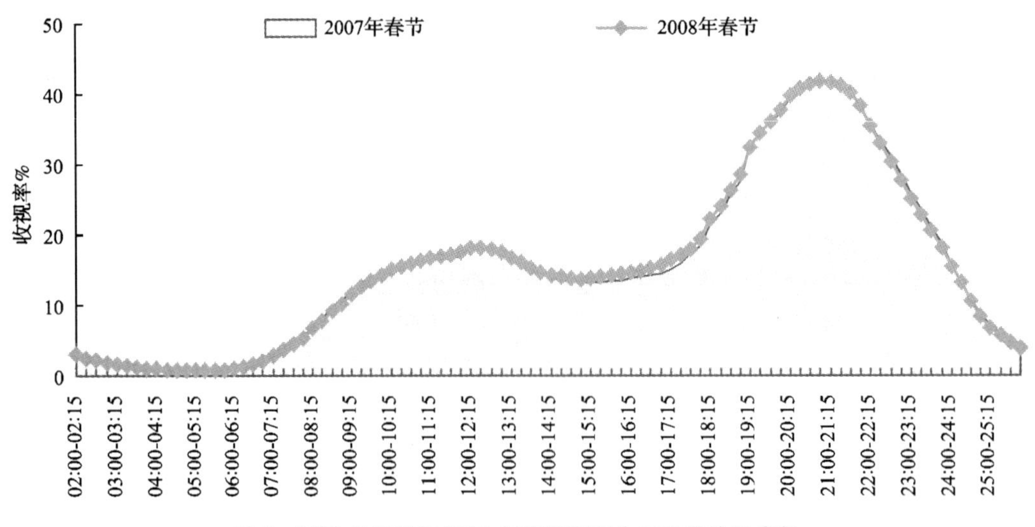

图2 2008年春节和2007年春节期间全天时段收视走势

数据来源：CSM媒介研究

从春节黄金周各天的平均收视来看，2008年除夕的平均收视率高于2007年除夕（2008年除夕为春节假期第一天，2007年初一为春节假期第一天），其他各天收视接近，2008年正月初一、初二的收视率略低于2007年，其他各天的平均收视都略高于2007年（图3）。

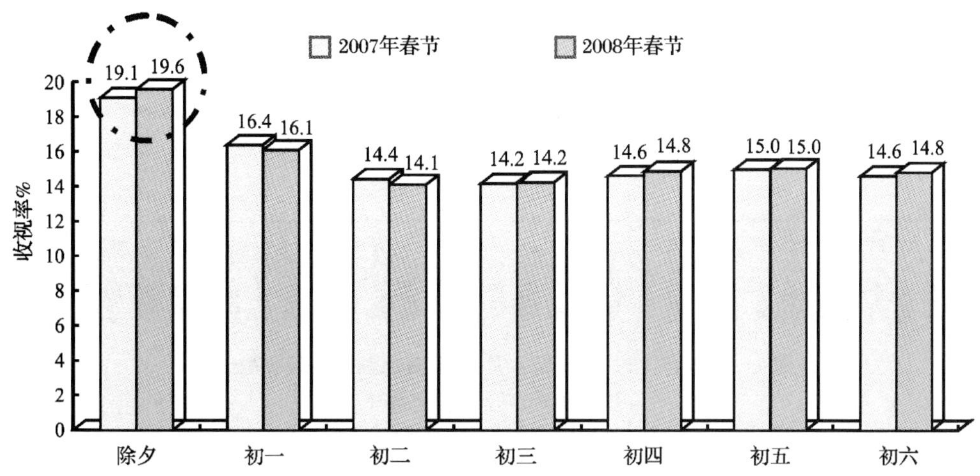

图3　2008年春节和2007年春节期间各天收视对比

数据来源：CSM媒介研究

3. 中央级频道春节收视增幅最大，省级卫视略有提升，地面频道和市级频道收视下跌

上文我们通过数据比较对春节期间的整体收视有了一个总体认知：相对于节前（1月），“提升”是2008年春节收视的关键词。然而具体到不同频道的收视，表现又不尽相同。经验告诉我们，每年的春节是中央级频道的“收视春天”，春节期间，中央级频道的强劲收视表现是其他各级频道无可匹敌的。2008年春节，中央级频道的收视表现可谓是“桃花依旧笑春风”，无论是从收视率和份额的绝对值还是从增长幅度来看都遥遥领先于其他频道。省级卫视在春节期间的收视也略有提升，但提升幅度不大。与中央级频道和省级卫视的收视提升相反，省台地面频道和市级频道在春节期间都有不同程度的下降，尤其是省台地面频道的下降幅度比较明显。2月12日春节假期结束，人们纷纷返回工作岗位，其后省级卫视收视明显下降，与之相反的是地面频道的收视缓慢回升（图4）。

中央级频道占据了整个春节期间收视市场超过40%的份额，而且与2008年1月相比，在各级频道中，中央级频道的市场份额增长幅度也是最大的，全天增幅为15.6%，晚间增幅为24.4%。省级卫视市场份额全天增幅为9%，晚间增幅为8.2%。省级地面频道和市级频道的份额减少明显，其中又以省级地面频道的减少幅度尤为突出，全天份额下降20.6%，晚间下降23%（图5、图6）。

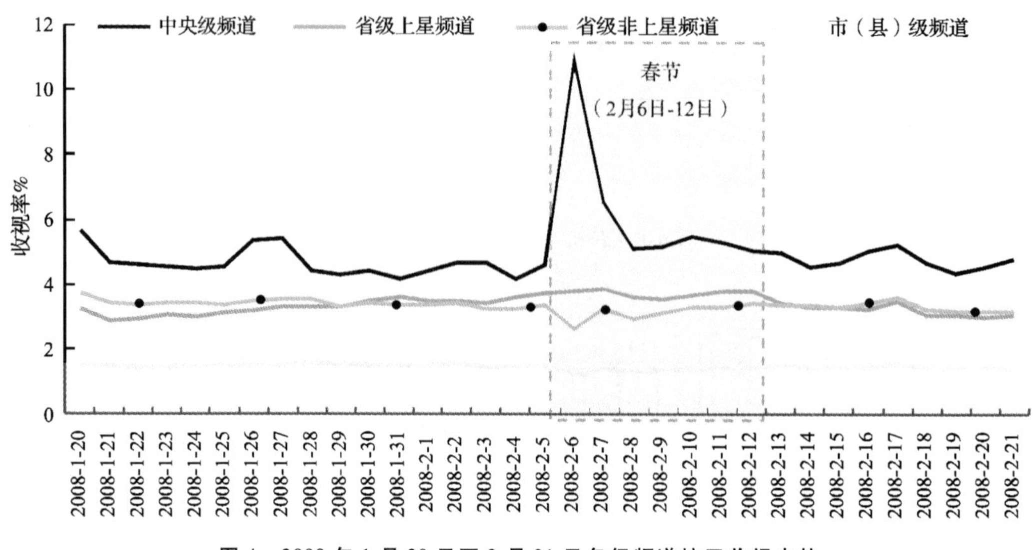

图 4　2008 年 1 月 20 日至 2 月 21 日各级频道按天收视走势

数据来源：CSM 媒介研究

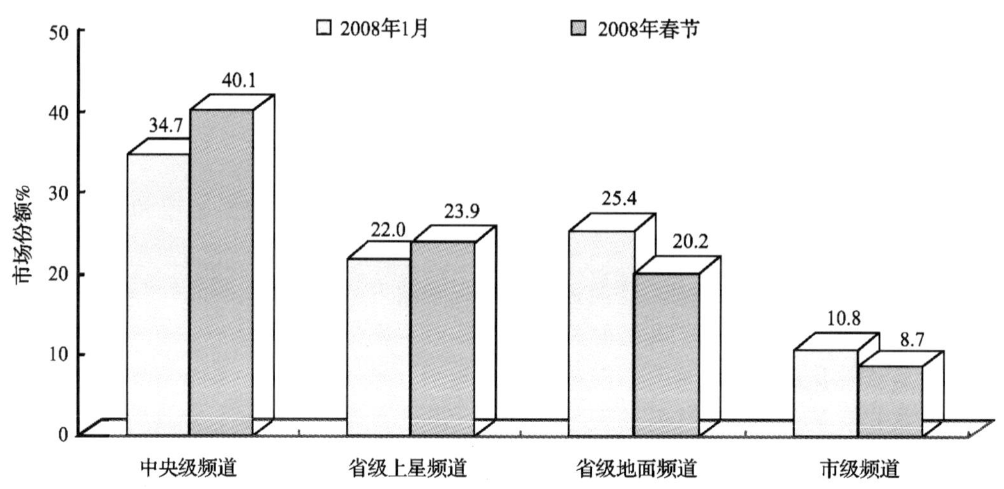

图 5　2008 年春节期间各级频道市场份额变化（全天）

数据来源：CSM 媒介研究

在全天不同的时段，各级频道的收视表现也不一样。中央级频道全天有两个明显的收视高峰：中午 12:00－13:00 的《午间新闻》时段和晚间 19:00－22:00（图 7）。省级卫视的收视高峰在晚间的 20 点之后，而且下午 13:00－17:00 省级卫视在各频道中优势突出。省级地面频道的收视高峰也出现在晚间，尤其是 18:00－19:00 地面频道的收视高于其他频道。这个时段大多数省级地面频道播出的电视剧收视表现良好，比其他频道的新闻节目有更大的吸引力。

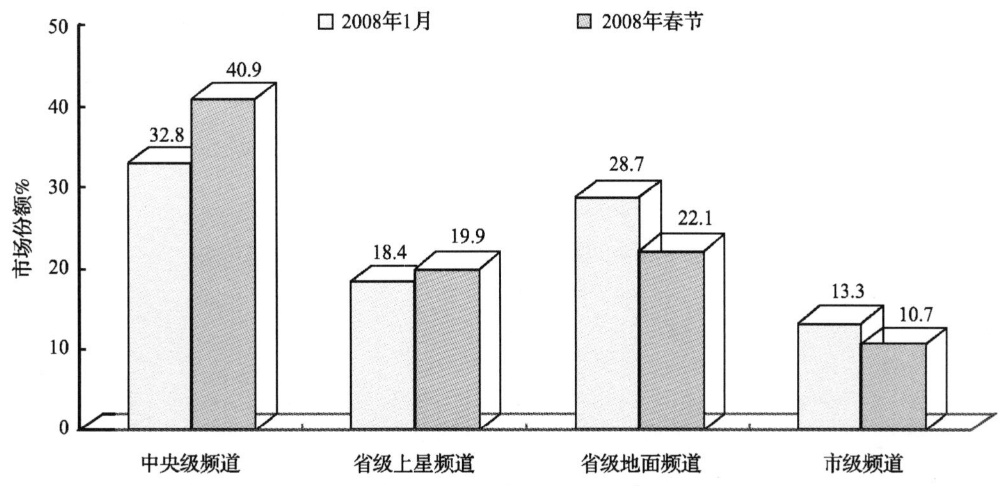

图 6 2008 年春节期间各级频道市场份额变化（18:00－24:00）

数据来源：CSM 媒介研究

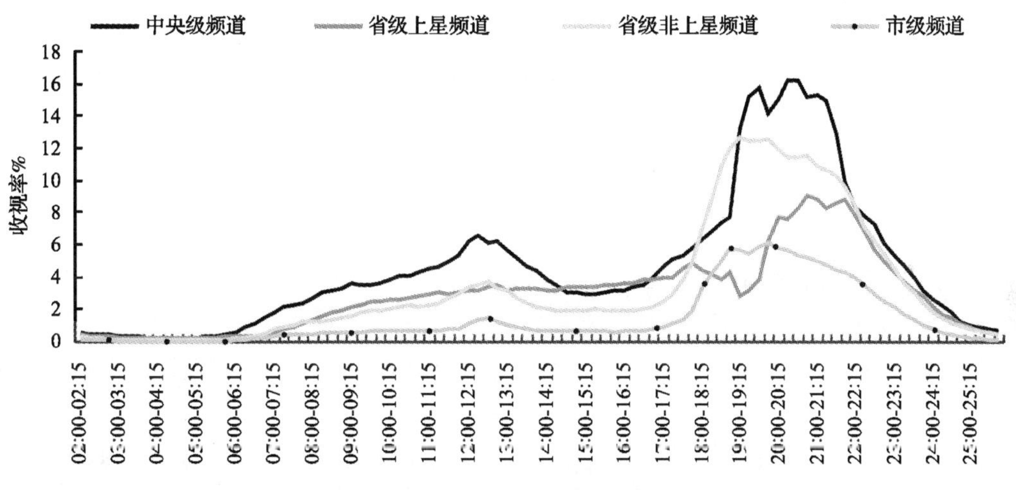

图 7 2008 年春节期间各级频道全天收视走势

数据来源：CSM 媒介研究

细化到单个频道的市场份额，2008 年春节期间各频道市场份额数据显示，中央级频道中电视台综合频道依然收视排名第一，份额为 12.4%，与 2007 年春节基本持平。中央三套随后，2008 年春节与 2007 年春节份额均为 6.2%。中央台六套份额下降相对明显，从 4.8% 至 3.6%，但是依然保持排名第三。省级卫视中湖南卫视收视最高，山东卫视播出电视剧《闯关东》收视明显提升，位列省级卫视的第二位。

4. 春节期间男性、年轻观众以及高知观众比例增加，集中度提高

比较 2008 年 1 月和春节期间的观众构成，从性别来看，男性观众的比例增加，女性

观众减少。不同年龄的观众中，15－24岁、25－34岁的观众比例比平时增加。从受教育程度来看，高中和大学以上学历的观众比例明显增加。在不同职业的观众中，干部管理人员、公务员、工人、学生的比例增加。而从集中度来看，也具有相同的特点。春节期间，男性、年轻、高教育程度的观众比例增加。

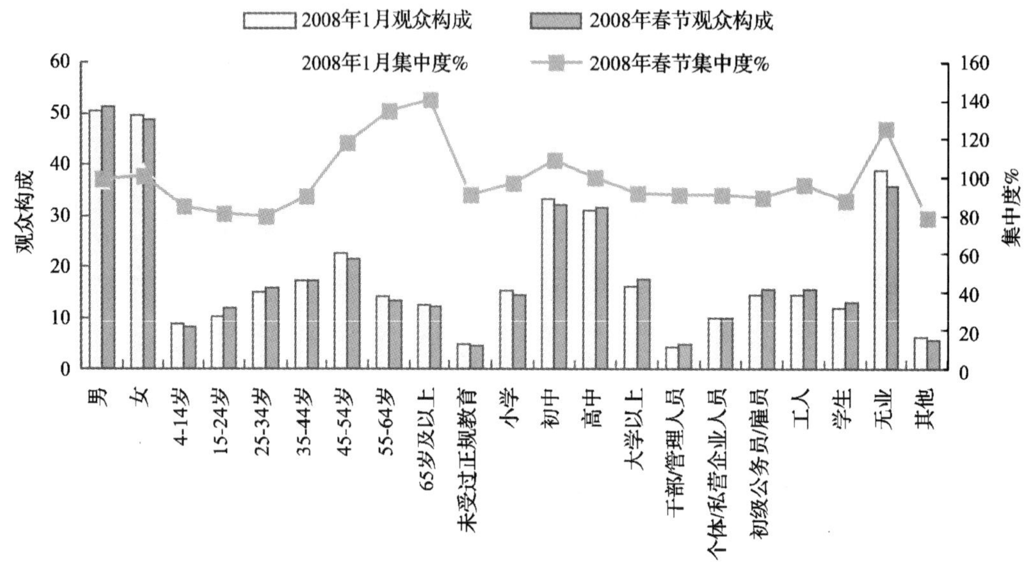

图8　2008年1月份和春节期间观众构成对比

数据来源：CSM媒介研究

二、2008年春节期间节目主要特点

2008年春节节目市场活跃，如央视除夕夜的春节联欢晚会，文化部、公安部等部委的春节联欢晚会，戏曲晚会、歌舞晚会、相声小品精选等不同表现形式的晚会，综艺类节目，大型活动如2008年感动中国人物评选颁奖、道德模范评选等。由于2008年春节正逢冰雪灾害，电视荧屏上也出现了很多以抗击雪灾为主题的节目，例如赈灾义演活动等。除此之外，春节期间多个频道重播经典电视剧，也是春节节目市场近年来的惯例。

2008年春节期间，在各种节目资源的竞争格局中，中央级频道对综艺、专题和新闻时事类节目资源的占有具有明显的优势，省级卫视的资源竞争优势表现在热播的电视剧，省级地面频道和市级频道的资源竞争优势表现在电影类节目。

1. 春节期间综艺节目受观众欢迎

春节期间的各类节目中，综艺节目、电视剧和新闻时事节目是最受欢迎的节目类型。2008年春节期间电视剧播出时长占所有节目播出总时长的23.9%，观众收看电视剧的总时长占收看所有节目总时长的29.2%。综艺类节目播出时长占所有节目播出总时长的8.1%，占观众收看时长的24.5%，收视比重远远超过播出比重，观众对综艺节目的收视热情高涨，综艺节目的资源利用率高达201%。另外新闻时事类节目的收视比重也大于播出比重，由于2008年春节期间中国部分地区遭遇罕见的冰雪灾害，雪灾事件也是人们非常关注的新闻事件（图9）。

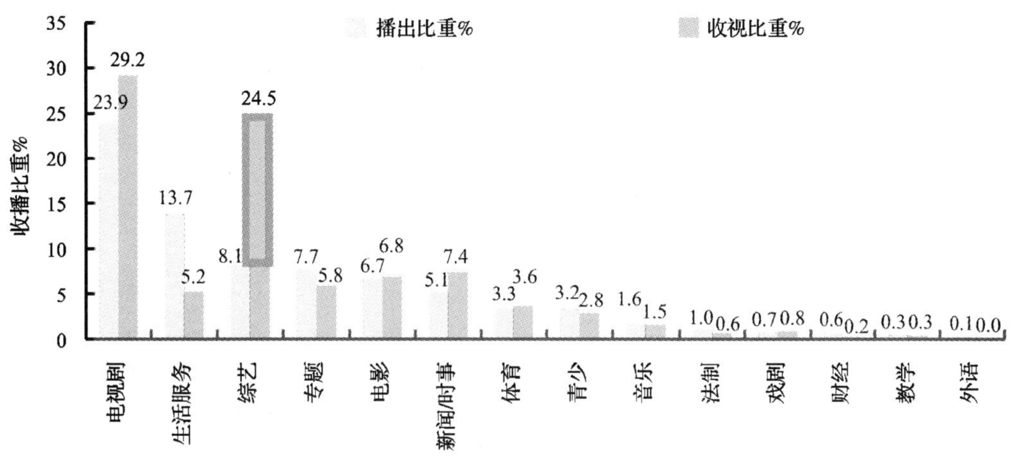

图9　2008年春节期间各类节目收播比重

数据来源：CSM媒介研究

2. 央视春晚收视下降，省级卫视转播春晚收视提升

提到春节期间的综艺节目，首当其冲的就是一年一度的中央电视台春节联欢晚会。2008年除夕夜的中央台春节联欢晚会历时4个半小时。近年来，CCTV－1春晚的收视逐步下降，2008年春晚的收视继续下降，尤其是观众规模比前几年有较大幅度的缩减。2008年收看春晚的观众人均收看时长177.3分钟，比历年都短。2008年春晚不仅观众规模减少，观众的忠诚度也降低了。

从图10可以看出，央视春晚近六年的收视走势非常相似，具有一定的规律性。首先，其时段收视曲线相差无几。当19:30“新闻联播”结束后，预热央视春晚的节目就已经拉动收视率开始快速上升；从20:00晚会正式开始至0:00新年钟声敲响是春晚收视的主体阶段，该阶段收视率非常平稳，2008年这个时段的收视还呈现出明显的稳中带升的趋势；零点新年钟声敲响春晚收视回落。

2008年春晚在CCTV－1播出收视下降，除了观众欣赏水平日益提高，观众需求多元众口难调外，省级卫视的竞争也是观众分流的一个不可忽视的因素。2008年除夕当晚，有16个省级卫视同步转播了央视的春晚，2007年也有14个省级卫视同步转播了央视春晚。相比之下，随着省级卫星频道的影响力进一步扩大，2008年省级卫视转播央视春晚的整体收视表现也相对提升。2007年省级卫视转播春晚的总收视率3.1%，2008年上升到5.0%，份额也由2007年的6.3%上升到2008年的10.4%。省级卫视转播春晚的到达率从2007年的15.5%增加到18.2%，观众收看的时长也从2007年的54分钟增加到75分钟，这充分说明省级卫星频道转播春晚对央视综合频道造成了一定的观众分流。另外，也有部分卫视通过自己办春晚赚取了相当的人气。如东方卫视举办的2008年除夕晚会“春满东方·爱心飞扬”，由各路明星为赈灾募集善款，同时奉献一连串惊险刺激的挑战极限节目；辽宁卫视的2008年春晚则上演了一场巨星云集的豪门盛宴。

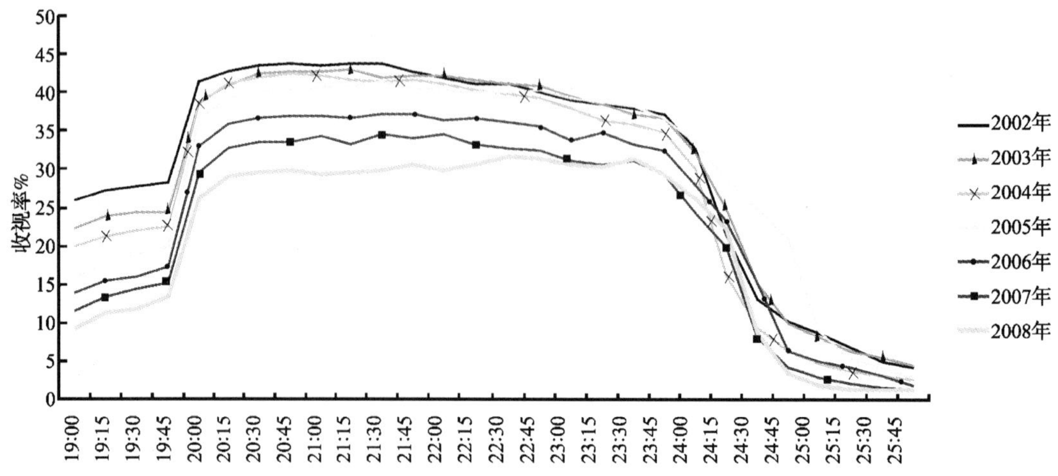

图10　CCTV－1 历年春晚播出时段收视率走势

数据来源：CSM媒介研究

3.《乡村爱情II》青出于蓝，经典老剧依然火热春节荧屏

虽然综艺节目在春节期间非常受观众欢迎，但是播出比重和收视比重都最高的电视剧作为最大节目类型的地位，是其他类型节目不能轻易撼动的。与往年假期相似，2008年春节期间，很多频道仍然选择播出曾经收视表现斐然的经典老剧。在新播出的电视剧中，CCTV－1首播的《乡村爱情II》是春节期间收视排名第一的电视剧。两年前在全国创造收视佳绩的《乡村爱情Ⅰ》，仍在广大的观众脑海里留存着深刻的印象，如今《乡村爱情Ⅱ》的播出可谓是不负众望，取得了很好的收视表现。

在35城市春节收视排名前10的电视剧中，有6部都是重播剧。CCTV－1在2008年的开年大戏，以收视开门红迎来了新年。中央八套在春节期间重播《闯关东》，获得了春节期间电视剧收视的第二位，CCTV－1白天播出《家有儿女》，湖南卫视重播了逢节假日必播的《还珠格格》，在省级卫视中依然取得了不错的收视表现。

4. 冰雪灾害牵动全国民众的心，赈灾义演晚会广泛吸引观众

2008年的春节是个特殊的春节，中国南方地区遭遇罕见的冰雪灾害。冰雪灾害牵动着全国上下的心，上至国家领导人下到普通老百姓都在关注。春节期间除了新闻时事节目每天都有抢险救灾的新闻报道外，还有专门赈灾义演的晚会。中央三套在2月7日播出的《抗冰雪，献真情，凝聚每份爱——同一首歌大型赈灾义演》在35城市取得了1.7%的收视率和7.4%的市场份额。湖南卫视在春节期间反复播出了《我们一起过年——湖南卫视赈灾特别节目》，贵州卫视制作了《情暖寒冬——贵州2008大型抗灾赈灾电视特别节目》。

虽然短暂的春节假期过去了，但是春节期间精彩的电视节目深深留在了人们的脑海中；而一家人围坐于电视屏幕前，其乐融融的感觉也在我们心中久久回味。也许从受众心理的角度来说，收看电视节目，并不仅仅是因为节目契合了观众的欣赏喜好，还有一种与家人分享的快乐。从CSM媒介研究历年对中国电视市场和受众收视的分析中可以看出，春节期间的高收视已然成为极具中国特色的收视现状。作为观众，我们也热切盼望着在每年的春节里能够收看到更多更好的电视节目，为春节这个阖家欢乐的假期锦上添花。

（作者：王莹）

5.12 地震对电视节目播出和收视的影响

2008 年 5 月 12 日 14 时 28 分，汶川成为全球瞩目的焦点。一场天灾将汶川、映秀等几个四川省内的县城几乎夷为平地，至本文截稿时，地震已经让 69185 人失去生命，18403 人失踪，千万个家庭失去亲人，举国同悲。抗震救灾，在地震发生的那一刻起，就成为了全国人民关注的中心。灾情就是命令，在国家全力展开救援的同时，中央电视台、四川电视台等各级电视台都在第一时间奔赴现场，及时发回有关灾区的最新报道，让所有心系灾区的人们了解灾区的现状，关注灾区，为灾区人民祈福。

根据 CSM 媒介研究全国测量仪调查网数据，中央电视台和省级上星频道在震后仅仅一周就累计播出 1397 小时的抗震救灾直播节目，全国收看观众人数达到 10.15 亿。本文将对地震之后电视节目播出和收视的变化进行分析。

一、地震之后主要频道节目播出变化

人们对此次地震的了解，首先是来自于媒体的新闻报道。人们感受到的与地震密切相关的诸多变化中，媒体节目内容和播出安排的调整是最突出的变化之一。

1. 中央电视台节目播出变化

地震发生当天，中央电视台新闻频道在 15:14 即开始陆续播出汶川地震的新闻，派出 140 多人的报道队伍深入灾区第一线采访报道；中央一套在晚间《新闻联播》播出地震相关报道，中央一套和新闻频道在当天晚间 22:30 即开始并机播出“关注四川汶川地震”，之后几天每天播出时长达 17 小时 30 分钟，全面报道抗震救灾进展情况。5 月 13 日开始，中央二套、中央四套、中央九套也开始及时大量地播出相关报道。

2. 各省级卫视节目播出变化

陕西临近震中，受地震波及较大，陕西电视台在地震当日信号一度中断，随后很快恢复节目播出，晚上 17 点即开始以“特别报道”的形式播出灾区新闻。四川处于震中，四川卫视也从电视信号恢复的时刻起，即开始了地震相关报道，17:30 推出关于震情的字幕新闻，18 点开始播出“汶川地震特别报道”，就此开始了全天直播，以最快的速度报道最新的灾区信息；13 日开始全面停播了包括电视剧、娱乐节目、广告等在内的其他节目。广东卫视、北京卫视、上海东方卫视、宁夏卫视、深圳卫视等多家上星频道从 5 月 13 日起都开始播出地震和灾区情况的跟踪报道。

3. 新闻类节目的播出和收视比重

基于 CSM 媒介研究全国测量仪数据，中央台和省级卫视频道 4 月份新闻类节目的播出比重为 8.12%，收视比重为 8.05%。地震之后，有关灾区的新闻报道量迅速增加，在地震后的一个月，新闻类节目播出比重上升到 24.75%，收视比重达到 30.21%，超过播出比重 5.46 个百分点，观众对新闻类节目的关注程度远远超过了地震之前。其中，中央级频道组新闻节目的收视比重高出播出比重更多，更多地吸引了观众的注意力。省级卫视频道组新闻类节目的播出量是地震之前的 3.5 倍，所占比重超过了中央级频道组（表 1）。

表 1　各级频道组新闻节目播出和收视比重

频道组	4 月份		地震后一个月	
	播出比重%	收视比重%	播出比重%	收视比重%
所有频道	8.12	8.05	24.75	30.21
中央级频道	9.65	8.92	21.77	33.09
省级卫视频道	7.46	6.94	26.07	26.18

数据来源：CSM 媒介研究

二、地震后整体收视变化

为了更清晰地了解地震之后全国观众收视的变化情况，我们将基于 CSM 媒介研究全国测量仪调查数据，对地震之后一个月即 5 月 12 日到 6 月 12 日的收视情况与 4 月份进行对比分析。

1. 中央台市场份额明显上升，省级卫视频道组收视也略高于 4 月份

2008 年 4 月份，省市地面频道组的市场份额为 36.68%，超过中央台和省级卫视频道组。地震之后的一个月，中央台的市场份额从 35.13% 上升到 37.66%，上升幅度达到 7.2%，而省市地面频道的市场份额却下降了 7.25%。省级卫视频道组的份额也略高于 4 月份（图 1）。

2. 中央台一套市场份额最高，中央台新闻频道收视上升最大

地震之后的一个月，市场份额在 1% 以上的中央台和省卫视频道共有 20 个，中央一套、八套和六套分别排在前三名，中央一套市场份额 10.72%，比排在第二位的中央八套高 6.42%，同时比 4 月份高出了 2.21%。就上升幅度来讲，中央台新闻频道、四川卫视、中央四套和上海东方卫视表现突出。中央台新闻频道从 4 月份的第 19 名上升到震后第 5 名，份额上升幅度高达 162%；四川卫视则从第 10 位上升到第 4 位，份额上升幅度

为93.3%；中央四套份额上升了46%；上海东方卫视也从4月份的第33名上升到第24名，市场份额为0.83%。

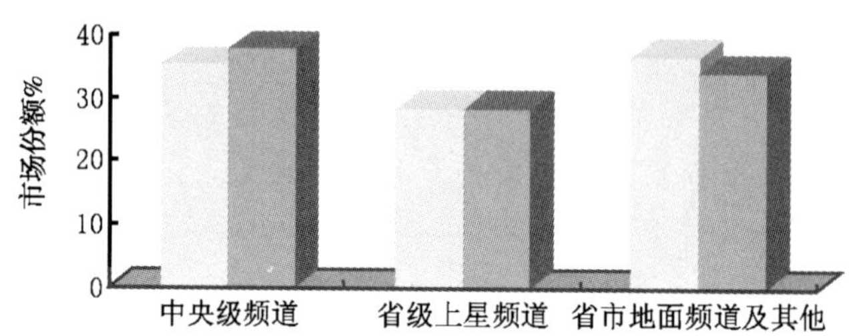

图1　地震前后各频道组全天市场份额比较

数据来源：CSM媒介研究

3．晚间收视量下降，白天和午夜有小幅上升，中午上升明显

在收视率分钟走势图中，从16:15开始到晚间21:45这段时间，观众的收视量有较为明显的下降。4月份所有频道最高收视点为38.7%，震后一个月为35.11%，下降了3.59个百分点，其中19:30至20:15这段时间的下降最多，下降幅度都在6个百分点以上。中午时段，尤其是11:45到13:15这段时间，收视上升相对明显（图2）。

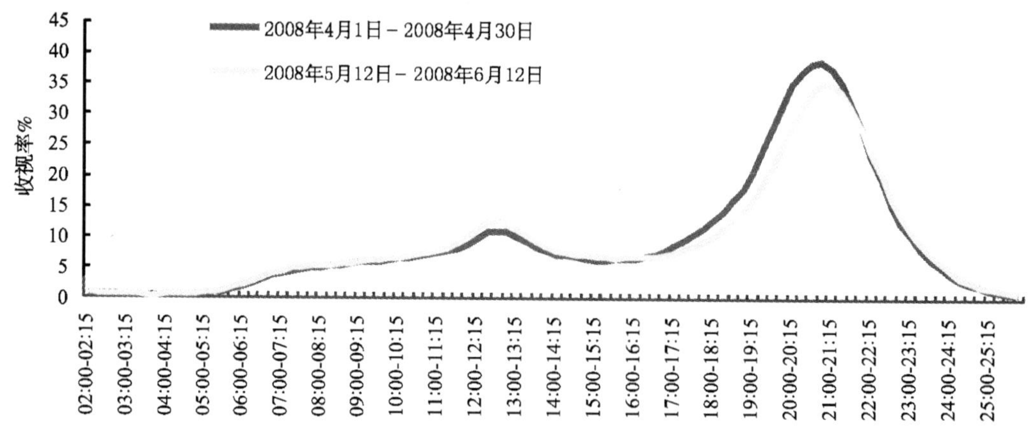

图2　地震前后所有频道收视率走势比较（按分钟）

数据来源：CSM媒介研究

4．大学以上学历的观众收视明显高于4月份

细分各类别观众的收视量，不论是男性、女性，还是各年龄段的收视都有所下降，

4－14 岁，小学教育程度的观众收视量下降最为明显，分别为 0.85 和 0.64 个百分点。女性观众的收视下降幅度超过了男性观众。相反，大学以上教育程度的观众平均收视率高于4 月份，上升了 0.79 个百分点，这段时期大量增加的新闻专题类节目吸引了更多高教育程度的观众收看（图 3）。

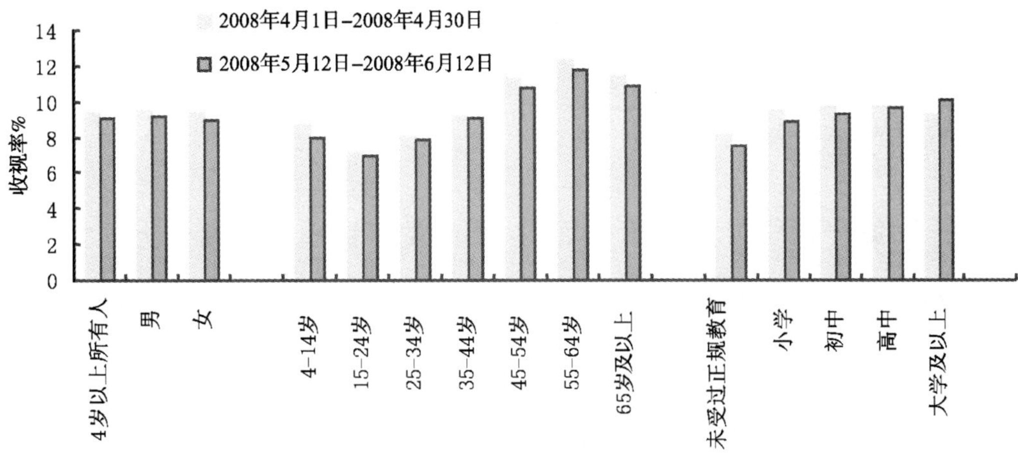

图 3　地震前后各目标观众收视率变化

数据来源：CSM 媒介研究

地震之后四周内，随着震后灾情的变化以及救援工作的进展，抗震救灾工作呈现阶段性特点，期间电视台的相关节目也随之调整，观众收视相应变化。下面将进一步分析不同阶段的节目和收视特点。

三、地震之后分阶段节目播出和收视特征

地震之后，新闻类节目播出量的迅速增加以及对整体收视的影响在“哀悼日”三天表现尤为突出。以此为参照，同时根据中央台和省级卫视频道新闻类节目的播出变化，我们将地震之后的这一个月划分为 4 个阶段：

第一阶段，5 月 12 日至 18 日地震第一周，新闻播出量迅速增加，从 4 月份的 8.12% 上升到 26.18%；

第二阶段，5 月 19 日至 21 日全国“哀悼日”，中央级频道和省级卫视的新闻播出比重占到 89.75%；

第三阶段，地震后第 2 周的后 4 天，即 5 月 22 日至 25 日，这一段时间大部分省级卫视在继续播出抗震救灾直播节目之外，逐渐恢复常规节目的播出；

第四阶段，5 月 26 日至 6 月 12 日，各电视台的新闻类节目播出比重已接近 4 月份，电视节目基本恢复正常播出。

表 2　中央台和省级卫视频道全天新闻类节目的播出比重

日期	新闻类节目播出比重%		
	所有频道	中央级频道	省级卫视频道
2008 年 4 月 1 日 - 2008 年 4 月 30 日	8.12	9.65	7.46
第 1 阶段：2008 年 5 月 12 日 - 2008 年 5 月 18 日	26.18	19.87	28.88
第 2 阶段：2008 年 5 月 19 日 - 2008 年 5 月 21 日	89.75	78.41	94.61
第 3 阶段：2008 年 5 月 22 日 - 2008 年 5 月 25 日	23.63	18.41	25.86
第 4 阶段：2008 年 5 月 26 日 - 2008 年 6 月 12 日	11.17	12.23	10.72

数据来源：CSM 媒介研究

(一) 第一阶段 (震后第一周)：新闻类节目播出量逐天上升

地震当天，中央台新闻频道、综合频道以及四川卫视、陕西卫视等都在第一时间进行了相关报道，第二天起大多数省级卫视也迅速跟进，新闻类节目的播出量迅速上升。

1. 新闻节目播出量逐天上升

在这 7 天中，中央台和各省级卫视共计播出 2344 小时的新闻，从第一天的 118.59 小时，到第 7 天播出 545.38 小时，每天都在以几十个小时的播出量递增，震后第 5 天比第 4 天多了整整 100 小时的新闻，上升幅度高达 30.6%。

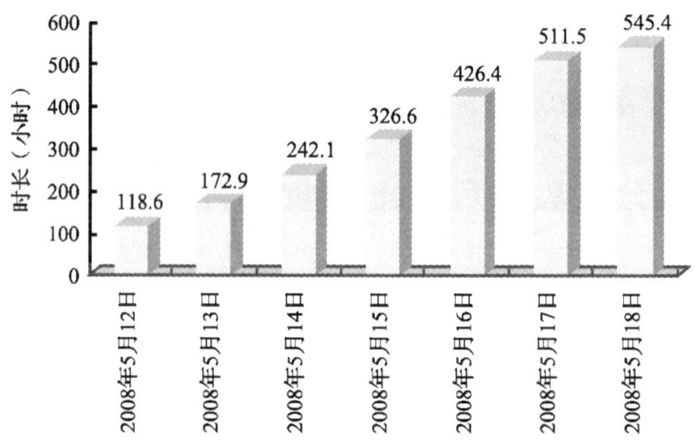

图 4　震后第一周每天新闻节目播出量

数据来源：CSM 媒介研究

2. 中央台反应迅速，省级卫视频道组从第 4 天起新闻节目播出比重明显加大

地震后第二天，中央台的新闻节目播出比重就立即上升到 13.98%，比第一天多出 5.93 个百分点，第 7 天播出比重达到 17.2%。省级卫视频道组第 2 天新闻节目播出比重只上升 1.25%，第 3 天多出 3.62%，第 4 天开始新闻类节目的播出量明显上升，到 18 日新闻节目的播出比重已经达到所有节目的 1/4 (表 3)。

表 3　中央台和省级卫视频道组每天新闻节目播出比重

日期	中央台		省级卫视频道	
	播出比重（%）	时长（小时）	播出比重（%）	时长（小时）
2008 年 5 月 12 日	42.98	8.05	75.61	4.18
2008 年 5 月 13 日	74.67	13.98	98.26	5.43
2008 年 5 月 14 日	78.26	14.65	163.80	9.05
2008 年 5 月 15 日	81.03	15.17	245.59	13.57
2008 年 5 月 16 日	86.19	16.14	340.21	18.80
2008 年 5 月 17 日	79.06	14.80	432.45	23.90
2008 年 5 月 18 日	91.87	17.20	453.51	25.06

数据来源：CSM 媒介研究

3. 四川卫视新闻节目播出量增加幅度最大，中央台新闻频道播出量最多

与 4 月份同期（4 月 12 日 -4 月 18 日）相比，中央台与各省级卫视的新闻类节目播出量都有不同程度上升。其中上升幅度最大的是四川卫视，这一周的新闻类节目播出量达到将近 144 小时，比 4 月份同期的播出量增加了 131 小时。其次是中央一套，增加了 104 小时。中央台新闻频道，由于日常播出新闻量已经较大，在这一周的增加幅度虽不如四川卫视和中央一套，但新闻的播出总量仍高于其他所有频道，一周之内共播出新闻 151 小时。除此之外，平时极少播出新闻节目的中央七套也从 15 日开始增加了新闻内容，对汶川大地震相关新闻进行了转播。

4. 四川卫视收视率迅速上升，中央台新闻频道收视涨幅最大

震后第一周，中央台 15 个频道市场份额达到 42.54%，比 4 月份高了 7.41 个百分点，省级卫视频道组和省市地面频道的份额分别为 26.77% 和 30.69%，略低于 4 月份。就单个频道来讲，表现较为突出的是四川卫视和中央台新闻频道，四川卫视从 4 月份的第 10 位上升到震后第一周的第 2 位，仅次于中央一套，中央台新闻频道从第 19 位上升到第 3 位，收视率涨幅高达 300%。另外，中央四套也从第 14 位上升到第 5 位（表 4）。

表 4　收视率上升幅度在 10% 以上的频道

频道	2008 年 4 月 1 日 -2008 年 4 月 30 日	2008 年 5 月 12 日 -2008 年 5 月 18 日	上升数值	上升幅度%
中央电视台新闻频道	0.13	0.52	0.39	300.00
四川卫视	0.18	0.62	0.44	244.44
中央电视台综合频道	0.80	1.66	0.86	107.50
中央台四套	0.15	0.31	0.16	106.67
上海东方卫视	0.05	0.09	0.04	80.00
辽宁卫视	0.19	0.24	0.05	26.32
河北卫视	0.06	0.07	0.01	16.67
中央电视台少儿频道	0.17	0.19	0.02	11.76
山东卫视	0.19	0.21	0.02	10.53

数据来源：CSM 媒介研究

(二)第二阶段(全国三天哀悼日):新闻类节目播出比重高达89.75%

5月18日晚上,中央一套“爱的奉献——2008宣传文化系统抗震救灾大型募捐活动”在20:00-24:00播出。在调查范围内,全国共有124个频道在当天进行了转播,将近5.7亿观众共同收看了该节目。在这个晚会上,宣布5月19日至5月21日三天为全国哀悼日,所有上星频道与中央台新闻频道并机播出“抗震救灾,众志成城”新闻节目,停止一切综艺、电视剧、广告等节目的播出,全国人民以静默的方式哀悼在汶川大地震中遇难的同胞。

三天中,中央级频道和省级上星频道新闻类节目播出时间达到3445小时,播出比重为89.75%,其次是专题类节目,播出时长170小时,播出比重占到4.44%。三天中,总计有10.34亿观众收看了电视节目。

1. 中央台和省级卫视以并机播出中央台新闻为主,部分频道播出抗震救灾相关的自制节目

在这三天,中央电视台的15个频道中,除了中央九套和十套以外,全部并机直播抗震救灾的追踪报道。在CSM有节目监播的38个省级上星频道中,除个别卫视在部分时段播出自行制作的抗震救灾节目之外,其他全部转播了中央台的直播新闻。所有上星频道在这三天共播出新闻类节目2540小时,播出比重达到94.61%。

中央台频道中,中央九套虽然没有全程并机直播,但也以“LIVE EVENT”的形式报道了将近29小时的相关新闻,中央十套则以专题的形式播出了与地震相关的科普知识,如“科学面对地震”、“科学抗灾”等系列,帮助人们多方面了解防灾、抗灾及灾后需注意的防疫等问题。

省级卫视频道中,重庆卫视、湖南卫视、北京卫视和山东卫视除了并机直播中央台的新闻之外,还利用大篇幅的时间播出了自行制作的抗震救灾节目。如湖南卫视的“坚强同行抗震救灾特别报道”,重庆卫视的“我们一起承担——重庆卫视抗震救灾特别编播”,北京卫视的“抗震救灾众志成城——北京电视台抗震救灾特别节目”等。

全天候播出自行制作的抗震救灾大型直播节目的省级卫视有四川卫视、上海东方卫视、深圳卫视和陕西卫视等。例如,四川卫视除了继续其地震以来不间断播出的大规模自办新闻“抗震救灾特别报道”之外,还围绕主题开辟了纪实类专题专栏《真情人生——抗震救灾特别报道》,以情感为主线讲述在抗震救灾中发生的可歌可泣的动人故事。在哀悼日三天晚间,该栏目播出时段的平均收视率达到2.33%,在同时段所有频道收视排名中仅次于中央一套。陕西卫视连续三天全台9个频道全部并机直播灾区特别报道,“陕西电视台抗震救灾特别报道”和“万众一心抗震救灾——陕西电视台特别演播室”进行全天不间断的直播,把受灾地区的最新情况及时报道出来。上海东方卫视全天连续播出“聚焦地震灾区特别报道”,其全天市场份额从4月份的第33名跃居到第13名。

2. 中央台收视份额明显上升

哀悼日期间,不论是全天还是晚间时段,中央级频道的市场份额都要高于4月份同

期，晚间上升了7.4个百分点，上升幅度较大。省级上星频道组和其他省市地面频道的份额出现不同程度的下降（表5）。

表5　各级频道组市场占有率比较（%）

时间段	全天			18:00－24:00		
频道组	2008年5月19日－2008年5月21日	2008年4月1日－2008年4月30日	差值	2008年5月19日－2008年5月21日	2008年4月1日－2008年4月30日	差值
中央级频道	41.68	35.13	6.55	40.48	33.08	7.4
省级上星频道	26.16	28.19	－2.03	25.06	25.33	－0.27
省市地面频道	32.15	36.68	－4.53	34.46	41.59	－7.13

数据来源：CSM媒介研究

从单个频道来看，中央一套在这三天的市场份额达到18.43%，比4月份同期上升了9.92个百分点；四川卫视收视份额6.83%，上升幅度达到252%；中央四套和中央台新闻频道都呈现出较大幅度的增长。上海东方卫视在这三天的市场份额也有明显的提升，从4月份的0.49%上升到1.48%。

（三）第三阶段（哀悼日后四天）：大规模的抗震救灾新闻报道持续，常规节目逐渐恢复播出

在哀悼日之后，即5月22日开始，除少数上星频道之外，大多数频道都恢复了电视剧等常规节目的播出，但新闻和专题类等报道灾区相关信息的内容依然是主流。

1．新闻与专题类节目播出比重与震后一周水平接近

在这4天中，电视剧、新闻和专题成为电视节目的主流，三者累计占据了60.87%的比重。其中新闻和专题为35.51%，与地震之后第一周的34.65%比较接近，新闻播出量略有下降，但专题类节目播出量有所上升（表6）。

表6　所有频道全天播出比重比较（%）

节目类别	5月22日－5月25日	5月19日－5月21日	5月12日－5月18日	4月份
电视剧	25.36	0	21.85	31.24
新闻/时事	23.63	89.75	26.18	8.12
专题	11.88	4.44	8.47	9.52

数据来源：CSM媒介研究

哀悼日之后，大部分上星频道仍旧以新闻类节目为主要内容。中央台新闻频道以90.62%的播出比重超过了其他所有频道。其次是四川卫视，新闻类节目播出比重达到82.95%，剩余的节目类型几乎全部为专题类节目，如纪实类专栏专题《真情人生——抗震救灾特别报道》、专题《救援大接力》、专题《大营救纪实》等。陕西卫视、上海东方卫视、厦门卫视等新闻节目的播出比重也都超过了60%，抗震救灾仍旧是人们关注的重心（表7）。

表7　2008年5月22日－5月25日新闻类节目播出比重排名前十的频道

排名	频道	播出比重（%）	
		新闻/时事	专题
1	中央电视台新闻频道	90.62	6.44
2	四川卫视	82.95	15.89
3	陕西卫视	78.67	8.41
4	上海东方卫视	67.80	6.23
5	厦门卫视	60.72	23.01
6	中央台四套	59.98	26.59
7	中央台九套	55.14	33.11
8	甘肃卫视	49.11	7.02
9	北京卫视	48.96	14.43
10	重庆卫视	48.78	2.30

数据来源：CSM媒介研究

2. 大型综艺娱乐节目仍旧停播，电视剧以革命历史题材和现实主旋律题材为主

中央电视台的各个频道在哀悼日之后也逐渐恢复了常规节目的播出，中央一套于5月22日恢复了大部分生活服务类、法制类及广告等节目的播出，5月23日开始播出电视剧。中央二套、三套等其他频道也都恢复了正常节目播出，中央四套仍旧以抗震救灾的新闻为主体，中央电视台新闻频道则还是集中全力报道灾区的最新信息。但在恢复常规节目播出的同时，各频道还是注重配合赈灾整体氛围，即使是专业的综艺频道中央三套也以播出主旋律电视剧为主，没有恢复播出原有的大型综艺娱乐节目。除此之外，各频道播出的电视剧、电影也在一定程度上考虑到了抗震救灾的大环境，主要以革命历史题材或现实主旋律题材为主（表8）。

表8　2008年5月22日－5月25日中央台各频道晚间18:00－24:00电视剧一览

电视剧	CCTV1	CCTV3	CCTV8	CCTV11	CCTV12
八路军					
陈赓大将					
敌后武工队新版					
法不容情					
好想回家					
警察故事					
抗日名将左权					
亮剑					
青春正步走					
上将许世友					
特殊使命					
小兵张嘎					
新四军					

数据来源：CSM媒介研究

在省级卫视中，四川卫视、上海东方卫视、重庆卫视和陕西卫视四个频道四天来仍旧坚守在灾区，全天节目内容都旨在报道最新的抗震救灾信息。重庆卫视除了继续其“抗震救灾大爱行动”的报道，还多次播出大型赈灾义演，包括“凝聚每份爱抗震救灾大型义演”、“大爱中华行真维斯慈善歌会特别节目抗震救灾我们一起承担”等，还在25日再次播出了“爱的奉献——2008宣传文化系统抗震救灾大型募捐活动”。

除上述四个频道之外，其他大多数省级卫视在保留一定量的抗震救灾节目的同时，陆续开始播出电视剧等其他节目，如山东卫视、浙江卫视、云南卫视和安徽卫视等在哀悼日之后就开始了电视剧的播出。在22日和23日这两天，北京卫视“抗震救灾众志成城——北京电视台抗震救灾特别节目”每天播出时间都达到14个小时左右，之外还在“北京新闻”、“特别关注”等新闻节目中播报了灾区相关新闻，随后24日晚间北京卫视黄金档电视剧《沙家浜》开始播出，25日起白天也恢复了电视剧的播出。一向以娱乐综艺节目为强项的湖南卫视，在哀悼日之后两天除了播出专题“爱心大后方”和新闻“我们坚强同行”之外，还多次播出“五月的烛光诗歌会”和“川湘一家亲孩子我们爱你”等抗震救灾特别节目，22日下午湖南卫视播出军旅题材电视剧《DA师》，次日又播出《军歌嘹亮》和《乌龙山剿匪记》（表9）。

表9　2008年5月22日－5月25日部分省级卫视晚间18:00－24:00电视剧一览

电视剧名称	河南卫视	浙江卫视	辽宁卫视	江西卫视	湖南卫视	江苏卫视	安徽卫视	黑龙江卫视	北京卫视
百团大战		■							
闯关东			■					■	
大声呼喊你回来	■								
大宅门							■		
当家的女人			■						
奋斗		■							
国家干部							■		
霍元甲							■		
江山								■	
军歌嘹亮					■				
亮剑				■					
男人底线			■	■					
难忘岁月红旗渠的故事	■								
沙家浜									■
上将许世友						■			
士兵突击								■	
死去活来						■			
岁月风云					■				
笑着活下去							■		
血色湘西					■				
羊城暗哨	■								
追查到底				■					

数据来源：CSM媒介研究

3. 中央级频道组和省级卫视频道组份额回落，省市地面频道组上升

中央级频道的份额与前两个阶段相比有所下降，但仍旧超过了省级卫视频道组和地面频道份额，省级卫视频道组的份额也低于震后第一周和哀悼日，地面频道的份额上升了3.68个百分点。随着电视台陆续恢复常规节目，观众在继续收看抗震救灾新闻节目之余，注意力开始转回地面频道（表10）。

表10 中央台和省级卫视频道组全天市场份额（%）

日期	中央级频道	省级上星频道	省市地面频道及其他
2008年4月1日-2008年4月30日	35.13	28.19	36.68
2008年5月12日-2008年5月18日	42.54	26.77	30.69
2008年5月19日-2008年5月21日	41.68	26.16	32.15
2008年5月22日-2008年5月25日	38.47	25.70	35.83
2008年5月26日-2008年6月12日	34.78	29.88	35.34

数据来源：CSM媒介研究

（四）第四阶段（地震后两周）：电视节目内容恢复常规播出，观众收视逐渐恢复震前状态

从5月26日起，电视节目基本上恢复了往日的播出模式，电视剧的播出比重和收视比重都超过了其他节目类型，新闻类节目也逐渐接近地震之前的播出水平。但与4月份不同的是，新闻类节目的收视比重高于播出比重，资源使用效率较好（表11）。

表11 5月26日-6月12日全天所有频道节目播出、收视比重

节目类别	播出比重%	收视比重%
电视剧	31.72	42.42
新闻/时事	11.17	14.95
专题	10.62	8.30

数据来源：CSM媒介研究

在播出量与地震前相似的同时，节目内容仍存在一定的区别。首先，除中央台新闻频道继续跟踪播报灾区的最新情况以外，四川卫视仍旧坚持每天播出抗震救灾特别报道，没有任何电视剧等节目的播出。同时，在综艺类节目中，主要还是以赈灾义演为主，大型娱乐类节目都没有恢复播出，比如中央三套的“星光大道”、“同一首歌”等，以及湖南卫视的“快乐大本营”等节目。再者，各电视台播出的电视剧也还是以革命历史题材或当代主旋律为主。

四、省市地面频道新闻类节目的播出概况

除了中央级频道和省级卫视频道，省市地面频道也对灾区的情况进行了相关报道，

加大了新闻类节目的播出比重。地震后第一周，地面频道的新闻类节目播出比重与4月份相比增加了5.14个百分点。哀悼日三天新闻节目的播出比重达到了92.15%，甚至高于中央台频道的播出比重。哀悼日之后电视剧类的节目恢复播出，新闻类节目播出量有所下降，但仍高于震后第一周。5月26日之后，各类别电视节目的播出比重基本上回到地震前的水平。

在哀悼日三天，省级非上星频道和市县级频道中（有节目监播数据的频道），有近497个频道都并机播出中央台抗震救灾新闻节目，在CSM有节目监播数据的频道中，占到了94%之多。同时共同并机播出同样的节目，规模之大，时间之长，史无先例，电视媒体工作者用他们特殊的方式表示对地震受难者的哀悼，对灾区同胞的支持，对救灾英雄们的敬意（表12）。

表12　地面频道在地震后一个月内新闻类节目的播出比重变化（%）

节目类别	2008年4月1日－2008年4月30日	2008年5月12日－2008年5月18日	2008年5月19日－2008年5月21日	2008年5月22日－2008年5月25日	2008年5月26日－2008年6月12日
电视剧	25.14	23.17	0.08	25.05	25.93
新闻/时事	7.04	12.28	92.15	13.34	8.72
专题	6.72	6.28	1.37	8.79	7.61

数据来源：CSM媒介研究

一个月过去了，余震或堰塞湖等险情仍不时危及着重灾后的四川，救援仍在持续着，灾区重建也正一步步紧张而有序地进行，来自全国乃至全世界的援手都在支持着灾区人民。愿逝者安息，生者更加珍惜生命、坚强地面对生活，这是我们对逝者最好的纪念。

（作者：娜布琪）

北京奥运收视回顾

从奥运会辉煌开幕式上神奇的卷轴徐徐展开，李宁手擎火炬在空中奔跑点燃奥运主火炬，到奥运闭幕万众欢腾，一个个动人画面精彩展现，一个个传奇故事生动演绎，一枚枚金牌熠熠生辉。中国运动员和世界各国运动员的精彩表现，通过电视转播呈现在了全国观众面前，电视荧屏汇聚了亿万观众的期盼和关注，高涨的奥运赛事收视率成为观众热情最直接的体现。正如CSM媒介研究奥运会前夕发布的《媒介与奥运传播研究报告》指出的，“媒介态体育”成为人们参与现实体育的主要渠道，其中电视依然是观众的首选媒体。

本文将从全国市场整体收视状况、省级卫视在中心城市收视表现、主办和协办城市收视状况等方面对北京奥运会收视状况进行回顾与分析。[①]

一、全国市场整体收视状况

（一）观众整体收视变化

从2008年8月8日奥运会开幕式至8月24日奥运会闭幕，17天内收看中央电视台奥运转播及相关体育报道频道的累计观众人数达11.2亿，占全国电视总人口的92%。[②]

1. 奥运电视转播推动总收视上涨

8月8日至8月24日，全国电视观众平均每日收视时间为189分钟，比2008年上半年的151分钟增长25%，比2007年同期（8月8日－24日）增长19%。其中城市观众收视时间增长幅度更大，比2008年上半年和2007年同期分别增长28.7%和23.5%。

观众收视时间的增长几乎都来源于收看中央电视台收视时间的增加，观众收看中央台的时间由54分钟增加至99分钟，占观众每日收看时间的52%（图1）。

8月8日（周五）晚间的奥运会开幕式让人们彻夜激动，开幕式当天观众平均收看电视249分钟，为奥运期间最高峰。紧接着的奥运前两个比赛日又恰逢周末，观众积蓄已久的热情在周末相对充裕的收看时间中得到了充分释放，8月9日－10日周末两天人

① 如无特殊说明，本文中“奥运期间”指2008年8月8日至2008年8月24日。

② 如无特殊说明，本部分收视数据均基于CSM媒介研究全国收视调查网（测量仪），目标观众为4岁及以上电视人口，总推及人口12.2亿。

均每日收看电视时间都超过200分钟。8月17日，中国队一天内获得8枚金牌6枚铜牌，这一天被称为“中国日”，又正值周日，观众人均收看时间为190分钟，成为了奥运中后期观众总收视最高的一天。8月24日奥运会闭幕后，25日收视明显下降。奥运结束，暑期结束，9月第一周总收视时间下降较多，137分钟的总收视时间与去年9月第一周136分钟持平。

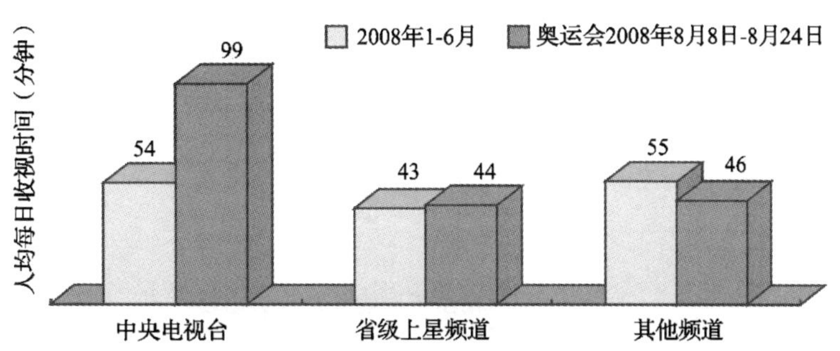

图1　奥运期间及2008年上半年全国市场各级频道人均每日收视时间

数据来源：CSM媒介研究

2. 各观众群体奥运收视踊跃，全民奥运得到充分体现

从8月8日至8月24日，累计有93%的城市观众和91%的农村观众、92%的男性观众和91%的女性观众、90%的25岁以下年轻人和94%的25－55岁中青年观众以及89%的55岁以上老年观众，收看中央电视台的赛事转播和相关体育报道。奥运在几乎所有观众群体中都取得了超过90%的观众到达，从一个侧面对“全民奥运”做了充分诠释。

3. 收看奥运赛事改变观众收视习惯，非黄金时段收视上升更明显

平常观众较少收看电视的日间和深夜，在奥运期间总收视上升最明显（图2）。从奥运会开幕后第一个比赛日8月9日直至最后一个比赛日8月24日，与2008年上半年对比，深夜22:00－24:00总收视上升36%，日间8:00－18:00的总收视上升44%。其中午间收视高峰最明显，11:00－13:00总收视上升49%，尤其是中午播出的中国队参加的关键比赛往往能创造全天的收视高峰。例如13日和14日中央台奥运频道的全天收视最高峰都出现在中午体操决赛期间；8月20日中央台奥运频道下午16:30开始直播中国男篮对阵立陶宛男篮的1/4决赛，也掀起了全天的收视高潮。

4. 观众转换频道更频繁，追踪多个频道播出的精彩赛事

由于多个频道播出奥运赛事和新闻报道，观众为了追踪收看而转换频道更频繁。以晚间赛事集中播出时段为例，18:00－24:00间观众人均收看时段数为11.7段，比2008年前半年的8.8段有所增加，观众更频繁转换频道追踪精彩比赛。尤其在“中国日”8月17日，多个夺金看点和比赛结果快报令观众应接不暇，17日晚间的观众人均收看段数为奥运期间各天中最多，达到13.5段。

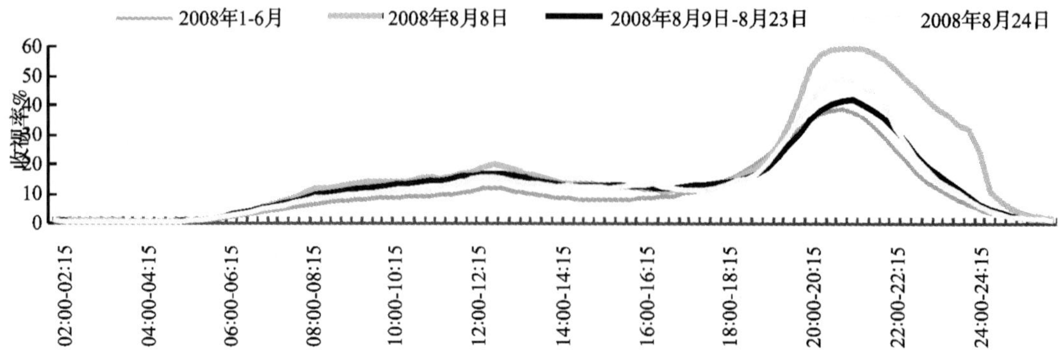

图 2　不同日期全天时段收视走势比较

数据来源：CSM 媒介研究

（二）各级频道收视变化

2008 年 7 月至 8 月每日收视率走势清晰显示，奥运期间频道收视状况最大的特征就是中央台收视的大幅度变化。中央台收视在奥运开幕后快速成倍跃升，在奥运期间保持绝对领先优势，在奥运会结束后迅速回落（图 3）。

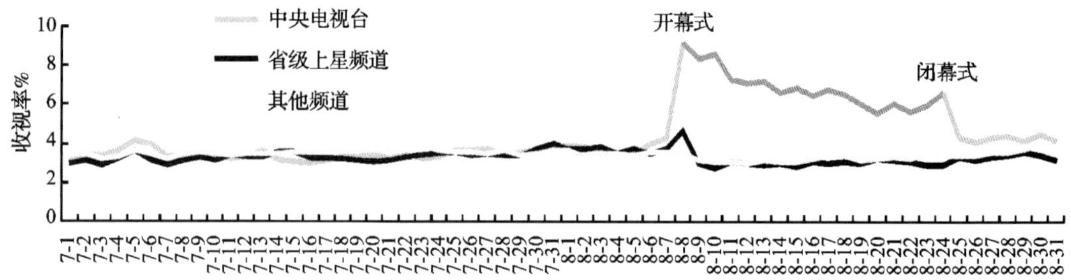

图 3　奥运前后各级频道收视变化情况

数据来源：CSM 媒介研究

频道收视的变化主要表现在收视率反映的总收视量和收视份额反映的竞争力两个方面。与 2008 年前半年相比，奥运期间随着观众收视时间的增长，所有频道全天总收视率相应提高 25%。中央台频道收视率和市场份额都大幅度上升，省卫视和地面频道收视出现不同程度的下滑（图 4）。

1. 中央台奥运转播数倍提升收视份额，非奥运转播频道收视小幅下降

中央电视台作为全国唯一的电视转播平台，聚集了最多的观众注意力。中央台频道总市场份额达到 52%，比上半年增涨 46%。其中，收视份额最高的依然是广泛覆盖全国城乡地区的中央台综合频道，全天收视份额为 15.7%，明显高于前半年的 9.8%；中央

台奥运频道收视份额增长幅度最大，全天份额增长3.4倍，晚间18:00－24:00增长更多达到4.6倍；中央台二套和七套，市场份额比前半年高两倍多。中央台新闻频道全天候播出奥运专题节目“一起看奥运”，全天收视份额从1.6%上升至3.1%。中央台六套和八套是非奥运转播频道，奥运期间照常播出电影和电视剧，收视份额略有下降（表1、图5）。

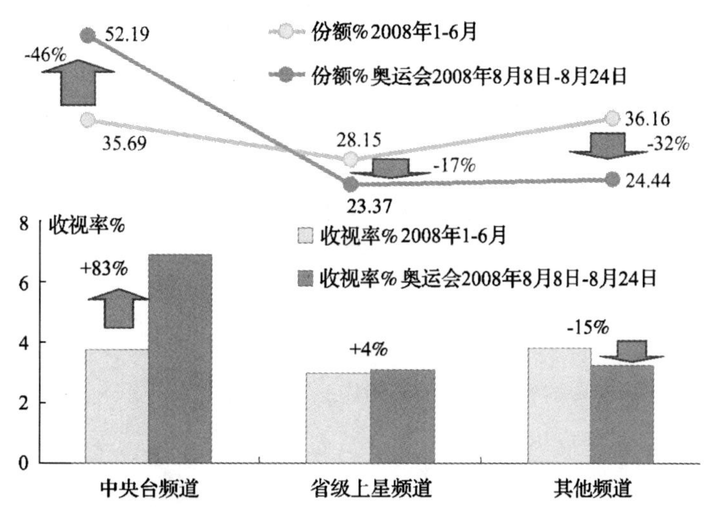

图4　奥运期间及2008年上半年各级频道收视率和收视份额

数据来源：CSM媒介研究

表1　中央台部分频道奥运期间收视变化

频道	收视率%			市场份额%		
	奥运期间 8.8－8.24	2008年 1－6月	增减幅度 %	奥运期间 8.8－8.24	2008年 1－6月	增减幅度 %
中央台综合频道	2.06	1.03	101%	15.67	9.76	61%
中央台二套	0.59	0.15	286%	4.46	1.45	208%
中央台奥运频道	1.28	0.23	446%	9.71	2.23	335%
中央台七套	0.58	0.14	324%	4.38	1.29	240%
中央台新闻频道	0.40	0.17	136%	3.07	1.62	90%
中央台六套	0.43	0.43	0%	3.24	4.04	-20%
中央台八套	0.56	0.50	13%	4.26	4.72	-10%

数据来源：CSM媒介研究

晚间22:00之后，多数比赛已经结束，中央台八套夜间播出的韩剧《可爱的你》收视大幅度提升（图6）。

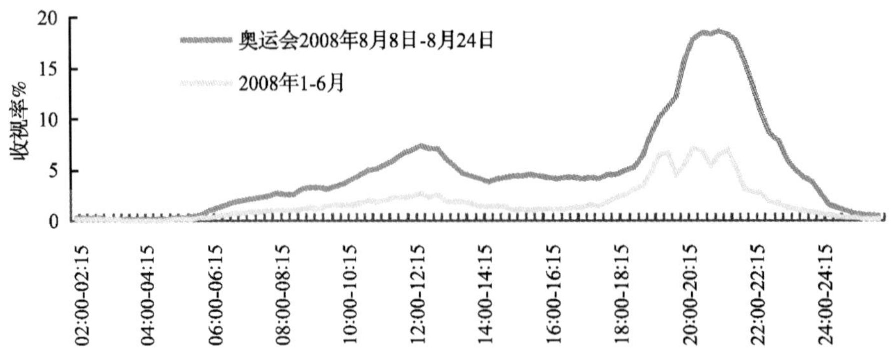

图5 中央台主要奥运转播频道①全天收视走势

数据来源：CSM媒介研究

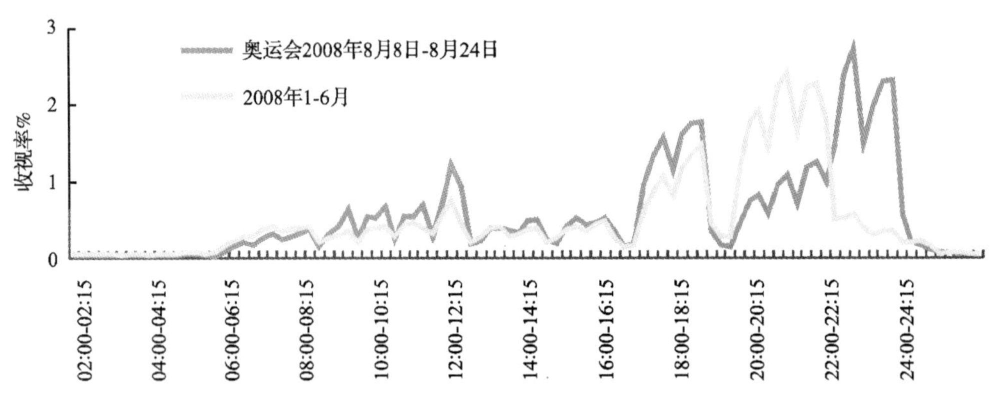

图6 中央台非奥运频道——中央台八套全天收视走势

数据来源：CSM媒介研究

2. 省级卫视整体份额下降，个别省级卫视频道份额提升

省级卫视频道奥运期间的收视率下降主要在晚间，日间收视率反而有所上升，全天平均收视率与前半年相比变化不大（图7），但在总收视上升而中央台强势领先的情况下，收视份额下降。

个别省级卫视频道在奥运期间收视上升。与2008年前半年相比，地处奥运主办城市的北京卫视，收视率上升61%，收视份额上升25%；省卫视频道中收视最高的湖南卫视，进入暑期直至奥运期间收视率和份额比前半年有较明显上升，奥运期间全天收视率比前半年上升70%，收视份额上升35.5%。安徽卫视依靠日间的电视剧也稳固并提升了收视，奥运节目和暑期电视剧编排成为收视的有力支撑。

① 中央台综合频道、中央台二套、中央台奥运频道、中央台七套、中央台新闻频道。

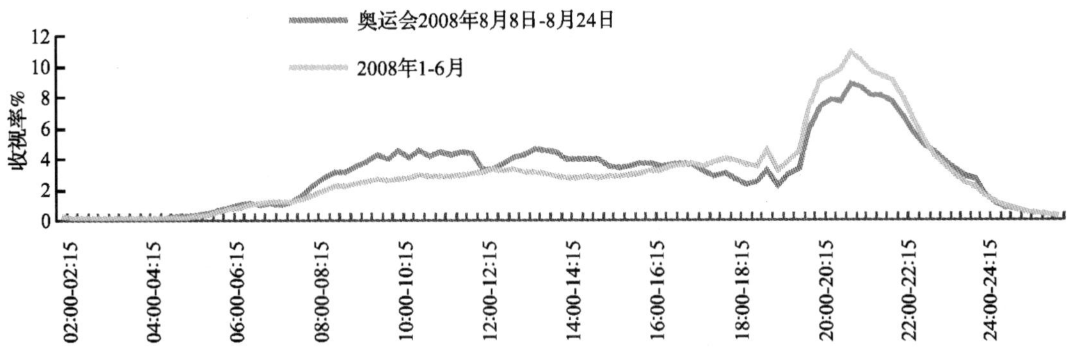

图 7 省级卫视全天收视走势

数据来源：CSM 媒介研究

3. 地面频道奥运期间收视降低幅度最大

除了中央台和省级卫视频道，其他频道组主要以省级非卫视频道和市县频道等地面频道为主，晚间收视率下降明显（图 8）。

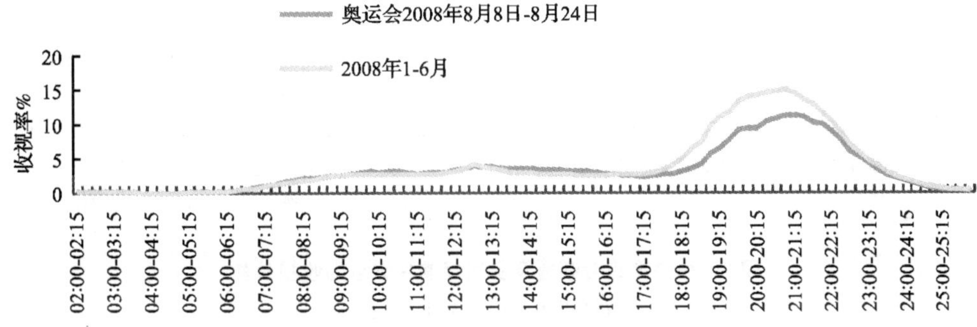

图 8 其他频道全天收视走势

数据来源：CSM 媒介研究

（三）不同观众群体收视特点

1. 男性、年轻、中高学历、城市观众收视增长更突出

在各个观众群体中，男性观众、15－24 岁年轻观众、高中和大学及以上教育程度观众、城市观众的收视增长相对突出。无论对比 2008 年上半年还是 2007 年同期，这些观众收看时间增长的幅度都明显高于整体观众平均水平，其中 15－24 岁和高中教育程度以上观众收视增长尤其显著。整体观众人均每日收看时间比 2008 年上半年和 2007 年同期分别增加 25% 和 19%，而 15－24 岁观众收看时间比 2008 年上半年和 2007 年同期分别增长 55.8% 和 24%，高中教育程度观众收看时间比 2008 年上半年和 2007 年同期增长 39% 和 35%，大学及以上教育程度观众收看时间比 2008 年上半年和 2007 年同期增长

49%和45%。通常，年轻人和高教育程度观众是电视的轻度观众，收看时间较少，而奥运期间他们回归电视而且收视大幅度增长，有力地显示出奥运的号召力和奥运电视转播的传播影响力。

2. 城乡观众收看选择显示差异

由于城市、乡村观众频道接收的客观条件以及收视偏好的主观选择不同，在频道收视和节目收视上存在差异。在全国范围内，主要体现在中央台综合频道和中央台奥运频道的收视差异上。

2008年上半年，无论城市还是乡村，中央台综合频道都有绝对的领先优势。奥运期间，在乡村，中央台综合频道的收视份额依然较大幅度高于中央台奥运频道。而在城市，中央台奥运频道的收视份额已经与中央台综合频道比肩（图9）。在不同频道播出的比赛，势必因为播出平台和观众收看偏好的不同而产生收视率的差异。城市观众收视率最高的前五场比赛中，排名首位的是中央台二套播出的中国男篮对阵美国男篮的比赛，其他四场比赛中央台综合频道和奥运频道各占两席；乡村观众收看最多的赛事前三位都是女排比赛，前五位赛事全部来自中央台综合频道。

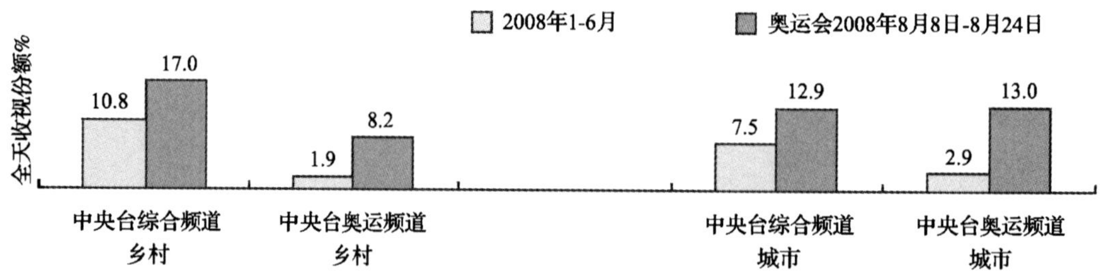

图9 中央台综合频道及奥运频道在城乡的收视份额

数据来源：CSM媒介研究

（四）奥运会开闭幕式和比赛收视

1. 奥运会开、闭幕式创造收视纪录

8月8日奥运会开幕式和8月24日奥运会闭幕式，在中国大陆（不包括港澳台），中央电视台、省级卫视以及部分地面频道都进行了直播，开幕式的观众规模达到8.42亿，占全国电视收视人口的68.8%；闭幕式的观众规模达到6.58亿，占全国电视收视人口的53.7%。尤其是万众瞩目的开幕式，无论是观众规模还是收视，都创造了中国电视收视的新纪录。对比往届奥运会开、闭幕式，以中央电视台转播为例，2008年北京奥运会开、闭幕式的观众规模数倍高于往届。

2. 观众踊跃收看中国传统优势项目和三大球比赛

中国队传统优势项目在本届奥运会上继续显示强大实力，三大球也始终在中国观众心目中占据重要地位，这些项目对观众有着强大的吸引力。乒乓球、跳水、体操、羽毛球、举重、排球、篮球和足球项目，中央电视台转播比赛的观众规模都超过7亿。

在奥运期间中央台收视率前20位的单场比赛中，女排比赛收视表现突出，有四场比赛进入赛事收视前20位，其中三场进入赛事收视前5位。

中央台二套播出的中国男篮对阵美国“梦八”队的比赛，在中央台二套奥运期间所有转播赛事中的收视率最高，是城市观众收视率最高的奥运赛事。

3. 中国观众为国外运动员喝彩

菲尔普斯传奇性地获得8枚金牌、博尔特三次夺冠三破世界纪录、伊辛巴耶娃再度刷新撑竿跳高世界纪录、美国男篮“梦八”队的精彩表演，都吸引了数亿中国观众收看。作为东道主，中国观众的关注不再局限于中国队的比赛，不再局限于中国自己的队员，喝彩和鼓励同样给予了奥运赛场上所有的运动员。“同一个世界，同一个梦想”，中国与世界一起，在奥运盛会上欣赏精彩比赛的魅力，体会奥运精神的力量。

二、省级卫视在中心城市的收视表现及节目特征

(一) 省级卫视收视变化情况

1. 省级卫视整体竞争力下降，日均观众规模基本持平

与全国市场相仿，在中心城市[①]，中央电视台在奥运期间也占据了大半收视市场，全天收视份额达到56%，比2008年1-6月平均值高出22个百分点。同时，省级上星频道、省级非上星频道、市县级频道的收视份额均有不同程度的下降。与上半年相比，省级上星频道市场份额下降了近7个百分点，省级非上星频道下降了9个百分点，市县级频道下降了4个百分点（图10）。

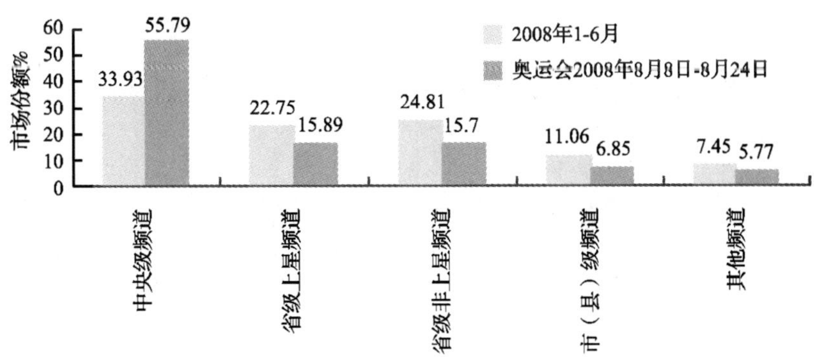

图10　35中心城市各级频道市场份额

数据来源：CSM媒介研究

① 如无特殊说明，本部分收视数据均基于CSM媒介研究35中心城市数据，目标观众为4岁及以上电视人口。

尽管省级卫视整体竞争力有所下降，但从收视率绝对值上来看，下降幅度并不像市场份额那么显著，上半年平均收视率为2.9%，奥运期间为2.7%。正是因为观众整体收视在奥运期间得到了显著提升，省级卫视的市场份额才会有较大降幅。从观众规模上来看，省级卫视日平均到达率在奥运期间达到50.3%，略高于上半年日平均的49.6%。

2. 省级卫视同步转播奥运开幕式，收视市场也分得一杯羹

8月8日，由于同步转播中央台的奥运会开幕式，省级卫视从奥运会开幕式收视中分得了一杯羹。晚间18:00-24:00时段，省级卫视平均收视率比2008年上半年高出近3个百分点，人均收视分钟数比上半年增加12分钟。

3. 部分省级卫视奥运期间收视获得巩固和提升

虽然省级卫视频道整体竞争力在奥运期间有所下降，但并非所有卫视频道都一片下滑。如同在全国市场的表现，有部分卫视频道在中心城市的收视表现在奥运期间得到巩固，还有部分卫视频道收视获得了提升。

表2　奥运期间收视巩固或提升的部分省级卫视频道

频道	2008年1-6月		奥运会2008年8月8日-8月24日	
	市场份额%	收视率%	市场份额%	收视率%
湖南卫视	2.47	0.32	2.55	0.43
安徽卫视	1.22	0.16	1.04	0.18
北京卫视	0.99	0.13	1.02	0.17
上海东方卫视	0.79	0.1	0.75	0.13

数据来源：CSM媒介研究

湖南卫视奥运期间全天收视份额从2.47%提升到2.55%，白天的暑期电视剧编排仍旧延续了比较好的收视表现，晚间份额略有下降，但收视率的绝对值仍旧有所上升，晚间黄金时段围绕奥运主题的综艺娱乐节目，以及后晚间独播的台湾电视剧为其巩固和提升竞争力做出了重要贡献。

北京卫视占据奥运的地缘优势，奥运期间收视份额和收视率均有所上升，节目编排紧紧围绕奥运展开。除了新闻节目外，北京卫视打通各时段播出奥运节目《光荣与梦想》、《冠军面对面》、《奥林匹克全景》等。

上海东方卫视从上午的《奥运看东方》、下午时段的电视剧《奥运在我家》、晚间黄金时段的全新综艺节目《喝彩北京奥运2008》以及采访奥运冠军的《杨澜访谈录》，直至后晚间时段的《五环夜话》，奥运节目贯穿全天。尤其在晚间时段，收视率和收视份额都有所上升，这与紧扣奥运的节目编排关系密切。

安徽卫视电视剧的收视表现在巩固中提升，白天时段收视有明显上升，晚间有所走低。但是全天来看，市场竞争位置仍有上升。

（二）奥运期间省级卫视节目的播出与收视比重

奥运期间省级卫视的电视剧播出比重与2008年上半年基本持平，体育节目的播出和收视比重均大大超过2008年上半年，青少类节目的播出比重因暑期也有所上升，其他如新闻/时事类等各类节目均因奥运的特殊气氛，播出比重稍有下降（图11）。

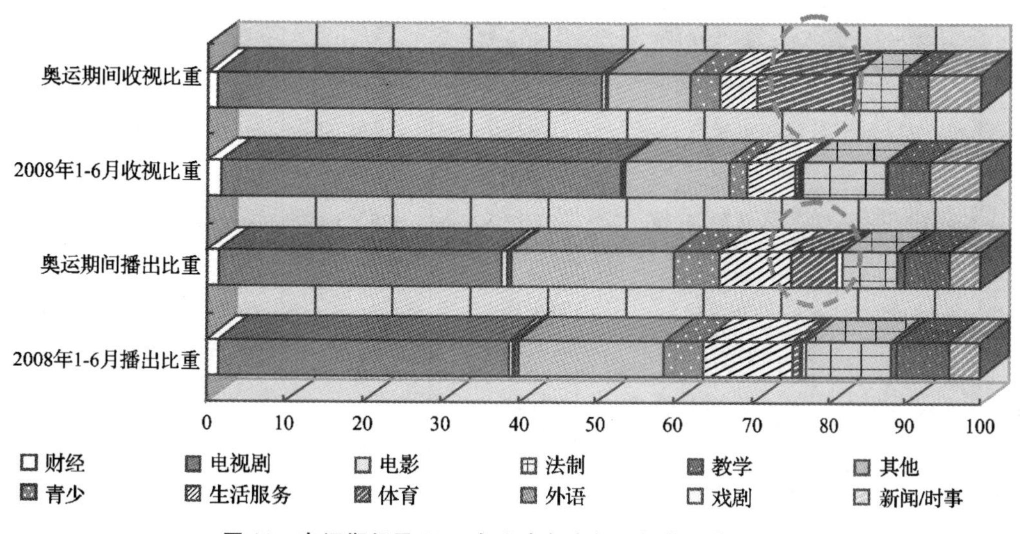

图11 奥运期间及2008年上半年省级卫视节目收播比重

数据来源：CSM媒介研究

湖南卫视的电视剧播出比重虽稍有下降，但收视比重却上升了10个百分点，这主要是由于湖南卫视的暑期电视剧编排和后晚间时段独播的台湾电视剧；综艺节目的播出比重有明显上升，从20%上升至30%；体育类节目播出和收视比重均从不到1%上升到5%左右；安徽卫视不但在奥运期间依然主打电视剧，而且提高了电视剧的播出比重，收视比重也比上半年高。北京卫视则大力减少了电视剧、新闻时事、综艺的播出比重，力量集中在体育节目的制作和播出中，体育节目从上半年的6.9%上升到奥运期间的72%。上海东方卫视加大了体育、综艺、电视剧的播出比重，新闻时事节目做出了比较大的让位（表3）。

表3 奥运期间及2008年上半年部分省级卫视节目收播状况

频道	类别	2008年1-6月		奥运期间2008年8月8日-8月24日	
		播出比重%	收视比重%	播出比重%	收视比重%
湖南卫视	电视剧	36.2	45.0	31.3	54.9
	体育	0.8	0.1	5.5	5.7
	新闻/时事	9.7	3.7	5.6	1.2
	综艺	21.0	23.4	29.7	20.2

续表

频道	类别	2008年1-6月		奥运期间2008年8月8日-8月24日	
		播出比重%	收视比重%	播出比重%	收视比重%
安徽卫视	电视剧	57.7	68.0	59.2	74.3
	体育	0.1	0.0	1.6	3.3
	新闻/时事	10.9	4.0	8.3	2.2
	综艺	2.2	5.0	3.4	2.8
北京卫视	电视剧	29.6	23.3	0.8	0.1
	体育	6.9	3.2	71.7	69.8
	新闻/时事	19.9	32.3	6.2	13.4
	综艺	4.2	6.2	0.6	0.0
上海东方卫视	电视剧	32.7	34.8	41.9	28.4
	体育	5.8	2.4	13.9	15.5
	新闻/时事	21.7	26.1	6.4	10.7
	综艺	6.6	8.8	13.6	24.6

数据来源：CSM媒介研究

（三）部分省级卫视电视剧及栏目收视表现

奥运期间，大多数省级卫视频道延续暑期编排，仍以电视剧为主，部分省级卫视频道推出了响应奥运的相关栏目。

1. 延续暑期电视剧编排，重播剧和独播剧齐撑腰

奥运期间，省级卫视频道的电视剧播出比重与2008年上半年基本持平。但从卫视频道排名靠前的电视剧来看，多以重播剧为主，也有部分首播剧是延续暑期编排。在收视较高的电视剧中，除《公主小妹》、《机灵小不懂》、《魔女游戏》、《谢谢》是首播剧外，其他电视剧均为2007年1月-2008年7月间曾经播出过的重播剧目。

湖南卫视奥运会开幕后第一周在后晚间时段延续奥运前播出的台剧《公主小妹》创当周35城市所有卫视频道所有节目第一名的好成绩；奥运会第二周上午时段播出的《还珠格格第二部》也获得当周35城市所有卫视频道所有节目第一名，同在上午时段播出的《还珠格格第三部》也获当周第二名，后晚间时段重播2008年初的另一部台剧《微笑百事达》依然名列前茅（图12）。

安徽卫视将三部在奥运前后晚间时段播出过的港台剧《放羊的星星第一部》、《放羊的星星第二部》、《天赐良儿》放在上午至午后播出，收视表现显著提升。安徽卫视的电视剧编排从一定程度上也体现出其奥运期间差异化竞争的策略，在白天、晚间和后晚间时段进行相应的取舍（图13）。

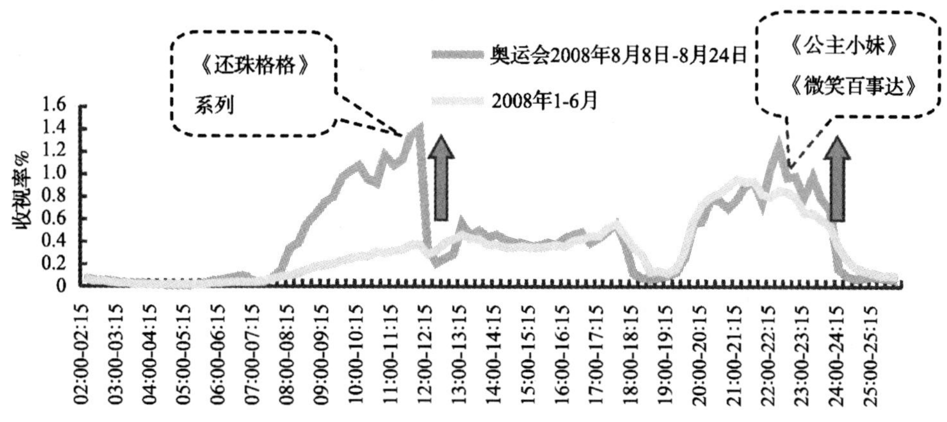

图 12　湖南卫视全天收视走势

数据来源：CSM 媒介研究

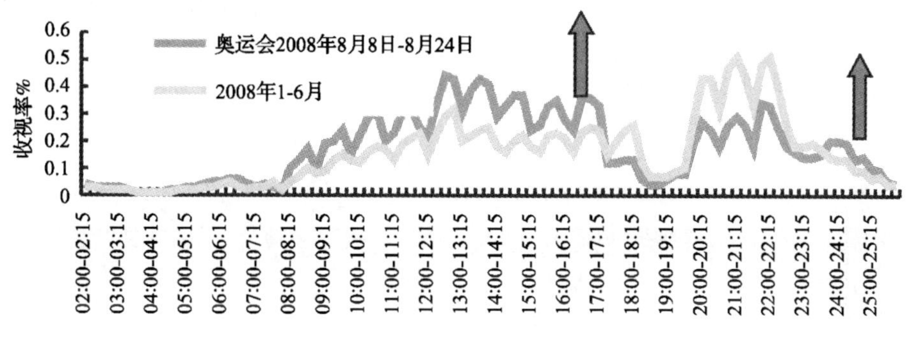

图 13　安徽卫视全天收视走势

数据来源：CSM 媒介研究

2. 推出体育节目，契合地缘优势

从 8 月 6 日开始，奥运火炬进入北京传递，北京卫视就进入了奥运时间表。《你好奥林匹克——奥运圣火北京传递》贯穿全天，8 月 8 日下午开播《光荣与梦想——北京卫视第 29 届奥林匹克运动会特别报道》，与观众一起期待开幕式的到来。随后的数天内，北京卫视的节目围绕《光荣与梦想——北京卫视第 29 届奥林匹克运动会特别报道》展开，该节目时段收视率与上半年平均相比得到了全面提升。35 中心城市收看该节目的观众规模累计占电视人口的 42%（图 14）。山东卫视也利用自己的地缘优势在 8 月 9 日推出《第二十九届奥林匹克运动会帆船比赛启动仪式》，观众规模高于 2008 年上半年同时段。

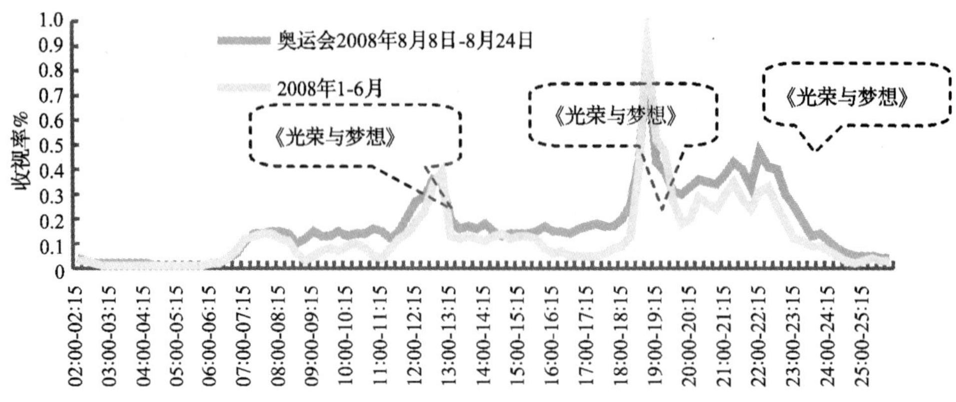

图 14　北京卫视全天收视走势

数据来源：CSM 媒介研究

(四) 综艺节目和专题访谈节目收视表现

以奥运期间频道竞争力得到明显提升的上海东方卫视为例，《喝彩奥运北京 2008》是上海东方卫视在奥运期间推出的一档综艺节目，每天在晚间黄金时段播出 2 小时。节目在上海和北京设立两大演播室，邀请华人演艺明星和体育名将共话奥运热点话题。与 2008 年上半年同时段相比，收视率获得了明显提升。走近奥运冠军的专题访谈节目《杨澜访谈录》平均收视率和市场份额双双提升（图 15）。

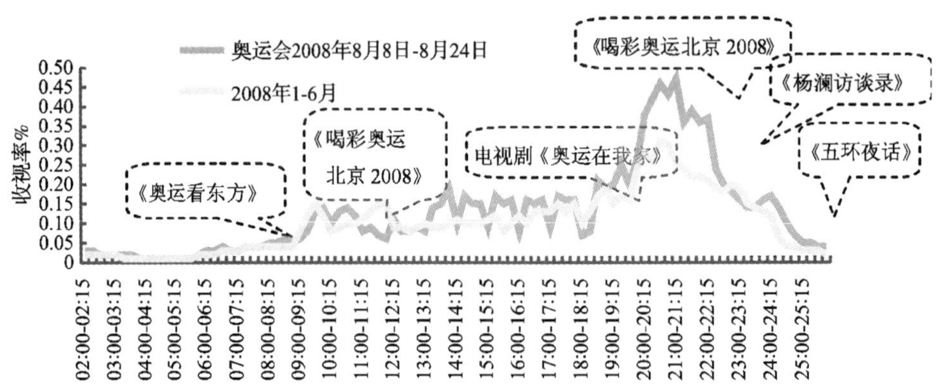

图 15　上海东方卫视奥运期间及 2008 年上半年收视走势

数据来源：CSM 媒介研究

在奥运期间播出的奥运相关综艺节目还有：安徽卫视在傍晚时段的《同一个世界》，重庆卫视后晚间时段的《奥运三见客》。尤其是湖南卫视的《快乐向前冲》（播出前期名为《奥运向前冲》），奥运期间延续奥运前的高收视，在 35 城市所有频道所有节目中名列前茅。奥运相关专题访谈节目包括湖南卫视中午时段的《背后的故事奥运特别节目我们是冠军》、江苏卫视后晚间时段的《就说这么多》、浙江卫视后晚间时段的《五环浙江风》。

三、奥运主办、协办城市收视状况

本部分主要分析奥运会主办城市北京和内地的其他五个协办城市的收视变化，包括北京、上海、秦皇岛、天津、青岛、沈阳共六个城市。如无特殊说明，本部分收视数据基于六城市收视数据。

（一）六城市观众整体收视情况

1. 全天人均收视时间增长明显

奥运期间精彩的比赛吸引了广大观众的目光，奥运期间六城市观众人均收视时间增长明显，且总收视时间都在200分钟以上。相比2008年上半年，除秦皇岛观众收视时间增长39分钟、沈阳增长48分钟之外，其他四城市的观众收视时间增长都为50分钟及以上（图16）。

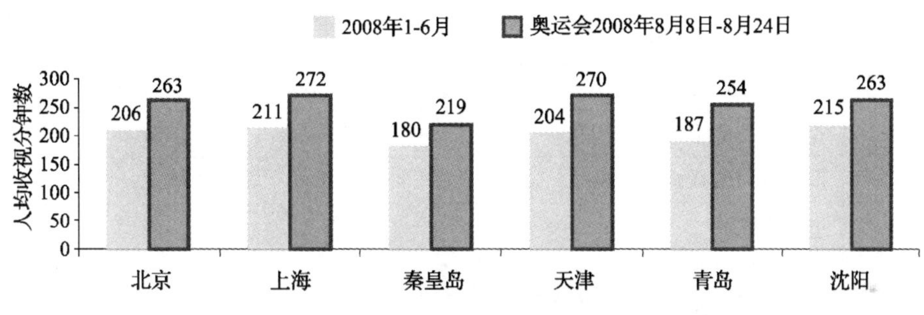

图16　六城市人均收视时间

数据来源：CSM媒介研究

2. 中央台频道全天收视大幅上升，各频道组整体竞争格局无颠覆性变化

中央台强大的奥运资源使其奥运期间在各地的收视份额表现十分抢眼，除了在上海的市场份额为35.1%之外，中央台频道在其他五城市的收视市场都占据了超过一半的收视市场，省级上星、省级非上星和市（县）级频道在奥运期间的市场份额都有较大幅度的下降。虽然奥运期间中央台频道的收视份额增长明显，但频道竞争力排序依旧，整体收视格局无颠覆性改变。例如，在上海地区市场份额保持第一位的还是省级非上星频道。

3. 中央台主要转播频道全天收视成倍增长，上海体育频道收视超过央视频道

在中央台主要奥运赛事转播频道收视大幅度增长的同时，北京体育频道的市场份额从1.6%上升为3%，天津体育频道市场份额从2.7%上升为3.1%。尤其突出的是上海电视台体育频道，收视份额从上半年的4%上升到奥运期间的10.9%，超过了央视转播赛事频道在上海的表现。

表4　六城市各频道组市场份额变化

地区	频道类别	市场份额%	
		2008年1-6月	奥运会2008年8月8日-8月24日
北京	中央级频道	37.9	54.5
	省级上星频道	30.2	23.3
	省级非上星频道	26.8	15.5
	市（县）级频道	—	—
上海	中央级频道	20.1	35.1
	省级上星频道	20.1	18.6
	省级非上星频道	56.7	44.4
	市（县）级频道	—	—
秦皇岛	中央级频道	58.6	82.0
	省级上星频道	20.3	9.1
	省级非上星频道	12.6	4.1
	市（县）级频道	3.2	1.4
天津	中央级频道	38.6	58.5
	省级上星频道	25.3	17.2
	省级非上星频道	26.4	14.0
	市（县）级频道	—	—
青岛	中央级频道	47.9	77.3
	省级上星频道	15.9	8.4
	省级非上星频道	7.9	3.4
	市（县）级频道	26.0	10.0
沈阳	中央级频道	33.4	60.4
	省级上星频道	26.6	18.3
	省级非上星频道	22.1	11.3
	市（县）级频道	14.6	7.0

数据来源：CSM媒介研究

（二）北京市场本地频道收视表现

1. 本地频道全天收视有所下降，影视频道下降明显

奥运期间在中央台频道收视上升的同时，除了北京六套体育频道之外，北京台其他主要频道的市场份额都有下降。其中北京四套影视频道的全天市场份额下降幅度比较明显，而北京卫视凭借其强势的本地新闻和对奥运赛事的报道，其奥运期间的市场份额仅有小幅下降（表5）。

表 5　奥运期间北京地区主要频道市场份额排名变化

2008 年 1－6 月			奥运期间 2008 年 8 月 8 日－8 月 24 日		
排名	频道	市场份额%	排名	频道	市场份额%
1	北京台四套	8.4	1	中央台奥运频道	13.7
2	北京卫视	7.5	2	中央台综合频道	12.1
3	中央台综合频道	6.3	3	北京卫视	7.1
4	中央台六套	4.7	4	中央台二套	6.8
5	中央台三套	4.5	5	中央台六套	4.2
6	北京台二套	4.4	6	北京台四套	3.7
7	北京台七套	3.8	7	北京台六套	3.0
8	中央台八套	3.6	8	中央台八套	3.0
9	北京台三套	3.5	9	北京台二套	2.7
10	中央台奥运频道	3.4	10	中央台三套	2.7
11	中央台二套	2.7	11	中央台新闻频道	2.6
12	中央台四套	2.6	12	中央台七套	2.5
13	北京台五套	2.3	13	湖南卫视	2.2
14	湖南卫视	2.0	14	中央台四套	2.1
15	北京台六套	1.8	15	北京台三套	2.0

数据来源：CSM 媒介研究

2. 全天奥运报道和新闻支撑北京卫视收视，影视频道电视剧时段收视下降

奥运期间，北京卫视打破常规编排，除保留《北京新闻》和《转播中央台新闻联播》之外，全天其他时段都播出奥运会特别报道。奥运期间北京卫视各时段收视和 2008 上半年基本持平，品牌节目《北京新闻》仍然保持着高收视率，而白天奥运报道时段的收视率较 2008 上半年稍有提升。

北京四套黄金时间电视剧收视受赛事影响较大，晚间 19:30 开始三集联播的黄金剧场收视率下降 67%，电视剧的主要收视人群 45－54 岁和 55－64 岁观众的收视率下降幅度更大，分别为 75% 和 73.3%（图 17）。

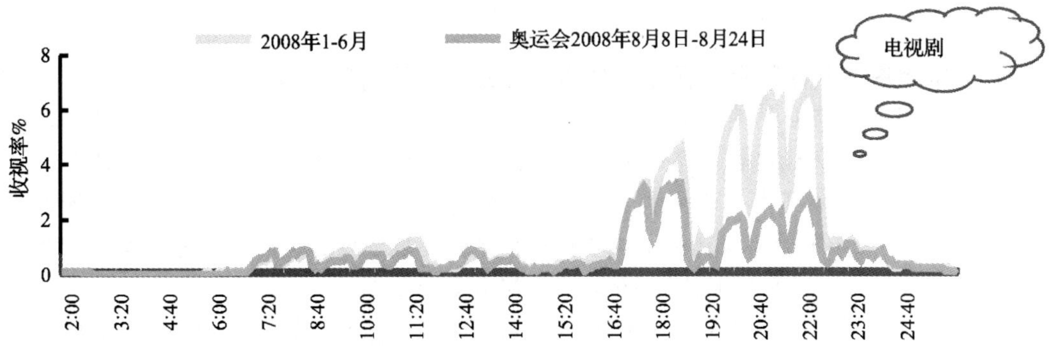

图 17　北京四套奥运期间与 2008 年上半年收视走势对比

数据来源：CSM 媒介研究

(三)上海市场本地频道收视表现

1. 本地主要频道全天收视有所下降，上海体育频道收视占据榜首

上海本地频道中，在上海收视排名一直靠前的新闻综合频道、电视剧频道和娱乐频道收视都有所下降，排名由原来的前三名分别降至第四、五、六名。东方卫视在奥运期间特别编排了《喝彩北京奥运2008》、《杨澜访谈录》、《五环夜话》等与奥运相关的综艺和专题节目，收视高于2008年上半年。上海体育频道在奥运期间对体育赛事的转播和报道使得其收视率跃居第一位，领先于其他各频道（表6）。

表6　奥运期间上海地区各主要频道市场份额排名变化

2008年1-6月			奥运期间2008年8月8日-8月24日		
排名	频道	市场份额%	排名	频道	市场份额%
1	上海电视台新闻综合频道	12.4	1	上海电视台体育频道	10.9
2	上海电视台电视剧频道	9.1	2	中央台奥运频道	8.4
3	上海东方电视台娱乐频道	6.3	3	中央台综合频道	8.0
4	上海东方电影频道	5.7	4	上海电视台新闻综合频道	7.9
5	第1财经	4.5	5	上海电视台电视剧频道	5.5
6	上海电视台体育频道	4.0	6	上海东方电视台娱乐频道	4.7
7	上海电视台生活时尚频道	4.0	7	中央台二套	4.0
8	上海东方卫视	2.9	8	上海东方卫视	3.7
9	中央台六套	2.9	9	上海东方电视台艺术人文频道	3.0
10	中央台综合频道	2.7	10	上海电视台生活时尚频道	2.9
11	中央台四套	2.6	11	湖南卫视	2.8
12	上海东方电视台艺术人文频道	2.3	12	上海东方电影频道	2.6
13	湖南卫视	2.2	13	中央台新闻频道	2.4
14	中央台奥运频道	1.9	14	中央台六套	2.3
15	中央台八套	1.9	15	中央台八套	2.2

数据来源：CSM媒介研究

2. 本地主打新闻节目收视依然强劲，电视剧时段有所下降

上海新闻综合频道的《新闻透视》、《新闻报道》、《观众中来》等新闻节目的收视在上海地区一直领先于电视剧等节目，且长期位于上海节目收视排行的前列。奥运期间上海地区所有节目收视率排名显示，新闻综合频道的新闻节目收视依然强劲，《新闻透视》、《新闻报道》的平均收视高于体育赛事和中央台综合频道播出的奥运开幕式，排名分列前两位，《观众中来》也以9.4%的收视排名第五位。

上海地区高收视率电视剧主要是SMG新闻综合频道、电视剧频道、新闻娱乐频道和东方电影频道所播出的。对比上半年电视剧时段收视，SMG新闻综合频道和新闻娱乐频道电视剧时段收视率在奥运期间下降相对较小，而SMG电视剧频道和东方电影频道电视剧时段收视率下降幅度较大。电视剧频道是SMG电视剧播出的主要平台，奥运期间电视

剧频道黄金剧场收视率下降了40.7%，35－44岁人群下降幅度最大为68.0%，而4－14岁和65岁以上人群相对降幅较小为20.8%和25.2%。

中央电视台奥运期间在各主要城市的收视份额大幅度上升，主要地面频道的收视都有所下降，其中以电视剧所受影响最明显。北京卫视、上海东方卫视等频道应对奥运打破常规编排，收视率维持或超过平时水平，而上海强势新闻节目仍然保持高收视率甚至超过奥运赛事。在重大节目资源被少数频道掌握时，地方台还是有自己可操作的空间，例如本地新闻资讯就是地方台需要牢牢掌握的重要资源。

结语

北京奥运会圆了中国人的百年奥运梦想，精彩的奥运赛事和体育健儿奋勇拼搏的顽强精神也让我们激动和感动。第29届北京奥林匹克运动会，历史上规模最大的一届奥运会，中国队取得金牌最多并首次登上金牌榜榜首的一届奥运会，走进了奥运历史的长卷，成为了一道不灭的闪亮风景。空前的奥运电视转播和奥运观众收视也造就了中国电视发展中的一个极具影响力的大事件，让我们再一次认识了传媒的作用，再一次看到了节目内容对于观众的强大吸引力。

奥运之后，当观众收视回落，当电视台节目恢复常规播出，一切都在继续，电视市场恢复常态后依旧面临竞争以及发展赋予的机会和提出的挑战。奥运，让我们体验了激情和感动，见证了拼搏和超越。如何把握机会应对挑战，如何克服困难超越自我，奥运同样留给了我们很多思考和启示。

（作者：蔡倩　陈明　陈晓洲）

跨媒体做大奥运蛋糕
新旧媒体成有益互补

北京奥运会的媒体报道创造了许多“之最”，其中包括“最多的媒体参与”。除了传统的电视、广播和平面媒体，2007年底，央视网正式与国际奥委会签约，成为2008北京奥运会官方互联网及移动平台转播机构。央视网依托中央电视台奥运报道团队的强势资源，结合网络电视、手机电视、IP电视、公交移动电视四大传播平台，全程转播奥运赛事节目。继而，互联网、手机电视、车载移动电视等新媒体作为独立的转播机构，在百年奥运史上，首次与传统媒体一起列入奥运会的转播体系。“跨媒体”成了北京奥运会传播的一个关键词，各媒体间的角逐为受众上演了一场又一场好戏。从手机小屏幕到户外超大屏幕，从家里的电视屏到单位的电脑屏，从室内的电视到公交车和地铁的移动电视，从出租车上的广播到随处可见的报纸，无论何时何地，只要你想，总能获得最新最快的奥运资讯。“北京奥运十六天，世界认识五千年”——多媒体平台开启了奥运全景传播的多个窗口，把北京奥运会打造得无与伦比的精彩。

电视是奥运媒介经济市场上最大的赢家，这一点毋庸置疑。然而，“电视独尊”的神话是否还能继续？势头正劲的互联网是否成了电视最大的竞争对手？在市场上处于弱势地位的广播和纸媒是否遭到了进一步的挤压？这些问题的核心最终归结到一点：受众在一天24小时的固定时间里，是如何使用媒体和分配媒体接触时间的？本文依据CSM媒介研究“360°奥运跨媒体受众研究”的同源、连续性数据，从受众跨媒体使用行为的角度揭示奥运媒介市场的整体状况。

一、全天候360°媒介洞察，追踪奥运跨媒体传播

近年来，随着媒介平台的扩展和新兴媒体用户的激增，跨媒体整合营销、精准营销和分众化已成为媒介市场运营的主题，而跨媒体受众研究也随着市场需求的增加被业界愈发关注。但是，由于各个媒体的传播特性、使用条件和目标用户群都不尽相同，很难用统一的方法同时测量所有媒体。以往的做法无外乎两种：一种是各自为政，每个媒体针对自己的受众做独立研究，不考虑其他媒体，如目前的电视收视率、广播收听率和互联网网民测量分别采用不同的样本和测量手段，客户在使用这类不同源的数据进行跨媒体分析的时候只能盲目地比较，无法做出准确的判断；第二种是一次性调查，通常采用

问卷的方法询问被访者对各种媒体的态度和使用习惯，这种方法得到的数据虽然是同源的，但是依靠被访者回忆得到的数据相比记录行为得到的数据在准确性方面逊色太多，而且一次性的调查也很难发现动态的变化和内在的规律，数据的可挖掘性低。两种方法综合而言也就是说，“同源性”和“连续性”如同鱼和熊掌，难以兼得。

作为国内规模最大、最权威的受众研究机构，CSM 媒介研究提供了多年专业的电视收视率和广播收听率服务，CSM 的宗旨是打破媒介研究方法和技术的局限性，满足不断变化的客户及行业需求。新媒体研究是 CSM 近年来积极开拓的领域。借着北京奥运会的东风，为全面地与传媒行业及社会各界共同洞察北京奥运会期间中国受众市场的变化与机遇，CSM 启动了多维度、跨媒体的奥运受众监测。其中，“360°奥运跨媒体受众研究”突破了以往各个媒体单独测量、一次性问卷调查等研究方法“数据不同源、不连续”的弊端，首次采用统一的方法、同源的样本和连续性的测量，全天 24 小时不间断地记录从奥运之前到奥运之后受众对各种媒体的使用行为和接触内容。该项目涵盖电视、广播、报纸、杂志、互联网、移动车载电视、户外电视、楼宇/街面电视、手机电视等几乎所有媒介类型，在北京、上海和广州分别建立了有代表性的样本组，可以了解受众在奥运期间对各种媒体的接触时间和接触内容，洞察媒体之间的竞争态势，并从一定程度上评估各个媒体的奥运传播效果。

二、跨媒体成奥运传播的关键词

为了了解北京、上海和广州三个城市的媒体受众结构，从而建立有代表性的样本组，我们选取了可代表北京、上海和广州逾 2100 万城镇人口的 3000 多个被访者进行基础调查。基础调查发现，85% 的人同时使用传统媒体和新媒体，15% 的人只使用传统媒体，而新媒体的接触者百分之百都是传统媒体的用户。在受众的媒体使用类型方面，88% 的人平均每个月接触 3 种或者更多类型的媒体，75% 的人平均接触 4 种或者更多类型的媒体，56% 的人平均接触 5 种或者更多，每个月接触 6 种或者更多类型媒体的受众比例超过了 30%。而从每天的情况来看，更有 42% 的受众平均每天接触 3 种或更多类型的媒体。可见，单一的媒介形式已经不能满足现代人对资讯和沟通的需求，面对日益纷呈的媒介形态，受众的媒介接触行为正在变得越来越多样，越来越复杂。

在奥运信息传播上，不同媒介有着各自的特点、优势和劣势。电视的现场感和视觉效果，报纸杂志的深度和可保存性，互联网的及时性和互动性，移动电视的便携性和伴随性……人们根据不断变化的需求，选择自己的媒介组合，获取自己想要的奥运信息。

样本组采集的连续性测量数据更加详实地记录了受众每天接触的媒介形式的多样性。三个城市的固定样组是由 10 岁以上的新媒体受众（即半个月至少接触过一次互联网、车载电视或户外楼宇电视）、近 1000 个样本组成的。2008 年 8 月 8 日至 8 月 24 日奥运会期间的连续性测量数据显示，新媒体受众在不同媒介形式上接触行为的重叠性非常显著，互联网、车载电视、手机电视、街面楼宇电视的用户中有很高比例也是传统的电视、广播和平面媒体的用户（表 1）。电视与报纸杂志、互联网和车载电视的受众重叠度最高，59.8% 的电视观众同时阅读报纸杂志等平面媒体，56.3% 的电视观众在奥运期间也浏览网络，32.5%的电视观众收看过车载电视。由于电视的观众数量广泛，各类媒体受众看电视的比例均在94%以上，广播听众甚至100%同时收看电视，重叠度相当高。广播媒体受众中，阅读报纸杂志的将近80%，还有超过60%的广播听众也使用网络。报纸杂志媒体受众使用新媒体的比例也很高，超过60%的读者也使用网络，43.6%的读者收看了车载电视。互联网用户同时阅读报纸杂志的比例达到64.1%，手机电视和街面楼宇电视的用户中也有很多人在阅读报纸杂志、上网和收看车载电视。

表1　北京奥运期间受众对不同媒体接触行为的重叠度（%）（北京、上海、广州三城市）

	观看电视	收听广播	阅读报纸杂志	上网	看车载电视	看手机电视	看街面/楼宇电视	看户外电视	使用其他媒体
电视观众	100.0	25.6	59.8	56.3	32.5	2.1	7.2	13.1	6.0
广播听众	100.0	100.0	79.4	61.0	41.5	3.7	9.2	21.4	10.5
报纸杂志读者	99.8	33.9	100.0	60.8	43.6	3.2	10.6	17.6	9.0
互联网用户	99.3	27.5	64.1	100.0	38.8	3.3	7.4	15.9	8.0
车载电视观众	99.8	32.6	80.1	67.5	100.0	5.0	15.2	27.5	8.9
手机电视观众	94.8	43.1	87.3	83.5	73.8	100.0	31.0	40.0	40.2
街面/楼宇电视观众	99.2	32.7	87.9	57.9	68.3	9.6	100.0	54.9	15.5
户外电视用户	100.0	41.8	80.4	68.9	68.6	6.8	30.4	100.0	15.9
其他媒体受众	100.0	45.0	90.1	76.2	48.5	14.9	18.8	34.8	100.0

数据来源：CSM360°奥运跨媒体受众研究

三、跨媒体传播做大奥运蛋糕，电视稳居市场首位

1. 奥运期间受众全媒体接触时长增长24%

奥运会是短时间内聚焦受众注意力的大事件，在家门口举办的北京奥运会更是当仁不让地成为国人关注的焦点。人们碍于工作生活、地理位置上的种种限制，不可能有很多机会到赛场观看比赛，为了得知比赛的结果及其相关信息，则必须凭借媒体的力量。受众对媒体使用的需求由于奥运会这一大事件的发生而变得最大化，奥运也使受众的跨媒体使用行为达到了峰值。

“360°奥运跨媒体受众研究”发现，2008年8月8日至8月24日奥运期间，北京、上海和广州的新媒体受众平均每天接触各种媒体的时长为434分钟，占据全天将近1/3的时间，比奥运会开幕前两周的平均每天媒体接触时间（350分钟）增加了24%。可见，奥运会拉动了整个中国媒体市场的规模，使得奥运媒介这块“蛋糕”变大了，受益的不仅仅是传统强势媒体，迅速成长中的新兴媒体也借助奥运契机大展拳脚，奠定了坚实的市场基础，可谓受益良多。

2. 电视在奥运传播中尽显优势地位，新媒体表现不俗

中国整体的媒介市场在奥运会的带动下释放出前所未有的能量，那么，在这个大盘子里，到底是怎样的媒体布局呢？我们通过跨媒体研究发现，电视媒体因其声像兼具的

现场性、广泛的市场覆盖、高清晰度和家庭化的集体收看特性，是奥运传播中最具优势的媒介形式，无论是到达率还是受众的使用时间，都在各种媒体中位居首位。互联网与报纸的到达率相仿，均超过了50%，但是互联网用户的人均上网时间是报纸读者人均阅读时间的3倍多，显示出网络媒体具有更大的粘性。

从受众对各个媒体的接触度来看（图1），在北京、上海、广州三个城市的新媒体受众中，无论是奥运赛事的转播，以及包括奥运赛事在内的各种奥运内容，还是全部内容，电视都以绝对领先的到达率占据市场首位。在多媒体共存的环境下，电视的地位没有动摇。96.7%的受众通过电视收看奥运比赛，这显示出了在新媒体参与奥运视频转播的情况下，电视的吸引力并没有减少。互联网和车载电视作为奥运史上首次授权直播的新媒体，在奥运赛事的转播上，分别得到了28.8%和16.9%的受众市场份额，并且超过了广播在奥运赛事转播上的到达率，这说明新媒体的力量不容小视，他们满足了受众随时随地收看奥运比赛的需求。报纸媒体在奥运期间的表现给之前很多人提出的“纸媒体消亡论”做出了有力的回应，58%的新媒体受众接触了报纸，这一比例仅落后于电视位居第二，说明报纸媒体仍具有旺盛的生命力。特别是在奥运会这样的大事件报道上，它可以提供视频媒体所缺乏的深刻的文字、生动的图片、可以反复阅读和收藏的功能，因而拥有广泛的受众市场。

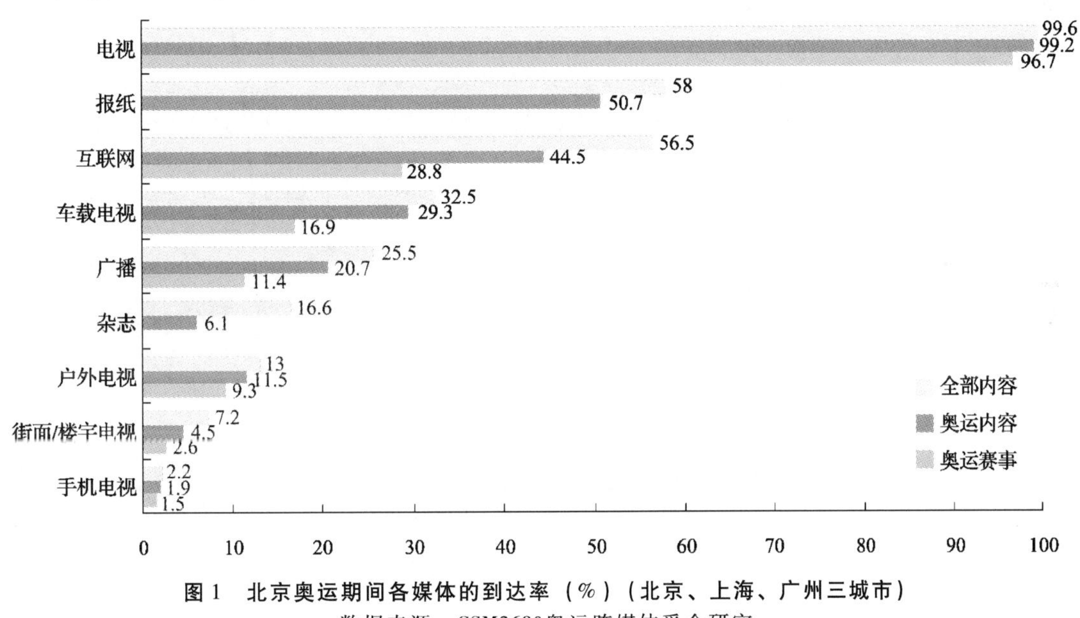

图1　北京奥运期间各媒体的到达率（%）（北京、上海、广州三城市）

数据来源：CSM360°奥运跨媒体受众研究

从受众对各个媒体的使用时长来看（图2），北京、上海、广州三城市的电视观众在奥运期间平均每天收看电视的时间为351分钟，居各媒体之首，比奥运前两周增加了1个半小时，这是由于奥运赛事的多频道、连续不间断的直播锁定了观众的眼球。从每天走势来看，每逢周末，电视观众的收视时间比工作日有明显增长，形成了三个高峰。互联网用户在奥运期间的人均每天上网时长超过了3个小时，在各媒体中仅次于电视位居第二。互联网用户的上网时间基本保持平稳，最高峰并非出现在工作日，而是8月16日的周末，达到220分钟，说明网民在闲暇时间依然会选择网络，并且花更多的时间上网。其中，网络视频在本次奥运会的转播中可谓大显身手，21%的受众通过以央视网为核心的九大网络视频转播平台收看了奥运会，且人均每天收视时长达到140分钟，对电视起到了很好的补充作用，也带动了网络视频产业的发展。广播、报纸用户的人均使用时长均保持了较好且平稳的水平，广播听众每天收听广播的时间为101分钟，报纸读者阅读报纸的时间约为1个小时。另外，手机电视这种新媒体虽然用户数量不多，但是用户的使用时长并不短，平均每天的收看时间为82分钟，说明这种新媒体正在被大众所接受，信号的稳定性和图像的清晰度保证了用户对手机电视较长时间的收看。

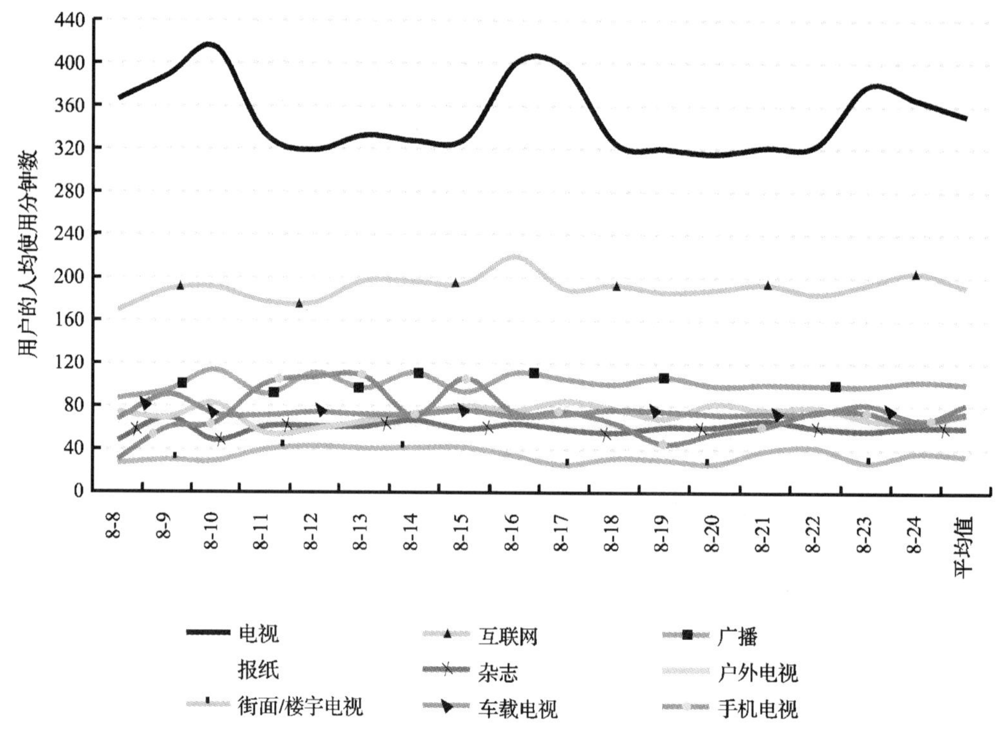

图2　北京奥运期间受众的人均媒体使用时长走势（分钟，按天）

数据来源：CSM360°奥运跨媒体受众研究

四、新媒体成传统媒体的有益补充

1. 电视与互联网的互补性显著

CSM“360°奥运跨媒体受众研究”剖析了受众一天24小时对不同媒体的接触情况，解构了整个媒体市场的格局。研究发现，奥运的媒体市场呈现出百花齐放、你方唱罢我登场的繁荣景象，并非某个媒体独行天下，互联网、车载电视等新媒体对传统电视的补充作用在奥运的传播效果方面凸显。

从全天到达率的走势（图3）和全天市场份额的走势（图4）来看，在北京奥运会期间，电视在北京、上海和广州三个城市的用户量和市场份额全天绝大部分时间居各媒体之首，但在0:00之后的深夜时段不及互联网。互联网到达率在上午、下午和晚间出现了三个高峰，值得注意的是，互联网与电视的到达率走势呈现出大体一致的态势，互联网全天到达率的峰值是在晚间22:00左右，而电视也是在晚间的使用量最大，说明这两个媒体的用户接触习惯比较相似；但是从市场份额来看，互联网与电视又形成了鲜明的互补性，电视在清晨、中午和晚间时段的市场占有率最大，而互联网则在上午、下午和深夜的市场占有率更有优势。综合这两点发现，我们可以推断出互联网和电视的用户构成存在较大差异（下文的分析将提供更直接的佐证），这种目标受众的差异性实现了电视与互联网的共存与互补。

广播的优势集中体现在清晨时分，早起的人们喜欢通过广播收听每天最早的奥运新闻。车载电视由于与受众的出行密切相关，所以在早晚上下班高峰的时段拥有较多的用户量。早、午、晚报的发行拉动了报纸媒体在全天的三个小高潮，早报显然更受青睐。此外，杂志、户外楼宇电视和手机电视在奥运期间的受众到达率偏低，因而在全天走势上未能形成明显的趋势。

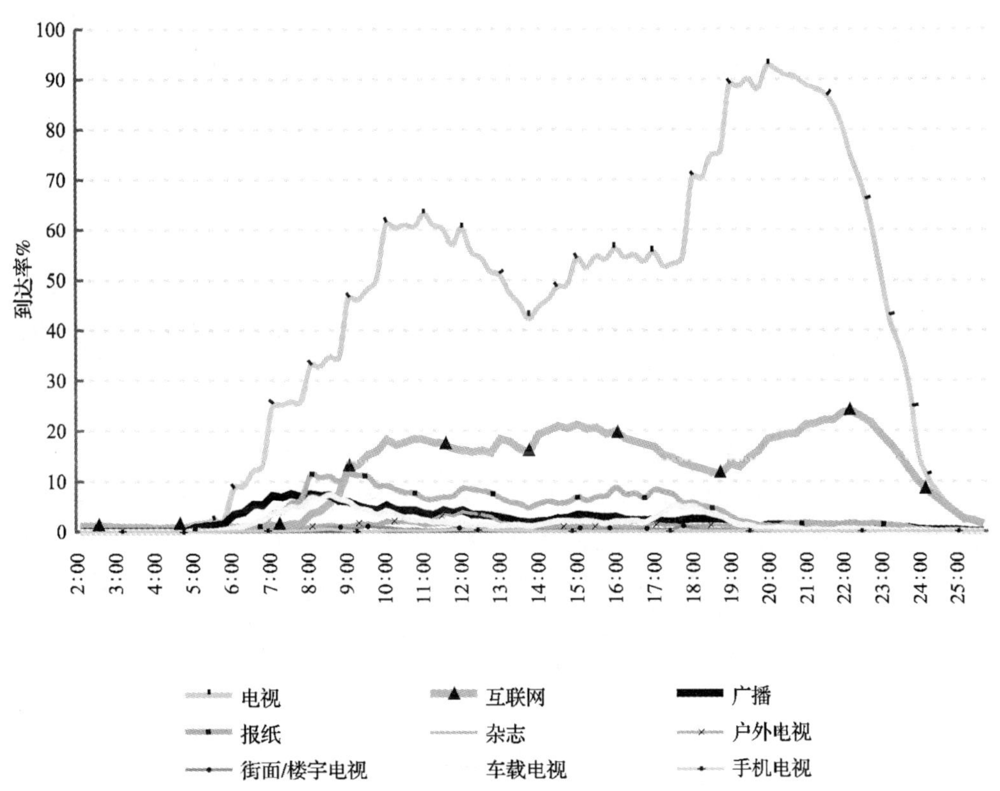

图3　北京奥运期间各媒体全天的到达率走势

数据来源：CSM360°奥运跨媒体受众研究

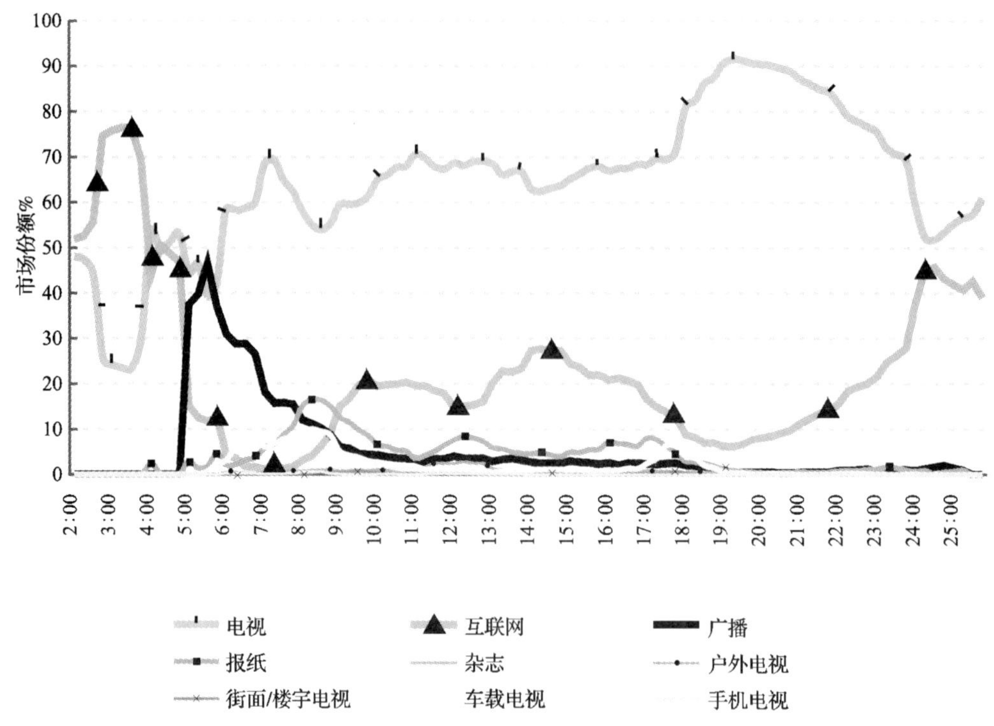

图4 北京奥运期间各媒体全天的市场份额走势

数据来源：CSM360°奥运跨媒体受众研究

2. 传统媒体与新媒体拥有不同用户群

奥运媒介市场的格局已经大致清楚，那么，究竟是谁在使用这些媒体？各个媒体用户群之间存在哪些差异性？通过媒体用户构成的分析，我们可以清晰地描绘出北京奥运期间各个媒体目标受众的特征和差异化。

综合而言，在北京、上海和广州三地的新媒体受众中，电视、广播、报纸等传统媒体的受众有着类似的特征：中老年人（电视和报纸受众主要集中在40岁以上，广播受众更为广泛，集中在30岁以上）、已婚人士、高中/中专/技校教育水平、公司普通职员或待业/退休/家庭主妇等无业者。杂志虽然也属于传统媒体，但是受众群相对小众和特殊，主要吸引了20－29岁年轻女性的青睐，这类受众对时下流行的时尚类杂志情有独钟，即使在奥运期间也不会改变阅读习惯。以互联网、车载电视和手机电视为代表的新媒体在用户构成方面，表现出了不同的特征。互联网和手机电视的用户均以男性为主体，10－29岁的年轻人占据互联网用户的六成、手机电视用户的九成多，与传统媒体形成鲜明对比；20－29岁的受众也是车载电视最主要的用户群，不同的是，女性比男性更喜欢在乘坐公交车或地铁时观看车载电视。大专、大学及以上受教育程度的人在奥运期间不约而同地成为互联网、车载电视和手机电视的主要用户，说明了教育程度较高的受众对新媒体的接受程度更高，更愿意尝试新事物。在职业类别方面，公司普通员工是新媒体用户的主要人群；由于在暑期，学生通过互联网观看奥运、了解奥运的比例也不小。总的来说，传统媒体与新媒体在目标受众上具有明显的差异，进一步表明了媒体间的互补性。在奥运的媒介赛场上，胜败不仅仅依赖媒介内容和策略，还要看媒体是否能够准确把握自身特性和市场定位，是否具有满足和开拓目标受众需求的能力。

表2 北京奥运期间各媒体的用户构成（%）

受众划分		电视	互联网	广播	报纸	杂志	楼宇/街面电视	车载电视	手机电视
性别	男	53.0	56.5	55.6	51.5	34.8	49.8	43.4	74.7
	女	47.0	43.5	44.4	48.5	65.2	50.2	56.6	25.3
年龄组	10-19岁	7.7	15.9	5.0	4.2	17.0	4.9	7.4	4.6
	20-29岁	19.2	43.7	16.1	18.2	36.7	15.6	38.8	87.4
	30-39岁	17.0	23.0	20.6	16.9	17.9	24.7	15.9	0.0
	40-49岁	21.2	11.0	23.9	26.2	13.5	32.5	20.3	3.8
	50-59岁	20.4	5.3	19.7	23.1	10.9	19.4	12.7	0.0
	60岁及以上	14.5	1.1	14.7	11.4	4.0	2.9	4.9	4.1
教育程度	初中及以下	29.7	7.3	28.3	25.0	14.7	32.7	12.9	5.7
	高中/中专/技校	40.5	37.1	45.4	43.4	47.1	48.1	39.6	37.7
	大专及以上	29.8	55.6	26.3	31.6	38.2	19.2	47.5	56.6
婚姻状况	未婚/离婚/丧偶	74.0	48.1	84.4	79.0	47.2	81.4	58.9	36.3
	已婚	26.0	51.9	15.6	21.0	52.8	18.6	41.1	63.7
职业类别	干部/管理人员	9.3	11.0	7.4	10.9	11.6	18.3	12.4	17.6
	初级公务员/雇员	24.4	38.9	22.9	28.3	31.3	16.0	42.5	31.4
	工人	12.4	10.3	16.3	12.6	15.7	23.4	10.6	45.2
	自由职业/个体	11.6	13.1	14.5	14.1	9.3	21.7	10.6	0.0
	学生	9.4	17.8	5.6	6.1	21.0	5.9	9.1	4.6
	无业	30.8	7.5	32.0	25.3	10.4	14.6	14.0	1.1

数据来源：CSM360°奥运跨媒体受众研究

五、后奥运时代的媒体盛宴

北京奥运会的媒体盛宴在一片赞扬声中渐渐落幕了，而奥运的辐射作用可能会持续很久，后奥运时代的中国媒体还将继续上演一幕又一幕的好戏。拥有全世界最大的电视观众群、互联网用户群和手机用户群的中国，毋庸置疑是一个媒体大国。但是，我们也不得不承认，中国媒体市场仍在许多方面落后于世界上其他发达国家。根据摩根士丹利近期发布的《中国传媒报告》数据：中国人均广告支出仅为美国的2%-3%；中国有线电视用户支出也只有美国的2%-3%；目前只有16%的中国人上网（2008年6月中国互联网普及率上升到19%），大大低于美国、日本和韩国等发达市场60%-70%的水平；中国票房收入在2007年达到4.5亿-4.6亿美元，仅为美国的5%，且中国民众在看电影上人均仅消费0.3-0.4美元，还不够买半听可口可乐。这些数字告诉我们，中国的媒体市场还有很大发展空间。人民物质生活水平的提高、对高质量媒体内容的需求、新媒体的蓬勃发展，都推动着中国媒体市场走上成长壮大的道路。

北京奥运会是对媒体的一次大检阅，新老媒体均收获佳绩：电视以其持续走高的收视率响当当地证明了自己不容动摇的江湖地位；互联网释放出前所未有的能量和威力，吸引的不仅是网民，还有广告主的目光；手机电视崭露头角，以不俗的技术表现经受住了奥运会的考验，前途光明。在一部分受众对媒体的表现给予积极回应的同时，我们也应该看到，还有很多受众对媒体内容的需求没有得到满足。奥运媒体传播究竟做得如何，不仅取决于媒体自身的战略，对受众需求的适应力和创造力也是决定成败的关键。北京奥运会将中国媒体的综合实力和整体竞争力全面提升，推动中国由媒体大国向媒体强国发展。后奥运时代的媒体盛宴更加值得期待。作为行业的研究者和服务者，CSM媒介研究将持续跟踪中国传媒产业的发展与变革，为中国媒体市场健康有序的发展提供重要参考依据。

（作者：佟菁菁　崔志芳）

电视广告收视衰变研究

在传统电视的二元经济模型中，电视台通过为观众提供内容服务换取注意力，并借助注意力与广告主进行资金交换。从广告交换的角度来看，观众注意力中更具价值的是观众对广告内容的注意力；从观众消费的角度来看，其对电视广告的收视则恰恰是其为获得免费电视内容而付出的成本。理性的消费者倾向于追求成本最小化，这成为观众规避广告收视的重要动机，也使得电视广告收视率必然低于节目收视率。①。

虽然广告收视低于节目收视在所难免，但不少业内人士也发现广告收视较节目收视的衰变会因为广告位置、时段、频道和节目等原因而呈现千差万别的情况。对在广告交换中追求利润和效用最大化的电视台和广告主而言，了解广告收视相对于节目收视的变化规律，明晰影响广告收视变化的因素，对电视台节目编排和广告主计划排期有重要参考价值，对提升广告时段价值以及优化广告传播效果至关重要。正因如此，对广告收视衰变的研究引起了业内人士的强烈兴趣。本研究基于 CSM 媒介研究的收视率数据资源，采用回归统计分析方法，尝试对电视广告收视衰变规律及其影响因素进行初步探索，以求抛砖引玉，与业内人士展开更深入和系统的讨论。

一、研究背景

电视媒体对渠道资源的垄断和主导地位的削弱，以及广告主对广告投放效果精准化的追求，是促成广告收视衰变研究兴起的两大重要因素。在 21 世纪之前的 20 至 30 年中，电视媒体凭借多元化、立体化的传播形式，和对覆盖最为广泛的传播渠道的掌控，而成为无可撼动的垄断性媒体，凭借资源优势在广告交易中几乎可以“坐地收钱”。21 世纪之后，随着互联网媒体的迅速普及、数字电视的日趋成熟，以及各种新媒体形态的不断涌现，电视媒体在内容市场和广告市场中的统治地位有旁落之势。

随之而来的是广告主对电视广告传播效果的质疑，以及对电视广告传播效果评估更精准的要求。在美国，有关“公关兴起、广告势衰”的论调不断涌现；更有甚者针对带有刻录功能的数字电视机顶盒 DVR 的出现预测了“30 秒电视广告插播的消亡”。据美国广告主联合会 ANA（Association of National Advertisers）2008 年 2 月发布的一项调查显示，随着 DVR 的普及率达到 50%，广告主将明显削减其在电视广告上的投入；在积极

① 根据 CSM 媒介研究多年的收视率数据，广告收视率大致相当于节目收视率的三分之二。

寻求新的电视广告形式和植入方式的同时，72%的广告主表示他们越来越关注单条广告(individual commercials)的收视率水平，而不是只关注电视广告整体的平均收视率水平①，以对电视广告传播效果进行更精准的评估。

在中国，四级办电视台政策遗留下了空前激烈的电视市场竞争格局；有线电视和数字电视技术发展对电视媒体覆盖情况的明显改善，为观众提供了丰富的收视选择，使得电视媒体很难寻求和维持在市场上的垄断地位；互联网等新媒体形式的发展则进一步分流观众注意力，观众收视存量呈现连年递减的态势；这一系列情况都会对电视媒体的广告收视效果形成挤压。与之相伴的是随着中国电视业产业化和市场化进程的推进，国际广告公司“以点论价”的广告购买方式开始在中国电视行业中盛行。对于中央台、省级台以及部分发达地区的城市台而言，国际广告公司的投入是其重要的收入来源，而国际广告公司对广告收视点的精确要求，则对其广告收视带来了明显的压力。

正是在这种压力之下，电视媒体和广告公司愈发强化了对广告收视效果的研究。电视媒体可用于广告插播的时段资源是有限的，在节目收视水平一定的情况下，广告时段收视较节目收视的衰退率越低，就意味着该广告时段可以赢得更多的收视点，也就意味着同样的时段资源可以为电视媒体创造更多的价值。故而，对广告收视的衰变规律及其影响因素进行研究，有助于电视媒体进行针对性的内容编排，尽量减少广告段的观众流失，最大化单位广告时段的收视点及交换价值。同样，对代理广告主广告投放的广告公司而言，能够基于对广告收视衰变规律的把握，以及对广告投放环境因素的把握，更准确地判断广告收视水平，对其更有效地实现广告主的投放目的大有裨益。

近几年来，国内不少电视媒体都开始通过平衡广告插播频率和广告插播时长的方法，寻求对观众流失的控制，诸如“无缝编排”等策略的引入，代表着电视媒体为控制广告插播带来的收视衰退而付出的努力。与此同时，部分国际广告公司也开始尝试对广告插播时段的收视衰退进行探讨，通过截面式调查和连续性数据分析，寻求广告时段观众流动的规律，为其在广告投放中获取更好的段位寻求数据支持。由于广告收视衰变受到观众收视行为、频道环境、节目环境和编排方式等多种因素的影响，对其衰变规律的研究需要大量的数据资源支持，因此，到目前为止，国内对广告时段收视衰变的研究大多数是针对某个频道或节目的个案性研究或定性分析，缺乏一般性和系统性的量化研究。本次研究依托CSM媒介研究庞大的收视率数据资源，尝试借助统计回归分析方法，探讨广告段分钟收视衰变规律及其影响因素，为广告收视衰变研究进行方法性探索。

二、研究对象与方法

本次研究以广告段中每分钟段位的收视衰退率为研究对象。所谓分钟段位是指整体广告段中的每个分钟段，例如广告段位中的第1分钟、第2分钟等等。所谓衰退率则是指广告分钟段位收视率相对于前节目的收视衰退率。

① John Eggerton. *Marketers: TV Advertising Effectiveness Has Decreased*. http://www.broadcastingcable.com/article/CA6533738.html

在这个定义中，对前节目的界定是比较容易引起争论的问题。有研究者主张将广告段前1分钟的节目作为前节目，也有研究者主张将广告段前整个节目作为前节目。这两种主张都存在值得探讨的地方。例如在不少情况下，广告段前1分钟的节目往往是某个节目的尾声或者字幕部分，收视率水平已经较节目的主体部分有明显的下滑，以这1分钟的收视率为参考研究广告收视衰变，有低估广告分钟段收视衰退率的可能。而若以广告段前整个节目为参照对象，则又面临着用广告段前20－30分钟处于波动状态的节目收视去评价广告段收视衰退的问题，有可能将因节目本身内容原因而导致的收视下滑归入到广告收视衰退中，导致对广告收视衰退率的高估。

目前既有的研究中还没有任何结论可以显示出某分钟节目收视影响的持续时长，也就是说我们难以判断广告段前多少分钟的节目收视会对广告段的收视产生影响。作为对广告分钟段收视衰退率的探索，本次研究分别选取广告段前1分钟、3分钟和5分钟的作为参照对象。也就是说本次研究有三个研究对象，即广告分钟段相对于前1分钟、前3分钟和前5分钟的收视衰退率。

根据CSM媒介研究对节目收视的研究经验，电视节目所处的时段、频道和节目竞争环境均会对其收视率产生影响，在北京等市场的研究结果表明，环境因素对节目收视的贡献率达到40%以上。基于此研究结论，本次研究假设时段、频道和节目竞争因素同样会对广告分钟段的收视产生影响。此外，经验显示，广告分钟段在广告段中所处的相对位置、广告段本身的长度以及广告段与节目的相对位置等因素，也会对广告段的收视变化产生影响，故而本次研究也假设广告段本身的位置和时长属性同样会对广告分钟段的收视衰退产生影响。据上述假设，本次研究构建了包括广告段属性、时段属性、频道属性和节目属性在内的综合性指标体系对广告分钟段收视衰退率进行研究（表1）。

表1　广告分钟段收视衰退研究指标体系

类型	指　标
广告段属性	分钟段位置：广告分钟段在广告段中的相对位置（第1分钟、第2分钟）
	广告段长度：广告段的整体长度
	广告段位置：广告段相对于节目的位置（节目内插播广告和节目间插播广告）
时段属性	广告段所在时段：广告段所处的时段位置
频道属性	频道竞争地位：广告段所处频道的市场份额
	频道级别：广告段所处频道的级别
节目属性	前节目收视率：广告段前节目的收视率水平
	前节目时长：广告段前节目的播出时长
	前节目类型：广告段前节目的节目类型
	后节目收视率：广告段后节目的收视率水平
	后节目时长：广告段后节目的播出时长
	后节目类型：广告段后节目的节目类型

作为对广告收视衰退率研究方法的一次探索，本次研究选择以2008年4月份北京收视市场上，时长达3分钟以上、到达率达2%以上的，在黄金时段播出的广告段为研究

对象，进行个案研究。选择2008年4月是因为在近期的收视市场上，4月份是一个没有春节、地震和奥运等重大事件的影响，收视相对平稳的时期。鉴于本次研究试图探讨广告段分钟收视率的衰退规律，因此时长在3分钟以下的小段广告暂不列入研究范围。将到达率达到2%作为广告段筛选条件，主要是考虑样本代表性的问题，只有满足这一要求的广告段才有足够的收视样本，以支持关于广告收视率衰退规律的普遍性的结论。而将研究对象限于黄金段则主要是考虑到在目前的节目编排和广告投放中，对黄金时段广告收视衰退的研究更受关注，更具实践指导价值。

在本次研究之前，作者还进行了一系列实验性研究，其间发现不少电视台在进行广告编排的过程中，会插入诸如节目预告和频道宣传等播出时长小于3分钟的小节目。这类小节目虽然会对广告收视带来一些波动性影响，但总体而言，其对广告收视的影响还是明显小于播出时间长于3分钟的广告节目。为更清楚地了解主体节目对广告插播的收视影响，本次研究将这类小节目归为频道广告，也纳入广告段整体之中。基于上述的合并和筛选条件，本次研究共得到3800多个符合条件的广告段样本。在完成数据筛选之后，借助SPSS软件进行统计回归分析，得出本次研究的相关结论。

三、研究结果与分析

通过统计回归分析，得出广告分钟段位1分钟收视衰退率、3分钟收视衰退率和5分钟收视衰退率与前文所提及的指标体系中各指标的相关性模型（表2）。该模型解释了在控制模型中其余变量的情况下，广告段分钟段位收视衰退率受各变量影响的显著性及程度。例如在表中所提及的“广告长度”与1分钟衰退率的相关性是指在假定其余广告段属性、时段属性、频道属性和节目属性一致的情况下，广告段长度与1分钟衰退率之间的关系。这三个数据模型的数据结果可以让我们对广告分钟段位收视衰退规律，及其与影响因素之间的关系得出如下认识。

表2　黄金段广告分钟段位收视衰退率回归分析①

		1分钟衰退率			3分钟衰退率			5分钟衰退率		
		未标准化回归系数	标准化回归系数	显著性	未标准化回归系数	标准化回归系数	显著性	未标准化回归系数	标准化回归系数	显著性
		B	Beta		B	Beta		B	Beta	
广告段属性	分钟段位置平方	-0.032	-0.067	**	-0.017	-0.102	***	-0.015	-0.142	***
	分钟段位置	-0.072	-0.008		0.097	0.031		0.153	0.075	***
	广告段长度	0.902	0.120	***	0.280	0.104	***	0.157	0.091	***
	广告段位置	-2.005	-0.023		-0.971	-0.031	**	-0.749	-0.037	**
时段属性	广告段所在时段	2.288	0.032	**	1.786	0.070	***	1.382	0.084	***

① 所使用数据为2008年4月北京市场数据。

续表

		1 分钟衰退率			3 分钟衰退率			5 分钟衰退率		
		未标准化回归系数	标准化回归系数	显著性	未标准化回归系数	标准化回归系数	显著性	未标准化回归系数	标准化回归系数	显著性
频道属性	频道竞争地位	-0.330	-0.064		-0.452	-0.246	* * *	-0.436	-0.369	* * *
	频道级别	-4.390	-0.056	* * *	-1.276	-0.045	* * *	-0.487	-0.027	
节目属性	前节目收视率	21.490	1.236	* * *	1.982	1.014	* * *	0.632	0.895	* * *
	前节目时长	0.051	0.025	*	0.053	0.072	* * *	0.046	0.097	* * *
	后节目收视率	0.974	0.070	* * *	0.011	0.006		-0.041	-0.058	* *
	后节目时长	-0.078	-0.032	*	-0.011	-0.013		0.003	0.006	
	前节目类型——专题/综艺	-0.506	-0.005		-1.277	-0.036	*	-1.249	-0.055	* * *
	前节目类型——电视剧/电影	-2.340	-0.034		-2.518	-0.103	* * *	-2.009	-0.128	* * *
	前节目类型——法治/财经	5.866	0.038	*	1.511	0.028		0.483	0.014	
	前节目类型——新闻/时事	12.168	0.115	* * *	4.675	0.124	* * *	3.111	0.128	* * *
	前节目类型——生活服务	-3.364	-0.040		-1.488	-0.050	*	-1.370	-0.072	* * *
	后节目类型——专题/综艺	7.631	0.087	* * *	2.620	0.083	* * *	1.626	0.080	* * *
	后节目类型——电视剧/电影	2.040	0.030		1.180	0.048	*	1.088	0.069	* *
	后节目类型——法治/财经	2.779	0.017		1.184	0.020		1.132	0.030	
	后节目类型——新闻/时事	7.132	0.071	* * *	4.043	0.113	* * *	3.445	0.150	* * *
	后节目类型——生活服务	-11.641	-0.116	* * *	-4.876	-0.136	* * *	-3.338	-0.144	* * *
	常数项（constant）	9.532		* * *	70.264		* * *	81.975		* * *
	Adj. R2	0.705			0.691			0.684		
	样本量	3867			3867			3867		

注：* Coefficient is significant at the 0.05 level（2-tailed）；
* * Coefficient is significant at the 0.01 level（2-tailed）；
* * * Coefficient is significant at the 0.001 level（2-tailed）
数据来源：CSM 媒介研究

1. 广告分钟段收视衰退呈现倒“V”字形

通过研究广告分钟段位置（也就是广告分钟段在广告段中所处的相对位置）与该广告分钟段的收视衰退关系，可以了解节目之间广告收视率的变化曲线。从本次研究的数据结果来看，在1分钟、3分钟和5分钟的3个模型下，节目广告分钟段位置的平方与其广告衰退率相关性显著，且相关系数为负，这说明广告分钟衰退率随着其分钟位置的递增，而呈现倒“V”字形的走势。简而言之，在广告段初始的位置节目衰退率相对较低；随着广告播放时间的增加，广告段收视衰退率会进一步上升，并在某个时点达到最高值；随后广告段的分钟收视衰退率会有所下降。在未经回归拟合的广告段分钟衰退率走势图中，我们已经能够初窥端倪（图1)。

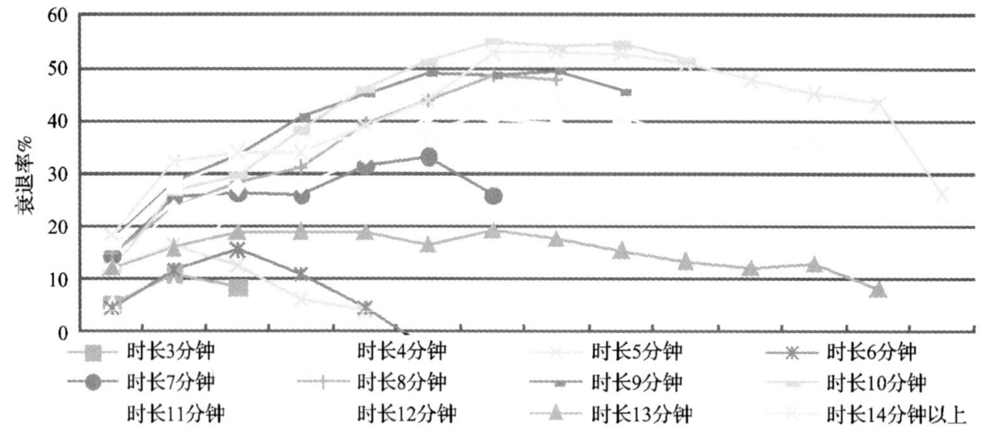

图1 未经回归拟合的广告段分钟衰退率走势图

数据来源：CSM 媒介研究

如果将对广告分钟收视衰退率的解释转化为对收视率的解释，那么这个规律意味着广告段的收视率走势呈现“V”字形，即在广告段前半程会出现下降，随后逐步回升，这符合我们对广告收视衰变的一般认识。当然，对于电视台和广告主而言，在广告段收视衰变模式中，其所关注的不仅是广告段收视衰变的走势，更是衰变过程中拐点出现的位置。根据显著性比较强的5分钟衰退率模型，在这个“V”字形中，广告收视衰退率的顶点，也就是广告收视率的最低点出现在5分钟左右。这就意味着在广告段第5分钟前后，观众收视会达到最低点，这是电视台在进行节目编排和广告主在进行投放排期时需要重点关注的对象。

2. 广告段长度及广告段位置影响广告分钟段位收视衰退

在1分钟、3分钟和5分钟3个模型中，广告段长度与分钟段位收视衰退率之间相关性均非常显著，也就是说在其他条件一定的情况下，广告段长度越长，其特定分钟段位的收视衰退率就可能会越高。从图1我们可以看出，即便同样是处于第1分钟的位置，广告段长度相对较短的广告段的第1分钟收视衰退率明显低于广告段长度较长的广告段。目前，各电视台黄金段的编排模式比较固定，观众对广告长度的预估比较明确。当观众知道某节目之后电视台会插播较长时间广告的时候，其转台的倾向会更加明显，这就使得长广告段的分钟段位收视衰退率会相对较高，导致电视台虽然投入了较长的广告时段，却难以换回较大规模的收视回报。从北京市场的数据结果来看，将广告段长度控制在6分钟以内是相对比较合理的。

同样符合大家日常经验的是，在同一节目中间插播的广告分钟段位收视衰退率会低于在两个不同节目之间插播的广告分钟段收视衰退率。受到同一节目前后两段之间较强的内容相关性的影响，观众对于节目内广告的容忍度相对较高，使得节目内广告的收视效果往往优于节目间广告。这也是不少电视台尝试采取无缝编排，压缩节目间广告，扩充节目内广告的原因。值得注意的是，节目位置对于分钟段位收视衰退率的影响不如节目时长显著；根据北京市场的数据，当节目内广告的时长超过4分钟以上的时候，其相对于节目间广告的优势已经不那么明显。

3. 广告分钟段位收视衰退受时段收视规律影响

观众的收视惯性同样会影响广告段收视率的衰退情况。在日常的收视数据分析中不难发现在收视上升阶段，广告分钟段位收视衰退率为负的情况，也就是广告段的收视率高于前节目的收视率。这主要是由于广告段所处的时段位置正是观众开机率不断走高的时段，更大的潜在观众规模为广告段创造了更好的收视环境。在北京，其晚间黄金段的收视呈现单峰状，在21点前后达到收视率的最高峰。以21点为界限，对广告段所处的时段位置进行分类，可以发现，在21点前广告分钟段位收视衰退率明显低于21点之后。这一方面提示电视台和广告主将21点前处于收视上升阶段的广告段作为重点开发资源，另一方面，也提示电视台和广告主不要将21点之后广告分钟段的收视衰退单纯地归因于广告播出本身，而需要结合广告段的时段位置进行综合考量。

4. 频道竞争地位和频道级别与广告分钟段位收视衰退率有关

据CSM媒介过去的研究，在市场竞争中享有更高市场份额的频道，通常在观众到达的广度和观众收视的深度方面都享有优势。市场份额较高的频道通常拥有更高的观众忠实度，这不仅会对其节目收视带来助益，同样会缓解其广告播出时段的观众流失现象。本次研究的结果显示，在3分钟和5分钟模型中，频道市场份额与广告分钟段位收视衰退率显著负相关，也就是说市场份额越高的频道，在特定广告分钟段位的广告收视衰退率倾向于越低。这从广告经营的角度，进一步突出了电视市场“双虞效应”发生的可能——强势频道倾向于拥有更好的广告效果，进而在广告市场上拥有更强的议价能力。

在北京市场上，电视频道的竞争主要在中央台和省级卫视等上星频道，以及北京本地地面频道之间展开。在本次研究中，将频道级别简单地分为上星频道和非上星频道两类，结果显示上星频道的广告段分钟段位收视衰退率低于地面频道分钟段位收视衰退率。这说明在北京地区，上星频道相对于地面频道而言，在广告时段出现观众流失的规模相对较小。需要强调的是，这种现象的出现，一方面与中央台和省级卫视拥有更明显的竞争优势有关；另一方面也与北京作为首都，外来人口众多，本地媒体与卫视频道相比，地域特色相对不明显有关。

5. 前后节目的收视率和时长对广告分钟段位收视衰退率的影响值得探讨

在上述3个模型中，广告分钟段位的收视衰退率与前节目的收视率和时长之间均存在比较明显的正相关关系。也就是说前节目的收视率越高、前节目的时间越长，广告分钟段位的收视衰退率就越高，这似乎与大家的日常经验相悖。需要强调的是，本次研究关注的是广告段分钟段位的收视衰退率，而非绝对收视率。在目前的收视市场上，拥有较高收视率和播出时长的节目通常是大众性节目。这类节目的观众规模虽然大，但其中的游离观众比较多，在这类节目结束之后，观众倾向于换台寻找其他节目，故而在这类节目之后的广告段观众流失往往比较明显，广告分钟段位收视衰退率较高。除此之外，高收视节目通常是在最为黄金的时段播出，尤其以在21点前后为多。在这类节目播出的时段，各频道的节目竞争非常激烈，观众可选择节目较多；同时在这些节目结束之后，观众整体收视逐渐进入下滑阶段。受这些因素的影响，不少高收视节目之后的广告段也会出现明显的分钟收视衰退。

在本次研究之前的实验性研究中，在未排除小节目的情况下，广告分钟段位的收视衰退率与后节目的收视率和时长之间有较强的负相关关系，也就是后节目的收视率越高、时长越长，其广告分钟段位收视衰退率会越低。在本次研究排除了小节目的影响之后，后节目收视和时长对于广告段分钟段位收视的影响相对不明显。

6. 前后节目类型对广告分钟段位收视衰退率有一定影响

不同类型的节目对其前后广告分钟段位的分钟收视衰退率均有一定影响，在5分钟衰退率模型中，这一情况尤其明显。在这个模型中，除前节目为法治/财经节目之外，前节目为专题/综艺、电视剧/电影、新闻/时事和生活服务节目时，节目与其后广告段分钟收视衰退率均有明显的相关性。相对而言，在这四类节目中，新闻/时事节目之后的广告分钟段位收视衰退率相对较高；专题/综艺和生活服务类节目后的广告分钟段位收视衰退率基本相似，但明显低于新闻/时事节目后广告段的收视衰退。在这四类节目中，电视剧/电影节目之后的观众流失相对不明显，广告分钟段位收视衰退率较低，这与电影和电视剧通常采取多段和多集联播有关。

如果考虑后节目类型对广告分钟段位收视衰退的影响，那么专题/综艺、生活服务和新闻/时事节目对其前广告段分钟段位收视衰退的影响比较大，在这3个模型中都表现出显著的相关性。数据显示，当后节目为新闻/时事节目时，其前广告段的分钟段收视衰退率明显高于其他节目类型；当后节目为专题/综艺节目时，其广告分钟段收视衰退率相对较低；当后节目为生活服务节目时，广告分钟段收视衰退率则最低。后节目为电影/电视剧节目时，其对前面广告时段的收视衰变影响并不明显，不过从系数来看，在电影/电视剧前的广告段的分钟收视衰退率相对不高。

四、思考与建议

本次研究的结果显示，广告段本身的属性、时段属性、频道属性和节目属性确实都会对广告分钟段位收视衰退产生影响。从北京市场的数据来看，广告分钟段位的收视衰变走势呈现倒“V”字形，并在5分钟前后出现拐点。广告段时长过长会加剧分钟段位广告收视率的衰退，必须对广告段时长进行合理控制。节目内广告的收视衰退缓于节目间广告，但节目内广告也不宜过长。从这些结论来看，电视台在进行广告编排的过程中，需要在广告段的长度和频度之间寻求更好的平衡，在节目编排中合理分配广告插播，实现效用最大化。

广告段所处的时段位置和频道位置，同样会对广告的收视衰退情况产生影响。在收视整体上升时期，广告收视衰退放缓；在强势市场地位和卫视频道上，广告收视衰退也相对较低。这给电视台和广告主带来的启示是，要尽力发掘优势时段的广告资源，同时地面频道要积极学习卫视频道的经验，培育观众忠实度，减缓广告收视的衰退。而从节目的角度来讲，前后节目收视对广告收视衰退的影响还有待探索；新闻/时事节目前后的广告收视率衰退较为明显，电影/电视剧、生活服务和综艺/专题节目的收视衰退相对较低。

当然，由于本次的研究对象集中于北京市场，数据量还相对有限，因此研究中的不少结论还有待考证和探究。在前文提及的诸如节目预告和频道宣传等小节目对广告收视的影响还有待探索，需要在今后的研究中进一步引入。此外，在本次研究中，常数项与广告分钟段位收视衰退率的相关性还非常显著，这意味着还有一些影响广告收视衰退的因素并未被列入到本次的研究当中，还需要业内人士共同探讨，不断完善。

（作者：左瀚颖　王建平）

电视台推介会的基本策略

每年第四季度是电视台广告推介会的旺季，期间11月18日的中央台广告招标、省级卫视多城市的全国巡演、地面频道在本地的宣传推介等纷纷上演。推介会通常与客户答谢会同时进行，其重点内容是向广告企业和广告公司通报成绩、展示优势、宣传新一年的广告项目和广告政策，最终目的是密切客户联系，吸引更多广告商的关注，赢得更多的合作机会和广告投放。

推介会要在1-2个小时内集中展现电视台的优势和传播价值，起到吸引客户的作用，必须在展示的内容和展示的方式上做足功课。制作精良的视频、主持人和嘉宾出镜、现场的表演和互动等，很多电视节目制作中的手段都被灵活应用在推介会上，电视台运用各种表现方式营造气氛和传播信息自然是得心应手。这些表现方式和推介会整体组织作为平台，推介会始终聚焦于电视台广告传播价值和优势的展现。

一、展现优势的三大主题：播出资源竞争力、观众影响力和广告价值

电视媒体的传播价值在电视台、观众和广告商三方的资源交换中得到实现，电视台以播出资源交换到观众资源，进而转化为广告资源，所以电视台的传播价值展现必然会围绕节目资源、观众资源和广告资源展开。由此，以节目为核心的播出资源优势、观众影响力和广告价值等成为电视台推介会的主题内容所在。

（一）播出资源

播出资源囊括了电视台所能运作的基于频道和节目的各种资源，就横向而言包括自办栏目、电视剧、活动等各种节目，就纵向而言包括节目的购买制作、编排、推广和播出的各个环节，例如电视剧的首播权购买、系列化专题节目的编排、新电视剧和节目的跨频道宣传预热等。

从资源组织形式角度，播出资源可以表现为频道资源、节目类型资源直至具体节目，例如围绕频道定位组织各种相关节目打造特色频道，整合各频道力量突出民生节目或娱乐节目类型优势，重点突出确保品牌栏目效果等。

从资源运用角度，播出资源的优势可以表现为垄断性资源、稀缺性资源、不可替代的特色资源、竞争中的优质资源等，例如大型体育赛事或独播电视剧的垄断性、引进剧

的稀缺性、民生节目的特色、同类节目中的优质品牌节目等。

（二）观众影响力

广告商广告传播活动的目的是获得观众并影响观众，电视台影响观众的广度和深度，以及影响发挥的力度和达到效果的速度等，都是观众影响力的量度。

推介会上经常引用多种媒介研究资料，从不同侧面反映电视媒体在观众中的影响力，例如覆盖率调查衡量电视媒介接触观众的渠道是否畅通，反映频道可能接触的最大观众规模；收视率调查衡量频道和节目实际接触观众的广度和深度，反映目标观众收看频道或节目的行为和收看广告的机会；满意度调查衡量频道和节目以及节目各要素对于观众的影响，反映观众对于节目的态度。

（三）广告价值

频道和节目资源吸引观众，广告交易针对的则是以频道和节目为载体的各种广告形式。广告资源既依附于节目资源，又可独立于节目资源。从编排的角度，一方面，广告必定是依托于节目内容和节目编排，推介会上介绍节目表现的同时，也在展现其中搭载的广告效果。另一方面，由于节目前中后的广告段设定不同，节目中的广告形式设计不同，节目资源并不等同于广告资源，广告资源有其独立性和灵活性。从内容的角度，有的广告与节目内容密切相关，例如以植入式广告为代表的各种“软广告”；有的与节目编排融为一体，例如随片广告等；有的广告则独立于节目内容，被称为“硬广告”的常规广告段就是最常见的例子。因此，广告资源在推介会上都有独立的单元进行重点介绍，尤其是特殊的广告形式、优化的广告环境、优惠的广告政策等。近年来，随着广告竞争更加激烈，电视台在优化广告产品性价比的同时，也更加重视对于广告客户的服务，包括为大客户或忠实客户提供更大的价格优惠、更灵活的投放政策、更多的播前资讯或播后效果调查等。

二、两大基本表现形式：推介会现场展示和参考资料发放

与多数会议相同，电视台推介会的主题内容主要以现场展示和大会资料发放两种方式呈现。现场展示部分通常包括当场播出的频道或节目的视音频影像、来自电视台内部发言人的节目或广告介绍、来自外部专家或相关人员的主题发言、现场的表演或活动等。发放的资料通常是印刷版的宣传推介信息汇总，包括但不限于现场的展示内容。相对而言，资料部分的信息更具体详实，有节目、广告的详细说明，便于广告商查阅和了解详细信息，有些推介会的资料中还有重点节目的影像资料。

三、八大主要展示内容

为了全面展现播出资源、观众影响力和广告价值，给广告商留下清晰而深刻的印象，电视台推介宣传时，无论是现场展示还是参考资料准备，通常独立或综合地展示以

下八个方面的主要内容。

(一) 展现收视成绩

收视率是观众收视行为的量化量度,是广告交易中的“通行货币”。在推介会上展现频道和节目的收视变化,是最直接、最直观地展现电视台观众资源和广告价值的方式之一。

从收视成绩角度,为了展现收视成绩的不同方面,依照收视率的指标体系概念,可以选择不同的收视指标。收视率和市场份额常结合应用,分别说明收视的绝对量大小和竞争力高低。强势电视台通常展示其市场占有率,显示对于观众资源的掌控能力;强势频道通常会展示其在目标市场频道收视排名中的领先地位,给予广告商“舍我其谁”的必选理由(图1)。对于覆盖率高、观众面宽、大众化强的频道或节目,展现到达率可以突出其观众规模优势;专业化强、观众群体特征突出、观众收看时间长的频道或节目,观众忠实度可以突出其与观众沟通的深度以及与观众联系的密切程度。

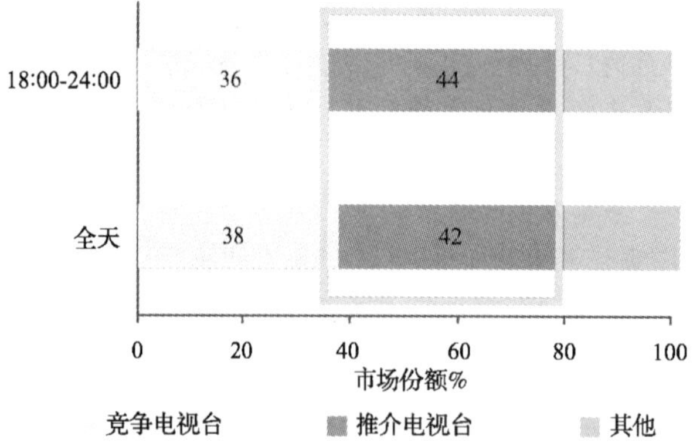

	18:00－24:00	
	竞争电视台	推介电视台
频道数	15	9
单频道份额	2.4	4.9

图1　推介电视台整体/单频道市场份额都领先于竞争频道

从收视趋势角度,依照频道或节目的发展情况,可以选择展现当前成绩(静态)或是发展趋势(动态)。对于收视已处于领先地位,上升空间不大的频道或节目,如果当前表现足以显示其市场主导地位和竞争优势,通常以展示当前成绩为主,同时,适当呈现长期的稳定效果将有利于巩固“稳健的市场领导者”的形象。对于原先收视较低而增长显著的频道或节目,重点突出上升趋势和提高的幅度,以展现发展动力和潜力显示生力军的成长优势(图2)。对于收视中等但表现稳定的节目或频道,针对广告商广告投资风险控制的需求,突出收视稳定性,强调广告收视回报可预期性高、可靠性高的特点(图3)。

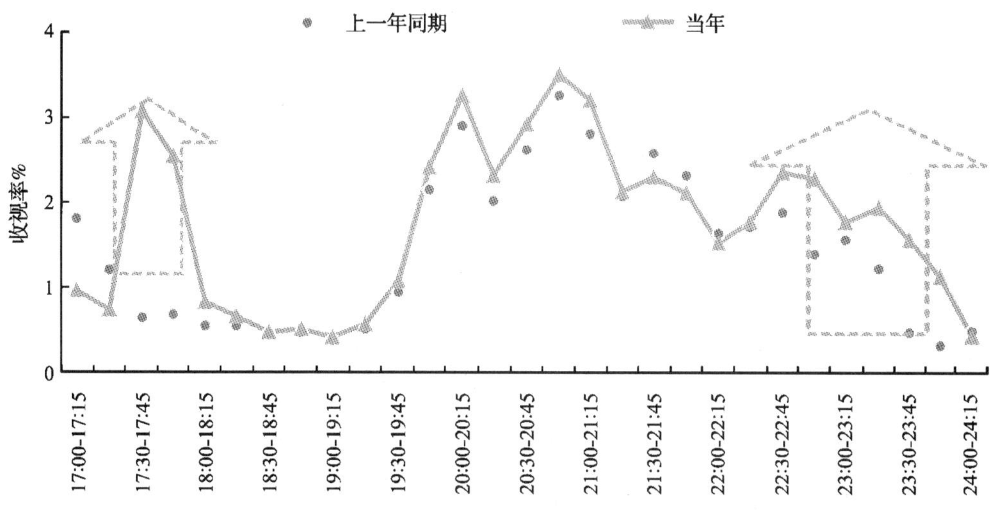

图 2 推介频道傍晚和夜间收视大幅度上升

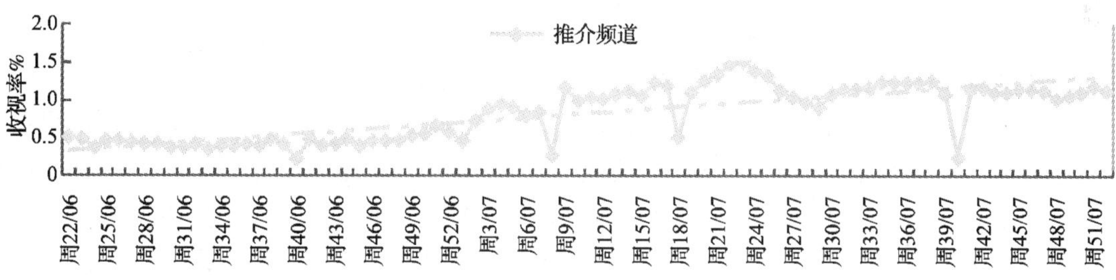

图 3 推介频道的周收视走势显示收视稳定提升

（二）展现观众特征

在媒介的传播价值中，观众价值是主要的组成部分。对于广告商针对不同目标受众的传播需求，频道和节目的观众价值有多方面的呈现。除了上面收视成绩部分所展现的观众规模和观众忠实度，观众群体属性所反映的观众特征是另一个重要的价值体现。从观众构成反映的主要观众群体和集中度反映的主要偏好群体方面，都可以显示频道和节目在特定目标受众中的影响。

例如，观众分布相对均衡，观众构成与整体市场人口构成相对吻合，是大众化节目观众广泛的体现；专业频道的观众分布可能相对集中于某些群体，是其命中率高、观众特征突出的体现。在不同广告商的产品或服务寻找对应的观众群体时，频道和节目如能找到与产品目标受众的契合点，将有利于突出广告价值。电视传播不但能为日化产品的大众传播需求提供平台，也可以为高价格耐用品、科技产品、奢侈品、时尚用品等提供接触目标人群的机会。相对于电视观众的中老年、中低收入整体特征，如果频道和节目能够集聚活跃时尚且消费潜力大的青年人、成熟且具有稳固经济基础的中年人、具有较大社会影响力和消费力同时具有较高品位的高教育程度人群，通常有更大的机会显示观众价值和广告资源优势（图4）。

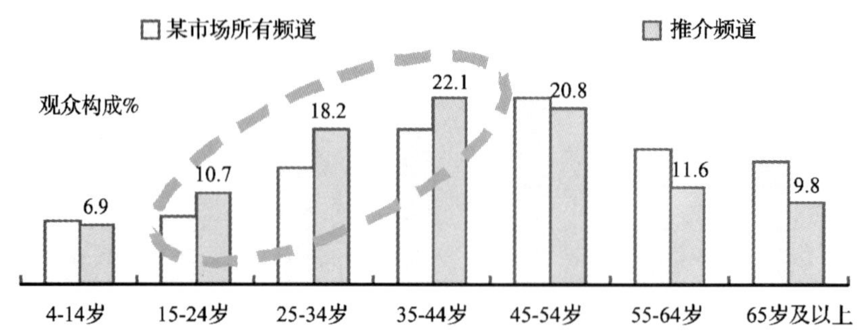

图4　观众构成显示频道中青年观众比例高

(三) 展现常规自办栏目竞争力

收视成绩和观众特征是观众对于节目选择收看的结果，节目竞争力展示是推介会的重头戏。常规栏目不但类型多样，而且对于频道定位和品牌影响力意义重大。例如，地面频道的民生节目以贴近性吸引本地观众收看，成为不可替代的节目资源；品牌栏目拥有忠实稳定的观众群体，收视效果稳定，目标观众特征突出。在节目收视排名前列的节目固然可以展示其竞争优势，同时，自办栏目可以通过差异化安排，锁定不同的观众群体，为广告投放提供更多的选择和更丰富的资源（图5）。专业频道的常规栏目可以巩固特色定位和观众忠实度，综合频道的常规栏目可以整合资源实现多角度沟通，吸引不同需求的广告产品。尤其，常规栏目通常是频道特色的体现者，也是频道的独特、非替代性资源，对于吸引广告商的投放选择可发挥重要作用。

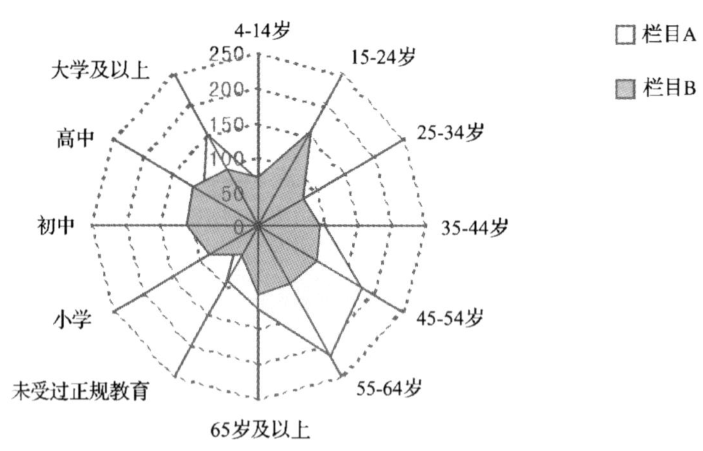

图5　推介频道播出的不同栏目实现观众特征差异化

在展现常规栏目特色时，节目内容介绍，无论是发言人的现场介绍还是视音频展示都是最为基础的方法，电视媒体对此操作轻车熟路。很多推介会上也将主持人请到现场，尤其是知名节目的知名主持人，不但为到场的广告商留下感官上生动深刻的印象，而且强调了这些主持人的魅力，以及他们在观众中的号召力对于节目收视的有力保障。更有甚者，在推介会现场模拟某些节目的环节，让到场人员身临其境地体会到节目对于观众的吸引力。

（四）展现电视剧资源优势

电视剧多年来一直是播出量和收看量最大的节目类型，对于很多频道的收视表现起到举足轻重的作用。与此同时，相对于自办栏目的独特性，电视剧的同质化严重，竞争更激烈，推介中突出在电视剧资源方面的竞争优势就成为电视台必须完成的尤为重要的任务（表1）。

表1　推介频道播出的电视剧在排行前十位中占据七席

收视排序	电视剧	频道	收视率%	市场份额%
1	电视剧1	推介频道	11.57	23.99
2	电视剧2	推介频道	11.04	23.04
3	电视剧3	推介频道	9.71	22.99
4	电视剧4	其他频道	9.26	22.36
5	电视剧5	推介频道	9.01	20.41
6	电视剧6	其他频道	8.86	22.04
7	电视剧7	推介频道	8.80	17.69
8	电视剧8	其他频道	8.62	18.06
9	电视剧9	推介频道	8.55	18.79
10	电视剧10	推介频道	8.31	17.10

通过对电视剧购买和播出权的竞争，那些掌握了更多独播剧、首播剧的电视台或频道，在推介中高调宣传对于独播剧的垄断性掌握、对于优质电视剧首播的先机把握。不同于已经播出的常规栏目，电视剧播出的变数大，收视风险相对高。虽然以前播出的高收视电视剧可以一定程度说明电视台剧目选择的“眼光”，但电视剧营销的“期望”是多数广告在电视剧播出前完成销售。所以，推介会上对于即将播出的电视剧的宣传介绍非常关键，力图为之后具体剧目的广告销售赢得第一阵。对于重点推荐的电视剧，精彩镜头集锦和片花展示已经习以为常。为了扩大影响加深印象，有些电视台还请投资制作公司或主创人员到场，尤其是知名导演和演员现身推介会，为电视剧做宣传，也是为频道播出电视剧的效果做宣传，增强广告商对播出效果的信心。

(五) 展现电视活动的影响力

在节目资源中，大型活动有其特殊的传播作用。卫视频道的大型活动可以宣传其跨地区的广泛影响力，地面频道的活动可以突出其密切联系当地受众的能力。尤其那些互动性强、资源整合程度高、广告形式灵活的电视活动，为广告商和电视台的合作提供了更多机会。

娱乐选秀活动火爆的时期，也是推介会展现电视活动的高潮期，娱乐活动主持人和选秀活动选手到场助阵的情况屡见不鲜。随着近一年来选秀活动的压缩，以及娱乐节目进入新一轮的调整期，娱乐活动栏目化成为一种普遍尝试。在保持一定特色的同时，活动的推介方式也与栏目的推介方式相融合。能够继续运做的为数不多的大型活动，多数与电视台的定位和资源优势密切相关，作为电视台推介会的亮点，起到画龙点睛的作用。一些一次性或短期的电视活动，例如配合节日、纪念日或各特殊时期的活动，仍然延续以往的趋势，在推介中作为非常规资源加以介绍。

(六) 展现节目编排的整合效应

与节目内容一起形成最终播出结果的是节目编排。更加激烈的收视和节目竞争，更趋于理性和谨慎的广告投放等，促使电视台应对竞争的策略进一步深化和细化，改进编排提高效率就是精耕细作的一个重要方面。单一频道内部，展现一段时期内的系列化节目编排，以获得稳定收视为目的；展现一天之内的节目版块划分，依照不同的目的形成版块间观众的区隔或连接等。电视台多频道之间，展现节目和时段资源的整合和协调，向广告商展示多频道协作把握观众流动、稳固和提升观众收视的编排方式等。对于精打细算、擅长广告排期策划和节目时段组合，不但要求收视率而且追求有效到达率的广告商而言，节目编排与节目内容几乎同等重要。

(七) 展现覆盖广度和观众地区优势

覆盖是电视节目产品通路的理念已经深入人心，对于跨区域覆盖的电视媒体，例如卫视频道，推介会上介绍覆盖优势也几乎成为了必选项目。覆盖是节目接触观众发挥传播作用的前提，尤其对于全国性投放的广告主，频道能否达到广泛的覆盖是首要考虑的问题之一。覆盖到位，才有进一步吸引和影响观众的机会。一些节目优势相对突出的卫视频道，在强调节目竞争力的同时，也展现其在各个区域、各级市场的覆盖，向广告商呈现覆盖优势对于充分发挥节目优势的保障作用。

立足竞争区域或全国市场的卫视频道，不但力争呈现覆盖的广泛深入，而且在推介上或是显示观众在主要城市或主要省份的均衡分布（图6)，或是显示其在多个城市取得的收视领先成绩，作为卫视突破“省台”局限获得跨区域观众资源的证明。

覆盖投入的限制使得覆盖不可能在所有地区面面俱到，各地的收视差异也使得在覆盖到的地区不一定收视方面都能开花结果，有的卫视或地面频道选择具有更大观众规模或广告潜力的市场重点突破，在推介会上也不乏展示地区优势的例子。例如强调对于经济发达购买力强的地区的重点覆盖，或是在观众规模大的市场取得突出收视成绩等，依循广告市场的区域重点为广告主推介投资回报高的覆盖优势和观众地区优势。

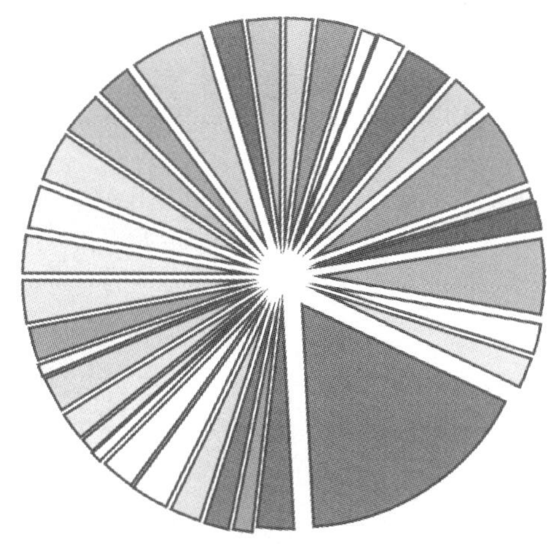

图 6　推介卫视频道的观众在主要城市分布均衡

(八) 展现广告资源

广义上讲，播出资源和观众资源也是广告资源的一种体现；狭义上讲，广告资源指电视台广告销售中的核心组成部分，包括广告内容和形式、广告价格和销售策略、广告环境和广告播前与播后服务等。我们这里的广告资源是指狭义上的广告资源。

推介会往往伴随新一版的节目调整或广告资源调整，年底年初的推介会更是全年广告资源的一次集中亮相。广告资源调整的说明，广告优惠政策的宣传，广告环境和广告效果的优化，广告客户服务的强调等，都是直接关联推介会广告招商主题的。为便于广告商细致准确地了解广告资源信息，在推介会现场介绍信息的同时，推介会资料中必有广告资源的完整介绍，包括内容形式和价格的详细说明，优惠政策的明晰解释和广告客户服务的具体项目等。毋庸赘述，广告资源推介是推介会的重点。

除了广告本身的资源价值，在展现广告价值时，深谙广告投入与消费力密切关系的电视台，也通过展现地区的经济、消费和广告发展水平等突出市场价值。例如，频道所覆盖地区的人均 GDP、人均消费、地区广告总额等，这些都能够强化频道对于广告投放的重要性。

推介会的策略以及相应的重点推介内容展示，其变化趋势是电视的受众市场和广告市场竞争变化的反映。随着竞争从收视竞争到广告竞争到品牌竞争的升级，随着观众资源竞争向观众忠实度竞争的演进，随着广告更加追求投入精确和产出效果提升，随着跨媒体整合传播带来挑战和机会，电视台推介会的策略和重点也发生着相应的变化。

诚然，推介的内容是重中之重，但同时也必须意识到，推介会作为电视台各种资源的集中展示，也可视为电视台的一次大型公关活动，必然带着电视台的定位、风格和经营理念的烙印。在推介会展示的内容之外，推介会的组织工作、流程设置、现场气氛、服务安排等，都能体现出主办方的特点。推介会的传播效果，不但在于推介的内容本身，也在于贯穿始终的每个环节。这些大主题和小细节一起，将电视台的竞争实力、风格定位以及服务诚意传递给每位到场者。

（作者：陈晓洲）

困境与破局:城市广电亟须多元化发展

随着我国电视市场的发展和成熟，电视市场的竞争日渐演化为对资源占有的竞争，以及对资源整合利用能力的竞争。缘于政策、资源和发展时机的差异性，我国电视市场已雏具两极格局。以中央台和少数省级卫视为代表的强势频道借助经年的受众与资本积累，实现累加效应，进入相对稳定的上升发展通道；而数以千计的区域和城市频道则陷入了短兵相接、同质竞争的泥潭，随时有被卷入“下降螺旋”的危险。面对中央级和省级媒体在资源和能力上不断强化的优势，城市台在发展甚至生存上所面临的困境已不可回避。本文以收视竞争为切入点，探讨电视市场竞争格局的变化，剖析城市台所面临的竞争困局，思索城市台以地缘优势为基础的发展出路，以期与业内人士商榷。

一、两极格局：电视市场的加速分化

电视市场竞争，可依据竞争的内容与实现的价值，划分为收视竞争、广告竞争和品牌竞争三个层次。在收视竞争中，电视台借助渠道覆盖和内容传输，竞争观众注意力，实现内容和渠道资源的使用价值；在广告竞争中，电视台则依托渠道价值和观众注意力规模，竞争广告主的资金投入，实现内容和渠道资源的交换价值；依托前两个层次所积累的受众及资本规模，电视台在品牌竞争中，着力打造影响力，实现媒体整体的品牌价值。这三个层次的竞争具有明显的累积效应和循环效应。当电视台在前两个层次竞争中取得成功之后，它就极有可能在品牌竞争层次累积更显著的优势，并转而扩大其在收视和广告竞争中的领先。目前我国电视市场的两极分化，实际上就是上述三层次竞争循环累积的结果。

以中央电视台和湖南、安徽等为代表的少数省级媒体，或凭借明显的资源和政策优势，或凭借较为领先的市场发展理念，在拓展频道覆盖和推行内容差异化方面占得先机。这让它们更容易借助到达率和忠实度的双虞效益，在收视份额上拉开与竞争频道的差距，获得更丰厚的广告回报。例如，中央台的七八个频道和七八个省级卫视就占据了全国收视市场的半壁江山；而中央台和湖南电广等强势媒体在广告市场上的竞争力则更是让竞争对手望尘莫及。借助规模化的忠实受众资源，以及雄厚的资本实力，强势媒体进一步在内容和渠道上开展差异化竞争，打造自身的品牌特色和价值。突出的品牌优势不仅仅为强势媒体赢得了广告市场上的议价能力，更为其巩固了收视市场地位，推动其进入上行发展的“上升螺旋”，进一步加剧电视市场两极分化的进程。

全国市场上的两极分化格局在区域和城市市场上也有所体现。以深圳、苏州和无锡为代表的部分城市广电也借助三层次竞争中的上升螺旋，取得在城市市场的统治性地位，成为市场两极分化的获益者。然而，对于大多数城市广电而言，受制于城市媒体发展天然天花板、有限的资源和资本规模，以及相对僵化的媒体管理和运作机制，其在收视和广告市场竞争中就已显露出疲于应付之态，更遑论在品牌竞争上的战略推进。面对中央级和省级媒体强势资源竞争的压力，城市广电极容易陷入美国学者罗伯特·皮卡特提出的“下降螺旋”，即“因为没有好的内容资源和渠道，而导致收视份额下降，随之而来的是广告收入的下滑，由此进一步削弱获得优质内容和渠道资源的能力。”这一“下降螺旋”会不断弱化城市广电的竞争力，进一步拉开其与强势媒体的差距，而这正是城市媒体发展困局的症结所在。

二、竞争之困：份额下降的连锁反应

自2006年以来，城市广电在电视收视市场中的份额一直处于下滑状态，到2008年上半年已降至11.1%的水平[①]。城市广电收视份额的持续下滑主要受三方面因素的影响。其一是近两年来频繁的突发和重大事件，突出了中央级频道和部分省级媒体的资源组织能力和快速反应能力，对城市台的受众形成分流。其二是由于中央台和省级台自2005年以独播剧和大型综艺节目为突破口开展资源竞争，从内容渠道和节目品质等多个方面对城市台形成挤压，导致城市台观众流失。其三则是源于省级地面频道本地化发展带来的压力，随着数字电视转换过程中省级地面频道覆盖的改善，以及省级地面频道针对城市市场的本土化内容策略的推出，城市台的竞争优势进一步被削弱。在上述三方面因素的共同作用下，在2008年有60%左右的城市台都出现了收视份额的下滑。

收视份额下滑带来的最直接影响就是广告收益的下降。2008年面临中央级频道在奥运等重大事件上的传播优势，以及强势频道的资源竞争，不少城市台都在广告销售上遭遇了困境。值得注意的是，收视市场竞争中的失利仅仅是影响城市台广告收入的一个方面。城市台本身在覆盖和受众资源上的区域性局限、城市台广告经营与节目经营两张皮，以及城市台广告经营机制的不成熟等一系列因素都长期影响着城市台广告经营的效果。当城市台遭遇收视份额下滑时，上述问题的负向效果进一步凸显，制约着城市广电在广告经营上的发展空间。

广告收益直接与城市台的资金规模相关联，广告收益的下降将明显制约城市台在内容和渠道方面的资金投入能力，对城市台发展带来一系列负向的连锁反应。从内容投资的角度来看，一直以来电视剧和本地性栏目（民生新闻和栏目剧）是城市台与中央台和省级台“抗衡”的主要内容支撑，其中电视剧因其广泛的观众基础和较高的投入回报，而成为城市台的收视保障。在传统的电视剧发行体制之下，发行商为保证更大的利润、省级台为摊薄电视剧购买的成本，往往会通过区域发行或分租的方式，把城市台作为电视剧首轮播出的平台。然而，近几年来，中央台和省级台推出资源战，用高价购买优质

① 数据来源：CSM媒介研究35中心城市收视率调查。

电视剧的独播权和首播权，不少省级卫视还关闭了向城市台供片的通道，这一系列措施某种程度上切断了城市台获取优质电视剧的渠道。城市台平均每年数百万的电视剧购片经费，显然无法与中央台和省级台上亿的购片资本相抗衡。2008年CSM媒介研究80城市1－9月电视剧市场竞争分析显示，除了在江浙、广东以及少数经济发达城市之外，各城市电视剧收视排名前20位的榜单基本都被中央台和省级台占据。对优质电视剧资源的缺乏，严重限制了城市台的市场竞争力。

而曾经为城市台创造了收视辉煌的民生新闻和栏目剧等自办节目，在日渐强化的资源战中，也开始面临压力。这种压力一方面来自民生新闻和栏目剧本身已经进入了成熟和衰退的生命周期，城市市场上大量形式相似、内容同质的民生新闻和栏目剧已经逐步耗尽了观众的收视热情。CSM媒介研究的收视率调查数据显示，在自办栏目发展比较成熟的江浙等地，城市台的民生新闻和自办栏目普遍面临收视下滑，亟待寻找新的出路。压力的另一方面则来自城市台在自办栏目投入上的资金和资源限制。受到资金规模的影响，城市台能够开发的自办栏目类型相对有限，对专业节目制作人员的吸引力也比较有限，这限制了城市台自办栏目的发展空间。目前，不少省级地面频道都开始强调对城市市场的竞争，在浙江、广东等地的省级地面频道投入大量人力和物力开办本土化的栏目，进一步挤占城市的市场份额。

除了在内容方面受到挤压之外，资金上的不足还让城市广电在渠道经营方面面临压力。目前正在大力推进的数字电视转换，无论是在基础设施建设还是在配套设备完善方面，都需要大量的资金投入。不少地方的城市广电因为资金短缺，在数字电视转换过程中，只能把有线电视网络的经营权逐步让位于省级广电部门，甚至是社会公司。而数字电视转换后，有线电视网络在增值业务经营方面的潜力，则更是吸引了省级广电和社会公司对城市有限网络的大量投入，进一步将城市广电在渠道经营方面的地位边缘化。对于城市广电而言，渠道不仅仅是拓展业务的重要资源，更是内容传输的基本保障。在城市广电逐步失去对渠道的主导和掌控权之后，其内容业务的发展将面临新的挑战。整体而言，收视份额下降所带来的连锁反应已逐步将城市广电拖入“下降螺旋”。

三、破局之路：地缘优势的多元发展

既然电视市场竞争已经进入资源和能力竞争的阶段，那么城市广电的破局之路当然还是需要从资源和能力入手。鉴于城市广电在资源上与中央级和省级竞争者的明显悬殊，城市广电自然不能选择在资源战上与竞争对手硬碰硬，而是应该考虑如何强化和利用自身的地缘特色，寻找多元化的发展出路。这条多元化的发展出路，既需要城市台重新审视自己的资源和能力，继续着眼于本土化的内容开发和利用，修炼内功；也需要城市台审时度势，明晰市场变化的趋势和竞争态势，在复杂的竞争环境中寻找自己的利润切入点；更需要城市台拓宽思路，打破传统的经营理念，寻求在产业链建设和跨媒体经营上的突破，构建风险分散、盈利多元的经营体系。

在资源和能力竞争中，最基础和核心的环节即是对独特性和稀缺性资源的占有。对于广电媒体而言，也就是对内容和渠道的占有。目前城市广电对渠道资源的利用涉及到众多政策和体制性的不确定因素，观众市场竞争也已从原始的覆盖战升级到对观众忠实度的争夺，因此，在多元化发展过程中，城市广电需要有一个明显的战略升级，从“渠道为王”转为“内容为王”。鉴于中央级和省级竞争对手在内容拥有数量和质量上的明显优势，在推行“内容为王”战略时，城市广电应更多地发挥自身地缘亲近性的优势。无论是在自办栏目开发还是在电视剧购买方面，都应更强调对本地观众的“功能性”满足。而要准确把握本地观众的功能性需求，并合理组织内容资源予以满足，就需要城市广电的另一个战略升级——从播后战略转为播前战略，通过在节目开发和电视剧购买之前充分的市场调研和分析，明晰本地市场的收视热点及趋势，借此来降低节目制作、购买和编排的风险，提高资源利用的市场回报。

掌握优质的内容资源可以帮助城市广电打造资源和能力竞争中的核心能力，但能否在市场竞争中取得突破，还要看城市广电能否有较强的适位能力，以合理组织和协调资源，适应市场趋势的变化，有效地参与市场竞争。在技术变革和产业发展的共同推进下，我国媒体环境已日趋复杂，受众的渠道和内容选择日渐丰富、广告主的营销选择也日趋多元。面对这种情况，城市广电需要做出两个战略升级——在受众市场上从集中战略升级为细分战略，在广告经营上从平价战略升级为溢价战略。也就是说，在收视市场竞争中，城市广电要借助自己的贴近性优势，充分把握本地观众的细分收视需求，指导节目编播，提高内容资源的投资回报率。在广告经营上，城市广电则需要结合区域经济的特色，充分发挥长尾效应和品牌效应，借助差异化和精准化的到达以及媒体的品牌号召力，提升广告时段资源的单位产出。目前，在江浙等地的部分城市市场上，已有不少品牌栏目经营为城市广电带来了不俗的收视和广告回报；另外还有不少的城市广电寄望于通过广告经营方法创新等手段，发挥城市广电在开发细分市场上的“长尾效应”，以聚少成多的策略实现广告盈利的再增长。这些措施对城市广电突破当前的经营困局大有益处。

值得注意的是，面对电视市场的日趋成熟和饱和，城市广电如果还独守“广告经营”的盈利模式，则很难在市场经营方面取得新的突破。这就需要城市广电着力培养自身的动力能力，将在收视和广告市场竞争中的适位能力，内化成为一种可以有机整合和组织的机制，使城市广电能够不断获取和整合内外部的资源和能力，不断获取新的竞争优势。城市广电新竞争优势的获取，既可以来源于城市广电向产业链上下游的纵向整合，例如进入内容制作行业，或者参与数字电视网络增值业务的经营；也可以来源于城市广电向其他媒体产业的横向整合，例如借助数字电视发展契机进入付费电视经营领域，或者发掘自身的内容资源制作和组织能力，进入报纸、杂志和互联网市场；还可以来源于城市广电发挥电视媒体的通路优势，实现跨产业、跨领域的联动，例如城市广电借助自身的媒体渠道和媒体公信力，与物流和金流系统相结合，发展电视购物业务。整体而言，面对中央级和省级媒体的资源和能力竞争，城市广电如果能转变思路，充分发挥本地媒体的地缘优势，从核心能力打造、竞争策略升级和经营模式多元化等方面寻求突破，则更有希望寻找到一条适合自身实际情况的破局之路。

（作者：郑维东）

新形势新观察：渠道与内容交织的电视发展路径分析

拉斯韦尔在《传播的社会功能与结构》一文中，将传播行为的基本结构界定为传播者、内容、渠道、受众和效果这一5W模式。从中不难看出，在媒介内容由传播者传递至受众这一链条中，内容和渠道发挥着重要作用，直接影响传播效果的获得。数字技术和网络技术推动传播渠道多元化发展，越来越多的媒体形式加入到与传统媒体的竞争中。电视面对新形势，如何获得可持续的竞争发展优势，成为一个很具挑战性的新课题。其中，理解渠道和内容交织发展的重要性，一手抓内容建设，一手抓渠道建设，使渠道效率和内容效益相得益彰，是电视发展的优选路径。

一、渠道效率保证竞争优势，内容效益催生忠实分化

内容和渠道是互相依托的两个方面，二者的有效组合是获得收视效益和广告传播效益的前提和保证。但是随着渠道多元化的发展，不同的组合方式所达到的效果存在着差异。那些同时拥有较高入户率和较高内容关注度的媒体，也就是在内容和渠道两个方面同时具有较大优势的媒体无疑成为市场上的强势媒体。反之，那些在落地入户和节目内容两个方面均不具优势的媒体无疑会在竞争中处于劣势的地位。此外，有些媒体虽然在渠道效率上不具有很强的优势，但凭借其特色鲜明的内容资源，仍然可以在区域市场上获得优势的竞争地位。而那些渠道虽然不错但未能将渠道效率转化为收视效益的媒体则会在发展中遇到很多问题。由此可见，渠道效率是内容效益的充分条件，但非必要条件。

从全国上星频道覆盖率和收视份额的分化，不难看出渠道效率对竞争实力的影响。全国覆盖率超过50%的上星频道，全天平均收视份额也多高于1%。以覆盖率50%为分水岭，全国上星频道的竞争实力出现两极分化：当频道的覆盖水平超过了全国所有家庭的一半时，频道的竞争力水平就达到了强势频道的基准（收视份额超过1%）；反之，覆盖水平低于这个标准，市场地位就会相对较弱。随着覆盖率的增加，频道收视份额增加的速度加快，覆盖对于收视增加呈倍增贡献，也就是我们常说的“到达率的乘数效应”（图1）。

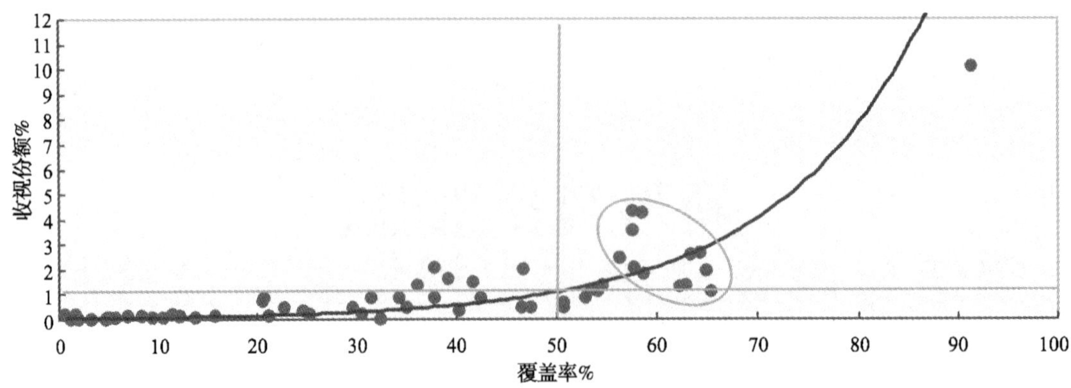

图1　2007年全国上星频道覆盖率和市场份额分布

数据来源：CSM媒介研究

与此同时我们还看到一个现象，就是同样在强势频道当中，竞争实力仍然存在分化。一方面，强势的上星频道与竞争力最强的中央电视台综合频道仍然存在着相当的差距，当然这种差异首先源于覆盖率的较大差距。另一方面，覆盖率水平相当的中央台专业频道和强势的省级卫视的竞争力也存在分化，这就反映出抛开渠道效率这一决定因素以外仍然存在着其他影响媒体实力的因素，例如内容的整合力度、市场营销的力度等等都会造成进一步分化。

随着频道覆盖率的增加，越来越多的省级卫视加入到全国强势频道的阵营，在这样的竞争形势下，如何获得并保持“忠实的观众”，则需要在内容效益方面拓展自身优势。以人均收视时间为代表的观众忠实度是人均收视段数和人均每段收视时长二者的乘积，2007年我国城乡电视观众每天人均收视段数14.2段，人均每段收视时长14.5分钟，这个“双15法则”进一步告诉我们，观众收视选择只集中于有限多个频道（15个左右），同时观众每段收视时长又表现为特定的15分钟节奏。总体来看，观众收视选择有限且趋向于忠实地选择频道，因而渠道效率的变化会越来越影响观众收视选择的规律。因此相同覆盖水平下，若要寻求进一步突破，则需在内容效益上下工夫，内容的比较优势带来观众忠实度的比较优势。

二、渠道多元化促进市场细分化，渠道与内容面临新平台上的整合

当前国家广电总局正在推进多元化的频道覆盖：无线、有线、卫星、互联网等技术平台都可以成为视频内容的传播渠道，而且这些渠道之间相互补充，互为支撑，增加了受众在多种场合接收电视的可能性。这就预示着正在形成一个多元化的频道覆盖格局：城市中，在逐步形成固定的家庭有线数字电视全覆盖的情况下，以地面移动接收为代表的小众化接收会有所增加，借助互联网进行电视节目收看的群体也会逐渐扩大；在农

村，直播卫星和村村通工程的发展，为上星频道和数字付费频道在广大农村地区的覆盖提供了契机，加之原有的无线覆盖以及有线网络向城市外围的延伸，更多频道将会进入到农村。在这样的一个平台上，城乡观众将会看到越来越多的和传统频道不同的付费和视频点播节目，并且增加更多的互动功能，更多的电视内容会进入收视选择。电视也从简单的看电视变成用电视，不仅可以进行节目查询、收看节目预告，而且能通过电视了解当地的生活服务信息，并可以接入网络后台进行视频点播（表1）。

表1　数字电视用户最常使用的服务

目前最经常使用的服务	百分比（%）
看电视	99.50%
节目查询	27.40%
节目预报	22.40%
生活服务信息	15.00%
点播节目	14.70%

数据来源：CSM媒介研究

多元化的频道覆盖不可避免会逐渐分流传统频道的市场份额，从而形成不同特征的细分市场，我们不仅可以按照频道定位的不同进行市场细分，同时还可以按照频道传输所面向的不同用户群体进行市场细分。在此基础上，进一步挖掘细分市场价值，面对细分市场寻找能获得有效回报的内容资源成为必然。对于传统的内容资源，如电视剧、新闻、体育、综艺等等，由于在更多的平台上传输，因此需要针对不同的细分群体重新进行编排和制作，以形成更多的、面向细分领域的、有价值的可供广告、节目运营和开发的市场，实现在新数字技术条件下渠道和内容的重新整合。

三、新媒体改写广告格局，电视增长向多元化发展

渠道多元化与市场细分化不仅对内容市场产生影响，而且这种影响已经进一步扩大到广告市场。随着新媒体形态逐步分流广告份额，传统媒体的广告效果受到质疑，传媒进入一个新的营销时代，多元化发展成为电视增长的必然趋势。

2007年中国广告市场的营业额达到1741亿元，比上年增长10.7%。其中电视台的广告营业额为443亿元，比上年增长9.6%，这一增长幅度低于总体广告市场营业额的增幅。与此同时，包括户外广告在内的新媒体广告增速加快，2007年户外广告的营业额达到181.37亿元。随着新媒体形态对广告的分流成为必然，整个传媒产业的蛋糕也重新划分。根据清华大学出版的《中国传媒产业发展报告》，2007年中国传媒产业总产值4811亿元，比2006年增长13.6%。移动媒体和网络媒体占整个产业规模的27%左右，超过了电视的17%（图2）。新媒体靠渠道扩张所带来的广告回报正日趋赶超传统媒体多年经营的价值回报。这些新媒体目前不是靠内容取胜，而是靠渠道扩张来取胜，所以电视渠道传输的多元化对传统媒体来说仍是一个机会。

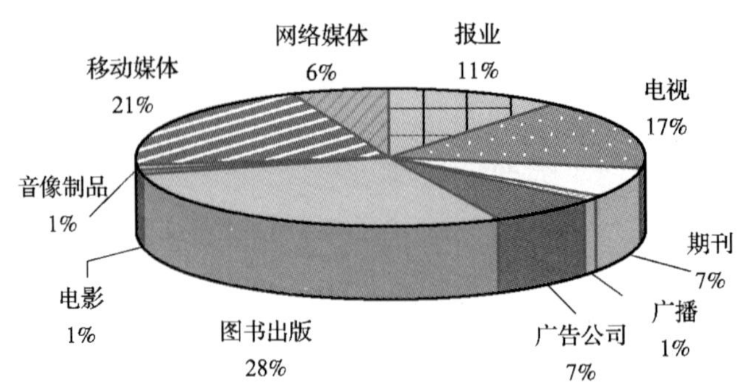

图2 2007年中国传媒产业格局

数据来源：崔保国主编：《中国传媒产业发展报告（2007－2008）》

带来这种变化的原因在于投资者对新媒体广告效果优势的看重以及对传统媒体广告效果有效性的质疑。新媒体细分市场的优势、特征人群的优势、渠道的优势、互动和个性化的优势、精准投放的优势、广告的丰富多样性以及广告创意的无限性，等等，这些都是传统电视的短板。因此，传统电视和新媒体相竞争，在渠道多元化后做细分市场是非常必要的，而在此基础上的营销升级也势在必行。传统电视的优势在于大众营销，新媒体则已经开始强化分众营销和精确营销。面对新媒体的竞争，传统媒体如果只做大众营销必然面临优势的丧失。随着数字电视平台进入家庭，电视作为分众营销平台的效果会越来越好，在此基础上甚至可以试行精确营销，利用建立的用户数据库定向送达广告。

新的媒介环境要求传统电视必须迎头赶上，必须面对新的环境做更多的商业模式的探讨，电视增长必须逐步转向多元化发展。首先，要从简单的广告售卖发展到全方位的营销，如活动化的营销、独播剧等资源的营销以及品牌的营销，但随着环境的变化，必须考虑渠道环境变化后的调整，做更多的整合。其次，要进行市场细分，挖掘潜在价值从而提高定价能力。频道的专业化和编排的一些细分手段实际上都是市场细分的方式。整合资源，做大产业也是电视媒体将来所必须面对的。这种整合包括三种方式，既有向上游整合把内容市场变成自己产业链中重要环节，还包括向下游整合进入消费市场，从广告推介变成物流、资金流、信息流整合的一个营销平台，同时也可以利用跨媒体联合发展进行横向整合。最后，多元化发展还可以通过提升技术平台，跨界新媒体发展，从内容到渠道全面提升。

四、渠道与内容交织下的路径选择，从整合调整到战略升级

综上所述，在渠道多元化背景下，随着新媒体不断加入到竞争中，传统媒体基于现有的价值平台，必须进行相应调整，进而实现渠道和内容相交织的战略升级。这主要包括：强势频道整合优质内容，强势频道形成均衡价格和调整电视发展战略实现可持续增长等三个方面。

1. 强势频道整合优质内容

从前面分析我们已知，观众纳入到收视选择中的频道数量是有限的。在这样的前提下，强势频道要保持其竞争优势和垄断地位，必须占有强势的资源，强势频道与电视剧的联姻成为必然。强势频道为了赢得以电视剧为基础的竞争，一方面增加电视剧播出量，另一方面提升了对电视剧优质资源的垄断而建构起比较优势。这种做法虽然激励了电视剧制作市场，但仍不能够回避多频道市场下电视剧供求不均衡的矛盾。由于电视剧供求的不均衡，优质电视剧资源匮乏，但同时有更多的频道想进入强势频道阵营，强势频道对电视剧资源的掌控反而成为它自身发展的瓶颈。对电视剧的过度依赖必然导致对市场的过度依赖，但摒弃电视剧资源又会导致收视的急遽下滑，进而保持竞争优势的压力不断加大，在这样的情况下，如何使用挖掘电视剧的价值成为强势频道发展的一个重要问题。

2. 强势频道形成均衡的广告价格

当竞争达到一定阶段后，市场开始进入良性发展。就目前15个强势上星频道格局而言，中央台和省级卫视在数量上各占一半，收视份额的对比约为30%对15%，广告收入对比约为90亿对40亿。除了中央台综合频道优势较大以外，中央台的专业频道和强势省级卫视进入市场后，广告定价均衡之势已经逐步形成。在这样的情况下，强势频道要实现新的广告增长，必须寻求新的突破点。要从简单的卖收视强化为卖品牌，卖具有更高附加值的产品。媒体的公信力、影响力、吸引力也会带来广告变现能力，从而提升广告价值。

3. 调整电视发展战略实现可持续增长

可见新形势下电视台有必要进行相应的战略调整，要从覆盖战略转向观众忠实战略，从集中战略转向细分战略，从平价战略转向溢价战略，从播后战略转向播前战略，最终实现资源整合条件下的可持续增长。具体来说即：（1）从覆盖战略到观众忠实战略。随着传播渠道的扩张，频道覆盖差距会越来越小，覆盖优势直接转化为收视效果面临挑战，这种情况下就要注重渠道效率，内容为王而不是渠道为王。为了突出自身内容和观众忠实，要坚持差异化和品牌化：差异化的内容培育忠实观众，品牌化策略拉动观众忠实。(2) 从集中战略到细分战略。忠实观众的规模有限，且和市场细分相关联。细分的目的是提高资源回报率，以有限的投入换回更高的回报。为了实现这一目的就要考虑细分市场的收益合理性。例如，频道专业化是细分战略选择之一，根据观众特征进行节目或者时段细分也是一种选择，改进编排策略也可以提高市场细分效率，电视剧类型化编播是有效的市场细分策略选择，这些都是有益的尝试。（3）从平价战略到溢价战略。差异化和细分化意味着对产出预期的提高，意味着单位价值产出的提升。观众忠实是稀缺的，这意味着有更高的价值和比较优势；优质资源总体上也是稀缺的，这种稀缺的资源在强势频道中可以得到更多的保护和垄断。电视的广告效果由于受到新媒体的冲击，亟待在细分市场得到证明。现在的广告售卖更加强调真实有效，反过来，真实有效的广告效果意味着更高的市场定价。只有具有特色和差异，具有别人不可比的东西，才会凸现更高的价值。因此，广告溢价是一个趋势，在收视点增量有限的情况下，扩大广告市场必须要提高广告定价。因为广告效果有滞后性，所以溢价的实现很大程度上有赖于营销。(4) 从播后战略到播前战略。在渠道差别不大的情况下，为了强化内容优势，就需要对内容产业进行全方位渗透，特别是对优质内容进行优先的占有和使用。在这一过程中必须运用科学的手段。播后评估为播前内容遴选和编排服务，市场前测则是降低编播风险提高市场回报的有效手段，不仅对节目研发非常有帮助，同时可以帮助进行广告预售，实现收视率预估，从而为广告售卖赢得机会。

结语

随着中国媒体产业的发展，增长、整合、全球化和所有权集中四个关键词可以用来概括传媒产业未来的发展趋势。面对新媒体的冲击，传统电视的增长除了要借助市场细分来提高广告定价之外，还需要和新媒体进行整合，通过资本市场的兼并和收购使自身变得强大。新媒体巨头可以跨界收购，通过经营多媒体进行平行整合，传统媒体同样可以。除此以外还可以通过掌控生产和销售的不同阶段来进行垂直整合。伴随全球化进程，未来的频道竞争将不仅局限于国内强势频道之间的竞争，境外媒体内容会通过互联网和移动多媒体终端等渠道进入中国市场从而加入到竞争行列。谁掌握渠道，谁掌握内容的所有权，谁就会拥有不可替代的竞争优势。具有核心竞争优势的媒体集团不断整合壮大，并推动所有权集中，从而形成传媒市场的寡头垄断。

（作者：郑维东）

未来：从受众出发寻求媒体价值

中国传媒产业正在经历高速增长的过程，无论是对国内资金还是对国外资金，都有着非常强的吸引力。自2001年互联网产业拉开传媒产业融资序幕开始，到湖南广电和北京歌华有线为代表的媒体公司陆续依托内容或渠道资源上市融资，中国的传媒投资正在通过与政策和市场的协调，不断摸索前行。中国经济的持续成长和传媒产业市场化的推进，则必将把中国传媒投资的发展推向深入。传媒投资最根本的目的是为了获取利润，不管对采取何种经营模式的媒体而言，利润最终都来自于受众的消费与反馈，因此，从受众角度对传媒投资给予一定的关注是非常关键的。如何把握受众要求，优化投资决策，已成为产业普遍关注的话题。作为中国最大的媒体受众研究机构，CSM媒介研究十余年来一直致力于研究受众市场的发展和变迁，对受众市场与传媒投资的关系略有心得。本文从受众需求和行为的角度切入，探讨传媒产业的投资问题，与业内人士共同探讨。

一、中国传媒产业高速增长，创造良好投资环境

和发达国家相比，目前我国传媒产业的整体规模还相对较小。据《中国传媒产业发展报告（2007－2008）》的估算，2007年，我国传媒产业的整体规模达4811亿元人民币，占GDP的1.95%，与美英等国传媒产业在GDP中所占据的超过5%的比例相比，还有明显差距。值得注意的是，中国传媒产业和中国经济一样保持了高速增长。在2006年到2007年期间，传媒产业的增长速度达到13.6%，超过GDP增速的两个百分点以上。从这一点来看，传媒产业在GDP中所占的比重有提升趋势，显示出有力的成长势头。

中国传媒业的快速成长，一方面借助于经济发展后传统媒体的进一步发展和成熟，另一方面则依托于新媒体和分众媒体所带来的新的增长点。近两年来，在市场碎片化和细分营销的指引下，传统媒体的内容和产品服务日趋细化，通过贴近细分受众需求的内容服务和满足广告主精准投放的广告服务，传统媒体的传播效果明显改善。与此同时，互联网技术、数字电视技术和电信技术的发展，进一步拓展了媒体的受众覆盖，为媒体开发出更多元化的服务形式和盈利模式，推动了传媒产业的整体发展。在“传统媒体往新媒体方向走，新媒体又往传统媒体进行互补”的趋势下，中国的媒体产业焕发出新的生机。

受众需求是新旧媒体实现发展的基础，也是传媒投资的信心所在。洞悉受众需求的

未来发展态势，有助于帮助投资者把握传媒投资的方向。据CSM媒介研究的观察，传媒产业的受众市场相对稳定，并显现出一定的成长和变化态势（图1）。目前，电视仍然是第一媒体，内容创新和技术发展保证了电视的成长空间，使电视媒体的受众规模出现了正向的增长。前两年报纸媒体所面临的读者市场规模衰退的情况得到了缓解，发行和促销策略的创新，内容和服务的细分，逐步为报纸培育出新的读者群体，受众规模基本维持稳定。在新媒体领域，借助于基础设施建设的推进，互联网使用的技术和资金门槛进一步降低，再加上网络内容服务的不断改善，互联网的受众到达明显提升，超越广播和杂志而成为第三媒体。无论对于传统媒体还是新媒体而言，中国庞大的受众基数是其市场成长的有效保证，受众市场的进一步成长和调整，将为投资者提供众多商机。

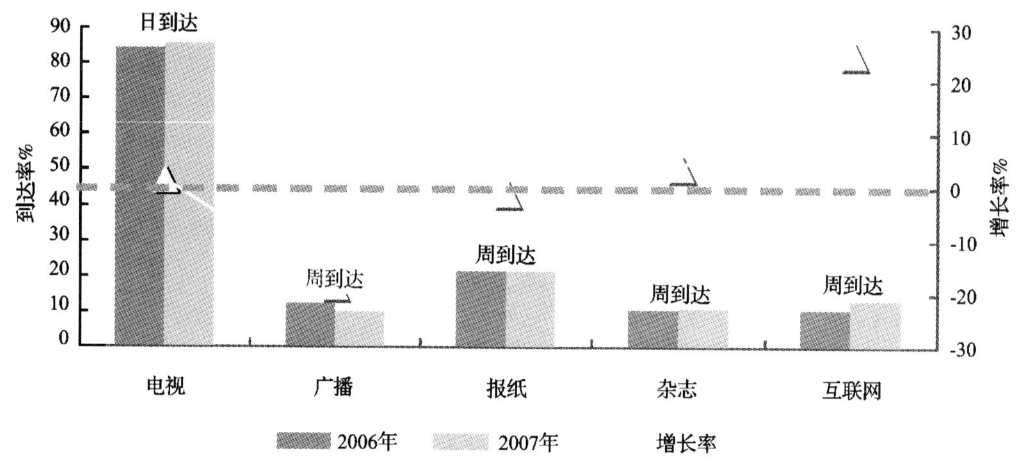

图1　2006年和2007年我国五大媒体的受众到达变化情况

数据来源：CSM媒介研究全国测量仪网基础调查

二、受众二元需求的满足倚重于内容和渠道两大资源

传媒投资的目的在于传媒价值实现，而传媒价值的根本就是满足市场需求。在传媒产业的二元经济中，受众事实上扮演着双重角色。一方面，他们作为媒体受众，对媒体的信息提供和娱乐服务存在需求；另一方面，他们作为消费者，对媒体提供的产品或服务，或经由媒体提供的消费品信息和服务存在需求。受众所具备的双重角色，是目前媒体产业主要盈利模式——广告模式或付费模式——得以存在的基础。媒体对于受众内容和消费需求的满足，是其获得发展的必由途径，也是传媒投资得以实现价值增值的必由途径，这是传媒投资过程中需要持有的一个基本理念。

媒体对于受众两方面需求的满足，主要倚重于两大类资源。

其一是内容资源。提供优质的、有针对性的内容，是媒体满足受众信息娱乐需求的主要方式。内容是媒体的核心产品，它一方面可以帮助媒体换取借以进行广告资源交换的观众注意力，另一方面它自己也可以成为一种可供售卖的产品，满足受众的消费需求。内容资源的重要功能，决定了其在媒体投资过程中的重要价值。

其二则是渠道资源。作为媒体的一种重要资源，渠道可以从如下几个方面满足受众的需要。首先，渠道是内容到达受众的载体和通路，媒体的内容资源必须通过一个有效的渠道去送达到消费者或者受众。如何针对受众需求来发挥渠道的价值，怎么把信息和娱乐内容传达给受众，对于新旧媒体而言，都是一个重要话题。目前，在传统媒体渠道之外，诸如 IPTV、数字电视和互联网等新渠道的出现，为媒体内容提供了更广泛的传播通路，也创造了更多的内容推广和盈利模式。其次，渠道是广告信息传播的重要通道，是媒体传统二元经济得以实现的重要桥梁。技术的发展，丰富了媒体作为广告信息传播渠道的功能，例如通过数字电视的增强广告形式和双向传播网络，受众可以得到丰富的产品信息，并借助媒体渠道实现产品交易，使得媒体渠道除了具备广告产品信息传达的功能，还具备了实现即时商品交易的功能。此外，近几年来媒体产业对于渠道价值的挖掘，使得媒体逐步扮演起商品零售渠道和功能服务平台的角色，为受众提供更多个性化的功能服务（如数字电视提供的电视银行、互联网提供的游戏平台等），拓展了媒体渠道的业务领域。总体而言，媒体渠道资源功能的丰富和拓展，使得渠道资源在媒体投资过程中也极具价值挖掘潜力。

三、充分了解受众需求，捕捉传媒投资机会

从受众研究的角度来看，如果媒体投资者能够充分了解受众的二元需求，从内容和渠道资源开发两个方面进行探索，则能够捕捉到丰富的投资机会。结合多年的调查和二手资料研究数据，CSM 媒介研究认为在未来几年中，消费者的内容需求和渠道需求均存在着三大发展趋势，而在这三大发展趋势背后，则是媒体投资的重要商机。

1. 受众内容需求的三大发展趋势

趋势一：受众对传统媒体内容需求依然巨大，创新有助于扩大内容需求

对受众内容需求的满足，是传统媒体获取价值的主要手段，而新媒体的发展则一般会被解读为“提供多元内容选择，分流传统媒体受众”，从这个角度而言，新媒体的发展对传统媒体是一个不利的消息。但事实上，新媒体的出现促进了传统媒体在内容制作上的创新与发展，提高了传统媒体的内容质量，这一定程度上弥补了因新媒体竞争而带来的观众流失，促进受众对传统媒体内容需求的扩大，也带来了众多投资机会。

正如 CSM 媒介研究相关收视统计数据所显示的那样，在新媒体的竞争压力之下，电视剧仍然是观众最需要的媒体内容；中国观众平均每天用接近 1 个小时的时间收看电视剧，使得电视剧成为了媒体产业中最具竞争力的内容板块，也让电视剧广告成为了电视媒体广告的主要支撑。近两年来，面对电视观众收视时间的萎缩，国产电视剧的制作水平不断提升，诸如《戈壁母亲》、《士兵突击》、《亮剑》和《金婚》等优秀剧目的出现，再次引发了受众市场对电视剧内容的密切关注。电视剧每年高达 130 亿以上的广告创收能力，使其成为媒体投资中非常值得关注的领域。

趋势二：新技术丰富了内容信息获取渠道，增加了细分内容的受众需求

原来可能只能从电视等传统媒体上看到的内容，现在可以从更多的渠道获得；同时，新媒体渠道增强了受众需求的主动性、选择性，能更贴近地满足受众的需求。这些因素促使受众内容需求的规模有所扩大，对总体市场发展和媒体投资而言是一个利好的消息。

以目前正在快速进行的数字电视转换为例。据易观国际的预测，2010 年中国的有线电视用户将达到 1.7 亿户，其中有线数字电视用户将超过 1.1 亿户。而根据 CSM 媒介研究 2007 年对 10 城市数字电视使用及态度调查，在目前进行了数字电视转换的家庭中，视频点播的使用率超过 80%，其中 42% 的用户愿意为视频点播付费，22.5% 的受访对象愿意为频道付费。结合上述两组数据，可以预测到 2010 年，我国有线数字电视业务中视频点播的收入将达到 67 亿，付费频道的收入将达到 48 亿；两者相加的规模超过了传统电视广告整体收入的 1/4。相关调查显示，随着视频点播和付费频道服务的完善和内容的丰富，消费者对于这两种服务的需求和付费意愿还将有提升的可能。这背后所蕴含的投资机遇相当可观。

又如，基于网络流媒体技术，传统媒体和新媒体获得了更多内容传递的通路和平台，而消费者也获得了更自主地获取视频内容的机会。目前，通过传统电视媒体的视频上网，门户网站开辟的视频分享平台，以及专业的播客网站，受众获得了众多的内容选择通路，也产生了更多的内容需求。据 IResearch 的相关研究数据，到 2010 年，网络视频的整体市场规模将达到 36.5 亿元人民币，其中个人付费市场规模将达到 9.5 亿，这也为投资者提供了新的机会和选择。

趋势三：媒体传播向互动传播转变，受众原创内容日益受到市场追捧

在未来受众市场发展过程中，一个值得重视的变化是，随着市场的发展、传播技术的进步和政策的放开，生产内容的机构不局限于过去的媒体机构，除了民营公司逐渐进入部分内容制作领域之外，受众也逐渐作为一个内容生产者，纳入传播体系中。媒体技术的发展，改变了受众的传播地位，在以前的单向传播体系中，受众只能被动地接受；而今，在双向传播体系中，受众则可以影响内容的制作和调整。在传播中所掌握的主动性，激发了受众的积极性和参与性，受众作为内容生产者，进一步卷入到整个媒体产业里面，带来巨大的价值和投资机会。

例如，由网络写手宁财神主笔的《武林外传》被改编为电视剧后，因其内容、语言和其他表现形式方面，拥有了许多网络文化的元素，吸引了大量年轻群体的关注（图 2）。尽管《武林外传》的收视率远不及部分家庭伦理剧，但其相对于传统电视剧而言，明显年轻化的观众结构，一方面促成了年轻人向传统电视媒体的回归，另一方面则让以年轻人为目标消费者的广告主看到了营销机遇，创造了不小的广告传播价值。又如，近几年来不断兴起的网络原创小说，也创造出了可观的市场规模。诸如《诛仙》和《鬼吹灯》等网络原创小说获得了数十万甚至上百万的销量，在为作者和出版商赢得经济利益的同时，也为媒体内容开发提供了更为丰富的素材，为投资者提供了更多投资切入点。

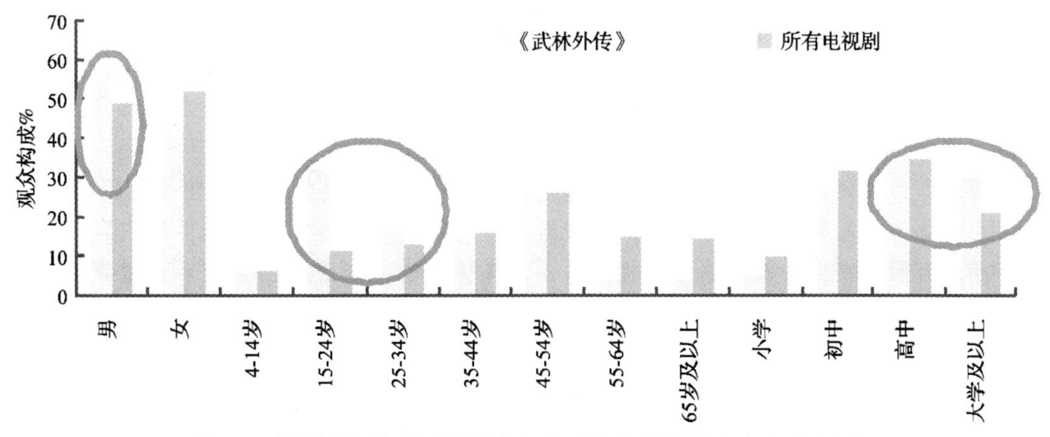

图2 《武林外传》观众结构与电视剧整体观众结构对比（北京）

数据来源：CSM媒介研究

2. 受众渠道需求的三大发展趋势

趋势一：借助定位细分、覆盖广泛化和形式多样化，传媒广告市场需求仍然广阔

广告是媒体的主要收入，通过内容细分和扩大覆盖，将优化媒体广告传播效果，为其提供巨大的增长空间。例如，我国主要依赖于订阅费支撑的杂志产业，几年来依托内容细分，取得了更为精准的受众到达效果，成为了广告主热捧的对象，杂志的广告收入连年递增，其增长率甚至超过了电视广告的增长速度。

又如，近几年中逐步兴起的户外电视、手机电视等媒体逐步与传统的电视媒体相互融合、相互补充，充分发挥各自的优势、避免各自的劣势，搭建起了一个更为多元化、全方位的电视传播平台。从受众的角度来讲，都是接触媒体的内容，都是要得到娱乐和信息，如果不存在质量差距的话，在不同的平台上获得是没有区别的，因此，媒体接触的便利性则成为了决定其渠道选择的重要因素，多种渠道的优势互补，将方便其信息获取。我们可以假设这样的景象，一个人从早上去上班开始，楼宇电视中的信息对你是有影响的；中午上下楼梯要到公共场所，在等人的时候都可以通过手机电视收看；到下班的时候又回归到传统电视，借助数字电视（有线、卫星）、网络电视、手机电视等共创全天收视最高峰。对于广告主而言，借助多种电视渠道的信息传播，能够实现其广告信息的更广泛到达。目前，诸如中央电视台等传统媒体正在通过传统电视、网络电视和公交车移动电视等构建多元的电视媒体传播体系，其中为广告营销和媒体投资所提供的商机不言而喻。

趋势二：传媒发挥信息传播平台优势，资金流和物流结合开发全新消费模式

在传统的社会信息交流系统中，媒体把信息传播到消费者，消费者再通过其他零售终端进行消费；媒体在这个过程中只起到商品广告信息发布的作用，离商品出售、资金交易的距离是非常远的。近两年来，随着技术的发展，媒体与上述领域的距离将越来越近，信息的发布和商品消费将日渐成为一体。例如在杭州，通过数字电视网络，消费者可以了解销售的商品，如果想购买这个商品的话，通过有线网络就可以实现支付，物流公司就会及时将商品送给消费者，通过这样的一体化经营，整个传媒领域就实现了功能

拓展。传媒不仅是一个信息发布的平台，同时也参与了产品交易和资金流的过程。事实上，近年来，诸如东方购物、快乐购和橡果国际等电视购物，以及淘宝等网络购物经营者的成功，就是抓住了将媒体的渠道资源与现代物流和资金流系统相整合的机会，为媒体经营创造了新的模式选择，也拓展了媒体产业的投资空间。

趋势三：开辟传媒多功能平台，促使消费者在娱乐和信息消费上产生多种需求

在传统的技术条件下，媒体只具备一对多的内容传递功能，其能提供的内容和功能服务相当有限。在互联网和数字电视技术下，媒体的渠道容量和互动性明显增强，也由此催生出更多的服务选择。例如网络游戏的诞生，将网络媒体作为一个互动游戏的平台，有效地满足了受众的娱乐需求和消费需求，创造了巨大的经济效益；又如数字电视提供的信息资讯平台服务，让受众可以借助点播等方式，获取更多有用的政务和生活信息，拓展了电视渠道的价值。技术所催生的多种媒体业务形态，同样为媒体投资提供了新的机会。

结语

无论是对传媒产业的投资机构还是对传媒机构本身，如何进一步研究受众、优化投资，是一个不容忽视的问题，对受众需求把握是一切决策的出发点。在把握受众需求的过程中，有三个方面的问题需要引起足够重视。首先，要加强受众市场的调研，深入了解受众的内容和消费需求，为传媒投资机构寻求更多的投资机会和空间。其次，媒体机构要寻求如何优化媒体资源整合，全面提高传媒整合不同内容和渠道资源的能力，全方位、多维度满足受众需求，提升媒体盈利和竞争能力。最后，需要在传媒投资领域引入全面价值管理，从产品价值、顾客价值和社会价值三方面，对传媒价值进行全面管理，寻求更高的传媒投资回报。

传统媒体的经营管理者普遍视新媒体为洪水猛兽，所以从心理上不愿意接受。但是，从现在的发展趋势来看，这种思维有点像计划经济下的市场经济。新旧媒体的融合发展趋势是必然的，中国也必然将走向这条道路。我们需要的绝对不是一个抵制的态度，更多的是如何谋求融合。我们认为从受众研究的角度，不管是新媒体还是传统媒体，其发展前景都非常广阔。在投资这个领域有两个方面需要关注，一是投资内容，一是投资渠道。从市场需求的情况来看，不管是内容还是渠道，市场需求都极为旺盛，而且这个需求在将来一段时间内还有成长空间，因此，我们对媒体投资的前景持乐观态度。

（作者：王兰柱）

2009：收视率视野中的确定与不确定

新的一年，总要谈谈增长。2009 年收视率会增长吗？电视广告会增长吗？

对于第一个问题比较容易回答，因为观众看电视是一种相对稳定的生活状态，多年监测数据表明，收视率不大可能有显著的增减变化；尽管也有某些机构预测，由于受全球金融危机影响，失业率增加，人们经济活动减少，这反而会增进在家看电视的时间，使收视率上涨。但对于国内而言，这未必会成为一个真实的预言；即便可能，也仅在微小变化幅度之间。2008 年北京奥运会期间收视率全线上涨，但全年看下来，2008 年全国观众人均每天收看电视的时间仅仅比 2007 年多 3 分钟。因此对于收视率问题更多该谈的是竞争结构问题。

对于第二个问题，则比较难以回答。近年来一个不争的事实是电视广告增长速度明显放慢，眼下肆虐全球的金融危机则使电视广告增长前景看淡。电视广告面临的问题不仅有总量问题，也有结构问题。综合来看，2009 年适逢全球经济动荡，我国电视产业发展的不确定性趋向增加。

一、电视广告贬值了吗?

近年电视广告增幅趋缓，如果和新媒体广告之成长性相比，电视广告的增长空间更令业界担忧。从具体数字看，电视广告增长已越来越与 GDP 增速同步。一方面电视台为应对竞争与分流，不得不加大在内容和覆盖方面的投入；另一方面广告收入增长却在遭遇天花板，电视媒体产业化发展正面临新挑战。

我们分析过如何以收视率量化电视媒体广告传播价值，并指出电视媒体广告传播价值由收视群体规模及其消费能力所决定。收视群体规模取决于观众到达率及其忠实度，消费能力则受目标观众可支配收入水平制约。电视广告传播价值的变动既受收视率水平影响，也同时受观众收入水平影响。若以 $\Delta V\%$ 表示电视广告传播价值变动幅度，以 $\Delta R\%$ 表示收视率水平变动幅度，以 $\Delta I\%$ 表示观众收入水平变动幅度，则 $\Delta V\% = \Delta R\% + \Delta I\%$。

纵观近年来我国电视媒体市场，观众对电视的总体消费（总收视率）在波动中微有下降趋势，但并不至对广告传播形成显著影响；与此同时，从宏观经济面考察，观众可支配收入水平则获得与 GDP 同步的两位数的高速增长。价格依附于价值，电视广告传播价值很大程度上决定了电视广告的营收水平，以此视角理解，电视广告增幅愈加与 GDP

增长同步（即 $\Delta V\% = \Delta I\%$）也是规律中事。

但是近一年来，中国宏观经济先是面对通胀考验，无论生产资料价格还是居民消费物价都呈现高位滞涨，这致使企业生产成本和居民消费成本攀升，影响到企业营销投入水平和居民消费购买能力。后又受全球金融危机影响，企业出口困难，居民消费不举，经济增长放缓。先不谈企业可能压缩广告支出从而对电视构成冲击，只从电视广告传播价值的角度，由于观众收入的实际增长明显低于名义增长，电视广告传播价值总量事实上表现为低增长甚或趋向紧缩的特征。

政治经济学分析指出，尽管价格收敛于价值，但也会出现价格背离价值的阶段性现象。电视台为了消化投入的不断增长，在媒体广告资源无法显著增加的情形下，提高广告单价成为必然选择，哪怕只是对名义价格的提升（实际上折扣后的价格甚至更低）。由此，在总体广告市场价格趋向价值的同时，也出现了个别电视媒体广告价格背离其价值的情况。

电视广告增幅放缓，我们往往倾向归结为一是基数大，二是政策对广告投放的进一步规范。从上面的分析看，这些原因其实是表，更深层次的原因在于电视广告传播价值趋向紧缩：因为物价波动和消费萎缩而致电视广告传播价值的绝对紧缩，以及因为新媒体分流而致电视广告传播价值的相对紧缩。所以我们不仅要问：电视广告贬值了吗？

从总量上看，答案是肯定的；从结构上看，答案又是否定的。强势电视媒体通过提升资源控制能力以及增强品牌影响力，显著提高了观众收视份额以及观众忠实度，并改善了目标观众构成，这很大程度上弥补了电视广告价值紧缩的影响，甚至使其广告传播价值进一步提升，从而成为电视广告增长阵营的领袖。弱势电视媒体则相反，由于缺乏竞争能力而继续出让收视份额，使广告创收雪上加霜。

二、从城市到农村

面对全球性金融风暴来临，驱动我国农村消费市场增长再次成为拉动内需并化解危机影响的政府对策之一。事实上，我国城乡二元结构特征不只对商品消费领域有着深刻的影响，对媒介消费领域的影响也不容忽视。

以收看电视为例，常态情况下城市观众人均每天收看电视 163 分钟（2008 年 7 月全国测量仪数据），同期农村观众仅 142 分钟，比城市观众少了 21 分钟；2008 年 8 月 8 日至 24 日奥运会期间，全国测量仪数据显示，城市观众人均每天看电视时间增加到 212 分钟，农村观众则增加至 180 分钟，二者的差距增大为 32 分钟。且不考虑互联网等新兴媒体对城市奥运传播的增量影响，仅电视传播一项，奥运使城乡传媒“数字鸿沟”进一步彰显。

造成城乡观众收看电视程度差异的原因是多方面的。这里至少可以列举出三个还算重要的原因，比如城乡家庭分别可以接收的电视频道数量的差别，城乡观众生活作息习惯的差别，城乡观众家庭消费能力的差别（比如对电费的承担）等。从政府推进的城乡一体化建设我们可以乐见，随着农村居民消费能力增强，城乡生活形态将更加接近，电视频道对农村地区的覆盖也将显著增加，这些对消弭城乡电视收看的“数字鸿沟”都将大有帮助。

近两年来各级电视频道都意识到对农村市场覆盖和渗透的重要。中国是个农村人口占多数的国家，要打造全国强势卫星频道或者区域强势地面频道，很显然不能忽视农村观众的收视贡献。以全国省级卫视为例，2006－2008年间所有省级卫视对全国农村地区入户覆盖率不断增长。据CSM全国基础调查数据，2006年31家省级卫视单频道平均入户覆盖率为25%，2007年增长至29%，2008年则达到41%。2006年全国农村地区入户覆盖率超过50%的频道只有山东卫视和湖南卫视两家，2008年则达到12家。特别是2007年以来国家广电总局大力推进有线、无线、卫星、互联网等多平台频道综合覆盖，使农村地区可接收频道数量明显增长。

这些频道覆盖的变化显然也导致农村观众电视收视行为的某些改变。以人均收视段数指标（反映观众选择收看电视的频次）为例，2006年7月农村观众的日人均收视段数为13.9段，2007年同期升至14.8段，2008年同期又上升到15.6段。如果以每段收看不同频道设想，差不多相当于农村观众每年多收看一个频道。和农村观众相比，三年间同时期的城市观众日人均收视段数变化并不明显（2006年为18.7段，2007年19.3段，2008年19.0段），显示出尽管城市观众家庭可接收频道数量也有不同程度增加，但由于频道数量已明显超过观众常规收看选择的频道个数门槛（即远多于19个频道），频道数量增加已不能有效激励收视行为增长。

如此看来，和刺激农村消费市场增长一样，刺激农村观众电视收视增长，对于缓解日渐饱和甚至过热的城市收视大战不失为一条“蓝海”之路。随着农村消费市场启动，广告客户对农村市场的关注也将与日俱增。从现在的城乡收视“数字鸿沟”到将来的城乡收视一体化，这其中有待开发的市场空间可谓巨大。按现在的电视广告平均价格测算，七亿农村观众人均每天多看半小时电视且其间含有三分钟广告插播的话，一年新增的广告容量就将数以百亿计。从城市到农村，电视媒体竞争亟待演绎新版图。

三、收视基点的竞争

最近迫于经济形势，世界各国央行频繁调整利息，其中最能体现变化的数量指标是利息基点的增减。互联网上查了一下，一个利息基点就是0.01%。资产价值在利息基点的变化中让所有者或喜或忧，牵心动魄。

当前电视市场评价体系中，收视率的增减也好比银行利息变化，影响着节目和广告市场价值的很大一部分。前些年，频道少，观众也比较热衷看电视，我们说收视率的变化，基本都是在收视点层面上展开，一个收视点就是1%的收视率。最近一两年，形势好像有所不同。随着电视频道数量明显增加以及观众分流趋势加剧，业内也大有从关注1个收视点的得失演进为在意1个收视基点的变化，一个收视基点就是0.01%的收视率。CSM报告的收视率数据，基于市场要求，先是只提供到小数点后一位，再是后两位，现在甚至要看到第三位了。换言之，收视率数据的话语体系某种程度上已经从收视点时代“进化”到收视基点时代。

中国人口基数大，一个收视基点的背后代表着数量可观的观众人群，他们聚合的购买力与影响力已经不容忽视。消费市场的细分甚至是“碎片化”使收视基点层面的竞争凸显合理性及其价值。

不过我们也面临这样的困惑，即是说银行利息出自货币市场决策，定多少就是多少，无所谓误差；而收视率则是基于抽样调查，受调查误差干扰，越是细微数字的变化越不能忽视误差影响的存在。除非通过采用回路数据技术使收视率调查样本量大幅度增加甚至是全调查，这种情形下的收视基点分析将可靠很多。数字电视以及关联的回路数据调查技术尚在发展之中，但市场形势似乎已经把“收视基点”之争推进到当前。

现阶段笔者认为，从收视点到收视基点，如果只是理念层面的提升，表示了电视传媒向精细化、集约化经营演进的方向，一定程度上是个进步。收视基点之争更多应该局限于理念层面，而非实操层面。原因除了上述误差问题之外，还有两方面：一是电视作为大众传媒，尽管有分众化趋势，但新媒体的分众化优势更明显，电视节目和广告价值仍应强调规模比较优势；二是电视收视市场竞争在“双虞效应”作用下不断趋向两极阵营分化，市场竞争的关键在于成为强势还是跌入弱势，阵营内部的收视基点之差实在无关大局。同时我们也注意到，强势频道阵营中相互之间的收视基点差异正逐渐被品牌和特色所抹平；而弱势频道阵营中，由于整体收视水平低，收视基点差异的影响反而被人为放大。

收视率是个量化指标，由于收视率在市场中参与交易和利益分配，驱使电视人从不在乎这个量到过度在乎这个量。对收视基点的关注就是一个表征，几个收视基点的差异似乎既关系到排名之类的面子，也关系到奖金之类的里子。表里相向，使收视率仿佛一把悬在头顶的利剑。

为了维持以收视率为利基的市场，电视界正在努力做三方面的营销促进。一是尽可能强化忠实观众的收视率；二是对那些非忠实观众，不强调其收视率但强调其人群价值；三是以收视份额的比较优势弱化收视率萎缩的尴尬。但这并不能逆转趋势。趋势是大众媒介的规模营销优势正在被小众媒介及个人媒介的精准营销优势所消融。

眼下的金融危机似乎能够对新兴媒介的泡沫发挥些消减的作用，但与此同时大众媒介也感觉到寒意来袭。市场收缩了，媒介利益格局未曾再造。收视率依然要扮演大众媒介中利益协调与估值的重要角色。

不妨帮全中国的电视台算一笔账。就说全国有3000个电视频道，每个频道平均一天可以获得100个广告收视点，每个收视点价值500元广告费的话，这差不多就是全国一年的电视广告收入约550个亿，平均到每个频道约每年1800万，本人认为这差不多是电视台频道外包经营的起步价。非常好的电视频道一年能赚到十个亿的广告收入，一是它一天所获得的广告收视点差不多能翻3倍，另外就是它的单一收视点价格已经高达近万元。这个万元的高价基本上只适用于全国性的频道和全国性的市场，因为它另一方面被庞大的观众基数所稀释了。

2009年观众收看电视的总量不会增加，广告收视的点数不会增加，受金融危机影响，平均的收视点价格也难增长，所以2009年的电视广告格局基本上仍是结构分划的问题。强势频道再多些份额，弱势频道再少些份额，总有一个门槛会使那些入不敷出的频道不得不选择退出市场。

（作者：郑维东）

第三部分
Part Three

收视数据 Rating Data

主要收视指标解释与电视节目收视排名规则

一、主要收视指标解释

1. 频道覆盖（入户）率：是指一个地区能够接收到该频道的户数占该地区电视家庭总户数的百分比。它是从接收情况来反映某个频道覆盖状况的指标。

2. 人均收视时间：是指在一个地区某个时间段内所有电视观众平均每人收看某一频道（或节目）的时间，一般以分钟来计算。

3. 收视率：本年鉴中的收视率是个人收视率，是指一个地区的某个时间段中收看某一频道（或节目）的人数占电视观众总人数的百分比。

4. 市场占有率（或市场份额）：本年鉴中的市场占有率是个人市场占有率，指一个地区某个时间段中收看某一频道（或节目）的人数占该时段收看电视总人数的百分比。

5. 观众构成：是指一个地区某个时段收看某一频道（或节目）的观众中各类观众所占的百分比。

6. 各类节目的播出份额：是指各类节目的播出时间长度占所有节目类型播出时间长度的百分比。

7. 各类节目的收视份额：是指各类节目的收视时间长度占所有节目类型的收视时间长度的百分比。

二、电视节目收视排名规则

1. 全国样本市（县）电视节目收视排名的时间范围为全天，重点市场电视节目收视排名的时间范围为17:00－24:00；

2. 电视节目（栏目）以该节目（栏目）的平均收视率最高档参与排名，首、重播分开；

3. 除极个别情况外，收视排名不考虑节目名称前的“冠名”；

4. 电视剧节目中，出现多轮播出的情况，按收视率最高的一轮参加电视剧类和所有节目的排名，并标注播出日期；跨年度播出的电视剧，只统计在2008年度内播出集数的平均收视率并参加电视剧类和所有节目的排名，节目名称后标注集数；

5. 由于2008年有多项重大事件发生，中央台的一些节目出现非常规播出情况，并且很多省级卫视和地面频道转播中央台的相关节目，对于这些节目，在节目名称后标注转播日期和开始时间。如《新闻联播》(5月13－17日、19－21日，21:00) 等；

6. 为了更好地反映2008年第29届奥运会、残奥会比赛的收视率排名情况，在进行体育节目收视率排名时，将第29届奥运会、残奥会比赛和除奥运会、残奥会比赛以外的体育节目分别进行收视排名；

7. 2008年春节联欢晚会的收视率是春节联欢晚会播出期间（2008年2月6日20:00－7日00:32）的平均收视率。

8. “爱的奉献2008宣传文化系统抗震救灾大型募捐活动”节目选取直播日5月18日的收视率参加排名，并标注日期；

9. 娱乐选秀节目按实际监播结果，选取收视率最高的一场参加综艺类节目和所有节目的排名；

10. 除上述规则外，在部分城市节目排名中出现特殊情况，会在排名表下做出相关说明。

一、基本收视条件

表 3.1.1　2008 年全国收视调查网视听设备拥有情况

	电视机台数		电视机种类		其他设备	
	一台	两台及以上	彩色电视机	遥控电视机	影碟机	个人电脑
	%	%	%	%	%	%
全国	76	24	98	96	62	17
城域	70	30	99	98	63	36
乡域	78	22	97	96	62	8

表 3.1.2　2008 年各省级收视调查网视听设备拥有情况

省份	电视机台数		电视机种类		其他设备	
	一台	两台及以上	彩色电视机	遥控电视机	影碟机	个人电脑
	%	%	%	%	%	%
安徽省	63	37	97	97	64	8
福建省	57	43	99	100	70	22
甘肃省	89	11	94	91	50	7
广东省	72	28	100	98	67	29
广西壮族自治区	81	19	97	95	60	14
贵州省	95	5	98	99	75	13
海南省	84	16	100	98	63	12
河北省	70	30	98	97	63	15
黑龙江省	85	15	98	94	53	17
河南省	73	27	98	96	52	8
湖北省	76	24	97	96	59	11
湖南省	82	18	96	96	59	7
内蒙古自治区	92	8	99	94	35	9
江苏省	59	41	95	94	57	24
江西省	71	29	96	96	59	12
吉林省	79	21	99	96	51	15
辽宁省	77	23	100	97	61	20
宁夏回族自治区	82	18	99	95	51	11
陕西省	78	22	97	96	58	9
山东省	83	17	97	96	64	20
山西省	77	23	99	97	47	16
四川省	83	17	97	97	61	7
云南省	92	8	99	98	72	11
浙江省	52	48	98	97	55	22

表 3.1.3　2008 年各城市(县)收视调查网视听设备拥有情况

城市(县)	电视机台数		电视机种类		其他设备	
	一台	两台及以上	彩色电视机	遥控电视机	影碟机	个人电脑
	%	%	%	%	%	%
安庆	65	35	97	96	62	22
安阳	74	26	99	99	55	36
宝鸡	81	19	99	98	54	31
包头	91	9	100	98	65	33
北海	84	16	99	99	66	45
北京	69	31	100	99	48	63
蚌埠	62	38	99	99	47	24
亳州	74	26	98	97	48	5
长春	67	33	100	99	69	41
常德	75	25	97	96	50	10
长沙	82	18	100	99	70	45
常熟	36	64	99	98	54	41
常州	41	59	100	100	58	56
潮州	67	33	100	99	79	38
成都	72	28	100	99	71	34
重庆	69	31	97	97	62	19
滁州	58	42	100	99	66	36
大理	86	14	95	93	74	7
大连	89	11	100	99	54	39
丹东	79	21	100	97	48	37
大同	86	14	100	93	59	27
达县	96	4	62	61	44	0
德阳	72	28	98	96	80	18
德州	86	14	100	98	64	40
东莞	77	23	100	100	61	48
佛山	77	23	100	98	57	52
抚顺	88	12	100	98	53	33
阜阳	76	24	93	93	53	6
福州	39	61	99	98	75	56
赣州	57	43	95	94	60	30
广州	76	24	100	100	63	65
桂林	76	24	100	99	70	50
贵阳	84	16	100	100	85	37
海口	86	14	100	99	67	36
杭州	37	63	100	100	68	58
汉中	80	20	95	92	60	16
哈尔滨	79	21	100	98	59	40
合肥	66	34	99	98	67	31
衡阳	83	17	99	98	62	21
河源	57	43	100	99	75	39
菏泽	71	29	84	82	53	9
呼和浩特	95	5	99	96	62	33

续表

城市（县）	电视机台数		电视机种类		其他设备	
	一台	两台及以上	彩色电视机	遥控电视机	影碟机	个人电脑
	%	%	%	%	%	%
淮安	57	43	99	99	59	40
惠州	73	27	100	99	72	40
湖州	39	61	99	99	51	35
江门	59	41	100	98	59	52
江阴	54	46	99	99	63	30
焦作	69	31	99	98	65	26
嘉兴	39	61	100	99	58	42
揭阳	78	22	100	99	90	26
吉林	84	16	100	99	55	27
济南	72	28	99	99	67	44
晋城	78	22	100	100	43	50
济宁	79	21	98	98	63	22
荆门	65	35	100	100	75	33
荆州	53	47	98	97	57	32
金华	93	7	100	100	61	46
锦州	82	18	100	98	68	39
九江	65	35	100	99	64	28
开封	70	30	100	98	52	32
昆明	76	24	100	99	86	39
昆山	49	51	97	97	62	35
兰州	86	14	99	98	74	34
乐山	78	22	96	96	75	17
连云港	63	37	99	99	65	43
临汾	78	22	99	99	56	34
临沂	86	14	98	92	57	24
丽水	47	53	99	98	51	34
柳州	78	22	99	99	66	41
洛阳	79	21	100	99	63	35
泸州	76	24	95	95	59	6
茂名	81	19	99	97	72	37
眉山	82	18	97	95	63	13
梅州	69	31	100	100	54	23
绵阳	77	23	99	99	80	26
牡丹江	81	19	100	99	54	38
南昌	46	54	100	99	71	46
南充	71	29	95	95	31	17
南京	56	44	99	98	62	41
南宁	79	21	99	98	65	39
南通	44	56	99	99	58	52
南阳	75	25	92	92	51	14
宁波	46	54	100	99	24	47
平顶山	77	23	99	98	59	31

续表

城市（县）	电视机台数		电视机种类		其他设备	
	一台	两台及以上	彩色电视机	遥控电视机	影碟机	个人电脑
	%	%	%	%	%	%
莆田	57	43	100	99	72	22
青岛	85	15	100	99	50	53
清远	78	22	100	99	70	24
秦皇岛	76	24	100	99	61	37
泉州	51	49	100	98	75	57
曲阜	80	20	94	92	67	3
衢州	60	40	99	99	52	37
三亚	92	8	100	98	58	15
上海	43	57	100	99	78	67
汕头	65	35	100	99	77	40
汕尾	73	27	100	100	87	17
韶关	76	24	100	99	63	38
绍兴	52	48	99	99	37	40
沈阳	79	21	100	99	56	33
深圳	92	8	100	99	55	54
石家庄	76	24	99	99	56	51
十堰	71	29	99	99	58	44
遂宁	85	15	94	95	44	7
宿迁	70	30	93	92	62	10
苏州	41	59	100	100	28	54
太原	78	22	100	99	56	39
泰州	49	51	98	98	59	38
台州	43	57	100	100	61	37
唐山	68	32	100	100	67	49
天津	78	22	100	99	70	46
乌鲁木齐	90	10	100	98	68	45
潍坊	84	16	100	99	68	33
威海	72	28	99	97	50	39
渭南	80	20	97	96	60	10
温州	44	56	100	99	54	70
武汉	67	33	100	98	56	41
芜湖	54	46	99	98	73	41
无锡	45	55	100	100	60	57
梧州	91	9	99	99	60	22
厦门	63	37	100	100	70	67
西安	67	33	100	100	62	38
襄樊	72	28	99	97	75	27
湘潭	80	20	100	98	63	33
咸阳	78	22	98	98	61	25
西宁	90	10	100	100	80	28
徐州	71	29	100	99	63	41
延安	86	14	92	91	69	33

续表

城市（县）	电视机台数		电视机种类		其他设备	
	一台	两台及以上	彩色电视机	遥控电视机	影碟机	个人电脑
	%	%	%	%	%	%
雅安	83	17	98	98	53	23
盐城	62	38	95	94	59	22
阳江	76	24	99	97	79	28
扬州	53	47	99	99	51	51
烟台	76	24	100	98	57	30
宜宾	78	22	98	98	76	22
宜昌	68	32	99	98	73	36
宜春	78	22	95	94	63	7
银川	95	5	100	99	69	39
营口	77	23	100	98	54	27
宜兴	48	52	98	97	54	28
益阳	73	27	96	96	57	10
永济	72	28	100	99	75	16
岳阳	81	19	100	100	60	34
玉林	73	27	96	95	67	16
云浮	81	19	100	99	81	21
张家港	47	53	98	97	53	34
漳州	74	26	100	98	79	31
湛江	80	20	100	97	64	41
肇庆	71	29	100	98	68	42
郑州	66	34	100	99	60	56
镇江	49	51	99	99	60	50
中山	48	52	100	99	62	61
舟山	40	60	100	100	52	39
珠海	73	27	100	100	62	71
株州	75	25	100	98	59	33
淄博	90	10	99	98	61	22
自贡	78	22	96	96	52	2
自贡（城区）	72	28	97	96	59	12
遵义	92	8	100	100	82	27

表 3.1.4　2008 年全国收视调查网电视信号接收方式

	省或市有线用户	无线户	可收看卫星电视的用户	可收看卫星电视的非有线用户
	%	%	%	%
全国	56	21	79	23
城域	74	12	89	14
乡域	48	25	75	27

表 3.1.5　2008 年各省级收视调查网电视信号接收方式

省份	省或市有线用户	无线户	可收看卫星电视的用户	可收看卫星电视的非有线用户
	%	%	%	%
安徽省	21	49	51	30
福建省	82	4	96	14
甘肃省	19	12	88	69
广东省	75	12	88	13
广西壮族自治区	41	22	78	37
贵州省	32	0	100	68
海南省	40	24	76	36
河北省	39	25	75	36
黑龙江省	82	15	85	3
河南省	15	50	50	35
湖北省	39	28	72	33
湖南省	38	20	80	42
内蒙古自治区	49	13	87	38
江苏省	70	25	75	5
江西省	64	18	82	18
吉林省	66	28	72	6
辽宁省	73	12	88	15
宁夏回族自治区	29	40	60	31
陕西省	48	30	70	22
山东省	63	30	70	7
山西省	28	8	92	64
四川省	35	8	92	57
云南省	56	4	96	40
浙江省	92	6	94	2

表 3.1.6　2008 年各城市（县）收视调查网电视信号接收方式

城市（县）	省或市有线用户	无线户	可收看卫星电视的用户	可收看卫星电视的非有线用户
	%	%	%	%
安庆	50	31	69	19
安阳	73	23	77	4
宝鸡	78	14	86	8
包头	81	3	97	16
北海	79	17	83	4
北京	97	3	97	0
蚌埠	71	24	76	5
亳州	24	71	29	5
长春	92	7	93	1
常德	53	42	58	5
长沙	90	5	95	5
常熟	96	3	97	1
常州	100	0	100	0
潮州	97	3	97	0
成都	100	0	100	0
重庆	85	6	94	9

续表

城市（县）	省或市有线用户	无线户	可收看卫星电视的用户	可收看卫星电视的非有线用户
	%	%	%	%
滁州	50	41	59	9
大理	83	6	94	11
大连	96	4	96	0
丹东	94	4	96	2
大同	53	7	93	40
达县	30	68	32	2
德阳	63	35	65	2
德州	89	9	91	2
东莞	92	7	93	1
佛山	98	2	98	0
抚顺	96	4	96	0
阜阳	15	81	19	4
福州	97	2	98	1
赣州	65	19	81	16
广州	99	1	99	0
桂林	95	4	96	1
贵阳	92	0	100	8
海口	68	14	86	18
杭州	100	0	100	0
汉中	60	15	85	25
哈尔滨	85	14	86	1
合肥	77	22	78	1
衡阳	67	29	71	4
河源	99	1	99	0
菏泽	19	79	21	2
呼和浩特	76	10	90	14
淮安	75	21	79	4
惠州	85	4	96	11
湖州	92	7	93	1
江门	100	0	100	0
江阴	94	5	95	1
焦作	66	34	66	0
嘉兴	94	6	94	0
揭阳	82	17	83	1
吉林	86	8	92	6
济南	79	20	80	1
晋城	97	3	97	0
济宁	55	20	80	25
荆门	81	14	86	5
荆州	89	11	89	0
金华	85	3	97	12
锦州	94	5	95	1

续表

城市（县）	省或市有线用户	无线户	可收看卫星电视的用户	可收看卫星电视的非有线用户
	%	%	%	%
九江	88	2	98	10
开封	78	20	80	2
昆明	97	2	98	1
昆山	89	11	89	0
兰州	83	8	92	9
乐山	47	23	77	30
连云港	71	23	77	6
临汾	85	3	97	12
临沂	57	25	75	18
丽水	93	4	96	3
柳州	79	16	84	5
洛阳	88	11	89	1
泸州	54	18	82	28
茂名	73	26	74	1
眉山	51	23	77	26
梅州	93	5	95	2
绵阳	96	4	96	0
牡丹江	93	6	94	1
南昌	91	8	92	1
南充	96	1	99	3
南京	91	9	91	0
南宁	67	26	74	7
南通	91	9	91	0
南阳	21	58	42	21
宁波	100	0	100	0
平顶山	71	16	84	13
莆田	70	21	79	9
青岛	90	8	92	2
清远	82	18	82	0
秦皇岛	97	3	97	0
泉州	87	12	88	1
曲阜	51	46	54	3
衢州	97	3	97	0
三亚	57	9	91	34
上海	99	1	99	0
汕头	97	1	99	2
汕尾	99	1	99	0
韶关	90	1	99	9
绍兴	99	1	99	0
沈阳	90	8	92	2
深圳	97	3	97	0
石家庄	90	3	97	7

续表

城市（县）	省或市有线用户	无线户	可收看卫星电视的用户	可收看卫星电视的非有线用户
	%	%	%	%
十堰	93	1	99	6
遂宁	58	6	94	36
宿迁	40	51	49	9
苏州	100	0	100	0
太原	87	9	91	4
泰州	89	11	89	0
台州	96	3	97	1
唐山	91	5	95	4
天津	89	10	90	1
乌鲁木齐	91	8	92	1
潍坊	82	13	87	5
威海	94	5	95	1
渭南	57	33	67	10
温州	99	1	99	0
武汉	97	3	97	0
芜湖	88	11	89	1
无锡	98	2	98	0
梧州	73	12	88	15
厦门	96	1	99	3
西安	93	6	94	1
襄樊	53	26	74	21
湘潭	86	12	88	2
咸阳	71	23	77	6
西宁	81	3	97	16
徐州	70	21	79	9
延安	20	27	73	53
雅安	71	1	99	28
盐城	67	32	68	1
阳江	86	14	86	0
扬州	92	4	96	4
烟台	90	9	91	1
宜宾	58	5	95	37
宜昌	63	9	91	28
宜春	31	31	69	38
银川	82	11	89	7
营口	92	4	96	4
宜兴	90	9	91	1
益阳	50	39	61	11
永济	44	7	93	49
岳阳	72	9	91	19
玉林	30	62	38	8
云浮	97	3	97	0

续表

城市(县)	省或市有线用户	无线户	可收看卫星电视的用户	可收看卫星电视的非有线用户
	%	%	%	%
张家港	95	5	95	0
漳州	82	11	89	7
湛江	97	2	98	1
肇庆	98	2	98	0
郑州	90	9	91	1
镇江	95	4	96	1
中山	100	0	100	0
舟山	98	1	99	1
珠海	99	0	100	1
株州	92	6	94	2
淄博	87	6	94	7
自贡	36	19	81	45
自贡(城区)	74	12	88	14
遵义	79	0	100	21

表 3.1.7　2008 年全国收视调查网卫视频道入户覆盖率排名前二十位

排名	全国		城域		乡域	
	频道	覆盖率(%)	频道	覆盖率(%)	频道	覆盖率(%)
1	中央电视台综合频道	94.3	中央电视台综合频道	96.6	中央电视台综合频道	93.3
2	中央台七套	80.9	中央台七套	88.8	中央台七套	77.4
3	中央台二套	76.1	中央台二套	88.2	中央台二套	70.8
4	中央台四套	71.8	中央台四套	83.8	湖南电视台卫星频道	67.1
5	中央台十套	71.6	中央电视台少儿频道	83.3	中央台四套	66.6
6	中央电视台少儿频道	71.4	中央台十套	82.8	中央台十套	66.6
7	山东卫视	71.4	安徽一套	82.7	山东卫视	66.5
8	湖南电视台卫星频道	71.2	山东卫视	82.6	中央电视台少儿频道	66.2
9	安徽一套	70.5	浙江卫视	82.2	中央台十一套	66.2
10	中央台十一套	68.4	四川卫视	82.2	安徽一套	65.1
11	浙江卫视	68.2	中央台五套	81.7	浙江卫视	62.1
12	四川卫视	64.9	中央台六套	81.5	四川卫视	57.4
13	上海东方卫视	63.5	江苏卫视	81.4	上海东方卫视	55.7
14	江苏卫视	62.2	上海东方卫视	81.2	江苏卫视	53.8
15	中央台六套	62.1	中央台三套	81.2	中央台六套	53.6
16	中央台五套	62.0	中央台八套	81.0	中央台五套	53.3
17	中央台三套	61.7	湖南电视台卫星频道	80.4	中央台三套	53.2
18	中央台八套	61.5	中央电视台新闻频道	78.2	中央台八套	53.0
19	中央电视台新闻频道	59.4	中央台十一套	73.5	中央台十二套	52.7
20	中央台十二套	54.8	重庆卫视	72.0	中央电视台新闻频道	51.2

表 3.1.8 2008 年全国收视调查网电视频道接收情况

	平均每户可接收到的频道个数
全国	30
城域	41
乡域	26

表 3.1.9 2008 年各省级收视调查网电视频道接收情况

省份	平均每户可接收到的频道个数
安徽省	23
福建省	37
甘肃省	32
广东省	29
广西壮族自治区	27
贵州省	41
海南省	31
河北省	33
黑龙江省	34
河南省	20
湖北省	28
湖南省	29
内蒙古自治区	37
江苏省	29
江西省	28
吉林省	33
辽宁省	36
宁夏回族自治区	34
陕西省	30
山东省	25
山西省	40
四川省	33
云南省	37
浙江省	34

表 3.1.10 2008 年各城市（县）收视调查网电视频道接收情况

城市（县）	平均每户可接收到的频道个数
安庆	27
安阳	32
宝鸡	38
包头	63
北海	51
北京	68
蚌埠	32
亳州	16
长春	48
常德	33
长沙	48
常熟	35
常州	56

续表

城市（县）	平均每户可接收到的频道个数
潮州	41
成都	56
重庆	42
滁州	25
大理	37
大连	49
丹东	32
大同	36
达县	12
德阳	26
德州	44
东莞	39
佛山	43
抚顺	43
阜阳	13
福州	51
赣州	30
广州	59
桂林	53
贵阳	67
海口	45
杭州	55
汉中	32
哈尔滨	40
合肥	43
衡阳	42
河源	48
菏泽	14
呼和浩特	56
淮安	27
惠州	40
湖州	34
江门	41
江阴	43
焦作	34
嘉兴	36
揭阳	34
吉林	49
济南	47
晋城	82
济宁	57
荆门	34
荆州	33
金华	32

续表

城市（县）	平均每户可接收到的频道个数
锦州	40
九江	40
开封	31
昆明	48
昆山	50
兰州	51
乐山	31
连云港	21
临汾	37
临沂	33
丽水	35
柳州	47
洛阳	40
泸州	23
茂名	32
眉山	29
梅州	43
绵阳	35
牡丹江	46
南昌	51
南充	33
南京	60
南宁	44
南通	31
南阳	25
宁波	47
平顶山	35
莆田	28
青岛	53
清远	32
秦皇岛	65
泉州	53
曲阜	27
衢州	39
三亚	32
上海	62
汕头	33
汕尾	33
韶关	44
绍兴	51
沈阳	47
深圳	47
石家庄	43
十堰	39

续表

城市（县）	平均每户可接收到的频道个数
遂宁	30
宿迁	18
苏州	55
太原	71
泰州	32
台州	39
唐山	53
天津	59
乌鲁木齐	57
潍坊	53
威海	32
渭南	29
温州	33
武汉	51
芜湖	32
无锡	57
梧州	51
厦门	54
西安	48
襄樊	29
湘潭	59
咸阳	42
西宁	55
徐州	29
延安	34
雅安	22
盐城	25
阳江	24
扬州	48
烟台	30
宜宾	39
宜昌	27
宜春	25
银川	68
营口	38
宜兴	25
益阳	26
永济	35
岳阳	40
玉林	22
云浮	34
张家港	29
漳州	28
湛江	42

续表

城市（县）	平均每户可接收到的频道个数
肇庆	42
郑州	45
镇江	35
中山	43
舟山	38
珠海	55
株洲	38
淄博	52
自贡	32
自贡（城区）	35
遵义	61

二、全国收视数据

表 3.2.1　2004－2008 年全国样本市（县）及各市（县）收视调查网人均收视时间（分钟）

地　区	2004 年	2005 年	2006 年	2007 年	2008 年
全国	173	174	176	172	175
安庆	*	*	168	152	156
安阳	*	*	180	182	179
宝坻	172	168	172	183	191
保定	183	179	174	170	163
宝鸡	*	*	195	191	188
包头	*	*	172	178	191
北京（M）	200	205	209	205	208
蚌埠	180	171	191	197	197
本溪	*	*	201	215	184
亳州	*	*	150	155	147
长春	162	174	185	*	*
长春（M）	*	*	*	191	196
常德（M）	131	141	145	130	143
长沙（M）	166	168	163	162	164
常熟	132	133	135	129	126
常州	152	*	*	*	*
常州（M）	*	164	157	146	147
潮州（M）	149	146	145	147	154
成都（M）	177	178	181	183	189
池州	*	*	135	139	*
重庆（M）	188	186	189	178	150
滁州	*	*	152	147	144
大理	*	143	150	169	168
大连	197	195	194	203	196
丹东	*	*	167	184	*
大同	170	174	192	185	171
达县	120	131	127	130	140
德阳	148	156	164	158	173
德州	150	157	162	171	172
东莞	175	200	199	*	*
东莞（M）	*	*	*	178	182
佛山	180	181	191	*	*
佛山（M）	*	*	*	159	156
抚顺（M）	199	200	210	205	214
阜阳	*	*	147	153	142
福州	158	173	*	*	*
福州（M）	*	*	159	147	154
赣州	*	*	160	151	142
广州（M）	190	197	196	185	189

续表

地　区	2004 年	2005 年	2006 年	2007 年	2008 年
桂林	174	158	166	162	156
贵阳	198	229	234	221	218
海口	148	149	155	148	141
杭州（M）	129	137	149	167	184
汉中	*	*	126	158	197
哈尔滨	197	*	*	*	*
哈尔滨（M）	*	216	208	201	207
合肥	161	179	175	*	*
合肥（M）	*	*	*	156	160
衡阳（M）	174	172	179	164	161
河源	*	134	156	167	178
菏泽	*	127	151	153	136
呼和浩特	184	183	181	182	176
淮安	132	138	160	144	157
黄山	*	*	136	139	*
惠州（M）	161	163	171	159	155
湖州（M）	138	140	135	133	145
吉安	*	*	131	*	*
江门（M）	165	171	180	170	170
江阴	*	128	142	137	127
焦作	*	*	*	159	161
嘉兴	146	129	138	135	132
揭阳	181	167	171	166	176
吉林市（M）	*	*	204	187	*
济南	168	168	183	*	*
济南（城）	186	188	202	*	*
济南（M）	*	*	*	187	195
荆门	*	*	134	142	149
荆州	*	*	158	151	140
金华	151	159	172	166	177
济宁	*	*	177	182	165
晋江	*	126	143	136	*
晋城	*	*	*	177	173
锦州（M）	187	194	198	196	197
九江	164	162	170	156	155
开封	*	*	*	165	153
昆明	194	198	215	*	*
昆明（M）	*	*	*	173	175
昆山	*	140	173	189	180
兰州	180	192	198	205	202
拉萨	209	198	197	189	170
乐山	*	158	178	180	186
连云港	161	151	162	145	150
临汾	*	*	163	169	175

续表

地　区	2004 年	2005 年	2006 年	2007 年	2008 年
临沂	144	146	170	159	155
丽水	*	162	161	164	144
柳州	166	159	183	168	182
洛阳（新）	161	145	150	145	132
泸州	*	151	167	155	148
马鞍山	*	*	155	150	*
茂名	133	133	138	*	*
茂名（M）	*	*	*	133	130
眉山	*	*	*	134	155
梅州	125	118	119	125	126
绵阳	*	155	179	180	181
南昌	176	193	213	240	243
南海	160	190	212	*	*
南京	183	*	*	*	*
南京（M）	*	178	186	209	231
南宁	156	153	153	167	164
南通	150	154	155	148	147
南阳	119	127	142	145	151
宁波	146	*	*	*	*
宁波（M）	*	158	148	146	149
平顶山	*	*	*	189	191
莆田	144	142	141	153	163
青岛	179	183	180	176	193
清远	135	157	166	167	157
秦皇岛	*	*	172	172	173
齐齐哈尔	174	181	224	*	*
泉州（新）	152	145	143	148	153
曲阜	152	154	145	144	145
衢州	146	149	166	151	141
三亚	*	145	143	162	144
上海（M）	190	190	187	198	211
商丘	*	*	141	156	159
汕头	163	164	198	189	198
汕尾	*	*	167	171	175
韶关（M）	188	197	191	196	197
绍兴	112	113	123	119	130
沈阳（M）	189	187	193	196	213
深圳（M）	159	161	153	146	165
深圳宝安	188	209	198	*	*
深圳蛇口	175	183	185	173	174
深圳盐田	200	199	206	192	*
石家庄	156	153	161	157	*
石家庄（M）	*	*	*	*	181
十堰	164	178	175	173	182

续表

地　区	2004 年	2005 年	2006 年	2007 年	2008 年
遂宁	*	*	*	170	177
宿迁	*	150	154	142	138
苏州（M）	163	156	151	150	159
泰安	*	*	163	174	172
太仓	*	*	152	140	*
泰兴	*	114	138	144	142
太原	195	191	203	195	*
太原（M）	*	*	*	*	183
泰州	164	163	155	142	141
台州	127	137	145	144	139
天津	201	199	*	*	*
天津（M）	*	*	197	203	*
天津（城）	217	211	*	*	*
天津（城）（M）	*	*	207	206	205
乌鲁木齐	183	178	176	175	167
潍坊	152	148	167	161	161
威海	*	130	144	137	140
渭南	*	*	136	146	154
温州	137	*	*	*	*
温州（M）	*	134	127	123	137
武汉（M）	170	166	163	159	173
芜湖	*	*	138	134	138
吴江	139	140	149	153	*
无锡（M）	160	158	158	156	153
梧州	*	199	180	181	192
厦门	161	164	158	153	160
西安（M）	161	168	171	171	182
襄樊	155	161	164	155	168
湘潭（M）	*	*	168	158	162
咸阳	*	*	142	162	166
西宁	236	219	207	205	213
宣城	*	*	128	*	*
徐州	159	158	170	158	171
雅安	137	144	141	140	127
延安	*	*	193	193	187
盐城	137	141	139	138	*
盐城（M）	*	*	*	*	141
阳江	*	*	134	144	152
扬州	139	138	157	147	152
烟台	143	148	173	161	160
宜宾	127	178	180	179	187
宜昌	184	169	190	194	188
宜春	*	*	167	148	155
银川	190	214	223	220	218

续表

地　区	2004 年	2005 年	2006 年	2007 年	2008 年
营口	*	*	*	139	179
宜兴	130	145	148	137	138
益阳	*	*	138	147	162
永济	161	180	177	188	188
玉林	*	*	139	152	158
云浮	*	*	174	189	178
枣庄	*	149	175	*	*
张家港	*	119	131	133	145
漳州	*	172	182	177	182
湛江（M）	148	155	154	153	162
肇庆	*	155	159	188	184
郑州	163	156	154	*	*
郑州（M）	*	*	*	161	161
镇江	173	172	194	189	*
镇江（M）	*	*	*	*	189
中山（M）	153	162	157	153	160
周口	*	140	151	166	162
舟山	101	131	141	139	140
珠海（M）	153	162	157	157	165
株洲（M）	*	*	*	154	159
淄博	164	158	190	188	148
自贡	155	157	159	167	145
自贡（城区）	*	*	164	175	165
遵义	*	*	191	180	167

注：

（1）全国：2004 年包括 84 个样本市县，2005 年包括 102 个样本市县，2006 年包括 127 个样本市县，2007 年包括 154 个样本市县，2008 年包括 154 个样本市县。

（2）标有（M）的地区为采用测量仪调查地区。

（3）*表示没有数据。

表 3.2.2　2004－2008 年各省级收视调查网人均收视时间（分钟）

地　区	目标观众	2004	2005	2006	2007	2008
安徽	4 岁及以上所有人	153	151	155	141	137
	城市	167	167	174	171	160
	农村	151	149	153	137	134
重庆（全部）	4 岁及以上所有人	145	150	163	162	*
	城市	187	220	229	227	*
	农村	139	141	154	154	*
福建	4 岁及以上所有人	134	147	154	155	158
	城市	143	149	159	141	143
	农村	131	147	152	160	163
甘肃	4 岁及以上所有人	*	155	146	150	156
	城市	*	185	170	171	172
	乡村	*	150	142	145	152
广东（M）	4 岁及以上所有人	165	167	161	155	157
	城市	165	167	161	158	166
	农村	*	*	*	153	151
广西	4 岁及以上所有人	130	124	131	135	132
	城市	161	152	155	155	163
	农村	127	121	129	133	129
贵州	4 岁及以上所有人	154	163	175	158	160
	城市	199	201	205	203	189
	农村	150	160	172	154	158
海南	4 岁及以上所有人	139	143	151	147	152
	城市	144	144	155	159	151
	农村	137	142	149	143	152
河北	4 岁及以上所有人	167	176	180	187	186
	城市	163	163	174	168	175
	农村	168	179	180	190	188
黑龙江	4 岁及以上所有人	176	187	194	193	199
	城市	182	199	215	216	209
	农村	173	181	182	180	194
河南	4 岁及以上所有人	144	145	155	158	151
	城市	158	161	168	167	166
	农村	142	143	153	157	149
湖北	4 岁及以上所有人	157	152	157	151	147
	城市	154	156	167	154	150
	农村	157	151	155	150	146
湖南（M）	4 岁及以上所有人	153	154	159	151	145
	城市	153	154	159	151	149
	农村	*	*	*	*	144
内蒙古	4 岁及以上所有人	138	155	162	167	164
	城市	162	160	161	164	166
	农村	133	154	163	168	163
江苏	4 岁及以上所有人	138	147	158	162	155
	城市	162	171	176	173	175
	农村	133	141	154	159	145
江西	4 岁及以上所有人	145	152	152	142	139
	城市	156	163	173	183	180
	农村	144	149	149	136	132

续表

地区	目标观众	2004	2005	2006	2007	2008
吉林	4岁及以上所有人	190	193	201	188	175
	城市	196	193	213	207	202
	农村	185	193	194	175	157
辽宁	4岁及以上所有人	167	181	186	186	196
	城市	192	190	194	192	207
	农村	152	175	181	182	188
宁夏	4岁及以上所有人	*	*	*	162	172
	城市	*	*	*	171	185
	农村	*	*	*	159	166
山东	4岁及以上所有人	153	155	158	144	147
	城市	176	183	181	175	180
	农村	149	150	153	138	139
山西	4岁及以上所有人	149	157	159	163	161
	城市	177	184	200	186	180
	农村	144	152	152	158	158
陕西	4岁及以上所有人	144	153	160	160	161
	城市	178	192	194	181	183
	农村	138	145	153	156	156
四川	4岁及以上所有人	142	148	150	150	141
	城市	204	210	220	206	198
	农村	137	143	144	145	136
云南	4岁及以上所有人	155	155	167	167	162
	城市	161	165	179	182	173
	农村	154	153	165	165	161
浙江	4岁及以上所有人	122	130	129	128	141
	城市	136	139	147	142	154
	农村	121	129	126	125	135

注：

（1）2004年增加福建、内蒙、海南、山西四个省网；2005年增加甘肃省网；2007年增加宁夏省网。

（2）辽宁省网在2004年5月2日由日记卡省网改为测量仪省网，此表中辽宁2004年数据为测量仪数据。

（3）福建省网在2006年9月30日由日记卡省网改为测量仪省网，此表中福建2006年数据为日记卡数据。

（4）浙江省网在2007年10月1日由日记卡省网改为测量仪省网，此表中浙江2008年数据为测量仪数据。

（5）江苏省网在2007年11月1日由日记卡省网改为测量仪省网，此表中江苏2008年数据为测量仪数据。

（6）湖北省网在2008年4月1日由日记卡省网改为测量仪省网，此表中湖北2008年数据为测量仪数据。

（7）湖南省网在2008年3月1日由测量仪全省城域网改为测量仪全省网，此表中湖南2008年数据为测量仪全省数据。

表 3.2.3 2004－2008 年全国样本市（县）各目标观众人均收视时间（分钟）

目标观众		2004 年	2005 年	2006 年	2007 年	2008 年
	4 岁及以上所有人	173	174	176	172	175
性别	男	171	172	173	168	172
	女	175	177	179	176	179
年龄	4－14 岁	135	141	143	142	141
	15－24 岁	146	141	142	132	128
	25－34 岁	150	150	148	140	140
	35－44 岁	170	166	168	163	166
	45－54 岁	209	208	209	209	216
	55－64 岁	234	236	237	237	241
	65 岁及以上	240	242	240	237	246
教育程度	未受过正规教育	150	154	154	151	153
	小学	170	172	175	172	171
	初中	182	185	187	184	187
	高中	175	176	178	173	179
	大学及以上	161	159	158	152	155
职业类别	干部/管理人员	160	160	161	155	160
	个体/私营企业人员	162	160	161	157	161
	初级公务员/雇员	155	156	154	151	155
	工人	170	165	165	159	161
	学生/无业	187	192	195	193	199
	其他	154	156	163	158	154
个人月收入	0－600 元	168	170	172	166	163
	601－1200 元	187	188	191	188	192
	1201－1700 元	175	175	173	175	188
	1701－2600 元	166	164	164	162	175
	2601 元及以上	150	151	148	147	162

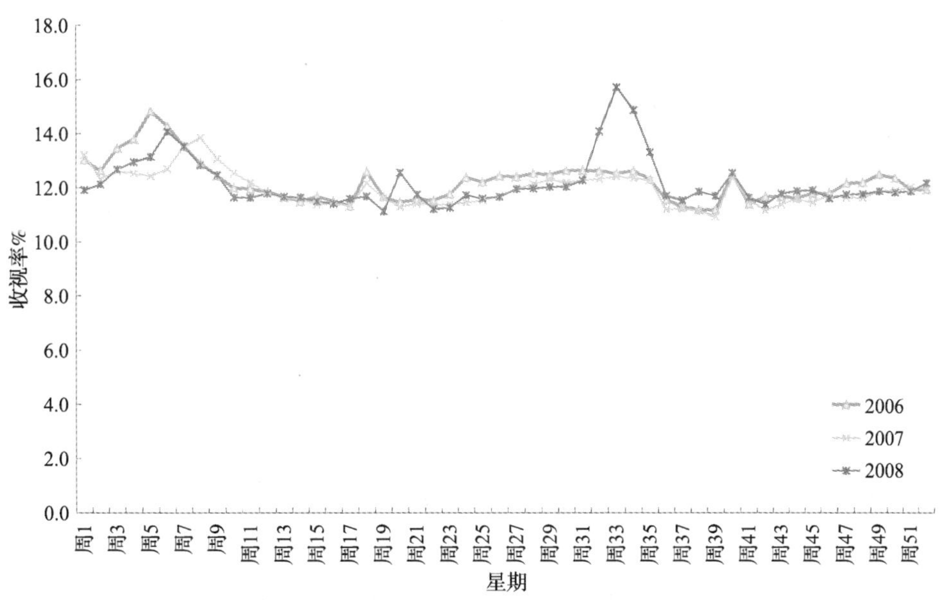

图 3.2.1 2006－2008 年全国样本市（县）电视观众全年收视率走势

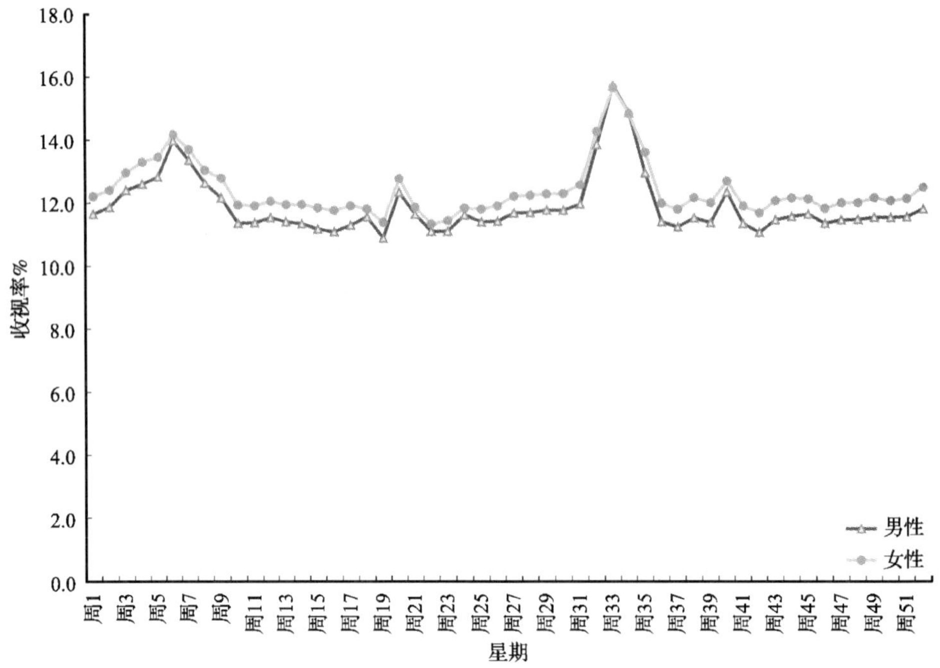

图 3.2.2　2008 年全国样本市（县）不同性别电视观众全年收视率走势

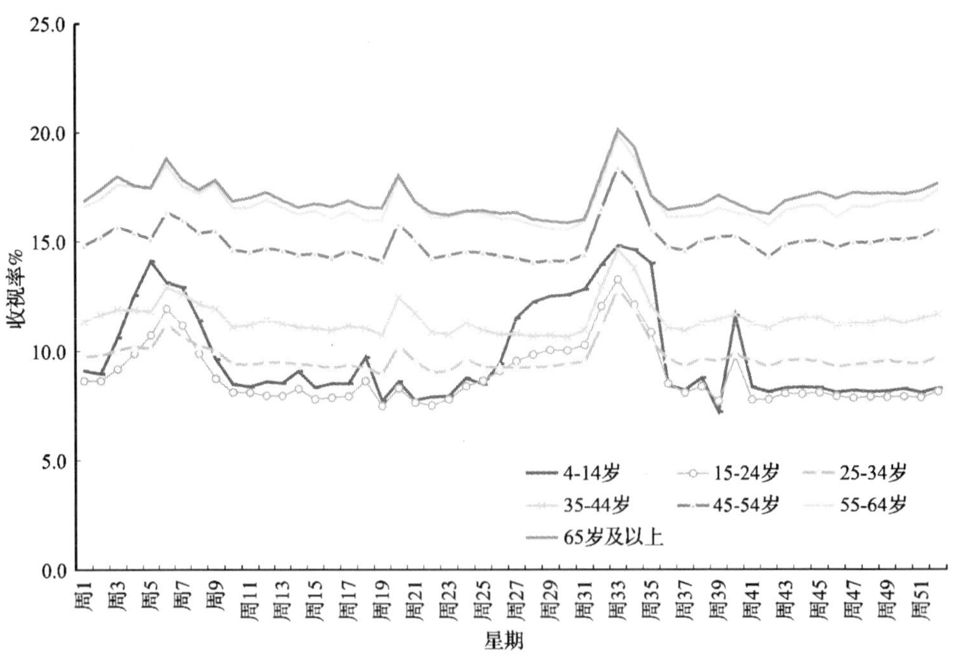

图 3.2.3　2008 年全国样本市（县）不同年龄电视观众全年收视率走势

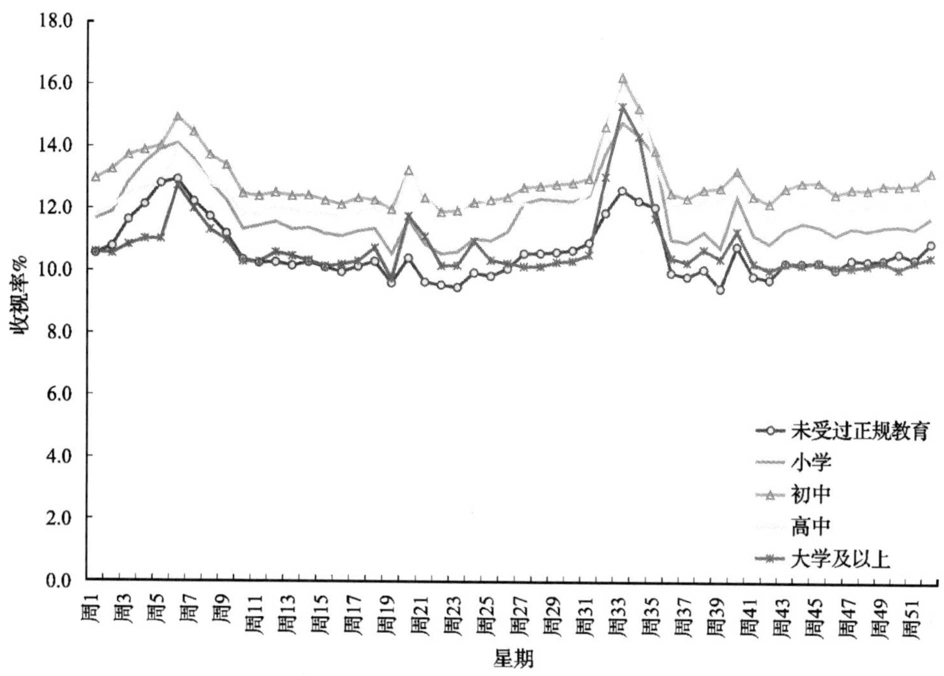

图 3.2.4　2008 年全国样本市（县）不同文化程度电视观众全年收视率走势

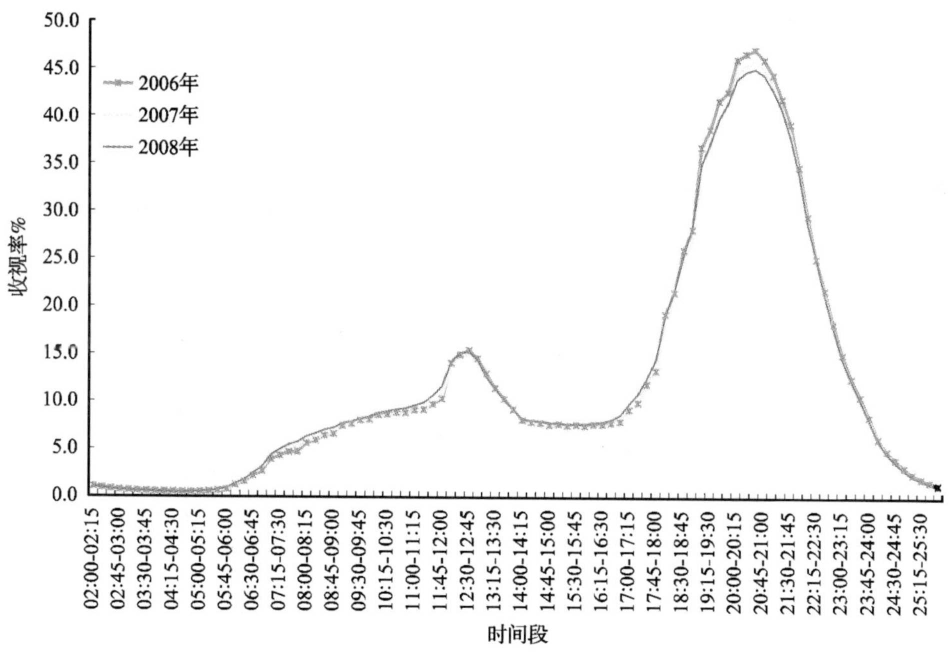

图 3.2.5　2006－2008 年全国样本市（县）电视观众全天收视率走势

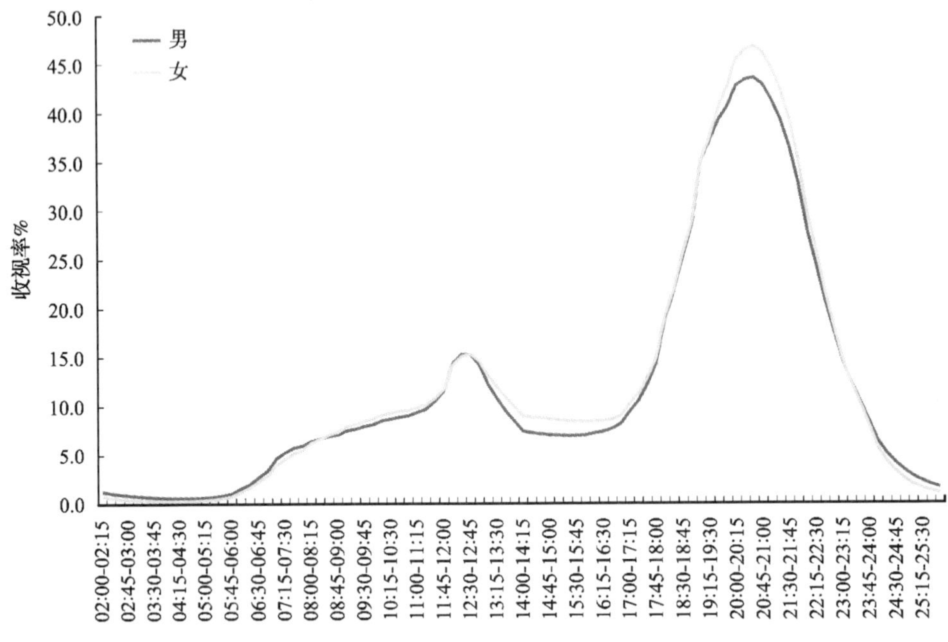

图 3.2.6　2008 年全国样本市（县）不同性别电视观众全天收视率走势

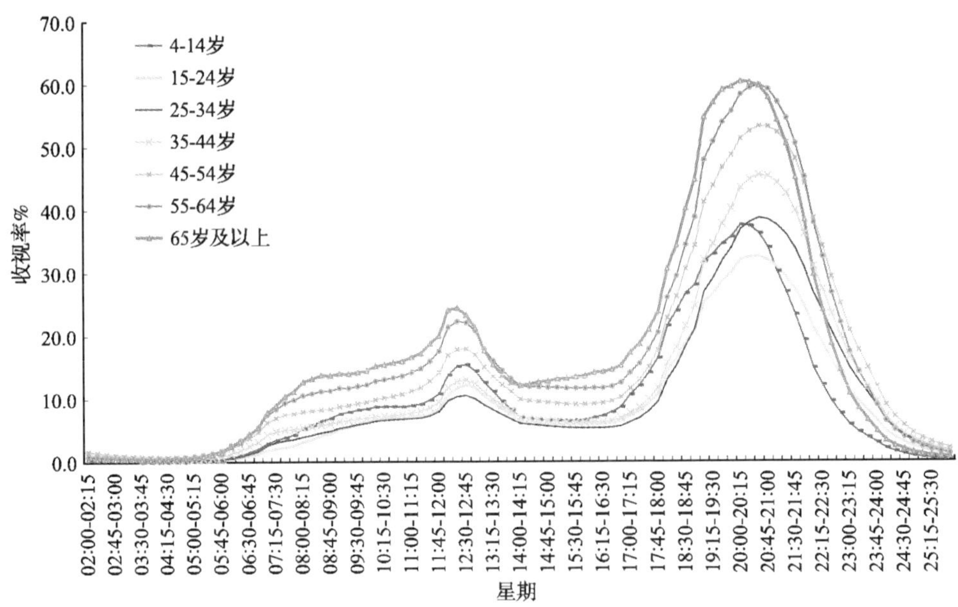

图 3.2.7　2008 年全国样本市（县）不同年龄电视观众全天收视率走势

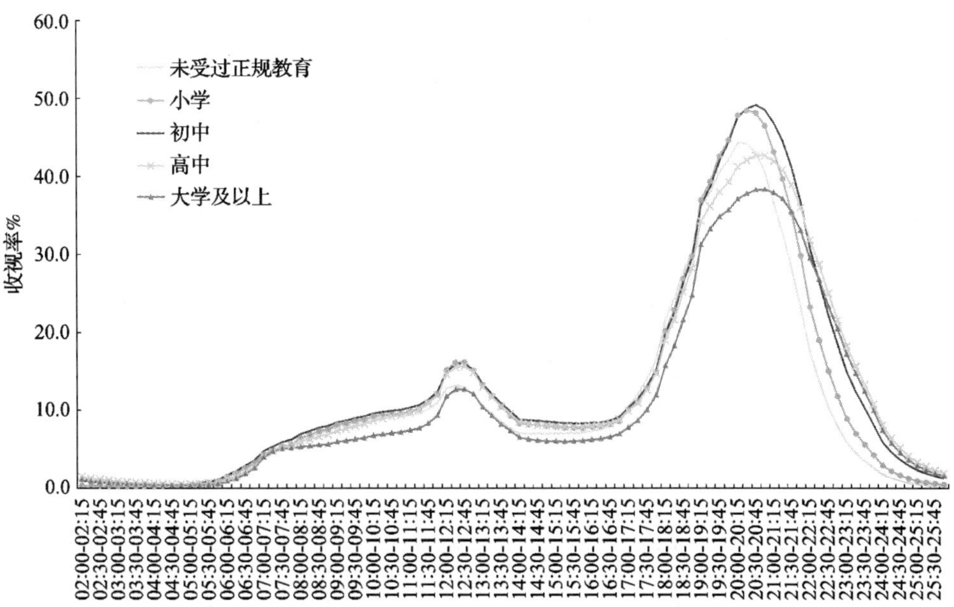

图 3.2.8　2008 年全国样本市（县）不同文化程度电视观众全天收视率走势

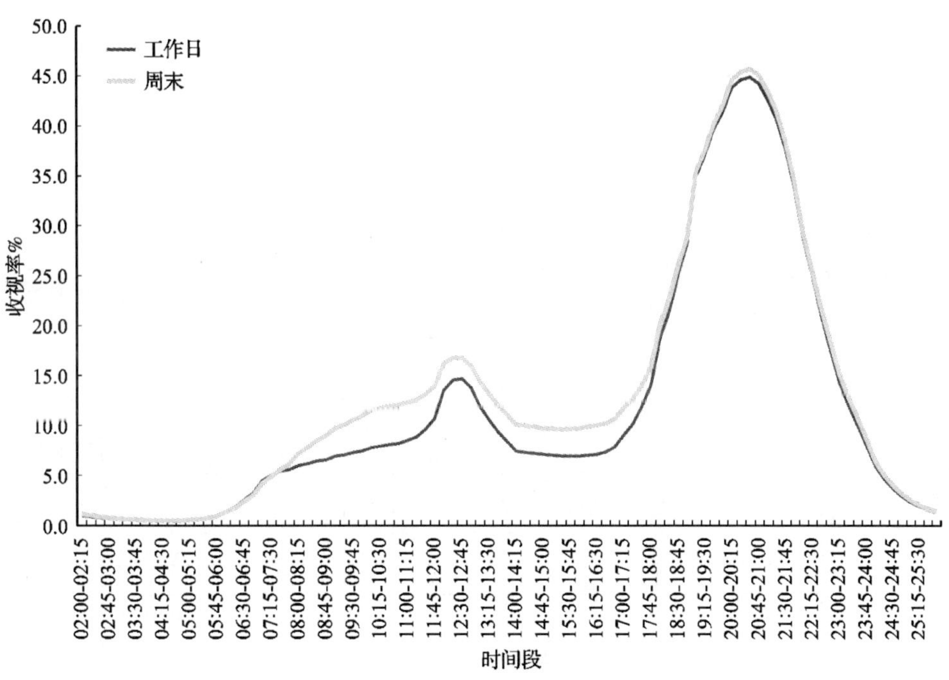

图 3.2.9　2008 年全国样本市（县）电视观众工作日与周末全天收视走势

表 3.2.4 2008 年全国样本市（县）电视观众周一至周日各时段收视率（%）

时间段	周一	周二	周三	周四	周五	周六	周日
02:00 - 02:15	1.0	1.0	0.9	1.0	1.0	1.1	1.2
02:15 - 02:30	0.9	0.8	0.8	0.9	0.9	1.0	1.0
02:30 - 02:45	0.8	0.7	0.7	0.8	0.7	0.8	0.9
02:45 - 03:00	0.7	0.6	0.6	0.7	0.7	0.7	0.8
03:00 - 03:15	0.6	0.6	0.6	0.6	0.6	0.7	0.7
03:15 - 03:30	0.6	0.5	0.5	0.6	0.6	0.6	0.6
03:30 - 03:45	0.5	0.5	0.5	0.5	0.5	0.5	0.6
03:45 - 04:00	0.5	0.4	0.4	0.5	0.5	0.5	0.5
04:00 - 04:15	0.5	0.4	0.4	0.5	0.5	0.5	0.5
04:15 - 04:30	0.5	0.4	0.4	0.5	0.4	0.5	0.5
04:30 - 04:45	0.5	0.4	0.4	0.5	0.4	0.5	0.5
04:45 - 05:00	0.5	0.4	0.4	0.5	0.5	0.5	0.5
05:00 - 05:15	0.5	0.5	0.5	0.5	0.5	0.5	0.6
05:15 - 05:30	0.6	0.6	0.6	0.6	0.6	0.6	0.6
05:30 - 05:45	0.7	0.7	0.7	0.7	0.7	0.7	0.7
05:45 - 06:00	0.9	0.9	0.9	0.9	0.9	0.9	0.9
06:00 - 06:15	1.4	1.4	1.4	1.4	1.4	1.3	1.4
06:15 - 06:30	1.8	1.8	1.9	1.9	1.8	1.7	1.8
06:30 - 06:45	2.5	2.5	2.6	2.6	2.5	2.3	2.4
06:45 - 07:00	3.2	3.2	3.3	3.2	3.2	3.0	3.0
07:00 - 07:15	4.5	4.4	4.5	4.4	4.4	4.1	4.3
07:15 - 07:30	5.0	5.0	5.0	5.0	5.0	4.7	4.9
07:30 - 07:45	5.5	5.4	5.4	5.4	5.4	5.4	5.8
07:45 - 08:00	5.6	5.5	5.5	5.6	5.6	5.9	6.4
08:00 - 08:15	6.1	5.9	5.9	5.9	6.0	6.9	7.6
08:15 - 08:30	6.3	6.1	6.1	6.1	6.2	7.4	8.3
08:30 - 08:45	6.5	6.3	6.4	6.4	6.5	8.0	9.0
08:45 - 09:00	6.6	6.5	6.5	6.5	6.6	8.3	9.6
09:00 - 09:15	7.0	6.8	6.9	6.8	6.9	8.9	10.5
09:15 - 09:30	7.2	7.0	7.0	7.0	7.1	9.2	10.9
09:30 - 09:45	7.4	7.2	7.3	7.2	7.3	9.6	11.5
09:45 - 10:00	7.6	7.3	7.5	7.4	7.4	9.9	11.9
10:00 - 10:15	7.9	7.7	7.8	7.7	7.7	10.4	12.6
10:15 - 10:30	8.0	7.8	8.0	7.8	7.9	10.7	12.8
10:30 - 10:45	8.2	8.0	8.2	8.0	8.0	10.9	13.0
10:45 - 11:00	8.3	8.1	8.3	8.1	8.2	11.0	13.1
11:00 - 11:15	8.6	8.4	8.6	8.5	8.5	11.4	13.3
11:15 - 11:30	9.0	8.8	8.9	8.8	8.8	11.6	13.5
11:30 - 11:45	9.8	9.5	9.7	9.6	9.6	12.2	14.1
11:45 - 12:00	10.9	10.6	10.8	10.7	10.6	13.0	14.9
12:00 - 12:15	13.8	13.5	13.6	13.4	13.3	15.2	17.1
12:15 - 12:30	14.8	14.5	14.7	14.4	14.3	15.9	17.7
12:30 - 12:45	14.9	14.6	14.8	14.6	14.5	15.9	17.6
12:45 - 13:00	14.1	13.7	13.9	13.7	13.6	15.2	16.8
13:00 - 13:15	12.1	11.9	11.9	11.8	11.9	13.7	15.1
13:15 - 13:30	10.8	10.5	10.6	10.5	10.6	12.5	13.9
13:30 - 13:45	9.5	9.3	9.4	9.4	9.4	11.4	12.7
13:45 - 14:00	8.5	8.3	8.4	8.4	8.5	10.5	11.7
14:00 - 14:15	7.5	7.2	7.4	7.4	7.5	9.5	10.7
14:15 - 14:30	7.4	7.1	7.3	7.2	7.3	9.4	10.6

续表

时间段	周一	周二	周三	周四	周五	周六	周日
14:30 - 14:45	7.3	6.9	7.2	7.2	7.3	9.3	10.5
14:45 - 15:00	7.2	6.8	7.2	7.1	7.2	9.1	10.3
15:00 - 15:15	7.1	6.7	7.1	7.0	7.1	9.1	10.3
15:15 - 15:30	7.0	6.6	7.0	6.9	7.0	9.1	10.1
15:30 - 15:45	7.0	6.6	6.9	7.0	7.1	9.1	10.2
15:45 - 16:00	7.0	6.6	6.9	6.9	7.1	9.2	10.2
16:00 - 16:15	7.0	6.7	7.0	7.0	7.2	9.4	10.4
16:15 - 16:30	7.1	6.8	7.1	7.0	7.3	9.5	10.5
16:30 - 16:45	7.3	7.1	7.3	7.3	7.6	9.8	10.7
16:45 - 17:00	7.8	7.6	7.8	7.7	8.1	10.2	11.1
17:00 - 17:15	9.0	8.8	9.1	8.9	9.3	11.3	12.2
17:15 - 17:30	10.1	9.9	10.2	10.0	10.4	12.2	13.1
17:30 - 17:45	11.9	11.7	11.9	11.7	12.1	13.5	14.5
17:45 - 18:00	14.1	14.0	14.1	13.9	14.2	15.4	16.3
18:00 - 18:15	18.8	18.7	18.7	18.5	18.7	19.6	20.7
18:15 - 18:30	21.6	21.5	21.5	21.3	21.4	22.1	23.2
18:30 - 18:45	25.4	25.3	25.3	25.0	25.0	25.5	26.7
18:45 - 19:00	28.6	28.4	28.4	28.1	28.1	28.3	29.6
19:00 - 19:15	35.2	35.0	35.0	34.5	34.5	34.7	36.2
19:15 - 19:30	37.4	37.2	37.2	36.7	36.7	36.8	38.3
19:30 - 19:45	40.0	39.7	39.7	39.3	39.5	39.4	40.9
19:45 - 20:00	41.6	41.3	41.4	40.9	41.4	41.3	42.7
20:00 - 20:15	44.0	43.7	43.8	43.3	44.1	43.9	45.3
20:15 - 20:30	44.8	44.5	44.6	44.1	45.0	44.7	46.1
20:30 - 20:45	45.0	44.8	44.8	44.4	45.4	45.1	46.3
20:45 - 21:00	44.3	44.1	44.1	43.8	44.9	44.6	45.5
21:00 - 21:15	42.5	42.4	42.4	42.2	43.3	43.2	43.8
21:15 - 21:30	40.5	40.3	40.4	40.2	41.4	41.3	41.5
21:30 - 21:45	37.5	37.3	37.5	37.2	38.6	38.4	38.3
21:45 - 22:00	33.4	33.4	33.6	33.4	34.9	34.6	34.2
22:00 - 22:15	28.2	28.2	28.6	28.2	29.9	29.7	28.7
22:15 - 22:30	24.4	24.5	25.0	24.6	26.3	26.0	24.8
22:30 - 22:45	20.4	20.5	21.0	20.6	22.4	22.4	21.0
22:45 - 23:00	17.0	17.1	17.6	17.2	19.0	19.2	17.7
23:00 - 23:15	13.7	13.9	14.3	13.9	15.7	15.9	14.5
23:15 - 23:30	11.4	11.6	12.1	11.6	13.3	13.5	12.2
23:30 - 23:45	9.5	9.6	10.1	9.6	11.3	11.4	10.2
23:45 - 24:00	7.4	7.6	8.1	7.5	9.1	9.1	8.1
24:00 - 24:15	5.4	5.5	6.1	5.5	6.8	6.8	5.9
24:15 - 24:30	4.3	4.3	4.8	4.3	5.2	5.4	4.6
24:30 - 24:45	3.4	3.4	3.8	3.5	4.1	4.3	3.6
24:45 - 25:00	2.7	2.7	3.0	2.8	3.3	3.4	2.8
25:00 - 25:15	2.2	2.2	2.4	2.2	2.6	2.7	2.2
25:15 - 25:30	1.8	1.8	1.9	1.8	2.1	2.3	1.8
25:30 - 25:45	1.5	1.4	1.6	1.5	1.7	1.8	1.5
25:45 - 26:00	1.2	1.2	1.3	1.2	1.4	1.5	1.3

表 3.2.5 2008 年全国样本市(县)各类频道观众构成(%)

目标观众		所有频道	中央台频道	中国教育台频道	省级卫视频道
4 岁及以上所有人		100.0	100.0	100.0	100.0
性别	男	50.1	53.5	49.6	46.3
	女	49.9	46.6	50.4	53.7
年龄	4-14 岁	8.7	7.5	6.0	10.1
	15-24 岁	11.0	8.7	11.3	13.8
	25-34 岁	15.3	14.8	16.8	15.4
	35-44 岁	18.8	18.2	19.0	19.4
	45-54 岁	20.8	20.9	21.9	19.4
	55-64 岁	13.4	15.2	13.9	11.6
	65 岁及以上	11.9	14.6	11.1	10.2
教育程度	未受过正规教育	5.1	4.8	3.3	5.1
	小学	17.5	15.7	15.4	18.8
	初中	35.3	33.9	33.8	36.7
	高中	28.5	29.4	30.4	27.3
	大学及以上	13.7	16.1	17.1	12.1
职业类别	干部/管理人员	3.9	4.4	4.0	3.2
	个体/私营企业人员	10.9	10.6	10.2	10.8
	初级公务员/雇员	13.5	14.0	17.1	12.4
	工人	15.2	14.5	15.6	15.1
	学生	11.6	9.4	9.2	14.3
	无业	35.9	39.7	37.1	32.9
	其他	9.0	7.4	6.9	11.2
个人月收入	0-600 元	42.1	38.7	37.7	47.7
	601-1200 元	30.4	32.4	28.4	29.1
	1201-1700 元	12.4	13.2	15.4	10.9
	1701-2600 元	9.3	10.0	11.2	7.9
	2601 元及以上	5.7	5.7	7.4	4.4

表 3.2.6 2004-2008 年全国样本市(县)电视收视市场各类频道的市场占有率(%)

频道类别	年份				
	2004 年	2005 年	2006 年	2007 年	2008 年
中央台频道	33.4	35.1	34.9	34.1	35.4
中国教育台频道	0.3	0.4	0.3	0.4	0.3
省级卫视频道	16.7	16.9	19.1	21.2	22.7
其他频道	49.6	47.6	45.7	44.3	41.6

表 3.2.7 2006－2008 年各类频道在全国样本市（县）各目标观众的市场占有率（%）

频道类别		中央台频道			省级卫视频道			中国教育台频道		
年 份		2006 年	2007 年	2008 年	2006 年	2007 年	2008 年	2006 年	2007 年	2008 年
4 岁及以上所有人		34.9	34.1	35.4	19.1	21.2	22.7	0.3	0.4	0.3
性别	男	37.0	36.2	37.8	17.9	19.8	21.0	0.3	0.4	0.3
	女	32.8	32.0	33.0	20.4	22.6	24.4	0.3	0.3	0.3
年龄	4－14 岁	28.6	28.8	30.5	20.9	24.5	26.3	0.2	0.3	0.2
	15－24 岁	26.9	26.1	27.9	23.7	26.0	28.4	0.3	0.4	0.3
	25－34 岁	33.5	32.5	34.3	19.2	21.5	22.8	0.3	0.4	0.3
	35－44 岁	33.9	32.5	34.3	19.3	21.9	23.4	0.3	0.4	0.3
	45－54 岁	36.4	35.3	35.7	18.1	19.7	21.1	0.3	0.4	0.3
	55－64 岁	42.1	40.0	40.1	16.5	18.3	19.6	0.3	0.3	0.3
	65 岁及以上	42.8	42.7	43.3	16.7	18.0	19.3	0.3	0.3	0.3
教育程度	未受过正规教育	31.7	32.0	33.7	19.3	22.0	23.0	0.2	0.3	0.2
	小学	29.7	30.1	31.9	20.5	22.7	24.4	0.2	0.3	0.3
	初中	33.2	32.8	34.0	19.6	21.7	23.6	0.3	0.3	0.3
	高中	36.7	35.4	36.5	18.6	20.5	21.7	0.3	0.4	0.3
	大学及以上	43.9	41.1	41.7	17.2	19.1	20.1	0.3	0.5	0.4
职业类别	干部/管理人员	41.5	39.8	40.4	16.2	18.2	18.9	0.3	0.4	0.3
	个体/私营企业人员	32.2	32.1	34.6	19.1	21.1	22.5	0.2	0.3	0.3
	初级公务员/雇员	38.1	35.7	36.7	18.0	20.0	20.8	0.3	0.4	0.4
	工人	33.4	32.9	33.7	18.8	20.9	22.4	0.3	0.4	0.3
	学生/无业	36.3	35.7	36.5	19.1	21.2	22.5	0.3	0.4	0.3
	其他	25.3	25.0	29.0	23.2	25.0	28.2	0.1	0.2	0.2
个人月收入	0－600 元	32.0	31.2	32.5	21.1	23.7	25.7	0.2	0.3	0.3
	601－1200 元	37.8	36.6	37.7	17.6	19.8	21.7	0.3	0.4	0.3
	1201－1700 元	40.2	37.6	37.5	16.2	18.3	19.8	0.3	0.4	0.4
	1701－2600 元	38.7	37.9	38.2	16.3	18.1	19.3	0.4	0.5	0.4
	2601 元及以上	34.4	33.4	35.5	16.2	16.8	17.5	0.4	0.5	0.4

表 3.2.8 2006－2008 年全国样本市（县）市场各类频道在各时段的市场占有率（%）

频道	中央台频道			中国教育台频道			省级卫视频道		
年 份	2006 年	2007 年	2008 年	2006 年	2007 年	2008 年	2006 年	2007 年	2008 年
02:00 － 03:00	41.5	36.4	36.8	0.2	0.2	0.2	25.2	27.3	29.0
03:00 － 04:00	48.0	37.7	38.9	0.2	0.2	0.1	24.1	30.8	30.4
04:00 － 05:00	51.3	37.4	38.5	0.1	0.2	0.2	23.7	33.8	33.7
05:00 － 06:00	51.6	46.3	44.3	0.2	0.2	0.1	26.0	31.4	33.3
06:00 － 07:00	48.1	48.5	49.4	0.3	0.2	0.2	18.6	21.7	23.8
07:00 － 08:00	46.9	47.5	50.1	0.1	0.1	0.3	15.5	19.3	18.7
08:00 － 09:00	46.0	43.5	44.2	0.1	0.2	0.2	19.6	23.4	25.6
09:00 － 10:00	41.0	38.1	38.6	0.1	0.2	0.2	23.8	27.0	30.0
10:00 － 11:00	38.7	36.8	38.3	0.2	0.2	0.3	25.6	28.1	29.7
11:00 － 12:00	41.8	39.6	41.0	0.2	0.2	0.4	22.6	25.7	26.3
12:00 － 13:00	44.9	44.2	45.0	0.3	0.4	0.4	16.3	19.5	20.5
13:00 － 14:00	39.4	40.1	38.0	0.8	0.9	0.5	22.9	23.4	27.3
14:00 － 15:00	34.8	34.2	33.7	0.4	0.6	0.3	27.7	28.5	32.6
15:00 － 16:00	37.1	34.3	32.9	0.2	0.3	0.3	27.1	30.8	34.6
16:00 － 17:00	36.3	35.6	33.7	0.2	0.2	0.5	27.7	30.6	34.0
17:00 － 18:00	37.2	37.4	36.3	0.7	1.0	0.5	20.4	24.1	25.6
18:00 － 19:00	23.0	25.4	28.2	0.4	0.7	0.2	12.5	13.7	14.6

续表

频道	中央台频道			中国教育台频道			省级卫视频道		
年　份	2006年	2007年	2008年	2006年	2007年	2008年	2006年	2007年	2008年
19:00 - 20:00	38.9	38.3	39.4	0.1	0.1	0.2	9.2	10.3	11.7
20:00 - 21:00	33.6	32.2	34.2	0.1	0.1	0.3	18.4	20.1	21.2
21:00 - 22:00	30.5	28.9	31.4	0.1	0.2	0.4	20.9	23.5	24.3
22:00 - 23:00	28.0	26.2	28.8	0.4	0.6	0.3	23.1	25.4	25.2
23:00 - 24:00	30.1	31.0	32.6	0.6	1.0	0.4	24.6	24.5	25.2
24:00 - 25:00	36.0	36.3	33.5	0.3	0.7	0.2	24.0	23.7	26.5
25:00 - 26:00	38.7	32.9	33.7	0.2	0.3	0.2	22.3	25.7	27.2

表3.2.9　2008年各月全国样本市(县)市场各类频道的市场占有率(%)

月　份	中央台频道	中国教育台频道	省级卫视频道	其他频道
1月	35.3	0.3	21.8	42.6
2月	36.7	0.3	23.3	39.8
3月	33.6	0.3	22.0	44.0
4月	32.4	0.4	22.6	44.6
5月	38.4	0.3	22.3	39.0
6月	31.9	0.3	25.0	42.8
7月	30.2	0.4	26.6	42.9
8月	48.8	0.2	19.4	31.6
9月	36.6	0.3	21.7	41.4
10月	34.0	0.4	22.1	43.5
11月	32.2	0.3	22.6	44.8
12月	31.6	0.3	23.2	44.9

表3.2.10　2008年全国样本市(县)市场占有率排名前二十位频道

名　次	频道名称	市场份额(%)
1	中央电视台综合频道	9.8
2	中央台八套	3.7
3	中央台三套	3.4
3	中央台五套	3.4
5	中央台六套	3.3
6	湖南电视台卫星频道	3.2
7	中央台四套	2.2
8	中央台二套	2.1
9	中央电视台少儿频道	1.8
9	中央电视台新闻频道	1.8
11	安徽一套	1.7
12	江苏卫视	1.4
13	山东卫视	1.3
13	四川卫视	1.3
15	中央台十套	1.2
16	中央台十二套	1.1
16	重庆卫视	1.1
16	广东电视台珠江频道	1.1
16	江西电视台卫星频道(一套)	1.1
16	浙江卫视	1.1

表 3.2.11　2006－2008 年全国样本市（县）各类节目的播出份额和收视份额（%）

节目类别	2006 年		2007 年		2008 年	
	播出份额	收视份额	播出份额	收视份额	播出份额	收视份额
	%	%	%	%	%	%
青少	3.4	3.2	3.1	3.3	3.1	3.3
戏剧	0.5	0.8	0.5	0.8	0.5	0.6
教学	0.4	0.2	0.4	0.3	0.4	0.3
综艺	6.0	8.5	5.7	8.2	3.9	7.3
外语	0.2	0.1	0.2	0.1	0.1	0.1
电影	6.5	5.6	6.5	5.8	5.6	5.2
音乐	1.4	1.5	1.5	1.3	1.2	0.8
新闻/时事	7.8	12.7	7.9	11.9	8.7	13.7
电视剧	25.4	34.6	25.0	34.1	24.7	32.5
专题	7.6	6.5	7.6	6.9	7.5	6.8
体育	2.6	4.7	2.5	3.9	3.1	6.5
财经	1.2	0.7	1.1	1.2	1.4	1.1
生活服务	9.6	3.2	11.7	5.7	13.1	6.2
法制	1.2	1.8	1.3	1.9	1.3	1.7
其他	26.2	15.9	24.9	14.8	25.3	13.9

表 3.2.12　2006－2008 年中央电视台各类节目的播出份额和收视份额（%）

节目类别	2006 年		2007 年		2008 年	
	播出份额	收视份额	播出份额	收视份额	播出份额	收视份额
	%	%	%	%	%	%
青少	4.6	4.2	4.2	4.6	4.3	4.6
戏剧	3.1	1.0	2.9	1.1	2.8	0.8
教学	1.0	0.5	1.5	0.6	1.5	0.5
综艺	7.4	10.6	6.9	10.7	6.5	9.3
外语	0.6	0.1	0.6	0.2	0.3	0.1
电影	5.5	7.6	5.1	7.7	4.8	6.9
音乐	1.8	2.6	4.9	2.2	4.4	1.5
新闻/时事	9.6	13.1	9.4	12.8	10.8	15.9
电视剧	12.9	22.1	12.8	21.2	13.3	19.1
专题	18.6	9.7	16.7	9.9	16.1	8.9
体育	7.2	9.7	6.6	7.9	7.9	13.3
财经	2.0	0.9	2.0	1.0	1.8	0.9
生活服务	3.0	2.8	4.3	5.0	5.0	5.1
法制	3.4	2.8	3.2	2.9	2.9	2.5
其他	19.5	12.5	19.1	12.1	17.6	10.6

表 3.2.13　2006－2008 年省级卫视各类节目的播出份额和收视份额（%）

节目类别	2006 年		2007 年		2008 年	
	播出份额	收视份额	播出份额	收视份额	播出份额	收视份额
	%	%	%	%	%	%
青少	3.8	2.7	5.0	2.8	5.0	2.5
戏剧	0.8	0.5	0.6	0.6	0.6	0.5
教学	0.2	0.0	0.3	0.1	0.4	0.1
综艺	6.4	10.3	6.2	8.9	4.2	8.1
外语	0.5	0.1	0.3	0.0	0.2	0.0
电影	1.0	0.3	1.0	0.2	0.7	0.2
音乐	0.9	1.4	1.1	0.9	0.8	0.4
新闻/时事	8.5	8.2	8.1	7.5	9.3	9.1
电视剧	34.3	49.2	36.3	48.9	37.8	48.8
专题	6.6	3.9	6.5	5.0	6.6	5.3
体育	0.9	0.6	0.8	0.5	1.4	1.0
财经	1.2	0.4	1.3	1.3	1.7	1.4
生活服务	10.1	2.8	11.8	6.5	10.9	6.7
法制	0.5	0.6	0.4	0.5	0.2	0.2
其他	24.4	19.0	20.4	16.4	20.3	15.6

表 3.2.14　2008 年全国样本市（县）各类节目在各目标观众中的收视份额（%）

节目类别		综艺	新闻/时事	电视剧	体育	专题	音乐	青少	教学	外语	生活服务	戏剧	电影	法制	财经	其他
4 岁及以上所有人		7.3	13.8	32.3	6.5	6.8	0.8	3.4	0.3	0.1	6.2	0.6	5.2	1.7	1.1	14.0
性别	男	7.0	14.6	29.7	7.9	7.1	0.8	3.5	0.3	0.1	5.9	0.6	6.1	1.7	1.2	13.6
	女	7.5	13.0	35.0	5.1	6.5	0.9	3.2	0.2	0.1	6.5	0.6	4.4	1.7	1.0	14.3
年龄	4－14 岁	7.1	8.2	31.9	4.1	4.3	0.7	17.1	0.1	0.1	6.0	0.3	4.4	0.9	0.4	14.5
	15－24 岁	8.7	10.6	35.2	7.3	5.8	1.0	2.3	0.2	0.1	6.3	0.3	5.9	1.3	0.6	14.6
	25－34 岁	7.6	12.3	31.8	6.8	6.5	0.9	3.6	0.2	0.1	6.1	0.3	7.0	1.5	0.9	14.4
	35－44 岁	7.4	13.4	33.2	6.4	6.8	0.8	2.2	0.3	0.1	6.0	0.3	6.2	1.6	1.2	14.1
	45－54 岁	7.2	14.9	32.2	6.7	7.7	0.9	1.1	0.3	0.1	6.3	0.4	5.2	2.1	1.6	13.5
	55－64 岁	6.8	16.2	31.3	6.3	7.8	0.8	1.9	0.3	0.1	6.3	0.9	4.2	2.1	1.4	13.5
	65 岁及以上	6.2	18.3	30.8	7.1	7.1	0.7	1.6	0.3	0.1	6.4	2.0	2.9	1.8	1.0	13.7
教育程度	未受过正规教育	6.0	11.7	32.8	3.8	4.7	0.7	12.0	0.1	0.1	6.3	1.1	3.6	1.1	0.5	15.5
	小学	6.5	12.5	35.1	4.6	5.6	0.7	6.4	0.2	0.1	6.2	1.0	4.4	1.4	0.5	15.0
	初中	7.3	13.5	33.9	5.9	6.8	0.8	2.2	0.2	0.1	6.3	0.6	5.5	1.8	0.9	14.2
	高中	7.7	14.3	30.8	7.5	7.4	0.9	2.0	0.3	0.1	6.2	0.4	5.7	1.8	1.4	13.4
	大学及以上	7.8	15.8	28.0	9.1	7.9	0.9	2.0	0.4	0.1	6.1	0.4	5.2	1.7	1.9	12.8
职业类别	干部/管理人员	7.8	15.8	27.8	9.0	7.8	0.9	1.9	0.4	0.1	5.9	0.3	5.7	1.8	1.9	12.9
	个体/私营企业人员	7.2	14.2	31.9	6.6	6.9	0.8	2.1	0.2	0.1	6.1	0.4	6.2	1.7	1.1	14.5
	初级公务员/雇员	7.9	14.2	30.2	8.0	7.4	1.0	2.1	0.3	0.1	6.1	0.3	6.1	1.7	1.5	13.2
	工人	7.6	13.3	32.7	6.7	6.8	0.8	2.1	0.2	0.1	6.0	0.4	6.6	1.7	1.0	13.9
	学生	8.3	9.1	33.6	6.2	5.0	0.9	9.4	0.2	0.1	6.0	0.3	5.2	1.0	0.5	14.1
	无业	6.8	15.3	31.4	6.3	7.2	0.8	3.3	0.3	0.1	6.4	1.0	4.2	2.0	1.3	13.7
	其他	6.2	12.3	39.9	4.0	5.7	0.6	2.0	0.1	0.1	6.3	0.7	4.2	1.4	0.4	16.2
个人月收入	0－600 元	7.2	12.0	34.5	5.4	5.9	0.8	5.4	0.2	0.1	6.2	0.6	4.9	1.5	0.7	14.6
	601－1200 元	7.3	14.8	32.3	6.5	7.0	0.8	1.8	0.3	0.1	6.2	0.7	5.3	1.9	1.1	13.9
	1201－1700 元	7.3	15.1	30.5	7.4	7.5	0.8	1.9	0.3	0.1	6.3	0.7	5.3	1.8	1.5	13.4
	1701－2600 元	7.5	15.4	28.9	8.2	7.9	0.9	1.9	0.3	0.1	6.2	0.5	5.8	1.8	1.6	12.9
	2601 元及以上	7.0	15.6	27.2	9.3	8.7	1.0	1.9	0.5	0.1	6.0	0.4	6.0	1.6	2.4	12.3

表 3.2.15　2008 年全国样本市（县）所有节目收视率排名前三十位

名次	节目名称	节目类别	播出频道	平均收视率（%）	平均占有率（%）
1	中国中央电视台 2008 春节联欢晚会	综艺	中央电视台综合频道	29.3	61.4
2	第 29 届奥林匹克运动会开幕式	体育	中央电视台综合频道	26.7	44.6
3	第 29 届奥林匹克运动会闭幕式	体育	中央电视台综合频道	23.2	39.6
4	北京 2008 年残奥会开幕式	体育	中央电视台综合频道	14.2	33.9
5	爱的奉献 2008 宣传文化系统抗震救灾大型募捐活动	综艺	中央电视台综合频道	13.8	37.3
6	2008 年第 29 届奥运会男子举重 56 公斤级决赛	体育	中央电视台综合频道	13.5	27.2
7	2008 年第 29 届奥运会女排小组赛（中国 VS 古巴）	体育	中央电视台综合频道	13.2	27.6
8	2008 年第 29 届奥运会女排小组赛（中国 VS 波兰）	体育	中央电视台综合频道	12.9	26.1
9	第 29 届奥林匹克运动会开幕式	体育	中央台五套	12.4	20.7
10	2008 年第 29 届奥运会乒乓球男子团体决赛	体育	中央台五套	12.3	26.1
11	2008 年第 29 届奥运会乒乓球女团决赛	体育	中央电视台综合频道	12.1	24.4
12	2008 年第 29 届奥运会乒乓球女子单打决赛	体育	中央台五套	11.9	24.6
13	北京 2008 年残奥会闭幕式	体育	中央电视台综合频道	11.7	26.4
14	2008 年第 29 届奥运会女子排球小组赛 A 组（中国 VS 委内瑞拉）	体育	中央电视台综合频道	11.6	24.0
15	2008 年第 29 届奥运会女子排球预赛（中国 VS 美国）	体育	中央台五套	11.3	24.4
16	中央电视台 2008 年元宵晚会	综艺	中央电视台综合频道	11.0	23.9
17	2008 年第 29 届奥运会女子排球 1/4 决赛（中国 VS 俄罗斯）	体育	中央台五套	11.0	22.5
18	第 29 届奥林匹克运动会闭幕式	体育	中央台五套	11.0	18.9
19	2008 年第 29 届奥运会跳水男子单人 10 米跳台决赛	体育	中央电视台综合频道	10.9	23.1
20	2008 年第 29 届奥运会女足小组赛（中国队 VS 阿根廷队）	体育	中央电视台综合频道	10.9	23.0
21	2008 年第 29 届奥运会乒乓球男子团体半决赛	体育	中央电视台综合频道	10.7	22.8
22	2008 年第 29 届奥运会男子篮球小组赛（中国 VS 德国）	体育	中央台五套	10.6	22.6
23	2008 年第 29 届奥运会女子链球决赛	体育	中央电视台综合频道	10.6	21.9
24	2008 年第 29 届奥运会乒乓球男团小组赛	体育	中央电视台综合频道	10.3	21.5
25	2008 年第 29 届奥运会跆拳道比赛女子 49 公斤级决赛	体育	中央电视台综合频道	10.2	22.3
26	2008 年第 29 届奥运会女子排球半决赛（中国 VS 巴西）	体育	中央台五套	10.2	20.7
27	2008 年第 29 届奥运会体操男子单杠决赛	体育	中央台五套	10.0	23.3
28	2008 年第 29 届奥运会男子举重 69 公斤级决赛	体育	中央台五套	10.0	23.2
29	2008 年第 29 届奥运会体操女子自由操决赛	体育	中央台五套	9.9	19.1
30	2008 年第 29 届奥运会男子篮球 B 组比赛（中国 VS 美国）	体育	中央台二套	9.8	35.1

表 3.2.16　2008 年全国样本市（县）电视剧收视率排名前二十位

名次	节目名称	播出频道	平均收视率（%）	平均占有率（%）
1	李小龙传奇	中央电视台综合频道	7.9	18.2
2	闯关东	中央电视台综合频道	7.7	17.4
3	乡村爱情第二部	中央电视台综合频道	7.6	16.8
4	绝密押运	中央电视台综合频道	4.8	12.5
5	夜幕下的哈尔滨	中央电视台综合频道	4.7	11.0
6	清凌凌的水蓝莹莹的天	中央电视台综合频道	4.3	9.6
7	可爱的你第四部	中央台八套	3.5	16.3
8	神探狄仁杰第三部	中央台八套	3.5	8.2
9	浴血坚持	中央电视台综合频道	3.4	8.0
10	周恩来在重庆	中央电视台综合频道	3.3	7.5
11	英雄无名	中央电视台综合频道	3.0	7.1
12	兵心依旧	中央电视台综合频道	2.9	8.1
13	黑金地的女人	中央电视台综合频道	2.7	8.0
14	台湾一八九五	中央电视台综合频道	2.7	6.3
15	敌营十八年第一部	中央台八套	2.6	6.2
16	都市情感系列之三爱情篇相思树	中央电视台综合频道	2.6	6.1
17	任弼时	中央电视台综合频道	2.6	6.0
18	女人花	中央台八套	2.6	5.9
19	魔幻手机	中央台八套	2.5	6.0
20	可爱的你第三部	中央台八套	2.4	9.3

表 3.2.17　2008 年全国样本市（县）新闻节目收视率排名前二十位

名次	节目名称	播出频道	平均收视率（%）	平均占有率（%）
1	新闻联播	中央电视台综合频道	8.7	24.1
2	温家宝在汶川映秀镇会见中外记者	中央电视台综合频道	8.0	22.1
3	新闻联播（5 月 13－17 日、5 月 19－21 日，21∶00）	中央电视台综合频道	7.6	19.2
4	焦点访谈	中央电视台综合频道	5.3	13.1
5	真挚的关怀深入的指导	中央电视台综合频道	5.0	11.5
6	国家主席胡锦涛和夫人刘永清为出席第 29 届奥运会贵宾举行欢迎宴会	中央电视台综合频道	3.3	20.3
7	抗震救灾众志成城	中央电视台综合频道	2.6	14.7
8	一起看奥运	中央电视台综合频道	2.6	6.1
9	神七问天直播特别节目	中央电视台综合频道	2.4	13.4
10	新闻 30 分	中央电视台综合频道	2.3	15.7
11	第十一届全国人民代表大会第一次会议特别报道	中央电视台综合频道	2.2	7.5
12	新闻 1＋1	中央电视台综合频道	2.2	6.8
13	神七轨迹	中央电视台综合频道	2.1	15.2
14	今日关注	中央电视台综合频道	1.8	11.6
15	关注四川汶川地震	中央电视台综合频道	1.6	21.4
16	第十一届全国人民代表大会第一次会议闭幕会	中央电视台综合频道	1.4	16.4
17	晚间新闻	中央电视台综合频道	1.3	4.8
18	第十一届全国人民代表大会第一次会议开幕式	中央电视台综合频道	1.1	15.4
19	真情人生抗震救灾特别报道	四川卫视	1.1	9.4
20	国家主席胡锦涛和夫人刘永清为出席第 29 届奥运会贵宾举行欢迎宴会	中央电视台新闻频道	1.1	7.1

表 3.2.18　2008 年全国样本市（县）专题节目收视率排名前二十位

名次	节目名称	播出频道	平均收视率（%）	平均占有率（%）
1	拉萨 3.14 打砸抢烧暴力事件纪实	中央电视台综合频道	6.7	15.6
2	CCTV2007 感动中国颁奖盛典	中央电视台综合频道	5.1	12.0
3	艺术人生	中央电视台综合频道	4.8	10.8
4	董倩面对面	中央电视台综合频道	3.8	13.2
5	奔腾的宁夏	中央电视台综合频道	3.0	7.6
6	抗震救灾众志成城特别节目希望	中央电视台综合频道	2.5	6.2
7	全国迎奥运讲文明树新风礼仪知识竞赛	中央电视台综合频道	2.4	5.9
8	奥运名人堂	中央台五套	2.3	11.8
9	纪录中国中国记者在 2008	中央电视台综合频道	2.3	5.5
10	跨越海南经济特区 20 年纪实	中央电视台综合频道	2.1	5.0
11	伟大的历程	中央电视台综合频道	2.1	4.7
12	奥运名人堂	中央电视台综合频道	2.0	12.2
13	我的今日之最我为天狂	中央电视台综合频道	2.0	9.1
14	2008 当代工人 5.1 特别节目沧海跨越	中央电视台综合频道	1.7	4.1
14	变革与辉煌献给中国人民解放军建军 81 周年	中央电视台综合频道	1.7	4.1
16	情归周恩来	中央台六套	1.5	3.5
17	锦绣广西	中央电视台综合频道	1.4	3.7
18	特别关注中国神舟七号	中央台四套	1.4	3.3
19	海峡两岸	中央台四套	1.3	2.9
20	艺术人生温暖 2007	中央台三套	1.2	3.0

表 3.2.19　2008 年全国样本市（县）电影节目收视率排名前二十位

名次	节目名称	播出频道	平均收视率（%）	平均占有率（%）
1	举起手来（2008－12－6）	中央台六套	3.3	7.4
2	功夫（2008－9－7）	中央台六套	3.0	6.8
3	功夫之王（2008－8－15）	中央台六套	2.7	5.7
4	集结号（2008－5－2）	中央台六套	2.5	6.3
5	新警察故事（2008－9－5）	中央台六套	2.5	6.0
6	长江 7 号（2008－9－2）	中央台六套	2.5	5.9
7	远东特遣队第九部（2008－6－7）	中央台六套	2.4	5.9
8	宝贝计划（2008－4－6）	中央台六套	2.4	5.5
9	萧锋血战陈庄（2008－10－18）	中央台六套	2.4	5.4
9	神丐（2008－3－31）	中央台六套	2.4	5.4
11	狩猎者（2008－12－30）	中央台六套	2.3	5.5
12	神秘谷（2008－4－4）	中央台六套	2.3	5.4
12	围剿（2008－4－26）	中央台六套	2.3	5.4
14	远东特遣队第十部（2008－6－8）	中央台六套	2.2	5.6
15	远东特遣队第八部（2008－6－6）	中央台六套	2.2	5.4
15	远东特遣队第六部（2008－6－4）	中央台六套	2.2	5.4
17	赛虎（2008－4－28）	中央台六套	2.2	5.3
17	血战台儿庄（2008－4－7）	中央台六套	2.2	5.3
19	精武英雄（2008－11－21）	中央台六套	2.2	5.0
20	心急吃不了热豆腐（2008－8－26）	中央台六套	2.1	4.9

注：多次播出电影取收视率最高值参与排名，括号中为播出日期。

表 3.2.20　2008 年全国样本市（县）综艺节目收视率排名前二十位

名次	节目名称	播出频道	平均收视率（%）	平均占有率（%）
1	中央电视台 2008 春节联欢晚会	中央电视台综合频道	29.3	61.4
2	爱的奉献 2008 宣传文化系统抗震救灾大型募捐活动（5 月 18 日）	中央电视台综合频道	13.8	37.3
3	中央电视台 2008 年元宵晚会	中央电视台综合频道	11.0	23.9
4	荣成月中华情 2008 中央电视台中秋晚会	中央电视台综合频道	7.7	17.7
5	曲苑杂坛春节特别节目 2008 年正月正晚会	中央电视台综合频道	4.5	10.3
6	万家灯火平安夜公安部 2008 年春节晚会	中央电视台综合频道	4.2	10.8
7	百年圆梦迎 2008 北京奥运会文艺晚会	中央电视台综合频道	4.1	9.6
8	旗帜高扬春光好 2008 年军民迎新春文艺晚会	中央电视台综合频道	3.9	9.9
9	向祖国报告 2008 年迎七一暨抗震救灾文艺晚会	中央电视台综合频道	3.8	9.9
10	2008 文化部春节电视晚会	中央电视台综合频道	3.6	11.1
11	百花迎春中国文学艺术界 2008 年春节大联欢	中央台三套	3.6	8.3
12	综艺盛典 Variety Awards 2008	中央台三套	3.6	8.1
13	中央电视台心连心艺术团慰问演出	中央电视台综合频道	3.5	8.3
14	第三届中国十大杰出母亲评选颁奖晚会	中央电视台综合频道	3.4	7.6
15	青春中国第十三届 CCTV 青年歌手电视大奖赛颁奖晚会	中央台三套	3.2	8.2
16	放歌新时代歌唱改革开放三十周年文艺晚会	中央电视台综合频道	3.2	7.9
17	3.15 推动和谐的力量	中央电视台综合频道	3.1	7.4
18	北京 2008 年奥运会倒计时 100 天庆祝活动	中央台三套	2.9	7.3
19	向祖国报告 2008 庆祝五一国际劳动节文艺晚会	中央电视台综合频道	2.9	7.1
20	为中国喝彩与中国奥运金牌运动员大型联欢晚会	中央台三套	2.7	6.3

注：中央电视台春节联欢晚会收视率按时段数据（20:00－24:32）进行计算。

表 3.2.21 2008 年全国样本市（县）奥运会、残奥会比赛收视率排名前二十位

名次	节目名称	播出频道	播出日期	开始时间	平均收视率（%）	平均占有率（%）
1	2008 年第 29 届奥运会男子举重 56 公斤级决赛	中央电视台综合频道	2008-8-10	19:54:31	13.5	27.2
2	2008 年第 29 届奥运会女排小组赛（中国 VS 古巴）	中央电视台综合频道	2008-8-13	19:58:36	13.2	27.6
3	2008 年第 29 届奥运会女排小组赛（中国 VS 波兰）	中央电视台综合频道	2008-8-11	19:59:05	12.9	26.1
4	2008 年第 29 届奥运会乒乓球男子团体决赛	中央台五套	2008-8-18	19:30:02	12.3	26.1
5	2008 年第 29 届奥运会乒乓球女团决赛	中央电视台综合频道	2008-8-17	19:36:31	12.1	24.4
6	2008 年第 29 届奥运会乒乓球女子单打决赛	中央台五套	2008-8-22	20:31:36	11.9	24.6
7	2008 年第 29 届奥运会女子排球小组赛 A 组（中国 VS 委内瑞拉）	中央电视台综合频道	2008-8-9	20:01:13	11.6	24.0
8	2008 年第 29 届奥运会女子排球预赛（中国 VS 美国）	中央台五套	2008-8-15	19:58:50	11.3	24.4
9	2008 年第 29 届奥运会女子排球 1/4 决赛（中国 VS 俄罗斯）	中央台五套	2008-8-19	20:04:12	11.0	22.5
10	2008 年第 29 届奥运会跳水男子单人 10 米跳台决赛	中央电视台综合频道	2008-8-23	20:00:01	10.9	23.1
11	2008 年第 29 届奥运会女足小组赛（中国队 VS 阿根廷队）	中央电视台综合频道	2008-8-12	19:43:26	10.9	23.0
12	2008 年第 29 届奥运会乒乓球男子团体半决赛	中央电视台综合频道	2008-8-16	19:46:07	10.7	22.8
13	2008 年第 29 届奥运会男子篮球小组赛（中国 VS 德国）	中央台五套	2008-8-16	19:58:00	10.6	22.6
14	2008 年第 29 届奥运会女子链球决赛	中央电视台综合频道	2008-8-20	20:21:21	10.6	21.9
15	2008 年第 29 届奥运会乒乓球男团小组赛	中央电视台综合频道	2008-8-14	19:44:56	10.3	21.5
16	2008 年第 29 届奥运会跆拳道比赛女子 49 公斤级决赛	中央电视台综合频道	2008-8-20	19:58:10	10.2	22.3
17	2008 年第 29 届奥运会女子排球半决赛（中国 VS 巴西）	中央台五套	2008-8-21	19:57:29	10.2	20.7
18	2008 年第 29 届奥运会体操男子单杠决赛	中央台五套	2008-8-19	19:34:20	10.0	23.3
19	2008 年第 29 届奥运会男子举重 69 公斤级决赛	中央台五套	2008-8-12	18:59:24	10.0	23.2
20	2008 年第 29 届奥运会体操女子自由操决赛	中央台五套	2008-8-17	20:24:43	9.9	19.1

表 3.2.22 2008 年全国样本市(县)体育节目收视率排名前二十位(奥运会、残奥会比赛除外)

名次	节目名称	播出频道	平均收视率(%)	平均占有率(%)
1	第 29 届奥林匹克运动会开幕式	中央电视台综合频道	26.7	44.6
2	第 29 届奥林匹克运动会闭幕式	中央电视台综合频道	23.2	39.6
3	北京 2008 年残奥会开幕式	中央电视台综合频道	14.2	33.9
4	第 29 届奥林匹克运动会开幕式	中央台五套	12.4	20.7
5	北京 2008 年残奥会闭幕式	中央电视台综合频道	11.7	26.4
6	第 29 届奥林匹克运动会闭幕式	中央台五套	11.0	18.9
7	奥运第 1 天	中央电视台综合频道	9.0	18.3
8	第 49 届世界乒乓球团体锦标赛男团决赛	中央台五套	5.7	12.4
9	伊辛巴耶娃夺金之路	中央台五套	4.9	12.5
10	第 49 届世界乒乓球团体锦标赛女团决赛	中央台五套	4.6	11.0
11	奥运第 2 天	中央电视台综合频道	4.1	25.5
12	再见北京伦敦再见	中央电视台综合频道	3.6	15.3
13	CCTV1 奥运演播室	中央电视台综合频道	3.5	16.3
14	北京 2008 年残奥会开幕式	中央台五套	3.4	8.1
15	奥运快讯	中央电视台综合频道	3.3	14.2
16	2010 年世界杯亚洲区预选赛(卡塔尔 VS 中国)	中央台五套	3.3	8.2
17	CCTV5 奥运演播室	中央台五套	3.2	13.9
18	奥运第 4 天	中央电视台综合频道	3.0	16.0
19	中国奥运冠军榜	中央台五套	3.0	14.6
20	聚焦残奥会	中央电视台综合频道	3.0	7.3

三、安徽收视数据

表 3.3.1 2004－2008 年安徽市场各类频道的市场占有率（%）

频道类别	年份				
	2004 年	2005 年	2006 年	2007 年	2008 年
中央台频道	19.6	22.1	26.5	23.8	30.2
中国教育台频道	0.0	0.1	0.1	0.1	0.1
安徽省级频道	53.3	51.5	46.4	45.5	38.6
其他省级卫视频道	5.1	5.5	8.0	10.0	14.0
其他频道	21.9	20.8	19.1	20.5	17.1

表 3.3.2 2008 年安徽市场各类频道在不同目标观众中的市场占有率（%）

目标观众		中央台频道	中国教育台频道	安徽省级频道	其他省级卫视频道	其他频道
4 岁及以上所有人		30.2	0.1	38.6	14.0	17.1
城乡	城市	43.7	0.2	30.5	15.4	10.2
	农村	28.2	0.1	39.8	13.8	18.2
性别	男	33.0	0.1	37.2	12.7	17.0
	女	27.2	0.1	40.1	15.3	17.3
年龄	4－14 岁	22.9	0.1	45.2	16.9	14.9
	15－24 岁	25.1	0.1	37.3	18.6	18.8
	25－34 岁	30.1	0.2	35.6	17.7	16.4
	35－44 岁	30.0	0.2	40.4	13.6	15.8
	45－54 岁	33.9	0.1	37.6	11.5	16.8
	55－64 岁	33.8	0.2	38.8	7.1	20.1
	65 岁及以上	40.8	0.0	33.8	7.1	18.2
教育程度	未受过正规教育	22.5	0.1	44.5	8.7	24.2
	小学	23.4	0.1	45.0	12.5	19.0
	初中	29.2	0.1	37.1	15.5	18.0
	高中	43.7	0.2	30.0	17.1	9.0
	大学及以上	54.3	0.2	24.8	11.1	9.5
职业类别	干部/管理人员	58.3	0.2	14.4	14.7	12.4
	个体/私营企业人员	32.8	0.2	38.5	16.8	11.7
	初级公务员/雇员	46.2	0.2	26.0	15.3	12.3
	工人	29.2	0.2	43.4	14.9	12.3
	学生	23.5	0.1	44.3	16.9	15.2
	无业	41.1	0.1	36.5	12.8	9.4
	其他	24.4	0.1	38.0	11.4	26.1
个人月收入	0－300 元	24.6	0.1	43.6	14.0	17.7
	301－600 元	28.9	0.2	35.7	14.2	21.0
	601－900 元	30.0	0.2	38.6	13.9	17.4
	901－1200 元	33.9	0.2	35.1	13.2	17.6
	1201 元及以上	46.6	0.2	27.9	14.6	10.7

表 3.3.3　2008 年安徽市场各类频道在不同时段的市场占有率（%）

时间段	中央台频道	中国教育台频道	安徽省级频道	其他省级卫视频道	其他频道
02:00 - 03:00	43.8	0.0	8.3	38.4	9.5
03:00 - 04:00	66.9	0.0	6.0	24.1	3.0
04:00 - 05:00	72.0	0.1	10.3	16.3	1.2
05:00 - 06:00	57.2	0.1	21.3	20.1	1.4
06:00 - 07:00	54.7	0.1	22.4	18.4	4.3
07:00 - 08:00	50.8	0.1	28.6	10.6	9.9
08:00 - 09:00	37.8	0.1	28.5	17.5	16.1
09:00 - 10:00	30.5	0.1	30.5	20.4	18.5
10:00 - 11:00	32.0	0.1	30.5	20.2	17.1
11:00 - 12:00	37.8	0.1	28.1	17.3	16.7
12:00 - 13:00	46.0	0.2	22.1	12.5	19.3
13:00 - 14:00	32.5	0.3	26.1	16.4	24.7
14:00 - 15:00	26.6	0.1	27.4	24.8	21.0
15:00 - 16:00	24.9	0.1	29.8	26.5	18.7
16:00 - 17:00	25.9	0.2	31.7	24.0	18.2
17:00 - 18:00	29.8	0.2	35.9	17.2	17.0
18:00 - 19:00	22.3	0.1	53.9	7.8	16.0
19:00 - 20:00	31.8	0.1	41.7	7.2	19.3
20:00 - 21:00	26.6	0.2	43.2	13.9	16.2
21:00 - 22:00	28.4	0.2	38.5	17.2	15.8
22:00 - 23:00	30.6	0.1	33.9	19.3	16.1
23:00 - 24:00	33.7	0.1	31.0	19.6	15.6
24:00 - 25:00	33.8	0.1	29.2	20.5	16.3
25:00 - 26:00	38.7	0.2	23.4	21.3	16.3

表 3.3.4　2008 年安徽市场收视份额位于前十位的频道

名次	频道名称	收视份额（%）
1	安徽一套	17.5
2	中央电视台综合频道	15.4
3	安徽电视台影视频道（三套）	12.8
4	安徽电视台经济生活频道（二套）	6.7
5	湖南电视台卫星频道	2.9
6	中央台八套	2.2
7	中央台五套	1.6
8	中央台三套	1.5
8	中央台二套	1.5
8	中央台四套	1.5

表 3.3.5 2008 年安徽市场主要频道的观众构成（%）

目标观众		所有频道	主要频道				
			安徽一套	中央电视台综合频道	安徽电视台影视频道（三套）	安徽电视台经济生活频道（二套）	湖南电视台卫星频道
4 岁及以上所有人		100.0	100.0	100.0	100.0	100.0	100.0
城乡	城市	12.8	7.9	13.1	8.1	15.8	15.2
	农村	87.2	92.1	86.9	91.9	84.2	84.8
性别	男	51.5	48.3	57.3	52.0	49.6	39.5
	女	48.5	51.7	42.7	48.0	50.4	60.5
年龄	4－14 岁	13.2	13.2	7.8	19.6	16.6	12.4
	15－24 岁	18.0	18.5	16.5	19.3	11.1	33.3
	25－34 岁	15.1	13.1	14.5	15.3	13.5	19.5
	35－44 岁	21.1	19.5	20.2	24.4	23.4	19.9
	45－54 岁	12.0	11.4	13.9	7.5	17.9	8.4
	55－64 岁	10.5	12.7	12.5	7.8	9.6	3.1
	65 岁及以上	10.1	11.5	14.6	6.1	7.8	3.3
教育程度	未受过正规教育	9.3	13.2	6.9	8.8	9.2	6.9
	小学	30.9	34.6	22.8	37.1	39.1	20.6
	初中	40.0	37.3	40.7	41.6	36.2	47.0
	高中	14.9	11.8	20.8	9.6	12.6	21.5
	大学及以上	4.9	3.1	8.8	3.0	3.0	4.0
职业类别	干部/管理人员	1.7	0.6	3.2	0.5	0.8	1.3
	个体/私营企业人员	11.1	9.3	13.1	10.7	12.8	13.2
	初级公务员/雇员	5.4	3.5	7.5	3.3	4.1	6.6
	工人	9.7	9.2	8.0	13.0	10.4	11.3
	学生	20.7	21.6	14.3	29.7	20.9	28.6
	无业	16.7	15.5	18.7	12.6	19.1	16.6
	其他	34.7	40.3	35.1	30.3	32.0	22.4
个人月收入	0－300 元	47.5	55.0	40.5	56.6	51.1	52.6
	301－600 元	14.3	13.9	14.1	12.3	13.0	11.3
	601－900 元	11.3	10.2	10.3	9.2	14.7	8.3
	901－1200 元	12.5	11.0	14.7	12.3	9.3	13.0
	1201 元及以上	14.4	9.9	20.5	9.5	11.8	14.9

表 3.3.6 2006－2008 年安徽市场各类节目的播出份额（%）和收视份额（%）

节目类别	2006 年		2007 年		2008 年	
	播出份额	收视份额	播出份额	收视份额	播出份额	收视份额
电视剧	25.6	41.8	25.7	39.5	27.7	38.8
电影	4.2	2.2	4.0	3.0	5.1	2.2
教育	0.4	0.0	0.6	0.0	0.7	0.0
综艺	7.3	8.1	7.7	7.8	5.9	6.7
青少	5.1	1.9	4.4	2.4	2.9	1.6
体育	1.8	1.4	1.8	1.1	3.0	4.6
外语	0.2	0.0	0.2	0.1	0.2	0.1
戏曲	1.4	0.7	1.2	0.5	1.0	0.3
新闻/时事	13.9	15.7	13.2	14.6	11.7	14.5
音乐	1.1	1.0	2.0	0.9	2.1	0.3
专题	10.7	3.0	11.8	3.2	11.4	3.7
财经	1.3	0.2	1.4	0.3	0.9	0.2
生活服务	5.7	1.7	7.4	6.2	9.2	7.5
法制	1.7	1.0	1.5	0.8	0.8	0.6
其他	19.7	21.2	17.1	19.7	17.5	18.9

表 3.3.7　2008 年安徽市场所有节目收视率排名前三十位

名次	节目名称	节目类型	播出频道	平均收视率(%)	平均占有率(%)
1	第 29 届奥林匹克运动会开幕式	体育	中央电视台综合频道	37.6	74.1
2	第 29 届奥林匹克运动会闭幕式	体育	中央电视台综合频道	28.9	50.0
3	中国中央电视台 2008 春节联欢晚会	综艺	中央电视台综合频道	25.0	59.1
4	北京 2008 年残奥会闭幕式	体育	中央电视台综合频道	24.2	47.6
5	北京 2008 年残奥会开幕式	体育	中央电视台综合频道	23.3	61.7
6	2008 年第 29 届奥运会女子排球小组赛 A 组(中国 VS 委内瑞拉)	体育	中央电视台综合频道	20.6	34.0
7	2008 年第 29 届奥运会男子举重 56 公斤级决赛	体育	中央电视台综合频道	18.8	29.4
8	2008 年第 29 届奥运会田径比赛男子 4 × 100 米接力第一轮	体育	中央电视台综合频道	16.5	25.2
9	2008 年第 29 届奥运会女排小组赛(中国 VS 波兰)	体育	中央电视台综合频道	16.1	27.5
10	2008 年第 29 届奥运会女排小组赛(中国 VS 古巴)	体育	中央电视台综合频道	15.8	29.5
11	2008 年第 29 届奥运会男子十项全能 - 标枪	体育	中央电视台综合频道	15.8	24.1
12	2008 年第 29 届奥运会乒乓球女团决赛	体育	中央电视台综合频道	15.7	26.6
13	2008 年第 29 届奥运会女子链球决赛	体育	中央电视台综合频道	15.6	23.9
14	奥运第 1 天	体育	中央电视台综合频道	15.3	29.2
15	第 29 届奥运会乒乓球男团小组赛	体育	中央电视台综合频道	15.3	25.1
16	2008 年第 29 届奥运会田径比赛	体育	中央电视台综合频道	15.3	24.2
17	2008 年第 29 届奥运会羽毛球女双三、四名决赛	体育	中央电视台综合频道	15.2	25.4
18	2008 年第 29 届奥运会羽毛球男单半决赛	体育	中央电视台综合频道	15.1	25.9
19	2008 年第 29 届奥运会田径比赛男子 4 × 400 米接力第一轮	体育	中央电视台综合频道	15.1	23.2
20	2008 年第 29 届奥运会田径比赛女子标枪决赛	体育	中央电视台综合频道	15.0	23.6

续表

名次	节目名称	节目类型	播出频道	平均收视率（%）	平均占有率（%）
21	2008 年第 29 届奥运会田径比赛男子 200 米小组赛	体育	中央电视台综合频道	15.0	23.5
22	2008 年第 29 届奥运会女足小组赛（中国队 VS 阿根廷队）	体育	中央电视台综合频道	14.8	25.5
23	2008 年第 29 届奥运会男子蹦床决赛	体育	中央电视台综合频道	14.8	24.1
24	2008 年第 29 届奥运会女子跳远决赛	体育	中央电视台综合频道	14.7	23.0
25	2008 年第 29 届奥运会跆拳道比赛女子 49 公斤级决赛	体育	中央电视台综合频道	14.3	22.1
26	2008 年第 29 届奥运会田径男子三级跳远颁奖仪式	体育	中央电视台综合频道	14.2	22.1
27	2008 年第 29 届奥运会田径比赛女子铁饼决赛	体育	中央电视台综合频道	14.1	23.0
28	2008 年第 29 届奥运会跳水男子单人 10 米跳台决赛	体育	中央电视台综合频道	13.9	25.1
29	2008 年第 29 届奥运会田径比赛女子 4 × 100 米接力第一轮	体育	中央电视台综合频道	13.9	23.8
30	2008 年第 29 届奥运会女子蹦床决赛	体育	中央电视台综合频道	13.5	22.2

表 3.3.8 2008 年安徽市场电视剧收视率排名前十位

名次	节目名称	播出频道	平均收视率（%）	平均占有率（%）
1	八阵图	安徽电视台影视频道（三套）	11.4	22.2
2	悠悠寸草心第二部（6 月 29 -7 月 9 日）	安徽一套	11.3	26.1
3	红孩儿	安徽电视台影视频道（三套）	10.9	21.4
4	聊斋奇女子	安徽一套	10.5	20.8
5	薛仁贵（5 月 1 日 -5 月 16 日）	安徽电视台影视频道（三套）	10.3	21.2
6	李小龙传奇	中央电视台综合频道	9.8	21.8
7	八仙全传之八仙过海	安徽电视台影视频道（三套）	9.6	20.1
8	误入军统的女人	安徽一套	9.3	25.0
9	情锁	安徽一套	9.1	23.5
10	大宋惊世传奇	安徽电视台影视频道（三套）	8.9	18.5

表 3.3.9　2008 年安徽市场新闻节目收视率排名前十位

名次	节目名称	播出频道	平均收视率(%)	平均占有率(%)
1	温家宝在汶川映秀镇会见中外记者	中央电视台综合频道	11.8	25.7
2	新闻联播（5 月 13 - 17 日、5 月 19 - 21 日，21:00）	中央电视台综合频道	10.7	30.0
3	新闻联播	中央电视台综合频道	10.0	23.6
4	省两会特别报道	安徽一套	9.7	18.7
5	焦点访谈	中央电视台综合频道	7.7	15.4
6	真挚的关怀深入的指导	中央电视台综合频道	7.4	13.9
7	转播中央台新闻联播	安徽一套	7.0	16.6
8	一起看奥运	中央电视台综合频道	6.9	11.5
9	焦点访谈（5 月 19 - 21 日、9 月 6 日、9 月 17 日晚间 19:00 播出）	安徽一套	6.3	12.1
10	安徽新闻联播（傍晚 18:26 播出）	安徽一套	5.2	20.8

表 3.3.10　2008 年安徽市场专题节目收视率排名前十位

名次	节目名称	播出频道	平均收视率(%)	平均占有率(%)
1	艺术人生	中央电视台综合频道	8.2	20.8
2	CCTV2007 感动中国颁奖盛典	中央电视台综合频道	6.2	15.5
3	拉萨 3.14 打砸抢烧暴力事件纪实	中央电视台综合频道	6.2	11.5
4	奥运名人堂	中央电视台综合频道	5.5	25.8
5	跨越海南经济特区 20 年纪实	中央电视台综合频道	4.8	12.1
6	纪录中国中国记者在 2008	中央电视台综合频道	4.6	12.6
7	全国迎奥运讲文明树新风礼仪知识竞赛	中央电视台综合频道	4.5	8.3
8	抗震救灾众志成城特别节目希望	中央电视台综合频道	4.4	8.6
9	奔腾的宁夏	中央电视台综合频道	4.0	11.0
10	伟大的历程	中央电视台综合频道	3.7	7.5

表 3.3.11　2008 年安徽市场综艺节目收视率排名前十位

名次	节目名称	播出频道	平均收视率(%)	平均占有率(%)
1	中央电视台 2008 春节联欢晚会	中央电视台综合频道	25.0	59.1
2	爱的奉献 2008 宣传文化系统抗震救灾大型募捐活动	中央电视台综合频道	13.5	45.6
3	天涯共此时安徽卫视海峡两岸中秋之夜	安徽一套	13.1	23.8
4	春满江淮安徽电视台 2008 年春节晚会	安徽一套	12.8	33.9
5	中央电视台 2008 年元宵晚会	中央电视台综合频道	11.9	24.8
6	中国中央电视台 2008 春节联欢晚会	安徽一套	9.7	23.0
7	荣成月中华情 2008 中央电视台中秋晚会	中央电视台综合频道	8.2	17.0
8	曲苑杂坛春节特别节目 2008 年正月正晚会	中央电视台综合频道	7.5	13.4
9	爱传万家幸福会	安徽一套	6.8	34.5
10	第三届中国十大杰出母亲评选颁奖晚会	中央电视台综合频道	6.4	12.8

表 3.3.12 2008 年安徽市场奥运会、残奥会比赛收视率排名前十位

名次	节目名称	播出频道	平均收视率(%)	平均占有率(%)
1	2008 年第 29 届奥运会女子排球小组赛 A 组(中国 VS 委内瑞拉)	中央电视台综合频道	20.6	34.0
2	2008 年第 29 届奥运会男子举重 56 公斤级决赛	中央电视台综合频道	18.8	29.4
3	2008 年第 29 届奥运会田径比赛男子 4×100 米接力第一轮	中央电视台综合频道	16.5	25.2
4	2008 年第 29 届奥运会女排小组赛(中国 VS 波兰)	中央电视台综合频道	16.1	27.5
5	2008 年第 29 届奥运会女排小组赛(中国 VS 古巴)	中央电视台综合频道	15.8	29.5
6	2008 年第 29 届奥运会男子十项全能 - 标枪	中央电视台综合频道	15.8	24.1
7	2008 年第 29 届奥运会乒乓球女团决赛	中央电视台综合频道	15.7	26.6
8	2008 年第 29 届奥运会女子链球决赛	中央电视台综合频道	15.6	23.9
9	第 29 届奥运会乒乓球男团小组赛	中央电视台综合频道	15.3	25.1
10	2008 年第 29 届奥运会田径比赛	中央电视台综合频道	15.3	24.2

表 3.3.13 2008 年安徽市场亚运会比赛节目收视率排名前十位

名次	节目名称	播出频道	平均收视率(%)	平均占有率(%)
1	第 29 届奥林匹克运动会开幕式	中央电视台综合频道	37.6	74.1
2	第 29 届奥林匹克运动会闭幕式	中央电视台综合频道	28.9	50.0
3	北京 2008 年残奥会闭幕式	中央电视台综合频道	24.2	47.6
4	北京 2008 年残奥会开幕式	中央电视台综合频道	23.3	61.7
5	奥运第 1 天	中央电视台综合频道	15.3	29.2
6	2008 年第 29 届奥运会田径男子三级跳远颁奖仪式	中央电视台综合频道	14.2	22.1
7	奥运第 2 天	中央电视台综合频道	5.6	35.0
8	奖牌榜	中央电视台综合频道	5.2	10.6
9	奥运来了特别节目	中央电视台综合频道	5.2	9.0
10	CCTV1 奥运演播室	中央电视台综合频道	5.0	27.6

四、福建收视数据

表 3.4.1　2004－2008 年福建市场各类频道的市场占有率（%）

频道类别	年份				
	2004 年	2005 年	2006 年	2007 年	2008 年
中央台频道	33.6	36.0	38.1	35.3	35.0
中国教育台频道	0.1	0.0	0.0	0.3	0.2
福建省级频道	32.1	26.8	25.2	34.5	34.0
其他省级卫视频道	16.3	19.0	20.7	16.3	17.6
其他频道	18.0	18.1	16.1	13.7	13.3

注：福建省网数据开始时间：2004 年 5 月 2 日；福建省网日记卡结束时间：2006 年 9 月 30 日；2007 年及之后福建省网数据为测量仪数据。

表 3.4.2　2008 年福建市场各类频道在不同目标观众中的市场占有率（%）

目标观众		中央台频道	中国教育台频道	福建省级频道	其他省级卫视频道	其他频道
4 岁及以上所有人		35.0	0.2	34.0	17.6	13.3
城乡	城市	38.2	0.2	21.5	21.7	18.4
	农村	34.0	0.2	37.7	16.4	11.8
性别	男	37.9	0.2	33.0	15.5	13.4
	女	31.8	0.2	35.1	19.8	13.1
年龄	4－14 岁	28.2	0.2	35.5	23.5	12.6
	15－24 岁	31.8	0.1	35.8	20.6	11.7
	25－34 岁	34.3	0.2	37.8	14.9	12.8
	35－44 岁	36.2	0.2	35.4	16.5	11.7
	45－54 岁	39.1	0.2	29.0	16.7	15.0
	55－64 岁	40.8	0.3	30.5	13.7	14.7
	65 岁及以上	36.7	0.1	26.9	18.0	18.3
教育程度	未受过正规教育	31.8	0.2	36.5	15.3	16.3
	小学	29.9	0.2	37.4	19.7	12.7
	初中	35.9	0.2	34.8	16.8	12.3
	高中	42.1	0.2	25.8	17.9	14.0
	大学及以上	50.9	0.3	19.1	14.8	14.9
职业类别	干部/管理人员	53.1	0.1	22.1	12.1	12.8
	个体/私营企业人员	35.2	0.1	36.8	15.7	12.2
	初级公务员/雇员	46.9	0.4	20.4	15.2	17.2
	工人	35.5	0.2	30.4	19.5	14.4
	学生	28.2	0.2	36.2	24.5	11.0
	无业	37.1	0.2	29.7	17.0	16.0
	其他	33.7	0.2	40.5	14.2	11.3
个人月收入	0－300 元	32.3	0.2	35.2	19.3	13.0
	301－600 元	35.6	0.2	36.0	15.5	12.7
	601－900 元	37.4	0.2	32.8	15.8	13.8
	901－1200 元	36.1	0.2	35.3	15.9	12.4
	1201 元及以上	41.0	0.3	25.4	17.5	15.8

表 3.4.3 2008 年福建市场各类频道不同时段的市场占有率（%）

时间段	中央台频道	中国教育台频道	福建省级频道	其他省级卫视频道	其他频道
02:00 – 03:00	44.1	0.0	17.8	22.2	15.9
03:00 – 04:00	41.9	0.0	21.3	24.1	12.7
04:00 – 05:00	39.7	0.0	24.2	27.2	8.9
05:00 – 06:00	38.8	0.0	29.3	27.1	4.7
06:00 – 07:00	45.4	0.2	25.4	22.3	6.7
07:00 – 08:00	48.9	0.1	28.3	11.9	10.9
08:00 – 09:00	41.2	0.1	22.3	23.8	12.7
09:00 – 10:00	35.8	0.1	22.0	28.2	13.9
10:00 – 11:00	37.7	0.3	20.7	29.0	12.4
11:00 – 12:00	40.8	0.5	19.8	27.0	12.0
12:00 – 13:00	36.4	0.3	29.8	20.0	13.5
13:00 – 14:00	37.2	0.2	26.5	23.9	12.2
14:00 – 15:00	36.1	0.1	21.8	27.0	15.0
15:00 – 16:00	34.9	0.1	19.5	29.3	16.2
16:00 – 17:00	34.7	0.4	17.5	30.8	16.8
17:00 – 18:00	43.4	0.6	20.3	22.2	13.6
18:00 – 19:00	28.9	0.2	53.2	7.5	10.3
19:00 – 20:00	36.3	0.1	46.5	5.5	11.6
20:00 – 21:00	32.4	0.2	40.6	13.7	13.2
21:00 – 22:00	30.1	0.2	39.0	15.7	15.1
22:00 – 23:00	30.8	0.2	35.1	18.7	15.2
23:00 – 24:00	36.7	0.2	28.5	20.6	14.0
24:00 – 25:00	40.6	0.1	21.6	21.8	15.9
25:00 – 26:00	43.6	0.1	17.2	21.3	17.8

表 3.4.4 2008 年福建市场收视份额排名前十位的频道

名次	频道名称	收视份额（%）
1	福建省广播影视集团综合频道	11.1
2	福建省广播影视集团东南电视台	8.5
3	中央电视台综合频道	8.3
4	中央台六套	5.5
5	福建省广播影视集团电视剧频道	4.1
6	湖南电视台卫星频道	4.0
6	中央台八套	4.0
8	福建省广播影视集团少儿频道	3.3
9	中央台三套	2.9
10	中央电视台少儿频道	2.5

表 3.4.5 2008 年福建市场各主要频道的观众构成(%)

目标观众		所有频道	主要频道				
			福建省广播影视集团综合频道	福建省广播影视集团东南电视台	中央电视台综合频道	中央台六套	福建省广播影视集团电视剧频道
4 岁及以上所有人		100.0	100.0	100.0	100.0	100.0	100.0
城乡	城市	23.2	12.1	8.2	17.4	22.4	14.7
	农村	76.8	88.0	91.8	82.6	77.6	85.3
性别	男	51.7	47.3	50.3	53.5	61.6	51.6
	女	48.3	52.7	49.7	46.5	38.4	48.4
年龄	4-14 岁	14.0	14.1	12.2	11.1	9.4	11.3
	15-24 岁	14.5	12.8	15.9	11.1	12.6	18.9
	25-34 岁	21.8	25.3	27.6	23.8	24.4	25.4
	35-44 岁	18.3	20.2	20.1	17.3	21.9	18.6
	45-54 岁	16.5	14.2	10.8	18.7	18.3	13.6
	55-64 岁	8.7	8.6	7.4	10.1	9.8	7.8
	65 岁及以上	6.2	4.9	6.1	8.0	3.5	4.5
教育程度	未受过正规教育	13.0	16.4	13.3	13.4	10.6	10.6
	小学	30.4	35.1	31.0	21.8	33.0	36.3
	初中	39.1	37.8	44.3	39.5	41.0	41.6
	高中	14.2	9.5	10.4	20.8	12.4	9.8
	大学及以上	3.3	1.1	1.0	4.6	3.0	1.6
职业类别	干部/管理人员	1.4	0.6	0.2	1.8	1.7	0.8
	个体/私营企业人员	11.1	12.9	13.8	9.3	10.7	10.4
	初级公务员/雇员	5.5	2.1	1.9	6.5	4.7	3.6
	工人	13.9	12.7	10.9	14.5	15.9	12.6
	学生	17.3	16.4	15.6	10.5	12.6	19.7
	无业	24.0	19.6	19.1	28.0	19.6	23.4
	其他	26.8	35.6	38.4	29.5	34.8	29.5
个人月收入	0-300 元	46.5	46.6	46.4	45.0	39.3	49.6
	301-600 元	15.9	18.3	19.1	21.2	14.1	14.3
	601-900 元	13.2	13.8	10.9	11.9	17.5	13.8
	901-1200 元	13.9	13.8	16.5	10.4	16.9	14.4
	1201 元及以上	10.5	7.6	7.2	11.6	12.3	7.9

表 3.4.6 2006-2008 年福建市场各类节目的播出份额(%)和收视份额(%)

节目类别	2006 年		2007 年		2008 年	
	播出份额	收视份额	播出份额	收视份额	播出份额	收视份额
财经	1.6	0.2	1.6	0.3	1.7	0.4
电视剧	24.4	40.9	25.0	42.1	24.6	40.5
电影	3.4	4.4	3.0	5.6	2.9	5.7
法制	1.3	0.5	1.2	0.6	1.0	0.7
教学	0.4	0.0	0.6	0.1	0.6	0.1
青少	5.4	6.3	5.1	6.0	5.1	6.0
生活服务	5.4	2.7	7.8	4.2	9.2	4.9
体育	2.6	1.7	2.1	1.8	3.1	4.0
外语	0.2	0.0	0.2	0.1	0.1	0.1
戏剧	1.4	1.6	1.3	1.7	1.0	1.1
新闻/时事	13.5	10.7	13.3	7.7	13.6	9.0
音乐	1.2	1.0	1.9	0.9	2.4	0.5
专题	12.6	4.4	12.4	7.4	12.1	6.9
综艺	7.7	6.8	8.0	9.0	6.9	8.1
其他	19.0	18.8	16.5	12.5	15.7	12.1

表 3.4.7 2008 年福建市场所有节目收视率排名前三十位

名次	节目名称	节目类型	播出频道	平均收视率（%）	平均占有率（%）
1	中国中央电视台 2008 春节联欢晚会	综艺	中央电视台综合频道	23.9	51.3
2	第 29 届奥林匹克运动会开幕式	体育	中央电视台综合频道	17.6	36.3
3	第 29 届奥林匹克运动会闭幕式	体育	中央电视台综合频道	16.2	35.9
4	小宝传奇	电视剧	福建省广播影视集团综合频道	15.0	43.9
5	龙游天下	电视剧	福建省广播影视集团综合频道	13.9	47.3
6	2008 年第 29 届奥运会男子举重 56 公斤级决赛	体育	中央电视台综合频道	12.6	30.3
7	2008 年第 29 届奥运会女排小组赛（中国 VS 波兰）	体育	中央电视台综合频道	12.2	28.5
8	大宋惊世传奇	电视剧	福建省广播影视集团综合频道	12.1	38.4
9	2008 年第 29 届奥运会女排小组赛（中国 VS 古巴）	体育	中央电视台综合频道	11.4	27.6
10	八仙全传之八仙过海	电视剧	福建省广播影视集团综合频道	10.4	31.7
11	新编济公传奇	电视剧	福建省广播影视集团综合频道	9.7	32.7
12	2008 年第 29 届奥运会女子排球小组赛 A 组（中国 VS 委内瑞拉）	体育	中央电视台综合频道	9.6	25.0
13	皇上二大爷	电视剧	福建省广播影视集团综合频道	9.3	36.4
14	第 29 届奥林匹克运动会开幕式	体育	中央台五套	9.3	19.1
15	李小龙传奇	电视剧	中央电视台综合频道	9.2	25.4
16	御用闲人	电视剧	福建省广播影视集团综合频道	9.1	37.2
17	2008 年第 29 届奥运会男子举重 62 公斤级决赛	体育	中央台五套	9.1	25.4
18	铁嘴银牙	电视剧	福建省广播影视集团综合频道	9.0	31.0
19	2008 年第 29 届奥运会体操女子个人全能决赛	体育	中央台五套	8.9	41.0
20	谁怜天下慈母心	电视剧	福建省广播影视集团东南电视台	8.8	25.0
21	2008 年第 29 届奥运会女子体操团体决赛	体育	中央台五套	8.7	46.8

续表

名次	节目名称	节目类型	播出频道	平均收视率(%)	平均占有率(%)
22	中央电视台2008年元宵晚会	综艺	中央电视台综合频道	8.7	22.7
23	2008年第29届奥运会跳水男子单人10米跳台决赛	体育	中央电视台综合频道	8.5	23.9
24	布衣大侠	电视剧	福建省广播影视集团综合频道	8.4	35.2
25	2008年第29届奥运会男子篮球B组比赛（中国VS美国）	体育	中央台二套	8.3	36.5
26	女人花	电视剧	福建省广播影视集团东南电视台	8.3	23.2
27	2008年第29届奥运会男子举重69公斤级决赛	体育	中央台五套	7.9	24.6
28	天气预报	生活服务	中央电视台综合频道	7.8	24.1
29	深情密码	电视剧	福建省广播影视集团东南电视台	7.5	22.1
30	地雷战传奇	电视剧	福建省广播影视集团综合频道	7.5	21.6

表3.4.8　2008年福建市场电视剧收视率排名前十位

名次	节目名称	播出频道	平均收视率(%)	平均占有率(%)
1	小宝传奇	福建省广播影视集团综合频道	15.0	43.9
2	龙游天下	福建省广播影视集团综合频道	13.9	47.3
3	大宋惊世传奇	福建省广播影视集团综合频道	12.1	38.4
4	八仙全传之八仙过海	福建省广播影视集团综合频道	10.4	31.7
5	新编济公传奇	福建省广播影视集团综合频道	9.7	32.7
6	皇上二大爷	福建省广播影视集团综合频道	9.3	36.4
7	李小龙传奇	中央电视台综合频道	9.2	25.4
8	御用闲人	福建省广播影视集团综合频道	9.1	37.2
9	铁嘴银牙	福建省广播影视集团综合频道	9.0	31.0
10	谁怜天下慈母心	福建省广播影视集团东南电视台	8.8	25.0

表 3.4.9　2008 年福建市场新闻节目收视率排名前十位

名次	节目名称	播出频道	平均收视率（%）	平均占有率（%）
1	福建新闻联播（5 月 19－21 日）	福建省广播影视集团东南电视台	6.5	20.6
2	焦点访谈（5 月 16 日、9 月 6 日、9 月 17 日）	福建省广播影视集团东南电视台	4.9	14.8
3	温家宝在汶川映秀镇会见中外记者	中央电视台综合频道	4.2	11.7
4	新闻联播	中央电视台综合频道	3.7	12.8
5	新闻联播（5 月 13－17 日、5 月 19－21 日，21:00）	中央电视台综合频道	3.5	10.5
5	真挚的关怀深入的指导	中央电视台综合频道	3.5	10.5
7	创新引领发展合作实现共赢十二届中国国际投资贸易洽谈会专题报道	福建省广播影视集团综合频道	3.2	13.1
8	转播中央台新闻联播	福建省广播影视集团综合频道	3.1	11.0
9	转播中央台新闻联播	福建省广播影视集团东南电视台	3.0	10.2
10	焦点访谈	中央电视台综合频道	3.0	8.8

注：《福建新闻联播》、《焦点访谈》只在标注日期内，在福建东南台有播出。

表 3.4.10　2008 年福建市场专题节目收视率排名前十位

名次	节目名称	播出频道	平均收视率（%）	平均占有率（%）
1	拉萨 3.14 打砸抢烧暴力事件纪实	中央电视台综合频道	5.4	13.0
2	CCTV2007 感动中国颁奖盛典	中央电视台综合频道	5.1	13.1
3	大话百姓	福建省广播影视集团综合频道	4.5	15.9
4	纪事	福建省广播影视集团综合频道	4.1	16.4
5	海西之路	福建省广播影视集团东南电视台	3.2	10.2
6	海峡传情	福建省广播影视集团东南电视台	3.2	8.9
7	发现档案	福建省广播影视集团综合频道	3.1	14.0
8	移动空中看海西	福建省广播影视集团综合频道	3.1	13.3
9	艺术人生	中央电视台综合频道	3.1	7.8
10	变革与辉煌献给中国人民解放军建军 81 周年	中央电视台综合频道	2.9	7.3

表 3.4.11　2008 年福建市场综艺节目收视率排名前十位

名次	节目名称	播出频道	平均收视率（%）	平均占有率（%）
1	中国中央电视台 2008 春节联欢晚会	中央电视台综合频道	23.9	51.3
2	中央电视台 2008 年元宵晚会	中央电视台综合频道	8.7	22.7
3	爱的奉献 2008 宣传文化系统抗震救灾大型募捐活动（5 月 18 日）	中央电视台综合频道	6.6	22.7
5	团圆灯火耀今宵	福建省广播影视集团东南电视台	6.0	15.6
4	荣成月中华情 2008 中央电视台中秋晚会	中央电视台综合频道	6.0	15.4
6	中国中央电视台 2008 春节联欢晚会	福建省广播影视集团综合频道	5.7	12.2
7	奥运加油战	福建省广播影视集团综合频道	5.6	13.8
8	2008 全球闽南语歌曲创作演唱大赛	福建省广播影视集团东南电视台	5.4	13.8
9	百年圆梦迎 2008 北京奥运会文艺晚会	中央电视台综合频道	5.1	11.8
10	走进残奥迎接特奥第十八次全国助残日特别节目	福建省广播影视集团综合频道	4.9	10.9

表 3.4.12　2008 年福建市场奥运会、残奥会比赛收视率排名前十位

名次	节目名称	播出频道	平均收视率（%）	平均占有率（%）
1	2008 年第 29 届奥运会男子举重 56 公斤级决赛	中央电视台综合频道	12.6	30.3
2	2008 年第 29 届奥运会女排小组赛（中国 VS 波兰）	中央电视台综合频道	12.2	28.5
3	2008 年第 29 届奥运会女排小组赛（中国 VS 古巴）	中央电视台综合频道	11.4	27.6
4	2008 年第 29 届奥运会女子排球小组赛 A 组（中国 VS 委内瑞拉）	中央电视台综合频道	9.6	25.0
5	2008 年第 29 届奥运会男子举重 62 公斤级决赛	中央台五套	9.1	25.4
6	2008 年第 29 届奥运会体操女子个人全能决赛	中央台五套	8.9	41.0
7	2008 年第 29 届奥运会女子体操团体决赛	中央台五套	8.7	46.8
8	2008 年第 29 届奥运会跳水男子单人 10 米跳台决赛	中央电视台综合频道	8.5	23.9
9	2008 年第 29 届奥运会男子篮球 B 组比赛（中国 VS 美国）	中央台二套	8.3	36.5
10	2008 年第 29 届奥运会男子举重 69 公斤级决赛	中央台五套	7.9	24.6

表 3.4.13　2008 年福建市场体育节目收视率排名前十位（奥运会、残奥会比赛除外）

名次	节目名称	播出频道	平均收视率（%）	平均占有率（%）
1	第 29 届奥林匹克运动会开幕式	中央电视台综合频道	17.6	36.3
2	第 29 届奥林匹克运动会闭幕式	中央电视台综合频道	16.2	35.9
3	第 29 届奥林匹克运动会开幕式	中央台五套	9.3	19.1
4	奥运第 1 天	中央电视台综合频道	6.6	16.5
5	北京 2008 年残奥会开幕式	中央电视台综合频道	5.5	16.4
6	第 29 届奥林匹克运动会开幕式	福建省广播影视集团东南电视台	5.5	11.2
7	第 29 届奥林匹克运动会闭幕式	中央台五套	4.9	11.0
8	北京 2008 年残奥会闭幕式	中央电视台综合频道	4.3	13.3
9	第 29 届奥林匹克运动会闭幕式	福建省广播影视集团东南电视台	4.3	9.5
10	2008 年北京奥运会火炬接力庆典仪式福建省福州市闽江公园望龙园	福建省广播影视集团综合频道	4.0	21.8

五、甘肃收视数据

表 3.5.1 2006－2008 年甘肃市场各类频道的市场占有率（%）

频道类别	年份		
	2006 年	2007 年	2008 年
中央台频道	46.2	48.4	50.1
中国教育台频道	0.7	0.8	0.4
甘肃省级频道	7.4	6.2	7.6
其他省级卫视频道	35.0	34.2	35.5
其他频道	10.8	10.4	6.5

表 3.5.2 2008 年甘肃市场各类频道在不同目标观众中的市场占有率（%）

目标观众		中央台频道	中国教育台频道	甘肃省级频道	其他省级卫视频道	其他频道
4 岁及以上所有人		50.1	0.4	7.6	35.5	6.5
城乡	城市	52.9	0.2	11.1	25.9	9.8
	农村	49.2	0.4	6.5	38.4	5.4
性别	男	51.3	0.4	7.4	34.4	6.5
	女	48.8	0.4	7.8	36.5	6.5
年龄	4－14 岁	48.6	0.4	7.2	38.3	5.5
	15－24 岁	44.2	0.5	6.0	43.7	5.6
	25－34 岁	50.7	0.4	7.7	34.8	6.4
	35－44 岁	48.6	0.3	8.6	34.4	8.2
	45－54 岁	54.0	0.4	7.3	31.6	6.7
	55－64 岁	56.9	0.4	8.5	28.6	5.6
	65 岁及以上	54.0	0.3	8.1	31.3	6.3
教育程度	未受过正规教育	49.2	0.4	8.4	35.6	6.3
	小学	47.5	0.4	8.4	37.1	6.6
	初中	47.9	0.4	7.4	38.2	6.1
	高中	58.9	0.3	6.3	27.8	6.6
	大学及以上	67.6	0.1	4.0	19.1	9.2
职业类别	干部/管理人员	68.1	0.2	5.5	16.0	10.1
	个体/私营企业人员	55.1	0.3	7.6	28.3	8.7
	初级公务员/雇员	61.2	0.2	4.6	25.0	9.0
	工人	58.8	0.1	6.9	24.0	10.1
	学生	46.5	0.4	6.5	41.5	5.1
	无业	61.5	0.3	6.2	24.5	7.5
	其他	47.0	0.4	8.5	38.0	6.1
个人月收入	0－300 元	45.6	0.5	8.1	41.6	4.1
	301－600 元	53.9	0.2	7.4	31.5	7.0
	601－900 元	55.7	0.1	6.6	26.6	11.0
	901－1200 元	56.4	0.1	7.2	23.0	13.3
	1201 元及以上	63.9	0.1	5.4	20.7	9.8

表 3.5.3 2008 年甘肃市场各类频道不同时段的市场占有率（%）

时间段	中央台频道	中国教育台频道	甘肃省级频道	其他省级卫视频道	其他频道
02:00 – 03:00	49.0	0.4	3.0	41.4	6.2
03:00 – 04:00	36.4	0.0	5.0	51.3	7.3
04:00 – 05:00	37.9	0.0	4.8	52.0	5.3
05:00 – 06:00	56.1	0.3	1.7	36.6	5.3
06:00 – 07:00	79.4	0.1	1.2	16.4	2.7
07:00 – 08:00	76.0	0.1	2.2	18.1	3.6
08:00 – 09:00	54.8	0.2	4.5	37.0	3.6
09:00 – 10:00	45.1	0.2	5.0	45.6	4.1
10:00 – 11:00	45.4	0.3	4.9	44.9	4.5
11:00 – 12:00	49.6	0.3	4.7	40.4	5.0
12:00 – 13:00	61.4	0.3	2.9	29.7	5.5
13:00 – 14:00	53.4	0.4	3.0	37.9	5.3
14:00 – 15:00	40.3	0.3	3.2	51.1	5.1
15:00 – 16:00	32.4	0.3	3.6	57.7	5.9
16:00 – 17:00	34.2	0.7	3.0	56.4	5.6
17:00 – 18:00	50.4	1.4	2.1	42.2	3.9
18:00 – 19:00	62.0	0.6	4.0	22.9	10.6
19:00 – 20:00	68.5	0.2	6.9	17.4	7.0
20:00 – 21:00	45.9	0.4	10.0	37.7	6.0
21:00 – 22:00	42.9	0.4	10.7	39.5	6.5
22:00 – 23:00	38.6	0.3	11.5	39.3	10.2
23:00 – 24:00	49.7	0.3	5.5	35.4	9.2
24:00 – 25:00	54.5	0.1	5.9	32.1	7.5
25:00 – 26:00	57.3	0.3	5.0	31.0	6.4

表 3.5.4 2008 年甘肃市场收视份额排名前十位的频道

名次	频道名称	收视份额（%）
1	中央电视台综合频道	26.0
2	中央台八套	5.1
3	中央台六套	4.9
4	甘肃电视台文化影视频道	3.7
5	甘肃卫视	3.5
6	安徽卫视	3.2
7	四川卫视	3.1
8	湖南电视台卫星频道	3.0
9	中央台三套	2.3
9	河南电视台卫星频道（一套）	2.3

表 3.5.5　2008 年甘肃市场各主要频道的观众构成（%）

目标观众		所有频道	主要频道				
			中央电视台综合频道	中央台八套	中央台六套	甘肃电视台文化影视频道	甘肃卫视
4 岁及以上所有人		100.0	100.0	100.0	100.0	100.0	100.0
城乡	城市	23.6	21.1	24.7	20.2	49.9	11.1
	农村	76.4	78.9	75.3	79.8	50.1	88.9
性别	男	51.3	51.9	48.7	54.5	48.4	51.7
	女	48.7	48.1	51.3	45.5	51.6	48.3
年龄	4-14 岁	14.2	15.7	8.9	10.1	14.0	13.7
	15-24 岁	17.5	14.3	19.1	17.2	14.3	13.8
	25-34 岁	15.6	15.0	15.3	22.8	16.0	14.8
	35-44 岁	22.2	21.6	22.6	23.9	29.1	21.7
	45-54 岁	13.3	14.5	15.8	11.3	11.2	14.1
	55-64 岁	10.1	11.3	11.1	9.8	9.9	12.4
	65 岁及以上	7.0	7.5	7.3	4.9	5.5	9.4
教育程度	未受过正规教育	13.1	13.0	13.7	12.9	13.2	16.8
	小学	32.4	33.4	26.8	27.4	36.1	37.5
	初中	37.8	35.9	37.0	40.9	39.0	34.9
	高中	13.3	13.9	17.6	13.9	10.1	9.5
	大学及以上	3.5	3.7	4.8	4.8	1.6	1.3
职业类别	干部/管理人员	0.7	0.8	1.0	0.7	0.3	0.5
	个体/私营企业人员	5.3	5.1	7.1	7.4	4.7	4.1
	初级公务员/雇员	3.7	4.3	4.6	4.5	2.3	1.3
	工人	3.9	3.4	5.7	5.6	4.7	1.4
	学生	18.9	20.5	10.4	12.1	15.5	18.1
	无业	11.1	10.5	15.8	11.4	8.1	7.2
	其他	56.3	55.5	55.4	58.3	64.3	67.3
个人月收入	0-300 元	57.7	64.2	28.7	34.3	55.7	72.3
	301-600 元	16.3	16.0	22.8	24.0	18.6	12.4
	601-900 元	11.8	9.0	22.0	19.1	11.3	8.0
	901-1200 元	9.0	6.1	17.8	16.0	10.5	4.4
	1201 元及以上	5.2	4.7	8.6	6.5	3.9	2.8

表 3.5.6　2006－2008 年甘肃市场各类节目的播出份额（%）和收视份额（%）

节目类别	2006 年		2007 年		2008 年	
	播出份额	收视份额	播出份额	收视份额	播出份额	收视份额
财经	1.7	0.2	2.0	0.4	2.2	0.5
电视剧	25.3	44.8	35.6	54.6	36.6	49.7
电影	3.0	2.4	4.3	4.8	3.9	4.6
法制	1.3	1.2	1.3	1.6	1.1	1.5
教学	0.3	0.0	0.9	0.2	0.9	0.2
青少	5.1	2.1	4.8	2.8	5.4	3.7
生活服务	5.5	3.0	10.3	3.1	9.1	3.0
体育	1.9	1.4	2.7	1.9	3.4	5.7
外语	0.3	0.0	0.4	0.1	0.3	0.1
戏剧	1.5	0.9	1.4	0.9	1.3	0.7
新闻/时事	14.1	12.7	11.4	14.1	12.4	16.3
音乐	1.2	0.9	2.7	1.1	3.3	0.8
专题片	12.0	4.7	13.4	6.5	12.9	6.0
综艺	8.0	6.5	8.1	7.8	6.3	7.2
其他	18.9	19.3	0.8	0.3	0.9	0.3

表 3.5.7　2008 年甘肃市场所有节目收视率排名前三十位

名次	节目名称	节目类型	播出频道	平均收视率（%）	平均占有率（%）
1	中国中央电视台 2008 春节联欢晚会	综艺	中央电视台综合频道	41.6	71.5
2	第 29 届奥林匹克运动会开幕式	体育	中央电视台综合频道	40.7	82.6
3	一年又一年二 00 八动起来	综艺	中央电视台综合频道	39.6	60.0
4	第 29 届奥林匹克运动会闭幕式	体育	中央电视台综合频道	35.4	59.5
5	北京 2008 年残奥会闭幕式	体育	中央电视台综合频道	35.3	67.0
6	北京 2008 年残奥会开幕式	体育	中央电视台综合频道	30.6	71.3
7	李小龙传奇	电视剧	中央电视台综合频道	27.8	50.1
8	2008 年第 29 届奥运会女子排球小组赛 A 组（中国 VS 委内瑞拉）	体育	中央电视台综合频道	27.1	48.8
9	2008 年第 29 届奥运会女排小组赛（中国 VS 波兰）	体育	中央电视台综合频道	25.5	42.1
10	2008 年第 29 届奥运会男子举重 56 公斤级决赛	体育	中央电视台综合频道	25.3	44.2
11	乡村爱情第二部	电视剧	中央电视台综合频道	24.7	36.8
12	中央电视台 2008 年元宵晚会	综艺	中央电视台综合频道	22.7	35.6
13	第 29 届奥运会乒乓球男团小组赛	体育	中央电视台综合频道	21.4	40.5
14	2008 年第 29 届奥运会女足小组赛（中国队 VS 阿根廷队）	体育	中央电视台综合频道	21.1	39.1

续表

名次	节目名称	节目类型	播出频道	平均收视率(%)	平均占有率(%)
15	新闻联播	新闻/时事	中央电视台综合频道	20.9	59.8
16	2008年第29届奥运会女排小组赛（中国VS古巴）	体育	中央电视台综合频道	20.7	36.8
17	闯关东	电视剧	中央电视台综合频道	20.7	31.6
18	艺术人生	专题	中央电视台综合频道	20.6	31.0
19	曲苑杂坛春节特别节目2008年正月正晚会	综艺	中央电视台综合频道	19.9	29.0
20	天气预报	生活服务	中央电视台综合频道	19.8	46.6
21	2008年第29届奥运会田径比赛	体育	中央电视台综合频道	19.2	37.2
22	2008年第29届奥运会乒乓球女团决赛	体育	中央电视台综合频道	19.2	36.8
23	2008年第29届奥运会田径比赛男子200米小组赛	体育	中央电视台综合频道	19.2	35.4
24	2008年第29届奥运会男子蹦床决赛	体育	中央电视台综合频道	19.1	30.8
25	真挚的关怀深入的指导	新闻/时事	中央电视台综合频道	18.3	31.8
26	拉萨3.14打砸抢烧暴力事件纪实	专题	中央电视台综合频道	18.2	36.6
27	CCTV2007感动中国颁奖盛典	专题	中央电视台综合频道	18.0	28.5
28	万家灯火平安夜公安部2008年春节晚会	综艺	中央电视台综合频道	17.9	29.7
29	爱的奉献2008宣传文化系统抗震救灾大型募捐活动(5月18日)	综艺	中央电视台综合频道	16.8	46.0
30	焦点访谈	新闻/时事	中央电视台综合频道	16.8	36.3

表3.5.8　2008年甘肃市场电视剧收视率排名前十位

名次	节目名称	播出频道	平均收视率(%)	平均占有率(%)
1	李小龙传奇	中央电视台综合频道	27.8	50.1
2	乡村爱情第二部	中央电视台综合频道	24.7	36.8
3	闯关东	中央电视台综合频道	20.7	31.6
4	清凌凌的水蓝莹莹的天	中央电视台综合频道	16.7	26.4
5	任弼时	中央电视台综合频道	13.5	22.1
6	周恩来在重庆	中央电视台综合频道	13.2	21.1
7	绝密押运	中央电视台综合频道	12.8	27.1
8	浴血坚持	中央电视台综合频道	11.4	21.0
9	兵心依旧	中央电视台综合频道	11.3	21.1
10	黑金地的女人	中央电视台综合频道	11.0	27.3

表 3.5.9 2008 年甘肃市场新闻节目收视率排名前十位

名次	节目名称	播出频道	平均收视率（%）	平均占有率（%）
1	新闻联播	中央电视台综合频道	21.0	60.5
2	真挚的关怀深入的指导	中央电视台综合频道	18.3	31.8
3	焦点访谈	中央电视台综合频道	16.8	36.3
4	温家宝在汶川映秀镇会见中外记者	中央电视台综合频道	16.7	44.3
5	新闻联播（5 月 13 - 17 日、5 月 19 - 21 日，21:00）	中央电视台综合频道	16.7	31.1
6	神七问天直播特别节目	中央电视台综合频道	8.9	23.0
7	第十一届全国人民代表大会第一次会议特别报道	中央电视台综合频道	7.6	21.9
8	抗震救灾众志成城	中央电视台综合频道	7.4	22.0
9	一起看奥运	中央电视台综合频道	7.3	14.2
10	新闻 1 +1	中央电视台综合频道	6.0	19.9

表 3.5.10 2008 年甘肃市场专题节目收视率排名前十位

名次	节目名称	播出频道	平均收视率（%）	平均占有率（%）
1	艺术人生	中央电视台综合频道	20.6	31.0
2	拉萨 3.14 打砸抢烧暴力事件纪实	中央电视台综合频道	18.2	36.6
3	CCTV2007 感动中国颁奖盛典	中央电视台综合频道	18.0	28.5
4	纪录中国中国记者在 2008	中央电视台综合频道	10.7	21.9
5	奔腾的宁夏	中央电视台综合频道	9.9	20.5
6	全国迎奥运讲文明树新风礼仪知识竞赛	中央电视台综合频道	8.7	17.6
7	跨越海南经济特区 20 年纪实	中央电视台综合频道	8.6	14.7
8	伟大的历程	中央电视台综合频道	7.4	12.3
9	抗震救灾众志成城特别节目希望	中央电视台综合频道	7.0	14.8
10	2008 当代工人 5.1 特别节目沧海跨越	中央电视台综合频道	6.5	11.6

表 3.5.11 2008 年甘肃市场综艺节目收视率排名前十位

名次	节目名称	播出频道	平均收视率（%）	平均占有率（%）
1	中国中央电视台 2008 春节联欢晚会	中央电视台综合频道	41.6	71.5
2	一年又一年二 00 八动起来	中央电视台综合频道	39.6	60.0
3	中央电视台 2008 年元宵晚会	中央电视台综合频道	22.7	35.6
4	曲苑杂坛春节特别节目 2008 年正月正晚会	中央电视台综合频道	19.9	29.0
5	万家灯火平安夜公安部 2008 年春节晚会	中央电视台综合频道	17.9	29.7
6	爱的奉献 2008 宣传文化系统抗震救灾大型募捐活动（5 月 18 日 ）	中央电视台综合频道	16.8	46.0
7	2008 文化部春节电视晚会	中央电视台综合频道	16.4	34.2
8	旗帜高扬春光好 2008 年军民迎新春文艺晚会	中央电视台综合频道	14.0	24.4
9	迈向太空中央电视台心连心艺术团赴酒泉卫星发射中心慰问演出	中央电视台综合频道	13.2	24.4
10	八桂飞歌中央电视台心连心艺术团赴广西崇左慰问演出	中央电视台综合频道	13.2	22.4

表 3.5.12 2008 年甘肃市场奥运会、残奥会比赛收视率排名前十位

名次	节目名称	播出频道	平均收视率（%）	平均占有率（%）
1	2008 年第 29 届奥运会女子排球小组赛 A 组（中国 VS 委内瑞拉）	中央电视台综合频道	27.1	48.8
2	2008 年第 29 届奥运会女排小组赛（中国 VS 波兰）	中央电视台综合频道	25.5	42.1
3	2008 年第 29 届奥运会男子举重 56 公斤级决赛	中央电视台综合频道	25.3	44.2
4	第 29 届奥运会乒乓球男团小组赛	中央电视台综合频道	21.4	40.5
5	2008 年第 29 届奥运会女足小组赛（中国队 VS 阿根廷队）	中央电视台综合频道	21.1	39.1
6	2008 年第 29 届奥运会女排小组赛（中国 VS 古巴）	中央电视台综合频道	20.7	36.8
7	2008 年第 29 届奥运会田径比赛	中央电视台综合频道	19.2	37.2
8	2008 年第 29 届奥运会乒乓球女团决赛	中央电视台综合频道	19.2	36.8
9	2008 年第 29 届奥运会田径比赛男子 200 米小组赛	中央电视台综合频道	19.2	35.4
10	2008 年第 29 届奥运会男子蹦床决赛	中央电视台综合频道	19.1	30.8

表 3.5.13 2008 年甘肃市场体育节目收视率排名前十位（奥运会、残奥会比赛除外）

名次	节目名称	播出频道	平均收视率（%）	平均占有率（%）
1	第 29 届奥林匹克运动会开幕式	中央电视台综合频道	40.7	82.6
2	第 29 届奥林匹克运动会闭幕式	中央电视台综合频道	35.4	59.5
3	北京 2008 年残奥会闭幕式	中央电视台综合频道	35.3	67.0
4	北京 2008 年残奥会开幕式	中央电视台综合频道	30.6	71.3
5	聚焦残奥会	中央电视台综合频道	9.8	19.4
6	奖牌榜	中央电视台综合频道	9.4	17.6
7	奥运来了特别节目	中央电视台综合频道	7.1	14.6
8	奥运快讯	中央电视台综合频道	6.0	27.7
9	再见北京伦敦再见	中央电视台综合频道	5.5	36.3
10	CCTV1 奥运演播室	中央电视台综合频道	5.4	32.9

六、广东收视数据

表 3.6.1 2005－2008 年广东市场各类频道的市场占有率（%）

频道类别	年份			
	2005 年	2006 年	2007 年	2008 年
中央台频道	17.4	18.9	18.2	19.3
中国教育台频道	0.1	0.1	0.4	0.4
广东省级频道	28.2	29.1	48.7	46.6
境外频道	29.2	22.6	12.0	12.1
其他省级卫视频道	8.5	9.3	6.2	7.8
其他频道	16.6	20.0	14.4	13.8

注：2005－2006 年为广东城域数据，2007－2008 年为广东全省（城域＋乡域）数据。

表 3.6.2 2008 年广东市场各类频道在不同目标观众中的市场占有率（%）

目标观众		中央台频道	中国教育台频道	广东省级频道	境外频道	其他省级卫视频道	其他频道
4 岁及以上所有人		19.3	0.4	46.6	12.1	7.8	13.8
城乡	城市	20.6	0.3	28.0	19.3	12.0	19.8
	农村	18.4	0.5	59.3	7.3	4.9	9.7
性别	男	20.6	0.4	47.9	10.9	7.0	13.1
	女	17.9	0.4	45.3	13.3	8.6	14.5
年龄	4－14 岁	16.0	0.6	50.0	11.0	9.3	13.2
	15－24 岁	20.3	0.4	42.1	14.0	10.4	12.7
	25－34 岁	17.1	0.2	50.3	12.2	6.7	13.5
	35－44 岁	21.5	0.4	43.7	12.7	7.2	14.5
	45－54 岁	22.7	0.3	43.9	12.2	6.6	14.4
	55－64 岁	20.8	0.8	44.6	12.2	7.1	14.5
	65 岁及以上	16.7	0.2	52.6	10.1	5.9	14.5
教育程度	未受过正规教育	13.4	0.2	59.8	7.9	6.5	12.2
	小学	15.8	0.6	52.2	10.5	7.7	13.2
	初中	19.5	0.3	47.1	11.6	7.7	13.8
	高中	24.3	0.3	37.0	15.7	8.3	14.3
	大学及以上	30.7	0.3	23.4	19.2	8.4	18.1
职业类别	干部/管理人员	36.4	0.3	26.8	13.0	7.7	15.9
	个体/私营企业人员	23.0	0.3	30.5	14.9	10.0	21.2
	初级公务员/雇员	23.8	0.3	35.0	16.4	8.3	16.3
	工人	20.4	0.4	45.6	15.2	6.9	11.6
	学生	18.5	0.6	44.6	13.0	9.9	13.4
	无业	20.9	0.3	43.6	13.3	8.2	13.7
	其他	11.3	0.5	68.9	4.4	3.8	11.1
个人月收入	0－300 元	17.7	0.5	50.4	10.8	8.0	12.6
	301－600 元	17.5	0.3	57.7	7.9	5.6	11.0
	601－900 元	19.3	0.3	43.8	12.6	8.6	15.3
	901－1200 元	24.3	0.2	36.8	15.9	8.5	14.4
	1201 元及以上	25.5	0.3	25.3	19.8	8.5	20.7

表 3.6.3 2008 年广东市场各类频道在不同时段的市场占有率(%)

时间段	中央台频道	中国教育台频道	广东省级频道	境外频道	其他省级卫视频道	其他频道
02:00 - 03:00	34.1	0.4	29.4	14.4	12.3	9.5
03:00 - 04:00	35.8	0.7	27.5	12.3	14.0	9.6
04:00 - 05:00	28.6	0.9	30.6	16.0	14.5	9.4
05:00 - 06:00	26.6	0.9	23.3	27.2	13.0	9.1
06:00 - 07:00	33.7	1.6	28.8	20.0	7.9	8.1
07:00 - 08:00	30.1	0.3	39.5	16.6	4.4	9.1
08:00 - 09:00	29.3	0.2	36.5	10.2	10.7	13.1
09:00 - 10:00	26.5	0.2	35.4	7.8	14.6	15.5
10:00 - 11:00	27.1	0.4	34.3	8.2	14.8	15.2
11:00 - 12:00	26.1	0.5	40.2	8.1	12.7	12.4
12:00 - 13:00	21.8	0.4	44.0	12.1	8.2	13.4
13:00 - 14:00	19.0	0.5	47.7	9.8	9.8	13.2
14:00 - 15:00	23.4	0.3	37.7	10.0	13.0	15.7
15:00 - 16:00	25.3	0.2	35.3	8.5	15.1	15.5
16:00 - 17:00	23.5	0.8	36.2	9.6	14.7	15.2
17:00 - 18:00	27.1	0.8	34.1	12.8	11.8	13.4
18:00 - 19:00	16.2	0.2	48.9	15.8	4.9	14.0
19:00 - 20:00	13.8	0.2	61.0	7.9	2.6	14.5
20:00 - 21:00	16.4	0.5	55.8	10.3	5.0	12.0
21:00 - 22:00	16.5	0.6	46.3	15.8	6.9	13.9
22:00 - 23:00	16.3	0.2	38.3	21.0	8.1	16.1
23:00 - 24:00	22.2	0.3	39.2	12.4	10.9	15.0
24:00 - 25:00	25.8	0.3	35.5	12.5	12.1	13.8
25:00 - 26:00	29.6	0.5	31.2	15.5	11.9	11.3

表 3.6.4 2008 年广东市场收视份额位于前十位的频道

名次	频道名称	收视份额(%)
1	广东电视台珠江频道	24.5
2	翡翠台(中文)(有线网转播)	6.4
3	广东卫视	5.4
4	南方电视台影视频道	4.9
5	中央电视台综合频道	3.3
6	中央台六套	2.9
7	湖南电视台卫星频道	2.7
8	中央台三套	2.5
9	中央台五套	2.3
10	南方电视台少儿频道	2.1

表 3.6.5　2008 年广东市场主要频道的观众构成（%）

目标观众		所有频道	主要频道				
			广东电视台珠江频道	翡翠台(中文)(有线网转播)	广东卫视	南方电视台影视频道	中央电视台综合频道
4 岁及以上所有人		100.0	100.0	100.0	100.0	100.0	100.0
城乡	城市	40.4	14.4	75.0	13.0	34.3	47.0
	农村	59.6	85.6	25.0	87.0	65.8	53.0
性别	男	50.7	51.2	41.8	50.7	49.6	52.7
	女	49.3	48.8	58.2	49.3	50.4	47.3
年龄	4－14 岁	20.6	21.2	15.9	19.0	20.3	14.1
	15－24 岁	13.7	10.4	17.3	11.0	17.8	12.0
	25－34 岁	14.8	15.5	18.2	19.4	18.9	12.8
	35－44 岁	16.1	17.4	15.6	12.1	10.3	18.1
	45－54 岁	16.1	15.8	17.2	16.7	13.8	21.6
	55－64 岁	10.7	9.4	10.1	14.2	11.7	13.4
	65 岁及以上	8.2	10.3	5.8	7.7	7.3	8.0
教育程度	未受过正规教育	9.4	14.0	6.7	6.3	11.5	5.3
	小学	33.0	40.2	25.8	35.3	33.3	26.5
	初中	32.7	33.1	30.8	38.4	32.6	33.5
	高中	18.9	11.2	26.8	14.3	19.7	23.2
	大学及以上	6.0	1.5	9.9	5.9	2.9	11.5
职业类别	干部/管理人员	2.8	1.3	2.7	1.0	1.1	5.8
	个体/私营企业人员	7.8	4.0	10.4	4.6	5.4	10.7
	初级公务员/雇员	8.3	4.1	12.9	10.3	7.6	11.2
	工人	10.5	9.1	14.4	10.5	12.5	10.4
	学生	24.1	20.8	22.1	23.8	21.2	19.9
	无业	27.6	22.8	32.1	16.4	35.3	26.6
	其他	18.9	38.0	5.5	33.5	17.0	15.5
个人月收入	0－300 元	57.2	63.3	46.6	62.9	62.8	48.1
	301－600 元	14.4	19.5	10.2	17.0	17.9	14.1
	601－900 元	8.0	6.9	9.2	11.5	5.3	8.2
	901－1200 元	6.8	4.6	10.0	3.1	6.2	7.2
	1201 元及以上	13.7	5.6	24.0	5.6	7.7	22.4

表 3.6.6　2006－2008 年广东市场各类节目的播出份额（%）和收视份额（%）

节目类别	2006 年		2007 年		2008 年	
	播出份额	收视份额	播出份额	收视份额	播出份额	收视份额
电视剧	24.7	34.9	25.0	39.9	27.7	34.3
电影	3.0	5.0	2.9	5.1	3.5	7.6
教学	0.3	0.1	0.5	0.0	0.7	0.1
青少	5.4	4.4	5.2	3.4	4.9	4.7
体育	2.8	5.1	2.8	3.3	3.9	5.9
戏剧	1.3	0.3	1.2	1.1	1.1	0.7
新闻/时事	13.5	13.0	13.0	12.5	9.9	11.4
音乐	1.2	1.4	1.9	1.0	2.6	0.8
专题	11.6	5.9	11.6	4.5	9.9	5.2
综艺	8.4	10.3	8.6	8.7	5.5	8.2
外语	0.2	0.0	0.2	0.1	0.2	0.0
财经	1.6	0.4	1.5	0.3	1.7	0.5
生活服务	5.0	2.6	7.1	5.3	10.2	6.9
法制	1.2	0.8	1.2	0.5	0.9	0.8
其他	19.8	15.9	17.4	14.4	17.3	13.0

表 3.6.7　2008 年广东市场所有节目收视率排名前三十位

名次	节目名称	节目类型	播出频道	平均收视率(%)	平均占有率(%)
1	妈妈为我嫁	电视剧	广东电视台珠江频道	22.8	51.8
2	中国兄弟连	电视剧	广东电视台珠江频道	21.8	49.3
3	少林寺传奇第一部	电视剧	广东电视台珠江频道	21.0	48.6
4	女人一辈子(10 月 2-28 日)	电视剧	广东电视台珠江频道	20.3	47.4
5	特殊使命	电视剧	广东电视台珠江频道	19.8	42.5
6	精武陈真	电视剧	广东电视台珠江频道	19.2	45.9
7	外来媳妇本地郎	电视剧	广东电视台珠江频道	17.9	44.9
8	母仪天下	电视剧	广东电视台珠江频道	17.0	40.9
9	辛家媳妇	电视剧	广东电视台珠江频道	17.0	39.9
10	真情无限姐妹	电视剧	广东电视台珠江频道	16.4	40.5
11	女人何苦为难女人	电视剧	广东电视台珠江频道	16.4	37.5
12	金婚	电视剧	广东电视台珠江频道	15.8	34.8
13	抗震救灾传递爱心	专题	广东电视台珠江频道	15.8	31.5
14	七十二家房东	电视剧	广东电视台珠江频道	15.2	36.8
15	画之缘	电视剧	广东电视台珠江频道	15.1	36.4
16	上海王	电视剧	广东电视台珠江频道	14.8	38.6
17	焦点访谈(5 月 20-21 日)	新闻/时事	广东电视台珠江频道	14.2	35.1
18	啼笑宝珠缘	电视剧	广东电视台珠江频道	13.6	29.8
19	拯救之非常地带	电视剧	广东电视台珠江频道	13.4	37.0
20	娱乐升平	综艺	广东电视台珠江频道	13.4	30.6
21	鹿鼎记	电视剧	广东电视台珠江频道	12.9	37.1
22	2008 年世界亚裔小姐大赛广东选拔赛决赛	综艺	广东电视台珠江频道	12.9	29.2
23	天气预报	生活服务	广东电视台珠江频道	12.7	41.1
24	永恒的旋律纪念改革开放 30 周年暨 2008 名家名歌广东演唱会	音乐	广东电视台珠江频道	11.6	27.8
25	魔幻手机	电视剧	广东电视台珠江频道	11.4	29.4
26	南粤歌王鼎湖山泉南粤歌王争霸赛	综艺	广东电视台珠江频道	11.4	29.3
27	欢乐珠江	综艺	广东电视台珠江频道	11.3	26.9
28	粤韵风华	戏剧	广东电视台珠江频道	10.7	25.0
29	转播中央台新闻联播(5 月 20-21 日)	新闻/时事	广东电视台珠江频道	10.6	31.2
30	川粤同心情满珠江	综艺	广东电视台珠江频道	10.6	25.2

表 3.6.8　2008 年广东市场电视剧收视率排名前十位

名次	节目名称	播出频道	平均收视率（%）	平均占有率（%）
1	妈妈为我嫁	广东电视台珠江频道	22.8	51.8
2	中国兄弟连	广东电视台珠江频道	21.8	49.3
3	少林寺传奇第一部	广东电视台珠江频道	21.0	48.6
4	女人一辈子（10 月 2－28 日）	广东电视台珠江频道	20.3	47.4
5	特殊使命	广东电视台珠江频道	19.8	42.5
6	精武陈真	广东电视台珠江频道	19.2	45.9
7	外来媳妇本地郎	广东电视台珠江频道	17.9	44.9
8	辛家媳妇	广东电视台珠江频道	17.0	39.9
9	母仪天下	广东电视台珠江频道	16.8	40.9
10	真情无限姐妹	广东电视台珠江频道	16.4	40.5

表 3.6.9　2008 年广东市场新闻节目收视率排名前十位

名次	节目名称	播出频道	平均收视率（%）	平均占有率（%）
1	焦点访谈（5 月 20－21 日）	广东电视台珠江频道	14.2	35.1
2	转播中央台新闻联播（5 月 20－21 日）	广东电视台珠江频道	10.6	31.2
3	今日关注	广东电视台珠江频道	9.5	27.1
4	630 新闻	广东电视台珠江频道	8.1	33.8
5	抗震救灾众志成城（5 月 16、19、20、21 日）	广东电视台珠江频道	4.7	27.3
6	晚间新闻（5 月 19－21 日）	广东电视台珠江频道	3.9	22.5
7	神舟七号升空	翡翠台（中文）（有线网转播）	3.1	8.0
8	广东卫视新闻	广东卫视	3.1	7.4
9	社会纵横	广东卫视	2.8	7.0
10	焦点访谈（9 月 6 日）	广东卫视	2.2	5.0

表 3.6.10　2008 年广东市场专题节目收视率排名前十位

名次	节目名称	播出频道	平均收视率（%）	平均占有率（%）
1	抗震救灾传递爱心	广东电视台珠江频道	15.8	31.5
2	名家点评	广东电视台珠江频道	8.6	26.2
3	法证先锋第二部终极解构	翡翠台（中文）（有线网转播）	5.8	20.2
4	举国哀悼	广东卫视	5.7	11.3
5	珠江纪事	广东电视台珠江频道	5.4	17.7
6	后奶业风波时代语录	广东电视台珠江频道	3.8	14.6
7	文化珠江	广东电视台珠江频道	3.7	13.3
8	肥姐我们永远怀念您	翡翠台（中文）（有线网转播）	3.4	17.4
9	唱响南粤走进遂溪	广东卫视	3.3	7.4
10	第一访谈特别节目大爱抗震救灾彰显广东精神	广东卫视	3.1	7.8

表 3.6.11　2008 年广东市场综艺节目收视率排名前十位

名次	节目名称	播出频道	平均收视率(%)	平均占有率(%)
1	娱乐升平	广东电视台珠江频道	13.4	30.6
2	2008 年世界亚裔小姐大赛广东选拔赛决赛	广东电视台珠江频道	12.9	29.2
3	南粤歌王鼎湖山泉南粤歌王争霸赛	广东电视台珠江频道	11.4	29.3
4	欢乐珠江	广东电视台珠江频道	11.3	26.9
5	川粤同心情满珠江	广东电视台珠江频道	10.6	25.2
6	外来媳妇本地郎抗震救灾特别节目	广东电视台珠江频道	10.0	28.8
7	粤港同心暖华南大型慈善赈灾晚会	广东电视台珠江频道	9.4	24.4
8	中国中央电视台 2008 春节联欢晚会	中央电视台综合频道	8.3	22.3
9	爱的奉献 2008 宣传文化系统抗震救灾大型募捐活动（5 月 18 日）	广东卫视	6.8	20.1
10	青春万岁粤港澳青年纪念改革开放三十周年大型歌会	广东卫视	5.9	14.8

表 3.6.12　2008 年广东市场奥运会、残奥会比赛收视率排名前十位

名次	节目名称	播出频道	平均收视率(%)	平均占有率(%)
1	2008 年第 29 届奥运会乒乓球女子单打决赛	中央台五套	10.4	25.5
2	2008 年第 29 届奥运会女排小组赛(中国 VS 古巴)	中央电视台综合频道	9.6	21.7
3	2008 年第 29 届奥运会男子举重 56 公斤级决赛	中央电视台综合频道	8.7	20.5
4	2008 年第 29 届奥运会男子举重 62 公斤级决赛	中央台五套	8.6	20.4
5	2008 年第 29 届奥运会跳水男子单人 10 米跳台决赛	中央电视台综合频道	8.0	17.0
6	2008 年第 29 届奥运会女排小组赛(中国 VS 波兰)	中央电视台综合频道	7.8	16.9
7	2008 年第 29 届奥运会乒乓球男子团体决赛	中央台五套	7.5	17.6
8	2008 年第 29 届奥运会女子链球决赛	中央电视台综合频道	6.9	15.2
9	第 29 届奥运会乒乓球男团小组赛	中央电视台综合频道	6.8	15.1
10	2008 年第 29 届奥运会乒乓球男子单打决赛	中央台五套	6.8	14.2

表 3.6.13　2008 年广东市场体育节目收视率排名前十位（奥运会、残奥会比赛除外）

名次	节目名称	播出频道	平均收视率（%）	平均占有率（%）
1	第 29 届奥林匹克运动会开幕式	中央台五套	9.0	18.6
2	第 29 届奥林匹克运动会开幕式	中央电视台综合频道	6.9	14.2
3	第 29 届奥林匹克运动会开幕式	广东卫视	6.0	12.4
4	北京 2008 年残奥会开幕式	广东卫视	4.7	12.6
5	第 29 届奥林匹克运动会闭幕式	广东卫视	4.6	8.9
6	北京 2008 年残奥会闭幕式	广东卫视	4.5	12.9
7	直播周末：第 49 届世界乒乓球团体锦标赛男团决赛	中央台五套	4.2	9.5
8	北京奥运 2008 闭幕礼	翡翠台（中文）（有线网转播）	4.2	8.9
9	北京奥运 2008 开幕礼	翡翠台（中文）（有线网转播）	3.7	7.9
10	亚运吉祥第 16 届亚洲运动会吉祥物发布仪式	广东卫视	3.6	8.0

七、广西收视数据

表 3.7.1 2004－2008 年广西市场各类频道的市场占有率（%）

频道类别	年份				
	2004 年	2005 年	2006 年	2007 年	2008 年
中央台频道	12.1	12.4	14.4	19.1	27.6
中国教育台频道	0.1	0.1	0.1	0.2	0.1
广西省级频道	47.2	43.2	44.1	42.2	38.2
其他省级卫视频道	15.3	18.9	18.0	17.6	18.4
其他频道	25.4	25.5	23.4	20.9	15.7

表 3.7.2 2008 年广西市场各类频道在不同目标观众中的市场占有率（%）

目标观众		中央台频道	中国教育台频道	广西省级频道	其他省级卫视频道	其他频道
4 岁及以上所有人		27.6	0.1	38.2	18.4	15.7
地区	城市	35.6	0.2	34.6	11.7	17.9
	农村	26.6	0.1	38.6	19.2	15.5
性别	男	29.6	0.1	37.1	18.2	15.1
	女	25.5	0.1	39.4	18.6	16.5
年龄	4－14 岁	27.5	0.1	38.5	16.2	17.8
	15－24 岁	22.2	0.1	39.9	20.4	17.4
	25－34 岁	26.0	0.1	36.7	17.4	19.8
	35－44 岁	30.1	0.2	37.0	20.5	12.3
	45－54 岁	28.4	0.1	40.9	18.0	12.6
	55－64 岁	34.7	0.2	36.7	14.7	13.8
	65 岁及以上	31.2	0.2	35.9	18.9	13.7
教育程度	未受过正规教育	31.0	0.1	38.8	19.8	10.3
	小学	24.5	0.1	39.8	19.0	16.6
	初中	26.9	0.1	38.3	18.3	16.5
	高中	37.6	0.2	32.9	16.2	13.2
	大学及以上	44.8	0.1	26.6	13.3	15.2
职业类别	干部/管理人员	43.0	0.1	26.7	16.9	13.3
	个体/私营企业人员	27.3	0.1	41.0	12.0	19.6
	初级公务员/雇员	39.4	0.1	28.7	13.7	18.0
	工人	28.0	0.1	43.9	12.6	15.3
	学生	25.2	0.1	39.1	15.3	20.3
	无业	36.3	0.1	34.9	14.9	13.9
	其他	25.4	0.2	38.4	21.3	14.8
个人月收入	0－300 元	25.5	0.1	38.5	18.8	17.0
	301－600 元	26.8	0.2	37.9	20.8	14.4
	601－900 元	32.1	0.1	41.7	14.2	11.9
	901－1200 元	47.3	0.1	29.0	10.1	13.5
	1201 元及以上	45.0	0.1	28.8	11.9	14.1

表 3.7.3　2008 年广西市场各类频道不同时段的市场占有率（%）

时间段	中央台频道	中国教育台频道	广西省级频道	其他省级卫视频道	其他频道
02:00 - 03:00	34.2	0.0	7.6	34.4	23.9
03:00 - 04:00	32.1	0.0	7.3	40.4	20.2
04:00 - 05:00	30.8	0.0	15.5	42.6	11.1
05:00 - 06:00	32.6	0.0	31.9	27.3	8.2
06:00 - 07:00	46.1	0.1	20.9	17.3	15.6
07:00 - 08:00	52.5	0.1	23.2	13.0	11.2
08:00 - 09:00	40.2	0.1	30.8	18.9	10.0
09:00 - 10:00	34.0	0.1	30.2	22.4	13.4
10:00 - 11:00	35.5	0.2	27.3	23.0	14.1
11:00 - 12:00	36.8	0.2	23.5	22.6	16.9
12:00 - 13:00	41.8	0.2	25.1	19.6	13.3
13:00 - 14:00	33.5	0.4	25.2	25.6	15.4
14:00 - 15:00	30.7	0.2	23.2	28.9	17.1
15:00 - 16:00	30.3	0.2	19.2	32.7	17.7
16:00 - 17:00	33.5	0.2	21.7	30.6	14.0
17:00 - 18:00	39.8	0.2	28.7	18.9	12.5
18:00 - 19:00	25.6	0.1	51.9	9.4	13.0
19:00 - 20:00	26.4	0.1	48.0	9.8	15.7
20:00 - 21:00	23.4	0.1	43.2	18.3	15.1
21:00 - 22:00	24.4	0.1	36.6	21.8	17.1
22:00 - 23:00	25.1	0.1	28.3	24.8	21.7
23:00 - 24:00	28.9	0.1	31.5	21.8	17.8
24:00 - 25:00	33.1	0.1	23.0	20.6	23.2
25:00 - 26:00	31.2	0.0	14.1	26.9	27.7

表 3.7.4　2008 年广西市场收视份额位于前十位的频道

名次	频道名称	收视份额（%）
1	广西电视台综艺频道	18.9
2	广西电视台卫星频道	13.6
3	中央电视台综合频道	10.3
4	广西电视台都市频道	3.8
5	湖南电视台卫星频道	3.5
6	中央电视台少儿频道	3.2
7	中央台六套	2.7
8	安徽卫视	2.4
9	中央台五套	2.3
10	中央台八套	2.0

表 3.7.5 2008 年广西市场各主要频道的观众构成(%)

目标观众		所有频道	主要频道				
			广西电视台综艺频道	广西电视台卫星频道	中央电视台综合频道	广西电视台都市频道	湖南电视台卫星频道
4 岁及以上所有人		100.0	100.0	100.0	100.0	100.0	100.0
城乡	城市	11.3	9.2	9.7	14.3	14.5	10.3
	农村	88.7	90.8	90.3	85.7	85.5	89.7
性别	男	52.9	49.1	54.4	55.2	48.4	47.3
	女	47.1	50.9	45.6	44.8	51.6	52.7
年龄	4-14 岁	16.2	17.4	16.8	9.6	12.5	14.9
	15-24 岁	21.2	24.8	20.3	19.9	15.5	35.0
	25-34 岁	15.9	16.0	13.9	16.7	16.5	17.0
	35-44 岁	18.9	17.2	17.5	20.5	25.0	17.5
	45-54 岁	11.9	12.1	13.8	13.8	12.6	7.8
	55-64 岁	9.2	8.0	9.2	11.0	10.5	4.8
	65 岁及以上	6.7	4.6	8.4	8.6	7.3	3.0
教育程度	未受过正规教育	7.2	6.2	9.3	5.8	7.3	6.4
	小学	34.5	36.2	37.3	28.1	32.2	25.5
	初中	47.4	49.4	44.3	49.9	49.5	57.2
	高中	9.1	7.3	8.1	13.3	8.2	8.7
	大学及以上	1.8	0.9	1.0	2.9	2.9	2.2
职业类别	干部/管理人员	0.4	0.3	0.1	0.5	0.9	0.7
	个体/私营企业人员	7.1	8.4	4.4	6.9	10.7	7.2
	初级公务员/雇员	2.3	1.4	1.5	2.9	3.7	2.5
	工人	5.0	7.4	3.8	5.0	5.2	9.6
	学生	11.7	13.6	11.0	6.4	9.0	11.8
	无业	14.7	13.7	11.4	14.5	18.3	13.4
	其他	58.8	55.2	67.8	63.8	52.2	54.8
个人月收入	0-300 元	61.1	65.1	63.2	57.5	49.3	62.9
	301-600 元	23.1	20.3	25.2	23.7	25.2	17.8
	601-900 元	9.5	9.9	8.4	10.0	16.2	13.7
	901-1200 元	3.2	2.5	1.8	4.4	4.5	2.5
	1201 元及以上	3.1	2.2	1.4	4.4	4.8	3.1

表 3.7.6 2006-2008 年广西电视收视市场各类节目的播出份额(%)和收视份额(%)

节目类别	2006 年		2007 年		2008 年	
	播出份额	收视份额	播出份额	收视份额	播出份额	收视份额
青少	5.0	2.3	4.7	2.3	4.9	3.9
戏剧	1.5	0.1	1.3	0.1	1.1	0.1
教学	0.4	0.0	0.5	0.0	0.5	0.0
综艺	8.1	7.4	8.3	7.3	7.0	5.9
外语	0.3	0.0	0.2	0.1	0.2	0.1
电影	3.0	2.2	2.9	2.4	2.7	2.2
音乐	1.2	1.2	2.0	0.8	2.5	0.4
新闻/时事	14.2	9.4	13.8	9.4	14.0	11.5
体育	2.0	1.2	2.9	1.4	3.6	4.6
电视剧	25.7	46.1	25.8	45.6	25.4	41.5
专题	12.0	4.6	11.5	4.9	11.5	4.4
财经	1.5	0.2	1.6	0.1	1.7	0.2
生活服务	4.8	2.8	7.0	4.1	8.0	4.3
法制	1.3	0.7	1.3	1.0	1.2	1.5
其他	19.0	22.0	16.4	20.6	15.9	19.5

表 3.7.7 2008 年广西市场所有节目类型收视率排名前三十位

名次	节目名称	节目类型	播出频道	平均收视率（%）	平均占有率（%）
1	第 29 届奥林匹克运动会闭幕式	体育	中央电视台综合频道	36.2	61.5
2	第 29 届奥林匹克运动会开幕式	体育	中央电视台综合频道	29.2	66.1
3	北京 2008 年残奥会闭幕式	体育	中央电视台综合频道	26.1	49.1
4	北京 2008 年残奥会开幕式	体育	中央电视台综合频道	22.9	58.5
5	2008 年第 29 届奥运会女子排球小组赛 A 组（中国 VS 委内瑞拉）	体育	中央电视台综合频道	18.1	31.1
6	生死英雄	电视剧	广西电视台综艺频道	17.1	38.1
7	龙游天下	电视剧	广西电视台综艺频道	16.5	36.8
8	春蚕织梦	电视剧	广西电视台综艺频道	15.9	34.7
9	顺娘	电视剧	广西电视台综艺频道	15.6	34.1
10	2008 年第 29 届奥运会女排小组赛（中国 VS 波兰）	体育	中央电视台综合频道	15.4	28.2
11	魔剑生死棋	电视剧	广西电视台综艺频道	14.7	32.0
12	2008 年第 29 届奥运会乒乓球女团决赛	体育	中央电视台综合频道	14.7	25.2
13	精武陈真	电视剧	广西电视台综艺频道	14.3	33.0
14	2008 年第 29 届奥运会男子举重 56 公斤级决赛	体育	中央电视台综合频道	14.0	25.1
15	2008 年第 29 届奥运会女排小组赛（中国 VS 古巴）	体育	中央电视台综合频道	13.5	26.9
16	2008 年第 29 届奥运会男子蹦床决赛	体育	中央电视台综合频道	13.5	23.2
17	2008 年第 29 届奥运会女子链球决赛	体育	中央电视台综合频道	13.4	23.0
18	大宋惊世传奇	电视剧	广西电视台综艺频道	13.3	31.3
19	2008 年第 29 届奥运会女足小组赛（中国队 VS 阿根廷队）	体育	中央电视台综合频道	13.3	24.1
20	陪你到世界的尽头	电视剧	广西电视台综艺频道	13.1	28.2
21	2008 年第 29 届奥运会女子蹦床决赛	体育	中央电视台综合频道	13.0	21.6
22	2008 年第 29 届奥运会田径比赛男子 200 米小组赛	体育	中央电视台综合频道	12.8	21.6
23	第 29 届奥运会乒乓球男团小组赛	体育	中央电视台综合频道	12.7	23.3
24	野玫瑰不流泪	电视剧	广西电视台综艺频道	12.6	28.8
25	2008 年第 29 届奥运会跳水男子单人 10 米跳台决赛	体育	中央电视台综合频道	12.6	25.9

续表

名次	节目名称	节目类型	播出频道	平均收视率(%)	平均占有率(%)
26	2008年第29届奥运会乒乓球男子团体半决赛	体育	中央电视台综合频道	12.6	25.4
27	蓝色档案	电视剧	广西电视台综艺频道	12.4	27.8
28	江湖往事	电视剧	广西电视台综艺频道	12.3	27.6
29	风月恶之花	电视剧	广西电视台综艺频道	12.2	28.6
30	中国中央电视台2008春节联欢晚会	综艺	中央电视台综合频道	12.1	37.4

表3.7.8　2008年广西市场电视剧收视率排名前十位

名次	节目名称	播出频道	平均收视率(%)	平均占有率(%)
1	生死英雄	广西电视台综艺频道	17.1	38.1
2	龙游天下	广西电视台综艺频道	16.5	36.8
3	春蚕织梦	广西电视台综艺频道	15.9	34.7
4	顺娘	广西电视台综艺频道	15.6	34.1
5	魔剑生死棋	广西电视台综艺频道	14.7	32.0
6	精武陈真	广西电视台综艺频道	14.3	33.0
7	大宋惊世传奇	广西电视台综艺频道	13.3	31.3
8	陪你到世界的尽头	广西电视台综艺频道	13.1	28.2
9	野玫瑰不流泪	广西电视台综艺频道	12.6	28.8
10	蓝色档案	广西电视台综艺频道	12.4	27.8

表3.7.9　2008年广西市场新闻节目收视率排名前十位

名次	节目名称	播出频道	平均收视率(%)	平均占有率(%)
1	广西万众一心支援灾区特别节目	广西电视台卫星频道	7.9	14.0
2	新闻联播（5月13－17日、5月19－21日，21:00）	中央电视台综合频道	7.8	19.0
3	转播中央台新闻联播（5月19日－21日，21:00）	广西电视台卫星频道	7.2	17.8
4	焦点访谈（5月19日）	广西电视台综艺频道	6.8	13.0
5	新闻联播	中央电视台综合频道	6.6	17.8
6	广西新闻	广西电视台卫星频道	6.5	13.7
7	温家宝在汶川映秀镇会见中外记者	中央电视台综合频道	6.2	15.8
8	转播中央台新闻联播（5月19日－21日，19:00）	广西电视台综艺频道	5.6	13.9
9	真挚的关怀深入的指导	中央电视台综合频道	5.6	10.9
10	转播中央台新闻联播	广西电视台卫星频道	4.6	12.4

表 3.7.10 2008 年广西市场专题类节目收视率排名前十位

名次	节目名称	播出频道	平均收视率（%）	平均占有率（%）
1	大海湾	广西电视台卫星频道	8.4	15.1
2	科学发展在广西	广西电视台卫星频道	7.0	12.4
3	奔腾的宁夏	中央电视台综合频道	4.8	10.4
4	拉萨 3.14 打砸抢烧暴力事件纪实	中央电视台综合频道	4.7	9.6
5	新闻会客厅两会特别节目小崔会客	广西电视台卫星频道	4.6	14.9
6	奥运名人堂	中央电视台综合频道	4.5	24.4
7	高端人物话三农	广西电视台卫星频道	3.2	16.5
8	纪录中国中国记者在 2008	中央电视台综合频道	3.1	7.7
9	伟大的历程	中央电视台综合频道	3.1	5.8
10	大型人物访谈系列节目依依壮乡情	广西电视台卫星频道	3.0	11.7

表 3.7.11 2008 年广西市场综艺节目收视率排名前十位

名次	节目名称	播出频道	平均收视率（%）	平均占有率（%）
1	中国中央电视台 2008 春节联欢晚会	中央电视台综合频道	12.1	37.4
2	再生缘 1 至 15 集回顾	广西电视台综艺频道	9.8	23.8
3	爱的奉献 2008 宣传文化系统抗震救灾大型募捐活动（5 月 18 日）	中央电视台综合频道	8.8	28.5
4	壮士出征孙兴明星见面会	广西电视台综艺频道	8.1	16.3
5	夺宝奇兵	广西电视台综艺频道	7.8	17.3
6	我们在一起广西支援地震灾区募捐晚会	广西电视台卫星频道	7.6	20.0
7	为了万家团圆广西公安民警抗击雨雪冰冻灾害专题晚会	广西电视台综艺频道	7.0	16.7
8	八桂情祖国颂广西各界庆祝建国 59 周年文艺晚会	广西电视台卫星频道	6.9	13.3
9	爱心奉献风雪同行广西电视台赈灾晚会	广西电视台卫星频道	6.6	17.0
10	我们都是一家人广西电视台 2008 春节晚会	广西电视台卫星频道	6.6	15.9

表 3.7.12　2008 年广西市场奥运会、残奥会比赛节目收视率排名前十位

名次	节目名称	播出频道	平均收视率(%)	平均占有率(%)
1	2008 年第 29 届奥运会女子排球小组赛 A 组（中国 VS 委内瑞拉）	中央电视台综合频道	18.1	31.1
2	2008 年第 29 届奥运会女排小组赛（中国 VS 波兰）	中央电视台综合频道	15.4	28.2
3	2008 年第 29 届奥运会乒乓球女团决赛	中央电视台综合频道	14.7	25.2
4	2008 年第 29 届奥运会男子举重 56 公斤级决赛	中央电视台综合频道	14.0	25.1
5	2008 年第 29 届奥运会女排小组赛（中国 VS 古巴）	中央电视台综合频道	13.5	26.9
6	2008 年第 29 届奥运会男子蹦床决赛	中央电视台综合频道	13.5	23.2
7	2008 年第 29 届奥运会女子链球决赛	中央电视台综合频道	13.4	23.0
8	2008 年第 29 届奥运会女足小组赛（中国队 VS 阿根廷队）	中央电视台综合频道	13.3	24.1
9	2008 年第 29 届奥运会女子蹦床决赛	中央电视台综合频道	13.0	21.6
10	2008 年第 29 届奥运会田径比赛男子 200 米小组赛	中央电视台综合频道	12.8	21.6

表 3.7.13　2008 年广西市场体育节目收视率排名前十位（奥运会、残奥会比赛除外）

名次	节目名称	播出频道	平均收视率(%)	平均占有率(%)
1	第 29 届奥林匹克运动会闭幕式	中央电视台综合频道	36.2	61.5
2	第 29 届奥林匹克运动会开幕式	中央电视台综合频道	29.2	66.1
3	北京 2008 年残奥会闭幕式	中央电视台综合频道	26.1	49.1
4	北京 2008 年残奥会开幕式	中央电视台综合频道	22.9	58.5
5	奥运第 1 天	中央电视台综合频道	10.8	21.4
6	2008 年第 29 届奥运会田径男子三级跳远颁奖仪式	中央电视台综合频道	9.5	19.4
7	第 29 届奥林匹克运动会开幕式	中央台五套	7.7	17.5
8	第 29 届奥林匹克运动会闭幕式	中央台五套	5.9	10.0
9	再见北京伦敦再见	中央电视台综合频道	5.2	39.4
10	聚焦残奥会	中央电视台综合频道	5.1	10.3

八、贵州收视数据

表 3.8.1　2004－2008 年贵州市场各类频道的市场占有率（%）

频道类别	年份				
	2004 年	2005 年	2006 年	2007 年	2008 年
中央台频道	30.5	30.6	32.3	31.3	31.5
中国教育台频道	0.2	0.6	0.8	0.3	0.5
贵州省级频道	16.9	11.1	9.6	15.9	18.3
其他省级卫视频道	45.9	49.7	46.8	43.4	41.7
其他频道	6.5	8.1	10.4	9.1	8.1

表 3.8.2　2008 年贵州市场各类频道在不同目标观众中的市场占有率（%）

目标观众		中央台频道	中国教育台频道	贵州省级频道	其他省级卫视频道	其他频道
4 岁及以上所有人		31.5	0.5	18.3	41.7	8.1
城乡	城市	41.3	0.4	17.6	24.8	16.1
	农村	30.5	0.5	18.4	43.4	7.2
性别	男	32.9	0.5	18.2	40.8	7.6
	女	30.0	0.5	18.5	42.6	8.5
年龄	4－14 岁	27.8	0.5	15.9	47.3	8.4
	15－24 岁	23.2	0.4	18.3	48.4	9.7
	25－34 岁	33.4	0.5	18.5	40.4	7.2
	35－44 岁	32.0	0.5	20.1	40.3	7.1
	45－54 岁	36.7	0.6	17.3	37.6	7.9
	55－64 岁	39.1	0.5	18.9	33.2	8.4
	65 岁及以上	37.7	0.7	20.7	34.4	6.6
教育程度	未受过正规教育	30.0	0.7	19.1	43.6	6.6
	小学	27.9	0.6	16.6	47.0	8.0
	初中	31.7	0.4	19.8	40.7	7.4
	高中	38.8	0.4	20.0	30.2	10.6
	大学及以上	50.1	0.6	16.5	22.6	10.3
职业类别	干部/管理人员	59.3	0.5	10.1	16.7	13.4
	个体/私营企业人员	35.8	0.4	21.7	36.2	5.9
	初级公务员/雇员	47.2	0.4	20.3	22.1	10.0
	工人	46.1	0.4	15.6	25.9	11.9
	学生	24.8	0.5	17.1	48.5	9.2
	无业	40.9	0.3	20.1	26.6	12.1
	其他	27.2	0.7	18.0	48.5	5.6
个人月收入	0－300 元	28.1	0.5	18.5	44.8	8.0
	301－600 元	29.5	0.6	16.5	46.8	6.7
	601－900 元	34.1	0.4	17.7	37.7	10.1
	901－1200 元	42.5	0.3	19.9	29.9	7.4
	1201 元及以上	47.1	0.4	20.1	23.1	9.3

表 3.8.3　2008 年贵州市场各类频道在不同时段的市场占有率（%）

时间段	中央台频道	中国教育台频道	贵州省级频道	其他省级卫视频道	其他频道
02:00 – 03:00	34.3	0.2	8.7	41.1	15.7
03:00 – 04:00	28.7	0.4	7.7	47.8	15.6
04:00 – 05:00	25.4	1.0	7.2	53.0	13.4
05:00 – 06:00	26.6	1.1	8.1	54.9	9.3
06:00 – 07:00	43.6	0.6	8.8	40.1	6.9
07:00 – 08:00	36.0	0.9	13.4	43.6	6.0
08:00 – 09:00	30.4	0.8	11.2	50.8	6.9
09:00 – 10:00	30.8	0.5	10.0	51.2	7.6
10:00 – 11:00	33.2	0.5	9.7	48.9	7.8
11:00 – 12:00	34.8	0.5	9.7	45.3	9.7
12:00 – 13:00	39.9	0.5	10.0	38.1	11.5
13:00 – 14:00	34.4	0.6	10.4	42.1	12.5
14:00 – 15:00	32.6	0.4	8.2	48.6	10.2
15:00 – 16:00	29.7	0.5	7.9	51.8	10.1
16:00 – 17:00	31.9	0.6	8.1	49.0	10.3
17:00 – 18:00	41.5	0.7	10.1	36.4	11.4
18:00 – 19:00	36.5	0.4	25.0	27.5	10.6
19:00 – 20:00	41.5	0.3	23.1	28.6	6.5
20:00 – 21:00	25.9	0.5	23.6	43.9	6.2
21:00 – 22:00	23.9	0.6	22.9	46.0	6.7
22:00 – 23:00	24.7	0.5	22.6	43.8	8.4
23:00 – 24:00	31.9	0.5	15.7	41.5	10.4
24:00 – 25:00	37.0	0.5	10.7	39.1	12.7
25:00 – 26:00	42.0	0.4	8.3	33.0	16.3

表 3.8.4　2008 年贵州市场收视份额位于前十位的频道

名次	频道名称	收视份额（%）
1	中央电视台综合频道	10.6
2	贵州卫视	9.9
3	湖南电视台卫星频道	5.4
4	贵州电视台影视文艺频道	4.9
5	四川卫视	4.4
6	安徽卫视	4.2
7	中央台六套	3.4
8	中央台八套	3.2
9	重庆卫视	2.8
10	中央电视台少儿频道	2.3

表 3.8.5　2008 年贵州市场主要频道的观众构成（%）

目标观众		所有频道	主要频道				
			中央电视台综合频道	贵州卫视	湖南电视台卫星频道	贵州电视台影视文艺频道	四川卫视
4 岁及以上所有人		100.0	100.0	100.0	100.0	100.0	100.0
城乡	城市	9.4	11.5	5.7	8.5	9.4	6.4
	农村	90.6	88.5	94.3	91.5	90.6	93.6
性别	男	51.2	53.4	52.3	42.7	47.5	52.1
	女	48.8	46.6	47.7	57.3	52.5	47.9
年龄	4－14 岁	17.9	12.5	16.9	20.5	13.1	16.7
	15－24 岁	19.2	15.3	19.1	27.4	18.2	18.3
	25－34 岁	15.7	15.6	11.9	17.1	21.8	15.3
	35－44 岁	17.3	17.4	18.3	14.9	20.0	17.6
	45－54 岁	12.1	15.5	11.9	8.4	10.2	14.2
	55－64 岁	10.4	13.7	11.5	7.4	10.6	10.2
	65 岁及以上	7.5	10.0	10.4	4.4	6.0	7.7
教育程度	未受过正规教育	10.0	11.0	13.6	7.6	5.9	11.7
	小学	40.4	34.5	42.0	41.1	30.6	43.1
	初中	34.3	33.8	32.6	38.4	42.6	32.3
	高中	11.8	14.4	9.9	10.8	16.0	9.5
	大学及以上	3.6	6.4	1.9	2.1	4.9	3.4
职业类别	干部/管理人员	1.0	1.8	0.4	0.5	0.9	0.6
	个体/私营企业人员	9.2	9.1	5.6	13.6	17.8	7.3
	初级公务员/雇员	6.6	10.6	4.0	4.6	12.1	5.3
	工人	4.2	5.4	1.9	2.8	4.8	3.0
	学生	26.3	18.0	26.1	31.2	21.9	24.9
	无业	12.4	13.8	8.1	9.3	20.3	8.3
	其他	40.3	41.3	53.9	38.0	22.2	50.6
个人月收入	0－300 元	60.5	53.9	70.1	58.2	49.6	63.3
	301－600 元	16.4	15.3	15.8	19.0	12.6	19.1
	601－900 元	7.5	7.6	4.2	11.5	10.3	5.7
	901－1200 元	6.3	9.7	5.5	4.9	9.4	5.2
	1201 元及以上	9.2	13.4	4.4	6.4	18.1	6.7

表 3.8.6　2006－2008 年贵州市场各类节目的播出份额（%）和收视份额（%）

节目类别	2006 年		2007 年		2008 年	
	播出份额	收视份额	播出份额	收视份额	播出份额	收视份额
财经	1.5	0.3	1.5	0.2	1.6	0.4
电视剧	25.2	39.8	25.2	37.7	26.0	37.5
电影	3.8	3.6	3.7	6.1	3.0	3.1
教学	0.4	0.1	0.5	0.1	0.5	0.1
青少	5.0	2.5	4.7	3.4	4.8	3.4
生活服务	4.7	2.7	6.9	4.7	8.1	5.5
体育	1.9	1.3	1.9	1.3	3.0	4.2
外语	0.3	0.0	0.3	0.2	0.2	0.1
戏剧	1.5	0.5	1.4	0.5	1.2	0.3
新闻/时事	13.8	11.9	13.2	10.8	13.8	14.1
音乐	1.2	1.6	2.0	1.0	1.7	0.6
专题	12.0	5.6	11.8	5.4	11.6	5.4
综艺	8.2	8.5	8.7	7.9	7.2	6.3
法制	1.3	1.0	1.3	1.0	1.3	1.0
其他	19.2	20.8	16.9	19.7	16.2	18.1

表 3.8.7　2008 年贵州市场所有节目收视率排名前三十位

名次	节目名称	节目类型	播出频道	平均收视率（%）	平均占有率（%）
1	第 29 届奥林匹克运动会开幕式	体育	中央电视台综合频道	27.7	59.9
2	第 29 届奥林匹克运动会闭幕式	体育	中央电视台综合频道	27.1	46.5
3	北京 2008 年残奥会开幕式	体育	中央电视台综合频道	20.2	47.3
4	北京 2008 年残奥会闭幕式	体育	中央电视台综合频道	17.8	34.4
5	李小龙传奇	电视剧	中央电视台综合频道	16.6	31.0
6	2008 年第 29 届奥运会男子举重 56 公斤级决赛	体育	中央电视台综合频道	13.9	24.3
7	2008 年第 29 届奥运会女子排球小组赛 A 组（中国 VS 委内瑞拉）	体育	中央电视台综合频道	13.4	26.1
8	2008 年第 29 届奥运会女足小组赛（中国队 VS 阿根廷队）	体育	中央电视台综合频道	12.7	22.3
9	2008 年第 29 届奥运会乒乓球女团决赛	体育	中央电视台综合频道	12.2	21.9
10	奥运第 1 天	体育	中央电视台综合频道	12.0	22.0
11	2008 年第 29 届奥运会女排小组赛（中国 VS 波兰）	体育	中央电视台综合频道	12.0	20.8
12	新闻联播	新闻/时事	中央电视台综合频道	11.3	34.2
13	第 29 届奥运会乒乓球男团小组赛	体育	中央电视台综合频道	11.1	20.0
14	爱的奉献 2008 宣传文化系统抗震救灾大型募捐活动	综艺	四川卫视	10.0	26.4
15	天气预报	生活服务	中央电视台综合频道	10.0	25.7
16	真挚的关怀深入的指导	新闻	中央电视台综合频道	9.9	20.0
17	2008 年第 29 届奥运会田径比赛女子 5000 米决赛	体育	中央电视台综合频道	9.5	17.8
18	温家宝在汶川映秀镇会见中外记者	新闻/时事	中央电视台综合频道	9.2	23.7
19	2008 年第 29 届奥运会男子十项全能－标枪	体育	中央电视台综合频道	9.1	17.6
20	2008 年第 29 届奥运会田径比赛女子 4×100 米接力决赛	体育	中央电视台综合频道	9.0	18.0
21	2008 年第 29 届奥运会田径比赛男子 4×400 米接力第一轮	体育	中央电视台综合频道	9.0	17.5
22	2008 年第 29 届奥运会田径比赛女子 1500 米决赛	体育	中央电视台综合频道	8.9	21.8
23	2008 年第 29 届奥运会田径比赛女子 4×400 米接力第一轮	体育	中央电视台综合频道	8.9	21.7
24	2008 年第 29 届奥运会女子跳远决赛	体育	中央电视台综合频道	8.9	17.9
25	中国中央电视台 2008 春节联欢晚会	综艺	中央电视台综合频道	8.8	55.2

续表

名次	节目名称	节目类型	播出频道	平均收视率（%）	平均占有率（%）
26	2008 年第 29 届奥运会田径男子三级跳远颁奖仪式	体育	中央电视台综合频道	8.8	17.5
27	2008 年第 29 届奥运会田径比赛男子 4×100 米接力第一轮	体育	中央电视台综合频道	8.8	15.7
28	2008 年第 29 届奥运会女子蹦床决赛	体育	中央电视台综合频道	8.8	14.1
29	2008 年第 29 届奥运会女排小组赛（中国 VS 古巴）	体育	中央电视台综合频道	8.7	17.0
30	2008 年第 29 届奥运会乒乓球男子团体半决赛	体育	中央电视台综合频道	8.5	17.6

表 3.8.8　2008 年贵州市场电视剧收视率排名前十位

名次	节目名称	播出频道	平均收视率（%）	平均占有率（%）
1	李小龙传奇	中央电视台综合频道	16.6	31.0
2	五月的鲜花	贵州卫视	7.9	17.6
3	生死十日	贵州卫视	7.8	18.7
4	光荣岁月	贵州卫视	7.8	18.5
5	大珍珠	贵州卫视	7.7	18.2
6	红墨坊	贵州卫视	7.7	17.1
7	春天后母心	贵州卫视	7.3	17.3
8	梁山伯与祝英台	贵州卫视	7.2	16.9
9	花开花落	贵州卫视	7.2	16.8
10	聊斋志异系列第二部	贵州卫视	7.0	16.3

表 3.8.9　2008 年贵州市场新闻节目收视率排名前十位

名次	节目名称	播出频道	平均收视率（%）	平均占有率（%）
1	新闻联播	中央电视台综合频道	11.3	34.2
2	真挚的关怀深入的指导	中央电视台综合频道	9.9	20.0
3	温家宝在汶川映秀镇会见中外记者	中央电视台综合频道	9.2	23.7
4	新闻联播	中央电视台综合频道	7.8	16.2
5	焦点访谈	中央电视台综合频道	7.6	18.1
6	特别报道（19:40）	贵州卫视	6.7	16.7
7	汶川地震特别报道	四川卫视	6.2	22.7
8	贵州省人民政府新闻办公室新闻发布会	贵州卫视	6.1	15.7
9	一起看奥运	中央电视台综合频道	5.2	9.7
10	转播中央台新闻联播	贵州卫视	4.3	13.1

表 3.8.10　2008 年贵州市场专题节目收视率排名前十位

名次	节目名称	播出频道	平均收视率(%)	平均占有率(%)
1	拉萨 3.14 打砸抢烧暴力事件纪实	中央电视台综合频道	7.4	15.2
2	文献电视片 - 毕节试验区启示录	贵州卫视	7.3	15.6
3	大山的脊梁感动贵州的教师们	贵州卫视	6.3	13.2
4	今日往事	贵州卫视	5.7	14.6
5	冰刀雪剑铸豪情贵州人民 2008 抗击雪凝灾害纪实	贵州卫视	5.5	11.7
6	奥运名人堂	中央电视台综合频道	4.6	18.3
7	突进安顺改革试验区之路	贵州卫视	4.4	8.6
8	纪录中国中国记者在 2008	中央电视台综合频道	3.6	7.8
9	奥运名人堂	中央台五套	3.4	9.5
10	奔向北京与爱同行特别节目	山东卫视	3.3	8.5

表 3.8.11　2008 年贵州市场综艺节目收视率排名前十位

名次	节目名称	播出频道	平均收视率(%)	平均占有率(%)
1	爱的奉献 2008 宣传文化系统抗震救灾大型募捐活动	四川卫视	10.0	26.4
2	中国中央电视台 2008 春节联欢晚会	中央电视台综合频道	8.8	55.2
3	爱的奉献 2008 宣传文化系统抗震救灾大型募捐活动（5 月 18 日）	中央电视台综合频道	8.0	21.1
4	改革开放 30 年大型综艺节目光阴故事	贵州卫视	7.6	14.4
5	中天城投杯 2008 多彩贵州歌唱大赛颁奖盛典	贵州卫视	7.2	13.5
6	我们血脉相连贵州绿丝带爱心守护电视特别节目	贵州卫视	7.0	14.7
7	爽爽的贵阳避暑的天堂 2008 中国贵阳避暑季开幕式	贵州卫视	6.4	11.9
8	曲苑杂坛春节特别节目 2008 年正月正晚会	中央电视台综合频道	4.8	9.9
9	天下西江大型民族歌舞实景表演	贵州卫视	4.6	11.6
10	中央电视台 2008 年元宵晚会	中央电视台综合频道	4.2	11.1

表 3.8.12 2008 年贵州市场奥运会、残奥会比赛收视率排名前十位

名次	节目名称	播出频道	平均收视率（%）	平均占有率（%）
1	2008 年第 29 届奥运会男子举重 56 公斤级决赛	中央电视台综合频道	13.9	24.3
2	2008 年第 29 届奥运会女子排球小组赛 A 组（中国 VS 委内瑞拉）	中央电视台综合频道	13.4	26.1
3	2008 年第 29 届奥运会女足小组赛（中国队 VS 阿根廷队）	中央电视台综合频道	12.7	22.3
4	2008 年第 29 届奥运会乒乓球女团决赛	中央电视台综合频道	12.2	21.9
5	2008 年第 29 届奥运会女排小组赛（中国 VS 波兰）	中央电视台综合频道	12.0	20.8
6	第 29 届奥运会乒乓球男团小组赛	中央电视台综合频道	11.1	20.0
7	2008 年第 29 届奥运会田径比赛女子 5000 米决赛	中央电视台综合频道	9.5	17.8
8	2008 年第 29 届奥运会男子十项全能 - 标枪	中央电视台综合频道	9.1	17.6
9	2008 年第 29 届奥运会田径比赛女子 4 ×100 米接力决赛	中央电视台综合频道	9.0	18.0
10	2008 年第 29 届奥运会田径比赛男子 4 ×400 米接力第一轮	中央电视台综合频道	9.0	17.5

表 3.8.13 2008 年贵州市场体育节目收视率排名前十位（奥运会、残奥会比赛除外）

名次	节目名称	播出频道	平均收视率（%）	平均占有率（%）
1	第 29 届奥林匹克运动会开幕式	中央电视台综合频道	27.7	59.9
2	第 29 届奥林匹克运动会闭幕式	中央电视台综合频道	27.1	46.5
3	北京 2008 年残奥会开幕式	中央电视台综合频道	20.2	47.3
4	北京 2008 年残奥会闭幕式	中央电视台综合频道	17.8	34.4
5	奥运第 1 天	中央电视台综合频道	12.0	22.0
6	再见北京伦敦再见	中央电视台综合频道	7.3	41.7
7	奥运第 2 天	中央电视台综合频道	6.4	32.7
8	2008 年北京残奥会闭幕式	贵州卫视	3.9	7.5
9	CCTV1 奥运演播室	中央电视台综合频道	3.4	17.0
10	第 29 届北京奥运会闭幕式	贵州卫视	3.3	5.7

九、海南收视数据

表 3.9.1　2004-2008 年海南市场各类频道的市场占有率(%)

频道类别	年份				
	2004 年	2005 年	2006 年	2007 年	2008 年
中央台频道	20.1	25.7	25.9	31.3	35.2
中国教育台频道	0.1	0.1	0.0	0.2	0.3
海南省级频道	43.3	39.0	33.8	27.7	25.2
其他省级卫视频道	19.1	15.9	19.0	23.3	27.7
其他频道	17.4	19.5	21.3	17.5	11.6

注：海南省网数据开始时间：2004 年 6 月 1 日。

表 3.9.2　2008 年海南市场各类频道在不同目标观众中的市场占有率(%)

目标观众		中央台频道	中国教育台频道	海南省级频道	其他省级卫视频道	其他频道
4 岁及以上所有人		35.2	0.3	25.2	27.7	11.6
城乡	城市	43.2	0.2	23.1	23.0	10.5
	农村	32.3	0.3	25.9	29.4	12.0
性别	男	36.8	0.3	23.9	27.3	11.7
	女	33.5	0.3	26.5	28.1	11.6
年龄	4-14 岁	34.1	0.2	28.6	25.7	11.5
	15-24 岁	30.6	0.3	20.2	33.1	15.7
	25-34 岁	35.1	0.3	23.9	28.3	12.5
	35-44 岁	36.4	0.3	27.6	25.2	10.4
	45-54 岁	39.7	0.3	24.7	27.0	8.4
	55-64 岁	41.6	0.5	23.5	25.6	8.8
	65 岁及以上	34.2	0.6	32.1	24.3	8.8
教育程度	未受过正规教育	28.7	0.2	23.8	36.3	11.0
	小学	31.6	0.3	29.3	27.0	11.8
	初中	34.3	0.3	24.0	28.5	13.0
	高中	42.4	0.3	23.0	26.0	8.2
	大学及以上	58.9	0.7	19.0	14.4	7.1
职业类别	干部/管理人员	54.1	0.3	19.4	20.1	6.1
	个体/私营企业人员	37.0	0.5	26.3	23.7	12.5
	初级公务员/雇员	49.5	0.4	20.7	22.5	6.9
	工人	36.8	0.2	27.9	23.3	11.9
	学生	33.9	0.3	26.9	26.8	12.1
	无业	36.5	0.4	25.0	26.0	12.1
	其他	32.3	0.2	24.9	30.7	11.8
个人月收入	0-300 元	32.6	0.3	25.3	29.7	12.2
	301-600 元	34.1	0.3	27.2	26.9	11.5
	601-900 元	36.8	0.4	25.1	26.2	11.6
	901-1200 元	44.5	0.3	23.4	20.7	11.1
	1201 元及以上	53.2	0.6	20.0	18.9	7.4

表 3.9.3　2008 年海南市场各类频道在不同时段的市场占有率（%）

时间段	中央台频道	中国教育台频道	海南省级频道	其他省级卫视频道	其他频道
02:00 – 03:00	41.3	0.0	8.9	36.2	13.5
03:00 – 04:00	30.1	0.0	13.9	40.2	15.9
04:00 – 05:00	30.3	0.2	13.3	46.8	9.4
05:00 – 06:00	35.2	0.6	19.3	29.8	15.1
06:00 – 07:00	46.7	0.2	13.9	15.4	23.8
07:00 – 08:00	48.9	0.1	11.7	19.5	19.7
08:00 – 09:00	33.6	0.1	16.9	35.8	13.6
09:00 – 10:00	35.5	0.2	15.6	37.7	11.0
10:00 – 11:00	38.4	0.2	13.4	37.8	10.2
11:00 – 12:00	42.7	0.3	10.5	36.6	9.9
12:00 – 13:00	47.1	0.4	8.8	33.3	10.4
13:00 – 14:00	46.5	0.3	12.6	29.9	10.7
14:00 – 15:00	47.2	0.1	14.1	29.3	9.4
15:00 – 16:00	35.7	0.2	13.0	37.8	13.3
16:00 – 17:00	31.6	0.6	10.4	42.7	14.6
17:00 – 18:00	48.0	0.8	15.9	23.8	11.6
18:00 – 19:00	35.7	0.2	40.4	11.1	12.7
19:00 – 20:00	37.2	0.2	36.3	14.8	11.6
20:00 – 21:00	28.6	0.4	32.9	27.1	11.0
21:00 – 22:00	32.6	0.4	24.2	31.8	11.0
22:00 – 23:00	32.1	0.3	20.9	33.8	12.9
23:00 – 24:00	34.5	0.4	22.2	29.2	13.8
24:00 – 25:00	37.4	0.2	15.4	28.3	18.7
25:00 – 26:00	35.4	0.3	7.7	34.3	22.3

表 3.9.4　2008 年海南市场收视份额位于前十位的频道

名次	频道名称	收视份额（%）
1	海南电视台综合频道	19.9
2	湖南电视台卫星频道	5.1
3	安徽一套	3.8
4	中央台八套	3.5
5	中央台五套	2.3
6	星空卫视	2.2
7	海南电视台公共频道	2.1
7	中央台七套	2.1
9	中央台三套	2.0
10	海南电视台影视娱乐频道	1.9

表 3.9.5　2008 年海南市场主要频道的观众构成（%）

目标观众		所有频道	主要频道				
			海南电视台综合频道	湖南电视台卫星频道	安徽一套	中央台八套	中央台五套
4 岁及以上所有人		100.0	100.0	100.0	100.0	100.0	100.0
城乡	城市	26.5	22.9	25.0	15.6	33.6	36.0
	农村	73.5	77.1	75.0	84.4	66.4	64.0
性别	男	50.7	48.3	43.9	46.3	43.4	63.4
	女	49.3	51.7	56.1	53.7	56.6	36.6
年龄	4-14 岁	16.3	19.2	14.9	13.6	10.7	6.7
	15-24 岁	20.6	15.7	27.7	27.2	18.7	18.6
	25-34 岁	19.2	18.7	20.9	18.1	17.0	15.0
	35-44 岁	18.4	19.6	16.2	17.3	18.5	22.5
	45-54 岁	12.1	12.2	10.2	11.0	18.3	16.8
	55-64 岁	6.9	6.8	5.1	6.8	9.8	12.1
	65 岁及以上	6.5	7.9	5.0	6.0	7.1	8.3
教育程度	未受过正规教育	6.4	6.6	5.6	9.0	2.8	2.2
	小学	28.9	36.2	23.8	30.7	21.9	11.2
	初中	47.0	44.5	52.2	47.8	47.4	44.2
	高中	14.1	11.0	15.8	11.1	20.0	31.9
	大学及以上	3.6	1.7	2.8	1.3	7.9	10.5
职业类别	干部/管理人员	1.3	0.7	1.0	0.6	2.6	4.1
	个体/私营企业人员	8.2	6.5	10.0	6.3	10.2	15.5
	初级公务员/雇员	6.1	3.5	7.5	3.0	14.6	15.6
	工人	2.8	1.9	2.9	2.4	5.0	2.7
	学生	20.1	20.6	20.1	19.2	13.8	14.2
	无业	16.6	14.4	18.0	12.6	25.9	20.1
	其他	44.9	52.4	40.5	55.9	27.9	27.7
个人月收入	0-300 元	60.7	63.0	60.6	69.8	44.3	37.0
	301-600 元	18.6	21.2	18.3	18.0	16.8	18.0
	601-900 元	8.7	7.5	10.1	6.4	14.6	14.8
	901-1200 元	5.2	4.2	5.8	2.1	10.1	10.9
	1201 元及以上	6.8	4.0	5.1	3.6	14.2	19.4

表 3.9.6　2006-2008 年海南市场各类节目的播出和收视份额（%）

节目类别	2006 年		2007 年		2008 年	
	播出份额	收视份额	播出份额	收视份额	播出份额	收视份额
财经	1.6	0.3	1.7	0.3	1.0	0.2
电视剧	25.2	46.6	25.8	44.9	28.5	44.1
电影	3.3	2.2	2.8	1.7	3.7	1.5
法制	1.3	0.3	1.3	0.3	0.9	0.5
教学	0.4	0.0	0.6	0.0	0.6	0.1
青少	4.9	1.4	4.8	1.9	3.3	1.1
生活服务	4.8	2.7	6.7	5.1	8.4	5.5
体育	2.0	1.9	1.9	1.8	3.3	5.9
外语	0.3	0.0	0.3	0.1	0.2	0.0
戏剧	1.5	0.1	1.4	0.1	1.1	0.1
新闻/时事	14.5	14.5	14.0	14.3	12.1	11.5
音乐	1.3	1.1	2.2	0.9	2.4	0.5
专题	12.0	3.6	11.9	4.1	11.4	4.6
综艺	8.0	6.3	8.4	6.8	6.5	6.9
其他	18.9	19.0	16.4	17.7	16.7	17.6

表 3.9.7　2008 年海南市场所有节目收视率排名前三十位

名次	节目名称	节目类型	播出频道	平均收视率（%）	平均占有率（%）
1	第 29 届奥林匹克运动会开幕式	体育	中央电视台综合频道	38.1	72.5
2	第 29 届奥林匹克运动会闭幕式	体育	中央电视台综合频道	36.5	59.0
3	2008 年第 29 届奥运会女排小组赛（中国 VS 古巴）	体育	中央电视台综合频道	28.6	48.9
4	2008 年第 29 届奥运会女排小组赛（中国 VS 波兰）	体育	中央电视台综合频道	25.9	41.0
5	2008 年第 29 届奥运会乒乓球女团决赛	体育	中央电视台综合频道	25.1	43.2
6	李小龙传奇	电视剧	中央电视台综合频道	24.5	45.1
7	2008 年第 29 届奥运会女子排球小组赛 A 组（中国 VS 委内瑞拉）	体育	中央电视台综合频道	24.0	40.3
8	北京 2008 年残奥会开幕式	体育	中央电视台综合频道	22.9	53.4
9	2008 年第 29 届奥运会男子举重 56 公斤级决赛	体育	中央电视台综合频道	22.7	35.3
10	北京 2008 年残奥会闭幕式	体育	中央电视台综合频道	22.0	43.0
11	奥运第 1 天	体育	中央电视台综合频道	22.0	36.3
12	第 29 届奥运会乒乓球男团小组赛	体育	中央电视台综合频道	21.9	38.3
13	精武陈真	电视剧	海南电视台综合频道	21.6	42.5
14	2008 年第 29 届奥运会女子蹦床决赛	体育	中央电视台综合频道	21.6	34.4
15	2008 年第 29 届奥运会田径比赛男子 200 米小组赛	体育	中央电视台综合频道	21.3	34.8
16	2008 年第 29 届奥运会羽毛球男单半决赛	体育	中央电视台综合频道	20.5	38.0
17	2008 年第 29 届奥运会羽毛球女双三、四名决赛	体育	中央电视台综合频道	20.4	34.9
18	2008 年第 29 届奥运会女足小组赛（中国队 VS 阿根廷队）	体育	中央电视台综合频道	20.3	37.6
19	2008 年第 29 届奥运会跆拳道比赛女子 49 公斤级决赛	体育	中央电视台综合频道	20.2	35.2
20	少林寺传奇	电视剧	海南电视台综合频道	20.2	34.7
21	2008 年第 29 届奥运会女子链球决赛	体育	中央电视台综合频道	19.9	37.2
22	2008 年第 29 届奥运会田径比赛女子铁饼决赛	体育	中央电视台综合频道	19.8	31.5

续表

名次	节目名称	节目类型	播出频道	平均收视率(%)	平均占有率(%)
23	2008年第29届奥运会田径比赛男子跳远决赛	体育	中央电视台综合频道	19.6	34.9
24	2008年第29届奥运会跳水男子单人10米跳台决赛	体育	中央电视台综合频道	19.5	34.4
25	最后的格格	电视剧	海南电视台综合频道	18.9	35.6
26	2008年第29届奥运会男子十项全能-标枪	体育	中央电视台综合频道	18.6	35.2
27	2008年第29届奥运会田径比赛男子4×400米接力第一轮	体育	中央电视台综合频道	18.3	30.8
28	宁为女人	电视剧	海南电视台综合频道	18.1	31.0
29	2008年第29届奥运会田径男子三级跳远颁奖仪式	体育	中央电视台综合频道	17.9	34.6
30	2008年第29届奥运会女子跳远决赛	体育	中央电视台综合频道	17.9	31.1

表3.9.8　2008年海南市场电视剧收视率排名前十位

名次	节目名称	播出频道	平均收视率(%)	平均占有率(%)
1	李小龙传奇	中央电视台综合频道	24.5	45.1
2	精武陈真	海南电视台综合频道	21.6	42.5
3	少林寺传奇	海南电视台综合频道	20.2	37.2
4	最后的格格	海南电视台综合频道	18.9	35.2
5	宁为女人	海南电视台综合频道	18.1	34.6
6	陪你到世界的尽头	海南电视台综合频道	17.2	33.3
7	县令黄马褂	海南电视台综合频道	17.0	32.9
8	朱元璋	海南电视台综合频道	16.9	32.3
9	血色迷雾	海南电视台综合频道	16.5	33.0
10	凤凰四重奏	海南电视台综合频道	16.0	30.8

表 3.9.9 2008 年海南市场新闻/时事节目收视率排名前十位

名次	节目名称	播出频道	平均收视率（%）	平均占有率（%）
1	新闻联播（5 月 13 - 17 日、5 月 19 - 21 日，21:00）	中央电视台综合频道	11.1	25.0
2	新闻联播	中央电视台综合频道	9.9	30.9
3	温家宝在汶川映秀镇会见中外记者	中央电视台综合频道	9.3	21.0
4	焦点访谈	中央电视台综合频道	7.8	17.0
5	神七问天直播特别节目	中央电视台综合频道	7.3	19.8
6	真挚的关怀深入的指导	中央电视台综合频道	6.8	12.8
7	海南省纪念党的十一届三中全会召开 30 周年大会	海南电视台综合频道	6.4	13.1
8	海南新闻	海南电视台综合频道	5.6	15.0
9	一起看奥运	中央电视台综合频道	5.5	9.6
10	新闻 1+1	中央电视台综合频道	5.3	17.6

表 3.9.10 2008 年海南市场专题节目收视率排名前十位

名次	节目名称	播出频道	平均收视率（%）	平均占有率（%）
1	纪录中国中国记者在 2008	中央电视台综合频道	10.0	21.8
2	奔腾的宁夏	中央电视台综合频道	9.8	21.9
3	拉萨 3.14 打砸抢烧暴力事件纪实	中央电视台综合频道	6.7	14.3
4	奥运名人堂	中央电视台综合频道	6.3	31.1
5	董倩面对面	中央电视台综合频道	5.9	24.5
6	跨越海南 20 年	海南电视台综合频道	5.9	22.4
7	艺术人生	中央电视台综合频道	5.9	11.9
8	全国迎奥运讲文明树新风礼仪知识竞赛	中央电视台综合频道	5.6	10.5
9	伟大的历程	中央电视台综合频道	5.3	9.4
10	抗震救灾众志成城特别节目希望	中央电视台综合频道	5.0	9.1

表 3.9.11 2008 年海南市场综艺节目收视率排名前十位

名次	节目名称	播出频道	平均收视率（%）	平均占有率（%）
1	畅爽迎圣火晚会	海南电视台综合频道	16.9	31.9
2	爱心呵护阳光行动琼川少年儿童联谊晚会	海南电视台综合频道	16.5	30.5
3	爱的奉献 2008 宣传文化系统抗震救灾大型募捐活动（5 月 18 日）	中央电视台综合频道	14.8	43.6
4	南海风中国潮庆海南建省办经济特区 20 周年心连心艺术团赴海口慰问演出	海南电视台综合频道	14.5	27.7
5	脱口而出	海南电视台综合频道	14.5	26.3
6	5 年级救助队	海南电视台综合频道	14.2	26.6
7	辉煌 20 海南建省办经济特区 20 周年十大系列评选揭晓仪式	海南电视台综合频道	13.8	24.9
8	魔幻达人	海南电视台综合频道	12.8	24.9
9	中国中央电视台 2008 春节联欢晚会	中央电视台综合频道	12.1	39.3
10	迈向太空中央电视台心连心艺术团赴酒泉卫星发射中心慰问演出	中央电视台综合频道	10.7	21.1

表 3.9.12　2008 年海南市场奥运会、残奥会比赛收视率排名前十位

名次	节目名称	播出频道	平均收视率（%）	平均占有率（%）
1	2008 年第 29 届奥运会女排小组赛（中国 VS 古巴）	中央电视台综合频道	28.6	48.9
2	2008 年第 29 届奥运会女排小组赛（中国 VS 波兰）	中央电视台综合频道	25.9	41.0
3	2008 年第 29 届奥运会乒乓球女团决赛	中央电视台综合频道	25.1	43.2
4	2008 年第 29 届奥运会女子排球小组赛 A 组（中国 VS 委内瑞拉）	中央电视台综合频道	24.0	40.3
5	2008 年第 29 届奥运会男子举重 56 公斤级决赛	中央电视台综合频道	22.7	35.3
6	第 29 届奥运会乒乓球男团小组赛	中央电视台综合频道	21.9	38.3
7	2008 年第 29 届奥运会女子蹦床决赛	中央电视台综合频道	21.6	34.4
8	2008 年第 29 届奥运会田径比赛男子 200 米小组赛	中央电视台综合频道	21.3	34.8
9	2008 年第 29 届奥运会羽毛球男单半决赛	中央电视台综合频道	20.5	34.9
10	2008 年第 29 届奥运会羽毛球女双三、四名决赛	中央电视台综合频道	20.4	37.6

表 3.9.13　2008 年海南市场体育节目收视率排名前十位（奥运会、残奥会比赛除外）

名次	节目名称	播出频道	平均收视率（%）	平均占有率（%）
1	第 29 届奥林匹克运动会开幕式	中央电视台综合频道	38.1	72.5
2	第 29 届奥林匹克运动会闭幕式	中央电视台综合频道	36.5	59.0
3	北京 2008 年残奥会开幕式	中央电视台综合频道	22.9	53.4
4	北京 2008 年残奥会闭幕式	中央电视台综合频道	22.0	43.0
5	奥运第 1 天	中央电视台综合频道	22.0	36.3
6	2008 年第 29 届奥运会田径男子三级跳远颁奖仪式	中央电视台综合频道	17.9	31.2
7	第 29 届奥林匹克运动会开幕式	中央台五套	8.9	17.0
8	奥运第 2 天	中央电视台综合频道	7.6	34.6
9	第 29 届奥林匹克运动会闭幕式	中央台五套	7.3	11.9
10	奥运第 4 天	中央电视台综合频道	7.0	40.2

十、河北收视数据

表 3. 10. 1 2004－2008 年河北市场各类频道的市场占有率（%）

频道类别	年份				
	2004 年	2005 年	2006 年	2007 年	2008 年
中央台频道	27. 6	25. 8	26. 2	29. 4	36. 1
中国教育台频道	0. 1	0. 4	0. 2	0. 3	0. 4
河北省级频道	32. 9	34. 1	35. 1	32. 6	26. 5
其他省级卫视频道	12. 0	11. 8	12. 3	18. 0	26. 5
其他频道	27. 4	27. 9	26. 3	19. 8	10. 5

注：省网数据开始时间：2003 年 8 月 3 日。

表 3. 10. 2 2008 年河北市场各类频道在不同目标观众中的市场占有率（%）

目标观众		中央台频道	中国教育台频道	河北省级频道	其他省级卫视频道	其他频道
4 岁及以上所有人		36. 1	0. 4	26. 5	26. 5	10. 5
城乡	城市	53. 2	0. 1	16. 8	17. 9	12. 0
	农村	33. 3	0. 4	28. 1	27. 9	10. 3
性别	男	37. 4	0. 4	27. 0	24. 3	10. 9
	女	34. 9	0. 4	26. 1	28. 6	10. 1
年龄	4－14 岁	29. 3	0. 5	27. 8	33. 8	8. 5
	15－24 岁	27. 8	0. 3	29. 7	31. 6	10. 6
	25－34 岁	38. 1	0. 3	21. 1	31. 2	9. 3
	35－44 岁	31. 8	0. 4	31. 2	25. 5	11. 1
	45－54 岁	41. 6	0. 3	24. 9	22. 2	11. 0
	55－64 岁	43. 1	0. 3	25. 7	18. 1	12. 8
	65 岁及以上	52. 9	0. 3	19. 2	17. 7	10. 0
教育程度	未受过正规教育	32. 2	0. 4	31. 5	23. 6	12. 4
	小学	34. 6	0. 4	28. 5	25. 8	10. 8
	初中	34. 3	0. 4	27. 6	27. 8	9. 9
	高中	42. 2	0. 3	20. 2	25. 9	11. 4
	大学及以上	54. 8	0. 2	13. 7	21. 5	9. 8
职业类别	干部/管理人员	63. 9	0. 1	12. 6	15. 7	7. 6
	个体/私营企业人员	43. 0	0. 4	22. 4	27. 0	7. 2
	初级公务员/雇员	49. 4	0. 2	16. 6	22. 5	11. 2
	工人	38. 9	0. 4	24. 8	25. 4	10. 6
	学生	27. 8	0. 4	28. 5	34. 1	9. 2
	无业	47. 9	0. 3	19. 3	23. 2	9. 3
	其他	29. 8	0. 4	31. 5	26. 2	12. 2
个人月收入	0－300 元	34. 1	0. 3	28. 3	27. 0	10. 2
	301－600 元	32. 3	0. 4	29. 5	26. 1	11. 7
	601－900 元	38. 1	0. 4	20. 5	32. 3	8. 8
	901－1200 元	44. 3	0. 3	22. 5	21. 9	11. 0
	1201 元及以上	43. 2	0. 3	24. 6	20. 4	11. 6

表 3.10.3　2008 年河北市场各类频道不同时段的市场占有率（%）

时间段	中央台频道	中国教育台频道	河北省级频道	其他省级卫视频道	其他频道
02:00 - 03:00	46.2	0.1	7.1	39.9	6.7
03:00 - 04:00	44.4	0.4	5.2	44.9	5.1
04:00 - 05:00	44.5	0.2	4.6	47.6	3.1
05:00 - 06:00	53.5	0.1	2.5	40.7	3.2
06:00 - 07:00	70.3	0.1	4.1	21.8	3.7
07:00 - 08:00	62.4	0.1	14.1	16.7	6.7
08:00 - 09:00	42.2	0.1	18.7	29.0	10.0
09:00 - 10:00	31.7	0.2	21.8	35.7	10.6
10:00 - 11:00	31.0	0.4	22.6	36.7	9.3
11:00 - 12:00	35.5	0.4	22.8	32.2	9.1
12:00 - 13:00	41.8	0.3	26.0	22.4	9.5
13:00 - 14:00	33.0	0.5	19.6	31.6	15.3
14:00 - 15:00	28.5	0.3	16.0	38.8	16.4
15:00 - 16:00	25.5	0.3	16.0	44.8	13.4
16:00 - 17:00	28.3	0.5	17.2	44.2	9.8
17:00 - 18:00	39.1	0.5	21.9	30.7	7.9
18:00 - 19:00	30.3	0.1	46.1	13.5	10.0
19:00 - 20:00	46.2	0.2	31.5	12.5	9.6
20:00 - 21:00	31.7	0.5	28.5	28.8	10.5
21:00 - 22:00	29.6	0.5	25.2	33.1	11.6
22:00 - 23:00	30.4	0.4	19.4	35.8	14.0
23:00 - 24:00	35.0	0.4	19.1	33.6	12.0
24:00 - 25:00	40.2	0.1	17.7	30.7	11.4
25:00 - 26:00	38.3	0.1	15.8	36.8	9.1

表 3.10.4　2008 年河北市场收视份额排名前十位的频道

名次	频道名称	收视份额（%）
1	中央电视台综合频道	13.1
2	河北电视台经济生活频道（二套）	9.3
3	河北电视台农民频道（七套）	7.3
4	河北卫视	5.9
5	湖南电视台卫星频道	4.3
6	中央台八套	3.4
7	中央台三套	3.0
8	中央台六套	2.8
8	安徽一套	2.8
10	中央台十二套	2.4

表 3.10.5　2008 年河北市场各主要频道的观众构成（%）

目标观众		所有频道	主要频道				
			中央电视台综合频道	河北电视台二套（经济生活频道）	河北电视台农民频道（七套）	河北卫视	湖南电视台卫星频道
4 岁及以上所有人		100.0	100.0	100.0	100.0	100.0	100.0
城乡	城市	14.0	20.5	6.1	6.7	5.8	9.1
	农村	86.0	79.5	93.9	93.3	94.2	90.9
性别	男	48.9	51.2	49.6	52.6	47.0	37.2
	女	51.1	48.8	50.4	47.4	53.0	62.8
年龄	4-14 岁	11.4	7.2	11.0	13.9	12.7	12.2
	15-24 岁	19.7	17.2	21.2	22.3	20.4	32.1
	25-34 岁	14.0	12.5	8.2	15.6	9.6	17.8
	35-44 岁	20.0	18.0	24.5	23.9	22.3	18.2
	45-54 岁	15.8	21.0	15.8	12.9	15.5	11.0
	55-64 岁	11.0	13.6	14.3	7.8	10.1	5.0
	65 岁及以上	8.2	10.5	5.1	3.7	9.4	3.6
教育程度	未受过正规教育	6.6	5.4	8.9	8.8	6.8	4.0
	小学	26.9	22.3	32.1	27.9	30.0	23.4
	初中	48.0	46.6	46.1	51.1	51.3	53.1
	高中	15.2	19.8	12.0	10.6	10.5	16.6
	大学及以上	3.3	5.9	0.9	1.6	1.3	2.9
职业类别	干部/管理人员	1.0	2.1	0.2	0.7	0.2	0.5
	个体/私营企业人员	9.9	12.2	5.8	8.8	8.9	10.5
	初级公务员/雇员	5.6	8.7	2.6	3.2	3.4	4.9
	工人	9.7	10.7	6.5	10.7	7.9	10.7
	学生	13.7	8.7	12.9	16.1	15.7	21.7
	无业	16.6	18.8	10.1	10.3	13.6	15.7
	其他	43.5	38.7	61.9	50.1	50.3	36.1
个人月收入	0-300 元	45.3	38.0	49.2	48.9	49.7	53.3
	301-600 元	20.4	20.6	25.5	22.2	21.8	15.4
	601-900 元	14.8	18.0	9.3	11.6	11.8	15.0
	901-1200 元	9.7	11.8	7.7	7.9	7.5	7.8
	1201 元及以上	9.9	11.6	8.3	9.3	9.2	8.4

表 3.10.6　2006-2008 年河北市场各类节目的播出份额（%）和收视份额（%）

节目类别	2006 年		2007 年		2008 年	
	播出份额	收视份额	播出份额	收视份额	播出份额	收视份额
电视剧	25.3	40.8	26.1	38.1	26.1	31.8
电影	3.8	3.5	3.5	3.8	3.5	7.2
教学	0.4	0.1	0.6	0.1	0.6	0.1
青少	5.0	1.8	4.8	3.0	4.8	3.1
体育	2.0	1.3	1.8	1.2	2.9	4.0
戏剧	1.5	0.8	1.3	1.2	1.1	1.2
新闻/时事	13.6	7.7	13.2	8.9	13.4	11.7
音乐	1.1	1.2	2.0	0.9	2.5	0.5
专题	11.8	4.3	11.6	5.8	11.5	6.1
综艺	8.0	10.2	8.3	9.2	7.0	7.6
外语	0.3	0.1	0.2	0.2	0.2	0.1
财经	1.6	2.7	1.7	1.6	1.7	0.6
生活服务	5.0	3.4	7.1	5.6	8.4	7.4
法制	1.3	1.3	1.2	1.4	1.0	1.6
其他	19.5	21.0	16.6	18.9	15.5	17.1

表 3.10.7　2008 年河北市场所有节目收视率排名前三十位

名次	节目名称	节目类型	播出频道	平均收视率(%)	平均占有率(%)
1	第 29 届奥林匹克运动会开幕式	体育	中央电视台综合频道	42.3	80.2
2	第 29 届奥林匹克运动会闭幕式	体育	中央电视台综合频道	39.6	63.3
3	中国中央电视台 2008 春节联欢晚会	综艺	中央电视台综合频道	37.8	68.5
4	北京 2008 年残奥会闭幕式	体育	中央电视台综合频道	30.9	52.6
5	北京 2008 年残奥会开幕式	体育	中央电视台综合频道	27.2	57.8
6	2008 年第 29 届奥运会女子排球小组赛 A 组(中国 VS 委内瑞拉)	体育	中央电视台综合频道	26.6	40.4
7	2008 年第 29 届奥运会女排小组赛(中国 VS 波兰)	体育	中央电视台综合频道	23.8	37.7
8	2008 年第 29 届奥运会女排小组赛(中国 VS 古巴)	体育	中央电视台综合频道	22.7	37.7
9	第 29 届奥运会乒乓球男团小组赛	体育	中央电视台综合频道	22.1	35.0
10	2008 年第 29 届奥运会男子举重 56 公斤级决赛	体育	中央电视台综合频道	21.2	33.6
11	2008 年第 29 届奥运会乒乓球女团决赛	体育	中央电视台综合频道	20.4	33.0
12	2008 年第 29 届奥运会女足小组赛(中国 VS 阿根廷)	体育	中央电视台综合频道	20.1	33.8
13	2008 年第 29 届奥运会女足小组赛(中国 VS 阿根廷)	体育	中央电视台综合频道	19.8	32.2
14	2008 年第 29 届奥运会羽毛球男单半决赛	体育	中央电视台综合频道	18.4	28.8
15	2008 年第 29 届奥运会乒乓球男子团体半决赛	体育	中央电视台综合频道	18.1	30.5
16	2008 年第 29 届奥运会羽毛球女双三、四名决赛	体育	中央电视台综合频道	18.0	30.0
17	2008 年第 29 届奥运会田径比赛	体育	中央电视台综合频道	17.7	28.4
18	奥运第 1 天	体育	中央电视台综合频道	17.3	30.4
19	2008 年第 29 届奥运会田径比赛女子铁饼决赛	体育	中央电视台综合频道	17.2	27.8
20	2008 年第 29 届奥运会田径比赛男子 200 米小组赛	体育	中央电视台综合频道	17.2	26.2

续表

名次	节目名称	节目类型	播出频道	平均收视率（%）	平均占有率（%）
21	2008年第29届奥运会男子蹦床决赛	体育	中央电视台综合频道	17.2	25.5
22	2008年第29届奥运会跆拳道比赛女子49公斤级决赛	体育	中央电视台综合频道	17.1	27.3
23	2008年第29届奥运会女子蹦床决赛	体育	中央电视台综合频道	16.9	25.7
24	2008年第29届奥运会田径比赛女子1500米决赛	体育	中央电视台综合频道	16.7	32.7
25	新闻联播	新闻/时事	中央电视台综合频道	16.6	33.7
26	2008年第29届奥运会田径比赛女子4×400米接力第一轮	体育	中央电视台综合频道	16.2	31.6
27	2008年第29届奥运会田径比赛男子十项全能－跳高	体育	中央电视台综合频道	15.9	26.9
28	2008年第29届奥运会跳水男子单人10米跳台决赛	体育	中央电视台综合频道	15.7	25.8
29	2008年第29届奥运会田径比赛男子跳远决赛	体育	中央电视台综合频道	15.5	26.3
30	2008年第29届奥运会田径比赛男子800米半决赛	体育	中央电视台综合频道	15.4	25.4

表3.10.8　2008年河北市场电视剧收视率排名前十位

名次	节目名称	播出频道	平均收视率（%）	平均占有率（%）
1	乡村爱情第二部	中央电视台综合频道	11.2	19.3
2	上门女婿	河北电视台二套（经济生活频道）	11.1	18.4
3	女人一辈子	河北电视台二套（经济生活频道）	10.2	17.2
4	贞姐	河北电视台二套（经济生活频道）	9.4	16.8
5	李小龙传奇	中央电视台综合频道	8.9	16.8
6	霍元甲	河北电视台二套（经济生活频道）	8.6	14.8
7	落地请开手机	河北电视台二套（经济生活频道）	8.3	13.9
8	钻石王老五的艰难爱情	河北电视台二套（经济生活频道）	8.2	13.5
9	咏春	河北电视台二套（经济生活频道）	8.1	13.7
10	甜蜜蜜	河北电视台二套（经济生活频道）	7.9	13.4

表 3.10.9　2008 年河北市场新闻节目收视率排名前十位

名次	节目名称	播出频道	平均收视率(%)	平均占有率(%)
1	新闻联播	中央电视台综合频道	16.6	33.7
2	温家宝在汶川映秀镇会见中外记者	中央电视台综合频道	15.1	29.3
3	真挚的关怀深入的指导	中央电视台综合频道	13.8	22.5
4	焦点访谈	中央电视台综合频道	11.5	23.8
5	新闻联播（5 月 13 - 17 日、19 - 21 日 21:00）	中央电视台综合频道	9.7	20.8
6	一起看奥运	中央电视台综合频道	4.5	7.7
7	神七问天直播特别节目	中央电视台综合频道	4.0	11.4
8	众志成城抗震救灾	中央电视台综合频道	4.0	6.6
9	焦点访谈	河北卫视	3.6	6.3
10	新闻 1 + 1	中央电视台综合频道	3.5	12.7

表 3.10.10　2008 年河北市场专题节目收视率排名前十位

名次	节目名称	播出频道	平均收视率(%)	平均占有率(%)
1	艺术人生	中央电视台综合频道	11.2	20.6
2	拉萨 3.14 打砸抢烧暴力事件纪实	中央电视台综合频道	9.9	15.5
3	奥运名人堂	中央电视台综合频道	8.7	28.6
4	CCTV2007 感动中国颁奖盛典	中央电视台综合频道	6.8	13.3
5	共同的责任河北电视台 2008 年 3.15 特别节目	河北电视台二套（经济生活频道）	5.3	8.6
6	旅游真好特别节目众志成城抗震救灾	河北电视台二套（经济生活频道）	4.5	7.7
7	董倩面对面	中央电视台综合频道	4.2	22.8
8	阳光访谈	河北电视台二套（经济生活频道）	3.6	13.4
9	奔腾的宁夏	中央电视台综合频道	3.6	7.6
10	又是一年春将至	河北电视台农民频道（七套）	3.6	5.9

表 3.10.11 2008 年河北市场综艺节目收视率排名前十位

名次	节目名称	播出频道	平均收视率（%）	平均占有率（%）
1	中国中央电视台 2008 春节联欢晚会	中央电视台综合频道	37.8	68.5
2	爱的奉献 2008 宣传文化系统抗震救灾大型募捐活动（5 月 18 日）	中央电视台综合频道	13.6	37.8
3	中央电视台 2008 年元宵晚会	中央电视台综合频道	11.8	20.3
4	荣成月中华情 2008 中央电视台中秋晚会	中央电视台综合频道	8.2	14.8
5	曲苑杂坛春节特别节目 2008 年正月正晚会	中央电视台综合频道	6.8	10.7
6	激情九九	河北电视台二套（经济生活频道）	6.2	10.9
7	2008 文化部春节电视晚会	中央电视台综合频道	6.1	16.9
8	迈向太空中央电视台心连心艺术团赴酒泉卫星发射中心慰问演出	中央电视台综合频道	6.1	10.4
9	旗帜高扬春光好 2008 年军民迎新春文艺晚会	中央电视台综合频道	5.3	10.1
10	回眸 30 年放歌唱发展河北省纪念改革开放三十周年群众歌咏大会	河北卫视	5.2	10.1

表 3.10.12 2008 年河北市场奥运会、残奥会比赛收视率排名前十位

名次	节目名称	播出频道	平均收视率（%）	平均占有率（%）
1	2008 年第 29 届奥运会女子排球小组赛 A 组（中国 VS 委内瑞拉）	中央电视台综合频道	26.6	40.4
2	现场直播：2008 年第 29 届奥运会女排小组赛（中国 VS 波兰）	中央电视台综合频道	23.8	37.7
3	2008 年第 29 届奥运会女排小组赛（中国 VS 古巴）	中央电视台综合频道	22.7	37.7
4	现场直播：第 29 届奥运会乒乓球男团小组赛	中央电视台综合频道	22.1	35.0
5	2008 年第 29 届奥运会男子举重 56 公斤级决赛	中央电视台综合频道	21.2	33.6
6	2008 年第 29 届奥运会乒乓球女团决赛	中央电视台综合频道	20.4	33.0
7	2008 年第 29 届奥运会女足小组赛（中国 VS 阿根廷）	中央电视台综合频道	20.0	33.0
8	2008 年第 29 届奥运会羽毛球男单半决赛	中央电视台综合频道	18.4	28.8
9	2008 年第 29 届奥运会乒乓球男子团体半决赛	中央电视台综合频道	18.1	30.5
10	2008 年第 29 届奥运会羽毛球女双三、四名决赛	中央电视台综合频道	18.0	30.0

表 3.10.13 2008 年河北市场体育节目收视率排名前十位（奥运会、残奥会比赛除外）

名次	节目名称	播出频道	平均收视率（%）	平均占有率（%）
1	第 29 届奥林匹克运动会开幕式	中央电视台综合频道	42.3	80.2
2	第 29 届奥林匹克运动会闭幕式	中央电视台综合频道	39.6	63.3
3	北京 2008 年残奥会闭幕式	中央电视台综合频道	30.9	52.6
4	北京 2008 年残奥会开幕式	中央电视台综合频道	27.2	57.8
5	奥运第 1 天	中央电视台综合频道	17.3	30.4
6	奥运第 4 天	中央电视台综合频道	6.6	33.8
7	CCTV1 奥运演播室	中央电视台综合频道	6.4	29.2
8	奥运第 2 天	中央电视台综合频道	6.1	35.0
9	奥运快讯	中央电视台综合频道	5.9	24.1
10	再见北京伦敦再见	中央电视台综合频道	5.7	44.8

十一、河南收视数据

表 3.11.1　2004－2008 年河南市场各类频道的市场占有率（%）

频道类别	年份				
	2004 年	2005 年	2006 年	2007 年	2008 年
中央台频道	28.9	30.9	27.6	27.9	31.5
中国教育台频道	0.0	0.1	0.0	0.1	0.1
河南省级频道	24.0	30.9	42.4	47.1	43.2
其他省级卫视频道	3.4	4.0	3.8	5.3	9.2
其他频道	43.7	34.2	26.1	19.8	16.0

表 3.11.2　2008 年河南市场各类频道在各目标观众中的市场占有率（%）

目标观众		中央台频道	中国教育台频道	河南省级频道	其他省级卫视频道	其他频道
4 岁及以上所有人		31.5	0.1	43.2	9.2	16.0
城乡	城市	49.3	0.2	23.3	19.3	7.9
	农村	28.9	0.1	46.1	7.7	17.1
性别	男	33.3	0.1	42.3	8.3	16.0
	女	29.7	0.1	44.2	10.1	15.9
年龄	4－14 岁	27.9	0.1	48.0	10.5	13.6
	15－24 岁	27.4	0.1	43.0	12.3	17.2
	25－34 岁	31.5	0.1	42.5	9.6	16.3
	35－44 岁	28.8	0.1	46.9	9.6	14.6
	45－54 岁	32.8	0.1	42.4	7.9	16.7
	55－64 岁	40.5	0.1	38.2	5.8	15.4
	65 岁及以上	41.0	0.0	36.1	4.1	18.8
教育程度	未受过正规教育	27.2	0.1	46.8	7.5	18.5
	小学	24.9	0.0	48.2	7.3	19.6
	初中	30.1	0.1	45.2	9.6	15.0
	高中	44.9	0.1	29.6	12.3	13.0
	大学及以上	64.6	0.2	17.0	12.0	6.2
职业类别	干部/管理人员	70.0	0.2	11.6	11.5	6.7
	个体/私营企业人员	36.5	0.2	37.8	11.7	13.8
	初级公务员/雇员	56.4	0.2	24.2	12.4	6.9
	工人	27.4	0.1	47.7	10.4	14.4
	学生	26.2	0.0	50.9	9.2	13.7
	无业	46.4	0.1	30.8	9.3	13.4
	其他	25.2	0.1	47.5	8.1	19.1
个人月收入	0－300 元	26.9	0.1	46.7	7.8	18.5
	301－600 元	28.5	0.1	46.8	9.7	14.9
	601－900 元	36.3	0.1	38.2	13.4	12.0
	901－1200 元	47.6	0.1	30.4	9.1	12.7
	1201 元及以上	51.4	0.1	27.2	10.4	10.9

表 3.11.3　2008 年河南市场各类频道在各时段的市场占有率（%）

时间段	中央台频道	中国教育台频道	河南省级频道	其他省级卫视频道	其他频道
02:00 – 03:00	44.1	0.0	30.8	15.4	9.7
03:00 – 04:00	42.9	0.3	35.7	14.2	6.9
04:00 – 05:00	43.4	0.0	36.2	15.4	4.9
05:00 – 06:00	57.7	0.0	22.3	16.2	3.8
06:00 – 07:00	54.7	0.0	25.0	13.3	6.9
07:00 – 08:00	52.9	0.1	26.2	9.8	10.9
08:00 – 09:00	34.5	0.1	36.6	13.8	15.0
09:00 – 10:00	25.4	0.1	36.0	16.3	22.1
10:00 – 11:00	26.2	0.1	32.6	16.9	24.1
11:00 – 12:00	32.8	0.1	36.4	12.8	17.8
12:00 – 13:00	50.3	0.1	32.9	5.9	10.8
13:00 – 14:00	32.3	0.1	36.6	10.4	20.5
14:00 – 15:00	21.0	0.1	35.8	14.1	28.9
15:00 – 16:00	20.5	0.1	33.2	18.1	28.1
16:00 – 17:00	24.5	0.2	29.5	21.1	24.8
17:00 – 18:00	29.8	0.2	38.6	13.4	18.1
18:00 – 19:00	30.1	0.1	49.7	5.2	15.0
19:00 – 20:00	41.2	0.0	42.7	3.5	12.6
20:00 – 21:00	25.7	0.1	50.0	8.5	15.6
21:00 – 22:00	24.6	0.1	48.8	10.7	15.9
22:00 – 23:00	20.3	0.1	51.3	12.4	15.9
23:00 – 24:00	23.9	0.1	42.0	16.7	17.3
24:00 – 25:00	32.8	0.1	37.6	15.4	14.0
25:00 – 26:00	34.6	0.2	35.2	17.0	13.1

表 3.11.4　2008 年河南市场收视份额排名前十位的频道

名次	频道名称	收视份额（%）
1	中央电视台综合频道	17.5
2	河南电视台电视剧频道（五套）	15.2
3	河南电视台卫星频道（一套）	14.9
4	河南电视台都市频道（二套）	10.9
5	中央台八套	2.4
6	中央电视台少儿频道	2.0
7	中央台三套	1.9
8	中央台六套	1.8
9	湖南电视台卫星频道	1.7
10	河南电视台新农村频道	1.5

表 3.11.5 2008 年河南市场各主要频道的观众构成

目标观众		所有频道	主要频道				
			中央电视台综合频道	河南电视台电视剧频道（五套）	河南电视台卫星频道（一套）	河南电视台都市频道（二套）	中央台八套
4 岁及以上所有人		100.0	100.0	100.0	100.0	100.0	100.0
城乡	城市	12.7	15.3	2.9	7.1	6.0	25.4
	农村	87.3	84.7	97.1	92.9	94.0	74.6
性别	男	50.5	53.6	49.8	49.7	47.8	45.9
	女	49.5	46.4	50.2	50.3	52.2	54.1
年龄	4－14 岁	11.9	7.8	15.3	13.0	11.6	5.4
	15－24 岁	20.2	16.1	20.9	19.8	19.2	27.2
	25－34 岁	16.2	16.1	17.1	12.6	18.0	14.7
	35－44 岁	20.8	19.8	22.5	21.9	24.3	16.3
	45－54 岁	13.2	14.0	11.9	13.5	13.6	21.3
	55－64 岁	9.9	13.9	7.5	10.5	7.7	7.5
	65 岁及以上	7.9	12.3	4.9	8.7	5.5	7.6
教育程度	未受过正规教育	7.1	6.6	7.8	8.0	8.0	4.3
	小学	27.0	22.1	31.7	31.9	26.3	13.6
	初中	50.2	48.1	53.4	50.0	55.6	58.3
	高中	12.1	16.7	6.3	8.7	8.6	17.8
	大学及以上	3.6	6.4	0.8	1.4	1.5	6.1
职业类别	干部/管理人员	0.8	1.6	0.1	0.2	0.2	0.9
	个体/私营企业人员	11.4	13.3	9.0	10.4	9.6	13.1
	初级公务员/雇员	5.3	8.5	1.3	3.2	3.9	9.1
	工人	7.2	4.8	9.9	6.8	7.2	10.9
	学生	13.5	9.4	19.2	15.0	13.8	6.8
	无业	13.1	17.9	6.7	10.9	9.1	19.0
	其他	48.8	44.6	53.8	53.5	56.2	40.3
个人月收入	0－300 元	51.2	46.1	57.7	55.2	53.3	38.7
	301－600 元	21.8	20.0	23.9	23.4	24.7	20.1
	601－900 元	13.7	14.0	10.5	13.0	12.7	22.8
	901－1200 元	7.3	10.2	4.6	5.1	5.0	11.8
	1201 元及以上	6.0	9.8	3.2	3.4	4.4	6.6

表 3.11.6 2006－2008 年河南市场各类节目的播出份额（%）和收视份额（%）

节目类别	2006 年		2007 年		2008 年	
	播出份额	收视份额	播出份额	收视份额	播出份额	收视份额
电影	3.1	5.2	4.0	5.2	2.8	1.4
教学	0.4	0.0	0.5	0.0	0.5	0.0
青少	4.7	1.5	4.6	1.9	4.7	2.6
电视剧	25.2	41.0	24.5	36.9	25.0	34.4
体育	1.8	2.4	1.8	2.3	2.9	5.0
外语	0.2	0.0	0.2	0.1	0.2	0.0
戏剧	1.4	3.5	1.3	3.0	1.1	2.5
新闻/时事	13.4	13.8	13.4	12.6	14.0	17.1
音乐	1.3	1.0	1.0	1.0	0.7	0.4
综艺	8.3	6.0	8.7	6.3	7.5	5.9
专题	12.2	2.6	12.2	4.4	11.8	3.7
财经	1.5	0.1	1.6	0.1	1.7	0.1
生活服务	6.1	2.0	8.4	6.3	9.5	7.4
法制	1.4	0.5	1.4	0.5	1.4	0.6
其他	18.8	20.4	16.4	19.5	16.3	18.8

表 3.11.7　2008 年河南市场所有节目收视率排名前三十位

名次	节目名称	节目类型	播出频道	平均收视率（%）	平均占有率（%）
1	第 29 届奥林匹克运动会闭幕式	体育	中央电视台综合频道	47.8	82.7
2	第 29 届奥林匹克运动会开幕式	体育	中央电视台综合频道	40.8	87.5
3	中国中央电视台 2008 春节联欢晚会	综艺	中央电视台综合频道	31.2	64.1
4	北京 2008 年残奥会开幕式	体育	中央电视台综合频道	22.9	54.0
5	2008 年第 29 届奥运会女子排球小组赛 A 组（中国 VS 委内瑞拉）	体育	中央电视台综合频道	22.8	37.9
6	北京 2008 年残奥会闭幕式	体育	中央电视台综合频道	21.7	40.4
7	梨园春	戏剧	河南电视台卫星频道（一套）	16.6	33.6
8	少林寺传奇第一部（1 月 1－11 日）	电视剧	河南电视台电视剧频道（五套）	15.4	32.1
9	中央电视台 2008 年元宵晚会	综艺	中央电视台综合频道	15.2	28.2
10	新闻联播	新闻/时事	中央电视台综合频道	15.1	38.2
11	援助大行动河南之爱四川震区 272 名伤病员抵达郑州特别报道	专题	河南电视台卫星频道（一套）	15.1	28.0
12	2008 年第 29 届奥运会女排小组赛（中国 VS 波兰）	体育	中央电视台综合频道	15.0	26.6
13	2008 年第 29 届奥运会男子举重 56 公斤级决赛	体育	中央电视台综合频道	14.9	24.9
14	第 29 届奥运会乒乓球男团小组赛	体育	中央电视台综合频道	14.4	25.4
15	阿霞（9 月 1－9 日）	电视剧	河南电视台卫星频道（一套）	14.1	30.5
16	爱的奉献 2008 宣传文化系统抗震救灾大型募捐活动（5 月 18 日）	综艺	中央电视台综合频道	14.0	43.0
17	2008 年第 29 届奥运会女排小组赛（中国 VS 古巴）	体育	中央电视台综合频道	13.8	27.1
18	2008 年第 29 届奥运会羽毛球女双三、四名决赛	体育	中央电视台综合频道	13.7	24.7
19	天气预报	生活服务	中央电视台综合频道	13.3	28.9
20	2008 年第 29 届奥运会羽毛球男单半决赛	体育	中央电视台综合频道	13.2	22.8
21	2008 年第 29 届奥运会乒乓球女团决赛	体育	中央电视台综合频道	12.8	23.2
22	2008 年第 29 届奥运会乒乓球男子团体半决赛	体育	中央电视台综合频道	12.7	22.2
23	温家宝在汶川映秀镇会见中外记者	新闻/时事	中央电视台综合频道	12.5	30.6
24	体育欣赏	体育	中央电视台综合频道	12.2	31.0
25	2008 年第 29 届奥运会游泳预赛	体育	中央电视台综合频道	12.1	35.3
26	2008 年第 29 届奥运会田径比赛女子 1500 米决赛	体育	中央电视台综合频道	12.0	29.2
27	奥运第 1 天	体育	中央电视台综合频道	11.9	22.3
28	2008 年第 29 届奥运会女足小组赛（中国队 VS 阿根廷队）	体育	中央电视台综合频道	11.8	22.3
29	2008 年第 29 届奥运会田径比赛男子 200 米小组赛	体育	中央电视台综合频道	11.6	19.6
30	李小龙传奇	电视剧	中央电视台综合频道	11.3	22.1

表 3.11.8 2008 年河南市场电视剧收视率排名前十位

名次	节目名称	播出频道	平均收视率（%）	平均占有率（%）
1	少林寺传奇第一部（1月1-11日）	河南电视台电视剧频道（五套）	15.4	32.1
2	阿霞（9月1-9日）	河南电视台卫星频道（一套）	14.1	30.5
3	李小龙传奇	中央电视台综合频道	11.3	22.1
4	乡村爱情第二部	中央电视台综合频道	10.7	19.8
5	目击者（1月12-18日）	河南电视台电视剧频道（五套）	10.3	23.5
6	上门女婿（3月3-15日）	河南电视台都市频道（二套）	10.2	22.2
7	夜光神杯（1月27-2月6日）	河南电视台电视剧频道（五套）	9.7	20.4
8	奶娘	河南电视台电视剧频道（五套）	9.1	22.2
9	中国兄弟连	河南电视台电视剧频道（五套）	8.9	22.8
10	围屋里的桃花（10月6-12日）	河南电视台电视剧频道（五套）	8.9	20.1

表 3.11.9 2008 年河南市场新闻/时事节目收视率排名前十位

名次	节目名称	播出频道	平均收视率（%）	平均占有率（%）
1	新闻联播	中央电视台综合频道	15.1	38.2
2	温家宝在汶川映秀镇会见中外记者	中央电视台综合频道	12.5	30.6
3	新闻联播（5月13-17日、5月19-21日，21:00）	中央电视台综合频道	10.6	26.0
4	焦点访谈	中央电视台综合频道	10.1	20.9
5	抗震救灾英模事迹报告会	河南电视台卫星频道（一套）	9.4	18.3
6	真挚的关怀深入的指导	中央电视台综合频道	8.7	15.8
7	都市报道	河南电视台都市频道（二套）	7.3	17.8
8	神七问天直播特别节目	中央电视台综合频道	6.1	12.2
9	河南省十一届人大一次会议河南省政协十届一次会议特别报道	河南电视台卫星频道（一套）	6.0	13.3
10	抗震救灾众志成城特别报道	河南电视台卫星频道（一套）	5.3	13.0

表 3.11.10 2008 年河南市场专题节目收视率排名前十位

名次	节目名称	播出频道	平均收视率（%）	平均占有率（%）
1	援助大行动河南之爱四川震区272名伤病员抵达郑州特别报道	河南电视台卫星频道（一套）	15.1	28.0
2	艺术人生	中央电视台综合频道	9.2	18.3
3	对话	河南电视台卫星频道（一套）	7.8	14.7
4	拉萨3.14打砸抢烧暴力事件纪实	中央电视台综合频道	7.1	13.3
5	CCTV2007感动中国颁奖盛典	中央电视台综合频道	6.9	13.7
6	奥运名人堂	中央电视台综合频道	6.2	26.5
7	奔腾的宁夏	中央电视台综合频道	5.5	12.1
8	残奥之星张小玲	中央电视台综合频道	4.9	8.7
9	纪录中国中国记者在2008	中央电视台综合频道	4.8	11.8
10	崛起之路河南改革开放30年	河南电视台卫星频道（一套）	4.8	11.3

表 3.11.11　2008 年河南市场综艺节目收视率排名前十位

名次	节目名称	播出频道	平均收视率(%)	平均占有率(%)
1	中国中央电视台 2008 春节联欢晚会	中央电视台综合频道	31.2	64.1
2	中央电视台 2008 年元宵晚会	中央电视台综合频道	15.2	28.2
3	爱的奉献 2008 宣传文化系统抗震救灾大型募捐活动（5 月 18 日）	中央电视台综合频道	14.0	43.0
4	向军旗敬礼河南省庆祝中国人民解放军建军 81 周年文艺晚会	河南电视台卫星频道（一套）	10.0	22.9
5	家有喜客来	河南电视台卫星频道（一套）	10.0	16.6
6	民星在行动	河南电视台卫星频道（一套）	8.2	15.9
7	圆梦之路河南省纪念改革开放三十周年文艺晚会	河南电视台卫星频道（一套）	8.0	19.0
8	华豫之门河南四川心连心	河南电视台卫星频道（一套）	7.9	14.5
9	四海同欢乐 2008 河南电视台世界华人大联欢春节文艺晚会	河南电视台卫星频道（一套）	7.5	15.8
10	万家灯火平安夜公安部 2008 年春节晚会	中央电视台综合频道	7.1	14.1

表 3.11.12　2008 年河南市场奥运会、残奥会比赛收视率排名前十位

名次	节目名称	播出频道	平均收视率(%)	平均占有率(%)
1	2008 年第 29 届奥运会女子排球小组赛 A 组（中国 VS 委内瑞拉）	中央电视台综合频道	22.8	37.9
2	2008 年第 29 届奥运会女排小组赛（中国 VS 波兰）	中央电视台综合频道	15.0	26.6
3	2008 年第 29 届奥运会男子举重 56 公斤级决赛	中央电视台综合频道	14.9	24.9
4	第 29 届奥运会乒乓球男团小组赛	中央电视台综合频道	14.4	25.4
5	2008 年第 29 届奥运会女排小组赛（中国 VS 古巴）	中央电视台综合频道	13.8	27.1
6	2008 年第 29 届奥运会羽毛球女双三、四名决赛	中央电视台综合频道	13.7	24.7
7	2008 年第 29 届奥运会羽毛球男单半决赛	中央电视台综合频道	13.2	22.8
8	2008 年第 29 届奥运会乒乓球女团决赛	中央电视台综合频道	12.8	23.2
9	2008 年第 29 届奥运会乒乓球男子团体半决赛	中央电视台综合频道	12.7	22.2
10	2008 年第 29 届奥运会游泳预赛	中央电视台综合频道	12.1	35.3

表 3.11.13　2008 年河南市场体育节目收视率排名前十位（奥运会、残奥会比赛除外）

名次	节目名称	播出频道	平均收视率（%）	平均占有率（%）
1	第 29 届奥林匹克运动会闭幕式	中央电视台综合频道	47.8	82.7
2	第 29 届奥林匹克运动会开幕式	中央电视台综合频道	40.8	87.5
3	北京 2008 年残奥会开幕式	中央电视台综合频道	22.9	54.0
4	北京 2008 年残奥会闭幕式	中央电视台综合频道	21.7	40.4
5	体育欣赏	中央电视台综合频道	12.2	31.0
6	奥运第 1 天	中央电视台综合频道	11.9	22.3
7	武林风	河南电视台卫星频道（一套）	10.6	20.9
8	中国奥运冠军榜	中央电视台综合频道	7.6	51.9
9	北京奥运会金牌榜	中央电视台综合频道	7.2	34.3
10	CCTV1 奥运演播室	中央电视台综合频道	6.8	24.0

十二、黑龙江收视数据

表 3.12.1　2004－2008 年黑龙江市场各类频道的市场占有率（%）

频道类别	年份				
	2004 年	2005 年	2006 年	2007 年	2008 年
中央台频道	40.4	43.2	42.0	40.2	43.5
中国教育台频道	0.1	0.2	0.2	0.2	0.2
黑龙江省级频道	42.2	38.4	39.7	40.4	35.5
其他省级卫视频道	7.4	7.9	9.2	11.9	13.5
其他频道	9.9	10.4	9.0	7.2	7.3

表 3.12.2　2008 年黑龙江市场各类频道在不同目标观众中的市场占有率（%）

目标观众		中央台频道	中国教育台频道	黑龙江省级频道	其他省级卫视频道	其他频道
4 岁及以上所有人		43.5	0.2	35.5	13.5	7.3
城乡	城市	42.7	0.2	34.0	14.0	9.1
	农村	44.0	0.1	36.3	13.2	6.4
性别	男	45.6	0.2	35.0	11.9	7.3
	女	41.6	0.2	35.9	15.0	7.3
年龄	4－14 岁	45.0	0.1	34.6	14.3	6.0
	15－24 岁	36.4	0.2	37.0	17.5	8.9
	25－34 岁	40.7	0.1	38.1	13.5	7.6
	35－44 岁	41.1	0.2	37.2	13.9	7.6
	45－54 岁	43.1	0.2	36.0	13.1	7.6
	55－64 岁	52.0	0.1	31.6	10.6	5.7
	65 岁及以上	52.7	0.1	29.6	10.9	6.7
教育程度	未受过正规教育	46.5	0.1	34.6	12.7	6.1
	小学	42.0	0.1	38.2	12.8	6.9
	初中	41.3	0.2	36.7	14.0	7.8
	高中	46.1	0.1	33.5	13.1	7.2
	大学及以上	53.5	0.2	26.0	14.1	6.2
职业类别	干部/管理人员	55.3	0.2	27.5	11.6	5.4
	个体/私营企业人员	40.9	0.2	38.5	12.3	8.1
	初级公务员/雇员	48.8	0.1	29.4	14.7	7.0
	工人	41.5	0.2	35.8	13.4	9.1
	学生	42.1	0.1	35.6	15.6	6.6
	无业	47.7	0.2	32.4	12.0	7.7
	其他	38.5	0.1	40.2	15.1	6.1
个人月收入	0－300 元	45.0	0.1	35.5	12.2	7.2
	301－600 元	41.1	0.2	38.2	13.1	7.4
	601－900 元	40.7	0.1	37.7	13.5	8.0
	901－1200 元	44.4	0.2	34.9	13.3	7.2
	1201 元及以上	50.1	0.2	29.9	13.9	5.9

表 3. 12. 3　2008 年黑龙江市场各类频道在不同时段的市场占有率（%）

时间段	中央台频道	中国教育台频道	黑龙江省级频道	其他省级卫视频道	其他频道
02:00 - 03:00	44.0	0.4	19.2	27.7	8.7
03:00 - 04:00	58.4	0.0	13.1	24.8	3.7
04:00 - 05:00	53.6	0.1	18.0	26.8	1.5
05:00 - 06:00	45.6	0.1	32.6	18.0	3.7
06:00 - 07:00	40.7	0.1	42.7	9.6	6.9
07:00 - 08:00	46.7	0.0	37.9	7.8	7.6
08:00 - 09:00	49.3	0.1	25.8	16.2	8.6
09:00 - 10:00	44.9	0.1	25.3	21.1	8.6
10:00 - 11:00	45.8	0.2	24.5	21.4	8.1
11:00 - 12:00	51.7	0.2	22.2	19.2	6.7
12:00 - 13:00	59.7	0.3	17.7	16.0	6.3
13:00 - 14:00	49.1	0.4	21.5	20.8	8.2
14:00 - 15:00	40.5	0.2	23.1	27.0	9.2
15:00 - 16:00	36.7	0.2	24.8	29.1	9.2
16:00 - 17:00	37.7	0.3	29.4	24.5	8.1
17:00 - 18:00	43.7	0.3	30.1	18.1	7.8
18:00 - 19:00	37.9	0.1	46.3	7.1	8.6
19:00 - 20:00	43.5	0.1	45.6	4.5	6.3
20:00 - 21:00	41.7	0.2	41.5	10.3	6.3
21:00 - 22:00	42.7	0.3	37.8	12.9	6.3
22:00 - 23:00	36.2	0.2	38.7	17.3	7.6
23:00 - 24:00	44.3	0.2	28.7	18.9	7.9
24:00 - 25:00	59.5	0.1	17.4	16.4	6.6
25:00 - 26:00	54.0	0.2	19.9	18.2	7.7

表 3. 12. 4　2008 年黑龙江市场收视份额位于前十位的频道

名次	频道名称	收视份额（%）
1	中央电视台综合频道	18.4
2	黑龙江电视台卫星频道	11.1
3	黑龙江电视台影视频道	7.3
4	黑龙江电视台都市频道	5.4
5	中央台八套	4.9
6	中央台五套	3.8
6	中央台三套	3.8
8	黑龙江电视台文艺频道	3.4
9	黑龙江电视台公共频道	3.3
10	黑龙江电视台法制频道	3.2

表 3.12.5　2008 年黑龙江市场主要频道的观众构成（%）

目标观众		所有频道	主要频道				
			中央电视台综合频道	黑龙江电视台卫星频道	黑龙江电视台影视频道	黑龙江电视台都市频道	中央台八套
4 岁及以上所有人		100.0	100.0	100.0	100.0	100.0	100.0
城乡	城市	37.4	35.7	27.6	39.6	36.8	29.5
	农村	62.6	64.3	72.4	60.4	63.2	70.5
性别	男	47.6	49.1	47.3	42.3	45.2	44.0
	女	52.4	50.9	52.7	57.7	54.8	56.0
年龄	4－14 岁	7.3	7.4	5.8	5.1	5.5	5.1
	15－24 岁	13.8	10.7	13.2	13.8	14.8	13.6
	25－34 岁	15.8	15.7	13.8	19.3	17.4	13.3
	35－44 岁	21.6	23.9	25.6	22.7	21.1	19.5
	45－54 岁	19.6	16.5	18.7	21.1	24.6	23.4
	55－64 岁	11.8	14.0	12.9	8.7	10.7	12.8
	65 岁及以上	9.9	11.9	10.1	9.3	6.1	12.3
教育程度	未受过正规教育	5.0	5.1	5.4	4.3	3.9	4.3
	小学	19.2	17.6	21.8	17.2	19.4	21.2
	初中	47.9	47.6	50.9	48.6	52.0	48.9
	高中	20.7	21.3	18.4	23.2	19.2	18.7
	大学及以上	7.2	8.4	3.6	6.7	5.5	6.9
职业类别	干部/管理人员	1.4	1.4	0.7	1.9	0.8	1.6
	个体/私营企业人员	12.5	14.8	16.4	13.9	12.5	12.5
	初级公务员/雇员	7.2	7.4	4.2	6.3	7.1	9.0
	工人	10.9	9.9	8.5	11.0	12.3	7.5
	学生	10.4	10.3	10.3	8.7	8.5	8.6
	无业	33.1	36.5	31.8	31.8	29.7	31.9
	其他	24.4	19.8	28.0	26.4	29.3	29.0
个人月收入	0－300 元	38.4	39.2	40.7	34.6	38.7	39.7
	301－600 元	20.6	21.4	26.6	19.8	19.6	20.7
	601－900 元	15.5	14.1	14.4	19.1	16.1	15.6
	901－1200 元	10.6	11.0	10.0	11.2	11.4	8.9
	1201 元及以上	14.8	14.3	8.4	15.3	14.3	15.0

表 3.12.6　2006－2008 年黑龙江市场各类节目的播出份额（%）和收视份额（%）

节目类别	2006 年		2007 年		2008 年	
	播出份额	收视份额	播出份额	收视份额	播出份额	收视份额
电影	4.4	4.2	4.1	4.3	4.5	4.0
教育	0.4	0.0	0.5	0.1	0.6	0.0
青少	5.4	4.1	5.3	4.3	5.7	4.6
电视剧	24.6	34.3	25.3	31.0	28.2	32.6
体育	1.8	2.7	1.8	2.2	3.2	5.4
戏剧	1.5	0.4	1.5	0.4	1.3	1.4
新闻	13.1	11.9	13.2	13.7	13.8	17.0
音乐	1.9	1.5	0.9	1.1	2.6	0.5
综艺	8.2	8.7	8.6	9.4	8.0	9.2
专题	11.8	5.0	12.1	6.5	12.4	6.3
财经	1.4	0.2	1.5	0.3	1.7	0.3
生活服务	5.0	3.3	6.9	5.4	6.9	5.5
外语	0.3	0.1	0.2	0.1	0.2	0.0
法制	1.6	4.3	1.6	3.3	1.5	2.5
其他	18.7	19.1	16.4	17.9	9.7	10.6

表 3.12.7　2008 **年黑龙江市场所有节目收视排名前三十位**

名次	节目名称	节目类型	播出频道	平均收视率（%）	平均占有率（%）
1	中国中央电视台 2008 春节联欢晚会	综艺	中央电视台综合频道	54.7	87.4
2	乡村爱情第二部	电视剧	中央电视台综合频道	36.6	64.5
3	中央电视台 2008 年元宵晚会	综艺	中央电视台综合频道	36.4	63.6
4	第 29 届奥林匹克运动会开幕式	体育	中央电视台综合频道	34.9	70.4
5	第 29 届奥林匹克运动会闭幕式	体育	中央电视台综合频道	30.5	58.8
6	艺术人生	专题	中央电视台综合频道	28.8	57.0
7	CCTV2007 感动中国颁奖盛典	专题	中央电视台综合频道	25.3	54.1
8	2008 年第 29 届奥运会女子排球小组赛 A 组（中国 VS 委内瑞拉）	体育	中央电视台综合频道	20.5	37.9
9	2008 年第 29 届奥运会男子举重 56 公斤级决赛	体育	中央电视台综合频道	19.3	34.8
10	新闻联播	新闻/时事	中央电视台综合频道	18.6	38.9
11	2008 年第 29 届奥运会女足小组赛（中国队 VS 阿根廷队）	体育	中央电视台综合频道	18.6	32.8
12	曲苑杂坛春节特别节目 2008 年正月正晚会	综艺	中央电视台综合频道	18.3	35.0
13	温家宝在汶川映秀镇会见中外记者	新闻/时事	中央电视台综合频道	17.6	34.4
14	2008 年第 29 届奥运会女排小组赛（中国 VS 波兰）	体育	中央电视台综合频道	17.2	36.9
15	北京 2008 年残奥会开幕式	体育	中央电视台综合频道	17.0	52.3
16	2008 年第 29 届奥运会乒乓球女团决赛	体育	中央电视台综合频道	16.6	32.7
17	2008 年第 29 届奥运会田径比赛女子铁饼决赛	体育	中央电视台综合频道	16.4	28.9
18	2008 年第 29 届奥运会跆拳道比赛女子 49 公斤级决赛	体育	中央电视台综合频道	16.3	29.7
19	十分开心	综艺	中央电视台综合频道	16.2	48.6
20	2008 年第 29 届奥运会田径比赛男子 200 米小组赛	体育	中央电视台综合频道	16.2	28.4
21	2008 年第 29 届奥运会田径比赛女子 1500 米决赛	体育	中央电视台综合频道	15.9	31.2
22	2008 年第 29 届奥运会田径比赛女子 4×400 米接力第一轮	体育	中央电视台综合频道	15.9	29.8
23	闯关东	电视剧	中央电视台综合频道	14.9	31.2
24	爱的奉献 2008 宣传文化系统抗震救灾大型募捐活动（5 月 18 日）	综艺	中央电视台综合频道	14.7	59.5
25	北京 2008 年残奥会闭幕式	体育	中央电视台综合频道	13.9	33.7
26	笑着活下去（1 月 1 - 2 日）	电视剧	黑龙江电视台影视频道	13.8	28.8
27	奥运第 1 天	体育	中央电视台综合频道	11.9	32.7
28	清凌凌的水蓝莹莹的天	电视剧	中央电视台综合频道	11.4	25.3
29	焦点访谈	新闻/时事	中央电视台综合频道	10.7	21.3
30	拉萨 3.14 打砸抢烧暴力事件纪实	专题	中央电视台综合频道	10.6	20.7

表 3.12.8　2008 年黑龙江市场电视剧收视率排名前十位

名次	节目名称	播出频道	平均收视率（%）	平均占有率（%）
1	乡村爱情第二部	中央电视台综合频道	36.6	64.5
2	闯关东	中央电视台综合频道	14.9	31.2
3	笑着活下去（1 月 1－2 日）	黑龙江电视台影视频道	13.8	28.8
4	清凌凌的水蓝莹莹的天	中央电视台综合频道	11.4	25.3
5	暖春（12 月 5－25 日，19:33）	黑龙江电视台卫星频道	9.6	22.1
6	悠悠寸草心第二部	黑龙江电视台影视频道	9.0	17.7
7	李小龙传奇	中央电视台综合频道	8.8	17.7
8	叫一声妈妈	黑龙江电视台影视频道	8.6	23.0
9	芸娘	黑龙江电视台影视频道	8.4	18.1
10	真爱诺言	黑龙江电视台影视频道	8.3	17.9

表 3.12.9　2008 年黑龙江市场新闻节目收视率排名前十位

名次	节目名称	播出频道	平均收视率（%）	平均占有率（%）
1	新闻联播	中央电视台综合频道	18.6	38.9
2	温家宝在汶川映秀镇会见中外记者	中央电视台综合频道	17.6	34.4
3	焦点访谈	中央电视台综合频道	10.7	21.3
4	新闻联播（5 月 13－17 日、5 月 19－21 日，21:00）	中央电视台综合频道	10.0	37.7
5	真挚的关怀深入的指导	中央电视台综合频道	8.3	16.0
6	新闻联播	黑龙江电视台卫星频道	7.2	19.6
7	神七问天直播特别节目	中央电视台综合频道	6.1	20.7
8	一起看奥运	中央电视台综合频道	6.0	12.9
9	抗震救灾众志成城	中央电视台综合频道	5.5	20.8
10	转播中央台新闻联播	黑龙江电视台卫星频道	4.6	9.6

表 3.12.10　2008 年黑龙江市场专题节目收视率排名前十位

名次	节目名称	播出频道	平均收视率（%）	平均占有率（%）
1	艺术人生	中央电视台综合频道	28.8	57.0
2	CCTV2007 感动中国颁奖盛典	中央电视台综合频道	25.3	54.1
3	拉萨 3.14 打砸抢烧暴力事件纪实	中央电视台综合频道	10.6	20.7
4	全国迎奥运讲文明树新风礼仪知识竞赛	中央电视台综合频道	7.9	18.2
5	都市传奇	黑龙江电视台都市频道	6.5	13.0
6	奥运名人堂	中央电视台综合频道	6.4	20.8
7	抗震救灾众志成城特别节目希望	中央电视台综合频道	6.0	13.9
8	奥运名人堂	中央台五套	5.4	22.6
9	跨越海南经济特区 20 年纪实	中央电视台综合频道	5.4	17.0
10	天舒工作室	黑龙江电视台都市频道	5.4	11.8

表 3.12.11　2008 年黑龙江市场综艺节目收视率排名前十位

名次	节目名称	播出频道	平均收视率（%）	平均占有率（%）
1	中国中央电视台 2008 春节联欢晚会	中央电视台综合频道	54.7	87.4
2	中央电视台 2008 年元宵晚会	中央电视台综合频道	36.4	63.6
3	曲苑杂坛春节特别节目 2008 年正月正晚会	中央电视台综合频道	18.3	35.0
4	十分开心	中央电视台综合频道	16.2	48.6
5	爱的奉献 2008 宣传文化系统抗震救灾大型募捐活动（5 月 18 日）	中央电视台综合频道	14.7	59.5
6	荣成月中华情 2008 中央电视台中秋晚会	中央电视台综合频道	10.3	28.1
7	八桂飞歌中央电视台心连心艺术团赴广西崇左慰问演出	中央电视台综合频道	8.1	21.4
8	迈向太空中央电视台心连心艺术团赴酒泉卫星发射中心慰问演出	中央电视台综合频道	7.8	21.3
9	今夜属于你庆祝黑龙江电视台建台 50 周年文艺晚会	黑龙江电视台卫星频道	7.4	16.7
10	万家灯火平安夜公安部 2008 年春节晚会	中央电视台综合频道	7.2	18.0

表 3.12.12　2008 年黑龙江市场奥运会、残奥会比赛收视率排名前十位

名次	节目名称	播出频道	平均收视率（%）	平均占有率（%）
1	2008 年第 29 届奥运会女子排球小组赛 A 组（中国 VS 委内瑞拉）	中央电视台综合频道	20.5	37.9
2	2008 年第 29 届奥运会男子举重 56 公斤级决赛	中央电视台综合频道	19.3	34.8
3	2008 年第 29 届奥运会女足小组赛（中国队 VS 阿根廷队）	中央电视台综合频道	18.6	32.8
4	2008 年第 29 届奥运会女排小组赛（中国 VS 波兰）	中央电视台综合频道	17.2	36.9
5	2008 年第 29 届奥运会乒乓球女团决赛	中央电视台综合频道	16.6	32.7
6	2008 年第 29 届奥运会田径比赛女子铁饼决赛	中央电视台综合频道	16.4	28.9
7	2008 年第 29 届奥运会跆拳道比赛女子 49 公斤级决赛	中央电视台综合频道	16.3	29.7
8	2008 年第 29 届奥运会田径比赛男子 200 米小组赛	中央电视台综合频道	16.2	28.4
9	2008 年第 29 届奥运会田径比赛女子 1500 米决赛	中央电视台综合频道	15.9	31.2
10	2008 年第 29 届奥运会田径比赛女子 4×400 米接力第一轮	中央电视台综合频道	15.9	29.8

表 3.12.13　2008 年黑龙江市场体育节目收视率排名前十位（奥运会、残奥会比赛除外）

名次	节目名称	播出频道	平均收视率(%)	平均占有率(%)
1	第 29 届奥林匹克运动会开幕式	中央电视台综合频道	34.9	70.4
2	第 29 届奥林匹克运动会闭幕式	中央电视台综合频道	30.5	58.8
3	北京 2008 年残奥会开幕式	中央电视台综合频道	17.0	52.3
4	北京 2008 年残奥会闭幕式	中央电视台综合频道	13.9	33.7
5	奥运第 1 天	中央电视台综合频道	11.9	32.7
6	奥运第 2 天	中央电视台综合频道	8.9	37.8
7	聚焦残奥会	中央电视台综合频道	6.0	14.1
8	CCTV1 奥运演播室	中央电视台综合频道	5.8	28.1
9	奥运来了特别节目	中央电视台综合频道	5.8	12.2
10	奥运快讯	中央电视台综合频道	5.4	24.0

十三、湖北收视数据

表 3.13.1　2004－2008 年湖北市场各类频道的市场占有率（%）

频道类别	年份				
	2004 年	2005 年	2006 年	2007 年	2008 年
中央台频道	28.0	29.9	34.1	34.1	39.9
中国教育台频道	0.1	0.3	0.2	0.3	0.5
湖北省级频道	23.6	21.0	15.9	17.0	19.9
其他省级卫视频道	20.0	22.4	25.3	28.7	21.4
其他频道	28.3	26.4	24.5	19.9	18.3

表 3.13.2　2008 年湖北市场各类频道在各目标观众中的市场占有率（%）

目标观众		中央台频道	中国教育台频道	湖北省级频道	其他省级卫视频道	其他频道
4 岁及以上所有人		39.9	0.5	19.9	21.4	18.3
城乡	城市	36.3	0.3	16.4	16.5	30.5
	农村	41.6	0.6	21.6	23.9	12.3
性别	男	41.9	0.5	19.9	18.7	19.0
	女	37.7	0.5	19.9	24.4	17.5
年龄	4－14 岁	40.0	0.4	19.1	23.4	17.1
	15－24 岁	31.6	0.4	23.5	26.8	17.6
	25－34 岁	39.7	0.5	18.1	22.7	19.0
	35－44 岁	37.7	0.6	22.1	19.1	20.5
	45－54 岁	41.3	0.6	19.9	20.7	17.5
	55－64 岁	46.9	0.5	17.5	16.5	18.6
	65 岁及以上	49.1	0.5	15.8	17.1	17.6
教育程度	未受过正规教育	45.8	0.5	18.0	19.1	16.6
	小学	36.0	0.5	22.3	21.6	19.6
	初中	38.2	0.5	21.8	21.9	17.6
	高中	43.4	0.5	16.2	21.4	18.5
	大学及以上	46.2	0.4	12.5	21.3	19.5
职业类别	干部/管理人员	50.4	0.3	8.8	18.3	22.2
	个体/私营企业人员	43.8	0.4	17.6	20.5	17.6
	初级公务员/雇员	42.5	0.5	14.4	23.2	19.4
	工人	38.4	0.6	22.3	20.7	18.0
	学生	33.2	0.4	21.7	27.1	17.6
	无业	45.5	0.5	18.6	21.6	13.8
	其他	34.7	0.6	21.8	18.6	24.3
个人月收入	0－300 元	37.2	0.4	21.2	23.6	17.5
	301－600 元	38.5	0.7	20.3	21.0	19.6
	601－900 元	44.0	0.5	17.6	19.0	18.9
	901－1200 元	40.1	0.5	18.5	19.7	21.2
	1201 元及以上	46.4	0.5	18.4	19.1	15.5

表 3. 13. 3　2008 年湖北市场各类频道在各时段的市场占有率（%）

时间段	中央台频道	中国教育台频道	湖北省级频道	其他省级卫视频道	其他频道
02:00 – 03:00	40.3	0.2	18.5	27.0	13.9
03:00 – 04:00	42.3	0.3	14.9	27.5	15.1
04:00 – 05:00	41.0	0.1	12.4	32.2	14.3
05:00 – 06:00	40.8	0.1	9.3	35.3	14.6
06:00 – 07:00	57.2	0.9	7.4	22.2	12.3
07:00 – 08:00	57.0	0.3	16.0	13.3	13.3
08:00 – 09:00	42.0	0.2	20.3	24.1	13.5
09:00 – 10:00	38.5	0.2	16.9	29.5	14.9
10:00 – 11:00	37.8	0.4	15.3	31.1	15.3
11:00 – 12:00	43.4	0.5	13.7	29.5	12.8
12:00 – 13:00	44.2	1.0	19.3	20.3	15.2
13:00 – 14:00	38.7	1.1	16.1	28.2	15.9
14:00 – 15:00	37.3	0.3	14.1	32.9	15.4
15:00 – 16:00	36.4	0.2	13.8	34.0	15.6
16:00 – 17:00	34.6	0.7	14.9	34.7	15.2
17:00 – 18:00	46.9	0.9	11.9	26.4	13.9
18:00 – 19:00	42.8	0.3	25.5	12.2	19.2
19:00 – 20:00	44.6	0.2	25.6	7.3	22.3
20:00 – 21:00	40.7	0.6	20.9	18.1	19.7
21:00 – 22:00	35.8	0.6	20.8	21.7	21.0
22:00 – 23:00	31.2	0.4	24.8	21.3	22.4
23:00 – 24:00	35.8	0.3	22.2	22.5	19.3
24:00 – 25:00	38.6	0.1	17.5	26.0	17.8
25:00 – 26:00	37.5	0.2	19.9	26.8	15.6

表 3. 13. 4　2008 年湖北市场收视份额排名前十位的频道

名次	频道名称	收视份额（%）
1	中央电视台综合频道	7.3
2	湖北综合	7.0
3	中央台八套	5.4
4	中央台六套	5.0
5	湖南电视台卫星频道	4.4
6	中央电视台少儿频道	4.2
7	湖北经视	3.7
7	中央台三套	3.7
9	中央台五套	3.2
10	湖北影视	2.7

表 3.13.5 2008 年湖北市场各主要频道的观众构成（%）

目标观众		所有频道	主要频道				
			中央电视台综合频道	湖北综合	中央台八套	中央台六套	湖南电视台卫星频道
4 岁及以上所有人		100.0	100.0	100.0	100.0	100.0	100.0
城乡	城市	32.8	38.9	38.7	20.2	21.5	22.8
	农村	67.2	61.1	61.3	79.9	78.5	77.3
性别	男	51.8	53.8	52.1	45.4	58.9	36.9
	女	48.2	46.2	47.9	54.6	41.1	63.1
年龄	4-14 岁	13.6	9.5	14.2	10.7	9.2	17.8
	15-24 岁	15.9	10.3	17.8	12.4	14.2	30.8
	25-34 岁	16.3	15.6	13.7	17.4	21.2	19.7
	35-44 岁	14.9	15.2	18.7	14.1	14.5	10.2
	45-54 岁	21.7	22.3	21.2	24.7	24.7	13.6
	55-64 岁	11.2	15.5	10.0	14.8	10.3	5.4
	65 岁及以上	6.4	11.5	4.4	5.9	6.0	2.4
教育程度	未受过正规教育	9.1	8.5	9.0	11.1	8.6	6.6
	小学	23.5	21.7	26.5	23.3	20.7	20.1
	初中	41.1	36.8	44.6	40.2	45.5	46.2
	高中	20.4	25.3	17.0	21.3	20.0	20.5
	大学及以上	5.9	7.8	2.9	4.2	5.3	6.7
职业类别	干部/管理人员	1.2	1.5	0.3	0.9	1.1	1.3
	个体/私营企业人员	9.1	9.3	7.3	9.6	11.1	7.7
	初级公务员/雇员	6.9	7.9	4.8	7.3	7.5	8.8
	工人	15.3	14.4	15.3	14.8	19.8	13.1
	学生	12.7	7.9	13.9	9.4	8.2	23.2
	无业	30.6	34.7	28.9	33.5	30.9	32.6
	其他	24.2	24.3	29.5	24.7	21.6	13.3
个人月收入	0-300 元	43.6	36.3	45.6	40.1	39.0	57.4
	301-600 元	16.6	16.6	16.4	18.5	17.1	12.6
	601-900 元	13.6	15.1	14.2	16.1	13.9	11.1
	901-1200 元	13.5	14.6	11.4	13.4	15.5	9.9
	1201 元及以上	12.7	17.4	12.4	11.9	14.6	9.0

表 3.13.6 2006-2008 年湖北市场各类节目的播出份额（%）和收视份额（%）

节目类别	2006 年		2007 年		2008 年	
	播出份额	收视份额	播出份额	收视份额	播出份额	收视份额
青少	4.8	2.5	4.5	3.5	4.9	5.8
戏剧	1.4	0.6	1.3	0.6	1.1	0.7
教学	0.4	0.0	0.5	0.1	0.5	0.1
综艺	7.8	8.9	8.2	9.3	6.8	7.7
外语	0.2	0.0	0.2	0.2	0.1	0.1
电影	4.0	3.8	4.2	4.0	3.2	6.8
音乐	1.4	1.7	2.1	1.3	1.7	0.8
新闻/时事	13.8	11.1	13.3	11.2	14.3	9.3
电视剧	25.9	41.0	26.5	37.4	25.7	38.3
专题	11.6	5.4	11.0	5.5	11.5	6.2
体育	1.8	2.2	1.7	1.7	3.3	6.2
财经	1.6	0.2	1.6	0.3	1.8	0.3
生活服务	4.8	2.1	6.7	5.3	8.1	4.7
法制	1.3	0.7	1.2	1.0	1.0	1.1
其他	19.2	19.9	16.9	18.8	15.9	11.8

表 3.13.7　2008 年湖北市场所有节目收视率排名前三十位

名次	节目名称	节目类型	播出频道	平均收视率(%)	平均占有率(%)
1	第 29 届奥林匹克运动会开幕式	体育	中央电视台综合频道	13.7	26.8
2	第 29 届奥林匹克运动会闭幕式	体育	中央电视台综合频道	12.6	26.7
3	2008 年第 29 届奥运会男子篮球 B 组比赛（中国 VS 美国）	体育	中央台二套	11.0	42.1
4	2008 年第 29 届奥运会男子篮球小组赛（中国 VS 德国）	体育	中央台五套	10.1	23.8
5	第 29 届奥林匹克运动会闭幕式	体育	中央台五套	9.4	19.9
6	2008 年第 29 届奥运会男子举重 56 公斤级决赛	体育	中央电视台综合频道	9.2	26.5
7	2008 年第 29 届奥运会女子排球 1/4 决赛（中国 VS 俄罗斯）	体育	中央台五套	9.2	22.2
8	2008 年第 29 届奥运会女排小组赛（中国 VS 古巴）	体育	中央电视台综合频道	9.1	23.5
9	李小龙传奇	电视剧	中央电视台综合频道	9.1	23.4
10	2008 年第 29 届奥运会体操女子个人全能决赛	体育	中央台五套	8.7	43.3
11	第 29 届奥林匹克运动会开幕式	体育	中央台五套	8.7	18.5
12	2008 年第 29 届奥运会男子举重 69 公斤级决赛	体育	中央台五套	8.6	27.6
13	2008 年第 29 届奥运会女子排球预赛（中国 VS 美国）	体育	中央台五套	8.5	20.7
14	爱的奉献 2008 宣传文化系统抗震救灾大型募捐活动（5 月 18 日）	综艺	中央电视台综合频道	8.3	28.6
15	2008 年第 29 届奥运会乒乓球男子团体决赛	体育	中央台五套	7.9	21.9
16	天气预报	生活服务	中央电视台综合频道	7.6	25.9
17	2008 年第 29 届奥运会女足小组赛 E 组（中国 VS 加拿大）	体育	中央台五套	7.6	20.6
18	2008 年第 29 届奥运会女子排球小组赛 A 组（中国 VS 委内瑞拉）	体育	中央电视台综合频道	7.6	20.5
19	2008 年第 29 届奥运会女子体操团体决赛	体育	中央台五套	7.4	39.6
20	2008 年第 29 届奥运会乒乓球女团决赛	体育	中央电视台综合频道	7.4	18.0
21	2008 年第 29 届奥运会女排小组赛（中国 VS 波兰）	体育	中央电视台综合频道	7.2	20.1
22	2008 年第 29 届奥运会女子排球半决赛（中国 VS 巴西）	体育	中央台五套	7.1	18.0
23	2008 年第 29 届奥运会乒乓球女子单打决赛	体育	中央台五套	7.1	17.9

续表

名次	节目名称	节目类型	播出频道	平均收视率（%）	平均占有率（%）
24	2008 年第 29 届奥运会男篮小组赛（中国 VS 西班牙）	体育	中央电视台综合频道	7.0	42.3
25	2008 年第 29 届奥运会女子举重 48 公斤级决赛	体育	中央台五套	7.0	36.7
26	2008 年第 29 届奥运会女子 100 米决赛	体育	中央电视台综合频道	7.0	22.9
27	2008 年第 29 届奥运会男子蹦床决赛	体育	中央电视台综合频道	7.0	16.6
28	2008 年第 29 届奥运会男篮小组赛（中国 VS 安哥拉）	体育	中央台七套	6.9	17.1
29	2008 年第 29 届奥运会男子体操团体决赛	体育	中央台五套	6.8	37.7
30	北京 2008 年残奥会开幕式	体育	中央电视台综合频道	6.8	18.9

表 3.13.8 2008 年湖北市场电视剧收视率排名前十位

名次	节目名称	播出频道	平均收视率（%）	平均占有率（%）
1	李小龙传奇	中央电视台综合频道	9.1	23.4
2	绝密押运	中央电视台综合频道	5.2	15.1
3	魔幻手机（4 月 8 - 22 日）	中央台八套	4.9	14.3
4	布衣大侠（9 月 21 - 10 月 12 日）	湖北综合	4.2	13.4
5	妈妈为我嫁（9 月 9 - 19 日）	湖北综合	4.1	13.1
6	浴血坚持	中央电视台综合频道	4.0	11.9
7	夜幕下的哈尔滨	中央电视台综合频道	4.0	10.4
8	聊斋奇女子（6 月 22 - 30 日）	湖北综合	3.9	14.4
9	精武陈真（9 月 26 - 10 月 4 日）	湖北综合	3.8	12.5
10	八月桂花香	湖北综合	3.8	11.1

表 3.13.9 2008 年湖北市场新闻/时事节目收视率排名前十位

名次	节目名称	播出频道	平均收视率（%）	平均占有率（%）
1	新闻联播（5 月 13 - 17 日、5 月 19 - 21 日，21:00）	中央电视台综合频道	4.8	14.1
2	新闻联播	中央电视台综合频道	4.1	16.4
3	神七问天直播特别节目	中央电视台综合频道	3.1	8.4
4	关注四川汶川地震	中央电视台新闻频道	2.6	10.7
5	抗震救灾众志成城	中央电视台综合频道	2.3	7.4
6	焦点访谈	中央电视台综合频道	2.3	7.3
7	温家宝在汶川映秀镇会见中外记者	中央电视台综合频道	2.1	11.5
8	汶川地震特别报道	四川卫视	1.7	8.3
9	一起看奥运	中央电视台综合频道	1.6	4.6
10	焦点访谈（5 月 19 - 21 日）	湖北综合	1.5	6.5

表 3.13.10 2008 年湖北市场专题节目收视率排名前十位

名次	节目名称	播出频道	平均收视率（%）	平均占有率（%）
1	奔腾的宁夏	中央电视台综合频道	2.2	5.8
2	董倩面对面	中央电视台综合频道	1.9	8.4
3	奥运名人堂	中央电视台综合频道	1.9	7.6
4	全国迎奥运讲文明树新风礼仪知识竞赛	中央电视台综合频道	1.5	4.8
5	奥运名人堂	中央台五套	1.5	4.6
6	动物世界	中央台三套	1.3	5.6
7	神奇之窗特别节目为生命护航	中央电视台少儿频道	1.3	4.5
8	跨越海南经济特区 20 年纪实	中央电视台综合频道	1.3	3.5
9	变革与辉煌献给中国人民解放军建军 81 周年	中央电视台综合频道	1.2	3.4
10	伟大的历程	中央电视台综合频道	1.2	3.3

表 3.13.11 2008 年湖北市场综艺节目收视率排名前十位

名次	节目名称	播出频道	平均收视率（%）	平均占有率（%）
1	爱的奉献 2008 宣传文化系统抗震救灾大型募捐活动（5 月 18 日）	中央电视台综合频道	8.3	28.6
2	荣成月中华情 2008 中央电视台中秋晚会	中央电视台综合频道	4.4	11.2
3	迈向太空中央电视台心连心艺术团赴酒泉卫星发射中心慰问演出	中央电视台综合频道	3.8	9.5
4	为中国喝彩与中国奥运金牌运动员大型联欢晚会	中央台三套	3.7	9.7
5	北京 2008 年奥运会倒计时 100 天庆祝活动	中央台三套	3.4	11.0
6	青春中国第十三届 CCTV 青年歌手电视大奖赛颁奖晚会	中央台三套	3.3	10.5
7	百花迎春中国文学艺术界 2007 春节大联欢	中央台三套	3.2	7.5
8	一起动起来	湖南电视台卫星频道	3.0	10.0
9	放歌新时代歌唱改革开放三十周年文艺晚会	中央电视台综合频道	3.0	8.6
10	综艺盛典 Variety Awards 2008	中央台三套	3.0	8.2

表 3.13.12 2008 年湖北市场奥运会、残奥会比赛节目收视率排名前十位

名次	节目名称	播出频道	平均收视率（%）	平均占有率（%）
1	2008 年第 29 届奥运会男子篮球 B 组比赛（中国 VS 美国）	中央台二套	11.0	42.1
2	2008 年第 29 届奥运会男子篮球小组赛（中国 VS 德国）	中央台五套	10.1	23.8
3	2008 年第 29 届奥运会男子举重 56 公斤级决赛	中央电视台综合频道	9.2	26.5
4	2008 年第 29 届奥运会女子排球 1/4 决赛（中国 VS 俄罗斯）	中央台五套	9.2	22.2
5	2008 年第 29 届奥运会女排小组赛（中国 VS 古巴）	中央电视台综合频道	9.1	23.5
6	2008 年第 29 届奥运会体操女子个人全能决赛	中央台五套	8.7	43.3
7	2008 年第 29 届奥运会男子举重 69 公斤级决赛	中央台五套	8.6	27.6
8	2008 年第 29 届奥运会女子排球预赛（中国 VS 美国）	中央台五套	8.5	20.7
9	2008 年第 29 届奥运会乒乓球男子团体决赛	中央台五套	7.9	21.9
10	2008 年第 29 届奥运会女足小组赛 E 组（中国 VS 加拿大）	中央台五套	7.6	20.6

表 3.13.13 2008 年湖北市场体育节目收视率排名前十位（奥运会、残奥会比赛除外）

名次	节目名称	播出频道	平均收视率（%）	平均占有率（%）
1	第 29 届奥林匹克运动会开幕式	中央电视台综合频道	13.7	26.8
2	第 29 届奥林匹克运动会闭幕式	中央电视台综合频道	12.6	26.7
3	第 29 届奥林匹克运动会闭幕式	中央台五套	9.4	19.9
4	第 29 届奥林匹克运动会开幕式	中央台五套	8.7	18.5
5	北京 2008 年残奥会开幕式	中央电视台综合频道	6.8	18.9
6	奥运第 1 天	中央电视台综合频道	6.0	14.4
7	CCTV1 奥运演播室	中央电视台综合频道	4.5	12.4
8	北京 2008 年残奥会闭幕式	中央电视台综合频道	3.5	9.1
9	奥运第 4 天	中央电视台综合频道	3.2	12.1
10	第 29 届奥林匹克运动会开幕式	湖南电视台卫星频道	3.0	5.8

十四、湖南收视数据

表 3.14.1　2004－2008 年湖南市场各类频道的市场占有率（%）

频道类别	年份				
	2004 年	2005 年	2006 年	2007 年	2008 年
中央台频道	19.4	20.4	21.3	21.0	23.9
中国教育台频道	0.3	0.4	0.3	0.4	0.2
湖南省级频道	49.4	49.0	50.6	52.5	52.9
其他省级卫视频道	10.6	9.9	11.4	10.7	11.3
其他频道	20.3	20.3	16.4	15.3	11.7

注：湖南全省测量仪数据开始时间：2008 年 3 月 1 日。

表 3.14.2　2008 年湖南市场各类频道在不同目标观众中的市场占有率（%）

目标观众		中央台频道	中国教育台频道	湖南省级频道	其他省级卫视频道	其他频道
4 岁及以上所有人		23.9	0.2	52.9	11.3	11.7
城乡	城市	25.1	0.3	46.5	11.6	16.6
	农村	23.7	0.2	54.3	11.2	10.6
性别	男	25.3	0.2	51.8	10.7	12.0
	女	22.6	0.2	53.9	11.9	11.4
年龄	4－14 岁	22.0	0.1	54.8	11.7	11.4
	15－24 岁	18.7	0.2	57.3	11.1	12.7
	25－34 岁	19.3	0.2	61.1	7.9	11.5
	35－44 岁	23.4	0.3	49.7	14.4	12.3
	45－54 岁	28.9	0.2	46.9	12.8	11.1
	55－64 岁	28.5	0.2	50.1	9.4	11.7
	65 岁及以上	27.9	0.2	50.1	10.6	11.2
教育程度	未受过正规教育	24.1	0.2	51.4	12.5	11.8
	小学	24.3	0.1	54.0	10.5	11.1
	初中	21.2	0.2	56.4	9.8	12.4
	高中	26.1	0.3	47.7	14.4	11.5
	大学及以上	36.0	0.2	40.2	14.0	9.6
职业类别	干部/管理人员	26.8	0.2	44.5	12.6	15.9
	个体/私营企业人员	26.9	0.2	49.2	13.6	10.1
	初级公务员/雇员	31.8	0.4	40.7	15.5	11.6
	工人	24.1	0.3	50.8	10.7	14.2
	学生	18.8	0.1	56.4	11.5	13.2
	无业	25.8	0.4	49.8	12.6	11.5
	其他	22.4	0.1	56.6	9.6	11.3
个人月收入	0－300 元	21.7	0.2	56.1	10.5	11.4
	301－600 元	27.1	0.2	48.6	13.3	10.8
	601－900 元	23.0	0.3	51.1	11.9	13.8
	901－1200 元	27.4	0.3	49.1	11.0	12.2
	1201 元及以上	27.1	0.2	50.0	11.2	11.4

表 3.14.3 2008 年湖南市场各类频道不同时段的市场占有率（%）

时间段	中央台频道	中国教育台频道	湖南省级频道	其他省级卫视频道	其他频道
02:00 - 03:00	38.7	0.0	32.7	16.8	11.7
03:00 - 04:00	43.2	0.0	26.1	19.1	11.6
04:00 - 05:00	41.4	0.0	23.1	26.7	8.8
05:00 - 06:00	41.9	0.0	26.2	24.6	7.2
06:00 - 07:00	40.6	0.2	33.6	13.7	11.9
07:00 - 08:00	45.1	0.1	31.1	10.6	13.2
08:00 - 09:00	28.7	0.1	43.7	15.6	11.9
09:00 - 10:00	25.9	0.1	47.3	15.2	11.5
10:00 - 11:00	26.4	0.2	47.2	14.9	11.2
11:00 - 12:00	27.0	0.3	48.4	13.8	10.5
12:00 - 13:00	26.0	0.5	48.3	14.2	10.9
13:00 - 14:00	25.8	0.7	45.5	16.3	11.7
14:00 - 15:00	26.5	0.2	44.0	17.8	11.5
15:00 - 16:00	25.1	0.2	44.3	18.6	11.8
16:00 - 17:00	21.8	0.4	48.1	18.7	11.0
17:00 - 18:00	23.7	0.4	51.6	13.5	10.8
18:00 - 19:00	19.7	0.2	62.3	6.6	11.3
19:00 - 20:00	21.2	0.1	62.8	4.3	11.6
20:00 - 21:00	22.9	0.2	56.5	9.2	11.2
21:00 - 22:00	23.5	0.2	53.4	10.8	12.1
22:00 - 23:00	22.3	0.2	51.7	12.2	13.7
23:00 - 24:00	22.9	0.2	54.0	11.5	11.4
24:00 - 25:00	30.2	0.1	38.6	17.7	13.5
25:00 - 26:00	34.9	0.1	36.3	17.2	11.6

表 3.14.4 2008 年湖南市场收视份额排名前十位的频道

名次	频道名称	收视份额（%）
1	eTV 湖南经视综合频道	17.2
2	湖南电视台卫星频道	11.4
3	湖南电视台娱乐频道	8.6
4	中央电视台综合频道	6.7
5	湖南电视台影视频道	3.8
6	eTV 湖南经视都市频道	3.7
7	潇湘电影频道	3.2
8	中央台八套	3.1
9	中央台六套	2.6
10	中央台三套	2.3

表 3.14.5 2008 年湖南市场各主要频道的观众构成(%)

目标观众		所有频道	主要频道				
			eTV 湖南经视综合频道	湖南电视台卫星频道	湖南电视台娱乐频道	中央电视台综合频道	湖南电视台影视频道
4 岁及以上所有人		100.0	100.0	100.0	100.0	100.0	100.0
城乡	城市	48.6	46.2	45.4	49.8	52.2	47.7
	农村	51.4	53.8	54.6	50.2	47.8	52.3
性别	男	48.6	46.2	45.4	49.8	52.2	47.7
	女	51.4	53.8	54.6	50.2	47.8	52.3
年龄	4-14 岁	12.0	11.9	12.6	10.4	10.5	8.3
	15-24 岁	11.8	9.0	21.5	9.3	9.9	14.8
	25-34 岁	19.4	27.5	18.0	22.2	16.0	14.3
	35-44 岁	18.1	17.4	15.8	14.7	17.0	17.0
	45-54 岁	21.6	17.7	19.1	24.0	26.7	22.4
	55-64 岁	11.5	11.6	8.3	12.5	13.1	15.2
	65 岁及以上	5.7	4.9	4.8	6.9	6.8	7.9
教育程度	未受过正规教育	6.0	4.5	5.3	8.1	6.4	6.3
	小学	29.8	30.8	29.9	34.2	33.0	29.8
	初中	38.1	45.5	41.9	38.0	35.8	37.7
	高中	22.3	17.7	21.1	17.8	21.7	22.2
	大学及以上	3.7	1.5	1.9	2.0	3.1	4.0
职业类别	干部/管理人员	1.0	0.3	0.9	0.6	1.0	1.1
	个体/私营企业人员	7.2	4.9	5.0	7.8	8.7	6.3
	初级公务员/雇员	7.8	3.8	5.0	3.3	6.4	8.9
	工人	5.8	5.2	6.9	4.4	5.2	5.6
	学生	10.5	11.2	13.9	7.3	8.1	6.3
	无业	21.4	15.9	20.5	20.0	16.9	26.0
	其他	46.2	58.7	47.8	56.5	53.7	45.9
个人月收入	0-300 元	50.6	55.8	57.3	52.3	51.5	51.1
	301-600 元	18.4	13.6	19.3	22.1	22.9	18.4
	601-900 元	11.8	13.0	9.9	11.6	9.8	12.4
	901-1200 元	11.4	10.7	8.3	7.6	8.7	9.2
	1201 元及以上	7.9	6.8	5.2	6.4	7.1	9.0

表 3.14.6 2006-2008 年湖南市场各类节目的播出份额(%)和收视份额(%)

节目类别	2006 年		2007 年		2008 年	
	播出份额	收视份额	播出份额	收视份额	播出份额	收视份额
财经	1.4	0.3	1.5	0.3	1.6	0.2
电视剧	25.9	39.8	25.9	38.2	25.2	43.1
电影	4.4	6.0	4.3	8.2	3.7	4.9
法制	1.3	1.3	1.4	1.7	1.1	1.6
教学	0.3	0.1	0.7	0.2	0.6	0.1
青少	4.9	3.3	4.5	3.8	4.5	2.3
生活服务	4.4	1.4	6.5	4.2	7.5	5.6
体育	1.9	2.0	1.7	1.4	3.0	3.5
外语	0.2	0.1	0.2	0.1	0.1	0.0
戏剧	1.5	0.5	1.3	0.3	1.0	0.4
新闻/时事	13.8	10.5	13.4	9.3	14.0	9.4
音乐	1.2	1.8	1.9	1.0	2.5	0.5
专题	11.2	8.0	11.3	7.5	12.0	4.9
综艺	8.1	9.7	8.5	9.4	7.0	9.4
其他	19.5	15.4	16.9	14.6	16.2	14.2

表 3.14.7 2008 年湖南市场所有节目收视率排名前三十位

名次	节目名称	节目类型	播出频道	平均收视率（%）	平均占有率（%）
1	错爱第二部婚变	电视剧	eTV 湖南经视综合频道	16.8	39.2
2	情之债	电视剧	eTV 湖南经视综合频道	16.0	33.0
3	2008 年第 29 届奥运会男子举重 56 公斤级决赛	体育	中央电视台综合频道	12.3	28.1
4	继母后妈	电视剧	eTV 湖南经视综合频道	11.9	26.5
5	谁懂我的心	电视剧	eTV 湖南经视综合频道	11.7	28.6
6	如果还有明天	电视剧	eTV 湖南经视综合频道	11.5	28.6
7	芸娘	电视剧	eTV 湖南经视综合频道	11.1	28.5
8	我们生活的年代	电视剧	eTV 湖南经视综合频道	11.1	27.0
9	婚后 5 年	电视剧	eTV 湖南经视综合频道	10.8	26.6
10	家庭陷阱	电视剧	eTV 湖南经视综合频道	10.4	27.7
11	2008 年第 29 届奥运会乒乓球男子团体半决赛	体育	中央电视台综合频道	10.3	20.5
12	唐山孤儿	电视剧	eTV 湖南经视综合频道	10.1	25.9
13	笑着活下去	电视剧	湖南电视台娱乐频道	9.7	23.1
14	追	电视剧	eTV 湖南经视综合频道	9.6	24.5
15	第 29 届奥林匹克运动会开幕式	体育	中央台五套	9.6	20.2
16	我最达人	综艺	eTV 湖南经视综合频道	9.5	24.8
17	2008 年第 29 届奥运会女子排球小组赛 A 组（中国 VS 委内瑞拉）	体育	中央电视台综合频道	9.5	23.4
18	第 7 届中国金鹰电视艺术节第 24 届中国电视金鹰奖颁奖晚会星光大道	综艺	eTV 湖南经视综合频道	9.4	24.2
19	2008 年第 29 届奥运会游泳预赛	体育	中央电视台综合频道	9.2	25.3
20	第 29 届奥运会乒乓球男团小组赛	体育	中央电视台综合频道	9.0	22.8
21	宽恕	电视剧	eTV 湖南经视综合频道	8.9	20.6
22	李小龙传奇	电视剧	中央电视台综合频道	8.8	18.6
23	鹿鼎记	电视剧	eTV 湖南经视综合频道	8.7	21.3
24	女人何苦为难女人	电视剧	eTV 湖南经视综合频道	8.6	24.1
25	奥运第 1 天	体育	中央电视台综合频道	8.5	20.1
26	2008 年第 29 届奥运会女排小组赛（中国 VS 波兰）	体育	中央电视台综合频道	8.4	20.2
27	2008 年第 29 届奥运会乒乓球女团决赛	体育	中央电视台综合频道	8.4	18.1
28	决赛第二场梦想盛开（2008 年 10 月 10 日）	综艺	eTV 湖南经视综合频道	8.2	18.7
29	2008 年第 29 届奥运会男子蹦床决赛	体育	中央电视台综合频道	8.0	17.9
30	2008 年第 29 届奥运会跳水男子单人 10 米跳台决赛	体育	中央电视台综合频道	7.9	18.6

表 3.14.8　2008 年湖南市场电视剧收视率排名前十位

名次	节目名称	播出频道	平均收视率（%）	平均占有率（%）
1	错爱第二部婚变	eTV 湖南经视综合频道	16.8	39.2
2	情之债	eTV 湖南经视综合频道	16.0	33.0
3	继母后妈	eTV 湖南经视综合频道	11.9	26.5
4	谁懂我的心	eTV 湖南经视综合频道	11.7	28.6
5	如果还有明天	eTV 湖南经视综合频道	11.5	28.6
6	芸娘	eTV 湖南经视综合频道	11.1	28.5
7	我们生活的年代	eTV 湖南经视综合频道	11.1	27.0
8	婚后 5 年	eTV 湖南经视综合频道	10.8	26.6
9	家庭陷阱	eTV 湖南经视综合频道	10.4	27.7
10	唐山孤儿	eTV 湖南经视综合频道	10.1	25.9

表 3.14.9　2008 年湖南市场新闻/时事节目收视率排名前十位

名次	节目名称	播出频道	平均收视率（%）	平均占有率（%）
1	晚间	湖南电视台卫星频道	6.4	16.2
2	用心拥抱坚强同行	eTV 湖南经视综合频道	6.1	14.9
3	湖南新闻联播（5 月 19 日，20:54）	湖南电视台卫星频道	5.2	15.2
4	焦点访谈（5 月 19 日，19:50）	eTV 湖南经视综合频道	5.1	19.6
5	随时跟进四川汶川地震	湖南电视台卫星频道	4.4	11.2
6	新闻联播（5 月 13－17 日、5 月 19－21 日，21:00）	中央电视台综合频道	4.3	11.0
7	转播中央台新闻联播（5 月 19 日，21:00）	eTV 湖南经视综合频道	3.8	11.5
8	我们坚强同行	湖南电视台卫星频道	3.8	9.9
9	用心拥抱坚强同行	湖南电视台卫星频道	3.8	9.3
10	经视新闻	eTV 湖南经视综合频道	3.2	19.8

注：湖南新闻联播（5 月 19 日，20:54）为非常规时段播出。

表 3.14.10　2008 年湖南市场专题节目收视率排名前十位

名次	节目名称	播出频道	平均收视率（%）	平均占有率（%）
1	故事会	eTV 湖南经视综合频道	7.7	28.3
2	婚后 5 年说爱你	eTV 湖南经视综合频道	7.4	24.6
3	真情最前线	eTV 湖南经视综合频道	6.9	21.2
4	爱心大后方	eTV 湖南经视综合频道	6.0	15.9
5	龙抬头	eTV 湖南经视综合频道	5.0	13.2
6	真情	湖南电视台卫星频道	3.6	9.1
7	第七届汉语桥世界大学生中文比赛决赛第一场	湖南电视台卫星频道	3.3	9.7
8	第七届汉语桥世界大学生中文比赛决赛第二场	湖南电视台卫星频道	3.3	9.4
9	董倩面对面	中央电视台综合频道	3.1	12.0
10	故事连环话	eTV 湖南经视都市频道	3.0	8.5

表 3.14.11 2008 年湖南市场综艺节目收视率排名前十位

名次	节目名称	播出频道	平均收视率（%）	平均占有率（%）
1	我最达人	eTV 湖南经视综合频道	9.5	24.8
2	第 7 届中国金鹰电视艺术节第 24 届中国电视金鹰奖颁奖晚会星光大道	eTV 湖南经视综合频道	9.4	24.2
3	决赛第二场梦想盛开（2008 年 10 月 10 日）	eTV 湖南经视综合频道	8.2	18.7
4	第 7 届中国金鹰电视艺术节开幕式晚会	eTV 湖南经视综合频道	7.3	17.8
5	爱的奉献 2008 宣传文化系统抗震救灾大型募捐活动（5 月 18 日）	中央电视台综合频道	6.8	21.0
6	越策越开心	eTV 湖南经视综合频道	6.0	14.7
7	迈向太空中央电视台心连心艺术团赴酒泉卫星发射中心慰问演出	中央电视台综合频道	5.7	13.8
8	爱的奉献 2008 宣传文化系统抗震救灾大型募捐活动	eTV 湖南经视综合频道	5.6	17.2
9	放歌新时代歌唱改革开放三十周年文艺晚会	中央电视台综合频道	5.4	12.3
10	第 7 届中国金鹰电视艺术节第 24 届中国电视金鹰奖颁奖晚会	eTV 湖南经视综合频道	5.3	16.7

表 3.14.12 2008 年湖南市场奥运会、残奥会比赛节目收视率排名前十位

名次	节目名称	播出频道	平均收视率（%）	平均占有率（%）
1	2008 年第 29 届奥运会男子举重 56 公斤级决赛	中央电视台综合频道	12.3	28.1
2	2008 年第 29 届奥运会乒乓球男子团体半决赛	中央电视台综合频道	10.3	20.5
3	2008 年第 29 届奥运会女子排球小组赛 A 组（中国 VS 委内瑞拉）	中央电视台综合频道	9.5	23.4
4	第 29 届奥运会乒乓球男团小组赛	中央电视台综合频道	9.0	22.8
5	2008 年第 29 届奥运会游泳预赛	中央电视台综合频道	9.2	25.3
6	2008 年第 29 届奥运会女排小组赛（中国 VS 波兰）	中央电视台综合频道	8.4	20.2
7	2008 年第 29 届奥运会乒乓球女团决赛	中央电视台综合频道	8.4	18.1
8	2008 年第 29 届奥运会男子蹦床决赛	中央电视台综合频道	8.0	17.9
9	2008 年第 29 届奥运会跳水男子单人 10 米跳台决赛	中央电视台综合频道	7.9	18.6
10	2008 年第 29 届奥运会女排小组赛（中国 VS 古巴）	中央电视台综合频道	7.7	19.2

表 3.14.13　2008 年湖南市场体育节目收视率排名前十位（奥运会、残奥会比赛除外）

名次	节目名称	播出频道	平均收视率(%)	平均占有率(%)
1	第 29 届奥林匹克运动会开幕式	中央台五套	9.6	20.2
2	奥运第 1 天	中央电视台综合频道	8.5	20.1
3	第 29 届奥林匹克运动会闭幕式	eTV 湖南经视综合频道	7.9	16.4
4	第 29 届奥林匹克运动会闭幕式	中央电视台综合频道	7.8	16.1
5	第 29 届奥林匹克运动会开幕式	中央电视台综合频道	7.6	16.0
6	第 29 届奥林匹克运动会开幕式	eTV 湖南经视综合频道	6.2	13.0
7	第 29 届奥林匹克运动会闭幕式	中央台五套	5.7	11.7
8	第 29 届奥林匹克运动会开幕式	湖南电视台卫星频道	5.5	11.6
9	第 29 届奥林匹克运动会闭幕式	湖南电视台卫星频道	4.5	9.4
10	北京 2008 年残奥会开幕式	中央电视台综合频道	4.0	11.6

十五、吉林收视数据

表 3.15.1 2004-2008 年吉林市场各类频道的市场占有率（%）

频道类别	年份				
	2004 年	2005 年	2006 年	2007 年	2008 年
中央台频道	30.0	34.2	39.0	36.5	41.3
中国教育台频道	0.1	0.1	0.1	0.1	0.2
吉林省级频道	32.1	27.6	26.1	27.5	27.1
其他省级卫视频道	9.0	10.7	12.7	15.3	17.5
其他频道	28.8	27.5	22.1	20.6	14.0

表 3.15.2 2008 年吉林市场各类频道在不同目标观众中的市场占有率（%）

目标观众		中央台频道	中国教育台频道	吉林省级频道	其他省级卫视频道	其他频道
4 岁及以上所有人		41.3	0.2	27.1	17.5	14.0
城乡	城市	45.1	0.1	27.7	18.5	8.5
	农村	37.9	0.2	26.5	16.7	18.7
性别	男	42.8	0.2	26.7	16.1	14.2
	女	39.8	0.1	27.5	18.8	13.8
年龄	4-14 岁	44.7	0.2	21.7	19.1	14.3
	15-24 岁	32.1	0.2	24.3	24.4	19.1
	25-34 岁	38.7	0.2	27.2	19.1	14.8
	35-44 岁	39.2	0.2	26.7	17.8	16.2
	45-54 岁	42.4	0.2	28.4	17.3	11.7
	55-64 岁	47.2	0.1	29.5	11.9	11.3
	65 岁及以上	49.3	0.1	29.8	12.0	8.9
教育程度	未受过正规教育	41.6	0.1	25.3	17.0	15.9
	小学	36.1	0.1	31.1	15.6	17.1
	初中	39.0	0.2	26.3	18.5	16.0
	高中	46.7	0.1	26.4	18.1	8.7
	大学及以上	53.8	0.1	20.4	17.0	8.7
职业类别	干部/管理人员	41.5	0.3	27.6	14.8	15.8
	个体/私营企业人员	38.7	0.1	32.3	18.8	10.0
	初级公务员/雇员	54.6	0.1	22.1	15.4	7.8
	工人	39.5	0.1	31.0	18.2	11.1
	学生	39.5	0.2	23.1	22.7	14.5
	无业	48.7	0.1	27.5	15.1	8.6
	其他	34.0	0.2	25.7	18.1	22.0
个人月收入	0-300 元	38.2	0.1	27.0	17.2	17.5
	301-600 元	39.2	0.2	26.6	19.6	14.4
	601-900 元	44.1	0.1	27.8	17.3	10.7
	901-1200 元	43.5	0.1	29.7	16.0	10.7
	1201 元及以上	49.2	0.2	25.2	16.3	9.1

表 3.15.3　2008 年吉林市场各类频道在不同时段的市场占有率（%）

时间段	中央台频道	中国教育台频道	吉林省级频道	其他省级卫视频道	其他频道
02:00 - 03:00	47.5	0.0	11.1	30.4	11.0
03:00 - 04:00	44.0	0.5	10.8	36.9	7.8
04:00 - 05:00	39.4	0.0	16.5	35.8	8.3
05:00 - 06:00	38.0	0.1	18.2	28.5	15.1
06:00 - 07:00	46.0	0.1	25.0	14.2	14.8
07:00 - 08:00	51.1	0.1	20.7	12.0	16.2
08:00 - 09:00	46.0	0.1	19.3	20.3	14.4
09:00 - 10:00	41.8	0.2	18.8	26.2	13.0
10:00 - 11:00	41.6	0.2	17.7	27.8	12.8
11:00 - 12:00	45.7	0.3	16.6	25.9	11.5
12:00 - 13:00	50.5	0.3	12.5	26.0	10.7
13:00 - 14:00	39.8	0.3	14.9	34.1	10.8
14:00 - 15:00	33.8	0.2	17.2	36.3	12.5
15:00 - 16:00	32.7	0.2	15.5	37.2	14.5
16:00 - 17:00	35.7	0.4	15.7	33.1	15.2
17:00 - 18:00	30.3	0.2	40.0	12.9	16.5
18:00 - 19:00	29.5	0.1	48.1	6.8	15.6
19:00 - 20:00	49.3	0.1	28.5	7.5	14.6
20:00 - 21:00	43.5	0.2	26.7	16.5	13.2
21:00 - 22:00	41.7	0.2	25.5	21.2	11.5
22:00 - 23:00	39.5	0.1	19.0	27.4	13.9
23:00 - 24:00	41.7	0.1	13.2	27.5	17.5
24:00 - 25:00	46.4	0.2	11.3	28.2	13.9
25:00 - 26:00	54.5	0.5	9.6	25.2	10.1

表 3.15.4　2008 年吉林市场收视份额排名前十位的频道

名次	频道名称	收视份额（%）
1	中央电视台综合频道	18.1
2	吉林卫视	9.4
3	吉林电视台都市频道（二套）	8.7
4	中央台八套	5.3
5	吉林电视台乡村频道（五套）	4.3
6	中央台五套	3.6
6	湖南电视台卫星频道	3.6
8	中央台三套	3.0
9	吉林电视台影视频道（四套）	2.4
10	中央台六套	2.2

表 3.15.5 2008 年吉林市场各主要频道的观众构成(%)

目标观众		所有频道	主要频道				
			中央电视台综合频道	吉林卫视	吉林电视台都市频道(二套)	中央台八套	吉林电视台乡村频道(五套)
4 岁及以上所有人		100.0	100.0	100.0	100.0	100.0	100.0
城乡	城市	46.1	42.7	27.1	71.7	61.1	32.1
	农村	53.9	57.3	72.9	28.3	38.9	67.9
性别	男	48.0	50.4	46.8	47.1	42.6	45.4
	女	52.0	49.6	53.2	52.9	57.4	54.6
年龄	4-14 岁	7.3	6.2	5.5	5.3	6.3	5.7
	15-24 岁	12.9	10.8	11.3	9.4	8.2	14.7
	25-34 岁	15.9	13.3	12.0	16.7	15.4	12.7
	35-44 岁	21.8	21.4	19.5	23.0	21.0	19.3
	45-54 岁	19.5	21.3	22.1	21.5	20.5	19.8
	55-64 岁	12.5	14.8	16.0	13.9	15.3	15.1
	65 岁及以上	10.2	12.3	13.6	10.1	13.4	12.6
教育程度	未受过正规教育	4.1	3.1	4.6	3.2	4.4	4.1
	小学	25.3	23.4	39.2	19.0	23.8	36.7
	初中	39.4	39.9	37.9	36.0	34.4	40.7
	高中	24.0	25.4	15.5	33.5	29.4	16.0
	大学及以上	7.2	8.3	2.8	8.3	8.0	2.5
职业类别	干部/管理人员	1.2	1.0	0.6	1.9	0.9	1.2
	个体/私营企业人员	11.2	11.1	14.4	15.6	10.0	7.2
	初级公务员/雇员	6.1	7.1	2.5	8.1	7.6	2.9
	工人	10.5	8.6	6.0	16.3	11.7	9.9
	学生	8.8	7.3	6.5	7.3	7.1	6.8
	无业	29.4	32.1	27.2	36.6	38.6	27.4
	其他	32.8	32.7	42.9	14.1	24.0	44.6
个人月收入	0-300 元	39.3	37.9	45.5	32.5	35.6	42.7
	301-600 元	21.1	22.5	24.3	15.9	20.9	24.5
	601-900 元	17.8	17.3	15.5	21.7	18.8	15.9
	901-1200 元	10.1	10.8	9.0	13.5	11.5	10.3
	1201 元及以上	11.7	11.5	5.8	16.4	13.1	6.6

表 3.15.6 2006-2008 年吉林市场各类节目的播出份额(%)和收视份额(%)

节目类别	2006 年		2007 年		2008 年	
	播出份额	收视份额	播出份额	收视份额	播出份额	收视份额
财经	1.4	0.6	1.4	0.6	1.6	0.3
电视剧	26.4	34.1	28.2	32.7	25.7	29.0
电影	3.7	3.7	4.1	4.2	3.6	3.3
法制	1.2	1.4	1.1	1.2	1.4	1.3
教学	0.6	0.2	0.7	0.2	0.5	0.0
青少	3.8	3.5	3.6	3.2	4.6	3.3
生活服务	8.2	3.2	10.5	6.5	7.9	5.6
体育	2.4	3.8	2.1	2.9	2.8	5.6
外语	0.4	0.1	0.3	0.1	0.2	0.1
戏剧	1.2	0.2	1.1	1.0	1.1	0.5
新闻/时事	9.5	14.5	8.8	14.9	13.6	20.7
音乐	1.3	1.9	2.1	1.1	2.5	0.6
专题	11.2	5.6	10.3	5.4	11.2	4.1
综艺	6.6	9.2	6.5	9.3	7.3	8.5
其他	22.2	18.2	19.4	16.7	16.2	17.0

表 3.15.7　2008 年吉林市场所有节目收视率排名前三十位

名次	节目名称	节目类型	播出频道	平均收视率（%）	平均占有率（%）
1	中国中央电视台 2008 春节联欢晚会	综艺	中央电视台综合频道	50.5	80.8
2	第 29 届奥林匹克运动会开幕式	体育	中央电视台综合频道	41.4	80.7
3	中央电视台 2008 年元宵晚会	综艺	中央电视台综合频道	33.6	61.5
4	乡村爱情第二部	电视剧	中央电视台综合频道	32.1	60.7
5	第 29 届奥林匹克运动会闭幕式	体育	中央电视台综合频道	31.6	64.9
6	艺术人生	专题	中央电视台综合频道	27.9	57.8
7	CCTV2007 感动中国颁奖盛典	专题	中央电视台综合频道	23.2	52.3
8	北京 2008 年残奥会开幕式	体育	中央电视台综合频道	22.4	65.8
9	2008 年第 29 届奥运会男子举重 56 公斤级决赛	体育	中央电视台综合频道	21.2	40.1
10	2008 年第 29 届奥运会女足小组赛（中国 VS 阿根廷）	体育	中央电视台综合频道	20.5	37.6
11	北京 2008 年残奥会闭幕式	体育	中央电视台综合频道	20.1	50.0
12	2008 年第 29 届奥运会女子排球小组赛 A 组（中国 VS 委内瑞拉）	体育	中央电视台综合频道	19.8	38.3
13	2008 年第 29 届奥运会乒乓球女团决赛	体育	中央电视台综合频道	19.1	36.1
14	2008 年第 29 届奥运会田径比赛女子铁饼决赛	体育	中央电视台综合频道	18.8	33.5
15	2008 年第 29 届奥运会田径比赛男子 200 米小组赛	体育	中央电视台综合频道	18.7	33.4
16	曲苑杂坛春节特别节目 2008 年正月正晚会	综艺	中央电视台综合频道	18.5	37.5
17	2008 年第 29 届奥运会田径比赛	体育	中央电视台综合频道	18.3	32.8
18	2008 年第 29 届奥运会女排小组赛（中国 VS 波兰）	体育	中央电视台综合频道	18.2	40.2
19	2008 年第 29 届奥运会跆拳道比赛女子 49 公斤级决赛	体育	中央电视台综合频道	18.2	34.1
20	第 29 届奥运会乒乓球男团小组赛	体育	中央电视台综合频道	18.1	35.7
21	2008 年第 29 届奥运会羽毛球女双三、四名决赛	体育	中央电视台综合频道	17.5	33.9
22	2008 年第 29 届奥运会田径比赛女子 1500 米决赛	体育	中央电视台综合频道	17.4	33.8
23	2008 年第 29 届奥运会田径比赛女子 4×400 米接力第一轮	体育	中央电视台综合频道	17.1	34.5
24	2008 年第 29 届奥运会田径比赛男子十项全能 - 跳高	体育	中央电视台综合频道	17.1	31.7
25	新闻联播	新闻/时事	中央电视台综合频道	17.0	37.1

续表

名次	节目名称	节目类型	播出频道	平均收视率（%）	平均占有率（%）
26	2008年第29届奥运会田径比赛男子800米半决赛	体育	中央电视台综合频道	16.8	31.1
27	温家宝在汶川映秀镇会见中外记者	新闻/时事	中央电视台综合频道	16.6	36.7
28	2008年第29届奥运会乒乓球男子团体半决赛	体育	中央电视台综合频道	16.2	34.3
29	2008年第29届奥运会女排小组赛（中国VS古巴）	体育	中央电视台综合频道	15.9	37.8
30	2008年第29届奥运会女子链球决赛	体育	中央电视台综合频道	15.9	31.7

表3.15.8　2008年吉林市场电视剧收视率排名前十位

名次	节目名称	播出频道	平均收视率（%）	平均占有率（%）
1	乡村爱情第二部	中央电视台综合频道	32.1	60.7
2	闯关东	中央电视台综合频道	12.8	28.2
3	清凌凌的水蓝莹莹的天	中央电视台综合频道	9.9	23.0
4	李小龙传奇	中央电视台综合频道	8.7	25.1
5	夜幕下的哈尔滨	中央电视台综合频道	7.9	21.6
6	绝密押运	中央电视台综合频道	6.6	21.4
6	周恩来在重庆	中央电视台综合频道	6.3	14.9
8	浴血坚持	中央电视台综合频道	5.1	14.0
9	女人不哭	吉林卫视	5.1	12.4
10	我的丑娘	吉林电视台乡村频道（五套）	4.8	11.5

表3.15.9　2008年吉林市场新闻/时事节目收视率排名前十位

名次	节目名称	播出频道	平均收视率（%）	平均占有率（%）
1	新闻联播	中央电视台综合频道	17.0	37.1
2	温家宝在汶川映秀镇会见中外记者	中央电视台综合频道	16.6	36.7
3	焦点访谈	中央电视台综合频道	11.5	23.8
4	真挚的关怀深入的指导	中央电视台综合频道	9.8	20.8
5	守望都市	吉林电视台都市频道（二套）	8.5	22.3
6	新闻联播（5月13－17日，5月19－21日，21：00）	中央电视台综合频道	8.4	34.3
7	说实在的	吉林电视台都市频道（二套）	7.3	28.2
8	神七问天直播特别节目	中央电视台综合频道	6.1	20.2
9	都市大视野	吉林电视台都市频道（二套）	5.7	12.7
10	一起看奥运	中央电视台综合频道	5.3	12.6

表 3.15.10　2008 年吉林市场专题节目收视率排名前十位

名次	节目名称	播出频道	平均收视率（%）	平均占有率（%）
1	艺术人生	中央电视台综合频道	27.9	57.8
2	CCTV2007 感动中国颁奖盛典	中央电视台综合频道	23.2	52.3
3	拉萨 3.14 打砸抢烧暴力事件纪实	中央电视台综合频道	10.1	20.8
4	奥运名人堂	中央电视台综合频道	6.3	21.8
5	奥运名人堂	中央台五套	6.2	25.8
6	奔腾的宁夏	中央电视台综合频道	5.4	18.9
7	全国迎奥运讲文明树新风礼仪知识竞赛	中央电视台综合频道	5.3	13.5
8	抗震救灾众志成城特别节目希望	中央电视台综合频道	5.0	12.6
9	我的今日之最我为天狂	中央电视台综合频道	4.3	13.1
10	伟大的历程	中央电视台综合频道	4.3	9.7

表 3.15.11　2008 年吉林市场综艺节目收视率排名前十位

名次	节目名称	播出频道	平均收视率（%）	平均占有率（%）
1	中央电视台 2008 春节联欢晚会	中央电视台综合频道	50.5	80.8
2	中央电视台 2008 年元宵晚会	中央电视台综合频道	33.6	61.5
3	曲苑杂坛春节特别节目 2008 年正月正晚会	中央电视台综合频道	18.5	37.5
4	十分开心	中央电视台综合频道	15.1	49.6
5	爱的奉献 2008 宣传文化系统抗震救灾大型募捐活动（5 月 18 日）	中央电视台综合频道	13.9	59.2
6	荣成月中华情 2008 中央电视台中秋晚会	中央电视台综合频道	8.7	23.3
7	第三届中国十大杰出母亲评选颁奖晚会	中央电视台综合频道	8.7	20.1
8	迈向太空中央电视台心连心艺术团赴酒泉卫星发射中心慰问演出	中央电视台综合频道	7.3	20.8
9	旗帜高扬春光好 2008 年军民迎新春文艺晚会	中央电视台综合频道	6.5	17.3
10	和谐盛世又一春 2008 年吉林电视台春节晚会	吉林卫视	6.3	13.0

表 3.15.12　2008 年吉林市场奥运会、残奥会比赛节目收视率排名前十位

名次	节目名称	播出频道	平均收视率（%）	平均占有率（%）
1	2008 年第 29 届奥运会男子举重 56 公斤级决赛	中央电视台综合频道	21.2	40.1
2	2008 年第 29 届奥运会女足小组赛（中国 VS 阿根廷）	中央电视台综合频道	20.5	37.6
3	2008 年第 29 届奥运会女子排球小组赛 A 组（中国 VS 委内瑞拉）	中央电视台综合频道	19.8	38.3
4	2008 年第 29 届奥运会乒乓球女团决赛	中央电视台综合频道	19.1	36.1
5	2008 年第 29 届奥运会田径比赛女子铁饼决赛	中央电视台综合频道	18.8	33.5
6	2008 年第 29 届奥运会田径比赛男子 200 米小组赛	中央电视台综合频道	18.7	33.4
7	2008 年第 29 届奥运会女排小组赛（中国 VS 波兰）	中央电视台综合频道	18.2	40.2
8	2008 年第 29 届奥运会跆拳道比赛女子 49 公斤级决赛	中央电视台综合频道	18.2	34.1
9	第 29 届奥运会乒乓球男团小组赛	中央电视台综合频道	18.1	35.7
10	2008 年第 29 届奥运会羽毛球女双三、四名决赛	中央电视台综合频道	17.5	33.9

表 3.15.13　2008 年吉林市场体育节目收视率排名前十位（奥运会、残奥会比赛除外）

名次	节目名称	播出频道	平均收视率（%）	平均占有率（%）
1	第 29 届奥林匹克运动会开幕式	中央电视台综合频道	41.4	80.7
2	第 29 届奥林匹克运动会闭幕式	中央电视台综合频道	31.6	64.9
3	北京 2008 年残奥会开幕式	中央电视台综合频道	22.4	65.8
4	北京 2008 年残奥会闭幕式	中央电视台综合频道	20.1	50.0
5	2008 年第 29 届奥运会田径男子三级跳远颁奖仪式	中央电视台综合频道	15.8	30.4
6	奥运第 1 天	中央电视台综合频道	13.0	36.1
7	奥运第 2 天	中央电视台综合频道	9.0	40.5
8	聚焦残奥会	中央电视台综合频道	7.3	17.7
9	奥运第 6 天	中央电视台综合频道	6.2	27.3
10	奥运第 5 天	中央电视台综合频道	6.1	28.1

十六、江苏收视数据

表 3.16.1　2004－2008 年江苏市场各类频道的市场占有率（%）

频道类别	年份				
	2004 年	2005 年	2006 年	2007 年	2008 年
中央台频道	29.7	27.8	29.1	31.7	34.7
中国教育台频道	0.2	0.2	0.1	0.2	0.6
江苏省级频道	20.6	25.9	30.4	30.1	29.1
其他省级卫视频道	9.8	8.5	8.1	7.7	14.4
其他频道	39.7	37.6	32.3	30.3	21.2

注：从 2007 年 11 月 1 日起江苏数据为测量仪数据。

表 3.16.2　2008 年江苏市场各类频道在不同目标观众中的市场占有率（%）

目标观众		中央台频道	中国教育台频道	江苏省级频道	其他省级卫视频道	其他频道
4 岁及以上所有人		34.7	0.6	29.1	14.4	21.2
地区	城市	32.7	0.4	27.7	14.7	24.5
	农村	35.9	0.7	29.9	14.2	19.3
性别	男	38.0	0.6	28.5	12.5	20.4
	女	31.5	0.6	29.8	16.4	21.7
年龄	4－14 岁	30.7	0.4	30.8	17.8	20.3
	15－24 岁	28.9	0.6	29.0	20.2	21.3
	25－34 岁	36.9	0.7	27.8	16.1	18.5
	35－44 岁	33.3	0.5	28.5	14.4	23.3
	45－54 岁	34.5	0.6	29.9	11.7	23.3
	55－64 岁	35.5	0.6	32.3	11.1	20.5
	65 岁及以上	43.5	0.5	25.0	10.5	20.5
教育程度	未受过正规教育	32.1	0.4	33.4	10.4	23.7
	小学	32.5	0.5	28.1	15.0	23.9
	初中	34.1	0.7	29.4	14.4	21.4
	高中	37.2	0.6	28.7	15.2	18.3
	大学及以上	40.9	0.4	27.9	13.3	17.5
职业类别	干部/管理人员	37.3	0.5	30.2	15.8	16.2
	个体/私营企业人员	38.4	0.8	27.4	15.3	18.1
	初级公务员/雇员	37.5	0.7	24.7	16.2	20.9
	工人	35.5	0.6	31.2	12.8	19.9
	学生	29.1	0.4	30.6	18.6	21.3
	无业	37.5	0.6	28.3	14.3	19.3
	其他	30.9	0.6	29.9	12.0	26.6
个人月收入	0－300 元	31.2	0.5	31.0	16.9	20.4
	301－600 元	33.0	0.6	27.9	10.7	27.8
	601－900 元	36.9	0.7	27.8	14.2	20.4
	901－1200 元	37.7	0.7	28.8	12.8	20.0
	1201 元及以上	37.8	0.6	27.9	13.8	19.9

表 3.16.3　2008 年江苏市场各类频道不同时段的市场占有率（%）

时间段	中央台频道	中国教育台频道	江苏省级频道	其他省级卫视频道	其他频道
02:00－03:00	51.3	0.2	14.3	23.0	11.2
03:00－04:00	54.5	0.1	13.1	23.9	8.4
04:00－05:00	54.1	0.2	13.4	25.3	7.0
05:00－06:00	54.1	0.2	10.1	29.3	6.3
06:00－07:00	56.5	0.6	12.6	22.3	8.0
07:00－08:00	56.9	0.2	19.0	10.3	13.6
08:00－09:00	44.7	0.2	16.5	20.2	18.4
09:00－10:00	36.9	0.2	20.8	21.8	20.3
10:00－11:00	38.5	0.6	21.0	21.4	18.5
11:00－12:00	43.9	0.8	21.5	19.5	14.3
12:00－13:00	41.9	1.1	23.8	16.7	16.5
13:00－14:00	38.5	1.0	21.0	22.1	17.4
14:00－15:00	35.9	0.3	20.0	23.4	20.4
15:00－16:00	36.2	0.3	18.3	24.7	20.5
16:00－17:00	34.8	0.9	19.4	28.3	16.6
17:00－18:00	39.5	1.1	27.4	18.4	13.6
18:00－19:00	32.4	0.5	41.6	6.3	19.2
19:00－20:00	31.0	0.2	36.9	4.9	27.0
20:00－21:00	28.2	0.6	36.0	9.8	25.4
21:00－22:00	29.6	0.9	31.6	13.0	24.9
22:00－23:00	31.1	0.6	31.1	15.6	21.6
23:00－24:00	36.2	0.5	25.6	17.5	20.2
24:00－25:00	42.0	0.4	22.0	18.0	17.6
25:00－26:00	46.1	0.5	15.9	21.2	16.3

表 3.16.4　2008 年江苏市场收视份额排名前十位的频道

名次	频道名称	市场份额（%）
1	江苏卫视	10.7
2	江苏电视台综艺频道	6.3
3	中央电视台综合频道	6.0
4	中央台八套	5.0
5	中央台六套	4.8
6	江苏电视台影视频道	4.6
7	中央台三套	3.9
8	湖南电视台卫星频道	3.6
9	江苏电视台城市频道	3.3
10	中央台四套	2.3

表 3.16.5　2008 年江苏市场各主要频道的观众构成（%）

目标观众		所有频道	江苏卫视	江苏电视台综艺频道	中央电视台综合频道	中央台八套	中央台六套
4 岁及以上所有人		100.0	100.0	100.0	100.0	100.0	100.0
城乡	城市	35.4	30.5	25.4	39.3	26.2	26.0
	农村	64.6	69.5	74.6	60.7	73.8	74.0
性别	男	50.6	50.7	47.8	55.4	44.4	60.4
	女	49.4	49.3	52.2	44.6	55.6	39.6
年龄	4-14 岁	11.1	10.8	10.2	10.6	8.1	9.0
	15-24 岁	10.3	8.9	12.4	9.6	10.9	8.8
	25-34 岁	19.1	13.7	19.8	15.3	16.7	29.1
	35-44 岁	18.0	19.0	17.2	16.2	18.0	22.2
	45-54 岁	18.7	21.0	17.6	22.2	17.4	15.8
	55-64 岁	13.4	17.9	16.4	13.5	14.9	8.9
	65 岁及以上	9.5	8.6	6.3	12.5	14.0	6.2
教育程度	未受过正规教育	7.9	11.8	6.6	9.7	9.4	5.2
	小学	25.7	30.9	18.3	24.2	31.1	22.7
	初中	35.0	31.9	44.4	33.4	32.1	41.3
	高中	24.8	20.9	24.0	25.7	22.4	25.7
	大学及以上	6.5	4.5	6.7	7.1	5.1	5.1
职业类别	干部/管理人员	2.3	1.8	3.1	1.8	1.7	1.9
	个体/私营企业人员	8.7	8.1	8.0	8.2	8.5	12.4
	初级公务员/雇员	10.8	5.9	10.1	9.9	10.4	14.0
	工人	21.1	20.0	28.2	19.4	19.6	26.9
	学生	12.9	14.4	12.3	13.9	9.5	10.6
	无业	24.1	20.3	25.0	23.9	27.2	19.7
	其他	20.0	29.4	13.3	22.8	23.1	14.6
个人月收入	0-300 元	35.3	39.6	38.2	32.4	39.7	29.6
	301-600 元	12.5	16.2	7.0	14.9	14.4	11.0
	601-900 元	11.3	10.9	9.5	10.2	11.6	12.2
	901-1200 元	17.3	15.7	18.2	19.7	16.2	19.7
	1201 元及以上	23.7	17.6	27.0	22.8	18.0	27.6

表 3.16.6　2006-2008 年江苏市场各类节目的播出份额（%）和收视份额（%）

节目类别	2006 年		2007 年		2008 年	
	播出份额	收视份额	播出份额	收视份额	播出份额	收视份额
财经	1.5	0.2	1.5	0.2	1.6	0.4
生活服务	5.3	1.8	7.6	5.1	8.4	4.4
青少	5.4	2.4	5.1	2.8	5.3	3.8
戏剧	1.3	0.9	1.3	0.5	1.1	0.6
教学	0.4	0.0	0.6	0.2	0.6	0.2
综艺	8.2	12.0	8.3	11.2	7.1	10.8
外语	0.2	0.0	0.3	0.1	0.2	0.1
电影	3.7	3.4	3.1	3.4	2.9	5.4
音乐	1.2	1.5	2.0	1.2	2.5	1.0
新闻/时事	14.5	18.0	13.6	16.3	13.8	10.6
体育	2.8	3.1	2.6	2.5	3.9	5.0
电视剧	24.3	31.4	25.2	31.5	24.9	37.9
专题	11.2	5.2	11.2	5.9	11.2	6.7
法制类	1.2	0.6	1.2	0.5	1.0	0.8
其他	18.8	19.2	16.4	18.3	15.7	12.3

表 3.16.7　2008 年江苏市场所有节目收视率排名前三十位

名次	节目名称	节目类型	播出频道	平均收视率（%）	平均占有率（%）
1	中国中央电视台 2008 春节联欢晚会	综艺	中央电视台综合频道	20.4	39.3
2	音乐让我说 Love2008 - 2009 跨年演唱会	音乐	江苏卫视	18.5	43.9
3	第 29 届奥林匹克运动会开幕式	体育	中央电视台综合频道	13.6	24.3
4	飞扬新声绝对唱响全国总决赛三强颠峰之战	综艺	江苏卫视	12.4	30.6
5	2008 年第 29 届奥运会男子举重 56 公斤级决赛	体育	中央电视台综合频道	10.7	21.6
6	第 29 届奥林匹克运动会闭幕式	体育	中央电视台综合频道	10.0	18.7
7	2008 年第 29 届奥运会男子篮球 B 组比赛（中国 VS 美国）	体育	中央台二套	8.8	35.9
8	2008 年第 29 届奥运会女子排球小组赛 A 组(中国 VS 委内瑞拉)	体育	中央电视台综合频道	8.7	18.5
9	2008 年第 29 届奥运会男子篮球小组赛（中国 VS 德国）	体育	中央台五套	8.5	17.9
10	谁敢来唱歌	综艺	江苏卫视	8.4	18.9
10	第 29 届奥林匹克运动会开幕式	体育	中央台五套	8.2	14.7
12	2008 年第 29 届奥运会跳水男子单人 10 米跳台决赛	体育	中央电视台综合频道	8.1	16.5
13	2008 年第 29 届奥运会体操女子自由操决赛	体育	中央台五套	8.1	15.5
14	上门女婿（4 月 17 - 29 日）	电视剧	江苏卫视	7.9	20.3
15	甜蜜蜜	电视剧	江苏卫视	7.8	17.9
16	地雷战传奇	电视剧	江苏卫视	7.5	19.6
17	飞扬新声名师高徒（9 月 27 日）	综艺	江苏卫视	7.5	18.4
18	奥运第 1 天	体育	中央电视台综合频道	7.3	15.5
19	爱的奉献 2008 宣传文化系统抗震救灾大型募捐活动(5 月 18 日)	综艺	中央电视台综合频道	7.1	20.7
20	死去活来	电视剧	江苏卫视	7.1	19.7
21	不能没有她	电视剧	江苏卫视	7.1	19.2
22	2008 年第 29 届奥运会男子举重 69 公斤级决赛	体育	中央台五套	7.0	18.9
23	中央电视台 2008 年元宵晚会	综艺	中央电视台综合频道	7.0	17.2
24	艰难爱情	电视剧	江苏卫视	6.9	18.2
25	2008 年第 29 届奥运会游泳预赛（8 月 9 日）	体育	中央电视台综合频道	6.9	18.0
26	2008 年第 29 届奥运会乒乓球女子单打决赛	体育	中央台五套	6.9	14.4
27	金耳环	电视剧	江苏卫视	6.8	17.9
28	雪狼	电视剧	江苏卫视	6.8	17.0
29	城里城外	电视剧	江苏卫视	6.8	16.8
30	2008 年第 29 届奥运会田径比赛女子 800 米决赛	体育	中央电视台综合频道	6.8	16.6

表 3.16.8　2008 年江苏市场电视剧收视率排名前十位

名次	节目名称	播出频道	平均收视率（%）	平均占有率（%）
1	上门女婿（4 月 17－29 日）	江苏卫视	7.9	20.3
2	甜蜜蜜	江苏卫视	7.8	17.9
3	地雷战传奇	江苏卫视	7.5	19.6
4	死去活来	江苏卫视	7.1	19.7
5	不能没有她	江苏卫视	7.1	19.2
6	艰难爱情	江苏卫视	6.9	18.2
7	金耳环	江苏卫视	6.8	17.9
8	雪狼	江苏卫视	6.8	17.0
9	城里城外	江苏卫视	6.8	16.8
10	保密局的枪声	江苏卫视	6.6	16.4

表 3.16.9　2008 年江苏市场新闻节目收视率排名前十位

名次	节目名称	播出频道	平均收视率（%）	平均占有率（%）
1	转播中央台新闻联播（5 月 19－21 日，21:00）	江苏卫视	5.1	14.7
2	焦点访谈（5 月 19 日－21 日）	江苏卫视	4.4	16.3
3	新闻联播（5 月 13 日－21 日，21:00）	中央电视台综合频道	4.0	10.4
4	第十一届全国人民代表大会第一次会议特别报道	中央电视台综合频道	3.0	7.0
5	转播中央台新闻联播（5 月 19 日－21 日，21:00）	江苏电视台综艺频道	2.8	8.1
6	江苏新时空	江苏卫视	2.6	13.1
7	转播中央台新闻联播	江苏卫视	2.6	9.4
8	神七同天直播特别节目	中央电视台综合频道	2.4	7.6
9	新闻联播	中央电视台综合频道	2.3	8.5
10	雪情就是命令全面动员迎战暴雪	江苏电视台城市频道	2.3	5.6

表 3.16.10　2008 年江苏市场专题节目收视率排名前十位

名次	节目名称	播出频道	平均收视率（%）	平均占有率（%）
1	董倩面对面	中央电视台综合频道	6.2	21.6
2	周末人间	江苏卫视	4.4	14.3
3	拉萨 3.14 打砸抢烧暴力事件纪实	中央电视台综合频道	4.2	10.9
4	人间	江苏卫视	4.0	13.9
5	世间	江苏卫视	2.7	14.9
6	CCTV2007 感动中国颁奖盛典	中央电视台综合频道	2.6	6.7
7	拉萨 3.14 打砸抢烧暴力事件纪实	中央台四套	2.3	9.8
8	奥运名人堂	中央电视台综合频道	1.9	8.6
9	震撼汶川大地震纪实（5 月 26，5 月 29－30 日）	中央电视台新闻频道	1.7	5.9
10	艺术人生	中央电视台综合频道	1.7	4.0

表 3.16.11　2008 年江苏市场综艺节目收视率排名前十位

名次	节目名称	播出频道	平均收视率（%）	平均占有率（%）
1	中国中央电视台 2008 春节联欢晚会	中央电视台综合频道	20.4	39.3
2	飞扬新声绝对唱响全国总决赛三强颠峰之战	江苏卫视	12.4	30.6
3	谁敢来唱歌	江苏卫视	8.4	18.9
4	飞扬新声名师高徒（9 月 27 日）	江苏卫视	7.5	18.4
5	爱的奉献 2008 宣传文化系统抗震救灾大型募捐活动（5 月 18 日）	中央电视台综合频道	7.1	20.7
6	中央电视台 2008 年元宵晚会	中央电视台综合频道	7.0	17.2
7	功夫之王全国首映礼	江苏卫视	6.7	18.7
8	飞扬新声绝对唱响荣耀颁奖盛典	江苏卫视	6.6	36.5
9	在茉莉花盛开的地方江苏省纪念改革开放 30 周年大型文艺晚会	江苏卫视	5.8	13.4
10	名师高徒毕业大典（1 月 26 日）	江苏卫视	5.2	12.5

表 3.16.12　2008 年江苏市场奥运会、残奥会比赛收视率排名前十位

名次	节目名称	播出频道	平均收视率（%）	平均占有率（%）
1	2008 年第 29 届奥运会男子举重 56 公斤级决赛	中央电视台综合频道	10.7	21.6
2	现场直播：2008 年第 29 届奥运会男子篮球 B 组比赛（中国 VS 美国）	中央台二套	8.8	35.9
3	2008 年第 29 届奥运会女子排球小组赛 A 组（中国 VS 委内瑞拉）	中央电视台综合频道	8.7	18.5
4	现场直播：2008 年第 29 届奥运会男子篮球小组赛（中国 VS 德国）	中央台五套	8.5	17.9
5	2008 年第 29 届奥运会跳水男子单人 10 米跳台决赛	中央电视台综合频道	8.1	16.5
6	2008 年第 29 届奥运会体操女子自由操决赛	中央台五套	8.1	15.5
7	2008 年第 29 届奥运会男子举重 69 公斤级决赛	中央台五套	7.0	18.9
8	2008 年第 29 届奥运会游泳预赛（8 月 9 日）	中央电视台综合频道	6.9	18.0
9	2008 年第 29 届奥运会乒乓球女子单打决赛	中央台五套	6.9	14.4
10	现场直播：2008 年第 29 届奥运会田径比赛女子 800 米决赛	中央电视台综合频道	6.8	16.6

表 3.16.13　2008 年江苏市场体育节目收视率排名前十位（奥运会、残奥会比赛除外）

名次	节目名称	播出频道	平均收视率（%）	平均占有率（%）
1	第 29 届奥林匹克运动会开幕式	中央电视台综合频道	13.6	24.3
2	第 29 届奥林匹克运动会闭幕式	中央电视台综合频道	10.0	18.7
3	第 29 届奥林匹克运动会开幕式	中央台五套	8.2	14.7
4	奥运第 1 天	中央电视台综合频道	7.3	15.5
5	第 29 届奥林匹克运动会闭幕式	中央台五套	6.1	11.4
6	第 29 届奥林匹克运动会闭幕式	江苏卫视	5.8	10.8
7	第 29 届奥林匹克运动会开幕式	中央电视台新闻频道	5.7	8.5
8	第 29 届奥林匹克运动会开幕式	江苏卫视	4.8	8.6
9	北京 2008 年残奥会开幕式	中央电视台综合频道	4.1	10.4
10	北京 2008 年残奥会开幕式	江苏卫视	3.7	9.3

十七、江西收视数据

表 3.17.1 2004－2008 年江西市场各类频道的市场占有率（%）

频道类别	年份				
	2004 年	2005 年	2006 年	2007 年	2008 年
中央台频道	18.6	23.2	25.7	29.5	35.3
中国教育台频道	0.1	0.3	0.2	0.3	0.2
江西省级频道	52.5	50.6	49.1	44.8	35.7
其他省级卫视频道	15.9	17.0	14.7	15.5	20.7
其他频道	12.9	8.9	10.3	9.9	8.2

表 3.17.2 2008 年江西市场各类频道在不同目标观众中的市场占有率（%）

目标观众		中央台频道	中国教育台频道	江西省级频道	其他省级卫视	其他频道
4 岁及以上所有人		35.3	0.2	35.7	20.7	8.2
城乡	城市	37.7	0.1	37.2	16.6	8.3
	农村	34.7	0.3	35.3	21.7	8.1
性别	男	38.0	0.2	34.7	18.8	8.3
	女	32.5	0.2	36.7	22.6	8.0
年龄	4－14 岁	34.0	0.2	34.1	24.2	7.6
	15－24 岁	30.1	0.2	34.1	27.8	7.8
	25－34 岁	34.1	0.2	36.2	19.7	9.8
	35－44 岁	35.6	0.3	35.4	20.3	8.4
	45－54 岁	35.7	0.3	36.6	20.0	7.4
	55－64 岁	40.2	0.2	38.4	13.9	7.4
	65 岁及以上	42.2	0.2	36.1	13.8	7.6
教育程度	未受过正规教育	38.1	0.2	33.5	20.0	8.2
	小学	29.9	0.3	38.8	22.0	9.0
	初中	33.6	0.2	35.1	22.6	8.5
	高中	44.6	0.2	32.4	16.2	6.6
	大学及以上	49.0	0.1	34.5	11.7	4.7
职业类别	干部/管理人员	44.5	0.2	37.4	12.3	5.6
	个体/私营企业人员	33.9	0.3	34.8	22.0	9.0
	初级公务员/雇员	46.9	0.2	32.6	13.9	6.4
	工人	33.8	0.2	34.2	23.9	8.0
	学生	34.2	0.3	35.0	22.8	7.7
	无业	40.9	0.2	31.9	19.8	7.2
	其他	29.7	0.2	39.4	21.4	9.3
个人月收入	0－300 元	32.1	0.2	35.4	23.6	8.7
	301－600 元	31.7	0.3	38.2	20.1	9.7
	601－900 元	36.3	0.2	38.0	19.7	5.9
	901－1200 元	41.7	0.2	34.7	16.5	7.0
	1201 元及以上	43.9	0.2	31.7	16.3	7.9

表 3.17.3　2008 年江西市场各类频道不同时段的市场占有率（%）

时间段	中央台频道	中国教育台频道	江西省级频道	其他省级卫视	其他频道
02:00-03:00	50.2	0.0	12.7	27.1	10.0
03:00-04:00	38.6	0.0	16.8	36.4	8.2
04:00-05:00	39.1	0.0	6.7	50.7	3.5
05:00-06:00	50.6	0.0	6.1	39.9	3.3
06:00-07:00	59.2	0.1	16.8	19.3	4.6
07:00-08:00	59.1	0.2	22.0	14.8	3.9
08:00-09:00	43.4	0.3	26.0	23.7	6.7
09:00-10:00	38.4	0.2	25.1	27.9	8.4
10:00-11:00	38.2	0.2	25.2	28.0	8.4
11:00-12:00	43.5	0.3	24.9	24.8	6.6
12:00-13:00	55.3	0.5	22.8	17.2	4.2
13:00-14:00	36.2	0.4	33.0	25.4	5.1
14:00-15:00	30.9	0.2	28.2	31.9	8.8
15:00-16:00	30.2	0.2	25.5	34.2	9.9
16:00-17:00	33.2	0.4	23.8	32.4	10.2
17:00-18:00	49.7	0.5	24.1	19.3	6.5
18:00-19:00	37.9	0.3	44.3	10.7	6.9
19:00-20:00	38.4	0.1	41.6	12.6	7.3
20:00-21:00	28.8	0.2	40.3	21.6	9.1
21:00-22:00	29.4	0.2	35.5	25.0	9.9
22:00-23:00	26.9	0.3	37.1	25.9	10.0
23:00-24:00	29.2	0.4	38.3	22.2	10.0
24:00-25:00	38.3	0.1	24.7	25.2	11.6
25:00-26:00	45.0	0.1	22.5	22.2	10.2

表 3.17.4　2008 年江西市场占有率排名前十位的频道

名次	频道名称	市场份额（%）
1	江西电视台卫星频道（一套）	17.4
2	中央电视台综合频道	11.1
3	江西电视台影视频道（四套）	8.1
4	湖南电视台卫星频道	4.8
5	中央台八套	4.4
6	江西电视台都市频道（二套）	3.6
7	中央台六套	3.4
7	江西电视台公共频道（五套）	3.4
9	中央电视台少儿频道	3.3
10	安徽卫视	2.8

表 3.17.5 2008 年江西市场各主要频道的观众构成（%）

目标观众		所有频道	主要频道				
			江西电视台卫星频道（一套）	中央电视台综合频道	江西电视台影视频道（四套）	湖南电视台卫星频道	中央台八套
4 岁及以上所有人		100.0	100.0	100.0	100.0	100.0	100.0
城乡	城市	20.2	10.7	21.8	12.6	16.2	14.8
	农村	79.9	89.3	78.2	87.4	83.8	85.2
性别	男	50.6	51.0	54.6	48.2	40.4	47.0
	女	49.4	49.0	45.4	51.8	59.6	53.0
年龄	4－14 岁	13.9	14.6	9.7	14.3	15.2	8.5
	15－24 岁	15.4	10.1	13.1	23.2	31.7	12.8
	25－34 岁	17.9	13.5	17.4	25.8	16.7	17.4
	35－44 岁	20.5	19.4	19.7	19.9	18.2	28.7
	45－54 岁	14.1	17.0	14.8	9.3	8.7	16.1
	55－64 岁	9.6	14.6	12.9	4.5	3.8	7.4
	65 岁及以上	8.7	10.9	12.6	2.9	5.6	9.2
教育程度	未受过正规教育	6.7	7.0	6.8	5.8	4.4	5.2
	小学	31.6	44.5	26.6	29.9	28.3	29.1
	初中	40.2	34.6	37.9	50.1	47.6	41.5
	高中	16.4	10.5	21.0	11.0	15.0	19.8
	大学及以上	5.1	3.3	7.7	3.1	4.7	4.5
职业类别	干部/管理人员	2.6	1.6	3.5	1.4	2.3	2.5
	个体/私营企业人员	9.4	8.3	9.3	9.3	12.0	7.8
	初级公务员/雇员	8.5	4.8	11.7	4.7	5.6	9.6
	工人	8.4	5.5	7.1	12.0	6.5	9.0
	学生	15.1	14.3	12.4	17.4	20.3	11.0
	无业	20.9	18.3	25.0	12.1	19.1	20.1
	其他	35.2	47.2	31.0	43.0	34.2	40.0
个人月收入	0－300 元	44.2	49.5	37.6	43.8	53.5	40.2
	301－600 元	16.0	18.4	16.6	17.9	11.9	14.7
	601－900 元	15.3	15.1	16.5	12.5	15.2	14.7
	901－1200 元	12.9	9.3	15.1	14.4	9.9	14.7
	1201 元及以上	11.6	7.7	14.1	11.4	9.5	15.6

表 3.17.6 2006－2008 年江西市场各类节目的播出份额（%）和收视份额（%）

节目类别	2006 年		2007 年		2008 年	
	播出份额	收视份额	播出份额	收视份额	播出份额	收视份额
财经	1.3	0.1	1.5	0.3	1.7	0.5
电视剧	25.2	45.3	26.0	42.2	25.7	38.3
电影	5.0	2.9	4.7	3.8	4.2	3.3
法制	1.4	0.9	1.3	0.9	1.1	1.1
教学	0.3	0.0	0.5	0.0	0.6	0.1
青少	4.6	2.2	4.5	3.2	4.6	3.6
生活服务	5.9	2.1	7.5	3.4	8.7	4.4
体育	1.6	1.3	1.6	0.9	2.6	3.9
外语	0.2	0.0	0.2	0.1	0.1	0.0
戏剧	1.3	0.3	1.2	0.4	1.0	0.3
新闻/时事	13.8	12.9	13.6	12.7	13.7	14.3
音乐	1.1	1.1	1.9	0.8	2.3	0.4
专题	10.8	6.5	10.9	6.4	11.1	6.2
综艺	7.3	7.3	7.8	7.9	6.7	7.2
其他	20.3	17.2	16.9	17.1	15.9	16.4

表 3.17.7　2008 年江西市场所有节目收视率排名前三十位

名次	节目名称	节目类型	播出频道	平均收视率(%)	平均占有率(%)
1	第 29 届奥林匹克运动会闭幕式	体育	中央电视台综合频道	35.8	61.2
2	第 29 届奥林匹克运动会开幕式	体育	中央电视台综合频道	33.1	69.9
3	北京 2008 年残奥会闭幕式	体育	中央电视台综合频道	28.3	54.6
4	北京 2008 年残奥会开幕式	体育	中央电视台综合频道	24.9	65.0
5	中国中央电视台 2008 春节联欢晚会	综艺	中央电视台综合频道	24.4	55.1
6	2008 年第 29 届奥运会女子排球小组赛 A 组(中国 VS 委内瑞拉)	体育	中央电视台综合频道	16.9	29.0
7	上海王 (12 月 13 – 23 日)	电视剧	江西电视台卫星频道(一套)	15.4	33.8
8	血色玫瑰 (7 月 20 – 31 日)	电视剧	江西电视台卫星频道(一套)	14.5	29.6
9	江西省第 2 届十大井冈之子颁奖典礼	专题	江西电视台卫星频道(一套)	12.7	23.1
10	2008 年第 29 届奥运会跆拳道比赛女子 49 公斤级决赛	体育	中央电视台综合频道	12.1	20.5
11	2008 年第 29 届奥运会田径比赛女子 4×400 米接力第一轮	体育	中央电视台综合频道	11.5	24.0
12	特殊使命 (11 月 1 – 23 日)	电视剧	江西电视台卫星频道(一套)	11.5	22.1
13	羊城暗哨 (6 月 20 日 – 7 月 1 日)	电视剧	江西电视台卫星频道(一套)	11.3	22.5
14	2008 年第 29 届奥运会羽毛球女双三、四名决赛	体育	中央电视台综合频道	11.3	20.0
15	2008 年第 29 届奥运会男子举重 56 公斤级决赛	体育	中央电视台综合频道	11.3	17.7
16	2008 年第 29 届奥运会乒乓球女团决赛	体育	中央电视台综合频道	11.2	19.2
17	温家宝在汶川映秀镇会见中外记者	新闻/时事	中央电视台综合频道	11.1	22.7
18	康熙微服私访记 (9 月 26 – 30 日)	电视剧	江西电视台卫星频道(一套)	11.1	21.3
19	现场直播：2008 年第 29 届奥运会女子链球决赛	体育	中央电视台综合频道	11.1	17.9
20	奥运第 1 天	体育	中央电视台综合频道	11.0	21.5
21	现场直播:2008 年第 29 届奥运会女排小组赛(中国 VS 波兰)	体育	中央电视台综合频道	10.9	19.4
22	2008 年第 29 届奥运会羽毛球男单半决赛	体育	中央电视台综合频道	10.8	19.3
23	咏春 (4 月 1 – 14 日)	电视剧	江西电视台卫星频道(一套)	10.6	27.3
24	李小龙传奇	电视剧	中央电视台综合频道	10.4	20.9
25	新闻联播	新闻/时事	中央电视台综合频道	10.3	25.8

续表

名次	节目名称	节目类型	播出频道	平均收视率（%）	平均占有率（%）
26	2008年第29届奥运会乒乓球男子团体半决赛	体育	中央电视台综合频道	10.3	19.3
27	2008年第29届奥运会女排小组赛（中国VS古巴）	体育	中央电视台综合频道	10.2	20.1
28	2008年第29届奥运会女子跳远决赛	体育	中央电视台综合频道	10.2	18.1
29	2008年第29届奥运会男子十项全能－标枪	体育	中央电视台综合频道	10.2	17.5
30	2008年第29届奥运会田径比赛男子4×400米接力第一轮	体育	中央电视台综合频道	10.1	17.6

表3.17.8　2008年江西市场电视剧收视率排名前十位

名次	节目名称	播出频道	平均收视率（%）	平均占有率（%）
1	上海王（12月13－23日）	江西电视台卫星频道（一套）	15.4	33.8
2	血色玫瑰（7月20－31日）	江西电视台卫星频道（一套）	14.5	29.6
3	特殊使命（11月1－23日）	江西电视台卫星频道（一套）	11.5	22.1
4	羊城暗哨(6月20日－7月1日)	江西电视台卫星频道（一套）	11.3	22.5
5	上门女婿(8月29日－9月7日)	江西电视台卫星频道（一套）	11.2	21.7
6	康熙微服私访记（9月26－30日）	江西电视台卫星频道（一套）	11.1	21.3
7	咏春（4月1－14日）	江西电视台卫星频道（一套）	10.6	27.3
8	李小龙传奇	中央电视台综合频道	10.4	20.9
9	五号特工组（4月15－24日）	江西电视台卫星频道（一套）	9.9	26.8
10	雪山飞狐（1月1－8日）	江西电视台卫星频道（一套）	9.7	27.2

表3.17.9　2008年江西市场新闻节目收视率排名前十位

名次	节目名称	播出频道	平均收视率（%）	平均占有率（%）
1	温家宝在汶川映秀镇会见中外记者	中央电视台综合频道	11.1	22.7
2	新闻联播	中央电视台综合频道	10.3	25.8
3	焦点访谈（5月17日，5月19－21日）	江西电视台卫星频道(一套)	10.0	18.4
4	江西新闻联播（5月19－21日，21:00）	江西电视台卫星频道(一套)	7.5	17.2
5	真挚的关怀深入的指导	中央电视台综合频道	7.0	12.5
6	新闻联播（5月13－17日、5月19－21日，21:00）	中央电视台综合频道	6.9	17.3
7	焦点访谈	中央电视台综合频道	6.9	13.6
8	转播中央台新闻联播	江西电视台卫星频道(一套)	6.7	16.7
9	江西新闻联播	江西电视台卫星频道(一套)	4.9	23.1
10	抗震救灾众志成城	江西电视台卫星频道(一套)	3.2	8.7

表 3.17.10　2008 年江西市场专题节目收视率排名前十位

名次	节目名称	播出频道	平均收视率（%）	平均占有率（%）
1	江西省第 2 届十大井冈之子颁奖典礼	江西电视台卫星频道（一套）	12.7	23.1
2	拉萨 3.14 打砸抢烧暴力事件纪实	中央电视台综合频道	8.2	15.3
3	传奇故事	江西电视台卫星频道（一套）	6.0	20.2
4	社会传真特别奉献观念 30 年印迹	江西电视台卫星频道（一套）	4.9	22.1
5	奥运名人堂	中央台五套	4.6	19.0
6	奔腾的宁夏	中央电视台综合频道	4.3	10.2
7	纪录中国中国记者在 2008	中央电视台综合频道	4.0	9.7
8	奥运名人堂	中央电视台综合频道	3.6	19.2
9	第七届汉语桥世界大学生中文比赛决赛第三场	湖南电视台卫星频道	3.4	7.0
10	全国迎奥运讲文明树新风礼仪知识竞赛	中央电视台综合频道	3.2	6.2

表 3.17.11　2008 年江西市场综艺节目收视率排名前十位

名次	节目名称	播出频道	平均收视率（%）	平均占有率（%）
1	中国中央电视台 2008 春节联欢晚会	中央电视台综合频道	24.4	55.1
2	红歌颂春天 2008 省市军民春节文艺晚会	江西电视台卫星频道（一套）	9.9	17.9
3	爱的奉献 2008 宣传文化系统抗震救灾大型募捐活动（5 月 18 日）	中央电视台综合频道	8.8	28.8
4	为了我们的兄弟姐妹江西支援抗震救灾重建家园募捐活动	江西电视台卫星频道（一套）	8.4	21.3
5	首选剧场 - 江西卫视大剧首播年	江西电视台卫星频道（一套）	8.2	17.3
6	红歌英雄汇	江西电视台卫星频道（一套）	8.1	26.2
7	中国中央电视台 2008 春节联欢晚会	江西电视台卫星频道（一套）	6.1	13.8
8	荣成月中华情 2008 中央电视台中秋晚会	中央电视台综合频道	5.9	12.1
9	中央电视台 2008 年元宵晚会	中央电视台综合频道	5.7	12.4
10	一年又一年二 00 八动起来	中央电视台综合频道	4.9	26.4

表 3.17.12 2008 年江西市场奥运会、残奥会比赛收视率排名前十位

名次	节目名称	播出频道	平均收视率（%）	平均占有率（%）
1	2008 年第 29 届奥运会女子排球小组赛 A 组（中国 VS 委内瑞拉）	中央电视台综合频道	16.9	29.0
2	2008 年第 29 届奥运会跆拳道比赛女子 49 公斤级决赛	中央电视台综合频道	12.1	20.5
3	2008 年第 29 届奥运会田径比赛女子 4 × 400 米接力第一轮	中央电视台综合频道	11.5	24.0
4	2008 年第 29 届奥运会羽毛球女双三、四名决赛	中央电视台综合频道	11.3	20.0
5	2008 年第 29 届奥运会男子举重 56 公斤级决赛	中央电视台综合频道	11.3	17.7
6	2008 年第 29 届奥运会乒乓球女团决赛	中央电视台综合频道	11.2	19.2
7	2008 年第 29 届奥运会女子链球决赛	中央电视台综合频道	11.1	17.9
8	2008 年第 29 届奥运会女排小组赛（中国 VS 波兰）	中央电视台综合频道	10.9	19.4
9	2008 年第 29 届奥运会羽毛球男单半决赛	中央电视台综合频道	10.8	19.3
10	2008 年第 29 届奥运会女子跳远决赛	中央电视台综合频道	10.2	18.1

表 3.17.13 2008 年江西市场体育节目收视率排名前十位（奥运会、残奥会比赛除外）

名次	节目名称	播出频道	平均收视率（%）	平均占有率（%）
1	第 29 届奥林匹克运动会闭幕式	中央电视台综合频道	35.8	61.2
2	第 29 届奥林匹克运动会开幕式	中央电视台综合频道	33.1	69.9
3	北京 2008 年残奥会闭幕式	中央电视台综合频道	28.3	54.6
4	北京 2008 年残奥会开幕式	中央电视台综合频道	24.9	65.0
5	奥运第 1 天	中央电视台综合频道	11.0	21.5
6	2008 年第 29 届奥运会田径男子三级跳远颁奖仪式	中央电视台综合频道	10.0	17.7
7	第 29 届奥林匹克运动会开幕式	中央台五套	8.7	18.5
8	第 29 届奥林匹克运动会闭幕式	中央台五套	6.8	11.6
9	聚焦残奥会	中央电视台综合频道	5.1	9.0
10	CCTV1 奥运演播室	中央电视台综合频道	4.0	18.4

十八、辽宁收视数据

表 3.18.1　2004－2008 年辽宁市场各类频道的市场占有率（%）

频道类别	年份				
	2004 年	2005 年	2006 年	2007 年	2008 年
中央台频道	36.5	40.5	42.8	40.5	39.9
中国教育台频道	0.2	0.3	0.3	0.5	0.4
辽宁省级频道	25.2	23.1	24.2	26.2	28.0
其他省级卫视频道	14.4	15.1	18.1	19.4	21.2
其他频道	23.7	21.0	14.6	13.4	10.5

表 3.18.2　2008 年辽宁市场各类频道在不同目标观众中的市场占有率（%）

目标观众		中央台频道	中国教育台频道	辽宁省级频道	其他省级卫视频道	其他频道
4 岁及以上所有人		39.9	0.4	28.0	21.2	10.5
城乡	城市	40.9	0.5	25.9	21.3	11.4
	农村	39.2	0.4	29.5	21.2	9.8
性别	男	41.8	0.4	28.1	19.2	10.5
	女	38.0	0.4	27.9	23.2	10.4
年龄	4－14 岁	39.6	0.4	24.0	26.1	10.0
	15－24 岁	33.2	0.4	24.4	30.1	11.9
	25－34 岁	37.3	0.4	27.7	23.4	11.2
	35－44 岁	40.0	0.4	28.3	20.1	11.2
	45－54 岁	41.2	0.4	29.6	18.2	10.6
	55－64 岁	43.0	0.3	30.9	16.7	9.1
	65 岁及以上	43.0	0.4	27.7	19.9	9.0
教育程度	未受过正规教育	42.0	0.3	28.1	20.0	9.7
	小学	40.1	0.3	29.9	21.4	8.3
	初中	38.5	0.4	28.5	21.4	11.3
	高中	41.4	0.5	24.7	21.1	12.3
	大学及以上	47.4	0.7	23.0	19.6	9.3
职业类别	干部/管理人员	45.0	0.4	28.1	18.3	8.2
	个体/私营企业人员	38.3	0.5	31.1	18.7	11.4
	初级公务员/雇员	43.1	0.5	25.3	21.9	9.2
	工人	40.3	0.4	27.0	21.2	11.2
	学生	37.0	0.4	24.5	28.2	9.9
	无业	42.6	0.4	26.0	21.0	10.0
	其他	37.2	0.3	31.7	19.7	11.1
个人月收入	0－300 元	37.3	0.4	28.4	23.2	10.8
	301－600 元	39.8	0.4	30.2	20.1	9.5
	601－900 元	41.0	0.4	28.4	18.8	11.4
	901－1200 元	45.9	0.5	24.8	19.8	8.9
	1201 元及以上	44.4	0.5	24.5	20.1	10.6

表 3.18.3 2008 年辽宁市场各类频道不同时段的市场占有率（%）

时间段	中央台频道	中国教育台频道	辽宁省级频道	其他省级卫视频道	其他频道
02:00-03:00	44.4	0.1	19.8	26.4	9.3
03:00-04:00	48.9	0.1	18.2	26.1	6.7
04:00-05:00	52.1	0.1	15.4	27.5	5.0
05:00-06:00	44.5	0.1	21.1	28.7	5.7
06:00-07:00	33.2	0.3	42.3	17.0	7.3
07:00-08:00	42.5	0.1	36.6	12.0	8.8
08:00-09:00	42.3	0.1	26.5	22.2	8.9
09:00-10:00	38.9	0.2	23.5	27.6	9.8
10:00-11:00	39.3	0.5	23.0	28.0	9.1
11:00-12:00	41.7	0.6	23.2	26.4	8.1
12:00-13:00	38.3	0.6	27.8	22.9	10.4
13:00-14:00	40.9	0.7	20.2	28.1	10.2
14:00-15:00	37.1	0.2	19.5	32.7	10.5
15:00-16:00	36.0	0.2	21.0	33.1	9.7
16:00-17:00	36.7	0.6	23.1	32.1	7.6
17:00-18:00	45.4	0.7	20.7	25.9	7.3
18:00-19:00	39.5	0.3	34.4	12.4	13.3
19:00-20:00	41.4	0.2	35.9	7.9	14.6
20:00-21:00	42.0	0.6	28.3	17.9	11.2
21:00-22:00	38.4	0.5	31.2	20.4	9.6
22:00-23:00	34.2	0.5	27.3	25.6	12.5
23:00-24:00	39.5	0.4	20.5	28.4	11.2
24:00-25:00	38.7	0.2	20.0	29.2	11.8
25:00-26:00	39.8	0.1	21.1	27.0	12.1

表 3.18.4 2008 年辽宁市场收视份额排名前十位的频道

名次	频道名称	市场份额（%）
1	辽宁卫视	13.9
2	中央电视台综合频道	7.4
3	中央台八套	5.2
4	中央台六套	5.0
5	辽宁台都市频道	4.9
6	中央台三套	4.5
7	中央台五套	3.7
8	湖南电视台卫星频道	3.3
9	辽宁台生活频道	2.9
10	辽宁台影视娱乐频道	2.5

表 3.18.5　2008 年辽宁市场各主要频道的观众构成（%）

目标观众		所有频道	辽宁卫视	中央电视台综合频道	中央台八套	中央台六套	辽宁台都市频道
4 岁及以上所有人		100.0	100.0	100.0	100.0	100.0	100.0
城乡	城市	41.1	16.0	44.7	37.8	41.1	34.8
	农村	58.9	84.0	55.3	62.2	58.9	65.2
性别	男	49.0	49.8	49.5	44.9	48.0	55.2
	女	51.0	50.2	50.5	55.1	52.0	44.8
年龄	4-14 岁	10.1	10.8	8.0	6.8	7.8	9.2
	15-24 岁	9.8	8.3	7.4	6.5	9.8	8.5
	25-34 岁	14.8	11.1	12.8	10.3	12.8	16.7
	35-44 岁	22.1	20.1	25.3	21.1	20.2	28.7
	45-54 岁	17.6	18.1	18.6	17.9	18.3	16.8
	55-64 岁	13.9	19.1	14.8	17.4	16.7	12.0
	65 岁及以上	11.7	12.5	13.1	20.0	14.4	8.1
教育程度	未受过正规教育	5.0	7.7	2.7	7.9	3.3	4.4
	小学	26.8	40.0	24.8	32.2	25.5	26.3
	初中	46.8	43.1	49.9	42.2	48.7	50.2
	高中	15.6	7.5	15.4	12.3	15.5	13.0
	大学及以上	5.8	1.7	7.2	5.4	7.0	6.1
职业类别	干部/管理人员	2.0	1.6	1.9	1.9	2.4	2.5
	个体/私营企业人员	8.1	6.8	7.4	8.7	8.0	9.2
	初级公务员/雇员	6.6	3.3	6.3	7.3	8.7	5.8
	工人	13.3	10.2	11.6	10.4	12.7	15.5
	学生	10.3	9.0	9.1	7.4	8.6	9.1
	无业	30.7	21.6	30.0	36.9	36.8	26.5
	其他	29.0	47.5	33.7	27.4	22.8	31.4
个人月收入	300 元及以下	49.9	62.4	48.4	50.9	44.6	46.7
	301-600 元	22.4	20.4	21.8	21.2	24.1	23.4
	601-900 元	13.0	9.8	14.8	10.9	13.2	12.5
	901-1200 元	8.0	3.9	8.1	10.0	9.4	9.6
	1201 元及以上	6.7	3.5	6.9	7.0	8.7	7.8

表 3.18.6　2006-2008 年辽宁市场各类节目的播出份额（%）和收视份额（%）

节目类别	2006 年		2007 年		2008 年	
	播出份额	收视份额	播出份额	收视份额	播出份额	收视份额
财经	1.4	0.4	1.5	0.5	1.6	0.5
电视剧	25.3	35.5	24.9	32.9	23.7	32.6
电影	4.7	7.5	4.4	7.8	4.0	7.6
法制	1.4	2.4	1.4	2.9	1.2	2.7
教学	0.4	0.1	0.6	0.1	0.5	0.1
青少	4.9	5.1	4.7	4.4	4.9	4.1
生活服务	5.1	2.3	7.2	4.7	9.1	5.8
体育	2.1	3.8	2.0	3.2	3.9	6.0
外语	0.2	0.1	0.2	0.2	0.2	0.1
戏剧	1.4	0.4	1.4	0.5	1.1	0.3
新闻/时事	13.6	11.4	13.1	10.2	13.3	11.4
音乐	1.1	1.6	2.1	1.3	2.4	0.7
专题片	11.6	5.7	11.4	6.4	11.3	7.1
综艺	7.8	10.4	8.4	12.0	7.3	10.1
其他	19.0	13.4	16.7	12.9	15.5	11.2

表 3.18.7 2008 年辽宁市场所有节目收视率排名前三十位

名次	节目名称	节目类型	播出频道	平均收视率（%）	平均占有率（%）
1	中央电视台 2008 春节联欢晚会	综艺	中央电视台综合频道	26.6	46.5
2	乡村爱情第二部	电视剧	中央电视台综合频道	21.7	47.6
3	中央电视台 2008 年元宵晚会	综艺	中央电视台综合频道	19.3	41.4
4	2008 辽宁电视台春节联欢晚会	综艺	辽宁卫视	18.5	47.5
5	第 29 届奥林匹克运动会开幕式	体育	中央电视台综合频道	17.0	33.1
6	第 29 届奥林匹克运动会闭幕式	体育	中央电视台综合频道	15.4	31.2
7	2008 年第 29 届奥运会体操单项女子高低杠决赛	体育	中央台五套	14.9	39.2
8	2008 年第 29 届奥运会乒乓球男子团体决赛	体育	中央台五套	14.7	33.8
9	2008 年第 29 届奥运会男子举重 62 公斤级决赛	体育	中央台五套	13.7	30.6
10	2008 年第 29 届奥运会乒乓球女子单打决赛	体育	中央台五套	13.2	29.0
11	第 29 届奥林匹克运动会开幕式	体育	中央台五套	13.0	25.3
12	2008 年第 29 届奥运会男子篮球小组赛（中国 VS 德国）	体育	中央台五套	12.9	30.5
13	2008 年第 29 届奥运会女排小组赛（中国 VS 古巴）	体育	中央电视台综合频道	12.9	29.5
14	2008 年第 29 届奥运会男子举重 56 公斤级决赛	体育	中央电视台综合频道	12.4	28.5
15	2008 年第 29 届奥运会女排小组赛（中国 VS 波兰）	体育	中央电视台综合频道	12.3	27.9
16	第 29 届奥林匹克运动会闭幕式	体育	中央台五套	12.2	24.7
17	2008 第 29 届奥运会女子平衡木决赛	体育	中央台五套	12.0	38.1
18	中国中央电视台 2008 春节联欢晚会	综艺	辽宁卫视	11.9	20.8
19	2008 年第 29 届奥运会体操男子单杠决赛	体育	中央台五套	11.7	28.3
20	2008 年第 29 届奥运会女子排球预赛（中国 VS 美国）	体育	中央台五套	11.6	29.0
21	2008 年第 29 届奥运会跳水男子单人 10 米跳台决赛	体育	中央电视台综合频道	11.5	27.4
22	2008 年第 29 届奥运会女子链球决赛	体育	中央电视台综合频道	11.4	25.9
23	2008 年第 29 届奥运会男子举重 69 公斤级决赛	体育	中央台五套	11.1	31.0
24	2008 年第 29 届奥运会跆拳道比赛女子 49 公斤级决赛	体育	中央电视台综合频道	11.1	25.5
25	2008 年第 29 届奥运会乒乓球女团决赛	体育	中央电视台综合频道	10.9	24.7

续表

名次	节目名称	节目类型	播出频道	平均收视率（%）	平均占有率（%）
26	2008 年第 29 届奥运会男子蹦床决赛	体育	中央电视台综合频道	10.5	23.2
27	2008 年第 29 届奥运会女足小组赛（中国队 VS 阿根廷队）	体育	中央电视台综合频道	10.2	26.5
28	2008 年第 29 届奥运会乒乓球男子单打铜牌赛	体育	中央台五套	10.2	24.5
29	2008 年第 29 届奥运会田径比赛	体育	中央电视台综合频道	10.1	22.7
30	2008 年第 29 届奥运会男子篮球 B 组比赛（中国 VS 美国）	体育	中央台二套	10.0	49.8

表 3.18.8　2008 年辽宁市场电视剧收视率排名前十位

名次	节目名称	播出频道	平均收视率（%）	平均占有率（%）
1	乡村爱情第二部	中央电视台综合频道	21.7	47.6
2	闯关东	中央电视台综合频道	9.3	22.1
3	乡村爱情第二部（3 月 2－11 日）	辽宁卫视	7.6	27.7
4	八大豪侠（1 月 14－27 日）	辽宁卫视	6.7	16.3
5	李小龙传奇	中央电视台综合频道	6.6	18.9
6	城里城外东北人（1 月 1－12 日）	辽宁卫视	6.6	17.0
7	关中往事（5 月 30－6 月 10 日）	辽宁卫视	6.2	18.5
8	清凌凌的水蓝莹莹的天	中央电视台综合频道	5.8	15.1
9	大珍珠（11 月 17－29 日）	辽宁卫视	5.5	15.7
10	兰花花（10 月 12－23 日）	辽宁卫视	5.2	17.1

表 3.18.9　2008 年辽宁市场新闻节目收视率排名前十位

名次	节目名称	播出频道	平均收视率（%）	平均占有率（%）
1	焦点访谈（5 月 19－21 日）	辽宁卫视	6.5	18.6
2	转播中央台新闻联播（5 月 19 日，21:00）	辽宁卫视	4.6	13.7
3	辽宁新闻	辽宁卫视	4.4	14.5
4	新北方	辽宁台都市频道	4.3	13.5
5	新闻联播	中央电视台综合频道	3.4	10.0
6	新闻联播（5 月 13－17 日，19－21 日，21:00）	中央电视台综合频道	2.9	10.2
7	温家宝在汶川映秀镇会见中外记者	中央电视台综合频道	2.9	10.0
8	新北方新闻正前方	辽宁台都市频道	2.7	10.1
9	一起看奥运	中央电视台综合频道	2.7	7.2
10	心系汶川辽宁四川跨省大救援	辽宁卫视	2.5	9.3

表 3.18.10 2008 年辽宁市场专题节目收视率排名前十位

名次	节目名称	播出频道	平均收视率（%）	平均占有率（%）
1	CCTV2007 感动中国颁奖盛典	中央电视台综合频道	5.9	14.7
2	拉萨 3.14 打砸抢烧暴力事件纪实	中央电视台综合频道	5.3	13.7
3	王刚讲故事	辽宁卫视	4.3	14.3
4	周末王刚讲故事	辽宁卫视	3.3	14.2
5	振兴颂	辽宁卫视	3.0	8.6
6	新北方	辽宁台都市频道	2.8	8.3
7	奥运名人堂	中央电视台综合频道	2.6	10.2
8	我的今日之最我为天狂	中央电视台综合频道	2.3	8.3
9	动物世界	中央台三套	2.3	7.1
10	致富经	辽宁卫视	2.1	10.2

表 3.18.11 2008 年辽宁市场综艺节目收视率排名前十位

名次	节目名称	播出频道	平均收视率（%）	平均占有率（%）
1	中国中央电视台 2008 春节联欢晚会	中央电视台综合频道	26.6	46.5
2	中央电视台 2008 年元宵晚会	中央电视台综合频道	19.3	41.4
3	2008 辽宁电视台春节联欢晚会	辽宁卫视	18.5	47.5
4	中国中央电视台 2008 春节联欢晚会	辽宁卫视	11.9	20.8
5	爱的奉献 2008 宣传文化系统抗震救灾大型募捐活动（5 月 18 日）	中央电视台综合频道	8.0	26.9
6	心系汶川抗震救灾募捐义演	辽宁卫视	6.1	17.7
7	欢声笑语过大年	中央台二套	6.1	16.1
8	春晚倒计时	辽宁卫视	5.9	18.9
9	家家都有戏	辽宁卫视	5.4	12.2
10	群星璀璨辽宁电视台小品集萃	辽宁卫视	5.2	15.2

表 3.18.12 2008 年辽宁市场奥运会、残奥会比赛节目收视率排名前十位

名次	节目名称	播出频道	平均收视率（%）	平均占有率（%）
1	2008 年第 29 届奥运会体操单项女子高低杠决赛	中央台五套	14.9	39.2
2	2008 年第 29 届奥运会乒乓球男子团体决赛	中央台五套	14.7	33.8
3	2008 年第 29 届奥运会男子举重 62 公斤级决赛	中央台五套	13.7	30.6
4	2008 年第 29 届奥运会乒乓球女子单打决赛	中央台五套	13.2	29.0
5	2008 年第 29 届奥运会男子篮球小组赛（中国 VS 德国）	中央台五套	12.9	30.5
6	2008 年第 29 届奥运会女排小组赛（中国 VS 古巴）	中央电视台综合频道	12.9	29.5
7	2008 年第 29 届奥运会男子举重 56 公斤级决赛	中央电视台综合频道	12.4	28.5
8	2008 年第 29 届奥运会女排小组赛（中国 VS 波兰）	中央电视台综合频道	12.3	27.9
9	2008 第 29 届奥运会女子平衡木决赛	中央台五套	12.0	38.1
10	2008 年第 29 届奥运会体操男子单杠决赛	中央台五套	11.7	28.3

表 3.18.13 2008 年辽宁市场体育节目收视率排名前十位（奥运会、残奥会比赛除外）

名次	节目名称	播出频道	平均收视率（%）	平均占有率（%）
1	第 29 届奥林匹克运动会开幕式	中央电视台综合频道	17.0	33.1
2	第 29 届奥林匹克运动会闭幕式	中央电视台综合频道	15.4	31.2
3	第 29 届奥林匹克运动会开幕式	中央台五套	13.0	25.3
4	第 29 届奥林匹克运动会闭幕式	中央台五套	12.2	24.7
5	2008 年第 29 届奥运会田径男子三级跳远颁奖仪式	中央电视台综合频道	7.1	14.9
6	北京 2008 年残奥会开幕式	中央电视台综合频道	6.4	21.1
7	奥运第 1 天	中央电视台综合频道	5.2	13.3
8	第 29 届奥林匹克运动会开幕式	辽宁卫视	5.2	10.2
9	北京 2008 年残奥会闭幕式	中央电视台综合频道	5.0	13.4
10	北京 2008 年残奥会开幕式	中央台五套	4.1	13.6

十九、内蒙古收视数据

表 3. 19. 1　2004 – 2008 年内蒙古市场各类频道的市场占有率（%）

频道类别	年份				
	2004 年	2005 年	2006 年	2007 年	2008 年
中央台频道	55. 5	55. 1	53. 3	50. 9	52. 6
中国教育台频道	0. 1	0. 3	0. 2	0. 4	0. 3
内蒙古省级频道	8. 4	7. 6	6. 6	5. 1	4. 5
其他省级卫视频道	16. 0	19. 2	26. 6	32. 2	34. 5
其他频道	20. 0	17. 8	13. 3	11. 4	8. 2

表 3. 19. 2　2008 年内蒙古市场各类频道在不同目标观众中的市场占有率（%）

目标观众		中央台频道	中国教育台频道	内蒙古省级频道	其他省级卫视频道	其他频道
4 岁及以上所有人		52. 6	0. 3	4. 5	34. 5	8. 2
城乡	城市	59. 6	0. 2	7. 3	24. 8	8. 1
	农村	50. 4	0. 4	3. 6	37. 5	8. 2
性别	男	54. 7	0. 3	4. 5	32. 4	8. 0
	女	50. 6	0. 3	4. 4	36. 4	8. 3
年龄	4 – 14 岁	44. 4	0. 3	3. 0	40. 2	12. 1
	15 – 24 岁	42. 3	0. 4	3. 0	45. 8	8. 7
	25 – 34 岁	52. 1	0. 5	4. 2	34. 2	9. 0
	35 – 44 岁	52. 1	0. 3	3. 6	34. 8	9. 1
	45 – 54 岁	56. 5	0. 3	5. 5	31. 6	6. 0
	55 – 64 岁	62. 4	0. 2	6. 0	26. 0	5. 4
	65 岁及以上	62. 0	0. 2	6. 9	24. 1	6. 9
教育程度	未受过正规教育	54. 5	0. 2	2. 8	32. 5	10. 0
	小学	43. 9	0. 4	4. 1	42. 4	9. 1
	初中	49. 6	0. 4	4. 2	37. 7	8. 2
	高中	62. 0	0. 2	5. 3	25. 1	7. 4
	大学及以上	68. 4	0. 1	5. 7	20. 0	5. 8
职业类别	干部/管理人员	68. 7	0. 2	7. 1	17. 9	6. 1
	个体/私营企业人员	55. 2	0. 4	4. 4	32. 0	8. 0
	初级公务员/雇员	65. 6	0. 2	5. 6	22. 4	6. 3
	工人	56. 9	0. 2	4. 4	31. 0	7. 5
	学生	46. 9	0. 3	3. 7	37. 9	11. 2
	无业	61. 9	0. 2	5. 7	25. 6	6. 5
	其他	39. 8	0. 4	3. 3	47. 2	9. 3
个人月收入	0 – 600 元	45. 8	0. 3	3. 8	41. 4	8. 7
	601 – 1200 元	61. 4	0. 4	5. 2	25. 6	7. 5
	1201 – 1700 元	60. 7	0. 3	5. 4	25. 6	8. 1
	1701 – 2600 元	70. 2	0. 2	5. 9	18. 5	5. 3
	2601 元及以上	67. 6	0. 3	6. 6	18. 3	7. 3

表 3.19.3　2008 年内蒙古市场各类频道在不同时段的市场占有率（%）

时间段	中央台频道	中国教育台频道	内蒙古省级频道	其他省级卫视频道	其他频道
02:00-03:00	41.5	0.1	4.2	38.6	15.6
03:00-04:00	42.8	1.1	1.5	45.1	9.5
04:00-05:00	42.9	1.0	0.8	53.5	1.8
05:00-06:00	43.2	0.3	0.4	54.2	1.9
06:00-07:00	66.8	0.1	0.7	29.7	2.7
07:00-08:00	72.7	0.1	1.6	22.2	3.4
08:00-09:00	53.6	0.1	2.0	37.7	6.6
09:00-10:00	45.9	0.2	2.1	44.3	7.5
10:00-11:00	45.1	0.2	2.4	45.0	7.3
11:00-12:00	52.3	0.3	1.8	39.0	6.7
12:00-13:00	60.4	0.3	1.0	31.8	6.5
13:00-14:00	47.7	0.4	1.3	41.6	9.0
14:00-15:00	35.5	0.2	2.0	53.0	9.3
15:00-16:00	31.9	0.2	2.4	57.1	8.4
16:00-17:00	35.4	0.5	2.2	54.6	7.3
17:00-18:00	51.9	0.7	1.7	39.0	6.8
18:00-19:00	55.8	0.3	15.3	19.6	9.0
19:00-20:00	65.6	0.2	6.6	17.7	9.9
20:00-21:00	52.5	0.5	4.2	36.0	6.9
21:00-22:00	49.4	0.5	3.9	38.6	7.7
22:00-23:00	42.6	0.3	4.2	40.3	12.6
23:00-24:00	45.4	0.1	3.1	37.5	13.9
24:00-25:00	44.0	0.1	2.1	42.5	11.3
25:00-26:00	37.1	0.3	2.3	43.8	16.5

表 3.19.4　2008 年内蒙古市场收视份额排名前十位的频道

名次	频道	收视份额（%）
1	中央电视台综合频道	22.5
2	中央台八套	6.8
3	湖南电视台卫星频道	5.1
4	中央台三套	3.8
5	中央台六套	3.6
6	安徽卫视	3.5
7	中央台十二套	2.9
8	中央台五套	2.7
9	中央台二套	2.2
9	中央台四套	2.2

表 3.19.5 2008 年内蒙古市场主要频道的观众构成（%）

目标观众		所有频道	主要频道				
			中央电视台综合频道	中央台八套	湖南电视台卫星频道	中央台三套	中央台六套
4 岁及以上所有人		100.0	100.0	100.0	100.0	100.0	100.0
城乡	城市	23.6	24.4	26.8	17.3	32.4	35.4
	农村	76.4	75.6	73.2	82.7	67.6	64.6
性别	男	48.9	50.8	44.3	37.7	47.5	54.7
	女	51.1	49.2	55.7	62.3	52.5	45.3
年龄	4－14 岁	9.7	8.3	6.5	10.9	6.0	7.8
	15－24 岁	15.9	12.8	12.8	32.1	13.6	15.6
	25－34 岁	15.5	13.9	17.9	18.0	15.0	22.1
	35－44 岁	21.1	21.1	18.5	19.2	21.2	25.7
	45－54 岁	17.9	19.7	21.2	12.1	18.9	15.2
	55－64 岁	10.2	12.3	11.0	3.7	13.0	6.6
	65 岁及以上	9.7	12.1	12.1	4.0	12.4	7.0
教育程度	未受过正规教育	6.4	6.4	7.1	3.6	6.7	6.7
	小学	27.0	24.5	21.4	26.3	16.3	20.8
	初中	36.7	36.4	34.1	42.6	34.7	37.9
	高中	21.9	23.1	25.1	21.3	31.1	25.3
	大学及以上	8.1	9.6	12.3	6.2	11.3	9.3
职业类别	干部/管理人员	1.5	1.7	2.1	0.7	2.7	2.9
	个体/私营企业人员	16.5	18.1	15.0	16.8	15.3	16.5
	初级公务员/雇员	8.2	9.1	11.7	5.2	13.3	10.5
	工人	7.1	6.3	8.7	7.9	9.8	10.8
	学生	11.9	11.3	8.1	17.2	9.5	12.0
	无业	25.4	26.9	35.5	19.6	35.2	24.9
	其他	29.4	26.6	18.9	32.6	14.2	22.4
个人月收入	0－600 元	59.2	54.3	47.8	68.8	43.0	49.3
	601－1200 元	26.7	30.2	35.3	21.7	36.9	32.1
	1201－1700 元	7.6	8.0	8.1	6.2	9.8	9.0
	1701－2600 元	4.8	5.9	6.8	2.2	7.8	6.5
	2601 元及以上	1.6	1.7	1.9	1.0	2.5	3.0

表 3.19.6 2006－2008 年内蒙古市场各类节目的播出份额（%）和收视份额（%）

类别	2006 年		2007 年		2008 年	
	播出份额	收视份额	播出份额	收视份额	播出份额	收视份额
财经	1.5	0.3	1.5	0.3	1.7	0.4
电视剧	25.3	39.4	25.8	38.1	24.6	34.9
电影	3.2	3.4	2.8	2.9	2.6	2.2
法制	1.4	1.0	1.3	1.3	1.1	1.7
教学	0.4	0.0	0.5	0.0	0.5	0.1
青少	4.9	3.1	4.7	3.2	4.8	2.9
生活服务	5.6	2.8	7.2	5.2	7.9	6.4
体育	1.9	1.7	1.9	1.9	3.9	5.4
外语	0.3	0.0	0.3	0.2	0.2	0.1
戏剧	1.5	0.7	1.4	0.8	1.1	0.6
新闻/时事	13.8	13.9	13.6	12.2	13.8	13.7
音乐	1.2	1.7	2.1	1.3	2.6	0.7
专题	12.1	4.9	11.8	5.2	11.6	5.4
综艺	8.0	9.0	8.4	9.5	7.4	8.8
其他	19.1	18.1	16.9	17.9	16.2	16.8

表 3.19.7　2008 年内蒙古市场所有节目收视率排名前三十位

名次	节目名称	类型	播出频道	平均收视率(%)	平均占有率(%)
1	中央电视台 2008 春节联欢晚会	综艺	中央电视台综合频道	49.5	80.6
2	第 29 届奥林匹克运动会开幕式	体育	中央电视台综合频道	38.7	73.3
3	第 29 届奥林匹克运动会闭幕式	体育	中央电视台综合频道	34.2	57.9
4	中央电视台 2008 年元宵晚会	综艺	中央电视台综合频道	33.8	53.2
5	北京 2008 年残奥会闭幕式	体育	中央电视台综合频道	33.7	61.5
6	乡村爱情第二部	电视剧	中央电视台综合频道	31.6	51.1
7	艺术人生	专题	中央电视台综合频道	30.6	48.0
8	北京 2008 年残奥会开幕式	体育	中央电视台综合频道	29.2	68.5
9	2008 年第 29 届奥运会女子排球小组赛 A 组(中国 VS 委内瑞拉)	体育	中央电视台综合频道	23.5	40.6
10	2008 年第 29 届奥运会男子举重 56 公斤级决赛	体育	中央电视台综合频道	23.0	39.3
11	闯关东	电视剧	中央电视台综合频道	22.5	37.3
12	2008 年第 29 届奥运会女排小组赛（中国 VS 波兰）	体育	中央电视台综合频道	22.2	39.9
13	李小龙传奇	电视剧	中央电视台综合频道	21.4	41.4
14	CCTV2007 中国工商银行杯感动中国颁奖盛典	专题	中央电视台综合频道	21.2	37.8
15	爱的奉献 2008 宣传文化系统抗震救灾大型募捐活动(5 月 18 日)	综艺	中央电视台综合频道	21.1	51.9
16	2008 年第 29 届奥运会女排小组赛（中国 VS 古巴）	体育	中央电视台综合频道	19.9	37.9
17	2008 年第 29 届奥运会乒乓球女团决赛	体育	中央电视台综合频道	19.6	36.6
18	第 29 届奥运会乒乓球男团小组赛	体育	中央电视台综合频道	19.1	37.4
19	新闻联播（5 月 13－17 日、19－21 日，21:00)	新闻/时事	中央电视台综合频道	18.8	38.0
20	十分开心	综艺	中央电视台综合频道	18.4	37.5
21	新闻联播	新闻/时事	中央电视台综合频道	18.3	47.8
22	2008 年第 29 届奥运会田径比赛男子 200 米小组赛	体育	中央电视台综合频道	18.3	34.5
23	清凌凌的水蓝莹莹的天	电视剧	中央电视台综合频道	18.3	31.4
24	温家宝在汶川映秀镇会见中外记者	新闻/时事	中央电视台综合频道	18.2	46.2
25	2008 年第 29 届奥运会女足小组赛（中国队 VS 阿根廷队）	体育	中央电视台综合频道	18.0	34.1
26	2008 年第 29 届奥运会跆拳道比赛女子 49 公斤级决赛	体育	中央电视台综合频道	17.9	33.2
27	曲苑杂坛春节特别节目 2008 年正月正晚会	综艺	中央电视台综合频道	17.9	30.1
28	奥运第 1 天	体育	中央电视台综合频道	17.8	31.3
29	2008 年第 29 届奥运会田径比赛女子铁饼决赛	体育	中央电视台综合频道	17.3	35.4
30	2008 年第 29 届奥运会女子链球决赛	体育	中央电视台综合频道	17.3	29.2

表 3.19.8　2008 年内蒙古市场电视剧收视率排名前十位

名次	节目名称	播出频道	平均收视率（%）	平均占有率（%）
1	乡村爱情第二部	中央电视台综合频道	31.6	51.1
2	闯关东	中央电视台综合频道	22.5	37.3
3	李小龙传奇	中央电视台综合频道	21.4	41.4
4	清凌凌的水蓝莹莹的天	中央电视台综合频道	18.3	31.4
5	兵心依旧	中央电视台综合频道	12.2	24.0
6	都市情感系列之三爱情篇相思树	中央电视台综合频道	12.0	21.6
7	绝密押运	中央电视台综合频道	11.8	27.3
8	英雄无名	中央电视台综合频道	11.1	21.0
9	任弼时	中央电视台综合频道	11.1	20.1
10	周恩来在重庆	中央电视台综合频道	11.0	19.1

表 3.19.9　2008 年内蒙古市场新闻节目收视率排名前十位

名次	节目名称	播出频道	平均收视率（%）	平均占有率（%）
1	新闻联播（5 月 13 - 17 日、19 - 21 日，21:00）	中央电视台综合频道	18.8	38.0
2	新闻联播	中央电视台综合频道	18.3	47.8
3	温家宝在汶川映秀镇会见中外记者	中央电视台综合频道	18.2	46.2
4	焦点访谈	中央电视台综合频道	14.3	30.5
6	真挚的关怀深入的指导	中央电视台综合频道	12.5	23.3
5	神七问天直播特别节目	中央电视台综合频道	8.2	22.4
7	抗震救灾众志成城	中央电视台综合频道	7.7	23.0
8	一起看奥运	中央电视台综合频道	7.6	16.1
9	第十一届全国人民代表大会第一次会议特别报道	中央电视台综合频道	6.5	19.2
10	新闻 1 + 1	中央电视台综合频道	5.9	19.2

表 3.19.10　2008 年内蒙古市场专题节目收视率排名前丨位

名次	节目名称	播出频道	平均收视率（%）	平均占有率（%）
1	艺术人生	中央电视台综合频道	30.6	48.0
2	CCTV2007 感动中国颁奖盛典	中央电视台综合频道	21.2	37.8
3	拉萨 3.14 打砸抢烧暴力事件纪实	中央电视台综合频道	15.0	28.2
4	奔腾的宁夏	中央电视台综合频道	10.9	23.0
5	跨越海南经济特区 20 年纪实	中央电视台综合频道	10.7	20.3
6	奥运名人堂	中央电视台综合频道	8.7	30.7
7	纪录中国中国记者在 2008	中央电视台综合频道	8.4	18.6
8	2008 当代工人 5.1 特别节目沧海跨越	中央电视台综合频道	8.2	17.0
9	抗震救灾众志成城特别节目希望	中央电视台综合频道	6.9	13.9
10	全国迎奥运讲文明树新风礼仪知识竞赛	中央电视台综合频道	6.0	12.7

表 3.19.11　2008 年内蒙古市场综艺节目收视率排名前十位

名次	节目名称	播出频道	平均收视率(%)	平均占有率(%)
1	中国中央电视台 2008 春节联欢晚会	中央电视台综合频道	49.5	80.6
2	中央电视台 2008 年元宵晚会	中央电视台综合频道	33.8	53.2
3	爱的奉献 2008 宣传文化系统抗震救灾大型募捐活动（5 月 18 日）	中央电视台综合频道	21.1	51.9
4	十分开心	中央电视台综合频道	18.4	37.5
5	曲苑杂坛春节特别节目 2008 年正月正晚会	中央电视台综合频道	17.9	30.1
6	荣成月中华情 2008 中央电视台中秋晚会	中央电视台综合频道	16.5	30.6
7	八桂飞歌中央电视台心连心艺术团赴广西崇左慰问演出	中央电视台综合频道	14.1	24.3
8	旗帜高扬春光好 2008 年军民迎新春文艺晚会	中央电视台综合频道	12.4	24.7
9	万家灯火平安夜公安部 2008 年春节晚会	中央电视台综合频道	12.1	24.5
10	迈向太空中央电视台心连心艺术团赴酒泉卫星发射中心慰问演出	中央电视台综合频道	12.1	23.9

表 3.19.12　2008 年内蒙古市场奥运会、残奥会比赛节目收视率排名前十位

名次	节目名称	播出频道	平均收视率(%)	平均占有率(%)
1	2008 年第 29 届奥运会女子排球小组赛 A 组（中国 VS 委内瑞拉）	中央电视台综合频道	23.5	40.6
2	2008 年第 29 届奥运会男子举重 56 公斤级决赛	中央电视台综合频道	23.0	39.3
3	2008 年第 29 届奥运会女排小组赛（中国 VS 波兰）	中央电视台综合频道	22.2	39.9
4	2008 年第 29 届奥运会女排小组赛（中国 VS 古巴）	中央电视台综合频道	19.9	37.9
5	2008 年第 29 届奥运会乒乓球女团决赛	中央电视台综合频道	19.6	36.6
6	第 29 届奥运会乒乓球男团小组赛	中央电视台综合频道	19.1	37.4
7	2008 年第 29 届奥运会田径比赛男子 200 米小组赛	中央电视台综合频道	18.3	34.5
8	2008 年第 29 届奥运会女足小组赛（中国队 VS 阿根廷队）	中央电视台综合频道	18.0	34.1
9	2008 年第 29 届奥运会跆拳道比赛女子 49 公斤级决赛	中央电视台综合频道	17.9	33.2
10	2008 年第 29 届奥运会田径比赛女子铁饼决赛	中央电视台综合频道	17.3	35.4

表 3.19.13　2008 年内蒙古市场体育节目收视率排名前十位（奥运会、残奥会比赛除外）

名次	节目名称	播出频道	平均收视率（%）	平均占有率（%）
1	第 29 届奥林匹克运动会开幕式	中央电视台综合频道	38.7	73.3
2	第 29 届奥林匹克运动会闭幕式	中央电视台综合频道	34.2	57.9
3	北京 2008 年残奥会闭幕式	中央电视台综合频道	33.7	61.5
4	北京 2008 年残奥会开幕式	中央电视台综合频道	29.2	68.5
5	奥运第 1 天	中央电视台综合频道	17.8	31.3
6	2008 年第 29 届奥运会田径男子三级跳远颁奖仪式	中央电视台综合频道	14.5	27.7
7	奥运第 4 天	中央电视台综合频道	12.5	35.8
8	奖牌榜	中央电视台综合频道	9.0	16.2
9	奥运第 15 天	中央电视台综合频道	8.1	25.7
10	第 29 届奥林匹克运动会开幕式	中央台五套	7.7	14.5

二十、宁夏收视数据

表 3. 20. 1　2007 - 2008 年宁夏市场各类频道的市场占有率（%）

频道类别	年份	
	2007 年	2008 年
中央台频道	55. 3	56. 5
中国教育台频道	0. 3	0. 2
宁夏省级频道	15. 0	11. 9
其他省级卫视频道	17. 9	20. 8
其他频道	11. 5	10. 6

表 3. 20. 2　2008 年宁夏市场各类频道在不同目标观众中的市场占有率（%）

频道		中央台频道	中国教育台频道	宁夏省级频道	其他省级卫视频道	其他频道
4 岁及以上所有人		56. 5	0. 2	11. 9	20. 8	10. 6
城乡	城市	61. 2	0. 2	10. 1	18. 4	10. 1
	农村	54. 4	0. 3	12. 6	21. 8	10. 9
性别	男	58. 2	0. 2	12. 1	18. 9	10. 5
	女	54. 7	0. 2	11. 7	22. 6	10. 8
年龄	4 - 14 岁	56. 9	0. 2	8. 1	23. 4	11. 3
	15 - 24 岁	49. 0	0. 3	12. 5	25. 5	12. 6
	25 - 34 岁	54. 4	0. 3	10. 8	23. 0	11. 6
	35 - 44 岁	55. 4	0. 2	13. 6	19. 5	11. 2
	45 - 54 岁	60. 7	0. 2	13. 2	17. 6	8. 2
	55 - 64 岁	65. 5	0. 4	11. 9	14. 8	7. 5
	65 岁及以上	63. 6	0. 1	14. 4	13. 7	8. 3
教育程度	未受过正规教育	56. 5	0. 3	12. 8	21. 1	9. 4
	小学	56. 0	0. 2	11. 2	21. 7	10. 9
	初中	54. 2	0. 3	12. 7	21. 2	11. 7
	高中	59. 2	0. 2	11. 1	19. 9	9. 6
	大学及以上	67. 0	0. 2	10. 0	15. 9	7. 0
职业类别	干部/管理人员	68. 7	0. 2	7. 8	16. 9	6. 4
	个体/私营企业人员	59. 7	0. 3	10. 8	19. 5	9. 6
	初级公务员/雇员	61. 8	0. 2	11. 4	17. 7	8. 9
	工人	60. 0	0. 2	10. 4	18. 4	11. 0
	学生	55. 1	0. 2	9. 2	24. 3	11. 3
	无业	63. 3	0. 3	9. 6	17. 9	8. 9
	其他	51. 2	0. 3	14. 9	22. 1	11. 6
个人月收入	0 - 300 元	55. 0	0. 3	11. 4	23. 6	9. 8
	301 - 600 元	55. 4	0. 3	13. 2	17. 7	13. 5
	601 - 900 元	53. 2	0. 2	13. 4	20. 2	13. 0
	901 - 1200 元	59. 8	0. 3	11. 4	17. 4	11. 1
	1201 元及以上	63. 5	0. 2	10. 8	17. 0	8. 6

表 3.20.3 2008 年宁夏市场各类频道不同时段的市场占有率（%）

时间段	中央台频道	中国教育台频道	宁夏省级频道	其他省级卫视频道	其他频道
02:00－03:00	50.4	0.3	7.6	26.2	15.5
03:00－04:00	48.5	0.2	4.3	31.7	15.3
04:00－05:00	51.1	0.1	2.9	34.3	11.6
05:00－06:00	63.4	0.3	3.0	28.2	5.2
06:00－07:00	79.4	0.2	1.2	16.7	2.4
07:00－08:00	77.0	0.1	4.7	14.4	3.9
08:00－09:00	58.0	0.2	7.9	23.3	10.6
09:00－10:00	54.3	0.2	10.7	23.7	11.1
10:00－11:00	56.9	0.3	10.3	22.8	9.7
11:00－12:00	61.1	0.3	6.7	21.9	10.1
12:00－13:00	65.6	0.3	5.7	17.1	11.3
13:00－14:00	55.7	0.3	7.3	24.3	12.4
14:00－15:00	45.4	0.2	10.9	31.5	12.0
15:00－16:00	35.3	0.2	13.8	36.6	14.1
16:00－17:00	38.6	0.3	10.2	36.1	14.8
17:00－18:00	53.6	0.5	6.1	26.8	13.1
18:00－19:00	59.0	0.2	11.3	14.4	15.1
19:00－20:00	76.0	0.1	7.1	10.2	6.5
20:00－21:00	59.5	0.3	11.7	20.9	7.6
21:00－22:00	49.5	0.3	17.3	21.9	11.0
22:00－23:00	37.0	0.2	23.2	23.2	16.4
23:00－24:00	46.0	0.2	12.1	23.5	18.2
24:00－25:00	48.4	0.1	16.7	19.8	15.0
25:00－26:00	45.5	0.0	25.2	16.5	12.7

表 3.20.4 2008 年宁夏市场收视份额排名前十位的频道

名次	频道名称	收视份额（%）
1	中央电视台综合频道	34.3
2	宁夏电视台公共频道	9.3
3	中央电视台少儿频道	4.6
4	中央台八套	3.2
5	湖南电视台卫星频道	2.6
5	中央台十二套	2.6
7	中央台三套	2.0
7	中央台二套	2.0
9	安徽卫视	1.7
10	四川卫视	1.6

表 3.20.5　2008 年宁夏市场各主要频道的观众构成（%）

目标观众		所有频道	中央电视台综合频道	宁夏电视台公共频道	中央电视台少儿频道	中央台八套	湖南电视台卫星频道
4 岁及以上所有人		100.0	100.0	100.0	100.0	100.0	100.0
城乡	城市	30.2	26.3	19.6	21.8	55.1	40.2
	农村	69.8	73.7	80.4	78.2	44.9	59.8
性别	男	49.5	50.9	49.9	50.3	42.7	36.8
	女	50.5	49.1	50.1	49.7	57.3	63.2
年龄	4－14 岁	15.2	13.7	10.6	51.9	7.1	15.2
	15－24 岁	17.4	16.2	20.4	11.1	10.3	29.0
	25－34 岁	19.5	18.2	16.3	20.7	21.0	23.5
	35－44 岁	19.6	19.2	21.7	9.6	26.0	18.5
	45－54 岁	12.5	14.4	14.1	2.3	15.9	7.0
	55－64 岁	9.3	11.2	9.3	2.5	10.7	3.6
	65 岁及以上	6.5	7.0	7.5	1.9	9.0	3.2
教育程度	未受过正规教育	10.8	12.2	12.7	13.3	4.7	7.1
	小学	27.8	28.9	28.1	48.9	16.7	20.6
	初中	40.5	40.2	44.9	29.6	38.9	46.4
	高中	14.8	13.4	11.3	6.1	24.9	19.7
	大学及以上	6.0	5.2	3.1	2.1	14.8	6.2
职业类别	干部/管理人员	1.3	1.0	0.4	0.4	3.7	1.1
	个体/私营企业人员	7.4	7.4	5.8	4.2	12.3	9.3
	初级公务员/雇员	6.6	5.3	3.4	2.5	15.6	7.0
	工人	9.3	8.6	6.3	3.3	18.0	10.8
	学生	16.9	15.0	13.3	45.0	10.9	22.7
	无业	18.6	17.7	12.7	16.4	34.0	18.3
	其他	39.7	45.0	58.0	28.2	5.5	30.8
个人月收入	0－300 元	52.3	54.2	53.6	75.3	34.7	53.8
	301－600 元	12.1	13.7	15.3	7.4	8.6	12.8
	601－900 元	11.3	9.8	12.1	6.2	15.0	12.9
	901－1200 元	10.3	9.9	9.3	5.3	14.1	8.2
	1201 元及以上	13.9	12.4	9.8	5.8	27.6	12.2

表 3.20.6　2007－2008 年宁夏市场各类节目的播出份额（%）和收视份额（%）

节目类别	2007 年		2008 年	
	播出份额	收视份额	播出份额	收视份额
财经	2.1	0.6	2.2	0.5
电视剧	35.5	50.9	36.0	46.5
电影	4.5	2.4	4.0	1.7
法制	1.4	2.4	1.1	2.1
教学	1.0	0.2	1.0	0.2
青少	5.0	8.2	5.5	7.5
生活服务	9.7	3.4	8.5	3.3
体育	2.8	2.1	3.6	6.3
外语	0.4	0.1	0.3	0.1
戏剧	1.5	0.5	1.4	0.5
新闻/时事	11.5	14.2	12.7	17.1
音乐	2.6	1.0	3.5	0.7
专题片	13.6	7.1	13.3	6.4
综艺	7.8	6.7	6.5	6.8
其他	0.8	0.4	0.7	0.3

表 3.20.7 2008 年宁夏市场所有节目收视率排名前三十位

名次	节目名称	节目类型	播出频道	平均收视率（%）	平均占有率（%）
1	中央电视台 2008 春节联欢晚会	综艺	中央电视台综合频道	45.1	82.2
2	李小龙传奇	电视剧	中央电视台综合频道	40.3	69.6
3	第 29 届奥林匹克运动会开幕式	体育	中央电视台综合频道	39.2	79.5
4	一年又一年二 00 八动起来	综艺	中央电视台综合频道	38.0	69.4
5	第 29 届奥林匹克运动会闭幕式	体育	中央电视台综合频道	36.5	62.2
6	闯关东	电视剧	中央电视台综合频道	35.4	58.1
7	乡村爱情第二部	电视剧	中央电视台综合频道	31.6	52.7
8	北京 2008 年残奥会闭幕式	体育	中央电视台综合频道	31.4	60.4
9	曲苑杂坛春节特别节目 2008 年正月正晚会	综艺	中央电视台综合频道	30.7	50.6
10	北京 2008 年残奥会开幕式	体育	中央电视台综合频道	29.3	67.4
11	中央电视台 2008 年元宵晚会	综艺	中央电视台综合频道	29.2	51.0
12	2008 年第 29 届奥运会女子排球小组赛 A 组(中国 VS 委内瑞拉)	体育	中央电视台综合频道	27.4	49.8
13	2008 年第 29 届奥运会男子举重 56 公斤级决赛	体育	中央电视台综合频道	26.2	47.3
14	清凌凌的水蓝莹莹的天	电视剧	中央电视台综合频道	24.9	42.7
15	2008 年第 29 届奥运会女排小组赛（中国 VS 波兰）	体育	中央电视台综合频道	24.8	43.1
16	迈向太空中央电视台心连心艺术团赴酒泉卫星发射中心慰问演出	综艺	中央电视台综合频道	23.6	46.2
17	爱的奉献 2008 宣传文化系统抗震救灾大型募捐活动(5 月 18 日)	综艺	中央电视台综合频道	23.3	62.9
18	绝密押运	电视剧	中央电视台综合频道	22.8	47.9
19	2008 年第 29 届奥运会女足小组赛（中国队 VS 阿根廷队）	体育	中央电视台综合频道	22.8	43.0
20	2008 年第 29 届奥运会乒乓球女团决赛	体育	中央电视台综合频道	22.8	42.5
21	2008 年第 29 届奥运会女排小组赛（中国 VS 古巴）	体育	中央电视台综合频道	22.7	42.0
22	新闻联播（5 月 13－17 日、5 月 19－21 日，21:00）	新闻/时事	中央电视台综合频道	22.6	45.6
23	2008 年第 29 届奥运会田径比赛男子 200 米小组赛	体育	中央电视台综合频道	22.4	43.1
24	CCTV2007 感动中国颁奖盛典	专题	中央电视台综合频道	22.2	40.5
25	艺术人生	专题	中央电视台综合频道	22.2	39.1
26	万家灯火平安夜公安部 2008 年春节晚会	综艺	中央电视台综合频道	22.1	43.4
27	新闻联播	新闻/时事	中央电视台综合频道	21.4	60.9
28	奔腾的宁夏	专题	中央电视台综合频道	21.0	40.0
29	2008 年第 29 届奥运会女子蹦床决赛	体育	中央电视台综合频道	21.0	35.2
30	2008 年第 29 届奥运会田径比赛女子铁饼决赛	体育	中央电视台综合频道	20.9	44.1

表 3.20.8　2008 年宁夏市场电视剧收视率排名前十位

名次	节目名称	播出频道	平均收视率(%)	平均占有率(%)
1	李小龙传奇	中央电视台综合频道	40.3	69.6
2	闯关东	中央电视台综合频道	35.4	58.1
3	乡村爱情第二部	中央电视台综合频道	31.6	52.7
4	清凌凌的水蓝莹莹的天	中央电视台综合频道	24.9	42.7
5	绝密押运	中央电视台综合频道	22.8	47.9
6	黑金地的女人	中央电视台综合频道	19.8	47.5
7	浴血坚持	中央电视台综合频道	19.1	35.9
8	兵心依旧	中央电视台综合频道	19.0	40.9
9	都市情感系列之三爱情篇相思树	中央电视台综合频道	18.2	33.0
10	任弼时	中央电视台综合频道	17.8	31.3

表 3.20.9　2008 年宁夏市场新闻节目收视率排名前十位

名次	节目名称	播出频道	平均收视率(%)	平均占有率(%)
1	新闻联播（5 月 13 - 17 日、5 月 19 - 21 日，21:00）	中央电视台综合频道	22.6	45.6
2	新闻联播	中央电视台综合频道	21.4	60.9
3	温家宝在汶川映秀镇会见中外记者	中央电视台综合频道	19.4	57.3
4	焦点访谈	中央电视台综合频道	19.0	45.6
5	真挚的关怀深入的指导	中央电视台综合频道	18.9	41.5
6	神七问天直播特别节目	中央电视台综合频道	13.8	36.8
7	一起看奥运	中央电视台综合频道	12.3	25.2
8	抗震救灾众志成城	中央电视台综合频道	11.0	34.2
9	新闻 1+1	中央电视台综合频道	9.6	26.1
10	第十一届全国人民代表大会第一次会议特别报道	中央电视台综合频道	8.5	26.5

表 3.20.10　2008 年宁夏市场专题节目收视率排名前十位

名次	节目名称	播出频道	平均收视率(%)	平均占有率(%)
1	CCTV2007 感动中国颁奖盛典	中央电视台综合频道	22.2	40.5
2	艺术人生	中央电视台综合频道	22.2	39.1
3	奔腾的宁夏	中央电视台综合频道	21.0	40.0
4	拉萨 3.14 打砸抢烧暴力事件纪实	中央电视台综合频道	18.7	38.3
5	纪录中国中国记者在 2008	中央电视台综合频道	14.7	32.4
6	全国迎奥运讲文明树新风礼仪知识竞赛	中央电视台综合频道	14.4	30.9
7	伟大的历程	中央电视台综合频道	14.1	27.3
8	跨越海南经济特区 20 年纪实	中央电视台综合频道	12.8	24.8
9	抗震救灾众志成城特别节目希望	中央电视台综合频道	11.8	24.7
10	变革与辉煌献给中国人民解放军建军 81 周年	中央电视台综合频道	11.0	20.3

表 3.20.11 2008 年宁夏市场综艺节目收视率排名前十位

名次	节目名称	播出频道	平均收视率（%）	平均占有率（%）
1	中国中央电视台 2008 春节联欢晚会	中央电视台综合频道	45.1	82.2
2	一年又一年二 00 八动起来	中央电视台综合频道	38.0	69.4
3	曲苑杂坛春节特别节目 2008 年正月正晚会	中央电视台综合频道	30.7	50.6
4	中央电视台 2008 年元宵晚会	中央电视台综合频道	29.2	51.0
5	迈向太空中央电视台心连心艺术团赴酒泉卫星发射中心慰问演出	中央电视台综合频道	23.6	46.2
6	爱的奉献 2008 宣传文化系统抗震救灾大型募捐活动（5 月 18 日）	中央电视台综合频道	23.3	62.9
7	万家灯火平安夜公安部 2008 年春节晚会	中央电视台综合频道	22.1	43.4
8	荣成月中华情 2008 中央电视台中秋晚会	中央电视台综合频道	20.5	39.1
9	旗帜高扬春光好 2008 年军民迎新春文艺晚会	中央电视台综合频道	19.6	39.9
10	2008 文化部春节电视晚会	中央电视台综合频道	18.8	44.1

表 3.20.12 2008 年宁夏市场奥运会、残奥会比赛收视率排名前十位

名次	节目名称	播出频道	平均收视率（%）	平均占有率（%）
1	2008 年第 29 届奥运会女子排球小组赛 A 组（中国 VS 委内瑞拉）	中央电视台综合频道	27.4	49.8
2	2008 年第 29 届奥运会男子举重 56 公斤级决赛	中央电视台综合频道	26.2	47.3
3	2008 年第 29 届奥运会女排小组赛（中国 VS 波兰）	中央电视台综合频道	24.8	43.1
4	2008 年第 29 届奥运会女足小组赛（中国队 VS 阿根廷队）	中央电视台综合频道	22.8	43.0
5	2008 年第 29 届奥运会乒乓球女团决赛	中央电视台综合频道	22.8	42.5
6	2008 年第 29 届奥运会女排小组赛（中国 VS 古巴）	中央电视台综合频道	22.7	42.0
7	2008 年第 29 届奥运会田径比赛男子 200 米小组赛	中央电视台综合频道	22.4	43.1
8	2008 年第 29 届奥运会女子蹦床决赛	中央电视台综合频道	21.0	35.2
9	2008 年第 29 届奥运会田径比赛女子铁饼决赛	中央电视台综合频道	20.9	44.1
10	2008 年第 29 届奥运会田径比赛	中央电视台综合频道	20.7	41.3

表 3.20.13　2008 年宁夏市场体育节目收视率排名前十位（奥运会、残奥会比赛除外）

名次	节目名称	播出频道	平均收视率（%）	平均占有率（%）
1	第 29 届奥林匹克运动会开幕式	中央电视台综合频道	39.2	79.5
2	第 29 届奥林匹克运动会闭幕式	中央电视台综合频道	36.5	62.2
3	北京 2008 年残奥会闭幕式	中央电视台综合频道	31.4	60.4
4	北京 2008 年残奥会开幕式	中央电视台综合频道	29.3	67.4
5	聚焦残奥会	中央电视台综合频道	16.5	33.5
6	奖牌榜	中央电视台综合频道	14.2	26.5
7	奥运来了特别节目	中央电视台综合频道	12.0	25.3
8	奥运快讯	中央电视台综合频道	7.1	31.0
9	CCTV1 奥运演播室	中央电视台综合频道	6.8	36.0
10	再见北京伦敦再见	中央电视台综合频道	5.5	32.8

二十一、山东收视数据

表 3.21.1 2004－2008 年山东电视收视市场各类频道的市场占有率（%）

频道类别	年份				
	2004 年	2005 年	2006 年	2007 年	2008 年
中央台频道	19.7	22.8	24.8	25.0	31.8
中国教育台频道	0.0	0.1	0.1	0.2	0.1
山东省级频道	48.0	45.5	47.8	45.0	38.8
其他省级卫视频道	5.4	6.0	8.6	10.7	12.5
其他频道	26.9	25.7	18.7	19.2	16.8

表 3.21.2 2008 年山东市场各类频道在不同目标观众中的市场占有率（%）

目标观众		中央台频道	中国教育台频道	山东省级频道	其他省级卫视频道	其他频道
4 岁及以上所有人		31.8	0.1	38.8	12.5	16.8
城乡	城市	42.7	0.1	24.2	13.9	19.1
	农村	28.1	0.1	43.7	12.1	16.0
性别	男	34.4	0.1	37.2	11.2	17.1
	女	29.2	0.1	40.4	13.8	16.5
年龄	4－14 岁	31.2	0.0	36.8	15.8	16.2
	15－24 岁	26.0	0.2	40.0	17.8	16.1
	25－34 岁	33.4	0.1	36.0	13.7	16.8
	35－44 岁	29.8	0.1	42.9	12.6	14.7
	45－54 岁	33.3	0.2	39.5	10.6	16.5
	55－64 岁	34.8	0.1	39.8	9.0	16.3
	65 岁及以上	36.7	0.1	33.0	7.5	22.7
教育程度	未受过正规教育	24.8	0.1	41.4	10.2	23.5
	小学	28.6	0.1	43.5	11.9	16.0
	初中	30.3	0.1	40.8	12.9	15.8
	高中	40.2	0.1	29.4	14.3	16.1
	大学及以上	48.1	0.1	21.6	11.3	18.9
职业类别	干部/管理人员	51.2	0.2	19.1	12.8	16.8
	个体/私营企业人员	34.0	0.1	36.6	11.9	17.5
	初级公务员/雇员	41.0	0.1	27.6	13.9	17.4
	工人	34.7	0.2	34.8	15.2	15.1
	学生	32.0	0.1	36.0	16.2	15.8
	无业	40.6	0.1	28.2	12.6	18.6
	其他	22.4	0.1	51.0	10.4	16.2
个人月收入	0－300 元	26.8	0.1	43.4	12.3	17.4
	301－600 元	28.0	0.2	44.3	11.9	15.7
	601－900 元	34.6	0.1	36.8	12.5	16.0
	901－1200 元	37.5	0.1	31.9	13.9	16.6
	1201 元及以上	44.1	0.1	26.0	12.7	17.2

表 3.21.3　2008 年山东市场各类频道在不同时段的市场占有率（%）

时间段	中央台频道	中国教育台频道	山东省级频道	其他省级卫视频道	其他频道
02:00-03:00	45.0	0.3	16.5	27.6	10.6
03:00-04:00	47.6	0.2	30.1	17.7	4.3
04:00-05:00	41.4	0.0	26.2	26.3	6.2
05:00-06:00	42.9	0.0	26.1	20.2	10.8
06:00-07:00	48.0	0.0	37.0	8.5	6.6
07:00-08:00	42.9	0.0	41.0	7.3	8.8
08:00-09:00	34.8	0.0	34.4	14.5	16.3
09:00-10:00	27.6	0.1	33.5	19.3	19.6
10:00-11:00	32.2	0.1	28.4	21.3	18.0
11:00-12:00	39.2	0.1	28.4	18.9	13.4
12:00-13:00	42.6	0.2	30.8	13.1	13.4
13:00-14:00	26.3	0.2	35.0	17.8	20.7
14:00-15:00	21.9	0.1	31.1	22.9	24.1
15:00-16:00	22.4	0.1	25.8	26.2	25.6
16:00-17:00	29.3	0.2	21.9	26.0	22.6
17:00-18:00	26.2	0.2	48.7	11.7	13.3
18:00-19:00	26.7	0.1	49.2	6.3	17.8
19:00-20:00	38.5	0.0	43.0	4.9	13.5
20:00-21:00	28.9	0.1	42.4	12.2	16.3
21:00-22:00	28.5	0.2	36.6	16.1	18.6
22:00-23:00	31.0	0.2	23.3	19.6	26.0
23:00-24:00	36.6	0.1	19.5	16.5	27.2
24:00-25:00	44.4	0.4	16.7	22.1	16.5
25:00-26:00	40.2	0.4	13.7	29.2	16.5

表 3.21.4　2008 年山东市场收视份额位于前十位的频道

名次	频道名称	收视份额（%）
1	山东电视齐鲁频道	19.0
2	山东卫视	13.9
3	中央电视台综合频道	13.4
4	中央台三套	2.8
5	山东电视影视频道	2.7
6	中央台六套	2.6
7	湖南电视台卫星频道	2.5
8	中央台八套	2.2
8	中央电视台少儿频道	2.2
10	中央台五套	2.0

表 3.21.5 2008 年山东市场主要频道的观众构成（%）

目标观众		所有频道	主要频道				
			山东电视齐鲁频道	山东卫视	中央电视台综合频道	中央台三套	山东电视影视频道
4 岁及以上所有人		100.0	100.0	100.0	100.0	100.0	100.0
城乡	城市	25.3	14.2	9.6	27.3	41.8	36.9
	农村	74.7	85.8	90.4	72.7	58.2	63.1
性别	男	49.3	45.3	49.7	53.1	50.8	46.7
	女	50.7	54.7	50.3	46.9	49.2	53.3
年龄	4－14 岁	9.3	9.1	8.9	7.0	6.9	6.4
	15－24 岁	16.2	17.5	16.2	13.2	14.8	13.9
	25－34 岁	13.9	12.2	11.2	13.0	15.6	22.8
	35－44 岁	20.7	24.8	21.1	20.5	21.8	19.4
	45－54 岁	16.6	16.6	17.4	18.9	20.5	14.4
	55－64 岁	11.5	11.3	11.9	12.9	11.6	14.0
	65 岁及以上	11.8	8.5	13.2	14.7	8.8	9.1
教育程度	未受过正规教育	9.7	10.1	12.8	7.4	5.3	5.1
	小学	26.4	30.1	32.1	23.8	21.8	21.5
	初中	42.8	47.1	43.1	41.5	42.0	41.1
	高中	16.4	11.0	10.0	20.2	23.1	23.4
	大学及以上	4.7	1.6	2.1	7.1	7.8	8.9
职业类别	干部/管理人员	1.2	0.5	0.3	2.0	2.0	2.2
	个体/私营企业人员	14.4	13.8	13.3	15.3	19.6	12.8
	初级公务员/雇员	6.9	4.4	3.6	9.0	9.9	10.9
	工人	12.6	10.9	9.3	13.6	15.9	17.6
	学生	10.4	9.8	9.4	9.1	9.0	7.3
	无业	19.7	13.7	12.4	22.1	23.9	21.0
	其他	34.7	46.9	51.7	28.9	19.7	28.1
个人月收入	0－300 元	41.7	49.3	48.5	36.1	30.1	34.3
	301－600 元	18.0	20.0	24.0	17.4	16.0	12.7
	601－900 元	14.1	12.7	12.8	14.8	19.2	18.1
	901－1200 元	12.6	10.0	8.2	14.4	16.5	15.5
	1201 元及以上	13.5	7.9	6.4	17.3	18.3	19.3

表 3.21.6 2006－2008 年山东市场各类节目的播出份额（%）和收视份额（%）

节目类别	2006 年		2007 年		2008 年	
	播出份额	收视份额	播出份额	收视份额	播出份额	收视份额
财经	1.4	0.2	1.5	0.2	1.6	0.2
电视剧	25.9	36.9	25.5	37.7	24.6	34.0
电影	3.2	1.7	3.1	1.8	3.0	2.0
法制	1.2	1.3	1.4	0.8	1.0	0.7
教学	0.5	0.1	0.5	0.1	0.5	0.1
青少	4.5	2.2	4.4	2.8	4.6	3.2
生活服务	5.4	2.8	7.8	6.0	9.4	8.1
体育	2.8	2.0	2.5	1.6	3.6	4.4
外语	0.2	0.1	0.2	0.1	0.1	0.1
戏剧	1.4	0.7	1.3	0.6	1.1	0.4
新闻/时事	14.1	17.5	13.2	15.4	13.1	16.3
音乐	1.1	1.3	1.9	0.9	2.4	0.5
专题	11.6	4.5	11.5	4.1	11.8	4.4
综艺	7.6	7.9	8.1	8.3	7.3	7.1
其他	19.2	21.0	16.9	19.8	15.8	18.4

表 3.21.7　2008 年山东市场所有节目收视率排名前三十位

名次	节目名称	节目类型	播出频道	平均收视率(%)	平均占有率(%)
1	第 29 届奥林匹克运动会开幕式	体育	中央电视台综合频道	42.6	83.8
2	中国中央电视台 2008 春节联欢晚会	综艺	中央电视台综合频道	36.1	69.6
3	第 29 届奥林匹克运动会闭幕式	体育	中央电视台综合频道	33.5	60.0
4	2008 年第 29 届奥运会男子举重 56 公斤级决赛	体育	中央电视台综合频道	20.6	36.0
5	北京 2008 年残奥会开幕式	体育	中央电视台综合频道	20.3	55.9
6	2008 年第 29 届奥运会乒乓球女团决赛	体育	中央电视台综合频道	20.3	35.7
7	2008 年第 29 届奥运会女子排球小组赛 A 组（中国 VS 委内瑞拉）	体育	中央电视台综合频道	19.0	35.6
8	2008 年第 29 届奥运会女排小组赛（中国 VS 波兰）	体育	中央电视台综合频道	18.6	38.1
9	2008 年第 29 届奥运会跆拳道比赛女子 49 公斤级决赛	体育	中央电视台综合频道	17.8	31.1
10	第 29 届奥运会乒乓球男团小组赛	体育	中央电视台综合频道	17.5	33.6
11	2008 年第 29 届奥运会女足小组赛（中国队 VS 阿根廷队）	体育	中央电视台综合频道	17.3	34.0
12	2008 年第 29 届奥运会羽毛球女双三、四名决赛	体育	中央电视台综合频道	17.3	31.7
13	2008 年第 29 届奥运会田径比赛女子铁饼决赛	体育	中央电视台综合频道	17.3	30.2
14	2008 年第 29 届奥运会田径比赛男子 200 米小组赛	体育	中央电视台综合频道	17.1	29.3
15	2008 年第 29 届奥运会田径比赛（8 月 19 日）	体育	中央电视台综合频道	16.4	28.3
16	2008 年第 29 届奥运会田径比赛女子 1500 米决赛	体育	中央电视台综合频道	16.2	31.7
17	2008 年第 29 届奥运会女排小组赛（中国 VS 古巴）	体育	中央电视台综合频道	16.0	34.1
18	2008 年第 29 届奥运会田径比赛男子十项全能－跳高	体育	中央电视台综合频道	16.0	27.5
19	我的丑娘（9 月 8－9 月 17 日）	电视剧	山东电视齐鲁频道	15.7	33.9
20	2008 年第 29 届奥运会乒乓球男子团体半决赛	体育	中央电视台综合频道	15.7	30.3
21	2008 年第 29 届奥运会男子蹦床决赛	体育	中央电视台综合频道	15.7	28.4
22	2008 年第 29 届奥运会田径比赛男子 800 米半决赛	体育	中央电视台综合频道	15.6	26.7
23	2008 年第 29 届奥运会女子链球决赛	体育	中央电视台综合频道	15.5	27.1

续表

名次	节目名称	节目类型	播出频道	平均收视率（%）	平均占有率（%）
24	2008 年第 29 届奥运会田径比赛女子 4×400 米接力第一轮	体育	中央电视台综合频道	15.3	28.9
25	2008 年第 29 届奥运会女子蹦床决赛	体育	中央电视台综合频道	15.3	28.2
26	奥运第 1 天	体育	中央电视台综合频道	15.1	34.9
27	暖春	电影	山东电视齐鲁频道	14.5	32.6
28	2008 年第 29 届奥运会田径比赛女子标枪决赛	体育	中央电视台综合频道	14.4	24.4
29	北京 2008 年残奥会闭幕式	体育	中央电视台综合频道	14.2	29.7
30	2008 年第 29 届奥运会跳水男子单人 10 米跳台决赛	体育	中央电视台综合频道	14.2	28.3

表 3.21.8 2008 年山东市场电视剧收视率排名前十位

名次	节目名称	播出频道	平均收视率（%）	平均占有率（%）
1	我的丑娘（9 月 8－9 月 17 日）	山东电视齐鲁频道	15.7	33.9
2	宽恕	山东电视齐鲁频道	13.6	29.2
3	霍元甲	山东电视齐鲁频道	13.4	28.8
4	红颜的岁月	山东电视齐鲁频道	12.6	27.0
5	大声呼喊你回来	山东电视齐鲁频道	12.4	26.4
6	富贵在天	山东电视齐鲁频道	12.3	26.3
7	龙游天下	山东电视齐鲁频道	12.2	29.9
8	一颗颗眼泪都是爱	山东电视齐鲁频道	12.1	27.0
9	江南第一店	山东电视齐鲁频道	12.1	26.8
10	暖春	山东电视齐鲁频道	12.0	27.1

表 3.21.9 2008 年山东市场新闻节目收视率排名前十位

名次	节目名称	播出频道	平均收视率（%）	平均占有率（%）
1	新闻联播	中央电视台综合频道	13.2	28.9
2	温家宝在汶川映秀镇会见中外记者	中央电视台综合频道	12.0	29.6
3	焦点访谈	中央电视台综合频道	8.6	17.4
4	真挚的关怀深入的指导	中央电视台综合频道	8.0	15.8
5	新闻联播（5 月 13－17 日，19－21 日，21:00）	中央电视台综合频道	7.5	23.9
6	每日新闻	山东电视齐鲁频道	6.7	26.0
7	转播中央台新闻联播	山东卫视	5.8	12.8
8	两会特别报道第一届山东省政府领导班子与记者见面	山东卫视	5.7	14.2
9	拉呱	山东电视齐鲁频道	5.3	37.9
10	山东新闻联播	山东卫视	5.2	17.8

表 3.21.10　2008 年山东市场专题节目收视率排名前十位

名次	节目名称	播出频道	平均收视率(%)	平均占有率(%)
1	拉萨 3.14 打砸抢烧暴力事件纪实	中央电视台综合频道	7.6	14.2
2	济南战役	山东电视齐鲁频道	7.2	16.6
3	奥运名人堂	中央电视台综合频道	6.9	24.9
4	CCTV2007 感动中国颁奖盛典	中央电视台综合频道	6.2	15.4
5	齐鲁青未了	山东卫视	5.8	11.2
6	情义山东心系灾区抗震救灾特别节目	山东卫视	5.0	18.0
7	艺术人生	中央电视台综合频道	4.8	12.0
8	情暖人间山东电视台抗震救灾特别节目	山东卫视	4.5	17.8
9	奔向北京与爱同行特别节目	山东卫视	4.0	21.0
10	爱流成川山东省赴北川慰问演出纪实	山东卫视	3.8	18.0

表 3.21.11　2008 年山东市场综艺节目收视率排名前十位

名次	节目名称	播出频道	平均收视率(%)	平均占有率(%)
1	中国中央电视台 2008 春节联欢晚会	中央电视台综合频道	36.1	69.6
2	科学发展共建家园 2008 山东军民春节联欢晚会	山东卫视	12.9	24.8
3	爱的奉献 2008 宣传文化系统抗震救灾大型募捐活动(5 月 18 日)	中央电视台综合频道	11.2	40.9
4	明星有话说	山东电视齐鲁频道	10.5	23.6
5	中央电视台 2008 年元宵晚会	中央电视台综合频道	10.2	21.1
6	铁血汶川庆祝中国人民解放军建军八十一周年文艺晚会	山东卫视	6.8	20.2
7	永远跟党走山东省庆祝中国共产党成立八十七周年文艺晚会	山东卫视	6.1	13.1
8	荣成月中华情 2008 中央电视台中秋晚会	中央电视台综合频道	5.8	12.4
9	天下无双向英雄致敬山东公安消防总队慰问演出	山东电视齐鲁频道	5.6	22.2
10	辉煌岁月纪念济南解放 60 周年文艺晚会	山东卫视	5.5	11.9

表 3.21.12　2008 年山东市场奥运会、残奥会比赛收视率排名前十位

名次	节目名称	播出频道	平均收视率（%）	平均占有率（%）
1	2008 年第 29 届奥运会男子举重 56 公斤级决赛	中央电视台综合频道	20.6	36.0
2	2008 年第 29 届奥运会乒乓球女团决赛	中央电视台综合频道	20.3	35.7
3	2008 年第 29 届奥运会女子排球小组赛 A 组（中国 VS 委内瑞拉）	中央电视台综合频道	19.0	35.6
4	2008 年第 29 届奥运会跆拳道比赛女子 49 公斤级决赛	中央电视台综合频道	17.8	31.1
5	第 29 届奥运会乒乓球男团小组赛	中央电视台综合频道	17.5	33.6
6	2008 年第 29 届奥运会女足小组赛（中国队 VS 阿根廷队）	中央电视台综合频道	17.3	34.0
7	2008 年第 29 届奥运会羽毛球女双三、四名决赛	中央电视台综合频道	17.3	31.7
8	2008 年第 29 届奥运会田径比赛女子铁饼决赛	中央电视台综合频道	17.3	30.2
9	2008 年第 29 届奥运会田径比赛男子 200 米小组赛	中央电视台综合频道	17.1	29.3
10	2008 年第 29 届奥运会田径比赛（8 月 10 日）	中央电视台综合频道	16.4	28.3

表 3.21.13　2008 年山东市场体育节目收视率排名前十位（奥运会、残奥会比赛除外）

名次	节目名称	播出频道	平均收视率（%）	平均占有率（%）
1	第 29 届奥林匹克运动会开幕式	中央电视台综合频道	42.6	83.8
2	第 29 届奥林匹克运动会闭幕式	中央电视台综合频道	33.5	60.0
3	北京 2008 年残奥会开幕式	中央电视台综合频道	20.3	55.9
4	奥运第 1 天	中央电视台综合频道	15.1	34.9
5	北京 2008 年残奥会闭幕式	中央电视台综合频道	14.2	29.7
6	奥运第 2 天	中央电视台综合频道	6.2	36.1
7	奥运第 14 天	中央电视台综合频道	5.4	31.2
8	CCTV1 奥运演播室	中央电视台综合频道	5.2	29.5
9	奥运快讯	中央电视台综合频道	4.9	24.5
10	奥运第 4 天	中央电视台综合频道	4.6	30.7

二十二、陕西收视数据

表 3.22.1　2004－2008 年陕西市场各类频道的市场占有率（%）

频道类别	年份				
	2004 年	2005 年	2006 年	2007 年	2008 年
中央台频道	26.3	28.5	28.8	28.4	34.1
中国教育台频道	0.1	0.3	0.4	0.3	0.3
陕西省级频道	18.9	14.6	16.1	19.1	18.5
其他省级卫视频道	32.4	34.3	36.6	37.9	39.2
其他频道	22.3	22.3	18.1	14.4	7.9

表 3.22.2　2008 年陕西市场各类频道在各目标观众中的市场占有率（%）

目标观众		中央台频道	中国教育台频道	陕西省级频道	其他省级卫视频道	其他频道
4 岁及以上所有人		34.1	0.3	18.5	39.2	7.9
城乡	城市	50.0	0.1	20.8	20.9	8.2
	农村	30.6	0.3	18.0	43.3	7.8
性别	男	35.4	0.3	19.0	37.5	7.8
	女	32.8	0.3	18.0	40.9	8.0
年龄	4－14 岁	31.0	0.3	16.1	45.8	6.8
	15－24 岁	28.3	0.3	15.2	48.6	7.6
	25－34 岁	36.0	0.3	18.9	38.9	5.9
	35－44 岁	34.5	0.3	18.8	38.0	8.4
	45－54 岁	36.0	0.2	19.7	36.9	7.2
	55－64 岁	37.7	0.4	22.9	31.0	8.0
	65 岁及以上	41.9	0.1	21.3	21.9	14.8
教育程度	未受过正规教育	33.5	0.3	20.4	38.3	7.5
	小学	28.9	0.4	17.0	46.2	7.5
	初中	31.8	0.3	18.5	41.2	8.2
	高中	44.8	0.1	20.4	27.2	7.5
	大学及以上	54.6	0.1	16.7	19.7	8.9
职业类别	干部/管理人员	48.1	0.0	15.5	31.7	4.7
	个体/私营企业人员	37.0	0.2	20.6	33.3	8.9
	初级公务员/雇员	53.9	0.1	17.9	19.4	8.7
	工人	43.9	0.2	18.3	30.5	7.1
	学生	30.3	0.3	16.5	45.9	7.0
	无业	46.9	0.1	19.2	26.9	6.9
	其他	28.9	0.4	18.9	43.5	8.3
个人月收入	0－300 元	30.2	0.3	17.7	43.8	8.0
	301－600 元	33.9	0.3	19.6	38.4	7.8
	601－900 元	40.5	0.2	20.3	31.6	7.4
	901－1200 元	42.2	0.2	20.4	29.6	7.6
	1201 元及以上	46.8	0.2	17.4	28.0	7.6

表 3.22.3　2008 年陕西市场各类频道在不同时段的市场占有率（%）

时间段	中央台频道	中国教育台频道	陕西省级频道	其他省级卫视频道	其他频道
02:00-03:00	44.7	0.0	7.7	37.3	10.3
03:00-04:00	41.4	0.4	6.9	43.7	7.6
04:00-05:00	41.2	0.3	5.8	48.2	4.5
05:00-06:00	47.6	0.1	2.5	45.9	3.9
06:00-07:00	58.5	0.1	6.9	28.1	6.4
07:00-08:00	56.2	0.1	7.8	29.0	6.9
08:00-09:00	34.8	0.2	8.1	50.9	6.0
09:00-10:00	31.3	0.2	9.9	52.2	6.4
10:00-11:00	33.8	0.3	10.4	49.0	6.5
11:00-12:00	38.2	0.3	10.7	43.8	7.0
12:00-13:00	46.2	0.2	11.5	34.5	7.6
13:00-14:00	36.2	0.2	14.0	40.8	8.8
14:00-15:00	27.7	0.1	12.9	52.0	7.3
15:00-16:00	24.5	0.1	13.4	54.0	8.0
16:00-17:00	26.7	0.3	12.3	53.2	7.5
17:00-18:00	37.6	0.4	15.8	40.0	6.2
18:00-19:00	42.3	0.2	22.5	23.8	11.2
19:00-20:00	47.8	0.2	22.6	20.2	9.2
20:00-21:00	29.4	0.4	21.5	41.4	7.3
21:00-22:00	28.1	0.4	20.9	43.3	7.3
22:00-23:00	26.5	0.2	24.0	40.2	9.1
23:00-24:00	32.1	0.2	21.1	37.2	9.4
24:00-25:00	36.9	0.2	17.5	36.9	8.5
25:00-26:00	41.5	0.2	12.1	36.2	10.0

表 3.22.4　2008 年陕西市场收视份额排名前十位的频道

名次	频道名称	收视份额（%）
1	中央电视台综合频道	14.6
2	陕西卫视	5.8
3	湖南电视台卫星频道	5.4
4	陕西电视台新闻综合频道（一套）	5.3
5	安徽卫视	4.6
6	中央台八套	3.9
7	四川卫视	2.5
8	重庆卫视	2.3
9	中央台三套	2.2
9	河南电视台卫星频道（一套）	2.2

表 3.22.5 2008 年陕西市场各主要频道的观众构成（%）

目标观众		所有频道	中央电视台综合频道	陕西卫视	湖南电视台卫星频道	陕西电视台新闻综合频道（一套）	安徽卫视
4 岁及以上所有人		100.0	100.0	100.0	100.0	100.0	100.0
城乡	城市	18.3	23.0	6.5	13.3	18.5	7.1
	农村	81.7	77.0	93.5	86.7	81.5	92.9
性别	男	50.0	52.0	49.4	40.0	51.6	42.8
	女	50.0	48.0	50.6	60.0	48.4	57.2
年龄	4－14 岁	12.2	9.3	11.7	14.6	9.2	12.5
	15－24 岁	19.6	18.8	18.8	33.8	9.9	27.7
	25－34 岁	15.7	15.4	12.9	14.2	11.1	15.0
	35－44 岁	19.9	21.2	18.6	17.3	21.0	19.1
	45－54 岁	15.3	17.0	16.5	12.1	19.2	15.6
	55－64 岁	10.8	11.4	15.6	6.1	18.0	7.3
	65 岁及以上	6.5	6.9	5.8	1.9	11.6	2.8
教育程度	未受过正规教育	6.3	5.9	9.2	4.8	5.6	5.0
	小学	25.1	21.5	27.1	24.0	25.9	28.9
	初中	48.6	48.5	49.3	53.3	50.5	54.3
	高中	16.6	19.2	12.6	14.9	16.2	10.4
	大学及以上	3.5	4.9	1.8	3.0	1.7	1.4
职业类别	干部/管理人员	1.1	1.6	0.6	0.8	0.5	0.8
	个体/私营企业人员	5.8	5.6	2.8	6.3	4.6	5.5
	初级公务员/雇员	4.0	5.6	2.3	2.9	3.0	1.9
	工人	6.2	7.0	2.8	5.7	4.1	4.0
	学生	17.8	16.0	20.0	25.9	10.3	20.4
	无业	13.2	13.3	8.9	9.6	14.6	7.5
	其他	51.9	50.9	62.5	48.8	63.0	59.9
个人月收入	0－300 元	57.8	53.1	65.6	67.6	57.3	66.6
	301－600 元	14.9	14.8	14.1	12.0	16.3	13.5
	601－900 元	11.7	12.1	11.0	8.6	12.5	8.3
	901－1200 元	8.7	10.6	5.9	7.1	9.3	7.2
	1201 元及以上	7.0	9.4	3.4	4.8	4.7	4.3

表 3.22.6 2006－2008 年陕西市场各类节目的播出份额（%）和收视份额（%）

节目类别	2006 年		2007 年		2008 年	
	播出份额	收视份额	播出份额	收视份额	播出份额	收视份额
青少	4.6	2.1	4.6	2.6	4.9	3.3
戏剧	1.5	1.2	1.4	1.2	1.1	1.2
教学	0.4	0.0	0.4	0.1	0.5	0.1
综艺	7.6	8.5	8.1	8.2	7.5	7.9
外语	0.2	0.0	0.2	0.1	0.1	0.1
电影	4.5	6.2	4.4	4.3	5.2	4.7
音乐	1.8	1.5	0.9	0.9	2.6	0.6
新闻/时事	13.6	10.2	13.6	10.2	13.8	12.3
电视剧	24.8	40.5	26.2	40.2	28.3	43.7
专题	10.9	3.8	11.1	4.5	11.4	5.4
体育	2.2	1.4	1.8	1.2	3.8	4.0
财经	1.5	0.2	1.5	0.3	1.7	0.3
生活服务	5.3	2.2	7.3	5.6	7.4	5.2
法制	1.5	0.7	1.5	0.9	1.4	1.4
其他	19.7	21.4	17.0	19.8	10.0	10.0

表 3.22.7　2008 年陕西市场所有节目收视率排名前三十位

名次	节目名称	节目类别	播出频道	平均收视率（%）	平均占有率（%）
1	第 29 届奥林匹克运动会开幕式	体育	中央电视台综合频道	40.1	78.1
2	第 29 届奥林匹克运动会闭幕式	体育	中央电视台综合频道	39.1	68.4
3	中国中央电视台 2008 春节联欢晚会	综艺	中央电视台综合频道	34.4	63.7
4	北京 2008 年残奥会闭幕式	体育	中央电视台综合频道	32.4	61.0
5	北京 2008 年残奥会开幕式	体育	中央电视台综合频道	29.3	64.8
6	2008 年第 29 届奥运会女子排球小组赛 A 组(中国 VS 委内瑞拉)	体育	中央电视台综合频道	20.0	37.8
7	2008 年第 29 届奥运会男子举重 56 公斤级决赛	体育	中央电视台综合频道	17.0	32.9
8	李小龙传奇	电视剧	中央电视台综合频道	15.9	29.9
9	2008 年第 29 届奥运会游泳预赛	体育	中央电视台综合频道	14.9	36.0
10	爱的奉献 2008 宣传文化系统抗震救灾大型募捐活动(5 月 18 日)	综艺	中央电视台综合频道	14.6	39.4
11	2008 年第 29 届奥运会乒乓球女团决赛	体育	中央电视台综合频道	14.2	28.4
12	2008 年第 29 届奥运会乒乓球男子团体半决赛	体育	中央电视台综合频道	14.0	27.0
13	2008 年第 29 届奥运会女排小组赛（中国 VS 波兰）	体育	中央电视台综合频道	13.9	25.5
14	2008 年第 29 届奥运会女子蹦床决赛	体育	中央电视台综合频道	13.5	23.8
15	奥运第 1 天	体育	中央电视台综合频道	13.4	23.3
16	中央电视台 2008 年元宵晚会	综艺	中央电视台综合频道	13.1	23.4
17	2008 年第 29 届奥运会女足小组赛（中国队 VS 阿根廷队）	体育	中央电视台综合频道	13.0	23.2
18	2008 年第 29 届奥运会田径比赛男子 200 米小组赛	体育	中央电视台综合频道	12.5	25.1
19	2008 年第 29 届奥运会田径比赛男子跳远决赛	体育	中央电视台综合频道	12.5	23.8
20	温家宝在汶川映秀镇会见中外记者	新闻	中央电视台综合频道	12.2	38.6
21	2008 年第 29 届奥运会女排小组赛（中国 VS 古巴）	体育	中央电视台综合频道	12.1	23.3
22	乡村爱情第二部	电视剧	中央电视台综合频道	11.8	20.9
23	闯关东	电视剧	中央电视台综合频道	11.0	19.1
24	新闻联播（5 月 13－17 日，19－21 日，21:00）	新闻	中央电视台综合频道	10.5	22.5
25	艺术人生	专题	中央电视台综合频道	10.5	20.2
26	拉萨 3.14 打砸抢烧暴力事件纪实	专题	中央电视台综合频道	10.2	23.3
27	焦点访谈	新闻	中央电视台综合频道	9.8	23.0
28	新闻联播	新闻	中央电视台综合频道	9.6	42.3
29	荣成月中华情 2008 中央电视台中秋晚会	综艺	中央电视台综合频道	9.3	16.8
30	真挚的关怀深入的指导	新闻	中央电视台综合频道	8.8	18.2

表 3.22.8　2008 年陕西市场电视剧收视率排名前十位

名次	节目名称	播出频道	平均收视率（%）	平均占有率（%）
1	李小龙传奇	中央电视台综合频道	15.9	29.9
2	乡村爱情第二部	中央电视台综合频道	11.8	20.9
3	闯关东	中央电视台综合频道	11.0	19.1
4	绝密押运	中央电视台综合频道	8.6	17.9
5	清凌凌的水蓝莹莹的天	中央电视台综合频道	8.5	15.6
6	周恩来在重庆	中央电视台综合频道	5.9	10.8
7	黑金地的女人	中央电视台综合频道	5.8	14.2
8	水中花	陕西电视台新闻综合频道（一套）	5.5	11.6
9	兵心依旧	中央电视台综合频道	5.3	11.5
10	武当第二部	陕西卫视	5.3	8.8

表 3.22.9　2008 年陕西市场新闻节目收视率排名前十位

名次	节目名称	播出频道	平均收视率（%）	平均占有率（%）
1	温家宝在汶川映秀镇会见中外记者	中央电视台综合频道	12.2	38.6
2	新闻联播（5 月 13 – 17 日，19 – 21 日，21:00）	中央电视台综合频道	10.5	22.5
3	焦点访谈	中央电视台综合频道	9.8	23.0
4	新闻联播	中央电视台综合频道	9.6	42.3
5	真挚的关怀深入的指导	中央电视台综合频道	8.8	18.2
6	神七问天直播特别节目	中央电视台综合频道	5.8	14.8
7	一起看奥运	中央电视台综合频道	5.0	11.2
8	汶川地震特别报道	四川卫视	4.4	13.8
9	新闻 1+1	中央电视台综合频道	4.2	11.3
10	抗震救灾众志成城	中央电视台综合频道	3.9	12.6

表 3.22.10　2008 年陕西市场专题节目收视率排名前十位

名次	节目名称	播出频道	平均收视率（%）	平均占有率（%）
1	艺术人生	中央电视台综合频道	10.5	20.2
2	拉萨 3.14 打砸抢烧暴力事件纪实	中央电视台综合频道	10.2	23.3
3	CCTV2007 感动中国颁奖盛典	中央电视台综合频道	6.8	13.4
4	奔腾的宁夏	中央电视台综合频道	6.1	12.0
5	纪录中国中国记者在 2008	中央电视台综合频道	6.0	12.1
6	董倩面对面	中央电视台综合频道	5.3	19.7
7	奥运名人堂	中央电视台综合频道	4.9	25.0
8	抗震救灾众志成城特别节目希望	中央电视台综合频道	3.5	7.6
9	全国迎奥运讲文明树新风礼仪知识竞赛	中央电视台综合频道	3.4	8.3
10	伟大的历程	中央电视台综合频道	3.1	5.5

表 3.22.11 2008 年陕西市场综艺节目收视率排名前十位

名次	节目名称	播出频道	平均收视率（%）	平均占有率（%）
1	中国中央电视台 2008 春节联欢晚会	中央电视台综合频道	34.4	63.7
2	爱的奉献 2008 宣传文化系统抗震救灾大型募捐活动（5 月 18 日）	中央电视台综合频道	14.6	39.4
3	中央电视台 2008 年元宵晚会	中央电视台综合频道	13.1	23.4
4	荣成月中华情 2008 中央电视台中秋晚会	中央电视台综合频道	9.3	16.8
5	2008 文化部春节电视晚会	中央电视台综合频道	8.6	20.4
6	旗帜高扬春光好 2008 年军民迎新春文艺晚会	中央电视台综合频道	8.2	15.2
7	曲苑杂坛春节特别节目 2008 年正月正晚会	中央电视台综合频道	8.1	13.7
8	迈向太空中央电视台心连心艺术团赴酒泉卫星发射中心慰问演出	中央电视台综合频道	7.8	14.6
9	十分开心	中央电视台综合频道	7.1	17.4
10	万家灯火平安夜公安部 2008 年春节晚会	中央电视台综合频道	7.1	13.2

表 3.22.12 2008 年陕西市场奥运会、残奥会比赛节目收视率排名前十位

名次	节目名称	播出频道	平均收视率（%）	平均占有率（%）
1	2008 年第 29 届奥运会女子排球小组赛 A 组（中国 VS 委内瑞拉）	中央电视台综合频道	20.0	37.8
2	2008 年第 29 届奥运会男子举重 56 公斤级决赛	中央电视台综合频道	17.0	32.9
3	2008 年第 29 届奥运会游泳预赛	中央电视台综合频道	14.9	36.0
4	2008 年第 29 届奥运会乒乓球女团决赛	中央电视台综合频道	14.2	28.4
5	2008 年第 29 届奥运会乒乓球男子团体半决赛	中央电视台综合频道	14.0	27.0
6	2008 年第 29 届奥运会女排小组赛（中国 VS 波兰）	中央电视台综合频道	13.9	25.5
7	2008 年第 29 届奥运会女子蹦床决赛	中央电视台综合频道	13.5	23.8
8	2008 年第 29 届奥运会女足小组赛（中国队 VS 阿根廷队）	中央电视台综合频道	13.0	23.2
9	2008 年第 29 届奥运会田径比赛男子 200 米小组赛	中央电视台综合频道	12.5	25.1
10	2008 年第 29 届奥运会田径比赛男子跳远决赛	中央电视台综合频道	12.5	23.8

表 3.22.13　2008 年陕西电视收视市场体育节目收视率排名前十位（奥运会、残奥会比赛除外）

名次	节目名称	播出频道	平均收视率（%）	平均占有率（%）
1	第 29 届奥林匹克运动会开幕式	中央电视台综合频道	40.1	78.1
2	第 29 届奥林匹克运动会闭幕式	中央电视台综合频道	39.1	68.4
3	北京 2008 年残奥会闭幕式	中央电视台综合频道	32.4	61.0
4	北京 2008 年残奥会开幕式	中央电视台综合频道	29.3	64.8
5	奥运第 1 天	中央电视台综合频道	13.4	23.3
6	再见北京伦敦再见	中央电视台综合频道	6.3	37.8
7	聚焦残奥会	中央电视台综合频道	5.2	10.6
8	奥运第 2 天	中央电视台综合频道	4.8	29.4
9	奖牌榜	中央电视台综合频道	4.5	8.8
10	CCTV1 奥运演播室	中央电视台综合频道	4.1	23.3

二十三、山西收视数据

表 3. 23. 1　2005 – 2008 年山西市场各类频道的市场占有率（%）

频道类别	年份			
	2005 年	2006 年	2007 年	2008 年
中央台频道	47. 1	46. 9	42. 5	43. 4
中国教育台频道	0. 2	0. 2	0. 4	0. 3
山西省级频道	10. 3	11. 0	9. 7	8. 0
其他省级卫视频道	26. 8	29. 7	36. 5	42. 0
其他频道	15. 6	12. 2	10. 9	6. 3

表 3. 23. 2　2008 年山西市场各类频道在不同目标观众中的市场占有率（%）

目标观众		中央台频道	中国教育台频道	山西省级频道	其他省级卫视频道	其他频道
4 岁及以上所有人		43. 4	0. 3	8. 0	42. 0	6. 3
城乡	城市	57. 7	0. 3	8. 4	22. 8	10. 8
	农村	40. 0	0. 3	8. 0	46. 6	5. 2
性别	男	45. 2	0. 3	7. 6	40. 2	6. 7
	女	41. 7	0. 3	8. 4	43. 8	5. 8
年龄	4 – 14 岁	40. 5	0. 2	4. 9	50. 1	4. 3
	15 – 24 岁	33. 2	0. 4	8. 8	51. 9	5. 7
	25 – 34 岁	44. 6	0. 3	6. 8	42. 5	5. 8
	35 – 44 岁	42. 7	0. 3	7. 0	43. 6	6. 4
	45 – 54 岁	43. 8	0. 3	9. 9	39. 3	6. 6
	55 – 64 岁	51. 7	0. 1	10. 3	31. 0	6. 9
	65 岁及以上	55. 6	0. 4	10. 0	24. 9	9. 1
教育程度	未受过正规教育	40. 6	0. 1	9. 4	45. 4	4. 4
	小学	40. 1	0. 3	8. 2	46. 4	5. 0
	初中	38. 4	0. 4	8. 3	46. 4	6. 6
	高中	53. 1	0. 3	7. 8	32. 0	6. 8
	大学及以上	65. 7	0. 4	5. 7	20. 2	8. 1
职业类别	干部/管理人员	64. 6	0. 4	4. 6	22. 9	7. 5
	个体/私营企业人员	38. 3	0. 3	9. 6	46. 4	5. 5
	初级公务员/雇员	55. 4	0. 4	7. 7	28. 9	7. 7
	工人	47. 3	0. 4	9. 2	33. 8	9. 3
	学生	39. 5	0. 3	5. 6	49. 7	4. 9
	无业	41. 5	0. 3	10. 1	42. 5	5. 7
	其他	43. 0	0. 3	6. 5	43. 7	6. 6
个人月收入	0 – 300 元	38. 4	0. 3	8. 3	48. 0	5. 1
	301 – 600 元	45. 9	0. 3	7. 8	39. 4	6. 6
	601 – 900 元	49. 2	0. 3	7. 4	36. 0	7. 0
	901 – 1200 元	48. 2	0. 4	7. 6	36. 3	7. 6
	1201 元及以上	49. 4	0. 3	8. 3	34. 0	8. 0

表 3.23.3　2008 年山西各类频道不同时段的市场占有率（%）

时间段	中央台频道	中国教育台频道	山西省级频道	其他省级卫视频道	其他频道
02:00-03:00	35.6	0.3	3.8	51.6	8.8
03:00-04:00	22.2	0.6	1.5	67.6	8.1
04:00-05:00	29.6	0.1	2.3	57.8	10.2
05:00-06:00	52.2	0.2	2.7	39.8	5.2
06:00-07:00	68.6	0.1	5.8	21.5	4.1
07:00-08:00	65.6	0.1	6.4	23.4	4.6
08:00-09:00	46.9	0.1	3.8	42.9	6.3
09:00-10:00	35.7	0.2	3.7	53.7	6.7
10:00-11:00	34.2	0.4	3.8	55.0	6.7
11:00-12:00	39.0	0.4	3.7	50.0	6.8
12:00-13:00	52.4	0.3	6.6	34.9	5.8
13:00-14:00	43.3	0.4	5.0	43.7	7.5
14:00-15:00	34.6	0.3	3.0	55.1	7.1
15:00-16:00	26.5	0.3	2.9	63.6	6.8
16:00-17:00	26.7	0.4	3.0	63.2	6.7
17:00-18:00	41.8	0.7	2.5	49.1	6.0
18:00-19:00	58.0	0.2	6.7	28.2	6.8
19:00-20:00	63.6	0.1	12.2	18.9	5.2
20:00-21:00	40.2	0.4	10.3	43.3	5.9
21:00-22:00	36.2	0.4	8.6	48.7	6.2
22:00-23:00	31.7	0.3	10.1	50.0	7.9
23:00-24:00	37.6	0.3	10.1	44.2	7.8
24:00-25:00	43.3	0.2	4.1	44.7	7.8
25:00-26:00	46.2	0.0	1.8	45.7	6.3

表 3.23.4　2008 年山西市场收视份额排名前十位的频道

名次	频道名称	收视份额（%）
1	中央电视台综合频道	18.7
2	山西卫视	5.8
3	中央台八套	5.0
4	湖南电视台卫星频道	4.4
5	安徽卫视	4.2
6	河南电视台卫星频道（一套）	3.5
7	中央电视台少儿频道	3.1
7	四川卫视	3.1
9	江西电视台卫星频道（一套）	2.9
10	中央台三套	2.8

表 3.23.5 2008 年山西市场各主要频道的观众构成（%）

目标观众		所有频道	主要频道				
			中央电视台综合频道	山西卫视	中央台八套	湖南电视台卫星频道	安徽一套
4 岁及以上所有人		100.0	100.0	100.0	100.0	100.0	100.0
城乡	城市	19.2	23.2	7.6	25.9	19.4	5.6
	农村	80.9	76.8	92.4	74.1	80.6	94.4
性别	男	49.0	51.0	46.1	44.8	40.0	42.3
	女	51.0	49.1	53.9	55.2	60.0	57.7
年龄	4－14 岁	13.2	9.8	8.0	9.0	14.1	10.4
	15－24 岁	16.2	11.5	18.4	12.9	26.5	25.8
	25－34 岁	16.9	14.8	11.1	22.5	19.4	18.0
	35－44 岁	18.8	18.0	15.0	18.4	20.4	19.4
	45－54 岁	16.4	18.8	21.8	18.0	10.8	16.5
	55－64 岁	9.6	14.1	13.0	9.8	4.4	4.8
	65 岁及以上	9.0	13.0	12.7	9.5	4.6	5.1
教育程度	未受过正规教育	4.0	2.5	5.3	3.4	3.1	3.9
	小学	24.9	25.3	28.2	19.7	21.8	23.9
	初中	46.3	41.4	48.8	40.9	54.3	57.4
	高中	18.2	22.2	15.0	24.6	16.3	11.9
	大学及以上	6.5	8.7	2.7	11.5	4.5	3.0
职业类别	干部/管理人员	2.0	2.9	0.9	3.8	1.3	1.1
	个体/私营企业人员	10.3	7.4	12.6	11.3	12.8	13.2
	初级公务员/雇员	9.0	9.5	5.8	14.7	8.5	6.1
	工人	6.9	6.9	7.0	7.5	6.6	4.8
	学生	13.7	10.3	8.8	10.2	17.6	10.9
	无业	29.9	25.4	40.9	30.4	32.3	33.8
	其他	28.3	37.5	24.1	22.1	20.9	30.2
个人月收入	0－300 元	48.6	42.0	56.2	38.8	55.3	55.9
	301－600 元	13.1	16.9	11.1	13.4	10.9	12.1
	600－900 元	11.6	13.6	7.7	15.8	8.1	10.2
	901－1200 元	11.2	11.6	10.0	12.4	9.6	10.0
	1201 元及以上	15.5	15.9	14.9	19.6	16.1	11.9

表 3.23.6 2006－2008 年山西市场各类节目的播出份额（%）和收视份额（%）

节目类别	2006 年		2007 年		2008 年	
	播出份额	收视份额	播出份额	收视份额	播出份额	收视份额
青少	4.8	4.1	4.6	3.9	5.2	4.1
戏剧	1.5	1.5	1.4	1.7	1.1	1.3
教学	0.3	0.0	0.5	0.0	0.6	0.1
综艺	8.4	8.0	8.3	7.6	7.0	7.0
外语	0.3	0.0	0.3	0.1	0.2	0.1
电影	3.2	3.9	2.7	2.4	2.8	2.0
音乐	1.2	1.4	2.0	1.0	2.5	0.6
新闻/时事	13.9	12.0	13.4	11.8	13.4	13.7
电视剧	25.2	39.9	26.3	39.5	25.7	35.7
专题	12.0	4.8	11.7	5.7	11.2	5.2
体育	1.9	1.6	1.8	1.3	2.8	4.6
财经	1.5	0.2	1.5	0.2	1.6	0.3
生活服务	5.2	2.3	7.0	5.0	8.8	6.5
法制	1.5	0.8	1.8	1.2	1.4	1.5
其他	19.2	19.5	16.8	18.8	15.8	17.4

表 3.23.7　2008 年山西市场所有节目收视率排名前三十位

名次	节目名称	节目类型	播出频道	平均收视率(%)	平均占有率(%)
1	第 29 届奥林匹克运动会闭幕式	体育	中央电视台综合频道	48.6	71.9
2	第 29 届奥林匹克运动会开幕式	体育	中央电视台综合频道	45.5	88.0
3	北京 2008 年残奥会闭幕式	体育	中央电视台综合频道	42.4	70.8
4	北京 2008 年残奥会开幕式	体育	中央电视台综合频道	40.0	83.1
5	中国中央电视台 2008 春节联欢晚会	综艺	中央电视台综合频道	39.2	71.1
6	2008 年第 29 届奥运会女子排球小组赛 A 组(中国 VS 委内瑞拉)	体育	中央电视台综合频道	20.2	36.2
7	2008 年第 29 届奥运会女排小组赛（中国 VS 波兰）	体育	中央电视台综合频道	19.9	35.5
8	2008 年第 29 届奥运会男子举重 56 公斤级决赛	体育	中央电视台综合频道	19.8	35.9
9	李小龙传奇	电视剧	中央电视台综合频道	19.5	32.5
10	2008 年第 29 届奥运会乒乓球女团决赛	体育	中央电视台综合频道	19.3	33.7
11	新闻联播	新闻/时事	中央电视台综合频道	18.2	55.0
12	爱的奉献 2008 宣传文化系统抗震救灾大型募捐活动(5 月 18 日)	综艺	中央电视台综合频道	18.2	49.6
13	中央电视台 2008 年元宵晚会	综艺	中央电视台综合频道	17.7	34.3
14	2008 年第 29 届奥运会女足小组赛（中国队 VS 阿根廷队）	体育	中央电视台综合频道	17.0	30.7
15	2008 年第 29 届奥运会田径比赛男子 200 米小组赛	体育	中央电视台综合频道	17.0	29.8
16	2008 年第 29 届奥运会羽毛球女双三、四名决赛	体育	中央电视台综合频道	16.8	33.1
17	2008 年第 29 届奥运会女排小组赛（中国 VS 古巴）	体育	中央电视台综合频道	16.7	31.3
18	2008 年第 29 届奥运会女子蹦床决赛	体育	中央电视台综合频道	16.7	26.7
19	天气预报	生活服务	中央电视台综合频道	16.4	40.0
20	2008 年第 29 届奥运会田径比赛女子铁饼决赛	体育	中央电视台综合频道	16.3	31.9
21	第 29 届奥运会乒乓球男团小组赛	体育	中央电视台综合频道	16.2	32.9
22	2008 年第 29 届奥运会田径比赛	体育	中央电视台综合频道	16.1	29.9
23	2008 年第 29 届奥运会跆拳道比赛女子 49 公斤级决赛	体育	中央电视台综合频道	16.0	29.9
24	2008 年第 29 届奥运会乒乓球男子团体半决赛	体育	中央电视台综合频道	15.9	28.3
25	温家宝在汶川映秀镇会见中外记者	新闻/时事	中央电视台综合频道	15.8	42.8
26	2008 年第 29 届奥运会羽毛球男单半决赛	体育	中央电视台综合频道	15.5	25.3
27	2008 年第 29 届奥运会田径比赛女子 4×400 米接力第一轮	体育	中央电视台综合频道	15.4	39.4
28	乡村爱情第二部	电视剧	中央电视台综合频道	15.4	26.9
29	2008 年第 29 届奥运会田径比赛女子 1500 米决赛	体育	中央电视台综合频道	15.3	35.5
30	2008 年第 29 届奥运会跳水男子单人 10 米跳台决赛	体育	中央电视台综合频道	15.2	25.8

表 3.23.8　2008 年山西市场电视剧收视率排名前十位

名次	节目名称	播出频道	平均收视率（%）	平均占有率（%）
1	李小龙传奇	中央电视台综合频道	19.5	32.5
2	乡村爱情第二部	中央电视台综合频道	15.4	26.9
3	闯关东	中央电视台综合频道	13.2	24.0
4	清凌凌的水蓝莹莹的天	中央电视台综合频道	10.7	18.8
5	夜幕下的哈尔滨	中央电视台综合频道	9.8	17.2
6	绝密押运	中央电视台综合频道	9.4	18.9
7	周恩来在重庆	中央电视台综合频道	8.0	14.3
8	黑金地的女人	中央电视台综合频道	7.6	17.3
9	浴血坚持	中央电视台综合频道	6.6	11.7
10	兵心依旧	中央电视台综合频道	6.5	15.5

表 3.23.9　2008 年山西市场新闻节目收视率排名前十位

名次	节目名称	播出频道	平均收视率（%）	平均占有率（%）
1	新闻联播	中央电视台综合频道	18.2	55.0
2	温家宝在汶川映秀镇会见中外记者	中央电视台综合频道	15.8	42.8
3	新闻联播（5 月 13 – 17 日，19 – 21 日，21:00）	中央电视台综合频道	14.1	29.2
4	焦点访谈	中央电视台综合频道	13.4	30.1
5	真挚的关怀深入的指导	中央电视台综合频道	13.1	25.2
6	神七问天直播特别节目	中央电视台综合频道	9.8	17.7
7	政协第十届山西省委员会第一次会议电视议政会新闻专题	山西卫视	9.5	17.2
8	汶川地震特别报道	四川卫视	5.9	19.8
9	抗震救灾众志成城	中央电视台综合频道	5.7	16.8
10	一起看奥运	中央电视台综合频道	5.2	11.0

表 3.23.10　2008 年山西市场专题节目收视率排名前十位

名次	节目名称	播出频道	平均收视率（%）	平均占有率（%）
1	拉萨 3.14 打砸抢烧暴力事件纪实	中央电视台综合频道	14.2	30.5
2	艺术人生	中央电视台综合频道	13.7	25.1
3	CCTV2007 感动中国颁奖盛典	中央电视台综合频道	10.9	20.5
4	奔腾的宁夏	中央电视台综合频道	8.3	15.6
5	奥运名人堂	中央电视台综合频道	7.2	28.4
6	我们一同走过纪念改革开放 30 年特别节目	山西卫视	6.4	10.6
7	纪录中国中国记者在 2008	中央电视台综合频道	5.9	12.0
8	全国迎奥运讲文明树新风礼仪知识竞赛	中央电视台综合频道	4.9	10.6
9	伟大的历程	中央电视台综合频道	4.8	8.0
10	抗震救灾众志成城特别节目希望	中央电视台综合频道	4.7	9.1

表 3.23.11 2008 年山西市场综艺节目收视率排名前十位

名次	节目名称	播出频道	平均收视率(%)	平均占有率(%)
1	中国中央电视台 2008 春节联欢晚会	中央电视台综合频道	39.2	71.1
2	爱的奉献 2008 宣传文化系统抗震救灾大型募捐活动（5 月 18 日）	中央电视台综合频道	18.2	49.6
3	中央电视台 2008 年元宵晚会	中央电视台综合频道	17.7	34.3
4	曲苑杂坛春节特别节目 2008 年正月正晚会	中央电视台综合频道	12.5	20.4
5	荣成月中华情 2008 中央电视台中秋晚会	中央电视台综合频道	10.5	17.6
6	万家灯火平安夜公安部 2008 年春节晚会	中央电视台综合频道	10.2	20.2
7	2008 文化部春节电视晚会	中央电视台综合频道	10.1	26.4
8	旗帜高扬春光好 2008 年军民迎新春文艺晚会	中央电视台综合频道	9.6	19.3
9	迈向太空中央电视台心连心艺术团赴酒泉卫星发射中心慰问演出	中央电视台综合频道	9.6	16.8
10	第三届中国十大杰出母亲评选颁奖晚会	中央电视台综合频道	8.2	14.8

表 3.23.12 2008 年山西市场奥运会、残奥会比赛收视率排名前十位

名次	节目名称	播出频道	平均收视率(%)	平均占有率(%)
1	2008 年第 29 届奥运会女子排球小组赛 A 组（中国 VS 委内瑞拉）	中央电视台综合频道	20.2	36.2
2	2008 年第 29 届奥运会女排小组赛（中国 VS 波兰）	中央电视台综合频道	19.9	35.5
3	2008 年第 29 届奥运会男子举重 56 公斤级决赛	中央电视台综合频道	19.8	35.9
4	2008 年第 29 届奥运会乒乓球女团决赛	中央电视台综合频道	19.3	33.7
5	2008 年第 29 届奥运会女足小组赛（中国队 VS 阿根廷队）	中央电视台综合频道	17.0	30.7
6	2008 年第 29 届奥运会田径比赛男子 200 米小组赛	中央电视台综合频道	17.0	29.8
7	2008 年第 29 届奥运会羽毛球女双三、四名决赛	中央电视台综合频道	16.8	33.1
8	2008 年第 29 届奥运会女排小组赛（中国 VS 古巴）	中央电视台综合频道	16.7	31.3
9	2008 年第 29 届奥运会女子蹦床决赛	中央电视台综合频道	16.7	26.7
10	2008 年第 29 届奥运会田径比赛女子铁饼决赛	中央电视台综合频道	16.3	31.9

表 3. 23. 13 2008 年山西市场体育节目收视率排名前十位（奥运会、残奥会比赛除外）

名次	节目名称	播出频道	平均收视率（%）	平均占有率（%）
1	第 29 届奥林匹克运动会闭幕式	中央电视台综合频道	48. 6	71. 9
2	第 29 届奥林匹克运动会开幕式	中央电视台综合频道	45. 5	88. 0
3	北京 2008 年残奥会闭幕式	中央电视台综合频道	42. 4	70. 8
4	北京 2008 年残奥会开幕式	中央电视台综合频道	40. 0	83. 1
5	奥运第 1 天	中央电视台综合频道	14. 1	25. 5
6	奥运快讯	中央电视台综合频道	13. 5	23. 4
7	CCTV1 奥运演播室	中央电视台综合频道	9. 7	29. 5
8	奥运第 4 天	中央电视台综合频道	8. 7	32. 3
9	奖牌榜	中央电视台综合频道	7. 8	13. 2
10	北京奥运会金牌榜	中央电视台综合频道	7. 4	28. 1

二十四、四川收视数据

表 3.24.1　2004－2008 年四川市场各类频道的市场占有率（%）

频道类别	年份				
	2004 年	2005 年	2006 年	2007 年	2008 年
中央台频道	24.0	26.7	29.1	36.1	38.3
中国教育台频道	0.1	0.1	0.1	0.2	0.2
四川省级频道	30.4	25.1	21.0	17.2	19.9
其他省级卫视频道	20.6	24.7	28.9	29.5	29.2
其他频道	24.9	23.4	20.8	17.0	12.4

表 3.24.2　2008 年四川市场各类频道在不同目标观众中的市场占有率（%）

目标观众		中央台频道	中国教育台频道	四川省级频道	其他省级卫视频道	其他频道
4 岁及以上所有人		38.3	0.2	19.9	29.2	12.4
城乡	城市	41.6	0.2	19.4	26.5	12.3
	农村	34.9	0.2	20.5	31.9	12.5
性别	男	42.3	0.1	20	18.7	18.9
	女	37.8	0.3	19.9	30.6	11.4
年龄	4－14 岁	37.4	0.3	18.1	32.3	11.9
	15－24 岁	35.8	0.2	17.8	34.9	11.3
	25－34 岁	36.7	0.3	18.5	31.6	12.9
	35－44 岁	38.0	0.2	19.4	29.9	12.5
	45－54 岁	37.9	0.3	22.7	27.0	12.1
	55－64 岁	41.7	0.2	22.6	20.9	14.6
	65 岁及以上	43.2	0.2	21.9	23.5	11.2
教育程度	未受过正规教育	38.6	0.3	20.3	26.9	13.9
	小学	35.6	0.2	22.1	29.0	13.1
	初中	36.8	0.2	19.1	31.8	12.1
	高中	44.8	0.2	19.1	24.7	11.2
	大学及以上	54.2	0.2	15.3	19.3	11.0
职业类别	干部/管理人员	52.9	0.1	20.4	17.3	9.3
	个体/私营企业人员	41.7	0.2	19.6	27.6	10.9
	初级公务员/雇员	52.2	0.1	15.9	19.5	12.3
	工人	39.2	0.2	19.2	27.7	13.7
	学生	39.0	0.2	18.3	31.1	11.4
	无业	46.6	0.2	17.5	25.1	10.6
	其他	32.1	0.3	22.0	32.2	13.4
个人月收入	0－300 元	35.9	0.2	20.3	30.2	13.4
	301－600 元	36.3	0.3	21.9	30.8	10.7
	601－900 元	42.9	0.2	18.2	26.9	11.8
	901－1200 元	40.6	0.3	17.9	29.3	11.9
	1201 元及以上	49.1	0.1	17.3	21.7	11.8

表 3.24.3　2008 年四川市场各类频道不同时段的市场占有率（%）

时段	中央台频道	中国教育台频道	四川省级频道	其他省级卫视频道	其他频道
02:00-03:00	49.6	0.1	17.4	23.6	9.3
03:00-04:00	34.9	0.7	26.3	31.4	6.7
04:00-05:00	33.9	0.5	28.4	30.5	6.7
05:00-06:00	36.6	0.1	16.3	35.9	11.1
06:00-07:00	53.9	0.1	15.2	23.9	6.9
07:00-08:00	59.4	0.2	13.6	16.8	10.0
08:00-09:00	44.1	0.3	17.7	28.5	9.4
09:00-10:00	40.3	0.2	14.8	34.2	10.5
10:00-11:00	40.4	0.2	14.8	33.1	11.5
11:00-12:00	43.2	0.4	17.0	28.7	10.7
12:00-13:00	54.2	0.2	18.3	18.4	8.9
13:00-14:00	39.4	0.3	19.2	30.0	11.1
14:00-15:00	32.9	0.3	18.5	36.1	12.2
15:00-16:00	29.9	0.3	18.0	39.1	12.7
16:00-17:00	31.9	0.4	16.8	38.9	12.0
17:00-18:00	43.6	0.3	16.4	28.1	11.6
18:00-19:00	41.9	0.2	27.1	16.1	14.7
19:00-20:00	50.3	0.2	20.3	17.5	11.7
20:00-21:00	35.9	0.3	20.7	30.3	12.8
21:00-22:00	32.6	0.3	20.0	34.5	12.6
22:00-23:00	29.6	0.2	20.8	35.7	13.7
23:00-24:00	31.2	0.2	20.8	34.0	13.8
24:00-25:00	33.4	0.1	19.4	33.2	13.9
25:00-26:00	42.7	0.2	19.9	24.6	12.6

表 3.24.4　2008 年四川市场收视份额排名前十位的频道

名次	频道名称	收视份额（%）
1	中央电视台综合频道	13.0
2	四川卫视	9.6
3	湖南电视台卫星频道	6.2
4	中央台六套	4.4
4	中央台八套	4.4
6	中央台三套	3.6
7	重庆卫视	3.2
8	安徽一套	2.9
9	四川电视台经济频道（三套）	2.7
10	四川电视台公共频道	2.5

表 3.24.5　2008 年四川市场各主要频道的观众构成（%）

目标观众		所有频道	主要频道				
			中央电视台综合频道	四川卫视	湖南电视台卫星频道	中央台六套	中央台八套
4 岁及以上所有人		100.0	100.0	100.0	100.0	100.0	100.0
城乡	城市	11.8	10.9	4.2	11.6	8.3	15.2
	农村	88.2	89.1	95.8	88.4	91.7	84.8
性别	男	50.7	54.3	52.4	39.0	58.5	49.2
	女	49.3	45.7	47.6	61.0	41.5	50.8
年龄	4－14 岁	11.5	9.2	11.3	13.3	10.2	7.8
	15－24 岁	14.7	13.4	11.3	25.4	18.6	13.1
	25－34 岁	16.3	15.4	11.6	20.2	16.6	17.8
	35－44 岁	22.7	21.3	19.9	22.4	23.1	23.3
	45－54 岁	13.9	15.1	15.5	9.2	14.3	14.5
	55－64 岁	11.0	13.3	15.9	4.8	9.1	10.3
	65 岁及以上	9.9	12.3	14.5	4.7	8.1	13.2
教育程度	未受过正规教育	7.3	7.3	9.0	4.2	7.4	5.8
	小学	30.8	28.3	39.3	23.3	28.5	28.9
	初中	44.7	44.2	41.9	53.2	45.7	40.6
	高中	13.1	13.9	8.4	14.5	15.2	16.9
	大学及以上	4.1	6.3	1.4	4.8	3.2	7.8
职业类别	干部/管理人员	2.0	2.3	2.1	2.0	2.1	2.7
	个体/私营企业人员	10.1	10.3	8.4	12.3	10.4	10.1
	初级公务员/雇员	5.0	7.1	2.0	5.0	5.0	7.9
	工人	8.6	6.9	4.9	8.2	11.2	9.9
	学生	13.6	13.2	12.7	17.8	13.8	11.1
	无业	15.8	16.3	11.2	11.7	16.5	22.9
	其他	44.9	43.9	58.7	43.0	41.0	35.4
个人月收入	0－300 元	49.6	49.5	59.0	49.3	47.6	42.5
	301－600 元	21.7	20.4	22.4	22.5	22.7	23.6
	601－900 元	10.6	9.9	6.8	10.3	14.0	12.5
	901－1200 元	9.1	9.3	6.0	9.1	6.4	9.7
	1201 元及以上	9.0	10.9	5.8	8.8	9.3	11.7

表 3.24.6　2006－2008 年四川市场各类节目的播出份额（%）和收视份额（%）

节目类别	2006 年		2007 年		2008 年	
	播出份额	收视份额	播出份额	收视份额	播出份额	收视份额
财经	2.1	0.7	1.4	0.6	1.8	0.7
生活服务	7.1	3.1	8.7	3.4	10.9	6.6
青少	3.5	2.0	3.6	1.9	4.1	2.9
戏剧	1.4	0.3	1.1	0.3	0.9	0.3
教学	0.7	0.1	0.5	0.1	0.7	0.2
综艺	5.3	6.1	6.7	8.1	5	8.0
外语	0.4	0.1	0.4	0.1	0.2	0.0
电影	4.5	2.8	4.4	3.5	4.1	4.0
音乐	2.9	2.1	1.3	1.8	2.5	0.8
新闻/时事	10.3	10.7	10.5	9.9	11.4	14.7
电视剧	26.2	44.2	27.9	41.1	29.2	33.2
专题	10.5	4.7	10.7	4.8	10	5.5
体育	2.3	1.2	2.2	1.8	2.6	4.6
法制	1.2	1.4	1.2	1.8	0.9	1.7
其他	21.7	20.6	19.5	20.8	15.7	16.9

表 3.24.7 2008 年四川市场所有节目收视率排名前三十位

名次	节目名称	节目类型	播出频道	平均收视率（%）	平均占有率（%）
1	第 29 届奥林匹克运动会开幕式	体育	中央电视台综合频道	44.3	83.3
2	第 29 届奥林匹克运动会闭幕式	体育	中央电视台综合频道	31.4	52.0
3	北京 2008 年残奥会开幕式	体育	中央电视台综合频道	30.6	63.9
4	中国中央电视台 2008 春节联欢晚会	综艺	中央电视台综合频道	26.7	58.5
5	北京 2008 年残奥会闭幕式	体育	中央电视台综合频道	22.9	42.8
6	奥运第 1 天	体育	中央电视台综合频道	15.8	26.5
7	2008 年第 29 届奥运会女子排球小组赛 A 组(中国 VS 委内瑞拉)	体育	中央电视台综合频道	15.1	27.9
8	李小龙传奇	电视剧	中央电视台综合频道	13.8	24.0
9	2008 年第 29 届奥运会男子举重 56 公斤级决赛	体育	中央电视台综合频道	12.0	24.0
10	2008 年第 29 届奥运会游泳预赛	体育	中央电视台综合频道	10.4	22.1
11	2008 年第 29 届奥运会乒乓球男子团体半决赛	体育	中央电视台综合频道	10.3	21.3
12	2008 年第 29 届奥运会女排小组赛（中国 VS 波兰）	体育	中央电视台综合频道	10.2	18.9
13	2008 年第 29 届奥运会女排小组赛（中国 VS 古巴）	体育	中央电视台综合频道	9.9	18.8
14	新闻联播	新闻/时事	中央电视台综合频道	9.8	33.7
15	爱的奉献 2008 宣传文化系统抗震救灾大型募捐活动(5 月 18 日)	综艺	中央电视台综合频道	9.2	27.0
16	第 29 届奥运会乒乓球男团小组赛	体育	中央电视台综合频道	9.2	19.9
17	2008 年第 29 届奥运会羽毛球男单半决赛	体育	中央电视台综合频道	9.2	16.5
18	2008 年第 29 届奥运会女足小组赛（中国队 VS 阿根廷队）	体育	中央电视台综合频道	8.8	17.3
18	2008 年第 29 届奥运会跳水男子单人 10 米跳台决赛	体育	中央电视台综合频道	8.7	16.5
20	六一儿童节特别节目	青少	四川卫视	8.5	16.2
21	2008 年第 29 届奥运会田径比赛男子 4×400 米接力第一轮	体育	中央电视台综合频道	8.4	19.5
22	天气预报	生活服务	中央电视台综合频道	8.3	22.7
23	2008 年第 29 届奥运会女子跳远决赛	体育	中央电视台综合频道	8.3	20.2
24	2008 年第 29 届奥运会田径男子三级跳远颁奖仪式	体育	中央电视台综合频道	8.2	20.4
25	2008 年第 29 届奥运会田径比赛女子 4×100 米接力第一轮	体育	中央电视台综合频道	8.2	14.9

续表

名次	节目名称	节目类型	播出频道	平均收视率(%)	平均占有率(%)
26	中央电视台2008年元宵晚会	综艺	中央电视台综合频道	8.2	13.6
27	2008年第29届奥运会男子蹦床决赛	体育	中央电视台综合频道	8.1	15.5
28	2008年第29届奥运会女子蹦床决赛	体育	中央电视台综合频道	8.1	15.4
28	真挚的关怀深入的指导	新闻/时事	中央电视台综合频道	8.1	15.4
30	曲苑杂坛春节特别节目2008年正月正晚会	综艺	中央电视台综合频道	8.1	13.3

表3.24.8　2008年四川市场电视剧收视率排名前十位

名次	节目名称	播出频道	平均收视率(%)	平均占有率(%)
1	李小龙传奇	中央电视台综合频道	13.8	24.0
2	闯关东	中央电视台综合频道	7.3	13.1
3	A计划	四川卫视	7.2	14.9
4	明天我不是羔羊(3月27日-4月3日)	四川卫视	6.7	14.2
5	乌龙山剿匪记	四川卫视	6.3	13.0
6	乡村爱情第二部	中央电视台综合频道	6.0	10.3
7	小女人(5月5日-5月12日)	四川卫视	5.9	13.3
8	魔幻手机	中央台八套	5.9	11.9
9	女人花	中央台八套	5.7	10.5
10	浴血坚持	中央电视台综合频道	5.6	9.9

表3.24.9　2008年四川市场新闻节目收视率排名前十位

名次	节目名称	播出频道	平均收视率(%)	平均占有率(%)
1	新闻联播	中央电视台综合频道	9.8	33.7
2	真挚的关怀深入的指导	中央电视台综合频道	8.1	15.4
3	新闻联播(5月13-17日、5月19-21日,21:00)	中央电视台综合频道	7.8	16.2
4	焦点访谈	中央电视台综合频道	6.8	16.8
5	汶川地震特别报道	四川卫视	6.6	26.7
6	温家宝在汶川映秀镇会见中外记者	中央电视台综合频道	6.5	22.1
7	一起看奥运	中央电视台综合频道	4.5	9.7
8	神七问天直播特别节目	中央电视台综合频道	4.1	10
9	抗震救灾特别报道	四川卫视	3.6	13.6
10	新闻1+1	中央电视台综合频道	3.6	8.6

表 3.24.10　2008 年四川市场专题节目收视率排名前十位

名次	节目名称	播出频道	平均收视率（%）	平均占有率（%）
1	CCTV2007 感动中国颁奖盛典	中央电视台综合频道	6.1	11.2
2	拉萨 3.14 打砸抢烧暴力事件纪实	中央电视台综合频道	5.4	12.7
3	修复生命的力量于丹访谈录	四川卫视	5.1	9.2
4	奥运名人堂	中央台五套	4.7	17.5
5	艺术人生	中央电视台综合频道	4.7	8.5
6	纪录中国中国记者在 2008	中央电视台综合频道	3.9	7.2
6	奔腾的宁夏	中央电视台综合频道	3.9	7.2
8	董倩面对面	中央电视台综合频道	3.8	13.0
9	伟大的历程	中央电视台综合频道	3.8	6.3
10	决战唐家山	四川卫视	3.6	16.1

表 3.24.11　2008 年四川市场综艺节目收视率排名前十位

名次	节目名称	播出频道	平均收视率（%）	平均占有率（%）
1	中国中央电视台 2008 春节联欢晚会	中央电视台综合频道	26.7	58.5
2	爱的奉献 2008 宣传文化系统抗震救灾大型募捐活动（5 月 18 日）	中央电视台综合频道	9.2	27.0
3	中央电视台 2008 年元宵晚会	中央电视台综合频道	8.2	13.6
4	曲苑杂坛春节特别节目 2008 年正月正晚会	中央电视台综合频道	8.1	13.3
5	爱的奉献 2008 宣传文化系统抗震救灾大型募捐活动（5 月 18 日）	四川卫视	7.9	23.2
6	万家灯火平安夜公安部 2008 年春节晚会	中央电视台综合频道	7.2	14.9
7	荣成月中华情 2008 中央电视台中秋晚会	中央电视台综合频道	7.1	12.4
8	以生命的名义四川省抗震救灾大型特别节目	四川卫视	7.0	20.0
9	乐踢越红	四川卫视	6.6	11.6
10	2008 文化部春节电视晚会	中央电视台综合频道	6.5	18.4

表 3.24.12　2008 年四川市场奥运会、残奥会比赛收视率排名前十位

名次	节目名称	播出频道	平均收视率（%）	平均占有率（%）
1	2008 年第 29 届奥运会女子排球小组赛 A 组（中国 VS 委内瑞拉）	中央电视台综合频道	15.1	27.9
2	2008 年第 29 届奥运会男子举重 56 公斤级决赛	中央电视台综合频道	12.0	24.0
3	2008 年第 29 届奥运会游泳预赛	中央电视台综合频道	10.4	22.1
4	2008 年第 29 届奥运会乒乓球男子团体半决赛	中央电视台综合频道	10.3	21.3
5	2008 年第 29 届奥运会女排小组赛（中国 VS 波兰）	中央电视台综合频道	10.2	18.9
6	2008 年第 29 届奥运会女排小组赛（中国 VS 古巴）	中央电视台综合频道	9.9	18.8
7	第 29 届奥运会乒乓球男团小组赛	中央电视台综合频道	9.2	19.9
8	2008 年第 29 届奥运会羽毛球男单半决赛	中央电视台综合频道	9.2	16.5
9	2008 年第 29 届奥运会女足小组赛（中国队 VS 阿根廷队）	中央电视台综合频道	8.8	17.3
10	2008 年第 29 届奥运会跳水男子单人 10 米跳台决赛	中央电视台综合频道	8.7	16.5

表 3.24.13　2008 年四川市场体育节目收视率排名前十位（奥运会、残奥会比赛除外）

名次	节目名称	播出频道	平均收视率(%)	平均占有率(%)
1	第 29 届奥林匹克运动会开幕式	中央电视台综合频道	44.3	83.3
2	第 29 届奥林匹克运动会闭幕式	中央电视台综合频道	31.4	52.0
3	北京 2008 年残奥会开幕式	中央电视台综合频道	30.6	63.9
4	北京 2008 年残奥会闭幕式	中央电视台综合频道	22.9	42.8
5	奥运第 1 天	中央电视台综合频道	15.8	26.5
6	再见北京伦敦再见	中央电视台综合频道	6.2	34.4
7	第 29 届奥林匹克运动会开幕式	中央台五套	6.1	11.5
8	第 29 届奥林匹克运动会闭幕式	中央台五套	5.6	9.2
9	CCTV1 奥运演播室	中央电视台综合频道	3.2	19.9
10	奥运第 4 天	中央电视台综合频道	3.1	19.7

二十五、云南收视数据

表 3.25.1 2004－2008 年云南市场各类频道的市场占有率（%）

频道类别	年份				
	2004 年	2005 年	2006 年	2007 年	2008 年
中央台频道	40.9	44.0	43.4	40.7	40.1
中国教育台频道	0.2	0.4	0.3	0.4	0.5
云南省级频道	12.7	12.9	14.9	18.6	22.1
其他省级卫视频道	23.4	25.3	24.4	24.8	27.6
其他频道	22.8	17.4	17.0	15.5	9.6

表 3.25.2 2008 年云南市场各类频道在各目标观众中的市场占有率（%）

目标观众		中央台频道	中国教育台	云南省级频道	其他省级卫视频道	其他频道
4 岁及以上所有人		40.1	0.5	22.1	27.6	9.6
城乡	城市	42.0	0.3	18.6	24.2	14.9
	农村	39.8	0.5	22.7	28.2	8.7
性别	男	41.7	0.5	22.5	25.6	9.8
	女	38.5	0.5	21.8	29.8	9.5
年龄	4－14 岁	38.2	0.4	22.6	29.8	9.0
	15－24 岁	36.8	0.4	21.2	32.1	9.5
	25－34 岁	39.1	0.4	22.6	27.6	10.2
	35－44 岁	36.0	0.5	22.9	30.7	9.8
	45－54 岁	44.7	0.6	21.5	23.5	9.7
	55－64 岁	47.0	0.5	23.6	20.2	8.8
	65 岁及以上	48.3	0.4	20.2	21.2	9.9
教育程度	未受过正规教育	38.4	0.5	22.1	28.5	10.5
	小学	37.9	0.5	23.2	28.5	9.9
	初中	39.7	0.4	22.1	28.4	9.4
	高中	46.0	0.4	19.5	24.5	9.6
	大学及以上	56.2	0.1	20.2	16.0	7.5
职业类别	干部/管理人员	48.6	0.1	30.3	15.1	5.8
	个体/私营企业人员	37.0	0.5	20.5	30.4	11.6
	初级公务员/雇员	51.5	0.2	17.9	21.1	9.3
	工人	42.3	0.4	20.1	23.9	13.3
	学生	38.2	0.4	21.6	30.5	9.3
	无业	48.0	0.3	21.0	20.6	10.1
	其他	37.5	0.6	23.4	29.7	8.9
个人月收入	0－300 元	37.9	0.5	23.5	29.1	9.0
	301－600 元	38.4	0.5	19.2	31.1	10.9
	601－900 元	43.4	0.4	19.5	25.6	11.0
	901－1200 元	49.3	0.3	21.1	20.1	9.2
	1201 元及以上	49.8	0.3	23.5	17.0	9.4

表 3.25.3　2008 年云南市场各类频道在各时段的市场占有率（%）

时间段	中央台频道	中国教育台	云南省级频道	其他省级卫星频道	其他频道
02:00-03:00	29.6	0.0	11.9	40.9	17.6
03:00-04:00	47.0	0.2	6.3	33.3	13.3
04:00-05:00	44.3	2.5	5.8	37.4	10.1
05:00-06:00	56.1	4.2	4.6	27.4	7.7
06:00-07:00	64.6	1.3	6.3	13.2	14.7
07:00-08:00	61.8	0.7	10.8	17.0	9.6
08:00-09:00	47.3	0.9	16.1	29.2	6.6
09:00-10:00	43.5	0.7	15.7	31.8	8.3
10:00-11:00	44.2	0.5	14.8	31.6	9.0
11:00-12:00	47.1	0.5	14.2	29.1	9.1
12:00-13:00	53.2	0.5	15.7	22.1	8.6
13:00-14:00	44.1	0.6	17.3	27.6	10.4
14:00-15:00	40.0	0.3	14.6	34.4	10.7
15:00-16:00	36.5	0.3	15.4	37.1	10.7
16:00-17:00	40.0	0.4	16.2	33.2	10.2
17:00-18:00	51.3	0.5	20.2	20.9	7.2
18:00-19:00	46.0	0.4	31.0	12.4	10.2
19:00-20:00	52.8	0.4	23.2	15.3	8.4
20:00-21:00	38.9	0.5	23.7	28.5	8.4
21:00-22:00	32.6	0.5	24.0	32.1	10.9
22:00-23:00	30.0	0.4	24.7	33.2	11.8
23:00-24:00	34.3	0.5	20.0	34.5	10.7
24:00-25:00	36.1	0.3	22.6	32.1	8.8
25:00-26:00	31.1	0.2	32.5	29.2	7.0

表 3.25.4　2008 年云南市场收视份额排名前十位的频道

名次	频道名称	收视份额（%）
1	中央电视台综合频道	10.5
2	中央台八套	7.2
3	中央台六套	6.3
4	云南电视台影视频道（五套）	6.1
5	湖南电视台卫星频道	5.6
6	云南电视台都市频道（二套）	5.5
7	云南电视台卫视频道（一套）	5.1
8	安徽卫视	4.6
9	中央台三套	2.8
10	中央电视台少儿频道	2.5

表 3.25.5 2008 年云南市场各主要频道的观众构成

目标观众		所有频道	主要频道				
			中央电视台综合频道	中央台八套	中央台六套	云南电视台影视频道（五套）	湖南电视台卫星频道
4 岁及以上所有人		100.0	100.0	100.0	100.0	100.0	100.0
城乡	城市	14.5	15.4	11.8	16.1	9.6	11.9
	农村	85.5	84.6	88.2	83.9	90.4	88.1
性别	男	51.1	53.9	47.8	55.4	55.7	42.3
	女	48.9	46.1	52.2	44.6	44.3	57.7
年龄	4－14 岁	15.4	12.8	12.5	13.1	13.7	16.8
	15－24 岁	16.7	13.8	16.3	17.2	20.7	26.1
	25－34 岁	18.0	16.3	18.0	21.8	22.6	18.8
	35－44 岁	20.2	19.0	19.3	20.8	20.8	19.9
	45－54 岁	12.7	15.0	16.2	12.8	10.4	9.1
	55－64 岁	8.4	10.6	8.3	6.8	6.5	4.6
	65 岁及以上	8.6	12.4	9.5	7.5	5.3	4.7
教育程度	未受过正规教育	7.1	7.0	5.9	6.7	5.5	5.9
	小学	34.4	29.8	33.3	36.1	33.8	29.3
	初中	44.6	45.0	44.7	47.0	50.1	49.2
	高中	10.9	13.0	11.8	8.5	9.3	13.1
	大学及以上	3.0	5.2	4.4	1.7	1.3	2.5
职业类别	干部/管理人员	2.1	2.8	2.1	1.0	1.7	1.9
	个体/私营企业人员	14.1	15.1	11.3	14.6	13.4	17.9
	初级公务员/雇员	3.4	5.7	4.2	1.8	1.9	2.7
	工人	2.9	3.4	2.6	3.0	2.3	2.8
	学生	16.5	14.1	14.4	14.3	15.9	22.7
	无业	16.9	22.3	17.9	12.7	9.2	12.1
	其他	44.2	36.5	47.4	52.6	55.6	39.9
个人月收入	0－300 元	56.6	47.3	56.0	57.7	70.0	55.6
	301－600 元	19.1	19.3	19.2	18.9	15.3	22.3
	601－900 元	10.5	13.8	9.6	11.4	7.7	11.7
	901－1200 元	6.3	9.7	7.6	6.6	3.0	5.4
	1201 元及以上	7.5	10.0	7.6	5.4	4.0	5.0

表 3.25.6 2006－2008 年云南市场各类节目的播出份额（%）和收视份额（%）

节日类别	2006 年		2007 年		2008 年	
	播出份额	收视份额	播出份额	收视份额	播出份额	收视份额
电影	3.5	7.3	3.6	8.2	3.7	9.3
教学	0.3	0.0	0.6	0.1	0.6	0.1
青少	4.7	1.8	4.6	2.2	5.0	2.8
电视剧	25.5	39.5	25.5	37.9	24.9	35.1
体育	1.9	2.2	1.8	1.5	2.9	3.5
外语	0.3	0.0	0.3	0.2	0.2	0.0
戏剧	1.5	0.4	1.3	0.4	1.1	0.3
新闻/时事	14.3	10.6	13.7	9.8	13.8	10.3
音乐	1.2	1.6	2.1	1.2	2.5	0.6
综艺	8.1	7.8	8.2	8.0	7.1	7.6
专题	11.7	5.3	11.5	5.3	11.2	5.0
财经	1.5	0.3	1.5	0.3	1.6	0.3
生活服务	5.2	2.1	7.4	5.1	8.2	5.7
法制	1.3	1.7	1.3	1.3	1.1	1.2
其他	19.3	19.6	16.7	18.7	16.2	18.3

表 3.25.7　2008 年云南市场所有节目收视率排名前三十位

名次	节目名称	节目类别	播出频道	平均收视率（%）	平均占有率（%）
1	第 29 届奥林匹克运动会开幕式	体育	中央电视台综合频道	38.7	68.4
2	第 29 届奥林匹克运动会闭幕式	体育	中央电视台综合频道	34.9	53.9
3	北京 2008 年残奥会闭幕式	体育	中央电视台综合频道	30.3	50.6
4	北京 2008 年残奥会开幕式	体育	中央电视台综合频道	28.2	54.0
5	中国中央电视台 2008 春节联欢晚会	综艺	中央电视台综合频道	25.4	54.1
6	李小龙传奇	电视剧	中央电视台综合频道	16.7	26.7
7	2008 年第 29 届奥运会女子排球小组赛 A 组（中国 VS 委内瑞拉）	体育	中央电视台综合频道	12.8	20.4
8	2008 年第 29 届奥运会男子举重 56 公斤级决赛	体育	中央电视台综合频道	12.6	20.4
9	爱的奉献 2008 宣传文化系统抗震救灾大型募捐活动（5 月 18 日）	综艺	中央电视台综合频道	12.5	29.6
10	2008 年第 29 届奥运会女足小组赛（中国队 VS 阿根廷队）	体育	中央电视台综合频道	11.1	18.4
11	新闻联播（5 月 13－17 日、5 月 19－21 日，21：00）	新闻/时事	中央电视台综合频道	10.7	18.3
12	中央电视台 2008 年元宵晚会	综艺	中央电视台综合频道	10.7	16.1
13	奥运第 1 天	体育	中央电视台综合频道	10.5	15.8
14	2008 年第 29 届奥运会女排小组赛（中国 VS 波兰）	体育	中央电视台综合频道	10.4	16.3
15	2008 年第 29 届奥运会乒乓球女团决赛	体育	中央电视台综合频道	10.0	16.1
16	2008 年第 29 届奥运会田径比赛女子铁饼决赛	体育	中央电视台综合频道	9.8	19.1
17	新闻联播	新闻/时事	中央电视台综合频道	9.7	34.9
18	2008 年第 29 届奥运会游泳预赛	体育	中央电视台综合频道	9.5	17.2
19	2008 年第 29 届奥运会田径比赛男子 200 米小组赛	体育	中央电视台综合频道	9.5	16.6
20	2008 年第 29 届奥运会男子篮球小组赛（中国 VS 德国）	体育	中央台五套	9.2	14.6
21	温家宝在汶川映秀镇会见中外记者	新闻/时事	中央电视台综合频道	9.0	26.1
22	第 29 届奥运会乒乓球男团小组赛	体育	中央电视台综合频道	8.7	15.0
23	暖春	电视剧	云南电视台都市频道（二套）	8.4	16.3
24	少林好小子	电影	中央台六套	8.4	15.8
25	2008 年第 29 届奥运会女子排球预赛（中国 VS 美国）	体育	中央台五套	8.4	14.1

续表

名次	节目名称	节目类别	播出频道	平均收视率（%）	平均占有率（%）
26	2008年第29届奥运会女排小组赛（中国VS古巴）	体育	中央电视台综合频道	8.2	13.5
27	2008年第29届奥运会羽毛球女双1/4决赛	体育	中央台五套	8.1	12.8
28	2008年第29届奥运会羽毛球女双三、四名决赛	体育	中央电视台综合频道	8.0	14.5
29	2008年第29届奥运会男子佩剑个人决赛	体育	中央电视台综合频道	8.0	14.3
30	魔幻手机	电视剧	中央台八套	7.9	14.0

表3.25.8 2008年云南市场电视剧收视率排名前十位

名次	节目名称	播出频道	平均收视率（%）	平均占有率（%）
1	李小龙传奇	中央电视台综合频道	16.7	26.7
2	暖春	云南电视台都市频道（二套）	8.4	16.3
3	魔幻手机	中央台八套	7.9	14.0
4	女人花	中央台八套	7.7	13.0
5	浴血坚持	中央电视台综合频道	7.4	12.1
6	乡村爱情第二部	中央电视台综合频道	6.9	10.9
7	顺娘	云南电视台卫视频道（一套）	6.5	12.6
8	闯关东	中央电视台综合频道	6.5	10.6
9	敌营十八年第一部	中央台八套	6.3	10.9
10	仁者黄飞鸿	中央台八套	6.1	10.8

表3.25.9 2008年云南市场新闻节目收视率排名前十位

名次	节目名称	播出频道	平均收视率（%）	平均占有率（%）
1	新闻联播（5月13－17日、5月19－21日，21:00）	中央电视台综合频道	10.7	18.3
2	新闻联播	中央电视台综合频道	9.7	34.9
3	温家宝在汶川映秀镇会见中外记者	中央电视台综合频道	9.0	26.1
4	焦点访谈	中央电视台综合频道	6.5	15.3
5	真挚的关怀深入的指导	中央电视台综合频道	5.3	11.0
6	都市条形码8.30地震特别报道	云南电视台卫视频道（一套）	4.8	7.7
7	一起看奥运	中央电视台综合频道	4.0	6.7
8	抗震救灾众志成城	中央电视台综合频道	3.7	9.6
9	神七问天直播特别节目	中央电视台综合频道	3.7	8.5
10	新闻1+1	中央电视台综合频道	3.6	7.4

表 3.25.10　2008 年云南市场专题节目收视率排名前十位

名次	节目名称	播出频道	平均收视率(%)	平均占有率(%)
1	纪录中国中国记者在 2008	中央电视台综合频道	5.9	10.0
2	拉萨 3.14 打砸抢烧暴力事件纪实	中央电视台综合频道	5.7	12.5
3	CCTV2007 感动中国颁奖盛典	中央电视台综合频道	5.4	8.7
4	艺术人生	中央电视台综合频道	4.6	7.2
5	伟大的历程	中央电视台综合频道	4.3	6.6
6	奥运名人堂	中央台五套	3.9	9.6
7	2008 当代工人 5.1 特别节目沧海跨越	中央电视台综合频道	3.6	5.9
8	中国 1978	中央台六套	3.4	5.8
9	奔腾的宁夏	中央电视台综合频道	3.4	5.7
10	董倩面对面	中央电视台综合频道	3.3	9.5

表 3.25.11　2008 年云南市场综艺节目收视率排名前十位

名次	节目名称	播出频道	平均收视率(%)	平均占有率(%)
1	中国中央电视台 2008 春节联欢晚会	中央电视台综合频道	25.4	54.1
2	爱的奉献 2008 宣传文化系统抗震救灾大型募捐活动（5 月 18 日）	中央电视台综合频道	12.5	29.6
3	中央电视台 2008 年元宵晚会	中央电视台综合频道	10.7	16.1
4	荣成月中华情 2008 中央电视台中秋晚会	中央电视台综合频道	7.2	11.5
5	万家灯火平安夜公安部 2008 年春节晚会	中央电视台综合频道	7.1	12.6
6	2008 文化部春节电视晚会	中央电视台综合频道	6.6	15.5
7	旗帜高扬春光好 2008 年军民迎新春文艺晚会	中央电视台综合频道	6.0	11.1
8	曲苑杂坛春节特别节目 2008 年正月正晚会	中央电视台综合频道	5.4	8.3
9	向祖国报告 2008 庆祝五一国际劳动节文艺晚会	中央电视台综合频道	4.8	8.2
10	爱的奉献 2008 宣传文化系统抗震救灾大型募捐活动（5 月 18 日）	四川卫视	4.7	11.1

表 3. 25. 12 2008 年云南市场奥运会、残奥会比赛节目收视率排名前十位

名次	节目名称	播出频道	节目日期	播出时间	平均收视率（%）	平均占有率（%）
1	2008 年第 29 届奥运会女子排球小组赛 A 组（中国 VS 委内瑞拉）	中央电视台综合频道	2008 – 8 – 9	20 : 01 : 13	12. 8	20. 4
2	2008 年第 29 届奥运会男子举重 56 公斤级决赛	中央电视台综合频道	2008 – 8 – 10	19 : 54 : 31	12. 6	20. 4
3	2008 年第 29 届奥运会女足小组赛（中国队 VS 阿根廷队）	中央电视台综合频道	2008 – 8 – 12	19 : 43 : 26	11. 1	18. 4
4	2008 年第 29 届奥运会女排小组赛（中国 VS 波兰）	中央电视台综合频道	2008 – 8 – 11	19 : 59 : 05	10. 4	16. 3
5	2008 年第 29 届奥运会乒乓球女团决赛	中央电视台综合频道	2008 – 8 – 17	19 : 36 : 31	10. 0	16. 1
6	2008 年第 29 届奥运会田径比赛女子铁饼决赛	中央电视台综合频道	2008 – 8 – 18	19 : 56 : 25	9. 8	19. 1
7	2008 年第 29 届奥运会游泳预赛	中央电视台综合频道	2008 – 8 – 9 至 2008 – 8 – 10	21 : 32 : 06	9. 5	17. 2
8	2008 年第 29 届奥运会田径比赛男子 200 米小组赛	中央电视台综合频道	2008 – 8 – 18	20 : 03 : 06	9. 5	16. 6
9	2008 年第 29 届奥运会男子篮球小组赛（中国 VS 德国）	中央台五套	2008 – 8 – 16	19 : 58 : 00	9. 2	14. 6
10	第 29 届奥运会乒乓球男团小组赛	中央电视台综合频道	2008 – 8 – 14	19 : 44 : 56	8. 7	15. 0

表 3. 25. 13 2008 年云南市场体育节目收视率排名前十位（奥运会、残奥会比赛除外）

名次	节目名称	播出频道	平均收视率（%）	平均占有率（%）
1	第 29 届奥林匹克运动会开幕式	中央电视台综合频道	38. 7	68. 4
2	第 29 届奥林匹克运动会闭幕式	中央电视台综合频道	34. 9	53. 9
3	北京 2008 年残奥会闭幕式	中央电视台综合频道	30. 3	50. 6
4	北京 2008 年残奥会开幕式	中央电视台综合频道	28. 2	54. 0
5	奥运第 1 天	中央电视台综合频道	10. 5	15. 8
6	第 29 届奥林匹克运动会开幕式	中央台五套	7. 5	13. 3
7	再见北京伦敦再见	中央电视台综合频道	6. 1	24. 5
8	2008 年第 29 届奥运会田径男子三级跳远颁奖仪式	中央电视台综合频道	5. 6	11. 0
9	第 29 届奥林匹克运动会闭幕式	中央台五套	4. 7	7. 3
10	聚焦残奥会	中央电视台综合频道	4. 3	7. 6

二十六、浙江收视数据

表 3.26.1　2004-2008 年浙江市场各类频道的市场占有率（%）

频道类别	年份				
	2004 年	2005 年	2006 年	2007 年	2008 年
中央台频道	26.1	27.9	31.3	32.8	38.4
中国教育台频道	0.2	0.5	0.4	0.7	0.6
浙江省级频道	30.9	33.5	31.2	26.9	22.7
其他省级卫视频道	9.9	10.4	11.6	14.5	17.7
其他频道	32.9	27.7	25.5	25.1	20.6

注：从 2007 年 10 月 1 日起浙江数据为测量仪数据。

表 3.26.2　2008 年浙江市场各类频道在不同目标观众中的市场占有率（%）

目标观众		中央台频道	中国教育台频道	浙江省级频道	其他省级卫视频道	其他频道
4 岁及以上所有人		38.4	0.6	22.7	17.7	20.6
城乡	城市	34.1	0.4	22.4	17.3	25.8
	农村	40.6	0.8	22.9	17.8	17.9
性别	男	42.3	0.7	22.1	16.2	18.7
	女	34.1	0.6	23.5	19.2	22.6
年龄	4-14 岁	40.0	0.5	19.8	23.7	16.0
	15-24 岁	33.5	0.6	20.6	25.3	20.0
	25-34 岁	38.3	0.7	21.6	19.5	19.9
	35-44 岁	34.8	0.6	26.5	15.9	22.2
	45-54 岁	36.6	0.8	24.0	15.4	23.2
	55-64 岁	43.4	0.6	21.8	13.8	20.4
	65 岁及以上	44.2	0.5	23.6	11.0	20.7
教育程度	未受过正规教育	41.6	0.5	21.4	15.1	21.4
	小学	38.4	0.6	23.7	17.2	20.1
	初中	36.9	0.7	22.7	19.0	20.7
	高中	39.5	0.5	21.3	17.2	21.5
	大学及以上	40.2	0.5	22.9	16.1	20.3
职业类别	干部/管理人员	36.7	0.5	27.3	15.5	20.0
	个体/私营企业人员	38.5	0.9	22.9	17.1	20.6
	初级公务员/雇员	38.3	0.6	22.7	16.1	22.3
	工人	38.2	0.8	22.1	18.4	20.5
	学生	35.5	0.5	20.1	27.2	16.7
	无业	39.8	0.5	23.5	14.7	21.5
	其他	38.7	0.6	23.7	15.9	21.1
个人月收入	0-300 元	37.9	0.5	22.4	20.0	19.2
	301-600 元	34.3	0.7	27.7	15.3	22.0
	601-900 元	38.5	0.6	22.8	16.3	21.8
	901-1200 元	40.5	0.8	20.1	18.2	20.4
	1201 元及以上	38.8	0.7	23.2	15.8	21.5

表 3.26.3　2008 年浙江市场各类频道不同时段的市场占有率（%）

时间段	中央台频道	中国教育台频道	浙江省级频道	其他省级卫视频道	其他频道
02：00－03：00	49.9	0.2	16.5	20.7	12.7
03：00－04：00	50.3	0.1	22.3	19.2	8.1
04：00－05：00	49.2	0.2	25.8	19.5	5.3
05：00－06：00	51.2	0.2	26.2	17.9	4.5
06：00－07：00	55.6	0.7	18.8	18.4	6.5
07：00－08：00	60.6	0.2	15.4	12.4	11.4
08：00－09：00	44.5	0.2	14.1	26.2	15.0
09：00－10：00	38.6	0.3	16.8	28.8	15.5
10：00－11：00	40.5	0.7	15.3	28.2	15.3
11：00－12：00	45.4	0.9	13.9	25.8	14.0
12：00－13：00	45.6	1.4	13.9	23.4	15.7
13：00－14：00	41.8	1.3	13.9	27.3	15.7
14：00－15：00	39.9	0.3	15.7	27.4	16.7
15：00－16：00	39.9	0.3	16.3	27.5	16.0
16：00－17：00	38.2	1.1	18.5	28.0	14.2
17：00－18：00	46.5	1.4	16.7	20.3	15.1
18：00－19：00	38.6	0.6	27.1	9.1	24.6
19：00－20：00	35.2	0.3	33.6	6.0	24.9
20：00－21：00	34.9	0.6	26.7	13.3	24.5
21：00－22：00	33.6	0.9	22.9	17.0	25.6
22：00－23：00	30.0	0.6	26.0	18.5	24.9
23：00－24：00	32.1	0.5	24.9	18.9	23.6
24：00－25：00	39.7	0.3	18.7	21.6	19.7
25：00－26：00	46.4	0.2	15.7	23.5	14.2

表 3.26.4　2008 年浙江市场收视份额排名前十位的频道

名次	频道名称	市场份额（%）
1	浙江电视台教育科技频道	5.9
1	中央台八套	5.9
3	中央台六套	5.8
4	浙江卫视	5.1
5	湖南电视台卫星频道	4.9
6	中央电视台少儿频道	4.2
7	中央电视台综合频道	3.6
8	中央台三套	3.3
9	中央台五套	3.2
10	安徽一套	2.9

表 3.26.5　2008 年浙江市场各主要频道的观众构成（%）

目标观众		所有频道	浙江电视台教育科技频道	中央台八套	中央台六套	浙江卫视	湖南电视台卫星频道
4 岁及以上所有人		100.0	100.0	100.0	100.0	100.0	100.0
城乡	城市	34.7	30.3	24.3	24.7	31.2	24.4
	农村	65.3	69.7	75.7	75.3	68.8	75.6
性别	男	51.7	47.3	49.2	64.7	53.8	39.6
	女	48.3	52.7	50.8	35.3	46.2	60.4
年龄	4-14 岁	12.6	9.0	10.3	8.9	11.3	19.3
	15-24 岁	10.2	7.4	7.0	12.4	8.0	20.5
	25-34 岁	17.7	15.4	14.5	20.7	15.3	22.9
	35-44 岁	16.1	19.3	14.8	16.9	20.2	12.9
	45-54 岁	20.5	26.7	23.5	23.8	17.8	13.8
	55-64 岁	14.0	15.2	16.2	12.4	12.0	8.3
	65 岁及以上	8.8	7.0	13.5	5.0	15.4	2.3
教育程度	未受过正规教育	8.5	8.4	9.0	6.3	8.1	5.9
	小学	31.6	36.7	39.6	30.8	32.1	28.6
	初中	39.0	38.4	34.4	46.3	40.0	44.6
	高中	13.8	11.1	11.8	11.6	13.9	14.3
	大学及以上	7.1	5.5	5.1	5.0	5.8	6.6
职业类别	干部/管理人员	1.9	2.5	1.1	2.2	2.0	0.9
	个体/私营企业人员	11.7	14.1	11.6	15.1	10.5	10.6
	初级公务员/雇员	13.7	12.0	11.0	14.1	12.7	13.9
	工人	17.6	14.7	16.6	24.7	16.7	18.2
	学生	13.0	8.5	10.5	10.2	11.5	24.7
	无业	25.9	27.4	30.9	18.0	28.7	20.3
	其他	16.2	20.8	18.2	15.6	17.9	11.6
个人月收入	0-300 元	35.8	34.5	37.6	27.5	37.9	44.7
	301-600 元	7.8	11.4	10.0	8.3	9.9	6.3
	601-900 元	12.1	14.0	11.6	10.5	10.9	10.1
	901-1200 元	15.9	13.0	16.0	19.7	13.5	16.4
	1201 元及以上	28.4	27.2	24.7	34.0	27.8	22.5

表 3.26.6　2006-2008 年浙江市场各类节目的播出份额（%）和收视份额（%）

节目类别	2006 年		2007 年		2008 年	
	播出份额	收视份额	播出份额	收视份额	播出份额	收视份额
财经	1.5	0.2	1.6	0.4	1.7	0.6
生活服务	5.2	3.3	7.8	5.6	8.6	5.2
青少	5.0	4.1	4.6	5.0	4.9	5.0
戏剧	1.4	1.3	1.3	1.8	1.1	1.4
教学	0.4	0.0	0.5	0.2	0.5	0.2
综艺	8.5	8.8	8.3	8.8	7.0	8.3
外语	0.2	0.0	0.2	0.2	0.1	0.1
电影	3.9	5.1	3.5	4.1	2.9	6.0
音乐	1.2	1.3	2.1	1.3	2.6	0.6
新闻/时事	13.8	11.8	13.4	12.1	14.0	10.5
体育	1.9	2.6	1.8	2.2	2.9	5.4
电视剧	24.5	34.2	25.2	31.8	25.3	36.7
专题	11.8	5.8	11.6	6.3	11.4	7.6
法制	1.2	0.6	1.2	0.6	1.0	0.6
其他	19.5	20.9	16.9	19.6	15.9	11.9

表 3.26.7　2008 年浙江市场所有节目收视率排名前三十位

名次	节目名称	节目类型	播出频道	平均收视率（%）	平均占有率（%）
1	2008 年第 29 届奥运会乒乓球女子单打决赛	体育	中央台五套	12.0	28.9
2	第 29 届奥林匹克运动会开幕式	体育	中央台五套	11.5	24.1
3	中国中央电视台 2008 春节联欢晚会	综艺	中央电视台综合频道	10.8	31.6
4	2008 年第 29 届奥运会乒乓球男子团体决赛	体育	中央台五套	10.5	26.3
5	2008 年第 29 届奥运会男子举重 62 公斤级决赛	体育	中央台五套	10.4	30.5
6	2008 年第 29 届奥运会体操单项女子高低杠决赛	体育	中央台五套	10.0	41.3
7	2008 年第 29 届奥运会男子举重 69 公斤级决赛	体育	中央台五套	9.8	28.5
8	2008 年第 29 届奥运会男子篮球 B 组比赛（中国 VS 美国）	体育	中央台二套	9.1	42.7
9	2008 年第 29 届奥运会体操男子单杠决赛	体育	中央台五套	8.9	25.0
10	2008 年第 29 届奥运会男子篮球小组赛（中国 VS 德国）	体育	中央台五套	8.7	20.9
11	第 29 届奥林匹克运动会闭幕式	体育	中央台五套	8.7	17.7
12	第 29 届奥林匹克运动会闭幕式	体育	中央电视台综合频道	8.5	17.3
13	2008 第 29 届奥运会女子平衡木决赛	体育	中央台五套	8.2	38.3
14	2008 年第 29 届奥运会男子举重 56 公斤级决赛	体育	中央电视台综合频道	8.1	19.8
15	2008 年第 29 届奥运会男子举重 77 公斤级挺举决赛	体育	中央台二套	8.1	19.1
16	2008 年第 29 届奥运会乒乓球男子单打铜牌赛	体育	中央台五套	7.5	18.8
17	2008 年第 29 届奥运会跳水男子单人 10 米跳台决赛	体育	中央电视台综合频道	7.5	18.4
18	2008 年第 29 届奥运会女排小组赛（中国 VS 古巴）	体育	中央电视台综合频道	7.4	18.4
19	2008 年第 29 届奥运会女子排球 1/4 决赛（中国 VS 俄罗斯）	体育	中央台五套	7.4	18.0
20	2008 年第 29 届奥运会女子 100 米决赛	体育	中央电视台综合频道	7.0	25.5
21	2008 年第 29 届奥运会体操女子自由操决赛	体育	中央台五套	6.8	16.1
22	第 29 届奥林匹克运动会开幕式	体育	中央电视台综合频道	6.8	14.2
23	2008 年第 29 届奥运会跳水女子 10 米跳台决赛	体育	中央台二套	6.5	15.7
24	八阵图（（1 月 28 – 2 月 17 日））	电视剧	浙江电视台教育科技频道	6.4	20.2

续表

名次	节目名称	节目类型	播出频道	平均收视率(%)	平均占有率(%)
25	第29届奥林匹克运动会开幕式	体育	中央电视台新闻频道	6.4	11.2
26	2008年第29届奥运会女子3米跳板决赛	体育	中央台二套	6.2	14.8
27	伊辛巴耶娃夺金之路	体育	中央台五套	6.0	17.4
28	一起看奥运:2008年第29届奥运会女子三级跳远决赛	体育	中央电视台新闻频道	6.0	16.3
29	2008年第29届奥运会女足小组赛E组(中国VS加拿大)	体育	中央台五套	6.0	15.3
30	2008年第29届奥运会女足小组赛(中国队VS阿根廷队)	体育	中央电视台综合频道	6.0	14.7

表3.26.8　2008年浙江市场电视剧收视率排名前十位

名次	节目名称	播出频道	平均收视率(%)	平均占有率(%)
1	八阵图(1月28-2月17日)	浙江电视台教育科技频道	6.4	20.2
2	李小龙传奇	中央电视台综合频道	5.2	15.2
3	神探狄仁杰第三部	中央台八套	5.1	15.9
4	魔幻手机	中央台八套	5.0	15.8
5	生死十日	浙江电视台教育科技频道	5.0	15.7
6	血色迷雾	浙江电视台教育科技频道	4.4	12.6
7	女人花	中央台八套	4.3	12.9
8	龙游天下	浙江电视台钱江都市频道	4.2	12.2
9	重庆谍战	浙江卫视	3.9	12.7
10	奶娘	浙江电视台影视娱乐频道	3.9	11.5

表3.26.9　2008年浙江市场新闻节目收视率排名前十位

名次	节目名称	播出频道	平均收视率(%)	平均占有率(%)
1	众志成城抗击风雪特别报道	浙江电视台教育科技频道	3.5	10.5
2	关注杭州地铁工地塌陷事故	浙江卫视	3.0	12.2
3	抗击风雪11小时特别报道	浙江电视台教育科技频道	2.5	10.5
4	新闻联播(5月13-17日、5月19-21日,21:00)	中央电视台综合频道	2.2	7.4
5	走进今天	浙江电视台教育科技频道	1.9	6.2
6	小强热线	浙江电视台教育科技频道	1.9	5.6
7	杭州在建地铁坍塌紧急大救援	浙江电视台教育科技频道	1.6	5.3
8	浙江新闻联播	浙江卫视	1.5	7.5
9	焦点访谈(5月19日)	中央电视台少儿频道	1.5	5.1
10	寻找王	浙江卫视	1.4	7.9

表 3.26.10 2008 年浙江市场专题节目收视率排名前十位

名次	节目名称	播出频道	平均收视率（%）	平均占有率（%）
1	涛出心里话	浙江卫视	2.2	8.6
2	东方的涛声	浙江卫视	2.2	6.4
3	纪实	浙江电视台教育科技频道	2.1	11.7
4	锦绣天地看浙江	浙江卫视	2.1	6.1
5	拉萨 3.14 打砸抢烧暴力事件纪实	中央电视台综合频道	2.1	6.0
6	孟祥斌一个不朽的名字	浙江卫视	1.9	7.3
7	拉萨 3.14 打砸抢烧暴力事件纪实	中央台四套	1.6	7.3
8	惊奇人生	浙江电视台民生休闲频道	1.6	4.7
9	奥运名人堂	中央电视台综合频道	1.5	7.0
10	奥运名人堂	中央台五套	1.5	5.6

表 3.26.11 2008 年浙江市场综艺节目收视率排名前十位

名次	节目名称	播出频道	平均收视率（%）	平均占有率（%）
1	中国中央电视台 2008 春节联欢晚会	中央电视台综合频道	10.8	31.6
2	第三届中国浙江电视观众节我爱中国蓝	浙江卫视	5.5	18.7
3	娱乐星空第一季爱唱才会赢	浙江卫视	4.5	18.3
4	爱的奉献 2008 宣传文化系统抗震救灾大型募捐活动（5 月 18 日）	中央电视台综合频道	3.8	15.3
5	中国蓝跨越 2008 全民互动歌会	浙江卫视	2.9	13.3
6	奥运向前冲	湖南电视台卫星频道	2.9	8.7
7	非诚勿扰全球首映庆典	浙江卫视	2.8	9.9
8	一起动起来	湖南电视台卫星频道	2.8	8.4
9	荣成月中华情 2008 中央电视台中秋晚会	中央电视台综合频道	2.8	7.5
10	中央电视台 2008 年元宵晚会	中央电视台综合频道	2.7	7.9

表 3.26.12 2008 年浙江市场奥运会、残奥会比赛节目收视率排名前十位

名次	节目名称	播出频道	平均收视率（%）	平均占有率（%）
1	2008 年第 29 届奥运会乒乓球女子单打决赛	中央台五套	12.0	28.9
2	2008 年第 29 届奥运会乒乓球男子团体决赛	中央台五套	10.5	26.3
3	2008 年第 29 届奥运会男子举重 62 公斤级决赛	中央台五套	10.4	30.5
4	2008 年第 29 届奥运会体操单项女子高低杠决赛	中央台五套	10.0	41.3
5	2008 年第 29 届奥运会男子举重 69 公斤级决赛	中央台五套	9.8	28.5
6	2008 年第 29 届奥运会男子篮球 B 组比赛（中国 VS 美国）	中央台二套	9.1	42.7
7	2008 年第 29 届奥运会体操男子单杠决赛	中央台五套	8.9	25.0
8	2008 年第 29 届奥运会男子篮球小组赛（中国 VS 德国）	中央台五套	8.7	20.9
9	2008 第 29 届奥运会女子平衡木决赛	中央台五套	8.2	38.3
10	2008 年第 29 届奥运会男子举重 56 公斤级决赛	中央电视台综合频道	8.1	19.8

表 3.26.13　2008 年浙江市场体育节目收视率排名前十位（奥运会、残奥会比赛除外）

名次	节目名称	播出频道	平均收视率（%）	平均占有率（%）
1	第 29 届奥林匹克运动会开幕式	中央台五套	11.5	24.1
2	第 29 届奥林匹克运动会闭幕式	中央台五套	8.7	17.7
3	第 29 届奥林匹克运动会闭幕式	中央电视台综合频道	8.5	17.3
4	第 29 届奥林匹克运动会开幕式	中央电视台综合频道	6.8	14.2
5	第 29 届奥林匹克运动会开幕式	中央电视台新闻频道	6.4	11.2
6	伊辛巴耶娃夺金之路	中央台五套	6.0	17.4
7	第 29 届奥林匹克运动会开幕式	浙江卫视	3.0	6.2
8	北京 2008 年残奥会开幕式	中央台五套	2.5	7.7
9	第 29 届奥林匹克运动会开幕式	中央台二套	2.4	4.9
10	第 29 届奥林匹克运动会开幕式	中央台三套	2.3	4.9

二十七、北京收视数据

表 3.27.1 2004－2008 年北京市场各类频道的市场占有率（%）

频道类别	年份				
	2004 年	2005 年	2006 年	2007 年	2008 年
中央台频道	37.9	39.6	39.3	36.7	35.1
中国教育台频道	1.4	1.5	1.2	1.2	1.7
北京台频道	38.5	38.6	39.6	40.3	35.8
其他省级卫视频道	18.8	16.8	16.7	18.7	20.1
其他频道	3.4	3.5	3.2	3.1	7.3

表 3.27.2 2008 年北京市场各类频道在不同目标观众中的市场占有率（%）

目标观众		中央台频道	中国教育台	北京台频道	其他省级卫视	其他频道
4 岁及以上所有人		35.1	1.7	35.8	20.1	7.3
性别	男	37.3	1.7	34.2	19.2	7.6
	女	32.8	1.8	37.6	21.0	6.8
年龄	4－14 岁	28.9	1.1	34.6	27.0	8.4
	15－24 岁	28.0	2.4	32.1	26.8	10.7
	25－34 岁	33.5	2.5	32.2	21.7	10.1
	35－44 岁	34.6	1.8	33.9	23.3	6.4
	45－54 岁	34.2	1.6	37.8	19.7	6.7
	55－64 岁	36.9	1.7	38.3	16.5	6.6
	65 岁及以上	42.0	1.0	37.0	14.1	5.9
教育程度	未受过正规教育	35.6	0.6	37.8	20.1	5.9
	小学	36.6	1.5	35.0	21.6	5.3
	初中	35.0	1.6	37.8	20.8	4.8
	高中	32.9	1.7	36.1	21.0	8.3
	大学及以上	37.9	2.0	32.8	17.1	10.2
职业类别	干部/管理人员	39.3	1.3	33.6	16.6	9.2
	个体/私营企业人员	35.9	1.3	34.0	22.8	6.0
	初级公务员/雇员	32.7	2.2	35.4	21.4	8.3
	工人	33.7	1.9	34.9	22.5	7.0
	学生	28.4	1.4	33.5	27.1	9.6
	无业	36.7	1.6	37.6	17.4	6.7
	其他	40.1	1.2	28.7	25.9	4.1
个人月收入	0－600 元	32.7	1.8	34.1	24.3	7.1
	601－1200 元	34.8	1.8	37.9	21.0	4.5
	1201－1700 元	35.1	1.8	38.9	16.9	7.3
	1701－2600 元	37.0	1.5	34.4	19.4	7.7
	2601 元及以上	37.2	1.7	33.1	17.4	10.6

表 3.27.3　2008 年北京市场各类频道不同时段的市场占有率（%）

时间段	中央台频道	中国教育台频道	北京台频道	其他省级卫视频道	其他频道
02:00-03:00	43.7	0.6	17.0	28.5	10.2
03:00-04:00	45.8	0.5	15.6	28.3	9.8
04:00-05:00	45.1	0.4	16.2	28.8	9.5
05:00-06:00	48.0	0.4	16.9	26.5	8.2
06:00-07:00	45.0	1.0	34.4	13.4	6.2
07:00-08:00	39.3	3.4	42.9	9.1	5.3
08:00-09:00	42.6	1.0	30.9	18.9	6.6
09:00-10:00	37.9	1.0	27.5	25.9	7.7
10:00-11:00	37.6	1.2	26.1	26.8	8.3
11:00-12:00	37.5	0.7	32.2	22.1	7.5
12:00-13:00	29.0	0.7	50.5	13.5	6.3
13:00-14:00	37.8	1.3	29.9	23.0	8.0
14:00-15:00	35.7	1.4	25.1	28.9	8.9
15:00-16:00	35.3	1.5	23.0	31.0	9.2
16:00-17:00	34.3	1.3	24.9	30.3	9.2
17:00-18:00	33.3	1.4	34.6	22.4	8.3
18:00-19:00	28.1	1.7	52.6	10.0	7.6
19:00-20:00	35.3	2.8	45.8	10.1	6.0
20:00-21:00	36.4	1.9	38.9	17.1	5.7
21:00-22:00	34.8	3.0	34.0	21.9	6.3
22:00-23:00	32.3	1.5	36.0	22.7	7.5
23:00-24:00	38.2	1.5	24.7	26.9	8.7
24:00-25:00	37.4	1.0	23.7	28.1	9.8
25:00-26:00	37.6	0.7	24.2	27.0	10.5

表 3.27.4　2008 年北京市场收视份额排名前十位的频道

名次	频道名称	市场份额（%）
1	北京台四套	8.4
2	北京卫视	7.5
3	中央电视台综合频道	5.7
4	中央台六套	4.9
5	北京台二套	4.4
6	中央台三套	4.1
7	北京台七套	4.0
8	中央台五套	3.5
8	中央台八套	3.5
10	北京台三套	3.4

表 3.27.5　2008 年北京市场各主要频道的观众构成（%）

目标观众		所有频道	北京台四套	北京卫视	中央电视台综合频道	中央台六套	北京台二套
4 岁及以上所有人		100.0	100.0	100.0	100.0	100.0	100.0
性别	男	51.4	45.6	50.6	51.5	60.8	48.0
	女	48.6	54.4	49.4	48.5	39.2	52.0
年龄	4－14 岁	4.6	3.0	2.4	3.4	4.2	4.0
	15－24 岁	8.0	5.4	5.9	4.9	9.1	10.9
	25－34 岁	11.9	9.2	9.5	12.1	13.2	13.3
	35－44 岁	17.0	15.3	13.4	14.8	21.6	17.3
	45－54 岁	26.7	27.6	29.8	24.3	28.3	25.6
	55－64 岁	16.2	19.9	17.0	19.9	13.8	17.3
	65 岁及以上	15.6	19.5	22.0	20.6	9.8	11.6
教育程度	未受过正规教育	3.2	4.9	3.5	3.7	2.6	2.1
	小学	9.2	8.6	8.0	10.0	8.1	10.4
	初中	31.0	30.8	35.2	30.2	33.3	35.8
	高中	34.3	35.5	34.1	29.4	34.7	32.2
	大学及以上	22.3	20.1	19.3	26.7	21.3	19.5
职业类别	干部/管理人员	4.7	4.8	4.6	5.4	5.6	3.8
	个体/私营企业人员	7.2	7.0	6.3	6.7	8.4	6.1
	初级公务员/雇员	19.9	19.8	16.4	17.4	21.1	20.1
	工人	11.5	11.0	10.2	9.2	14.4	13.1
	学生	7.6	4.9	5.4	5.1	7.7	8.7
	无业	46.4	51.2	54.3	52.4	39.5	45.2
	其他	2.7	1.3	2.8	3.7	3.3	2.9
个人月收入	0－600 元	25.5	17.9	23.6	24.7	28.3	30.3
	601－1200 元	18.7	21.3	19.5	18.7	18.9	21.0
	1201－1700 元	22.9	26.9	27.6	21.9	18.7	19.8
	1701－2600 元	18.6	19.4	17.3	20.5	19.3	17.3
	2601 元及以上	14.2	14.5	12.0	14.3	14.8	11.7

表 3.27.6　2006－2008 年北京市场各类节目的播出份额（%）和收视份额（%）

类别	2006 年		2007 年		2008 年	
	播出份额	收视份额	播出份额	收视份额	播出份额	收视份额
财经	1.4	0.7	1.6	2.1	2.2	1.9
电视剧	25.8	31.1	26.3	31.4	24.6	31.7
电影	3.6	7.5	3.3	6.0	2.6	4.2
法制	1.3	4.0	1.2	2.9	1.1	1.5
教学	0.7	0.4	0.8	0.5	0.5	0.2
青少	3.5	1.4	3.7	2.5	4.3	2.0
生活服务	8.6	3.2	10.7	7.5	8.5	8.0
体育	2.2	5.4	3.0	5.2	3.7	7.1
外语	0.4	0.1	0.3	0.1	0.2	0.2
戏剧	1.2	0.7	1.0	0.7	1.1	0.5
新闻/时事	8.8	11.1	8.1	8.9	12.8	10.3
音乐	1.5	2.0	2.1	1.6	2.5	1.2
专题	11.2	9.5	10.8	10.2	12.7	10.2
综艺	7.0	11.1	6.9	9.2	7.4	9.8
其他	22.8	11.8	20.2	11.2	15.7	11.2

表 3.27.7　2008 年北京市场所有节目收视率排名前三十位

名次	节目名称	节目类型	播出频道	平均收视率（%）	平均占有率（%）
1	中国中央电视台 2008 春节联欢晚会	综艺	中央电视台综合频道	27.9	62.6
2	天气预报	生活服务	北京卫视	16.0	49.3
3	2008 年第 29 届奥运会男子篮球 B 组比赛（中国 VS 美国）	体育	中央台二套	15.8	49.5
4	第 29 届奥运会闭幕式天安门广场欢庆焰火	体育	北京卫视	15.2	30.2
5	第 29 届奥林匹克运动会开幕式	体育	中央电视台综合频道	14.4	23.8
6	2008 年第 29 届奥运会乒乓球女子单打决赛	体育	中央台五套	13.6	32.3
7	第 29 届奥林匹克运动会闭幕式	体育	中央电视台综合频道	13.3	23.4
8	2008 年第 29 届奥运会女子 100 米决赛	体育	中央电视台综合频道	13.0	33.1
9	2008 北京新春大联欢北京电视台春节联欢晚会	综艺	北京卫视	12.9	34.1
10	2008 年第 29 届奥运会女排小组赛（中国 VS 古巴）	体育	中央电视台综合频道	12.8	29.0
11	2008 年第 29 届奥运会乒乓球男子团体决赛	体育	中央台五套	12.1	28.2
12	2008 年第 29 届奥运会女排小组赛（中国 VS 波兰）	体育	中央电视台综合频道	11.7	25.9
13	2008 年第 29 届奥运会女子排球预赛（中国 VS 美国）	体育	中央台五套	11.6	27.5
14	爱的奉献 2008 宣传文化系统抗震救灾大型募捐活动（5 月 18 日）	综艺	中央电视台综合频道	11.5	28.9
15	2008 年第 29 届奥运会男子举重 56 公斤级决赛	体育	中央电视台综合频道	11.5	23.9
16	2008 年第 29 届奥运会男子举重 62 公斤级决赛	体育	中央台五套	11.4	28.8
17	2008 第 29 届奥运会女子平衡木决赛	体育	中央台五套	11.2	36.6
18	闯关东	电视剧	中央电视台综合频道	11.0	26.5
19	2008 年第 29 届奥运会女子链球决赛	体育	中央电视台综合频道	10.9	26.9
20	中央电视台 2008 年元宵晚会	综艺	中央电视台综合频道	10.7	24.4
21	2008 年第 29 届奥运会田径比赛男子 110 米栏决赛	体育	中央电视台综合频道	10.7	23.7
22	2008 年第 29 届奥运会田径男子 100 米决赛	体育	中央电视台综合频道	10.5	28.8
23	笑着活下去	电视剧	北京台四套	10.0	25.7
24	2008 年第 29 届奥运会女子排球半决赛（中国 VS 巴西）	体育	中央台五套	10.0	21.1

续表

名次	节目名称	节目类型	播出频道	平均收视率（%）	平均占有率（%）
25	2008年第29届奥运会体操单项女子高低杠决赛	体育	中央台五套	9.9	29.7
26	2008年第29届奥运会女子排球1/4决赛（中国VS俄罗斯）	体育	中央台五套	9.9	23.6
27	2008年第29届奥运会女子三级跳远决赛	体育	中央电视台综合频道	9.8	23.2
28	第29届奥林匹克运动会闭幕式	体育	中央台五套	9.8	17.1
29	2008年第29届奥运会跳水男子单人10米跳台决赛	体育	中央电视台综合频道	9.7	22.7
30	第29届奥林匹克运动会开幕式	体育	中央台五套	9.7	16.0

表3.27.8　2008年北京市场电视剧收视率排名前十位

名次	节目名称	播出频道	平均收视率（%）	平均占有率（%）
1	闯关东	中央电视台综合频道	11.0	26.5
2	笑着活下去	北京台四套	10.0	25.7
3	上海王	北京台四套	8.6	22.7
4	女人一辈子	北京台四套	8.3	20.3
5	宽恕	北京台四套	7.9	22.6
6	想爱都难	北京台四套	7.8	21.7
7	甜蜜蜜	北京台四套	7.8	20.6
8	爱无悔	北京台四套	7.8	19.8
9	乡村爱情第二部	中央电视台综合频道	7.8	18.5
10	天下兄弟	北京台四套	7.5	19.9

表3.27.9　2008年北京市场新闻节目收视率排名前十位

名次	节目名称	播出频道	平均收视率（%）	平均占有率（%）
1	北京新闻	北京卫视	7.7	25.7
2	转播中央台新闻联播	北京卫视	6.0	17.9
3	新闻联播（5月13－17日、5月19－21日，21:00）	中央电视台综合频道	4.1	11.4
4	温家宝在汶川映秀镇会见中外记者	中央电视台综合频道	3.8	13.8
5	新闻联播	中央电视台综合频道	3.5	10.5
6	神七问天直播特别节目	中央电视台综合频道	3.3	9.7
7	真挚的关怀深入的指导	中央电视台综合频道	2.8	7.4
8	神七发射实况	深圳卫视（新闻综合频道）	2.6	5.8
9	焦点访谈	中央电视台综合频道	2.4	6.6
10	第7日	北京台七套	2.2	5.9

表 3.27.10　2008 年北京市场专题节目收视率排名前十位

名次	节目名称	播出频道	平均收视率(%)	平均占有率(%)
1	拉萨 3.14 打砸抢烧暴力事件纪实	中央电视台综合频道	6.6	17.6
2	CCTV2007 感动中国颁奖盛典	中央电视台综合频道	4.4	10.8
3	董倩面对面	中央电视台综合频道	3.9	11.2
4	生活实验室	北京台七套	3.0	8.9
5	奥运名人堂	中央台五套	2.9	8.1
6	艺术人生	中央电视台综合频道	2.6	5.6
7	情归周恩来	中央台六套	2.6	6.4
8	神州音画	北京台二套	2.3	6.3
9	奥运名人堂	中央电视台综合频道	2.1	6.9
10	谁在说	北京台八套	2.1	5.8

表 3.27.11　2008 年北京市场综艺节目收视率排名前十位

名次	节目名称	播出频道	平均收视率(%)	平均占有率(%)
1	中国中央电视台 2008 春节联欢晚会	中央电视台综合频道	27.9	62.6
2	2008 北京新春大联欢北京电视台春节联欢晚会	北京卫视	12.9	34.1
3	爱的奉献 2008 宣传文化系统抗震救灾大型募捐活动（5 月 18 日）	中央电视台综合频道	11.5	28.9
4	中央电视台 2008 年元宵晚会	中央电视台综合频道	10.7	24.4
5	百花迎春中国文学艺术界 2008 年春节大联欢	中央台三套	6.5	17.0
6	爱心融化冰雪首都大型赈灾慈善义演	北京卫视	5.7	13.8
7	7 天大胜（2008 年 1 月 1 日 -2 日）	北京台二套	5.4	15.2
8	荣成月中华情 2008 中央电视台中秋晚会	中央电视台综合频道	5.1	14.2
9	北京电视台 2007 年度影视盛典	北京卫视	4.9	12.1
10	综艺盛典 Variety Awards 2008	中央台三套	4.9	11.4

注：《7 天大胜》播出日期：2007 年 12 月 27 日 -2008 年 1 月 2 日，本表只统计 2008 年内数据。

表 3.27.12　2008 年北京市场奥运会、残奥会比赛节目收视率排名前十位

名次	节目名称	播出频道	节目日期	开始时间	平均收视率（%）	平均占有率（%）
1	2008 年第 29 届奥运会男子篮球 B 组比赛（中国 VS 美国）	中央台二套	2008-8-10	22:14:15	15.8	49.5
2	2008 年第 29 届奥运会乒乓球女子单打决赛	中央台五套	2008-8-22	20:31:36	13.6	32.3
3	2008 年第 29 届奥运会女子 100 米决赛	中央电视台综合频道	2008-8-17	22:21:17	13.0	33.1
4	2008 年第 29 届奥运会女排小组赛（中国 VS 古巴）	中央电视台综合频道	2008-8-13	19:58:36	12.8	29.0
5	2008 年第 29 届奥运会乒乓球男子团体决赛	中央台五套	2008-8-18	19:30:02	12.1	28.2
6	2008 年第 29 届奥运会女排小组赛（中国 VS 波兰）	中央电视台综合频道	2008-8-11	19:59:05	11.7	25.9
7	2008 年第 29 届奥运会女子排球预赛（中国 VS 美国）	中央台五套	2008-8-15	19:58:50	11.6	27.5
8	2008 年第 29 届奥运会男子举重 56 公斤级决赛	中央电视台综合频道	2008-8-10	19:54:31	11.5	23.9
9	2008 年第 29 届奥运会男子举重 62 公斤级决赛	中央台五套	2008-8-11	18:58:15	11.4	28.8
10	2008 第 29 届奥运会女子平衡木决赛	中央台五套	2008-8-19	18:45:26	11.2	36.6

表 3.27.13　2008 年北京市场体育节目收视率排名前十位（奥运会、残奥会比赛除外）

名次	节目名称	播出频道	平均收视率（%）	平均占有率（%）
1	第 29 届奥运会闭幕式天安门广场欢庆焰火	北京卫视	15.2	30.2
2	第 29 届奥林匹克运动会开幕式	中央电视台综合频道	14.4	23.8
3	第 29 届奥林匹克运动会闭幕式	中央电视台综合频道	13.3	23.4
4	第 29 届奥林匹克运动会闭幕式	中央台五套	9.8	17.1
5	第 29 届奥林匹克运动会开幕式	中央台五套	9.7	16.0
6	北京 2008 年残奥会开幕式	中央电视台综合频道	8.3	18.1
7	第 29 届奥林匹克运动会开幕式	北京卫视	7.5	12.3
8	2010 年世界杯亚洲区预选赛（卡塔尔 VS 中国）	中央台五套	7.4	21.0
9	第 49 届世界乒乓球团体锦标赛女团决赛	中央台五套	7.1	17.0
10	北京 2008 年残奥会闭幕式	中央电视台综合频道	6.5	15.6

二十八、上海收视数据

表 3.28.1　2004－2008 年上海市场各类频道的市场占有率（%）

频道类别	年份				
	2004 年	2005 年	2006 年	2007 年	2008 年
中央台频道	20.0	19.7	19.1	18.5	20.3
中国教育台频道	0.1	0.4	0.3	0.3	0.2
上海市级频道	63.7	64.3	64.6	64.2	61.0
其他省级卫视频道	13.8	12.6	13.0	13.5	15.7
其他频道	2.4	3.0	3.0	3.5	2.8

表 3.28.2　2008 年上海市场各类频道在不同目标观众中的市场占有率（%）

频道		中央台频道	中国教育台频道	上海市级频道	其他省级卫视频道	其他频道
4 岁及以上所有人		20.3	0.2	61.0	15.7	2.8
性别	男	23.3	0.2	59.0	14.3	3.2
	女	17.0	0.2	63.1	17.1	2.6
年龄	4－14 岁	13.7	0.2	59.4	21.7	5.0
	15－24 岁	13.8	0.2	63.0	19.1	3.9
	25－34 岁	18.5	0.3	57.3	17.9	6.0
	35－44 岁	21.6	0.2	58.2	17.1	2.9
	45－54 岁	20.4	0.2	62.9	14.6	1.9
	55－64 岁	22.6	0.3	61.8	13.3	2.0
	65 岁及以上	23.7	0.2	60.9	13.5	1.7
教育程度	未受过正规教育	16.1	0.3	63.1	18.0	2.5
	小学	16.8	0.2	61.8	19.3	1.9
	初中	21.7	0.2	60.5	15.1	2.5
	高中	19.3	0.2	61.7	15.9	2.9
	大学及以上	21.9	0.2	59.6	14.2	4.1
职业类别	干部/管理人员	22.3	0.2	60.0	14.8	2.7
	个体/私营企业人员	20.7	0.2	58.0	15.5	5.6
	初级公务员/雇员	19.7	0.2	59.9	16.1	4.1
	工人	20.3	0.3	61.3	16.7	1.4
	学生	13.4	0.2	60.7	21.9	3.8
	无业	21.5	0.2	62.1	14.1	2.1
	其他	20.5	0.2	59.1	17.0	3.2
个人月收入	0－600 元	16.7	0.2	61.3	18.5	3.3
	601－1200 元	19.4	0.2	62.7	15.2	2.5
	1201－1700 元	22.4	0.2	60.8	14.5	2.1
	1701－2600 元	21.0	0.2	60.0	14.9	3.9
	2601 元及以上	22.7	0.2	58.8	15.5	2.8

表 3.28.3　2008 年上海市场各类频道不同时段的市场占有率（%）

时间段	中央台频道	中国教育台频道	上海市级频道	其他省级卫视频道	其他频道
02:00－03:00	26.7	0.1	38.0	26.5	8.7
03:00－04:00	26.4	0.1	35.4	29.5	8.6
04:00－05:00	26.9	0.1	33.0	33.3	6.7
05:00－06:00	32.5	0.3	27.3	35.5	4.4
06:00－07:00	32.4	0.3	48.8	16.0	2.5
07:00－08:00	24.4	0.1	62.0	12.1	1.4
08:00－09:00	24.1	0.1	54.6	19.0	2.2
09:00－10:00	22.5	0.1	52.7	21.7	3.0
10:00－11:00	22.9	0.2	52.2	21.6	3.1
11:00－12:00	26.3	0.3	50.4	20.0	3.0
12:00－13:00	27.5	0.4	51.5	17.5	3.1
13:00－14:00	25.6	0.4	49.7	20.4	3.9
14:00－15:00	22.7	0.2	49.1	23.4	4.6
15:00－16:00	23.8	0.1	46.6	24.8	4.7
16:00－17:00	23.8	0.4	46.8	24.7	4.3
17:00－18:00	21.8	0.4	56.2	18.4	3.2
18:00－19:00	10.8	0.1	82.4	4.9	1.8
19:00－20:00	14.4	0.1	79.0	4.9	1.6
20:00－21:00	17.7	0.2	69.4	10.9	1.8
21:00－22:00	17.1	0.2	65.6	15.0	2.1
22:00－23:00	20.2	0.2	58.4	18.4	2.8
23:00－24:00	23.9	0.3	53.9	18.1	3.8
24:00－25:00	25.2	0.2	50.3	19.5	4.8
25:00－26:00	24.4	0.1	46.4	22.1	7.0

表 3.28.4　2008 年上海市场收视份额排名前十位的频道

名次	频道名称	市场份额（%）
1	上海电视台新闻综合频道	11.8
2	上海电视台电视剧频道	9.1
3	上海东方电视台娱乐频道	6.9
4	上海东方电影频道	5.3
5	上海电视台体育频道	4.2
5	上海电视台生活时尚频道	4.2
7	上海东方卫视	3.6
7	第 1 财经	3.6
9	中央台六套	2.9
10	上海东方电视台艺术人文频道	2.8

表 3.28.5　2008 年上海市场各主要频道的观众构成（%）

目标观众		所有频道	上海电视台新闻综合频道	上海电视台电视剧频道	东方电视台新闻娱乐频道	上海东方电影频道	上海电视台体育频道
4 岁及以上所有人		100.0	100.0	100.0	100.0	100.0	100.0
性别	男	51.3	51.5	37.5	43.3	55.7	71.4
	女	48.7	48.5	62.5	56.7	44.3	28.6
年龄	4－14 岁	4.9	2.7	3.2	2.6	4.2	2.2
	15－24 岁	9.5	5.7	9.1	10.0	9.1	16.9
	25－34 岁	11.6	7.9	9.9	8.7	11.7	13.4
	35－44 岁	12.8	9.1	12.9	11.8	20.5	12.3
	45－54 岁	28.1	30.6	24.2	33.8	26.6	31.5
	55－64 岁	17.9	22.4	19.3	16.2	14.8	14.7
	65 岁及以上	15.3	21.5	21.3	16.9	13.2	9.1
教育程度	未受过正规教育	3.0	2.1	4.6	2.6	4.0	0.8
	小学	8.3	8.6	12.5	8.7	7.7	4.5
	初中	33.2	37.8	31.4	33.1	36.0	26.1
	高中	38.7	37.1	37.5	41.5	38.9	45.2
	大学及以上	16.8	14.4	13.9	14.2	13.3	23.4
职业类别	干部/管理人员	6.6	6.3	4.3	6.8	6.1	11.5
	个体/私营企业人员	5.8	5.8	5.5	6.0	5.3	5.4
	初级公务员/雇员	23.7	19.9	20.3	21.7	27.6	28.6
	工人	10.2	9.4	10.0	10.6	13.2	12.3
	学生	8.5	4.4	6.7	7.5	7.7	11.4
	无业	44.4	53.6	52.3	46.4	37.6	30.4
	其他	0.9	0.7	1.0	1.2	2.5	0.4
个人月收入	0－600 元	19.5	13.9	19.5	17.8	17.7	20.2
	601－1200 元	28.2	31.4	34.3	31.6	30.8	22.2
	1201－1700 元	20.4	25.2	20.9	21.1	18.8	15.9
	1701－2600 元	17.4	17.7	14.2	18.9	19.7	18.4
	2601 元及以上	14.6	11.8	11.0	10.7	13.0	23.4

表 3.28.6　2006－2008 年上海市场各类节目的播出份额（%）和收视份额（%）

节目类别	2006 年		2007 年		2008 年	
	播出份额	收视份额	播出份额	收视份额	播出份额	收视份额
财经	2.0	1.2	2.0	2.8	2.0	2.2
生活服务	6.0	2.8	8.3	6.1	9.2	7.5
青少	5.1	2.4	5.1	2.5	5.1	2.4
戏剧	1.8	1.8	1.8	1.5	1.4	0.7
教学	0.3	0.1	0.5	0.1	0.5	0.1
综艺	8.2	11.0	8.2	7.9	7.0	8.0
外语	0.2	0.0	0.2	0.1	0.2	0.2
电影	3.4	5.0	3.2	5.2	3.4	5.7
音乐	1.6	1.5	2.6	2.1	2.5	1.1
新闻/时事	12.6	12.5	12.1	11.3	12.3	11.9
体育	2.7	5.0	2.7	4.7	3.7	7.2
电视剧	24.3	34.2	24.3	33.3	23.9	29.9
专题	11.9	7.3	11.9	7.8	12.5	9.6
法制	1.3	2.5	1.4	2.9	1.1	2.3
其他	18.4	12.7	15.9	11.7	15.2	11.2

表 3.28.7　2008 年上海市场所有节目收视率排名前三十位

名次	节目名称	节目类型	播出频道	平均收视率（%）	平均占有率（%）
1	中国中央电视台 2008 春节联欢晚会	综艺	中央电视台综合频道	17.1	39.0
2	新闻透视	新闻/时事	上海电视台新闻综合频道	14.1	40.3
3	笑笑笑欢乐千万家（2 月 12 日）	综艺	上海东方电视台娱乐频道	12.9	35.1
4	观众中来	新闻/时事	上海电视台新闻综合频道	12.4	35.1
5	新闻报道	新闻/时事	上海电视台新闻综合频道	11.8	36.0
6	爱无悔	电视剧	上海电视台电视剧频道	11.4	28.6
7	天气预报	生活服务	上海电视台新闻综合频道	9.9	27.2
8	第 29 届奥林匹克运动会开幕式	体育	中央电视台综合频道	9.8	16.0
9	2008 年第 29 届奥运会女子 3 米跳板决赛	体育	中央台二套	9.5	19.1
10	2008 年第 29 届奥运会田径比赛男子 110 米栏决赛	体育	中央电视台综合频道	9.4	20.9
11	2008 年第 29 届奥运会乒乓球女子单打决赛	体育	中央台五套	9.1	19.8
12	第 29 届奥林匹克运动会闭幕式	体育	中央电视台综合频道	9.1	16.2
13	2008 年第 29 届奥运会男篮小组赛（中国 VS 美国）	体育	上海电视台体育频道	9.0	27.1
14	2008 年第 29 届奥运会体操男子单杠决赛	体育	上海电视台体育频道	9.0	19.7
15	第 29 届奥林匹克运动会开幕式	体育	上海电视台新闻综合频道	8.9	14.4
16	转播中央台新闻联播	新闻/时事	上海电视台新闻综合频道	8.7	19.5
17	2008 年第 29 届奥运会乒乓球女团决赛	体育	中央电视台综合频道	8.7	18.1
18	案件聚焦	法制	上海电视台新闻综合频道	8.6	23.0
19	2008 年第 29 届奥运会男子举重 62 公斤级决赛	体育	中央台五套	8.4	18.5
20	东方 110	法制	上海电视台新闻综合频道	8.3	22.3
21	重庆谍战	电视剧	上海电视台新闻综合频道	8.3	20.6
22	错爱第二部	电视剧	上海电视台电视剧频道	8.2	20.9
23	2008 年第 29 届奥运会男子举重 69 公斤级决赛	体育	中央台五套	8.2	17.8

续表

名次	节目名称	节目类型	播出频道	平均收视率(%)	平均占有率(%)
24	2008年第29届奥运会射箭女团决赛	体育	中央台五套	8.1	22.2
25	龙飞凤舞对对碰家有喜事	综艺	上海东方电视台娱乐频道	8.0	19.6
26	第29届奥林匹克运动会闭幕式	体育	上海电视台新闻综合频道	8.0	14.3
27	现场直播：2008年第29届奥运会乒乓球男子团体决赛	体育	中央台五套	7.9	17.0
28	G赛场：2010年世界杯亚洲区预选赛（中国VS卡塔尔）	体育	上海电视台体育频道	7.8	19.7
29	2008年第29届奥运会体操女子平衡木决赛	体育	上海电视台体育频道	7.7	19.7
30	相约星期六	综艺	上海东方电视台娱乐频道	7.7	19.6

表3.28.8 2008年上海市场电视剧收视率排名前十位

名次	节目名称	播出频道	平均收视率(%)	平均占有率(%)
1	爱无悔	上海电视台电视剧频道	11.4	28.6
2	重庆谍战	上海电视台新闻综合频道	8.3	20.6
3	错爱第二部	上海电视台电视剧频道	8.2	20.9
4	芸娘	上海电视台电视剧频道	7.6	18.8
5	落地请开手机	上海电视台新闻综合频道	7.5	18.7
6	血色迷雾	上海电视台电视剧频道	7.4	18.8
7	胭脂雪（3月29－4月8日）	上海电视台电视剧频道	7.4	18.6
8	上海王	上海电视台新闻综合频道	7.4	18.0
9	黑三角	上海电视台电视剧频道	7.1	17.8
10	情之债	上海电视台电视剧频道	7.1	17.4

表3.28.9 2008年上海市场新闻节目收视率排名前十位

名次	节目名称	播出频道	平均收视率(%)	平均占有率(%)
1	新闻透视	上海电视台新闻综合频道	14.1	40.3
2	观众中来	上海电视台新闻综合频道	12.4	35.1
3	新闻报道	上海电视台新闻综合频道	11.8	36.0
4	转播中央台新闻联播	上海电视台新闻综合频道	8.7	19.5
5	新闻坊	上海电视台新闻综合频道	7.4	27.7
6	1/7	上海电视台新闻综合频道	5.7	14.2
7	神七行天直播特别报道	上海电视台新闻综合频道	5.5	13.9
8	聚焦汶川大地震特别报道	上海电视台新闻综合频道	3.9	15.1
9	上海市人民政府记者招待会	上海电视台新闻综合频道	3.9	9.3
10	神七行天直播特别报道	上海东方卫视	3.1	8.3

表 3.28.10 2008 年上海市场专题节目收视率排名前十位

名次	节目名称	播出频道	平均收视率（%）	平均占有率（%）
1	情系人民筑和谐	上海电视台新闻综合频道	4.8	11.2
2	家庭演播室	上海东方电视台娱乐频道	4.7	12.5
3	情满浦江	上海东方电视台娱乐频道	3.3	10.9
4	滑稽人生笑着向观众告别	上海东方电视台艺术人文频道	3.3	8.3
5	爱心演播室闪电星感动	上海东方电视台娱乐频道	3.2	8.7
6	城里城外	上海电视台生活时尚频道	3.0	7.4
7	新世纪新步伐十届上海市政协工作回顾	上海电视台新闻综合频道	2.9	7.8
8	笑着向观众告别缅怀一代滑稽宗师周柏春	上海东方电视台艺术人文频道	2.7	6.1
9	全球世博系列重要城市卫星双向传送大型节目上海大阪	上海东方电视台艺术人文频道	2.7	5.9
10	真情人生特别报道	上海电视台新闻综合频道	2.6	13.3

表 3.28.11 2008 年上海市场综艺节目收视率排名前十位

名次	节目名称	播出频道	平均收视率（%）	平均占有率（%）
1	中国中央电视台 2008 春节联欢晚会	中央电视台综合频道	17.1	39.0
2	笑笑笑欢乐千万家（2 月 12 日）	上海东方电视台娱乐频道	12.9	35.1
3	龙飞凤舞对对碰家有喜事	上海东方电视台娱乐频道	8.0	19.6
4	相约星期六	上海东方电视台娱乐频道	7.7	19.6
5	一见你就笑 2008 元旦笑的晚会	上海东方电视台娱乐频道	7.1	18.0
6	笑林大会	上海东方电视台娱乐频道	7.1	17.5
7	爱的奉献 2008 宣传文化系统抗震救灾大型募捐活动（5 月 18 日）	中央电视台综合频道	6.9	17.7
8	我和春天有个约会龙飞凤舞对对碰（2 月 6 日）	上海东方电视台娱乐频道	6.8	18.2
9	舞林盛典（2 月 5 日）	上海东方电视台娱乐频道	6.8	17.3
10	我和春天有个约会 2008 海宁元旦电视直播文艺晚会	上海东方电视台娱乐频道	6.7	15.8

表 3.28.12　2008 年上海市场奥运会、残奥会比赛节目收视率排名前十位

名次	节目名称	播出频道	平均收视率（%）	平均占有率（%）
1	2008 年第 29 届奥运会女子 3 米跳板决赛	中央台二套	9.5	19.1
2	2008 年第 29 届奥运会田径比赛男子 110 米栏决赛	中央电视台综合频道	9.4	20.9
3	2008 年第 29 届奥运会乒乓球女子单打决赛	中央台五套	9.1	19.8
4	2008 年第 29 届奥运会男篮小组赛（中国 VS 美国）	上海电视台体育频道	9.0	27.1
5	2008 年第 29 届奥运会体操男子单杠决赛	上海电视台体育频道	9.0	19.7
6	2008 年第 29 届奥运会乒乓球女团决赛	中央电视台综合频道	8.7	18.1
7	2008 年第 29 届奥运会男子举重 62 公斤级决赛	中央台五套	8.4	18.5
8	2008 年第 29 届奥运会男子举重 69 公斤级决赛	中央台五套	8.2	17.8
9	2008 年第 29 届奥运会射箭女团决赛	中央台五套	8.1	22.2
10	2008 年第 29 届奥运会乒乓球男子团体决赛	中央台五套	7.9	17.0

表 3.28.13　2008 年上海市场体育节目收视率排名前十位（奥运会、残奥会比赛除外）

名次	节目名称	播出频道	平均收视率（%）	平均占有率（%）
1	第 29 届奥林匹克运动会开幕式	中央电视台综合频道	9.8	16.0
2	第 29 届奥林匹克运动会闭幕式	中央电视台综合频道	9.1	16.2
3	第 29 届奥林匹克运动会开幕式	上海电视台新闻综合频道	8.9	14.4
4	第 29 届奥林匹克运动会闭幕式	上海电视台新闻综合频道	8.0	14.3
5	G 赛场：2010 年世界杯亚洲区预选赛（中国 VS 卡塔尔）	上海电视台体育频道	7.8	19.7
6	2008 年第 29 届奥运会体操女子平衡木颁奖仪式	上海电视台体育频道	7.6	18.0
7	第 29 届奥林匹克运动会闭幕式	上海电视台体育频道	7.4	13.2
8	第 29 届奥林匹克运动会开幕式	上海电视台体育频道	6.8	11.0
9	2008 年中国足球协会超级联赛（上海申花 VS 长沙金德）	上海电视台体育频道	6.6	16.1
10	第 29 届奥林匹克运动会闭幕式	中央台五套	6.5	11.5

二十九、天津收视数据

表 3. 29. 1 2004－2008 年天津市场各类频道的市场占有率（%）

频道类别	年份				
	2004 年	2005 年	2006 年	2007 年	2008 年
中央台频道	52. 2	49. 3	48. 9	40. 7	38. 1
中国教育台频道	0. 2	0. 4	0. 4	0. 4	0. 4
天津市级频道	35. 2	36. 2	30. 1	34. 7	30. 0
其他省级卫视频道	9. 7	11. 0	15. 4	17. 0	19. 2
其他频道	2. 7	3. 1	5. 1	7. 2	12. 3

表 3. 29. 2 2008 年天津市场各类频道在不同目标观众中的市场占有率（%）

目标观众		中央台频道	中国教育台频道	天津市级频道	其他省级卫视频道	其他频道
4 岁及以上所有人		38. 1	0. 4	30. 0	19. 2	12. 3
性别	男	39. 9	0. 3	29. 2	17. 4	13. 2
	女	36. 3	0. 5	30. 8	21. 0	11. 4
年龄	4－14 岁	30. 4	0. 2	32. 9	23. 7	12. 8
	15－24 岁	27. 3	0. 7	32. 2	24. 6	15. 2
	25－34 岁	33. 0	0. 4	31. 6	20. 3	14. 7
	35－44 岁	34. 6	0. 4	28. 0	21. 0	16. 0
	45－54 岁	39. 4	0. 5	30. 9	18. 1	11. 1
	55－64 岁	43. 4	0. 3	30. 1	15. 9	10. 3
	65 岁及以上	50. 2	0. 5	25. 6	15. 8	7. 9
教育程度	未受过正规教育	36. 9	0. 2	31. 3	20. 2	11. 4
	小学	38. 7	0. 4	30. 9	20. 5	9. 5
	初中	38. 2	0. 4	30. 6	18. 4	12. 4
	高中	37. 4	0. 5	30. 1	18. 5	13. 5
	大学及以上	38. 9	0. 4	27. 6	21. 3	11. 8
职业类别	干部/管理人员	38. 5	0. 3	27. 7	19. 8	13. 7
	个体/私营企业人员	35. 3	0. 6	29. 5	21. 5	13. 1
	初级公务员/雇员	37. 3	0. 5	29. 4	19. 2	13. 6
	工人	35. 5	0. 5	31. 2	18. 3	14. 5
	学生	28. 4	0. 4	33. 2	24. 9	13. 1
	无业	43. 0	0. 4	27. 8	18. 2	10. 6
	其他	35. 0	0. 2	39. 2	15. 0	10. 6
个人月收入	0－600 元	34. 4	0. 5	31. 1	21. 5	12. 5
	601－1200 元	40. 0	0. 4	30. 1	18. 0	11. 5
	1201－1700 元	40. 4	0. 5	28. 6	18. 2	12. 3
	1701－2600 元	41. 4	0. 3	29. 3	16. 1	12. 9
	2601 元及以上	39. 9	0. 3	25. 3	20. 8	13. 7

表 3. 29. 3　2008 年天津市场各类频道不同时段的市场占有率（%）

时间段	中央台频道	中国教育台频道	天津市级频道	其他省级卫视频道	其他频道
02:00-03:00	39.5	0.6	7.1	31.6	21.2
03:00-04:00	39.3	0.2	7.8	32.0	20.7
04:00-05:00	40.7	0.1	12.0	29.3	17.9
05:00-06:00	49.9	0.1	10.8	26.5	12.7
06:00-07:00	63.0	0.3	3.6	21.8	11.3
07:00-08:00	58.5	0.2	18.3	13.0	10.0
08:00-09:00	48.3	0.2	21.8	19.5	10.2
09:00-10:00	42.0	0.2	20.7	24.8	12.3
10:00-11:00	40.2	0.3	22.5	23.9	13.1
11:00-12:00	42.0	0.4	22.5	22.4	12.7
12:00-13:00	44.2	0.7	23.5	18.2	13.4
13:00-14:00	41.7	0.8	21.9	21.8	13.8
14:00-15:00	38.9	0.3	19.6	26.7	14.5
15:00-16:00	36.9	0.2	21.6	27.7	13.6
16:00-17:00	37.9	0.7	19.6	28.1	13.7
17:00-18:00	39.1	0.9	22.8	23.6	13.6
18:00-19:00	31.8	0.3	43.5	10.7	13.7
19:00-20:00	38.4	0.2	39.9	10.7	10.8
20:00-21:00	35.6	0.4	39.2	14.6	10.2
21:00-22:00	31.3	0.4	38.6	19.2	10.5
22:00-23:00	34.0	0.4	31.5	22.1	12.0
23:00-24:00	40.1	0.6	22.4	22.9	14.0
24:00-25:00	40.6	0.5	18.8	24.1	16.0
25:00-26:00	39.0	0.8	11.7	28.3	20.2

表 3. 29. 4　2008 年天津市场收视份额排名前十位的频道

名次	频道名称	收视份额（%）
1	中央电视台综合频道	8.5
2	天津电视台二套（文娱频道）	5.3
3	天津卫视	5.2
4	天津电视台三套（影视频道）	4.8
5	天津电视台四套（都市频道）	4.6
6	中央台六套	3.9
7	中央台五套	3.8
7	中央台三套	3.8
9	中央台八套	3.4
10	天津电视台一套（滨海频道）	3.2

表 3.29.5 2008 年天津市场各主要频道的观众构成（%）

目标观众		所有频道	主要频道				
			中央电视台综合频道	天津电视台二套(文化娱乐频道)	天津电视台三套(影视频道)	天津卫视	天津电视台四套(都市频道)
4 岁及以上所有人		100.0	100.0	100.0	100.0	100.0	100.0
性别	男	49.1	48.7	44.4	44.3	47.2	49.0
	女	50.9	51.3	55.6	55.7	52.8	51.0
年龄	4－14 岁	6.6	4.7	5.9	5.1	9.2	3.1
	15－24 岁	11.0	8.8	11.0	10.8	13.7	10.9
	25－34 岁	11.7	8.7	11.8	10.8	10.1	12.5
	35－44 岁	14.9	14.9	14.6	12.0	17.8	11.1
	45－54 岁	25.7	27.8	25.0	25.5	25.4	33.1
	55－64 岁	17.1	17.4	17.9	22.8	11.9	19.5
	65 岁及以上	12.9	17.6	13.8	13.0	11.8	9.8
教育程度	未受过正规教育	4.1	3.4	5.6	2.6	4.8	2.1
	小学	13.8	17.4	18.0	14.7	16.2	8.5
	初中	33.1	33.4	33.7	33.2	38.0	32.5
	高中	33.1	31.9	31.7	31.2	31.1	39.8
	大学及以上	15.9	13.9	10.9	18.3	9.9	17.2
职业类别	干部/管理人员	3.1	3.6	2.1	4.0	2.0	3.5
	个体/私营企业人员	7.9	7.2	7.4	7.7	9.5	7.2
	初级公务员/雇员	13.6	11.4	11.0	14.4	11.5	15.7
	工人	17.2	14.7	18.0	14.2	19.5	19.5
	学生	11.1	9.6	11.3	11.6	15.4	8.6
	无业	40.7	41.3	35.6	44.8	29.3	43.5
	其他	6.2	12.1	14.5	3.3	12.8	2.0
个人月收入	0－600 元	37.2	40.8	41.8	33.6	45.3	28.5
	601－1200 元	35.1	34.9	34.5	36.4	34.2	41.8
	1201－1700 元	12.8	11.8	11.8	12.9	9.7	15.3
	1701－2600 元	10.1	8.8	9.2	10.8	8.1	10.0
	2601 元及以上	4.7	3.7	2.7	6.4	2.7	4.4

表 3.29.6 2006－2008 年天津市场各类节目的播出份额（%）和收视份额（%）

节目类别	2006 年		2007 年		2008 年	
	播出份额	收视份额	播出份额	收视份额	播出份额	收视份额
财经	1.3	0.9	1.4	1.1	1.8	0.9
电视剧	24.5	34.2	25.6	36.0	24.3	32.6
电影	3.6	5.1	3.5	4.7	2.9	4.3
法制	1.3	2.1	1.2	2.2	1.3	1.9
教学	0.7	0.5	0.8	0.4	0.5	0.1
青少	3.7	2.9	3.8	2.7	4.9	2.8
生活服务	8.8	3.5	10.8	5.4	8.1	5.8
体育	2.9	7.2	2.8	5.9	3.7	9.2
外语	0.4	0.1	0.3	0.1	0.2	0.1
戏剧	1.2	1.6	1.0	1.5	1.0	0.7
新闻/时事	8.4	9.2	8.2	9.2	12.9	11.8
音乐	1.4	1.8	2.1	1.5	2.6	1.0
专题	11.4	9.5	11.1	8.7	12.4	7.4
综艺	7.0	10.2	7.0	9.4	7.3	8.9
其他	23.6	11.5	20.4	11.2	16.1	12.6

表 3.29.7　2008 年天津市场所有节目收视率排名前三十位

名次	节目名称	节目类型	播出频道	平均收视率(%)	平均占有率(%)
1	中国中央电视台 2008 春节联欢晚会	综艺	中央电视台综合频道	28.0	53.1
2	2008 年第 29 届奥运会男子举重 56 公斤级决赛	体育	中央电视台综合频道	17.2	33.1
3	2008 年第 29 届奥运会女排小组赛（中国 VS 波兰）	体育	中央电视台综合频道	16.7	32.3
4	中央电视台 2008 年元宵晚会	综艺	中央电视台综合频道	16.5	33.8
5	2008 年第 29 届奥运会女足小组赛（中国队 VS 阿根廷队）	体育	中央电视台综合频道	15.7	32.1
6	2008 年第 29 届奥运会女排小组赛（中国 VS 古巴）	体育	中央电视台综合频道	15.3	30.6
7	2008 年第 29 届奥运会女子链球决赛	体育	中央电视台综合频道	14.9	29.9
8	2008 年第 29 届奥运会女子排球小组赛 A 组（中国 VS 委内瑞拉）	体育	中央电视台综合频道	14.6	28.9
9	2008 年第 29 届奥运会跆拳道比赛女子 49 公斤级决赛	体育	中央电视台综合频道	14.4	30.6
10	2008 年第 29 届奥运会女子 100 米决赛	体育	中央电视台综合频道	14.3	36.0
11	2008 年第 29 届奥运会男子篮球 B 组比赛（中国 VS 美国）	体育	中央台二套	14.2	40.3
12	2008 年第 29 届奥运会男足小组赛 C 组（中国队 VS 新西兰队）	体育	中央台五套	14.0	32.0
13	2008 年第 29 届奥运会乒乓球女团决赛	体育	中央电视台综合频道	13.7	26.7
14	2008 年第 29 届奥运会田径比赛男子 400 米栏决赛	体育	中央电视台综合频道	13.4	30.9
15	爱的奉献 2008 宣传文化系统抗震救灾大型募捐活动（5 月 18 日）	综艺	中央电视台综合频道	13.2	30.2
16	2008 年第 29 届奥运会乒乓球男子团体半决赛	体育	中央电视台综合频道	13.2	29.0
17	2008 年第 29 届奥运会乒乓球女子单打决赛	体育	中央台五套	13.2	26.9
18	2008 年第 29 届奥运会跳水男子单人 10 米跳台决赛	体育	中央电视台综合频道	13.1	28.5
19	第 29 届奥运会乒乓球男团小组赛	体育	中央电视台综合频道	13.1	26.6
20	2008 年第 29 届奥运会女足小组赛 E 组（中国队 VS 瑞典队）	体育	中央台五套	12.9	30.1
21	2008 第 29 届奥运会女子平衡木决赛	体育	中央台五套	12.8	38.3

续表

名次	节目名称	节目类型	播出频道	平均收视率（%）	平均占有率（%）
22	天气预报	生活服务	中央电视台综合频道	12.7	32.3
23	杨光的快乐生活第四部（1月1日－1月18日）	电视剧	天津卫视	12.5	27.3
24	2008年第29届奥运会田径比赛女子撑杆跳高决赛	体育	中央电视台综合频道	12.3	28.0
25	2008年第29届奥运会男子佩剑个人决赛	体育	中央电视台综合频道	12.1	26.9
26	2008年第29届奥运会女子三级跳远决赛	体育	中央电视台综合频道	12.0	27.7
27	2008年第29届奥运会体操女子自由操决赛	体育	中央台五套	12.0	22.6
28	2008年第29届奥运会田径比赛男子110米栏决赛	体育	中央电视台综合频道	11.5	22.7
29	2008年第29届奥运会乒乓球男子团体决赛	体育	中央台五套	11.3	23.9
30	2008年第29届奥运会男子举重62公斤级决赛	体育	中央台五套	10.9	24.4

表3.29.8　2008年天津市场电视剧收视率排名前十位

名次	节目名称	播出频道	平均收视率（%）	平均占有率（%）
1	杨光的快乐生活第四部（1月1日－1月18日）	天津卫视	12.5	27.3
2	杨光的快乐生活第三部（1月19日－2月2日）	天津卫视	10.0	22.3
3	无法抗拒	天津电视台二套（文娱频道）	9.1	20.6
4	雪在烧	天津电视台二套（文娱频道）	8.9	19.9
5	乡村爱情第二部	中央电视台综合频道	8.4	18.4
6	我的丑娘	天津电视台二套（文娱频道）	7.6	18.3
7	大声呼喊你回来	天津电视台二套（文娱频道）	7.6	17.6
8	闯关东	中央电视台综合频道	7.5	16.4
9	一颗颗眼泪都是爱	天津电视台二套（文娱频道）	6.6	15.4
10	女人何苦为难女人	天津电视台二套（文娱频道）	6.5	15.3

表 3.29.9　2008 年天津市场新闻节目收视率排名前十位

名次	节目名称	播出频道	平均收视率(%)	平均占有率(%)
1	温家宝在汶川映秀镇会见中外记者	中央电视台综合频道	6.6	19.8
2	真挚的关怀深入的指导	中央电视台综合频道	6.3	14.4
3	新闻联播（5 月 13 - 17 日、5 月 19 - 21 日，21:00）	中央电视台综合频道	6.2	14.9
4	都市报道 60 分	天津电视台四套（都市频道）	5.6	17.8
5	焦点访谈	中央电视台综合频道	5.0	12.5
6	新闻联播	中央电视台综合频道	4.4	12.5
7	神七问天直播特别节目	中央电视台综合频道	4.2	12.1
8	神七发射实况	深圳卫视（新闻综合频道）	3.8	8.2
9	抗震救灾众志成城	中央电视台综合频道	3.5	12.2
10	一起看奥运	中央电视台综合频道	2.7	6.1

表 3.29.10　2008 年天津市场专题节目收视率排名前十位

名次	节目名称	播出频道	平均收视率(%)	平均占有率(%)
1	拉萨 3.14 打砸抢烧暴力事件纪实	中央电视台综合频道	8.5	19.0
2	CCTV2007 感动中国颁奖盛典	中央电视台综合频道	6.1	13.9
3	董倩面对面	中央电视台综合频道	5.5	16.9
4	奥运名人堂	中央电视台综合频道	4.3	13.2
5	奥运名人堂	中央台五套	3.7	9.9
6	艺术人生	中央电视台综合频道	3.7	7.8
7	沟通	天津电视台一套（滨海频道）	2.8	10.8
8	胡可星感觉	天津卫视	2.5	7.2
9	男人世界	天津卫视	2.2	6.8
10	全国迎奥运讲文明树新风礼仪知识竞赛	中央电视台综合频道	2.2	5.4

表 3.29.11　2008 年天津市场综艺节目收视率排名前十位

名次	节目名称	播出频道	平均收视率(%)	平均占有率(%)
1	中国中央电视台 2008 春节联欢晚会	中央电视台综合频道	28.0	53.1
2	中央电视台 2008 年元宵晚会	中央电视台综合频道	16.5	33.8
3	爱的奉献 2008 宣传文化系统抗震救灾大型募捐活动（5 月 18 日）	中央电视台综合频道	13.2	30.2
4	荣成月中华情 2008 中央电视台中秋晚会	中央电视台综合频道	9.6	23.1
5	百年圆梦迎 2008 北京奥运会文艺晚会	中央电视台综合频道	6.4	15.0
6	第 29 届大众电影百花奖颁奖典礼	中央台六套	6.2	16.9
7	迈向太空中央电视台心连心艺术团赴酒泉卫星发射中心慰问演出	中央电视台综合频道	6.0	13.8
8	百花迎春中国文学艺术界 2008 年春节大联欢	中央台三套	5.8	13.7
9	笑在津酒飘香 2008	天津卫视	5.4	15.5
10	第三届中国浙江电视观众节我爱中国蓝	浙江卫视	5.3	11.7

表 3.29.12　2008 年天津市场奥运会、残奥会比赛节目收视率排名前十位

名次	节目名称	播出频道	平均收视率（%）	平均占有率（%）
1	2008 年第 29 届奥运会男子举重 56 公斤级决赛	中央电视台综合频道	17.2	33.1
2	2008 年第 29 届奥运会女排小组赛（中国 VS 波兰）	中央电视台综合频道	16.7	32.3
3	2008 年第 29 届奥运会女足小组赛（中国队 VS 阿根廷队）	中央电视台综合频道	15.7	32.1
4	2008 年第 29 届奥运会女排小组赛（中国 VS 古巴）	中央电视台综合频道	15.3	30.6
5	2008 年第 29 届奥运会女子链球决赛	中央电视台综合频道	14.9	29.9
6	2008 年第 29 届奥运会女子排球小组赛 A 组（中国 VS 委内瑞拉）	中央电视台综合频道	14.6	28.9
7	2008 年第 29 届奥运会跆拳道比赛女子 49 公斤级决赛	中央电视台综合频道	14.4	30.6
8	2008 年第 29 届奥运会女子 100 米决赛	中央电视台综合频道	14.3	36.0
9	2008 年第 29 届奥运会男子篮球 B 组比赛（中国 VS 美国）	中央台二套	14.2	40.3
10	2008 年第 29 届奥运会男足小组赛 C 组（中国队 VS 新西兰队）	中央台五套	14.0	32.0

表 3.29.13　2008 年天津市场体育节目收视率排名前十位（奥运会、残奥会比赛除外）

名次	节目名称	播出频道	平均收视率（%）	平均占有率（%）
1	第 29 届奥林匹克运动会开幕式	中央电视台综合频道	10.9	16.8
2	T5 直播：2008 年中国足球协会超级联赛第 27 轮（北京国安 VS 天津康师傅）	天津电视台五套（体育频道）	9.5	22.3
3	第 29 届奥林匹克运动会闭幕式	中央电视台综合频道	9.3	15.7
4	T5 直播：2008 年中国足球协会超级联赛第 10 轮（天津泰达 VS 广州医药）	天津电视台五套（体育频道）	8.2	21.4
5	第 29 届奥林匹克运动会闭幕式	中央台五套	8.1	13.7
6	T5 直播：2008 年中国足球协会超级联赛第 23 轮（山东鲁能 VS 天津康师傅）	天津电视台五套（体育频道）	7.7	17.3
7	T5 直播：2008 年中国足球协会超级联赛第 12 轮（天津泰达 VS 北京国安）	天津电视台五套（体育频道）	7.6	20.2
8	奥运第 1 天	中央电视台综合频道	7.2	13.5
9	奥运第 2 天	中央电视台综合频道	7.1	35.1
10	T5 直播：2008 年中国足球协会超级联赛第 22 轮（天津康师傅 VS 河南四五老窖）	天津电视台五套（体育频道）	7.1	17.1

三十、重庆收视数据

表 3.30.1 2004－2008 年重庆市场各类频道的市场占有率（%）

频道类别	年份				
	2004 年	2005 年	2006 年	2007 年	2008 年
中央台频道	32.0	35.0	35.0	35.5	37.7
中国教育台频道	0.1	0.1	0.1	0.4	0.3
重庆市级频道	45.3	41.8	40.6	36.0	31.0
其他省级卫视频道	16.6	18.6	19.5	21.3	23.5
其他频道	6.0	4.5	4.8	6.8	7.6

表 3.30.2 2008 年重庆市场各类频道在不同目标观众中的市场占有率（%）

目标观众		中央台频道	中国教育台频道	重庆市级频道	其他省级卫视频道	其他频道
4 岁及以上所有人		37.7	0.3	31.0	23.5	7.6
性别	男	40.5	0.3	30.1	20.9	8.2
	女	34.8	0.3	31.8	26.0	7.0
年龄	4－14 岁	34.7	0.3	30.0	26.7	8.3
	15－24 岁	26.6	0.3	28.7	35.5	9.0
	25－34 岁	35.3	0.3	30.7	25.1	8.5
	35－44 岁	33.2	0.2	33.2	25.2	8.2
	45－54 岁	37.9	0.3	34.4	20.9	6.6
	55－64 岁	44.4	0.3	29.8	18.9	6.7
	65 岁及以上	49.6	0.3	25.6	17.8	6.8
教育程度	未受过正规教育	43.0	0.2	27.7	21.9	7.2
	小学	36.9	0.3	32.1	23.5	7.2
	初中	36.4	0.3	32.6	23.5	7.3
	高中	37.2	0.3	29.5	24.0	9.1
	大学及以上	43.3	0.3	25.9	23.9	6.7
职业类别	干部/管理人员	50.4	0.3	23.8	19.6	5.9
	个体/私营企业人员	32.7	0.4	33.6	26.6	6.7
	初级公务员/雇员	40.2	0.3	28.7	23.1	7.8
	工人	38.2	0.2	30.8	22.6	8.2
	学生	27.9	0.3	29.5	33.0	9.3
	无业	40.5	0.3	31.1	21.0	7.2
	其他	37.9	0.3	32.1	22.6	7.1
个人月收入	0－600 元	36.0	0.3	31.9	24.0	7.8
	601－1200 元	39.8	0.2	30.1	22.8	7.1
	1201－1700 元	43.7	0.1	26.5	22.9	6.8
	1701 元及以上	48.5	0.2	25.5	18.7	7.1

表 3.30.3　2008 年重庆市场各类频道在不同时段的市场占有率（%）

时间段	中央台频道	中国教育台频道	重庆市级频道	其他省级卫视频道	其他频道
02:00-03:00	40.6	0.0	20.6	30.0	8.8
03:00-04:00	43.8	0.1	20.7	28.2	7.4
04:00-05:00	38.7	0.0	22.6	33.0	5.7
05:00-06:00	42.3	0.0	20.8	33.5	3.5
06:00-07:00	56.1	0.3	13.9	26.8	2.9
07:00-08:00	58.4	0.1	21.9	15.0	4.6
08:00-09:00	43.6	0.1	22.2	26.8	7.3
09:00-10:00	37.2	0.2	22.7	31.2	8.7
10:00-11:00	38.1	0.4	20.1	31.7	9.7
11:00-12:00	41.3	0.4	22.3	27.7	8.3
12:00-13:00	49.6	0.3	19.9	21.7	8.6
13:00-14:00	42.4	0.5	18.4	29.8	8.9
14:00-15:00	38.4	0.2	19.1	33.2	9.2
15:00-16:00	35.2	0.2	21.0	34.6	9.0
16:00-17:00	33.8	0.5	22.5	34.4	8.7
17:00-18:00	38.5	0.6	24.4	28.8	7.8
18:00-19:00	33.0	0.2	44.4	15.3	7.2
19:00-20:00	38.7	0.1	44.8	9.0	7.4
20:00-21:00	38.3	0.3	35.9	19.1	6.5
21:00-22:00	34.3	0.3	35.6	23.1	6.7
22:00-23:00	29.8	0.3	37.0	25.4	7.6
23:00-24:00	35.5	0.2	28.4	27.9	7.9
24:00-25:00	35.8	0.1	26.3	29.5	8.4
25:00-26:00	37.7	0.1	22.5	30.5	9.2

表 3.30.4　2008 年重庆市场收视份额位于前十位的频道

名次	频道名称	市场份额（%）
1	重庆电视台影视频道（一套）	9.3
2	中央电视台综合频道	6.6
3	重庆电视台时尚频道（七套）	5.6
4	重庆电视台新闻频道（二套）	5.5
5	中央台六套	5.4
6	重庆卫视	4.9
7	中央台八套	4.7
8	湖南电视台卫星频道	4.2
9	中央台三套	3.8
10	中央台四套	3.1

表 3.30.5　2008 年重庆市场主要频道的观众构成（%）

目标观众		所有频道	主要频道				
			重庆电视台影视频道（一套）	中央电视台综合频道	重庆电视台时尚频道（七套）	重庆电视台新闻频道（二套）	中央台六套
4 岁及以上所有人		100.0	100.0	100.0	100.0	100.0	100.0
性别	男	49.7	46.3	53.6	46.5	46.7	53.8
	女	50.3	53.7	46.4	53.5	53.3	46.2
年龄	4－14 岁	11.2	10.3	8.6	16.0	5.4	7.9
	15－24 岁	8.6	7.9	5.8	9.8	6.0	6.7
	25－34 岁	12.7	11.8	8.3	17.2	12.3	12.4
	35－44 岁	19.6	21.5	15.4	22.3	22.1	20.2
	45－54 岁	20.8	22.7	24.9	18.1	30.2	24.6
	55－64 岁	16.2	18.1	21.8	9.4	15.2	21.3
	65 岁及以上	10.9	7.6	15.3	7.1	8.8	7.0
教育程度	未受过正规教育	7.0	6.4	10.2	4.1	4.5	7.8
	小学	25.8	26.9	22.3	35.3	20.0	28.0
	初中	39.6	44.3	37.8	36.8	45.1	40.2
	高中	20.3	16.2	18.9	19.0	24.1	18.6
	大学及以上	7.3	6.2	10.8	4.7	6.2	5.4
职业类别	干部/管理人员	1.4	0.9	2.5	0.6	1.3	1.2
	个体/私营企业人员	7.9	7.7	8.0	11.2	9.2	9.2
	初级公务员/雇员	7.4	7.1	6.5	8.2	5.9	6.1
	工人	15.3	14.4	14.5	13.0	20.9	14.6
	学生	11.3	10.8	5.7	15.8	5.9	8.3
	无业	35.4	33.1	39.1	27.7	40.3	33.9
	其他	21.2	25.9	23.6	23.5	16.5	26.6
个人月收入	0－600 元	66.7	70.5	60.8	74.6	61.7	67.2
	601－1200 元	26.0	24.1	29.8	21.6	29.9	26.4
	1201－1700 元	4.9	3.9	5.1	2.2	5.9	4.8
	1701 元及以上	2.4	1.5	4.3	1.6	2.5	1.6

表 3.30.6　2006－2007 年重庆市场各类节目的播出份额（%）和收视份额（%）

节目类别	2006 年		2007 年		2008 年	
	播出份额	收视份额	播出份额	收视份额	播出份额	收视份额
财经	1.3	0.7	1.4	0.9	1.6	0.6
生活服务	9.9	4.7	12.6	6.4	10.9	4.8
青少	3.4	2.1	3.9	2.9	4.2	3.6
戏剧	1.1	0.3	1.0	0.3	0.9	0.2
教学	0.6	0.3	0.7	0.3	0.8	0.2
综艺	7.0	7.6	6.4	7.8	4.9	6.7
外语	0.4	0.1	0.3	0.1	0.2	0.1
电影	4.3	8.1	4.1	7.4	3.3	6.1
音乐	1.4	1.9	2.0	1.4	2.5	0.9
新闻/时事	9.1	10.0	8.4	9.6	9.5	11.5
电视剧	27.4	37.5	28.2	36.5	28.1	38.6
专题	11.1	8.3	10.4	8.5	10.4	8.0
体育	2.2	4.8	3.1	4.8	3.5	5.7
法制	1.1	1.1	1.0	1.1	0.8	1.2
其他	19.5	12.6	16.5	12.1	18.4	12.1

表 3.30.7 2008 年重庆市场所有节目收视率排名前三十位

名次	节目名称	节目类型	播出频道	平均收视率（%）	平均占有率（%）
1	中国中央电视台 2008 春节联欢晚会	综艺	中央电视台综合频道	19.7	48.6
2	第 29 届奥林匹克运动会开幕式	体育	中央台五套	15.1	27.4
3	第 29 届奥林匹克运动会开幕式	体育	中央电视台综合频道	13.5	24.5
4	2008 年第 29 届奥运会男子篮球 B 组比赛（中国 VS 美国）	体育	中央台二套	13.2	46.5
5	2008 年第 29 届奥运会男子篮球小组赛（中国 VS 德国）	体育	中央台五套	11.9	30.7
6	2008 年第 29 届奥运会女子排球预赛（中国 VS 美国）	体育	中央台五套	11.6	22.9
7	第 29 届奥林匹克运动会闭幕式	体育	中央台五套	10.5	23.2
8	顺娘	电视剧	重庆电视台影视频道（一套）	10.4	31.1
9	中国媳妇第五部 - 媳妇的眼泪	电视剧	重庆电视台影视频道（一套）	10.1	29.1
10	第 29 届奥林匹克运动会闭幕式	体育	中央电视台综合频道	10.1	22.4
11	爱的奉献 2008 宣传文化系统抗震救灾大型募捐活动	综艺	中央电视台综合频道	9.8	28.7
12	还君明珠	电视剧	重庆电视台影视频道（一套）	9.5	29.1
13	2008 年第 29 届奥运会乒乓球男子团体决赛	体育	中央台五套	9.1	32.3
14	2008 年第 29 届奥运会女排小组赛（中国 VS 波兰）	体育	中央电视台综合频道	8.9	23.8
14	2008 年第 29 届奥运会女排小组赛（中国 VS 古巴）	体育	中央电视台综合频道	8.9	23.8
16	2008 年第 29 届奥运会女子 100 米决赛	体育	中央电视台综合频道	8.8	26.8
17	山城棒棒军第二部	电视剧	重庆电视台影视频道（一套）	8.8	24.5
18	大珍珠	电视剧	重庆电视台影视频道（一套）	8.7	24.7
19	李小龙传奇	电视剧	中央电视台综合频道	8.5	21.5
20	上海王	电视剧	重庆电视台影视频道（一套）	8.3	24.2
21	富贵在天	电视剧	重庆电视台影视频道（一套）	8.0	23.7
22	生死谍恋	电视剧	重庆电视台影视频道（一套）	8.0	22.6
23	2008 年第 29 届奥运会男子举重 77 公斤级挺举决赛	体育	中央台二套	7.7	22.0
24	2008 年第 29 届奥运会女子排球 1/4 决赛（中国 VS 俄罗斯）	体育	中央台五套	7.5	24.9

续表

名次	节目名称	节目类型	播出频道	平均收视率(%)	平均占有率(%)
25	2008年第29届奥运会跳水男子单人10米跳台决赛	体育	中央电视台综合频道	7.3	23.1
26	魔剑生死棋	电视剧	重庆电视台影视频道(一套)	7.2	22.9
27	2008年第29届奥运会女足小组赛E组(中国VS加拿大)	体育	中央台五套	7.2	17.7
28	2008年第29届奥运会女子体操团体决赛	体育	中央台五套	7.1	44.1
29	2008年第29届奥运会女子举重48公斤级决赛	体育	中央台五套	7.1	38.0
30	海狼行动	电视剧	重庆电视台影视频道(一套)	7.0	19.7

表3.30.8 2008年重庆市场电视剧收视率排名前十位

名次	节目名称	播出频道	平均收视率(%)	平均占有率(%)
1	顺娘	重庆电视台影视频道(一套)	10.3	31.1
2	中国媳妇第五部-媳妇的眼泪	重庆电视台影视频道(一套)	10.1	29.1
3	还君明珠	重庆电视台影视频道(一套)	9.5	29.1
4	山城棒棒军第二部	重庆电视台影视频道(一套)	8.8	24.5
5	大珍珠	重庆电视台影视频道(一套)	8.7	24.7
6	李小龙传奇	中央电视台综合频道	8.5	21.5
7	上海王	重庆电视台影视频道(一套)	8.3	24.2
8	富贵在天	重庆电视台影视频道(一套)	8.0	23.7
9	生死谍恋	重庆电视台影视频道(一套)	8.0	22.6
10	魔剑生死棋	重庆电视台影视频道(一套)	7.2	22.9

表3.30.9 2008年重庆市场新闻节目收视率排名前十位

名次	节目名称	播出频道	平均收视率(%)	平均占有率(%)
1	新闻联播(5月13-17日、5月19-21日,21:00)	中央电视台综合频道	4.4	12.0
2	天天630	重庆电视台新闻频道(二套)	4.3	20.3
3	关注四川汶川地震	中央电视台新闻频道	3.7	25.1
4	新闻联播	中央电视台综合频道	3.6	15.8
5	汶川地震特别报道	四川卫视	3.4	14.5
6	神州风采大爱中华行汶川地震	重庆电视台新闻频道(二套)	2.9	8.8
7	转播中央台新闻联播	重庆电视台新闻频道(二套)	2.8	14.6
8	我们一起承担重庆卫视抗震救灾特别编播	重庆电视台新闻频道(二套)	2.7	8.6
9	真挚的关怀深入的指导	中央电视台综合频道	2.7	7.0
10	孩子不哭抗震救灾特别行动	重庆电视台新闻频道(二套)	2.4	10.5

表 3.30.10 2008 年重庆市场专题节目收视率排名前十位

名次	节目名称	播出频道	平均收视率(%)	平均占有率(%)
1	董倩面对面	中央电视台综合频道	3.2	9.5
2	拉萨 3.14 打砸抢烧暴力事件纪实	中央电视台综合频道	2.9	8.7
3	艺术人生	中央电视台综合频道	2.6	6.9
4	奥运名人堂	中央台五套	2.5	8.5
5	纪录中国中国记者在 2008	中央电视台综合频道	2.5	6.6
6	抗震救灾众志成城特别节目希望	中央电视台综合频道	2.2	7.6
7	冷暖人生	重庆电视台时尚频道(七套)	2.1	8.4
8	奔腾的宁夏	中央电视台综合频道	1.9	5.7
9	董倩面对面	中央电视台新闻频道	1.7	6.9
10	奥运名人堂	中央电视台综合频道	1.6	7.1

表 3.30.11 2008 年重庆市场综艺节目收视率排名前十位

名次	节目名称	播出频道	平均收视率(%)	平均占有率(%)
1	中国中央电视台 2008 春节联欢晚会	中央电视台综合频道	19.7	48.6
2	爱的奉献 2008 宣传文化系统抗震救灾大型募捐活动	中央电视台综合频道	9.8	28.7
3	荣成月中华情 2008 中央电视台中秋晚会	中央电视台综合频道	6.6	18.8
4	中央电视台 2008 年元宵晚会	中央电视台综合频道	4.2	11.3
5	综艺盛典 Variety Awards 2008	中央台三套	4.1	9.4
6	迈向太空中央电视台心连心艺术团赴酒泉卫星发射中心慰问演出	中央电视台综合频道	3.8	11.4
7	爱的奉献 2008 宣传文化系统抗震救灾大型募捐活动(5 月 18 日)	四川卫视	3.6	10.6
8	向祖国报告 2008 年迎七一暨抗震救灾文艺晚会	中央电视台综合频道	3.4	11.9
9	奥运中国年北京 2008 年奥运会歌曲宣传推广启动晚会	中央台二套	3.3	15.0
10	旗帜高扬春光好 2008 年军民迎新春文艺晚会	中央电视台综合频道	3.3	10.0

表 3.30.12　2008 年重庆市场奥运会、残奥会比赛收视率排名前十位

名次	节目名称	播出频道	平均收视率（%）	平均占有率（%）
1	2008 年第 29 届奥运会男子篮球 B 组比赛（中国 VS 美国）	中央台二套	13.2	46.5
2	2008 年第 29 届奥运会男子篮球小组赛（中国 VS 德国）	中央台五套	11.9	30.7
3	2008 年第 29 届奥运会女子排球预赛（中国 VS 美国）	中央台五套	11.6	22.9
4	2008 年第 29 届奥运会乒乓球男子团体决赛	中央台五套	9.1	32.3
5	2008 年第 29 届奥运会女排小组赛（中国 VS 波兰）	中央电视台综合频道	8.9	23.8
5	2008 年第 29 届奥运会女排小组赛（中国 VS 古巴）	中央电视台综合频道	8.9	23.8
7	2008 年第 29 届奥运会女子 100 米决赛	中央电视台综合频道	8.8	26.8
8	2008 年第 29 届奥运会男子举重 77 公斤级挺举决赛	中央台二套	7.7	22.0
9	2008 年第 29 届奥运会女子排球 1/4 决赛（中国 VS 俄罗斯）	中央台五套	7.5	24.9
10	2008 年第 29 届奥运会跳水男子单人 10 米跳台决赛	中央电视台综合频道	7.3	23.1

表 3.30.13　2008 年重庆市场体育节目收视率排名前十位（奥运会、残奥会比赛除外）

名次	节目名称	播出频道	平均收视率（%）	平均占有率（%）
1	第 29 届奥林匹克运动会开幕式	中央台五套	15.1	27.4
2	第 29 届奥林匹克运动会开幕式	中央电视台综合频道	13.5	24.5
3	第 29 届奥林匹克运动会闭幕式	中央台五套	10.5	23.2
4	第 29 届奥林匹克运动会闭幕式	中央电视台综合频道	10.1	22.4
5	奥运第 1 天	中央电视台综合频道	6.0	14.0
6	北京 2008 年残奥会开幕式	中央电视台综合频道	5.2	14.1
7	第 29 届奥林匹克运动会开幕式	中央电视台新闻频道	4.7	8.4
8	北京 2008 年残奥会闭幕式	中央电视台综合频道	4.5	11.6
9	北京 2008 年残奥会开幕式	中央台五套	3.1	8.4
10	再见北京伦敦再见	中央电视台综合频道	2.9	11.1

三十一、广州收视数据

表 3.31.1 2004－2008 年广州市场各类频道的市场占有率（%）

频道类别	年份				
	2004 年	2005 年	2006 年	2007 年	2008 年
中央台频道	8.9	9.9	10.4	9.2	10.5
中国教育台频道	0.2	0.1	0.1	0.2	0.1
广东台	11.3	11.2	13.9	14.2	14.4
南方台	12.7	15.9	16.7	16.5	14.5
广州台	13.7	13.5	16.6	17.5	16.4
其他省级卫视频道	2.7	5.0	5.5	6.4	6.7
境外频道	48.2	41.8	33.3	32.4	33.3
其他频道	2.3	2.6	3.5	3.6	4.1

表 3.31.2 2008 年广州市场各类频道在各目标观众中的市场占有率（%）

目标观众		中央台频道	中国教育台频道	广东台	南方台	广州台	其他省级卫视频道	境外频道	其他频道
4 岁及以上所有人		10.5	0.1	14.4	14.5	16.4	6.7	33.3	4.1
性别	男	11.8	0.1	15.5	13.4	15.7	6.4	32.5	4.5
	女	9.3	0.1	13.4	15.6	16.9	6.9	34.0	3.8
年龄	4－14 岁	6.7	0.1	13.5	18.9	13.2	11.7	31.1	4.8
	15－24 岁	5.6	0.0	13.2	17.2	11.5	6.1	42.1	4.2
	25－34 岁	10.5	0.1	14.0	11.7	15.2	6.9	37.1	4.6
	35－44 岁	11.3	0.1	15.4	12.8	14.4	6.1	35.9	3.9
	45－54 岁	10.9	0.1	15.2	14.7	17.7	6.0	30.7	4.7
	55－64 岁	14.0	0.1	12.7	11.9	22.9	6.5	28.1	3.9
	65 岁及以上	12.3	0.1	15.9	16.6	17.7	4.3	30.5	2.7
教育程度	未受过正规教育	6.3	0.1	13.5	18.1	19.9	8.3	29.4	4.5
	小学	7.4	0.1	14.7	19.4	18.3	7.8	28.4	4.0
	初中	8.4	0.1	16.6	16.0	15.7	6.5	32.7	4.0
	高中	10.8	0.1	14.3	13.1	15.8	6.5	35.1	4.4
	大学及以上	17.5	0.1	11.4	9.5	15.7	5.7	36.1	3.9
职业类别	干部/管理人员	17.9	0.2	12.5	10.1	16.0	7.8	31.0	4.5
	个体/私营企业人员	9.3	0.1	17.3	12.3	14.5	4.8	37.1	4.5
	初级公务员/雇员	12.0	0.1	12.1	12.4	16.1	5.7	37.3	4.3
	工人	8.7	0.1	16.8	14.3	16.9	6.2	32.2	4.9
	学生	6.1	0.1	13.0	18.9	10.5	9.3	37.9	4.3
	无业	11.5	0.1	14.3	15.0	19.0	6.1	30.3	3.6
	其他	5.9	0.1	22.2	15.4	18.4	12.1	23.8	2.1
个人月收入	0－600 元	7.7	0.1	14.1	16.9	13.3	9.4	34.7	3.8
	601－1200 元	9.4	0.1	15.8	16.0	18.3	5.1	31.7	3.7
	1201－1700 元	10.2	0.1	15.0	15.0	18.3	4.9	32.0	4.5
	1701－2600 元	12.2	0.1	14.6	12.1	17.7	6.7	32.0	4.6
	2601 元及以上	17.8	0.2	12.1	8.8	16.2	5.4	35.0	4.5

表 3.31.3 2008 年广州市场各类频道在不同时段的市场占有率（%）

时间段	中央台频道	中国教育台频道	广东台	南方台	广州台	其他省级卫视频道	境外频道	其他频道
02:00-03:00	17.8	0.0	16.1	14.0	6.4	11.1	25.1	9.6
03:00-04:00	19.5	0.1	25.2	6.9	5.2	12.6	21.1	9.4
04:00-05:00	12.6	0.1	33.1	5.4	5.3	11.1	24.8	7.6
05:00-06:00	14.4	0.0	8.8	4.2	2.0	6.8	59.3	4.5
06:00-07:00	11.1	0.1	9.1	10.4	21.2	4.9	39.4	3.8
07:00-08:00	12.6	0.0	10.9	14.7	21.4	4.2	31.3	4.8
08:00-09:00	13.3	0.0	16.0	12.8	14.3	10.1	27.2	6.3
09:00-10:00	16.1	0.1	12.2	15.6	12.2	15.7	20.1	7.9
10:00-11:00	16.4	0.2	12.3	19.4	9.8	15.0	18.3	8.7
11:00-12:00	15.3	0.2	16.2	18.3	9.7	12.1	20.8	7.5
12:00-13:00	10.8	0.1	10.3	22.8	12.2	7.8	30.8	5.2
13:00-14:00	11.0	0.1	13.8	23.5	10.6	8.7	26.9	5.5
14:00-15:00	13.6	0.1	11.9	20.6	11.1	11.9	23.5	7.3
15:00-16:00	14.9	0.1	8.5	23.3	10.1	13.5	22.0	7.8
16:00-17:00	15.9	0.2	9.5	22.5	9.1	14.7	20.0	8.0
17:00-18:00	14.5	0.3	7.9	21.7	9.6	11.8	27.4	6.8
18:00-19:00	6.1	0.1	15.1	15.3	24.1	4.2	32.0	3.2
19:00-20:00	9.7	0.0	17.9	12.5	32.9	2.8	21.8	2.3
20:00-21:00	10.5	0.1	13.2	10.8	20.8	4.5	37.7	2.4
21:00-22:00	8.9	0.1	18.1	8.4	10.1	5.3	46.6	2.5
22:00-23:00	7.7	0.1	12.6	11.3	10.0	5.3	50.0	3.0
23:00-24:00	10.0	0.2	16.7	19.1	12.3	6.7	30.8	4.3
24:00-25:00	12.6	0.1	16.6	12.9	13.2	7.4	31.2	6.1
25:00-26:00	14.3	0.1	12.3	16.9	8.7	8.5	31.0	8.2

表 3.31.4 2008 年广州市场收视份额排名前十位的频道

排名	频道名称	收视份额（%）
1	市网翡翠台（中文）	11.4
2	广州台	8.7
2	省网翡翠台（中文）	8.7
4	广东电视台珠江频道	8.2
5	南方电视台影视频道	6.6
6	广州电视台新闻频道	3.6
6	广东电视体育频道	3.6
8	星空卫视	3.2
9	南方卫视 TVS-2	2.8
10	市网本港台（中文）	2.4

表 3.31.5　2008 年广州市场各主要频道的观众构成（%）

目标观众		所有频道	主要频道				
			市网翡翠台（中文）	广州台	省网翡翠台（中文）	广东电视台珠江频道	南方电视台影视频道
4 岁及以上所有人		100.0	100.0	100.0	100.0	100.0	100.0
性别	男	49.3	44.9	44.9	49.5	49.0	45.3
	女	50.7	55.1	55.1	50.5	51.0	54.7
年龄	4－14 岁	11.6	12.1	8.2	8.2	11.0	11.8
	15－24 岁	9.9	12.3	7.0	13.0	8.1	15.0
	25－34 岁	13.3	17.5	10.9	15.3	12.3	11.4
	35－44 岁	18.4	20.0	15.6	18.2	16.1	15.2
	45－54 岁	20.2	14.2	21.2	25.3	22.9	25.3
	55－64 岁	14.0	14.2	20.2	10.3	12.9	8.0
	65 岁及以上	12.6	9.7	16.9	9.7	16.8	13.3
教育程度	未受过正规教育	4.6	5.4	5.5	3.1	4.9	5.1
	小学	16.5	14.7	21.7	13.6	19.9	17.8
	初中	27.5	30.4	28.4	23.3	33.4	32.2
	高中	34.1	33.0	31.3	39.2	32.5	33.7
	大学及以上	17.2	16.5	13.2	20.8	9.3	11.2
职业类别	干部/管理人员	7.3	5.1	6.0	6.8	5.3	4.8
	个体/私营企业人员	9.3	11.0	7.0	9.0	8.9	9.4
	初级公务员/雇员	13.3	14.8	12.2	18.4	10.3	12.0
	工人	14.7	13.7	16.4	17.4	17.0	15.4
	学生	15.4	17.2	9.8	14.6	13.3	20.1
	无业	38.6	36.3	46.7	33.4	42.2	36.9
	其他	1.4	1.8	2.0	0.4	3.0	1.4
个人月收入	0－600 元	31.5	34.8	24.4	29.6	31.9	37.8
	601－1200 元	20.7	20.2	25.0	20.7	25.1	23.0
	1201－1700 元	20.6	20.3	24.7	20.0	23.0	21.5
	1701－2600 元	14.1	12.9	15.9	16.6	11.6	10.3
	2601 元及以上	13.2	11.7	10.0	13.0	8.3	7.4

表 3.31.6　2006－2008 年广州市场各类节目的播出份额（%）和收视份额（%）

节目类别	2006 年		2007 年		2008 年	
	播出份额	收视份额	播出份额	收视份额	播出份额	收视份额
电视剧	23.7	34.4	23.8	34.1	26.1	28.4
电影	3.2	4.5	3.0	5.0	3.4	6.3
教学	0.3	0.0	0.5	0.1	0.7	0.2
青少	5.2	3.3	5.1	3.5	5.0	3.7
体育	3.8	4.7	3.7	4.3	4.5	8.1
戏剧	1.2	0.3	1.1	0.4	1.0	0.8
新闻/时事	13.6	17.3	13.0	16.6	10.1	15.5
音乐	1.3	0.9	1.9	0.7	2.4	0.8
专题	11.7	5.3	12.3	5.4	10.5	5.4
综艺	7.9	8.8	8.2	8.5	5.3	6.9
外语	0.5	0.0	0.7	0.0	0.4	0.0
财经	1.6	0.5	1.6	0.7	2.0	0.9
生活服务	5.1	2.7	7.1	4.7	11.0	7.1
法制	1.3	0.4	1.2	0.5	0.9	0.7
其他	19.6	16.9	16.9	15.7	16.8	15.2

表 3.31.7　2008 年广州市场所有节目收视率排名前三十位

名次	节目名称	节目类型	播出频道	平均收视率(%)	平均占有率(%)
1	溏心风暴之家好月圆	电视剧	市网翡翠台（中文）	15.6	36.4
2	白天鹅之夜 2008 年广州春节焰火晚会	综艺	广州台	14.8	35.3
3	法证先锋第二部终极解构	专题	市网翡翠台（中文）	14.6	33.4
4	万千星辉贺台庆	综艺	市网翡翠台（中文）	14.0	32.1
5	法证先锋第二部（4－30 集）	电视剧	市网翡翠台（中文）	13.0	32.2
6	疑情别恋	电视剧	市网翡翠台（中文）	12.9	30.4
7	北京奥运 2008 闭幕礼	体育	市网翡翠台（中文）	12.9	20.4
8	珠光宝气（1－51 集）	电视剧	市网翡翠台（中文）	12.7	32.9
9	与敌同行	电视剧	市网翡翠台（中文）	12.5	32.7
10	原来爱上贼	电视剧	市网翡翠台（中文）	12.3	30.9
11	东山飘雨西关晴	电视剧	市网翡翠台（中文）	11.3	25.8
12	秀才爱上兵	电视剧	市网翡翠台（中文）	11.2	29.2
13	东张西望之永恒的开心果肥姐	综艺	省网翡翠台（中文）	11.0	22.9
14	古灵精探	电视剧	市网翡翠台（中文）	10.9	27.9
15	万千星辉贺台庆	综艺	省网翡翠台（中文）	10.9	25.0
16	尖子攻略	电视剧	市网翡翠台（中文）	10.9	24.8
17	北京奥运 2008 闭幕礼	体育	省网翡翠台（中文）	10.9	17.3
18	律政新人王第二部（6－19 集）	电视剧	市网翡翠台（中文）	10.8	27.6
19	神舟七号升空	新闻/时事	市网翡翠台（中文）	10.7	21.5
20	北京奥运 2008 开幕礼	体育	市网翡翠台（中文）	10.7	16.8
21	当狗爱上猫	电视剧	市网翡翠台（中文）	10.6	23.3
22	2008 年第 29 届奥运会男子举重 56 公斤级决赛	体育	中央电视台综合频道	10.5	20.3
23	银楼金粉	电视剧	市网翡翠台（中文）	10.4	23.2
24	野蛮奶奶大战戈师奶	电视剧	市网翡翠台（中文）	10.4	23.0
25	溏心风暴之家好月圆	电视剧	省网翡翠台（中文）	10.3	24.0
25	家好月圆庆团圆	综艺	市网翡翠台（中文）	10.3	24.0
27	甜言蜜语	电视剧	市网翡翠台（中文）	10.3	22.4
28	万千星辉颁奖典礼 2008	综艺	省网翡翠台（中文）	10.2	23.2
29	少年四大名捕	电视剧	市网翡翠台（中文）	10.1	23.1
30	东张西望之永恒的开心果肥姐	综艺	市网翡翠台（中文）	10.1	21.2

表 3.31.8　2008 年广州市场电视剧收视率排名前十位

名次	节目名称	播出频道	平均收视率(%)	平均占有率(%)
1	溏心风暴之家好月圆	市网翡翠台（中文）	15.6	36.4
2	法证先锋第二部（4－30 集）	市网翡翠台（中文）	13.0	32.2
3	疑情别恋	市网翡翠台（中文）	12.9	30.4
4	珠光宝气（1－51 集）	市网翡翠台（中文）	12.7	32.9
5	与敌同行	市网翡翠台（中文）	12.5	32.7
6	原来爱上贼	市网翡翠台（中文）	12.3	30.9
7	东山飘雨西关晴	市网翡翠台（中文）	11.3	25.8
8	秀才爱上兵	市网翡翠台（中文）	11.2	29.2
9	古灵精探	市网翡翠台（中文）	10.9	27.9
10	尖子攻略	市网翡翠台（中文）	10.9	24.8

表 3.31.9　2008 年广州市场新闻节目收视率排名前十位

名次	节目名称	播出频道	平均收视率（%）	平均占有率（%）
1	神舟七号升空	市网翡翠台（中文）	10.7	21.5
2	广州电视新闻	广州台	9.0	27.2
3	神舟七号升空	省网翡翠台（中文）	7.5	15.0
4	转播中央台新闻联播（5 月 19 日）	广州台	7.3	16.1
5	众志成城抗震救灾（5 月 17 日）	市网翡翠台（中文）	6.6	16.2
6	新闻提要	市网翡翠台（中文）	6.2	17.5
7	今日关注	广东电视台珠江频道	6.2	14.2
8	焦点访谈（5 月 19 日）	广州台	6.0	12.2
9	抗震救灾众志成城（5 月 19－21 日）	广州台	5.3	17.2
10	630 新闻	广东电视台珠江频道	4.8	15.0

表 3.31.10　2008 年广州市场专题节目收视率排名前十位

名次	节目名称	播出频道	平均收视率（%）	平均占有率（%）
1	法证先锋第二部终极解构	市网翡翠台（中文）	14.6	33.4
2	肥姐我们永远怀念您	市网翡翠台（中文）	8.3	26.0
3	法证先锋第二部终极解构	省网翡翠台（中文）	8.3	19.1
4	肥姐我们永远怀念您	省网翡翠台（中文）	7.7	24.0
5	点燃激情发现广州奥运火炬接力特别节目	广州台	7.1	16.0
6	高清睇真 Kenny B	市网翡翠台（中文）	5.9	14.7
7	肥姐我们永远怀念您追思会	市网本港台（中文）	5.4	12.4
8	向世界出发	市网翡翠台（中文）	5.1	17.1
9	向世界出发	省网翡翠台（中文）	4.8	16.0
10	万人追思最后致敬我们的肥姐	市网翡翠台（中文）	4.5	9.9

表 3.31.11　2008 年广州市场综艺节目收视率排名前十位

名次	节目名称	播出频道	平均收视率（%）	平均占有率（%）
1	白天鹅之夜 2008 年广州春节焰火晚会	广州台	14.8	35.3
2	万千星辉贺台庆	市网翡翠台（中文）	14.0	32.1
3	东张西望之永恒的开心果肥姐	省网翡翠台（中文）	11.0	22.9
4	万千星辉贺台庆	省网翡翠台（中文）	10.9	25.0
5	家好月圆庆团圆	市网翡翠台（中文）	10.3	24.0
6	万千星辉颁奖典礼 2008	省网翡翠台（中文）	10.2	23.2
7	东张西望之永恒的开心果肥姐	市网翡翠台（中文）	10.1	21.2
8	万千星辉颁奖典礼 2008	市网翡翠台（中文）	9.6	21.9
9	2008 香港小姐竞选决赛	市网翡翠台（中文）	9.2	22.8
10	铁甲无敌奖门人	市网翡翠台（中文）	8.7	20.4

表 3.31.12 2008 年广州市场奥运会、残奥会比赛节目收视率排名前十位

名次	节目名称	播出频道	平均收视率（%）	平均占有率（%）
1	2008 年第 29 届奥运会男子举重 56 公斤级决赛	中央电视台综合频道	10.5	20.3
2	2008 年第 29 届奥运会乒乓球女子单打决赛	中央台五套	9.9	18.4
3	2008 年第 29 届奥运会跳水男子单人 10 米跳台决赛	中央电视台综合频道	9.6	18.4
4	2008 年第 29 届奥运会体操单项女子跳马决赛	中央台五套	9.2	20.7
5	2008 年第 29 届奥运会乒乓球女子团体决赛	广东电视体育频道	9.0	17.5
6	2008 年第 29 届奥运会羽毛球男子单打决赛	广东电视体育频道	8.9	15.9
7	现场直播：2008 年第 29 届奥运会男子举重 62 公斤级决赛	中央台五套	8.8	18.2
8	2008 年第 29 届奥运会跳水女子三米板决赛	广东电视体育频道	8.8	16.0
9	2008 年第 29 届奥运会男子举重 69 公斤级决赛	中央台五套	8.6	17.9
10	2008 年第 29 届奥运会体操女子自由操决赛	中央台五套	8.5	15.8

表 3.31.13 2008 年广州市场体育节目收视率排名前十位（奥运会、残奥会比赛除外）

名次	节目名称	播出频道	平均收视率（%）	平均占有率（%）
1	北京奥运 2008 闭幕礼	市网翡翠台（中文）	12.9	20.4
2	北京奥运 2008 闭幕礼	省网翡翠台（中文）	10.9	17.3
3	北京奥运 2008 开幕礼	市网翡翠台（中文）	10.7	16.8
4	2008 年第 29 届奥运会体操男子鞍马颁奖	广东电视体育频道	9.3	17.6
5	北京奥运 2008 开幕礼	省网翡翠台（中文）	9.3	14.7
6	2008 年第 29 届奥运会乒乓球女子团体颁奖	广东电视体育频道	9.1	16.3
7	2008 年第 29 届奥运会蹦床女子颁奖	广东电视体育频道	8.5	16.3
8	2008 年第 29 届奥运会羽毛球男子单打颁奖	广东电视体育频道	7.7	14.3
9	2008 年第 29 届奥运会举重男子 62 公斤级决赛颁奖	广东电视体育频道	7.3	13.7
10	第 29 届奥林匹克运动会闭幕式	广东电视体育频道	7.1	10.8

三十二、西安收视数据

表 3.32.1 2004－2008 年西安市场各类频道的市场占有率（%）

频道类别	年份				
	2004 年	2005 年	2006 年	2007 年	2008 年
中央台频道	35.3	39.3	39.4	37.6	41.1
中国教育台频道	0.0	0.0	0.0	0.1	0.0
陕西省级频道	22.8	18.6	17.8	17.8	18.4
西安市级频道	20.5	15.0	12.7	11.6	10.7
其他省级卫视频道	16.0	18.2	22.3	25.2	25.9
其他频道	5.4	8.9	7.9	7.7	3.9

表 3.32.2 2008 年西安市场各类频道在各目标观众中的市场占有率（%）

目标观众		中央台频道	中国教育台频道	陕西省级频道	西安市级频道	其他省级卫视频道	其他频道
4 岁及以上所有人		41.1	0.0	18.4	10.7	25.9	3.9
性别	男	43.2	0.0	18.4	10.8	23.6	4.0
	女	38.9	0.0	18.5	10.7	28.3	3.6
年龄	4－14 岁	34.9	0.0	16.9	11.2	32.5	4.5
	15－24 岁	30.8	0.0	20.6	13.3	31.3	4.0
	25－34 岁	37.2	0.0	21.0	10.2	27.7	3.9
	35－44 岁	38.4	0.1	18.1	12.4	27.3	3.7
	45－54 岁	42.5	0.1	19.3	10.5	25.0	2.6
	55－64 岁	46.0	0.0	18.2	9.6	21.2	5.0
	65 岁及以上	53.0	0.0	13.9	8.5	20.6	4.0
教育程度	未受过正规教育	51.2	0.0	16.3	7.8	21.1	3.6
	小学	43.8	0.0	16.2	11.1	26.3	2.6
	初中	37.5	0.0	21.2	12.7	26.3	2.3
	高中	39.4	0.0	18.2	10.9	27.3	4.2
	大学及以上	46.9	0.0	16.3	7.8	22.9	6.1
职业类别	干部/管理人员	54.3	0.0	13.9	8.4	20.2	3.2
	个体/私营企业人员	36.7	0.1	20.5	11.3	29.0	2.4
	初级公务员/雇员	44.0	0.0	17.2	9.1	23.8	5.9
	工人	38.1	0.0	19.0	11.9	27.2	3.8
	学生	31.5	0.0	19.0	12.5	33.2	3.8
	无业	46.4	0.0	17.1	9.4	23.1	4.0
	其他	33.5	0.0	24.5	15.1	24.8	2.1
个人月收入	0－600 元	40.6	0.0	19.9	12.1	24.5	2.9
	601－1200 元	42.8	0.0	18.1	10.1	24.9	4.1
	1201－1700 元	46.6	0.0	15.6	8.6	24.8	4.4
	1701 元及以上	46.0	0.1	15.8	8.5	24.7	4.9

表 3.32.3　2008 年西安市场各类频道在各时段的市场占有率（%）

时间段	中央台频道	中国教育台频道	陕西省级频道	西安市级频道	其他省级卫视频道	其他频道
02:00-03:00	40.9	0.0	12.0	3.7	39.0	4.4
03:00-04:00	43.1	0.0	8.0	2.8	42.0	4.1
04:00-05:00	40.1	0.0	8.1	2.6	45.3	3.9
05:00-06:00	42.8	0.0	5.5	1.6	44.7	5.4
06:00-07:00	66.2	0.1	3.8	1.1	25.1	3.7
07:00-08:00	68.3	0.0	4.8	7.9	15.7	3.3
08:00-09:00	53.1	0.0	10.2	6.3	26.5	3.9
09:00-10:00	45.3	0.0	11.4	5.9	33.1	4.3
10:00-11:00	44.6	0.0	12.3	5.7	32.5	4.9
11:00-12:00	46.8	0.1	12.6	5.1	30.9	4.5
12:00-13:00	51.1	0.1	14.5	6.3	24.0	4.0
13:00-14:00	40.5	0.1	16.1	5.0	32.9	5.4
14:00-15:00	37.0	0.0	14.1	5.2	38.3	5.4
15:00-16:00	35.7	0.0	13.6	5.9	39.1	5.7
16:00-17:00	36.3	0.1	12.9	6.6	38.6	5.5
17:00-18:00	41.1	0.1	11.4	8.6	33.6	5.2
18:00-19:00	37.4	0.0	19.7	23.5	15.7	3.7
19:00-20:00	52.6	0.0	22.7	13.5	8.5	2.7
20:00-21:00	43.7	0.1	20.7	11.1	21.5	2.9
21:00-22:00	36.7	0.0	24.4	12.0	24.1	2.8
22:00-23:00	29.0	0.0	27.8	15.8	24.2	3.2
23:00-24:00	33.7	0.0	20.3	12.1	31.0	2.9
24:00-25:00	32.4	0.0	17.5	13.2	33.7	3.2
25:00-26:00	35.4	0.0	13.3	9.4	37.9	4.0

表 3.32.4　2008 年西安市场收视份额排名前十位的频道

名次	频道名称	收视份额（%）
1	中央电视台综合频道	9.8
2	陕西电视台都市青春频道（二套）	5.8
3	中央电视台新闻频道	5.2
4	中央台三套	4.6
5	中央台五套	4.4
6	中央台八套	4.0
7	湖南电视台卫星频道	3.4
8	陕西电视台影视娱乐频道（四套）	3.2
9	中央台六套	2.8
9	中央台二套	2.8

表 3.32.5 2008 年西安市场各主要频道的观众构成（%）

目标观众		所有频道	中央电视台综合频道	陕西电视台都市青春频道(二套)	中央电视台新闻频道	中央台三套	中央台五套
4 岁及以上所有人		100.0	100.0	100.0	100.0	100.0	100.0
性别	男	51.6	53.1	46.1	55.2	52.5	66.6
	女	48.4	46.9	53.9	44.8	47.5	33.4
年龄	4-14 岁	6.8	4.4	4.1	2.3	4.7	3.6
	15-24 岁	11.7	9.2	10.6	6.9	8.7	13.1
	25-34 岁	15.4	11.2	19.0	8.8	15.0	14.1
	35-44 岁	16.9	15.9	15.0	13.2	19.1	14.2
	45-54 岁	21.0	19.9	23.3	22.5	24.1	23.8
	55-64 岁	13.1	16.4	16.0	15.4	14.2	11.7
	65 岁及以上	15.1	22.9	12.0	30.8	14.2	19.6
教育程度	未受过正规教育	3.1	3.5	3.4	1.8	3.1	1.3
	小学	11.1	10.8	8.1	14.6	9.6	11.3
	初中	28.2	27.2	37.0	26.5	27.3	21.9
	高中	39.0	37.3	34.3	33.6	40.2	41.7
	大学及以上	18.6	21.3	17.2	23.4	19.9	23.8
职业类别	干部/管理人员	3.5	4.3	2.1	5.7	4.3	3.9
	个体/私营企业人员	10.0	7.1	9.4	7.6	12.2	8.9
	初级公务员/雇员	9.4	11.8	9.2	8.2	10.1	9.3
	工人	18.9	14.7	17.8	14.6	20.3	23.0
	学生	13.4	10.2	9.9	6.4	9.4	14.1
	无业	39.0	45.2	41.9	53.7	38.9	37.9
	其他	5.7	6.7	9.6	3.8	4.8	3.0
个人月收入	0-600 元	47.0	44.1	51.4	41.3	40.8	41.4
	601-1200 元	34.5	34.8	34.4	34.8	39.3	38.9
	1201-1700 元	9.7	11.9	7.3	11.6	10.4	10.4
	1701 元及以上	8.8	9.3	6.9	12.2	9.5	9.4

表 3.32.6 2006-2008 年西安市场各类节目的播出份额（%）和收视份额（%）

节目类别	2006 年		2007 年		2008 年	
	播出份额	收视份额	播出份额	收视份额	播出份额	收视份额
青少	4.6	2.6	4.5	2.6	4.8	2.8
戏剧	1.4	1.4	1.4	1.2	1.1	0.9
教学	0.4	0.1	0.4	0.2	0.5	0.2
综艺	7.5	8.7	7.9	8.8	7.2	8.6
外语	0.2	0.1	0.2	0.2	0.1	0.1
电影	5.4	10.2	5.2	9.8	6.4	9.7
音乐	1.9	1.5	1.1	1.3	2.8	0.9
新闻/时事	13.0	12.5	13.0	11.2	13.3	14.7
电视剧	24.4	34.4	25.5	34.9	27.4	35.0
专题	10.9	5.9	11.3	6.7	11.5	7.1
体育	2.1	4.4	1.7	3.2	3.7	7.1
财经	1.5	0.4	1.5	0.8	1.7	0.9
生活服务	5.6	3.7	7.7	5.4	8.2	5.7
法制	1.5	0.7	1.5	1.0	1.3	1.0
其他	19.9	13.4	17.2	12.9	9.9	5.4

表 3.32.7　2008 年西安市场所有节目收视率排名前三十位

名次	节目名称	节目类型	播出频道	平均收视率（%）	平均占有率（%）
1	中国中央电视台 2008 春节联欢晚会	综艺	中央电视台综合频道	42.8	75.8
2	第 29 届奥林匹克运动会开幕式	体育	中央电视台综合频道	24.0	37.9
3	第 29 届奥林匹克运动会闭幕式	体育	中央电视台综合频道	21.8	41.0
4	2008 年第 29 届奥运会男子篮球 B 组比赛（中国 VS 美国）	体育	中央台二套	20.1	49.7
5	爱的奉献 2008 宣传文化系统抗震救灾大型募捐活动（5 月 18 日）	综艺	中央电视台综合频道	18.9	46.6
6	第 29 届奥林匹克运动会开幕式	体育	中央台五套	17.8	28.1
7	2008 年第 29 届奥运会女足小组赛（中国队 VS 阿根廷队）	体育	中央电视台综合频道	16.2	33.6
8	2008 年第 29 届奥运会女排小组赛（中国 VS 古巴）	体育	中央电视台综合频道	14.7	41.3
9	2008 年第 29 届奥运会男子举重 69 公斤级决赛	体育	中央台五套	14.5	32.6
10	2008 年第 29 届奥运会女子排球预赛（中国 VS 美国）	体育	中央台五套	14.2	34.8
11	2008 年第 29 届奥运会乒乓球男子团体决赛	体育	中央台五套	13.3	34.8
12	2008 年第 29 届奥运会男篮小组赛（中国 VS 西班牙）	体育	中央电视台综合频道	13.2	43.2
13	中央电视台 2008 年元宵晚会	综艺	中央电视台综合频道	13.1	32.2
14	2008 年第 29 届奥运会女子 100 米决赛	体育	中央电视台综合频道	13.0	32.3
15	2008 年第 29 届奥运会女子排球半决赛（中国 VS 巴西）	体育	中央台五套	13.0	32.1
16	2008 年第 29 届奥运会体操男子单杠决赛	体育	中央台五套	12.9	38.0
17	闯关东	电视剧	中央电视台综合频道	11.8	30.0
18	北京 2008 年残奥会开幕式	体育	中央电视台综合频道	11.1	31.1
19	第 29 届奥林匹克运动会闭幕式	体育	中央台五套	9.7	18.3
20	荣成月中华情 2008 中央电视台中秋晚会	综艺	中央电视台综合频道	8.3	25.3
21	拉萨 3.14 打砸抢烧暴力事件纪实	专题	中央电视台综合频道	8.2	27.0
22	春草	电视剧	陕西电视台都市青春频道（二套）	7.8	20.5
23	北京 2008 年残奥会闭幕式	体育	中央电视台综合频道	7.7	24.1
24	新闻联播	新闻	中央电视台综合频道	7.6	30.7
25	道德底线	电视剧	陕西电视台都市青春频道（二套）	7.6	20.6
26	李小龙传奇	电视剧	中央电视台综合频道	7.4	21.5

续表

名次	节目名称	节目类型	播出频道	平均收视率（%）	平均占有率（%）
27	关注四川汶川地震	新闻	中央电视台新闻频道	7.0	30.6
28	乡村爱情第二部	电视剧	中央电视台综合频道	6.7	17.0
29	情之债	电视剧	陕西电视台都市青春频道（二套）	6.4	18.0
30	一颗颗眼泪都是爱	电视剧	陕西电视台都市青春频道（二套）	6.4	16.6

表 3.32.8　2008 年西安市场电视剧收视率排名前十位

名次	节目名称	播出频道	平均收视率（%）	平均占有率（%）
1	闯关东	中央电视台综合频道	11.8	30.0
2	春草	陕西电视台都市青春频道（二套）	7.8	20.5
3	道德底线	陕西电视台都市青春频道（二套）	7.6	20.6
4	李小龙传奇	中央电视台综合频道	7.4	21.5
5	乡村爱情第二部	中央电视台综合频道	6.7	17.0
6	情之债	陕西电视台都市青春频道（二套）	6.4	18.0
7	一颗颗眼泪都是爱	陕西电视台都市青春频道（二套）	6.4	16.6
8	可爱的你第四部	中央台八套	5.6	20.1
9	风穿牡丹	陕西电视台都市青春频道（二套）	4.9	14.4
10	绝密押运	中央电视台综合频道	4.6	15.4

表 3.32.9　2008 年西安市场新闻节目收视率排名前十位

名次	节目名称	播出频道	平均收视率（%）	平均占有率（%）
1	新闻联播	中央电视台综合频道	7.6	30.7
2	关注四川汶川地震	中央电视台新闻频道	7.0	30.6
3	新闻联播（5 月 13 - 17 日、5 月 19 - 21 日，21:00）	中央电视台新闻频道	5.8	17.3
3	都市快报	陕西电视台都市青春频道（二套）	5.8	17.3
5	陕西电视台特别报道	陕西电视台都市青春频道（二套）	5.6	21.5
6	神七问天直播特别节目	中央电视台综合频道	4.5	14.9
7	温家宝在汶川映秀镇会见中外记者	中央电视台综合频道	4.3	19.7
8	真挚的关怀深入的指导	中央电视台综合频道	4.2	12.2
9	焦点访谈	中央电视台综合频道	4.0	12.6
10	抗震救灾众志成城	中央电视台综合频道	3.3	13.8

表 3. 32. 10　2008 年西安市场专题节目收视率排名前十位

名次	节目名称	播出频道	平均收视率(%)	平均占有率(%)
1	拉萨 3. 14 打砸抢烧暴力事件纪实	中央电视台综合频道	8. 2	27. 0
2	CCTV2007 感动中国颁奖盛典	中央电视台综合频道	5. 4	14. 1
3	艺术人生	中央电视台综合频道	4. 5	11. 8
4	朝阳行动 2008 水窖寄深情明星在行动	陕西电视台都市青春频道（二套）	4. 3	12. 1
5	董倩面对面	中央电视台综合频道	3. 9	12. 2
6	跨越海南经济特区 20 年纪实	中央电视台综合频道	3. 2	9. 1
7	达赖喇嘛	中央电视台新闻频道	3. 0	9. 0
8	奥运名人堂	中央台五套	3. 0	7. 6
9	我的今日之最我为天狂	中央电视台综合频道	2. 9	12. 5
10	奥运名人堂	中央电视台综合频道	2. 7	9. 4

表 3. 32. 11　2008 年西安市场综艺节目收视率排名前十位

名次	节目名称	播出频道	平均收视率(%)	平均占有率(%)
1	中国中央电视台 2008 春节联欢晚会	中央电视台综合频道	42. 8	75. 8
2	爱的奉献 2008 宣传文化系统抗震救灾大型募捐活动（5 月 18 日）	中央电视台综合频道	18. 9	46. 6
3	中央电视台 2008 年元宵晚会	中央电视台综合频道	13. 1	32. 2
4	荣成月中华情 2008 中央电视台中秋晚会	中央电视台综合频道	8. 3	25. 3
5	向祖国报告 2008 年迎七一暨抗震救灾文艺晚会	中央电视台综合频道	5. 5	15. 2
6	百年圆梦迎 2008 北京奥运会文艺晚会	中央电视台综合频道	5. 1	16. 8
7	综艺盛典 Variety Awards 2008	中央台三套	4. 6	10. 8
8	迈向太空中央电视台心连心艺术团赴酒泉卫星发射中心慰问演出	中央电视台综合频道	4. 5	14. 0
9	万家灯火平安夜公安部 2008 年春节晚会	中央电视台综合频道	4. 5	11. 2
10	3. 15 推动和谐的力量	中央电视台综合频道	4. 4	12. 0

表 3.32.12 2008 年西安市场奥运会、残奥会比赛节目收视率排名前十位

名次	节目名称	播出频道	平均收视率（%）	平均占有率（%）
1	2008 年第 29 届奥运会男子篮球 B 组比赛（中国 VS 美国）	中央台二套	20.1	49.7
2	2008 年第 29 届奥运会女足小组赛（中国队 VS 阿根廷队）	中央电视台综合频道	16.2	33.6
3	2008 年第 29 届奥运会女排小组赛（中国 VS 古巴）	中央电视台综合频道	14.7	41.3
4	2008 年第 29 届奥运会男子举重 69 公斤级决赛	中央台五套	14.5	32.6
5	2008 年第 29 届奥运会女子排球预赛（中国 VS 美国）	中央台五套	14.2	34.8
6	2008 年第 29 届奥运会乒乓球男子团体决赛	中央台五套	13.3	34.8
7	2008 年第 29 届奥运会男篮小组赛（中国 VS 西班牙）	中央电视台综合频道	13.2	43.2
8	2008 年第 29 届奥运会女子 100 米决赛	中央电视台综合频道	13.0	32.3
9	2008 年第 29 届奥运会女子排球半决赛（中国 VS 巴西）	中央台五套	13.0	32.1
10	2008 年第 29 届奥运会体操男子单杠决赛	中央台五套	12.9	38.0

表 3.32.13 2008 年西安市场体育节目收视率排名前十位（奥运会、残奥会比赛除外）

名次	节目名称	播出频道	平均收视率（%）	平均占有率（%）
1	第 29 届奥林匹克运动会开幕式	中央电视台综合频道	24.0	37.9
2	第 29 届奥林匹克运动会闭幕式	中央电视台综合频道	21.8	41.0
3	第 29 届奥林匹克运动会开幕式	中央台五套	17.8	28.1
4	北京 2008 年残奥会开幕式	中央电视台综合频道	11.1	31.1
5	第 29 届奥林匹克运动会闭幕式	中央台五套	9.7	18.3
6	北京 2008 年残奥会闭幕式	中央电视台综合频道	7.7	24.1
7	伊辛巴耶娃夺金之路	中央台五套	3.5	13.8
8	再见北京伦敦再见	中央电视台综合频道	3.1	9.7
9	第 29 届奥林匹克运动会闭幕式	黑龙江电视台卫星频道	2.9	5.5
10	直播周末足球之夜	中央台五套	2.8	10.5

三十三、成都收视数据

表 3.33.1　2004－2008 年成都各类频道的市场占有率（%）

频道类别	年份				
	2004 年	2005 年	2006 年	2007 年	2008 年
中央台频道	27.7	27.5	27.9	26.3	28.8
中国教育台频道	0.4	0.6	0.4	0.4	0.3
四川省级频道	25.2	22.5	24.3	28.3	26.1
成都市级频道	21.1	22.1	21.0	18.9	18.5
其他省级卫视频道	15.9	16.8	16.4	15.3	16.6
其他频道	9.7	10.6	10.0	10.8	9.8

表 3.33.2　2008 年成都市场各类频道在不同目标观众中的市场占有率（%）

目标观众		中央台频道	中国教育台频道	四川省级频道	成都市级频道	其他省级卫视频道	其他频道
4 岁及以上所有人		28.8	0.3	26.1	18.5	16.6	9.8
性别	男	31.1	0.3	24.9	18.2	15.1	10.5
	女	26.3	0.3	27.3	18.9	18.2	9.1
年龄	4－14 岁	25.6	0.2	23.3	17.1	21.0	12.8
	15－24 岁	22.2	0.2	26.5	14.6	21.9	14.6
	25－34 岁	26.8	0.2	25.1	17.1	18.0	12.7
	35－44 岁	28.1	0.2	26.4	16.9	17.3	11.1
	45－54 岁	26.9	0.2	28.7	20.6	14.5	9.1
	55－64 岁	30.8	0.3	27.6	20.0	14.8	6.5
	65 岁及以上	38.9	0.5	20.7	19.7	15.1	5.2
教育程度	未受过正规教育	26.2	0.3	24.2	18.3	20.7	10.4
	小学	26.8	0.3	27.7	19.5	17.3	8.5
	初中	26.2	0.2	27.8	19.0	16.9	10.0
	高中	29.9	0.3	25.8	18.5	16.2	9.3
	大学及以上	34.0	0.2	21.8	16.5	15.6	11.9
职业类别	干部/管理人员	35.4	0.2	22.0	16.2	16.0	10.1
	个体/私营企业人员	24.1	0.2	28.4	18.6	16.7	11.9
	初级公务员/雇员	30.5	0.2	24.5	16.0	17.5	11.2
	工人	22.1	0.2	28.5	20.5	15.5	13.2
	学生	24.0	0.2	24.7	15.9	22.5	12.8
	无业	32.1	0.3	25.8	19.3	15.5	7.0
	其他	19.7	0.1	29.3	30.3	14.3	6.4
个人月收入	0－600 元	27.2	0.3	27.1	18.9	17.6	9.0
	601－1200 元	28.4	0.3	26.5	18.4	16.2	10.2
	1201－1700 元	31.9	0.3	22.8	19.4	15.4	10.3
	1701 元及以上	33.3	0.2	23.3	17.0	15.3	10.9

表 3.33.3　2008 年成都市场各类频道在不同时段的市场占有率（%）

时间段	中央台频道	中国教育台频道	四川省级频道	成都市级频道	其他省级卫视频道	其他频道
02:00－03:00	24.5	0.1	21.1	12.3	23.1	19.0
03:00－04:00	28.3	0.0	20.6	10.4	23.4	17.4
04:00－05:00	30.8	0.0	22.1	9.3	25.9	11.9
05:00－06:00	28.0	0.1	23.9	11.8	23.7	12.6
06:00－07:00	38.6	0.5	22.1	9.9	18.3	10.6
07:00－08:00	37.8	0.1	19.1	23.9	11.8	7.4
08:00－09:00	36.4	0.1	21.3	19.3	15.4	7.4
09:00－10:00	32.6	0.2	23.4	13.3	20.6	10.0
10:00－11:00	32.0	0.2	24.1	11.3	21.6	10.8
11:00－12:00	34.8	0.3	24.0	10.8	20.5	9.6
12:00－13:00	33.6	0.3	29.9	11.6	14.0	10.5
13:00－14:00	29.0	0.5	28.4	10.7	19.7	11.8
14:00－15:00	27.5	0.2	24.1	10.8	23.9	13.6
15:00－16:00	27.1	0.2	23.9	10.1	25.0	13.7
16:00－17:00	28.4	0.4	24.4	8.7	24.5	13.6
17:00－18:00	32.6	0.5	22.0	12.8	22.1	10.0
18:00－19:00	25.0	0.2	27.6	28.8	8.7	9.8
19:00－20:00	29.2	0.1	28.7	27.7	6.7	7.6
20:00－21:00	30.9	0.2	25.3	22.8	14.5	6.3
21:00－22:00	27.9	0.3	25.4	21.7	17.4	7.4
22:00－23:00	23.8	0.3	27.2	22.4	16.8	9.5
23:00－24:00	25.0	0.5	30.1	15.0	18.6	11.0
24:00－25:00	25.7	0.1	24.9	12.6	21.1	15.5
25:00－26:00	24.1	0.1	23.1	11.1	22.7	18.9

表 3.33.4　2008 年成都市场收视份额排名前十位的频道

名次	频道名称	收视份额（%）
1	四川电视台新闻资讯频道	6.4
2	中央电视台综合频道	4.8
3	成都电视台新闻综合频道（一套）	4.5
4	四川电视台二套（文化旅游频道）	4.4
5	四川电视台影视文艺频道（五套）	4.2
6	成都电视台公共频道（五套）	3.8
7	中央台五套	3.6
7	成都电视台都市生活频道（三套）	3.6
9	湖南电视台卫星频道	3.4
10	成都电视台影视文艺频道（四套）	3.3

表 3.33.5 2008 年成都市场各主要频道的观众构成（%）

目标观众		所有频道	主要频道				
			四川电视台新闻资讯频道	中央电视台综合频道	成都电视台新闻综合频道（一套）	四川电视台二套（文化旅游频道）	四川电视台影视文艺频道（五套）
4 岁及以上所有人		100.0	100.0	100.0	100.0	100.0	100.0
性别	男	51.0	50.3	51.6	50.8	45.3	45.1
	女	49.0	49.7	48.4	49.2	54.7	54.9
年龄	4－14 岁	6.1	3.5	3.8	2.6	4.2	4.4
	15－24 岁	7.0	6.0	3.4	3.7	7.1	5.8
	25－34 岁	17.3	17.3	14.0	13.0	14.9	14.2
	35－44 岁	17.2	15.3	13.3	14.1	15.2	16.6
	45－54 岁	24.3	30.1	21.0	27.8	28.8	31.6
	55－64 岁	16.2	18.5	18.1	18.5	20.5	18.1
	65 岁及以上	11.8	9.2	26.4	20.3	9.2	9.2
教育程度	未受过正规教育	2.8	1.3	1.8	1.3	4.0	2.8
	小学	17.5	14.9	16.4	18.1	23.2	14.5
	初中	31.1	31.8	22.6	33.3	33.4	39.7
	高中	33.1	37.7	39.1	32.8	29.3	31.1
	大学及以上	15.6	14.2	20.0	14.6	10.1	11.9
职业类别	干部/管理人员	3.7	2.8	4.3	2.5	1.8	4.5
	个体/私营企业人员	13.9	12.7	8.6	16.6	13.8	15.4
	初级公务员/雇员	19.3	20.7	19.1	15.0	15.3	17.4
	工人	11.9	14.8	7.2	10.6	14.0	10.7
	学生	8.2	5.1	4.5	4.0	6.8	6.5
	无业	41.4	41.9	55.3	47.6	45.8	44.2
	其他	1.6	2.0	0.9	3.7	2.6	1.2
个人月收入	0－600 元	44.1	41.1	41.1	48.2	51.9	46.6
	601－1200 元	35.7	37.1	30.5	32.1	34.0	37.4
	1201－1700 元	8.3	7.3	12.4	9.1	6.6	7.0
	1701 元及以上	11.9	14.5	16.0	10.6	7.5	9.0

表 3.33.6 2006－2008 年成都市场各类节目的播出份额（%）和收视份额（%）

节目类别	2006 年		2007 年		2008 年	
	播出份额	收视份额	播出份额	收视份额	播出份额	收视份额
财经	1.4	0.5	1.5	1.3	1.7	1.8
生活服务	8.7	2.4	10.4	4.5	11.3	5.3
电视剧	28.2	32.0	29.0	32.1	28.9	29.4
电影	4.4	6.7	4.7	8.0	4.0	6.5
教学	0.5	0.2	0.7	0.4	0.7	0.3
青少	3.4	2.5	3.9	2.6	4.3	2.3
体育	2.1	4.0	2.2	3.1	2.5	5.5
戏剧	1.1	0.2	1.0	0.2	0.9	0.2
新闻/时事	10.5	18.3	10.2	16.5	11.4	19.5
音乐	1.4	1.8	2.2	1.3	2.5	0.8
专题	10.4	6.6	9.9	7.4	9.9	7.9
综艺	6.5	8.2	6.6	7.9	4.9	7.1
外语	0.4	0.1	0.3	0.1	0.2	0.1
法制	1.6	3.5	1.3	2.7	1.0	2.2
其他	19.5	13.0	16.3	12.0	15.8	11.0

表 3.33.7　2008 年成都市场所有节目收视率排名前三十位

名次	节目名称	节目类型	播出频道	平均收视率（%）	平均占有率（%）
1	中国中央电视台 2008 春节联欢晚会	综艺	中央电视台综合频道	21.3	45.0
2	2008 年第 29 届奥运会男子篮球 B 组比赛（中国 VS 美国）	体育	中央台二套	19.8	49.2
3	第 29 届奥林匹克运动会开幕式	体育	中央电视台综合频道	18.0	28.3
4	第 29 届奥林匹克运动会闭幕式	体育	中央电视台综合频道	15.7	26.8
5	第 29 届奥林匹克运动会开幕式	体育	中央台五套	15.7	24.7
6	第 29 届奥林匹克运动会闭幕式	体育	中央台五套	15.6	26.6
7	2008 年第 29 届奥运会体操男子单杠决赛	体育	中央台五套	14.4	41.7
8	2008 年第 29 届奥运会女子排球预赛（中国 VS 美国）	体育	中央台五套	13.8	34.0
9	2008 年第 29 届奥运会乒乓球男子团体决赛	体育	中央台五套	12.8	32.5
10	2008 年第 29 届奥运会体操单项女子高低杠决赛	体育	中央台五套	12.7	37.3
11	2008 第 29 届奥运会女子平衡木决赛	体育	中央台五套	12.5	36.7
12	2008 年第 29 届奥运会男子篮球小组赛（中国 VS 德国）	体育	中央台五套	11.7	30.5
13	2008 年第 29 届奥运会女子排球 1/4 决赛（中国 VS 俄罗斯）	体育	中央台五套	11.7	27.1
14	爱的奉献 2008 宣传文化系统抗震救灾大型募捐活动（5 月 18 日）	综艺	中央电视台综合频道	11.5	33.0
15	2008 年第 29 届奥运会女子排球半决赛（中国 VS 巴西）	体育	中央台五套	10.9	26.9
16	2008 年第 29 届奥运会体操单项女子跳马决赛	体育	中央台五套	10.8	35.1
17	2008 年第 29 届奥运会女排小组赛（中国 VS 古巴）	体育	中央电视台综合频道	10.6	23.5
18	2008 年第 29 届奥运会女足小组赛（中国队 VS 阿根廷队）	体育	中央电视台综合频道	10.5	25.3
19	2008 年第 29 届奥运会男子举重 62 公斤级决赛	体育	中央台五套	9.8	28.6
20	2008 年第 29 届奥运会跳水男子单人 10 米跳台决赛	体育	中央电视台综合频道	9.8	25.3
21	2008 年第 29 届奥运会乒乓球女子单打决赛	体育	中央台五套	9.6	24.8
22	2008 年第 29 届奥运会女足小组赛 E 组（中国 VS 加拿大）	体育	中央台五套	9.5	24.0
23	2008 年第 29 届奥运会跳水男子 3 米跳板决赛	体育	中央台二套	9.5	20.5

续表

名次	节目名称	节目类型	播出频道	平均收视率(%)	平均占有率(%)
24	2008年第29届奥运会女排小组赛（中国VS波兰）	体育	中央电视台综合频道	9.3	23.3
25	2008年第29届奥运会男子举重56公斤级决赛	体育	中央电视台综合频道	9.2	23.5
26	2008年第29届奥运会射箭女团决赛	体育	中央台五套	9.1	29.0
27	2008年第29届奥运会男子举重77公斤级挺举决赛	体育	中央台二套	9.1	20.8
28	2008年第29届奥运会女子举重48公斤级决赛	体育	中央台五套	9.0	42.2
29	2008年第29届奥运会男子举重69公斤级决赛	体育	中央台五套	8.9	26.9
30	2008年第29届奥运会跳水女子10米跳台决赛	体育	中央台二套	8.8	21.5

表3.33.8　2008年成都市场电视剧收视率排名前十位

名次	节目名称	播出频道	平均收视率(%)	平均占有率(%)
1	山城棒棒军第二部	成都电视台新闻综合频道(一套)	5.9	15.2
2	中国兄弟连	四川电视台影视文艺频道(五套)	5.6	16.3
3	李小龙传奇	中央电视台综合频道	5.5	13.6
4	上海王	四川电视台影视文艺频道(五套)	5.0	13.7
5	凤穿牡丹	四川电视台影视文艺频道(五套)	4.5	12.5
6	闯关东	中央电视台综合频道	4.5	11.0
7	宽恕	成都电视台新闻综合频道(一套)	4.3	10.5
8	红日	四川电视台影视文艺频道(五套)	4.2	12.2
9	少林寺传奇第一部	成都电视台影视文艺频道(四套)	3.7	9.4
10	王保长新篇第二部－死去生来	四川电视台影视文艺频道(五套)	3.4	8.7

表 3.33.9　2008 年成都市场新闻/时事节目收视率排名前十位

名次	节目名称	播出频道	平均收视率（%）	平均占有率（%）
1	新闻联播	中央电视台综合频道	3.6	11.7
2	18:30 新闻现场	四川电视台新闻资讯频道	3.0	10.7
3	温家宝在汶川映秀镇会见中外记者	中央电视台综合频道	2.8	10.1
4	新闻现场万众一心抗震救灾	四川电视台新闻资讯频道	2.7	9.9
5	黄金 30 分	四川电视台二套（文化旅游频道）	2.7	7.4
6	非常话题	四川电视台二套（文化旅游频道）	2.6	7.0
7	神七问天直播特别节目	中央电视台综合频道	2.5	7.3
8	成都全接触主档新闻	成都电视台公共频道（五套）	2.4	8.9
9	成视新闻	成都电视台新闻综合频道（一套）	2.4	7.7
10	21:00 新闻现场	四川电视台新闻资讯频道	2.3	5.7

表 3.33.10　2008 年成都市场专题节目收视率排名前十位

名次	节目名称	播出频道	平均收视率（%）	平均占有率（%）
1	拉萨 3.14 打砸抢烧暴力事件纪实	中央电视台综合频道	7.2	18.5
2	董倩面对面	中央电视台综合频道	2.7	7.3
3	CCTV2007 感动中国颁奖盛典	中央电视台综合频道	2.6	6.4
4	真实人生	成都电视台公共频道（五套）	2.5	7.3
5	奥运名人堂	中央台五套	2.5	7.0
6	我们是记者	成都电视台新闻综合频道（一套）	2.5	5.8
7	感动成都	成都电视台新闻综合频道（一套）	2.3	8.8
8	奥运名人堂	中央电视台综合频道	2.2	7.4
9	真实对话	成都电视台公共频道（五套）	2.2	6.7
10	5.12 汶川大地震成都骄傲	成都电视台新闻综合频道（一套）	2.2	6.5

表 3.33.11　2008 年成都市场综艺节目收视率排名前十位

名次	节目名称	播出频道	平均收视率(%)	平均占有率(%)
1	中国中央电视台 2008 春节联欢晚会	中央电视台综合频道	21.3	45.0
2	爱的奉献 2008 宣传文化系统抗震救灾大型募捐活动(5 月 18 日)	中央电视台综合频道	11.5	33.0
3	向祖国报告 2008 年迎七一暨抗震救灾文艺晚会	中央电视台综合频道	7.4	17.1
4	以生命的名义四川省抗震救灾大型特别节目	成都电视台新闻综合频道(一套)	7.2	18.0
5	中央电视台 2008 年元宵晚会	中央电视台综合频道	6.8	16.9
6	荣成月中华情 2008 中央电视台中秋晚会	中央电视台综合频道	6.7	17.9
7	综艺盛典 Variety Awards 2008	中央台三套	5.2	11.7
8	呼唤把爱奉献给孩子童看奥运共享光明大型公益慈善晚会	湖南电视台卫星频道	4.3	9.9
9	中国中央电视台 2008 春节联欢晚会	成都电视台新闻综合频道(一套)	3.7	7.9
10	开学第一课	中央台二套	3.6	10.9

表 3.33.12　2008 年成都市场体育节目奥运会、残奥会比赛收视率排名前十位

名次	节目名称	播出频道	平均收视率(%)	平均占有率(%)
1	2008 年第 29 届奥运会男子篮球 B 组比赛(中国 VS 美国)	中央台二套	19.8	49.2
2	2008 年第 29 届奥运会体操男子单杠决赛	中央台五套	14.4	41.7
3	2008 年第 29 届奥运会女子排球预赛(中国 VS 美国)	中央台五套	13.8	34.0
4	2008 年第 29 届奥运会乒乓球男子团体决赛	中央台五套	12.8	32.5
5	2008 年第 29 届奥运会体操单项女子高低杠决赛	中央台五套	12.7	37.3
6	2008 第 29 届奥运会女子平衡木决赛	中央台五套	12.5	36.7
7	2008 年第 29 届奥运会男子篮球小组赛(中国 VS 德国)	中央台五套	11.7	30.5
8	2008 年第 29 届奥运会女子排球 1/4 决赛(中国 VS 俄罗斯)	中央台五套	11.7	27.1
9	2008 年第 29 届奥运会女子排球半决赛(中国 VS 巴西)	中央台五套	10.9	26.9
10	2008 年第 29 届奥运会体操单项女子跳马决赛	中央台五套	10.8	35.1

表 3.33.13　2008 年成都市场体育节目收视率排名前十位（奥运会、残奥会比赛除外）

名次	节目名称	播出频道	平均收视率（%）	平均占有率（%）
1	第 29 届奥林匹克运动会开幕式	中央电视台综合频道	18.0	28.3
2	第 29 届奥林匹克运动会闭幕式	中央电视台综合频道	15.7	26.8
3	第 29 届奥林匹克运动会开幕式	中央台五套	15.7	24.7
4	第 29 届奥林匹克运动会闭幕式	中央台五套	15.6	26.6
5	北京 2008 年残奥会开幕式	中央电视台综合频道	7.0	18.0
6	直播周末足球之夜：2010 年世界杯亚洲区预选赛	中央台五套	6.3	17.2
7	直播周末: 第 49 届世界乒乓球团体锦标赛男团决赛	中央台五套	6.1	15.7
8	伊辛巴耶娃夺金之路	中央台五套	6.0	18.1
9	奥运快讯	中央台五套	5.7	13.9
10	奥运第 1 天	中央电视台综合频道	5.4	11.8

三十四、长沙收视数据

表 3.34.1　2004－2008 年长沙市场各类频道的市场占有率（%）

频道类别	年份				
	2004 年	2005 年	2006 年	2007 年	2008 年
中央台频道	16.5	16.5	16.5	18.0	23.0
中国教育台频道	0.1	0.1	0.1	0.3	0.4
湖南省级频道	57.0	53.5	53.4	49.3	44.3
长沙市级频道	12.5	16.8	16.5	18.0	15.7
其他省级卫视频道	7.3	6.3	8.1	7.5	8.5
其他频道	6.6	6.7	5.4	6.9	8.2

表 3.34.2　2008 年长沙市场各类频道在不同目标观众中的市场占有率（%）

目标观众		中央台频道	中国教育台频道	湖南省级频道	长沙市级频道	其他省级卫视频道	其他频道
4 岁及以上所有人		23.0	0.4	44.3	15.7	8.5	8.2
性别	男	24.8	0.4	42.5	16.3	7.9	8.1
	女	21.1	0.4	46.2	15.1	9.1	8.2
年龄	4－14 岁	17.4	0.3	53.3	9.4	10.1	9.6
	15－24 岁	18.8	0.4	49.6	12.1	9.9	9.2
	25－34 岁	20.0	0.3	46.0	18.5	7.0	8.3
	35－44 岁	23.3	0.4	46.2	14.1	7.8	8.2
	45－54 岁	22.9	0.3	40.3	18.1	8.9	9.5
	55－64 岁	25.9	0.3	43.3	16.0	8.4	6.2
	65 岁及以上	32.3	0.6	38.2	15.3	8.2	5.4
教育程度	未受过正规教育	19.8	0.3	50.2	11.9	6.1	11.6
	小学	20.4	0.3	49.7	14.4	9.0	6.2
	初中	22.2	0.4	44.6	17.3	7.6	7.9
	高中	21.5	0.3	43.2	15.8	9.5	9.6
	大学及以上	29.5	0.3	40.7	14.9	7.6	6.9
职业类别	干部/管理人员	25.8	0.4	42.5	17.2	8.5	5.6
	个体/私营企业人员	22.2	0.4	45.5	17.6	7.1	7.3
	初级公务员/雇员	24.4	0.3	41.9	16.1	7.7	9.6
	工人	21.8	0.4	43.7	15.3	8.6	10.2
	学生	20.0	0.3	50.7	10.3	10.7	8.0
	无业	24.3	0.4	42.3	16.9	8.5	7.6
	其他	16.3	0.2	61.2	13.0	5.1	4.2
个人月收入	0－600 元	20.0	0.4	48.0	14.6	8.8	8.2
	601－1200 元	23.4	0.4	43.4	16.3	8.1	8.5
	1201－1700 元	25.0	0.3	43.3	15.2	8.9	7.4
	1701－2600 元	25.2	0.4	39.3	18.1	8.2	8.9
	2601 元及以上	28.9	0.3	40.9	15.1	8.3	6.5

表 3.34.3　2008 年长沙市场各类频道不同时段的市场占有率（%）

时间段	中央台频道	中国教育台频道	湖南省级频道	长沙市级频道	其他省级卫视频道	其他频道
02:00-03:00	21.1	0.1	36.9	14.0	9.5	18.4
03:00-04:00	22.1	0.1	35.3	13.7	10.3	18.5
04:00-05:00	24.0	0.1	36.2	11.8	12.4	15.6
05:00-06:00	29.4	0.0	34.4	11.7	12.0	12.5
06:00-07:00	43.3	0.3	24.8	12.8	7.7	11.1
07:00-08:00	39.1	0.2	30.7	11.8	9.0	9.2
08:00-09:00	29.8	0.2	39.8	9.6	11.8	8.9
09:00-10:00	29.4	0.2	36.5	8.8	15.2	9.9
10:00-11:00	29.9	0.4	35.8	8.7	15.0	10.1
11:00-12:00	30.7	0.5	38.4	8.3	12.6	9.4
12:00-13:00	30.3	0.6	42.9	9.5	8.7	8.1
13:00-14:00	25.4	0.7	42.0	9.0	12.1	10.8
14:00-15:00	24.1	0.2	37.1	9.8	16.0	12.8
15:00-16:00	25.2	0.2	34.3	9.1	17.8	13.4
16:00-17:00	24.2	0.6	35.3	10.9	16.3	12.8
17:00-18:00	21.9	0.7	39.5	15.2	12.7	10.1
18:00-19:00	14.8	0.2	48.5	25.9	4.3	6.3
19:00-20:00	22.3	0.2	48.5	21.6	2.7	4.8
20:00-21:00	22.0	0.4	49.5	17.1	5.9	5.1
21:00-22:00	21.4	0.4	49.5	15.9	6.6	6.1
22:00-23:00	20.1	0.3	45.1	18.6	7.9	8.0
23:00-24:00	20.7	0.4	47.4	15.6	6.9	9.0
24:00-25:00	23.1	0.1	38.4	15.6	9.6	13.1
25:00-26:00	20.4	0.1	42.4	12.9	8.8	15.3

表 3.34.4　2008 年长沙市场收视份额排名前十位的频道

名次	频道名称	收视份额（%）
1	eTV 湖南经视综合频道	8.8
2	湖南电视台卫星频道	8.1
3	中央电视台综合频道	6.1
4	eTV 湖南经视都市频道	5.7
4	湖南电视台娱乐频道	5.7
6	长沙电视政法频道	5.6
7	湖南电视台影视频道	4.3
8	潇湘电影频道	3.7
9	长沙电视经贸频道	3.5
10	中央台五套	3.4

表 3.34.5 2008 年长沙市场各主要频道的观众构成（%）

目标观众		所有频道	主要频道				
			eTV 湖南经视综合频道	湖南电视台卫星频道	中央电视台综合频道	eTV 湖南经视都市频道	湖南电视台娱乐频道
4 岁及以上所有人		100.0	100.0	100.0	100.0	100.0	100.0
性别	男	50.5	46.3	44.5	53.1	47.5	49.3
	女	49.5	53.7	55.5	46.9	52.5	50.7
年龄	4-14 岁	7.2	6.4	9.4	5.3	4.1	6.0
	15-24 岁	11.1	12.0	16.9	8.7	8.0	11.3
	25-34 岁	18.0	18.3	17.8	18.1	19.7	15.8
	35-44 岁	14.0	14.2	16.1	15.4	13.2	15.0
	45-54 岁	24.8	25.2	19.6	22.2	27.7	25.7
	55-64 岁	14.0	14.3	10.7	14.6	18.5	16.1
	65 岁及以上	10.9	9.5	9.6	15.8	8.8	9.9
教育程度	未受过正规教育	2.9	2.8	2.8	2.3	1.8	2.9
	小学	14.7	16.2	15.6	12.5	13.0	16.0
	初中	28.5	28.9	28.2	27.3	32.2	30.6
	高中	34.7	34.2	34.4	31.4	34.2	34.8
	大学及以上	19.1	17.9	19.0	26.6	18.8	15.7
职业类别	干部/管理人员	4.3	4.5	3.8	5.4	4.5	3.8
	个体/私营企业人员	8.3	9.3	8.8	8.5	9.0	8.4
	初级公务员/雇员	12.9	12.5	11.5	13.4	14.0	10.7
	工人	18.3	18.5	19.3	14.9	18.4	18.4
	学生	11.4	11.3	15.7	9.7	8.2	10.0
	无业	41.6	40.2	36.4	43.6	43.8	41.4
	其他	3.1	3.8	4.5	4.5	2.2	7.2
个人月收入	0-600 元	35.1	35.7	41.9	31.6	32.1	36.2
	601-1200 元	34.1	35.5	32.7	31.9	36.2	35.0
	1201-1700 元	11.0	13.6	9.1	9.6	10.8	11.0
	1701-2600 元	11.7	9.0	9.2	15.7	12.4	11.6
	2601 元及以上	8.1	6.3	7.1	11.1	8.5	6.1

表 3.34.6 2006-2008 年长沙市场各类节目的播出份额（%）和收视份额（%）

节目类别	2006 年		2007 年		2008 年	
	播出份额	收视份额	播出份额	收视份额	播出份额	收视份额
财经	1.4	0.3	1.4	0.4	1.4	0.5
电视剧	25.3	31.5	25.1	29.8	24.7	28.9
电影	4.8	8.1	5.0	8.8	4.5	7.2
法制	1.7	3.5	2.3	5.2	1.8	4.6
教学	0.3	0.1	0.7	0.3	0.6	0.2
青少	4.4	3.0	4.3	3.2	4.2	2.1
生活服务	4.5	1.8	6.7	4.9	7.7	5.8
体育	1.8	2.9	1.6	2.3	2.6	4.8
外语	0.2	0.0	0.2	0.0	0.1	0.0
戏剧	1.4	0.6	1.2	0.3	1.0	0.2
新闻/时事	13.6	10.6	13.2	11.4	13.7	13.6
音乐	1.1	1.5	1.8	0.9	2.3	0.5
专题	12.5	11.4	11.6	8.7	11.8	7.7
综艺	7.8	9.6	8.1	9.3	7.0	9.5
其他	19.2	15.2	16.9	14.5	16.5	14.4

表 3.34.7　2008 年长沙市场所有节目收视率排名前三十位

名次	节目名称	节目类型	播出频道	平均收视率（%）	平均占有率（%）
1	第 29 届奥林匹克运动会闭幕式	体育	中央电视台综合频道	17.5	32.8
2	中国中央电视台 2008 春节联欢晚会	综艺	中央电视台综合频道	15.8	36.8
3	第 29 届奥林匹克运动会开幕式	体育	中央台五套	15.7	24.9
4	2008 年第 29 届奥运会男子篮球 B 组比赛（中国 VS 美国）	体育	中央台二套	15.6	48.9
5	第 29 届奥林匹克运动会开幕式	体育	中央电视台综合频道	14.3	22.7
6	第 29 届奥林匹克运动会闭幕式	体育	中央台五套	13.5	25.2
7	2008 年第 29 届奥运会男子举重 56 公斤级决赛	体育	中央电视台综合频道	12.7	34.0
8	2008 年第 29 届奥运会女排小组赛（中国 VS 古巴）	体育	中央电视台综合频道	12.4	32.6
9	2008 年第 29 届奥运会体操男子单杠决赛	体育	中央台五套	12.3	32.7
10	2008 第 29 届奥运会女子平衡木决赛	体育	中央台五套	12.0	37.9
11	2008 年第 29 届奥运会男子举重 69 公斤级决赛	体育	中央台五套	11.6	33.8
12	2008 年第 29 届奥运会体操单项女子跳马决赛	体育	中央台五套	11.6	33.7
13	2008 年第 29 届奥运会体操单项女子高低杠决赛	体育	中央台五套	11.5	39.3
14	2008 年第 29 届奥运会男子篮球小组赛（中国 VS 德国）	体育	中央台五套	11.3	31.5
15	2008 年第 29 届奥运会跳水男子单人 10 米跳台决赛	体育	中央电视台综合频道	11.3	31.3
16	爱的奉献 2008 宣传文化系统抗震救灾大型募捐活动（5 月 18 日）	综艺	中央电视台综合频道	11.2	31.0
17	2008 年第 29 届奥运会乒乓球男子团体决赛	体育	中央台五套	10.8	28.6
18	2008 年第 29 届奥运会女子排球预赛（中国 VS 美国）	体育	中央台五套	10.8	27.0
19	快乐中国湖南卫视 2008 元宵喜乐会春暖人间	综艺	湖南电视台卫星频道	10.7	30.7
20	2008 年第 29 届奥运会女排小组赛（中国 VS 波兰）	体育	中央电视台综合频道	10.6	28.9
21	2008 年第 29 届奥运会女子 100 米决赛	体育	中央电视台综合频道	10.1	29.2
22	2008 年第 29 届奥运会体操女子自由操决赛	体育	中央台五套	10.1	24.1
23	2008 年第 29 届奥运会男子举重 62 公斤级决赛	体育	中央台五套	9.9	29.7

续表

名次	节目名称	节目类型	播出频道	平均收视率(%)	平均占有率(%)
24	2008年第29届奥运会女子排球半决赛（中国VS巴西）	体育	中央台五套	9.6	24.1
25	第7届中国金鹰电视艺术节第24届中国电视金鹰奖颁奖晚会	综艺	湖南电视台卫星频道	9.5	24.0
26	第7届中国金鹰电视艺术节开幕式晚会	综艺	湖南电视台卫星频道	9.3	24.1
27	2008年第29届奥运会体操单项男子鞍马决赛	体育	中央台五套	9.3	23.5
28	2008年第29届奥运会乒乓球女团决赛	体育	中央电视台综合频道	9.2	22.8
29	第29届奥林匹克运动会开幕式	体育	湖南电视台卫星频道	9.1	14.4
30	2008年第29届奥运会女子排球1/4决赛（中国VS俄罗斯）	体育	中央台五套	9.0	22.5

表3.34.8　2008年长沙市场电视剧收视率排名前十位

名次	节目名称	播出频道	平均收视率(%)	平均占有率(%)
1	悠悠寸草心第二部（23-48集）	eTV湖南经视综合频道	6.8	18.3
2	情之债	eTV湖南经视综合频道	6.7	19.6
3	错爱第二部婚变	eTV湖南经视综合频道	5.7	16.8
4	家庭陷阱	eTV湖南经视综合频道	5.6	16.2
5	婚后5年	eTV湖南经视综合频道	5.4	16.1
6	凤穿牡丹	湖南电视台娱乐频道	5.3	17.1
7	追	eTV湖南经视综合频道	5.1	15.5
8	笑着活下去	湖南电视台娱乐频道	5.1	14.7
9	一家老小向前冲	eTV湖南经视综合频道	4.9	14.7
10	女人何苦为难女人	eTV湖南经视综合频道	4.9	13.4

表3.34.9　2008年长沙市场新闻节目收视率排名前十位

名次	节目名称	播出频道	平均收视率(%)	平均占有率(%)
1	温家宝在汶川映秀镇会见中外记者	中央电视台综合频道	4.7	15.4
2	新闻联播	中央电视台综合频道	3.9	12.7
3	新闻联播（5月13-17日、5月19-21日，21:00）	中央电视台综合频道	3.9	12.5
4	直播大事件	eTV湖南经视综合频道	3.4	13.4
5	倾城送英雄	湖南电视台卫星频道	3.3	11.6
6	都市1时间	eTV湖南经视都市频道	3.1	10.4
7	SJ-M沸腾长沙行	eTV湖南经视综合频道	2.9	11.8
8	晚间（21:00）	湖南电视台卫星频道	2.9	8.6
9	小年夜我们在一起	eTV湖南经视综合频道	2.6	12.4
10	晚间（19:35）	湖南电视台卫星频道	2.6	7.6

表 3.34.10　2008 年长沙市场专题节目收视率排名前十位

名次	节目名称	播出频道	平均收视率（%）	平均占有率（%）
1	拉萨 3.14 打砸抢烧暴力事件纪实	中央电视台综合频道	4.1	11.0
2	婚后 5 年说爱你	eTV 湖南经视综合频道	4.0	15.6
3	董倩面对面	中央电视台综合频道	3.6	12.5
4	第七届汉语桥世界大学生中文比赛决赛第三场	湖南电视台卫星频道	3.4	10.2
5	第七届汉语桥世界大学生中文比赛决赛第一场	湖南电视台卫星频道	3.1	10.9
6	故事会	eTV 湖南经视综合频道	3.0	8.7
7	CCTV2007 感动中国颁奖盛典	中央电视台综合频道	3.0	8.0
8	故事连环话	eTV 湖南经视都市频道	2.9	8.5
9	奥运名人堂	中央台五套	2.9	8.4
10	汽车走钢丝	eTV 湖南经视都市频道	2.8	9.1

表 3.34.11　2008 年长沙市场综艺节目收视率排名前十位

名次	节目名称	播出频道	平均收视率（%）	平均占有率（%）
1	中国中央电视台 2008 春节联欢晚会	中央电视台综合频道	15.8	36.8
2	爱的奉献 2008 宣传文化系统抗震救灾大型募捐活动（5 月 18 日）	中央电视台综合频道	11.2	31.0
3	快乐中国湖南卫视 2008 元宵喜乐会春暖人间	湖南电视台卫星频道	10.7	30.7
4	第 7 届中国金鹰电视艺术节第 24 届中国电视金鹰奖颁奖晚会	湖南电视台卫星频道	9.5	24.0
5	第 7 届中国金鹰电视艺术节开幕式晚会	湖南电视台卫星频道	9.3	24.1
6	我们一起过年湖南卫视赈灾特别节目	湖南电视台卫星频道	8.2	22.6
7	一生一世合家欢第二季	eTV 湖南经视综合频道	7.8	19.4
8	终极魔幻大赏星光大道	eTV 湖南经视综合频道	7.5	23.2
9	第 7 届中国金鹰电视艺术节第 24 届中国电视金鹰奖颁奖晚会星光大道	湖南电视台卫星频道	7.4	17.8
10	第 7 届中国金鹰电视艺术节第 24 届中国电视金鹰奖颁奖晚会星光大道	eTV 湖南经视综合频道	6.3	15.2

表 3.34.12　2008 年长沙市场奥运会、残奥会比赛节目收视率排名前十位

名次	节目名称	播出频道	平均收视率(%)	平均占有率(%)
1	2008 年第 29 届奥运会男子篮球 B 组比赛(中国 VS 美国)	中央台二套	15.6	48.9
2	2008 年第 29 届奥运会男子举重 56 公斤级决赛	中央电视台综合频道	12.7	34.0
3	2008 年第 29 届奥运会女排小组赛(中国 VS 古巴)	中央电视台综合频道	12.4	32.6
4	2008 年第 29 届奥运会体操男子单杠决赛	中央台五套	12.3	32.7
5	2008 第 29 届奥运会女子平衡木决赛	中央台五套	12.0	37.9
6	2008 年第 29 届奥运会男子举重 69 公斤级决赛	中央台五套	11.6	33.8
7	2008 年第 29 届奥运会体操单项女子跳马决赛	中央台五套	11.6	33.7
8	2008 年第 29 届奥运会体操单项女子高低杠决赛	中央台五套	11.5	39.3
9	2008 年第 29 届奥运会男子篮球小组赛(中国 VS 德国)	中央台五套	11.3	31.5
10	2008 年第 29 届奥运会跳水男子单人 10 米跳台决赛	中央电视台综合频道	11.3	31.3

表 3.34.13　2008 年长沙市场体育节目收视率排名前十位(奥运会、残奥会比赛除外)

名次	节目名称	播出频道	平均收视率(%)	平均占有率(%)
1	第 29 届奥林匹克运动会闭幕式	中央电视台综合频道	17.5	32.8
2	第 29 届奥林匹克运动会开幕式	中央台五套	15.7	24.9
3	第 29 届奥林匹克运动会开幕式	中央电视台综合频道	14.3	22.7
4	第 29 届奥林匹克运动会闭幕式	中央台五套	13.5	25.2
5	第 29 届奥林匹克运动会开幕式	湖南电视台卫星频道	9.1	14.4
6	北京 2008 年残奥会开幕式	中央电视台综合频道	6.3	18.9
7	奥运第 1 天	中央电视台综合频道	4.9	11.9
8	第 29 届奥林匹克运动会闭幕式	湖南电视台卫星频道	4.9	9.1
9	奥运经典	中央台二套	4.0	15.8
10	奥运第 2 天	中央电视台综合频道	3.8	26.3

三十五、杭州收视数据

表 3.35.1　2004－2008 年杭州市场各类频道的市场占有率（%）

频道类别	年份				
	2004 年	2005 年	2006 年	2007 年	2008 年
中央台频道	26.5	24.8	22.8	23.0	24.7
中国教育台频道	0.5	0.9	0.6	0.3	0.2
浙江省级频道	29.6	25.0	27.7	30.3	32.9
杭州市级频道	30.5	36.0	34.8	30.5	24.4
其他省级卫视频道	10.7	10.8	12.0	13.2	14.0
其他频道	2.2	2.5	2.1	2.7	3.8

表 3.35.2　2008 年杭州市场各类频道在不同目标观众中的市场占有率（%）

目标观众		中央台频道	中国教育台频道	浙江省级频道	杭州市级频道	其他省级卫视频道	其他频道
4 岁及以上所有人		24.7	0.2	32.9	24.4	14.0	3.8
性别	男	28.0	0.3	31.9	22.7	13.3	3.8
	女	21.2	0.2	33.9	26.2	14.7	3.8
年龄	4－14 岁	21.2	0.2	27.4	24.5	21.2	5.5
	15－24 岁	19.0	0.3	30.8	26.8	18.3	4.8
	25－34 岁	21.0	0.2	35.1	24.8	14.1	4.8
	35－44 岁	24.6	0.2	34.2	22.5	13.7	4.8
	45－54 岁	26.7	0.3	34.1	24.3	12.1	2.5
	55－64 岁	26.1	0.2	34.1	25.6	10.9	3.1
	65 岁及以上	32.3	0.2	29.5	23.7	12.4	1.9
教育程度	未受过正规教育	23.9	0.2	29.2	26.9	14.9	4.9
	小学	20.5	0.3	33.5	25.5	16.1	4.1
	初中	22.4	0.2	35.4	25.2	13.3	3.5
	高中	25.3	0.3	31.6	25.0	14.3	3.5
	大学及以上	31.2	0.2	31.1	20.9	12.6	4.0
职业类别	干部/管理人员	33.2	0.4	31.9	18.8	12.5	3.2
	个体/私营企业人员	25.0	0.3	33.7	23.8	12.8	4.4
	初级公务员/雇员	23.5	0.3	34.3	23.9	14.0	4.0
	工人	22.7	0.2	34.5	25.3	12.8	4.5
	学生	18.8	0.2	28.0	26.1	22.3	4.6
	无业	26.5	0.2	31.8	25.6	13.0	2.9
	其他	23.3	0.3	40.0	19.8	11.9	4.7
个人月收入	0－600 元	19.9	0.2	31.6	26.3	17.7	4.3
	601－1200 元	23.0	0.2	35.8	25.1	12.9	3.0
	1201－1700 元	26.7	0.3	31.8	24.5	12.7	4.0
	1701 元及以上	28.6	0.2	32.5	22.3	12.5	3.9

表 3.35.3 2008 年杭州市场各类频道不同时段的市场占有率（%）

时间段	中央台频道	中国教育台频道	浙江省级频道	杭州市级频道	其他省级卫视频道	其他频道
02:00-03:00	40.9	0.1	16.0	13.1	23.6	6.3
03:00-04:00	40.1	0.1	20.5	12.1	22.3	4.9
04:00-05:00	37.8	0.0	24.6	7.6	26.0	4.0
05:00-06:00	37.4	0.1	28.5	5.7	24.8	3.5
06:00-07:00	41.9	0.3	21.2	10.7	21.8	4.1
07:00-08:00	43.0	0.2	21.7	17.2	13.4	4.5
08:00-09:00	36.1	0.2	16.8	17.3	24.3	5.3
09:00-10:00	31.4	0.2	19.5	17.0	26.9	5.0
10:00-11:00	34.2	0.3	17.0	17.6	25.7	5.2
11:00-12:00	36.8	0.4	17.8	16.0	24.4	4.6
12:00-13:00	36.5	0.6	20.3	17.3	20.4	4.9
13:00-14:00	32.6	0.6	13.5	24.0	24.0	5.3
14:00-15:00	29.9	0.2	14.3	24.8	25.3	5.5
15:00-16:00	29.8	0.2	14.6	23.6	26.6	5.2
16:00-17:00	30.2	0.3	16.7	22.5	25.5	4.8
17:00-18:00	27.1	0.4	25.6	25.0	18.2	3.7
18:00-19:00	16.2	0.1	46.7	26.7	7.7	2.6
19:00-20:00	19.4	0.1	50.9	22.7	4.1	2.8
20:00-21:00	20.7	0.2	42.0	26.1	8.2	2.8
21:00-22:00	18.9	0.2	34.2	33.7	9.8	3.2
22:00-23:00	22.2	0.3	34.1	25.7	13.7	4.0
23:00-24:00	28.3	0.3	26.8	22.5	17.3	4.8
24:00-25:00	33.0	0.2	18.7	19.4	22.3	6.4
25:00-26:00	38.2	0.2	15.0	12.9	25.7	8.0

表 3.35.4 2008 年杭州市场收视份额排名前十位的频道

名次	频道名称	收视份额（%）
1	浙江电视台教育科技频道	6.5
2	杭州电视台西湖明珠频道	6.1
3	杭州电视台生活频道	5.8
4	杭州电视台影视频道	5.0
5	浙江卫视	4.7
6	浙江电视台钱江都市频道	4.4
7	浙江电视台民生休闲频道	4.3
8	浙江电视台经济生活频道	4.0
9	中央电视台综合频道	3.9
9	中央台五套	3.9

表 3.35.5　2008 年杭州市场各主要频道的观众构成（%）

目标观众		所有频道	浙江电视台教育科技频道	杭州电视台西湖明珠频道	杭州电视台生活频道	杭州电视台影视频道	浙江卫视
4 岁及以上所有人		100.0	100.0	100.0	100.0	100.0	100.0
性别	男	51.5	47.9	47.6	48.4	45.3	51.2
	女	48.5	52.1	52.4	51.6	54.7	48.8
年龄	4-14 岁	8.5	6.5	7.6	5.2	6.9	5.8
	15-24 岁	10.4	7.4	11.0	11.8	14.3	8.8
	25-34 岁	16.0	13.2	15.7	14.9	18.3	16.0
	35-44 岁	17.4	17.9	13.4	15.9	18.3	16.7
	45-54 岁	24.1	26.4	25.4	26.4	22.7	25.7
	55-64 岁	12.6	13.5	15.2	16.6	8.9	14.5
	65 岁及以上	11.0	15.0	11.8	9.2	10.5	12.4
教育程度	未受过正规教育	5.6	5.9	6.4	3.6	7.4	3.9
	小学	16.7	17.0	17.8	13.2	17.0	15.8
	初中	31.4	32.6	31.8	35.2	31.7	35.6
	高中	26.8	27.5	28.8	29.4	27.6	25.8
	大学及以上	19.6	17.1	15.2	18.6	16.3	18.9
职业类别	干部/管理人员	6.2	5.7	4.3	5.8	4.4	6.7
	个体/私营企业人员	10.7	10.7	9.6	9.4	10.3	8.8
	初级公务员/雇员	18.6	16.4	17.8	18.5	20.9	19.5
	工人	16.4	17.3	17.9	16.4	19.2	15.9
	学生	10.0	7.6	10.3	8.1	11.3	6.8
	无业	33.9	36.2	37.4	39.7	29.8	37.4
	其他	4.1	6.1	2.8	2.2	4.2	4.8
个人月收入	0-600 元	26.1	22.9	26.7	23.7	30.5	23.9
	601-1200 元	23.0	29.1	23.6	24.5	25.4	24.4
	1201-1700 元	18.4	18.5	21.7	19.6	18.7	19.2
	1701 元及以上	32.5	29.5	28.0	32.2	25.4	32.5

表 3.35.6　2006-2008 年杭州市场各类节目的播出份额（%）和收视份额（%）

节目类别	2006 年		2007 年		2008 年	
	播出份额	收视份额	播出份额	收视份额	播出份额	收视份额
财经	1.4	0.4	1.5	1.6	1.8	1.8
生活服务	5.0	3.2	7.7	5.5	9.3	7.1
青少	5.0	3.6	4.6	2.9	4.6	2.8
戏剧	1.4	0.9	1.3	0.5	1.1	0.7
教学	0.3	0.0	0.5	0.1	0.5	0.1
综艺	8.8	12.0	8.3	8.8	7.1	7.7
外语	0.2	0.0	0.2	0.0	0.1	0.0
电影	4.3	5.3	4.1	4.2	3.4	3.6
音乐	1.2	1.1	1.9	1.0	2.3	0.6
新闻/时事	13.7	14.5	13.3	14.5	13.4	16.7
体育	1.7	3.3	1.6	3.2	2.7	4.6
电视剧	25.3	33.1	25.9	35.2	25.9	33.2
专题	11.1	5.8	11.0	5.9	10.8	5.5
法制	1.2	1.1	1.3	1.3	1.0	0.8
其他	19.5	15.8	16.9	15.3	15.9	14.9

表 3.35.7　2008 年杭州市场所有节目收视率排名前三十位

名次	节目名称	节目类型	播出频道	平均收视率（%）	平均占有率（%）
1	中国中央电视台 2008 春节联欢晚会	综艺	中央电视台综合频道	19.3	43.0
2	第 29 届奥林匹克运动会开幕式	体育	中央台五套	17.5	28.8
3	第 29 届奥林匹克运动会闭幕式	体育	中央台五套	16.5	27.7
4	2008 年第 29 届奥运会男子篮球 B 组比赛（中国 VS 美国）	体育	中央台二套	16.3	47.9
5	第 29 届奥林匹克运动会闭幕式	体育	中央电视台综合频道	16.1	27.1
6	第 29 届奥林匹克运动会开幕式	体育	中央电视台综合频道	14.1	23.2
7	2008 年第 29 届奥运会男子篮球小组赛（中国 VS 德国）	体育	中央台五套	13.2	25.7
8	2008 年第 29 届奥运会男子举重 69 公斤级决赛	体育	中央台五套	13.1	28.6
9	2008 年第 29 届奥运会乒乓球男子团体决赛	体育	中央台五套	12.4	25.7
10	2008 年第 29 届奥运会体操单项女子高低杠决赛	体育	中央台五套	12.2	32.9
11	2008 年第 29 届奥运会体操单项女子跳马决赛	体育	中央台五套	12.2	30.3
12	2008 年第 29 届奥运会女子排球 1/4 决赛（中国 VS 俄罗斯）	体育	中央台五套	12.2	24.5
13	2008 年第 29 届奥运会乒乓球女子单打决赛	体育	中央台五套	12.1	23.3
14	2008 年第 29 届奥运会体操男子单杠决赛	体育	中央台五套	11.5	26.5
15	2008 第 29 届奥运会女子平衡木决赛	体育	中央台五套	11.3	31.0
16	2008 年第 29 届奥运会女排小组赛（中国 VS 古巴）	体育	中央电视台综合频道	11.1	21.6
17	2008 年第 29 届奥运会体操女子自由操决赛	体育	中央台五套	11.0	20.8
18	2008 年第 29 届奥运会男子举重 62 公斤级决赛	体育	中央台五套	10.8	23.4
19	2008 年第 29 届奥运会田径比赛男子 110 米栏决赛	体育	中央电视台综合频道	10.7	23.2
20	2008 年第 29 届奥运会女子 10 米气手枪决赛	体育	中央台五套	10.3	44.7
21	2008 年第 29 届奥运会男子举重 56 公斤级决赛	体育	中央电视台综合频道	10.3	19.9
22	2008 年第 29 届奥运会跳水男子单人 10 米跳台决赛	体育	中央电视台综合频道	9.9	19.8
23	星光大道滨江之夜 2008 杭州西湖国际烟花大会	综艺	杭州电视台综合频道	9.8	20.2
24	2008 年第 29 届奥运会射箭女团决赛	体育	中央台五套	9.6	30.1

续表

名次	节目名称	节目类型	播出频道	平均收视率（%）	平均占有率（%）
25	2008 年第 29 届奥运会女子 100 米决赛	体育	中央电视台综合频道	9.6	27.0
26	爱的奉献 2008 宣传文化系统抗震救灾大型募捐活动（5 月 18 日）	综艺	中央电视台综合频道	9.5	24.9
27	2008 年第 29 届奥运会女子举重 48 公斤级决赛	体育	中央台五套	9.4	46.5
28	2008 年第 29 届奥运会女足小组赛 E 组（中国 VS 加拿大）	体育	中央台五套	9.3	19.7
29	2008 年第 29 届奥运会跳水比赛女子双人 3 米跳板决赛	体育	中央电视台综合频道	8.9	43.6
30	2008 年第 29 届奥运会男篮小组赛（中国 VS 西班牙）	体育	中央电视台综合频道	8.9	36.8

表 3.35.8 2008 年杭州市场电视剧收视率排名前十位

名次	节目名称	播出频道	平均收视率（%）	平均占有率（%）
1	血色迷雾	浙江电视台教育科技频道	7.7	16.9
2	大珍珠	浙江电视台教育科技频道	7.1	16.1
3	道德底线（9 月 6－18 日）	浙江电视台教育科技频道	6.1	13.7
4	胭脂雪	浙江电视台教育科技频道	5.6	12.8
5	幽灵计划	浙江电视台教育科技频道	5.4	12.1
6	鹿鼎记（6 月 29－7 月 23 日）	浙江电视台教育科技频道	5.1	13.0
7	还珠格格第二部	杭州电视台影视频道	5.0	11.4
8	射雕英雄传	浙江电视台教育科技频道	4.9	11.5
9	中国兄弟连（9 月 9－24 日）	浙江电视台经济生活频道	4.8	11.3
10	蓝色档案	浙江电视台钱江都市频道	4.7	10.1

表 3.35.9 2008 年杭州市场新闻节目收视率排名前十位

名次	节目名称	播出频道	平均收视率（%）	平均占有率（%）
1	阿六头说新闻	杭州电视台西湖明珠频道	6.9	17.2
2	我和你说	杭州电视台生活频道	6.5	14.3
3	众志成城抗击风雪特别报道	浙江电视台教育科技频道	5.7	12.1
4	杭州在建地铁坍塌紧急大救援	浙江电视台教育科技频道	5.1	11.6
5	小强热线	浙江电视台教育科技频道	4.5	9.6
6	1818 黄金眼民生版	浙江电视台民生休闲频道	3.7	10.9
7	关注杭州地铁工地塌陷事故	浙江卫视	3.5	11.2
8	经视新闻	浙江电视台经济生活频道	3.2	6.9
9	范大姐帮忙	浙江电视台钱江都市频道	3.1	11.1
10	焦点访谈（5 月 19 日－20 日）	浙江电视台公共新农村频道	3.0	8.0

表 3.35.10　2008 年杭州市场专题节目收视率排名前十位

名次	节目名称	播出频道	平均收视率（%）	平均占有率（%）
1	拉萨 3.14 打砸抢烧暴力事件纪实	中央电视台综合频道	3.9	9.3
2	画史南山	杭州电视台综合频道	3.2	9.4
3	涛出心里话	浙江卫视	3.2	8.3
4	董倩面对面	中央电视台综合频道	3.1	8.7
5	新闻楼外楼	杭州电视台影视频道	3.1	7.6
6	众志成城浙江省抗击冰雪灾害纪实	浙江卫视	2.7	7.0
7	奥运名人堂	中央台二套	2.6	7.5
8	纪实	浙江电视台教育科技频道	2.2	8.2
9	森林城市天堂杭州	杭州电视台生活频道	2.2	5.1
10	有 1 说 1	杭州电视台综合频道	2.1	4.8

表 3.35.11　2008 年杭州市场综艺节目收视率排名前十位

名次	节目名称	播出频道	平均收视率（%）	平均占有率（%）
1	中国中央电视台 2008 春节联欢晚会	中央电视台综合频道	19.3	43.0
2	星光大道滨江之夜 2008 杭州西湖国际烟花大会	杭州电视台综合频道	9.8	20.2
3	爱的奉献 2008 宣传文化系统抗震救灾大型募捐活动（5 月 18 日）	中央电视台综合频道	9.5	24.9
4	掀起你的红盖头杭州电视台西湖明珠频道新年晚会阿六嫂大家选决赛	杭州电视台西湖明珠频道	7.6	18.9
5	杭州祈福 2008 幸福在这里新春演歌会	杭州电视台影视频道	6.7	13.6
6	星光大道滨江之夜 2008 杭州西湖国际烟花大会	浙江卫视	6.4	13.3
7	一对活宝周志华徐筱安曲艺专场	杭州电视台生活频道	6.2	23.0
8	奥运浙江风大型庆功晚会	浙江电视台经济生活频道	6.2	13.8
9	第三届中国浙江电视观众节我爱中国蓝	浙江卫视	5.7	13.3
10	杭城十佳主持人揭晓暨颁奖晚会	杭州电视台西湖明珠频道	5.7	12.3

表 3.35.12　2008 年杭州市场奥运会、残奥会比赛节目收视率排名前十位

名次	节目名称	播出频道	平均收视率（%）	平均占有率（%）
1	2008 年第 29 届奥运会男子篮球 B 组比赛（中国 VS 美国）	中央台二套	16.3	47.9
2	2008 年第 29 届奥运会男子篮球小组赛（中国 VS 德国）	中央台五套	13.2	25.7
3	2008 年第 29 届奥运会男子举重 69 公斤级决赛	中央台五套	13.1	28.6
4	2008 年第 29 届奥运会乒乓球男子团体决赛	中央台五套	12.4	25.7
5	2008 年第 29 届奥运会体操单项女子高低杠决赛	中央台五套	12.2	32.9
6	2008 年第 29 届奥运会体操单项女子跳马决赛	中央台五套	12.2	30.3
7	2008 年第 29 届奥运会女子排球 1/4 决赛（中国 VS 俄罗斯）	中央台五套	12.2	24.5
8	2008 年第 29 届奥运会乒乓球女子单打决赛	中央台五套	12.1	23.3
9	2008 年第 29 届奥运会体操男子单杠决赛	中央台五套	11.5	26.5
10	2008 年第 29 届奥运会女子平衡木决赛	中央台五套	11.3	31.0

表 3.35.13　2008 年杭州市场体育节目收视率排名前十位（奥运会、残奥会比赛除外）

名次	节目名称	播出频道	平均收视率（%）	平均占有率（%）
1	第 29 届奥林匹克运动会开幕式	中央台五套	17.5	28.8
2	第 29 届奥林匹克运动会闭幕式	中央台五套	16.5	27.7
3	第 29 届奥林匹克运动会闭幕式	中央电视台综合频道	16.1	27.1
4	第 29 届奥林匹克运动会开幕式	中央电视台综合频道	14.1	23.2
5	伊辛巴耶娃夺金之路	中央台五套	5.8	13.4
6	北京 2008 年残奥会开幕式	中央台五套	4.8	11.0
7	奥运第 2 天	中央电视台综合频道	4.2	29.6
8	奥运第 1 天	中央电视台综合频道	4.1	8.0
9	第 29 届奥林匹克运动会开幕式	浙江卫视	3.9	6.4
10	黄金赛场：2008 年斯坦科维奇洲际篮球赛（中国 VS 塞尔维亚）	中央台五套	3.8	8.4

三十六、长春收视数据

表 3.36.1　2004－2008 年长春市场各类频道的市场占有率（%）

频道类别	年份				
	2004 年	2005 年	2006 年	2007 年	2008 年
中央台频道	36.2	37.4	38.2	35.8	37.0
中国教育台频道	0.1	0.2	0.1	0.7	0.4
吉林省级频道	41.0	35.4	31.1	26.4	27.1
长春市级频道	13.1	15.6	14.0	11.7	10.0
其他省级卫视频道	8.0	9.8	13.5	22.5	21.7
其他频道	1.6	1.7	3.0	2.9	3.8

表 3.36.2　2008 年长春市场各类频道在不同目标观众中的市场占有率（%）

目标观众		中央台频道	中国教育台频道	吉林省级频道	长春市级频道	其他省级卫视频道	其他频道
4 岁及以上所有人		37.0	0.4	27.1	10.0	21.7	3.8
性别	男	38.9	0.4	25.5	10.6	20.6	4.0
	女	35.0	0.5	28.8	9.4	22.8	3.6
年龄	4－14 岁	36.3	0.4	24.8	9.3	23.1	6.0
	15－24 岁	32.2	0.4	26.3	10.7	26.7	3.6
	25－34 岁	31.8	0.4	27.4	12.4	22.1	6.0
	35－44 岁	35.1	0.4	28.1	9.6	21.6	5.1
	45－54 岁	38.8	0.6	27.2	9.6	21.4	2.5
	55－64 岁	39.5	0.4	28.0	10.0	19.6	2.4
	65 岁及以上	44.6	0.5	25.7	7.6	19.5	2.2
教育程度	未受过正规教育	38.8	0.2	30.5	8.5	17.4	4.6
	小学	34.7	0.4	30.1	10.3	20.6	4.0
	初中	35.9	0.4	30.3	10.4	19.8	3.1
	高中	36.4	0.5	25.4	10.3	23.6	3.8
	大学及以上	41.0	0.6	21.8	8.9	23.1	4.6
职业类别	干部/管理人员	40.3	0.7	25.2	9.3	19.3	5.1
	个体/私营企业人员	33.4	0.3	30.6	10.0	22.2	3.5
	初级公务员/雇员	39.9	0.6	21.9	10.2	22.2	5.2
	工人	35.9	0.4	25.5	10.9	23.4	3.8
	学生	33.0	0.4	24.4	9.7	27.6	4.8
	无业	39.4	0.5	26.1	9.4	21.7	2.9
	其他	24.8	0.0	55.2	12.4	2.9	4.7
个人月收入	0－600 元	34.3	0.4	29.5	10.2	21.8	3.8
	601－1200 元	37.8	0.5	26.1	10.6	21.7	3.3
	1201－1700 元	38.2	0.6	26.9	9.7	20.7	3.8
	1701－2600 元	42.8	0.3	21.5	7.8	22.1	5.5
	2601 及元以上	44.9	0.5	20.0	8.1	23.1	3.4

表 3.36.3　2008 年长春市场各类频道在不同时段的市场占有率（%）

时间段	中央台频道	中国教育台频道	吉林省级频道	长春市级频道	其他省级卫视频道	其他频道
02:00－03:00	44.9	0.1	10.9	4.7	33.3	6.0
03:00－04:00	47.3	0.1	12.6	4.2	31.5	4.2
04:00－05:00	50.7	0.1	11.9	3.0	31.8	2.7
05:00－06:00	47.7	0.1	17.2	10.4	22.6	2.1
06:00－07:00	45.6	0.2	25.9	12.4	13.5	2.4
07:00－08:00	45.3	0.2	21.7	17.3	12.0	3.5
08:00－09:00	45.5	0.3	17.8	7.7	24.6	4.2
09:00－10:00	38.4	0.5	19.8	7.9	29.0	4.5
10:00－11:00	38.9	0.4	19.0	7.1	29.6	5.1
11:00－12:00	41.8	0.6	16.9	6.2	29.1	5.5
12:00－13:00	40.3	0.8	16.0	11.4	25.8	5.7
13:00－14:00	38.0	0.9	16.1	7.7	31.8	5.6
14:00－15:00	33.9	0.3	19.0	8.8	32.7	5.3
15:00－16:00	35.1	0.3	17.4	9.1	33.3	4.7
16:00－17:00	39.3	0.8	15.7	6.3	33.4	4.6
17:00－18:00	28.8	0.6	34.8	12.1	20.3	3.4
18:00－19:00	25.8	0.2	47.7	14.7	8.5	3.1
19:00－20:00	40.4	0.2	39.1	10.5	6.8	3.1
20:00－21:00	38.7	0.4	31.7	9.6	16.9	2.8
21:00－22:00	36.0	0.5	29.2	7.5	23.9	3.0
22:00－23:00	34.3	0.7	19.4	9.5	32.2	4.0
23:00－24:00	36.6	0.4	15.2	13.8	30.0	4.0
24:00－25:00	36.6	0.3	16.4	12.6	29.6	4.4
25:00－26:00	39.8	0.2	13.6	10.1	31.3	5.1

表 3.36.4　2008 年长春市场收视份额排名前十位的频道

名次	频道名称	收视份额（%）
1	吉林电视台都市频道（二套）	11.4
2	中央电视台综合频道	7.7
3	吉林卫视	5.8
4	中央台五套	5.1
5	中央台三套	4.7
6	中央台八套	3.8
7	中央台六套	3.7
8	长春电视台综合频道	3.6
9	中央台二套	2.8
10	吉林电视台影视频道（四套）	2.6

表 3.36.5 2008 年长春市场主要频道的观众构成(%)

目标观众		所有频道	主要频道				
			吉林电视台都市频道(二套)	中央电视台综合频道	吉林卫视	中央台五套	中央台三套
4 岁及以上所有人		100.0	100.0	100.0	100.0	100.0	100.0
性别	男	50.2	45.9	49.1	47.1	61.7	50.0
	女	49.8	54.1	50.9	52.9	38.3	50.0
年龄	4-14 岁	6.0	4.8	5.6	7.6	2.6	5.4
	15-24 岁	9.6	7.5	6.7	7.9	11.8	8.9
	25-34 岁	15.5	13.3	14.4	16.3	12.9	11.9
	35-44 岁	18.6	18.9	17.0	17.6	16.1	15.8
	45-54 岁	25.1	28.6	24.4	20.4	29.7	27.1
	55-64 岁	15.4	16.1	18.5	20.8	11.4	20.6
	65 岁及以上	9.9	10.7	13.3	9.5	15.5	10.4
教育程度	未受过正规教育	4.2	6.2	4.6	4.7	3.2	4.2
	小学	12.2	13.6	12.3	18.1	8.2	15.3
	初中	31.8	36.9	32.9	37.4	26.1	32.4
	高中	34.1	30.2	32.3	30.4	37.7	31.0
	大学及以上	17.7	13.1	18.0	9.4	24.7	17.1
职业类别	干部/管理人员	4.0	3.9	5.5	2.3	4.4	3.8
	个体/私营企业人员	12.0	13.2	9.1	10.9	12.3	12.2
	初级公务员/雇员	13.2	10.1	13.1	8.2	15.9	11.8
	工人	16.1	13.6	13.6	13.3	16.3	16.6
	学生	9.6	7.2	8.5	9.3	9.6	8.1
	无业	40.5	41.6	44.7	38.3	39.6	45.4
	其他	4.6	10.2	5.5	17.7	1.8	2.1
个人月收入	0-600 元	44.3	48.9	41.3	55.2	40.3	43.5
	601-1200 元	33.4	33.3	35.0	28.2	30.2	35.0
	1201-1700 元	10.5	10.5	10.5	8.8	11.7	10.0
	1701-2600 元	8.6	5.4	9.0	5.6	12.6	8.5
	2601 元及以上	3.2	1.8	4.3	2.3	5.2	2.9

表 3.36.6 2006-2008 年长春市场各类节目的播出份额(%)和收视份额(%)

节目类别	2006 年		2007 年		2008 年	
	播出份额	收视份额	播出份额	收视份额	播出份额	收视份额
财经	1.4	0.7	1.4	1.3	1.6	0.9
电视剧	26.4	29.4	27.7	37.8	25.2	32.6
电影	3.7	3.2	4.5	7.6	4.6	6.9
法制	1.2	1.4	1.1	1.2	1.4	2.2
教学	0.6	0.1	0.6	0.2	0.5	0.0
青少	3.8	4.7	3.5	2.8	4.4	2.5
生活服务	8.2	3.0	11.1	4.7	8.7	4.7
体育	2.4	9.0	2.0	5.1	2.6	6.5
外语	0.4	0.0	0.3	0.1	0.2	0.0
戏剧	1.2	0.2	1.0	0.4	1.1	0.3
新闻/时事	9.5	11.9	8.4	11.0	13.0	16.6
音乐	1.3	2.3	2.0	1.2	2.4	0.8
专题	11.2	5.7	10.0	6.0	10.9	5.3
综艺	6.6	11.5	6.5	9.5	7.1	9.0
其他	22.2	16.9	19.9	11.3	16.6	11.8

表 3.36.7　2008 年长春市场所有节目收视率排名前三十位

名次	节目名称	节目类型	播出频道	平均收视率（%）	平均占有率（%）
1	中国中央电视台 2008 春节联欢晚会	综艺	中央电视台综合频道	30.3	61.4
2	中央电视台 2008 年元宵晚会	综艺	中央电视台综合频道	22.1	47.0
3	乡村爱情第二部	电视剧	中央电视台综合频道	21.3	47.3
4	第 29 届奥林匹克运动会闭幕式	体育	中央电视台综合频道	20.0	36.9
5	2008 年第 29 届奥运会体操男子单杠决赛	体育	中央台五套	19.2	40.6
6	2008 年第 29 届奥运会乒乓球男子团体决赛	体育	中央台五套	18.5	39.4
7	2008 第 29 届奥运会女子平衡木决赛	体育	中央台五套	18.1	44.4
8	2008 年第 29 届奥运会体操单项女子高低杠决赛	体育	中央台五套	16.6	37.6
9	2008 年第 29 届奥运会男子篮球 B 组比赛（中国 VS 美国）	体育	中央台二套	16.4	55.3
10	爱的奉献 2008 宣传文化系统抗震救灾大型募捐活动（5 月 18 日）	综艺	中央电视台综合频道	16.1	43.4
11	2008 年第 29 届奥运会女子排球 1/4 决赛（中国 VS 俄罗斯）	体育	中央台五套	16.0	33.2
12	第 29 届奥林匹克运动会开幕式	体育	中央电视台综合频道	15.7	28.3
13	2008 年第 29 届奥运会女足小组赛（中国 VS 阿根廷）	体育	中央电视台综合频道	15.6	34.2
14	2008 年第 29 届奥运会乒乓球女子单打决赛	体育	中央台五套	15.1	33.8
15	第 29 届奥林匹克运动会闭幕式	体育	中央台五套	14.7	27.2
16	2008 年第 29 届奥运会女排小组赛（中国 VS 古巴）	体育	中央电视台综合频道	14.4	31.4
17	2008 年第 29 届奥运会男子篮球小组赛（中国 VS 德国）	体育	中央台五套	14.1	31.1
18	2008 年第 29 届奥运会男子举重 69 公斤级决赛	体育	中央台五套	13.0	30.6
19	2008 年第 29 届奥运会女子排球半决赛（中国 VS 巴西）	体育	中央台五套	12.9	28.7
20	2008 年第 29 届奥运会乒乓球女团决赛	体育	中央电视台综合频道	12.8	28.6
21	2008 年第 29 届奥运会女子链球决赛	体育	中央电视台综合频道	12.6	28.9
22	2008 年第 29 届奥运会男子举重 62 公斤级决赛	体育	中央台五套	12.4	32.0
23	闯关东	电视剧	中央电视台综合频道	12.3	28.7
24	2008 年第 29 届奥运会男子举重 56 公斤级决赛	体育	中央电视台综合频道	12.0	27.3

续表

名次	节目名称	节目类型	播出频道	平均收视率(%)	平均占有率(%)
25	第29届奥林匹克运动会开幕式	体育	中央台五套	11.9	24.4
26	2008年第29届奥运会跆拳道比赛女子49公斤级决赛	体育	中央电视台综合频道	11.8	28.2
27	2008年第29届奥运会乒乓球女子单打铜牌赛	体育	中央台五套	11.8	27.0
28	2008年第29届奥运会乒乓球男子单打决赛	体育	中央台五套	11.5	27.1
29	2008年第29届奥运会男篮小组赛（中国VS西班牙）	体育	中央电视台综合频道	11.4	42.6
30	2008年第29届奥运会田径比赛男子110米栏决赛	体育	中央电视台综合频道	11.2	29.7

表3.36.8　2008年长春市场电视剧收视率排名前十位

名次	节目名称	播出频道	平均收视率(%)	平均占有率(%)
1	乡村爱情第二部	中央电视台综合频道	21.3	47.3
2	闯关东	中央电视台综合频道	12.3	28.7
3	仁者无敌	吉林电视台都市频道（二套）	8.7	24.2
4	红日	吉林电视台都市频道（二套）	8.5	24.3
5	血色迷雾	吉林电视台都市频道（二套）	8.1	20.3
6	中国兄弟连	吉林电视台都市频道（二套）	6.8	20.3
7	血色浪漫	吉林电视台都市频道（二套）	6.8	19.3
8	死去活来	吉林电视台都市频道（二套）	6.8	18.6
9	真情无限之养母生母	吉林电视台都市频道（二套）	6.6	16.6
10	末路天堂	吉林电视台都市频道（二套）	6.2	16.7

表3.36.9　2008年长春市场新闻节目收视率排名前十位

名次	节目名称	播出频道	平均收视率(%)	平均占有率(%)
1	守望都市	吉林电视台都市频道(二套)	9.9	31.5
2	说实在的	吉林电视台都市频道(二套)	8.2	32.6
3	都市大视野	吉林电视台都市频道(二套)	7.3	21.6
4	新闻联播（5月13－17日，5月19－21日，21:00）	中央电视台综合频道	5.3	16.7
5	新闻联播	中央电视台综合频道	4.8	13.8
6	温家宝在汶川映秀镇会见中外记者	中央电视台综合频道	3.6	11.0
7	城市速递	长春电视台综合频道	3.3	12.0
8	神七问天直播特别节目	中央电视台综合频道	3.1	9.6
9	北京奥运会倒计时100天特别节目奥运进行时	中央台五套	2.9	7.4
10	焦点访谈（5月19－21日）	吉林电视台都市频道(二套)	2.8	8.0

表 3.36.10 2008 年长春市场专题节目收视率排名前十位

名次	节目名称	播出频道	平均收视率（%）	平均占有率（%）
1	CCTV2007 感动中国颁奖盛典	中央电视台综合频道	8.7	21.1
2	拉萨 3.14 打砸抢烧暴力事件纪实	中央电视台综合频道	6.1	14.3
3	艺术人生	中央电视台综合频道	5.2	11.8
4	奥运名人堂	中央电视台综合频道	3.9	12.5
5	奥运名人堂	中央台五套	3.6	11.7
6	董倩面对面	中央电视台综合频道	2.4	12.4
7	拉萨 3.14 打砸抢烧暴力事件纪实	中央台四套	2.3	10.2
8	动物世界	中央台三套	2.3	6.9
9	吉林省迎奥运讲文明树新风礼仪知识竞赛	吉林电视台都市频道（二套）	2.1	6.8
10	我的今日之最我为天狂	中央电视台综合频道	1.9	6.0

表 3.36.11 2008 年长春市场综艺节目收视率排名前十位

名次	节目名称	播出频道	平均收视率（%）	平均占有率（%）
1	中国中央电视台 2008 春节联欢晚会	中央电视台综合频道	30.3	61.4
2	中央电视台 2008 年元宵晚会	中央电视台综合频道	22.1	47.0
3	爱的奉献 2008 宣传文化系统抗震救灾大型募捐活动（5 月 18 日）	中央电视台综合频道	16.1	43.4
4	中国中央电视台 2008 春节联欢晚会	吉林卫视	8.3	17.1
5	和你在一起彩铃颁奖庆典暨吉林都市频道元旦晚会	吉林电视台都市频道（二套）	7.4	17.7
6	长白山之春元宵节联欢晚会	吉林卫视	6.6	14.0
7	荣成月中华情 2008 中央电视台中秋晚会	中央电视台综合频道	5.7	16.9
8	为中国喝彩与中国奥运金牌运动员大型联欢晚会	中央台三套	5.7	13.9
9	欢乐中国行魅力长春	中央台三套	5.4	13.0
10	迈向太空中央电视台心连心艺术团赴酒泉卫星发射中心慰问演出	中央电视台综合频道	5.2	13.6

表 3.36.12 2008 年长春市场奥运会、残奥会比赛收视率排名前十位

名次	节目名称	播出频道	平均收视率（%）	平均占有率（%）
1	2008 年第 29 届奥运会体操男子单杠决赛	中央台五套	19.2	40.6
2	2008 年第 29 届奥运会乒乓球男子团体决赛	中央台五套	18.5	39.4
3	2008 第 29 届奥运会女子平衡木决赛	中央台五套	18.1	44.4
4	2008 年第 29 届奥运会体操单项女子高低杠决赛	中央台五套	16.6	37.6
5	2008 年第 29 届奥运会男子篮球 B 组比赛（中国 VS 美国）	中央台二套	16.4	55.3
6	2008 年第 29 届奥运会女子排球 1/4 决赛（中国 VS 俄罗斯）	中央台五套	16.0	33.2
7	2008 年第 29 届奥运会女足小组赛（中国 VS 阿根廷）	中央电视台综合频道	15.6	34.2
8	2008 年第 29 届奥运会乒乓球女子单打决赛	中央台五套	15.1	33.8
9	2008 年第 29 届奥运会女排小组赛（中国 VS 古巴）	中央电视台综合频道	14.4	31.4
10	2008 年第 29 届奥运会男子篮球小组赛（中国 VS 德国）	中央台五套	14.1	31.1

表 3.36.13 2008 年长春市场体育节目收视率排名前十位（奥运会、残奥会比赛除外）

名次	节目名称	播出频道	平均收视率（%）	平均占有率（%）
1	第 29 届奥林匹克运动会闭幕式	中央电视台综合频道	20.0	36.9
2	第 29 届奥林匹克运动会开幕式	中央台五套	18.1	32.6
3	第 29 届奥林匹克运动会开幕式	中央电视台综合频道	15.7	28.3
4	第 29 届奥林匹克运动会闭幕式	中央台五套	14.7	27.2
5	北京 2008 年残奥会开幕式	中央电视台综合频道	7.3	20.1
6	伊辛巴耶娃夺金之路	中央台五套	5.9	23.7
7	奥运第 2 天	中央电视台综合频道	5.4	25.9
8	奥运第 1 天	中央电视台综合频道	5.4	12.0
9	北京 2008 年残奥会闭幕式	中央电视台综合频道	5.2	14.4
10	北京 2008 年残奥会开幕式	中央台五套	4.6	12.8

三十七、福州收视数据

表 3.37.1　2004－2008 年福州市场各类频道的市场占有率（%）

频道类别	年份				
	2004 年	2005 年	2006 年	2007 年	2008 年
中央台频道	36.0	36.7	35.2	36.1	36.4
中国教育台频道	0.3	0.5	0.5	0.6	0.4
福建省级频道	35.5	29.8	28.2	25.9	24.7
福州市级频道	16.0	18.7	11.7	10.2	11.5
其他省级卫视频道	9.5	12.2	21.2	24.4	24.9
其他频道	2.7	2.1	3.2	2.9	2.1

注：福州数据自 2006 年 1 月 1 日起为测量仪数据。

表 3.37.2　2008 年福州市场各类频道在不同目标观众中的市场占有率（%）

目标观众		中央台频道	中国教育台频道	福建省级频道	福州市级频道	其他省级卫视频道	其他频道
4 岁及以上所有人		36.4	0.4	24.7	11.5	24.9	2.1
性别	男	40.1	0.4	24.3	10.6	22.4	2.3
	女	32.7	0.4	25.1	12.5	27.4	2.0
年龄	4－14 岁	24.7	0.2	31.2	10.1	31.0	2.8
	15－24 岁	29.6	0.3	25.9	8.4	33.9	2.0
	25－34 岁	35.7	0.3	24.2	9.4	27.4	3.0
	35－44 岁	35.5	0.4	25.7	11.5	24.5	2.5
	45－54 岁	40.7	0.3	24.9	12.2	20.1	1.7
	55－64 岁	43.3	0.4	24.3	10.3	20.3	1.4
	65 岁及以上	38.5	0.4	17.3	21.2	21.5	1.1
教育程度	未受过正规教育	29.1	0.4	26.6	16.3	25.0	2.6
	小学	27.7	0.3	27.9	14.3	27.8	1.9
	初中	35.8	0.4	26.4	10.6	25.2	1.7
	高中	38.0	0.4	23.9	11.1	24.4	2.3
	大学及以上	46.7	0.4	19.2	9.3	22.0	2.4
职业类别	干部/管理人员	50.3	0.3	19.6	9.0	19.0	1.8
	个体/私营企业人员	35.8	0.4	25.6	10.9	24.6	2.7
	初级公务员/雇员	40.8	0.4	23.0	10.5	23.2	2.1
	工人	37.0	0.3	25.1	10.5	24.0	3.1
	学生	26.2	0.3	27.6	8.3	35.4	2.2
	无业	36.2	0.4	24.1	14.1	23.7	1.5
	其他	29.8	0.4	38.3	8.6	20.7	2.1
个人月收入	0－600 元	30.4	0.4	26.4	12.0	28.9	1.9
	601－1200 元	36.5	0.4	26.2	11.8	22.9	2.3
	1201－1700 元	40.4	0.4	22.8	11.0	23.0	2.4
	1701－2600 元	44.1	0.4	19.7	12.8	20.7	2.3
	2601 元及以上	56.4	0.4	16.6	6.1	18.8	1.7

表 3.37.3　2008 年福州市各类频道不同时段的市场占有率（%）

时间段	中央台频道	中国教育台频道	福建省级频道	福州市级频道	其他省级卫视频道	其他频道
02:00－03:00	43.9	0.1	19.3	7.1	28.2	1.5
03:00－04:00	45.8	0.1	18.8	8.2	25.8	1.3
04:00－05:00	42.4	0.0	17.7	11.0	27.6	1.3
05:00－06:00	39.7	0.1	19.0	12.4	28.0	0.9
06:00－07:00	45.9	0.3	22.4	9.6	20.2	1.7
07:00－08:00	47.5	0.2	28.4	8.6	13.1	2.3
08:00－09:00	38.6	0.2	22.6	12.6	23.8	2.3
09:00－10:00	33.2	0.2	24.4	9.0	30.8	2.4
10:00－11:00	33.5	0.4	24.0	8.2	31.6	2.3
11:00－12:00	38.7	0.5	19.9	8.2	30.6	2.2
12:00－13:00	41.5	0.6	21.9	8.1	25.8	2.1
13:00－14:00	37.1	0.7	18.9	8.0	33.0	2.4
14:00－15:00	32.4	0.3	20.7	8.8	35.3	2.5
15:00－16:00	32.9	0.2	18.3	9.1	36.6	2.9
16:00－17:00	32.7	0.6	16.7	10.0	36.9	3.1
17:00－18:00	37.2	0.6	16.0	14.4	29.1	2.6
18:00－19:00	30.6	0.2	35.0	19.3	12.8	2.0
19:00－20:00	37.8	0.1	36.1	15.7	8.3	2.0
20:00－21:00	38.0	0.3	27.1	12.6	20.2	1.8
21:00－22:00	35.5	0.4	24.8	12.5	25.0	1.8
22:00－23:00	33.1	0.4	25.2	11.3	27.8	2.1
23:00－24:00	37.9	0.4	21.3	8.5	30.1	1.8
24:00－25:00	40.3	0.2	18.2	6.0	33.6	1.6
25:00－26:00	40.7	0.2	18.5	5.8	33.4	1.5

表 3.37.4　2008 年福州市场收视份额排名前十位的频道

名次	频道名称	收视份额（%）
1	中央电视台综合频道	5.5
2	中央台六套	5.1
2	中央台八套	5.1
4	福州电视台影视频道	4.4
5	湖南电视台卫星频道	4.3
6	中央台三套	4.2
7	福建省广播影视集团东南电视台	4.1
8	中央台五套	4.0
9	福建省广播影视集团新闻频道	3.6
9	福建省广播影视集团少儿频道	3.6

表 3.37.5 2008 年福州市场各主要频道的观众构成（%）

目标观众		所有频道	主要频道				
			中央电视台综合频道	中央台六套	中央台八套	福州电视台影视频道	湖南电视台卫星频道
4 岁及以上所有人		100.0	100.0	100.0	100.0	100.0	100.0
性别	男	50.4	52.3	59.4	40.9	41.9	35.6
	女	49.6	47.7	40.6	59.1	58.1	64.4
年龄	4-14 岁	8.8	3.6	4.4	4.2	4.2	13.1
	15-24 岁	11.4	7.4	8.5	7.8	9.5	24.0
	25-34 岁	19.4	16.2	27.6	17.5	16.2	25.7
	35-44 岁	15.3	14.3	18.2	15.5	14.7	15.6
	45-54 岁	22.7	27.9	24.9	26.2	23.6	12.5
	55-64 岁	12.8	17.0	10.8	16.9	13.0	4.5
	65 岁及以上	9.7	13.7	5.6	11.9	18.7	4.6
教育程度	未受过正规教育	6.4	3.8	5.9	4.5	5.7	5.7
	小学	17.2	11.6	15.5	16.0	21.7	19.0
	初中	28.1	24.2	33.1	31.3	26.5	31.8
	高中	32.2	34.5	30.6	31.4	33.9	30.2
	大学及以上	16.1	25.9	15.0	16.8	12.2	13.3
职业类别	干部/管理人员	4.0	6.2	4.3	3.9	2.9	2.0
	个体/私营企业人员	13.2	11.8	19.0	15.4	14.2	12.1
	初级公务员/雇员	19.7	22.8	20.9	19.1	18.8	16.9
	工人	11.9	10.1	15.2	12.2	9.2	10.8
	学生	11.7	6.1	7.4	7.2	7.8	23.7
	无业	37.2	40.2	30.2	40.2	45.3	33.8
	其他	2.2	2.8	3.1	2.1	1.8	0.8
个人月收入	0-600 元	39.5	29.6	34.6	38.1	37.4	56.5
	601-1200 元	33.1	32.1	36.2	36.4	37.2	25.5
	1201-1700 元	12.1	12.9	13.5	9.1	10.2	9.0
	1701-2600 元	9.4	13.9	9.5	7.6	11.8	5.3
	2601 元及以上	5.9	11.5	6.2	8.8	3.4	3.8

表 3.37.6 2006-2008 年福州市场各类节目的播出份额（%）和收视份额（%）

节目类别	2006 年		2007 年		2008 年	
	播出份额	收视份额	播出份额	收视份额	播出份额	收视份额
财经	1.4	0.5	1.5	0.8	1.6	0.8
电视剧	25.0	37.6	25.6	37.8	25.2	35.6
电影	3.4	5.5	3.1	5.6	2.7	5.6
法制	1.3	0.6	1.2	0.6	1.1	0.6
教学	0.4	0.1	0.6	0.2	0.6	0.2
青少	5.6	5.2	5.4	4.9	5.3	5.4
生活服务	5.6	3.3	8.0	4.9	9.7	5.6
体育	2.4	4.3	2.0	3.1	2.9	5.3
外语	0.2	0.1	0.2	0.2	0.1	0.1
戏剧	1.3	0.4	1.2	0.4	1.0	0.2
新闻/时事	13.4	11.6	13.2	10.8	13.4	11.8
音乐	1.1	1.7	1.8	1.2	2.3	0.7
专题	12.2	7.2	11.9	8.1	11.7	7.6
综艺	7.7	9.1	7.9	9.2	6.7	8.5
其他	19.1	12.8	16.6	12.4	15.8	12.2

表 3.37.7　2008 年福州市场所有节目收视率排名前三十位

名次	节目名称	节目类型	播出频道	平均收视率(%)	平均占有率(%)
1	中国中央电视台 2008 春节联欢晚会	综艺	中央电视台综合频道	29.2	62.3
2	第 29 届奥林匹克运动会开幕式	体育	中央电视台综合频道	17.2	30.0
3	第 29 届奥林匹克运动会开幕式	体育	中央台五套	15.8	27.5
4	第 29 届奥林匹克运动会闭幕式	体育	中央电视台综合频道	15.1	32.5
5	2008 年第 29 届奥运会女排小组赛（中国 VS 古巴）	体育	中央电视台综合频道	12.9	34.7
6	2008 年第 29 届奥运会男子举重 69 公斤级决赛	体育	中央台五套	12.2	40.5
7	2008 年第 29 届奥运会女子排球预赛（中国 VS 美国）	体育	中央台五套	12.0	32.9
8	2008 年第 29 届奥运会女子排球半决赛（中国 VS 巴西）	体育	中央台五套	11.3	29.8
9	2008 年第 29 届奥运会乒乓球男子团体决赛	体育	中央台五套	11.2	34.2
10	2008 年第 29 届奥运会男子篮球 B 组比赛（中国 VS 美国）	体育	中央台二套	10.7	39.8
11	爱的奉献 2008 宣传文化系统抗震救灾大型募捐活动（5 月 18 日）	综艺	中央电视台综合频道	10.6	31.9
12	第 29 届奥林匹克运动会闭幕式	体育	中央台五套	10.1	21.7
13	2008 年第 29 届奥运会男子举重 62 公斤级决赛	体育	中央台五套	9.7	31.2
14	2008 年第 29 届奥运会体操单项女子高低杠决赛	体育	中央台五套	9.6	42.8
15	2008 年第 29 届奥运会体操单项女子跳马决赛	体育	中央台五套	9.6	41.1
16	2008 年第 29 届奥运会女子排球 1/4 决赛（中国 VS 俄罗斯）	体育	中央台五套	9.6	27.9
17	2008 第 29 届奥运会女子平衡木决赛	体育	中央台五套	9.0	37.8
18	2008 年第 29 届奥运会女子举重 48 公斤级决赛	体育	中央电视台综合频道	8.9	43.3
19	2008 年第 29 届奥运会男子举重 56 公斤级决赛	体育	中央电视台综合频道	8.9	25.1
20	2008 年第 29 届奥运会乒乓球女子单打决赛	体育	中央台五套	8.7	25.0
21	2008 年第 29 届奥运会体操男子单杠决赛	体育	中央台五套	8.6	31.0
22	2008 年第 29 届奥运会女排小组赛（中国 VS 波兰）	体育	中央电视台综合频道	8.6	24.0
23	2008 年第 29 届奥运会体操女子自由操决赛	体育	中央台五套	8.2	24.2

续表

名次	节目名称	节目类型	播出频道	平均收视率（%）	平均占有率（%）
24	2008 年第 29 届奥运会女子 10 米气手枪决赛	体育	中央台五套	8.1	34.4
25	2008 年第 29 届奥运会女子排球小组赛 A 组（中国 VS 委内瑞拉）	体育	中央电视台综合频道	8.0	23.3
26	2008 年第 29 届奥运会羽毛球男子单打决赛	体育	中央台五套	7.8	20.9
27	2008 年第 29 届奥运会跳水比赛女子双人 3 米跳板决赛	体育	中央台五套	7.6	36.8
28	2008 年第 29 届奥运会体操女子资格赛	体育	中央台五套	7.6	34.9
29	2008 年第 29 届奥运会男子篮球小组赛（中国 VS 德国）	体育	中央台五套	7.4	23.0
30	2008 年第 29 届奥运会田径比赛男子 110 米栏决赛	体育	中央电视台综合频道	7.4	18.9

表 3.37.8　2008 年福州市场电视剧收视率排名前十位

名次	节目名称	播出频道	平均收视率（%）	平均占有率（%）
1	可爱的你第四部	中央台八套	5.8	25.9
2	大宋惊世传奇	福建省广播影视集团综合频道	4.6	20.8
3	小宝传奇	福建省广播影视集团综合频道	4.5	19.9
4	悠悠寸草心第二部	福建省广播影视集团电视剧频道	4.4	15.6
5	李小龙传奇	中央电视台综合频道	4.3	14.7
6	可爱的你第三部	中央台八套	4.0	15.2
7	宁为女人	福州电视台影视频道	4.0	14.7
8	旋转木马	中央台八套	3.9	22.7
9	龙游天下	福建省广播影视集团综合频道	3.9	18.2
10	神探狄仁杰第三部	中央台八套	3.8	13.2

表 3.37.9　2008 年福州市场新闻节目收视率排名前十位

名次	节目名称	播出频道	平均收视率（%）	平均占有率（%）
1	第 1 现场防抗凤凰特别报道	福建省广播影视集团新闻频道	3.6	12.6
2	现场	福建省广播影视集团新闻频道	3.3	15.5
3	新闻联播	中央电视台综合频道	3.2	10.3
4	新闻联播（5 月 13－17 日、5 月 19－21 日，21:00）	中央电视台综合频道	3.1	13.2
5	温家宝在汶川映秀镇会见中外记者	中央电视台综合频道	3.1	9.5
6	神七问天直播特别节目	中央电视台综合频道	2.2	7.8
7	环球报道	福建省广播影视集团新闻频道	2.1	9.2
8	拉萨 3.14 打砸抢烧暴力事件受害者的控诉	中央台四套	2.0	8.4
9	福建卫视新闻（5 月 19－21 日，18:30）	福建省广播影视集团新闻频道	2.0	8.3
10	防抗凤凰特别报道	福建省广播影视集团新闻频道	2.0	7.8

表 3.37.10　2008 年福州市场专题类节目收视率排名前十位

名次	节目名称	播出频道	平均收视率（%）	平均占有率（%）
1	拉萨 3.14 打砸抢烧暴力事件纪实	中央电视台综合频道	3.2	11.4
2	董倩面对面	中央电视台综合频道	3.0	12.4
3	奥运名人堂	中央台五套	2.4	8.2
4	拉萨 3.14 打砸抢烧暴力事件纪实	中央台四套	2.1	8.6
5	激情时刻	福建省广播影视集团新闻频道	1.8	9.6
6	奥运名人堂	中央电视台综合频道	1.7	6.7
7	CCTV2007 感动中国颁奖盛典	中央电视台综合频道	1.5	5.6
8	兵林奇谈	中央电视台新闻频道	1.4	8.5
9	情归周恩来	中央台六套	1.4	5.3
10	艺术人生温暖 2007	中央台三套	1.4	5.1

表 3.37.11 2008 年福州市场综艺节目收视率排名前十位

名次	节目名称	播出频道	平均收视率（%）	平均占有率（%）
1	中国中央电视台 2008 春节联欢晚会	中央电视台综合频道	29.2	62.3
2	爱的奉献 2008 宣传文化系统抗震救灾大型募捐活动（5 月 18 日）	中央电视台综合频道	10.6	31.9
3	中央电视台 2008 年元宵晚会	中央电视台综合频道	6.7	21.5
4	荣成月中华情 2008 中央电视台中秋晚会	中央电视台综合频道	6.3	17.4
5	百年圆梦迎 2008 北京奥运会文艺晚会	中央电视台综合频道	5.1	13.0
6	北京 2008 年奥运会倒计时 100 天庆祝活动	中央台三套	4.2	14.0
7	青春中国第十三届 CCTV 青年歌手电视大奖赛颁奖晚会	中央台三套	4.1	14.6
8	综艺盛典 Variety Awards 2008	中央台三套	4.0	13.4
9	百花迎春中国文学艺术界 2008 年春节大联欢	中央台三套	3.5	11.1
10	海上明月共潮生 2008 两岸四地迎中秋大型民族音乐会	中央台三套	3.5	10.2

表 3.37.12 2008 年福州市场奥运会、残奥会比赛节目收视率排名前十位

名次	节目名称	播出频道	平均收视率（%）	平均占有率（%）
1	2008 年第 29 届奥运会女排小组赛（中国 VS 古巴）	中央电视台综合频道	12.9	34.7
2	2008 年第 29 届奥运会男子举重 69 公斤级决赛	中央台五套	12.2	40.5
3	2008 年第 29 届奥运会女子排球预赛（中国 VS 美国）	中央台五套	12.0	32.9
4	2008 年第 29 届奥运会女子排球半决赛（中国 VS 巴西）	中央台五套	11.3	29.8
5	2008 年第 29 届奥运会乒乓球男子团体决赛	中央台五套	11.2	34.2
6	2008 年第 29 届奥运会男子篮球 B 组比赛（中国 VS 美国）	中央台二套	10.7	39.8
7	2008 年第 29 届奥运会男子举重 62 公斤级决赛	中央台五套	9.7	31.2
8	2008 年第 29 届奥运会体操单项女子高低杠决赛	中央台五套	9.6	42.8
9	2008 年第 29 届奥运会体操单项女子跳马决赛	中央台五套	9.6	41.1
10	2008 年第 29 届奥运会女子排球 1/4 决赛（中国 VS 俄罗斯）	中央台五套	9.6	27.9

表 3.37.13　2008 年福州市场体育节目收视率排名前十位（奥运会、残奥会比赛除外）

名次	节目名称	播出频道	平均收视率（%）	平均占有率（%）
1	第 29 届奥林匹克运动会开幕式	中央电视台综合频道	17.2	30.0
2	第 29 届奥林匹克运动会闭幕式	中央电视台综合频道	15.1	32.5
3	第 29 届奥林匹克运动会开幕式	中央台五套	15.8	27.5
4	第 29 届奥林匹克运动会闭幕式	中央台五套	10.1	21.7
5	北京 2008 年残奥会开幕式	中央电视台综合频道	6.7	21.5
6	奥运第 1 天	中央电视台综合频道	6.0	16.4
7	2008 北京奥运会火炬传递大事记	福建省广播影视集团新闻频道	3.5	23.4
8	伊辛巴耶娃夺金之路	中央台五套	3.3	17.6
9	中国奥运冠军榜	中央台五套	3.1	15.2
10	第 29 届奥林匹克运动会开幕式	福建省广播影视集团东南电视台	2.6	4.6

三十八、贵阳收视数据

表 3.38.1　2004－2008 年贵阳市场各类频道的市场占有率（%）

频道类别	年份				
	2004 年	2005 年	2006 年	2007 年	2008 年
中央台频道	38.7	37.1	40.0	36.8	36.2
中国教育台频道	0.2	0.4	0.2	0.2	0.2
贵州省级频道	25.4	21.8	24.8	25.8	26.9
贵阳市级频道	16.0	13.9	11.0	14.3	15.3
其他省级卫视频道	15.2	22.0	20.1	18.0	14.6
其他频道	4.5	4.9	3.9	4.9	6.9

表 3.38.2　2008 年贵阳市场各类频道在不同目标观众中的市场占有率（%）

目标观众		中央台频道	中国教育台频道	贵州省级频道	贵阳市级频道	其他省级卫视频道	其他频道
4 岁及以上所有人		36.2	0.2	26.9	15.3	14.6	6.9
性别	男	38.0	0.2	26.8	15.0	13.0	7.0
	女	34.3	0.2	26.9	15.5	16.3	6.8
年龄	4－14 岁	30.5	0.1	24.7	12.6	14.4	17.7
	15－24 岁	27.1	0.2	25.5	20.1	19.3	7.8
	25－34 岁	35.4	0.3	28.1	16.1	14.4	5.8
	35－44 岁	32.9	0.2	28.1	15.3	15.9	7.7
	45－54 岁	38.7	0.1	26.7	16.8	13.6	4.1
	55－64 岁	44.6	0.1	27.5	12.3	11.7	3.7
	65 岁及以上	46.6	0.2	25.5	11.9	12.2	3.7
教育程度	未受过正规教育	32.7	0.1	27.4	12.8	13.8	13.3
	小学	30.2	0.2	26.9	17.0	15.8	10.0
	初中	34.8	0.2	28.4	15.1	15.3	6.2
	高中	37.2	0.2	26.8	15.2	14.5	6.2
	大学及以上	45.3	0.3	22.4	14.9	12.0	5.0
职业类别	干部/管理人员	44.1	0.2	22.3	20.5	9.1	3.7
	个体/私营企业人员	29.3	0.2	30.3	17.3	17.2	5.7
	初级公务员/雇员	40.6	0.2	26.6	15.4	12.5	4.8
	工人	36.8	0.2	28.1	11.5	13.7	9.7
	学生	29.0	0.2	24.6	15.6	17.6	13.1
	无业	40.9	0.2	26.0	13.8	13.4	5.8
	其他	25.8	0.2	31.2	18.3	20.3	4.3
个人月收入	0－600 元	31.6	0.2	26.6	16.4	16.2	9.1
	601－1200 元	37.3	0.2	28.8	13.7	14.3	5.7
	1201－1700 元	39.6	0.2	29.0	15.7	11.4	4.1
	1701－2600 元	45.3	0.1	21.1	14.0	13.4	6.0
	2601 元及以上	45.6	0.1	26.0	13.4	11.1	3.9

表 3.38.3　2008 年贵阳市场各类频道不同时段的市场占有率（%）

时间段	中央台频道	中国教育台频道	贵州省级频道	贵阳市级频道	其他省级卫视频道	其他频道
02:00－03:00	37.7	0.3	7.7	3.2	28.4	22.8
03:00－04:00	41.5	0.3	9.1	4.4	18.5	26.2
04:00－05:00	41.8	0.8	8.8	6.3	19.5	22.8
05:00－06:00	47.9	0.3	10.1	7.4	17.8	16.5
06:00－07:00	71.5	0.0	11.8	3.4	7.3	6.0
07:00－08:00	76.5	0.1	10.0	3.3	7.2	3.0
08:00－09:00	57.5	0.2	17.0	5.2	15.1	5.1
09:00－10:00	47.7	0.2	16.8	6.3	20.4	8.7
10:00－11:00	44.9	0.2	15.2	6.8	23.4	9.5
11:00－12:00	47.3	0.3	12.6	7.5	22.2	10.1
12:00－13:00	57.2	0.3	8.9	6.0	15.5	12.2
13:00－14:00	45.2	0.2	12.3	5.9	22.3	14.0
14:00－15:00	35.1	0.1	14.8	5.6	30.8	13.5
15:00－16:00	34.2	0.2	14.0	5.0	32.3	14.3
16:00－17:00	38.0	0.5	13.1	5.9	28.8	13.8
17:00－18:00	38.2	0.3	16.7	13.6	19.0	12.2
18:00－19:00	27.8	0.1	39.4	19.5	6.7	6.5
19:00－20:00	43.6	0.1	33.4	15.7	4.6	2.7
20:00－21:00	26.5	0.2	34.0	24.2	11.6	3.5
21:00－22:00	26.5	0.2	33.3	20.9	14.9	4.2
22:00－23:00	28.9	0.2	30.1	17.4	17.0	6.5
23:00－24:00	38.4	0.3	21.4	9.2	20.3	10.5
24:00－25:00	42.9	0.2	13.0	6.1	24.0	13.8
25:00－26:00	43.8	0.1	7.5	4.9	24.3	19.5

表 3.38.4　2008 年贵阳市场收视份额排名前十位的频道

名次	频道名称	收视份额（%）
1	中央电视台综合频道	12.6
2	贵州卫视	8.7
3	贵州电视台公共频道（二套）	7.5
4	贵州电视台影视文艺频道	7.3
5	贵阳电视台一套（新闻综合频道）	4.9
6	贵阳电视台四套（都市频道）	4.1
7	贵阳电视台三套（法制频道）	3.7
8	中央台五套	3.6
8	中央台三套	3.6
10	湖南电视台卫星频道	3.5

表 3.38.5 2008 年贵阳市场各主要频道的观众构成（%）

目标观众		所有频道	主要频道				
			中央电视台综合频道	贵州卫视	贵州电视台公共频道（二套）	贵州电视台影视文艺频道	贵阳电视台一套（新闻综合频道）
4 岁及以上所有人		100.0	100.0	100.0	100.0	100.0	100.0
性别	男	51.0	52.3	52.4	51.3	48.6	52.9
	女	49.0	47.7	47.6	48.7	51.4	47.1
年龄	4－14 岁	9.8	6.7	8.9	8.6	9.1	10.1
	15－24 岁	12.3	10.2	11.9	12.2	10.2	16.6
	25－34 岁	18.1	18.1	19.8	18.2	17.9	18.6
	35－44 岁	21.5	20.6	22.5	20.9	22.0	21.1
	45－54 岁	15.4	16.6	14.5	17.0	15.9	16.8
	55－64 岁	11.7	12.5	12.5	12.2	12.3	8.7
	65 岁及以上	11.3	15.3	9.8	10.9	12.6	8.1
教育程度	未受过正规教育	3.9	3.3	4.4	3.8	3.8	4.2
	小学	14.4	11.3	13.8	14.8	15.4	17.1
	初中	38.8	36.2	39.5	44.5	40.9	40.2
	高中	29.0	29.3	29.7	26.3	27.8	26.4
	大学及以上	13.9	19.9	12.6	10.6	12.1	12.1
职业类别	干部/管理人员	4.5	6.7	4.7	2.8	3.2	3.9
	个体/私营企业人员	19.8	16.9	25.6	21.0	20.7	27.5
	初级公务员/雇员	14.2	16.6	10.9	15.8	15.3	11.5
	工人	8.8	9.3	8.6	9.6	8.0	6.8
	学生	14.3	11.5	11.8	14.2	13.3	16.5
	无业	35.9	37.9	36.2	33.1	36.5	30.0
	其他	2.5	1.1	2.3	3.5	3.0	3.9
个人月收入	0－600 元	40.9	34.9	38.9	41.3	40.2	45.8
	601－1200 元	34.4	35.1	36.0	37.0	37.3	33.2
	1201－1700 元	13.9	16.1	16.5	13.0	14.4	12.7
	1701－2600 元	9.0	11.1	7.4	7.0	6.1	7.2
	2601 元及以上	1.7	2.8	1.2	1.7	1.9	1.1

表 3.38.6 2006－2008 年贵阳市场各类节目的播出份额（%）和收视份额（%）

节目类别	2006 年		2007 年		2008 年	
	播出份额	收视份额	播出份额	收视份额	播出份额	收视份额
青少	4.8	3.0	4.4	2.3	4.5	2.4
戏剧	1.4	0.3	1.3	0.3	1.1	0.2
教学	0.5	0.1	0.6	0.1	0.6	0.1
综艺	8.4	9.4	9.5	9.8	7.5	8.7
外语	0.2	0.0	0.2	0.1	0.1	0.0
电影	3.6	4.1	3.8	4.9	3.0	3.4
音乐	1.5	1.7	2.5	1.1	2.4	0.7
新闻	13.5	10.6	12.8	13.2	13.5	19.7
体育	1.8	3.8	1.7	2.1	2.8	4.4
电视剧	25.6	29.5	24.7	28.2	25.3	29.2
专题	11.5	13.9	11.2	10.3	10.9	4.1
财经	1.5	0.3	1.4	0.3	1.5	0.4
生活服务	4.6	2.2	7.2	4.4	8.8	5.1
法制	1.6	2.2	1.5	3.5	1.5	3.6
其他	19.6	19.0	17.3	19.6	16.4	18.1

表 3.38.7　2008 年贵阳市场所有节目收视率排名前三十位

名次	节目名称	节目类型	播出频道	平均收视率（%）	平均占有率（%）
1	第 29 届奥林匹克运动会开幕式	体育其他	中央电视台综合频道	52.8	74.4
2	中国中央电视台 2008 春节联欢晚会	综艺	中央电视台综合频道	48.0	81.0
3	第 29 届奥林匹克运动会闭幕式	体育其他	中央电视台综合频道	36.2	51.3
4	北京 2008 年残奥会闭幕式	体育其他	中央电视台综合频道	29.0	50.1
5	北京 2008 年残奥会开幕式	体育其他	中央电视台综合频道	25.7	50.9
6	新闻联播	新闻/时事	中央电视台综合频道	21.4	39.1
7	温家宝在汶川映秀镇会见中外记者	新闻/时事	中央电视台综合频道	18.3	32.9
8	天气预报	生活服务	中央电视台综合频道	17.7	30.6
9	2008 年第 29 届奥运会乒乓球男子团体决赛	奥运比赛	中央台五套	17.0	26.8
10	爱的奉献 2008 宣传文化系统抗震救灾大型募捐活动（5 月 18 日）	综艺	中央电视台综合频道	16.9	35.4
11	2008 年第 29 届奥运会女子排球小组赛 A 组（中国 VS 委内瑞拉）	奥运比赛	中央电视台综合频道	16.7	28.3
12	2008 年第 29 届奥运会女子排球 1/4 决赛（中国 VS 俄罗斯）	奥运比赛	中央台五套	15.0	24.1
13	2008 年第 29 届奥运会女足小组赛（中国队 VS 阿根廷队）	奥运比赛	中央电视台综合频道	14.6	23.0
14	真挚的关怀深入的指导	新闻/时事	中央电视台综合频道	14.4	24.0
15	2008 年第 29 届奥运会女子排球半决赛（中国 VS 巴西）	奥运比赛	中央台五套	14.1	22.2
16	2008 年第 29 届奥运会乒乓球女团决赛	奥运比赛	中央电视台综合频道	14.1	21.9
17	2008 年第 29 届奥运会田径比赛女子 1500 米决赛	奥运比赛	中央电视台综合频道	13.9	25.1
18	2008 年第 29 届奥运会乒乓球女子单打决赛	奥运比赛	中央台五套	13.8	23.1
19	2008 年第 29 届奥运会男子篮球小组赛（中国 VS 德国）	奥运比赛	中央台五套	13.8	22.8
20	2008 年第 29 届奥运会羽毛球女双 1/4 决赛	奥运比赛	中央台五套	13.8	22.5
21	爽爽的贵阳避暑的天堂 2008 中国贵阳避暑季开幕式	综艺	贵州卫视	13.7	22.8
22	2008 年第 29 届奥运会男子举重 56 公斤级决赛	奥运比赛	中央电视台综合频道	13.7	21.1
23	2008 年第 29 届奥运会体操女子自由操决赛	奥运比赛	中央台五套	13.7	20.6

续表

名次	节目名称	节目类型	播出频道	平均收视率（%）	平均占有率（%）
24	2008年第29届奥运会田径比赛男子十项全能－跳高	奥运比赛	中央电视台综合频道	13.2	21.1
25	2008年第29届奥运会羽毛球混合双打1/4决赛	奥运比赛	中央台五套	13.1	23.3
26	2008年第29届奥运会田径比赛女子4×400米接力第一轮	奥运比赛	中央电视台综合频道	13.1	22.3
27	2008年第29届奥运会跆拳道比赛女子49公斤级决赛	奥运比赛	中央电视台综合频道	13.1	21.2
28	2008年第29届奥运会田径比赛男子800米半决赛	奥运比赛	中央电视台综合频道	13.1	20.8
29	2008年第29届奥运会游泳预赛	奥运比赛	中央电视台综合频道	12.9	25.1
30	焦点访谈	新闻/时事	中央电视台综合频道	12.9	22.0

表3.38.8 2008年贵阳市场电视剧收视率排名前十位

名次	节目名称	播出频道	平均收视率（%）	平均占有率（%）
1	红墨坊	贵州卫视	11.0	20.9
2	大珍珠	贵州卫视	10.5	20.5
3	鹿鼎记	贵州卫视	10.3	19.0
4	五月的鲜花	贵州卫视	9.8	18.3
5	聊斋奇女子	贵州卫视	9.6	18.1
6	笑着活下去	贵州电视台影视文艺频道	9.5	17.0
7	甜蜜蜜	贵州电视台影视文艺频道	9.2	16.9
8	眼中钉	贵阳电视台四套（都市频道）	8.8	15.6
9	聊斋志异系列第二部	贵州卫视	8.6	17.1
10	光荣岁月	贵州卫视	8.6	17.0

表3.38.9 2008年贵阳市场新闻节目收视率排名前十位

名次	节目名称	播出频道	平均收视率（%）	平均占有率（%）
1	新闻联播	中央电视台综合频道	21.4	39.1
2	温家宝在汶川映秀镇会见中外记者	中央电视台综合频道	18.3	32.9
3	真挚的关怀深入的指导	中央电视台综合频道	14.4	24.0
4	焦点访谈	中央电视台综合频道	12.9	22.0
5	百姓关注	贵州电视台公共频道（二套）	11.9	23.8
6	新闻联播（5月13－17日、5月19－21日，21:00）	中央电视台综合频道	10.6	18.2
7	汶川地震特别报道	四川卫视	8.7	22.1
8	贵州省人民政府新闻办公室新闻发布会	贵州卫视	7.9	13.2
9	朝闻天下（5月19日）	四川卫视	5.9	20.3
10	人生特别节目关注大地震	贵州卫视	5.2	10.2

表 3.38.10　2008 年贵阳市场专题节目收视率排名前十位

名次	节目名称	播出频道	平均收视率（%）	平均占有率（%）
1	拉萨 3.14 打砸抢烧暴力事件纪实	中央电视台综合频道	10.4	17.9
2	奥运名人堂	中央台五套	8.9	20.7
3	文献电视片－毕节试验区启示录	贵州卫视	7.6	13.9
4	大山的脊梁感动贵州的教师们	贵州卫视	7.4	13.3
5	突进安顺改革试验区之路	贵州卫视	7.1	12.2
6	董倩面对面	中央电视台综合频道	6.7	17.4
7	奥运名人堂	中央电视台综合频道	5.9	17.2
8	冰刀雪剑铸豪情贵州人民 2008 抗击雪凝灾害纪实	贵州卫视	5.3	8.4
9	论道	贵州卫视	5.2	12.5
10	家庭演播室	贵阳电视台四套（都市频道）	5.1	10.8

表 3.38.11　2008 年贵阳市场综艺节目收视率排名前十位

名次	节目名称	播出频道	平均收视率（%）	平均占有率（%）
1	中央电视台 2008 春节联欢晚会	中央电视台综合频道	48.0	81.0
2	爱的奉献 2008 宣传文化系统抗震救灾大型募捐活动（5 月 18 日）	中央电视台综合频道	16.9	35.4
3	爽爽的贵阳避暑的天堂 2008 中国贵阳避暑季开幕式	贵州卫视	13.7	22.8
4	我们血脉相连贵州绿丝带爱心守护电视特别节目	贵州卫视	10.0	17.7
5	中央电视台 2008 年元宵晚会	中央电视台综合频道	9.2	15.5
6	改革开放 30 年大型综艺节目光阴故事	贵州卫视	8.6	15.3
7	2008 多彩贵州歌唱大赛颁奖盛典	贵州卫视	8.4	15.1
8	2008 多彩贵州歌唱大赛	贵州卫视	7.7	14.2
9	天下西江大型民族歌舞实景表演	贵州卫视	7.0	14.6
10	曲苑杂坛春节特别节目 2008 年正月正晚会	中央电视台综合频道	7.0	12.8

表 3.38.12 2008 年贵阳市场奥运会、残奥会比赛收视率排名前十位

名次	节目名称	播出频道	平均收视率（%）	平均占有率（%）
1	2008 年第 29 届奥运会乒乓球男子团体决赛	中央台五套	17.0	26.8
2	2008 年第 29 届奥运会女子排球小组赛 A 组（中国 VS 委内瑞拉）	中央电视台综合频道	16.7	28.3
3	2008 年第 29 届奥运会女子排球 1/4 决赛（中国 VS 俄罗斯）	中央台五套	15.0	24.1
4	2008 年第 29 届奥运会女足小组赛（中国队 VS 阿根廷队）	中央电视台综合频道	14.6	23.0
5	2008 年第 29 届奥运会女子排球半决赛（中国 VS 巴西）	中央台五套	14.1	22.2
6	2008 年第 29 届奥运会乒乓球女团决赛	中央电视台综合频道	14.1	21.9
7	2008 年第 29 届奥运会田径比赛女子 1500 米决赛	中央电视台综合频道	13.9	25.1
8	2008 年第 29 届奥运会乒乓球女子单打决赛	中央台五套	13.8	23.1
9	2008 年第 29 届奥运会男子篮球小组赛（中国 VS 德国）	中央台五套	13.8	22.8
10	2008 年第 29 届奥运会羽毛球女双 1/4 决赛	中央台五套	13.8	22.5

表 3.38.13 2008 年贵阳市场体育节目收视率排名前十位（奥运会、残奥会比赛除外）

名次	节目名称	播出频道	平均收视率（%）	平均占有率（%）
1	第 29 届奥林匹克运动会开幕式	中央电视台综合频道	52.8	74.4
2	第 29 届奥林匹克运动会闭幕式	中央电视台综合频道	36.2	51.3
3	北京 2008 年残奥会闭幕式	中央电视台综合频道	29.0	50.1
4	北京 2008 年残奥会开幕式	中央电视台综合频道	25.7	50.9
5	第 29 届奥林匹克运动会闭幕式	中央台五套	11.8	16.8
6	奥运第 1 天	中央电视台综合频道	10.9	18.1
7	第 29 届奥林匹克运动会开幕式	中央台五套	9.6	14.7
8	再见北京伦敦再见	中央电视台综合频道	6.6	22.4
9	中国奥运冠军榜	中央台五套	5.6	22.5
10	CCTV5 奥运演播室	中央台五套	5.6	20.2

三十九、哈尔滨收视数据

表 3.39.1　2004－2008 年哈尔滨市场各类频道的市场占有率（%）

频道类别	年份				
	2004 年	2005 年	2006 年	2007 年	2008 年
中央台频道	32.6	36.0	35.5	33.2	32.2
中国教育台频道	0.2	0.4	0.4	0.4	0.3
黑龙江省级频道	41.8	32.0	32.1	31.8	32.2
哈尔滨市级频道	16.8	18.2	16.7	15.4	14.6
其他省级卫视频道	6.6	9.9	11.6	15.1	17.4
其他频道	1.9	3.6	3.8	4.0	3.3

表 3.39.2　2008 年哈尔滨市场各类频道在不同目标观众中的市场占有率（%）

目标观众		中央台频道	中国教育台频道	黑龙江省级频道	哈尔滨市级频道	其他省级卫视频道	其他频道
4 岁及以上所有人		32.2	0.3	32.2	14.6	17.4	3.3
性别	男	34.0	0.3	31.7	15.0	15.7	3.3
	女	30.4	0.3	32.7	14.2	19.1	3.3
年龄	4－14 岁	29.4	0.3	33.3	10.8	21.3	4.9
	15－24 岁	24.8	0.3	31.2	17.4	21.8	4.5
	25－34 岁	31.4	0.4	29.4	15.1	18.7	5.0
	35－44 岁	29.3	0.3	35.7	15.5	17.2	2.0
	45－54 岁	30.7	0.3	32.6	16.2	16.8	3.4
	55－64 岁	38.8	0.4	30.7	11.6	15.6	2.9
	65 岁及以上	38.1	0.3	31.5	13.2	14.6	2.3
教育程度	未受过正规教育	34.9	0.2	41.0	10.5	10.7	2.7
	小学	28.7	0.3	34.9	13.8	18.1	4.2
	初中	29.5	0.3	35.4	14.3	17.0	3.5
	高中	31.1	0.3	31.5	17.1	16.8	3.2
	大学及以上	40.0	0.5	24.5	12.8	19.7	2.5
职业类别	干部/管理人员	42.6	0.5	21.1	14.1	19.5	2.2
	个体/私营企业人员	25.3	0.3	40.6	14.4	16.6	2.8
	初级公务员/雇员	36.0	0.4	26.6	15.3	19.4	2.3
	工人	29.7	0.3	33.7	17.0	15.6	3.7
	学生	27.0	0.3	32.3	13.3	23.1	4.0
	无业	35.4	0.3	31.1	13.5	16.5	3.2
	其他	23.2	0.3	43.1	12.2	16.8	4.4
个人月收入	0－600 元	27.6	0.3	35.5	14.9	18.2	3.5
	601－1200 元	34.2	0.3	31.6	14.5	16.0	3.4
	1201－1700 元	38.4	0.4	27.9	13.8	16.8	2.7
	1701－2600 元	37.6	0.4	27.6	13.3	18.6	2.5
	2601 元及以上	38.9	0.5	17.7	20.6	20.2	2.1

表 3.39.3　2008 年哈尔滨市场各类频道在不同时段的市场占有率（%）

时间段	中央台频道	中国教育台频道	黑龙江省级频道	哈尔滨市级频道	其他省级卫视频道	其他频道
02:00－03:00	34.5	0.1	25.1	7.8	28.2	4.3
03:00－04:00	39.9	0.1	19.5	4.8	31.9	3.8
04:00－05:00	43.3	0.1	17.6	2.7	33.0	3.3
05:00－06:00	40.6	0.1	26.8	3.0	26.3	3.2
06:00－07:00	27.5	0.2	38.2	21.5	10.3	2.3
07:00－08:00	32.5	0.1	33.9	20.9	9.5	3.1
08:00－09:00	37.1	0.2	24.8	13.6	20.9	3.4
09:00－10:00	35.2	0.2	26.8	9.0	24.7	4.1
10:00－11:00	34.9	0.3	26.6	10.2	24.0	4.0
11:00－12:00	37.8	0.4	25.2	9.7	23.1	3.8
12:00－13:00	41.6	0.5	25.0	8.1	20.2	4.6
13:00－14:00	36.2	0.6	26.9	8.3	23.1	4.9
14:00－15:00	31.3	0.3	26.7	10.0	26.8	4.9
15:00－16:00	30.6	0.2	26.5	10.0	27.9	4.8
16:00－17:00	30.0	0.5	28.3	9.9	27.2	4.1
17:00－18:00	32.1	0.6	32.4	9.2	22.0	3.7
18:00－19:00	30.3	0.3	38.9	16.3	10.5	3.7
19:00－20:00	32.7	0.1	42.1	17.4	5.0	2.7
20:00－21:00	31.1	0.3	36.0	18.1	12.2	2.3
21:00－22:00	30.4	0.4	31.6	19.9	15.8	1.9
22:00－23:00	24.8	0.3	35.7	18.0	18.4	2.8
23:00－24:00	29.9	0.4	26.9	19.5	20.6	2.7
24:00－25:00	30.7	0.3	26.9	14.3	24.0	3.8
25:00－26:00	29.5	0.3	26.6	12.8	26.7	4.1

表 3.39.4　2008 年哈尔滨市场收视份额位于前十位的频道

名次	频道名称	收视份额（%）
1	黑龙江电视台影视频道	9.5
2	中央电视台综合频道	8.3
3	黑龙江电视台卫星频道	8.0
4	哈尔滨电视台新闻综合频道	5.6
5	中央台五套	4.5
6	哈尔滨电视台影视频道	4.2
7	黑龙江电视台都市频道	4.1
8	中央台三套	3.5
9	黑龙江电视台法制频道	3.1
9	黑龙江电视台文艺频道	3.1

表 3.39.5　2008 年哈尔滨市场主要频道的观众构成（%）

目标观众		所有频道	主要频道				
			黑龙江电视台影视频道	中央电视台综合频道	黑龙江电视台卫星频道	哈尔滨电视台新闻综合频道	中央台五套
4 岁及以上所有人		100.0	100.0	100.0	100.0	100.0	100.0
性别	男	49.5	43.2	50.5	47.5	48.0	63.6
	女	50.5	56.8	49.5	52.5	52.0	36.4
年龄	4－14 岁	5.8	6.2	4.2	4.8	4.2	3.6
	15－24 岁	9.6	8.5	7.2	8.1	11.5	9.9
	25－34 岁	12.6	10.0	10.6	8.2	11.3	11.9
	35－44 岁	17.7	23.0	15.5	19.8	14.0	18.5
	45－54 岁	25.0	21.1	22.6	25.6	30.6	23.2
	55－64 岁	15.3	16.5	19.8	15.3	12.2	15.2
	65 岁及以上	14.0	14.8	20.1	18.1	16.1	17.7
教育程度	未受过正规教育	3.8	6.6	4.4	6.8	3.4	4.0
	小学	12.6	13.2	12.9	16.2	13.0	9.1
	初中	33.7	38.0	30.4	34.1	30.7	32.9
	高中	30.2	29.2	27.5	28.9	36.7	29.6
	大学及以上	19.8	13.1	24.7	14.0	16.3	24.5
职业类别	干部/管理人员	3.5	1.9	4.5	1.9	2.7	4.6
	个体/私营企业人员	6.6	9.6	5.4	8.7	5.5	4.6
	初级公务员/雇员	11.5	7.1	11.6	8.3	10.1	14.2
	工人	26.4	27.4	22.1	26.2	30.6	25.0
	学生	10.0	10.0	7.2	8.2	8.8	9.4
	无业	37.5	37.7	45.4	37.8	39.1	38.6
	其他	4.6	6.2	3.7	8.9	3.1	3.6
个人月收入	0－600 元	42.3	49.3	35.4	48.9	47.0	35.9
	601－1200 元	37.8	38.5	44.1	37.3	36.7	38.2
	1201－1700 元	11.9	8.2	12.6	8.5	10.4	16.6
	1701－2600 元	5.7	3.3	5.7	4.1	3.6	6.2
	2601 元及以上	2.3	0.8	2.2	1.2	2.4	3.1

表 3.39.6　2006－2008 年哈尔滨市场各类节目的播出份额（%）和收视份额（%）

节目类别	2006 年		2007 年		2008 年	
	播出份额	收视份额	播出份额	收视份额	播出份额	收视份额
电影	4.7	7.3	4.3	6.3	5.4	6.7
教学	0.4	0.1	0.5	0.2	0.5	0.1
青少	5.3	3.3	5.2	3.2	5.3	3.2
电视剧	24.7	36.4	25.6	37.4	27.8	40.3
体育	1.7	4.7	1.7	3.8	3.0	5.9
外语	0.2	0.1	0.2	0.1	0.1	0.1
戏剧	1.4	0.6	1.4	0.8	1.3	1.1
新闻/时事	12.8	9.0	13.0	10.0	13.8	12.8
音乐	1.8	1.6	0.9	1.2	2.4	0.6
综艺	8.1	10.6	8.3	9.6	7.9	9.8
专题	11.9	7.2	12.0	7.7	11.9	7.1
财经	1.4	0.5	1.5	0.6	1.6	0.7
生活服务	5.1	3.0	7.1	4.3	7.6	3.8
法制	1.5	2.2	1.6	2.1	1.6	1.8
其他	19.0	13.6	16.7	13.1	9.9	6.3

表 3.39.7　2008 年哈尔滨市场所有节目收视率排名前三十位

名次	节目名称	节目类型	播出频道	平均收视率（%）	平均占有率（%）
1	中国中央电视台 2008 春节联欢晚会	综艺	中央电视台综合频道	35.3	71.7
2	中央电视台 2008 年元宵晚会	综艺	中央电视台综合频道	25.7	50.1
3	第 29 届奥林匹克运动会闭幕式	体育	中央电视台综合频道	21.0	39.0
4	第 29 届奥林匹克运动会开幕式	体育	中央电视台综合频道	21.0	38.5
5	2008 年第 29 届奥运会女子排球小组赛 A 组（中国 VS 委内瑞拉）	体育	中央电视台综合频道	20.5	37.9
6	乡村爱情第二部	电视剧	中央电视台综合频道	20.0	43.3
7	2008 年第 29 届奥运会男子举重 56 公斤级决赛	体育	中央电视台综合频道	19.3	34.8
8	2008 年第 29 届奥运会女足小组赛（中国队 VS 阿根廷队）	体育	中央电视台综合频道	18.6	32.8
9	2008 年第 29 届奥运会女排小组赛（中国 VS 波兰）	体育	中央电视台综合频道	17.2	36.9
10	2008 年第 29 届奥运会乒乓球女团决赛	体育	中央电视台综合频道	16.6	32.7
11	2008 年第 29 届奥运会田径比赛女子铁饼决赛	体育	中央电视台综合频道	16.4	28.9
12	2008 年第 29 届奥运会跆拳道比赛女子 49 公斤级决赛	体育	中央电视台综合频道	16.3	29.7
13	2008 年第 29 届奥运会田径比赛男子 200 米小组赛	体育	中央电视台综合频道	16.2	28.4
14	2008 年第 29 届奥运会田径比赛女子 1500 米决赛	体育	中央电视台综合频道	15.9	31.2
15	2008 年第 29 届奥运会田径比赛女子 4×400 米接力第一轮	体育	中央电视台综合频道	15.9	29.8
16	笑着活下去（1 月 1 日 -2 日）	电视剧	黑龙江电视台影视频道	15.4	35.7
17	爱的奉献 2008 宣传文化系统抗震救灾大型募捐活动（5 月 18 日）	综艺	中央电视台综合频道	14.5	37.5
18	第 29 届奥林匹克运动会开幕式	体育	中央台五套	13.4	24.5
19	荣成月中华情 2008 中央电视台中秋晚会	综艺	中央电视台综合频道	11.3	27.4
20	闯关东	电视剧	中央电视台综合频道	10.8	24.1
21	北京 2008 奥运会火炬接力哈尔滨市传递现场直播激情奥运魅力龙江	体育	黑龙江电视台卫星频道	9.5	42.2
22	江湖兄弟	电视剧	黑龙江电视台影视频道	9.0	22.4
23	生死谍恋	电视剧	黑龙江电视台影视频道	8.5	21.8
24	凤穿牡丹	电视剧	黑龙江电视台影视频道	8.3	22.0

续表

名次	节目名称	节目类型	播出频道	平均收视率(%)	平均占有率(%)
25	无处藏身	电视剧	黑龙江电视台影视频道	8.2	20.7
26	大过年	电视剧	黑龙江电视台影视频道	8.1	19.0
27	暖春(12月15日-25日)	电视剧	黑龙江电视台影视频道	7.8	19.1
28	大灾有大爱哈尔滨市支援灾区大型义演	综艺	哈尔滨电视台新闻综合频道	7.7	20.3
29	叫一声妈妈	电视剧	黑龙江电视台影视频道	7.7	18.0
30	慈善阳光爱在春天黑龙江省慈善总会龙广爱心基金大型晚会	综艺	黑龙江电视台卫星频道	7.6	21.1

表 3.39.8　2008 年哈尔滨市场电视剧收视率排名前十位

名次	节目名称	播出频道	平均收视率(%)	平均占有率(%)
1	乡村爱情第二部	中央电视台综合频道	20.0	43.3
2	笑着活下去(1月1日-2日)	黑龙江电视台影视频道	15.4	35.7
3	闯关东	中央电视台综合频道	10.8	24.1
4	江湖兄弟	黑龙江电视台影视频道	9.0	22.4
5	生死谍恋	黑龙江电视台影视频道	8.5	21.8
6	凤穿牡丹	黑龙江电视台影视频道	8.3	22.0
7	无处藏身	黑龙江电视台影视频道	8.2	20.7
8	大过年	黑龙江电视台影视频道	8.1	19.0
9	暖春(12月15日-25日)	黑龙江电视台卫星频道	7.8	19.1
10	叫一声妈妈	黑龙江电视台影视频道	7.7	18.0

表 3.39.9　2008 年哈尔滨市场新闻节目收视率排名前十位

名次	节目名称	播出频道	平均收视率(%)	平均占有率(%)
1	新闻联播	中央电视台综合频道	5.8	19.7
2	新闻联播(5月13日-5月15日、5月19日-5月20日,21:00)	中央电视台综合频道	5.2	14.9
3	神七问天直播特别节目	中央电视台综合频道	4.7	12.3
4	焦点访谈(5月19日、9月6日、9月17日)	黑龙江电视台卫星频道	3.5	9.0
5	温家宝在汶川映秀镇会见中外记者	中央电视台综合频道	3.4	10.5
6	焦点访谈(5月19日)	黑龙江电视台影视频道	3.3	9.6
7	新闻夜航	黑龙江电视台都市频道	3.2	11.4
8	新闻联播	黑龙江电视台卫星频道	3.2	11.0
9	转播中央台新闻联播	黑龙江电视台卫星频道	2.8	8.1
10	焦点访谈	中央电视台综合频道	2.6	6.8

表 3.39.10　2008 年哈尔滨市场专题节目收视率排名前十位

名次	节目名称	播出频道	平均收视率（%）	平均占有率（%）
1	CCTV2007 感动中国颁奖盛典	中央电视台综合频道	7.4	18.7
2	拉萨 3.14 打砸抢烧暴力事件纪实	中央电视台综合频道	5.7	13.6
3	董倩面对面	中央电视台综合频道	5.3	19.1
4	快活武林节目功夫电影巨制叶问龙江见面会	黑龙江电视台卫星频道	4.4	17.4
5	中国扶贫基金黑龙江电视台众志成城抗震救灾感动 2008 特别节目	黑龙江电视台卫星频道	4.1	11.9
5	天舒工作室	黑龙江电视台卫星频道	4.1	11.9
7	艺术人生	中央电视台综合频道	4.1	9.1
8	奥运名人堂	中央电视台综合频道	4.0	14.0
9	新闻会客厅两会特别节目小崔会客	黑龙江电视台卫星频道	3.9	17.1
10	我的今日之最我为天狂	中央电视台综合频道	3.7	12.4

表 3.39.11　2008 年哈尔滨市场综艺节目收视率排名前十位

名次	节目名称	播出频道	平均收视率（%）	平均占有率（%）
1	中国中央电视台 2008 春节联欢晚会	中央电视台综合频道	35.3	71.7
2	中央电视台 2008 年元宵晚会	中央电视台综合频道	25.7	50.1
3	爱的奉献 2008 宣传文化系统抗震救灾大型募捐活动（5 月 18 日）	中央电视台综合频道	14.5	37.5
4	荣成月中华情 2008 中央电视台中秋晚会	中央电视台综合频道	11.3	27.4
5	大灾有大爱哈尔滨市支援灾区大型义演	哈尔滨电视台新闻综合频道	7.7	20.3
6	慈善阳光爱在春天黑龙江省慈善总会龙广爱心基金大型晚会	黑龙江电视台卫星频道	7.6	21.1
7	天地交响庆祝神舟七号载人航天飞行圆满成功文艺晚会	黑龙江电视台卫星频道	7.2	16.1
8	爱的奉献 2008 宣传文化系统抗震救灾大型募捐活动	黑龙江电视台卫星频道	6.9	17.9
9	综艺盛典 Variety Awards 2008	中央台三套	6.1	13.5
10	2008 感动龙江年度人物评选颁奖晚会	黑龙江电视台卫星频道	5.9	13.2

表 3.39.12　2008 年哈尔滨市场奥运会、残奥会比赛节目收视率排名前十位

名次	节目名称	播出频道	平均收视率(%)	平均占有率(%)
1	2008 年第 29 届奥运会女子排球小组赛 A 组（中国 VS 委内瑞拉）	中央电视台综合频道	20.5	37.9
2	2008 年第 29 届奥运会男子举重 56 公斤级决赛	中央电视台综合频道	19.3	34.8
3	2008 年第 29 届奥运会女足小组赛（中国队 VS 阿根廷队）	中央电视台综合频道	18.6	32.8
4	2008 年第 29 届奥运会女排小组赛（中国 VS 波兰）	中央电视台综合频道	17.2	36.9
5	2008 年第 29 届奥运会乒乓球女团决赛	中央电视台综合频道	16.6	32.7
6	2008 年第 29 届奥运会田径比赛女子铁饼决赛	中央电视台综合频道	16.4	28.9
7	2008 年第 29 届奥运会跆拳道比赛女子 49 公斤级决赛	中央电视台综合频道	16.3	29.7
8	2008 年第 29 届奥运会田径比赛男子 200 米小组赛	中央电视台综合频道	16.2	28.4
9	2008 年第 29 届奥运会田径比赛女子 1500 米决赛	中央电视台综合频道	15.9	31.2
10	2008 年第 29 届奥运会田径比赛女子 4 × 400 米接力第一轮	中央电视台综合频道	15.9	29.8

表 3.39.13　2008 年哈尔滨市场体育节目收视率排名前十位（奥运会、残奥会比赛除外）

名次	节目名称	播出频道	平均收视率(%)	平均占有率(%)
1	第 29 届奥林匹克运动会闭幕式	中央电视台综合频道	21.0	39.0
2	第 29 届奥林匹克运动会开幕式	中央电视台综合频道	21.0	38.5
3	第 29 届奥林匹克运动会开幕式	中央台五套	13.4	24.5
4	北京 2008 奥运会火炬接力哈尔滨市传递现场直播激情奥运魅力龙江	黑龙江电视台卫星频道	9.5	42.2
5	第 29 届奥林匹克运动会开幕式	黑龙江电视台卫星频道	7.3	13.3
6	第 29 届奥林匹克运动会闭幕式	黑龙江电视台卫星频道	7.1	13.2
7	奥运第 1 天	中央电视台综合频道	6.3	14.2
8	北京 2008 年残奥会开幕式	中央电视台综合频道	5.9	20.8
9	伊辛巴耶娃夺金之路	中央台五套	4.8	18.4
10	2008 年第 29 届奥运会田径男子三级跳远颁奖仪式	中央电视台综合频道	4.8	10.5

四十、海口收视数据

表 3.40.1 2004－2008 年海口市场各类频道的市场占有率（%）

频道类别	年份				
	2004 年	2005 年	2006 年	2007 年	2008 年
中央台频道	29.4	31.2	32.5	35.5	40.5
中国教育台频道	0.0	0.0	0.0	0.4	0.4
海南省级频道	23.5	25.0	27.3	23.2	22.3
海口市级频道	17.0	18.3	12.5	14.4	12.6
其他省级卫视频道	21.1	17.7	21.1	19.8	19.5
其他频道	9.0	7.8	6.6	6.7	4.7

表 3.40.2 2008 年海口市场各类频道在不同目标观众中的市场占有率（%）

目标观众		中央台频道	中国教育台频道	海南省级频道	海口市级频道	其他省级卫视频道	其他频道
4 岁及以上所有人		40.5	0.4	22.3	12.6	19.5	4.7
性别	男	43.8	0.3	21.8	12.0	17.2	4.9
	女	37.3	0.4	22.8	13.2	21.9	4.4
年龄	4－14 岁	38.8	0.4	21.1	11.8	20.1	7.7
	15－24 岁	33.1	0.4	23.4	14.3	24.3	4.5
	25－34 岁	38.8	0.2	23.0	12.9	19.3	5.6
	35－44 岁	42.2	0.4	20.6	13.1	19.1	4.6
	45－54 岁	44.6	0.4	21.8	10.5	19.9	2.8
	55－64 岁	44.3	0.5	24.7	12.0	16.1	2.5
	65 岁及以上	43.5	0.3	24.4	13.1	15.4	3.3
教育程度	未受过正规教育	40.8	0.3	23.1	11.9	18.6	5.4
	小学	36.1	0.4	22.7	16.9	17.7	6.2
	初中	34.5	0.4	24.6	15.2	20.5	4.8
	高中	45.7	0.3	20.6	9.2	20.6	3.5
	大学及以上	54.7	0.2	18.0	5.9	16.3	4.8
职业类别	干部/管理人员	65.8	0.3	13.7	3.0	13.6	3.7
	个体/私营企业人员	37.5	0.4	24.6	14.4	19.2	3.9
	初级公务员/雇员	45.9	0.3	21.0	7.8	20.7	4.3
	工人	41.4	0.2	22.0	13.5	19.5	3.4
	学生	34.5	0.4	22.1	13.1	23.0	7.0
	无业	42.4	0.4	22.4	11.2	19.8	3.9
	其他	33.5	0.2	20.7	23.0	12.8	9.8
个人月收入	0－600 元	36.6	0.4	22.7	14.2	20.6	5.5
	601－1200 元	42.2	0.4	22.4	12.2	19.4	3.4
	1201－1700 元	49.3	0.2	21.4	9.0	16.5	3.7
	1701 元及以上	52.7	0.1	19.9	5.9	15.7	5.6

表 3.40.3　2008 年海口市场各类频道在不同时段的市场占有率（%）

时间段	中央台频道	中国教育台频道	海南省级频道	海口市级频道	其他省级卫视频道	其他频道
02:00-03:00	33.8	0.0	17.9	0.6	34.4	13.3
03:00-04:00	29.9	0.0	23.2	0.4	39.3	7.2
04:00-05:00	38.9	0.0	12.7	0.6	40.5	7.3
05:00-06:00	50.2	0.0	1.9	2.1	36.6	9.3
06:00-07:00	79.2	0.1	4.2	1.2	12.4	2.9
07:00-08:00	77.4	0.1	6.4	2.3	7.8	5.9
08:00-09:00	55.3	0.2	16.6	3.7	18.7	5.5
09:00-10:00	47.4	0.3	18.3	5.4	23.2	5.4
10:00-11:00	47.0	0.5	16.8	5.7	23.9	6.2
11:00-12:00	53.3	0.6	12.9	4.3	23.1	5.9
12:00-13:00	62.5	0.5	9.0	4.6	19.5	3.9
13:00-14:00	50.0	0.6	10.9	5.6	27.8	5.1
14:00-15:00	47.5	0.2	12.4	4.3	30.9	4.7
15:00-16:00	41.4	0.4	12.5	4.6	34.4	6.7
16:00-17:00	41.3	0.7	10.9	4.4	35.1	7.6
17:00-18:00	52.2	0.7	16.2	4.4	20.2	6.4
18:00-19:00	25.6	0.2	60.0	5.0	5.8	3.4
19:00-20:00	46.2	0.1	24.4	18.4	6.6	4.3
20:00-21:00	34.7	0.3	23.1	22.0	15.9	4.1
21:00-22:00	35.4	0.5	19.4	17.0	23.4	4.3
22:00-23:00	33.7	0.5	21.3	10.2	29.5	4.9
23:00-24:00	34.2	0.4	17.6	11.5	31.7	4.6
24:00-25:00	35.5	0.2	12.7	9.7	35.1	6.8
25:00-26:00	39.4	0.3	10.3	4.6	36.0	9.3

表 3.40.4　2008 年海口市场收视份额位于前十位的频道

名次	频道名称	收视份额（%）
1	海南电视台综合频道	12.5
2	海口广播电视台新闻综合频道（无线）	7.1
3	湖南电视台卫星频道	6.1
4	中央台五套	4.8
4	中央台八套	4.8
6	海口电视台经济频道	3.9
7	海南电视台公共频道	3.5
8	安徽一套	2.8
9	中央台三套	2.7
10	中央台六套	2.5

表 3.40.5 2008 年海口市场主要频道的观众构成（%）

目标观众		所有频道	主要频道				
			海南电视台综合频道	海口广播电视台新闻综合频道（无线）	湖南电视台卫星频道	中央台五套	中央台八套
4 岁及以上所有人		100.0	100.0	100.0	100.0	100.0	100.0
性别	男性	49.8	48.7	48.1	36.4	65.7	40.6
	女性	50.2	51.3	51.9	63.6	34.3	59.4
年龄	4－14 岁	12.1	9.3	11.1	12.6	6.5	5.4
	15－24 岁	12.4	12.6	13.4	19.6	14.4	7.7
	25－34 岁	22.4	23.0	21.0	24.1	23.0	26.7
	35－44 岁	23.4	21.3	27.0	21.5	24.5	22.6
	45－54 岁	14.4	15.6	11.9	14.3	13.6	17.7
	55－64 岁	7.9	9.8	7.1	4.0	7.6	8.9
	65 岁及以上	7.4	8.5	8.6	3.9	10.5	11.0
教育程度	未受正规教育	4.1	4.2	3.4	3.8	2.0	2.2
	小学	17.7	17.3	24.9	13.3	11.2	14.4
	初中	37.0	42.5	46.4	38.4	29.6	37.9
	高中	31.0	28.0	21.1	36.9	39.3	35.2
	大学及以上	10.1	8.1	4.2	7.6	17.9	10.2
职业类别	干部/管理人员	3.0	1.9	0.6	1.9	5.7	4.4
	初级公务员/雇员	21.3	25.7	25.2	19.3	19.7	20.4
	工人	11.6	9.8	7.1	13.7	17.3	14.1
	个体/私营企业人员	10.2	8.9	10.8	10.5	12.0	11.2
	学生	14.7	11.5	14.9	20.6	12.0	7.1
	无业	33.1	33.7	28.9	30.9	32.2	40.1
	其他	6.1	8.5	12.5	3.1	1.1	2.6
个人月收入	0－600 元	53.2	53.2	61.0	58.6	41.9	44.6
	601－1200 元	30.2	31.0	30.0	27.3	32.1	37.0
	1201－1700 元	9.9	9.1	6.5	8.6	15.3	10.5
	1701 元及以上	6.6	6.7	2.5	5.5	10.7	7.9

表 3.40.6 2006－2008 年海口市场各类节目的播出份额（%）和收视份额（%）

节目类别	2006 年		2007 年		2008 年	
	播出份额	收视份额	播出份额	收视份额	播出份额	收视份额
青少	4.8	1.6	4.6	2.4	3.2	2.0
戏剧	1.4	0.2	1.4	0.2	1.1	0.1
教学	0.3	0.0	0.5	0.1	0.6	0.1
综艺	7.8	7.3	8.2	7.9	6.3	7.4
外语	0.3	0.0	0.3	0.1	0.2	0.1
电影	3.6	4.3	2.9	2.4	3.9	2.2
音乐	1.3	1.7	2.2	1.3	2.3	0.7
新闻/时事	14.5	14.5	14.1	16.7	12.4	14.5
电视剧	25.7	41.7	26.1	38.4	28.9	37.8
专题	11.5	4.2	11.5	4.9	11.1	4.8
体育	1.9	3.7	1.8	3.1	3.1	7.1
财经	1.6	0.3	1.6	0.4	1.0	0.4
生活服务	5.0	2.8	6.9	5.0	8.4	5.6
法制	1.4	0.4	1.3	0.4	0.8	0.5
其他	19.1	17.5	16.7	16.8	16.8	16.7

表3.40.7　2008年海口市场所有节目收视率排名前三十位

名次	节目名称	节目类型	播出频道	平均收视率（%）	平均占有率（%）
1	第29届奥林匹克运动会开幕式	体育	中央电视台综合频道	40.6	62.6
2	第29届奥林匹克运动会闭幕式	体育	中央电视台综合频道	33.0	54.1
3	2008年第29届奥运会女排小组赛（中国VS古巴）	体育	中央电视台综合频道	24.6	47.9
4	2008年第29届奥运会女排小组赛（中国VS波兰）	体育	中央电视台综合频道	24.0	44.2
5	2008年第29届奥运会女子排球1/4决赛（中国VS俄罗斯）	体育	中央台五套	21.6	42.5
6	中国中央电视台2008春节联欢晚会	综艺	中央电视台综合频道	21.5	64.9
7	2008年第29届奥运会女子排球预赛（中国VS美国）	体育	中央台五套	20.4	40.4
8	爱的奉献2008宣传文化系统抗震救灾大型募捐活动（5月18日）	综艺	中央电视台综合频道	19.9	55.8
9	第29届奥林匹克运动会闭幕式	体育	中央台五套	19.1	31.3
10	2008年第29届奥运会女子排球半决赛（中国VS巴西）	体育	中央台五套	18.5	39.7
11	2008年第29届奥运会乒乓球女团决赛	体育	中央电视台综合频道	17.8	36.5
12	2008年第29届奥运会乒乓球女子单打决赛	体育	中央台五套	17.3	39.0
13	2008年第29届奥运会男子举重56公斤级决赛	体育	中央电视台综合频道	17.2	31.1
14	2008年第29届奥运会女子排球小组赛A组（中国VS委内瑞拉）	体育	中央电视台综合频道	16.6	33.5
15	2008年第29届奥运会跆拳道比赛女子49公斤级决赛	体育	中央电视台综合频道	15.6	32.6
16	2008年第29届奥运会男子排球1/4决赛（中国VS巴西）	体育	中央台五套	15.6	32.4
17	第29届奥运会乒乓球男团小组赛	体育	中央电视台综合频道	15.5	32.9
18	2008年第29届奥运会女足小组赛（中国队VS阿根廷队）	体育	中央电视台综合频道	15.4	31.4
19	2008年第29届奥运会乒乓球男子团体决赛	体育	中央台五套	15.2	32.7
20	北京2008年残奥会开幕式	体育	中央电视台综合频道	15.1	41.0
21	2008年第29届奥运会乒乓球男子单打决赛	体育	中央台五套	14.6	31.6
22	2008年第29届奥运会女子链球决赛	体育	中央电视台综合频道	14.5	29.2
23	北京2008年残奥会闭幕式	体育	中央电视台综合频道	14.4	36.1
24	2008年第29届奥运会体操男子单杠决赛	体育	中央台五套	14.3	33.5

续表

名次	节目名称	节目类型	播出频道	平均收视率（%）	平均占有率（%）
25	2008 年第 29 届奥运会男足小组赛 C 组（比利时 VS 中国）	体育	中央台五套	13.9	26.6
26	2008 年第 29 届奥运会羽毛球女双三、四名决赛	体育	中央电视台综合频道	13.7	26.1
27	2008 年第 29 届奥运会乒乓球男子团体半决赛	体育	中央电视台综合频道	13.6	36.4
28	奥运第 4 天	体育	中央电视台综合频道	13.5	37.2
29	2008 年第 29 届奥运会羽毛球男单半决赛	体育	中央电视台综合频道	13.4	25.2
30	第 29 届奥林匹克运动会开幕式	体育	中央台五套	13.4	24.5

表 3.40.8　2008 年海口市场电视剧收视率排名前十位

名次	节目名称	播出频道	平均收视率（%）	平均占有率（%）
1	李小龙传奇	中央电视台综合频道	11.2	27.6
2	精武陈真	海南电视台综合频道	9.2	23.6
3	血色迷雾	海南电视台综合频道	9.1	23.5
4	龙游天下	海口广播电视台新闻综合频道（无线）	8.2	20.8
5	我的丑娘	海口广播电视台新闻综合频道（无线）	8.0	20.3
6	生死谍恋	海南电视台综合频道	7.8	19.5
7	鹿鼎记	海口广播电视台新闻综合频道（无线）	7.5	19.8
8	海南一家亲	海南电视台综合频道	7.5	18.0
9	三剑奇缘	海口广播电视台新闻综合频道（无线）	7.3	17.8
10	胭脂雪	海口广播电视台新闻综合频道（无线）	7.2	18.3

表 3.40.9　2008 年海口市场新闻节目收视率排名前十位

名次	节目名称	播出频道	平均收视率（%）	平均占有率（%）
1	新闻联播（5 月 13－17 日、5 月 19－21 日、21:00）	中央电视台综合频道	12.4	34.5
2	温家宝在汶川映秀镇会见中外记者	中央电视台综合频道	12.3	36.7
3	新闻联播	中央电视台综合频道	12.2	36.5
4	直播海南	海南电视台综合频道	10.6	55.7
5	真挚的关怀深入的指导	中央电视台综合频道	8.1	20.7
6	焦点访谈	中央电视台综合频道	7.9	20.7
7	神七问天直播特别节目	中央电视台综合频道	5.5	18.2
8	抗震救灾众志成城	中央电视台综合频道	4.8	17.4
9	新闻 1+1	中央电视台综合频道	4.1	15.3
10	海南省纪念党的十一届三中全会召开 30 周年大会	海南电视台综合频道	3.8	10.6

表 3.40.10　2008 年海口市场专题节目收视率排名前十位

名次	节目名称	播出频道	平均收视率（%）	平均占有率（%）
1	奥运名人堂	中央台五套	7.5	23.5
2	拉萨 3.14 打砸抢烧暴力事件纪实	中央电视台综合频道	7.0	18.8
3	董倩面对面	中央电视台综合频道	6.8	25.2
4	奔腾的宁夏	中央电视台综合频道	5.3	16.0
5	奥运名人堂	中央电视台综合频道	4.8	21.1
6	新起点新跨越	海口广播电视台新闻综合频道（无线）	4.1	12.6
7	跨越海南经济特区 20 年纪实	中央电视台综合频道	3.9	10.3
8	全国迎奥运讲文明树新风礼仪知识竞赛	中央电视台综合频道	3.9	10.2
9	抗震救灾众志成城特别节目希望	中央电视台综合频道	3.7	9.3
10	艺术人生	中央电视台综合频道	3.7	8.8

表 3.40.11　2008 年海口市场综艺节目收视率排名前十位

名次	节目名称	播出频道	平均收视率（%）	平均占有率（%）
1	中国中央电视台 2008 春节联欢晚会	中央电视台综合频道	21.5	64.9
2	爱的奉献 2008 宣传文化系统抗震救灾大型募捐活动（5 月 18 日）	中央电视台综合频道	19.9	55.8
3	中央电视台 2008 年元宵晚会	中央电视台综合频道	7.7	19.5
4	荣成月中华情 2008 中央电视台中秋晚会	中央电视台综合频道	7.2	18.2
5	迈向太空中央电视台心连心艺术团赴酒泉卫星发射中心慰问演出	中央电视台综合频道	6.2	16.0
6	2008 文化部春节电视晚会	中央电视台综合频道	6.1	22.8
7	脱口而出	海南电视台综合频道	5.6	13.6
8	快乐中国湖南卫视 2008 元宵喜乐会春暖人间	湖南电视台卫星频道	5.4	17.1
9	山歌好比沅江水中央电视台心连心艺术团赴湖南沅陵慰问演出	中央电视台综合频道	5.3	13.9
10	向祖国报告 2008 庆祝五一国际劳动节文艺晚会	中央电视台综合频道	4.8	13.2

表 3.40.12　2008 年海口市场奥运会、残奥会比赛收视率排名前十位

名次	节目名称	播出频道	平均收视率（%）	平均占有率（%）
1	2008 年第 29 届奥运会女排小组赛（中国 VS 古巴）	中央电视台综合频道	24.6	47.9
2	2008 年第 29 届奥运会女排小组赛（中国 VS 波兰）	中央电视台综合频道	24.0	44.2
3	2008 年第 29 届奥运会女子排球 1/4 决赛（中国 VS 俄罗斯）	中央台五套	21.6	42.5
4	2008 年第 29 届奥运会女子排球预赛（中国 VS 美国）	中央台五套	20.4	40.4
5	2008 年第 29 届奥运会乒乓球女团决赛	中央电视台综合频道	17.8	36.5
6	2008 年第 29 届奥运会乒乓球女子单打决赛	中央台五套	17.3	39.0
7	2008 年第 29 届奥运会男子举重 56 公斤级决赛	中央电视台综合频道	17.2	31.1
8	2008 年第 29 届奥运会女子排球小组赛 A 组（中国 VS 委内瑞拉）	中央电视台综合频道	16.6	33.5
9	2008 年第 29 届奥运会跆拳道比赛女子 49 公斤级决赛	中央电视台综合频道	15.6	32.6
10	2008 年第 29 届奥运会男子排球 1/4 决赛（中国 VS 巴西）	中央台五套	15.6	32.4

表 3.40.13　2008 年海口市场体育节目收视率排名前十位（奥运会、残奥会比赛除外）

名次	节目名称	播出频道	平均收视率（%）	平均占有率（%）
1	第 29 届奥林匹克运动会开幕式	中央电视台综合频道	40.6	62.6
2	第 29 届奥林匹克运动会闭幕式	中央电视台综合频道	33.0	54.1
3	第 29 届奥林匹克运动会开幕式	中央台五套	20.4	31.4
4	第 29 届奥林匹克运动会闭幕式	中央台五套	19.1	31.3
5	北京 2008 年残奥会开幕式	中央电视台综合频道	15.1	41.0
6	北京 2008 年残奥会闭幕式	中央电视台综合频道	14.4	36.1
7	奥运第 1 天	中央电视台综合频道	13.0	26.1
8	2008 年第 29 届奥运会田径男子三级跳远颁奖仪式	中央电视台综合频道	11.4	24.9
9	奥运第 4 天	中央电视台综合频道	6.3	36.0
10	北京 2008 年残奥会开幕式	中央台五套	5.1	13.8

四十一、合肥收视数据

表 3.41.1　2004－2008 年合肥市场各类频道的市场占有率（%）

频道类别	年份				
	2004 年	2005 年	2006 年	2007 年	2008 年
中央台频道	39.9	38.9	39.5	35.5	35.8
中国教育台频道	0.0	0.0	0.0	0.2	0.2
安徽省级频道	38.0	40.1	35.7	33.0	28.7
合肥市级频道	9.3	9.0	9.1	7.0	8.3
其他省级卫视频道	9.6	9.9	13.1	18.8	19.8
其他频道	3.2	2.1	2.5	5.4	7.2

表 3.41.2　2008 年合肥市场各类频道在不同目标观众中的市场占有率（%）

目标观众		中央台频道	中国教育台频道	安徽省级频道	合肥市级频道	其他省级卫视频道	其他频道
4 岁及以上所有人		35.8	0.2	28.7	8.3	19.8	7.2
性别	男	37.8	0.2	28.6	8.1	18.1	7.1
	女	33.4	0.2	28.7	8.5	21.8	7.3
年龄	4－14 岁	32.3	0.1	30.4	6.1	23.8	7.3
	15－24 岁	27.5	0.2	35.0	7.4	21.7	8.3
	25－34 岁	34.5	0.2	28.7	9.9	19.8	7.0
	35－44 岁	33.8	0.2	28.7	9.0	19.9	8.4
	45－54 岁	38.9	0.3	26.0	9.2	17.8	7.8
	55－64 岁	39.5	0.2	29.5	7.3	18.0	5.4
	65 岁及以上	44.9	0.4	23.5	7.1	19.3	4.9
教育程度	未受过正规教育	37.1	0.2	30.0	6.2	22.2	4.4
	小学	30.4	0.2	33.9	9.6	19.5	6.5
	初中	32.9	0.2	33.8	8.1	18.8	6.1
	高中	36.6	0.3	25.0	8.5	20.3	9.4
	大学及以上	44.8	0.2	19.4	8.1	20.2	7.3
职业类别	干部/管理人员	44.4	0.1	20.1	9.9	18.8	6.6
	个体/私营企业人员	30.7	0.2	32.2	10.3	20.5	6.2
	初级公务员/雇员	39.3	0.3	25.0	9.2	18.9	7.3
	工人	34.2	0.2	30.5	8.8	18.3	8.1
	学生	27.9	0.1	31.9	6.9	24.0	9.2
	无业	39.9	0.3	25.6	7.6	20.5	6.2
	其他	25.7	0.0	56.6	7.5	5.2	5.1
个人月收入	0－600 元	30.7	0.2	32.2	7.7	21.8	7.3
	601－1200 元	36.9	0.2	28.5	8.8	18.0	7.6
	1201－1700 元	42.8	0.3	25.5	7.6	18.1	5.7
	1701 元及以上	42.1	0.3	21.8	9.1	19.8	6.9

表 3.41.3 2008 年合肥市场各类频道在不同时段的市场占有率（%）

时间段	中央台频道	中国教育台频道	安徽省级频道	合肥市级频道	其他省级卫视频道	其他频道
02:00-03:00	42.0	0.1	12.8	4.8	33.1	7.1
03:00-04:00	46.9	0.0	10.6	1.9	34.1	6.3
04:00-05:00	46.4	0.1	9.4	0.9	36.4	6.8
05:00-06:00	48.5	0.1	8.7	0.5	35.2	6.9
06:00-07:00	56.0	0.1	14.6	0.4	21.7	7.2
07:00-08:00	44.8	0.1	31.6	3.7	12.7	7.1
08:00-09:00	42.6	0.1	24.5	6.0	19.8	7.0
09:00-10:00	37.4	0.2	22.1	7.9	24.3	8.2
10:00-11:00	36.8	0.3	21.3	9.2	24.0	8.4
11:00-12:00	41.8	0.3	20.9	7.2	21.6	8.3
12:00-13:00	45.6	0.3	21.6	6.1	18.3	8.2
13:00-14:00	36.7	0.4	19.8	8.3	24.5	10.3
14:00-15:00	33.2	0.2	21.0	8.0	28.0	9.7
15:00-16:00	33.7	0.2	19.2	7.5	30.7	8.7
16:00-17:00	32.7	0.4	20.3	7.7	30.3	8.6
17:00-18:00	36.7	0.6	20.6	6.1	27.7	8.3
18:00-19:00	27.5	0.2	47.0	6.0	13.5	5.8
19:00-20:00	37.4	0.1	43.1	7.0	7.2	5.3
20:00-21:00	36.8	0.3	33.7	7.5	16.0	5.7
21:00-22:00	34.5	0.3	28.6	9.3	20.9	6.5
22:00-23:00	29.9	0.2	25.8	13.8	22.3	8.1
23:00-24:00	30.7	0.2	23.8	14.4	23.8	7.1
24:00-25:00	30.4	0.1	22.1	15.4	24.4	7.6
25:00-26:00	34.5	0.1	18.5	11.2	28.0	7.7

表 3.41.4 2008 年合肥市场收视份额位于前十位的频道

名次	频道名称	收视份额（%）
1	安徽电视台影视频道（三套）	8.5
1	安徽电视台经济生活频道（二套）	8.5
1	中央电视台综合频道	8.5
4	安徽一套	7.4
5	中央台五套	4.8
6	中央台三套	4.2
7	中央台六套	3.1
7	安徽电视台公共频道	3.1
9	中央电视台少儿频道	2.9
9	湖南电视台卫星频道	2.9

表 3.41.5 2008 年合肥市场主要频道的观众构成(%)

目标观众		所有频道	主要频道				
			安徽电视台影视频道(三套)	安徽电视台经济生活频道(二套)	中央电视台综合频道	安徽一套	中央台五套
4 岁及以上所有人		100.0	100.0	100.0	100.0	100.0	100.0
性别	男	54.6	61.7	53.3	55.0	49.2	68.0
	女	45.4	38.3	46.7	45.0	50.8	32.0
年龄	4-14 岁	9.6	12.4	9.5	8.6	9.8	5.4
	15-24 岁	12.8	20.9	11.8	10.2	15.5	15.9
	25-34 岁	17.4	21.8	16.1	14.1	13.9	16.7
	35-44 岁	19.0	19.3	19.8	20.1	16.1	15.7
	45-54 岁	18.1	10.9	17.5	17.7	18.7	19.1
	55-64 岁	11.5	7.0	15.8	14.0	12.6	11.1
	65 岁及以上	11.5	7.7	9.6	15.3	13.5	16.1
教育程度	未受过正规教育	7.3	8.7	7.2	7.6	8.9	5.4
	小学	15.2	16.7	19.3	16.3	20.4	9.8
	初中	32.4	38.8	39.6	31.7	35.6	26.0
	高中	28.8	27.2	22.8	25.3	22.7	33.1
	大学及以上	16.3	8.5	11.1	19.1	12.3	25.7
职业类别	干部/管理人员	2.3	0.8	1.4	3.0	2.6	3.6
	个体/私营企业人员	8.4	9.9	9.5	9.0	7.9	6.4
	初级公务员/雇员	15.5	12.9	13.8	13.7	13.8	20.6
	工人	22.2	28.6	22.1	20.5	19.7	18.5
	学生	13.7	18.8	12.0	11.6	15.9	15.0
	无业	35.4	24.7	35.7	36.0	34.4	35.6
	其他	2.5	4.4	5.4	6.3	5.6	0.2
个人月收入	0-600 元	40.1	46.8	42.4	36.5	47.6	32.8
	601-1200 元	34.1	31.8	35.8	36.0	32.8	32.5
	1201-1700 元	11.0	10.9	10.7	13.3	8.1	15.4
	1701 元及以上	14.9	10.5	11.0	14.3	11.4	19.3

表 3.41.6 2006-2008 年合肥市场各类节目的播出份额(%)和收视份额(%)

节目类型	2006 年		2007 年		2008 年	
	播出份额	收视份额	播出份额	收视份额	播出份额	收视份额
电视剧	25.4	30.4	25.6	35.5	28.6	38.9
电影	3.3	4.2	3.3	6.1	3.7	3.6
教育	0.3	0.1	0.6	0.1	0.6	0.1
综艺	7.7	8.9	8.0	9.7	6.2	8.3
青少	5.1	2.7	4.7	3.5	3.4	2.4
体育	1.8	4.4	1.9	3.7	3.0	5.4
外语	0.2	0.0	0.2	0.1	0.2	0.1
戏曲	1.4	0.3	1.3	0.5	1.0	0.9
新闻	14.2	19.3	13.2	12.7	11.6	11.8
音乐	1.1	1.6	2.1	1.3	2.3	0.6
专题	11.6	4.3	12.2	7.7	10.9	4.5
财经	1.5	0.4	1.6	0.6	1.0	0.3
生活服务	5.2	2.3	7.5	4.7	9.7	6.0
法制	1.8	1.6	1.4	1.0	1.2	1.0
其他	19.3	19.5	16.5	12.8	16.8	16.1

表 3.41.7　2008 年合肥市场所有节目收视率排名前三十位

名次	节目名称	节目类型	播出频道	平均收视率（%）	平均占有率（%）
1	中国中央电视台 2008 春节联欢晚会	综艺	中央电视台综合频道	33.1	65.0
2	第 29 届奥林匹克运动会开幕式	体育	中央电视台综合频道	22.2	35.7
3	第 29 届奥林匹克运动会闭幕式	体育	中央电视台综合频道	20.4	36.2
4	2008 年第 29 届奥运会女排小组赛（中国 VS 古巴）	体育	中央电视台综合频道	17.8	40.9
5	2008 年第 29 届奥运会跳水男子单人 10 米跳台决赛	体育	中央电视台综合频道	17.2	40.3
6	2008 年第 29 届奥运会男子举重 56 公斤级决赛	体育	中央电视台综合频道	17.2	38.2
7	第 29 届奥林匹克运动会闭幕式	体育	中央台五套	16.4	29.1
8	2008 年第 29 届奥运会乒乓球女团决赛	体育	中央电视台综合频道	15.2	33.9
9	爱的奉献 2008 宣传文化系统抗震救灾大型募捐活动（5 月 18 日）	综艺	中央电视台综合频道	15.0	42.3
10	2008 年第 29 届奥运会女排小组赛（中国 VS 波兰）	体育	中央电视台综合频道	14.9	34.1
11	2008 年第 29 届奥运会乒乓球男子团体决赛	体育	中央台五套	14.3	35.7
12	2008 年第 29 届奥运会女足小组赛（中国队 VS 阿根廷队）	体育	中央电视台综合频道	14.1	32.4
13	2008 年第 29 届奥运会女子三级跳远决赛	体育	中央电视台综合频道	13.6	36.7
14	2008 年第 29 届奥运会女子链球决赛	体育	中央电视台综合频道	13.5	32.4
15	2008 年第 29 届奥运会男子篮球小组赛（中国 VS 德国）	体育	中央台五套	13.4	30.1
16	2008 年第 29 届奥运会男子篮球 B 组比赛（中国 VS 美国）	体育	中央台二套	13.2	42.1
17	2008 年第 29 届奥运会女子 100 米决赛	体育	中央电视台综合频道	13.2	40.2
18	2008 年第 29 届奥运会田径比赛女子撑杆跳高决赛	体育	中央电视台综合频道	13.2	34.3
19	2008 年第 29 届奥运会田径比赛男子 110 米栏决赛	体育	中央电视台综合频道	13.2	32.7
20	2008 年第 29 届奥运会田径比赛女子 800 米决赛	体育	中央电视台综合频道	13.2	31.3
21	2008 年第 29 届奥运会田径比赛男子 400 米栏决赛	体育	中央电视台综合频道	13.0	32.5
21	中央电视台 2008 年元宵晚会	综艺	中央电视台综合频道	13.0	32.5
23	2008 年第 29 届奥运会男子举重 69 公斤级决赛	体育	中央台五套	12.9	34.1

续表

名次	节目名称	节目类型	播出频道	平均收视率(%)	平均占有率(%)
24	2008年第29届奥运会女子排球小组赛A组（中国VS委内瑞拉）	体育	中央电视台综合频道	12.7	28.6
25	2008年第29届奥运会乒乓球女子单打决赛	体育	中央台五套	12.5	28.0
26	2008年第29届奥运会游泳预赛	体育	中央电视台综合频道	12.4	29.1
27	2008年第29届奥运会跆拳道比赛女子49公斤级决赛	体育	中央电视台综合频道	12.2	30.9
28	2008年第29届奥运会男子佩剑个人决赛	体育	中央电视台综合频道	12.2	30.4
29	2008年第29届奥运会女子蹦床决赛	体育	中央电视台综合频道	12.2	28.2
30	2008年第29届奥运会男子蹦床决赛	体育	中央电视台综合频道	12.2	27.6

表3.41.8　2008年合肥市场电视剧收视率排名前十位

名次	节目名称	播出频道	平均收视率(%)	平均占有率(%)
1	薛仁贵（5月1-16日）	安徽电视台影视频道（三套）	5.9	17.8
2	少林寺传奇第一部	安徽电视台影视频道（三套）	5.9	16.8
3	心莲	安徽电视台经济生活频道（二套）	5.8	16.4
4	李小龙传奇	中央电视台综合频道	5.6	16.1
5	A计划	安徽电视台影视频道（三套）	5.1	13.2
6	祈望	安徽一套	4.9	14.6
7	闯关东	中央电视台综合频道	4.8	13.6
8	乡村爱情第二部	中央电视台综合频道	4.7	13.2
9	金耳环	安徽一套	4.6	13.9
10	聊斋志异系列之二	安徽电视台影视频道（三套）	4.6	13.1

表 3.41.9　2008 年合肥市场新闻节目收视率排名前十位

名次	节目名称	播出频道	平均收视率（%）	平均占有率（%）
1	第 1 时间	安徽电视台经济生活频道（二套）	7.7	29.8
2	新闻联播（5 月 13 - 17 日、5 月 19 - 21 日，21：00）	中央电视台综合频道	6.2	19.4
3	温家宝在汶川映秀镇会见中外记者	中央电视台综合频道	5.0	17.3
4	新闻联播	中央电视台综合频道	4.6	16.1
5	焦点访谈（5 月 19 - 21 日，19：00）	安徽电视台经济生活频道（二套）	4.1	13.3
6	神七问天直播特别节目	中央电视台综合频道	3.9	13.1
7	一起看奥运	中央电视台综合频道	3.7	10.0
8	帮女郎帮你忙	安徽电视台经济生活频道（二套）	3.4	20.8
9	焦点访谈	中央电视台综合频道	3.3	9.9
10	北京奥运会倒计时 100 天特别节目奥运进行时	中央台五套	2.9	8.2

表 3.41.10　2008 年合肥市场专题节目收视率排名前十位

名次	节目名称	播出频道	平均收视率（%）	平均占有率（%）
1	拉萨 3.14 打砸抢烧暴力事件纪实	中央电视台综合频道	8.4	21.4
2	奥运名人堂	中央电视台综合频道	4.0	15.6
3	董倩面对面	中央电视台综合频道	3.6	14.0
4	CCTV2007 感动中国颁奖盛典	中央电视台综合频道	3.4	10.8
5	全国迎奥运讲文明树新风礼仪知识竞赛	中央电视台综合频道	3.2	9.0
6	奥运名人堂	中央台五套	3.1	9.9
7	我的今日之最我为天狂	中央电视台综合频道	2.7	12.7
8	变革与辉煌献给中国人民解放军建军 81 周年	中央电视台综合频道	2.6	7.2
9	艺术人生	中央电视台综合频道	2.1	5.8
10	抗震救灾众志成城特别节目希望	中央电视台综合频道	2.0	6.5

表 3.41.11　2008 年合肥市场综艺节目收视率排名前十位

名次	节目名称	播出频道	平均收视率（%）	平均占有率（%）
1	中国中央电视台 2008 春节联欢晚会	中央电视台综合频道	33.1	65.0
2	爱的奉献 2008 宣传文化系统抗震救灾大型募捐活动（5 月 18 日）	中央电视台综合频道	15.0	42.3
3	中央电视台 2008 年元宵晚会	中央电视台综合频道	13.0	32.5
4	天涯共此时安徽卫视海峡两岸中秋之夜	安徽一套	10.1	26.3
5	荣成月中华情 2008 中央电视台中秋晚会	中央电视台综合频道	9.7	24.1
6	与爱同行共建家园大型赈灾义演	安徽一套	9.4	32.5
7	春满江淮安徽电视台 2008 年春节晚会	安徽一套	9.0	22.8
8	回响 30 年盛典进行时（12 月 29 日）	安徽一套	6.9	27.5
9	中国中央电视台 2008 春节联欢晚会	安徽一套	6.4	12.7
10	百年圆梦迎 2008 北京奥运会文艺晚会	中央电视台综合频道	5.7	14.6

表 3.41.12　2008 年合肥市场奥运会、残奥会比赛收视率排名前十位

名次	节目名称	播出频道	平均收视率（%）	平均占有率（%）
1	2008 年第 29 届奥运会女排小组赛（中国 VS 古巴）	中央电视台综合频道	17.8	40.9
2	2008 年第 29 届奥运会跳水男子单人 10 米跳台决赛	中央电视台综合频道	17.2	40.3
3	2008 年第 29 届奥运会男子举重 56 公斤级决赛	中央电视台综合频道	17.2	38.2
4	2008 年第 29 届奥运会乒乓球女团决赛	中央电视台综合频道	15.2	33.9
5	2008 年第 29 届奥运会女排小组赛（中国 VS 波兰）	中央电视台综合频道	14.9	34.1
6	2008 年第 29 届奥运会乒乓球男子团体决赛	中央台五套	14.3	35.7
7	2008 年第 29 届奥运会女足小组赛（中国队 VS 阿根廷队）	中央电视台综合频道	14.1	32.4
8	2008 年第 29 届奥运会女子三级跳远决赛	中央电视台综合频道	13.6	36.7
9	2008 年第 29 届奥运会女子链球决赛	中央电视台综合频道	13.5	32.4
10	2008 年第 29 届奥运会男子篮球小组赛（中国 VS 德国）	中央台五套	13.4	30.1

表 3.41.13　2008 年合肥市场体育节目收视率排名前十位（奥运会、残奥会比赛除外）

名次	节目名称	播出频道	平均收视率（%）	平均占有率（%）
1	第 29 届奥林匹克运动会开幕式	中央电视台综合频道	22.2	35.7
2	第 29 届奥林匹克运动会闭幕式	中央电视台综合频道	20.4	36.2
3	第 29 届奥林匹克运动会开幕式	中央台五套	17.4	28.0
4	第 29 届奥林匹克运动会闭幕式	中央台五套	16.4	29.1
5	奥运第 1 天	中央电视台综合频道	12.1	24.9
6	北京 2008 年残奥会开幕式	中央电视台综合频道	9.4	25.0
7	2008 年第 29 届奥运会田径男子三级跳远颁奖仪式	中央电视台综合频道	5.8	14.6
8	北京 2008 年残奥会闭幕式	中央电视台综合频道	5.6	16.1
9	第 29 届奥林匹克运动会开幕式	安徽一套	5.5	8.8
10	奥运第 2 天	中央电视台综合频道	5.4	29.1

四十二、呼和浩特收视数据

表 3.42.1　2004－2008 年呼和浩特市场各类频道的市场占有率（%）

频道类别	年份				
	2004 年	2005 年	2006 年	2007 年	2008 年
中央台频道	59.5	60.1	60.6	58.5	58.6
中国教育台频道	0.1	0.3	0.2	0.2	0.3
内蒙古省级频道	14.5	14.8	14.4	13.1	12.7
呼和浩特市级频道	7.8	5.0	5.0	4.0	3.2
其他省级卫视频道	15.3	17.6	17.8	20.9	21.7
其他频道	2.9	2.2	2.1	3.3	3.5

表 3.42.2　2008 年呼和浩特市场各类频道在不同目标观众中的市场占有率（%）

目标		中央台频道	中国教育台频道	内蒙古省级频道	呼和浩特市级频道	其他省级卫视频道	其他频道
4 岁及以上所有人		58.6	0.3	12.7	3.2	21.7	3.5
性别	男	59.4	0.3	12.5	3.2	20.7	3.9
	女	57.8	0.3	12.8	3.3	22.6	3.2
年龄	4－14 岁	49.1	0.2	10.7	3.8	28.1	8.1
	15－24 岁	50.6	0.2	12.2	2.3	31.1	3.6
	25－34 岁	55.7	0.4	13.2	3.1	22.7	4.9
	35－44 岁	57.3	0.3	12.8	3.1	23.4	3.1
	45－54 岁	60.8	0.4	13.1	2.4	21.0	2.3
	55－64 岁	67.0	0.2	13.4	1.8	14.5	3.1
	65 岁及以上	66.8	0.2	12.1	6.7	12.3	1.9
教育程度	未受过正规教育	50.6	0.3	12.9	2.0	28.8	5.4
	小学	53.7	0.3	13.0	5.9	22.5	4.6
	初中	53.5	0.4	15.1	2.8	25.7	2.5
	高中	61.5	0.2	12.0	3.9	19.3	3.1
	大学及以上	64.4	0.3	10.5	1.7	18.5	4.6
职业类别	干部/管理人员	68.5	0.4	11.1	1.7	13.7	4.6
	个体/私营企业人员	54.2	0.2	14.8	3.8	24.4	2.6
	初级公务员/雇员	62.4	0.5	11.4	2.3	19.3	4.1
	工人	58.5	0.3	12.8	2.4	22.0	4.0
	学生	51.3	0.2	12.4	2.9	27.9	5.3
	无业	61.6	0.3	12.6	4.0	18.3	3.2
	其他	49.4	0.1	13.6	3.6	32.6	0.7
个人月收入	0－600 元	53.1	0.3	13.5	3.5	25.7	3.9
	601－1200 元	60.3	0.4	12.7	3.4	20.7	2.5
	1201－1700 元	63.2	0.3	12.0	2.3	17.0	5.2
	1701－2600 元	66.5	0.3	10.7	2.8	16.1	3.6
	2601 元及以上	62.2	0.2	12.5	2.4	19.7	3.0

表 3.42.3　2008 年呼和浩特市场各类频道不同时段的市场占有率（%）

时间段	中央台频道	中国教育台频道	内蒙古省级频道	呼和浩特市级频道	其他省级卫视频道	其他频道
02:00-03:00	43.3	0.0	7.0	1.1	30.3	18.3
03:00-04:00	50.8	0.0	9.4	1.9	21.4	16.5
04:00-05:00	55.5	0.0	2.3	0.0	24.8	17.4
05:00-06:00	87.0	0.0	0.4	0.0	7.1	5.5
06:00-07:00	80.5	0.0	3.6	0.5	5.9	9.5
07:00-08:00	79.2	0.1	4.6	0.7	10.3	5.1
08:00-09:00	67.6	0.1	6.2	1.0	20.6	4.5
09:00-10:00	56.8	0.1	6.6	1.3	29.1	6.1
10:00-11:00	55.0	0.2	6.3	1.9	30.4	6.2
11:00-12:00	59.8	0.3	3.9	2.6	27.1	6.3
12:00-13:00	75.0	0.3	2.7	1.6	16.5	3.9
13:00-14:00	61.7	0.5	2.3	2.5	27.7	5.3
14:00-15:00	46.9	0.4	3.7	0.8	41.1	7.1
15:00-16:00	43.5	0.4	4.3	1.5	43.4	6.9
16:00-17:00	45.9	0.7	4.1	1.7	40.8	6.8
17:00-18:00	56.7	0.6	4.5	2.0	30.8	5.4
18:00-19:00	48.0	0.5	31.3	5.3	11.5	3.4
19:00-20:00	68.3	0.1	20.5	3.1	6.5	1.5
20:00-21:00	57.9	0.3	15.4	3.5	20.5	2.4
21:00-22:00	54.9	0.4	10.7	4.3	27.0	2.7
22:00-23:00	49.5	0.3	11.3	4.2	30.3	4.4
23:00-24:00	52.7	0.2	7.2	3.1	31.6	5.2
24:00-25:00	49.9	0.0	7.3	3.7	32.9	6.2
25:00-26:00	53.3	0.0	9.9	0.9	26.2	9.7

表 3.42.4　2008 年呼和浩特市场收视份额排名前十位的频道

名次	频道	收视份额（%）
1	中央电视台综合频道	24.2
2	中央台八套	6.2
3	中央台三套	5.7
4	中央台六套	5.4
4	内蒙古电视台新闻综合频道	5.4
6	中央台五套	4.1
7	湖南电视台卫星频道	3.8
8	中央台二套	3.1
9	内蒙古电视台经济生活频道	2.9
10	中央台十二套	2.8

表 3.42.5 2008 年呼和浩特市场各主要频道的观众构成（%）

目标观众		所有频道	主要频道				
			中央电视台综合频道	中央台八套	中央台三套	中央台六套	内蒙古电视台新闻综合频道
4 岁及以上所有人		100.0	100.0	100.0	100.0	100.0	100.0
性别	男	49.3	48.6	42.7	48.5	54.5	46.9
	女	50.7	51.4	57.3	51.5	45.5	53.1
年龄	4－14 岁	7.1	5.9	3.8	5.0	5.2	4.5
	15－24 岁	11.8	9.5	9.6	11.9	14.2	13.7
	25－34 岁	18.7	17.1	19.7	18.3	25.0	18.3
	35－44 岁	19.7	19.8	16.6	16.9	22.3	16.3
	45－54 岁	18.9	19.7	20.3	20.1	19.3	22.3
	55－64 岁	11.5	13.2	13.2	14.3	6.6	12.4
	65 岁及以上	12.3	14.9	16.7	13.5	7.3	12.5
教育程度	未受过正规教育	3.3	2.7	3.0	2.7	3.1	3.1
	小学	12.1	11.5	11.3	9.8	9.0	12.0
	初中	29.2	25.7	28.2	25.6	25.1	32.7
	高中	31.0	33.4	30.7	34.7	35.4	32.5
	大学及以上	24.4	26.7	26.8	27.2	27.4	19.8
职业类别	干部/管理人员	3.8	4.2	3.3	6.0	4.8	3.5
	个体/私营企业人员	13.5	12.2	13.4	13.2	15.0	16.0
	初级公务员/雇员	17.7	18.3	17.5	18.6	23.2	13.5
	工人	11.3	9.9	14.9	12.1	16.1	12.6
	学生	12.9	11.1	8.8	11.4	12.5	13.1
	无业	34.4	35.8	40.5	36.9	25.4	37.2
	其他	6.5	8.6	1.6	1.8	3.1	4.2
个人月收入	0－600 元	40.5	39.1	34.5	32.6	37.1	45.2
	601－1200 元	30.8	30.7	33.5	34.7	30.2	28.7
	1201－1700 元	12.9	13.3	15.9	13.5	12.7	12.8
	1701－2600 元	12.8	13.7	13.6	16.5	17.4	9.4
	2601 元及以上	3.0	3.3	2.5	2.7	2.6	3.9

表 3.42.6 2006－2008 年呼和浩特市场各类节目的播出份额（%）和收视份额（%）

节目类别	2006 年		2007 年		2008 年	
	播出份额	收视份额	播出份额	收视份额	播出份额	收视份额
财经	1.5	0.5	1.5	0.7	1.6	0.8
电视剧	25.2	31.8	25.8	29.1	24.7	28.1
电影	3.2	4.4	2.7	3.8	2.5	3.4
法制	1.3	1.8	1.2	2.0	1.0	1.5
教学	0.4	0.1	0.6	0.1	0.6	0.1
其他	19.2	17.8	17.0	18.0	16.3	17.3
青少	4.9	3.7	4.7	2.4	4.8	2.2
生活服务	5.6	4.5	7.1	5.5	7.8	5.7
体育	1.9	3.6	1.8	3.0	3.8	6.3
外语	0.3	0.0	0.2	0.1	0.2	0.0
戏剧	1.4	0.4	1.3	0.5	1.1	0.5
新闻/时事	13.8	15.2	13.7	16.6	14.0	18.0
音乐	1.2	1.7	2.1	1.6	2.6	0.9
专题	12.2	5.8	11.9	6.9	11.8	5.9
综艺	7.8	8.7	8.3	9.8	7.3	9.3

表 3.42.7　2008 年呼和浩特市场所有节目收视率排名前三十位

名次	节目名称	类别	频道	平均收视率（%）	平均占有率（%）
1	第 29 届奥林匹克运动会开幕式	体育	中央电视台综合频道	51.2	74.8
2	中国中央电视台 2008 春节联欢晚会	综艺	中央电视台综合频道	47.9	82.1
3	第 29 届奥林匹克运动会闭幕式	体育	中央电视台综合频道	43.9	64.0
4	北京 2008 年残奥会开幕式	体育	中央电视台综合频道	30.7	61.4
5	北京 2008 年残奥会闭幕式	体育	中央电视台综合频道	30.6	51.6
6	新闻联播	新闻/时事	中央电视台综合频道	27.9	59.3
7	中央电视台 2008 年元宵晚会	综艺	中央电视台综合频道	27.9	50.5
8	温家宝在汶川映秀镇会见中外记者	新闻/时事	中央电视台综合频道	24.6	50.3
9	天气预报	生活服务	中央电视台综合频道	23.9	46.3
10	闯关东	电视剧	中央电视台综合频道	22.2	38.5
11	2008 年第 29 届奥运会田径比赛女子铁饼决赛	体育	中央电视台综合频道	21.6	36.7
12	2008 年第 29 届奥运会男子举重 56 公斤级决赛	体育	中央电视台综合频道	21.4	34.1
13	2008 年第 29 届奥运会女排小组赛（中国 VS 波兰）	体育	中央电视台综合频道	21.3	34.8
14	爱的奉献 2008 宣传文化系统抗震救灾大型募捐活动（5 月 18 日）	综艺	中央电视台综合频道	21.2	49.7
15	2008 年第 29 届奥运会乒乓球女团决赛	体育	中央电视台综合频道	21.2	33.9
16	2008 年第 29 届奥运会女排小组赛（中国 VS 古巴）	体育	中央电视台综合频道	20.9	35.3
17	2008 年第 29 届奥运会田径比赛男子 200 米小组赛	体育	中央电视台综合频道	20.9	34.2
18	2008 年第 29 届奥运会体操女子自由操决赛	体育	中央台五套	20.0	30.5
19	2008 年第 29 届奥运会田径比赛女子 4×400 米接力第一轮	体育	中央电视台综合频道	19.8	37.0
20	乡村爱情第二部	电视剧	中央电视台综合频道	19.8	35.6
21	2008 年第 29 届奥运会乒乓球男子团体半决赛	体育	中央电视台综合频道	19.8	33.0
22	2008 年第 29 届奥运会男子排球 1/4 决赛（中国 VS 巴西）	体育	中央台五套	19.6	32.6
23	2008 年第 29 届奥运会羽毛球男子单打决赛	体育	中央台五套	19.5	32.6
24	李小龙传奇	电视剧	中央电视台综合频道	19.4	34.6
25	真挚的关怀深入的指导	新闻/时事	中央电视台综合频道	19.4	34.3

续表

名次	节目名称	类别	频道	平均收视率（%）	平均占有率（%）
26	第 29 届奥运会乒乓球男团小组赛	体育	中央电视台综合频道	19.4	33.4
27	2008 年第 29 届奥运会女子排球半决赛（中国 VS 巴西）	体育	中央台五套	19.4	31.7
28	新闻联播（5 月 13－17 日、5 月 19－21 日，21：00）	新闻/时事	中央电视台综合频道	19.0	38.7
29	焦点访谈	新闻/时事	中央电视台综合频道	19.0	36.1
30	2008 年第 29 届奥运会田径比赛女子 1500 米决赛	体育	中央电视台综合频道	18.5	35.2

表 3.42.8　2008 年呼和浩特市场电视剧收视率排名前十位

名次	节目名称	播出频道	平均收视率（%）	平均占有率（%）
1	闯关东	中央电视台综合频道	22.2	38.5
2	乡村爱情第二部	中央电视台综合频道	19.8	35.6
3	李小龙传奇	中央电视台综合频道	19.4	34.6
4	绝密押运	中央电视台综合频道	13.4	28.2
5	清凌凌的水蓝莹莹的天	中央电视台综合频道	12.1	21.1
6	周恩来在重庆	中央电视台综合频道	10.0	17.9
7	兵心依旧	中央电视台综合频道	9.9	21.1
8	夜幕下的哈尔滨	中央电视台综合频道	8.9	22.6
9	英雄无名	中央电视台综合频道	8.9	17.5
10	神探狄仁杰第三部	中央台八套	8.9	15.9

表 3.42.9　2008 年呼和浩特市场新闻节目收视率排名前十位

名次	节目名称	播出频道	平均收视率（%）	平均占有率（%）
1	新闻联播	中央电视台综合频道	27.9	59.3
2	温家宝在汶川映秀镇会见中外记者	中央电视台综合频道	24.6	50.3
3	真挚的关怀深入的指导	中央电视台综合频道	19.4	34.3
4	新闻联播（5 月 13－17 日、5 月 19－21 日，21：00）	中央电视台综合频道	19.0	38.7
5	焦点访谈	中央电视台综合频道	19.0	36.1
6	晚间报道	内蒙古电视台新闻综合频道	9.5	25.2
7	神七问天直播特别节目	中央电视台综合频道	9.2	24.0
8	抗震救灾众志成城	中央电视台综合频道	8.2	23.9
9	一起看奥运	中央电视台综合频道	7.9	15.0
10	新闻天天看	内蒙古电视台新闻综合频道	7.2	17.3

表 3.42.10 2008 年呼和浩特市场专题节目收视率排名前十位

名次	节目名称	播出频道	平均收视率（%）	平均占有率（%）
1	艺术人生	中央电视台综合频道	17.0	29.6
2	拉萨 3.14 打砸抢烧暴力事件纪实	中央电视台综合频道	15.6	28.6
3	CCTV2007 感动中国颁奖盛典	中央电视台综合频道	15.5	29.1
4	奥运名人堂	中央台五套	11.4	24.2
5	奔腾的宁夏	中央电视台综合频道	10.0	21.0
6	纪录中国中国记者在 2008	中央电视台综合频道	9.0	16.6
7	2008 当代工人 5.1 特别节目沧海跨越	中央电视台综合频道	7.8	17.3
8	奥运名人堂	中央电视台综合频道	7.7	23.2
9	抗震救灾众志成城特别节目希望	中央电视台综合频道	7.0	14.7
10	伟大的历程	中央电视台综合频道	6.8	12.4

表 3.42.11 2008 年呼和浩特市场综艺节目收视率排名前十位

名次	节目名称	播出频道	平均收视率（%）	平均占有率（%）
1	中国中央电视台 2008 春节联欢晚会	中央电视台综合频道	47.9	82.1
2	中央电视台 2008 年元宵晚会	中央电视台综合频道	27.9	50.5
3	爱的奉献 2008 宣传文化系统抗震救灾大型募捐活动（5 月 18 日）	中央电视台综合频道	21.2	49.7
4	荣成月中华情 2008 中央电视台中秋晚会	中央电视台综合频道	18.5	33.2
5	曲苑杂坛春节特别节目 2008 年正月正晚会	中央电视台综合频道	14.3	26.9
6	迈向太空中央电视台心连心艺术团赴酒泉卫星发射中心慰问演出	中央电视台综合频道	12.5	24.7
7	旗帜高扬春光好 2008 年军民迎新春文艺晚会	中央电视台综合频道	10.9	23.3
8	第三届中国十大杰出母亲评选颁奖晚会	中央电视台综合频道	10.9	19.6
9	万家灯火平安夜公安部 2008 年春节晚会	中央电视台综合频道	9.6	22.6
10	十分开心	中央电视台综合频道	9.6	20.4

表 3.42.12　2008 年呼和浩特市场奥运会及残奥会比赛节目收视率排名前十位

名次	节目名称	播出频道	平均收视率（%）	平均占有率（%）
1	2008 年第 29 届奥运会田径比赛女子铁饼决赛	中央电视台综合频道	21.6	36.7
2	2008 年第 29 届奥运会男子举重 56 公斤级决赛	中央电视台综合频道	21.4	34.1
3	2008 年第 29 届奥运会女排小组赛（中国 VS 波兰）	中央电视台综合频道	21.3	34.8
4	2008 年第 29 届奥运会乒乓球女团决赛	中央电视台综合频道	21.2	33.9
5	2008 年第 29 届奥运会女排小组赛（中国 VS 古巴）	中央电视台综合频道	20.9	35.3
6	2008 年第 29 届奥运会田径比赛男子 200 米小组赛	中央电视台综合频道	20.9	34.2
7	2008 年第 29 届奥运会体操女子自由操决赛	中央台五套	20.0	30.5
8	2008 年第 29 届奥运会田径比赛女子 4×400 米接力第一轮	中央电视台综合频道	19.8	37.0
9	2008 年第 29 届奥运会乒乓球男子团体半决赛	中央电视台综合频道	19.8	33.0
10	2008 年第 29 届奥运会男子排球 1/4 决赛（中国 VS 巴西）	中央台五套	19.6	32.6

表 3.42.13　2008 年呼和浩特市场体育节目收视率排名前十位

名次	节目名称	播出频道	平均收视率（%）	平均占有率（%）
1	第 29 届奥林匹克运动会开幕式	中央电视台综合频道	51.2	74.8
2	第 29 届奥林匹克运动会闭幕式	中央电视台综合频道	43.9	64.0
3	北京 2008 年残奥会开幕式	中央电视台综合频道	30.7	61.4
4	北京 2008 年残奥会闭幕式	中央电视台综合频道	30.6	51.6
5	2008 年第 29 届奥运会田径男子三级跳远颁奖仪式	中央电视台综合频道	17.0	28.1
6	奥运第 1 天	中央电视台综合频道	14.4	23.5
7	奥运第 3 天	中央台五套	12.0	28.3
8	奥运第 4 天	中央电视台综合频道	12.0	26.0
9	第 29 届奥林匹克运动会闭幕式	中央台五套	11.8	17.2
10	第 29 届奥林匹克运动会开幕式	中央台五套	11.2	16.4

四十三、济南(城域)收视数据

表 3.43.1 2004-2008 年济南市场各类频道的市场占有率(%)

频道类别	年份				
	2004 年	2005 年	2006 年	2007 年	2008 年
中央台频道	38.8	41.0	37.3	34.1	32.2
中国教育台频道	0.0	0.0	0.0	0.4	0.2
山东省级频道	32.9	31.8	36.7	29.6	31.6
济南市级频道	19.5	17.1	15.2	15.9	16.8
其他省级卫视频道	7.4	8.5	9.5	17.5	17.0
其他频道	1.4	1.7	1.2	2.6	2.2

表 3.43.2 2008 年济南市场各类频道在不同目标观众中的市场占有率(%)

目标观众		中央台频道	中国教育台频道	山东省级频道	济南市级频道	其他省级卫视频道	其他频道
4 岁及以上所有人		32.2	0.2	31.6	16.8	17.0	2.2
性别	男	34.5	0.2	31.8	16.3	15.1	2.2
	女	30.1	0.2	31.5	17.3	18.8	2.2
年龄	4-14 岁	26.6	0.1	29.5	20.7	19.8	3.4
	15-24 岁	25.5	0.2	33.3	16.5	22.5	2.0
	25-34 岁	31.8	0.2	30.4	17.3	17.2	3.1
	35-44 岁	27.5	0.2	37.1	15.9	16.0	3.3
	45-54 岁	35.0	0.2	29.1	16.6	17.8	1.4
	55-64 岁	38.4	0.2	30.0	16.8	13.3	1.4
	65 岁及以上	36.6	0.3	32.1	15.3	14.8	0.9
教育程度	未受过正规教育	29.0	0.1	31.9	21.3	14.2	3.6
	小学	27.9	0.2	36.7	16.9	16.0	2.3
	初中	28.1	0.2	36.1	16.9	15.8	2.9
	高中	36.0	0.2	26.5	17.1	18.9	1.4
	大学及以上	43.7	0.2	22.2	13.7	19.3	0.9
职业类别	干部/管理人员	45.0	0.3	21.2	11.0	21.8	0.7
	个体/私营企业人员	30.4	0.2	33.9	17.5	15.9	2.1
	初级公务员/雇员	38.8	0.2	24.5	15.6	18.8	2.0
	工人	27.8	0.2	35.0	18.7	15.5	2.9
	学生	26.2	0.1	29.7	16.9	24.5	2.5
	无业	38.0	0.2	26.2	17.4	16.8	1.3
	其他	18.3	0.2	50.3	15.6	11.8	3.9
个人月收入	0-600 元	27.0	0.2	35.3	17.2	17.6	2.8
	601-1200 元	34.4	0.2	30.2	17.6	16.2	1.3
	1201-1700 元	33.3	0.2	27.8	18.6	17.5	2.6
	1701 元及以上	43.1	0.2	26.5	12.5	16.2	1.5

表 3.43.3　2008 年济南市场各类频道在不同时段的市场占有率（%）

时间段	中央台频道	中国教育台频道	山东省级频道	济南市级频道	其他省级卫视频道	其他频道
02：00－03：00	55.6	0.0	13.0	4.8	24.2	2.4
03：00－04：00	55.0	0.0	13.4	5.8	23.6	2.2
04：00－05：00	50.2	0.1	15.2	6.3	26.5	1.7
05：00－06：00	48.5	0.1	14.7	4.7	29.0	2.9
06：00－07：00	50.1	0.2	30.9	2.0	14.5	2.4
07：00－08：00	46.3	0.1	27.8	14.1	9.9	1.9
08：00－09：00	43.3	0.1	23.2	10.3	20.8	2.3
09：00－10：00	37.1	0.1	25.4	8.0	26.7	2.7
10：00－11：00	36.9	0.2	24.4	6.5	29.1	2.9
11：00－12：00	39.3	0.3	25.6	6.1	26.1	2.6
12：00－13：00	38.9	0.3	26.7	15.8	16.1	2.3
13：00－14：00	35.8	0.4	27.6	9.0	24.4	2.8
14：00－15：00	32.8	0.2	24.8	7.7	31.3	3.3
15：00－16：00	33.3	0.1	21.6	8.5	33.0	3.5
16：00－17：00	33.5	0.5	21.5	8.8	32.5	3.2
17：00－18：00	26.8	0.4	40.1	12.8	18.1	2.0
18：00－19：00	21.3	0.1	44.1	25.4	7.5	1.6
19：00－20：00	32.8	0.1	40.6	20.4	4.2	2.0
20：00－21：00	29.6	0.2	40.6	14.8	13.0	1.8
21：00－22：00	26.5	0.2	31.8	24.8	15.3	1.5
22：00－23：00	28.6	0.2	15.6	35.3	18.1	2.3
23：00－24：00	38.1	0.2	16.7	19.4	23.1	2.5
24：00－25：00	42.7	0.1	16.7	12.6	26.1	1.9
25：00－26：00	46.9	0.1	13.8	12.2	25.3	1.7

表 3.43.4　2008 年济南市场收视份额排名前十位的频道

名次	频道名称	收视份额（%）
1	山东电视齐鲁频道	10.9
2	山东电视影视频道	7.6
3	中央电视台综合频道	7.2
4	山东卫视	6.7
5	济南电视台新闻综合频道	5.9
6	中央台三套	4.6
7	中央台五套	3.5
7	中央台六套	3.5
9	济南电视台都市女性频道	3.4
10	中央台八套	3.1

表 3.43.5　2008 年济南市场主要频道的观众构成（%）

目标观众		所有频道	主要频道				
			山东电视齐鲁频道	山东电视影视频道	中央电视台综合频道	山东卫视	济南电视台新闻综合频道
4 岁及以上所有人		100.0	100.0	100.0	100.0	100.0	100.0
性别	男	48.5	47.0	49.6	51.5	48.9	46.3
	女	51.5	53.0	50.4	48.5	51.1	53.7
年龄	4-14 岁	8.6	6.9	8.9	7.2	9.4	4.8
	15-24 岁	9.7	10.4	9.7	7.7	9.0	8.0
	25-34 岁	15.9	14.6	16.5	13.7	14.4	11.1
	35-44 岁	17.6	21.0	20.0	15.6	23.1	14.9
	45-54 岁	21.8	21.7	17.2	25.2	17.1	25.7
	55-64 岁	16.0	16.4	14.1	16.7	15.5	19.4
	65 岁及以上	10.4	9.0	13.6	14.0	11.6	16.1
教育程度	未受过正规教育	6.6	7.7	6.6	5.2	6.8	6.5
	小学	21.9	25.1	24.4	20.9	30.9	22.0
	初中	32.3	37.8	39.7	30.1	37.2	31.9
	高中	26.1	21.3	19.7	27.4	19.2	29.0
	大学及以上	13.1	8.2	9.6	16.3	5.9	10.6
职业类别	干部/管理人员	3.3	1.4	2.1	4.7	2.0	2.2
	个体/私营企业人员	10.8	11.8	12.4	9.4	9.9	9.5
	初级公务员/雇员	12.8	10.3	7.6	13.1	7.4	10.8
	工人	13.7	16.5	15.2	14.3	13.9	14.5
	学生	9.4	7.4	9.5	7.8	9.6	5.2
	无业	35.8	28.7	31.0	39.8	25.7	45.9
	其他	14.2	23.9	22.2	10.9	31.5	11.8
个人月收入	0-600 元	44.0	50.0	49.8	39.6	55.3	39.0
	601-1200 元	29.4	27.0	28.6	28.5	25.7	36.7
	1201-1700 元	12.3	11.0	10.3	13.4	9.4	13.3
	1701 元及以上	14.3	12.0	11.2	18.4	9.6	10.9

表 3.43.6　2006-2008 年济南市场各类节目的播出份额（%）和收视份额（%）

节目类别	2006 年		2007 年		2008 年	
	播出份额	收视份额	播出份额	收视份额	播出份额	收视份额
财经	1.6	0.3	1.6	0.5	1.7	0.3
电视剧	25.6	28.4	25.7	36.3	25.2	36.6
电影	4.0	3.7	3.4	5.9	3.4	5.7
法制	1.2	0.4	1.4	0.5	0.9	0.2
教学	0.5	0.1	0.6	0.1	0.5	0.1
青少	4.3	2.8	4.4	1.8	4.4	1.4
生活服务	5.8	2.6	8.6	6.3	9.1	6.7
体育	2.7	4.7	2.5	5.5	3.7	6.2
外语	0.2	0.0	0.2	0.1	0.1	0.1
戏剧	1.3	0.3	1.3	0.6	1.1	0.4
新闻/时事	13.4	23.5	12.8	14.1	13.3	14.4
音乐	1.2	1.6	1.9	0.9	1.6	0.6
专题	11.5	5.2	11.5	7.2	11.9	7.1
综艺	7.6	7.4	8.0	7.6	7.2	7.4
其他	19.1	19.3	16.2	12.7	15.9	12.8

表 3.43.7 2008 年济南市场所有节目收视率排名前三十位

名次	节目名称	节目类型	播出频道	平均收视率（%）	平均占有率（%）
1	中国中央电视台 2008 春节联欢晚会	综艺	中央电视台综合频道	44.4	75.9
2	第 29 届奥林匹克运动会闭幕式	体育	中央电视台综合频道	22.8	37.5
3	第 29 届奥林匹克运动会开幕式	体育	中央电视台综合频道	21.3	33.8
4	2008 年第 29 届奥运会女排小组赛（中国 VS 古巴）	体育	中央电视台综合频道	15.3	31.8
5	2008 年第 29 届奥运会男足小组赛 C 组（中国队 VS 新西兰队）	体育	中央台五套	15.0	34.2
6	2008 年第 29 届奥运会男足小组赛 C 组（比利时 VS 中国）	体育	中央台五套	14.3	29.7
7	2008 年第 29 届奥运会乒乓球男子团体决赛	体育	中央台五套	14.2	30.3
8	爱的奉献 2008 宣传文化系统抗震救灾大型募捐活动（5 月 18 日）	综艺	中央电视台综合频道	13.9	36.2
9	2008 年第 29 届奥运会男子举重 56 公斤级决赛	体育	中央电视台综合频道	13.9	28.1
10	中央电视台 2008 年元宵晚会	综艺	中央电视台综合频道	13.8	26.8
11	2008 年第 29 届奥运会乒乓球女团决赛	体育	中央电视台综合频道	13.4	24.9
12	2008 年第 29 届奥运会男子举重 62 公斤级决赛	体育	中央台五套	13.2	32.6
13	2008 年第 29 届奥运会跳水男子单人 10 米跳台决赛	体育	中央电视台综合频道	13.2	26.0
14	2008 年第 29 届奥运会男子篮球小组赛（中国 VS 德国）	体育	中央台五套	13.1	26.4
15	2008 年第 29 届奥运会男子举重 69 公斤级决赛	体育	中央台五套	12.9	30.4
16	2008 年第 29 届奥运会跆拳道比赛女子 49 公斤级决赛	体育	中央电视台综合频道	12.8	25.8
17	2008 年第 29 届奥运会男子篮球 B 组比赛（中国 VS 美国）	体育	中央台二套	12.7	51.4
18	2008 年第 29 届奥运会乒乓球女子单打决赛	体育	中央台五套	12.3	25.0
19	第 29 届奥林匹克运动会闭幕式	体育	中央台五套	12.2	20.1
19	第 29 届奥林匹克运动会闭幕式	体育	中央台五套	12.2	20.1
21	2008 年第 29 届奥运会女排小组赛（中国 VS 波兰）	体育	中央电视台综合频道	12.0	26.0
22	2008 年第 29 届奥运会女子链球决赛	体育	中央电视台综合频道	12.0	23.7
23	天气预报	生活服务	中央电视台综合频道	11.8	27.4

续表

名次	节目名称	节目类型	播出频道	平均收视率（%）	平均占有率（%）
24	2008年第29届奥运会男子蹦床决赛	体育	中央电视台综合频道	11.7	22.7
25	2008年第29届奥运会女子排球1/4决赛（中国VS俄罗斯）	体育	中央台五套	11.4	22.6
26	2008年第29届奥运会体操男子单杠决赛	体育	中央台五套	11.3	25.6
27	2008年第29届奥运会乒乓球男子团体半决赛	体育	中央电视台综合频道	11.2	22.4
28	2008第29届奥运会女子平衡木决赛	体育	中央台五套	10.7	34.3
29	2008年第29届奥运会体操单项女子高低杠决赛	体育	中央台五套	10.7	31.0
30	2008年第29届奥运会体操单项女子跳马决赛	体育	中央台五套	10.7	22.9

表3.43.8　2008年济南市场电视剧收视率排名前十位

名次	节目名称	播出频道	平均收视率（%）	平均占有率（%）
1	我的丑娘（9月8－9月17日）	山东电视齐鲁频道	10.6	25.3
2	暖春	山东电视齐鲁频道	10.3	24.8
3	错爱第二部	山东电视影视频道	8.8	20.0
4	富贵在天	山东电视齐鲁频道	8.8	19.4
5	闯关东	中央电视台综合频道	8.4	18.9
6	东陵大盗	山东电视齐鲁频道	7.9	17.2
7	继母后妈	山东电视影视频道	7.8	17.7
8	乡村爱情第二部	中央电视台综合频道	7.8	17.1
9	大侠霍元甲	山东电视齐鲁频道	7.8	16.8
10	霍元甲	山东电视齐鲁频道	7.7	17.1

表3.43.9　2008年济南市场新闻节目收视率排名前十位

名次	节目名称	播出频道	平均收视率（%）	平均占有率（%）
1	每日新闻	山东电视齐鲁频道	6.4	21.4
2	拉呱	山东电视齐鲁频道	6.3	32.6
3	温家宝在汶川映秀镇会见中外记者	中央电视台综合频道	6.3	20.3
4	今晚20分	济南电视台新闻综合频道	5.9	16.3
5	今晚特别点击	济南电视台新闻综合频道	5.8	20.1
6	新闻联播	中央电视台综合频道	5.4	13.6
7	今晚我帮你	济南电视台新闻综合频道	4.9	18.9
8	独家	山东电视齐鲁频道	4.6	19.2
9	新闻联播（5月13－17日、5月19－21日，21:00）	中央电视台综合频道	4.2	11.5
10	山东新闻联播（5月19－21日）	山东电视齐鲁频道	4.1	12.6

表 3.43.10 2008 年济南市场专题节目收视率排名前十位

名次	节目名称	播出频道	平均收视率（%）	平均占有率（%）
1	拉萨 3.14 打砸抢烧暴力事件纪实	中央电视台综合频道	6.6	14.1
2	济南战役	山东电视齐鲁频道	4.8	12.1
3	CCTV2007 感动中国颁奖盛典	中央电视台综合频道	4.2	10.7
4	山东农广校之窗	山东卫视	4.1	8.5
5	情义山东心系灾区抗震救灾特别节目	山东电视齐鲁频道	3.2	12.3
6	男说女人	济南电视台都市女性频道	3.1	7.0
7	我的今日之最我为天狂	中央电视台综合频道	2.8	9.1
8	董倩面对面	中央电视台综合频道	2.7	11.6
9	男说女人周末故事	济南电视台都市女性频道	2.7	6.0
10	艺术人生	中央电视台综合频道	2.7	5.9

表 3.43.11 2008 年济南市场综艺节目收视率排名前十位

名次	节目名称	播出频道	平均收视率（%）	平均占有率（%）
1	中国中央电视台 2008 春节联欢晚会	中央电视台综合频道	44.4	75.9
2	爱的奉献 2008 宣传文化系统抗震救灾大型募捐活动（5 月 18 日）	中央电视台综合频道	13.9	36.2
3	中央电视台 2008 年元宵晚会	中央电视台综合频道	13.8	26.8
4	荣成月中华情 2008 中央电视台中秋晚会	中央电视台综合频道	6.7	15.3
5	百年圆梦迎 2008 北京奥运会文艺晚会	中央电视台综合频道	5.9	13.2
6	青春中国第十三届 CCTV 青年歌手电视大奖赛颁奖晚会	中央台三套	5.4	13.9
7	明星有话说	山东电视齐鲁频道	4.3	10.3
8	为中国喝彩与中国奥运金牌运动员大型联欢晚会	中央台三套	4.3	10.2
9	百花迎春中国文学艺术界 2008 年春节大联欢	中央台三套	4.2	9.2
10	综艺盛典 VarietyAwards2008	中央台三套	4.2	8.3

表 3.43.12　2008 年济南市场奥运会、残奥会比赛收视率排名前十位

名次	节目名称	播出频道	平均收视率(%)	平均占有率(%)
1	2008 年第 29 届奥运会女排小组赛（中国VS 古巴）	中央电视台综合频道	15.3	31.8
2	2008 年第 29 届奥运会男足小组赛 C 组（中国队 VS 新西兰队）	中央台五套	15.0	34.2
3	2008 年第 29 届奥运会男足小组赛 C 组（比利时 VS 中国）	中央台五套	14.3	29.7
4	2008 年第 29 届奥运会乒乓球男子团体决赛	中央台五套	14.2	30.3
5	2008 年第 29 届奥运会男子举重 56 公斤级决赛	中央电视台综合频道	13.9	28.1
6	2008 年第 29 届奥运会乒乓球女团决赛	中央电视台综合频道	13.4	24.9
7	2008 年第 29 届奥运会男子举重 62 公斤级决赛	中央台五套	13.2	32.6
8	2008 年第 29 届奥运会跳水男子单人 10 米跳台决赛	中央电视台综合频道	13.2	26.0
9	2008 年第 29 届奥运会男子篮球小组赛（中国 VS 德国）	中央台五套	13.1	26.4
10	2008 年第 29 届奥运会男子举重 69 公斤级决赛	中央台五套	12.9	30.4

表 3.43.13　2008 年济南市场体育节目收视率排名前十位（奥运会、残奥会比赛除外）

名次	节目名称	播出频道	平均收视率(%)	平均占有率(%)
1	第 29 届奥林匹克运动会闭幕式	中央电视台综合频道	22.8	37.5
2	第 29 届奥林匹克运动会开幕式	中央电视台综合频道	21.3	33.8
3	第 29 届奥林匹克运动会闭幕式	中央台五套	12.2	20.1
4	第 29 届奥林匹克运动会开幕式	中央台五套	10.5	19.6
5	2008 年中国足球协会超级联赛（山东鲁能泰山 VS 上海申花）	山东电视体育频道	10.4	21.1
6	2008 年中国足球协会超级联赛（天津泰达 VS 山东鲁能）	山东电视体育频道	9.7	21.2
7	直播周末:第 49 届世界乒乓球团体锦标赛男团决赛	中央台五套	9.2	19.6
8	2008 年中国足球协会超级联赛（山东鲁能泰山 VS 天津康师傅）	山东电视体育频道	9.0	18.8
9	2008 年中国足球协会超级联赛（浙江巴贝绿城 VS 山东鲁能泰山）	山东电视体育频道	8.6	19.8
10	第 29 届奥林匹克运动会开幕式	山东卫视	8.6	13.6

四十四、昆明收视数据

表 3.44.1 2004-2008 年昆明市场各类频道的市场占有率（%）

频道类别	年份				
	2004 年	2005 年	2006 年	2007 年	2008 年
中央台频道	41.3	44.1	43.0	41.6	42.6
中国教育台频道	0.2	0.3	0.2	0.4	0.2
云南省级频道	21.7	23.1	23.3	22.3	21.4
昆明市级频道	22.3	19.2	20.7	14.4	11.4
其他省级卫视频道	11.8	11.1	10.8	15.5	17.7
其他频道	2.7	2.3	2.0	5.8	6.7

表 3.44.2 2008 年昆明市场各类频道在不同目标观众中的市场占有率（%）

目标观众		中央台频道	中国教育台频道	云南省级频道	昆明市级频道	其他省级卫视频道	其他频道
4 岁及以上所有人		42.6	0.2	21.4	11.4	17.7	6.7
性别	男	43.3	0.2	21.9	11.4	16.3	7.0
	女	41.9	0.2	20.9	11.5	19.2	6.3
年龄	4-14 岁	37.1	0.2	19.7	9.5	21.5	12.0
	15-24 岁	33.3	0.2	22.1	12.6	22.7	9.1
	25-34 岁	40.8	0.2	23.0	12.1	17.5	6.3
	35-44 岁	38.5	0.2	22.7	11.3	20.1	7.2
	45-54 岁	44.4	0.2	21.5	12.9	16.3	4.9
	55-64 岁	48.8	0.2	20.2	10.7	15.1	5.0
	65 岁及以上	57.7	0.1	18.2	8.6	10.9	4.4
教育程度	未受过正规教育	45.1	0.2	18.2	10.8	15.7	10.1
	小学	38.9	0.2	23.8	12.9	17.9	6.5
	初中	39.1	0.2	22.8	12.7	18.4	6.9
	高中	43.4	0.2	21.5	10.5	17.5	6.9
	大学及以上	52.2	0.2	16.7	8.8	17.0	5.1
职业类别	干部/管理人员	56.1	0.4	15.2	7.6	15.9	4.8
	个体/私营企业人员	38.1	0.2	23.5	12.1	17.9	8.2
	初级公务员/雇员	45.6	0.2	21.1	9.5	18.3	5.3
	工人	38.8	0.2	22.0	11.3	20.2	7.5
	学生	36.6	0.2	20.3	11.1	22.2	9.7
	无业	48.0	0.1	20.9	10.3	14.9	5.8
	其他	32.9	0.2	23.6	20.0	18.3	5.0
个人月收入	0-600 元	37.8	0.2	21.3	12.9	19.8	7.9
	601-1200 元	43.6	0.2	22.7	11.4	16.5	5.7
	1201-1700 元	47.1	0.2	20.5	9.5	16.1	6.6
	1701 元及以上	52.3	0.2	18.1	8.1	16.1	5.2

表 3.44.3　2008 年昆明市场各类频道在不同时段的市场占有率（%）

时间段	中央电视台	中国教育台	云南省级频道	昆明市级频道	其他省级卫星频道	其他频道
02:00-03:00	39.6	0.1	8.8	7.3	31.1	13.2
03:00-04:00	39.8	0.1	5.5	11.8	30.9	11.9
04:00-05:00	38.8	0.0	5.6	14.9	31.2	9.5
05:00-06:00	40.6	0.0	6.7	14.4	27.0	11.4
06:00-07:00	51.9	0.3	12.7	8.8	18.5	7.7
07:00-08:00	58.6	0.1	14.5	8.4	14.1	4.3
08:00-09:00	54.9	0.1	13.1	7.0	19.4	5.6
09:00-10:00	44.7	0.1	14.4	7.0	25.3	8.5
10:00-11:00	45.2	0.2	14.0	6.0	25.5	9.1
11:00-12:00	49.2	0.2	11.2	6.9	24.2	8.3
12:00-13:00	51.8	0.2	14.7	9.2	16.3	7.7
13:00-14:00	45.7	0.3	14.0	8.5	22.4	9.2
14:00-15:00	41.5	0.1	14.6	6.6	26.7	10.5
15:00-16:00	38.5	0.1	16.7	5.9	27.8	11.1
16:00-17:00	37.9	0.3	15.6	8.4	27.3	10.6
17:00-18:00	43.5	0.3	16.8	8.7	22.0	8.6
18:00-19:00	32.4	0.1	34.4	19.3	8.0	5.8
19:00-20:00	51.3	0.1	26.1	12.3	5.5	4.8
20:00-21:00	46.4	0.2	24.1	10.8	13.9	4.7
21:00-22:00	40.2	0.2	25.3	12.0	17.5	4.8
22:00-23:00	34.4	0.1	26.2	17.1	17.1	5.2
23:00-24:00	41.5	0.3	18.6	13.0	20.3	6.3
24:00-25:00	39.8	0.1	19.7	11.1	21.2	8.2
25:00-26:00	36.7	0.1	23.1	5.8	23.5	10.8

表 3.44.4　2008 年昆明市场收视份额位于前十位的频道

名次	频道名称	收视份额（%）
1	中央电视台综合频道	9.0
2	云南电视台都市频道（二套）	8.8
3	云南电视台影视频道（五套）	5.7
4	中央台六套	5.0
5	中央台三套	4.7
6	中央台八套	4.6
7	昆明电视台综合频道	4.5
8	中央台五套	3.6
9	湖南电视台卫星频道	3.4
9	中央台二套	3.4

表 3.44.5 2008 年昆明市场主要频道的观众构成（%）

目标观众		所有频道	主要频道				
			中央电视台综合频道	云南电视台都市频道（二套）	云南电视台影视频道（五套）	中央台六套	中央台三套
4 岁及以上所有人		100.0	100.0	100.0	100.0	100.0	100.0
性别	男	52.5	52.2	50.0	62.9	59.0	52.1
	女	47.5	47.8	50.0	37.1	41.0	47.9
年龄	4－14 岁	9.0	6.2	4.8	9.5	7.0	7.1
	15－24 岁	13.0	9.0	9.7	19.5	11.8	10.2
	25－34 岁	19.4	15.3	18.8	26.6	24.4	17.6
	35－44 岁	16.0	13.4	17.1	18.7	18.4	17.0
	45－54 岁	20.5	23.0	24.4	15.5	17.4	20.9
	55－64 岁	10.5	13.0	13.0	5.6	12.1	12.4
	65 岁及以上	11.6	20.0	12.2	4.6	8.9	15.0
教育程度	未受过正规教育	4.2	3.8	3.2	2.7	4.0	4.7
	小学	18.2	18.4	20.2	17.8	18.1	16.0
	初中	33.8	31.9	35.2	41.7	35.8	32.7
	高中	27.4	25.7	28.1	27.1	26.8	28.7
	大学及以上	16.5	20.2	13.2	10.7	15.3	17.9
职业类别	干部/管理人员	3.2	4.1	2.1	2.0	3.4	3.5
	个体/私营企业人员	13.7	10.4	14.1	16.3	14.9	12.7
	初级公务员/雇员	13.8	13.7	15.3	11.5	13.0	14.8
	工人	11.7	8.6	10.4	15.4	13.2	12.2
	学生	13.5	9.8	8.9	15.3	10.5	10.8
	无业	35.8	46.5	41.9	27.1	33.8	39.6
	其他	8.4	6.9	7.2	12.4	11.1	6.4
个人月收入	0－600 元	39.9	34.3	33.0	47.2	37.4	34.6
	601－1200 元	35.4	37.2	41.4	34.9	38.6	38.8
	1201－1700 元	15.0	15.2	16.5	11.4	15.9	15.7
	1701 元及以上	9.7	13.3	9.0	6.5	8.1	10.9

表 3.44.6 2006－2008 年昆明市场各类节目的播出份额（%）和收视份额（%）

节目类别	2006 年		2007 年		2008 年	
	播出份额	收视份额	播出份额	收视份额	播出份额	收视份额
青少	4.6	1.8	4.3	1.7	4.7	1.9
戏剧	1.3	0.3	1.2	0.4	1.0	0.3
教学	0.3	0.1	0.6	0.2	0.5	0.2
综艺	7.6	6.1	7.8	7.4	6.6	7.6
外语	0.2	0.0	0.2	0.1	0.1	0.1
电影	3.7	7.7	4.0	10.2	4.0	11.1
音乐	1.1	1.3	1.9	1.4	2.3	0.9
新闻/时事	14.1	18.5	13.8	14.3	13.6	15.0
体育	2.3	3.3	1.7	2.8	2.7	4.9
电视剧	25.7	31.7	25.4	34.7	24.8	31.4
专题	11.3	4.6	11.0	6.7	10.7	6.9
财经	1.3	0.3	1.4	1.0	1.6	1.2
生活服务	5.4	2.3	8.2	4.1	9.5	4.8
法制	1.4	1.8	1.3	1.7	1.2	1.6
其他	19.7	20.2	17.2	13.2	16.7	12.2

表 3.44.7　2008 年昆明市场所有节目收视率排名前三十位

名次	节目名称	节目类型	播出频道	平均收视率（%）	平均占有率（%）
1	中国中央电视台 2008 春节联欢晚会	综艺	中央电视台综合频道	32.1	69.1
2	第 29 届奥林匹克运动会开幕式	体育	中央电视台综合频道	21.5	37.2
3	2008 年第 29 届奥运会男子篮球 B 组比赛（中国 VS 美国）	体育	中央台二套	19.0	45.6
4	爱的奉献 2008 宣传文化系统抗震救灾大型募捐活动（5 月 18 日）	综艺	中央电视台综合频道	17.4	39.6
5	第 29 届奥林匹克运动会闭幕式	体育	中央电视台综合频道	17.0	38.5
6	第 29 届奥林匹克运动会开幕式	体育	中央台五套	15.0	26.0
7	中央电视台 2008 年元宵晚会	综艺	中央电视台综合频道	12.1	29.2
8	2008 年第 29 届奥运会女排小组赛（中国 VS 古巴）	体育	中央电视台综合频道	11.5	27.4
9	2008 年第 29 届奥运会女子排球预赛（中国 VS 美国）	体育	中央台五套	11.2	28.0
10	2008 年第 29 届奥运会女子 100 米决赛	体育	中央电视台综合频道	10.8	24.5
11	2008 年第 29 届奥运会男子举重 56 公斤级决赛	体育	中央电视台综合频道	10.7	28.2
12	北京 2008 年残奥会开幕式	体育	中央电视台综合频道	10.1	25.8
13	第 29 届奥林匹克运动会闭幕式	体育	中央台五套	10.0	22.7
14	2008 年第 29 届奥运会乒乓球男子团体决赛	体育	中央台五套	9.8	27.9
15	闯关东	电视剧	中央电视台综合频道	9.8	25.2
16	荣成月中华情 2008 中央电视台中秋晚会	综艺	中央电视台综合频道	9.5	25.1
17	2008 年第 29 届奥运会体操单项女子高低杠决赛	体育	中央台五套	9.2	36.3
18	2008 年第 29 届奥运会男子篮球小组赛（中国 VS 德国）	体育	中央台五套	9.0	23.2
19	2008 年第 29 届奥运会田径比赛男子 110 米栏决赛	体育	中央电视台综合频道	9.0	21.8
20	天气预报	生活服务	中央电视台综合频道	8.9	30.5
21	暖春	电视剧	云南电视台都市频道（二套）	8.8	24.2
22	北京 2008 年残奥会闭幕式	体育	中央电视台综合频道	8.8	23.3
23	2008 年第 29 届奥运会男子举重 69 公斤级决赛	体育	中央台五套	8.6	26.2
24	2008 年第 29 届奥运会射箭女团决赛	体育	中央台五套	8.5	38.0
25	拉萨 3.14 打砸抢烧暴力事件纪实	专题	中央电视台综合频道	8.5	24.8

续表

名次	节目名称	节目类型	播出频道	平均收视率（%）	平均占有率（%）
26	2008年第29届奥运会女子排球半决赛（中国VS巴西）	体育	中央台五套	8.5	22.9
27	2008年第29届奥运会女子举重48公斤级决赛	体育	中央台五套	8.4	36.6
28	2008年第29届奥运会田径比赛男子400米栏决赛	体育	中央电视台综合频道	8.4	20.0
29	2008年第29届奥运会游泳预赛	体育	中央电视台综合频道	8.3	18.5
30	李小龙传奇	电视剧	中央电视台综合频道	8.2	21.6

表3.44.8 2008年昆明市场电视剧收视率排名前十位

名次	节目名称	播出频道	平均收视率（%）	平均占有率（%）
1	闯关东	中央电视台综合频道	9.8	25.2
2	暖春	云南电视台都市频道（二套）	8.8	24.2
3	李小龙传奇	中央电视台综合频道	8.2	21.6
4	死去活来	云南电视台都市频道（二套）	8.2	19.9
5	凤穿牡丹	云南电视台都市频道（二套）	7.9	21.3
6	仁者无敌	云南电视台都市频道（二套）	6.6	18.1
7	重庆谍战	云南电视台都市频道（二套）	6.4	18.0
8	继母后妈	云南电视台都市频道（二套）	6.1	15.9
9	中国兄弟连	云南电视台都市频道（二套）	5.8	18.7
10	天字一号	云南电视台都市频道（二套）	5.8	17.0

表3.44.9 2008年昆明市场新闻节目收视率排名前十位

名次	节目名称	播出频道	平均收视率（%）	平均占有率（%）
1	新闻联播	中央电视台综合频道	6.9	26.7
2	新闻联播（5月13－17日、5月19－21日，21:00）	中央电视台综合频道	5.9	14.9
3	温家宝在汶川映秀镇会见中外记者	中央电视台综合频道	5.3	19.0
4	都市条形码8.30地震特别报道	云南电视台都市频道（二套）	5.3	12.4
5	都市条形码	云南电视台都市频道（二套）	4.3	22.8
6	大口马牙	云南电视台都市频道（二套）	3.9	14.4
7	焦点访谈	中央电视台综合频道	3.8	12.4
8	神七问天直播特别节目	中央电视台综合频道	3.8	11.9
9	抗震救灾众志成城	中央电视台综合频道	3.3	12.5
10	街头巷尾	昆明电视台综合频道	3.1	16.2

表 3.44.10 2008 年昆明市场专题节目收视率排名前十位

名次	节目名称	播出频道	平均收视率(%)	平均占有率(%)
1	拉萨 3.14 打砸抢烧暴力事件纪实	中央电视台综合频道	8.5	24.8
2	CCTV2007 感动中国颁奖盛典	中央电视台综合频道	4.3	10.4
3	董倩面对面	中央电视台综合频道	3.9	10.4
4	幸福昆明	昆明电视台综合频道	3.2	8.9
5	奔腾的宁夏	中央电视台综合频道	3.1	8.8
6	情世间	云南电视台都市频道(二套)	3.0	16.5
7	达赖喇嘛	中央台四套	2.8	8.2
8	情归周恩来	中央台六套	2.7	7.3
9	奥运名人堂	中央电视台综合频道	2.5	10.0
10	抗震救灾众志成城特别节目希望	中央电视台综合频道	2.4	7.0

表 3.44.11 2008 年昆明市场综艺节目收视率排名前十位

名次	节目名称	播出频道	平均收视率(%)	平均占有率(%)
1	中国中央电视台 2008 春节联欢晚会	中央电视台综合频道	32.1	69.1
2	爱的奉献 2008 宣传文化系统抗震救灾大型募捐活动(5 月 18 日)	中央电视台综合频道	17.4	39.6
3	中央电视台 2008 年元宵晚会	中央电视台综合频道	12.1	29.2
4	荣成月中华情 2008 中央电视台中秋晚会	中央电视台综合频道	9.5	25.1
5	青春中国第十三届 CCTV 青年歌手电视大奖赛颁奖晚会	中央台三套	7.0	18.4
6	射雕英雄会射雕英雄传西南首播特别节目	昆明电视台综合频道	5.3	13.5
7	北京 2008 年奥运会倒计时 100 天庆祝活动	中央台三套	5.0	14.3
8	万家灯火平安夜公安部 2008 年春节晚会	中央电视台综合频道	4.9	13.1
9	迈向太空中央电视台心连心艺术团赴酒泉卫星发射中心慰问演出	中央电视台综合频道	4.6	12.5
10	春晚倒计时综艺快报特别节目(2 月 8 日)	中央台三套	4.4	12.7

表 3.44.12　2008 年昆明市场奥运会、残奥会比赛节目收视率排名前十位

名次	节目名称	播出频道	平均收视率（%）	平均占有率（%）
1	2008 年第 29 届奥运会男子篮球 B 组比赛（中国 VS 美国）	中央台二套	19.0	45.6
2	2008 年第 29 届奥运会女排小组赛（中国 VS 古巴）	中央电视台综合频道	11.5	27.4
3	2008 年第 29 届奥运会女子排球预赛（中国 VS 美国）	中央台五套	11.2	28.0
4	2008 年第 29 届奥运会女子 100 米决赛	中央电视台综合频道	10.8	24.5
5	2008 年第 29 届奥运会男子举重 56 公斤级决赛	中央电视台综合频道	10.7	28.2
6	2008 年第 29 届奥运会乒乓球男子团体决赛	中央台五套	9.8	27.9
7	2008 年第 29 届奥运会体操单项女子高低杠决赛	中央台五套	9.2	36.3
8	2008 年第 29 届奥运会男子篮球小组赛（中国 VS 德国）	中央台五套	9.0	23.2
9	2008 年第 29 届奥运会田径比赛男子 110 米栏决赛	中央电视台综合频道	9.0	21.8
10	2008 年第 29 届奥运会男子举重 69 公斤级决赛	中央台五套	8.6	26.2

表 3.44.13　2008 年昆明市场体育节目收视率排名前十位（奥运会、残奥会比赛除外）

名次	节目名称	播出频道	平均收视率（%）	平均占有率（%）
1	第 29 届奥林匹克运动会开幕式	中央电视台综合频道	21.5	37.2
2	第 29 届奥林匹克运动会闭幕式	中央电视台综合频道	17.0	38.5
3	第 29 届奥林匹克运动会开幕式	中央台五套	15.0	26.0
4	北京 2008 年残奥会开幕式	中央电视台综合频道	10.1	25.8
5	第 29 届奥林匹克运动会闭幕式	中央台五套	10.0	22.7
6	北京 2008 年残奥会闭幕式	中央电视台综合频道	8.8	23.3
7	奥运第 1 天	中央电视台综合频道	6.2	13.7
8	直播周末：第 49 届世界乒乓球团体锦标赛男团决赛	中央台五套	5.5	14.5
9	直播周末：第 49 届世界乒乓球团体锦标赛女团决赛	中央台五套	5.2	14.0
10	北京 2008 年残奥会开幕式	中央台五套	4.1	10.4

四十五、兰州收视数据

表 3.45.1　2004－2008 年兰州电视收视市场各类频道的市场占有率(%)

频道类别	年份				
	2004 年	2005 年	2006 年	2007 年	2008 年
中央台频道	58.5	59.9	64.5	61.6	63.4
中国教育台频道	0.1	0.4	0.1	0.1	0.1
甘肃省级频道	11.8	8.3	4.7	4.9	5.4
兰州市级频道	8.0	12.5	8.0	8.0	7.1
其他省级卫视频道	18.0	16.3	20.0	20.6	18.3
其他频道	3.6	2.6	2.8	4.7	5.7

表 3.45.2　2008 年兰州市场各类频道在不同目标观众中的市场占有率(%)

目标观众		中央台频道	中国教育台频道	甘肃省级频道	兰州市级频道	其他省级卫视频道	其他频道
4 岁及以上所有人		63.4	0.1	5.4	7.1	18.3	5.7
性别	男	65.3	0.1	5.2	7.0	16.2	6.1
	女	61.3	0.1	5.6	7.2	20.4	5.3
年龄	4－14 岁	56.4	0.1	4.6	6.7	24.9	7.2
	15－24 岁	58.2	0.4	5.4	9.5	21.7	4.9
	25－34 岁	61.3	0.1	6.9	6.5	18.5	6.8
	35－44 岁	61.3	0.1	5.1	8.2	19.1	6.2
	45－54 岁	64.7	0.1	5.0	7.2	16.8	6.2
	55－64 岁	69.1	0.1	5.7	5.6	14.5	5.0
	65 岁及以上	70.7	0.1	4.3	5.5	15.7	3.6
教育程度	未受过正规教育	62.2	0.1	5.6	7.2	18.8	6.1
	小学	62.4	0.1	5.1	7.2	20.5	4.6
	初中	63.5	0.1	5.7	8.4	17.1	5.2
	高中	63.5	0.2	5.6	6.8	18.5	5.5
	大学及以上	64.2	0.1	4.1	5.0	18.2	8.5
职业类别	干部/管理人员	62.1	0.1	4.4	5.4	17.6	10.4
	个体/私营企业人员	58.3	0.1	6.9	11.3	18.5	4.9
	初级公务员/雇员	63.8	0.2	5.1	6.1	19.1	5.8
	工人	63.9	0.1	5.7	7.0	16.5	6.8
	学生	57.7	0.2	4.1	6.9	24.9	6.1
	无业	66.7	0.1	5.0	5.9	17.0	5.2
个人月收入	0－600 元	60.7	0.2	5.5	8.6	19.7	5.3
	601－1200 元	65.6	0.1	5.8	6.6	16.8	5.1
	1201－1700 元	65.9	0.1	3.5	4.3	18.3	7.9
	1701 元及以上	63.7	0.1	4.4	4.5	17.9	9.3

表 3.45.3　2008 年兰州市场各类频道在不同时段的市场占有率（%）

时间段	中央台频道	中国教育台频道	甘肃省级频道	兰州市级频道	其他省级卫视频道	其他频道
02:00－03:00	72.5	0.3	0.7	0.2	21.0	5.3
03:00－04:00	74.5	0.0	0.9	0.1	20.1	4.3
04:00－05:00	74.6	0.2	0.9	0.5	17.4	6.5
05:00－06:00	72.7	0.2	0.3	0.3	11.8	14.6
06:00－07:00	89.3	0.0	0.2	0.0	4.5	6.0
07:00－08:00	87.1	0.0	0.5	0.0	7.8	4.4
08:00－09:00	75.4	0.0	2.4	0.6	17.1	4.4
09:00－10:00	62.9	0.1	3.6	2.0	24.5	6.8
10:00－11:00	61.4	0.2	4.0	2.5	24.6	7.4
11:00－12:00	66.2	0.1	3.2	1.9	21.7	6.9
12:00－13:00	76.0	0.1	1.5	3.9	14.3	4.2
13:00－14:00	60.8	0.1	2.0	8.0	22.3	6.9
14:00－15:00	52.6	0.1	2.7	1.5	34.3	8.8
15:00－16:00	47.3	0.2	3.3	1.2	38.8	9.3
16:00－17:00	50.4	0.5	2.9	0.5	36.8	9.0
17:00－18:00	63.5	0.4	1.9	1.6	25.1	7.5
18:00－19:00	76.5	0.1	2.0	3.8	13.6	4.0
19:00－20:00	85.3	0.0	3.3	3.5	5.6	2.1
20:00－21:00	61.3	0.1	7.8	8.0	17.9	4.8
21:00－22:00	51.0	0.1	9.1	14.1	20.0	5.7
22:00－23:00	42.3	0.2	10.1	17.6	21.3	8.5
23:00－24:00	51.1	0.1	5.0	6.2	25.5	12.1
24:00－25:00	56.2	0.1	3.5	2.6	25.0	12.6
25:00－26:00	58.0	0.1	2.6	1.8	24.7	12.8

表 3.45.4　2008 年兰州市场收视份额位于前十位的频道

名次	频道名称	收视份额（%）
1	中央电视台综合频道	28.8
2	中央台八套	6.9
3	兰州电视台新闻综合频道	5.6
4	中央台六套	5.0
5	中央台三套	4.6
6	中央台五套	4.0
7	湖南电视台卫星频道	3.1
8	中央电视台新闻频道	3.0
9	中央台二套	2.8
10	中央台四套	2.2

表 3.45.5 2008 年兰州市场主要频道的观众构成(%)

目标观众		所有频道	主要频道				
			中央电视台综合频道	中央台八套	兰州电视台新闻综合频道	中央台六套	中央台三套
4 岁及以上所有人		100.0	100.0	100.0	100.0	100.0	100.0
性别	男性	51.3	52.1	43.6	50.8	58.0	51.1
	女性	48.7	47.9	56.4	49.2	42.0	48.9
年龄	4-14 岁	6.8	6.3	5.0	7.1	4.7	5.0
	15-24 岁	11.0	11.0	8.1	14.7	9.8	11.2
	25-34 岁	17.8	17.1	20.2	15.3	17.6	16.0
	35-44 岁	21.6	21.3	20.3	24.7	26.9	22.6
	45-54 岁	17.8	17.6	17.0	17.9	20.7	19.6
	55-64 岁	12.2	12.5	13.0	9.7	10.8	11.2
	65 岁及以上	12.8	14.2	16.4	10.6	9.4	14.4
教育程度	未受正规教育	4.4	4.2	5.5	5.1	2.9	3.5
	小学	12.9	12.3	13.8	14.5	12.8	13.6
	初中	31.2	32.5	32.4	36.9	34.4	27.6
	高中	36.9	37.2	32.5	34.5	33.6	40.2
	大学及以上	14.6	13.8	15.9	9.1	16.3	15.0
职业类别	干部/管理人员	3.0	3.0	5.0	1.9	2.4	2.7
	初级公务员/雇员	17.1	18.0	13.8	28.6	18.0	14.5
	工人	9.7	9.8	10.5	7.8	9.3	10.8
	个体/私营企业人员	19.3	18.0	18.2	17.1	23.1	20.8
	学生	11.2	10.8	7.4	11.1	9.4	9.5
	无业	39.7	40.4	45.2	33.5	37.8	41.6
个人月收入	0-600 元	42.9	44.2	39.1	54.1	45.1	41.5
	601-1200 元	40.2	40.6	44.1	36.6	37.2	40.4
	1201-1700 元	9.7	9.2	9.3	5.1	9.6	10.5
	1701 元及以上	7.1	5.9	7.5	4.2	8.1	7.5

表 3.45.6 2006-2008 年兰州市场各类节目的播出份额(%)和收视份额(%)

节目类别	2006 年		2007 年		2008 年	
	播出份额	收视份额	播出份额	收视份额	播出份额	收视份额
青少	4.9	3.1	4.7	3.5	5.4	4.0
戏剧	1.5	0.5	1.4	0.6	1.3	0.7
教学	0.3	0.1	0.9	0.3	0.9	0.2
综艺	7.6	8.5	8.1	10.4	6.2	8.8
外语	0.2	0.0	0.4	0.2	0.3	0.1
电影	3.0	4.0	4.3	5.6	3.9	4.6
音乐	1.2	1.6	2.6	1.7	3.3	1.0
新闻/时事	14.0	18.3	11.4	20.2	12.5	25.2
电视剧	25.7	31.4	35.7	38.1	36.9	33.9
专题	11.9	5.4	13.5	7.8	13.0	6.5
体育	1.8	4.2	2.7	4.0	3.4	8.3
财经	1.6	0.5	2.0	1.0	2.2	1.1
生活服务	5.7	3.6	10.3	3.8	9.1	3.2
法制	1.3	1.4	1.3	2.7	1.1	2.2
其他	19.2	17.4	0.8	0.3	0.8	0.2

表 3.45.7 2008 年兰州市场所有节目收视率排名前三十位

名次	节目名称	节目类型	播出频道	平均收视率（%）	平均占有率（%）
1	第 29 届奥林匹克运动会开幕式	体育	中央电视台综合频道	57.5	81.6
2	中国中央电视台 2008 春节联欢晚会	综艺	中央电视台综合频道	57.3	87.9
3	一年又一年二00八动起来	综艺	中央电视台综合频道	53.8	83.2
4	第 29 届奥林匹克运动会闭幕式	体育	中央电视台综合频道	51.0	72.9
5	新闻联播	新闻/时事	中央电视台综合频道	42.7	76.9
6	北京 2008 年残奥会开幕式	体育	中央电视台综合频道	41.4	68.5
7	温家宝在汶川映秀镇会见中外记者	新闻/时事	中央电视台综合频道	35.7	64.8
8	北京 2008 年残奥会闭幕式	体育	中央电视台综合频道	35.2	62.2
9	天气预报	生活服务	中央电视台综合频道	33.5	59.7
10	2008 年第 29 届奥运会田径比赛女子 4×400 米接力第一轮	体育	中央电视台综合频道	30.7	53.6
11	2008 年第 29 届奥运会田径比赛女子 1500 米决赛	体育	中央电视台综合频道	30.3	53.5
12	爱的奉献 2008 宣传文化系统抗震救灾大型募捐活动（5 月 18 日）	综艺	中央电视台综合频道	29.8	62.7
13	2008 年第 29 届奥运会女排小组赛（中国 VS 古巴）	体育	中央电视台综合频道	28.7	47.4
14	2008 年第 29 届奥运会乒乓球女团决赛	体育	中央电视台综合频道	28.2	45.5
15	2008 年第 29 届奥运会跆拳道比赛女子 49 公斤级决赛	体育	中央电视台综合频道	27.1	45.6
16	2008 年第 29 届奥运会羽毛球女双三、四名决赛	体育	中央电视台综合频道	27.0	44.2
17	2008 年第 29 届奥运会田径比赛女子铁饼决赛	体育	中央电视台综合频道	26.9	43.0
18	焦点访谈	新闻/时事	中央电视台综合频道	26.5	47.8
19	2008 年第 29 届奥运会女子排球小组赛 A 组（中国 VS 委内瑞拉）	体育	中央电视台综合频道	26.4	44.9
20	2008 年第 29 届奥运会女足小组赛（中国队 VS 阿根廷队）	体育	中央电视台综合频道	25.9	44.2
21	拉萨 3.14 打砸抢烧暴力事件纪实	专题	中央电视台综合频道	25.8	42.8
22	2008 年第 29 届奥运会乒乓球男子团体半决赛	体育	中央电视台综合频道	25.6	44.6
23	中央电视台 2008 年元宵晚会	综艺	中央电视台综合频道	25.6	43.2
24	新闻联播（5 月 13－17 日、5 月 19－21 日，21:00）	新闻/时事	中央电视台综合频道	22.4	41.7

续表

名次	节目名称	节目类型	播出频道	平均收视率（%）	平均占有率（%）
25	闯关东	电视剧	中央电视台综合频道	21.8	35.4
26	李小龙传奇	电视剧	中央电视台综合频道	21.6	39.6
27	真挚的关怀深入的指导	新闻/时事	中央电视台综合频道	20.6	38.4
28	乡村爱情第二部	电视剧	中央电视台综合频道	18.9	30.9
29	曲苑杂坛春节特别节目2008年正月正晚会	综艺	中央电视台综合频道	18.4	29.5
30	迈向太空中央电视台心连心艺术团赴酒泉卫星发射中心慰问演出	综艺	中央电视台综合频道	17.4	34.0

表3.45.8　2008年兰州市场电视剧收视率排名前十位

名次	节目名称	播出频道	平均收视率（%）	平均占有率（%）
1	闯关东	中央电视台综合频道	21.8	35.4
2	李小龙传奇	中央电视台综合频道	21.6	39.6
3	乡村爱情第二部	中央电视台综合频道	18.9	30.9
4	绝密押运	中央电视台综合频道	15.6	32.0
5	清凌凌的水蓝莹莹的天	中央电视台综合频道	12.9	22.0
6	兵心依旧	中央电视台综合频道	12.7	25.8
7	周恩来在重庆	中央电视台综合频道	12.6	21.4
8	英雄无名	中央电视台综合频道	12.0	22.4
9	神探狄仁杰第三部	中央台八套	11.7	20.0
10	浴血坚持	中央电视台综合频道	10.7	20.7

表3.45.9　2008年兰州市场新闻节目收视率排名前十位

名次	节目名称	播出频道	平均收视率（%）	平均占有率（%）
1	新闻联播	中央电视台综合频道	42.7	76.9
2	温家宝在汶川映秀镇会见中外记者	中央电视台综合频道	35.7	64.8
3	焦点访谈	中央电视台综合频道	26.5	47.8
4	新闻联播（5月13-17日、5月19-21日，21:00）	中央电视台综合频道	22.4	41.7
5	真挚的关怀深入的指导	中央电视台综合频道	20.6	38.4
6	神七问天直播特别节目	中央电视台综合频道	11.8	28.0
7	抗震救灾众志成城	中央电视台综合频道	11.1	29.9
8	一起看奥运	中央电视台综合频道	10.1	18.9
9	新闻1+1	中央电视台综合频道	8.4	18.1
10	第十一届全国人民代表大会第一次会议特别报道	中央电视台综合频道	8.3	20.8

表 3.45.10　2008 年兰州市场专题节目收视率排名前十位

名次	节目名称	播出频道	平均收视率（%）	平均占有率（%）
1	拉萨 3.14 打砸抢烧暴力事件纪实	中央电视台综合频道	25.8	42.8
2	CCTV2007 感动中国颁奖盛典	中央电视台综合频道	15.2	25.1
3	艺术人生	中央电视台综合频道	15.0	24.6
4	奔腾的宁夏	中央电视台综合频道	13.8	27.1
5	奥运名人堂	中央电视台综合频道	10.5	32.1
6	奥运名人堂	中央台五套	10.4	20.1
7	纪录中国中国记者在 2008	中央电视台综合频道	9.0	17.3
8	抗震救灾众志成城特别节目希望	中央电视台综合频道	8.6	17.7
9	跨越海南经济特区 20 年纪实	中央电视台综合频道	8.6	15.5
10	2008 当代工人 5.1 特别节目沧海跨越	中央电视台综合频道	8.2	15.5

表 3.45.11　2008 年兰州市场综艺节目收视率排名前十位

名次	节目名称	播出频道	平均收视率（%）	平均占有率（%）
1	第 29 届奥林匹克运动会开幕式	中央电视台综合频道	57.5	81.6
2	中国中央电视台 2008 春节联欢晚会	中央电视台综合频道	57.3	87.9
3	一年又一年二 00 八动起来	中央电视台综合频道	53.8	83.2
4	爱的奉献 2008 宣传文化系统抗震救灾大型募捐活动（5 月 18 日）	中央电视台综合频道	29.8	62.7
5	中央电视台 2008 年元宵晚会	中央电视台综合频道	25.6	43.2
6	曲苑杂坛春节特别节目 2008 年正月正晚会	中央电视台综合频道	18.4	29.5
7	迈向太空中央电视台心连心艺术团赴酒泉卫星发射中心慰问演出	中央电视台综合频道	17.4	34.0
8	荣成月中华情 2008 中央电视台中秋晚会	中央电视台综合频道	16.9	29.4
9	万家灯火平安夜公安部 2008 年春节晚会	中央电视台综合频道	16.0	30.1
10	旗帜高扬春光好 2008 年军民迎新春文艺晚会	中央电视台综合频道	14.4	26.2

表 3.45.12　2008 年兰州市场奥运会、残奥会比赛收视率排名前十位

名次	节目名称	播出频道	平均收视率(%)	平均占有率(%)
1	2008 年第 29 届奥运会田径比赛女子 4×400 米接力第一轮	中央电视台综合频道	30.7	53.6
2	2008 年第 29 届奥运会田径比赛女子 1500 米决赛	中央电视台综合频道	30.3	53.5
3	2008 年第 29 届奥运会女排小组赛（中国 VS 古巴）	中央电视台综合频道	28.7	47.4
4	2008 年第 29 届奥运会乒乓球女团决赛	中央电视台综合频道	28.2	45.5
5	2008 年第 29 届奥运会跆拳道比赛女子 49 公斤级决赛	中央电视台综合频道	27.1	45.6
6	2008 年第 29 届奥运会羽毛球女双三、四名决赛	中央电视台综合频道	27.0	44.2
7	2008 年第 29 届奥运会田径比赛女子铁饼决赛	中央电视台综合频道	26.9	43.0
8	2008 年第 29 届奥运会女子排球小组赛 A 组（中国 VS 委内瑞拉）	中央电视台综合频道	26.4	44.9
9	2008 年第 29 届奥运会女足小组赛（中国队 VS 阿根廷队）	中央电视台综合频道	25.9	44.2
10	2008 年第 29 届奥运会乒乓球男子团体半决赛	中央电视台综合频道	25.6	44.6

表 3.45.13　2008 年兰州市场体育节目收视率排名前十位（奥运会、残奥会比赛除外）

名次	节目名称	播出频道	平均收视率(%)	平均占有率(%)
1	第 29 届奥林匹克运动会开幕式	中央电视台综合频道	57.5	81.6
2	第 29 届奥林匹克运动会闭幕式	中央电视台综合频道	51.0	72.9
3	北京 2008 年残奥会开幕式	中央电视台综合频道	41.4	68.5
4	北京 2008 年残奥会闭幕式	中央电视台综合频道	35.2	62.2
5	奖牌榜	中央电视台综合频道	13.0	24.7
6	聚焦残奥会	中央电视台综合频道	12.6	24.7
7	再见北京伦敦再见	中央电视台综合频道	11.0	38.2
8	奥运第 6 天	中央电视台综合频道	9.5	54.3
9	奥运第 15 天	中央电视台综合频道	8.9	39.8
10	北京奥运会金牌榜	中央电视台综合频道	8.7	36.8

四十六、南昌收视数据

表 3.46.1　2004－2008 年南昌市场各类频道的市场占有率（%）

频道类别	年份				
	2004 年	2005 年	2006 年	2007 年	2008 年
中央台频道	30.6	30.8	28.7	28.3	29.3
中国教育台频道	0.1	0.3	0.1	0.1	0.0
江西省级频道	42.8	43.3	46.5	51.0	54.1
南昌市级频道	13.1	9.9	6.7	4.3	3.1
其他省级卫视频道	9.3	11.3	14.4	13.1	10.4
其他频道	4.1	4.4	3.6	3.2	3.0

表 3.46.2　2008 年南昌市场各类频道在不同目标观众中的市场占有率（%）

目标观众		中央台频道	中国教育台频道	江西省级频道	南昌市级频道	其他省级卫视频道	其他频道
4 岁及以上所有人		29.3	0.0	54.1	3.1	10.4	3.0
性别	男	31.8	0.0	53.2	3.1	8.8	3.1
	女	27.0	0.0	54.9	3.2	11.9	3.0
年龄	4－14 岁	33.6	0.0	48.9	3.1	10.3	4.1
	15－24 岁	23.8	0.0	57.4	3.1	11.9	3.8
	25－34 岁	28.5	0.0	54.4	3.4	10.3	3.4
	35－44 岁	25.1	0.0	58.3	3.4	10.2	2.9
	45－54 岁	31.0	0.0	52.6	3.3	10.0	3.1
	55－64 岁	36.1	0.0	49.4	2.8	9.8	2.0
	65 岁及以上	34.3	0.0	51.9	2.2	10.1	1.5
教育程度	未受过正规教育	35.3	0.0	49.2	2.5	8.8	4.1
	小学	29.1	0.0	55.2	2.8	10.3	2.5
	初中	25.5	0.0	57.5	3.4	10.6	3.1
	高中	30.3	0.0	53.6	3.1	10.2	2.9
	大学及以上	32.9	0.0	49.5	3.0	11.1	3.6
职业类别	干部/管理人员	36.5	0.0	47.2	3.4	10.4	2.5
	个体/私营企业人员	24.9	0.0	59.1	3.7	8.8	3.5
	初级公务员/雇员	30.3	0.0	53.9	2.8	9.8	3.3
	工人	24.3	0.0	58.5	3.5	11.4	2.3
	学生	26.5	0.0	54.6	3.5	11.1	4.3
	无业	32.8	0.0	51.1	2.7	10.8	2.6
个人月收入	0－600 元	27.3	0.0	54.2	3.3	11.2	4.0
	601－1200 元	27.9	0.0	57.3	2.9	9.6	2.3
	1201－1700 元	33.4	0.0	49.7	3.3	11.1	2.5
	1701 元及以上	39.0	0.0	43.8	3.0	10.6	3.6

表 3.46.3　2008 年南昌市场各类频道不同时段的市场占有率（%）

时间段	中央台频道	中国教育台频道	江西省级频道	南昌市级频道	其他省级卫视频道	其他频道
02:00-03:00	27.6	0.1	11.2	0.1	53.2	7.9
03:00-04:00	33.7	0.0	3.3	0.1	55.4	7.5
04:00-05:00	37.6	0.0	1.6	0.1	52.2	8.5
05:00-06:00	42.1	0.0	5.6	0.1	39.8	12.4
06:00-07:00	46.2	0.0	40.7	1.6	6.7	4.8
07:00-08:00	51.4	0.0	35.7	1.5	8.8	2.7
08:00-09:00	40.6	0.0	42.4	2.2	11.1	3.7
09:00-10:00	36.2	0.0	42.9	3.9	13.6	3.5
10:00-11:00	32.8	0.0	45.5	4.7	13.1	3.9
11:00-12:00	34.2	0.0	48.1	3.2	11.3	3.1
12:00-13:00	38.4	0.0	49.1	2.0	8.4	2.0
13:00-14:00	23.8	0.0	58.8	2.7	11.7	3.0
14:00-15:00	21.4	0.0	51.8	4.3	17.2	5.4
15:00-16:00	25.2	0.0	45.6	4.1	20.2	5.0
16:00-17:00	29.3	0.0	42.1	4.1	19.4	5.1
17:00-18:00	32.6	0.0	46.1	3.9	12.6	4.8
18:00-19:00	22.2	0.0	66.1	3.7	5.0	3.1
19:00-20:00	42.8	0.0	49.4	2.6	3.6	1.6
20:00-21:00	25.5	0.0	59.8	2.4	10.0	2.2
21:00-22:00	21.3	0.0	60.7	2.8	12.5	2.7
22:00-23:00	20.3	0.0	58.9	4.2	13.2	3.4
23:00-24:00	22.1	0.0	55.7	4.5	13.2	4.6
24:00-25:00	31.1	0.0	34.3	4.0	20.8	9.8
25:00-26:00	35.4	0.0	28.6	1.5	24.9	9.6

表 3.46.4　2008 年南昌市场收视份额排名前十位的频道

名次	频道名称	市场份额（%）
1	江西电视台都市频道（二套）	13.9
2	江西电视台公共频道（五套）	11.5
3	江西电视台卫星频道（一套）	11.2
4	中央电视台综合频道	9.5
5	江西电视台影视频道（四套）	8.7
6	江西电视台财经频道（三套）	7.7
7	中央台五套	3.5
8	中央台三套	3.1
9	湖南电视台卫星频道	3.0
10	中央电视台少儿频道	2.8

表 3.46.5　2008 年南昌市场各主要频道的观众构成（%）

目标观众		所有频道	主要频道				
			江西电视台都市频道（二套）	江西电视台公共频道（五套）	江西电视台经视频道（一套）	中央电视台综合频道	江西电视台影视频道（四套）
4 岁及以上所有人		100.0	100.0	100.0	100.0	100.0	100.0
性别	男	48.8	47.0	47.7	49.0	51.9	50.3
	女	51.2	53.0	52.3	51.0	48.1	49.7
年龄	4－14 岁	8.8	8.2	5.9	9.0	6.3	7.0
	15－24 岁	16.3	15.8	14.0	16.9	13.0	19.6
	25－34 岁	18.8	16.7	19.5	15.3	19.2	23.4
	35－44 岁	18.8	23.5	22.9	18.0	17.5	16.1
	45－54 岁	16.2	15.6	14.8	18.9	17.2	15.2
	55－64 岁	10.9	10.5	9.1	10.2	14.2	11.3
	65 岁及以上	10.2	9.6	13.9	11.9	12.7	7.3
教育程度	未受过正规教育	4.4	3.9	4.6	4.1	3.1	3.6
	小学	12.3	14.9	13.2	14.5	10.4	9.6
	初中	29.8	34.9	26.0	35.1	27.0	35.4
	高中	36.3	34.9	40.8	29.6	41.5	33.0
	大学及以上	17.1	11.4	15.4	16.7	18.0	18.5
职业类别	干部/管理人员	6.2	5.6	3.4	5.5	7.5	8.5
	个体/私营企业人员	13.9	17.6	15.5	12.4	13.7	15.5
	初级公务员/雇员	19.8	13.6	34.5	14.4	21.4	14.9
	工人	13.4	14.5	5.1	17.2	11.1	17.5
	学生	14.1	16.0	10.8	16.2	11.1	12.5
	无业	32.6	32.7	30.7	34.3	35.3	31.2
个人月收入	0－600 元	36.0	38.2	31.4	39.4	30.8	34.6
	601－1200 元	43.2	43.9	53.9	42.9	43.7	44.1
	1201－1700 元	10.9	10.9	9.8	7.1	11.9	13.4
	1701 元及以上	9.9	6.9	4.9	10.6	13.6	7.9

表 3.46.6　2006－2008 年南昌市场各类节目的播出份额（%）和收视份额（%）

节目类别	2006 年		2007 年		2008 年	
	播出份额	收视份额	播出份额	收视份额	播出份额	收视份额
青少	3.7	4.3	4.4	2.8	4.5	2.7
戏剧	1.2	0.4	1.3	0.2	1.2	0.1
教学	0.6	0.3	0.5	0.0	0.6	0.1
综艺	6.7	8.2	8.1	8.9	6.8	6.6
外语	0.4	0.0	0.2	0.0	0.1	0.0
电影	5.1	6.9	4.5	4.2	4.1	4.0
音乐	1.3	1.3	2.0	1.1	2.4	0.5
新闻/时事	9.7	15.3	13.7	19.6	13.9	19.6
体育	2.3	4.1	1.7	2.1	2.7	4.3
电视剧	27.1	31.1	25.6	30.7	25.4	30.7
专题	11.1	4.2	11.2	6.7	11.4	7.0
财经	1.3	0.3	1.5	0.9	1.7	1.6
生活服务	9.1	4.8	7.1	4.1	8.2	4.5
法制	1.2	2.1	1.3	2.6	1.2	2.1
其他	19.2	16.7	17.0	16.2	16.0	16.2

表3.46.7　2008年南昌市场所有节目收视率排名前三十位

名次	节目名称	节目类型	播出频道	平均收视率(%)	平均占有率(%)
1	中国中央电视台2008春节联欢晚会	综艺	中央电视台综合频道	45.4	74.3
2	第29届奥林匹克运动会开幕式	体育	中央电视台综合频道	37.6	56.3
3	北京2008年残奥会开幕式	体育	中央电视台综合频道	29.8	56.8
4	第29届奥林匹克运动会闭幕式	体育	中央电视台综合频道	27.1	38.1
5	北京2008年残奥会闭幕式	体育	中央电视台综合频道	22.3	39.5
6	2008年第29届奥运会乒乓球女子单打决赛	体育	中央台五套	19.7	33.0
7	新闻联播	新闻/时事	中央电视台综合频道	19.5	34.5
8	2008年第29届奥运会乒乓球男子团体决赛	体育	中央台五套	18.5	29.2
9	2008年第29届奥运会体操女子自由操决赛	体育	中央台五套	18.1	27.8
10	第29届奥林匹克运动会闭幕式	体育	中央台五套	17.9	25.2
11	2008年第29届奥运会女子排球1/4决赛（中国VS俄罗斯）	体育	中央台五套	17.7	28.0
12	2008年第29届奥运会女子排球预赛（中国VS美国）	体育	中央台五套	15.9	27.1
13	2008年第29届奥运会女足小组赛E组（中国VS加拿大）	体育	中央台五套	15.5	25.9
14	2008年第29届奥运会男子篮球小组赛（中国VS德国）	体育	中央台五套	15.3	24.1
15	2008年第29届奥运会男足小组赛C组（比利时VS中国）	体育	中央台五套	14.7	23.9
16	温家宝在汶川映秀镇会见中外记者	新闻/时事	中央电视台综合频道	14.6	23.7
17	2008年第29届奥运会男子排球1/4决赛（中国VS巴西）	体育	中央台五套	14.5	23.8
18	2008年第29届奥运会乒乓球男单第4轮	体育	中央台五套	14.4	26.4
19	第29届奥林匹克运动会开幕式	体育	中央台五套	14.4	22.5
20	2008年第29届奥运会拳击男子69公斤级半决赛	体育	中央台五套	14.3	27.1
21	2008年第29届奥运会羽毛球男子单打决赛	体育	中央台五套	14.3	23.7
22	2008年第29届奥运会羽毛球女双1/4决赛	体育	中央台五套	14.0	24.3
23	2008年第29届奥运会乒乓球女子单打铜牌赛	体育	中央台五套	13.6	23.2
24	2008年第29届奥运会体操男子单杠决赛	体育	中央台五套	13.5	21.8
25	2008年第29届奥运会男子足球小组赛C组（中国VS巴西）	体育	中央台五套	13.3	21.6

续表

名次	节目名称	节目类型	播出频道	平均收视率（%）	平均占有率（%）
26	2008 年第 29 届奥运会男子举重 62 公斤级决赛	体育	中央台五套	13.3	21.3
27	2008 年第 29 届奥运会网球女子单打第二轮	体育	中央台五套	13.1	22.8
28	2008 年第 29 届奥运会田径比赛女子 1500 米决赛	体育	中央电视台综合频道	12.9	22.7
29	2008 年第 29 届奥运会羽毛球混合双打 1/4 决赛	体育	中央台五套	12.7	23.8
30	天气预报	生活服务	中央电视台综合频道	12.7	21.9

表 3.46.8 2008 年南昌市场电视剧收视率排名前十位

名次	节目名称	播出频道	平均收视率（%）	平均占有率（%）
1	血色玫瑰	江西电视台卫星频道（一套）	11.5	19.3
2	侦探成旭	江西电视台都市频道（二套）	9.1	16.3
3	羊城暗哨	江西电视台卫星频道（一套）	9.1	15.3
4	继母后妈	江西电视台都市频道（二套）	8.7	16.9
5	你一定要幸福	江西电视台都市频道（二套）	8.6	15.2
6	壮士出征	江西电视台卫星频道（一套）	7.6	17.3
7	悠悠寸草心	江西电视台都市频道（二套）	8.2	14.8
8	拯救	江西电视台都市频道（二套）	8.2	14.4
9	暖春	江西电视台都市频道（二套）	8.1	15.7
10	聊斋	江西电视台都市频道（二套）	8.1	15.6

表 3.46.9 2008 年南昌市场新闻节目收视率排名前十位

名次	节目名称	播出频道	平均收视率（%）	平均占有率（%）
1	新闻联播	中央电视台综合频道	19.5	34.5
2	温家宝在汶川映秀镇会见中外记者	中央电视台综合频道	14.6	23.7
3	抗击冰冻新闻快报	江西电视台卫星频道（一套）	10.4	18.5
4	新闻联播（5 月 13－17 日、5 月 19－21 日，21:00）	中央电视台综合频道	10.2	19.4
5	真挚的关怀深入的指导	中央电视台综合频道	9.6	16.8
6	都市快报	江西电视台都市频道（二套）	9.1	24.5
7	都市现场	江西电视台都市频道（二套）	9.1	18.1
8	焦点访谈	中央电视台综合频道	8.8	15.2
9	第 5 社区	江西电视台公共频道（五套）	6.6	14.0
10	转播中央台新闻联播（5 月 19－21 日）	江西电视台都市频道（二套）	6.5	10.4

表 3.46.10　2008 年南昌市场专题节目收视率排名前十位

名次	节目名称	播出频道	平均收视率（%）	平均占有率（%）
1	都市情缘	江西电视台都市频道（二套）	10.8	18.6
2	奥运名人堂	中央台五套	9.9	23.6
3	传奇故事	江西电视台卫星频道（一套）	8.1	16.5
4	江西省第 2 届十大井冈之子颁奖典礼	江西电视台卫星频道（一套）	7.5	12.4
5	拉萨 3.14 打砸抢烧暴力事件纪实	中央电视台综合频道	6.7	10.9
6	赈灾演艺界在行动	江西电视台影视频道（四套）	6.3	10.6
7	众志成城决战冰雪江西交警抗击冰雪灾害纪实	江西电视台财经频道（三套）	5.8	9.5
8	江西卫视纪念改革开放 30 周年特别节目归去来兮	江西电视台卫星频道（一套）	5.4	19.6
9	井冈先锋	江西电视台卫星频道（一套）	5.2	13.3
10	我的今日之最我为天狂	中央电视台综合频道	4.6	11.7

表 3.46.11　2008 年南昌市场综艺节目收视率排名前十位

名次	节目名称	播出频道	平均收视率（%）	平均占有率（%）
1	中国中央电视台 2008 春节联欢晚会	中央电视台综合频道	45.4	74.3
2	爱的奉献 2008 宣传文化系统抗震救灾大型募捐活动（5 月 18 日）	中央电视台综合频道	15.2	33.8
3	红歌颂春天 2008 省市军民春节文艺晚会	江西电视台卫星频道（一套）	10.8	19.3
4	中央电视台 2008 年元宵晚会	中央电视台综合频道	9.3	16.1
5	爱的颂歌江西 5 套中国首届诗文原创及朗诵	江西电视台公共频道（五套）	9.0	17.2
6	感动春暖江西江西五套 2008 抗击冰雪重建家园	江西电视台公共频道（五套）	7.8	15.1
7	红歌英雄汇	江西电视台卫星频道（一套）	7.4	17.9
8	江西卫视大剧首播年	江西电视台卫星频道（一套）	7.1	11.6
9	为了我们的兄弟姐妹江西支援抗震救灾重建家园募捐活动	江西电视台卫星频道（一套）	7.0	13.3
10	荣成月中华情 2008 中央电视台中秋晚会	中央电视台综合频道	6.5	11.2

表 3.46.12　2008 年南昌市场奥运会、残奥会比赛收视率排名前十位

名次	节目名称	播出频道	平均收视率（%）	平均占有率（%）
1	2008 年第 29 届奥运会乒乓球女子单打决赛	中央台五套	19.7	33.0
2	2008 年第 29 届奥运会乒乓球男子团体决赛	中央台五套	18.5	29.2
3	2008 年第 29 届奥运会体操女子自由操决赛	中央台五套	18.1	27.8
4	2008 年第 29 届奥运会女子排球 1/4 决赛（中国 VS 俄罗斯）	中央台五套	17.7	28.0
5	2008 年第 29 届奥运会乒乓球男子单打决赛	中央台五套	16.3	28.0
6	2008 年第 29 届奥运会女子排球预赛（中国 VS 美国）	中央台五套	16.0	27.1
7	2008 年第 29 届奥运会体操单项男子鞍马决赛	中央台五套	15.9	24.4
8	2008 年第 29 届奥运会女足小组赛 E 组（中国 VS 加拿大）	中央台五套	15.5	25.9
9	2008 年第 29 届奥运会男子篮球小组赛（中国 VS 德国）	中央台五套	15.3	24.1
10	2008 年第 29 届奥运会男足小组赛 C 组（比利时 VS 中国）	中央台五套	14.7	23.9

表 3.46.13　2008 年南昌市场体育节目收视率排名前十位（奥运会、残奥会比赛除外）

名次	节目名称	播出频道	平均收视率（%）	平均占有率（%）
1	第 29 届奥林匹克运动会开幕式	中央电视台综合频道	37.6	56.3
2	北京 2008 年残奥会开幕式	中央电视台综合频道	29.8	56.8
3	第 29 届奥林匹克运动会闭幕式	中央电视台综合频道	27.1	38.1
4	北京 2008 年残奥会闭幕式	中央电视台综合频道	22.3	39.5
5	第 29 届奥林匹克运动会开幕式	中央台五套	22.0	32.9
6	第 29 届奥林匹克运动会闭幕式	中央台五套	17.9	25.2
7	奥运第 14 天	中央电视台综合频道	8.8	19.0
8	奥运第 1 天	中央电视台综合频道	8.8	15.2
9	北京 2008 年残奥会闭幕式	中央台五套	8.1	14.3
10	奥运第 5 天	中央电视台综合频道	8.0	16.5

四十七、南京收视数据

表 3.47.1 2004-2008 年南京市场各类频道的市场占有率(%)

频道类别	年份				
	2004 年	2005 年	2006 年	2007 年	2008 年
中央台频道	22.4	26.8	26.4	23.5	24.2
中国教育台频道	0.2	0.6	0.6	0.5	0.2
江苏省级频道	35.9	29.1	32.1	35.1	37.3
南京市级频道	33.3	29.2	25.1	22.3	21.8
其他省级卫视频道	6.1	10.7	11.3	12.9	12.1
其他频道	2.1	3.6	4.5	5.7	4.4

注:从 2005 年 1 月 1 日起南京数据为测量仪数据。

表 3.47.2 2008 年南京市场各类频道在不同目标观众中的市场占有率(%)

目标观众		中央台频道	中国教育台频道	江苏省级频道	南京市级频道	其他省级卫视频道	其他频道
4 岁及以上所有人		24.2	0.2	37.3	21.8	12.1	4.4
性别	男	26.3	0.2	36.4	21.6	11.0	4.5
	女	21.9	0.2	38.2	22.1	13.3	4.3
年龄	4-14 岁	19.8	0.1	33.1	19.7	21.5	5.8
	15-24 岁	16.3	0.2	37.9	25.9	15.5	4.2
	25-34 岁	22.0	0.3	34.5	24.5	13.1	5.6
	35-44 岁	23.3	0.2	35.5	22.9	13.3	4.8
	45-54 岁	25.6	0.1	39.2	21.5	9.5	4.1
	55-64 岁	28.6	0.1	39.5	19.1	9.5	3.2
	65 岁及以上	29.4	0.1	39.0	18.0	9.1	4.4
教育程度	未受过正规教育	20.3	0.1	44.7	20.4	11.0	3.5
	小学	22.3	0.1	40.1	20.3	14.5	2.7
	初中	24.9	0.3	33.7	24.7	12.2	4.2
	高中	24.7	0.2	37.9	21.7	11.4	4.1
	大学及以上	24.2	0.1	37.6	19.1	12.3	6.7
职业类别	干部/管理人员	27.6	0.2	34.5	16.7	13.9	7.1
	个体/私营企业人员	22.7	0.2	34.8	26.9	11.6	3.8
	初级公务员/雇员	24.7	0.1	32.6	24.3	12.7	5.6
	工人	22.4	0.2	38.9	23.1	11.3	4.1
	学生	18.2	0.2	35.4	19.7	21.5	5.0
	无业	27.0	0.1	38.4	20.2	10.2	4.1
	其他	22.1	0.3	43.2	22.8	9.7	1.9
个人月收入	0-600 元	20.2	0.2	38.8	23.1	14.0	3.7
	601-1200 元	25.1	0.2	36.5	23.0	11.1	4.1
	1201-1700 元	27.0	0.2	36.9	20.0	12.1	3.8
	1701-2600 元	25.8	0.2	37.1	20.2	11.0	5.7
	2601 元及以上	25.8	0.1	35.2	19.9	12.1	6.9

表 3.47.3　2008 年南京市场各类频道不同时段的市场占有率（%）

时间段	中央台频道	中国教育台频道	江苏省级频道	南京市级频道	其他省级卫视频道	其他频道
02:00-03:00	41.4	0.0	13.0	8.0	29.8	7.8
03:00-04:00	42.2	0.1	15.6	6.7	28.5	6.9
04:00-05:00	43.8	0.0	14.2	7.7	28.5	5.8
05:00-06:00	44.3	0.1	16.0	8.4	27.3	3.9
06:00-07:00	38.5	0.2	30.9	12.9	13.7	3.8
07:00-08:00	36.7	0.1	36.6	11.4	10.5	4.7
08:00-09:00	40.4	0.1	24.3	9.2	18.5	7.5
09:00-10:00	33.3	0.1	31.9	5.5	20.7	8.5
10:00-11:00	33.0	0.2	33.3	5.0	20.3	8.2
11:00-12:00	35.1	0.2	32.0	7.6	18.3	6.8
12:00-13:00	36.3	0.3	26.9	16.2	14.8	5.5
13:00-14:00	36.4	0.5	24.4	9.0	21.3	8.4
14:00-15:00	35.5	0.1	18.6	9.7	25.7	10.4
15:00-16:00	36.3	0.1	17.0	9.4	27.3	9.9
16:00-17:00	36.7	0.5	18.6	7.2	28.6	8.4
17:00-18:00	29.6	0.4	32.2	15.6	17.1	5.1
18:00-19:00	15.2	0.1	46.8	29.6	4.4	3.9
19:00-20:00	17.4	0.1	43.7	33.8	2.8	2.2
20:00-21:00	18.0	0.1	45.8	27.2	7.0	1.9
21:00-22:00	18.4	0.2	45.2	23.9	9.8	2.5
22:00-23:00	19.0	0.1	39.6	25.4	11.9	4.0
23:00-24:00	26.3	0.3	25.3	27.3	15.4	5.4
24:00-25:00	35.3	0.1	21.1	14.7	21.7	7.1
25:00-26:00	37.8	0.1	14.3	12.6	27.0	8.2

表 3.47.4　2008 年南京市场收视份额排名前十位的频道

名次	频道名称	收视份额（%）
1	江苏电视台城市频道	9.2
2	江苏卫视	8.6
3	南京电视台教育科技频道（六套）	6.3
4	江苏电视台综艺频道	6.0
5	江苏电视台影视频道	5.7
6	南京电视台新闻综合频道（一套）	5.6
7	中央电视台综合频道	4.0
8	南京电视台十八频道	3.5
9	中央台三套	3.4
10	江苏教育电视台	3.3

表 3.47.5 2008 年南京市场各主要频道的观众构成(%)

目标观众		所有频道	主要频道				
			江苏电视台城市频道	江苏卫视	南京电视台教育科技频道(六套)	江苏电视台综艺频道	江苏电视台影视频道
4 岁及以上所有人		100.0	100.0	100.0	100.0	100.0	100.0
性别	男	52.5	50.5	50.6	48.2	52.6	49.2
	女	47.5	49.5	49.4	51.8	47.4	50.8
年龄	4-14 岁	6.3	3.3	4.4	3.9	5.4	4.9
	15-24 岁	10.0	9.5	7.7	15.0	12.1	11.7
	25-34 岁	17.0	13.4	15.5	16.9	15.6	13.5
	35-44 岁	18.5	19.4	16.6	19.2	16.5	18.3
	45-54 岁	22.7	28.9	23.7	23.7	21.5	25.4
	55-64 岁	15.1	15.1	18.3	11.6	16.6	16.7
	65 岁及以上	10.4	10.5	13.8	9.7	12.4	9.6
教育程度	未受过正规教育	5.7	7.8	6.5	5.9	5.6	10.6
	小学	10.5	8.7	11.1	7.1	10.6	14.9
	初中	29.5	29.6	30.3	35.1	23.8	24.6
	高中	38.1	39.2	36.8	40.0	42.3	34.2
	大学及以上	16.1	14.7	15.3	11.9	17.7	15.8
职业类别	干部/管理人员	4.9	4.6	4.5	4.7	4.8	4.2
	个体/私营企业人员	7.6	9.2	6.8	12.3	5.7	5.8
	初级公务员/雇员	14.9	15.2	8.8	16.5	12.0	11.0
	工人	24.4	26.8	24.2	26.2	27.0	25.2
	学生	8.9	6.3	6.4	8.3	8.5	9.7
	无业	33.4	31.8	41.6	28.5	36.7	28.9
	其他	5.8	6.0	7.8	3.5	5.2	15.2
个人月收入	0-600 元	29.4	25.1	29.9	26.1	29.7	39.4
	601-1200 元	31.8	32.1	32.1	35.6	30.2	27.8
	1201-1700 元	16.8	20.1	17.7	13.5	16.9	14.3
	1701-2600 元	15.5	16.6	15.1	18.1	16.5	13.0
	2601 元及以上	6.5	6.1	5.2	6.7	6.7	5.4

表 3.47.6 2006-2008 年南京市场各类节目的播出份额(%)和收视份额(%)

节目类别	2006 年		2007 年		2008 年	
	播出份额	收视份额	播出份额	收视份额	播出份额	收视份额
财经	1.4	0.4	1.8	0.7	2.0	0.8
生活服务	6.5	1.7	9.4	4.7	10.4	5.0
青少	5.0	3.3	4.6	2.2	4.9	2.4
戏剧	1.3	0.4	1.5	0.4	1.2	0.2
教学	0.4	0.1	0.5	0.2	0.5	0.2
综艺	8.7	13.1	8.3	10.2	6.7	7.4
外语	0.2	0.1	0.2	0.0	0.1	0.0
电影	3.9	5.1	3.6	5.1	3.5	5.1
音乐	1.1	1.3	2.2	1.1	2.1	0.8
新闻/时事	13.8	15.9	12.5	15.3	12.8	15.7
体育	2.5	4.1	3.1	3.7	4.2	5.2
电视剧	24.4	30.1	23.6	31.6	23.7	33.4
专题	10.8	6.6	10.9	6.3	11.2	6.2
法制类	1.6	4.4	1.6	4.2	1.3	3.4
其他	18.5	13.4	16.3	14.1	15.4	14.2

表 3.47.7　2008 年南京市场所有节目收视率排名前三十位

名次	节目名称	节目类型	播出频道	平均收视率（%）	平均占有率（%）
1	中国中央电视台 2008 春节联欢晚会	综艺	中央电视台综合频道	33.3	58.9
2	音乐让我说 Love2008 – 2009 跨年演唱会	音乐	江苏卫视	20.3	38.2
3	第 29 届奥林匹克运动会开幕式	体育	中央电视台综合频道	18.4	26.9
4	2008 年第 29 届奥运会男子篮球 B 组比赛（中国 VS 美国）	体育	中央台二套	17.6	41.4
5	第 29 届奥林匹克运动会闭幕式	体育	中央电视台综合频道	17.2	25.2
6	名师高徒毕业大典（1 月 26 日）	综艺	江苏卫视	17.1	28.6
7	第 29 届奥林匹克运动会开幕式	体育	中央台五套	16.3	23.9
8	爱的奉献 2008 宣传文化系统抗震救灾大型募捐活动（5 月 18 日）	综艺	中央电视台综合频道	13.8	25.0
9	风月恶之花	电视剧	南京电视台新闻综合频道（一套）	13.5	25.3
10	宽恕	电视剧	江苏电视台城市频道	13.5	24.6
11	2008 年第 29 届奥运会男子篮球小组赛（中国 VS 德国）	体育	中央台五套	13.4	22.2
12	第 29 届奥林匹克运动会闭幕式	体育	中央台五套	13.3	19.6
13	2008 年第 29 届奥运会女子排球预赛（中国 VS 美国）	体育	中央台五套	12.7	20.3
14	功夫之王全国首映礼	综艺	江苏卫视	11.7	20.0
15	飞扬新声名师高徒（11 月 8 日）	综艺	江苏卫视	11.6	20.7
16	2008 年第 29 届奥运会体操男子单杠决赛	体育	中央台五套	11.3	19.2
17	2008 年第 29 届奥运会男子举重 56 公斤级决赛	体育	中央电视台综合频道	11.3	18.6
18	2008 年第 29 届奥运会体操女子自由操决赛	体育	中央台五套	10.9	16.7
19	2008 年第 29 届奥运会乒乓球男子团体决赛	体育	中央台五套	10.8	18.0
20	2008 年第 29 届奥运会女排小组赛（中国 VS 古巴）	体育	中央电视台综合频道	10.8	17.5
21	我的丑娘	电视剧	江苏电视台城市频道	10.4	19.2
22	2008 年第 29 届奥运会乒乓球女子单打决赛	体育	中央台五套	10.3	17.2
23	2008 年第 29 届奥运会男子举重 62 公斤级决赛	体育	中央台五套	10.1	18.0
24	2008 年第 29 届奥运会男子举重 69 公斤级决赛	体育	中央台五套	10.0	18.0

续表

名次	节目名称	节目类型	播出频道	平均收视率（%）	平均占有率（%）
25	2008年第29届奥运会田径比赛男子110米栏决赛	体育	中央电视台综合频道	9.8	16.8
26	飞扬新声绝对唱响全国总决赛三强颠峰之战	综艺	江苏卫视	9.6	18.5
27	牟氏庄园	电视剧	江苏电视台城市频道	9.6	18.0
28	2008年第29届奥运会体操单项女子高低杠决赛	体育	中央台五套	9.4	21.6
29	春草	电视剧	江苏电视台城市频道	9.4	17.3
30	2008年第29届奥运会女子3米跳板决赛	体育	中央台二套	9.3	14.6

表 3.47.8　2008 年南京市场电视剧收视率排名前十位

名次	节目名称	播出频道	平均收视率（%）	平均占有率（%）
1	风月恶之花	南京电视台新闻综合频道（一套）	13.5	25.3
2	宽恕	江苏电视台城市频道	13.5	24.6
3	我的丑娘	江苏电视台城市频道	10.4	19.2
4	牟氏庄园	江苏电视台城市频道	9.6	18.0
5	春草	江苏电视台城市频道	9.4	17.3
6	金耳环	江苏电视台城市频道	9.1	15.8
7	对峙	江苏电视台城市频道	9.0	17.3
8	谁懂我的心	江苏电视台城市频道	8.9	16.8
9	红颜的岁月	江苏电视台城市频道	8.7	17.0
10	国家宝藏之觐天宝匣	江苏电视台城市频道	8.6	16.6

表 3.47.9　2008 年南京市场新闻节目收视率排名前十位

名次	节目名称	播出频道	平均收视率（%）	平均占有率（%）
1	南京零距离	江苏电视台城市频道	6.8	15.1
2	焦点访谈（5月19－21日）	南京电视台教育科技频道（六套）	5.2	9.9
3	雪情就是命令全面动员迎战暴雪	江苏电视台城市频道	5.1	8.7
4	焦点访谈（5月19－21日）	南京电视台新闻综合频道（一套）	4.7	9.4
5	焦点访谈（5月19－21日）	江苏电视台综艺频道	4.5	8.8
6	新闻联播（5月13－17日、5月19－21日，21:00）	中央电视台综合频道	4.4	7.6
7	转播中央台新闻联播（5月19－21日，21:00）	江苏电视台综艺频道	4.2	8.1
8	现场报道	南京电视台教育科技频道（六套）	4.1	11.4
9	直播南京	南京电视台新闻综合频道（一套）	3.9	9.9
10	焦点访谈（5月19－21日）	江苏卫视	3.9	7.7

表 3.47.10　2008 年南京市场专题节目收视率排名前十位

名次	节目名称	播出频道	平均收视率（%）	平均占有率（%）
1	周末人间	江苏卫视	6.1	12.7
2	人间	江苏卫视	5.3	11.2
3	拉萨 3.14 打砸抢烧暴力事件纪实	中央电视台综合频道	4.7	8.4
4	奠基	南京电视台新闻综合频道（一套）	3.9	7.4
5	董倩面对面	中央电视台综合频道	3.7	7.7
6	光辉岁月三十年改革开放以来南京市党风廉政建设和反腐败斗争回眸	南京电视台新闻综合频道（一套）	3.7	5.7
7	抗震救灾特别节目	南京电视台教育科技频道（六套）	3.6	10.5
8	情系灾区南京市支援抗震救灾电视报告会	南京电视台新闻综合频道（一套）	3.5	6.4
9	世间	江苏卫视	3.0	9.6
10	8 壹 8 特别节目	江苏电视台综艺频道	3.0	5.8

表 3.47.11　2008 年南京市场综艺节目收视率排名前十位

名次	节目名称	播出频道	平均收视率（%）	平均占有率（%）
1	中国中央电视台 2008 春节联欢晚会	中央电视台综合频道	33.3	58.9
2	名师高徒毕业大典（1 月 26 日）	江苏卫视	17.1	28.6
3	爱的奉献 2008 宣传文化系统抗震救灾大型募捐活动（5 月 18 日）	中央电视台综合频道	13.8	25.0
4	功夫之王全国首映礼	江苏卫视	11.7	20.0
5	飞扬新声名师高徒（11 月 8 日）	江苏卫视	11.6	20.7
6	飞扬新声绝对唱响全国总决赛三强颠峰之战	江苏卫视	9.6	18.5
7	数 1 数 2 共迎奥运	江苏卫视	9.1	18.7
8	音乐大联考	江苏卫视	9.0	21.0
9	数 1 数 2 鼠年吉祥	江苏卫视	9.0	18.0
10	数 1 数 2 新春畅想	江苏卫视	8.7	17.6

表 3.47.12　2008 年南京市场奥运会、残奥会比赛收视率排名前十位

名次	节目名称	播出频道	平均收视率(%)	平均占有率(%)
1	2008 年第 29 届奥运会男子篮球 B 组比赛(中国 VS 美国)	中央台二套	17.6	41.4
2	2008 年第 29 届奥运会男子篮球小组赛(中国 VS 德国)	中央台五套	13.4	22.2
3	2008 年第 29 届奥运会女子排球预赛（中国 VS 美国）	中央台五套	12.7	20.3
4	2008 年第 29 届奥运会体操男子单杠决赛	中央台五套	11.3	19.2
5	2008 年第 29 届奥运会男子举重 56 公斤级决赛	中央电视台综合频道	11.3	18.6
6	2008 年第 29 届奥运会体操女子自由操决赛	中央台五套	10.9	16.7
7	2008 年第 29 届奥运会乒乓球男子团体决赛	中央台五套	10.8	18.0
8	2008 年第 29 届奥运会女排小组赛（中国 VS 古巴）	中央电视台综合频道	10.8	17.5
9	2008 年第 29 届奥运会乒乓球女子单打决赛	中央台五套	10.3	17.2
10	2008 年第 29 届奥运会男子举重 62 公斤级决赛	中央台五套	10.1	18.0

表 3.47.13　2008 年南京市场体育节目收视率排名前十位（奥运会、残奥会比赛除外）

名次	节目名称	播出频道	平均收视率(%)	平均占有率(%)
1	第 29 届奥林匹克运动会开幕式	中央电视台综合频道	18.4	26.9
2	第 29 届奥林匹克运动会闭幕式	中央电视台综合频道	17.2	25.2
3	第 29 届奥林匹克运动会开幕式	中央台五套	16.3	23.9
4	第 29 届奥林匹克运动会闭幕式	中央台五套	13.3	19.6
5	北京 2008 年残奥会开幕式	中央电视台综合频道	7.0	12.9
6	第 29 届奥林匹克运动会开幕式	江苏卫视	6.4	9.3
7	直播周末: 第 49 届世界乒乓球团体锦标赛男团决赛	中央台五套	6.0	10.8
8	2007/2008 赛季 CBA 中国男子篮球职业联赛（南钢大华 VS 辽宁盼盼）	江苏电视台体育休闲频道	5.3	9.1
9	奥运第 1 天	中央电视台综合频道	5.3	8.9
10	北京 2008 年残奥会开幕式	江苏卫视	5.1	9.3

四十八、南宁收视数据

表 3.48.1 2004－2008 年南宁市各类频道的市场占有率（%）

频道类别	年份				
	2004 年	2005 年	2006 年	2007 年	2008 年
中央台频道	31.79	30.5	28.7	30.5	37.3
中国教育台频道	0.17	0.4	0.2	0.3	0.2
广西省级频道	33.7	36.7	39.6	34.5	29.5
南宁市级频道	20.33	19.4	15.9	18.2	17.6
其他省级卫视频道	8.82	9.3	10.2	9.1	10.0
其他频道	5.19	3.6	5.5	7.5	5.5

表 3.48.2 2008 年南宁市各类频道在不同目标观众中的市场占有率（%）

目标观众		中央台频道	中国教育台频道	广西省级频道	南宁市级频道	其他省级卫视频道	其他频道
4 岁及以上所有人		37.3	0.2	29.5	17.6	10.0	5.5
性别	男	40.2	0.2	27.9	17.3	8.7	5.7
	女	34.3	0.2	31.1	17.9	11.3	5.3
年龄	4－14 岁	38.7	0.1	31.0	15.0	9.3	5.9
	15－24 岁	29.5	0.2	26.7	22.2	13.8	7.7
	25－34 岁	38.4	0.3	27.6	18.3	8.7	6.7
	35－44 岁	33.7	0.1	33.1	17.8	9.9	5.4
	45－54 岁	38.0	0.3	30.4	17.1	10.3	4.0
	55－64 岁	40.5	0.2	29.9	15.9	9.2	4.3
	65 岁及以上	46.5	0.1	26.5	14.7	8.7	3.5
教育程度	未受过正规教育	37.3	0.0	34.4	14.8	7.5	6.0
	小学	33.6	0.2	36.9	18.2	7.2	4.0
	初中	33.6	0.2	33.3	18.4	9.9	4.7
	高中	38.4	0.2	26.1	18.8	10.6	5.9
	大学及以上	46.1	0.4	20.0	14.0	11.9	7.7
职业类别	干部/管理人员	44.4	0.1	19.3	14.5	13.7	8.0
	个体/私营企业人员	36.5	0.2	26.3	20.4	9.7	6.8
	初级公务员/雇员	43.8	0.2	22.3	16.5	10.2	7.1
	工人	36.1	0.2	30.8	18.1	9.3	5.6
	学生	35.3	0.1	26.7	17.8	14.4	5.7
	无业	41.9	0.2	28.0	16.0	9.5	4.5
	其他	16.0	0.0	58.9	17.8	4.9	2.4
个人月收入	0－600 元	33.0	0.1	33.5	18.9	9.8	4.7
	601－1200 元	38.6	0.2	27.8	17.9	9.8	5.7
	1201－1700 元	46.7	0.2	22.3	14.0	8.9	7.8
	1701－2600 元	44.3	0.4	21.5	13.0	14.7	6.2
	2601 元及以上	52.3	0.2	16.7	10.6	9.4	10.9

表 3.48.3　2008 年南宁市各类频道不同时段的市场占有率（%）

时间段	中央台频道	中国教育台频道	广西省级频道	南宁市级频道	其他省级卫视频道	其他频道
02:00－03:00	54.9	0.1	15.4	1.0	19.0	9.6
03:00－04:00	52.7	0.2	23.2	0.5	11.0	12.5
04:00－05:00	54.3	0.0	23.3	0.4	12.9	9.2
05:00－06:00	79.2	0.0	11.0	0.7	5.6	3.6
06:00－07:00	82.2	0.0	5.7	3.4	5.1	3.6
07:00－08:00	58.0	0.0	20.7	8.0	9.6	3.7
08:00－09:00	44.5	0.1	29.0	7.9	13.5	5.1
09:00－10:00	41.7	0.2	25.8	8.0	14.7	9.7
10:00－11:00	41.9	0.3	22.6	6.7	16.3	12.1
11:00－12:00	46.0	0.3	21.2	7.8	13.4	11.3
12:00－13:00	57.4	0.3	20.3	5.5	9.5	7.0
13:00－14:00	40.7	0.9	24.7	6.0	18.7	8.9
14:00－15:00	40.2	0.6	21.0	5.1	21.2	11.9
15:00－16:00	37.2	0.4	22.3	4.2	24.3	11.6
16:00－17:00	39.9	0.7	22.1	4.5	22.3	10.4
17:00－18:00	46.3	0.4	25.2	8.4	12.2	7.5
18:00－19:00	35.4	0.1	35.7	20.4	5.1	3.3
19:00－20:00	41.4	0.1	30.4	22.8	3.0	2.5
20:00－21:00	32.9	0.2	32.0	24.3	7.2	3.4
21:00－22:00	28.0	0.2	37.4	20.7	9.4	4.3
22:00－23:00	31.0	0.1	27.8	20.3	14.1	6.7
23:00－24:00	31.7	0.1	27.5	16.1	16.6	8.0
24:00－25:00	34.7	0.0	18.5	17.8	18.2	10.9
25:00－26:00	42.4	0.0	12.6	14.8	19.2	11.1

表 3.48.4　2008 年南宁市场收视份额排名前十位的频道

名次	频道名称	收视份额（%）
1	中央电视台综合频道	13.9
2	广西电视台综艺频道	11.3
3	南宁电视台新闻综合频道	9.9
4	广西电视台都市频道	7.8
5	广西电视台卫星频道	5.9
6	中央台五套	4.5
7	中央电视台少儿频道	3.9
8	南宁电视台都市生活频道	3.6
9	南宁电视台影视娱乐频道	3.4
10	湖南电视台卫星频道	3.2

表 3.48.5 2008 年南宁市场各主要频道的观众构成（%）

目标观众		所有频道	主要频道				
			中央电视台综合频道	广西电视台综艺频道	南宁电视台新闻综合频道	广西电视台都市频道	广西电视台卫星频道
4 岁及以上所有人		100.0	100.0	100.0	100.0	100.0	100.0
性别	男	50.0	52.4	47.1	51.1	44.6	48.3
	女	50.0	47.6	52.9	48.9	55.4	51.7
年龄	4-14 岁	9.1	6.7	11.3	7.8	5.3	12.8
	15-24 岁	13.0	10.4	13.6	15.2	11.2	7.0
	25-34 岁	22.0	24.0	20.4	22.4	18.9	21.6
	35-44 岁	20.0	18.7	25.0	20.0	19.1	24.2
	45-54 岁	16.4	17.4	14.9	16.1	23.7	11.7
	55-64 岁	9.9	10.5	8.6	10.1	12.2	9.9
	65 岁及以上	9.6	12.3	6.3	8.4	9.7	12.7
教育程度	未受过正规教育	4.1	3.1	6.3	4.0	2.8	5.1
	小学	14.7	12.0	20.9	15.6	13.4	24.7
	初中	34.2	33.4	42.3	38.0	34.1	35.9
	高中	31.1	31.7	23.6	29.7	32.5	26.9
	大学及以上	15.9	19.7	6.9	12.6	17.2	7.5
职业类别	干部/管理人员	4.0	5.4	2.2	3.1	2.8	2.2
	个体/私营企业人员	23.3	23.0	21.1	24.8	22.0	16.7
	初级公务员/雇员	11.1	13.7	5.4	10.1	12.9	7.8
	工人	9.9	8.3	9.5	9.5	13.2	7.0
	学生	12.3	10.2	13.2	11.2	7.8	10.6
	无业	31.0	33.4	23.5	27.9	38.8	30.0
	其他	8.4	6.0	25.2	13.3	2.5	25.8
个人月收入	0-600 元	45.1	40.2	60.4	51.4	37.7	57.1
	601-1200 元	38.5	40.1	32.2	36.0	43.9	32.7
	1201-1700 元	10.2	12.3	5.7	8.7	11.2	6.4
	1701-2600 元	5.1	5.9	1.3	3.2	6.3	3.1
	2601 元及以上	1.1	1.6	0.4	0.7	0.8	0.7

表 3.48.6 2006-2008 年南宁市场各类节目的播出份额（%）和收视份额（%）

节目类别	2006 年		2007 年		2008 年	
	播出份额	收视份额	播出份额	收视份额	播出份额	收视份额
青少	5.1	3.1	4.5	3.1	4.8	4.1
戏剧	1.4	0.1	1.3	0.1	1.0	0.1
教学	0.3	0.0	0.5	0.1	0.5	0.1
综艺	7.8	7.5	8.2	6.9	6.7	6.0
外语	0.3	0.1	0.2	0.1	0.1	0.0
电影	3.5	3.4	3.3	5.0	3.4	4.6
音乐	1.1	1.5	1.9	1.1	2.4	0.7
新闻/时事	14.0	16.7	13.9	17.1	14.0	18.1
体育	1.8	3.3	2.7	2.8	3.4	5.8
电视剧	25.9	34.6	25.9	33.9	25.4	31.2
专题	11.5	4.8	11.1	5.0	11.2	4.7
财经	1.4	0.3	1.5	0.4	1.7	0.5
生活服务	5.2	4.0	7.2	4.8	8.1	4.8
法制	1.51	1.47	1.4	1.3	1.4	1.9
其他	19.1	19.2	16.4	18.4	15.9	17.3

表 3.48.7　2008 年南宁市场所有节目类型收视率排名前三十位

名次	节目名称	节目类型	播出频道	平均收视率（%）	平均占有率（%）
1	第 29 届奥林匹克运动会开幕式	体育	中央电视台综合频道	35.7	59.7
2	第 29 届奥林匹克运动会闭幕式	体育	中央电视台综合频道	32.6	53.4
3	中国中央电视台 2008 春节联欢晚会	综艺	中央电视台综合频道	26.5	63.8
4	北京 2008 年残奥会开幕式	体育	中央电视台综合频道	24.7	53.9
5	2008 年第 29 届奥运会女排小组赛（中国 VS 波兰）	体育	中央电视台综合频道	19.4	37.9
6	大地飞歌 2008 第 5 届中国东盟博览会暨第 10 届南宁国际民歌艺术节开幕晚会	综艺	南宁电视台新闻综合频道	19.1	39.7
7	2008 年第 29 届奥运会女子排球小组赛 A 组（中国 VS 委内瑞拉）	体育	中央电视台综合频道	17.8	33.3
8	2008 年第 29 届奥运会女排小组赛（中国 VS 古巴）	体育	中央电视台综合频道	17.6	36.0
9	第 29 届奥林匹克运动会开幕式	体育	中央台五套	17.3	29.0
10	2008 年第 29 届奥运会乒乓球女团决赛	体育	中央电视台综合频道	16.4	28.8
11	2008 年第 29 届奥运会跆拳道比赛女子 49 公斤级决赛	体育	中央电视台综合频道	16.3	29.9
12	2008 年第 29 届奥运会男子举重 56 公斤级决赛	体育	中央电视台综合频道	15.3	29.1
12	2008 年第 29 届奥运会田径比赛男子 200 米小组赛	体育	中央电视台综合频道	15.3	29.1
14	爱的奉献 2008 宣传文化系统抗震救灾大型募捐活动（5 月 18 日）	综艺	中央电视台综合频道	15.2	42.5
15	2008 年第 29 届奥运会田径比赛女子铁饼决赛	体育	中央电视台综合频道	15.2	29.3
16	第 29 届奥林匹克运动会闭幕式	体育	中央台五套	15.2	24.9
17	2008 年第 29 届奥运会田径比赛女子 1500 米决赛	体育	中央电视台综合频道	15.1	31.1
18	北京 2008 年残奥会闭幕式	体育	中央电视台综合频道	15.0	33.0
19	2008 年第 29 届奥运会女子排球半决赛（中国 VS 巴西）	体育	中央台五套	14.8	29.0
20	2008 年第 29 届奥运会女足小组赛（中国队 VS 阿根廷队）	体育	中央电视台综合频道	14.5	27.0
21	新闻联播	新闻/时事	中央电视台综合频道	14.4	32.1
22	2008 年第 29 届奥运会乒乓球男子团体半决赛	体育	中央电视台综合频道	14.4	29.8
23	2008 年第 29 届奥运会乒乓球男子团体决赛	体育	中央台五套	14.4	28.0
24	2008 年第 29 届奥运会女子排球 1/4 决赛（中国 VS 俄罗斯）	体育	中央台五套	14.4	27.4
25	2008 年第 29 届奥运会女子链球决赛	体育	中央电视台综合频道	14.4	26.6

续表

名次	节目名称	节目类型	播出频道	平均收视率（%）	平均占有率（%）
26	2008 年第 29 届奥运会跳水男子单人 10 米跳台决赛	体育	中央电视台综合频道	14.2	28.7
27	第 29 届奥运会乒乓球男团小组赛	体育	中央电视台综合频道	14.2	27.8
28	2008 年第 29 届奥运会男子蹦床决赛	体育	中央电视台综合频道	13.5	25.3
29	2008 年第 29 届奥运会体操单项女子高低杠决赛	体育	中央台五套	13.0	28.4
30	2008 年第 29 届奥运会女子排球预赛（中国 VS 美国）	体育	中央台五套	12.8	26.9

表 3.48.8　2008 年南宁市场电视剧收视率排名前十位

名次	节目名称	播出频道	平均收视率（%）	平均占有率（%）
1	生死英雄	广西电视台综艺频道	10.0	23.4
2	精武陈真	广西电视台综艺频道	9.8	23.7
3	春蚕织梦	广西电视台综艺频道	9.7	21.1
4	顺娘	广西电视台综艺频道	9.0	20.0
5	凤穿牡丹	广西电视台综艺频道	8.2	19.5
6	笑着活下去	南宁电视台新闻综合频道	7.8	18.8
7	魔剑生死棋	广西电视台综艺频道	7.8	17.3
8	仁者无敌	南宁电视台新闻综合频道	7.7	20.7
9	龙游天下	广西电视台综艺频道	7.6	17.5
10	风月恶之花	广西电视台综艺频道	7.4	17.8

表 3.48.9　2008 年南宁市场新闻节目收视率排名前十位

名次	节目名称	播出频道	平均收视率（%）	平均占有率（%）
1	新闻联播	中央电视台综合频道	14.4	32.1
2	温家宝在汶川映秀镇会见中外记者	中央电视台综合频道	12.2	29.8
3	新闻联播（5 月 13 – 17 日、5 月 19 – 21 日，21:00）	中央电视台综合频道	10.7	26.6
4	真挚的关怀深入的指导	中央电视台综合频道	8.6	16.8
5	焦点访谈	中央电视台综合频道	7.9	17.2
6	夜班 1 周	南宁电视台新闻综合频道	7.5	15.6
7	新闻夜班	南宁电视台新闻综合频道	7.3	16.0
8	新闻在线	广西电视台都市频道	6.7	16.5
9	2008 两会一节大看台	南宁电视台新闻综合频道	6.0	15.7
10	神七问天直播特别节目	中央电视台综合频道	5.7	15.5

表 3.48.10　2008 年南宁市场专题类节目收视率排名前十位

名次	节目名称	播出频道	平均收视率(%)	平均占有率(%)
1	拉萨 3.14 打砸抢烧暴力事件纪实	中央电视台综合频道	8.8	19.7
2	奥运名人堂	中央台五套	7.2	20.9
3	绿城先锋爱的奉献南宁市党员奉献日交纳特殊党费	南宁电视台新闻综合频道	6.5	16.7
4	董倩面对面	中央电视台综合频道	5.8	18.7
5	奥运名人堂	中央电视台综合频道	5.4	19.8
6	抗震救灾众志成城特别节目希望	中央电视台综合频道	4.1	9.0
7	奔腾的宁夏	中央电视台综合频道	3.9	9.7
8	CCTV2007 感动中国颁奖盛典	中央电视台综合频道	3.7	8.1
9	艺术人生（3 月 1 日）	中央电视台综合频道	3.4	8.3
10	全国迎奥运讲文明树新风礼仪知识竞赛	中央电视台综合频道	3.3	8.1

表 3.48.11　2008 年南宁市场综艺节目收视率排名前十位

名次	节目名称	播出频道	平均收视率(%)	平均占有率(%)
1	中国中央电视台 2008 春节联欢晚会	中央电视台综合频道	26.5	63.8
2	大地飞歌 2008 第 5 届中国东盟博览会暨第 10 届南宁国际民歌艺术节开幕晚会	南宁电视台新闻综合频道	19.1	39.7
3	爱的奉献 2008 宣传文化系统抗震救灾大型募捐活动（5 月 18 日）	中央电视台综合频道	15.2	42.5
4	大地飞歌 2008 第 5 届中国东盟博览会暨第 10 届南宁国际民歌艺术节开幕晚会	广西电视台综艺频道	10.8	27.3
5	荣成月中华情 2008 中央电视台中秋晚会	中央电视台综合频道	9.6	24.6
6	友谊欢歌 2008 中泰南宁晚会	南宁电视台新闻综合频道	8.1	20.4
7	中央电视台 2008 年元宵晚会	中央电视台综合频道	7.2	16.0
8	最后的格格演员霍思燕陈键锋观众见面会	南宁电视台新闻综合频道	7.0	15.7
9	迈向太空中央电视台心连心艺术团赴酒泉卫星发射中心慰问演出	中央电视台综合频道	6.8	14.8
10	山歌好比春江水庆祝广西壮族自治区成立 50 周年文艺晚会	南宁电视台新闻综合频道	6.6	18.6

表 3.48.12　2008 年南宁市场奥运会、残奥会比赛节目收视率排名前十位

名次	节目名称	播出频道	平均收视率（%）	平均占有率（%）
1	2008 年第 29 届奥运会女排小组赛（中国 VS 波兰）	中央电视台综合频道	19.4	37.9
2	2008 年第 29 届奥运会女子排球小组赛 A 组（中国 VS 委内瑞拉）	中央电视台综合频道	17.8	33.3
3	2008 年第 29 届奥运会女排小组赛（中国 VS 古巴）	中央电视台综合频道	17.6	36.0
4	2008 年第 29 届奥运会乒乓球女团决赛	中央电视台综合频道	16.4	28.8
5	2008 年第 29 届奥运会跆拳道比赛女子 49 公斤级决赛	中央电视台综合频道	16.3	29.9
6	2008 年第 29 届奥运会男子举重 56 公斤级决赛	中央电视台综合频道	15.3	29.1
6	2008 年第 29 届奥运会田径比赛男子 200 米小组赛	中央电视台综合频道	15.3	29.1
8	2008 年第 29 届奥运会田径比赛女子铁饼决赛	中央电视台综合频道	15.2	29.3
9	2008 年第 29 届奥运会田径比赛女子 1500 米决赛	中央电视台综合频道	15.1	31.1
10	2008 年第 29 届奥运会女子排球半决赛（中国 VS 巴西）	中央台五套	14.8	29.0

表 3.48.13　2008 年南宁市场体育节目收视率排名前十位（奥运会、残奥会比赛除外）

名次	节目名称	播出频道	平均收视率（%）	平均占有率（%）
1	第 29 届奥林匹克运动会开幕式	中央电视台综合频道	35.7	59.7
2	第 29 届奥林匹克运动会闭幕式	中央电视台综合频道	32.6	53.4
3	北京 2008 年残奥会开幕式	中央电视台综合频道	24.7	53.9
4	第 29 届奥林匹克运动会开幕式	中央台五套	17.3	29.0
5	第 29 届奥林匹克运动会闭幕式	中央台五套	15.2	24.9
6	北京 2008 年残奥会闭幕式	中央电视台综合频道	15.0	33.0
7	2008 年第 29 届奥运会田径男子三级跳远颁奖仪式	中央电视台综合频道	11.9	23.0
8	奥运第 1 天	中央电视台综合频道	11.5	24.0
9	再见北京伦敦再见	中央电视台综合频道	8.2	31.2
10	圣火耀广西 2008 北京奥运会火炬接力南宁市传递活动	广西电视台卫星频道	6.0	28.5

四十九、沈阳收视数据

表 3.49.1　2004－2008 年沈阳市场各类频道的市场占有率（%）

频道类别	年份				
	2004 年	2005 年	2006 年	2007 年	2008 年
中央台频道	35.6	37.3	36.0	34.6	33.3
中国教育台频道	0.2	0.3	0.3	0.5	0.4
辽宁省级频道	24.0	22.8	26.8	28.3	28.2
沈阳市级频道	20.5	18.4	13.9	12.7	14.3
其他省级卫视频道	14.6	15.9	18.0	19.3	19.9
其他频道	5.1	5.3	5.0	4.6	4.0

表 3.49.2　2008 年沈阳市场各类频道在不同目标观众中的市场占有率（%）

目标观众		中央台频道	中国教育台频道	辽宁省级频道	沈阳市级频道	其他省级卫视频道	其他频道
4 岁及以上所有人		33.3	0.4	28.2	19.9	14.3	4.0
性别	男	35.4	0.4	27.6	19.0	13.4	4.3
	女	31.3	0.4	28.7	20.8	15.1	3.7
年龄	4－14 岁	33.0	0.9	24.5	26.3	8.1	7.1
	15－24 岁	23.8	0.3	30.5	27.5	11.8	6.0
	25－34 岁	32.5	0.6	25.2	24.5	11.8	5.5
	35－44 岁	29.5	0.3	32.9	19.8	12.4	5.2
	45－54 岁	32.1	0.3	29.9	18.9	15.7	3.1
	55－64 岁	38.9	0.3	24.4	16.3	16.9	3.2
	65 岁及以上	39.9	0.3	26.1	15.8	16.5	1.4
教育程度	未受过正规教育	34.0	0.1	26.7	15.5	17.7	6.0
	小学	29.9	0.7	30.6	19.6	16.0	3.1
	初中	31.7	0.3	30.4	19.2	14.5	4.0
	高中	33.5	0.4	26.1	21.7	13.9	4.4
	大学及以上	40.2	0.5	23.8	19.4	12.6	3.4
职业类别	干部/管理人员	39.6	0.6	25.5	17.2	13.0	4.1
	个体/私营企业人员	31.7	0.4	25.9	21.7	15.8	4.6
	初级公务员/雇员	33.2	0.5	26.6	22.2	13.6	3.9
	工人	29.7	0.4	31.7	20.1	13.6	4.6
	学生	27.9	0.7	28.9	27.8	8.5	6.2
	无业	37.9	0.3	24.9	18.2	15.9	2.8
	其他	19.9	0.1	45.4	14.7	14.0	6.0
个人月收入	0－600 元	30.7	0.4	30.4	20.8	13.5	4.3
	601－1200 元	33.5	0.4	27.9	19.4	15.3	3.6
	1201－1700 元	38.6	0.4	26.9	18.3	11.8	4.0
	1701 元及以上	38.1	0.6	22.3	20.2	14.7	4.1

表 3.49.3　2008 年沈阳市场各类频道不同时段的市场占有率（%）

时间段	中央台频道	中国教育台频道	辽宁省级频道	沈阳市级频道	其他省级卫视频道	其他频道
02:00-03:00	32.9	0.2	23.6	6.2	28.1	9.0
03:00-04:00	36.8	0.2	22.0	2.9	30.2	8.0
04:00-05:00	35.0	0.1	18.6	1.9	37.6	6.9
05:00-06:00	39.2	0.1	20.0	1.2	35.5	4.1
06:00-07:00	36.4	0.2	28.9	18.8	12.7	3.1
07:00-08:00	36.0	0.1	29.2	22.1	9.2	3.4
08:00-09:00	34.3	0.1	29.0	13.5	19.5	3.5
09:00-10:00	34.3	0.2	23.7	10.2	27.1	4.5
10:00-11:00	33.6	0.4	23.1	9.8	28.4	4.7
11:00-12:00	36.8	0.5	23.6	7.8	27.0	4.4
12:00-13:00	32.8	0.5	23.7	17.9	20.6	4.7
13:00-14:00	35.0	0.6	19.4	11.8	27.9	5.3
14:00-15:00	32.4	0.3	18.7	9.7	33.1	5.8
15:00-16:00	32.2	0.3	21.6	7.7	32.8	5.4
16:00-17:00	31.9	0.5	24.9	6.7	31.0	5.0
17:00-18:00	37.0	0.6	24.4	8.3	24.7	5.0
18:00-19:00	26.5	0.3	36.0	24.7	9.2	3.3
19:00-20:00	30.2	0.2	39.1	21.6	5.8	3.1
20:00-21:00	35.8	0.5	30.0	16.2	14.7	2.8
21:00-22:00	33.7	0.5	32.6	13.0	17.5	2.8
22:00-23:00	32.1	0.5	26.8	12.8	23.7	4.1
23:00-24:00	36.6	0.4	19.6	9.4	29.0	5.1
24:00-25:00	33.0	0.2	20.0	10.3	30.5	6.1
25:00-26:00	28.9	0.2	22.1	12.4	28.7	7.8

表 3.49.4　2008 年沈阳市场收视份额排名前十位的频道

名次	频道名称	收视份额（%）
1	辽宁台都市频道	9.1
2	中央电视台综合频道	6.8
3	辽宁卫视	6.7
4	沈阳电视台一套（新闻频道）	4.6
5	中央台八套	4.1
5	沈阳电视台二套（综合频道）	4.1
5	中央台五套	4.1
8	中央台三套	3.9
9	沈阳电视台三套（影视频道）	3.3
9	辽宁台生活频道	3.3

表 3.49.5　2008 年沈阳市场各主要频道的观众构成（%）

目标观众		所有频道	主要频道				
			辽宁台都市频道	中央电视台综合频道	辽宁卫视	沈阳电视台一套（新闻频道）	中央台八套
4 岁及以上所有人		100.0	100.0	100.0	100.0	100.0	100.0
性别	男	49.1	47.5	45.7	47.9	43.8	50.2
	女	50.9	52.5	54.3	52.1	56.2	49.8
年龄	4-14 岁	5.7	3.4	4.5	3.7	4.0	2.8
	15-24 岁	9.3	8.2	6.4	9.5	6.0	6.3
	25-34 岁	12.5	9.0	8.8	6.3	8.8	8.8
	35-44 岁	17.9	19.3	15.8	19.5	13.5	12.8
	45-54 岁	24.8	32.4	24.4	24.5	25.5	27.2
	55-64 岁	14.9	13.9	19.6	16.0	21.2	16.8
	65 岁及以上	15.0	13.7	20.5	20.4	21.1	25.4
教育程度	未受过正规教育	2.7	2.8	3.5	4.1	1.3	2.3
	小学	10.2	8.6	8.6	14.0	9.4	13.2
	初中	43.4	48.4	40.6	50.0	50.0	39.7
	高中	27.0	24.9	27.2	21.1	25.8	25.7
	大学及以上	16.8	15.2	20.1	10.8	13.6	19.1
职业类别	干部/管理人员	4.3	3.6	4.1	3.0	3.7	4.7
	个体/私营企业人员	7.6	8.4	5.4	4.6	5.5	5.7
	初级公务员/雇员	10.9	11.2	10.4	6.9	7.2	9.8
	工人	20.1	23.0	18.4	21.3	17.2	20.9
	其他	8.9	6.2	6.2	7.8	5.7	3.7
	学生	43.5	41.5	51.2	45.2	56.1	51.9
	无业	4.7	6.0	4.3	11.3	4.6	3.3
个人月收入	0-600 元	51.6	54.5	50.4	60.4	51.5	47.2
	601-1200 元	35.1	33.5	33.5	30.2	32.7	36.9
	1201-1700 元	7.3	7.6	9.4	5.4	9.5	6.1
	1701 元及以上	5.9	4.5	6.7	4.0	6.3	9.8

表 3.49.6　2006-2008 年沈阳市场各类节目的播出份额（%）和收视份额（%）

节目类别	2006 年		2007 年		2008 年	
	播出份额	收视份额	播出份额	收视份额	播出份额	收视份额
财经	1.4	0.6	1.4	0.8	1.5	0.6
电视剧	25.2	32.9	24.6	29.6	23.6	29.9
电影	4.9	9.4	4.9	9.2	4.1	5.9
法制	1.3	1.3	1.7	2.1	1.8	3.5
教学	0.4	0.1	0.6	0.1	0.5	0.1
青少	4.8	2.8	4.6	2.6	4.6	2.6
生活服务	5.5	4.5	8.3	8.0	10.7	9.4
体育	2.6	5.0	2.0	4.2	3.8	7.2
外语	0.2	0.1	0.2	0.1	0.1	0.1
戏剧	1.3	0.3	1.3	0.4	1.0	0.3
新闻/时事	13.3	13.7	12.7	12.3	12.9	12.3
音乐	1.2	1.5	1.9	1.1	2.3	0.6
专题	11.0	5.8	11.0	6.4	10.8	7.0
综艺	7.9	9.5	8.3	10.5	7.0	9.5
其他	19.0	12.8	16.5	12.7	15.3	11.2

表 3.49.7　2008 年沈阳市场所有节目收视率排名前三十位

名次	节目名称	节目类型	播出频道	平均收视率（%）	平均占有率（%）
1	中国中央电视台 2008 春节联欢晚会	综艺	中央电视台综合频道	35.2	69.7
2	中央电视台 2008 年元宵晚会	综艺	中央电视台综合频道	27.0	52.7
3	乡村爱情第二部	电视剧	中央电视台综合频道	23.6	49.1
4	第 29 届奥林匹克运动会闭幕式	体育	中央电视台综合频道	23.0	40.9
5	第 29 届奥林匹克运动会开幕式	体育	中央电视台综合频道	20.6	34.8
6	2008 年第 29 届奥运会乒乓球男子团体决赛	体育	中央台五套	19.9	41.7
7	2008 年第 29 届奥运会女足小组赛（中国队 VS 阿根廷队）	体育	中央电视台综合频道	19.6	40.7
8	2008 年第 29 届奥运会乒乓球女子单打决赛	体育	中央台五套	17.1	35.2
9	2008 年第 29 届奥运会男足小组赛 C 组（中国队 VS 新西兰队）	体育	中央台五套	17.0	41.4
10	2008 年第 29 届奥运会男子篮球 B 组比赛（中国 VS 美国）	体育	中央台二套	16.4	55.8
11	2008 年第 29 届奥运会体操单项女子高低杠决赛	体育	中央台五套	16.1	41.7
12	2008 年第 29 届奥运会女排小组赛（中国 VS 古巴）	体育	中央电视台综合频道	15.7	33.4
13	2008 年第 29 届奥运会女足小组赛 E 组（中国队 VS 瑞典队）	体育	中央台五套	15.2	38.7
14	2008 年第 29 届奥运会体操男子单杠决赛（中央台五套）	体育	中央台五套	15.2	34.9
15	2008 年第 29 届奥运会女子链球决赛	体育	中央电视台综合频道	15.1	34.9
16	2008 年第 29 届奥运会男子举重 62 公斤级决赛	体育	中央台五套	14.5	32.0
17	第 29 届奥林匹克运动会闭幕式	体育	中央台五套	14.5	25.7
18	2008 第 29 届奥运会女子平衡木决赛	体育	中央台五套	14.3	40.8
19	2008 年第 29 届奥运会女子排球预赛（中国 VS 美国）	体育	中央台五套	14.2	31.3
20	2008 年第 29 届奥运会男子蹦床决赛	体育	中央电视台综合频道	14.1	27.8
21	2008 年第 29 届奥运会跆拳道比赛女子 49 公斤级决赛	体育	中央电视台综合频道	14.0	33.8
22	2008 年第 29 届奥运会乒乓球女子单打铜牌赛	体育	中央台五套	14.0	30.9
23	2008 年第 29 届奥运会女子排球 1/4 决赛（中国 VS 俄罗斯）	体育	中央台五套	13.7	27.4
24	2008 年第 29 届奥运会男子篮球小组赛（中国 VS 德国）	体育	中央台五套	13.3	30.0

续表

名次	节目名称	节目类型	播出频道	平均收视率（%）	平均占有率（%）
25	爱的奉献2008宣传文化系统抗震救灾大型募捐活动（5月18日）	综艺	中央电视台综合频道	13.0	34.9
26	2008年第29届奥运会男子举重69公斤级决赛	体育	中央台五套	13.0	32.3
27	2008年第29届奥运会乒乓球女团决赛	体育	中央电视台综合频道	13.0	28.1
28	2008年第29届奥运会女排小组赛（中国VS波兰）	体育	中央电视台综合频道	12.8	27.4
29	2008年第29届奥运会女足小组赛E组（中国VS加拿大）	体育	中央台五套	12.6	30.7
30	2008年第29届奥运会田径比赛男子110米栏决赛	体育	中央电视台综合频道	12.5	30.0

表3.49.8　2008年沈阳市场电视剧收视率排名前十位

名次	节目名称	播出频道	平均收视率（%）	平均占有率（%）
1	乡村爱情第二部	中央电视台综合频道	23.6	49.1
2	闯关东	中央电视台综合频道	11.2	25.6
3	李小龙传奇	中央电视台综合频道	5.6	14.5
4	笑着活下去	辽宁台影视娱乐频道	5.2	12.7
5	绝密押运	中央电视台综合频道	4.8	16.0
6	笑着活下去	辽宁台都市频道	4.8	10.4
7	别和陌生人跳舞	沈阳电视台三套（影视频道）	4.7	12.3
8	清凌凌的水蓝莹莹的天	中央电视台综合频道	4.7	11.1
9	芸娘	辽宁台都市频道	4.5	11.3
10	上门女婿	沈阳电视台三套（影视频道）	4.3	10.5

表3.49.9　2008年沈阳市场新闻节目收视率排名前十位

名次	节目名称	播出频道	平均收视率（%）	平均占有率（%）
1	新北方	辽宁台都市频道	8.5	25.5
2	新北方新闻正前方	辽宁台都市频道	4.8	17.7
3	新闻联播（5月13－17日、19－21日，21:00）	中央电视台综合频道	4.4	12.7
4	温家宝在汶川映秀镇会见中外记者	中央电视台综合频道	3.8	11.4
5	焦点访谈（5月19－21日）	辽宁台都市频道	3.8	10.9
6	神七问天直播特别节目	中央电视台综合频道	3.6	10.4
7	新闻联播	中央电视台综合频道	3.5	10.0
8	转播中央台新闻联播（5月19－21日）	辽宁台都市频道	3.3	10.2
9	北京奥运会倒计时100天特别节目奥运进行时	中央台五套	2.4	6.2
10	抗震救灾众志成城	中央电视台综合频道	2.2	7.9

表 3.49.10 2008 年沈阳市场专题节目收视率排名前十位

名次	节目名称	播出频道	平均收视率（%）	平均占有率（%）
1	CCTV2007 感动中国颁奖盛典	中央电视台综合频道	6.6	15.1
2	新北方	辽宁台都市频道	5.1	15.8
3	今晚博客	辽宁台都市频道	4.6	18.9
4	珍藏沈阳特别节目我在前线	沈阳电视台二套（综合频道）	4.4	19.0
5	新闻正前方	辽宁台都市频道	3.9	14.3
6	奥运名人堂	中央电视台综合频道	3.8	12.0
7	拉萨 3.14 打砸抢烧暴力事件纪实	中央电视台综合频道	3.8	9.2
8	周末王刚讲故事	辽宁卫视	3.1	10.4
9	奥运名人堂	中央台五套	2.9	8.5
10	超级访问	辽宁台都市频道	2.6	10.0

表 3.49.11 2008 年沈阳市场综艺节目收视率排名前十位

名次	节目名称	播出频道	平均收视率（%）	平均占有率（%）
1	中国中央电视台 2008 春节联欢晚会	中央电视台综合频道	35.2	69.7
2	中央电视台 2008 年元宵晚会	中央电视台综合频道	27.0	52.7
3	2008 辽宁电视台春节联欢晚会	辽宁卫视	16.9	40.3
4	爱的奉献 2008 宣传文化系统抗震救灾大型募捐活动（5 月 18 日）	中央电视台综合频道	16.6	43.0
5	荣成月中华情 2008 中央电视台中秋晚会	中央电视台综合频道	9.8	24.1
6	姥家门口唱大戏今年逗你乐翻天 2008 沈阳电视台春节晚会	沈阳电视台二套（综合频道）	8.0	16.7
7	综艺盛典 VarietyAwards2008	中央台三套	6.5	13.9
8	青春中国第十三届 CCTV 青年歌手电视大奖赛颁奖晚会	中央台三套	5.4	14.8
9	北京 2008 年奥运会倒计时 100 天庆祝活动	中央台三套	5.4	14.0
10	逗你乐翻天	沈阳电视台二套（综合频道）	5.0	13.8

表 3. 49. 12　2008 年沈阳市场奥运会、残奥会比赛收视率排名前十位

名次	节目名称	播出频道	平均收视率(%)	平均占有率(%)
1	2008 年第 29 届奥运会乒乓球男子团体决赛	中央台五套	19.9	41.8
2	2008 年第 29 届奥运会乒乓球女子单打决赛	中央台五套	17.1	35.2
3	2008 年第 29 届奥运会男足小组赛 C 组(中国队 VS 新西兰队)	中央台五套	17.0	41.4
4	2008 年第 29 届奥运会男子篮球 B 组比赛(中国 VS 美国)	中央台二套	16.4	55.8
5	2008 年第 29 届奥运会体操单项女子高低杠决赛	中央台五套	16.1	41.7
6	2008 年第 29 届奥运会女排小组赛(中国 VS 古巴)	中央电视台综合频道	15.7	33.4
7	2008 年第 29 届奥运会女足小组赛 E 组(中国队 VS 瑞典队)	中央台五套	15.2	38.7
8	2008 年第 29 届奥运会体操男子单杠决赛	中央台五套	15.2	34.9
9	2008 年第 29 届奥运会女子链球决赛	中央电视台综合频道	15.1	34.9
10	2008 年第 29 届奥运会女足小组赛(中国队 VS 阿根廷队)	中央电视台综合频道	15.1	33.1

表 3. 49. 13　2008 年沈阳市场体育节目收视率排名前十位(奥运会、残奥会比赛除外)

名次	节目名称	播出频道	平均收视率(%)	平均占有率(%)
1	第 29 届奥林匹克运动会闭幕式	中央电视台综合频道	23.0	40.9
2	第 29 届奥林匹克运动会开幕式	中央电视台综合频道	20.6	34.8
3	第 29 届奥林匹克运动会开幕式	中央台五套	18.0	30.4
4	第 29 届奥林匹克运动会闭幕式	中央台五套	14.5	25.7
5	北京 2008 年残奥会开幕式	中央电视台综合频道	11.0	29.4
6	北京 2008 年残奥会闭幕式	中央电视台综合频道	6.8	15.2
7	2008 年第 29 届奥运会田径男子三级跳远颁奖仪式	中央电视台综合频道	6.4	14.1
8	奥运第 2 天	中央电视台综合频道	6.3	28.4
9	奥运第 1 天	中央电视台综合频道	6.3	13.5
10	中国奥运冠军榜	中央电视台综合频道	5.5	16.5

五十、石家庄收视数据

表 3.50.1　2004－2008 年石家庄市场各类频道的市场占有率（%）

频道类别	年份				
	2004 年	2005 年	2006 年	2007 年	2008 年
中央台频道	49.8	49.6	51.1	48.4	44.5
中国教育台频道	0.2	0.5	0.2	0.2	0.3
河北省级频道	17.8	16.5	13.7	14.8	15.0
石家庄市级频道	17.8	18.4	16.5	16.1	13.0
其他省级卫视频道	12.8	13.1	16.8	18.8	23.3
其他频道	1.7	1.9	1.7	1.7	3.8

表 3.50.2　2008 年石家庄市场各类频道在不同目标观众中的市场占有率（%）

目标观众		中央台频道	中国教育台频道	河北省级频道	石家庄市级频道	其他省级卫视频道	其他频道
4 岁及以上所有人		44.5	0.3	15.0	13.0	23.3	3.8
性别	男	46.0	0.4	15.1	12.8	21.8	4.0
	女	43.1	0.3	15.0	13.3	24.8	3.6
年龄	4－14 岁	39.7	0.3	17.1	9.0	28.3	5.6
	15－24 岁	37.0	0.3	15.1	14.1	29.6	4.0
	25－34 岁	42.4	0.4	14.6	12.7	24.6	5.2
	35－44 岁	42.0	0.4	17.5	11.6	24.4	4.0
	45－54 岁	48.5	0.3	13.9	14.0	21.0	2.3
	55－64 岁	47.2	0.3	14.7	14.5	19.9	3.4
	65 岁及以上	51.9	0.3	12.5	14.3	18.1	2.8
教育程度	未受过正规教育	45.7	0.6	17.0	9.6	20.5	6.6
	小学	42.6	0.3	16.3	14.1	23.4	3.3
	初中	41.0	0.3	15.8	15.2	24.3	3.4
	高中	44.4	0.3	14.9	13.1	23.2	4.0
	大学及以上	48.8	0.3	13.5	10.9	22.8	3.7
职业类别	干部/管理人员	48.2	0.3	13.7	10.9	24.0	2.9
	个体/私营企业人员	42.7	0.4	15.8	13.1	24.0	4.1
	初级公务员/雇员	44.3	0.3	14.9	13.0	24.1	3.4
	工人	43.6	0.4	15.1	14.4	22.0	4.4
	学生	36.0	0.3	16.4	11.4	31.4	4.5
	无业	47.5	0.3	14.6	13.8	20.1	3.6
	其他	46.3	0.3	15.6	8.7	22.8	6.3
个人月收入	0－600 元	40.8	0.3	16.1	12.9	25.4	4.5
	601－1200 元	44.6	0.3	14.8	13.8	22.9	3.5
	1201－1700 元	45.5	0.4	13.9	14.6	21.3	4.4
	1701－2600 元	50.8	0.3	13.8	11.2	20.9	3.0
	2601 元及以上	51.4	0.4	14.4	9.6	22.7	1.4

表 3.50.3　2008 年石家庄市场各类频道不同时段的市场占有率（%）

时间段	中央台频道	中国教育台频道	河北省级频道	石家庄市级频道	其他省级卫视频道	其他频道
02:00-03:00	45.0	0.2	8.8	2.4	38.1	5.6
03:00-04:00	48.9	0.2	4.9	1.9	39.3	4.9
04:00-05:00	46.5	0.1	4.6	1.3	43.3	4.2
05:00-06:00	57.1	0.1	2.6	0.6	35.5	4.1
06:00-07:00	70.9	0.3	1.5	0.6	22.4	4.3
07:00-08:00	68.9	0.2	11.2	1.9	13.8	4.0
08:00-09:00	52.7	0.2	11.1	9.5	22.8	3.8
09:00-10:00	42.7	0.2	13.8	10.3	28.3	4.8
10:00-11:00	40.7	0.4	16.2	8.6	29.1	5.0
11:00-12:00	46.5	0.4	15.0	5.0	28.7	4.3
12:00-13:00	46.1	0.3	14.3	14.3	20.4	4.5
13:00-14:00	43.7	0.4	9.6	10.6	30.4	5.2
14:00-15:00	40.1	0.3	12.1	6.3	35.9	5.3
15:00-16:00	39.0	0.3	13.1	6.5	36.2	4.9
16:00-17:00	38.6	0.7	13.8	6.5	35.6	4.7
17:00-18:00	45.1	0.7	11.0	10.1	28.8	4.3
18:00-19:00	39.4	0.3	22.1	22.2	11.9	4.2
19:00-20:00	50.4	0.1	17.9	21.4	7.3	2.9
20:00-21:00	47.3	0.4	15.4	13.4	20.8	2.7
21:00-22:00	42.5	0.4	14.5	12.9	27.0	2.6
22:00-23:00	36.8	0.3	14.2	15.4	29.4	3.8
23:00-24:00	38.6	0.5	18.4	10.4	28.5	3.6
24:00-25:00	36.4	0.2	16.6	10.8	31.5	4.6
25:00-26:00	35.1	0.2	18.7	5.4	35.5	5.1

表 3.50.4　2008 年石家庄市场收视份额排名前十位的频道

名次	频道名称	收视份额（%）
1	中央电视台综合频道	9.0
2	石家庄电视台新闻综合频道（一套）	5.2
2	中央台三套	5.2
4	中央台五套	4.6
5	中央台八套	4.3
6	中央台二套	4.1
7	中央台六套	3.6
8	湖南电视台卫星频道	3.1
9	中央台四套	3.0
10	石家庄电视台娱乐频道	2.9

表 3.50.5 2008 年石家庄市场各主要频道的观众构成（%）

目标观众		所有频道	主要频道				
			中央电视台综合频道	石家庄电视台新闻综合频道（一套）	中央台三套	中央台五套	中央台八套
4 岁及以上所有人		100.0	100.0	100.0	100.0	100.0	100.0
性别	男	49.0	49.0	46.5	48.1	61.5	43.0
	女	51.0	51.0	53.5	51.9	38.5	57.0
年龄	4 - 14 岁	8.6	6.0	4.2	6.4	4.2	5.8
	15 - 24 岁	9.9	7.1	8.6	9.1	14.3	5.9
	25 - 34 岁	17.7	14.8	14.2	16.5	18.7	12.8
	35 - 44 岁	18.3	17.2	14.0	16.3	16.2	16.3
	45 - 54 岁	22.3	26.3	27.3	27.7	22.7	27.8
	55 - 64 岁	12.7	13.6	17.4	12.6	10.3	16.3
	65 岁及以上	10.5	15.0	14.3	11.5	13.6	15.1
教育程度	未受过正规教育	3.6	2.7	2.5	3.0	1.9	2.1
	小学	11.9	11.9	16.1	11.0	7.7	14.4
	初中	25.3	21.7	31.6	27.9	21.6	28.2
	高中	32.9	32.3	30.5	32.2	36.8	28.8
	大学及以上	26.3	31.4	19.4	26.0	32.0	26.4
职业类别	干部/管理人员	8.2	11.0	5.5	8.1	9.0	6.9
	个体/私营企业人员	12.0	9.2	10.5	12.2	11.1	10.3
	初级公务员/雇员	21.9	20.8	22.5	21.4	24.1	20.4
	工人	9.1	9.3	9.4	10.2	8.7	7.2
	学生	11.9	8.5	7.0	9.2	11.9	7.1
	无业	35.7	39.9	44.2	37.4	34.1	46.4
	其他	1.1	1.3	1.0	1.5	1.0	1.7
个人月收入	0 - 600 元	25.0	20.1	18.5	21.8	23.2	19.5
	601 - 1200 元	9.2	8.4	13.7	11.2	7.3	12.8
	1201 - 1700 元	18.7	19.0	23.6	19.9	17.6	20.9
	1701 - 2600 元	18.9	18.3	20.6	18.8	20.3	18.1
	2601 元及以上	28.1	34.2	23.6	28.3	31.6	28.7

表 3.50.6 2006 - 2008 年石家庄市场各类节目的播出份额（%）和收视份额（%）

节目类别	2006 年		2007 年		2008 年	
	播出份额	收视份额	播出份额	收视份额	播出份额	收视份额
电视剧	25.9	33.4	26.8	30.9	26.5	33.7
电影	4.3	5.1	4.1	4.7	4.1	6.4
教学	0.4	0.1	0.5	0.1	0.5	0.2
综艺	7.7	8.5	8.2	9.1	6.9	9.4
青少	4.8	2.8	4.4	2.2	4.5	3.2
体育	1.8	4.5	1.7	3.7	2.8	6.4
外语	0.3	0.1	0.2	0.1	0.1	0.1
戏剧	1.4	0.8	1.3	1.0	1.0	0.9
新闻/时事	13.2	14.3	12.9	15.0	13.2	11.4
音乐	1.2	1.6	2.0	1.5	2.4	0.7
专题	11.3	5.8	11.0	7.2	11.4	8.9
财经	1.7	1.1	1.7	0.9	1.6	1.0
生活服务	5.2	3.6	7.4	6.4	8.4	6.4
法制	1.2	0.5	1.3	0.5	1.0	0.9
其他	19.5	17.9	16.4	16.7	15.5	10.4

表 3.50.7　2008 年石家庄市场所有节目收视率排名前三十位

名次	节目名称	节目类型	播出频道	平均收视率(%)	平均占有率(%)
1	中国中央电视台 2008 春节联欢晚会	综艺	中央电视台综合频道	42.2	78.3
2	第 29 届奥林匹克运动会开幕式	体育	中央电视台综合频道	32.0	49.0
3	第 29 届奥林匹克运动会闭幕式	体育	中央电视台综合频道	28.5	49.4
4	中央电视台 2008 年元宵晚会	综艺	中央电视台综合频道	21.3	40.4
5	2008 年第 29 届奥运会男子篮球 B 组比赛（中国 VS 美国）	体育	中央台二套	21.0	62.2
6	2008 年第 29 届奥运会乒乓球男子团体决赛	体育	中央台五套	20.7	43.6
7	爱的奉献 2008 宣传文化系统抗震救灾大型募捐活动（5 月 18 日）	综艺	中央电视台综合频道	19.4	48.5
8	2008 年第 29 届奥运会乒乓球女子单打决赛	体育	中央台五套	19.1	42.4
9	2008 年第 29 届奥运会女排小组赛（中国 VS 古巴）	体育	中央电视台综合频道	16.8	33.2
10	2008 年第 29 届奥运会体操男子单杠决赛	体育	中央台五套	15.6	38.5
11	2008 年第 29 届奥运会女子排球 1/4 决赛（中国 VS 俄罗斯）	体育	中央台五套	15.5	33.6
12	2008 年第 29 届奥运会女足小组赛（中国 VS 阿根廷）	体育	中央电视台综合频道	15.1	33.7
13	2008 年第 29 届奥运会乒乓球女团决赛	体育	中央电视台综合频道	14.9	33.2
14	2008 年第 29 届奥运会女子 100 米决赛	体育	中央电视台综合频道	14.8	40.7
15	2008 年第 29 届奥运会男子篮球小组赛（中国 VS 德国）	体育	中央台五套	14.8	33.2
16	2008 年第 29 届奥运会体操单项女子高低杠决赛	体育	中央台五套	14.6	41.4
17	2008 年第 29 届奥运会女子排球半决赛（中国 VS 巴西）	体育	中央台五套	14.2	28.1
18	2008 第 29 届奥运会女子平衡木决赛	体育	中央台五套	14.0	41.9
19	2008 年第 29 届奥运会女排小组赛（中国 VS 波兰）	体育	中央电视台综合频道	13.9	30.9
20	2008 年第 29 届奥运会乒乓球女子单打铜牌赛	体育	中央台五套	13.6	35.0
21	2008 年第 29 届奥运会男子举重 69 公斤级决赛	体育	中央台五套	13.6	34.8
22	2008 年第 29 届奥运会男子举重 56 公斤级决赛	体育	中央电视台综合频道	13.5	31.2
23	2008 年第 29 届奥运会乒乓球男子单打决赛	体育	中央台五套	13.4	28.4

续表

名次	节目名称	节目类型	播出频道	平均收视率（%）	平均占有率（%）
24	北京2008年残奥会开幕式	体育	中央电视台综合频道	13.3	32.0
25	2008年第29届奥运会女子3米跳板决赛	体育	中央台二套	13.2	26.7
26	2008年第29届奥运会跳水男子单人10米跳台决赛	体育	中央电视台综合频道	12.9	28.3
27	第29届奥运会乒乓球男团小组赛	体育	中央电视台综合频道	12.8	26.1
28	2008年第29届奥运会女子链球决赛	体育	中央电视台综合频道	12.7	27.8
29	2008年第29届奥运会乒乓球男子单打铜牌赛	体育	中央台五套	12.5	32.1
30	2008年第29届奥运会田径比赛男子110米栏决赛	体育	中央电视台综合频道	12.1	25.5

表3.50.8 2008年石家庄市场电视剧收视率排名前十位

名次	节目名称	播出频道	平均收视率（%）	平均占有率（%）
1	闯关东	中央电视台综合频道	11.6	25.5
2	乡村爱情第二部	中央电视台综合频道	9.5	20.3
3	李小龙传奇	中央电视台综合频道	7.5	18.4
4	清凌凌的水蓝莹莹的天	中央电视台综合频道	6.4	15.2
5	绝密押运	中央电视台综合频道	6.1	17.2
6	情之债	石家庄电视台新闻综合频道（一套）	5.0	12.1
7	罪域	石家庄电视台新闻综合频道（一套）	4.8	11.4
8	中国媳妇第五部－媳妇的眼泪	石家庄电视台新闻综合频道（一套）	4.7	10.8
9	女人花	中央台八套	4.1	8.9
10	神探狄仁杰第三部	中央台八套	4.0	9.7

表3.50.9 2008年石家庄市场新闻节目收视率排名前十位

名次	节目名称	播出频道	平均收视率（%）	平均占有率（%）
1	新闻联播	中央电视台综合频道	7.6	22.0
2	温家宝在汶川映秀镇会见中外记者	中央电视台综合频道	7.1	22.0
3	新闻联播（5月13－17日，5月19－21日，21:00）	中央电视台综合频道	5.8	15.8
4	神七问天直播特别节目	中央电视台综合频道	4.9	14.3
5	真情人生抗震救灾特别报道	四川卫视	4.2	12.4
6	焦点访谈	中央电视台综合频道	4.1	10.5
7	2008中国石家庄正定国际小商品博览会开幕式	石家庄电视台新闻综合频道（一套）	3.8	9.2
8	民生关注	石家庄电视台新闻综合频道（一套）	3.5	15.5
9	转播中央台新闻联播	石家庄电视台新闻综合频道（一套）	3.1	9.1
10	真挚的关怀深入的指导	中央电视台综合频道	3.0	7.2

表 3.50.10 2008 年石家庄市场专题节目收视率排名前十位

名次	节目名称	播出频道	平均收视率（%）	平均占有率（%）
1	拉萨 3.14 打砸抢烧暴力事件纪实	中央电视台综合频道	9.0	22.0
2	CCTV2007 感动中国颁奖盛典	中央电视台综合频道	7.0	15.9
3	董倩面对面	中央电视台综合频道	5.9	19.9
4	奥运名人堂	中央台五套	3.4	9.7
5	我的今日之最我为天狂	中央电视台综合频道	2.8	13.5
6	艺术人生温暖 2007	中央台三套	2.5	5.6
7	艺术人生	中央电视台综合频道	2.5	4.8
8	奥运名人堂	中央电视台综合频道	2.4	8.3
9	传奇故事	江西电视台卫星频道（一套）	2.4	6.6
10	情归周恩来	中央台六套	2.4	6.1

表 3.50.11 2008 年石家庄市场综艺节目收视率排名前十位

名次	节目名称	播出频道	平均收视率（%）	平均占有率（%）
1	中国中央电视台 2008 春节联欢晚会	中央电视台综合频道	42.2	78.3
2	中央电视台 2008 年元宵晚会	中央电视台综合频道	21.3	40.4
3	爱的奉献 2008 宣传文化系统抗震救灾大型募捐活动（5 月 18 日）	中央电视台综合频道	19.4	48.5
4	荣成月中华情 2008 中央电视台中秋晚会	中央电视台综合频道	8.6	20.9
5	百年圆梦迎 2008 北京奥运会文艺晚会	中央电视台综合频道	7.0	17.3
6	青春中国第十三届 CCTV 青年歌手电视大奖赛颁奖晚会	中央台三套	6.6	16.8
7	开学第一课	中央台二套	6.0	16.1
8	百花迎春中国文学艺术界 2008 年春节大联欢	中央台三套	5.8	13.7
9	今夜相声灿烂第四届 CCTV 相声大赛颁奖晚会	中央台三套	5.3	14.3
10	第四届 CCTV 相声大赛	中央台三套	5.1	13.5

表 3.50.12　2008 年石家庄市场奥运会、残奥会比赛收视率排名前十位

名次	节目名称	播出频道	平均收视率（%）	平均占有率（%）
1	2008 年第 29 届奥运会男子篮球 B 组比赛（中国 VS 美国）	中央台二套	21.0	62.2
2	2008 年第 29 届奥运会乒乓球男子团体决赛	中央台五套	20.7	43.6
3	2008 年第 29 届奥运会乒乓球女子单打决赛	中央台五套	19.1	42.4
4	2008 年第 29 届奥运会女排小组赛（中国 VS 古巴）	中央电视台综合频道	16.8	33.2
5	2008 年第 29 届奥运会女子排球预赛（中国 VS 美国）	中央台五套	16.7	35.3
6	2008 年第 29 届奥运会体操男子单杠决赛	中央台五套	15.6	38.5
7	2008 年第 29 届奥运会女子排球 1/4 决赛（中国 VS 俄罗斯）	中央台五套	15.5	33.6
8	2008 年第 29 届奥运会女足小组赛（中国 VS 阿根廷）	中央电视台综合频道	15.1	33.7
9	2008 年第 29 届奥运会乒乓球女团决赛	中央电视台综合频道	14.9	33.2
10	2008 年第 29 届奥运会女子 100 米决赛	中央电视台综合频道	14.8	40.7

表 3.50.13　2008 年石家庄市场体育节目收视率排名前十位（奥运会、残奥会比赛除外）

名次	节目名称	播出频道	平均收视率（%）	平均占有率（%）
1	第 29 届奥林匹克运动会开幕式	中央电视台综合频道	32.0	49.0
2	第 29 届奥林匹克运动会闭幕式	中央电视台综合频道	28.5	49.4
3	第 29 届奥林匹克运动会开幕式	中央台五套	15.3	23.4
4	北京 2008 年残奥会开幕式	中央电视台综合频道	13.3	32.0
5	第 29 届奥林匹克运动会闭幕式	中央台五套	12.1	20.9
6	北京 2008 年残奥会闭幕式	中央电视台综合频道	9.7	23.1
7	奥运第 1 天	中央电视台综合频道	5.8	12.5
8	奥运第 2 天	中央电视台综合频道	5.4	28.6
9	伊辛巴耶娃夺金之路	中央台五套	5.0	17.4
10	奥运经典	中央台二套	4.8	15.7

五十一、太原收视数据

表 3.51.1　2004－2008 年太原市场各类频道的市场占有率（%）

频道类别	年份				
	2004 年	2005 年	2006 年	2007 年	2008 年
中央台频道	47.3	54.4	50.6	44.9	43.7
中国教育台频道	0.0	0.4	0.3	0.4	0.6
山西省级频道	8.9	6.8	10.4	11.6	9.9
太原市级频道	24.6	22.7	18.5	18.6	15.1
其他省级卫视频道	11.0	11.6	15.3	15.7	21.3
其他频道	8.3	4.2	4.9	8.8	9.3

表 3.51.2　2008 年太原市场各类频道在不同目标观众中的市场占有率（%）

目标观众		中央台频道	中国教育台频道	山西省级频道	太原市级频道	其他省级卫星频道	其他频道
4 岁及以上所有人		43.7	0.6	9.9	15.1	21.3	9.3
性别	男	46.0	0.5	9.4	14.9	19.3	9.9
	女	41.5	0.6	10.5	15.4	23.3	8.7
年龄	4－14 岁	35.0	0.5	8.6	11.5	24.9	19.5
	15－24 岁	36.0	0.4	10.6	13.5	29.2	10.3
	25－34 岁	43.4	0.5	9.4	15.2	19.9	11.6
	35－44 岁	41.3	0.6	10.7	15.6	22.9	9.0
	45－54 岁	42.8	0.6	11.2	16.4	22.4	6.5
	55－64 岁	53.2	0.4	9.2	14.9	14.9	7.5
	65 岁及以上	52.3	1.0	8.2	16.0	15.6	6.9
教育程度	未受过正规教育	40.9	0.4	9.1	13.0	20.5	16.1
	小学	37.3	0.9	9.9	18.4	21.4	12.1
	初中	42.1	0.5	11.7	15.6	22.5	7.7
	高中	45.6	0.7	8.7	14.5	21.1	9.3
	大学及以上	48.6	0.4	8.5	13.5	19.6	9.3
职业类别	干部/管理人员	46.5	0.3	9.7	16.6	15.7	11.2
	个体/私营企业人员	39.5	0.7	11.1	15.9	23.2	9.6
	初级公务员/雇员	45.8	0.6	9.3	14.4	21.6	8.3
	工人	41.9	0.5	9.6	15.6	23.8	8.6
	学生	34.7	0.5	8.4	12.0	29.3	15.0
	无业	48.7	0.6	9.4	15.0	18.4	7.8
	其他	32.0	0.2	22.8	27.4	9.9	7.8
个人月收入	0－600 元	36.7	0.7	11.0	15.5	24.1	12.1
	601－1200 元	46.0	0.5	9.9	15.5	21.0	7.2
	1201 元及以上	49.2	0.6	8.8	14.0	18.4	9.1

表 3.51.3 2008 年太原市场各类频道在不同时段的市场占有率（%）

时间段	中央台频道	中国教育台频道	山西省级频道	太原市级频道	其他省级卫视频道	其他频道
02:00－03:00	41.4	0.4	5.2	7.8	30.1	15.1
03:00－04:00	42.0	0.5	6.3	9.0	30.3	11.9
04:00－05:00	38.3	0.5	7.9	9.9	32.5	10.9
05:00－06:00	39.6	0.3	5.9	13.1	32.2	8.9
06:00－07:00	57.6	0.6	7.0	11.0	18.3	5.4
07:00－08:00	64.0	0.3	4.7	10.9	13.9	6.2
08:00－09:00	52.8	0.2	5.2	12.2	21.3	8.2
09:00－10:00	42.9	0.3	6.4	12.6	27.0	10.8
10:00－11:00	43.6	0.5	7.0	9.2	28.1	11.6
11:00－12:00	48.9	0.7	4.9	7.8	26.6	11.1
12:00－13:00	52.2	0.8	8.6	8.6	18.3	11.5
13:00－14:00	42.1	1.1	7.9	10.7	26.2	11.9
14:00－15:00	39.3	0.5	5.0	9.1	34.4	11.6
15:00－16:00	37.4	0.4	5.6	9.5	35.8	11.3
16:00－17:00	37.1	0.8	5.3	8.2	36.6	12.2
17:00－18:00	42.2	1.2	4.3	8.0	32.0	12.3
18:00－19:00	46.3	0.6	6.6	21.0	14.3	11.2
19:00－20:00	50.9	0.3	12.8	23.4	5.6	6.9
20:00－21:00	42.2	0.5	14.3	22.2	14.7	6.0
21:00－22:00	41.0	0.6	11.8	18.5	21.1	7.0
22:00－23:00	36.5	0.5	14.5	14.3	24.5	9.6
23:00－24:00	38.7	0.7	14.8	11.8	23.8	10.1
24:00－25:00	41.0	0.4	7.0	7.5	29.9	14.1
25:00－26:00	40.0	0.5	3.7	10.6	29.9	15.3

表 3.51.4 2008 年太原市场收视份额排名前十位的频道

名次	频道名称	收视份额（%）
1	中央电视台综合频道	10.8
2	中央台三套	4.9
3	中央台五套	4.5
4	太原电视台新闻频道（一套）	4.2
5	太原电视台影视频道（四套）	4.1
6	中央台六套	3.7
6	中央台四套	3.7
8	中央台八套	3.6
9	湖南电视台卫星频道	3.0
10	中央台二套	2.9

表 3.51.5　2008 年太原市场主要频道的观众构成（%）

目标观众		所有频道	主要频道				
			中央电视台综合频道	中央台三套	中央台五套	太原电视台新闻频道（一套）	太原电视台影视频道（四套）
4 岁及以上所有人		100.0	100.0	100.0	100.0	100.0	100.0
性别	男	50.4	52.0	50.6	60.5	52.3	46.0
	女	49.6	48.0	49.4	39.6	47.7	54.0
年龄	4－14 岁	8.4	6.3	5.7	4.2	4.8	8.6
	15－24 岁	11.8	8.6	9.7	12.8	9.5	12.4
	25－34 岁	13.6	12.4	13.6	14.3	11.4	13.8
	35－44 岁	17.4	16.5	17.9	14.3	16.6	17.9
	45－54 岁	22.8	20.6	23.2	24.5	26.3	25.4
	55－64 岁	12.2	14.4	14.2	14.3	14.5	9.8
	65 岁及以上	13.8	21.2	15.7	15.6	16.9	12.1
教育程度	未受过正规教育	4.2	3.3	4.2	2.6	3.4	4.9
	小学	11.8	11.8	8.8	6.9	14.0	16.3
	初中	36.6	33.2	37.7	33.3	36.5	40.7
	高中	28.3	30.0	30.6	34.1	27.9	23.6
	大学及以上	19.1	21.6	18.8	23.1	18.3	14.5
职业类别	干部/管理人员	4.8	5.1	5.2	5.2	5.3	4.6
	个体/私营企业人员	13.3	10.8	13.0	11.3	14.0	14.8
	初级公务员/雇员	19.3	19.5	20.6	19.4	18.6	16.4
	工人	11.4	9.6	11.4	14.4	10.3	11.7
	学生	13.1	9.7	9.6	10.9	7.8	13.1
	无业	35.1	41.5	39.3	37.1	37.0	30.7
	其他	3.0	3.8	0.9	1.8	7.0	8.7
个人月收入	0－600 元	33.1	28.1	26.9	25.6	30.9	42.9
	601－1200 元	39.3	40.3	43.2	42.6	41.2	36.2
	1201 元及以上	27.6	31.7	29.8	31.7	27.8	20.9

表 3.51.6　2006－2008 年太原市场各类节目的播出份额（%）和收视份额（%）

节目类别	2006 年		2007 年		2008 年	
	播出份额	收视份额	播出份额	收视份额	播出份额	收视份额
电视剧	25.4	32.5	26.6	33.1	25.9	33.6
电影	3.0	1.6	2.5	1.3	3.0	5.1
教学	0.3	0.0	0.5	0.1	0.5	0.1
综艺	8.3	8.6	8.0	8.1	6.9	9.6
青少	4.7	3.2	4.5	2.7	4.9	2.3
体育	1.8	3.3	1.7	2.5	2.8	6.6
外语	0.3	0.1	0.3	0.1	0.1	0.1
戏剧	1.4	0.7	1.3	1.0	1.1	0.9
新闻/时事	13.7	16.2	13.4	16.0	13.2	12.7
音乐	1.2	1.5	2.0	1.3	2.4	0.8
专题	11.8	6.4	11.7	6.3	10.8	7.6
财经	1.5	0.3	1.4	0.4	1.7	0.9
生活服务	5.4	3.5	7.1	5.0	9.1	4.7
法制	1.8	3.4	2.0	4.4	1.8	4.2
其他	19.6	18.6	17.0	17.8	15.9	10.7

表 3.51.7　2008 年太原市场所有节目收视率排名前三十位

名次	节目名称	节目类型	播出频道	平均收视率（%）	平均占有率（%）
1	中国中央电视台 2008 春节联欢晚会	综艺	中央电视台综合频道	44.7	68.3
2	第 29 届奥林匹克运动会开幕式	体育	中央电视台综合频道	27.7	41.0
3	第 29 届奥林匹克运动会闭幕式	体育	中央电视台综合频道	24.0	41.8
4	2008 年第 29 届奥运会男子篮球 B 组比赛（中国 VS 美国）	体育	中央台二套	21.9	58.7
5	爱的奉献 2008 宣传文化系统抗震救灾大型募捐活动（5 月 18 日）	综艺	中央电视台综合频道	21.5	49.7
6	中央电视台 2008 年元宵晚会	综艺	中央电视台综合频道	20.9	46.4
7	2008 年第 29 届奥运会女排小组赛（中国 VS 古巴）	体育	中央电视台综合频道	19.9	39.8
8	2008 年第 29 届奥运会女子排球预赛（中国 VS 美国）	体育	中央台五套	18.1	36.1
9	2008 年第 29 届奥运会乒乓球男子团体决赛	体育	中央台五套	16.6	40.4
10	2008 年第 29 届奥运会田径比赛男子 110 米栏决赛	体育	中央电视台综合频道	16.3	30.8
11	2008 年第 29 届奥运会女子 100 米决赛	体育	中央电视台综合频道	16.1	39.6
12	北京 2008 年残奥会开幕式	体育	中央电视台综合频道	15.8	35.6
13	2008 年第 29 届奥运会男子篮球小组赛（中国 VS 德国）	体育	中央台五套	15.6	32.8
14	2008 年第 29 届奥运会男子举重 56 公斤级决赛	体育	中央电视台综合频道	15.0	34.3
15	第 29 届奥林匹克运动会闭幕式	体育	中央台五套	14.7	25.7
16	荣成月中华情 2008 中央电视台中秋晚会	综艺	中央电视台综合频道	14.5	31.2
17	2008 年第 29 届奥运会乒乓球女子单打决赛	体育	中央台五套	13.9	31.0
18	2008 年第 29 届奥运会女排小组赛（中国 VS 波兰）	体育	中央电视台综合频道	13.8	31.5
19	乡村爱情第二部	电视剧	中央电视台综合频道	13.3	28.2
20	天气预报	生活服务	中央电视台综合频道	13.0	37.9
21	2008 年第 29 届奥运会跳水男子单人 10 米跳台决赛	体育	中央电视台综合频道	13.0	28.2
22	2008 年第 29 届奥运会女子排球半决赛（中国 VS 巴西）	体育	中央台五套	13.0	27.3
23	闯关东	电视剧	中央电视台综合频道	12.9	26.8
24	2008 年第 29 届奥运会女子排球 1/4 决赛（中国 VS 俄罗斯）	体育	中央台五套	12.7	28.2
25	2008 年第 29 届奥运会男子举重 69 公斤级决赛	体育	中央台五套	12.4	36.8

续表

名次	节目名称	节目类型	播出频道	平均收视率（%）	平均占有率（%）
26	2008年第29届奥运会男子举重77公斤级挺举决赛	体育	中央台二套	12.2	24.6
27	2008年第29届奥运会女子体操团体决赛	体育	中央台五套	12.1	48.2
28	2008年第29届奥运会女子举重48公斤级决赛	体育	中央台五套	12.1	46.1
29	2008年第29届奥运会体操男子单杠决赛	体育	中央台五套	12.1	33.3
30	2008年第29届奥运会乒乓球男子团体半决赛	体育	中央电视台综合频道	11.5	24.9

表3.51.8　2008年太原市场电视剧收视率排名前十位

名次	节目名称	播出频道	平均收视率（%）	平均占有率（%）
1	乡村爱情第二部	中央电视台综合频道	13.3	28.2
2	闯关东	中央电视台综合频道	12.9	26.8
3	李小龙传奇	中央电视台综合频道	10.0	23.0
4	天下兄弟（11月14－12月2日）	太原电视台影视频道（四套）	8.3	19.0
5	绝密押运	中央电视台综合频道	7.7	19.3
6	中国兄弟连（10月30－11月13日）	太原电视台影视频道（四套）	7.5	17.6
7	上门女婿（1月27－2月6日）	太原电视台影视频道（四套）	7.4	15.4
8	清凌凌的水蓝莹莹的天	中央电视台综合频道	6.6	14.8
9	笑着活下去（1月8－26日）	太原电视台影视频道（四套）	6.4	13.1
10	夜幕下的哈尔滨	中央电视台综合频道	6.0	14.6

表3.51.9　2008年太原市场新闻节目收视率排名前十位

名次	节目名称	播出频道	平均收视率（%）	平均占有率（%）
1	新闻联播	中央电视台综合频道	8.8	31.1
2	新闻联播（5月13－17日、5月19－21日，21:00）	中央电视台综合频道	7.6	18.6
3	神七问天直播特别节目	中央电视台综合频道	6.6	14.9
4	温家宝在汶川映秀镇会见中外记者	中央电视台综合频道	5.9	21.5
5	新闻快车	太原电视台新闻频道（一套）	4.9	13.5
6	抗震救灾众志成城	中央电视台综合频道	3.7	10.0
7	焦点访谈	中央电视台综合频道	3.5	9.6
8	真挚的关怀深入的指导	中央电视台综合频道	3.2	8.2
9	关注四川汶川地震	中央电视台新闻频道	2.8	14.8
10	北京奥运会倒计时100天特别节目奥运进行时	中央台五套	2.7	6.9

表 3.51.10 2008 年太原市场专题节目收视率排名前十位

名次	节目名称	播出频道	平均收视率（%）	平均占有率（%）
1	拉萨 3.14 打砸抢烧暴力事件纪实	中央电视台综合频道	10.3	25.0
2	CCTV2007 感动中国颁奖盛典	中央电视台综合频道	8.6	18.3
3	奥运名人堂	中央电视台综合频道	6.4	14.8
4	古城之谜晋阳古城遗址宗教祭祀区太山龙泉寺建筑基址考古发掘	太原电视台新闻频道（一套）	5.5	15.0
5	董倩面对面	中央电视台综合频道	4.9	14.7
6	艺术人生	中央电视台综合频道	4.8	10.0
7	奥运名人堂	中央台五套	3.8	8.8
8	情归周恩来	中央台六套	3.2	7.8
9	变革与辉煌献给中国人民解放军建军 81 周年	中央电视台综合频道	3.0	7.7
10	奔腾的宁夏	中央电视台综合频道	2.9	6.9

表 3.51.11 2008 年太原市场综艺节目收视率排名前十位

名次	节目名称	播出频道	平均收视率（%）	平均占有率（%）
1	中国中央电视台 2008 春节联欢晚会	中央电视台综合频道	44.7	68.3
2	爱的奉献 2008 宣传文化系统抗震救灾大型募捐活动（5 月 18 日）	中央电视台综合频道	21.5	49.7
3	中央电视台 2008 年元宵晚会	中央电视台综合频道	20.9	46.4
4	荣成月中华情 2008 中央电视台中秋晚会	中央电视台综合频道	14.5	31.2
5	百年圆梦迎 2008 北京奥运会文艺晚会	中央电视台综合频道	7.6	18.6
6	迈向太空中央电视台心连心艺术团赴酒泉卫星发射中心慰问演出	中央电视台综合频道	7.5	17.5
7	3.15 推动和谐的力量	中央电视台综合频道	6.4	14.3
8	放歌新时代歌唱改革开放三十周年文艺晚会	中央电视台综合频道	6.3	13.9
9	万家灯火平安夜公安部 2008 年春节晚会	中央电视台综合频道	6.0	14.5
10	综艺盛典 Variety Awards 2008	中央台三套	5.9	11.4

表 3.51.12 2008 年太原市场奥运会、残奥会比赛收视率排名前十位

名次	节目名称	播出频道	平均收视率(%)	平均占有率(%)
1	2008 年第 29 届奥运会男子篮球 B 组比赛(中国 VS 美国)	中央台二套	21.9	58.7
2	2008 年第 29 届奥运会女排小组赛(中国 VS 古巴)	中央电视台综合频道	19.9	39.8
3	2008 年第 29 届奥运会女子排球预赛(中国 VS 美国)	中央台五套	18.1	36.1
4	2008 年第 29 届奥运会乒乓球男子团体决赛	中央台五套	16.6	40.4
5	2008 年第 29 届奥运会田径比赛男子 110 米栏决赛	中央电视台综合频道	16.3	30.8
6	2008 年第 29 届奥运会女子 100 米决赛	中央电视台综合频道	16.1	39.6
7	2008 年第 29 届奥运会男子篮球小组赛(中国 VS 德国)	中央台五套	15.6	32.8
8	2008 年第 29 届奥运会男子举重 56 公斤级决赛	中央电视台综合频道	15.0	34.3
9	2008 年第 29 届奥运会乒乓球女子单打决赛	中央台五套	13.9	31.0
10	2008 年第 29 届奥运会女排小组赛(中国 VS 波兰)	中央电视台综合频道	13.8	31.5

表 3.51.13 2008 年太原市场体育节目收视率排名前十位(奥运会、残奥会比赛除外)

名次	节目名称	播出频道	平均收视率(%)	平均占有率(%)
1	第 29 届奥林匹克运动会开幕式	中央电视台综合频道	27.7	41.0
2	第 29 届奥林匹克运动会闭幕式	中央电视台综合频道	24.0	41.8
3	北京 2008 年残奥会开幕式	中央电视台综合频道	15.8	35.6
4	第 29 届奥林匹克运动会闭幕式	中央台五套	14.7	25.7
5	直播周末:第 49 届世界乒乓球团体锦标赛男团决赛	中央台五套	11.2	23.5
6	第 29 届奥林匹克运动会开幕式	中央台五套	11.0	19.9
7	北京 2008 年残奥会闭幕式	中央电视台综合频道	10.0	25.1
8	CCTV1 奥运演播室	中央电视台综合频道	8.6	20.1
9	奥运第 1 天	中央电视台综合频道	7.1	14.2
10	奥运火炬在山西	太原电视台新闻频道(一套)	6.3	17.6

五十二、乌鲁木齐收视数据

表 3.52.1　2004－2008 年乌鲁木齐市场各类频道的市场占有率（%）

频道类别	年份				
	2004 年	2005 年	2006 年	2007 年	2008 年
中央台频道	46.4	50.1	51.9	50.3	51.8
中国教育台频道	0.2	0.5	0.3	0.3	0.2
新疆省级频道	29.5	24.5	20.3	19.1	18.7
乌鲁木齐市级频道	7.6	7.8	7.2	7.7	6.9
其他省级卫视频道	13.0	14.3	18.0	19.9	19.4
其他频道	3.3	2.9	2.3	2.7	3.0

表 3.52.2　2008 年乌鲁木齐市场各类频道在不同目标观众中的市场占有率（%）

目标观众		中央台频道	中国教育台频道	新疆省级频道	乌鲁木齐市级频道	其他省级卫视频道	其他频道
4 岁及以上所有人		51.8	0.2	18.7	6.9	19.4	3.0
性别	男	53.2	0.1	18.5	7.2	17.5	3.5
	女	50.5	0.2	18.9	6.6	21.2	2.6
年龄	4－14 岁	44.9	0.3	25.4	7.4	17.9	4.1
	15－24 岁	37.4	0.1	32.9	7.5	18.4	3.7
	25－34 岁	46.7	0.1	19.5	9.0	20.7	4.0
	35－44 岁	50.8	0.2	17.5	6.7	21.6	3.2
	45－54 岁	56.0	0.1	16.9	7.3	17.6	2.1
	55－64 岁	60.7	0.1	13.5	6.6	16.2	2.9
	65 岁及以上	61.7	0.2	12.7	3.7	20.0	1.7
教育程度	未受过正规教育	45.9	0.1	23.1	6.1	20.9	3.9
	小学	49.3	0.2	24.1	5.9	16.9	3.6
	初中	53.1	0.2	17.3	6.8	19.9	2.7
	高中	51.4	0.1	17.1	7.8	20.7	2.9
	大学及以上	53.3	0.1	18.4	6.6	18.3	3.3
职业类别	干部/管理人员	56.1	0.3	13.2	6.9	19.4	4.1
	个体/私营企业人员	47.2	0.1	19.5	9.1	20.4	3.7
	初级公务员/雇员	54.3	0.1	15.9	6.3	20.5	2.9
	工人	46.8	0.1	17.6	9.5	22.5	3.5
	学生	42.8	0.3	25.6	7.3	21.3	2.7
	无业	54.8	0.2	19.1	5.9	17.2	2.8
个人月收入	0－600 元	42.9	0.2	28.1	6.8	18.3	3.7
	601－1200 元	54.4	0.1	15.6	6.9	20.3	2.7
	1201－1700 元	57.5	0.1	14.5	6.8	18.8	2.3
	1701－2600 元	56.2	0.2	14.3	7.1	19.5	2.7
	2601 元及以上	50.9	0.1	14.3	7.2	21.6	5.9

表 3.52.3　2008 年乌鲁木齐市场各类频道在不同时段的市场占有率（%）

时间段	中央台频道	中国教育台频道	新疆省级频道	乌鲁木齐市级频道	其他省级卫视频道	其他频道
02:00-03:00	41.9	0.0	13.8	5.0	28.7	10.6
03:00-04:00	41.9	0.0	13.9	4.5	26.8	12.9
04:00-05:00	43.4	0.0	11.4	5.1	26.7	13.4
05:00-06:00	48.1	0.0	5.5	11.9	19.0	15.5
06:00-07:00	70.1	0.0	3.1	6.7	15.7	4.4
07:00-08:00	79.9	0.2	1.0	3.5	15.1	0.3
08:00-09:00	78.7	0.1	3.7	2.1	14.9	0.5
09:00-10:00	62.9	0.1	13.8	5.4	15.9	1.9
10:00-11:00	56.6	0.2	18.9	4.7	16.4	3.2
11:00-12:00	57.6	0.2	15.7	4.1	18.3	4.1
12:00-13:00	60.9	0.3	14.1	3.2	17.9	3.6
13:00-14:00	55.4	0.3	12.9	3.3	22.9	5.2
14:00-15:00	45.7	0.3	18.0	3.6	25.7	6.7
15:00-16:00	40.2	0.2	20.1	4.9	28.4	6.2
16:00-17:00	38.8	0.2	19.9	5.4	29.5	6.2
17:00-18:00	46.8	0.3	15.7	4.3	27.2	5.7
18:00-19:00	63.5	0.2	10.3	2.8	18.9	4.3
19:00-20:00	84.3	0.0	6.6	2.3	5.8	1.0
20:00-21:00	60.2	0.1	14.2	8.0	16.3	1.2
21:00-22:00	46.8	0.1	21.1	8.4	21.4	2.2
22:00-23:00	37.7	0.2	25.4	9.8	23.6	3.3
23:00-24:00	37.1	0.2	26.2	10.3	22.5	3.7
24:00-25:00	37.2	0.1	30.1	8.1	19.8	4.7
25:00-26:00	39.6	0.1	28.2	6.1	18.8	7.2

表 3.52.4　2008 年乌鲁木齐市场收视份额排名前十位的频道

名次	频道名称	收视份额（%）
1	中央电视台综合频道	18.8
2	中央台八套	7.8
3	新疆电视台二套（维语新闻综合频道）	5.2
4	湖南电视台卫星频道	4.7
5	中央台五套	4.2
6	中央台三套	3.7
7	中央台六套	3.1
8	新疆电视台六套（汉语影视频道）	3.0
8	中央电视台新闻频道	3.0
10	乌鲁木齐电视台新闻综合频道（一套）	2.4

表 3.52.5 2008 年乌鲁木齐市场主要频道的观众构成（%）

目标观众		所有频道	主要频道				
			中央电视台综合频道	中央台八套	新疆电视台二套（维语新闻综合频道）	湖南电视台卫星频道	中央台五套
4 岁及以上所有人		100.0	100.0	100.0	100.0	100.0	100.0
性别	男	49.6	52.0	41.4	43.2	39.1	64.9
	女	50.4	48.0	58.6	56.8	60.9	35.1
年龄	4－14 岁	7.5	6.0	4.4	14.4	8.8	6.0
	15－24 岁	9.4	6.1	9.0	28.3	13.8	9.4
	25－34 岁	20.0	16.1	20.7	16.2	25.9	18.8
	35－44 岁	21.3	22.2	19.9	16.7	23.7	25.7
	45－54 岁	15.4	16.9	18.9	10.2	15.3	15.7
	55－64 岁	11.1	12.0	11.4	6.9	5.6	9.8
	65 岁及以上	15.3	20.7	15.8	7.3	7.0	14.5
教育程度	未受过正规教育	4.2	3.4	2.8	7.7	1.6	2.4
	小学	13.0	12.7	10.6	31.1	7.8	7.2
	初中	27.1	28.9	26.5	24.3	29.9	25.5
	高中	29.2	28.9	30.6	21.7	32.5	31.5
	大学及以上	26.5	26.1	29.4	15.1	28.1	33.4
职业类别	干部/管理人员	4.7	5.7	4.6	1.6	4.6	5.2
	个体/私营企业人员	13.1	12.0	11.3	13.2	17.4	12.6
	初级公务员/雇员	22.9	22.4	28.0	7.7	25.7	28.3
	工人	9.2	8.5	9.4	10.0	12.5	9.9
	学生	10.3	8.5	7.1	19.5	17.1	11.3
	无业	39.7	42.8	39.5	47.9	22.7	32.7
个人月收入	0－600 元	28.7	22.3	23.3	67.3	31.1	21.3
	601－1200 元	28.9	30.5	31.6	20.5	25.3	25.1
	1201－1700 元	22.2	24.4	28.1	8.5	22.4	26.4
	1701－2600 元	14.4	16.7	13.6	2.0	13.5	16.9
	2601 元及以上	5.8	6.1	3.5	1.7	7.7	10.3

表 3.52.6 2006－2008 年乌鲁木齐市场各类节目的播出份额（%）和收视份额（%）

节目类别	2006 年		2007 年		2008 年	
	播出份额	收视份额	播出份额	收视份额	播出份额	收视份额
财经	1.7	0.9	1.0	0.8	1.7	0.7
电视剧	32.1	39.4	28.5	35.7	25.1	31.2
电影	5.0	8.2	5.6	6.7	3.8	5.8
法制	1.4	3.2	1.0	1.5	1.0	1.3
教学	0.7	0.3	0.6	0.3	0.5	0.2
其他	6.1	0.4	16.8	17.7	16.2	16.7
青少	4.5	2.6	3.4	1.7	5.0	2.3
生活服务	9.7	4.1	8.8	5.5	7.8	5.6
体育	2.8	6.3	2.1	3.0	2.9	6.5
外语	0.5	0.1	0.3	0.1	0.2	0.0
戏剧	1.5	0.8	1.2	0.7	1.1	0.4
新闻/时事	11.3	13.6	11.1	10.5	13.7	15.0
音乐	1.5	1.9	1.6	1.1	2.5	0.7
专题	13.3	8.3	11.1	6.7	11.3	6.2
综艺	7.9	10.0	7.1	8.2	7.1	7.4

表 3.52.7 2008 年乌鲁木齐市场所有节目收视率排名前三十位

名次	节目名称	类别	频道	平均收视率(%)	平均占有率(%)
1	第 29 届奥林匹克运动会开幕式	体育	中央电视台综合频道	52.9	75.1
2	中国中央电视台 2008 春节联欢晚会	综艺	中央电视台综合频道	40.1	76.2
3	北京 2008 年残奥会开幕式	体育	中央电视台综合频道	31.1	65.8
4	北京 2008 年残奥会闭幕式	体育	中央电视台综合频道	28.4	67.2
5	第 29 届奥林匹克运动会闭幕式	体育	中央电视台综合频道	28.4	48.8
6	爱的奉献 2008 宣传文化系统抗震救灾大型募捐活动（5 月 18 日）	综艺	中央电视台综合频道	21.9	49.6
7	温家宝在汶川映秀镇会见中外记者	新闻/时事	中央电视台综合频道	21.5	63.2
8	中央电视台 2008 年元宵晚会	综艺	中央电视台综合频道	20.5	41.6
9	新闻联播	新闻/时事	中央电视台综合频道	20.2	71.8
10	闯关东	电视剧	中央电视台综合频道	20.0	38.9
11	天气预报	生活服务	中央电视台综合频道	19.0	59.4
12	新闻联播（5 月 13 - 17 日、5 月 19 - 21 日，21:00）	新闻/时事	中央电视台综合频道	18.2	40.4
13	李小龙传奇	电视剧	中央电视台综合频道	16.1	36.8
14	焦点访谈	新闻/时事	中央电视台综合频道	15.6	48.0
15	乡村爱情第二部	电视剧	中央电视台综合频道	15.1	30.9
16	拉萨 3.14 打砸抢烧暴力事件纪实	专题	中央电视台综合频道	14.8	42.9
17	2008 年第 29 届奥运会男子举重 56 公斤级决赛	体育	中央电视台综合频道	14.8	33.1
18	真挚的关怀深入的指导	新闻/时事	中央电视台综合频道	14.2	40.2
19	2008 年第 29 届奥运会乒乓球女团决赛	体育	中央电视台综合频道	14.1	31.3
20	2008 年第 29 届奥运会田径比赛女子 1500 米决赛	体育	中央电视台综合频道	13.6	39.2
21	2008 年第 29 届奥运会羽毛球女双三、四名决赛	体育	中央电视台综合频道	13.6	36.9
22	2008 年第 29 届奥运会女子排球小组赛 A 组（中国 VS 委内瑞拉）	体育	中央电视台综合频道	13.4	31.2
23	2008 年第 29 届奥运会女子排球 1/4 决赛（中国 VS 俄罗斯）	体育	中央台五套	13.2	29.2
24	2008 年第 29 届奥运会跆拳道比赛女子 49 公斤级决赛	体育	中央电视台综合频道	13.1	30.8
25	2008 年第 29 届奥运会男子篮球小组赛（中国 VS 德国）	体育	中央台五套	12.9	31.1

续表

名次	节目名称	类别	频道	平均收视率（%）	平均占有率（%）
26	2008年第29届奥运会女足小组赛（中国队VS阿根廷队）	体育	中央电视台综合频道	12.9	30.9
27	2008年第29届奥运会女子链球决赛	体育	中央电视台综合频道	12.9	28.7
28	2008年第29届奥运会体操女子自由操决赛	体育	中央台五套	12.8	27.2
29	2008年第29届奥运会女子排球半决赛（中国VS巴西）	体育	中央台五套	12.7	29.0
30	CCTV2007感动中国颁奖盛典	专题	中央电视台综合频道	12.7	23.9

表3.52.8　2008年乌鲁木齐市场电视剧收视率排名前十位

名次	节目名称	播出频道	平均收视率（%）	平均占有率（%）
1	闯关东	中央电视台综合频道	20.0	38.9
2	李小龙传奇	中央电视台综合频道	16.1	36.8
3	乡村爱情第二部	中央电视台综合频道	15.1	30.9
4	可爱的你第四部	中央台八套	12.6	30.9
5	人鱼小姐第四部	中央台八套	10.7	31.2
6	旋转木马	中央台八套	10.5	32.6
7	绝密押运	中央电视台综合频道	9.8	25.5
8	兵心依旧	中央电视台综合频道	8.8	19.3
9	清凌凌的水蓝莹莹的天	中央电视台综合频道	8.7	18.9
10	周恩来在重庆	中央电视台综合频道	8.6	18.2

表3.52.9　2008年乌鲁木齐市场新闻节目收视率排名前十位

名次	节目名称	播出频道	平均收视率（%）	平均占有率（%）
1	温家宝在汶川映秀镇会见中外记者	中央电视台综合频道	21.5	63.2
2	新闻联播	中央电视台综合频道	20.2	71.8
3	新闻联播（5月13－17日、5月19－21日，21:00）	中央电视台综合频道	18.2	40.4
4	焦点访谈	中央电视台综合频道	15.6	48.0
5	真挚的关怀深入的指导	中央电视台综合频道	14.2	40.2
6	抗震救灾众志成城	中央电视台综合频道	8.3	26.6
7	神七问天直播特别节目	中央电视台综合频道	7.3	24.0
8	新闻1＋1	中央电视台综合频道	6.4	15.6
9	第十一届全国人民代表大会第一次会议特别报道	中央电视台综合频道	5.5	12.9
10	一起看奥运	中央电视台综合频道	5.1	14.2

表 3.52.10　2008 年乌鲁木齐市场专题节目收视率排名前十位

名次	节目名称	播出频道	平均收视率（%）	平均占有率（%）
1	拉萨 3.14 打砸抢烧暴力事件纪实	中央电视台综合频道	14.8	42.9
2	CCTV2007 感动中国颁奖盛典	中央电视台综合频道	12.7	23.9
3	艺术人生	中央电视台综合频道	12.0	22.7
4	奥运名人堂	中央台五套	10.0	22.6
5	奔腾的宁夏	中央电视台综合频道	6.7	17.1
6	纪录中国中国记者在 2008	中央电视台综合频道	6.7	16.9
7	董倩面对面	中央电视台综合频道	6.3	15.4
8	走近科学	中央电视台综合频道	6.1	38.2
9	抗震救灾众志成城特别节目希望	中央电视台综合频道	5.5	16.6
10	全国迎奥运讲文明树新风礼仪知识竞赛	中央电视台综合频道	5.4	16.4

表 3.52.11　2008 年乌鲁木齐市场综艺节目收视率排名前十位

名次	节目名称	播出频道	平均收视率（%）	平均占有率（%）
1	中国中央电视台 2008 春节联欢晚会	中央电视台综合频道	40.1	76.2
2	爱的奉献 2008 宣传文化系统抗震救灾大型募捐活动（5 月 18 日）	中央电视台综合频道	21.9	49.6
3	中央电视台 2008 年元宵晚会	中央电视台综合频道	20.5	41.6
4	曲苑杂坛春节特别节目 2008 年正月正晚会	中央电视台综合频道	12.2	26.8
5	荣成月中华情 2008 中央电视台中秋晚会	中央电视台综合频道	10.6	26.4
6	迈向太空中央电视台心连心艺术团赴酒泉卫星发射中心慰问演出	中央电视台综合频道	9.3	24.5
7	万家灯火平安夜公安部 2008 年春节晚会	中央电视台综合频道	8.0	22.9
8	第三届中国十大杰出母亲评选颁奖晚会	中央电视台综合频道	7.9	18.0
9	2008 文化部春节电视晚会	中央电视台综合频道	7.4	19.6
10	十分开心	中央电视台综合频道	7.2	14.6

表 3.52.12　2008 年乌鲁木齐市场奥运会、残奥会比赛收视率排名前十位

名次	节目名称	播出频道	平均收视率（%）	平均占有率（%）
1	2008 年第 29 届奥运会男子举重 56 公斤级决赛	中央电视台综合频道	14.8	33.1
2	2008 年第 29 届奥运会乒乓球女团决赛	中央电视台综合频道	14.1	31.3
3	2008 年第 29 届奥运会乒乓球女子单打决赛	中央台五套	13.8	31.6
4	2008 年第 29 届奥运会田径比赛女子 1500 米决赛	中央电视台综合频道	13.6	39.2
5	2008 年第 29 届奥运会羽毛球女双三、四名决赛	中央电视台综合频道	13.6	36.9
6	2008 年第 29 届奥运会女子排球小组赛 A 组（中国 VS 委内瑞拉）	中央电视台综合频道	13.4	31.2
7	2008 年第 29 届奥运会女子排球 1/4 决赛（中国 VS 俄罗斯）	中央台五套	13.2	29.2
8	2008 年第 29 届奥运会跆拳道比赛女子 49 公斤级决赛	中央电视台综合频道	13.1	30.8
9	2008 年第 29 届奥运会男子篮球小组赛（中国 VS 德国）	中央台五套	12.9	31.1
10	2008 年第 29 届奥运会女足小组赛（中国队 VS 阿根廷队）	中央电视台综合频道	12.9	30.9

表 3.52.13　2008 年乌鲁木齐市场体育节目收视率排名前十位（奥运会、残奥会比赛除外）

名次	节目名称	频道	平均收视率（%）	平均占有率（%）
1	第 29 届奥林匹克运动会开幕式	中央电视台综合频道	52.9	75.1
2	北京 2008 年残奥会开幕式	中央电视台综合频道	31.1	65.8
3	北京 2008 年残奥会闭幕式	中央电视台综合频道	28.4	67.2
4	第 29 届奥林匹克运动会闭幕式	中央电视台综合频道	28.4	48.8
5	第 29 届奥林匹克运动会开幕式	中央台五套	12.6	17.9
6	2008 年第 29 届奥运会乒乓球男单第 4 轮	中央台五套	11.4	24.9
7	奥运第 1 天	中央电视台综合频道	9.8	20.3
8	2008 年第 29 届奥运会乒乓球女单第 3 轮	中央台五套	9.8	19.9
9	2008 年第 29 届奥运会田径男子三级跳远颁奖仪式	中央电视台综合频道	9.3	23.5
10	第 29 届奥林匹克运动会闭幕式	中央台五套	8.9	15.3

五十三、武汉收视数据

表 3. 53. 1　2004 - 2008 年武汉市场各类频道的市场占有率（%）

频道类别	年份				
	2004 年	2005 年	2006 年	2007 年	2008 年
中央台频道	35. 7	38. 2	39. 5	37. 4	34. 5
中国教育台频道	0. 1	0. 1	0. 1	0. 3	0. 2
湖北省级频道	15. 3	15. 2	15. 0	14. 2	18. 8
武汉市级频道	24. 7	22. 9	21. 0	22. 2	21. 3
其他省级卫视频道	16. 3	15. 6	18. 8	22. 1	19. 0
其他频道	8. 0	8. 1	5. 7	3. 7	6. 1

表 3. 53. 2　2008 年各类频道在武汉各目标观众市场的占有率（%）

目标观众		中央台频道	中国教育台频道	湖北省级频道	武汉市级频道	其他省级卫视频道	其他频道
4 岁及以上所有人		34. 5	0. 2	18. 8	21. 3	19. 0	6. 1
性别	男	37. 2	0. 2	18. 1	21. 4	16. 5	6. 5
	女	31. 7	0. 2	19. 5	21. 2	21. 8	5. 7
年龄	4 - 14 岁	26. 8	0. 1	13. 9	31. 2	21. 8	6. 1
	15 - 24 岁	22. 0	0. 2	17. 8	23. 4	27. 7	8. 9
	25 - 34 岁	28. 1	0. 2	19. 0	26. 4	20. 0	6. 4
	35 - 44 岁	33. 3	0. 3	19. 5	21. 2	18. 7	7. 1
	45 - 54 岁	34. 8	0. 2	19. 7	20. 4	18. 2	6. 6
	55 - 64 岁	38. 5	0. 2	22. 0	17. 4	17. 5	4. 4
	65 岁及以上	48. 1	0. 2	15. 8	17. 1	14. 9	3. 9
教育程度	未受过正规教育	30. 4	0. 2	16. 1	29. 2	19. 4	4. 6
	小学	34. 7	0. 1	18. 3	23. 0	19. 8	4. 1
	初中	32. 2	0. 2	22. 7	20. 9	18. 7	5. 4
	高中	33. 2	0. 2	18. 1	21. 6	19. 9	7. 0
	大学及以上	42. 7	0. 2	14. 3	18. 7	17. 1	7. 0
职业类别	干部/管理人员	44. 1	0. 2	10. 9	20. 7	15. 1	9. 0
	个体/私营企业人员	28. 5	0. 3	20. 9	23. 3	20. 8	6. 3
	初级公务员/雇员	34. 4	0. 2	18. 4	19. 8	19. 4	7. 8
	工人	29. 9	0. 2	18. 2	24. 9	20. 1	6. 7
	学生	23. 6	0. 2	15. 8	26. 0	25. 8	8. 7
	无业	39. 0	0. 2	19. 6	19. 1	17. 4	4. 8
	其他	28. 5	0. 1	33. 4	20. 0	14. 4	3. 7
个人月收入	0 - 600 元	30. 3	0. 2	19. 7	22. 5	21. 3	6. 1
	601 - 1200 元	35. 0	0. 2	19. 3	21. 3	18. 2	6. 1
	1201 - 1700 元	37. 3	0. 3	17. 7	20. 2	17. 6	6. 9
	1701 - 2600 元	43. 1	0. 3	16. 3	18. 2	16. 0	6. 1
	2601 元及以上	48. 9	0. 3	11. 3	17. 0	17. 0	5. 5

表 3.53.3　2008 年武汉市场各类频道在各时段的占有率（%）

时间段	中央台频道	中国教育台频道	湖北省级频道	武汉市级频道	其他省级卫视频道	其他频道
02:00-03:00	38.4	0.1	15.9	10.7	24.2	10.7
03:00-04:00	38.9	0.0	14.9	11.1	26.0	9.0
04:00-05:00	37.6	0.1	15.4	12.0	28.1	6.9
05:00-06:00	44.4	0.1	13.5	9.3	27.8	4.9
06:00-07:00	55.0	0.3	12.0	6.6	20.9	5.2
07:00-08:00	55.4	0.2	16.8	10.8	11.0	5.8
08:00-09:00	43.6	0.2	17.0	13.6	19.4	6.3
09:00-10:00	37.2	0.2	13.7	16.7	25.1	7.1
10:00-11:00	35.9	0.3	12.8	17.2	26.7	7.2
11:00-12:00	41.2	0.3	12.5	14.1	24.9	7.0
12:00-13:00	44.7	0.3	14.0	14.7	19.1	7.3
13:00-14:00	37.1	0.4	11.5	17.9	24.9	8.2
14:00-15:00	33.2	0.2	12.8	15.1	30.5	8.2
15:00-16:00	32.0	0.2	13.9	15.1	30.6	8.2
16:00-17:00	31.3	0.3	14.8	15.9	30.1	7.7
17:00-18:00	31.3	0.3	18.9	20.8	21.6	7.0
18:00-19:00	25.6	0.1	32.1	28.2	8.7	5.3
19:00-20:00	35.3	0.1	22.7	31.5	5.9	4.4
20:00-21:00	38.8	0.2	18.8	21.9	15.7	4.6
21:00-22:00	34.9	0.2	18.2	20.9	20.4	5.3
22:00-23:00	27.3	0.2	21.0	26.2	19.8	5.6
23:00-24:00	29.5	0.2	20.0	23.3	20.8	6.2
24:00-25:00	33.1	0.1	16.7	18.4	23.8	8.0
25:00-26:00	32.2	0.1	19.2	17.4	22.0	9.1

表 3.53.4　2008 年武汉市场收视份额排名前十位的频道

名次	频道名称	收视份额（%）
1	湖北经视	8.5
2	中央电视台综合频道	6.9
3	湖北综合	6.5
4	武汉电视台文艺频道	6.2
5	中央台五套	4.5
6	中央台三套	3.8
7	中央台六套	3.4
8	中央电视台新闻频道	3.3
9	武汉电视台影视频道	3.1
9	湖南电视台卫星频道	3.1

表 3.53.5　2008 年武汉市场各主要频道的观众构成（%）

目标观众		所有频道	主要频道				
			湖北经视	中央电视台综合频道	湖北综合	武汉电视台文艺频道	中央台五套
4 岁及以上所有人		100.0	100.0	100.0	100.0	100.0	100.0
性别	男	52.2	45.4	53.8	54.7	47.2	63.1
	女	47.8	54.6	46.2	45.3	52.8	36.9
年龄	4－14 岁	6.6	3.4	3.9	6.8	3.4	3.9
	15－24 岁	9.8	9.0	6.1	10.0	7.3	7.7
	25－34 岁	11.6	7.3	8.4	17.7	11.2	9.4
	35－44 岁	13.6	11.7	11.7	15.4	12.2	15.9
	45－54 岁	29.0	36.7	27.1	26.2	36.9	28.8
	55－64 岁	14.4	17.5	16.2	13.7	13.6	14.4
	65 岁及以上	15.0	14.4	26.7	10.3	15.4	19.8
教育程度	未受过正规教育	4.0	3.2	3.2	3.9	2.1	2.7
	小学	9.5	9.9	10.1	8.5	7.4	8.3
	初中	30.3	37.6	25.8	36.1	28.9	26.1
	高中	39.0	38.8	37.1	37.4	44.7	37.4
	大学及以上	17.2	10.5	23.9	14.1	16.9	25.6
职业类别	干部/管理人员	3.8	2.3	5.1	1.7	5.1	5.6
	个体/私营企业人员	4.7	3.8	3.2	6.9	3.8	5.0
	初级公务员/雇员	11.5	9.8	9.1	12.2	12.2	12.6
	工人	20.4	22.0	15.9	18.0	23.0	19.3
	学生	10.1	7.1	6.0	10.0	6.5	6.6
	无业	47.8	52.5	57.6	48.2	47.8	50.1
	其他	1.7	2.4	3.2	3.1	1.6	0.8
个人月收入	0－600 元	36.5	40.9	28.0	37.7	29.7	29.8
	601－1200 元	42.8	43.2	44.9	46.0	51.0	41.1
	1201－1700 元	9.8	7.2	10.5	10.4	9.2	12.3
	1701－2600 元	7.6	7.0	10.3	4.5	7.0	12.1
	2601 元及以上	3.3	1.7	6.4	1.5	3.2	4.7

表 3.53.6　2006－2008 年武汉市场各类节目的播出份额（%）和收视份额（%）

节目类别	2006 年		2007 年		2008 年	
	播出份额	收视份额	播出份额	收视份额	播出份额	收视份额
青少	4.7	1.5	4.6	2.2	5.1	3.3
戏剧	1.4	0.6	1.2	0.6	1.0	0.5
教学	0.4	0.1	0.5	0.2	0.5	0.2
综艺	7.8	9.9	8.1	10.1	7.1	8.5
外语	0.2	0.1	0.2	0.1	0.1	0.0
电影	4.2	6.8	5.8	10.4	4.7	6.9
音乐	1.4	2.1	1.9	1.5	1.5	0.7
新闻/时事	13.4	10.2	12.3	10.1	13.0	12.7
电视剧	25.9	38.3	25.1	34.9	25.1	33.9
专题	11.5	8.8	11.3	8.2	11.5	7.7
体育	2.3	5.9	2.1	4.8	3.1	6.7
财经	1.5	0.4	1.5	0.8	1.6	0.9
生活服务	4.8	2.2	6.6	3.5	7.7	4.1
法制	1.3	0.6	1.2	0.6	1.0	0.6
其他	19.2	12.4	17.6	12.2	17.1	13.3

表 3.53.7 2008 年武汉市场所有节目收视率排名前三十位

名次	节目名称	节目类型	播出频道	平均收视率（%）	平均占有率（%）
1	中国中央电视台 2008 春节联欢晚会	综艺	中央电视台综合频道	28.3	57.7
2	第 29 届奥林匹克运动会闭幕式	体育	中央电视台综合频道	22.1	39.4
3	第 29 届奥林匹克运动会开幕式	体育	中央电视台综合频道	21.6	33.8
4	2008 年第 29 届奥运会男子篮球 B 组比赛（中国 VS 美国）	体育	中央台二套	15.9	48.7
5	2008 年第 29 届奥运会体操单项女子跳马决赛	体育	中央台五套	15.9	43.3
6	2008 年第 29 届奥运会体操女子自由操决赛	体育	中央台五套	14.3	31.2
7	第 29 届奥林匹克运动会闭幕式	体育	中央台五套	13.9	24.7
8	2008 年第 29 届奥运会女子排球预赛（中国 VS 美国）	体育	中央台五套	13.6	30.3
9	2008 年第 29 届奥运会体操单项女子高低杠决赛	体育	中央台五套	13.1	43.2
10	2008 年第 29 届奥运会乒乓球男子团体决赛	体育	中央台五套	13.1	34.5
11	爱的奉献 2008 宣传文化系统抗震救灾大型募捐活动（5 月 18 日）	综艺	中央电视台综合频道	13.0	35.5
12	2008 年第 29 届奥运会体操男子单杠决赛	体育	中央台五套	12.9	35.7
13	2008 年第 29 届奥运会体操单项男子鞍马决赛	体育	中央台五套	12.9	29.5
14	2008 年第 29 届奥运会女子 100 米决赛	体育	中央电视台综合频道	12.2	31.9
15	2008 年第 29 届奥运会跳水男子单人 10 米跳台决赛	体育	中央电视台综合频道	12.1	29.3
16	2008 第 29 届奥运会女子平衡木决赛	体育	中央台五套	11.9	38.7
17	2008 年第 29 届奥运会男子举重 69 公斤级决赛	体育	中央台五套	11.4	32.1
18	2008 年第 29 届奥运会女子排球 1/4 决赛（中国 VS 俄罗斯）	体育	中央台五套	11.4	27.2
19	2008 年第 29 届奥运会田径比赛男子 110 米栏决赛	体育	中央电视台综合频道	11.2	30.2
20	2008 年第 29 届奥运会男子举重 56 公斤级决赛	体育	中央电视台综合频道	11.2	27.7
21	2008 年第 29 届奥运会体操女子个人全能决赛	体育	中央台五套	11.0	53.6
22	2008 年第 29 届奥运会女排小组赛（中国 VS 波兰）	体育	中央电视台综合频道	10.9	25.1
23	2008 年第 29 届奥运会男子篮球小组赛（中国 VS 德国）	体育	中央台五套	10.8	24.7

续表

名次	节目名称	节目类型	播出频道	平均收视率(%)	平均占有率(%)
24	2008年第29届奥运会女排小组赛(中国VS古巴)	体育	中央电视台综合频道	10.7	26.4
25	2008年第29届奥运会女子体操团体决赛	体育	中央台五套	10.6	58.6
26	2008年第29届奥运会乒乓球女子单打决赛	体育	中央台五套	10.4	26.7
27	2008年第29届奥运会男子举重62公斤级决赛	体育	中央台五套	10.3	27.7
28	2008年第29届奥运会女足小组赛E组(中国VS加拿大)	体育	中央台五套	10.2	24.3
29	第29届奥林匹克运动会开幕式	体育	中央台五套	10.2	18.7
30	2008年第29届奥运会女子排球半决赛(中国VS巴西)	体育	中央台五套	10.1	24.6

表3.53.8 2008年武汉市场电视剧收视率排名前十位

名次	节目名称	播出频道	平均收视率(%)	平均占有率(%)
1	李小龙传奇	中央电视台综合频道	5.9	16.1
2	射雕英雄传华山论剑(2月16-2月26日)	武汉电视台文艺频道	5.6	22.1
3	我的丑娘	武汉电视台文艺频道	5.2	17.2
4	陪你到世界的尽头(1月26-2月5日)	湖北经视	5.1	17.7
5	绝密押运	中央电视台综合频道	5.0	14.5
6	无法抗拒	湖北经视	4.9	17.9
7	闯关东	中央电视台综合频道	4.9	14.9
8	原谅	武汉电视台文艺频道	4.8	16.2
9	一颗颗眼泪都是爱	武汉电视台文艺频道	4.6	15.6
10	情之债(9月10-18日)	湖北经视	4.5	15.4

表3.53.9 2008年武汉市场新闻节目收视率排名前十位

名次	节目名称	播出频道	平均收视率(%)	平均占有率(%)
1	神七问天直播特别节目	中央电视台综合频道	5.1	13.8
2	阿星笑长开讲	湖北经视	4.6	15.6
3	经视直播	湖北经视	4.5	19.7
4	新闻联播	中央电视台综合频道	4.4	15.0
5	新闻联播(5月13-17日、5月19-21日,21:00)	中央电视台综合频道	4.0	12.4
6	焦点访谈(5月20-21日)	湖北经视	3.7	13.5
7	温家宝在汶川映秀镇会见中外记者	中央电视台综合频道	2.9	10.7
8	焦点访谈	中央电视台综合频道	2.4	7.6
9	晚间新闻	湖北经视	2.3	9.7
10	焦点访谈(5月19-21日)	湖北综合	2.3	8.1

表 3.53.10 2008 年武汉市场专题节目收视率排名前十位

名次	节目名称	播出频道	平均收视率（%）	平均占有率（%）
1	拉萨 3.14 打砸抢烧暴力事件纪实	中央电视台综合频道	5.9	16.9
2	CCTV2007 感动中国颁奖盛典	中央电视台综合频道	4.2	12.7
3	情感大搜索	湖北经视	3.0	8.8
4	奥运名人堂	中央电视台综合频道	2.5	8.3
5	董倩面对面	中央电视台综合频道	2.5	7.4
6	奥运名人堂	中央台五套	2.5	6.5
7	拉萨 3.14 打砸抢烧暴力事件纪实	中央台四套	2.4	8.2
8	海峡两岸	中央台四套	2.4	6.7
9	2008 第三届中国光谷国际动漫节	武汉电视台文体频道	2.1	6.4
10	变革与辉煌献给中国人民解放军建军 81 周年	中央电视台综合频道	2.1	6.1

表 3.53.11 2008 年武汉市场综艺节目收视率排名前十位

名次	节目名称	播出频道	平均收视率（%）	平均占有率（%）
1	中国中央电视台 2008 春节联欢晚会	中央电视台综合频道	28.3	57.7
2	爱的奉献 2008 宣传文化系统抗震救灾大型募捐活动（5 月 18 日）	中央电视台综合频道	13.0	35.5
3	荣成月中华情 2008 中央电视台中秋晚会	中央电视台综合频道	9.0	23.1
4	中央电视台 2008 年元宵晚会	中央电视台综合频道	5.0	15.9
5	青春中国第十三届 CCTV 青年歌手电视大奖赛颁奖晚会	中央台三套	4.9	15.0
6	综艺盛典 Variety Awards 2008	中央台三套	4.8	13.1
7	放歌新时代歌唱改革开放三十周年文艺晚会	中央电视台综合频道	4.3	12.1
8	迈向太空中央电视台心连心艺术团赴酒泉卫星发射中心慰问演出	中央电视台综合频道	4.2	12.0
9	今夜星光 2008 湖北省技能大赛颁奖晚会	湖北卫视	4.2	11.8
10	大家来唱歌	湖北卫视	4.2	10.9

表 3.53.12　2008 年武汉市场奥运会、残奥会比赛收视率排名前十位

名次	节目名称	播出频道	平均收视率(%)	平均占有率(%)
1	2008 年第 29 届奥运会男子篮球 B 组比赛(中国 VS 美国)	中央台二套	15.9	48.7
2	2008 年第 29 届奥运会体操单项女子跳马决赛	中央台五套	15.9	43.3
3	2008 年第 29 届奥运会体操女子自由操决赛	中央台五套	14.3	31.2
4	2008 年第 29 届奥运会女子排球预赛（中国 VS 美国）	中央台五套	13.6	30.3
5	2008 年第 29 届奥运会体操单项女子高低杠决赛	中央台五套	13.1	43.2
6	2008 年第 29 届奥运会乒乓球男子团体决赛	中央台五套	13.1	34.5
7	2008 年第 29 届奥运会体操男子单杠决赛	中央台五套	12.9	35.7
8	2008 年第 29 届奥运会体操单项男子鞍马决赛	中央台五套	12.9	29.5
9	2008 年第 29 届奥运会女子 100 米决赛	中央电视台综合频道	12.2	31.9
10	2008 年第 29 届奥运会跳水男子单人 10 米跳台决赛	中央电视台综合频道	12.1	29.3

表 3.53.13　2008 年武汉市场体育节目收视率排名前十位（奥运会、残奥会比赛除外）

名次	节目名称	播出频道	平均收视率(%)	平均占有率(%)
1	第 29 届奥林匹克运动会闭幕式	中央电视台综合频道	22.1	39.4
2	第 29 届奥林匹克运动会开幕式	中央电视台综合频道	21.6	33.8
3	第 29 届奥林匹克运动会闭幕式	中央台五套	13.9	24.7
4	第 29 届奥林匹克运动会开幕式	中央台五套	10.2	18.7
5	北京 2008 年残奥会开幕式	中央电视台综合频道	9.6	22.4
6	直播周末：第 49 届世界乒乓球团体锦标赛男团决赛	中央台五套	8.5	25.1
7	直播周末足球之夜：2010 年世界杯亚洲区预选赛（卡塔尔 VS 中国）	中央台五套	8.4	25.8
8	足球之夜：2010 年世界杯亚洲区预选赛（中国 VS 伊拉克）	中央台五套	7.9	22.8
9	直播周末：第 49 届世界乒乓球团体锦标赛女团决赛	中央台五套	7.1	21.9
10	第 29 届奥林匹克运动会开幕式	湖北卫视	5.9	9.3

五十四、西宁收视数据

表 3.54.1 2004－2008 年西宁市各类频道的市场占有率（%）

频道类别	年份				
	2004 年	2005 年	2006 年	2007 年	2008 年
中央台频道	56.6	58.4	59.9	54.9	63.3
中国教育台频道	0.2	0.4	0.2	0.3	0.3
青海省级频道	10.2	11.3	8.1	9.1	7.3
西宁市级频道	7.1	3.9	3.6	4.1	2.9
其他省级卫视频道	23.8	23.8	25.3	27.8	23.9
其他频道	2.1	2.2	3.0	3.9	2.3

表 3.54.2 2008 年西宁市各类频道在不同目标观众中的市场占有率（%）

目标观众		中央台频道	中国教育台频道	青海省级频道	西宁市级频道	其他省级卫视频道	其他频道
4 岁及以上所有人		63.3	0.3	7.3	2.9	23.9	2.3
性别	男	65.5	0.4	7.1	2.6	21.8	2.6
	女	61.1	0.2	7.4	3.3	26.0	2.0
年龄	4－14 岁	56.7	0.4	8.6	2.0	29.8	2.5
	15－24	61.0	0.7	4.7	1.1	29.8	2.7
	25－34	61.2	0.3	8.9	3.1	24.1	2.4
	35－44	61.5	0.3	7.3	3.1	26.0	1.8
	45－54	66.8	0.1	6.0	4.4	20.5	2.1
	55－64	64.1	0.2	9.2	3.2	20.1	3.2
	65 岁及以上	69.5	0.3	5.9	2.4	19.6	2.4
教育程度	未受过正规教育	59.8	0.3	10.2	1.6	26.6	1.6
	小学	57.2	0.7	8.5	4.0	26.6	3.1
	初中	63.7	0.1	8.4	3.4	22.2	2.2
	高中	67.2	0.1	5.1	2.4	23.5	1.8
	大学及以上	66.2	0.5	5.3	1.6	23.1	3.2
职业类别	干部/管理人员	69.2	0.0	3.4	1.2	25.9	0.2
	个体/私营企业人员	60.0	0.2	8.2	4.8	24.6	2.2
	初级公务员/雇员	72.6	0.0	3.1	1.4	20.7	2.2
	工人	59.8	0.3	8.0	2.3	26.4	3.2
	学生	59.8	0.6	5.9	1.6	29.8	2.3
	无业	65.1	0.3	8.3	3.1	20.8	2.3
个人月收入	0－600 元	60.1	0.3	8.3	3.4	25.8	2.1
	601－1200 元	67.3	0.2	6.8	2.4	21.1	2.2
	1201 元及以上	65.5	0.3	5.3	2.5	23.1	3.3

表 3.54.3　2008 年西宁市各类频道不同时段的市场占有率（%）

时间段	中央台频道	中国教育台频道	青海省级频道	西宁市级频道	其他省级卫视频道	其他频道
02:00－03:00	71.0	0.0	4.4	2.6	14.2	7.8
03:00－04:00	58.5	0.0	4.8	4.5	17.4	14.8
04:00－05:00	63.1	0.0	3.4	1.5	11.3	20.7
05:00－06:00	40.8	0.0	2.0	0.8	11.4	45.0
06:00－07:00	47.8	0.3	3.7	0.4	18.4	29.4
07:00－08:00	74.1	0.3	3.0	1.0	17.8	3.8
08:00－09:00	68.3	0.2	3.9	2.4	23.1	2.1
09:00－10:00	62.3	0.2	5.9	2.7	26.2	2.7
10:00－11:00	59.6	0.2	5.7	2.3	28.1	4.1
11:00－12:00	60.4	0.3	4.9	2.0	28.0	4.4
12:00－13:00	74.7	0.6	2.4	1.1	18.6	2.6
13:00－14:00	62.8	0.5	4.5	1.5	27.8	2.9
14:00－15:00	46.5	0.3	9.9	2.0	37.0	4.3
15:00－16:00	43.3	0.3	9.8	2.2	39.3	5.1
16:00－17:00	47.9	0.2	7.3	1.7	37.7	5.2
17:00－18:00	59.4	0.4	4.8	1.0	30.9	3.5
18:00－19:00	60.7	0.4	15.9	1.5	19.6	1.9
19:00－20:00	87.0	0.2	4.1	1.2	6.8	0.7
20:00－21:00	62.1	0.4	8.8	4.1	23.2	1.4
21:00－22:00	55.8	0.4	9.5	4.5	28.2	1.6
22:00－23:00	51.1	0.2	6.9	5.0	34.1	2.7
23:00－24:00	55.3	0.1	5.4	3.7	30.9	4.6
24:00－25:00	52.3	0.0	5.0	3.4	34.2	5.1
25:00－26:00	61.6	0.0	3.0	1.4	26.6	7.4

表 3.54.4　2008 年西宁市场收视份额排名前十位的频道

名次	频道名称	收视份额（%）
1	中央电视台综合频道	23.3
2	中央台六套	9.0
3	中央台八套	6.7
4	中央台五套	4.4
5	中央台三套	4.1
6	中央台十二套	3.8
7	湖南电视台卫星频道	3.6
8	青海卫视	3.1
9	中央台二套	2.9
10	青海电视台经济生活频道	2.8

表 3.55.5　2008 年西宁市场各主要频道的观众构成（%）

目标观众		所有频道	主要频道				
			中央电视台综合频道	中央台六套	中央台八套	中央台五套	中央台三套
4 岁及以上所有人		100.0	100.0	100.0	100.0	100.0	100.0
性别	男	50.4	50.7	52.7	47.0	62.3	49.4
	女	49.6	49.3	47.3	53.0	37.7	50.6
年龄	4－14 岁	9.2	8.4	6.8	3.7	6.0	6.7
	15－24 岁	9.0	8.3	9.2	8.4	11.4	10.2
	25－34 岁	16.3	17.0	17.6	16.3	19.0	15.8
	35－44 岁	22.8	20.2	28.9	20.8	27.6	22.2
	45－54 岁	15.9	18.0	15.8	18.1	16.8	17.8
	55－64 岁	12.6	11.4	12.2	15.5	8.8	14.8
	65 岁及以上	14.2	16.8	9.5	17.0	10.4	12.5
教育程度	未受过正规教育	5.5	5.1	4.7	4.0	3.0	4.3
	小学	20.6	17.7	16.0	19.4	12.6	18.9
	初中	36.5	36.7	40.5	33.7	35.4	37.5
	高中	24.7	27.5	27.0	31.5	29.6	25.2
	大学及以上	12.7	13.0	11.9	11.4	19.4	14.1
职业类别	干部/管理人员	2.0	2.2	2.1	1.8	4.2	2.3
	个体/私营企业人员	21.7	21.8	24.5	17.1	26.3	13.6
	初级公务员/雇员	9.6	11.0	10.2	12.5	15.3	14.2
	工人	11.4	10.3	11.5	11.6	9.4	13.1
	学生	13.7	13.2	12.2	8.4	14.2	12.9
	无业	41.6	41.5	39.6	48.6	30.5	43.8
个人月收入	0－600 元	50.5	48.8	49.6	44.2	47.2	48.1
	601－1200 元	30.5	30.6	35.2	35.7	31.2	29.8
	1201 元及以上	19.1	20.6	15.2	20.1	21.6	22.1

表 3.54.6　2006－2008 年西宁市场各类节目的播出份额（%）和收视份额（%）

节目类别	2006 年		2007 年		2008 年	
	播出份额	收视份额	播出份额	收视份额	播出份额	收视份额
青少	4.6	4.1	5.0	3.1	4.4	3.0
戏剧	1.5	1.1	1.4	0.8	1.1	0.6
教学	0.7	0.2	0.9	0.3	0.8	0.2
综艺	7.9	9.2	8.1	9.9	5.1	7.2
外语	0.5	0.1	0.4	0.2	0.2	0.0
电影	4.5	7.7	4.5	8.3	3.2	6.0
音乐	1.6	2.1	2.7	2.0	2.7	1.0
新闻/时事	11.5	17.1	11.6	17.2	10.0	16.4
体育	2.8	5.4	2.8	4.7	2.8	6.8
电视剧	32.4	37.7	35.6	38.1	28.4	27.6
专题	13.4	7.4	13.5	8.1	10.4	5.8
财经	1.7	0.7	1.9	0.6	1.7	0.7
生活服务	9.5	4.0	9.5	4.1	9.8	6.6
法制	1.4	2.7	1.4	2.2	0.9	2.1
其他	6.2	0.5	0.8	0.4	18.6	16.0

表 3.54.7　2008 年西宁市场所有节目收视率排名前三十位

名次	节目名称	节目类型	播出频道	平均收视率（%）	平均占有率（%）
1	第 29 届奥林匹克运动会开幕式	体育	中央电视台综合频道	59.9	81.6
2	中国中央电视台 2008 春节联欢晚会	综艺	中央电视台综合频道	55.3	78.4
3	北京 2008 年残奥会开幕式	体育	中央电视台综合频道	53.6	79.5
4	第 29 届奥林匹克运动会闭幕式	体育	中央电视台综合频道	43.0	56.8
5	温家宝在汶川映秀镇会见中外记者	新闻/时事	中央电视台综合频道	42.1	67.6
6	新闻联播	新闻/时事	中央电视台综合频道	41.3	71.9
7	天气预报	生活服务	中央电视台综合频道	36.3	60.9
8	拉萨 3.14 打砸抢烧暴力事件纪实	专题	中央电视台综合频道	33.1	50.9
9	北京 2008 年残奥会闭幕式	体育	中央电视台综合频道	31.4	49.2
10	焦点访谈	新闻/时事	中央电视台综合频道	29.1	49.0
11	2008 年第 29 届奥运会田径比赛女子 4×400 米接力第一轮	体育	中央电视台综合频道	27.5	47.2
12	2008 年第 29 届奥运会田径比赛女子 1500 米决赛	体育	中央电视台综合频道	26.9	39.5
13	神七神采	其他	中央电视台综合频道	26.1	55.3
14	2008 年第 29 届奥运会跆拳道比赛女子 49 公斤级决赛	体育	中央电视台综合频道	25.8	39.7
15	2008 年第 29 届奥运会羽毛球女双三、四名决赛	体育	中央电视台综合频道	24.2	36.4
16	新闻联播（5 月 13－17 日、5 月 19－21 日，21:00）	新闻/时事	中央电视台综合频道	24.0	37.0
17	2008 年第 29 届奥运会女子排球 1/4 决赛（中国 VS 俄罗斯）	体育	中央台五套	23.1	32.2
18	2008 年第 29 届奥运会女子链球决赛	体育	中央电视台综合频道	22.6	34.9
19	真挚的关怀深入的指导	新闻/时事	中央电视台综合频道	22.2	35.4
20	荣成月中华情 2008 中央电视台中秋晚会	综艺	中央电视台综合频道	21.4	31.9
21	2008 年第 29 届奥运会男子举重 56 公斤级决赛	体育	中央电视台综合频道	21.0	34.7
22	爱的奉献 2008 宣传文化系统抗震救灾大型募捐活动（5 月 18 日）	综艺	中央电视台综合频道	20.2	41.7
23	2008 年第 29 届奥运会田径比赛女子铁饼决赛	体育	中央电视台综合频道	20.2	31.2
24	李小龙传奇	电视剧	中央电视台综合频道	19.9	31.8

续表

名次	节目名称	节目类型	播出频道	平均收视率（%）	平均占有率（%）
25	2008 年第 29 届奥运会女子跳远决赛	体育	中央电视台综合频道	19.7	31.8
26	2008 年第 29 届奥运会女足小组赛（中国队 VS 阿根廷队）	体育	中央电视台综合频道	19.6	31.2
27	2008 年第 29 届奥运会田径比赛男子十项全能 - 跳高	体育	中央电视台综合频道	19.4	31.3
28	第 29 届奥运会乒乓球男团小组赛	体育	中央电视台综合频道	19.4	30.6
29	2008 年第 29 届奥运会田径男子三级跳远颁奖仪式	体育	中央电视台综合频道	19.1	31.1
30	闯关东	电视剧	中央电视台综合频道	19.1	28.3

表 3.54.8　2008 年西宁市场电视剧收视率排名前十位

名次	节目名称	播出频道	平均收视率（%）	平均占有率（%）
1	李小龙传奇	中央电视台综合频道	19.9	31.8
2	闯关东	中央电视台综合频道	19.1	28.3
3	绝密押运	中央电视台综合频道	16.1	28.7
4	台湾一八九五	中央电视台综合频道	12.9	19.9
5	黑金地的女人	中央电视台综合频道	12.3	24.7
6	兵心依旧	中央电视台综合频道	11.1	21.4
7	都市情感系列之三爱情篇相思树	中央电视台综合频道	11.1	17.2
8	乡村爱情第二部	中央电视台综合频道	11.0	17.1
9	夜幕下的哈尔滨	中央电视台综合频道	10.8	18.0
10	清凌凌的水蓝莹莹的天	中央电视台综合频道	10.8	16.8

表 3.54.9　2008 年西宁市场新闻节目收视率排名前十位

名次	节目名称	播出频道	平均收视率（%）	平均占有率（%）
1	温家宝在汶川映秀镇会见中外记者	中央电视台综合频道	42.1	67.6
2	新闻联播	中央电视台综合频道	41.3	71.9
3	焦点访谈	中央电视台综合频道	29.1	49.0
4	新闻联播（5 月 13 - 17 日、5 月 19 - 21 日，21:00）	中央电视台综合频道	24.0	37.0
5	真挚的关怀深入的指导	中央电视台综合频道	22.2	35.4
6	神七问天直播特别节目	中央电视台综合频道	16.7	26.8
7	第十一届全国人民代表大会第一次会议特别报道	中央电视台综合频道	15.9	26.7
8	抗震救灾众志成城	中央电视台综合频道	10.8	25.0
9	新闻 1 + 1	中央电视台综合频道	9.2	18.1
10	一起看奥运	中央电视台综合频道	8.4	15.0

表 3.54.10　2008 年西宁市场专题类节目收视率排名前十位

名次	节目名称	播出频道	平均收视率（%）	平均占有率（%）
1	拉萨 3.14 打砸抢烧暴力事件纪实	中央电视台综合频道	33.1	50.9
2	电影人物	中央台六套	15.0	22.0
3	纪录中国中国记者在 2008	中央电视台综合频道	12.2	17.9
4	奔腾的宁夏	中央电视台综合频道	11.8	19.6
5	艺术人生	中央电视台综合频道	10.8	15.4
6	全国迎奥运讲文明树新风礼仪知识竞赛	中央电视台综合频道	9.9	17.2
7	抗震救灾众志成城特别节目希望	中央电视台综合频道	9.9	17.0
8	奥运名人堂	中央台五套	9.5	21.7
9	CCTV2007 感动中国颁奖盛典	中央电视台综合频道	9.1	15.0
10	2008 当代工人 5.1 特别节目沧海跨越	中央电视台综合频道	8.9	14.8

表 3.54.11　2008 年西宁市场综艺节目收视率排名前十位

名次	节目名称	播出频道	平均收视率（%）	平均占有率（%）
1	中央电视台 2008 春节联欢晚会	中央电视台综合频道	55.3	78.4
2	荣成月中华情 2008 中央电视台中秋晚会	中央电视台综合频道	21.4	31.9
3	爱的奉献 2008 宣传文化系统抗震救灾大型募捐活动（5 月 18 日）	中央电视台综合频道	20.2	41.7
4	迈向太空中央电视台心连心艺术团赴酒泉卫星发射中心慰问演出	中央电视台综合频道	16.5	28.6
5	中央电视台 2008 年元宵晚会	中央电视台综合频道	14.7	25.0
6	万家灯火平安夜公安部 2008 年春节晚会	中央电视台综合频道	14.6	27.1
7	曲苑杂坛春节特别节目 2008 年正月正晚会	中央电视台综合频道	13.7	21.7
8	3.15 推动和谐的力量	中央电视台综合频道	12.0	17.8
9	南海风中国潮中央电视台心连心艺术团赴海南慰问演出	中央电视台综合频道	11.4	20.0
10	山歌好比沅江水中央电视台心连心艺术团赴湖南沅陵慰问演出	中央电视台综合频道	11.4	17.2

表 3. 54. 12　2008 年西宁市场奥运会、残奥会比赛收视率排名前十位

名次	节目名称	播出频道	平均收视率（%）	平均占有率（%）
1	2008 年第 29 届奥运会田径比赛女子 4 × 400 米接力第一轮	中央电视台综合频道	27. 5	47. 2
2	2008 年第 29 届奥运会田径比赛女子 1500 米决赛	中央电视台综合频道	26. 9	39. 5
3	2008 年第 29 届奥运会跆拳道比赛女子 49 公斤级决赛	中央电视台综合频道	25. 8	39. 7
4	2008 年第 29 届奥运会羽毛球女双三、四名决赛	中央电视台综合频道	24. 2	36. 4
5	2008 年第 29 届奥运会女子排球 1/4 决赛（中国 VS 俄罗斯）	中央台五套	23. 1	32. 2
6	2008 年第 29 届奥运会女子链球决赛	中央电视台综合频道	22. 6	34. 9
7	2008 年第 29 届奥运会男子举重 56 公斤级决赛	中央电视台综合频道	21. 0	34. 7
8	2008 年第 29 届奥运会田径比赛女子铁饼决赛	中央电视台综合频道	20. 2	31. 2
9	2008 年第 29 届奥运会女子跳远决赛	中央电视台综合频道	19. 7	31. 8
10	2008 年第 29 届奥运会女足小组赛（中国队 VS 阿根廷队）	中央电视台综合频道	19. 6	31. 2

表 3. 54. 13　2008 年西宁市场体育节目收视率排名前十位（奥运会、残奥会比赛除外）

名次	节目名称	播出频道	平均收视率（%）	平均占有率（%）
1	第 29 届奥林匹克运动会开幕式	中央电视台综合频道	59. 9	81. 6
2	北京 2008 年残奥会开幕式	中央电视台综合频道	53. 6	79. 5
3	第 29 届奥林匹克运动会闭幕式	中央电视台综合频道	43. 0	56. 8
4	北京 2008 年残奥会闭幕式	中央电视台综合频道	31. 4	49. 2
5	2008 年第 7 届环青海湖国际公路自行车赛开幕式	青海卫视	11. 8	18. 3
6	第 29 届奥林匹克运动会闭幕式	中央台五套	11. 8	15. 6
7	再见北京伦敦再见	中央电视台综合频道	11. 7	36. 1
8	北京 2008 年残奥会闭幕式	中央台五套	9. 4	14. 7
9	第 29 届奥林匹克运动会开幕式	中央台五套	9. 4	12. 9
10	2008 年第七届环青海湖国际公路自行车赛开幕式	中央台五套	8. 6	13. 4

五十五、银川收视数据

表 3.55.1 2004－2008 年银川市场各类频道的市场占有率（%）

频道类别	年份				
	2004 年	2005 年	2006 年	2007 年	2008 年
中央台频道	54.6	60.1	56.4	50.8	58.9
中国教育台频道	0.1	0.2	0.2	0.3	0.2
宁夏省级频道	24.0	18.6	18.7	21.4	12.9
银川市级频道	4.3	4.9	4.8	5.8	2.9
其他省级卫视频道	15.0	14.1	17.0	14.7	17.6
其他频道	2.0	2.1	2.9	7	7.4

表 3.55.2 2008 年银川市场各类频道在不同目标观众中的市场占有率（%）

目标观众		中央台频道	中国教育台频道	宁夏省级频道	银川市级频道	其他省级卫视频道	其他频道
4 岁及以上所有人		58.9	0.2	12.9	2.9	17.6	7.4
性别	男	60.9	0.3	13.0	2.7	15.1	8.0
	女	57.0	0.2	12.8	3.1	20.0	6.9
年龄	4－14 岁	54.6	0.0	11.0	2.4	18.3	13.6
	15－24 岁	58.5	0.2	12.0	2.9	18.7	7.8
	25－34 岁	51.0	0.3	13.8	3.7	22.1	9.0
	35－44 岁	59.7	0.1	14.5	2.8	14.6	8.1
	45－54 岁	65.7	0.1	12.2	2.5	14.9	4.6
	55－64 岁	55.6	0.9	14.1	3.6	19.3	6.5
	65 岁及以上	70.2	0.1	10.3	1.9	14.7	2.8
教育程度	未受过正规教育	54.3	0.2	13.4	2.0	15.0	15.1
	小学	58.9	0.6	13.8	3.4	17.4	5.9
	初中	57.3	0.1	14.4	3.2	18.4	6.7
	高中	60.2	0.2	11.0	2.7	17.2	8.7
	大学及以上	62.2	0.3	11.9	2.6	17.1	5.8
职业类别	干部/管理人员	73.1	0.0	7.3	1.3	10.7	7.6
	个体/私营企业人员	58.8	0.2	13.4	3.2	19.3	5.1
	初级公务员/雇员	52.8	0.1	12.2	3.6	20.7	10.5
	工人	57.0	0.3	13.7	2.9	15.2	10.9
	学生	56.5	0.1	11.8	2.4	19.7	9.5
	无业	62.4	0.4	12.4	2.7	16.2	5.9
	其他	62.1	0.1	16.3	2.8	16.5	2.2
个人月收入	0－600 元	57.4	0.3	13.5	3.1	18.5	7.2
	601－1200 元	55.7	0.3	14.5	3.3	17.2	9.1
	1201 元及以上	66.4	0.1	9.4	2.0	16.7	5.4

表 3.55.3 2008 年银川市场各类频道在不同时段的市场占有率（%）

时间段	中央台频道	中国教育台频道	宁夏省级频道	银川市级频道	其他省级卫视频道	其他频道
02:00-03:00	37.2	0.0	0.5	0.0	27.6	34.7
03:00-04:00	43.3	0.7	0.0	0.0	23.3	32.7
04:00-05:00	51.1	0.7	0.0	0.0	16.0	32.1
05:00-06:00	67.4	0.3	0.0	0.0	8.5	23.8
06:00-07:00	88.5	0.1	0.2	0.1	4.2	6.9
07:00-08:00	86.4	0.0	2.2	0.0	4.8	6.5
08:00-09:00	68.4	0.1	6.2	0.9	13.1	11.2
09:00-10:00	60.9	0.1	8.0	1.7	16.8	12.5
10:00-11:00	58.7	0.3	7.6	2.4	18.6	12.4
11:00-12:00	61.1	0.4	6.8	1.7	18.8	11.1
12:00-13:00	73.8	0.1	5.1	0.4	11.9	8.7
13:00-14:00	57.4	0.2	7.5	0.6	21.8	12.6
14:00-15:00	41.9	0.1	8.3	1.8	36.6	11.3
15:00-16:00	33.9	0.2	10.3	2.3	41.3	12.0
16:00-17:00	35.7	0.6	9.0	2.0	40.9	11.8
17:00-18:00	51.1	0.8	9.6	2.6	27.3	8.6
18:00-19:00	59.5	0.4	17.8	3.8	10.4	8.1
19:00-20:00	80.2	0.1	8.7	1.5	5.7	3.9
20:00-21:00	60.8	0.4	14.5	3.7	16.7	3.9
21:00-22:00	51.3	0.3	19.0	4.3	20.3	4.8
22:00-23:00	40.9	0.1	22.5	5.3	23.3	7.9
23:00-24:00	44.7	0.1	15.2	5.0	24.0	11.1
24:00-25:00	42.5	0.0	17.6	2.3	19.3	18.3
25:00-26:00	30.5	0.0	24.0	0.7	17.7	27.1

表 3.55.4 2008 年银川市场收视份额位于前十位的频道

名次	频道名称	收视份额（%）
1	中央电视台综合频道	29.2
2	宁夏电视台公共频道	7.2
3	中央台八套	5.5
4	中央台三套	4.4
5	中央台五套	3.6
6	湖南电视台卫星频道	3.3
7	中央电视台少儿频道	3.1
8	中央台十二套	3.0
9	中央台六套	2.9
10	宁夏电视台影视频道	2.4

表 3.55.5　2008 年银川市场主要频道的观众构成（%）

目标观众		所有频道	主要频道				
			中央电视台综合频道	宁夏电视台公共频道	中央台八套	中央台三套	中央台五套
4 岁及以上所有人		100.0	100.0	100.0	100.0	100.0	100.0
性别	男	49.6	51.4	45.7	46.2	48.2	65.0
	女	50.4	48.6	54.3	53.8	51.8	35.0
年龄	4-14 岁	8.6	7.4	7.6	4.4	7.3	3.5
	15-24 岁	12.5	13.2	12.8	8.7	9.5	18.1
	25-34 岁	20.2	17.2	22.7	15.7	16.0	17.3
	35-44 岁	20.3	20.9	21.3	23.4	18.2	22.0
	45-54 岁	15.4	18.8	16.2	15.7	16.7	19.8
	55-64 岁	12.2	10.5	13.0	13.0	15.5	7.0
	65 岁及以上	10.9	12.0	6.4	19.1	16.8	12.3
教育程度	未受过正规教育	4.8	3.9	5.2	3.0	4.2	2.6
	小学	14.8	14.9	17.2	14.5	15.4	6.5
	初中	37.6	37.9	42.1	39.2	34.8	31.9
	高中	28.0	25.9	21.8	30.6	30.1	31.6
	大学及以上	14.9	17.3	13.6	12.8	15.6	27.3
职业类别	干部/管理人员	1.8	1.7	0.7	3.4	2.1	4.5
	个体/私营企业人员	13.4	11.6	11.5	16.6	16.9	17.9
	初级公务员/雇员	15.6	12.9	11.4	13.5	13.2	23.8
	工人	15.1	14.4	14.6	18.0	11.9	13.6
	学生	12.2	11.8	11.1	9.5	10.0	12.8
	无业	33.3	34.2	31.5	39.0	44.2	27.3
	其他	8.5	13.5	19.1	0.0	1.8	0.0
个人月收入	0-600 元	40.3	44.0	52.8	28.9	29.0	25.3
	601-1200 元	36.5	29.0	32.7	45.9	47.6	40.2
	1201 元及以上	23.1	27.0	14.5	25.3	23.4	34.5

表 3.55.6　2006-2008 年银川市场各类节目的播出份额（%）和收视份额（%）

节目类别	2006 年		2007 年		2008 年	
	播出份额	收视份额	播出份额	收视份额	播出份额	收视份额
财经	1.9	0.4	1.9	0.6	2.2	0.6
电视剧	31.2	43.5	35.5	43.3	36.5	38.7
电影	3.9	4.9	4.7	4.9	4.1	3.0
法制	1.6	1.6	1.4	3.2	1.1	3.0
教学	0.4	0.0	0.9	0.5	1.0	0.2
青少	6.0	5.5	4.8	5.4	5.5	5.0
生活服务	5.7	3.7	9.4	3.6	8.7	3.2
体育	2.3	4.3	2.8	4.2	3.6	8.3
外语	0.3	0.1	0.4	0.1	0.3	0.1
戏剧	1.8	0.5	1.4	0.5	1.4	0.4
新闻/时事	17.0	16.6	11.6	14.9	12.7	20.1
音乐	1.5	1.8	2.6	1.6	2.2	1.0
专题	14.5	6.8	13.6	7.8	13.5	7.4
综艺	9.6	10.0	8.1	9.1	6.4	8.7
其他	2.3	0.3	0.8	0.4	0.9	0.3

表 3.55.7　2008 年银川市场所有节目收视率排名前三十位

名次	节目名称	节目类型	播出频道	平均收视率（%）	平均占有率（%）
1	中央电视台 2008 春节联欢晚会	综艺	中央电视台综合频道	55.6	84.3
2	一年又一年二 00 八动起来	综艺	中央电视台综合频道	46.1	77.8
3	第 29 届奥林匹克运动会开幕式	体育	中央电视台综合频道	45.6	72.2
4	第 29 届奥林匹克运动会闭幕式	体育	中央电视台综合频道	38.9	56.3
5	闯关东	电视剧	中央电视台综合频道	37.4	56.3
6	温家宝在汶川映秀镇会见中外记者	新闻/时事	中央电视台综合频道	34.6	61.8
7	新闻联播	新闻/时事	中央电视台综合频道	33.5	66.7
8	爱的奉献 2008 宣传文化系统抗震救灾大型募捐活动（5 月 18 日）	综艺	中央电视台综合频道	31.7	62.4
9	天气预报	生活服务	中央电视台综合频道	31.2	57.4
10	北京 2008 年残奥会闭幕式	体育	中央电视台综合频道	31.0	50.3
11	2008 年第 29 届奥运会田径比赛男子 200 米小组赛	体育	中央电视台综合频道	30.7	47.4
12	2008 年第 29 届奥运会田径比赛女子铁饼决赛	体育	中央电视台综合频道	30.6	49.7
13	2008 年第 29 届奥运会女排小组赛（中国 VS 古巴）	体育	中央电视台综合频道	29.8	46.6
14	北京 2008 年残奥会开幕式	体育	中央电视台综合频道	29.7	58.1
15	2008 年第 29 届奥运会乒乓球女团决赛	体育	中央电视台综合频道	28.9	46.5
16	李小龙传奇	电视剧	中央电视台综合频道	28.2	46.9
17	中央电视台 2008 年元宵晚会	综艺	中央电视台综合频道	28.0	43.3
18	2008 年第 29 届奥运会乒乓球男子团体半决赛	体育	中央电视台综合频道	27.9	47.8
19	新闻联播（5 月 13－17 日、5 月 19－21 日，21:00）	新闻/时事	中央电视台综合频道	27.6	45.9
20	2008 年第 29 届奥运会女排小组赛（中国 VS 波兰）	体育	中央电视台综合频道	27.5	42.4
21	拉萨 3.14 打砸抢烧暴力事件纪实	专题	中央电视台综合频道	27.2	45.5
22	2008 年第 29 届奥运会跆拳道比赛女子 49 公斤级决赛	体育	中央电视台综合频道	27.0	45.7
23	乡村爱情第二部	电视剧	中央电视台综合频道	26.9	44.4
24	2008 年第 29 届奥运会田径比赛女子 4×400 米接力第一轮	体育	中央电视台综合频道	26.7	48.3
25	真挚的关怀深入的指导	新闻/时事	中央电视台综合频道	26.6	44.6
26	焦点访谈	新闻/时事	中央电视台综合频道	25.7	45.9

续表

名次	节目名称	节目类型	播出频道	平均收视率(%)	平均占有率(%)
27	2008年第29届奥运会田径比赛男子十项全能-跳高	体育	中央电视台综合频道	25.7	42.5
28	2008年第29届奥运会女子链球决赛	体育	中央电视台综合频道	25.6	41.5
29	荣成月中华情2008中央电视台中秋晚会	综艺	中央电视台综合频道	24.5	39.7
30	万家灯火平安夜公安部2008年春节晚会	综艺	中央电视台综合频道	21.2	37.2

表 3.55.8　2008 年银川市场电视剧收视率排名前十位

名次	节目名称	播出频道	平均收视率(%)	平均占有率(%)
1	闯关东	中央电视台综合频道	37.4	56.3
2	李小龙传奇	中央电视台综合频道	28.2	46.9
3	乡村爱情第二部	中央电视台综合频道	26.9	44.4
4	清凌凌的水蓝莹莹的天	中央电视台综合频道	18.9	29.9
5	绝密押运	中央电视台综合频道	17.8	34.1
6	周恩来在重庆	中央电视台综合频道	16.3	26.3
7	兵心依旧	中央电视台综合频道	15.4	31.3
8	笑着活下去	宁夏电视台公共频道	15.3	27.5
9	英雄无名	中央电视台综合频道	15.0	24.7
10	都市情感系列之三爱情篇相思树	中央电视台综合频道	14.5	24.1

表 3.55.9　2008 年银川市场新闻节目收视率排名前十位

名次	节目名称	播出频道	平均收视率(%)	平均占有率(%)
1	温家宝在汶川映秀镇会见中外记者	中央电视台综合频道	34.6	61.8
2	新闻联播	中央电视台综合频道	33.5	66.7
3	新闻联播(5月13-17日、5月19-21日,21:00)	中央电视台综合频道	27.6	45.9
4	真挚的关怀深入的指导	中央电视台综合频道	26.6	44.6
5	焦点访谈	中央电视台综合频道	25.7	45.9
6	一起看奥运	中央电视台综合频道	15.4	26.2
7	抗震救灾众志成城	中央电视台综合频道	13.6	33.1
8	神七问天直播特别节目	中央电视台综合频道	13.2	30.3
9	新闻1+1	中央电视台综合频道	10.4	20.6
10	第十一届全国人民代表大会第一次会议特别报道	中央电视台综合频道	9.6	21.4

表 3.55.10 2008 年银川市场专题节目收视率排名前十位

名次	节目名称	播出频道	平均收视率（%）	平均占有率（%）
1	拉萨 3.14 打砸抢烧暴力事件纪实	中央电视台综合频道	27.2	45.5
2	CCTV2007 感动中国颁奖盛典	中央电视台综合频道	20.5	33.1
3	奔腾的宁夏	中央电视台综合频道	19.6	31.9
4	艺术人生	中央电视台综合频道	19.5	31.0
5	抗震救灾众志成城特别节目希望	中央电视台综合频道	14.8	26.1
6	全国迎奥运讲文明树新风礼仪知识竞赛	中央电视台综合频道	12.6	24.4
7	跨越海南经济特区 20 年纪实	中央电视台综合频道	11.9	21.5
8	2008 当代工人 5.1 特别节目沧海跨越	中央电视台综合频道	11.2	18.9
9	变革与辉煌献给中国人民解放军建军 81 周年	中央电视台综合频道	10.2	17.6
10	纪录中国中国记者在 2008	中央电视台综合频道	9.5	19.5

表 3.55.11 2008 年银川市场综艺节目收视率排名前十位

名次	节目名称	播出频道	平均收视率（%）	平均占有率（%）
1	中国中央电视台 2008 春节联欢晚会	中央电视台综合频道	55.6	84.3
2	一年又一年二 00 八动起来	中央电视台综合频道	46.1	77.8
3	爱的奉献 2008 宣传文化系统抗震救灾大型募捐活动（5 月 18 日）	中央电视台综合频道	31.7	62.4
4	中央电视台 2008 年元宵晚会	中央电视台综合频道	28.0	43.3
5	荣成月中华情 2008 中央电视台中秋晚会	中央电视台综合频道	24.5	39.7
6	万家灯火平安夜公安部 2008 年春节晚会	中央电视台综合频道	21.2	37.2
7	曲苑杂坛春节特别节目 2008 年正月正晚会	中央电视台综合频道	20.6	37.5
8	迈向太空中央电视台心连心艺术团赴酒泉卫星发射中心慰问演出	中央电视台综合频道	20.6	36.4
9	2008 文化部春节电视晚会	中央电视台综合频道	17.9	39.4
10	百年圆梦迎 2008 北京奥运会文艺晚会	中央电视台综合频道	16.4	28.9

表 3.55.12　2008 年银川市场奥运会、残奥会比赛收视率排名前十位

名次	节目名称	播出频道	平均收视率（%）	平均占有率（%）
1	2008 年第 29 届奥运会田径比赛男子 200 米小组赛	中央电视台综合频道	30.7	47.4
2	2008 年第 29 届奥运会田径比赛女子铁饼决赛	中央电视台综合频道	30.6	49.7
3	2008 年第 29 届奥运会女排小组赛（中国 VS 古巴）	中央电视台综合频道	29.8	46.6
4	2008 年第 29 届奥运会乒乓球女团决赛	中央电视台综合频道	28.9	46.5
5	2008 年第 29 届奥运会乒乓球男子团体半决赛	中央电视台综合频道	27.9	47.8
6	2008 年第 29 届奥运会女排小组赛（中国 VS 波兰）	中央电视台综合频道	27.5	42.4
7	2008 年第 29 届奥运会跆拳道比赛女子 49 公斤级决赛	中央电视台综合频道	27.0	45.7
8	2008 年第 29 届奥运会田径比赛女子 4 × 400 米接力第一轮	中央电视台综合频道	26.7	48.3
9	2008 年第 29 届奥运会田径比赛男子十项全能 - 跳高	中央电视台综合频道	25.7	42.5
10	2008 年第 29 届奥运会女子链球决赛	中央电视台综合频道	25.6	41.5

表 3.55.13　2008 年银川市场体育节目收视率排名前十位（奥运会、残奥会比赛除外）

名次	节目名称	播出频道	平均收视率（%）	平均占有率（%）
1	第 29 届奥林匹克运动会开幕式	中央电视台综合频道	45.6	72.2
2	第 29 届奥林匹克运动会闭幕式	中央电视台综合频道	38.9	56.3
3	北京 2008 年残奥会闭幕式	中央电视台综合频道	31.0	50.3
4	北京 2008 年残奥会开幕式	中央电视台综合频道	29.7	58.1
5	聚焦残奥会	中央电视台综合频道	16.8	30.0
6	奥运来了特别节目	中央电视台综合频道	14.2	26.8
7	奖牌榜	中央电视台综合频道	11.3	19.7
8	再见北京伦敦再见	中央电视台综合频道	10.0	34.3
9	奥运第 4 天	中央电视台综合频道	9.2	40.7
10	奥运第 6 天	中央电视台综合频道	8.7	54.0

五十六、郑州收视数据

表 3.56.1 2004－2008 年郑州市场各类频道的市场占有率（%）

频道类别	年份				
	2004 年	2005 年	2006 年	2007 年	2008 年
中央台频道	40.1	38.9	42.0	41.3	40.6
中国教育台频道	0.0	0.0	0.0	0.1	0.0
河南省级频道	32.2	33.4	31.2	23.3	23.5
郑州市级频道	14.2	11.5	8.4	10.7	10.4
其他省级卫视频道	11.0	12.8	15.0	21.5	22.5
其他频道	2.5	3.4	3.4	3.2	3.0

表 3.56.2 2008 年郑州市场各类频道在各目标观众中的市场占有率（%）

目标观众		中央台频道	中国教育台频道	河南省级频道	郑州市级频道	其他省级卫视频道	其他频道
4 岁及以上所有人		40.6	0.0	23.5	10.4	22.5	3.0
性别	男	42.4	0.0	23.7	10.6	20.4	2.8
	女	38.8	0.0	23.3	10.2	24.6	3.1
年龄	4－14 岁	37.2	0.0	22.4	11.1	25.4	3.8
	15－24 岁	34.1	0.0	24.0	10.4	29.4	2.0
	25－34 岁	40.0	0.0	22.4	9.3	24.0	4.3
	35－44 岁	37.0	0.0	25.6	11.4	22.2	3.6
	45－54 岁	41.0	0.0	25.0	10.0	21.6	2.3
	55－64 岁	48.0	0.0	22.8	10.4	17.1	1.7
	65 岁及以上	47.2	0.1	20.2	11.9	18.6	2.1
教育程度	未受过正规教育	39.3	0.0	23.6	11.0	22.7	3.4
	小学	37.2	0.0	26.0	12.3	21.9	2.6
	初中	37.3	0.0	26.1	11.5	21.5	3.5
	高中	42.1	0.0	22.7	9.7	22.9	2.7
	大学及以上	45.6	0.0	19.5	8.9	23.3	2.8
职业类别	干部/管理人员	43.8	0.0	19.5	8.8	25.9	1.9
	个体/私营企业人员	38.2	0.0	26.4	10.7	22.4	2.3
	初级公务员/雇员	46.0	0.0	21.4	8.6	21.5	2.4
	工人	37.1	0.0	25.2	10.7	23.6	3.4
	学生	33.6	0.0	23.1	11.3	29.3	2.7
	无业	44.1	0.0	21.3	10.3	21.1	3.2
	其他	21.5	0.0	43.8	16.7	14.5	3.5
个人月收入	0－600 元	36.3	0.0	25.2	11.3	23.6	3.5
	601－1200 元	42.0	0.0	23.6	10.3	21.5	2.6
	1201－1700 元	44.1	0.0	20.7	9.3	23.5	2.4
	1701 元及以上	49.9	0.1	19.2	8.5	19.7	2.6

表 3.56.3　2008 年郑州市场各类频道在各时段的市场占有率（%）

时间段	中央台频道	中国教育台频道	河南省级频道	郑州市级频道	其他省级卫视频道	其他频道
02:00－03:00	45.2	0.0	17.4	2.0	29.5	5.8
03:00－04:00	47.1	0.0	17.9	1.1	27.9	6.0
04:00－05:00	41.6	0.0	18.9	0.8	32.6	6.1
05:00－06:00	38.5	0.0	21.2	0.7	34.1	5.5
06:00－07:00	55.0	0.0	13.3	3.2	25.0	3.4
07:00－08:00	56.5	0.0	14.5	10.0	16.1	2.8
08:00－09:00	49.5	0.0	15.8	9.2	22.6	2.9
09:00－10:00	41.4	0.0	17.0	9.9	28.4	3.3
10:00－11:00	40.7	0.0	14.4	9.8	30.8	4.2
11:00－12:00	44.8	0.0	13.9	8.6	28.6	4.1
12:00－13:00	46.6	0.0	23.3	10.1	17.5	2.5
13:00－14:00	39.3	0.1	22.2	10.3	25.0	3.2
14:00－15:00	37.2	0.0	15.2	10.4	32.5	4.6
15:00－16:00	34.8	0.0	15.2	9.2	35.5	5.3
16:00－17:00	33.2	0.0	15.0	10.3	37.1	4.3
17:00－18:00	39.1	0.1	14.2	10.4	32.2	4.0
18:00－19:00	41.7	0.0	23.3	15.4	16.6	2.9
19:00－20:00	49.9	0.0	31.8	9.0	7.1	2.2
20:00－21:00	40.4	0.0	27.1	10.9	19.5	2.0
21:00－22:00	35.3	0.0	29.2	11.4	22.1	2.0
22:00－23:00	32.6	0.0	30.4	9.6	24.5	2.8
23:00－24:00	35.7	0.0	24.3	10.7	26.3	3.0
24:00－25:00	34.9	0.0	21.3	14.0	25.9	3.9
25:00－26:00	39.2	0.0	17.6	9.9	28.4	4.9

表 3.56.4　2008 年郑州市场收视份额排名前十位的频道

名次	频道名称	收视份额（%）
1	中央电视台综合频道	9.4
2	中央台三套	5.0
3	河南电视台卫星频道（一套）	4.8
3	河南电视台都市频道（二套）	4.8
5	中央台六套	4.2
6	中央台五套	4.1
7	河南电视台电视剧频道（五套）	4.0
8	中央台八套	3.8
9	河南电视台民生频道（三套）	3.3
10	中央台二套	3.0

表 3.56.5　2008 年郑州市场各主要频道的观众构成（%）

目标观众		所有频道	主要频道				
			中央电视台综合频道	中央台三套	河南电视台卫星频道（一套）	河南电视台都市频道（二套）	中央台六套
4 岁及以上所有人		100.0	100.0	100.0	100.0	100.0	100.0
性别	男	50.8	50.6	52.4	51.2	51.0	57.3
	女	49.2	49.4	47.6	48.8	49.0	42.7
年龄	4－14 岁	8.7	6.1	6.8	8.5	7.1	6.5
	15－24 岁	8.8	6.2	8.4	6.7	7.9	10.5
	25－34 岁	22.2	20.8	21.2	16.6	21.4	23.5
	35－44 岁	15.5	13.4	14.9	15.3	19.2	16.8
	45－54 岁	22.9	24.0	24.3	22.6	28.4	24.1
	55－64 岁	12.2	15.6	14.2	16.6	9.0	11.1
	65 岁及以上	9.7	13.9	10.2	13.7	7.0	7.6
教育程度	未受过正规教育	6.6	5.4	5.1	10.5	5.2	4.0
	小学	11.5	11.4	9.9	14.4	12.7	9.8
	初中	28.8	26.5	29.0	32.6	30.1	28.9
	高中	33.8	34.4	35.2	28.4	36.9	36.8
	大学及以上	19.4	22.4	20.9	14.2	15.2	20.5
职业类别	干部/管理人员	4.3	5.0	4.4	3.9	3.2	4.7
	个体/私营企业人员	7.8	6.3	7.6	6.6	9.5	8.5
	初级公务员/雇员	14.3	16.1	15.2	11.5	13.4	16.1
	工人	19.9	17.2	19.0	19.8	23.5	24.0
	学生	9.1	6.1	7.7	7.9	7.6	9.5
	无业	40.6	47.1	44.0	40.3	35.3	34.3
	其他	4.1	2.2	2.1	10.2	7.5	3.1
个人月收入	0－600 元	43.5	38.7	40.2	48.5	46.4	39.1
	601－1200 元	34.3	36.1	37.1	34.8	34.3	37.3
	1201－1700 元	11.3	11.6	11.0	9.5	10.7	13.1
	1701 元及以上	10.9	13.7	11.7	7.2	8.6	10.5

表 3.56.6　2006－2008 年郑州市场各类节目的播出份额（%）和收视份额（%）

节目类别	2006 年		2007 年		2008 年	
	播出份额	收视份额	播出份额	收视份额	播出份额	收视份额
电影	3.2	3.9	4.0	7.3	3.0	4.1
教学	0.4	0.0	0.4	0.1	0.4	0.1
青少	4.6	2.4	4.5	3.1	4.6	2.7
电视剧	26.3	36.4	25.6	35.6	25.8	34.2
体育	1.8	3.2	1.7	3.5	2.8	6.0
外语	0.2	0.0	0.2	0.1	0.1	0.1
戏剧	1.4	1.7	1.3	1.2	1.1	1.1
新闻/时事	13.2	15.4	13.3	10.2	13.9	14.5
音乐	1.3	1.5	1.0	1.3	0.7	0.7
综艺	8.2	7.8	8.5	10.1	7.2	9.2
专题	11.8	4.9	11.9	8.1	11.5	7.4
生活服务	6.0	3.1	8.3	5.3	9.5	6.0
财经	1.5	0.3	1.5	0.7	1.6	0.8
法制	1.4	0.7	1.4	1.6	1.3	1.5
其他	18.8	18.7	16.4	12.0	16.5	11.8

表 3.56.7　2008 年郑州市场所有节目收视率排名前三十位

名次	节目名称	节目类型	播出频道	平均收视率（%）	平均占有率（%）
1	中国中央电视台 2008 春节联欢晚会	综艺	中央电视台综合频道	40.0	72.6
2	第 29 届奥林匹克运动会开幕式	体育	中央电视台综合频道	21.1	40.5
3	第 29 届奥林匹克运动会闭幕式	体育	中央电视台综合频道	20.1	42.1
4	天气预报	生活服务	中央电视台综合频道	13.8	44.1
5	爱的奉献 2008 宣传文化系统抗震救灾大型募捐活动（5 月 18 日）	综艺	中央电视台综合频道	13.8	41.9
6	2008 年第 29 届奥运会男子篮球 B 组比赛（中国 VS 美国）	体育	中央台二套	13.6	50.9
7	2008 年第 29 届奥运会乒乓球男子团体决赛	体育	中央台五套	13.2	36.3
8	2008 年第 29 届奥运会乒乓球女子单打决赛	体育	中央台五套	12.8	32.3
9	2008 年第 29 届奥运会男子举重 69 公斤级决赛	体育	中央台五套	11.6	34.7
10	2008 年第 29 届奥运会女子排球预赛（中国 VS 美国）	体育	中央台五套	10.6	30.5
11	闯关东	电视剧	中央电视台综合频道	10.6	27.7
12	2008 年第 29 届奥运会男子举重 62 公斤级决赛	体育	中央台五套	10.4	32.9
13	2008 年第 29 届奥运会女排小组赛（中国 VS 古巴）	体育	中央电视台综合频道	10.4	25.9
14	2008 年第 29 届奥运会女子排球 1/4 决赛（中国 VS 俄罗斯）	体育	中央台五套	10.2	25.8
15	2008 年第 29 届奥运会女子 100 米决赛	体育	中央电视台综合频道	9.9	34.7
16	2008 年第 29 届奥运会乒乓球女团决赛	体育	中央电视台综合频道	9.9	27.4
17	2008 年第 29 届奥运会男子举重 56 公斤级决赛	体育	中央电视台综合频道	9.8	29.1
18	2008 年第 29 届奥运会男子篮球小组赛（中国 VS 德国）	体育	中央台五套	9.8	26.3
19	2008 年第 29 届奥运会女子体操团体决赛	体育	中央台五套	9.5	48.6
20	2008 年第 29 届奥运会乒乓球女子单打铜牌赛	体育	中央台五套	9.5	27.0
21	2008 年第 29 届奥运会男子举重 77 公斤级挺举决赛	体育	中央台二套	9.5	23.8
22	2008 年第 29 届奥运会女排小组赛（中国 VS 波兰）	体育	中央电视台综合频道	9.1	23.9
23	2008 年第 29 届奥运会女子排球半决赛（中国 VS 巴西）	体育	中央台五套	9.1	23.5

续表

名次	节目名称	节目类型	播出频道	平均收视率（%）	平均占有率（%）
24	2008年第29届奥运会跳水比赛女子双人3米跳板决赛	体育	中央电视台综合频道	8.9	49.8
25	北京2008年残奥会开幕式	体育	中央电视台综合频道	8.9	26.7
26	2008年第29届奥运会体操单项女子跳马决赛	体育	中央台五套	8.8	39.5
27	第29届奥林匹克运动会闭幕式	体育	中央台五套	8.8	18.4
28	2008年第29届奥运会体操男子单杠决赛	体育	中央台五套	8.6	26.2
29	2008年第29届奥运会体操男子个人全能决赛	体育	中央台五套	8.4	42.2
30	拉萨3.14打砸抢烧暴力事件纪实	专题	中央电视台综合频道	8.3	23.7

表3.56.8 2008年郑州市场电视剧收视率排名前十位

名次	节目名称	播出频道	平均收视率（%）	平均占有率（%）
1	闯关东	中央电视台综合频道	10.6	27.7
2	乡村爱情第二部	中央电视台综合频道	7.9	20.7
3	李小龙传奇	中央电视台综合频道	7.1	19.6
4	上门女婿（3月3-15日）	河南电视台都市频道（二套）	5.6	16.4
5	神探狄仁杰第三部（3月15-30日）	中央台八套	5.1	14.3
6	绝密押运	中央电视台综合频道	4.8	14.6
7	暗宅之谜（11月10-18日）	河南电视台卫星频道（一套）	4.6	15.1
8	越狱大追捕（9月2-7日）	河南电视台电视剧频道(五套)	4.5	13.8
9	清凌凌的水蓝莹莹的天	中央电视台综合频道	4.4	11.9
10	中国兄弟连	河南电视台电视剧频道(五套)	4.3	15.1

表3.56.9 2008年郑州市场新闻节目收视率排名前十位

名次	节目名称	播出频道	平均收视率（%）	平均占有率（%）
1	新闻联播	中央电视台综合频道	7.2	27.1
2	温家宝在汶川映秀镇会见中外记者	中央电视台综合频道	5.7	21.7
3	新闻联播（5月13-17、5月19-21日，21:00）	中央电视台综合频道	5.4	16.6
4	关注四川汶川地震	中央电视台新闻频道	4.6	16.8
5	神七问天直播特别节目	中央电视台综合频道	4.4	11.7
6	真挚的关怀深入的指导	中央电视台综合频道	4.2	11.3
7	都市报道	河南电视台都市频道（二套）	3.7	12.9
8	焦点访谈	中央电视台综合频道	3.7	11.4
9	民生大参考	河南电视台民生频道（三套）	2.9	8.6
10	抗震救灾众志成城	中央电视台综合频道	2.6	11.9

表 3.56.10 2008 年郑州市场专题节目收视率排名前十位

名次	节目名称	播出频道	平均收视率(%)	平均占有率(%)
1	拉萨 3.14 打砸抢烧暴力事件纪实	中央电视台综合频道	8.3	23.7
2	CCTV2007 感动中国颁奖盛典	中央电视台综合频道	4.5	11.9
3	董倩面对面	中央电视台综合频道	4.0	15.5
4	援助大行动河南之爱四川震区 272 名伤病员抵达郑州特别报道	河南电视台卫星频道(一套)	3.5	10.6
5	艺术人生	中央电视台综合频道	3.2	8.1
6	我的今日之最我为天狂	中央电视台综合频道	2.8	14.4
7	情归周恩来	中央台六套	2.7	7.4
8	奥运名人堂	中央台五套	2.5	7.5
9	奥运名人堂	中央台二套	2.1	7.4
10	民生大参考之民生映象	河南电视台民生频道(三套)	2.1	6.1

表 3.56.11 2008 年郑州市场综艺节目收视率排名前十位

名次	节目名称	播出频道	平均收视率(%)	平均占有率(%)
1	中国中央电视台 2008 春节联欢晚会	中央电视台综合频道	40.0	72.6
2	爱的奉献 2008 宣传文化系统抗震救灾大型募捐活动(5 月 18 日)	中央电视台综合频道	13.8	41.9
3	中央电视台 2008 年元宵晚会	中央电视台综合频道	7.9	24.5
4	2008 年省会郑州元宵节大型焰火晚会	郑州一套	7.2	26.0
5	荣成月中华情 2008 中央电视台中秋晚会	中央电视台综合频道	6.0	16.7
6	欢声笑语过大年	中央台二套	5.5	17.3
7	同一首歌新高度新起点中央电视台 09 黄金资源广告招标客户联谊晚会	中央台三套	4.7	12.2
8	欢乐今宵 2005 年春节晚会小品集锦	中央台三套	4.1	11.7
9	综艺盛典 Variety Awards 2008	中央台三套	4.1	10.5
10	百年圆梦迎 2008 北京奥运会文艺晚会	中央电视台综合频道	4.0	12.0

表 3.56.12 2008 年郑州市场奥运会、残奥会比赛收视率排名前十位

名次	节目名称	播出频道	平均收视率（%）	平均占有率（%）
1	2008 年第 29 届奥运会男子篮球 B 组比赛（中国 VS 美国）	中央台二套	13.6	50.9
2	2008 年第 29 届奥运会乒乓球男子团体决赛	中央台五套	13.2	36.3
3	2008 年第 29 届奥运会乒乓球女子单打决赛	中央台五套	12.8	32.3
4	2008 年第 29 届奥运会男子举重 69 公斤级决赛	中央台五套	11.6	34.7
5	2008 年第 29 届奥运会女子排球预赛（中国 VS 美国）	中央台五套	10.6	30.5
6	2008 年第 29 届奥运会男子举重 62 公斤级决赛	中央台五套	10.4	32.9
7	2008 年第 29 届奥运会女排小组赛（中国 VS 古巴）	中央电视台综合频道	10.4	25.9
8	2008 年第 29 届奥运会女子排球 1/4 决赛（中国 VS 俄罗斯）	中央台五套	10.2	25.8
9	2008 年第 29 届奥运会女子 100 米决赛	中央电视台综合频道	9.9	34.7
10	2008 年第 29 届奥运会乒乓球女团决赛	中央电视台综合频道	9.9	27.4

表 3.56.13 2008 年郑州市场体育节目排名前十位（奥运会、残奥会比赛除外）

名次	节目名称	播出频道	平均收视率（%）	平均占有率（%）
1	第 29 届奥林匹克运动会开幕式	中央电视台综合频道	21.1	40.5
2	第 29 届奥林匹克运动会闭幕式	中央电视台综合频道	20.1	42.1
3	北京 2008 年残奥会开幕式	中央电视台综合频道	8.9	26.7
4	第 29 届奥林匹克运动会闭幕式	中央台五套	8.8	18.4
5	直播周末：第 49 届世界乒乓球团体锦标赛男团决赛	中央台五套	8.2	21.3
6	直播周末：第 49 届世界乒乓球团体锦标赛女团决赛	中央台五套	6.6	18.4
7	第 29 届奥林匹克运动会开幕式	中央台五套	6.4	14.6
8	北京 2008 年残奥会闭幕式	中央电视台综合频道	5.3	15.3
9	直播周末足球之夜：2010 年世界杯亚洲区预选赛（卡塔尔 VS 中国）	中央台五套	4.8	15.4
10	奥运第 1 天	中央电视台综合频道	4.5	12.1

五十七、深圳收视数据

表 3.57.1 2004－2008 年深圳市场各类频道的市场占有率(%)

频道类别	年份				
	2004 年	2005 年	2006 年	2007 年	2008 年
中央台频道	16.7	22.7	24.6	24.2	26.4
中国教育台频道	0.1	0.1	0.2	0.3	0.2
广东省级台	10.2	12.2	11.0	9.6	9.5
深圳市级台	27.4	24.9	28.9	31.9	32.8
境外频道	37.3	29.7	23.8	20.5	18.2
其他省级卫视频道	4.5	5.3	6.5	7.5	7.4
其他频道	3.8	5.1	4.9	6.0	5.6

表 3.57.2 2008 年深圳市场各类频道在各目标观众中的市场占有率(%)

目标观众		中央台频道	中国教育台频道	广东省级台	深圳市级台	境外频道	其他省级卫视频道	其他频道
4 岁及以上所有人		26.4	0.2	9.5	32.8	18.2	7.4	5.6
性别	男	27.6	0.2	10.4	31.7	18.0	7.1	5.1
	女	25.1	0.2	8.7	33.9	18.4	7.7	6.0
年龄	4－14 岁	18.3	0.1	17.6	29.2	20.9	8.3	5.6
	15－24 岁	19.8	0.1	9.5	31.6	27.2	7.4	4.3
	25－34 岁	25.6	0.3	8.6	32.8	18.6	6.3	7.8
	35－44 岁	26.6	0.2	8.7	33.4	17.6	7.9	5.6
	45－54 岁	29.6	0.2	7.0	35.6	15.8	7.4	4.4
	55－64 岁	29.5	0.2	8.0	32.5	17.8	7.7	4.3
	65 岁及以上	35.4	0.2	10.6	28.1	14.7	6.4	4.6
教育程度	未受过正规教育	19.5	0.1	18.6	31.0	18.9	6.0	5.8
	小学	18.3	0.2	16.7	31.4	20.7	8.2	4.5
	初中	23.8	0.3	11.0	32.5	18.6	7.7	6.1
	高中	28.6	0.2	7.6	34.1	17.9	6.8	4.8
	大学及以上	31.0	0.2	5.8	31.9	16.7	7.6	6.7
职业类别	干部/管理人员	27.1	0.3	5.9	34.8	17.7	7.6	6.7
	个体/私营企业人员	28.6	0.2	9.9	32.9	16.1	6.5	6.0
	初级公务员/雇员	27.1	0.2	7.6	34.2	18.5	7.8	4.6
	工人	27.9	0.4	7.4	34.7	16.8	7.3	5.5
	学生	18.8	0.1	15.8	28.8	22.7	8.8	5.0
	无业	27.4	0.2	9.9	32.3	17.4	6.9	6.0
	其他	25.8	0.1	11.8	29.5	22.3	7.1	3.4
个人月收入	0－600 元	22.3	0.2	12.8	31.3	20.0	7.8	5.7
	601－1200 元	27.0	0.3	11.8	33.3	15.8	7.5	4.4
	1201－1700 元	23.7	0.1	8.9	33.1	21.2	5.4	7.5
	1701－2600 元	29.4	0.3	7.4	33.8	17.7	6.8	4.6
	2601 元及以上	28.7	0.2	7.0	33.8	16.8	7.6	6.0

表 3.57.3 2008 年深圳市场各类频道在不同时段的市场占有率（%）

时间段	中央台频道	中国教育台频道	广东省级台	深圳市级台	境外频道	其他省级卫视频道	其他频道
02:00－03:00	28.0	0.1	10.7	23.5	15.8	15.3	6.7
03:00－04:00	30.5	0.0	11.9	19.5	12.1	20.4	5.6
04:00－05:00	27.2	0.1	13.2	16.4	15.2	23.2	4.8
05:00－06:00	33.8	0.0	7.5	13.6	18.3	23.1	3.6
06:00－07:00	43.2	0.2	10.6	7.5	23.2	10.5	4.8
07:00－08:00	33.9	0.1	9.6	23.8	20.8	6.5	5.3
08:00－09:00	33.9	0.3	11.4	23.1	16.7	7.8	6.8
09:00－10:00	32.0	0.2	11.5	26.1	11.7	10.8	7.7
10:00－11:00	31.5	0.3	12.1	25.9	12.0	10.8	7.3
11:00－12:00	32.6	0.3	12.3	23.3	13.9	10.1	7.4
12:00－13:00	31.4	0.2	13.4	21.7	21.8	6.1	5.4
13:00－14:00	28.4	0.3	15.6	21.5	19.0	8.9	6.3
14:00－15:00	30.5	0.2	9.6	23.6	16.2	12.6	7.3
15:00－16:00	30.9	0.1	9.3	21.6	15.3	14.2	8.5
16:00－17:00	30.3	0.4	10.1	22.6	12.6	14.2	9.8
17:00－18:00	31.9	0.6	8.9	26.0	14.1	10.8	7.7
18:00－19:00	18.4	0.1	8.3	39.7	26.1	3.0	4.4
19:00－20:00	22.4	0.1	9.5	47.7	13.3	2.4	4.7
20:00－21:00	27.0	0.2	8.0	36.3	18.0	6.1	4.6
21:00－22:00	23.8	0.2	9.0	35.6	20.3	6.9	4.1
22:00－23:00	21.4	0.3	6.6	36.5	23.9	6.4	4.9
23:00－24:00	24.6	0.3	7.3	39.4	16.4	6.9	5.1
24:00－25:00	25.0	0.1	8.3	34.8	17.9	8.4	5.5
25:00－26:00	27.1	0.1	8.7	26.2	20.3	11.2	6.3

表 3.57.4 2008 年深圳市场收视份额排名前十位的频道

名次	频道名称	收视份额（%）
1	深圳电视台一套（都市频道）	9.8
2	中央电视台综合频道	6.1
3	深圳电视台七套（公共频道）	5.0
4	深圳电视台二套（电视剧频道）	4.1
5	深圳电视台四套（娱乐频道）	3.7
6	广东电视台珠江频道	3.3
7	翡翠台（中文）（深圳有线台转播）	2.9
8	深圳电视台六套（少儿频道）	2.8
8	深圳卫视（新闻综合频道）	2.8
8	凤凰卫视中文台	2.8

表 3.57.5　2008 年深圳主要频道电视观众构成（%）

目标观众		所有频道	主要频道				
			深圳电视台一套（都市频道）	中央电视台综合频道	深圳电视台七套（公共频道）	深圳电视台二套（电视剧频道）	深圳电视台四套（娱乐频道）
4 岁及以上所有人		100.0	100.0	100.0	100.0	100.0	100.0
性别	男	52.1	48.1	52.3	50.5	42.5	60.5
	女	47.9	51.9	47.7	49.6	57.5	39.5
年龄	4－14 岁	13.2	5.6	7.4	13.4	11.9	12.0
	15－24 岁	5.7	5.1	4.5	6.8	6.0	7.7
	25－34 岁	22.0	20.7	19.0	23.0	19.2	30.7
	35－44 岁	22.1	22.4	23.2	23.2	21.5	20.0
	45－54 岁	24.8	32.2	28.1	23.0	29.4	23.1
	55－64 岁	6.4	7.7	6.7	6.0	7.7	3.8
	65 岁及以上	6.0	6.3	11.1	4.6	4.3	2.7
教育程度	未受过正规教育	3.8	1.8	1.9	5.2	3.3	2.7
	小学	11.6	6.4	6.6	15.7	12.1	11.6
	初中	25.9	25.5	21.2	33.0	26.6	28.2
	高中	35.2	39.5	39.3	31.2	36.7	38.3
	大学及以上	23.4	26.8	31.0	14.9	21.4	19.2
职业类别	干部/管理人员	8.7	11.0	10.6	7.8	7.4	9.4
	个体/私营企业人员	15.3	13.1	17.6	17.5	18.0	16.1
	初级公务员/雇员	24.2	28.2	23.2	22.2	25.4	28.4
	工人	7.2	7.4	7.9	5.9	7.0	11.1
	学生	12.4	6.2	7.9	12.4	11.2	12.8
	无业	31.1	33.7	32.3	33.0	29.3	21.7
	其他	1.1	0.6	0.5	1.2	1.7	0.6
个人月收入	0－600 元	32.9	24.7	26.5	36.1	32.7	30.1
	601－1200 元	10.0	11.8	9.3	11.6	12.1	7.0
	1201－1700 元	8.1	9.4	6.1	10.1	8.8	5.6
	1701－2600 元	16.3	17.7	20.0	13.0	15.2	25.6
	2601 元及以上	32.8	36.4	38.1	29.2	31.2	31.8

表 3.57.6　2006－2008 年深圳市场各类节目的播出份额（%）和收视份额（%）

节目类别	2006 年		2007 年		2008 年	
	播出份额	收视份额	播出份额	收视份额	播出份额	收视份额
电视剧	25.1	33.8	25.1	34.1	24.4	30.4
电影	3.5	8.4	3.5	7.5	3.6	7.1
教学	0.3	0.1	0.4	0.2	0.4	0.2
青少	5.7	5.5	5.5	5.9	5.3	5.2
体育	3.3	5.3	3.3	4.0	4.5	7.8
戏剧	1.1	0.3	1.0	0.3	0.9	0.2
新闻/时事	13.4	13.3	13.0	13.8	13.5	16.8
音乐	1.1	1.4	1.7	1.1	2.1	0.8
专题	11.0	6.1	11.2	6.3	11.1	6.1
综艺	7.7	8.2	7.8	7.7	7.2	6.4
外语	0.2	0.0	0.4	0.1	0.3	0.1
财经	1.6	0.7	1.5	1.1	1.6	0.9
生活服务	5.0	1.8	6.9	3.5	7.7	4.6
法制类	1.2	1.1	1.2	1.3	1.0	1.1
其他	19.8	14.0	17.4	13.0	16.4	12.5

表 3.56.7 2008 年深圳市场所有节目收视率排名前三十位

名次	节目名称	节目类型	播出频道	平均收视率（%）	平均占有率（%）
1	中国中央电视台 2008 春节联欢晚会	综艺	中央电视台综合频道	23.0	58.5
2	第 29 届奥林匹克运动会开幕式	体育	中央电视台综合频道	20.5	32.4
3	第 29 届奥林匹克运动会闭幕式	体育	中央电视台综合频道	19.6	33.1
4	2008 年第 29 届奥运会乒乓球女子单打决赛	体育	中央台五套	17.0	35.7
5	2008 年第 29 届奥运会男子篮球 B 组比赛（中国 VS 美国）	体育	中央台二套	15.1	38.6
6	2008 年第 29 届奥运会女子 100 米决赛	体育	中央电视台综合频道	13.6	34.8
7	第 29 届奥林匹克运动会闭幕式	体育	中央台五套	13.2	22.2
8	2008 年第 29 届奥运会男子举重 69 公斤级决赛	体育	中央台五套	12.8	33.9
9	2008 年第 29 届奥运会男子举重 56 公斤级决赛	体育	中央电视台综合频道	12.8	31.3
10	第 29 届奥林匹克运动会开幕式	体育	中央台五套	12.7	20.1
11	2008 年第 29 届奥运会女排小组赛（中国 VS 古巴）	体育	中央电视台综合频道	12.5	29.3
12	2008 年第 29 届奥运会乒乓球男子团体决赛	体育	中央台五套	12.2	32.2
13	2008 年第 29 届奥运会跳水男子单人 10 米跳台决赛	体育	中央电视台综合频道	11.8	27.5
14	2008 年第 29 届奥运会乒乓球女子单打铜牌赛	体育	中央台五套	11.7	25.7
15	2008 年第 29 届奥运会男子举重 62 公斤级决赛	体育	中央台五套	11.6	28.4
16	2008 年第 29 届奥运会女排小组赛（中国 VS 波兰）	体育	中央电视台综合频道	11.5	26.5
17	2008 年第 29 届奥运会体操男子单杠决赛	体育	中央台五套	11.4	31.2
18	2008 年第 29 届奥运会男子篮球小组赛（中国 VS 德国）	体育	中央台五套	11.1	28.2
19	爱的奉献 2008 宣传文化系统抗震救灾大型募捐活动（5 月 18 日）	综艺	中央电视台综合频道	10.7	30.1
20	2008 年第 29 届奥运会女子排球 1/4 决赛（中国 VS 俄罗斯）	体育	中央台五套	10.4	25.6
21	2008 年第 29 届奥运会女子排球预赛（中国 VS 美国）	体育	中央台五套	9.9	25.5
22	2008 年第 29 届奥运会乒乓球女团决赛	体育	中央电视台综合频道	9.9	23.6
23	2008 年第 29 届奥运会乒乓球男子单打铜牌赛	体育	中央台五套	9.7	26.1

续表

名次	节目名称	节目类型	播出频道	平均收视率(%)	平均占有率(%)
24	2008年第29届奥运会田径比赛男子110米栏决赛	体育	中央电视台综合频道	9.6	24.4
25	2008年第29届奥运会女子三级跳远决赛	体育	中央电视台综合频道	9.5	22.8
26	我的丑娘	电视剧	深圳电视台一套（都市频道）	9.4	28.6
27	2008年第29届奥运会女足小组赛（中国队VS阿根廷队）	体育	中央电视台综合频道	9.3	23.0
28	2008年第29届奥运会体操单项女子高低杠决赛	体育	中央台五套	9.2	32.1
29	2008年第29届奥运会田径比赛女子撑杆跳高决赛	体育	中央电视台综合频道	9.1	23.2
30	2008年第29届奥运会乒乓球男子单打决赛	体育	中央台五套	9.1	20.7

表3.57.8　2008年深圳市场电视剧节目收视率排名前十位

名次	节目名称	播出频道	平均收视率(%)	平均占有率(%)
1	我的丑娘	深圳电视台一套（都市频道）	9.4	28.6
2	暖春	深圳电视台一套（都市频道）	7.4	23.3
3	情之债	深圳电视台一套（都市频道）	6.4	20.1
4	户口	深圳电视台一套（都市频道）	6.2	19.3
5	幸福还有多远	深圳电视台一套（都市频道）	6.1	18.2
6	柳叶刀	深圳电视台一套（都市频道）	5.8	18.1
7	宽恕	深圳电视台一套（都市频道）	5.7	18.5
8	春草	深圳电视台一套（都市频道）	5.6	17.1
9	突然心动	深圳电视台一套（都市频道）	5.3	16.9
10	仁者无敌	深圳电视台一套（都市频道）	4.8	14.1

表3.57.9　2008年深圳市场新闻节目收视率排名前十位

名次	节目名称	播出频道	平均收视率(%)	平均占有率(%)
1	第1现场	深圳电视台一套（都市频道）	6.5	23.5
2	新闻联播（5月13－17日、5月19－21日，21:00）	中央电视台综合频道	3.8	11.4
3	抗震救灾众志成城	凤凰卫视中文台	3.6	11.6
4	温家宝在汶川映秀镇会见中外记者	中央电视台综合频道	3.3	11.0
5	华闻大直播（5月19－21日）	凤凰卫视中文台	3.3	9.6
6	新闻联播	中央电视台综合频道	3.2	10.5
7	军情观察室	凤凰卫视中文台	2.8	9.5
8	凤凰焦点新闻（5月19－21日）	凤凰卫视中文台	2.7	11.1
9	神舟七号升空	翡翠台（中文）（深圳有线台转播）	2.3	5.6
10	抗震救灾众志成城	中央电视台综合频道	2.2	8.8

表 3.57.10 2008 年深圳市场专题节目收视率排名前十位

名次	节目名称	播出频道	平均收视率（%）	平均占有率（%）
1	2008 年北京奥运会火炬传递活动广东深圳站（5 月 8 日）	深圳电视台五套（体育健康频道）	5.0	26.9
2	鞠说好看	深圳电视台一套（都市频道）	3.2	12.8
3	CCTV2007 感动中国颁奖盛典	中央电视台综合频道	3.2	9.4
4	奥运圣火耀鹏城	深圳电视台一套（都市频道）	3.0	22.4
5	拉萨 3.14 打砸抢烧暴力事件纪实	中央电视台综合频道	2.8	8.8
6	董倩面对面	中央电视台综合频道	2.7	8.4
7	艺术人生	中央电视台综合频道	2.6	7.8
8	奥运名人堂	中央电视台综合频道	2.3	8.2
9	奥运名人堂	中央台五套	2.3	6.7
10	爱了散了剧里戏外	深圳电视台二套（电视剧频道）	2.2	11.9

表 3.57.11 2008 年深圳电视收视市场综艺节目收视率排名前十位

名次	节目名称	播出频道	平均收视率（%）	平均占有率（%）
1	中国中央电视台 2008 春节联欢晚会	中央电视台综合频道	23.0	58.5
2	爱的奉献 2008 宣传文化系统抗震救灾大型募捐活动（5 月 18 日）	中央电视台综合频道	10.7	30.1
3	中央电视台 2008 年元宵晚会	中央电视台综合频道	7.3	21.0
4	荣成月中华情 2008 中央电视台中秋晚会	中央电视台综合频道	6.7	19.8
5	30 我们一起走过全国流行音乐盛典暨改革开改 30 年流行金曲授勋晚会	深圳电视台四套（娱乐频道）	6.1	17.3
6	以生命的名义四川省抗震救灾大型特别节目	凤凰卫视中文台	3.9	12.1
7	北京 2008 年奥运会倒计时 100 天庆祝活动	中央台二套	3.6	12.0
8	开学第一课	中央台二套	3.3	9.9
8	海上明月共潮生 2008 两岸四地迎中秋大型民族音乐会	中央台三套	3.3	9.9
10	百花迎春中国文学艺术界 2008 年春节大联欢（2 月 11 日）	中央台三套	3.2	10.2

表 3.57.12　2008 年深圳市场奥运会、残奥会比赛收视率排名前十位

名次	节目名称	播出频道	平均收视率（%）	平均占有率（%）
1	2008 年第 29 届奥运会乒乓球女子单打决赛（8 月 22 日）	中央台五套	17.0	35.7
2	2008 年第 29 届奥运会男子篮球 B 组比赛（中国 VS 美国）	中央台二套	15.1	38.6
3	2008 年第 29 届奥运会女子 100 米决赛	中央电视台综合频道	13.6	34.8
4	2008 年第 29 届奥运会男子举重 69 公斤级决赛	中央台五套	12.8	33.9
5	2008 年第 29 届奥运会男子举重 56 公斤级决赛	中央电视台综合频道	12.8	31.3
6	2008 年第 29 届奥运会女排小组赛（中国 VS 古巴）	中央电视台综合频道	12.5	29.3
7	2008 年第 29 届奥运会乒乓球男子团体决赛	中央台五套	12.2	32.2
8	2008 年第 29 届奥运会跳水男子单人 10 米跳台决赛	中央电视台综合频道	11.8	27.5
9	2008 年第 29 届奥运会乒乓球女子单打铜牌赛	中央台五套	11.7	25.7
10	2008 年第 29 届奥运会男子举重 62 公斤级决赛	中央台五套	11.6	28.4

表 3.57.13　2008 年深圳市场体育节目收视率排名前十位（奥运会、残奥会比赛除外）

名次	节目名称	播出频道	平均收视率（%）	平均占有率（%）
1	第 29 届奥林匹克运动会开幕式	中央电视台综合频道	20.5	32.4
2	第 29 届奥林匹克运动会闭幕式	中央电视台综合频道	19.6	33.0
3	第 29 届奥林匹克运动会闭幕式	中央台五套	13.2	22.2
4	第 29 届奥林匹克运动会开幕式	中央台五套	12.7	20.1
5	北京 2008 年残奥会开幕式	中央电视台综合频道	7.3	19.0
6	直播周末：第 49 届世界乒乓球团体锦标赛男团决赛	中央台五套	7.1	20.1
7	北京 2008 年残奥会闭幕式	中央电视台综合频道	5.9	16.4
8	奥运第 1 天	中央电视台综合频道	5.0	11.2
9	直播周末：第 49 届世界乒乓球团体锦标赛女团决赛	中央台五套	4.5	14.3
10	奥运第 2 天	中央电视台综合频道	4.0	26.6

五十八、大连收视数据

表 3.58.1　2004－2008 年大连市场各类频道的市场占有率（%）

频道类别	年份				
	2004 年	2005 年	2006 年	2007 年	2008 年
中央台频道	39.2	43.5	43.7	40.1	41.3
中国教育台频道	0.3	0.5	0.2	0.2	0.1
辽宁省级频道	4.9	4.8	7.2	10.3	8.5
大连市级频道	46.3	42.4	37.1	34.6	35.7
其他省级卫视频道	6.4	6.5	9.1	11.1	11.7
其他频道	2.9	2.3	2.7	3.7	2.7

表 3.58.2　2008 年大连市场各类频道在各目标观众中的市场占有率（%）

目标观众		中央台频道	中国教育台频道	辽宁省级频道	大连市级频道	其他省级卫视频道	其他频道
4 岁及以上所有人		41.3	0.1	8.5	35.7	11.7	2.7
性别	男	43.0	0.1	8.2	35.0	10.9	2.8
	女	39.7	0.1	8.7	36.4	12.5	2.6
年龄	4－14 岁	44.4	0.1	7.5	31.8	12.7	3.5
	15－24 岁	38.7	0.3	8.8	33.5	16.2	2.5
	25－34 岁	42.4	0.1	10.2	30.3	13.0	4.0
	35－44 岁	39.1	0.1	9.9	34.3	13.0	3.6
	45－54 岁	40.8	0.2	8.2	38.0	10.9	1.9
	55－64 岁	43.2	0.1	6.9	37.8	10.4	1.6
	65 岁及以上	43.2	0.1	6.5	41.4	7.0	1.8
教育程度	未受过正规教育	43.2	0.2	8.5	42.4	4.2	1.5
	小学	42.2	0.1	7.2	35.4	12.6	2.5
	初中	40.3	0.1	9.2	35.9	12.0	2.5
	高中	41.9	0.2	8.3	34.4	12.3	2.9
	大学及以上	41.9	0.2	7.9	37.1	10.4	2.5
职业类别	干部/管理人员	49.7	0.1	5.9	33.1	8.7	2.5
	个体/私营企业人员	38.4	0.1	10.9	34.3	13.2	3.1
	初级公务员/雇员	40.2	0.1	7.6	35.8	13.4	2.9
	工人	40.6	0.2	9.0	35.7	11.6	2.9
	学生	42.7	0.2	8.3	30.0	15.7	3.1
	无业	42.1	0.1	8.1	37.7	9.9	2.1
	其他	39.4	0.2	5.2	33.8	20.0	1.4
个人月收入	0－600 元	42.2	0.1	8.8	32.4	13.4	3.1
	601－1200 元	39.3	0.1	8.4	38.9	10.9	2.4
	1201－1700 元	41.6	0.2	8.3	35.9	12.2	1.8
	1701 元及以上	44.9	0.1	8.2	34.2	9.5	3.1

表 3.58.3　2008 年大连市场各类频道在各时段的市场占有率（%）

时间段	中央台频道	中国教育台频道	辽宁省级频道	大连市级频道	其他省级卫视频道	其他频道
02:00-03:00	60.7	0.0	9.4	0.8	21.7	7.4
03:00-04:00	65.1	0.0	11.1	0.7	16.6	6.5
04:00-05:00	68.4	0.1	5.8	0.5	19.9	5.3
05:00-06:00	66.0	0.1	12.9	0.2	17.7	3.1
06:00-07:00	44.8	0.0	22.4	18.4	10.8	3.6
07:00-08:00	49.0	0.0	15.1	22.4	11.8	1.7
08:00-09:00	54.6	0.1	8.2	15.6	19.1	2.4
09:00-10:00	48.1	0.1	9.3	15.8	23.1	3.6
10:00-11:00	48.7	0.1	9.4	14.5	22.7	4.6
11:00-12:00	51.5	0.1	10.5	11.0	20.2	6.7
12:00-13:00	53.3	0.3	16.7	9.5	16.1	4.1
13:00-14:00	47.6	0.3	10.7	9.7	26.4	5.3
14:00-15:00	41.8	0.1	10.2	11.8	30.9	5.2
15:00-16:00	41.2	0.1	10.4	14.9	29.1	4.3
16:00-17:00	43.1	0.5	12.0	17.4	23.6	3.4
17:00-18:00	42.9	0.4	7.7	33.4	13.6	2.0
18:00-19:00	26.0	0.1	3.8	63.7	4.4	2.0
19:00-20:00	49.0	0.1	5.5	39.7	3.8	1.9
20:00-21:00	39.3	0.1	7.5	41.9	9.1	2.1
21:00-22:00	38.3	0.1	10.8	35.8	12.7	2.3
22:00-23:00	34.7	0.2	12.6	32.1	17.5	2.9
23:00-24:00	51.6	0.4	11.9	13.6	18.4	4.1
24:00-25:00	54.9	0.1	13.1	9.8	16.3	5.8
25:00-26:00	55.7	0.0	16.9	6.5	14.4	6.5

表 3.58.4　2008 年大连市场收视份额排名前十位的频道

名次	频道名称	收视份额（%）
1	大连台一套（新闻综合频道）	17.8
2	中央电视台综合频道	14.5
3	大连台三套（公共频道）	5.8
4	大连台二套（生活频道）	4.7
5	中央台三套	4.5
5	中央台八套	4.5
7	中央台五套	4.1
8	中央台六套	3.5
9	辽宁卫视	3.4
10	大连台四套（文体频道）	3.2

表 3.58.5 2008 年大连市场各主要频道的观众构成（%）

目标观众		所有频道	主要频道				
			大连台一套（新闻综合频道）	中央电视台综合频道	大连台三套（公共频道）	大连台二套（经济生活频道）	中央台三套
4 岁及以上所有人		100.0	100.0	100.0	100.0	100.0	100.0
性别	男	48.6	47.1	49.5	49.1	41.3	47.8
	女	51.4	52.9	50.5	50.9	58.7	52.2
年龄	4－14 岁	4.7	2.6	4.3	3.4	3.9	3.7
	15－24 岁	11.1	8.1	9.3	10.3	16.7	10.2
	25－34 岁	15.3	12.3	13.5	13.5	11.6	18.1
	35－44 岁	19.3	16.3	19.5	20.9	26.2	17.0
	45－54 岁	23.0	25.3	22.5	24.8	21.6	24.7
	55－64 岁	13.4	14.3	15.8	14.1	12.8	13.1
	65 岁及以上	13.3	21.1	15.1	13.0	7.2	13.2
教育程度	未受过正规教育	2.5	3.2	3.1	2.1	1.9	2.0
	小学	14.4	15.0	15.1	13.6	12.4	13.3
	初中	41.0	43.2	40.3	39.7	43.1	40.9
	高中	29.5	26.0	29.6	31.9	29.2	29.2
	大学及以上	12.6	12.6	11.9	12.8	13.4	14.6
职业类别	干部/管理人员	2.6	2.6	3.4	1.7	3.1	3.4
	个体/私营企业人员	11.6	8.2	10.3	18.4	10.8	11.6
	初级公务员/雇员	9.2	8.9	7.9	9.4	9.6	10.6
	工人	23.9	23.4	23.4	22.6	29.2	22.1
	学生	9.0	5.3	9.0	5.4	12.6	8.1
	无业	41.3	49.2	43.7	38.9	32.8	42.3
	其他	2.4	2.3	2.4	3.7	2.0	1.9
个人月收入	0－600 元	32.5	28.2	33.2	24.5	33.7	32.6
	601－1200 元	38.4	44.2	37.8	42.7	37.0	35.2
	1201－1700 元	16.9	17.3	16.2	19.6	17.4	17.4
	1701 元及以上	12.2	10.3	12.7	13.2	11.8	14.9

表 3.58.6 2006－2008 年大连市场各类节目的播出份额（%）和收视份额（%）

节目类别	2006 年		2007 年		2008 年	
	播出份额	收视份额	播出份额	收视份额	播出份额	收视份额
财经	1.5	0.7	1.5	0.5	1.6	0.8
电视剧	25.8	33.4	25.5	31.4	27.5	31.0
电影	4.7	4.4	4.5	3.9	4.4	3.6
法制	1.3	1.1	1.4	1.4	0.9	1.5
教学	0.4	0.0	0.6	0.0	0.7	0.1
青少	4.7	2.1	4.6	1.9	4.0	2.6
生活服务	5.1	3.9	7.1	5.3	10.3	5.9
体育	1.9	4.2	2.0	3.3	3.6	6.7
外语	0.3	0.1	0.3	0.2	0.2	0.1
戏剧	1.4	0.3	1.3	0.3	0.9	0.3
新闻/时事	13.8	15.9	13.2	17.4	9.5	18.3
音乐	1.1	1.4	2.0	1.4	2.5	0.9
专题	11.4	5.8	11.2	6.0	9.6	5.4
综艺	7.8	9.9	8.3	10.3	5.3	7.1
其他	18.8	16.9	16.6	16.7	18.9	15.7

表 3.58.7 2008 年大连市场所有节目收视率排名前三十位

名次	节目名称	节目类型	播出频道	平均收视率(%)	平均占有率(%)
1	中国中央电视台 2008 春节联欢晚会	综艺	中央电视台综合频道	45.3	71.7
2	第 29 届奥林匹克运动会开幕式	体育	中央电视台综合频道	42.5	68.6
3	第 29 届奥林匹克运动会闭幕式	体育	中央电视台综合频道	37.4	54.9
4	北京 2008 年残奥会开幕式	体育	中央电视台综合频道	26.1	54.4
5	北京 2008 年残奥会闭幕式	体育	中央电视台综合频道	24.0	40.8
6	中央电视台 2008 年元宵晚会	综艺	中央电视台综合频道	22.8	36.0
7	爱的奉献 2008 宣传文化系统抗震救灾大型募捐活动(5 月 18 日)	综艺	中央电视台综合频道	22.0	56.9
8	温家宝在汶川映秀镇会见中外记者	新闻/时事	中央电视台综合频道	22.0	35.5
9	2008 年第 29 届奥运会女足小组赛(中国队 VS 阿根廷队)	体育	中央电视台综合频道	20.9	33.8
10	2008 年第 29 届奥运会乒乓球女子单打决赛	体育	中央台五套	20.6	35.4
11	2008 年第 29 届奥运会乒乓球男子团体决赛	体育	中央台五套	20.6	32.3
12	2008 年第 29 届奥运会女子排球半决赛(中国 VS 巴西)	体育	中央台五套	20.6	32.0
13	新春的约会两会特别报道	新闻/时事	大连台一套(新闻综合频道)	20.5	42.6
14	2008 年第 29 届奥运会体操女子自由操决赛	体育	中央台五套	20.4	30.5
15	2008 年第 29 届奥运会乒乓球男子团体半决赛	体育	中央电视台综合频道	20.3	32.4
16	2008 年第 29 届奥运会男子举重 56 公斤级决赛	体育	中央电视台综合频道	20.0	30.5
17	2008 年第 29 届奥运会田径比赛男子十项全能 - 跳高	体育	中央电视台综合频道	20.0	29.8
18	2008 年第 29 届奥运会跆拳道比赛女子 49 公斤级决赛	体育	中央电视台综合频道	19.8	30.2
19	2008 年第 29 届奥运会羽毛球女双三、四名决赛	体育	中央电视台综合频道	19.7	30.3
20	2008 年第 29 届奥运会田径比赛男子 800 米半决赛	体育	中央电视台综合频道	19.6	28.9
21	2008 年第 29 届奥运会乒乓球男子单打决赛	体育	中央台五套	19.5	33.0
22	2008 年第 29 届奥运会女排小组赛(中国 VS 波兰)	体育	中央电视台综合频道	19.5	31.7
23	新闻联播	新闻/时事	中央电视台综合频道	19.2	33.4
24	2008 年第 29 届奥运会田径比赛女子 4×400 米接力第一轮	体育	中央电视台综合频道	19.2	31.1

续表

名次	节目名称	节目类型	播出频道	平均收视率（%）	平均占有率（%）
25	第29届奥运会乒乓球男团小组赛	体育	中央电视台综合频道	18.9	28.9
26	今晚60分	新闻/时事	大连台一套（新闻综合频道）	18.7	42.5
27	乡村爱情第二部	电视剧	中央电视台综合频道	18.7	30.3
28	第29届奥林匹克运动会闭幕式	体育	中央台五套	18.7	27.4
29	2008年第29届奥运会田径男子三级跳远颁奖仪式	体育	中央电视台综合频道	18.6	28.0
30	2008年第29届奥运会男子足球小组赛C组（中国VS巴西）	体育	中央台五套	18.3	29.8

表3.58.8　2008年大连市场电视剧收视率排名前十位

名次	节目名称	播出频道	平均收视率（%）	平均占有率（%）
1	乡村爱情第二部	中央电视台综合频道	18.7	30.3
2	闯关东	中央电视台综合频道	17.4	28.4
3	甜蜜蜜	大连台一套（新闻综合频道）	13.5	26.5
4	落地请开手机	大连台一套（新闻综合频道）	11.4	26.0
5	婆家娘家第二部	大连台一套（新闻综合频道）	11.1	22.7
6	婆家娘家	大连台一套（新闻综合频道）	10.9	23.1
7	女人何苦为难女人	大连台一套（新闻综合频道）	10.7	24.7
8	柳叶刀	大连台一套（新闻综合频道）	10.5	24.4
9	闯关东	大连台一套（新闻综合频道）	10.3	24.6
10	大过年	大连台一套（新闻综合频道）	10.2	18.0

表3.58.9　2008年大连市场新闻节目收视率排名前十位

名次	节目名称	播出频道	平均收视率（%）	平均占有率（%）
1	温家宝在汶川映秀镇会见中外记者	中央电视台综合频道	22.0	35.5
2	新春的约会两会特别报道	大连台一套（新闻综合频道）	20.5	42.6
3	新闻联播	中央电视台综合频道	19.2	33.4
4	今晚60分	大连台一套（新闻综合频道）	18.7	42.5
5	新闻联播（5月13－17日、5月19－21日，21:00）	中央电视台综合频道	14.9	32.6
6	焦点访谈	中央电视台综合频道	11.8	19.6
7	共克时坚四川汶川大地震遇难者全国哀悼日特别节目	大连台一套（新闻综合频道）	11.2	22.5
8	真挚的关怀深入的指导	中央电视台综合频道	10.7	17.8
9	转播中央台新闻联播	大连台一套（新闻综合频道）	10.1	17.6
10	抗震救灾众志成城	中央电视台综合频道	8.9	14.7

表 3.58.10　2008 年大连市场专题节目收视率排名前十位

名次	节目名称	播出频道	平均收视率(%)	平均占有率(%)
1	艺术人生	中央电视台综合频道	17.2	29.6
2	CCTV2007 感动中国颁奖盛典	中央电视台综合频道	12.2	22.7
3	激情如火淬人生方永刚的生命之歌	大连台一套（新闻综合频道）	9.9	15.5
4	广大养殖户赞同清退方案征求意见工作进展顺利	大连台一套（新闻综合频道）	9.8	16.0
5	拉萨 3.14 打砸抢烧暴力事件纪实	中央电视台综合频道	9.5	15.5
6	奥运名人堂	中央台五套	8.8	26.3
7	文明的感动	大连台一套（新闻综合频道）	8.4	13.9
8	千里驰援来自抗震救灾一线的报告	大连台一套（新闻综合频道）	7.2	18.0
9	董倩面对面	中央电视台综合频道	6.9	25.7
10	奥运名人堂	中央电视台综合频道	6.0	16.7

表 3.58.11　2008 年大连市场综艺节目收视率排名前十位

名次	节目名称	播出频道	平均收视率(%)	平均占有率(%)
1	中国中央电视台 2008 春节联欢晚会	中央电视台综合频道	45.3	71.7
2	中央电视台 2008 年元宵晚会	中央电视台综合频道	22.8	36.0
3	爱的奉献 2008 宣传文化系统抗震救灾大型募捐活动（5 月 18 日）	中央电视台综合频道	22.0	56.9
4	第 17 届中国金鸡百花电影节开幕式暨大型广场文艺晚会	大连台一套（新闻综合频道）	12.3	23.9
5	电影之春第 17 届中国金鸡百花电影节 VI 暨形象	大连台一套（新闻综合频道）	11.5	19.6
6	曲苑杂坛春节特别节目 2008 年正月正晚会	中央电视台综合频道	11.5	18.5
7	荣成月中华情 2008 中央电视台中秋晚会	中央电视台综合频道	11.4	20.4
8	2008 大连市各界人士迎新春团拜会	大连台一套（新闻综合频道）	11.3	21.1
9	迈向太空中央电视台心连心艺术团赴酒泉卫星发射中心慰问演出	中央电视台综合频道	10.2	18.5
10	第 29 届大众电影百花奖颁奖典礼	大连台一套（新闻综合频道）	8.9	20.9

表 3.58.12 2008 年大连市场奥运会、残奥会比赛收视率排名前十位

名次	节目名称	播出频道	平均收视率（%）	平均占有率（%）
1	2008 年第 29 届奥运会女足小组赛（中国队 VS 阿根廷队）	中央电视台综合频道	20.9	33.8
2	2008 年第 29 届奥运会乒乓球女子单打决赛	中央台五套	20.6	35.4
3	2008 年第 29 届奥运会乒乓球男子团体决赛	中央台五套	20.6	32.3
4	2008 年第 29 届奥运会女子排球半决赛（中国 VS 巴西）	中央台五套	20.6	32.0
5	2008 年第 29 届奥运会体操女子自由操决赛	中央台五套	20.4	30.5
6	2008 年第 29 届奥运会乒乓球男子团体半决赛	中央电视台综合频道	20.3	32.4
7	2008 年第 29 届奥运会男子举重 56 公斤级决赛	中央电视台综合频道	20.0	30.5
8	2008 年第 29 届奥运会田径比赛男子十项全能 - 跳高	中央电视台综合频道	20.0	29.8
9	2008 年第 29 届奥运会跆拳道比赛女子 49 公斤级决赛	中央电视台综合频道	19.8	30.2
10	2008 年第 29 届奥运会羽毛球女双三、四名决赛	中央电视台综合频道	19.7	30.3

表 3.58.13 2008 年大连市场体育节目收视率排名前十位（奥运会、残奥会比赛除外）

名次	节目名称	播出频道	平均收视率（%）	平均占有率（%）
1	第 29 届奥林匹克运动会开幕式	中央电视台综合频道	42.5	68.6
2	第 29 届奥林匹克运动会闭幕式	中央电视台综合频道	37.4	54.9
3	北京 2008 年残奥会开幕式	中央电视台综合频道	26.1	54.4
4	北京 2008 年残奥会闭幕式	中央电视台综合频道	24.0	40.8
5	第 29 届奥林匹克运动会闭幕式	中央台五套	18.7	27.4
6	第 29 届奥林匹克运动会开幕式	中央台五套	14.3	23.1
7	直播周末足球之夜：2010 年世界杯亚洲区预选赛（卡塔尔 VS 中国）	中央台五套	8.9	16.9
8	北京 2008 年残奥会闭幕式	中央台五套	8.4	14.3
9	北京 2008 年残奥会开幕式	中央台五套	7.0	14.7
10	再见北京伦敦再见	中央电视台综合频道	5.6	35.1

五十九、宁波收视数据

表 3.59.1　2004－2008 年宁波市场各类频道的市场占有率（%）

频道类别	年份				
	2004 年	2005 年	2006 年	2007 年	2008 年
中央台频道	41.3	37.3	37.0	35.9	39.0
中国教育台频道	0.3	0.8	0.7	0.8	0.6
浙江省级频道	22.3	22.1	19.5	17.7	13.3
宁波市级频道	27.8	26.3	26.7	29.6	31.5
其他省级卫视频道	5.7	8.9	12.4	12.2	11.1
其他频道	2.6	4.6	3.7	3.8	4.5

注：从 2005 年 5 月 1 日起宁波数据为测量仪数据，2005 年数据范围是 5 月 1 日－12 月 31 日。

表 3.59.2　2008 年宁波市场各类频道在不同目标观众中的市场占有率（%）

目标观众		中央台频道	中国教育台频道	浙江省级频道	宁波市级频道	其他省级卫视频道	其他频道
4 岁及以上所有人		39.0	0.6	13.3	31.5	11.1	4.5
性别	男	44.0	0.7	12.7	28.5	9.7	4.4
	女	34.0	0.6	14.0	34.6	12.5	4.3
年龄	4－14 岁	32.1	0.5	14.0	23.7	24.2	5.5
	15－24 岁	31.2	0.6	14.5	27.6	19.8	6.3
	25－34 岁	41.0	0.7	14.0	26.1	12.5	5.7
	35－44 岁	36.7	0.7	14.4	32.8	10.9	4.5
	45－54 岁	40.6	0.6	12.2	34.8	8.6	3.2
	55－64 岁	40.0	0.6	13.7	32.8	8.2	4.7
	65 岁及以上	42.5	0.4	12.1	34.6	7.1	3.3
教育程度	未受过正规教育	38.9	0.8	11.5	26.7	18.4	3.7
	小学	34.2	0.7	14.3	36.5	11.1	3.2
	初中	38.0	0.6	12.6	33.4	10.6	4.8
	高中	42.0	0.6	13.8	28.5	10.8	4.3
	大学及以上	46.8	0.6	14.8	22.6	10.7	4.5
职业类别	干部/管理人员	45.1	1.0	14.9	23.9	12.5	2.6
	个体/私营企业人员	42.7	0.6	12.4	29.0	10.5	4.8
	初级公务员/雇员	37.3	0.8	14.0	30.6	12.1	5.2
	工人	39.8	0.6	13.6	31.5	9.9	4.6
	学生	31.4	0.6	16.2	25.6	20.8	5.4
	无业	40.4	0.5	12.3	33.5	9.6	3.7
	其他	30.1	0.5	14.7	41.4	9.8	3.5
个人月收入	0－600 元	35.6	0.6	13.6	31.5	14.7	4.0
	601－1200 元	38.3	0.6	13.9	33.8	9.2	4.2
	1201－1700 元	40.6	0.7	11.1	32.1	10.7	4.8
	1701－2600 元	41.2	0.6	14.7	27.2	9.7	6.6
	2601 元及以上	54.3	0.6	12.7	22.6	7.1	2.7

表 3.59.3　2008 年宁波市场各类频道不同时段的市场占有率（%）

时间段	中央台频道	中国教育台频道	浙江省级频道	宁波市级频道	其他省级卫视频道	其他频道
02:00-03:00	54.2	0.3	12.4	8.2	20.0	4.9
03:00-04:00	56.9	0.2	15.6	7.1	16.1	4.1
04:00-05:00	53.7	0.1	18.1	9.5	15.5	3.1
05:00-06:00	52.6	0.1	17.6	11.1	15.3	3.3
06:00-07:00	56.0	0.6	13.6	13.7	12.9	3.2
07:00-08:00	55.7	0.2	12.9	17.6	8.6	5.0
08:00-09:00	45.1	0.2	10.8	25.7	13.0	5.2
09:00-10:00	39.1	0.2	13.2	26.3	15.9	5.3
10:00-11:00	38.1	0.5	11.2	29.9	14.6	5.7
11:00-12:00	39.4	0.5	8.6	35.2	12.3	4.0
12:00-13:00	45.4	1.1	12.4	22.6	13.6	4.9
13:00-14:00	44.9	1.2	12.6	17.1	18.2	6.0
14:00-15:00	42.4	0.4	13.7	18.8	18.8	5.9
15:00-16:00	42.0	0.3	12.9	19.4	19.0	6.4
16:00-17:00	37.4	0.9	13.3	24.7	18.2	5.5
17:00-18:00	41.8	1.2	14.1	26.8	11.9	4.2
18:00-19:00	33.0	0.5	13.1	43.9	6.1	3.4
19:00-20:00	32.1	0.2	13.1	47.0	4.1	3.5
20:00-21:00	38.3	0.7	13.0	35.7	8.7	3.6
21:00-22:00	35.4	0.8	14.5	35.8	9.3	4.2
22:00-23:00	33.7	0.6	16.0	35.4	9.7	4.6
23:00-24:00	45.2	0.6	17.2	18.3	13.5	5.2
24:00-25:00	45.9	0.4	12.7	17.4	18.8	4.8
25:00-26:00	51.6	0.4	11.4	10.4	21.1	5.1

表 3.59.4　2008 年宁波市场收视份额排名前十位的频道

名次	频道名称	收视份额（%）
1	宁波电视台三套（都市文体频道）	10.7
2	宁波电视台四套（影视剧频道）	7.0
3	宁波电视台二套（经济生活频道）	6.0
4	中央电视台综合频道	5.6
4	宁波电视台一套（新闻综合频道）	5.6
6	中央台六套	5.3
7	中央台五套	4.4
8	中央台四套	3.9
8	中央台三套	3.9
10	中央台八套	3.8

表 3.59.5 2008 年宁波市场各主要频道的观众构成（%）

目标观众		所有频道	宁波电视台三套（都市文体频道）	宁波电视台四套（影视剧频道）	宁波电视台二套（经济生活频道）	中央电视台综合频道	宁波电视台一套（新闻综合频道）
4 岁及以上所有人		100.0	100.0	100.0	100.0	100.0	100.0
性别	男	50.3	44.6	41.2	43.5	53.2	51.2
	女	49.7	55.4	58.8	56.5	46.8	48.8
年龄	4-14 岁	6.4	4.6	5.6	3.2	3.7	2.6
	15-24 岁	6.4	6.5	6.5	3.6	4.0	3.8
	25-34 岁	16.3	11.1	19.5	8.6	13.9	9.6
	35-44 岁	16.9	19.3	17.7	15.5	16.3	15.0
	45-54 岁	27.5	33.8	25.3	34.0	30.9	30.8
	55-64 岁	14.4	16.1	12.8	17.8	14.4	15.6
	65 岁及以上	12.1	8.5	12.7	17.3	16.7	22.6
教育程度	未受过正规教育	4.9	3.6	4.6	5.2	3.8	2.8
	小学	18.1	19.5	21.5	24.0	14.3	21.4
	初中	44.5	49.6	46.5	44.9	43.4	45.7
	高中	24.5	21.1	21.7	21.4	27.7	24.0
	大学及以上	8.0	6.2	5.6	4.5	10.8	6.1
职业类别	干部/管理人员	2.2	2.1	1.7	1.3	2.8	1.5
	个体/私营企业人员	15.5	13.0	16.2	13.5	16.2	13.3
	初级公务员/雇员	17.7	19.7	16.2	15.6	16.0	14.2
	工人	17.2	16.9	19.0	14.9	15.7	15.5
	学生	7.2	6.2	6.9	4.1	4.8	3.2
	无业	34.9	32.8	35.9	42.0	40.0	46.4
	其他	5.3	9.3	4.1	8.5	4.5	6.0
个人月收入	0-600 元	31.8	29.7	33.3	35.0	24.6	30.0
	601-1200 元	36.1	37.9	39.3	40.3	39.4	40.2
	1201-1700 元	16.5	20.5	14.8	14.9	16.2	14.4
	1701-2600 元	10.3	8.7	8.4	6.7	10.5	10.6
	2601 元及以上	5.4	3.1	4.1	3.1	9.3	4.8

表 3.59.6 2006-2008 年宁波市场各类节目的播出份额（%）和收视份额（%）

节目类别	2006 年		2007 年		2008 年	
	播出份额	收视份额	播出份额	收视份额	播出份额	收视份额
财经	1.4	0.4	1.4	0.8	1.6	0.8
生活服务	4.8	3.2	7.3	4.7	8.5	5.0
青少	4.9	3.5	4.6	3.0	4.9	3.0
戏剧	1.3	1.1	1.2	1.0	1.0	0.8
教学	0.3	0.1	0.5	0.2	0.5	0.2
综艺	8.0	9.7	8.0	7.7	6.7	6.2
外语	0.2	0.1	0.2	0.1	0.2	0.1
电影	4.6	8.2	4.2	8.7	3.6	8.2
音乐	1.2	1.4	2.0	1.3	2.4	0.6
新闻/时事	13.6	11.2	13.4	13.5	13.8	14.9
体育	1.8	4.6	1.8	3.9	2.7	6.0
电视剧	25.4	36.7	26.1	34.9	26.1	34.8
专题	11.3	6.0	10.9	6.6	10.8	6.0
法制	1.3	1.1	1.2	0.9	1.0	0.6
其他	19.7	12.7	17.1	12.7	16.1	12.8

表 3.59.7 2008 年宁波市场所有节目收视率排名前三十位

名次	节目名称	节目类型	播出频道	平均收视率（%）	平均占有率（%）
1	中国中央电视台 2008 春节联欢晚会	综艺	中央电视台综合频道	22.7	57.0
2	第 29 届奥林匹克运动会开幕式	体育	中央台五套	20.9	37.2
3	第 29 届奥林匹克运动会闭幕式	体育	中央台五套	17.5	33.2
4	2008 年第 29 届奥运会体操男子单杠决赛	体育	中央台五套	16.6	40.0
5	2008 年第 29 届奥运会男子篮球 B 组比赛（中国 VS 美国）	体育	中央台二套	15.9	60.0
6	2008 年第 29 届奥运会男子举重 69 公斤级决赛	体育	中央台五套	15.6	41.0
7	第 29 届奥林匹克运动会闭幕式	体育	中央电视台综合频道	14.7	27.9
8	2008 年第 29 届奥运会乒乓球男子团体决赛	体育	中央台五套	14.6	34.8
9	2008 年第 29 届奥运会男子举重 62 公斤级决赛	体育	中央台五套	14.5	37.6
10	第 29 届奥林匹克运动会开幕式	体育	中央电视台综合频道	14.5	25.9
11	2008 年第 29 届奥运会体操单项女子高低杠决赛	体育	中央台五套	14.3	47.5
12	2008 年第 29 届奥运会女排小组赛（中国 VS 古巴）	体育	中央电视台综合频道	14.1	31.6
13	2008 年第 29 届奥运会乒乓球女子单打决赛	体育	中央台五套	13.1	30.4
14	2008 年第 29 届奥运会女子排球预赛（中国 VS 美国）	体育	中央台五套	12.9	33.6
15	2008 年第 29 届奥运会男子举重 56 公斤级决赛	体育	中央电视台综合频道	12.7	29.2
16	2008 年第 29 届奥运会男子举重 77 公斤级挺举决赛	体育	中央台二套	12.6	27.2
17	2008 年第 29 届奥运会男子篮球小组赛（中国 VS 德国）	体育	中央台五套	12.5	32.2
18	爱的奉献 2008 宣传文化系统抗震救灾大型募捐活动（5 月 18 日）	综艺	中央电视台综合频道	12.2	38.9
19	2008 年第 29 届奥运会体操单项女子跳马决赛	体育	中央台五套	11.8	40.2
20	2008 年第 29 届奥运会体操女子自由操决赛	体育	中央台五套	11.8	29.5
21	2008 第 29 届奥运会女子平衡木决赛	体育	中央台五套	11.7	44.3
22	2008 年第 29 届奥运会射箭女团决赛	体育	中央台五套	11.6	38.9
23	2008 年第 29 届奥运会跳水男子单人 10 米跳台决赛	体育	中央电视台综合频道	11.2	26.5

续表

名次	节目名称	节目类型	播出频道	平均收视率（%）	平均占有率（%）
24	2008年第29届奥运会乒乓球男子单打铜牌赛	体育	中央台五套	11.0	26.6
25	2008年第29届奥运会男篮小组赛（中国VS西班牙）	体育	中央电视台综合频道	10.9	48.1
26	2008年第29届奥运会女子100米决赛	体育	中央电视台综合频道	10.4	37.7
27	2008第29届奥运会男子双杠决赛	体育	中央台五套	10.0	44.9
28	2008年第29届奥运会男子举重77公斤级抓举决赛	体育	中央台二套	9.9	23.2
29	2008年第29届奥运会跳水男子3米跳板决赛	体育	中央台二套	9.6	23.7
30	2008年第29届奥运会跳水女子10米跳台决赛	体育	中央台二套	9.1	21.0

表3.59.8　2008年宁波市场电视剧收视率排名前十位

名次	节目名称	播出频道	平均收视率（%）	平均占有率（%）
1	得月街	宁波电视台三套（都市文体频道）	8.6	29.0
2	悠悠寸草心第二部	宁波电视台四套（影视剧频道）	5.9	20.2
3	芸娘	宁波电视台四套（影视剧频道）	5.9	18.5
4	情锁	宁波电视台三套（都市文体频道）	5.9	18.2
5	情之债	宁波电视台二套（经济生活频道）	5.3	15.6
6	钻石王老五的艰难爱情	宁波电视台三套（都市文体频道）	5.1	15.5
7	大珍珠	宁波电视台三套（都市文体频道）	5.0	15.5
8	顺娘	宁波电视台四套（影视剧频道）	5.0	14.4
9	胭脂雪	宁波电视台四套（影视剧频道）	4.9	16.2
10	鹿鼎记	宁波电视台四套（影视剧频道）	4.8	16.0

表 3.59.9　2008 年宁波市场新闻节目收视率排名前十位

名次	节目名称	播出频道	平均收视率（%）	平均占有率（%）
1	阿拉讲大道	宁波电视台三套（都市文体频道）	9.0	31.5
2	新闻联播（5 月 13 - 17 日、5 月 19 - 21 日，21:00）	中央电视台综合频道	4.3	15.2
3	温家宝在汶川映秀镇会见中外记者	中央电视台综合频道	4.0	14.5
4	来发讲啥西	宁波电视台二套（经济生活频道）	3.9	15.1
5	看看看	宁波电视台一套（新闻综合频道）	3.6	18.9
6	透视	宁波电视台一套（新闻综合频道）	3.2	14.1
7	人大之声	宁波电视台一套（新闻综合频道）	3.0	12.7
8	众志成城抗击风雪特别报道	浙江电视台教育科技频道	3.0	9.0
9	政协视点	宁波电视台一套（新闻综合频道）	2.9	12.1
10	转播中央台新闻联播（5 月 13 - 5 月 21 日，19:00）	宁波电视台三套（都市文体频道）	2.8	10.7

表 3.59.10　2008 年宁波市场专题节目收视率排名前十位

名次	节目名称	播出频道	平均收视率（%）	平均占有率（%）
1	传递圣火奉献关爱宁波东方港城之路	宁波电视台一套（新闻综合频道）	5.9	19.1
2	拉萨 3.14 打砸抢烧暴力事件纪实	中央电视台综合频道	3.3	11.1
3	情归周恩来	中央台六套	3.3	10.7
4	突围透视声音特别访谈	宁波电视台一套（新闻综合频道）	2.7	12.0
5	董倩面对面	中央电视台综合频道	2.6	13.4
6	奥运名人堂	中央台五套	2.6	8.9
7	涛出心里话	浙江卫视	2.2	8.9
8	我的今日之最我为天狂	中央电视台综合频道	2.1	10.2
9	CCTV2007 感动中国颁奖盛典	中央电视台综合频道	2.1	7.8
10	奥运名人堂	中央电视台综合频道	2.0	7.7

表 3.59.11　2008 年宁波市场综艺节目收视率排名前十位

名次	节目名称	播出频道	平均收视率（%）	平均占有率（%）
1	中国中央电视台 2008 春节联欢晚会	中央电视台综合频道	22.7	57.0
2	爱的奉献 2008 宣传文化系统抗震救灾大型募捐活动（5 月 18 日）	中央电视台综合频道	12.2	38.9
3	宁波老话家庭 PK 赛决赛	宁波电视台三套（都市文体频道）	6.6	21.6
4	百年圆梦迎 2008 北京奥运会文艺晚会	中央电视台综合频道	5.0	12.8
5	中央电视台 2008 年元宵晚会	中央电视台综合频道	4.9	14.4
6	第三届中国浙江电视观众节我爱中国蓝	浙江卫视	4.6	14.3
7	第 29 届大众电影百花奖颁奖典礼（9 月 13 日）	中央台六套	4.4	14.9
8	中央电视台 2007 年春节联欢晚会（2 月 8 日）	中央台三套	4.1	13.5
9	中国蓝跨越 2008 全民互动歌会	浙江卫视	4.0	15.8
10	荣成月中华情 2008 中央电视台中秋晚会	中央电视台综合频道	3.9	11.8

表 3.59.12　2008 年宁波市场奥运会、残奥会比赛收视率排名前十位

名次	节目名称	播出频道	平均收视率（%）	平均占有率（%）
1	2008 年第 29 届奥运会体操男子单杠决赛	中央台五套	16.6	40.0
2	2008 年第 29 届奥运会男子篮球 B 组比赛（中国 VS 美国）	中央台二套	15.9	60.0
3	2008 年第 29 届奥运会男子举重 69 公斤级决赛	中央台五套	15.6	41.0
4	2008 年第 29 届奥运会乒乓球男子团体决赛	中央台五套	14.6	34.8
5	2008 年第 29 届奥运会男子举重 62 公斤级决赛	中央台五套	14.5	37.6
6	2008 年第 29 届奥运会体操单项女子高低杠决赛	中央台五套	14.3	47.5
7	2008 年第 29 届奥运会女排小组赛（中国 VS 古巴）	中央电视台综合频道	14.1	31.6
8	2008 年第 29 届奥运会乒乓球女子单打决赛	中央台五套	13.1	30.4
9	2008 年第 29 届奥运会女子排球预赛（中国 VS 美国）	中央台五套	12.9	33.6
10	2008 年第 29 届奥运会男子举重 56 公斤级决赛	中央电视台综合频道	12.7	29.2

表 3.59.13 2008 年宁波市场体育节目收视率排名前十位（奥运会、残奥会比赛除外）

名次	节目名称	播出频道	平均收视率（%）	平均占有率（%）
1	第 29 届奥林匹克运动会开幕式	中央台五套	20.9	37.2
2	第 29 届奥林匹克运动会闭幕式	中央台五套	17.5	33.2
3	第 29 届奥林匹克运动会闭幕式	中央电视台综合频道	14.7	27.9
4	第 29 届奥林匹克运动会开幕式	中央电视台综合频道	14.5	25.9
5	奥运第 1 天	中央电视台综合频道	6.1	13.8
6	北京 2008 年残奥会开幕式	中央电视台综合频道	5.6	16.5
7	北京 2008 年残奥会开幕式	中央台五套	4.9	14.5
8	伊辛巴耶娃夺金之路	中央台五套	4.0	16.8
9	奥运第 2 天	中央电视台综合频道	3.8	23.9
10	北京 2008 年残奥会闭幕式	中央电视台综合频道	3.2	10.0

六十、青岛收视数据

表 3.60.1　2004－2008 年青岛市场各类频道的市场占有率（%）

频道类别	年份				
	2004 年	2005 年	2006 年	2007 年	2008 年
中央台频道	47.6	50.0	48.2	47.4	47.6
中国教育台频道	0.1	0.4	0.5	0.3	0.2
山东省级频道	16.0	12.5	10.0	11.0	11.3
青岛市级频道	32.1	28.3	25.2	26.3	25.1
其他省级卫视频道	3.1	7.1	11.6	11.2	13.8
其他频道	1.1	1.9	4.5	3.8	2.0

表 3.60.2　2008 年青岛市场各类频道在不同目标观众中的市场占有率（%）

目标观众		中央台频道	中国教育台频道	山东省级频道	青岛市级频道	其他省级卫视频道	其他频道
4 岁及以上所有人		47.6	0.2	11.3	25.1	13.8	2.0
性别	男	51.0	0.1	10.7	24.7	11.8	1.7
	女	44.5	0.3	11.8	25.5	15.5	2.4
年龄	4－14 岁	39.3	0.2	8.2	19.9	29.0	3.4
	15－24 岁	44.4	0.3	9.2	26.3	17.5	2.3
	25－34 岁	41.9	0.2	14.1	25.0	15.6	3.2
	35－44 岁	43.0	0.1	11.0	26.1	17.2	2.6
	45－54 岁	46.2	0.2	11.2	29.0	11.7	1.7
	55－64 岁	54.8	0.1	11.5	23.9	8.6	1.1
	65 岁及以上	56.7	0.2	10.8	20.9	9.7	1.7
教育程度	未受过正规教育	44.2	0.6	13.7	21.9	16.6	3.0
	小学	46.0	0.1	12.4	22.3	17.6	1.6
	初中	45.9	0.2	12.9	27.1	12.3	1.6
	高中	46.2	0.2	10.5	26.0	14.7	2.4
	大学及以上	52.8	0.2	9.4	23.0	12.5	2.1
职业类别	干部/管理人员	48.0	0.2	13.0	22.5	13.9	2.4
	个体/私营企业人员	41.0	0.1	10.7	30.0	15.5	2.7
	初级公务员/雇员	49.1	0.3	9.9	25.3	13.4	2.0
	工人	42.1	0.2	12.5	29.0	14.1	2.1
	学生	41.1	0.1	9.4	24.3	22.5	2.6
	无业	50.8	0.2	11.8	23.6	11.8	1.8
个人月收入	0－600 元	42.6	0.2	11.9	25.8	17.2	2.3
	601－1200 元	45.8	0.3	13.1	25.1	13.6	2.1
	1201－1700 元	49.4	0.1	9.2	27.1	12.6	1.6
	1701－2600 元	51.0	0.2	9.6	24.9	12.2	2.1
	2601 元及以上	61.2	0.1	8.9	18.5	9.4	1.9

表 3.60.3 2008 年青岛市场各类频道不同时段的市场占有率（%）

时间段	中央台频道	中国教育台频道	山东省级频道	青岛市级频道	其他省级卫视频道	其他频道
02:00-03:00	63.6	0.0	15.9	1.1	14.0	5.4
03:00-04:00	64.7	0.0	22.2	0.6	10.0	2.5
04:00-05:00	68.6	0.0	16.2	0.1	13.4	1.7
05:00-06:00	89.7	0.0	2.5	0.4	6.3	1.1
06:00-07:00	86.3	0.0	5.9	1.8	5.7	0.3
07:00-08:00	81.4	0.0	5.2	4.3	8.5	0.6
08:00-09:00	59.0	0.2	5.3	21.4	12.4	1.7
09:00-10:00	57.1	0.3	9.0	11.3	18.3	4.0
10:00-11:00	54.9	0.3	10.4	9.7	19.7	5.0
11:00-12:00	56.2	0.3	13.5	8.4	17.5	4.1
12:00-13:00	61.7	0.3	9.0	12.5	14.4	2.1
13:00-14:00	52.7	0.5	11.5	10.5	20.4	4.4
14:00-15:00	43.6	0.3	13.0	10.3	26.4	6.4
15:00-16:00	45.2	0.2	12.6	8.2	28.5	5.3
16:00-17:00	50.9	0.4	11.3	7.4	25.7	4.3
17:00-18:00	40.0	0.3	29.5	13.1	15.4	1.7
18:00-19:00	31.2	0.1	10.2	50.8	6.7	1.0
19:00-20:00	60.0	0.1	9.3	25.2	4.5	0.9
20:00-21:00	36.1	0.2	11.2	39.8	11.5	1.2
21:00-22:00	41.6	0.3	11.7	26.6	18.3	1.5
22:00-23:00	45.7	0.2	9.7	19.3	22.6	2.5
23:00-24:00	46.9	0.2	10.0	18.5	21.1	3.3
24:00-25:00	54.2	0.5	8.7	9.9	20.9	5.8
25:00-26:00	58.5	0.8	11.6	3.7	16.7	8.7

表 3.60.4 2008 年青岛市场收视份额排名前十位的频道

名次	频道名称	收视份额（%）
1	中央电视台综合频道	16.3
2	青岛电视台新闻综合频道	11.3
3	青岛电视台生活服务频道	8.6
4	中央台五套	6.0
5	中央台三套	5.1
6	中央台八套	4.4
7	山东电视齐鲁频道	4.1
8	中央台六套	3.2
9	湖南电视台卫星频道	3.0
9	青岛电视台影视频道	3.0

表 3.60.5 2008 年青岛市场各主要频道的观众构成(%)

目标观众		所有频道	主要频道				
			中央电视台综合频道	青岛电视台新闻综合频道	青岛电视台生活服务频道	中央台五套	中央台三套
4 岁及以上所有人		100.0	100.0	100.0	100.0	100.0	100.0
性别	男	47.3	49.9	46.0	47.7	63.6	46.7
	女	52.7	50.1	54.0	52.3	36.4	53.3
年龄	4-14 岁	4.9	3.3	3.1	5.0	2.5	3.5
	15-24 岁	9.1	8.0	8.8	11.0	15.5	7.7
	25-34 岁	14.3	14.0	11.9	14.3	14.3	13.3
	35-44 岁	17.2	15.5	15.0	19.0	15.6	16.0
	45-54 岁	22.4	21.8	26.1	26.7	22.9	20.9
	55-64 岁	15.9	18.8	17.9	13.2	15.6	21.4
	65 岁及以上	16.1	18.6	17.1	10.7	13.7	17.2
教育程度	未受过正规教育	3.9	2.8	4.0	3.0	2.8	3.2
	小学	9.3	9.7	8.6	8.2	4.7	9.8
	初中	29.8	27.8	29.6	35.5	24.3	30.5
	高中	33.5	33.7	35.1	34.4	35.8	32.5
	大学及以上	23.5	25.9	22.7	18.9	32.3	24.1
职业类别	干部/管理人员	6.3	6.4	5.5	5.8	7.8	6.9
	个体/私营企业人员	9.5	9.9	9.6	13.3	9.7	7.8
	初级公务员/雇员	17.7	19.2	18.4	16.8	20.1	18.2
	工人	12.5	10.9	12.5	16.9	11.7	12.3
	学生	9.0	7.1	7.3	10.6	13.1	7.6
	无业	45.1	46.5	46.7	36.6	37.6	47.3
个人月收入	0-600 元	25.3	21.2	22.9	28.1	26.2	21.7
	601-1200 元	35.7	36.5	35.9	37.1	27.9	38.0
	1201-1700 元	17.0	18.0	19.4	18.1	17.1	16.0
	1701-2600 元	13.8	14.4	15.2	11.6	17.6	14.8
	2601 元及以上	8.2	10.0	6.7	5.0	11.3	9.5

表 3.60.6 2006-2008 年青岛市场各类节目的播出份额(%)和收视份额(%)

节目类别	2006 年		2007 年		2008 年	
	播出份额	收视份额	播出份额	收视份额	播出份额	收视份额
财经	1.2	0.4	1.5	0.6	1.7	0.6
电视剧	26.3	30.1	25.7	25.3	25.0	25.5
电影	4.1	3.3	3.9	3.5	3.4	3.2
法制	1.3	2.0	1.4	2.3	1.0	1.4
教学	0.4	0.1	0.6	0.2	0.5	0.1
其他	19.1	17.5	16.5	17.6	15.3	17.0
青少	5.0	3.1	4.5	2.5	4.6	2.4
生活服务	5.3	3.6	8.3	5.8	9.7	6.5
体育	2.8	5.1	2.4	4.4	3.8	6.7
外语	0.2	0.2	0.2	0.2	0.1	0.0
戏剧	1.4	0.4	1.2	0.6	1.0	0.4
新闻/时事	13.0	19.3	12.8	21.7	13.1	22.9
音乐	1.4	1.6	2.0	1.3	2.4	0.7
专题	10.6	5.0	10.7	5.7	11.2	4.9
综艺	7.9	8.3	8.2	8.3	7.1	7.8

表 3.60.7　2008 年青岛市场所有节目收视率排名前三十位

名次	节目名称	类别	频道	平均收视率（%）	平均占有率（%）
1	第 29 届奥林匹克运动会开幕式	体育	中央电视台综合频道	46.6	66.0
2	第 29 届奥林匹克运动会闭幕式	体育	中央电视台综合频道	34.1	51.8
3	2008 年第 29 届奥运会乒乓球男子团体决赛	体育	中央台五套	25.3	41.1
4	2008 年第 29 届奥运会女子排球 1/4 决赛（中国 VS 俄罗斯）	体育	中央台五套	24.9	41.7
5	2008 年第 29 届奥运会男足小组赛 C 组（比利时 VS 中国）	体育	中央台五套	22.1	37.4
6	2008 年第 29 届奥运会乒乓球女团决赛	体育	中央电视台综合频道	22.1	33.9
7	第 29 届奥林匹克运动会开幕式	体育	中央台五套	21.8	30.9
8	2008 年第 29 届奥运会男子篮球小组赛（中国 VS 德国）	体育	中央台五套	20.8	35.5
9	2008 年第 29 届奥运会女子排球半决赛（中国 VS 巴西）	体育	中央台五套	20.8	35.3
10	北京 2008 年残奥会开幕式	体育	中央电视台综合频道	20.6	45.5
11	2008 年第 29 届奥运会田径比赛女子 4×400 米接力第一轮	体育	中央电视台综合频道	20.1	35.2
12	2008 年第 29 届奥运会体操男子单杠决赛	体育	中央台五套	18.9	31.6
13	2008 年第 29 届奥运会男子足球小组赛 C 组（中国 VS 巴西）	体育	中央台五套	18.7	31.1
14	2008 年第 29 届奥运会体操女子自由操决赛	体育	中央台五套	18.7	27.9
15	2008 年第 29 届奥运会女排小组赛（中国 VS 波兰）	体育	中央电视台综合频道	18.5	31.7
16	2008 年第 29 届奥运会跆拳道比赛女子 49 公斤级决赛	体育	中央电视台综合频道	18.5	30.4
17	2008 年第 29 届奥运会田径比赛女子 1500 米决赛	体育	中央电视台综合频道	18.2	30.8
18	2008 年第 29 届奥运会乒乓球男子单打铜牌赛	体育	中央台五套	18.1	30.9
19	2008 年第 29 届奥运会男子排球 1/4 决赛（中国 VS 巴西）	体育	中央台五套	17.8	30.5
20	2008 年第 29 届奥运会男子举重 62 公斤级决赛	体育	中央台五套	17.8	30.3
21	2008 年第 29 届奥运会男子举重 69 公斤级决赛	体育	中央台五套	17.7	30.1
22	2008 年第 29 届奥运会田径比赛女子铁饼决赛	体育	中央电视台综合频道	17.7	27.7
23	2008 年第 29 届奥运会乒乓球女子单打铜牌赛	体育	中央台五套	17.6	29.7
24	2008 年第 29 届奥运会女排小组赛（中国 VS 古巴）	体育	中央电视台综合频道	17.5	30.7

续表

名次	节目名称	类别	频道	平均收视率(%)	平均占有率(%)
25	2008年第29届奥运会乒乓球男子团体半决赛	体育	中央电视台综合频道	17.4	29.3
26	2008年第29届奥运会拳击男子69公斤级半决赛	体育	中央台五套	17.1	36.9
27	2008年第29届奥运会羽毛球男子单打决赛	体育	中央台五套	16.8	30.4
28	2008年第29届奥运会田径比赛男子十项全能-跳高	体育	中央电视台综合频道	16.8	27.5
29	2008年第29届奥运会男子十项全能-标枪	体育	中央电视台综合频道	16.8	27.0
30	2008年第29届奥运会女足小组赛（中国队VS阿根廷队）	体育	中央电视台综合频道	16.6	28.5

表3.60.8　2008年青岛市场电视剧收视率排名前十位

名次	节目名称	播出频道	平均收视率(%)	平均占有率(%)
1	闯关东	中央电视台综合频道	13.6	26.8
2	柳叶刀	青岛电视台新闻综合频道	10.5	19.9
3	情之债	青岛电视台新闻综合频道	10.2	19.7
4	想爱都难	青岛电视台新闻综合频道	9.8	21.9
5	谁懂我的心	青岛电视台新闻综合频道	9.5	20.6
6	乡村爱情第二部	中央电视台综合频道	9.5	18.3
7	乔省长和他的女儿们	青岛电视台新闻综合频道	9.3	18.1
8	仁者无敌	青岛电视台新闻综合频道	8.8	17.9
9	真爱诺言	青岛电视台新闻综合频道	8.6	17.6
10	血色迷雾	青岛电视台新闻综合频道	8.4	17.3

表3.60.9　2008年青岛市场新闻节目收视率排名前十位

名次	节目名称	播出频道	平均收视率(%)	平均占有率(%)
1	新闻联播	中央电视台综合频道	25.8	48.9
2	温家宝在汶川映秀镇会见中外记者	中央电视台综合频道	25.1	45.4
3	新闻联播（5月13-17日、5月19-21日，21:00）	中央电视台综合频道	14.8	34.5
4	焦点访谈	中央电视台综合频道	13.9	26.3
5	真挚的关怀深入的指导	中央电视台综合频道	13.0	24.4
6	今日60分	青岛电视台新闻综合频道	12.1	35.2
7	青岛市人民代表大会常务委员会工作报告摘要	青岛电视台新闻综合频道	7.6	14.9
8	山东新闻联播	青岛电视台新闻综合频道	6.8	11.4
9	生活在线	青岛电视台生活服务频道	6.5	19.4
10	神七问天直播特别节目	中央电视台综合频道	6.4	15.4

表 3.60.10　2008 年青岛市场专题节目收视率排名前十位

名次	节目名称	播出频道	平均收视率（%）	平均占有率（%）
1	奥运名人堂	中央台五套	13.6	33.5
2	拉萨 3.14 打砸抢烧暴力事件纪实	中央电视台综合频道	13.4	22.9
3	岛城先锋	青岛电视台新闻综合频道	11.4	29.0
4	CCTV2007 感动中国颁奖盛典	中央电视台综合频道	8.2	16.9
5	激情扬帆成就梦想	青岛电视台新闻综合频道	7.9	14.6
6	理冰访问	青岛电视台新闻综合频道	7.5	14.0
7	委员论坛	青岛电视台新闻综合频道	6.8	13.8
8	电视系列片 - 青春青岛	青岛电视台新闻综合频道	6.3	11.1
9	奥运名人堂	中央电视台综合频道	6.0	14.1
10	董倩面对面	中央电视台综合频道	5.8	22.6

表 3.60.11　2008 年青岛市场综艺节目收视率排名前十位

名次	节目名称	播出频道	平均收视率（%）	平均占有率（%）
1	中国中央电视台 2008 春节联欢晚会	中央电视台综合频道	51.7	89.1
2	爱的奉献 2008 宣传文化系统抗震救灾大型募捐活动（5 月 18 日）	中央电视台综合频道	20.1	49.1
3	中央电视台 2008 年元宵晚会	中央电视台综合频道	16.0	29.3
4	荣成月中华情 2008 中央电视台中秋晚会	中央电视台综合频道	13.8	26.9
5	青春中国第十三届 CCTV 青年歌手电视大奖赛颁奖晚会	中央台三套	7.6	15.9
6	综艺盛典 Variety Awards 2008	中央台三套	7.6	13.9
7	第 18 届青岛国际啤酒节开幕式暨人型文艺晚会	青岛电视台新闻综合频道	7.1	29.2
8	盛世欢歌奥运年 2008 年青岛市春节文艺晚会	青岛电视台新闻综合频道	7.1	28.1
9	一年又一年二 00 八动起来	中央电视台综合频道	6.6	23.6
10	万家灯火平安夜公安部 2008 年春节晚会	中央电视台综合频道	6.6	15.1

表 3.60.12　2008 年青岛市场奥运会、残奥会比赛收视率排名前十位

名次	节目名称	播出频道	平均收视率（%）	平均占有率（%）
1	2008 年第 29 届奥运会乒乓球男子团体决赛	中央台五套	25.3	41.1
2	2008 年第 29 届奥运会女子排球 1/4 决赛（中国 VS 俄罗斯）	中央台五套	24.9	41.7
3	2008 年第 29 届奥运会男足小组赛 C 组（比利时 VS 中国）	中央台五套	22.1	37.4
4	2008 年第 29 届奥运会乒乓球女团决赛	中央电视台综合频道	22.1	33.9
5	2008 年第 29 届奥运会男子篮球小组赛（中国 VS 德国）	中央台五套	20.8	35.5
6	2008 年第 29 届奥运会女子排球半决赛（中国 VS 巴西）	中央台五套	20.8	35.3
7	2008 年第 29 届奥运会田径比赛女子 4 × 400 米接力第一轮	中央电视台综合频道	20.1	35.2
8	2008 年第 29 届奥运会体操男子单杠决赛	中央台五套	18.9	31.6
9	2008 年第 29 届奥运会男子足球小组赛 C 组（中国 VS 巴西）	中央台五套	18.7	31.1
10	2008 年第 29 届奥运会体操女子自由操决赛	中央台五套	18.7	27.9

表 3.60.13　2008 年青岛市场体育节目收视率排名前十位（奥运会、残奥会比赛除外）

名次	节目名称	播出频道	平均收视率（%）	平均占有率（%）
1	第 29 届奥林匹克运动会开幕式	中央电视台综合频道	46.6	66.0
2	第 29 届奥林匹克运动会闭幕式	中央电视台综合频道	34.1	51.8
3	第 29 届奥林匹克运动会开幕式	中央台五套	21.8	30.9
4	北京 2008 年残奥会开幕式	中央电视台综合频道	20.6	45.5
5	2008 年第 29 届奥运会田径男子三级跳远颁奖仪式	中央电视台综合频道	15.3	24.8
6	琴屿飘祥云帆都迎圣火	青岛电视台新闻综合频道	14.2	62.3
7	第 29 届奥林匹克运动会闭幕式	中央台五套	13.4	20.3
8	北京 2008 年残奥会闭幕式	中央电视台综合频道	12.9	24.9
9	奥运第 1 天	中央电视台综合频道	11.4	21.4
10	直播周末足球之夜：2010 年世界杯亚洲区预选赛（卡塔尔 VS 中国）	中央台五套	10.6	21.5

六十一、厦门收视数据

表 3.61.1 2004－2008 年厦门市场各类频道的市场占有率（%）

频道类别	年份				
	2004 年	2005 年	2006 年	2007 年	2008 年
中央台频道	30.7	36.8	38.6	37.1	40.8
中国教育台频道	0.2	0.4	0.1	0.1	0.1
福建省级频道	12.5	12.4	10.8	7.9	8.2
厦门市级频道	35.6	33.7	31.7	33.8	28.4
其他省级卫视频道	12.8	11.6	13.9	15.2	15.4
其他频道	8.3	5.1	4.8	5.9	7.1

表 3.61.2 2008 年厦门市场各类频道在不同目标观众中的市场占有率（%）

目标观众		中央台频道	中国教育台频道	福建省级频道	厦门市级频道	其他省级卫视频道	其他频道
4 岁及以上所有人		40.8	0.1	8.2	28.4	15.4	7.2
性别	男	43.7	0.1	8.4	27.5	12.8	7.5
	女	37.7	0.1	7.9	29.3	18.0	6.9
年龄	4－14 岁	39.0	0.1	12.4	19.1	19.2	10.2
	15－24 岁	33.8	0.1	7.7	28.8	19.6	10.0
	25－34 岁	41.7	0.1	7.7	26.3	16.1	8.1
	35－44 岁	39.6	0.2	9.2	28.5	16.1	6.4
	45－54 岁	39.1	0.1	7.4	34.3	12.4	6.8
	55－64 岁	44.1	0.1	8.5	29.1	13.2	5.0
	65 岁及以上	48.8	0.1	5.5	31.2	10.5	3.9
教育程度	未受过正规教育	36.6	0.0	8.6	33.3	10.4	11.1
	小学	37.9	0.1	8.5	33.5	14.6	5.5
	初中	36.8	0.2	9.6	30.3	16.4	6.8
	高中	41.5	0.1	7.4	26.2	16.5	8.3
	大学及以上	49.8	0.1	6.8	22.2	14.4	6.7
职业类别	干部/管理人员	43.4	0.1	7.3	24.7	15.9	8.7
	个体/私营企业人员	38.6	0.2	9.1	30.2	14.5	7.6
	初级公务员/雇员	44.4	0.1	6.8	25.0	15.8	7.9
	工人	37.7	0.0	8.9	30.5	15.9	7.1
	学生	32.8	0.1	10.5	25.7	23.0	7.9
	无业	42.9	0.1	7.6	29.9	13.1	6.4
	其他	38.8	0.0	12.9	28.4	14.8	5.2
个人月收入	0－600 元	38.1	0.1	8.9	28.6	16.4	7.9
	601－1200 元	34.8	0.1	8.0	36.3	15.2	5.7
	1201－1700 元	42.4	0.1	9.0	28.0	13.9	6.7
	1701－2600 元	46.9	0.1	7.9	22.2	14.9	8.1
	2601 元及以上	46.1	0.1	6.3	23.1	16.4	8.0

表 3.61.3　2008 年厦门市场各类频道不同时段的市场占有率（%）

时间段	中央台频道	中国教育台频道	福建省级频道	厦门市级频道	其他省级卫视频道	其他频道
02:00-03:00	74.9	1.1	4.4	1.9	13.2	4.5
03:00-04:00	67.6	0.0	8.4	6.2	13.4	4.4
04:00-05:00	63.2	0.0	5.4	6.4	21.7	3.3
05:00-06:00	61.9	0.0	1.9	1.5	25.3	9.5
06:00-07:00	76.8	0.0	8.4	2.5	8.0	4.2
07:00-08:00	71.0	0.0	4.7	12.1	8.3	3.9
08:00-09:00	64.8	0.6	4.7	10.7	13.8	5.3
09:00-10:00	54.1	0.3	5.0	10.6	20.7	9.4
10:00-11:00	48.6	0.4	6.1	10.5	22.3	12.0
11:00-12:00	46.4	0.3	7.6	19.1	17.4	9.3
12:00-13:00	34.4	0.1	4.5	48.2	8.3	4.5
13:00-14:00	43.2	0.1	6.6	22.4	21.4	6.3
14:00-15:00	40.3	0.0	6.9	9.7	33.2	9.8
15:00-16:00	40.4	0.1	6.3	9.7	35.7	7.8
16:00-17:00	44.3	0.1	5.0	10.7	30.9	9.0
17:00-18:00	56.6	0.1	8.3	9.6	17.1	8.4
18:00-19:00	35.9	0.0	19.8	32.3	6.9	5.1
19:00-20:00	50.1	0.0	9.7	31.4	5.2	3.7
20:00-21:00	36.2	0.1	7.2	35.6	13.7	7.2
21:00-22:00	29.8	0.1	5.4	40.2	16.7	7.9
22:00-23:00	37.1	0.0	8.9	19.2	24.3	10.6
23:00-24:00	39.4	0.1	7.2	14.6	28.1	10.6
24:00-25:00	38.7	0.0	10.0	15.8	25.5	10.0
25:00-26:00	36.0	0.0	17.2	14.9	17.0	14.9

表 3.61.4　2008 年厦门市场收视份额排名前十位的频道

名次	频道名称	收视份额（%）
1	中央电视台综合频道	11.3
2	厦门电视台综合频道	8.2
3	厦门卫视	7.1
4	厦门电视台影视频道	5.8
4	中央台八套	5.8
6	中央台五套	5.7
7	厦门电视台海峡频道	4.5
8	中央台六套	4.1
9	湖南电视台卫星频道	3.9
10	中央台三套	2.9

表 3.61.5　2008 年厦门市场各主要频道的观众构成（%）

目标观众		所有频道	主要频道				
			中央电视台综合频道	厦门电视台综合频道	厦门卫视	厦门电视台影视频道	中央台八套
4 岁及以上所有人		100.0	100.0	100.0	100.0	100.0	100.0
性别	男性	50.9	53.8	53.5	42.5	50.6	41.5
	女性	49.1	46.2	46.5	57.6	49.4	58.5
年龄	4－14 岁	6.3	4.1	2.9	5.7	4.6	4.9
	15－24 岁	10.0	6.6	8.8	11.1	13.7	11.0
	25－34 岁	29.0	30.9	24.6	25.8	28.9	27.2
	35－44 岁	23.7	23.7	23.7	22.4	23.2	23.9
	45－54 岁	13.2	11.8	16.1	14.7	16.7	17.5
	55－64 岁	8.4	9.4	9.9	8.3	6.9	8.5
	65 岁及以上	9.3	13.5	14.0	12.0	5.9	6.9
教育程度	未受正规教育	5.4	4.4	5.3	11.1	3.3	7.1
	小学	18.5	14.7	21.1	27.5	20.1	20.9
	初中	29.1	23.2	32.2	28.5	33.2	29.7
	高中	28.3	30.8	24.8	23.6	27.5	23.6
	大学及以上	18.6	26.9	16.5	9.4	15.9	18.8
职业类别	干部/管理人员	3.9	5.7	4.1	1.6	3.7	2.3
	初级公务员/雇员	14.0	12.7	13.3	15.6	16.0	12.2
	工人	20.5	25.1	19.7	14.7	16.7	19.2
	个体/私营企业人员	17.5	13.0	15.6	17.8	23.0	21.0
	学生	9.4	5.6	7.0	9.5	10.7	6.6
	无业	33.5	36.3	39.0	39.2	29.2	37.7
	其他	1.2	1.6	1.4	1.7	0.7	1.0
个人月收入	0－600 元	29.6	24.9	26.5	37.4	29.2	31.3
	601－1200 元	21.5	16.1	25.9	31.5	28.0	25.9
	1201－1700 元	19.4	20.1	22.7	14.6	17.8	16.3
	1701－2600 元	16.1	20.3	13.0	9.6	13.1	17.4
	2601 元及以上	13.3	18.7	12.0	6.9	11.9	9.3

表 3.61.6　2006－2008 年厦门市场各类节目的播出份额（%）和收视份额（%）

节目类别	2006 年		2007 年		2008 年	
	播出份额	收视份额	播出份额	收视份额	播出份额	收视份额
财经	1.3	0.3	1.5	0.4	1.7	0.6
电视剧	24.1	29.1	25.0	30.8	24.8	31.2
电影	3.9	5.0	3.3	4.3	3.0	3.7
法制	1.3	0.3	1.2	0.4	1.0	0.3
教学	0.4	0.1	0.6	0.1	0.6	0.1
青少	4.8	3.5	5.0	3.9	5.0	3.1
生活服务	6.2	4.1	8.2	5.8	9.4	5.5
体育	2.5	4.9	2.1	3.5	3.0	6.6
外语	0.2	0.1	0.2	0.1	0.1	0.0
戏剧	1.3	1.1	1.2	1.6	1.0	1.7
新闻/时事	13.7	19.6	13.5	18.2	14.1	17.5
音乐	1.5	1.8	2.0	1.4	2.4	0.8
专题	12.1	5.0	12.2	5.1	11.8	5.4
综艺	7.9	8.0	7.8	7.6	6.7	7.4
其他	18.7	17.3	16.3	16.8	15.6	16.2

表 3.61.7　2008 年厦门市场所有节目收视率排名前三十位

名次	节目名称	节目类型	播出频道	平均收视率（%）	平均占有率（%）
1	第 29 届奥林匹克运动会开幕式	体育	中央电视台综合频道	33.5	54.9
2	第 29 届奥林匹克运动会闭幕式	体育	中央电视台综合频道	27.8	45.4
3	中国中央电视台 2008 春节联欢晚会	综艺	中央电视台综合频道	25.4	54.7
4	2008 年第 29 届奥运会乒乓球男子团体决赛	体育	中央台五套	23.6	44.0
5	第 29 届奥林匹克运动会开幕式	体育	中央台五套	22.6	37.1
6	2008 年第 29 届奥运会女子排球 1/4 决赛（中国 VS 俄罗斯）	体育	中央台五套	22.5	40.3
7	2008 年第 29 届奥运会乒乓球女子单打决赛	体育	中央台五套	21.3	41.9
8	2008 年第 29 届奥运会女子排球半决赛（中国 VS 巴西）	体育	中央台五套	20.5	38.1
9	2008 年第 29 届奥运会体操女子自由操决赛	体育	中央台五套	20.4	37.6
10	2008 年第 29 届奥运会女子排球预赛（中国 VS 美国）	体育	中央台五套	19.5	40.7
11	2008 年第 29 届奥运会乒乓球男子单打决赛	体育	中央台五套	19.1	39.6
12	爱的奉献 2008 宣传文化系统抗震救灾大型募捐活动（5 月 18 日）	综艺	中央电视台综合频道	18.6	46.7
13	2008 年第 29 届奥运会体操单项男子鞍马决赛	体育	中央台五套	18.5	35.8
14	2008 年第 29 届奥运会乒乓球女子单打铜牌赛	体育	中央台五套	18.3	37.7
15	2008 年第 29 届奥运会网球女子单打第二轮	体育	中央台五套	18.0	35.9
16	2008 年第 29 届奥运会男子排球 1/4 决赛（中国 VS 巴西）	体育	中央台五套	17.7	34.7
17	第 29 届奥林匹克运动会闭幕式	体育	中央台五套	17.6	28.8
18	2008 年第 29 届奥运会体操男子单杠决赛	体育	中央台五套	17.4	35.2
19	2008 年第 29 届奥运会男子篮球小组赛（中国 VS 德国）	体育	中央台五套	17.1	35.3
20	2008 年第 29 届奥运会男子举重 69 公斤级决赛	体育	中央台五套	17.1	34.1
21	2008 年第 29 届奥运会男足小组赛 C 组（比利时 VS 中国）	体育	中央台五套	17.1	32.6
22	2008 年第 29 届奥运会羽毛球男子单打决赛	体育	中央台五套	17.0	32.9
23	2008 年第 29 届奥运会男子举重 62 公斤级决赛	体育	中央台五套	16.5	32.1

续表

名次	节目名称	节目类型	播出频道	平均收视率（%）	平均占有率（%）
24	2008 年第 29 届奥运会羽毛球女双 1/4 决赛	体育	中央台五套	16.4	30.9
25	2008 年第 29 届奥运会乒乓球男单第 4 轮	体育	中央台五套	15.7	32.5
26	温家宝在汶川映秀镇会见中外记者（5 月 24 日）	新闻/时事	中央电视台综合频道	15.6	38.0
27	北京 2008 年残奥会开幕式	体育	中央电视台综合频道	15.4	38.5
28	2008 年第 29 届奥运会拳击男子 69 公斤级半决赛	体育	中央台五套	15.1	35.3
29	2008 年第 29 届奥运会男子足球小组赛 C 组（中国 VS 巴西）	体育	中央台五套	15.0	28.4
30	2008 年第 29 届奥运会乒乓球女单第 3 轮	体育	中央台五套	14.4	32.8

表 3.61.8　2008 年厦门市场电视剧收视率排名前十位

名次	节目名称	播出频道	平均收视率（%）	平均占有率（%）
1	李小龙传奇	中央电视台综合频道	7.9	18.3
2	一定爱幸福	厦门卫视	6.3	14.9
3	射雕英雄传	厦门电视台影视频道	6.0	15.2
4	上海王	厦门电视台综合频道	5.8	14.7
5	谁与争锋	厦门电视台综合频道	5.8	14.0
6	盐田儿女	厦门卫视	5.5	12.4
7	意难忘第二季第八部	中央台八套	5.3	27.4
8	意难忘第二季第七部	中央台八套	5.2	27.6
9	深度较量	厦门电视台综合频道	5.2	12.7
10	天涯歌女	厦门电视台影视频道	5.2	11.7

表 3.61.9　2008 年厦门市场新闻节目收视率排名前十位

名次	节目名称	播出频道	平均收视率（%）	平均占有率（%）
1	温家宝在汶川映秀镇会见中外记者	中央电视台综合频道	15.6	38.0
2	新闻联播	中央电视台综合频道	13.4	36.1
3	新闻联播（5 月 13－17 日、19－21 日，21∶00）	中央电视台综合频道	11.7	27.6
4	午间新闻广场	厦门电视台海峡频道	8.8	21.6
5	真挚的关怀深入的指导	中央电视台综合频道	8.6	21.4
6	特区新闻广场	厦门电视台海峡频道	7.7	17.8
7	焦点访谈	中央电视台综合频道	7.4	19.0
8	十分关注	厦门电视台海峡频道	4.6	11.4
9	抗震救灾众志成城	中央电视台综合频道	4.0	13.3
10	神七问天直播特别节目	中央电视台综合频道	4.0	12.2

表 3.61.10　2008 年厦门市场专题节目收视率排名前十位

名次	节目名称	播出频道	平均收视率(%)	平均占有率(%)
1	奥运名人堂	中央台五套	13.2	33.0
2	拉萨 3.14 打砸抢烧暴力事件纪实	中央电视台综合频道	6.3	16.1
3	董倩面对面	中央电视台综合频道	5.6	18.6
4	CCTV2007 感动中国颁奖盛典	中央电视台综合频道	4.4	9.7
5	厦门中秋博饼习俗	厦门电视台生活频道	4.3	11.8
6	中秋月海峡情我们的节日大型闽南民俗文化活动	厦门卫视	4.0	9.5
7	奥运名人堂	中央电视台综合频道	3.7	11.2
8	奔腾的宁夏	中央电视台综合频道	3.1	7.3
9	纪录中国中国记者在 2008	中央电视台综合频道	2.8	7.2
10	新跨越大交通	厦门电视台综合频道	2.6	8.9

表 3.61.11　2008 年厦门市场综艺节目收视率排名前十位

名次	节目名称	播出频道	平均收视率(%)	平均占有率(%)
1	中国中央电视台 2008 春节联欢晚会	中央电视台综合频道	25.4	54.7
2	爱的奉献 2008 宣传文化系统抗震救灾大型募捐活动(5 月 18 日)	中央电视台综合频道	18.6	46.7
3	欢喜大围炉 2008 两岸闽南话春节晚会	厦门卫视	12.6	27.8
4	团圆灯火耀今宵	厦门卫视	8.0	17.1
5	中央电视台 2008 年元宵晚会	中央电视台综合频道	7.0	14.6
6	2008 厦门花车巡游	厦门卫视	6.7	18.0
7	2008 海峡新春焰火晚会	厦门卫视	5.5	15.4
8	荣成月中华情 2008 中央电视台中秋晚会	中央电视台综合频道	5.0	12.3
9	2008 文化部春节电视晚会	中央电视台综合频道	3.9	12.5
10	第二届夏商旅游杯闽南语原创歌曲歌手大赛	厦门卫视	3.8	10.2

表 3.61.12　2008 年厦门市场奥运会、残奥会比赛收视率排名前十位

名次	节目名称	播出频道	平均收视率（%）	平均占有率（%）
1	2008 年第 29 届奥运会乒乓球男子团体决赛	中央台五套	23.6	44.0
2	2008 年第 29 届奥运会女子排球 1/4 决赛（中国 VS 俄罗斯）	中央台五套	22.5	40.3
3	2008 年第 29 届奥运会乒乓球女子单打决赛	中央台五套	21.3	41.9
4	2008 年第 29 届奥运会女子排球半决赛（中国 VS 巴西）	中央台五套	20.5	38.1
5	2008 年第 29 届奥运会体操女子自由操决赛	中央台五套	20.4	37.6
6	2008 年第 29 届奥运会女子排球预赛（中国 VS 美国）	中央台五套	19.5	40.7
7	2008 年第 29 届奥运会乒乓球男子单打决赛	中央台五套	19.1	39.6
8	2008 年第 29 届奥运会体操单项男子鞍马决赛	中央台五套	18.5	35.8
9	2008 年第 29 届奥运会乒乓球女子单打铜牌赛	中央台五套	18.3	37.7
10	2008 年第 29 届奥运会网球女子单打第二轮	中央台五套	18.0	35.9

表 3.61.13　2008 年厦门市场体育节目收视率排名前十位（奥运会、残奥会比赛除外）

名次	节目名称	播出频道	平均收视率（%）	平均占有率（%）
1	第 29 届奥林匹克运动会开幕式	中央电视台综合频道	33.5	54.9
2	第 29 届奥林匹克运动会闭幕式	中央电视台综合频道	27.8	45.4
3	第 29 届奥林匹克运动会开幕式	中央台五套	22.6	37.1
4	第 29 届奥林匹克运动会闭幕式	中央台五套	17.6	28.8
5	北京 2008 年残奥会开幕式	中央电视台综合频道	15.4	38.5
6	奥运第 1 天	中央电视台综合频道	10.0	19.4
7	北京 2008 年残奥会闭幕式	中央电视台综合频道	9.6	23.3
8	北京 2008 年残奥会开幕式	中央台五套	6.4	15.9
9	中国奥运冠军榜	中央台五套	6.2	30.0
10	今日之星	中央台五套	5.4	30.5

第四部分

Part Four

附　录　Appendix

附　录

一、CSM 各调查网概况

表 4.1.1　2008 年全国收视调查网样本规模及推及人口

	固定样组规模（户）	推及户数（千户）	推及人口（千人）
全国	5120	401950	1236256
城域	3120	122425	354571
乡域	2000	279525	881685

表 4.1.2　2008 年全国收视调查网家庭规模结构（%）

	1 人户	2 人户	3 人户	4 人及以上户
全国	6.0	28.9	32.4	32.7
城域	5.2	25.8	35.3	33.7
乡域	6.3	30.3	31.1	32.3

表 4.1.3　2008 年全国收视调查网家庭收入结构（%）

	0－300 元	301－600 元	601－1200 元	1201－2000 元	2001 元及以上
全国	7.3	10.7	22.6	21.5	37.9
城域	9.2	13.2	26.4	22.5	28.8
乡域	3.0	5.1	14.0	19.2	58.7

表 4.1.4　2008 年全国收视调查网家庭购买决策者年龄结构（%）

	15－29 岁	30－49 岁	50 岁及以上
全国	7.0	50.3	42.7
城域	8.2	49.6	42.2
乡域	6.4	50.6	43.0

表 4.1.5　2008 年全国收视调查网性别与年龄结构（%）

	性别		年龄						
	男性	女性	4－14 岁	15－24 岁	25－34 岁	35－44 岁	45－54 岁	55－64 岁	65 岁及以上
全国	50.5	49.5	14.6	15.7	14.5	20.4	14.8	10.8	9.2
城域	51.4	48.6	11.6	17.4	18.4	19.5	14.5	9.3	9.3
乡域	50.1	49.9	15.8	14.9	12.9	20.8	15.0	11.4	9.2

表 4.1.6　2008 年各省级收视调查网样本规模及推及人口

省份	固定样组规模（户）	推及户数（千户）	推及人口（千人）
安徽省	600	18683	62481
福建省	450	9243	31777
甘肃省	600	6723	24331
广东省	750	20974	77531
广西壮族自治区	600	13049	46010
贵州省	600	9375	33761
海南省	600	2045	7621
河北省	600	19879	65776
黑龙江省	600	12571	36461
河南省	600	26712	94224
湖北省	800	17596	55982
湖南省	800	20030	63355
内蒙古自治区	600	7469	22700
江苏省	800	23204	68996
江西省	600	12023	41053
吉林	600	8557	25857
辽宁省	450	13973	40364
宁夏回族自治区	600	1684	5508
陕西省	600	10613	35459
山东省	600	27783	87887
山西省	600	10276	31226
四川省	800	26460	81698
云南省	600	10908	38426
浙江省	800	14550	43785

表 4.1.7　2008 年各省级收视调查网家庭规模结构（%）

省份	1 人户	2 人户	3 人户	4 人及以上户
安徽省	5.0	22.7	31.1	41.2
福建省	6.4	21.4	29.4	42.8
甘肃省	2.9	22.6	28.1	46.4
广东省	5.6	24.5	21.2	48.7
广西壮族自治区	5.2	19.9	26.0	48.9
贵州省	4.0	18.9	23.3	53.8
海南省	3.6	20.3	21.6	54.5
河北省	3.9	23.6	32.6	39.9
黑龙江省	3.7	27.2	46.7	22.4
河南省	4.7	18.7	29.5	47.1
湖北省	5.8	26.8	36.0	31.4
湖南省	4.7	26.8	34.9	33.6
内蒙古自治区	2.4	26.4	43.3	27.9
江苏省	7.9	29.8	35.6	26.7
江西省	3.4	25.2	32.0	39.4
吉林省	3.7	24.6	47.3	24.4
辽宁省	4.3	28.7	45.5	21.5

续表

省份	1人户	2人户	3人户	4人及以上户
宁夏回族自治区	3.7	23.0	31.0	42.3
陕西省	4.4	25.5	30.5	39.6
山东省	4.1	25.0	38.6	32.3
山西省	5.0	24.0	31.9	39.1
四川省	5.7	27.3	35.7	31.3
云南省	3.5	18.3	26.7	51.5
浙江省	7.6	28.3	34.8	29.3

表 4.1.8　2008 年各省级收视调查网家庭收入结构（%）

省份	0－300元	301－600元	601－900元	901－2000元	2001元及以上
安徽省	15.2	11.1	22.2	22.2	29.3
福建省	5.2	6.3	22.9	19.8	45.8
甘肃省	13.1	23.2	32.3	14.1	17.2
广东省	3.0	8.9	19.8	19.8	48.5
广西壮族自治区	10.1	14.1	25.3	23.2	27.3
贵州省	16.0	22.0	21.0	17.0	24.0
海南省	7.1	14.3	28.6	21.4	28.6
河北省	6.1	8.2	20.4	23.5	41.8
黑龙江省	3.0	7.1	28.3	25.3	36.4
河南省	21.4	21.4	23.5	17.3	16.3
湖北省	7.1	15.3	30.6	21.4	25.5
湖南省	7.1	16.3	28.6	22.4	25.5
内蒙古自治区	5.9	6.9	28.4	23.5	35.3
江苏省	7.1	7.1	16.2	20.2	49.5
江西省	7.0	17.0	27.0	20.0	29.0
吉林省	4.1	12.4	33.0	20.6	29.9
辽宁省	3.1	9.2	28.6	21.4	37.8
宁夏回族自治区	19.4	11.2	19.4	16.3	33.7
陕西省	11.0	15.0	30.0	18.0	26.0
山东省	6.1	7.1	20.4	23.5	42.9
山西省	11.9	14.9	21.8	19.8	31.7
四川省	10.2	23.5	32.7	16.3	17.3
云南省	16.2	12.1	29.3	19.2	23.2
浙江省	7.1	8.2	13.3	17.3	54.1

表 4.1.9　2008 年各省级收视调查网家庭购买决策者年龄结构（%）

省份	15－29岁	30－49岁	50岁及以上
安徽省	10.1	43.0	46.9
福建省	9.6	49.8	40.6
甘肃省	8.3	61.7	30.0
广东省	10.6	48.4	41.0
广西壮族自治区	7.7	54.8	37.5
贵州省	8.7	53.3	38.0
海南省	8.9	55.7	35.4

续表

省份	15－29岁	30－49岁	50岁及以上
河北省	16.5	50.2	33.3
黑龙江省	10.1	52.9	37.0
河南省	7.5	51.9	40.6
湖北省	3.4	51.7	44.9
湖南省	10.3	50.1	39.6
内蒙古自治区	9.8	59.7	30.5
江苏省	5.5	47.4	47.1
江西省	3.3	52.2	44.5
吉林省	5.8	54.9	39.3
辽宁省	7.2	54.3	38.5
宁夏回族自治区	10.9	63.0	26.1
陕西省	6.4	50.3	43.3
山东省	5.9	52.5	41.6
山西省	10.4	56.2	33.4
四川省	3.9	48.3	47.8
云南省	9.7	55.5	34.8
浙江省	4.7	47.2	48.1

表4.1.10　2008年各省级收视调查网性别与年龄结构(%)

省份	性别		年龄						
	男性	女性	4－14岁	15－24岁	25－34岁	35－44岁	45－54岁	55－64岁	65岁及以上
安徽省	51.2	48.8	11.4	15	17.8	23.5	13.2	9.5	9.6
福建省	51.7	48.3	19.3	20.5	15.7	18	10.3	8.3	7.9
甘肃省	50.7	49.3	9.8	16.3	17.4	22.1	16.5	10	7.9
广东省	51.5	48.5	11.2	14.9	20.9	22	15	8.1	7.9
广西壮族自治区	50.9	49.1	11.6	15.1	18.4	23	15.5	8.5	7.9
贵州省	51	49	9.9	13.9	18.8	21.2	16.5	10.2	9.5
海南省	51.1	48.9	11.5	15.2	15.2	21.3	16.7	11.3	8.8
河北省	52	48	10.2	15.8	24.9	20.5	13.2	7.9	7.5
黑龙江省	49.8	50.2	9.4	12.5	19.7	20.5	17.2	10.4	10.3
河南省	51.2	48.8	12.8	14.8	18	24	12.3	10.1	8
湖北省	50.3	49.7	12.2	22.7	15.9	20.3	11.7	9.1	8.1
湖南省	51.1	48.9	11.3	15.5	14.6	22	13.8	12.1	10.7
内蒙古自治区	50.2	49.8	9.6	12.3	16.9	18.9	19.8	12.8	9.7
江苏省	51.7	48.3	9.4	11.5	32	24.6	11	6.1	5.4
江西省	51.2	48.8	11.1	17.1	19.6	19.9	14.6	9.3	8.4
吉林省	53.3	46.7	12.8	20.2	20.6	18.9	11.5	8.5	7.5
辽宁省	52	48	8.6	12.6	22.3	23.5	13.7	9.5	9.8
宁夏回族自治区	52.8	47.2	16.8	21.2	17.9	18.8	11	6.7	7.6
陕西省	51.8	48.2	11.7	22	15.7	20.6	13.3	9.2	7.5
山东省	52.1	47.9	12.2	20.6	15.6	21.2	12.2	9.3	8.9
山西省	51.9	48.1	16.4	20.2	18.3	18.3	12	7.8	7
四川省	49.7	50.3	10.4	13.9	18.1	22.3	14	10.6	10.7
云南省	51.2	48.8	12	12.7	18.8	24.7	12.8	8.8	10.2
浙江省	50.2	49.8	13.6	16	15.7	21	15.5	9.3	8.9

表 4.1.11　2008 年各城市（县）收视调查网样本规模及推及人口

城市（县）	固定样组规模（户）	推及户数（千户）	推及人口（千人）
安庆	100	231	701
安阳	100	268	812
宝鸡	100	247	747
包头	100	361	1094
北海	100	81	244
北京	500	3991	10587
蚌埠	100	219	715
亳州	100	405	1384
长春	300	941	2961
常德	100	458	1350
长沙	300	616	2028
常熟	100	331	1004
常州	200	274	811
潮州	100	152	438
成都	300	1025	2898
重庆	400	4971	14146
滁州	100	88	236
大理	100	167	545
大连	300	1033	2764
丹东	100	214	566
大同	100	345	1010
达县	100	347	1118
德阳	100	206	608
德州	100	184	564
东莞	100	728	2282
佛山	200	919	3040
抚顺	100	515	1343
阜阳	100	499	1744
福州	300	552	1730
赣州	100	153	548
广州	300	1376	4226
桂林	100	193	630
贵阳	300	392	1319
海口	300	241	765
杭州	300	1227	5190
汉中	100	174	514
哈尔滨	300	1120	3193
合肥	300	573	1875
衡阳	100	312	914
河源	100	105	292
菏泽	100	381	1299

续表

城市(县)	固定样组规模(户)	推及户数(千户)	推及人口(千人)
呼和浩特	300	364	1043
淮安	100	216	639
惠州	100	214	723
湖州	100	185	570
江门	100	191	586
江阴	100	360	1108
焦作	100	211	766
嘉兴	200	156	452
揭阳	100	161	649
吉林	100	603	1769
济南	300	1050	3343
晋城	100	114	304
济宁	100	242	667
荆门	100	373	1086
荆州	100	223	586
金华	100	132	393
锦州	100	315	835
九江	100	184	560
开封	100	262	786
昆明	300	1003	2796
昆山	100	224	625
兰州	300	621	1910
乐山	100	184	535
连云港	100	150	478
临汾	100	336	753
临沂	100	383	1233
丽水	100	138	361
柳州	100	286	909
洛阳	100	373	1121
泸州	100	428	1359
茂名	100	214	747
眉山	100	264	787
梅州	100	98	302
绵阳	100	216	602
牡丹江	100	280	778
南昌	300	578	2065
南充	100	203	611
南京	300	2022	6027
南宁	300	567	1865
南通	100	292	822
南阳	100	540	1666

续表

城市（县）	固定样组规模（户）	推及户数（千户）	推及人口（千人）
宁波	200	388	973
平顶山	100	263	906
莆田	100	478	1953
青岛	300	568	1575
清远	100	163	537
秦皇岛	100	268	747
泉州	100	120	437
曲阜	100	184	613
衢州	100	148	394
三亚	100	105	421
上海	500	4587	12211
汕头	100	362	1335
汕尾	100	101	440
韶关	100	192	567
绍兴	100	227	624
沈阳	300	1447	4115
深圳	300	3114	8110
石家庄	300	562	2110
十堰	100	179	486
遂宁	100	212	637
宿迁	100	228	815
苏州	200	777	2250
太原	300	617	2313
泰州	100	224	622
台州	100	478	1437
唐山	100	511	1539
天津	400	2729	7585
乌鲁木齐	300	661	2020
潍坊	100	320	803
威海	100	183	576
渭南	100	275	886
温州	200	213	646
武汉	300	1352	4371
芜湖	100	243	702
无锡	200	528	1487
梧州	100	106	337
厦门	300	322	976
西安	300	850	2916
襄樊	100	358	1132
湘潭	100	223	696
咸阳	100	246	837

续表

城市（县）	固定样组规模（户）	推及户数（千户）	推及人口（千人）
西宁	100	243	764
徐州	100	435	1316
延安	100	74	232
雅安	100	150	397
盐城	100	271	780
阳江	100	185	610
扬州	100	206	565
烟台	100	439	1234
宜宾	100	231	733
宜昌	100	239	678
宜春	100	269	946
银川	100	269	780
营口	100	282	700
宜兴	100	365	990
益阳	100	374	1213
永济	100	122	417
岳阳	100	439	1049
玉林	100	248	851
云浮	100	74	258
张家港	100	338	823
漳州	100	122	394
湛江	100	178	565
肇庆	100	149	475
郑州	300	983	2923
镇江	100	239	635
中山	100	190	624
舟山	100	242	658
珠海	100	231	774
株州	100	244	751
淄博	100	887	2615
自贡	100	288	983
自贡（城区）	100	328	1018
遵义	100	153	467

表 4.1.12 2008 年各城市（县）收视调查网家庭规模结构（%）

城市（县）	1 人户	2 人户	3 人户	4 人及以上户
安庆	6.0	24.9	42.2	26.9
安阳	3.8	22.9	41.4	31.9
宝鸡	6.2	29.9	37.0	26.9
包头	5.0	27.6	44.7	22.7
北海	9.5	30.8	34.7	25.0
北京	9.4	33.6	40.3	16.7
蚌埠	5.8	25.6	38.0	30.6
亳州	4.3	20.7	31.5	43.5
长春	4.7	23.5	42.2	29.6
常德	6.2	28.9	38.8	26.1
长沙	7.7	26.6	33.5	32.2
常熟	5.4	29.4	36.3	28.9
常州	5.7	28.5	37.7	28.1
潮州	6.7	24.7	30.2	38.4
成都	10.9	30.7	33.9	24.5
重庆	7.7	30.7	40.0	21.6
滁州	5.3	28.8	44.5	21.4
大理	3.6	22.1	31.2	43.1
大连	6.5	33.7	46.3	13.5
丹东	4.7	30.1	56.2	9.0
大同	5.7	26.4	45.7	22.2
达县	4.4	28.0	32.9	34.7
德阳	6.0	29.4	38.5	26.1
德州	2.7	29.0	35.1	33.2
东莞	9.3	30.8	21.9	38.0
佛山	7.7	28.8	28.6	34.9
抚顺	6.2	32.7	54.2	6.9
阜阳	4.1	21.3	30.6	44.0
福州	7.1	26.3	35.3	31.3
赣州	2.8	21.6	32.6	43.0
广州	9.7	30.1	29.5	30.7
桂林	7.2	26.8	32.6	33.4
贵阳	6.8	24.3	31.9	37.0
海口	5.5	27.9	29.5	37.1
杭州	4.9	27.4	33.0	34.7
汉中	5.0	29.4	38.0	27.6
哈尔滨	6.0	28.8	46.3	18.9
合肥	6.8	25.3	36.6	31.3
衡阳	7.2	29.4	38.7	24.7
河源	8.8	30.4	47.8	13.0
菏泽	3.2	23.0	34.9	38.9
呼和浩特	4.2	31.4	39.9	24.5

续表

城市（县）	1人户	2人户	3人户	4人及以上户
淮安	4.2	26.0	50.3	19.5
惠州	5.5	28.1	26.3	40.1
湖州	6.8	27.0	37.5	28.7
江门	6.6	26.4	36.9	30.1
江阴	5.0	25.1	35.1	34.8
焦作	2.3	17.7	34.8	45.2
嘉兴	6.8	30.3	36.8	26.1
揭阳	3.9	17.8	16.9	61.4
吉林	3.7	25.0	46.6	24.7
济南	4.5	25.5	40.8	29.2
晋城	4.9	32.9	47.7	14.5
济宁	3.4	34.5	47.5	14.6
荆门	5.8	29.4	43.5	21.3
荆州	7.6	36.3	38.6	17.5
金华	4.0	28.6	42.3	25.1
锦州	6.1	34.2	48.8	10.9
九江	7.5	26.2	38.6	27.7
开封	4.1	27.2	43.2	25.5
昆明	7.9	32.7	33.0	26.4
昆山	3.9	39.1	37.1	19.9
兰州	6.4	27.6	37.3	28.7
乐山	7.6	27.3	39.2	25.9
连云港	5.7	25.5	41.9	26.9
临汾	4.3	31.5	42.1	22.1
临沂	4.6	21.2	36.6	37.6
丽水	9.4	41.2	32.9	16.5
柳州	7.4	25.4	37.0	30.2
洛阳（新）	5.0	26.4	42.0	26.6
泸州	10.2	26.8	33.6	29.4
茂名	3.9	25.0	31.1	40.0
眉山	6.8	24.9	43.5	24.8
梅州	4.4	29.3	35.4	30.9
绵阳	8.0	33.5	36.7	21.8
牡丹江	4.3	32.4	47.9	15.4
南昌	3.9	18.9	33.7	43.5
南充	5.0	31.7	23.6	39.7
南京	7.5	30.0	38.3	24.2
南宁	6.4	24.1	23.5	46.0
南通	6.9	30.5	43.9	18.7
南阳	6.0	30.6	40.1	23.3
宁波	11.1	34.6	42.6	11.7
平顶山	3.3	24.6	38.0	34.1

续表

城市（县）	1人户	2人户	3人户	4人及以上户
莆田	7.5	20.9	27.5	44.1
青岛	6.8	28.2	43.6	21.4
清远	6.7	25.1	29.9	38.3
秦皇岛	4.3	32.5	43.3	19.9
泉州（新）	6.2	25.7	26.7	41.4
曲阜	5.9	15.7	39.6	38.8
衢州	7.6	34.9	43.5	14.0
三亚	5.8	17.5	25.6	51.1
上海	9.8	31.3	41.1	17.8
汕头	4.3	17.4	28.0	50.3
汕尾	2.7	15.2	16.8	65.3
韶关	9.0	30.1	37.1	23.8
绍兴	8.7	28.1	43.9	19.3
沈阳	6.5	28.7	45.4	19.4
深圳	14.2	42.0	23.9	19.9
石家庄	5.5	28.9	40.2	25.4
十堰	6.3	33.6	44.7	15.4
遂宁	7.1	31.1	32.2	29.6
宿迁	3.9	17.5	32.2	46.4
苏州	4.2	31.6	36.1	28.1
太原	3.8	22.1	36.5	37.6
泰州	6.5	29.4	48.4	15.7
台州	5.5	29.6	34.3	30.6
唐山	3.7	26.4	41.9	28.0
天津	4.8	29.5	51.2	14.5
乌鲁木齐	8.2	30.3	37.7	23.8
潍坊	3.2	23.8	42.1	30.9
威海	4.1	29.3	38.5	28.1
渭南	6.9	24.1	34.1	34.9
温州	8.4	28.9	34.8	27.9
武汉	6.4	24.6	37.6	31.4
芜湖	7.6	27.1	42.4	22.9
无锡	6.0	33.8	39.7	20.5
梧州	7.3	22.6	37.7	32.4
厦门	10.8	26.1	25.3	37.8
西安	5.8	27.0	31.2	36.0
襄樊	4.2	27.9	40.3	27.6
湘潭	5.9	27.0	37.5	29.6
咸阳	4.3	23.9	31.9	39.9
西宁	6.7	26.4	36.2	30.7
徐州	5.5	24.3	42.3	27.9
延安	4.8	23.3	42.1	29.8

续表

城市（县）	1人户	2人户	3人户	4人及以上户
雅安	6.3	38.7	44.3	10.7
盐城	5.6	27.5	46.0	20.9
阳江	6.7	26.3	29.3	37.7
扬州	6.1	32.6	45.8	15.5
烟台	4.7	31.5	42.6	21.2
宜宾	6.3	27.0	31.4	35.3
宜昌	7.4	28.5	43.4	20.7
宜春	3.6	25.2	29.1	42.1
银川	9.1	26.2	37.6	27.1
营口	4.8	35.7	57.3	2.2
宜兴	6.8	34.1	41.5	17.6
益阳	5.9	23.4	36.4	34.3
永济	3.0	23.5	31.1	42.4
岳阳	6.3	42.7	50.5	0.5
玉林	5.1	23.9	27.8	43.2
云浮	4.9	24.4	27.3	43.4
张家港	4.9	34.3	42.1	18.7
漳州	3.2	24.3	36.8	35.7
湛江	7.8	25.9	35.0	31.3
肇庆	7.2	25.5	32.7	34.6
郑州	5.3	24.0	39.0	31.7
镇江	6.5	32.6	48.6	12.3
中山	7.2	25.7	27.9	39.2
舟山	11.3	31.1	38.0	19.6
珠海	10.1	30.0	25.0	34.9
株州	6.3	29.1	36.3	28.3
淄博	3.8	29.9	41.6	24.7
自贡	7.0	30.1	39.0	23.9
自贡（城区）	7.3	25.9	40.8	26.0
遵义	5.4	28.3	36.0	30.3

表 4.1.13 2008 年各城市（县）收视调查网家庭收入结构（%）

城市（县）	0－600 元	601－1200 元	1201－1700 元	1701－2600 元	2601 元及以上
安庆	11.2	17.3	18.4	28.6	24.5
安阳	6.4	19.1	23.4	27.7	23.4
宝鸡	4.1	15.3	19.4	34.7	26.5
包头	5.1	10.2	10.2	27.6	46.9
北海	10.7	18.4	12.6	21.4	36.9
北京	1.0	5.0	8.0	14.0	72.0
蚌埠	4.1	19.4	23.5	30.6	22.4
亳州	37.2	34.0	11.7	10.6	6.4
长春	3.0	10.9	9.9	24.8	51.5
常德	13.3	21.4	15.3	25.5	24.5
长沙	3.0	10.9	9.9	22.8	53.5
常熟	5.9	6.9	8.9	24.8	53.5
常州	1.0	4.2	8.3	24.0	62.5
潮州	6.0	14.0	17.0	27.0	36.0
成都	1.0	6.2	12.4	25.8	54.6
重庆	21.0	27.0	13.0	17.0	22.0
滁州	6.2	13.4	13.4	29.9	37.1
大理	28.6	30.6	18.4	17.3	5.1
大连	4.0	11.1	10.1	28.3	46.5
丹东	3.2	12.6	14.7	33.7	35.8
大同	7.1	22.4	20.4	30.6	19.4
达县	41.0	40.0	13.0	4.0	2.0
德阳	26.0	22.0	15.0	20.0	17.0
德州	4.0	10.9	15.8	29.7	39.6
东莞	4.2	8.4	9.5	21.1	56.8
佛山	3.7	8.6	9.9	23.5	54.3
抚顺	5.1	22.4	15.3	29.6	27.6
阜阳	37.4	23.2	15.2	12.1	12.1
福州	3.1	7.2	9.3	21.6	58.8
赣州	10.9	18.8	12.9	25.7	31.7
广州	0.0	4.0	6.9	19.8	69.3
桂林	4.0	17.0	13.0	27.0	39.0
贵阳	6.4	12.8	10.6	25.5	44.7
海口	10.1	14.1	12.1	21.2	42.4
杭州	2.1	4.2	6.3	13.7	73.7
汉中	19.2	26.3	18.2	22.2	14.1
哈尔滨	5.0	12.9	12.9	26.7	42.6
合肥	3.0	7.1	9.1	25.3	55.6
衡阳	8.2	21.6	14.4	27.8	27.8
河源	3.0	8.0	13.0	29.0	47.0
菏泽	15.2	33.3	23.2	19.2	9.1

续表

城市（县）	0-600元	601-1200元	1201-1700元	1701-2600元	2601元及以上
呼和浩特	7.0	17.0	13.0	21.0	42.0
淮安	2.0	8.0	12.0	27.0	51.0
惠州	8.2	12.2	8.2	21.4	50.0
湖州	10.1	10.1	7.1	23.2	49.5
江门	3.2	9.5	12.6	26.3	48.4
江阴	6.9	8.9	8.9	26.7	48.5
焦作	9.3	24.7	25.8	27.8	12.4
嘉兴	3.1	5.1	7.1	23.5	61.2
揭阳	5.0	14.0	17.0	33.0	31.0
吉林	11.3	21.6	17.5	22.7	26.8
济南	6.1	10.1	15.2	28.3	40.4
晋城	7.0	10.0	16.0	27.0	40.0
济宁	8.9	21.8	16.8	28.7	23.8
荆门	6.1	20.4	15.3	31.6	26.5
荆州	12.8	18.1	10.6	25.5	33.0
金华	3.2	14.7	12.6	28.4	41.1
锦州	5.0	18.0	19.0	32.0	26.0
九江	9.0	28.0	21.0	21.0	21.0
开封	16.0	26.0	20.0	20.0	18.0
昆明	5.0	15.8	12.9	21.8	44.6
昆山	3.0	13.0	11.0	24.0	49.0
兰州	8.3	17.7	14.6	26.0	33.3
乐山	28.3	24.2	16.2	19.2	12.1
连云港	9.1	12.1	11.1	23.2	44.4
临汾	16.0	21.0	12.0	22.0	29.0
临沂	10.8	9.8	14.7	26.5	38.2
丽水	18.4	17.3	11.2	14.3	38.8
柳州	14.7	22.1	21.1	22.1	20.0
洛阳	10.4	25.0	16.7	31.3	16.7
泸州	35.7	27.6	20.4	12.2	4.1
茂名	16.1	15.1	14.0	21.5	33.3
眉山	23.0	20.0	15.0	22.0	20.0
梅州	4.0	18.0	16.0	31.0	31.0
绵阳	11.1	17.2	15.2	31.3	25.3
牡丹江	5.9	15.8	16.8	32.7	28.7
南昌	3.0	9.0	10.0	27.0	51.0
南充	22.7	20.6	11.3	22.7	22.7
南京	7.9	8.9	8.9	17.8	56.4
南宁	18.2	22.2	12.1	16.2	31.3
南通	3.1	5.2	8.2	28.9	54.6
南阳	34.3	26.3	11.1	15.2	13.1

续表

城市（县）	0－600 元	601－1200 元	1201－1700 元	1701－2600 元	2601 元及以上
宁波	2.9	5.9	7.8	15.7	67.6
平顶山	11.5	17.7	13.5	32.3	25.0
莆田	6.1	16.2	14.1	27.3	36.4
青岛	3.4	7.9	9.0	23.6	56.2
清远	8.8	20.6	9.8	30.4	30.4
秦皇岛	4.0	12.1	12.1	29.3	42.4
泉州	6.3	7.3	12.5	20.8	53.1
曲阜	17.2	29.3	23.2	19.2	11.1
衢州	4.0	12.9	8.9	24.8	49.5
三亚	10.9	28.7	18.8	16.8	24.8
上海	1.0	1.0	5.0	9.9	83.2
汕头	4.1	11.3	14.4	24.7	45.4
汕尾	7.1	18.4	23.5	26.5	24.5
韶关	12.1	15.2	18.2	20.2	34.3
绍兴	5.1	5.1	8.2	23.5	58.2
沈阳	2.0	11.9	12.9	34.7	38.6
深圳	0.0	1.2	4.8	12.0	81.9
石家庄	3.3	13.0	14.1	30.4	39.1
十堰	4.3	14.9	12.8	30.9	37.2
遂宁	27.3	23.2	20.2	20.2	9.1
宿迁	18.8	22.8	17.8	22.8	17.8
苏州	0.0	1.0	3.0	13.1	82.8
太原	4.2	12.6	13.7	27.4	42.1
泰州	8.8	13.7	10.8	28.4	38.2
台州	7.2	12.4	10.3	21.6	48.5
唐山	6.3	13.7	11.6	24.2	44.2
天津	5.8	11.5	9.6	26.9	46.2
乌鲁木齐	3.0	10.9	7.9	24.8	53.5
潍坊	8.2	13.3	13.3	31.6	33.7
威海	18.0	18.0	11.0	23.0	30.0
渭南	32.0	38.1	11.3	13.4	5.2
温州	0.0	2.3	5.7	13.6	78.4
武汉	2.1	10.4	7.3	26.0	54.2
芜湖	4.1	12.2	16.3	27.6	39.8
无锡	1.0	4.0	8.1	17.2	69.7
梧州	18.4	26.5	25.5	20.4	9.2
厦门	3.0	6.1	9.1	14.1	67.7
西安	3.1	9.4	13.5	32.3	41.7
襄樊	9.1	22.2	22.2	28.3	18.2
湘潭	2.0	14.3	12.2	30.6	40.8
咸阳	14.0	27.0	16.0	25.0	18.0

续表

城市（县）	0－600元	601－1200元	1201－1700元	1701－2600元	2601元及以上
西宁	2.0	10.0	10.0	27.0	51.0
徐州	5.0	8.0	15.0	32.0	40.0
延安	31.0	43.0	14.0	8.0	4.0
雅安	21.2	19.2	10.1	21.2	28.3
盐城	9.2	14.3	14.3	30.6	31.6
阳江	12.4	18.6	15.5	23.7	29.9
扬州	2.2	7.5	10.8	32.3	47.3
烟台	13.4	17.5	15.5	24.7	28.9
宜宾	21.0	17.0	17.0	23.0	22.0
宜昌	10.1	21.2	21.2	27.3	20.2
宜春	36.6	26.7	16.8	11.9	7.9
银川	6.1	14.1	9.1	25.3	45.5
营口	9.6	14.9	16.0	24.5	35.1
宜兴	12.2	11.2	12.2	25.5	38.8
益阳	16.0	26.0	15.0	23.0	20.0
永济	10.8	23.5	18.6	29.4	17.6
岳阳	11.9	16.8	17.8	24.8	28.7
玉林	33.7	24.5	11.2	19.4	11.2
云浮	12.1	21.2	22.2	19.2	25.3
张家港	10.1	12.1	13.1	23.2	41.4
漳州	8.1	15.2	18.2	28.3	30.3
湛江	4.1	15.3	16.3	25.5	38.8
肇庆	7.1	13.1	11.1	24.2	44.4
郑州	4.0	9.1	10.1	22.2	54.5
镇江	4.3	9.6	10.6	28.7	46.8
中山	1.0	6.9	7.8	25.5	58.8
舟山	10.0	5.0	6.0	15.0	64.0
珠海	0.0	1.0	6.0	16.0	77.0
株州	6.2	16.5	14.4	26.8	36.1
淄博	11.5	17.7	14.6	30.2	26.0
自贡	55.7	32.0	9.3	3.1	0.0
自贡（城区）	42.3	22.7	13.4	15.5	6.2
遵义	12.2	18.4	15.3	27.6	26.5

表 4.1.14　2008 年各城市（县）收视调查网家庭购买决策者年龄结构（%）

城市（县）	15－29 岁	30－49 岁	50 岁及以上
安庆	6.4	48.1	45.5
安阳	4.1	53.1	42.8
宝鸡	7.8	52.6	39.6
包头	4.5	56.3	39.2
北海	9.6	55.4	35.0
北京	12.3	39.7	48.0
蚌埠	8.1	47.3	44.6
亳州	11.5	47.9	40.6
长春	9.3	46.7	44.0
常德	7.1	53.8	39.1
长沙	12.7	44.2	43.1
常熟	6.3	43.2	50.5
常州	8.3	39.0	52.7
潮州	7.6	46.6	45.8
成都	15.0	45.2	39.8
重庆	5.1	50.5	44.4
滁州	7.7	53.5	38.8
大理	7.6	52.1	40.3
大连	7.3	40.8	51.9
丹东	3.6	45.8	50.6
大同	10.6	60.2	29.2
达县	0.6	39.4	60.0
德阳	6.0	56.7	37.3
德州	7.7	52.9	39.4
东莞	16.3	50.7	33.0
佛山	11.3	48.1	40.6
抚顺	6.9	48.5	44.6
阜阳	6.2	40.3	53.5
福州	7.9	41.3	50.8
赣州	6.4	48.1	45.5
广州	19.4	52.2	28.4
桂林	11.2	41.7	47.1
贵阳	7.6	44.8	47.6
海口	9.5	48.8	41.7
杭州	4.0	42.8	53.2
汉中	5.2	48.7	46.1
哈尔滨	11.8	45.0	43.2
合肥	15.5	50.0	34.5
衡阳	6.3	43.2	50.5
河源	5.0	54.9	40.1
菏泽	5.2	54.0	40.8

续表

城市（县）	15－29岁	30－49岁	50岁及以上
呼和浩特	7.4	52.3	40.3
淮安	5.8	54.8	39.4
惠州	14.4	45.8	39.8
湖州	5.0	44.7	50.3
江门	13.7	49.6	36.7
江阴	11.4	48.0	40.6
焦作	7.9	51.6	40.5
嘉兴	8.4	37.9	53.7
揭阳	7.6	60.1	32.3
吉林	4.9	46.9	48.2
济南	10.3	47.4	42.3
晋城	7.1	60.9	32.0
济宁	6.5	60.4	33.1
荆门	8.6	47.5	43.9
荆州	4.9	49.2	45.9
金华	11.8	53.0	35.2
锦州	9.2	49.5	41.3
九江	6.1	50.1	43.8
开封	3.7	52.4	43.9
昆明	8.3	42.0	49.7
昆山	11.0	43.9	45.1
兰州	6.2	43.4	50.4
乐山	8.9	51.6	39.5
连云港	7.9	49.2	42.9
临汾	7.4	60.1	32.5
临沂	10.1	54.3	35.6
丽水	9.5	45.0	45.5
柳州	9.5	45.0	45.5
洛阳	6.3	47.6	46.1
泸州	3.1	40.6	56.3
茂名	6.8	53.6	39.6
眉山	7.6	46.4	46.0
梅州	4.6	43.8	51.6
绵阳	4.9	47.8	47.3
牡丹江	8.5	51.0	40.5
南昌	4.7	42.8	52.5
南充	5.5	39.7	54.8
南京	7.6	39.0	53.4
南宁	10.6	52.6	36.8
南通	3.6	46.3	50.1
南阳	5.5	47.3	47.2

续表

城市（县）	15－29 岁	30－49 岁	50 岁及以上
宁波	7.2	41.9	50.9
平顶山	15.0	51.7	33.3
莆田	7.2	48.0	44.8
青岛	7.9	42.4	49.7
清远	6.2	50.9	42.9
秦皇岛	7.5	43.8	48.7
泉州	9.9	50.5	39.6
曲阜	8.6	54.1	37.3
衢州	7.3	51.1	41.6
三亚	13.6	54.9	31.5
上海	8.9	31.9	59.2
汕头	9.2	51.4	39.4
汕尾	8.8	59.2	32.0
韶关	7.0	51.3	41.7
绍兴	5.9	48.5	45.6
沈阳	8.7	41.5	49.8
深圳	35.0	51.9	13.1
石家庄	12.3	47.5	40.2
十堰	8.9	56.0	35.1
遂宁	6.5	52.0	41.5
宿迁	5.4	49.0	45.6
苏州	11.5	46.5	42.0
太原	7.0	49.0	44.0
泰州	5.9	51.1	43.0
台州	6.2	51.2	42.6
唐山	5.8	39.6	54.6
天津	6.0	45.1	48.9
乌鲁木齐	8.8	53.0	38.2
潍坊	11.3	52.4	36.3
威海	5.1	47.6	47.3
渭南	3.0	55.7	41.3
温州	8.7	45.5	45.8
武汉	6.8	42.9	50.3
芜湖	7.4	51.1	41.5
无锡	7.5	41.4	51.1
梧州	6.8	45.5	47.7
厦门	8.6	44.4	47.0
西安	9.0	41.3	49.7
襄樊	8.9	50.3	40.8
湘潭	6.7	50.3	43.0
咸阳	6.4	46.7	46.9

续表

城市（县）	15-29岁	30-49岁	50岁及以上
西宁	6.5	44.5	49.0
徐州	11.2	51.6	37.2
延安	5.8	56.8	37.4
雅安	12.8	52.4	34.8
盐城	4.2	58.2	37.6
阳江	11.4	47.1	41.5
扬州	6.5	48.2	45.3
烟台	6.0	46.9	47.1
宜宾	6.0	48.7	45.3
宜昌	6.4	46.3	47.3
宜春	3.6	47.8	48.6
银川	8.8	54.9	36.3
营口	7.5	50.6	41.9
宜兴	6.4	48.0	45.6
益阳	7.0	50.7	42.3
永济	7.0	49.1	43.9
岳阳	4.1	53.0	42.9
玉林	6.6	44.1	49.3
云浮	5.0	49.5	45.5
张家港	7.2	50.7	42.1
漳州	5.7	47.3	47.0
湛江	7.2	46.9	45.9
肇庆	7.0	44.7	48.3
郑州	7.0	48.6	44.4
镇江	5.6	47.4	47.0
中山	14.4	54.3	31.3
舟山	9.4	48.7	41.9
珠海	22.0	51.2	26.8
株州	8.4	48.1	43.5
淄博	5.9	49.8	44.3
自贡	4.0	31.2	64.8
自贡（城区）	2.9	40.3	56.8
遵义	6.3	48.6	45.1

表 4.1.15 2008 年各城市（县）收视调查网性别与年龄结构（%）

城市（县）	性别		年龄						
	男性	女性	4－14 岁	15－24 岁	25－34 岁	35－44 岁	45－54 岁	55－64 岁	65 岁及以上
安庆	51.1	48.9	10.9	13.1	17.1	24.6	15.3	9.2	9.8
安阳	51.3	48.7	10.7	14.3	18.5	22.5	16.3	9.6	8.1
宝鸡	51.8	48.2	13.2	20.8	16.7	22.9	9.1	9.3	8
包头	50.8	49.2	8.5	13.8	19.8	21.6	17.4	10.1	8.8
北海	50.6	49.4	10.1	16.5	14.7	23.7	13.9	11.2	9.9
北京	51.4	48.6	8.2	14.4	23.6	21.3	14.3	9.6	8.6
蚌埠	49.4	50.6	13.3	16	13.6	19.9	17	10.7	9.5
亳州	51.4	48.6	11.2	13.3	15.9	23.8	13.8	11.5	10.5
长春	51.3	48.7	12.4	14	14.8	24	12.7	11.4	10.7
常德	51.8	48.2	8.5	11.7	18.5	22.8	16.4	11.8	10.3
长沙	50.4	49.6	7.9	12.6	19.1	21	18.4	10.5	10.5
常熟	50.3	49.7	11.4	14.6	20.2	22.5	13.8	9.8	7.7
常州	51.2	48.8	17.6	13.9	20.4	24.9	10.6	6.9	5.7
潮州	51.1	48.9	11.4	13.9	20.3	24.3	13.8	8.4	7.9
成都	50.2	49.8	12.9	11.8	16.5	24.9	14.9	10.1	8.9
重庆	51.2	48.8	12.2	21.3	18.1	20.4	12.4	8	7.6
滁州	51.8	48.2	9.2	13.6	25.7	22.9	13.2	8	7.4
大理	51.8	48.2	9.1	13.6	25.8	22.9	13.2	8	7.4
大连	50.8	49.2	8.7	13.3	24.4	21.5	14.6	9.2	8.3
丹东	50.1	49.9	7.4	12.3	14.4	22.2	21.5	10.5	11.7
大同	50.8	49.2	8.7	13.3	24.4	21.5	14.6	9.2	8.3
达县	51.6	48.4	15.1	15.4	15.1	20.5	13.7	11.3	8.9
德阳	51.7	48.3	15.9	21.1	14.7	21.8	11.1	8.6	6.8
德州	51.7	48.3	15.1	20.1	15.3	22.2	11.5	8.7	7.1
东莞	51.3	48.7	11.7	16.4	20.2	19.5	14	9.9	8.3
佛山	50.8	49.2	16.5	21	13.6	18.8	13.1	8.3	8.7
抚顺	51	49	11	14.1	16.3	21.5	16.2	11.4	9.5
阜阳	50.5	49.5	12.7	20.9	14.8	19.4	14.1	10.3	7.8
福州	50.6	49.4	12.4	19.8	15.5	19.7	14.4	10.3	7.9
赣州	51	49	11.4	16	19.2	22.6	13.6	8.8	8.4
广州	51.3	48.7	13	17	19.2	20.2	14	9.1	7.5
桂林	50.8	49.2	18.6	20.7	12.4	18.6	13.9	8.3	7.5
贵阳	50	50	8.5	13.4	16.4	21.3	19.5	11.4	9.5
海口	49.6	50.4	8.3	12.7	17.7	20.8	19.2	10.6	10.7
杭州	50.8	49.2	12	20.7	18.8	20.7	13	8.1	6.7
汉中	49.8	50.2	12.6	16.2	14.2	21.1	15.9	9.8	10.2
哈尔滨	51.6	48.4	10.7	12.7	21.9	24.5	12.4	9.4	8.4
合肥	52.4	47.6	10.9	15.6	18.7	25.3	12.6	9.3	7.6
衡阳	51.8	48.2	10.5	14.7	20.9	20.7	14.9	9	9.3
河源	50.8	49.2	11.3	16	15	21.4	16	10.8	9.5
菏泽	50.4	49.6	11	19.5	13.9	21	14.6	10.8	9.2
呼和浩特	50.4	49.6	10.9	18.5	14.9	21.2	14.7	10.7	9.1

续表

城市（县）	性别		年龄						
	男性	女性	4－14岁	15－24岁	25－34岁	35－44岁	45－54岁	55－64岁	65岁及以上
淮安	50.4	49.6	10.5	15	18.5	21.6	15.2	10.1	9.1
惠州	50.5	49.5	7	12.5	16.7	20.3	20.7	10.8	12
湖州	50.3	49.7	9.9	11.7	18.3	22.4	15.5	11.8	10.4
江门	50.9	49.1	12.2	18.9	15.5	19.8	15.3	9.9	8.4
江阴	50.9	49.1	9.7	11.9	20	22.9	15.4	10.7	9.4
焦作	52	48	12.6	13.7	18.2	23.2	13.3	10	9
嘉兴	51.1	48.9	12.3	14.8	20.8	23.9	12.9	7.7	7.6
揭阳	50.2	49.8	8.2	13.7	16.5	23.4	18.2	10.1	9.9
吉林	50.6	49.4	10.2	18.1	16	22.3	13.3	10.5	9.6
济南	50.4	49.6	12.7	16.5	14.6	20.3	16.7	9.6	9.6
晋城	51.8	48.2	10.8	15.2	23.3	21.7	12.9	7.9	8.2
济宁	50	50	14.2	16.3	17.4	22.4	13.4	8.6	7.7
荆门	50.9	49.1	8.4	12.5	15.7	22.8	19	11.8	9.8
荆州	50.2	49.8	14	11.4	20	30.1	12.7	6.3	5.5
金华	51.1	48.9	12.3	17.4	15.5	20.6	13.2	10.9	10.1
锦州	51.7	48.3	14.7	20.4	15.3	21.3	10.1	9.4	8.8
九江	51.6	48.4	11.4	15.9	18	23.6	12.9	9.2	9
开封	50.5	49.5	12.7	15.6	16.2	23.7	13.1	9.8	8.9
昆明	50.1	49.9	12.7	21.3	14.1	19	15	9.7	8.2
昆山	52.4	47.6	7.1	12.9	20.6	21.1	17.9	9.2	11.2
兰州	50.5	49.5	10	15.2	17.2	23.2	14.8	9.3	10.3
乐山	51.6	48.4	8.2	17.1	22	21.5	14	8.8	8.4
连云港	48.3	51.7	9.4	12.3	18.2	21.5	15.3	12	11.3
临汾	50.2	49.8	15.1	16.9	19.1	21	12.1	8.2	7.6
临沂	50.5	49.5	8.2	14.1	18.8	20.5	18.3	9.8	10.3
丽水	50.3	49.7	11.8	15.1	16.7	23.3	16.5	8.4	8.2
柳州	51.7	48.3	10.3	13.5	17.5	23.8	14.7	10.4	9.8
洛阳	51.1	48.9	13.4	23.1	17.3	20.1	12.3	7.1	6.7
泸州	49.3	50.7	12.3	22.4	19.5	18.5	12.8	7.2	7.3
茂名	51	49	12.7	21.9	18.7	20.2	12.4	7.2	6.9
眉山	51.8	48.2	9.6	15.8	25.2	22.1	12.7	7.4	7.2
梅州	51.4	48.6	14.6	22	16.7	21.6	9.2	8	7.9
绵阳	50.9	49.1	9.2	15.7	23.4	20.9	14.2	8.5	8.1
牡丹江	51.9	48.1	16.7	20.6	15.5	21.4	10.6	8.6	6.6
南昌	51.8	48.2	15.9	19.7	16	21.7	11.1	8.7	6.9
南充	50.9	49.1	17.9	19.9	14.3	18.7	12.5	7.9	8.8
南京	50.5	49.5	15.6	16	17.8	22.2	13	7.7	7.7
南宁	52.9	47.1	15.1	23	16.6	17.9	11.3	8.1	8
南通	50.2	49.8	11.6	12.7	17.5	22.8	16.3	9	10.1
南阳	51.6	48.4	13.2	14.3	20.7	22.4	12.7	8.3	8.4
宁波	52.2	47.8	20.2	21.2	15.6	16.9	10.1	9.3	6.7
平顶山	51	49	12.7	21.8	14.7	19.1	14.5	9.7	7.5

续表

城市（县）	性别		年龄						
	男性	女性	4－14岁	15－24岁	25－34岁	35－44岁	45－54岁	55－64岁	65岁及以上
莆田	50.9	49.1	12.4	21.1	15.3	19.5	14.8	9.7	7.2
青岛	50.9	49.1	12.3	21	15.2	19.4	14.8	9.7	7.6
清远	51.1	48.9	11.1	18.1	17.9	21.5	15.7	9	6.7
秦皇岛	50.8	49.2	10.5	17.1	17.5	22.1	16.2	9.1	7.5
泉州	50.2	49.8	9.4	15.3	16.8	23.1	17.1	9.3	9
曲阜	51.3	48.7	14.3	21.6	15.8	19.7	12.2	9.1	7.3
衢州	51.3	48.7	14	20.9	16.3	20	12.3	9.1	7.4
三亚	50.9	49.1	11.7	16.5	19.8	22	13.2	8.6	8.2
上海	51.3	48.7	12.1	18.7	17.9	21	15.1	8.2	7
汕头	49.8	50.2	11.1	17	14.4	22	14.5	10.9	10.1
汕尾	51	49	11.8	17.6	15.3	21.7	14.4	10	9.2
韶关	51.2	48.8	13.1	16.6	19	22.4	13.2	7.9	7.8
绍兴	51.1	48.9	10	17.1	17.2	22.3	16.5	9.3	7.6
沈阳	50.6	49.4	9.2	15.2	18.3	22.3	17.2	9.4	8.4
深圳	51.5	48.5	9.9	18.1	19.6	23.4	13.7	8.4	6.9
石家庄	50.6	49.4	15.3	23.3	17.8	18	12	6.7	6.9
十堰	49.6	50.4	8.8	13.3	17.5	20.8	19.3	9.8	10.5
遂宁	51.2	48.8	10.8	15.5	21.6	22.4	13.7	8.4	7.6
宿迁	51	49	10.9	15.2	18.3	22.7	14.1	9.3	9.5
苏州	50.7	49.3	12	14.6	14.9	20.7	15.4	11.5	10.9
太原	51.8	48.2	10.6	18.2	23.7	20.3	12.6	7.4	7.2
泰州	49.9	50.1	9.2	13.1	18.1	23	15.2	10.9	10.5
台州	51.1	48.9	9.3	12.9	19.3	22.4	16.9	10.4	8.8
唐山	50.7	49.3	21.2	20.8	18.1	18	9.8	7	5.1
天津	50.8	49.2	20.5	21.5	18.4	18	9.6	6.9	5.1
乌鲁木齐	51	49	18.5	20	19	19.3	10.3	7.1	5.8
潍坊	51.6	48.4	13.5	16	20.6	22.8	12.2	7.6	7.3
威海	50.2	49.8	8.3	13.6	17.1	20.6	18.9	10.2	11.3
渭南	52.9	47.1	7.7	18.6	31	21.2	10.4	5.4	5.7
温州	53.1	46.9	17.1	20.2	20.2	20.1	10.7	6.1	5.6
武汉	51.8	48.2	13.4	21	15.5	19.2	14.1	9.1	7.7
芜湖	50.3	49.7	10.6	20.4	14.2	21.1	14.6	10.3	8.8
无锡	50.6	49.4	10.7	16.1	17.8	21.5	15.2	9.6	9.1
梧州	51.4	48.6	20.4	23.1	15.1	17	11.4	6.6	6.4
厦门	51.7	48.3	17	19.8	15.8	19.1	13.3	8.2	6.8
西安	51.3	48.7	12.4	16.2	18.2	21.9	15.2	8	8.1
襄樊	50.5	49.5	7.5	13.8	15.8	20.8	20.4	9.8	11.9
湘潭	51.3	48.7	14.5	10	27	30.1	10.1	4.6	3.7
咸阳	52.3	47.7	11.3	14.4	23.3	23.7	11.9	9.5	5.9
西宁	51.8	48.2	14.3	16.1	16.6	21.1	12.7	10.2	9
徐州	51.5	48.5	10.6	13.9	20.4	22.9	13.1	9.7	9.4
延安	51.5	48.5	13.1	14.1	17.5	24.3	13.1	9.5	8.4

续表

城市（县）	性别		年龄						
	男性	女性	4－14岁	15－24岁	25－34岁	35－44岁	45－54岁	55－64岁	65岁及以上
雅安	51.1	48.9	14	18.8	15.3	20.1	12.8	9.7	9.3
盐城	50.9	49.1	11.9	20.1	18	21.7	12.1	8	8.2
阳江	50	50	9.4	13.1	18.2	22.2	15.6	11.1	10.4
扬州	48.7	51.3	11.2	10.6	16.5	20.4	16.4	12.7	12.2
烟台	49.8	50.2	14.1	13.8	13.7	21.3	14.4	11.6	11.1
宜宾	51.5	48.5	11.2	16.3	18.5	21.8	15.5	7.6	9.1
宜昌	50.8	49.2	8.3	15.9	16.5	19.1	19.3	10.7	10.2
宜春	51.8	48.2	11.7	13.3	21.9	24.6	11.7	7.8	9
银川	50.7	49.3	10.3	14.9	21.4	22	14.8	8.8	7.8
营口	51.8	48.2	8.4	16.1	19.5	21	16.6	9.4	9
宜兴	51.5	48.5	9.8	15	16.2	23.7	14.6	10	10.7
益阳	49.9	50.1	10	12	15.9	22.7	16	11.9	11.5
永济	51.4	48.6	8.7	12.8	19.3	21.5	16.1	11.2	10.4
岳阳	49.9	50.1	9.7	15.1	19.9	20.4	16.2	9.6	9.1
玉林	52	48	9.1	13.8	32.6	23	10.5	5.7	5.3
云浮	52.1	47.9	9.1	15.5	22.9	20.1	14.5	8.4	9.5
张家港	52.1	47.9	9.5	13.5	20.8	22.6	14.9	10.7	8
漳州	51.9	48.1	15.6	19.9	19	18.5	12.6	7.3	7.1
湛江	51.3	48.7	12.5	16.1	21.1	23	12.7	7.3	7.3
肇庆	51.6	48.4	15.8	20.5	14	20.5	13	8.3	7.9
郑州	51.7	48.3	9.5	13.8	20.7	22.3	15.4	9.6	8.7
镇江	51.8	48.2	11	13.3	18.3	22.9	15.3	10.5	8.7
中山	51.1	48.9	11.9	14.8	17.5	21.9	14.9	9.9	9.1
舟山	51.2	48.8	9.9	12.1	19.2	22.3	16.3	10.7	9.5
珠海	52.4	47.6	9.7	13.2	18.8	22.9	15.7	10.4	9.3
株州	50.2	49.8	13.2	20.7	18.7	20.2	12.5	7.9	6.8
淄博	50.1	49.9	14.7	11.2	22.4	29	11.5	5.9	5.3
自贡	51.3	48.7	9.6	16.3	18.9	24.2	13	9.6	8.4
自贡（城区）	50.8	49.2	11.5	14.1	16.8	21.9	16.4	10.1	9.2
遵义	50.2	49.8	9.7	14.8	16	21.7	16.4	11	10.4

二、频道列表

1 中央电视台综合频道
2 中央台二套
3 中央台三套
4 中央台四套
5 中央台五套
6 中央台六套
7 中央台七套
8 中央台八套
9 中央台九套
10 中央台十套
11 中央台十一套
12 中央台十二套
13 中央电视台新闻频道
14 中央电视台少儿频道
15 中央电视台音乐频道
16 中国教育台一套
17 中国教育台二套
18 中国教育台三套
19 北京卫视
20 北京台二套
21 北京台三套
22 北京台四套
23 北京台五套
24 北京台六套
25 北京台七套
26 北京台八套
27 北京电视台九套（公共频道）
28 北京卡酷动画卫星频道
29 上海东方卫视
30 上海电视台新闻综合频道
31 上海电视台生活时尚频道
32 上海东方电视台娱乐频道
33 上海东方电视台艺术人文频道
34 上海电视台电视剧频道
35 第 1 财经
36 上海电视台体育频道
37 上海东方电视台戏剧频道
38 上海电视台纪实频道
39 上海东方电影频道
40 上海东方电视台外语频道
41 上海东方电视台哈哈少儿频道
42 上海炫动卡通卫视
43 东方电视台音乐频道
44 上海教育台（26 频道）
45 重庆卫视
46 重庆电视台影视频道（一套）
47 重庆电视台新闻频道（二套）
48 重庆电视台科教频道（三套）
49 重庆电视台都市频道（四套）
50 重庆电视台娱乐频道（五套）
51 重庆电视台时尚频道（七套）
52 重庆电视台生活频道（六套）
53 重庆电视台时尚频道（七套）（广东）
54 重庆公共农村频道
55 重庆电视台少儿频道
56 安徽一套
57 安徽电视台经济生活频道（二套）
58 安徽电视台影视频道（三套）
59 安徽电视台文体频道（四套）
60 安徽电视台公共频道
61 安徽电视台科教频道
62 福建省广播影视集团东南电视台
63 福建省广播影视集团综合频道
64 福建省广播影视集团体育频道
65 福建省广播影视集团经济生活频道
66 福建省广播影视集团电视剧频道
67 福建省广播影视集团都市时尚频道
68 福建省广播影视集团公共频道
69 福建省广播影视集团新闻频道
70 福建省广播影视集团少儿频道
71 福建海峡电视台
72 福建教育台
73 甘肃卫视
74 甘肃电视台经济频道
75 甘肃电视台文化影视频道
76 甘肃电视台公共频道
77 甘肃电视台都市频道
78 甘肃电视台少儿频道
79 广东卫视
80 广东电视台珠江频道
81 广东电视体育频道
82 广东电视新闻频道

83 广东电视台公共频道
84 广东电视体育频道（重庆）
85 广东电视台嘉佳卡通频道
86 南方卫视
87 南方电视台经济频道
88 南方电视台综艺频道
89 南方卫视 TVS - 2
90 南方电视台影视频道
91 南方电视台少儿频道
92 珠江电影频道
93 开心购物频道
94 邮轮旅游
95 广西电视台卫星频道
96 广西电视台综艺频道
97 广西电视台都市频道
98 广西电视台体育频道
99 广西电视台影视频道
100 广西电视台资讯频道
101 广西电视台公共频道
102 贵州卫视
103 贵州电视台公共频道（二套）
104 贵州电视台大众生活频道
105 贵州电视台影视文艺频道
106 贵州电视台科教健康频道（六套）
107 贵州经济频道（七套）
108 贵州电视台第五频道
109 贵州导视频道
110 旅游卫视
111 海南电视台公共频道
112 海南电视台综合频道
113 海南电视台影视娱乐频道
114 海南电视台少儿频道
115 河北卫视
116 河北电视台二套（经济生活频道）
117 河北电视台三套（都市频道）
118 河北电视台四套（影视频道）
119 河北电视台五套（少儿科教频道）
120 河北电视台六套（公共频道）
121 河北电视台农民频道（七套）
122 河北导视频道
123 河南电视台卫星频道（一套）
124 河南电视台都市频道（二套）
125 河南电视台民生频道（三套）
126 河南电视台法制频道（四套）
127 河南电视台电视剧频道（五套）
128 河南电视台精品博览频道（六套）
129 河南电视台商务信息频道（七套）
130 河南电视台公共频道（八套）
131 河南电视台新农村频道
132 黑龙江电视台卫星频道
133 黑龙江电视台影视频道
134 黑龙江电视台文艺频道
135 黑龙江电视台都市频道
136 黑龙江电视台法制频道
137 黑龙江电视台公共频道
138 黑龙江电视台少儿频道
139 湖北卫视
140 湖北综合
141 湖北影视
142 湖北都市
143 湖北经视
144 湖北体育
145 湖北教育
146 湖北公共
147 湖南电视台卫星频道
148 湖南电视台娱乐频道
149 eTV 湖南经视都市频道
150 湖南电视台影视频道
151 湖南电视台时尚频道
152 eTV 湖南经视综合频道
153 金鹰纪实频道
154 湖南教育电视台
155 湖南电视台公共频道
156 金鹰卡通卫星频道
157 潇湘电影频道
158 吉林卫视
159 吉林电视台都市频道（二套）
160 吉林电视台生活频道（三套）
161 吉林电视台影视频道（四套）
162 吉林电视台乡村频道（五套）
163 吉林电视台公共频道
164 长影电影频道
165 吉林电视台法制频道
166 吉林教育台
167 江苏卫视
168 江苏电视台综艺频道
169 江苏电视台城市频道
170 江苏教育电视台
171 江苏电视台影视频道
172 江苏电视台公共频道

173 江苏电视台体育休闲频道
174 江苏少儿频道
175 江苏财经频道
176 江西电视台卫星频道（一套）
177 江西电视台都市频道（二套）
178 江西电视台财经频道（三套）
179 江西电视台影视频道（四套）
180 江西电视台公共频道（五套）
181 江西电视台少儿家庭频道
182 江西电视台红色经典频道（七套）
183 江西教育台
184 江西电视指南频道
185 辽宁卫视
186 辽宁台都市频道
187 辽宁台影视娱乐频道
188 辽宁台体育频道
189 辽宁台青少频道
190 辽宁台生活频道
191 辽宁台公共频道
192 辽宁教育台
193 内蒙古电视台卫视频道
194 内蒙古电视台蒙古语新闻综合频道
195 内蒙古电视台影视剧频道
196 内蒙古电视台新闻综合频道
197 内蒙古电视台文体娱乐频道
198 内蒙古电视台经济生活频道
199 内蒙古电视台少儿频道
200 宁夏卫视
201 宁夏电视台公共频道
202 宁夏电视台都市经济频道
203 宁夏电视台影视频道
204 宁夏少儿频道
205 宁夏教育台
206 青海卫视
207 青海电视台经济生活频道
208 青海电视台影视综艺频道
209 青海电视台综合频道
210 山东卫视
211 山东电视体育频道
212 山东电视综艺频道
213 山东电视生活频道
214 山东电视影视频道
215 山东电视齐鲁频道
216 山东电视农科频道
217 山东电视公共频道
218 山东电视台第九频道（少儿）
219 山东教育台
220 山西卫视
221 中国黄河电视台民生频道
222 山西广播电视总台影视频道
223 山西广播电视总台经济资讯频道
224 山西广播电视总台公共频道
225 山西广播电视总台科教频道
226 山西电视台少儿频道
227 陕西卫视
228 陕西电视台新闻综合频道（一套）
229 陕西电视台都市青春频道（二套）
230 陕西电视台家庭生活频道（三套）
231 陕西电视台影视娱乐频道（四套）
232 陕西电视台公共．政法频道（五套）
233 陕西电视台六套
234 陕西电视台体育健康频道（七套）
235 陕西农林科技卫视
236 西部电影频道
237 深圳卫视（新闻综合频道）
238 四川卫视
239 四川电视台二套（文化旅游频道）
240 四川电视台经济频道（三套）
241 四川电视台新闻资讯频道
242 四川电视台影视文艺频道（五套）
243 四川电视台第六频道
244 四川电视台妇女儿童频道（七套）
245 四川电视台科技教育频道
246 四川电视台公共频道
247 峨眉电影频道
248 天津卫视
249 天津电视台一套（滨海频道）
250 天津电视台二套（文娱频道）
251 天津电视台三套（影视频道）
252 天津电视台四套（都市频道）
253 天津电视台五套（体育频道）
254 天津电视台六套（科教频道）
255 天津电视台少儿频道
256 天津电视台公共频道
257 西藏一套
258 西藏二套（新）
259 西藏电视台影视文化频道
260 厦门卫视
261 新疆电视台一套（汉语新闻综合频道）
262 新疆电视台二套（维语新闻综合频道）

263 新疆电视台三套（哈语新闻综合频道）
264 新疆电视台四套（汉语综艺频道）
265 新疆电视台五套（维语综艺频道）
266 新疆电视台六套（汉语影视频道）
267 新疆电视台七套（汉语经济生活频道）
268 新疆电视台八套（哈语综艺频道）
269 新疆电视台九套（维语经济生活频道）
270 新疆电视台十套（体育健康频道）
271 新疆电视台十一套（汉语信息服务频道）
272 新疆电视台少儿频道
273 新疆教育台十频道
274 兵团卫视
275 云南电视台卫视频道（一套）
276 云南电视台都市频道（二套）
277 云南电视台娱乐频道（三套）
278 云南电视台生活资讯频道（四套）
279 云南电视台影视频道（五套）
280 云南电视台新闻综合频道（六套）
281 云南电视台猜猜少儿频道
282 浙江卫视
283 浙江电视台钱江都市频道
284 浙江电视台影视娱乐频道
285 浙江电视台经济生活频道
286 浙江电视台教育科技频道
287 浙江电视台民生休闲频道
288 浙江电视台公共新农村频道
289 浙江电视台少儿频道
290 安庆电视台公共频道
291 安庆电视台经济生活频道
292 安庆电视台新闻综合频道
293 安庆教育台
294 安阳电视台二套（公共频道）
295 安阳电视台三套（科教频道）
296 安阳电视台一套（新闻综合频道）
297 安阳图文频道_生活资讯
298 蚌埠电视台点播频道
299 蚌埠电视台二套
300 蚌埠电视台三套
301 蚌埠电视台一套
302 蚌埠教育台
303 包头电视台二套
304 包头电视台三套（经济生活频道）
305 包头电视台一套
306 宝安点歌台
307 宝安台二套
308 宝安台三套
309 宝安台一套
310 宝坻电视台文艺频道
311 宝坻台
312 宝鸡电视台经济生活频道
313 宝鸡电视台新闻综合频道
314 宝鸡电视台影视娱乐频道
315 保定电视台都市频道（二套）
316 保定电视台生活健康频道（三套）
317 保定电视台新闻综合频道（一套）
318 北海电视台公共频道
319 北海电视台经济科教频道
320 北海电视台新闻综合频道
321 本溪电视台影视频道
322 本溪电视台娱乐频道
323 本溪电视台综合频道
324 亳州电视台农村频道
325 亳州电视台三套
326 亳州电视台四套
327 亳州电视台新闻综合频道
328 亳州教育台
329 亳州有线点播经济台
330 亳州有线点播娱乐台
331 亳州有线台都市频道
332 长春电视台汽车频道（五套）
333 长春电视台市民频道（三套）
334 长春电视台影视频道（四套）
335 长春电视台娱乐频道（二套）
336 长春电视台综合频道（一套）
337 长沙电视经贸频道
338 长沙电视女性频道
339 长沙电视台公共频道
340 长沙电视新闻频道
341 长沙电视政法频道
342 长沙互动电视
343 长沙移动电视
344 常德电视台都市频道
345 常德电视台公共频道
346 常德电视台新闻综合频道
347 常德电视台影视资讯频道
348 常德时段
349 常德有线互动竞猜
350 常熟电视台琴川频道
351 常熟电视台社会生活频道
352 常熟电视台新闻综合频道

353 常熟电视台影视娱乐频道
354 常州电视台二套（都市频道）
355 常州电视台三套（生活频道）
356 常州电视台四套（公共频道）
357 常州电视台五套（图文频道）
358 常州电视台一套（新闻频道）
359 潮州电视台二套（公共频道）
360 潮州电视台一套（新闻综合频道）
361 潮州短信互动点歌频道
362 潮州互动点歌台
363 成都电视台都市生活频道（三套）
364 成都电视台公共频道（五套）
365 成都电视台经济资讯服务频道（二套）
366 成都电视台少儿频道
367 成都电视台新闻综合频道（一套）
368 成都电视台影视文艺频道（四套）
369 崇左电视台
370 滁州电视台公共频道
371 滁州电视台科教频道
372 滁州电视台新闻综合频道
373 达县互动点播频道
374 达县新闻综合频道
375 达州公共频道
376 达州新闻综合频道
377 大理电视台二套
378 大理电视台三套
379 大理电视台一套
380 大理市电视台一套
381 大连台二套（生活频道）
382 大连台六套（少儿频道）
383 大连台三套（公共频道）
384 大连台四套（文体频道）
385 大连台五套（影视频道）
386 大连台一套（新闻综合频道）
387 大同电视台煤都生活频道（三套）
388 大同电视台新闻综合频道（一套）
389 大同电视台影视频道（二套）
390 大同教育电视台
391 丹东电视台生活文艺频道
392 丹东电视台新闻综合频道
393 丹东电视台信息频道
394 丹东电视台影视频道
395 德阳电视台财富资讯
396 德阳公共频道
397 德阳互动点播频道
398 德阳家庭影院
399 德阳新闻综合频道
400 德州电视台二套
401 德州电视台三套
402 德州电视台图文频道
403 德州电视台一套
404 东莞电视台公共频道
405 东莞电视台新闻综合频道
406 佛山电视公共频道
407 佛山电视台传媒购物频道
408 佛山电视台南海频道
409 佛山电视台顺德频道
410 佛山电视新闻综合频道
411 佛山电视影视频道
412 福州电视台都市生活频道
413 福州电视台青少频道
414 福州电视台新闻综合频道
415 福州电视台影视频道
416 抚顺电视台公共频道
417 抚顺电视台教育频道
418 抚顺电视台图文信息频道
419 抚顺电视台新闻频道
420 阜阳都市生活频道
421 阜阳公共影视频道
422 阜阳教育台
423 阜阳新闻综合频道
424 富顺电视台综合频道
425 富顺影视文艺频道
426 赣州二套
427 赣州三套
428 赣州一套
429 广州电视台购物频道
430 广州电视台经济频道
431 广州电视台竞赛频道
432 广州电视台少儿频道
433 广州电视台新闻频道
434 广州电视台英语频道
435 广州电视台影视频道
436 广州台
437 贵阳电视台二套（经济生活频道）
438 贵阳电视台三套（法制频道）
439 贵阳电视台四套（都市频道）
440 贵阳电视台五套（旅游生活频道）
441 贵阳电视台一套（新闻综合频道）
442 桂林电视台公共频道

443 桂林电视台科教旅游频道
444 桂林电视台新闻综合频道
445 哈尔滨电视台都市资讯频道
446 哈尔滨电视台生活频道
447 哈尔滨电视台新闻综合频道
448 哈尔滨电视台影视频道
449 哈尔滨电视台娱乐频道
450 海口电视台经济频道
451 海口广播电视台生活娱乐频道（有线）
452 海口广播电视台新闻综合频道（无线）
453 汉中电视台经济文化频道（二套）
454 汉中电视台新闻综合频道（一套）
455 汉中电视台影视娱乐频道（四套）
456 汉中电视台政法公共频道（三套）
457 汉中教育台
458 杭州电视台少儿频道
459 杭州电视台生活频道
460 杭州电视台西湖明珠频道
461 杭州电视台影视频道
462 杭州电视台综合频道
463 合肥电视台二套（生活频道）
464 合肥电视台三套（教育法制频道）
465 合肥电视台四套（影院频道）
466 合肥电视台五套（财经频道）
467 合肥电视台一套（新闻频道）
468 河源电视台公共频道
469 河源电视台综合频道
470 菏泽电视台二套
471 菏泽电视台三套
472 菏泽电视台一套
473 衡阳电视台
474 衡阳都市频道
475 衡阳生活频道
476 衡阳娱乐频道
477 衡阳资讯频道
478 呼和浩特电视台都市生活频道
479 呼和浩特电视台新闻综合频道
480 呼和浩特电视台影视娱乐频道
481 湖州电视台公共民生频道
482 湖州电视台文化娱乐频道
483 湖州电视台新闻综合频道
484 湖州服务．导视频道
485 淮安电视台公共频道
486 淮安电视台新闻综合频道
487 淮安电视台影视娱乐频道
488 淮南电视台一套
489 惠州电视台二套（公共频道）
490 惠州电视台三套（生活频道）
491 惠州电视台一套（新闻综合频道）
492 惠州有线点歌台
493 惠州有线信息台
494 吉林市电视台电视剧频道
495 吉林市电视台公共频道
496 吉林市电视台科教生活频道
497 吉林市电视台新闻综合频道
498 吉林市电视台娱乐频道
499 济南电视台都市女性频道
500 济南电视台商务频道
501 济南电视台少儿频道
502 济南电视台生活频道
503 济南电视台新闻综合频道
504 济南电视台影视频道
505 济南电视台娱乐频道
506 济南教育台
507 济宁电视台公共频道
508 济宁电视台新闻综合频道
509 济宁电视台影视频道
510 嘉兴电视台公共频道
511 嘉兴电视台文化影视频道
512 嘉兴电视台新闻综合频道
513 江门电视教育频道
514 江门电视台公共频道
515 江门电视综合频道
516 江阴电视台城市频道
517 江阴电视台电视剧频道
518 江阴电视台电影频道
519 江阴电视台新闻综合频道
520 焦作电视台公共频道
521 焦作电视台三套
522 焦作电视台四套
523 焦作电视台综合频道
524 焦作教育台
525 揭阳电视台公共频道
526 揭阳电视台新闻综合频道
527 金华电视台教育科技频道
528 金华电视台经济生活频道
529 金华电视台新闻综合频道
530 锦州电视台二套
531 锦州电视台三套
532 锦州电视台一套

533　晋城电视台公共频道
534　晋城电视台图文信息频道
535　晋城电视台新闻综合频道
536　荆门电视台鄂中经视
537　荆门电视台公共频道
538　荆门电视台教育频道
539　荆门电视台新闻频道
540　荆州电视台电影频道
541　荆州电视台经济频道
542　荆州电视台精彩频道
543　荆州电视台商务频道
544　荆州电视台生活频道
545　荆州电视台新闻频道
546　荆州电视台娱乐频道
547　九江电视台二套（公共频道）
548　九江电视台三套（科学教育频道）
549　九江电视台一套（新闻综合频道）
550　九江庐山旅游文娱频道
551　九江图文信息台
552　开封电视台经济生活频道（二套）
553　开封电视台新闻综合频道（一套）
554　开封电视台影视娱乐频道（三套）
555　开封教育电视台
556　昆明电视台公共频道
557　昆明电视台经济频道
558　昆明电视台生活频道
559　昆明电视台文娱频道
560　昆明电视台影视频道
561　昆明电视台综合频道
562　昆明教育台
563　昆山电视台城市频道
564　昆山电视台电视剧频道
565　昆山电视台电影频道
566　昆山电视台新闻综合频道
567　拉萨电视台
568　兰州电视台公共频道
569　兰州电视台生活经济频道
570　兰州电视台新闻综合频道
571　兰州电视台综艺体育频道
572　廊坊电视台一套（新闻综合频道）
573　乐山公共．新农村频道
574　乐山互动影视频道
575　乐山生活资讯频道
576　乐山新闻综合频道
577　丽水电视台经济生活频道（二套）
578　丽水电视台新闻综合频道（一套）
579　丽水文化娱乐频道
580　连云港电视台公共频道
581　连云港电视台新闻综合频道
582　连云港电视台影视综艺频道
583　临汾电视台公共频道
584　临汾电视台科教频道
585　临汾电视台图文频道
586　临汾电视台新闻综合频道
587　临汾电视台尧都都市频道
588　临沂电视台公共频道
589　临沂电视台农科频道
590　临沂电视台新闻综合频道
591　柳州电视台公共频道（三套）
592　柳州电视台科教频道（二套）
593　柳州电视台龙城购物频道（五套）
594　柳州电视台龙城新闻荟萃频道（四套）
595　柳州电视台新闻综合频道（一套）
596　龙岩电视台新闻综合频道
597　泸州电视台公共频道
598　泸州电视台科技教育频道
599　泸州电视台新闻综合频道
600　泸州公众信息频道
601　洛阳电视台二套（教育频道）
602　洛阳电视台三套（公共频道）
603　洛阳电视台一套（综合频道）
604　洛阳有线台图文电视
605　茂名电视台公共频道
606　茂名电视台综合频道
607　眉山电视台公共频道（二套）
608　眉山电视台互动影视
609　眉山电视台图文信息频道
610　眉山电视台新闻综合频道（一套）
611　眉山电视台影视剧频道（三套）
612　梅州电视互动点播频道
613　梅州电视台客家公共频道
614　梅州电视台时政综合频道
615　梅州电视台影视文艺频道
616　梅州电视信息点播频道
617　梅州图文信息频道
618　绵阳电视台二套（都市生活频道）
619　绵阳电视台三套（影视娱乐频道）
620　绵阳电视台一套（新闻综合频道）
621　名山台
622　牡丹江电视台公共频道

623 牡丹江电视台新闻综合频道
624 牡丹江教育电视台教育频道
625 内江电视台新闻综合频道
626 南昌电视台都市频道（二套）
627 南昌电视台公共频道（四套）
628 南昌电视台新闻综合频道（一套）
629 南昌电视台资讯频道（三套）
630 南昌台五套
631 南充电视台公共频道
632 南充电视台科教频道
633 南充电视台新闻频道
634 南方电视云浮台公共频道（YFTV2）
635 南方电视云浮台综合频道（YFTV1）
636 南京电视台股市信息频道（五套）
637 南京电视台教育科技频道（六套）
638 南京电视台少儿频道
639 南京电视台生活频道（三套）
640 南京电视台十八频道
641 南京电视台新闻综合频道（一套）
642 南京电视台影视频道（二套）
643 南京电视台娱乐频道（四套）
644 南宁电视台都市生活频道
645 南宁电视台公共频道
646 南宁电视台新闻综合频道
647 南宁电视台影视娱乐频道
648 南通电视台社教频道
649 南通电视台生活频道
650 南通电视台新闻综合频道
651 南通电视台信息频道
652 南阳电视台精选频道（三套）
653 南阳电视台社会生活频道（二套）
654 南阳电视台图文频道（四套）
655 南阳电视台新闻综合频道（一套）
656 宁波电视台二套（经济生活频道）
657 宁波电视台三套（都市文体频道）
658 宁波电视台四套（影视剧频道）
659 宁波电视台五套（少儿频道）
660 宁波电视台一套（新闻综合频道）
661 女性频道
662 平顶山电视台城市频道
663 平顶山电视台公共频道
664 平顶山电视台新闻综合频道
665 平顶山电视台信息频道
666 平顶山教育电视台
667 莆田市广播电视中心经济生活频道
668 莆田市广播电视中心新闻综合频道
669 秦皇岛电视台生活服务频道
670 秦皇岛电视台新闻频道
671 秦皇岛电视台影视频道
672 秦皇岛电视台政法频道
673 青岛电视台财经资讯频道
674 青岛电视台都市频道
675 青岛电视台公共频道
676 青岛电视台生活服务频道
677 青岛电视台新闻综合频道
678 青岛电视台影视频道
679 青岛数字传媒
680 清远电视台公共频道
681 清远电视台新闻综合频道（清远1台）
682 曲阜台二套
683 曲阜台一套
684 衢州电视经济信息频道
685 衢州电视生活娱乐频道
686 衢州电视新闻综合频道
687 泉州电视台都市生活频道
688 泉州电视台闽南语频道
689 泉州电视台新闻综合频道
690 泉州电视台影视剧频道
691 三亚点歌台
692 三亚电视台图文信息频道
693 三亚广播电视台生活旅游频道
694 三亚广播电视台新闻综合频道
695 汕头电视台-1（新闻综合频道）
696 汕头电视台-2（生活经济频道）
697 汕头电视台-3（影视文艺频道）
698 汕尾电视台
699 汕尾互动点播频道
700 商丘电视台公共频道
701 商丘电视台农业影视频道（四套）
702 商丘电视台文体科教频道（三套）
703 商丘电视台新闻综合频道（一套）
704 商丘教育电视台
705 韶关电视台公共频道
706 韶关电视台综合频道
707 韶关信息点播频道
708 绍兴电视台公共频道（二套）
709 绍兴电视台新闻综合频道（一套）
710 绍兴电视台影视娱乐频道（三套）
711 绍兴商务电视
712 绍兴有线信息频道

713 绍兴有线娱乐频道
714 蛇口电视台综合频道
715 深圳电视台（DV 生活频道）
716 深圳电视台二套（电视剧频道）
717 深圳电视台六套（少儿频道）
718 深圳电视台七套（公共频道）
719 深圳电视台三套（财经生活频道）
720 深圳电视台四套（娱乐频道）
721 深圳电视台五套（体育健康频道）
722 深圳电视台一套（都市频道）
723 深圳电视台宜和购物频道
724 沈阳电视台二套（综合频道）
725 沈阳电视台公共．社会频道
726 沈阳电视台三套（影视频道）
727 沈阳电视台五套（生活频道）
728 沈阳电视台一套（新闻频道）
729 十堰电视台经济生活频道
730 十堰电视台精彩点播频道
731 十堰电视台新闻频道
732 十堰电视台信息资讯网
733 十堰电视台影视点播频道
734 十堰电视台综合频道
735 十堰互动点播频道（VOD－1）
736 十堰互动点播频道（VOD－2）
737 十堰教育电视台
738 石家庄电视台都市频道（四套）
739 石家庄电视台新闻综合频道（一套）
740 石家庄电视台影视频道（三套）
741 石家庄电视台娱乐频道（二套）
742 苏州电视台电影娱乐频道（四套）
743 苏州电视台社会经济频道（二套）
744 苏州电视台生活资讯频道（五套）
745 苏州电视台文化生活频道（三套）
746 苏州电视台新闻综合频道（一套）
747 宿迁电视台公共频道
748 宿迁电视台综合频道
749 遂宁电视台新闻资讯频道（SNTV－2）
750 遂宁电视台新闻综合频道（SNTV－1）
751 遂宁电视台影视文艺频道（SNTV－3）
752 台州电视台公共频道（三套）
753 台州电视台新闻综合频道（一套）
754 台州电视台影视文化频道（二套）
755 太原电视台百姓频道（二套）
756 太原电视台社教法制频道（三套）
757 太原电视台文体频道（五套）
758 太原电视台新闻频道（一套）
759 太原电视台影视频道（四套）
760 太原教育台
761 泰安电视台二套（生活频道）
762 泰安电视台三套（影视频道）
763 泰安电视台四套（商务娱乐频道）
764 泰安电视台一套（新闻综合频道）
765 泰安教育台
766 泰州电视台法制教育频道
767 泰州电视台经济生活频道
768 泰州电视台新闻综合频道
769 泰州电视台影视娱乐频道
770 唐山电视台二套（生活服务频道）
771 唐山电视台三套（影视频道）
772 唐山电视台商务资讯频道
773 唐山电视台四套（公共频道）
774 唐山电视台一套（新闻综合频道）
775 威海电视台二套（经济生活影视频道）
776 威海电视台三套（都市娱乐频道）
777 威海电视台一套（新闻综合频道）
778 潍坊电视台公共频道
779 潍坊电视台经济生活频道
780 潍坊电视台科教频道
781 潍坊电视台新闻综合频道
782 潍坊电视台娱乐频道
783 渭南华山频道
784 渭南新闻综合频道（一套）
785 渭南影视剧频道（三套）
786 温州市广播电视总台都市生活频道
787 温州市广播电视总台经济科教频道
788 温州市广播电视总台新闻综合频道
789 温州市广播电视总台影视娱乐频道
790 乌兰察布电视台一套（新闻综合频道）
791 乌鲁木齐电视台都市时尚频道（四套）
792 乌鲁木齐电视台旅游娱乐频道（五套）
793 乌鲁木齐电视台女性儿童频道（六套）
794 乌鲁木齐电视台维语综合频道（二套）
795 乌鲁木齐电视台新闻综合频道（一套）
796 乌鲁木齐电视台影视频道（三套）
797 乌鲁木齐市有线台图文信息频道
798 无锡广播电视台都市资讯频道
799 无锡广播电视台经济频道
800 无锡广播电视台生活频道
801 无锡广播电视台图文频道
802 无锡广播电视台新闻综合频道

803 无锡广播电视台影视频道
804 无锡广播电视台娱乐频道
805 无锡教育电视台
806 吴江电视台社会生活频道（二套）
807 吴江电视台新闻综合频道（一套）
808 吴江电视台音乐视听频道（四套）
809 吴江电视台影视剧频道（三套）
810 芜湖电视台徽商频道
811 芜湖电视台生活频道
812 芜湖电视台新闻频道
813 芜湖电视台娱乐频道
814 芜湖互动资讯频道
815 芜湖教育电视台
816 梧州电视台公共影视频道
817 梧州电视台教育生活频道
818 梧州电视台新闻综合频道
819 武汉电视台科教生活频道
820 武汉电视台少儿频道
821 武汉电视台双语综合频道
822 武汉电视台文体频道
823 武汉电视台文艺频道
824 武汉电视台消费指南频道
825 武汉电视台新闻综合频道
826 武汉电视台影视频道
827 武汉教育台
828 西安电视台二套（白鸽都市频道）
829 西安电视台六套（音乐综艺频道）
830 西安电视台三套（商务资讯频道）
831 西安电视台四套（文化影视频道）
832 西安电视台五套（健康快乐频道）
833 西安电视台一套（新闻综合频道）
834 西安教育台
835 西宁电视台新闻综合频道
836 西宁电视台影视娱乐频道
837 厦门电视台海峡频道
838 厦门电视台生活频道
839 厦门电视台影视频道
840 厦门电视台综合频道
841 咸阳电视台市民频道（三套）
842 咸阳电视台新闻综合频道（一套）
843 咸阳电视台影视频道（二套）
844 咸阳教育电视台
845 湘潭电视台都市频道（二套）
846 湘潭电视台法制频道（三套）
847 湘潭电视台商务频道（四套）
848 湘潭电视台新闻频道（一套）
849 襄樊二套（经济．生活频道）
850 襄樊三套（综合频道）
851 襄樊四套（信息服务频道）
852 襄樊一套（新闻．综合频道）
853 徐州电视台公共频道
854 徐州电视台经济生活频道
855 徐州电视台文艺影视频道
856 徐州电视台新闻综合频道
857 雅安电视台公共频道
858 烟台电视台二套（经济生活频道）
859 烟台电视台三套（电视剧频道）
860 烟台电视台四套（都市文体频道）
861 烟台电视台五套（电影频道）
862 烟台电视台一套（新闻综合频道）
863 延安电视台公共频道
864 延安电视台家庭购物频道
865 延安电视台新闻综合频道（一套）
866 延边卫视
867 盐城电视台二套（法制生活频道）
868 盐城电视台三套（城市公共频道）
869 盐城电视台一套（新闻综合频道）
870 盐田区广播电视台
871 扬州电视台二套
872 扬州电视台三套
873 扬州电视台四套
874 扬州电视台一套
875 阳江点播频道
876 阳江公共频道
877 阳江综合频道
878 宜宾电视台二套（公共生活频道）
879 宜宾电视台互动点播频道
880 宜宾电视台三套（城市资讯频道）
881 宜宾电视台一套（新闻综合频道）
882 宜昌三峡公共频道
883 宜昌三峡影视频道
884 宜昌三峡综合频道
885 宜春电视台二套
886 宜春电视台三套
887 宜春电视台一套
888 宜兴点歌台
889 宜兴股市行情
890 宜兴广播电视台生活频道
891 宜兴广播电视台新闻频道
892 宜兴广播电视台影视频道

893 宜兴广播电视台资讯购物频道
894 宜兴图文频道
895 益阳电视台公共频道
896 益阳电视台经济频道
897 益阳电视台新闻综合频道
898 益阳教育电视台
899 银川电视台-2（经济生活频道）
900 银川电视台-3（文体影视频道）
901 银川电视台公共频道
902 营口电视台社会生活频道
903 营口电视台图文频道
904 营口电视台文艺影视频道
905 营口电视台新闻综合频道
906 永济电视台二套
907 永济电视台一套
908 玉林电视台公共频道
909 玉林电视台新闻综合频道
910 玉林电视台知识频道
911 岳阳电视台公共娱乐频道
912 岳阳电视台经济科教频道
913 岳阳电视台商务资讯频道
914 岳阳电视台时尚购物频道
915 岳阳电视台新闻综合频道
916 云浮互动点播
917 湛江电视台公共频道
918 湛江电视台图文信息频道
919 湛江电视台新闻综合频道
920 张家港电视台电视剧频道
921 张家港电视台电影频道
922 张家港电视台社会生活频道
923 张家港电视台新闻综合频道
924 张家港电视台娱乐资讯频道
925 漳州电视台二套（生活文化频道）
926 漳州电视台一套（新闻综合频道）
927 肇庆电视公共频道
928 肇庆电视新闻综合频道
929 浙江杭州导视频道
930 镇江电视台二套（影视剧频道）
931 镇江电视台三套（生活娱乐频道）
932 镇江电视台一套（新闻综合频道）
933 郑州二套
934 郑州教育台
935 郑州六套
936 郑州三套
937 郑州四套
938 郑州五套
939 郑州一套
940 中山电视台公共频道
941 中山电视台综合频道
942 舟山电视台经济生活频道
943 舟山电视台新闻综合频道
944 舟山电视台影视娱乐频道
945 周口电视台公共频道
946 周口电视台教育频道
947 周口电视台图文信息频道（四套）
948 周口电视台综合频道
949 株洲电视台导视频道
950 株洲电视台法制频道
951 株洲电视台公共频道
952 株洲电视台互动频道
953 株洲电视台快乐频道
954 株洲电视台商务频道
955 株洲电视台新闻综合频道
956 珠海电视台二套（都市生活频道）
957 珠海电视台一套（新闻综合频道）
958 珠海电视直销频道
959 淄博电视台都市频道
960 淄博电视台公共频道
961 淄博电视台科教频道
962 淄博电视台商务频道
963 淄博电视台生活频道
964 淄博电视台新闻综合频道
965 自贡电视台公共频道
966 自贡电视台影视频道
967 自贡电视台综合频道
968 自贡互动娱乐频道
969 遵义电视台都市频道
970 遵义电视台公共频道
971 遵义电视台新闻综合频道
972 遵义电视台影视频道
973 MTV
974 澳门中文台
975 澳亚卫视
976 本港台（中文）
977 本港台（中文）（宝安区有线转播）
978 本港台（中文）（潮州有线网转播）
979 本港台（中文）（东莞有线网转播）
980 本港台（中文）（佛山有线台转播）
981 本港台（中文）（河源有线网转播）
982 本港台（中文）（惠州其他有线网转播）

983 本港台（中文）(惠州有线网转播)
984 本港台（中文）(江门其他有线网转播)
985 本港台（中文）(江门有线网转播)
986 本港台（中文）(揭阳有线网转播)
987 本港台（中文）(龙岗区有线转播)
988 本港台（中文）(茂名有线网转播)
989 本港台（中文）(梅州有线台转播)
990 本港台（中文）(其他有线台转播)
991 本港台（中文）(清远有线网转播)
992 本港台（中文）(汕头有线台转播)
993 本港台（中文）(汕尾有线网转播)
994 本港台（中文）(韶关有线网转播)
995 本港台（中文）(蛇口有线转播)
996 本港台（中文）(深圳有线台转播)
997 本港台（中文）(阳江有线网转播)
998 本港台（中文）(有线网转播)
999 本港台（中文）(云浮有线网转播)
1000 本港台（中文）(湛江有线网转播)
1001 本港台（中文）(肇庆有线网转播)
1002 本港台（中文）(中山有线网转播)
1003 本港台（中文）(珠海有线台转播)
1004 长铁有线台
1005 鼎城电视台
1006 肥东二套
1007 肥西台
1008 翡翠台（中文）
1009 翡翠台（中文）(宝安区有线转播)
1010 翡翠台（中文）(潮州有线网转播)
1011 翡翠台（中文）(东莞有线网转播)
1012 翡翠台（中文）(佛山有线台转播)
1013 翡翠台（中文）(河源有线网转播)
1014 翡翠台（中文）(惠州其他有线网转播)
1015 翡翠台（中文）(惠州有线网转播)
1016 翡翠台（中文）(江门其他有线网转播)
1017 翡翠台（中文）(江门有线网转播)
1018 翡翠台（中文）(揭阳有线网转播)
1019 翡翠台（中文）(龙岗区有线转播)
1020 翡翠台（中文）(茂名有线网转播)
1021 翡翠台（中文）(梅州有线台转播)
1022 翡翠台（中文）(其他有线台转播)
1023 翡翠台（中文）(清远有线网转播)
1024 翡翠台（中文）(汕头有线台转播)
1025 翡翠台（中文）(汕尾有线网转播)
1026 翡翠台（中文）(韶关有线网转播)
1027 翡翠台（中文）(蛇口有线转播)
1028 翡翠台（中文）(深圳有线台转播)
1029 翡翠台（中文）(阳江有线网转播)
1030 翡翠台（中文）(有线网转播)
1031 翡翠台（中文）(云浮有线网转播)
1032 翡翠台（中文）(湛江有线网转播)
1033 翡翠台（中文）(肇庆有线网转播)
1034 翡翠台（中文）(中山有线网转播)
1035 翡翠台（中文）(珠海有线台转播)
1036 凤凰卫视电影台
1037 凤凰卫视电影台（潮州有线网转播）
1038 凤凰卫视中文台
1039 凤凰卫视中文台（潮州有线网转播）
1040 凤凰卫视中文台（广东省有线网转播）
1041 凤凰卫视中文台（广州市有线网转播）
1042 凤凰卫视中文台（惠州有线网转播）
1043 凤凰卫视中文台（韶关有线网转播）
1044 凤凰卫视中文台（有线转播）
1045 凤凰卫视中文台（中山市有线网转播）
1046 凤凰卫视资讯台
1047 国际台（英文）
1048 国际台（英文）(宝安区有线转播)
1049 国际台（英文）(东莞有线网转播)
1050 国际台（英文）(佛山有线台转播)
1051 国际台（英文）(河源有线网转播)
1052 国际台（英文）(惠州其他有线网转播)
1053 国际台（英文）(惠州有线网转播)
1054 国际台（英文）(龙岗区有线转播)
1055 国际台（英文）(其他有线台转播)
1056 国际台（英文）(汕头有线台转播)
1057 国际台（英文）(汕尾有线台转播)
1058 国际台（英文）(韶关有线网转播)
1059 国际台（英文）(蛇口有线转播)
1060 国际台（英文）(深圳有线台转播)
1061 国际台（英文）(阳江有线台转播)
1062 国际台（英文）(有线网转播)
1063 国际台（英文）(云浮有线台转播)
1064 国际台（英文）(湛江有线网转播)
1065 国际台（英文）(肇庆有线网转播)
1066 国际台（英文）(中山有线网转播)
1067 国际台（英文）(珠海有线台转播)
1068 华娱卫视
1069 蓟县台
1070 兰山电视频道
1071 临猗台
1072 龙岗区电视 1 台

1073　龙岗区电视 2 台
1074　龙岗区电视 3 台
1075　隆昌电视台
1076　明珠台（英文）
1077　明珠台（英文）（宝安区有线转播）
1078　明珠台（英文）（东莞有线网转播）
1079　明珠台（英文）（佛山有线台转播）
1080　明珠台（英文）（河源有线网转播）
1081　明珠台（英文）（惠州其他有线网转播）
1082　明珠台（英文）（惠州有线网转播）
1083　明珠台（英文）（揭阳有线网转播）
1084　明珠台（英文）（龙岗区有线转播）
1085　明珠台（英文）（其他有线台转播）
1086　明珠台（英文）（汕头有线台转播）
1087　明珠台（英文）（汕尾有线台转播）
1088　明珠台（英文）（韶关有线网转播）
1089　明珠台（英文）（蛇口有线转播）
1090　明珠台（英文）（深圳有线台转播）
1091　明珠台（英文）（有线网转播）
1092　明珠台（英文）（云浮有线台转播）
1093　明珠台（英文）（湛江有线网转播）
1094　明珠台（英文）（肇庆有线网转播）
1095　明珠台（英文）（中山有线网转播）
1096　明珠台（英文）（珠海有线台转播）
1097　南溪电视台
1098　宁铁有线
1099　三河台
1100　省网本港台（中文）
1101　省网翡翠台（中文）
1102　省网国际台（英文）
1103　省网明珠台（英文）
1104　市网本港台（中文）
1105　市网翡翠台（中文）
1106　市网国际台（英文）
1107　市网明珠台（英文）
1108　双流台
1109　嵩岳台二套
1110　嵩岳台一套
1111　铜山台
1112　武进电视台
1113　武清台
1114　香港卫视国际电影台
1115　香港卫视合家欢台
1116　香港卫视音乐台
1117　香港有线卫视新知台
1118　香河电视台一套
1119　新疆兵团电视台综合频道
1120　星空体育
1121　星空卫视
1122　兖州台
1123　阳光卫视
1124　玉田台
1125　运城电视台一套
1126　邹城电视台一套
1127　其他安徽
1128　其他安庆
1129　其他安阳
1130　其他蚌埠
1131　其他包头
1132　其他宝坻
1133　其他宝鸡
1134　其他保定
1135　其他北海
1136　其他北京
1137　其他本溪
1138　其他亳州
1139　其他长春
1140　其他长沙
1141　其他常德
1142　其他常熟
1143　其他常州
1144　其他潮州
1145　其他成都
1146　其他滁州
1147　其他达县
1148　其他大理
1149　其他大连
1150　其他大同
1151　其他丹东
1152　其他当地无线台（M）
1153　其他当地有线台（M）
1154　其他德阳
1155　其他德州
1156　其他东莞
1157　其他佛山
1158　其他福建
1159　其他福州
1160　其他抚顺
1161　其他阜阳
1162　其他甘肃

1163 其他赣州
1164 其他广东
1165 其他广西
1166 其他广州
1167 其他贵阳
1168 其他贵州
1169 其他桂林
1170 其他哈尔滨
1171 其他海口
1172 其他海南
1173 其他汉中
1174 其他杭州
1175 其他合肥
1176 其他河北
1177 其他河南
1178 其他河源
1179 其他菏泽
1180 其他黑龙江
1181 其他衡阳
1182 其他呼和浩特
1183 其他湖北
1184 其他湖南
1185 其他湖州
1186 其他淮安
1187 其他惠州
1188 其他吉林
1189 其他吉林市
1190 其他济南
1191 其他济宁
1192 其他嘉兴
1193 其他江门
1194 其他江苏
1195 其他江西
1196 其他江阴
1197 其他焦作
1198 其他揭阳
1199 其他金华
1200 其他锦州
1201 其他晋城
1202 其他荆门
1203 其他荆州
1204 其他九江
1205 其他开封
1206 其他昆明
1207 其他昆山
1208 其他拉萨
1209 其他兰州
1210 其他乐山
1211 其他丽水
1212 其他连云港
1213 其他辽宁
1214 其他临汾
1215 其他临沂
1216 其他柳州
1217 其他泸州
1218 其他洛阳
1219 其他茂名
1220 其他眉山
1221 其他梅州
1222 其他绵阳
1223 其他牡丹江
1224 其他内蒙古
1225 其他南昌
1226 其他南充
1227 其他南京
1228 其他南宁
1229 其他南通
1230 其他南阳
1231 其他宁波
1232 其他宁夏
1233 其他平顶山
1234 其他莆田
1235 其他秦皇岛
1236 其他青岛
1237 其他清远
1238 其他曲阜
1239 其他衢州
1240 其他泉州
1241 其他三亚
1242 其他山东
1243 其他山西
1244 其他陕西
1245 其他汕头
1246 其他汕尾
1247 其他商丘
1248 其他上海
1249 其他韶关
1250 其他绍兴
1251 其他深圳（N）
1252 其他深圳蛇口

1253 其他沈阳
1254 其他十堰
1255 其他石家庄
1256 其他四川
1257 其他苏州
1258 其他宿迁
1259 其他遂宁
1260 其他台州
1261 其他太原
1262 其他泰安
1263 其他泰州
1264 其他唐山
1265 其他天津
1266 其他威海
1267 其他潍坊
1268 其他渭南
1269 其他温州
1270 其他乌鲁木齐
1271 其他无锡
1272 其他吴江
1273 其他芜湖
1274 其他梧州
1275 其他武汉
1276 其他西安
1277 其他西宁
1278 其他厦门
1279 其他咸阳
1280 其他湘潭
1281 其他襄樊
1282 其他徐州
1283 其他雅安
1284 其他烟台
1285 其他延安
1286 其他盐城
1287 其他扬州
1288 其他阳江
1289 其他宜宾
1290 其他宜昌
1291 其他宜春
1292 其他宜兴
1293 其他益阳
1294 其他银川
1295 其他营口
1296 其他永济
1297 其他玉林
1298 其他岳阳
1299 其他云浮
1300 其他云南
1301 其他湛江
1302 其他张家港
1303 其他漳州
1304 其他肇庆
1305 其他浙江
1306 其他镇江
1307 其他郑州
1308 其他中山
1309 其他重庆
1310 其他舟山
1311 其他周口
1312 其他株洲
1313 其他珠海
1314 其他淄博
1315 其他自贡
1316 其他自贡（城区）
1317 其他遵义

图书在版编目（CIP）数据

中国电视收视年鉴.2009／王兰柱主编.—北京：中国传媒大学出版社，2009.7

ISBN 978-7-81127-456-1

Ⅰ.中… Ⅱ.王… Ⅲ.电视—观众—抽样调查—中国—2009—年鉴 Ⅳ.G229.2-54

中国版本图书馆CIP数据核字（2009）第110992号

中国电视收视年鉴2009

主　　编　王兰柱
策　　划　欣　雯
责任编辑　愚　言
责任印制　范明懿
封面制作　牛　毅
出 版 人　蔡　翔

出版发行　中国传媒大学出版社（原北京广播学院出版社）
地　　址　北京市朝阳区定福庄东街1号　邮编100024
　　　　　电话：86-10-65450532　65450528　传真：65779405
网　　址　http：//www.cucp.com.cn
经　　销　全国新华书店

印　　刷　北京中科印刷有限公司
开　　本　787×1092mm　1/16
印　　张　49.25
版　　次　2009年9月第1版　2009年9月第1次印刷

书　　号　ISBN 978-7-81127-456-1/G·456　定　价　128.00元